U0614887

民國時期文獻
保護計劃

成果

民国时期山东报刊目录提要

上

李西宁　王玉梅◎主编

國家圖書館出版社

图书在版编目（CIP）数据

民国时期山东报刊目录提要：全2册 / 李西宁，王玉梅主编 . — 北京：国家图书馆出版社，2016.4

ISBN 978-7-5013-5775-8

Ⅰ . ①民… Ⅱ . ①李… ②王… Ⅲ . ①报纸目录—山东省—民国 ②期刊目录—山东省—民国 Ⅳ . ① Z87

中国版本图书馆 CIP 数据核字（2016）第 019538 号

书　　名 民国时期山东报刊目录提要（全2册）
著　　者 李西宁　王玉梅　主编
责任编辑 王亚宏
助理编辑 王锦锦

出　　版 国家图书馆出版社（100034　北京市西城区文津街7号）
（原书目文献出版社　北京图书馆出版社）
发　　行 010-66114536　66126153　66151313　66175620
66121706（传真）　66126156（门市部）
E-mail nlcpress@nlc.cn（邮购）
Website www.nlcpress.com →投稿中心
经　　销 新华书店
印　　刷 北京华艺斋古籍印务有限公司
版　　次 2016年4月第1版　2016年4月第1次印刷

开　　本 889 × 1194（毫米）　1/16
字　　数 672千字
印　　张 51.5

书　　号 ISBN 978-7-5013-5775-8
定　　价 620.00元

本书编委会

主　编：李西宁　王玉梅

副主编：林卫东　李洪梅

　　　　姜　璐　任　静　王文刚

编　委：王孟媛　杨　娜　张　珺

解放区报纸（一）

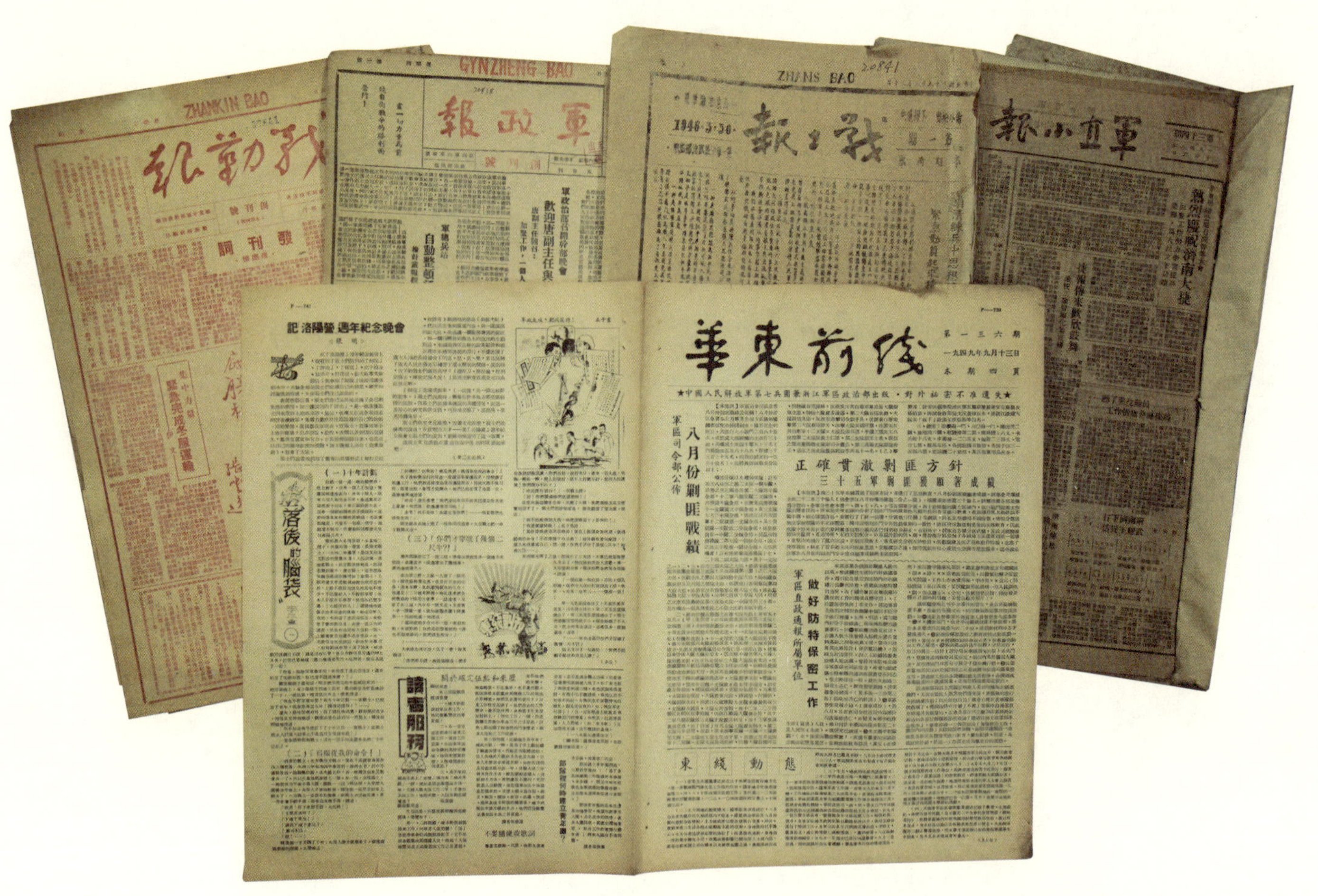
ZHANKIN BAO
戰勤報
GYNZHENG BAO
軍政報
ZHANS BAO
1946·3·30·
戰士報
軍直小報
華東前綫
八月份剿匪戰績
正確貫徹剿匪方針
做好防特保密工作
東綫動態

解放区报纸（二）

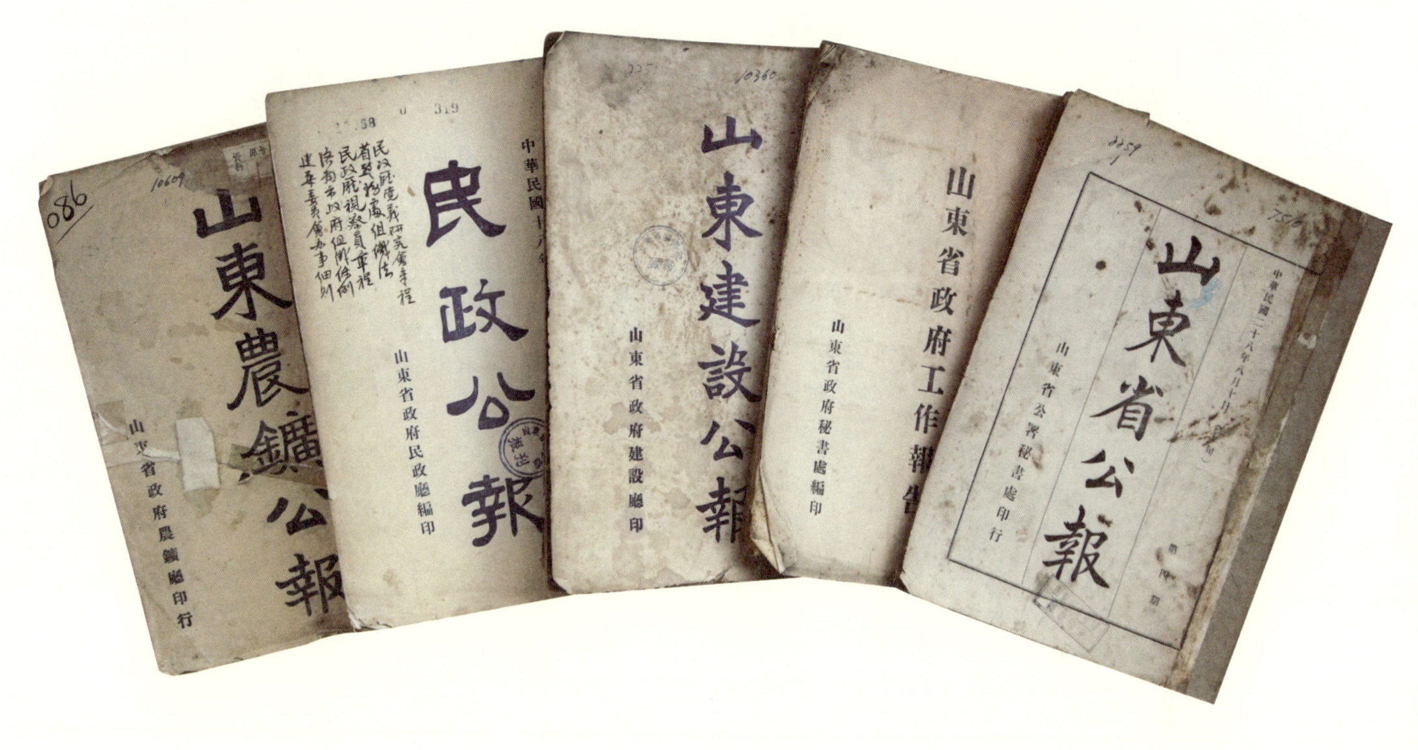
山東農鑛公報
山東省政府農鑛廳印行
民政公報
山東省政府民政廳編印
山東建設公報
山東省政府建設廳印
山東省政府工作報告
山東省政府秘書處編印
山東省公報
山東省公署秘書處印行

政府机构期刊

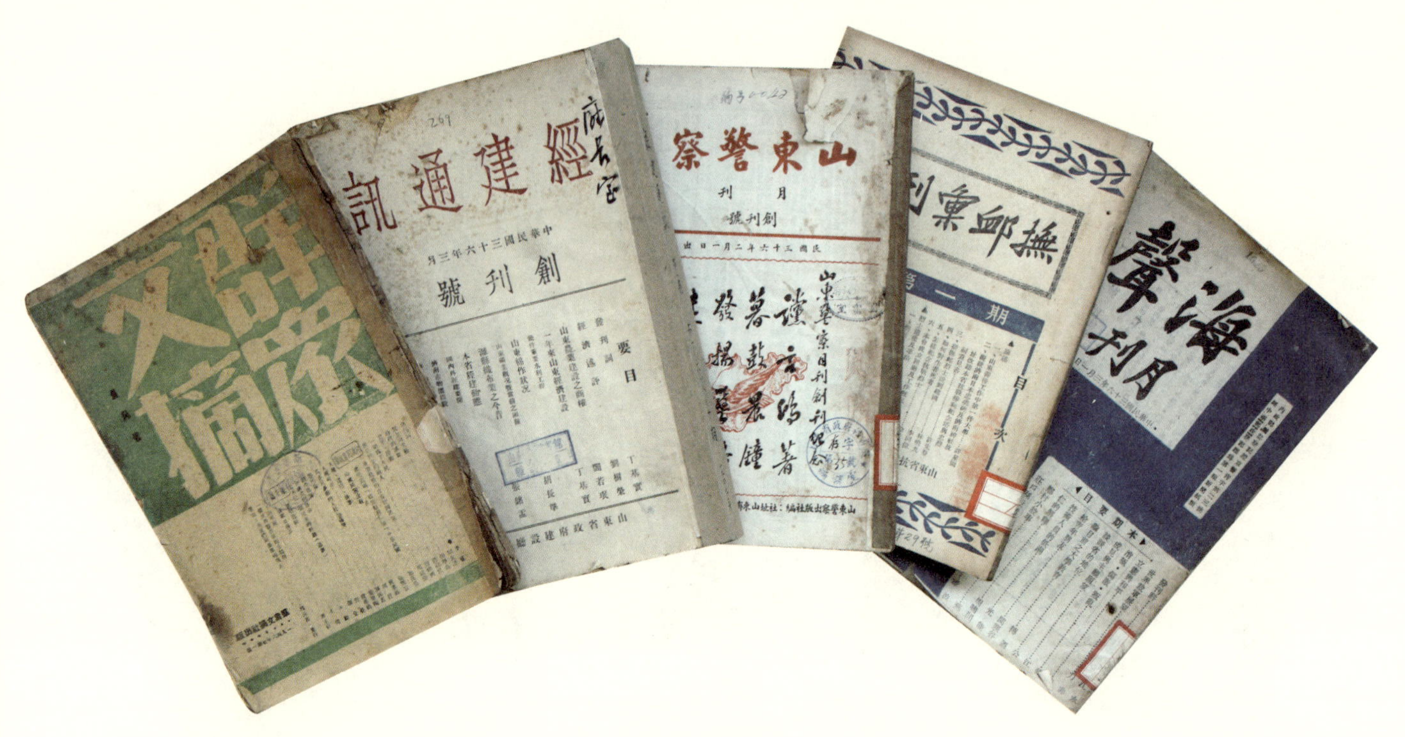

期刊创刊号

齊魯大學復員紀念特刊
吳克明題
山東河務局
道院特刊
癸亥仲夏
山東旅滬同鄉會
會務特刊
中華民國三十年八月十二日

特刊

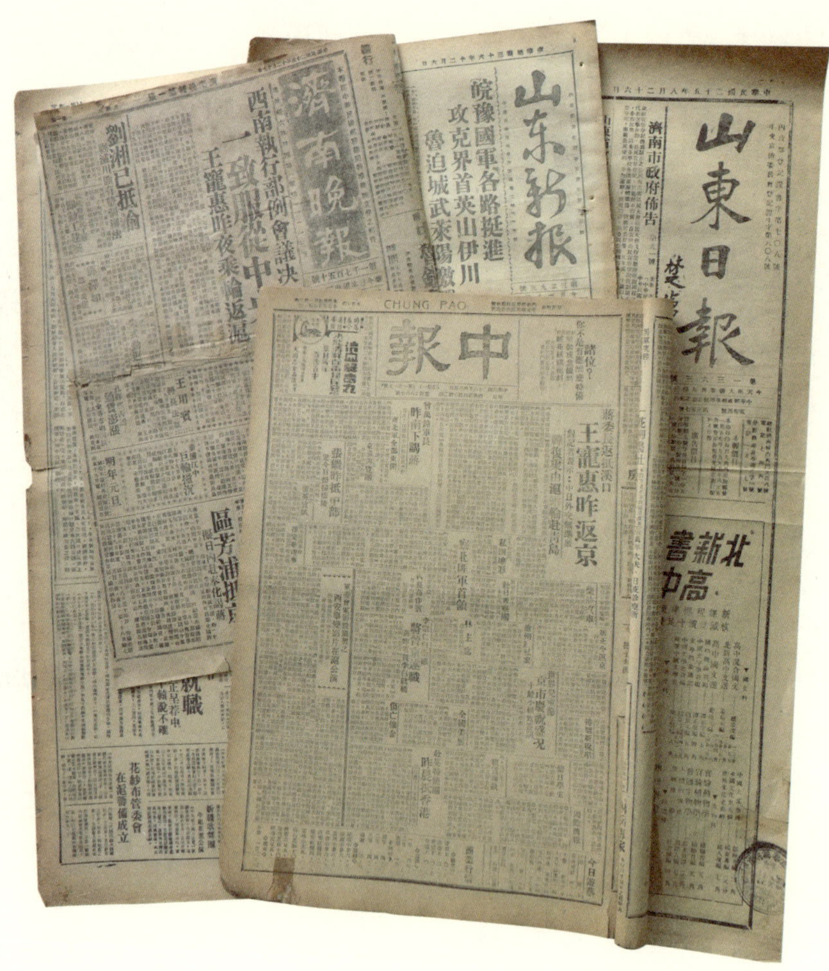

通俗类报纸

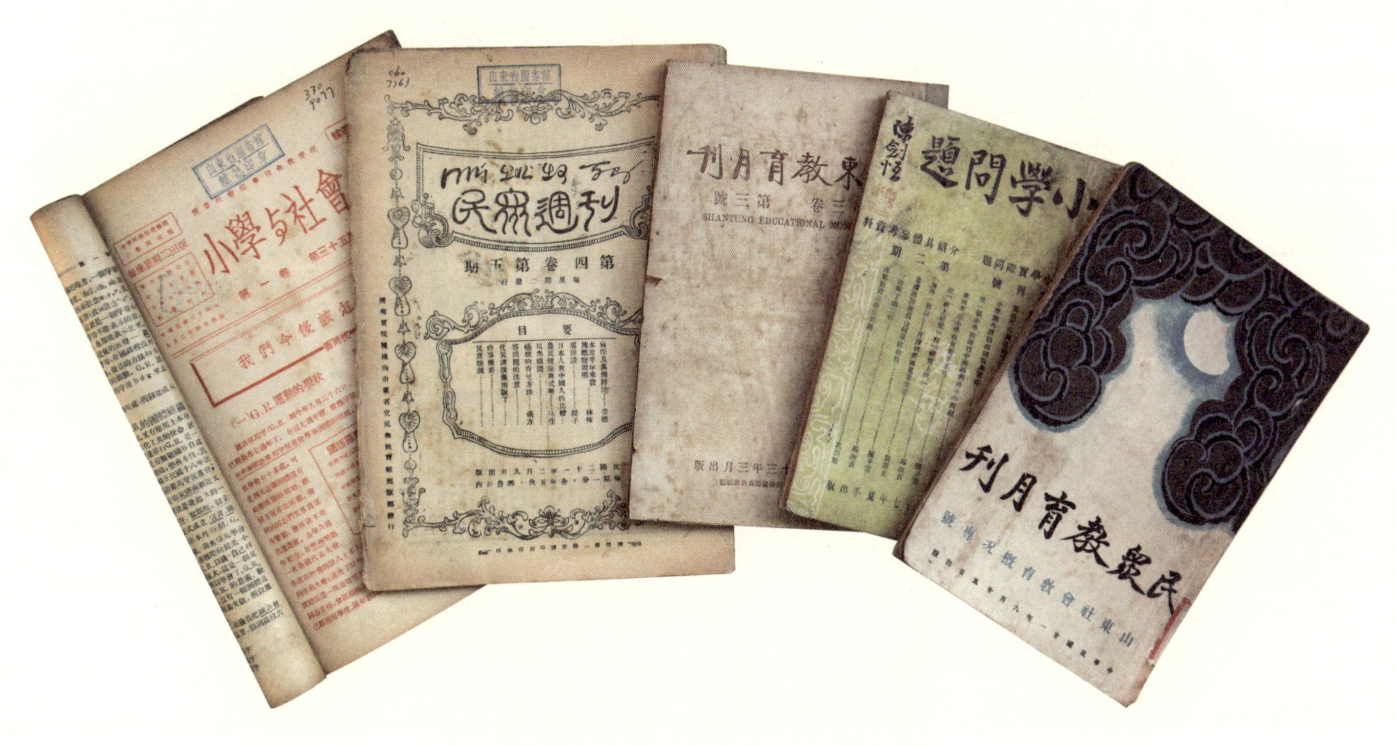

教育类期刊

文艺类期刊

前　言

为纪念中国人民抗日战争暨世界反法西斯战争胜利70周年，山东省图书馆组织编纂了《民国时期山东报刊目录提要》（以下简称《提要》），该书亦是国家图书馆民国时期文献保护中心资助的“民国时期文献整理出版项目”之一。

山东省图书馆自创建伊始，即重视乡邦文献的收藏。民国时期山东报刊的藏量非常丰富，是我馆的重点特色收藏之一。但由于民国时期的报刊距今年代较久，保存条件有待完善，有些报刊已破损残缺，读者的阅读需求也因此受限，对其进行系统的整理和内容揭示，使读者得以深入了解民国时期山东报刊的出版发行状况，既可在一定程度上满足读者的阅读需求，同时，对馆藏文献也是一种很好的保护。

我馆向来注重对馆藏文献的揭示，1911年所编《山东图书馆辛亥年藏书目录》，开启馆藏目录编纂先河。此后百余年间，我馆编纂有关古籍、期刊、报纸、缩微胶卷等不同文献载体的目录多达数十种，仅报刊部分就有：1951 ~ 1954年编印《全国主要期刊重要资料索引》；1986年7月编印《馆藏中文期刊目录（解放前）》；1987年12月编印《馆藏中文报纸目录（解放前）》。另有《馆藏建国前解放区社科期刊目录》《建国前山东革命报刊目录》《馆藏建国前山东出版的刊物目录》《馆藏建国前山东出版的报纸目录》《济南地区期刊联合目录》《全国科技期刊联合目录》《近现代山东报刊知见录》等。《提要》一书，则是在上述目录基础上，对民国时期的山东报刊进行更加深入整理和揭示的新成果。

《提要》的编纂，严格遵循了《中国文献编目规则》的要求。在著录内容上，分为版本形态描述和内容提要两部分，包括题名、责任者、出版发行、文献特殊细节、载体形态、附注、内容提要7项内容。提要部分，又包括报刊概况、版本特点、内容简介以及必要的说明等。尤其在提要中，编者对民国时期山东报刊杂志的发展脉络进行了系统的梳理，客观记录了在民国这个特定的动荡时期，山东乃至全国政治、经济、文化等方面的发展变化，同时，也从一个侧面展现了这些出版物在抗日战争和解放战争中发挥的重要作用。

《提要》共著录民国时期山东报纸105种、期刊353种。其中，报纸引导舆论、评议时政，是政治形势的晴雨表，以其写实性、时效性尤为人们所重视。书中所收105种报纸，其创办发行者及发行地区具有多样化特点：既有官办的，也有民办的；既有共产党创办的，也有国民党创办的；既有中国人创办的，也有中美合办的，甚至是日本人创办的；既有进步的，也有反动的；既有山东中心城市济南创办的，又有各地县创办的；既有国统区发行的，也有解放区发行的。

从收录的报纸中，可看出以下内容：一是日本觊觎中国由来已久。《鲁东日报》（烟台版）受日本特务机关领导，是日本侵华的舆论工具；由日本文化特务丰田孤寒和日本黑龙会头目于1916年创办的济南日报社，豢养汉奸、收集情报、秘密售毒，暴露了日本军国主义对中国进行侵略和掠夺的野心。二是报纸的兴衰与国家命运相始终，是国家兴亡的反映。《山东日报》因日军侵入济南而被迫停刊；《诚报》1931年创刊，抗战爆发后，1937年12月底即遭日军查封，直到抗战胜利后的1947年9月3日才复刊。三是在伟大的反法西斯战争中，中国人民为抵御外敌入侵，奋起抗战。民办进步报纸《新报》宣传抗日救国、反对不抵抗主义，得到全国各界救国联合会负责人李公朴的高度评价；共产党机关报《冀鲁豫日报》《鲁南时报》等，在抗日战争中发挥了重要作用；1937年1月1日诞生于沂水的《大众日报》，作为我国报业史上连续出版时间最长的党报，真实地记录了山东人民在党的领导下进行革命和建设的伟大历程，为保卫这份报纸，1939~1949年间，578名员工牺牲。在

10年之中，这么多人为一份报纸献出生命，在世界新闻史上极为罕见。

在解放战争中，山东解放区根据地四大报纸《鲁中大众》《群力报》《渤海大众》《滨海农村》为解放区人民所喜闻乐见，《军政报》《军政通讯》《军直小报》《民兵》《前锋》《前进报》《前卫报》《前线报》《人民战士》《战士报》《战勤报》等各军区报纸是战士们的指路灯，这些报纸为全国解放从思想上、舆论上做了充分准备，为夺取最后胜利起到了重要作用。而国民党官办《大华日报》、民办《鲁报》等，进行反共反人民的宣传，则从另一个侧面反映了共产党夺取政权的不易。

与报纸相比，民国时期的期刊更注重文化交流与知识传播。

首先是文艺刊物丰富多彩。《大风》《铎声》《复兴旬刊》《革心》《海风》《公报半月刊》《刁斗季刊》《胶东文艺》《平原文艺》《青潮月刊》《群众文化》《文化翻身》《新文化》《星星》等文艺刊物在民主、科学的旗帜下，积极倡导大众文化。

其次是宗教刊物大量出版。《道德杂志》《道院公会议事录》《道院特刊》是了解济南道院的重要史料。《济南商埠中华基督教会会刊》《鲁铎》《山城季刊》《狮吼》《哲报》《邃经特刊》等刊物，作为宗教传播的主要媒介，对宣传基督教、佛教等外来宗教起到了重要作用。

再次是教育刊物蓬勃兴起。不仅有《山东教育行政周报》《山东教育月刊》《山东教育统计》等系列教育公报，还有《民众教育月刊》《民众周刊》等民众教育刊物，以及《乡村教育半月刊》《基础教育月刊》等乡村教育刊物。学校教育刊物尤为兴盛，有关于小学教育的《一实月刊》，关于中学教育的《山东省立第八中学校刊》《山东九中月刊》《济中校刊》《惠中校刊》《莱阳中学月刊》《凌汉峰》（泰安萃英中学）《青岛崇德中学校刊》《山东省立烟台中学校刊》《滕中月刊》，关于专科教育的《济师校刊》《历师月刊》《山东省立乡村建设专科学校校刊》等，再现了民国时期山东教育的盛况。

《提要》中对上述报纸刊物，均作了简明扼要的介绍，既展示了民国时期山东报刊在抗日战争和解放战争中的巨大作用，也为读者了解这一时期山东政治、经济、文化概况提供了重要参考资料。

作为向纪念抗战胜利70周年呈上的一份礼物，《提要》的编纂凝结了集体的智慧和心血。因编者水平所限，书中难免疏误，敬请广大读者不吝指正。

编　者

2015年9月

凡　例

一、本书收录山东省图书馆、青岛市图书馆所藏民国时期山东出版的中文报纸、期刊。

二、本书所收报纸、期刊以1912年1月～1949年9月为限，凡是在此时间内创刊和出版的报刊都在本书收集之列。

三、本书分报纸和期刊两部分，目录顺序大致按其出版时间先后排列，有继承或合并等关系者排放在一起，创刊时间不详的统一放在最后。

四、本书中每种报纸、期刊配有图片，一般选自创刊号或是有重大事件和重要人物的刊期。

五、本书目著录内容分为版本形态描述和内容提要两部分，包括题名、责任者、出版发行、文献特殊细节、载体形态、附注、内容提要七项内容。报纸版本形态描述的各项著录内容一般从报头提取，期刊版本形态描述的各项著录内容一般从版权页提取，无版权页时从封面提取。

（一）题名：包括报刊名、副报刊名，以及说明报刊名的文字。

报刊正题名内所含逐期变更的日期或编号，予以省略，并用省略号“……”标识，但位于正题名之首的日期或编号省略后不用省略号。

（二）责任者：主要包括编辑部、主编等责任者。以创刊时的责任者进行著录。

（三）出版发行：包括出版发行者、出版发行地等。

1. 出版者的著录以出版机构为准，无出版机构则著录发行机构，加方括号“[ ]”以示区别；无发行机构则著录“总经销”“经销”或“总代售”机构，加方括号“[ ]”以示区别。由编著人（机构）自己出版发行的，出版者项著录“编者刊”。

2. 出版地为旧地名的，原样著录，不做修改；出版地不能明确的，属于推测著录，加方括号“[ ]”以示区别；若无法推测或查考，则在方括号内注明“出版地不详”字样。有两个及以上出版地或发行地的，则按规定信息源的版式顺序著录最显著或第一个出版地或发行地。

（四）文献特殊细节：包括出版物的出版时间、出版期数、出版频率。

1. 出版时间按照所见实物著录，均换算为公元纪年。

2. 著录报刊首期和末期的编号和年代范围，用波浪线“～”做连接。有新的编号序列被启用时，则重复编号。如有复刊，则与之前刊期以分号“；”连接。

3. 出版频率按著录报刊初创时的出版频率著录。有变化的在内容提要中说明。

4. 出版时间、出版期数或出版频率为推测著录时，加方括号“[ ]”以示区别；若无法推测或查考，则在方括号内注明“不详”字样。

（五）载体形态：

尺寸按该报刊实际的尺寸著录，一般只著录其高度，以 cm（厘米）为单位，不足 1cm 的尾数按 1cm 著录。

（六）附注：主要包括题名附注。

连续出版物的题名变更、各期题名不同等，予以注明。包括继承、替代、吸收、分自、并入、改回等多种关系。

（七）内容提要

内容提要主要包括在编报刊概况、版本特点、内容简介和必要的说明。

六、本书收录报刊名称相同者，在其后用括号“( )”标注其出版地、出版者或出版年，以示区分。

七、本书附参考文献、相关人物生平简介、相关团体机构简介三个附录。

八、本书后附报刊名称拼音索引，按报刊名称的汉语拼音顺序排列。

目　录

上　册

报纸之部

期刊之部（一）

下　册

期刊之部（二）

报纸之部

简报

简报社编　编者刊　济南　1903 年～1929 年 7 月［总期数不详］日刊　26cm　石印

1903 年下半年创刊于济南，是济南最早的报纸之一。当时山东省成立工艺局，附设简报馆，由工艺局坐办李士可负责办报，沈景忱任社长。主要刊登当时官员的升迁、禀见等情形，同时摘录南北各报新闻，刊登商业广告等。

《简报》初创时，日出 4 开对折一张，单面石印，分上下两版，发行四五百份，供在省官员和商民阅读。后来李士可到外地做官，《简报》由沈景忱、李仲铭、吴继鲁、张希卿等人买下，由官办改为民营，从形式到内容都有所改进，成为当时济南地区较有影响的一家报纸。并改为 4 开 4 版，双面石印，最多时发行达一千份。民国初，济南各报都改成铅印，但该报一直坚持石印，并请济南有名的书法家王慕云、王朝云、宋冒云、丁梦云（人称“历下四云”）誊版。五四运动后，曾一度改为铅印，但不久又恢复了石印。

簡報

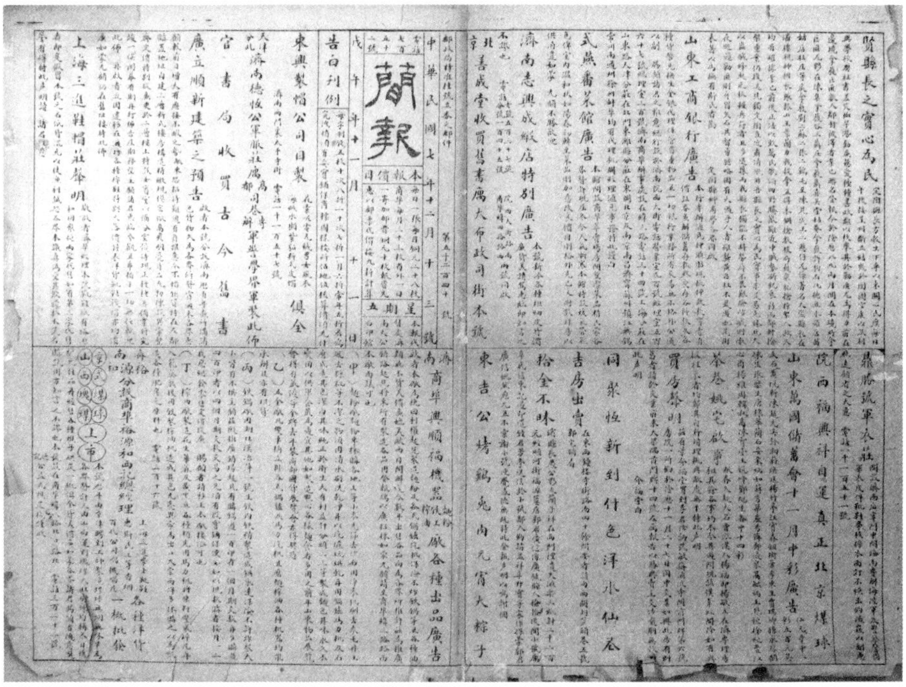

簡報

济南日报

济南日报社编　中华邮政局[发行]　济南　1916年～1938年6月30日　1期～[7169期]　日刊　55cm　铅印　由《山东新民报》替代

1916年创刊于济南，社址在济南普利门外58号。是日本文化特务丰田孤寒和日本黑龙会头子头山满创办的，头山满任社长。这个报社当时不仅办报，还豢养汉奸、收集情报、秘密售毒。1919年5月7日，山东各界万余人，冲破军警的阻挠，在省议会召开山东各界国耻纪念大会。当天，《济南日报》的中国记者刘季安、鄄洗云、王子衡宣布辞职，并登报声明，以示与该报断绝关系。各界群众也提出了“誓死不看《济南日报》”的口号。

1922年6月在青岛创办《济南日报》(青岛版)，对开4版。1938年6月30日停刊，改为《山东新民报》。

濟南日報

和平善後會代表

應請西林爲代表

日船剖分噸數

憲法發布紀念會

美艦爆發之死傷

山階宮來青誌盛

東文學校

英華派報社

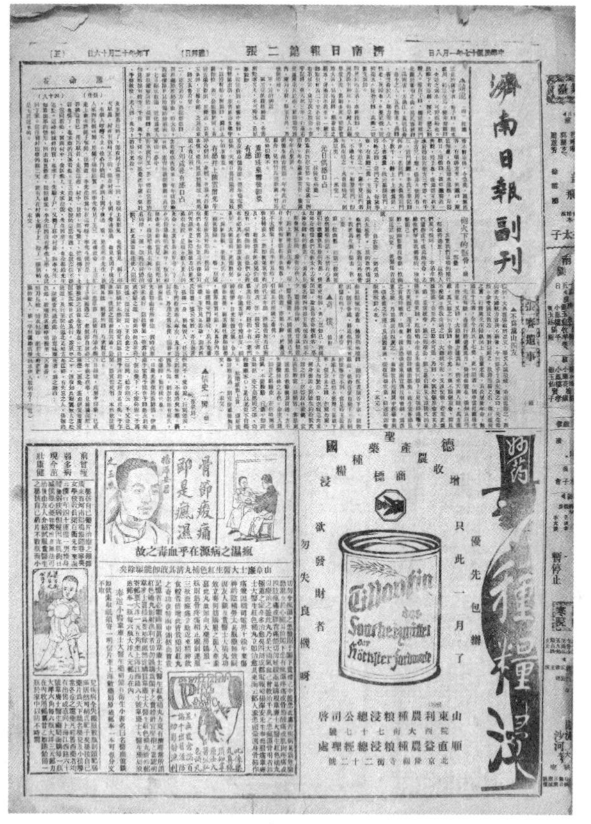

濟南日報副刊

德國聖藥

只此一月

山東利權農植浸總公司

順直益發農植浸總經理處

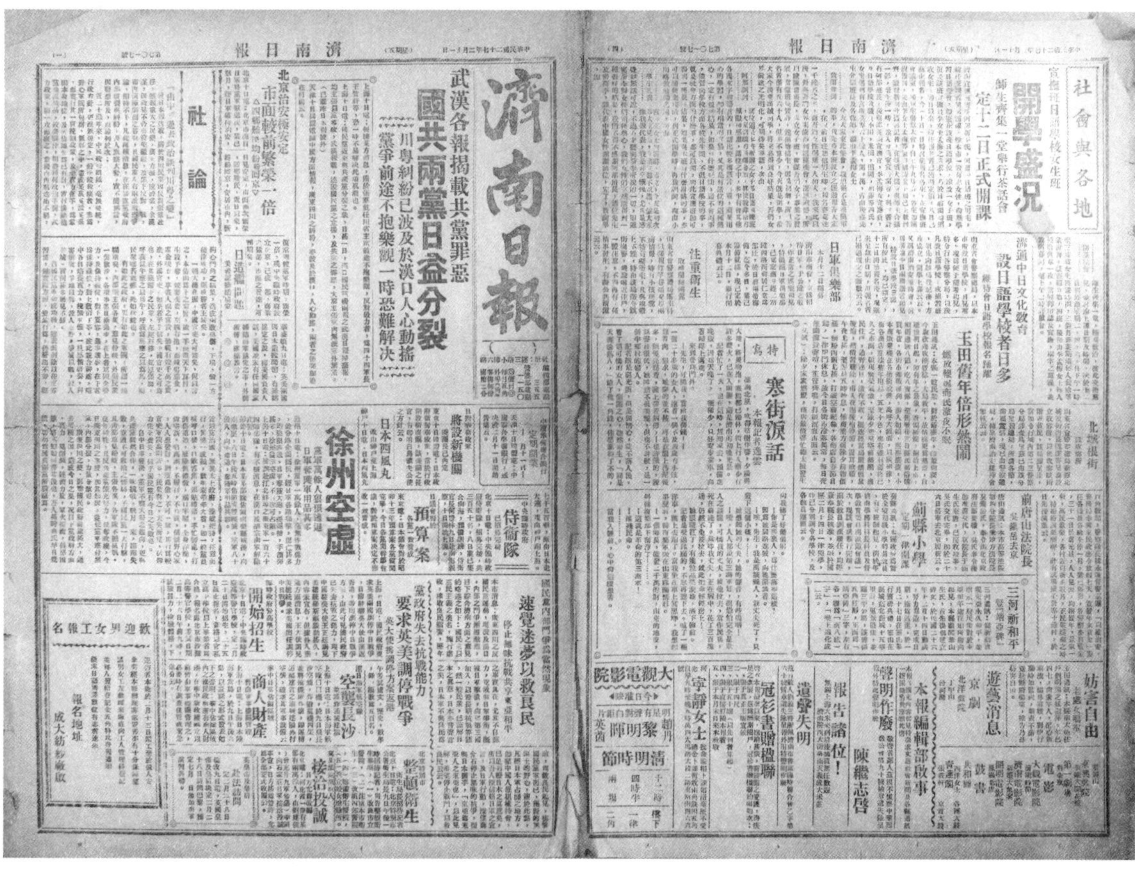

濟南日報

武漢各報揭載共黨罪惡

國共兩黨日益分裂

川粵糾紛已波及於漢口人心動搖

黨爭前途不抱樂觀一時恐難解決

社論

徐州空虛

侍衛隊

預算案

速覺迷夢以救良民

要求英美調停戰爭

開始招生

空襲長沙

歡迎男女工報名

報名地址 成大紡紗廠

社會與各地

開學盛況

定十二日正式開課

設日語學校者日多

玉田舊年倍形熱鬧

寒街淚話

本報編輯部啟事

遊藝消息

報告諸位

陳繼志啟

大觀電影院

报纸之部

山东新民报

山东新民报社编　编者刊　济南　1938年7月7日～1945年9月15日　1期～9980期　日刊　55cm　铅印　替代《济南日报》　并入《山东公报》

1938年7月7日创刊于济南，社址在济南经三路小纬六路，对开6版。是山东沦陷期间，日本侵略者办的中文报纸。其前身为日本人丰田孤寒办的《济南日报》。社长浦上叔雄、刘亚五，总编辑罗亚民、张颐君、郭仲泉。所发社论均为日本特务机关交付的，或由汉奸拟就。报道内容，除少量经济新闻、社会新闻外，大多是宣扬"大东亚共荣""强化治安""中日亲善"，为日本帝国主义的侵略战争服务。同时，还有大量反苏反共宣传。

该报的晚刊——《山东新民报晚报》（4开4版）出刊后，该报改为日出一大张，对开4版，外加晚刊一张。日本投降不久后停刊。

山東新民報

南方各民族之醒悟
協力日本解放東亞
日東條首相視察畢歸東京

歡迎東條首相

緬甸獨立準備進步

樞軸軍全面反攻
上陸敵軍陷入重圍

天津義租界亦決交還

山東新民報

獏國民厭戰濃厚
揭穿獏國政治之弱點

王委員長公畢返北京

擊碎庫彭蘇聯軍主力

西班牙決計剷除共黨

感謝友邦道義援助精神
更堅擊滅宿敵獏獏決意

船舶損失重大
兵力補充大感困難

山東新民報

聯合國與日本投降協定
昨日正式簽字
中美英蘇荷等九國代表參加
日重光梅津兩全權代表簽印

迎安全之新時代前進
美大總統於簽字式後廣播

宋院長晤加外長

南京接洽極順利

越南日軍解除武裝

武漢即接收

華北直接移交國府
軍方負保全一切之責

國軍陣容

世界和平新紀元

開入老河口

英艦隊開入香港

山东新民报晚报

山东新民报社编　编者刊　济南［创刊日期不详］～1943年［总期数不详］日刊　40cm　铅印

该刊创刊于济南，社址在济南经三路小纬六路西，为4开4版小报。社长浦上叔雄，总编辑周白采，主要宣传“大东亚共荣”“强化治安”“中日亲善”等内容，为日本帝国主义的侵略战争服务，后因无销路而停刊。

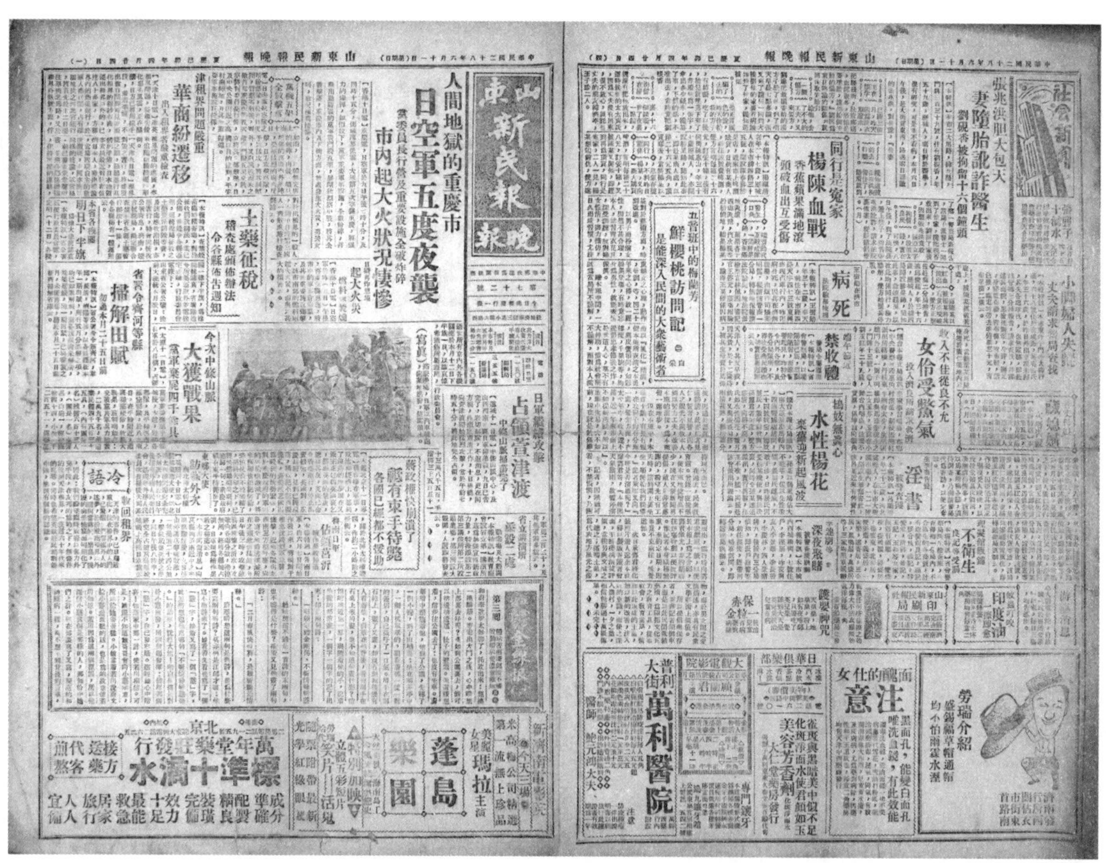

山東新民報晚報

山東新民報晚報

人間地獄的重慶市
日空軍五度夜襲
黨委員長行營及重要設施全被炸碎
市內起大火狀況悽慘

起大火災

占領萱津渡

土藥征稅
稽查處頒佈辦法
令各縣佈告週知

今次中條山脈
大獲戰果

擂解田賦

華商紛遷移

冷語

蔣政權快崩潰了
祇有束手待斃
各國已經都不援助

標準十滴水

萬年堂藥莊發行

蓬島
樂園

張兆洪膽大包天
妻墮胎詐醫生
劉硯香被拘留十六個鐘頭

同行是冤家
楊陳血戰
香蕉蘋果滿地滾
頭破血出互受傷

鮮櫻桃訪問記
五音班中的梅蘭芳
是能深入民間的大眾藝術者

病死

禁收禮

女伶受驚氣

水性楊花

淫書

不衛生

萬利醫院

注意

勞瑞介紹

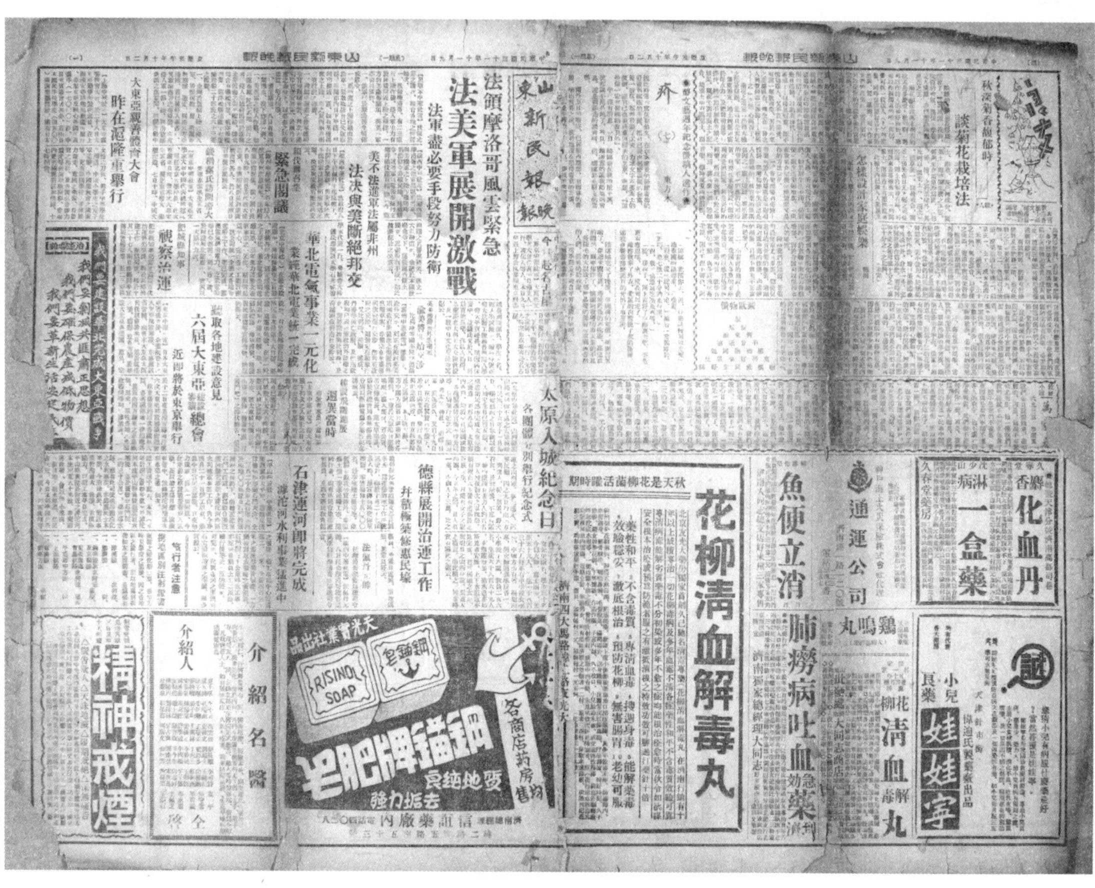

山東新民報晚報

山東新民報晚報

法領摩洛哥風雲緊急
法美軍展開激戰
法軍盡必要手段努力防衛

法決與美斷絕邦交

華北電氣事業一元化

緊急閣議

昨在滬隆重舉行

觀察治運

六屆大東亞總會

太原入城紀念日

德縣展開治運工作

石津運河即將完成

談菊花栽培法

精神戒煙

介紹名醫

鋼錨牌肥皂

花柳清血解毒丸

魚便立消

肺癆病吐血急救藥

通運公司

鷄鳴丸

化血丹

一盒藥

花柳清血解毒丸

报纸之部

山东公报

山东公报社编　中华邮政局［发行］　东阿　1938 年 6 月～1946 年　1 期～2958 期　日刊　39cm　铅印　吸收《山东新民报》和《大陆日报》　由《山东新报》继承

1938 年 6 月创刊于国民党游击区东阿，何思源题写报头。1945 年日本投降后，国民党山东省政府主席何思源进驻济南，《山东公报》也随之迁至济南出版，何思源来济南后接收了日伪报纸《山东新民报》，原《山东新民报》的地盘和部分人员归随《山东公报》。《山东公报》遂成为国民党山东省政府机关报。该报 4 开 4 版，社址在济南经三路小纬六路西 115 号。社长由李同伟担任，何思源的侄婿王砥如任经理。后来何思源调往北平，王耀武派秘书汪镇华接办《山东公报》，并于 1947 年 1 月 1 日改名为《山东新报》。

三十四年國慶日獻辭

如何紀念雙十節

國慶紀念感詞

勝利的「雙十」

普天同慶

隆祥老號

泰興

永安堂

山東公報

津昨開始接收

傅司令指示綏遠日軍繳械

合作基礎動搖

東久邇繼續維持

首都各界籌祝國慶節

曼谷秩序恢復

美飛速新紀錄

總裁訓話

培養革命警察 完成國民革命

山東公報

青島市接收完畢

膠州即墨仍歸山東省府接收

濟南城防司令部通告

聯合國大會定期舉行

停肉類配給制

總裁訓話

培養革命警察 完成國民革命

何總司令宋院長飛渝

山東公報

最高經委會設立目標

實行民生主義

蔣主席大會致訓

並指示應採行動

國軍開抵南口

呼籲戡亂

金融往還

报纸之部

大陆日报

大陆日报社编　编者刊　济南　［1945年9月16日］~ 1945年9月25日　1期 ~ 10期　日刊　39cm　铅印　并入《山东公报》

1945年创刊于济南，社址在济南经三路小纬六路西115号，仅出版10期，便奉命与《山东公报》合并。

该报由何思源题写报名，主要刊登国内外新闻，正值世界反法西斯战争胜利，大幅刊登日本在各地受降情况、关于接收敌伪产业的消息、国民党山东省行政机构和工作人员名单以及国民党接收敌伪机关的人员名单等内容。

大陸日報

何思源題

我方通知日軍細川司令

今日接收偽機關

省府指定人員今晨開始接收

中國為遠東之棟樑

英報著論歡迎宋院長

長衡日軍解甲

解除日本工業計劃

外長會議告一階段

五外長將返國

乘船達長沙

華僑慶祝勝利

何總司令訓令日方解散諜報組織

宋院長即返國

國軍續抵徐州

各界開歡迎大會

掃除水雷

莫洛托夫

大陸日報

何思源題

越南受降無變動

英軍通告越南當局實行戒嚴

押山下返星島

聯合國安全機構期於明春開始

將以在華日工廠作日方賠償

請蔣主席致敬

觀點尚不一致

鄂日軍簽降式

胡司令長官躬親主持

原子彈之秘密

越南獨立

南京大屠殺案

接收平漢粵漢兩路局

判處死刑

湖北省府正式遷治

世界大戰

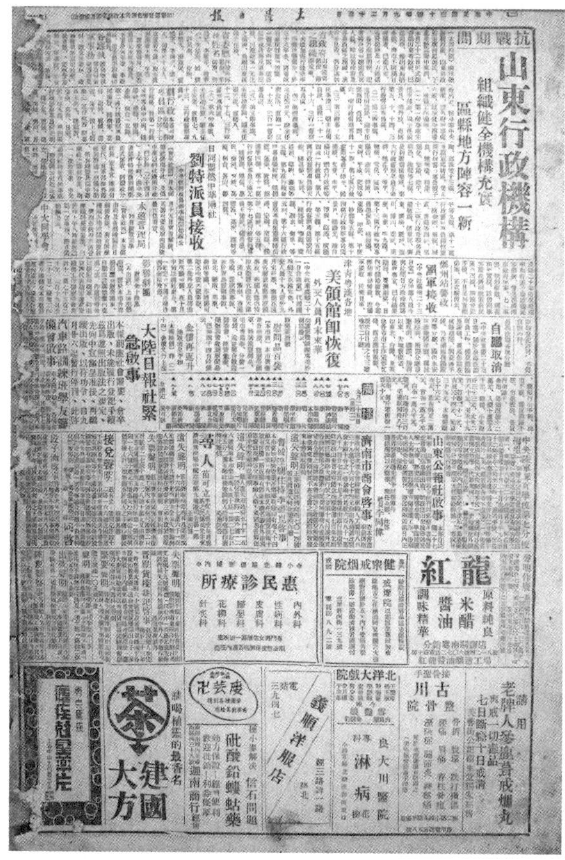

抗戰期間

山東行政機構

組織健全機構充實

區縣地方陣容一新

劉特派員接收

美領館即恢復

大陸日報社緊急啟事

惠民診療所

龍紅

米醋

醬油

山東公報社啟事

濟南市商會啟事

北洋大戲院

建國大方

大陸日報

何思源題

省市政府昨分別舉行

總理紀念週

何主席以五點訓勉僚屬

防日本威脅世界和平

美國務院人事更迭後

遠東政策轉變

重心由日本而轉向中國問題

接收被俘官兵

原子彈之用途

建設新生台灣

請求麥帥解釋

報紙之部

山东新报

山东新报社编　马温如［发行人］　济南　1947年1月1日~［1948年9月6日］　2959期~［3357期］　日刊　55cm　铅印　继承《山东公报》

1947年1月1日创刊于济南，其前身是抗战时期在国民党游击区东阿创办的《山东公报》，社址是《山东新民报》的社址济南经三路小纬六路。1948年9月因中国人民解放军解放济南而停刊。对开4版，发行七八千份。

经理李同伟，社长李仲勋、马温如、杜若君（第二绥靖区顾问）、汪镇华（王耀武的秘书），总编辑马温如、王笠汀。

该报是王耀武任山东省政府主席时期的省政府机关报，除大量报道国内、国际新闻外，还辟有《地方新闻》《经济与教育》《每日经济》等栏目。该报的文化版较有特色，辟有《百花洲》《海岱》《周末》《影剧》《文史》等专栏，内容丰富多彩。1947年5月31日曾在鲁西南地区创刊《兖州版》，报社委托省府鲁西南办事处负责出版，共出10余期。

山东新报

建國進入憲政時期

國府明令公佈憲法

主席昭告全國同胞

除舊佈新永固邦基

恭賀新禧

民國三十六年元旦

山东新报

祝元旦新憲中樞盛典

主席率文武官員謁陵

全國各地均盛大慶祝

泰隆呢絨服裝店

元旦日已經正式開幕

各地國軍報捷

山东新报

濟南外圍戰況熾烈

北上國軍即抵鄒縣

魯中重新佈署即採有力攻勢

津浦路東國軍昨午收復費縣

共軍傾巢渡江南犯

洪澤湖殘共已肅清

熱河省會遷移赤峯

東北九省人事決定

國軍月底可入大連

蘇軍業已準備撤退

決於三中全會

社論

齐美报

齐美报社编　中华邮政局［发行］ 济南　1916年7月～1930年 ［总期数不详］ 日刊　39cm　铅印

1916年7月创刊于济南，社长鲁香亭，主笔薛惠卿，经常转载京沪大报消息，也刊登外国报纸译文。1917年因转载英国《字林报》一则讽刺督军团的新闻，被罚停刊10天。1919年5月16日，该报与济南的《大东日报》《山东商务报》《山东法报》《新齐鲁公报》《简报》《通俗白话报》《山东法报》一起开会讨论抵制日货办法，决议各报自18日起一律停登日本广告，不代卖日本报纸。该报在张宗昌统治山东时期是拥张的，1928年4月张宗昌逃出济南，报纸遂停刊，后由杨乙辰接办，国民党进济南后，曾被罚停刊两个月。

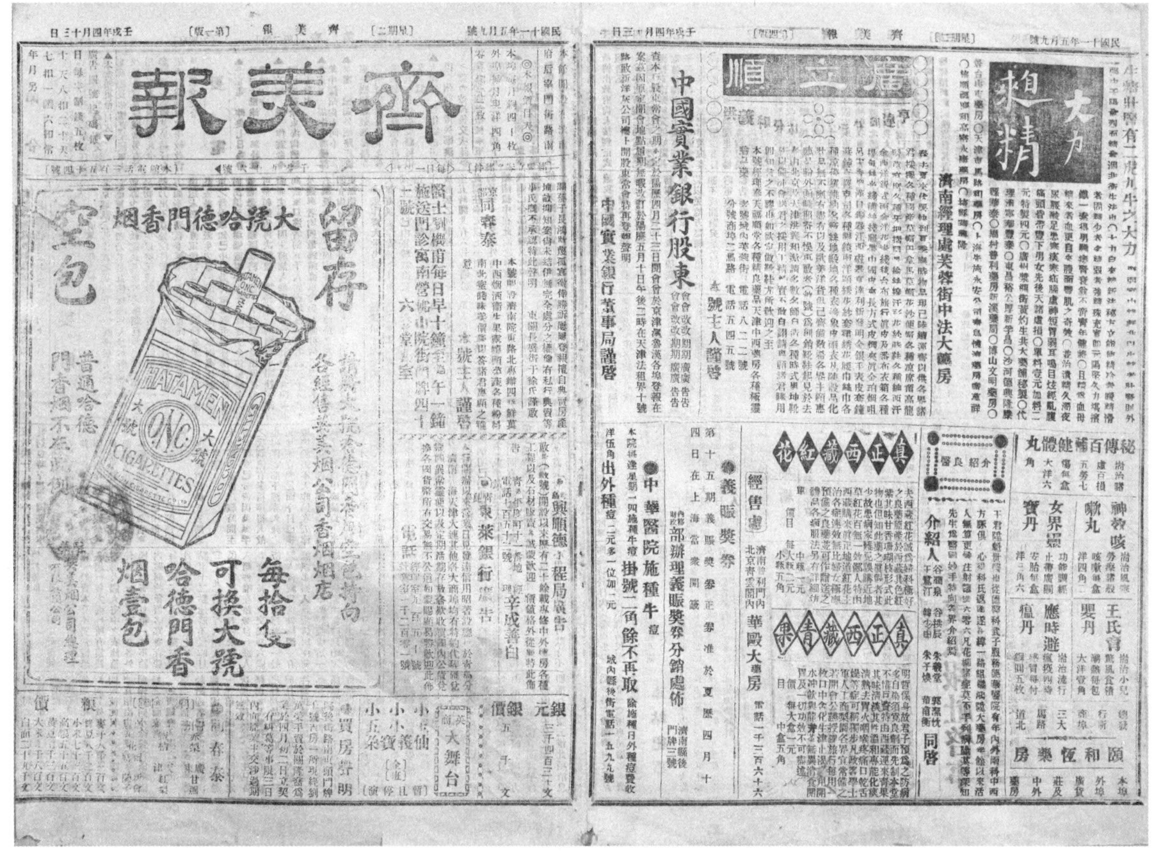

齊美報

大號哈德門香烟

留存

空包

中國實業銀行股東

中國實業銀行董事局謹啓

大力精

濟南經理處芙蓉街中法大藥房

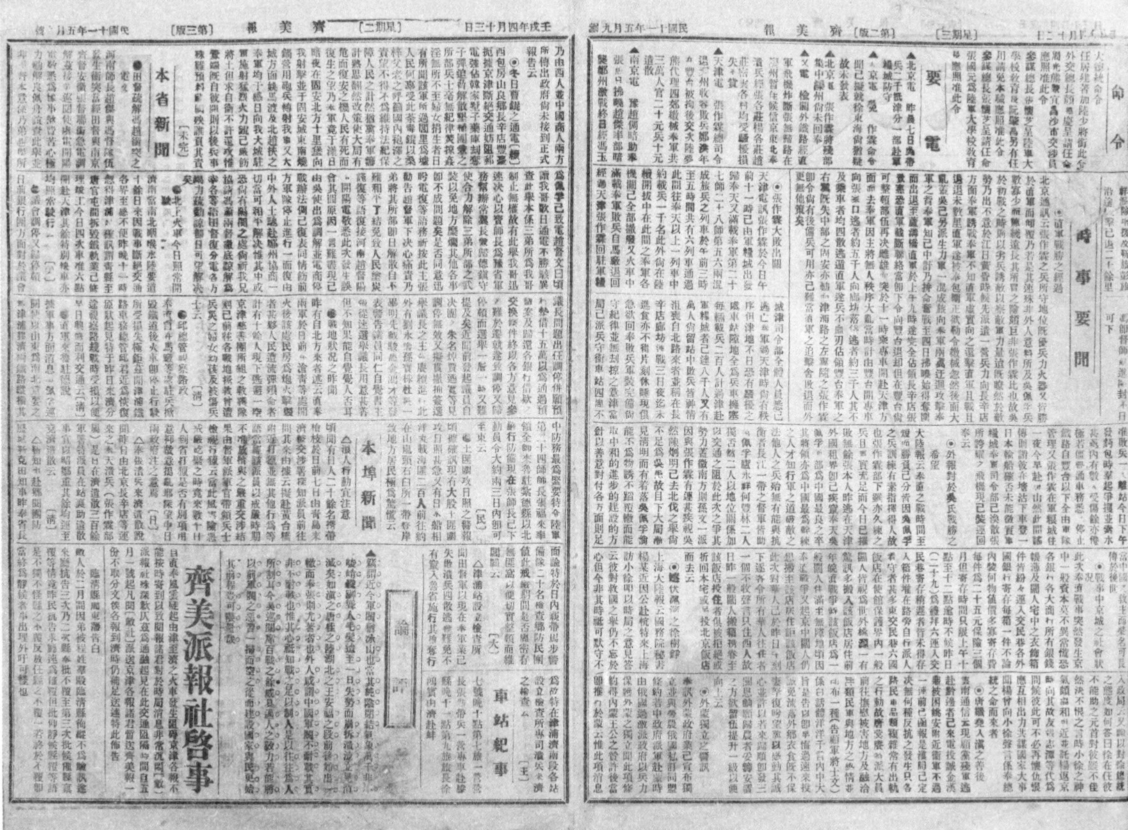

命令

時事要聞

要電

本省新聞

本埠新聞

車站紀事

齊美派報社啓事

报纸之部

山东时报

山东时报社编　山东时报社［发行］　济南　1918 年～［终刊日期不详］［总期数不详］　日刊　54cm　铅印

1918 年创刊于济南，社长庄仲舒、庄薇庭、王东平，对开 8 版。

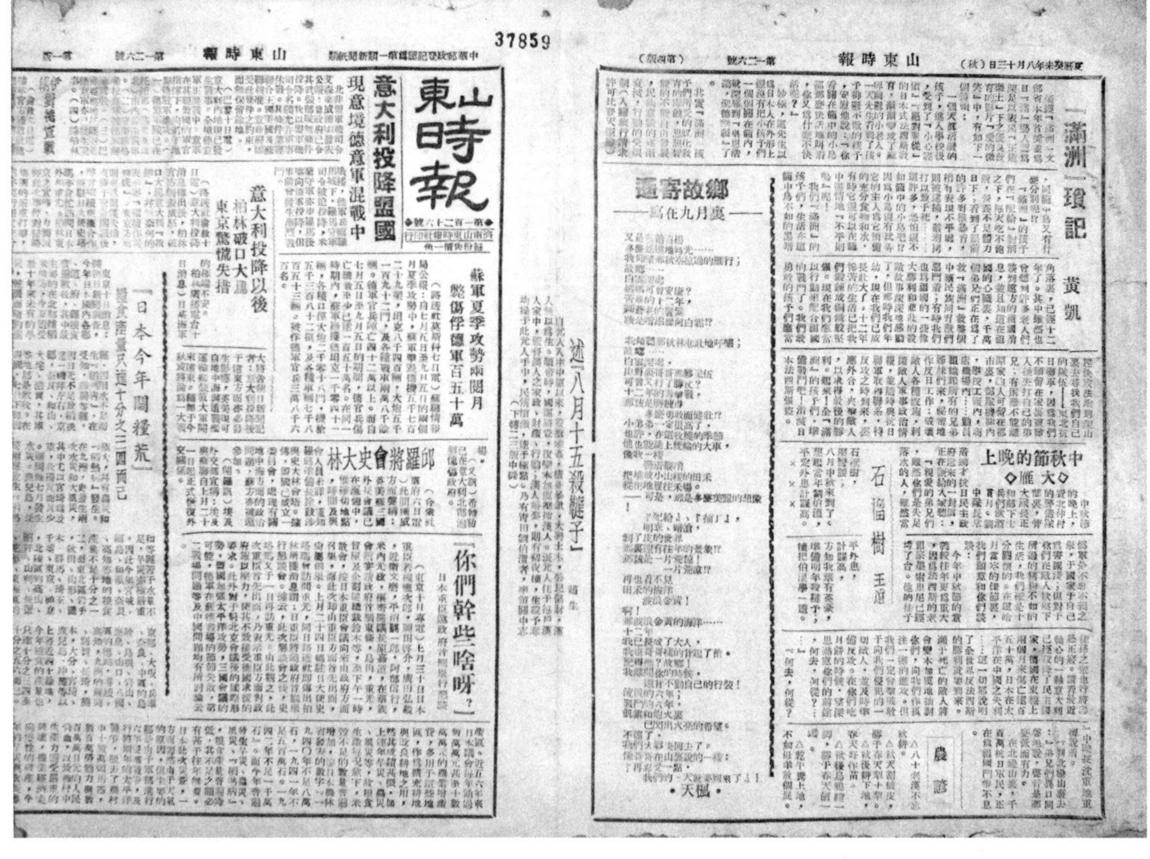

山東時報

意大利投降盟國

現意境德意軍混戰中

蘇軍夏季攻勢兩閱月 殲傷俘德軍百五十萬

意大利投降以後 柏林破口大罵 東京驚慌失措

「日本今年鬧糧荒」

你們幹些啥呀？

述「八月十五投誠子」

「滿洲」瑣記 黃凱

鄉故寄遥 寫在九月裏

中秋節晚上 大雁

石榴樹 王道

農諺

山東時報

七百萬蘇軍分為二路 向西挺進中

巴多格里奧號召意人對德決鬥

意境盟軍佔嚴留優勢 德軍逐漸向北部退卻

南斯拉夫游擊隊屢創德軍

酷暑將盡談歐局 甘棠

法人積極對德戰鬥

盟軍佔領雷區

讀報常識

駁谷荻之「請中國看朝鮮」 梁浩之

編者小啟

报纸之部

大民主报

大民主报社编　中华民国邮务总局［发行］济南　1919年10月1日～1928年5月［总期数不详］日刊　55cm　铅印

该报系中美合办，对开8版，创刊于1919年10月1日，社址在济南商埠纬五路公祥街9号。1928年5月，最终因经营不景气，卖掉机器偿还债务，宣布停刊。

社长克劳（美国人、中美通讯社社长），副社长奚尔恩（美国人、齐鲁大学教授），主笔董郁青（原天津《益世报》副主笔），副主笔刘季安，编辑鲁佛民、王云樵、丁惠夫。周朗山和邵次明分别担任经理和副经理。

创刊初期，正值济南开展抵制日货运动，该报出社论、发号外，支持爱国运动，并对安福系军阀政府进行揭发。在报道国内外新闻的同时，又开辟《经济》《本埠行情》等专栏，加强工商界的消息报道。该报当时影响颇大，日销量曾达三千份，成为当时济南第一大报。1921年华盛顿会议后，由于美国政府勾结其他帝国主义列强，侵略、瓜分中国的意图昭然若揭。一部分爱国人士如鲁佛民、邵次明等愤而辞职，而以周朗山、常勉斋为代表的另一部分人则以报纸为进身之阶，走上仕途。

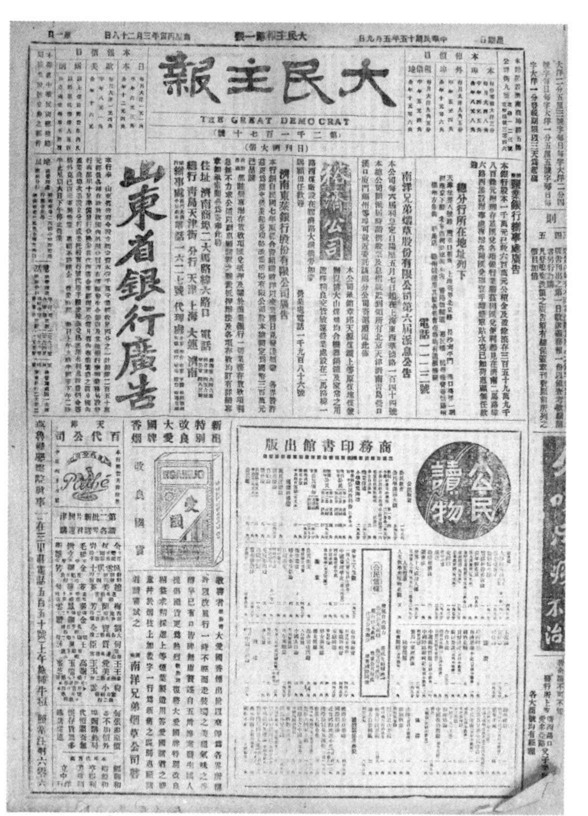

大民主報

THE GREAT DEMOCRAT

山東省銀行廣告

商務印書館出版

公民讀物

本社啟事

各界聯合會為威海之會議

黃河下游水災情形之報告不同

大民主報第二張

魯南斧中之軍政消息

膠濟方面之要訊一束

救災會放賑以濟災黎

高道尹赴招遠視察

慘不忍聞之搶架焚殺

多寶窗

文學

淺文書翰彙案

民生

失業問題及其對策

世界實業之起源及其沿革

齊邑全區商民公叩

駐濟先施公司緊要聲明

啓者本公司派往外埠收賬員於三月十八日路經德州之西新莊地方被人竊去收銀收條一本該收條內曾註明凡付賬時須有本公司專員簽名方生效力字樣但恐有胃簽姓名到各來往家行隱情事除專函通告各來往號特別注意外特此登報聲明將該收條一本作為廢紙嗣後倘有人攜該收條在外騙取貨項一經查出立即扭送官廳究辦此佈

报纸之部

平民日报

平民日报社编　编者刊　济南　1922年4月10日～1937年12月　1期～5511期；复刊1947年2月16日～1948年7月21日　5512期～57418期　日刊　55cm　铅印

1922年4月10日创刊于济南，创刊初期为对开8版，社址先在济南商埠经二路纬一路中间路东332号，后移至林祥南街112号，1937年12月因济南沦陷停刊，1947年2月16日登记复刊，复刊后为对开4版，社址在济南经四路纬二路227号，除在本市大布政司街设有办事处外，还在西关、商埠、历城、临淄、周村、潍县等设有分销处，发行一两千份。社长王贡忱、王伯洲，总编辑尹仲才、吴权璞。该报由王贡忱创办，后转让给王伯洲。

创刊初期该报是山东省议会部分议员组织的“正谊俱乐部”机关报，出版有《平民日报副刊》。1947年，孙进先买下了该报报名，登记复刊，实由国民党控制。

关于复刊期号的特别说明：根据实物记载，复刊日（1947年2月16日）报纸报头标注期号为“第5512”号，至1947年12月30日报纸报头期号为“第5799号”，1947年12月31日报纸报头期号则标注为“第57100号”，至停刊日报纸报头标注为“第57418号”。

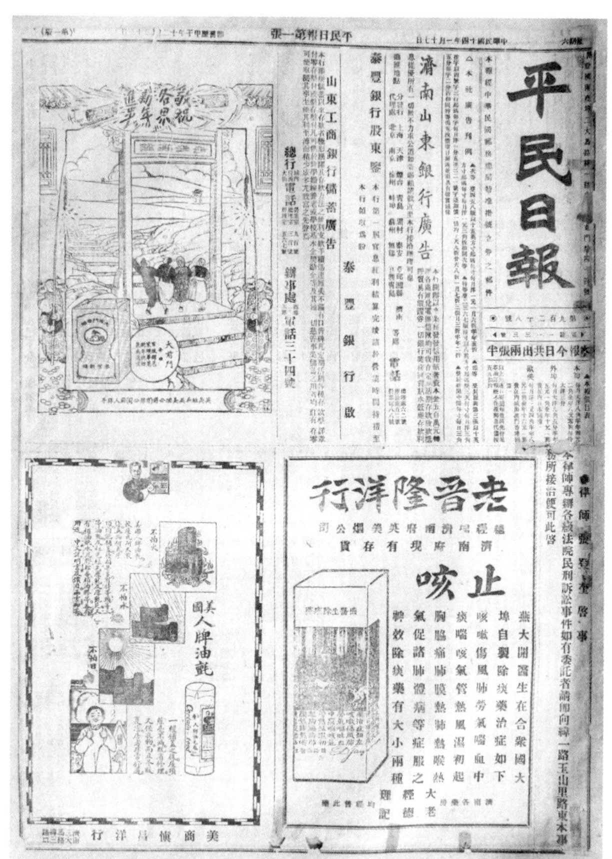
平民日報

濟南山東銀行廣告

泰豐銀行股東鑒

泰豐銀行啟

山東工商銀行儲蓄廣告

老晋隆洋行

止咳

燕大開醫生在合眾國大埠自製除痰藥治症如下

咳嗽傷風肺勞氣喘血中痰喘咳氣管熱風濕初起胸膈痛肺膜熱喉熱大氣促諸肺體病等症服之聘效除痰藥有大小兩種

美商慎昌洋行

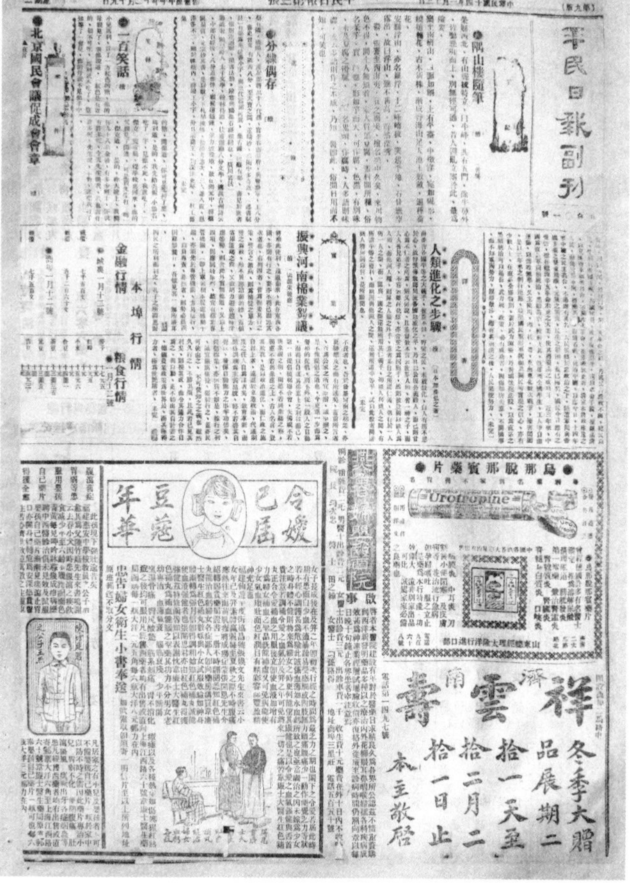
平民日報副刊

一百笑話

分錄備存

北京國民會議促成會會章

振興河南棉業芻議

人類進化之步驟

本埠行情

金融行情

糧食行情

令嬡巳届豆蔻年華

忠告婦女衛生小書奉送

烏那脫那寶藥片

Urotropine

祥雲壽

冬季大贈品展期二拾一天至二月二拾一日止

本主敬啓

平民晚报

平民晚报社编　孙进先［发行人］　济南　1948 年 4 月 7 日～1948 年　［总期数不详］　日刊　38cm　铅印

1948 年 4 月 7 日创刊于济南，是《平民日报》的晚刊，对开 2 版，当年停刊。一版是国际国内和本省新闻，二版是文艺版。

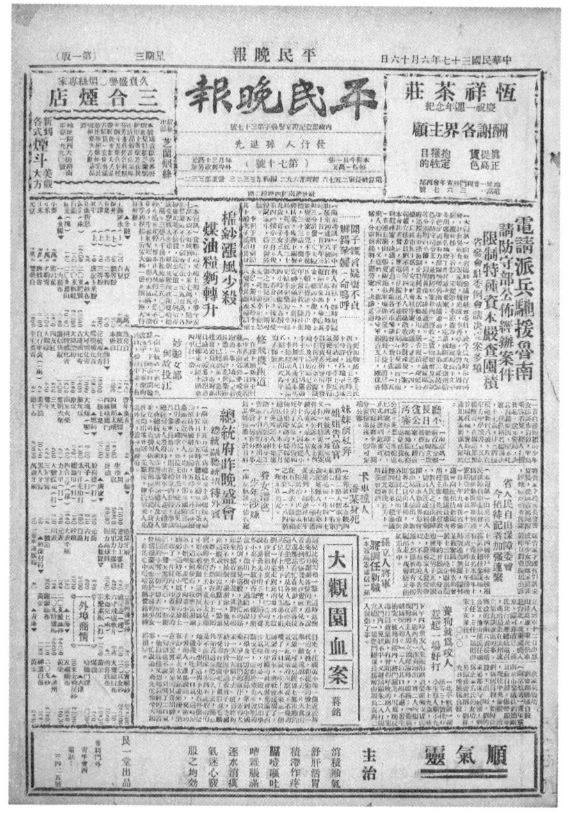

平民晚報 中華民國三十七年十月六日 星期三 第一版

恆祥茶莊

三合煙店

電請派兵馳援魯南

棉紗漲風少殺 棋油糧麵轉升

總統府昨晚盛會

大觀園血案

順氣靈

平民晚報 中華民國三十七年十月六日 星期三 第二版

生理與病理

龍虎劍

百草丹

兒童新常識

中華電機製釘廠

聯誼餐廳

保兒康

影劇廣告

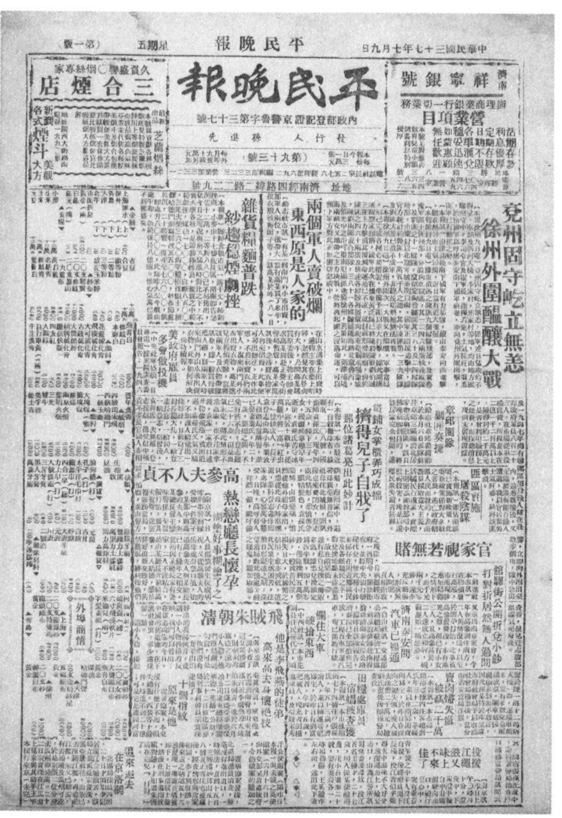

平民晚報 中華民國三十七年九月七日 星期五 第一版

三合煙店

祥寧銀號

兗州固守屹立無恙

徐州外圍醞釀大戰

兩個軍人賣破爛 東西原是人家的

高參夫人不貞 熱戀廳長懷孕

官家視若無睹

飛賊朱朝清

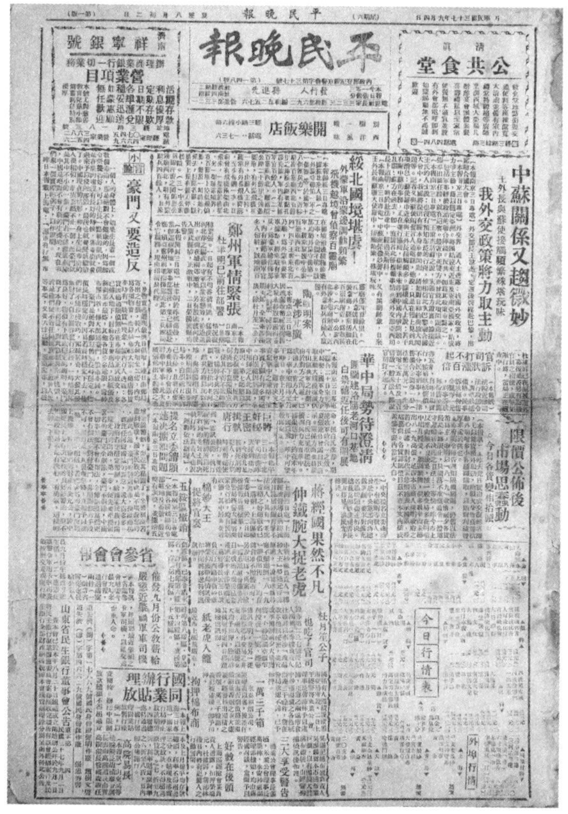

平民晚報

公共食堂

祥寧銀號

開樂飯店

中蘇關係又趨微妙

我外交政策將力取主動

綏北國境堪虞

豪門又要造反

鄭州軍情緊張

華中局勢待澄清

蔣經國果然不凡

報纸之部

青岛时报

李春选编　青岛时报社　青岛　1924年9月1日～1937年12月［总期数不详］；复刊1945年11月10日～1948年10月31日［总期数不详］日刊　54cm　铅印　并入《青联报》

1924年9月1日创刊于青岛，最初分中文日报和英文日报，经理是山东省议员梁弼卿，中文日报最初的总编辑是李春选，社址在新泰路1号，后迁至兰山路17号。1935在潍县创办了《青岛时报》(潍县版)。“七七”事变后，青岛的《青岛时报》一部分改迁到潍县出版，直到1937年12月初，两地同时休刊。抗战胜利后，于1945年11月10日正式复刊，1948年10月31日停刊，11月1日与《民言报》《平民报》《军民日报》《青岛公报》《青报》《青岛晚报》《民报》八报联合，创办《青联报》。

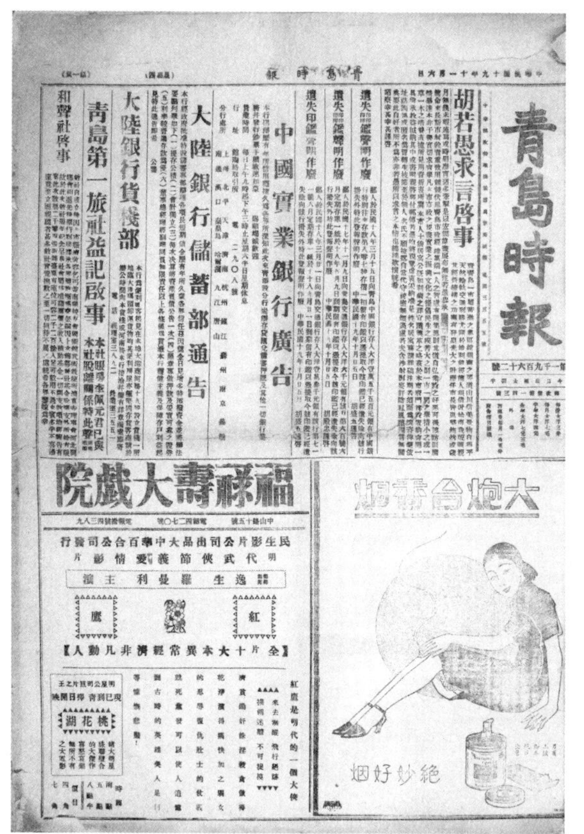

青島時報

胡若愚求言啟事

中國實業銀行廣告

大陸銀行儲蓄部通告

大陸銀行貨棧部

青島第一旅社盖記啟事

和聲社啟事

福祿壽大戲院

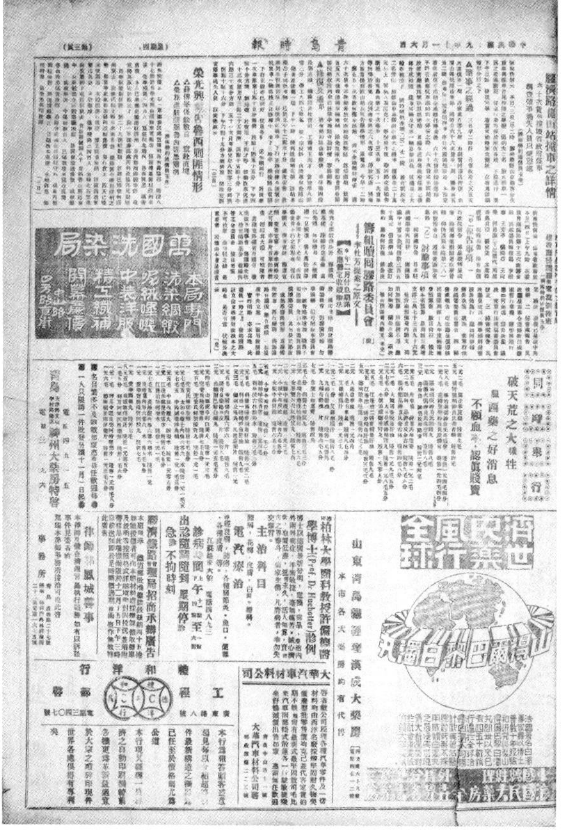

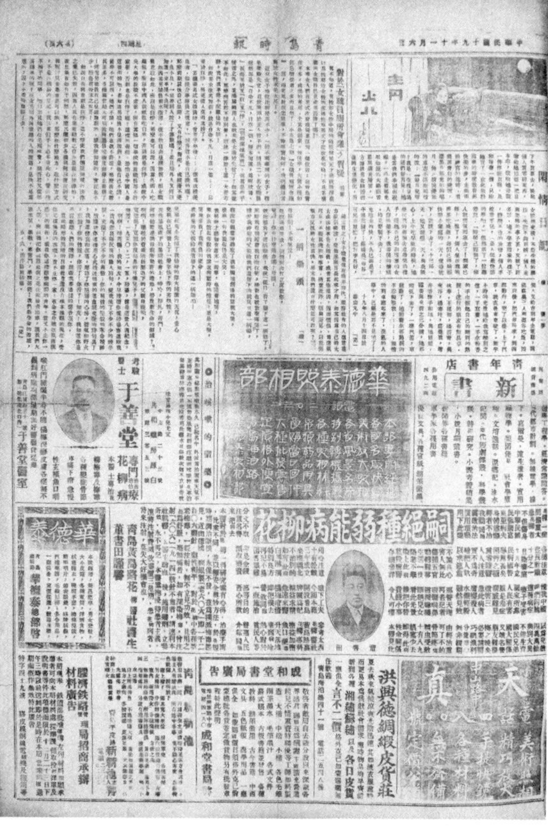

報紙之部

平民报

翟仲仙编　平民报社［发行］　青岛　1925年8月10日～1937年　［总期数不详］；复刊1945年10月16日～1948年10月31日　［总期数不详］　日刊　55cm　铅印　并入《青联报》

1925年8月10日创刊于青岛，4开4版，社址在青岛安徽路22号，最初名为《平民白话报》，1928年改称为《平民报》，社长张乐古。“七七”事变后该报停刊，1945年10月16日在安徽路26号复刊，复刊后的《平民报》，对开一张，日销二千份左右。1947年《大民报》与《平民报》一稿两印，自1948年3月16日起，此两种报纸出《联合版》。1948年10月31日停刊，11月1日与《青岛公报》《军民日报》《青岛时报》《青报》《青岛晚报》《民报》《民言报》八报联合创办《青联报》。

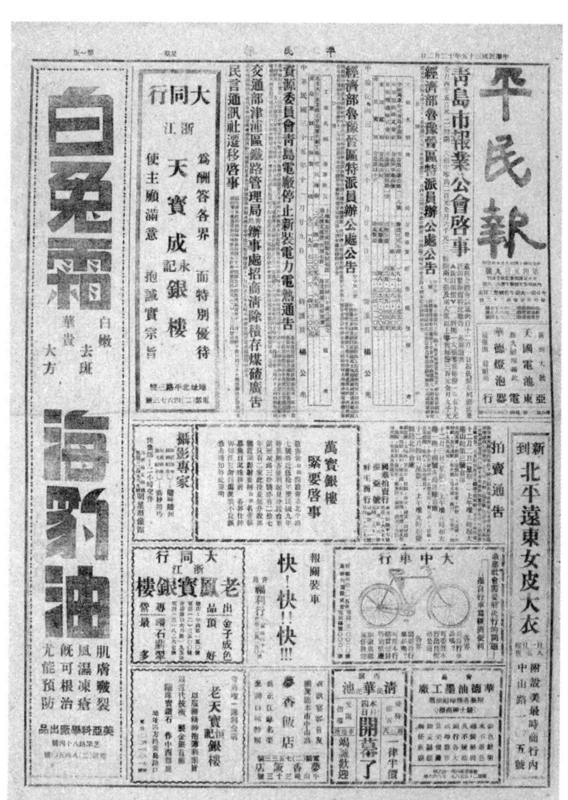

平民報

青島市報業公會啟事

經濟部魯豫晉區特派員辦公處公告

資源委員會青島電廠停止新裝電力電熱通告

交通部津浦區鐵路管理局辦事處招商清除積存煤碴廣告

民言通訊社遷移啟事

大同行 浙江 天寶成銀樓

白兔霜 白嫩 去斑 華貴 大方

海豹油 肌膚皸裂 風濕凍瘡 既可根治 尤能預防

新到北平遠東女皮大衣

拍賣通告

萬寶銀樓緊要啟事

攝影專家

快！快!!快!!!

大中車行

老鳳寶銀樓

老天寶銀樓

濟華池 開幕了

華德油墨工廠

市總工會成立 李顯斌當選爲理事長

取締無照建築房屋

今日開始配售

春運會 第一日成績

千百健兒大顯身手 團體表演個個逞強

婦女會

大賽馬

寫在選舉前頭

中華民國三十五年六月十七日 平民報

東北共軍展開攻勢 濟南外圍集結十萬

哈爾濱南共軍渡江企圖進犯

豫北修武激戰娘子關被擊退

社論 這幾天莫再空過去

各黨派代表赴京

陸軍軍官學校 蔣兼校長親臨致訓詞

中共黨員聲明脫黨

共軍背行不遵停戰令 攻城陷地到處襲國軍

中農濟南分行 實施緊急農貸

鮑萊視察東北工作展開 招待中外記者發表演詞

魯省災象慘重

舉行盛大慶祝會

軍調部

魏道明

青岛公报

侯圣麟编　王信民［发行人］　青岛　1945年9月15日～1948年10月31日　1期～1112期　日刊　55cm　油印　并入《青联报》

1945年9月15日创刊于青岛，社址在青岛市中山路6号，创刊初始为4开4版，后改为对开4版，发行八千份左右。1948年10月31日停刊，11月1日与《民言报》《平民报》《军民日报》《青岛时报》《青报》《青岛晚报》《民报》八报联合，创办《青联报》。

该报是国民党青岛市政府机关报，创刊初期，由王信民任社长，侯圣麟为总编辑，经理马献三，编辑部主任陈松卿，副刊编辑张喟兹，周刊主编林冠一，后侯圣麟出任社长，继而竞选为监察委员，不久即被人暗杀，之后由王雨宸任社长，1948年市长李先良下台后，改组《青岛公报》，于佩文任社长，李代芳、徐祖善、高伯玉为理事。

中華民國三十五年七月一日

青島公報

停戰命令雖已期滿 仍由馬帥繼續調解
中宣部彭部長學沛發表聲明

美國協助中國復興

與平內戰完成統一

剷除沿南王海清匪

全國……陽攻大同

第一綏靖區軍事法庭佈告

青島市敵產住宅房屋分配考核委員會

中央航空運輸公司公告

財政部青島直接稅局公告

青島市政府財政局遺失聲明

中國紡織建設公司青島分公司公告

中華民國三十五年十一月十五日

青島公報

國大今舉行第一次大會
主席團分組名單擬定
討論憲法將有熱烈爭辯

民社黨國大代表首批昨開始報到

首都各界宴國大代表

宋院長歡宴

美貨傾銷問題

國家權用列舉方式
地方權用概括方式

共軍在魯東發動戰爭 最後根據地已決定

文藝

春秋

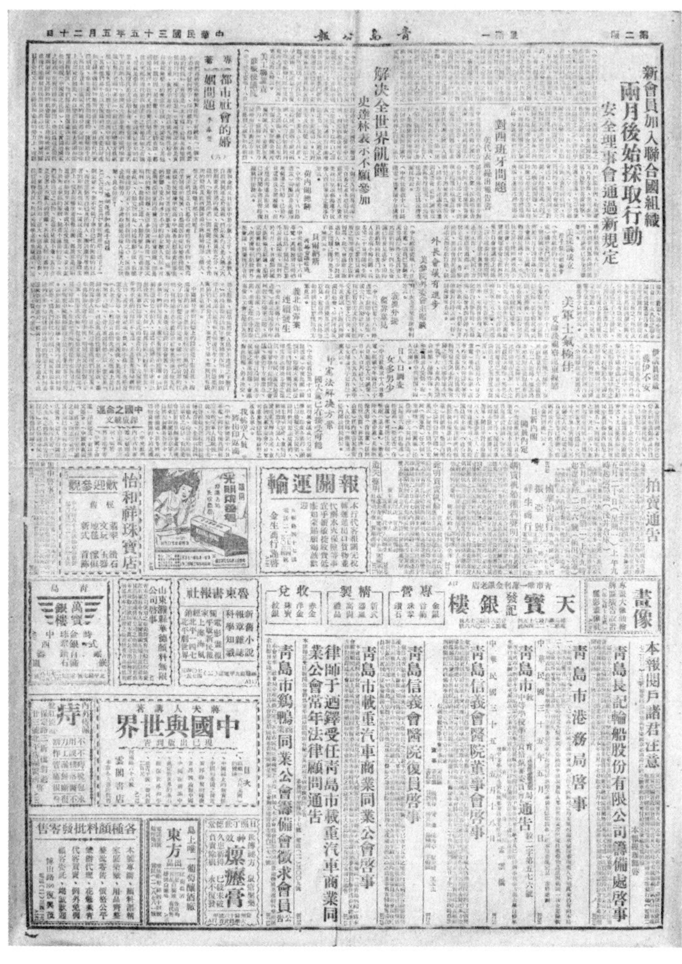
中華民國三十五年五月二十日

青島公報

新會員加入聯合國組織
兩月後始採取行動
安全理事會通過新規定

解決全世界飢饉
史達林表示不願參加

都市社會的病態問題

美軍士氣極佳

拍賣通告

報關運輸

怡和鮮珠寶店

天寶銀樓

中國與世界

各種顏料批發零售

東方

本報用戶諸君注意

青島長記輪船股份有限公司籌備處啟事

青島市港務局啟事

青島信義會醫院董事會啟事

青島信義會醫院復員啟事

青島市載重汽車商業同業公會啟事

律師于鴻鋒受任青島市載重汽車商業同業公會常年法律顧問通告

青島市鷄鴨同業公會籌備會徵求會員

民言报

民言报社编　葛覃［发行人］　青岛　1945年10月10日～1948年10月31日　1期～1081期　日刊　55cm　铅印　并入《青联报》

1945年10月10日创刊于青岛，对开4版，社址在上海路6号，10月10日为专刊号，10月20日为正式创刊号。

该报是国民党青岛市党部机关报，社长葛覃、杨天毅，总编辑薛心熔，主笔王仲方、刘秋潮、王逸民。1945年11月1日增出英文版《民言报》，主要给美在青驻军看。1946年12月19日创刊文学副刊《潮音》，王统照任编辑，每周出刊三期，逢周三、五、日在第四版刊出，共出刊29期；《潮音》停刊后，《民言报》又出刊了《艺文》文学副刊；1946年7月1日又增出《民言晚报》，日刊，4开4版，发行量最高达1.3万份，居晚报之首。1948年10月31日终刊，11月1日与《青岛公报》《平民报》《军民日报》《青岛时报》《青报》《青岛晚报》《民报》八报联合创办《青联报》。

中華民國卅四年國慶紀念特刊

慶祝勝利之時

慶祝有史以來最光榮的一天

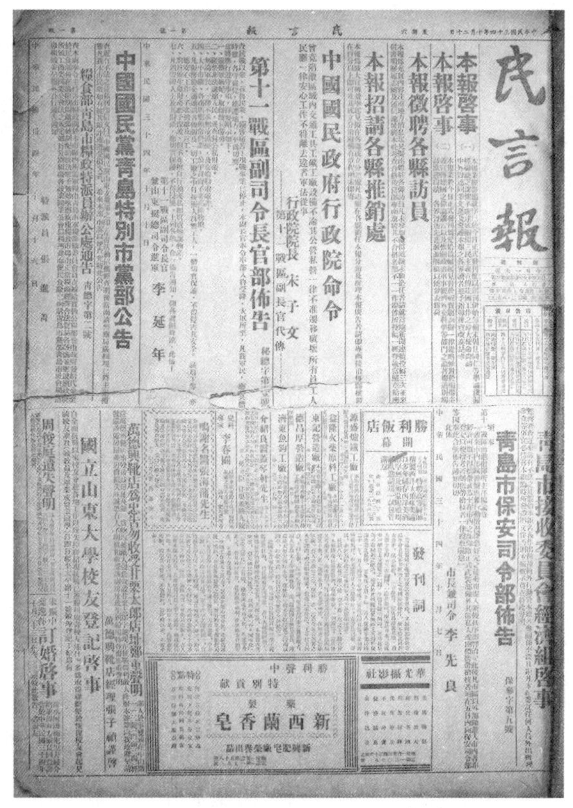

民言報

本報啓事

本報徵聘各縣訪員

本報招請各縣推銷處

中國國民政府行政院命令

第十一戰區副司令長官部佈告

中國國民黨青島特別市黨部公告

青島市保安司令部佈告

國立山東大學校友登記啓事

發刊詞

新西蘭香皂

日皇命運將決於民意

強調軍備重整

新政權的創始

家庭教師待聘

军民日报

王福春编　中华邮政局［发行］　青岛　1945年11月20日~［1948年10月23日］　1期~［1021期］　三日刊　55cm　铅印　并入《青联报》

1945年11月20日创刊于青岛，社址在市场一路37号。1945年12月10日前为三日刊，是国民党第八军机关报，军长李弥兼任报社理事长，社长王晴初（第八军少将副师长）。抗战胜利后，李弥的第八军调驻青岛及胶东一带，遂创办该报，并由第八军副师长王晴初兼任社长。该报采用国民党中央社电稿，与国民党官方报纸言论一致，尤以体育新闻见长。日发行量五千份。

1946年6月16日又增出晚刊《军民晚报》。1948年11月1日与《青岛公报》《平民报》《青岛时报》《青报》《青岛晚报》《民报》《民言报》八报联合，创办《青联报》。

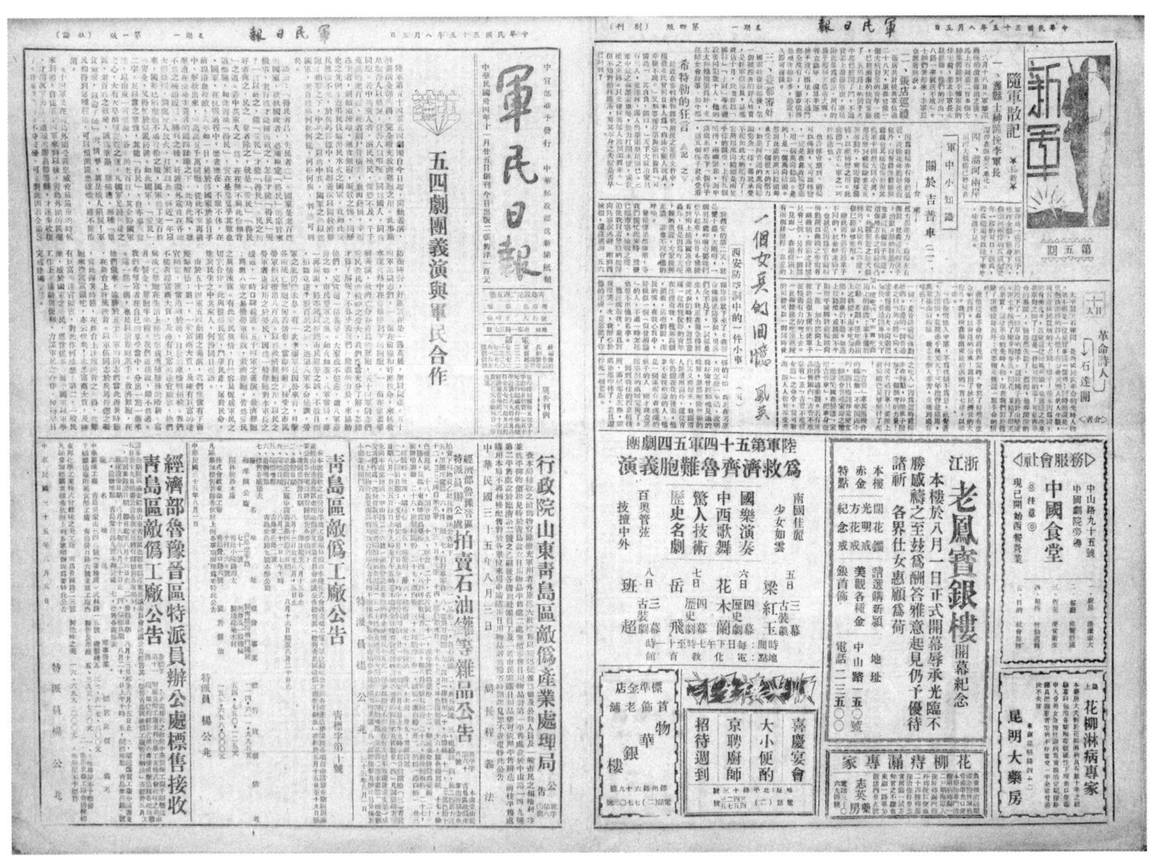

軍民日報

五四劇團義演與軍民合作

行政院山東青島區敵偽產業處理局公告

經濟部……拍賣石油等雜品公告

青島區敵偽工廠公告

經濟部魯豫晉區特派員辦公處標售接收青島區敵偽工廠公告

新軍 第五期

隨軍散記

一個女兵的回憶 風炎

革命詩人

陸軍第五十四軍五四劇團 為救濟魯難胞義演

國樂演奏 中西歌舞 驚人技術 歷史名劇 百興管弦 技擅中外

浙江老鳳寶銀樓開幕紀念

中國食堂

花柳淋病專家 昆明大藥房

花柳痔瘺專家

喜慶宴會 大小便酌 京聘廚師 招待週到

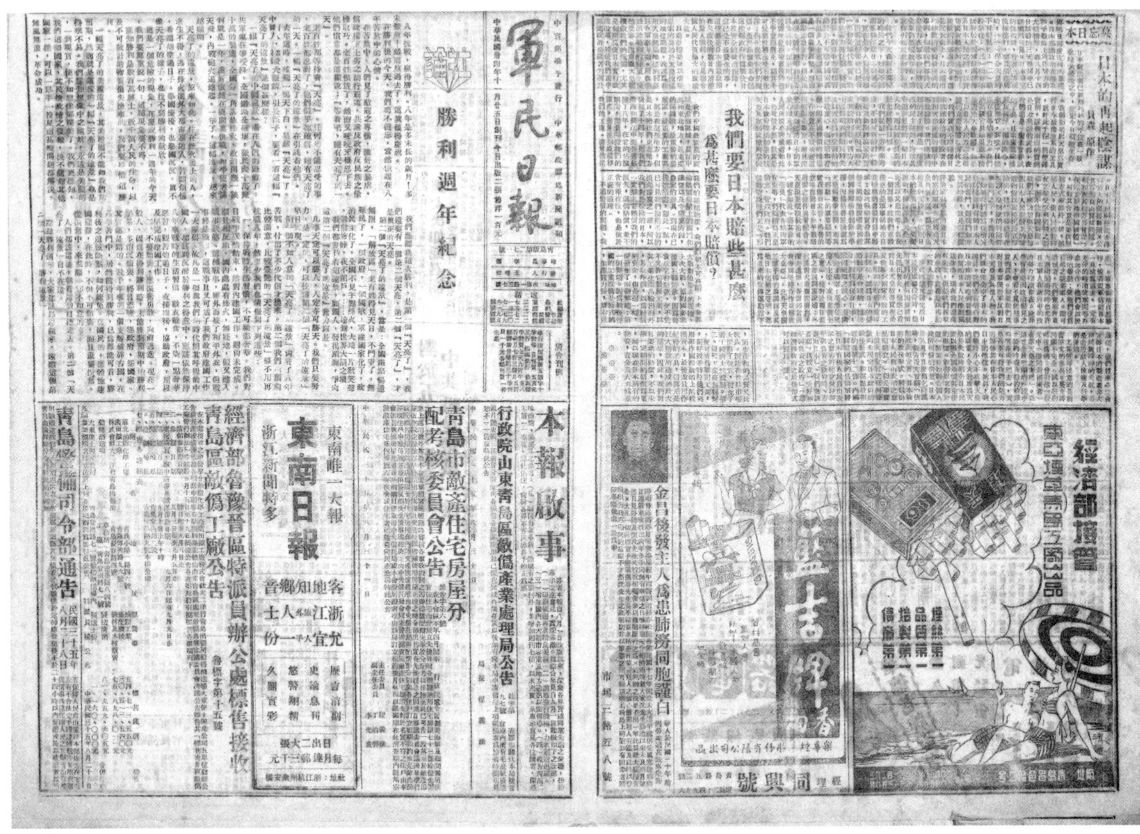

軍民日報

勝利週年紀念

本報啟事

行政院山東青島區敵偽產業處理局公告

青島市敵產住宅房屋分配考核委員會公告

東南唯一大報 東南日報 浙江新聞獨多

客地鄉知音 浙江人士 允宜人手一份

經濟部魯豫晉區特派員辦公處標售接收青島區敵偽工廠公告

青島警備司令部通告

我們要日本賠些甚麼 為甚麼要日本賠償？

日本的再起陰謀

經濟部接管東亞煙草青島支店出品

藍吉祥 香烟

同興號

报纸之部

山东民国日报

李江秋编　中华邮政局［发行］　泰安　1928年～1937年11月　1945年3月10日～1946年6月30日　1期～5672期　日刊　55cm　铅印　由《大华日报》替代

该报原名《国民新闻》，1928年创刊于泰安，社长李江秋，总编辑王育民、王建今，发行人孙进先，是国民党山东省党部机关报。该报在韩复榘统治山东时，是韩的御用报纸，所刊内容除各通讯社电稿外，大都是省府例会、要人行止。1929年6月该报迁往济南出版，社址在济南城内东华街9号。1937年11月休刊，1940年一度在沂水东里店复刊，1945年3月10日在安徽阜阳复刊，后又迁回济南出版。1946年6月30日停刊，次日改名为《大华日报》。

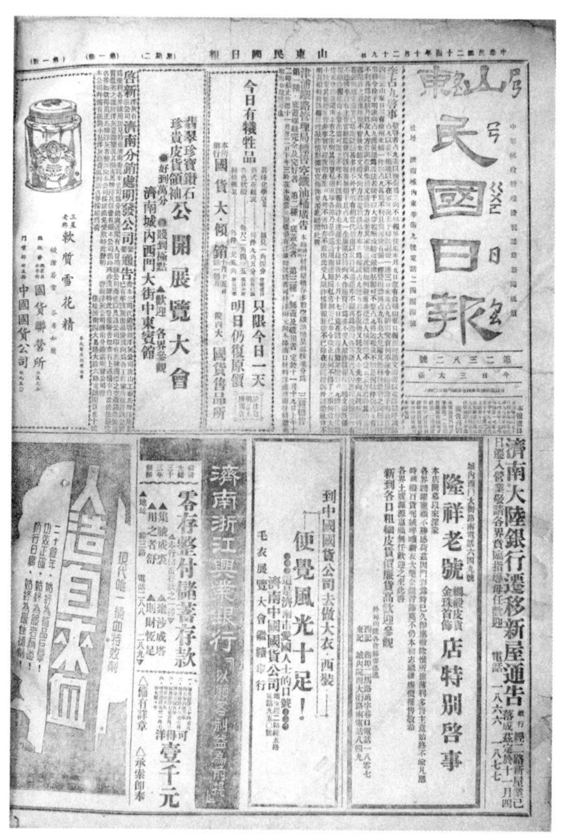

山東民國日報

濟南大陸銀行遷移新屋通告

隆祥老號 店特別啓事

公開展覽大會

今日有犧牲品

國貨大傾銷

只限今日一天 明日仍復原價

濟南浙江興業銀行

零存整付儲蓄存款

到中國國貨公司去做大衣西裝

便覺風光十足！

濟南中國國貨公司

人造自來血

海藻晶

婦女神藥坤寶

山東民國日報 號外

日本正式無條件投降

倭皇準備下令執行盟國條件

山東民國日報

日投降專使飛抵馬尼剌

麥帥通佈會商於廿日晨舉行

中蘇澳各區日投降事進行中

何主席指揮各部向濟南青島挺進

大华日报

魏其彭编　大华日报社　济南　1946年7月1日～1948年8月31日　1期～785期　日刊　55cm　铅印　替代《山东民国日报》

1929年，国民党山东省政府由泰安迁回济南，1928年在泰安出版的《国民新闻》报也随之迁至济南，并改名为《山东民国日报》。1946年6月30日《山东民国日报》停刊，次日改名为《大华日报》。1948年9月济南解放，该报停刊。

《大华日报》为对开4版，社址在经三路纬二路路西，占地约六千平方米，首任社长是孙进先（孙均野）。1946年山东高等法院公审汉奸苗兰亭（济南商会会长），判10年有期徒刑，《大华日报》认为审判不公，以大量篇幅揭露法院的舞弊行为，为此国民党山东省党部对该报班子进行改组，由刘汝浩接任，该报遂为“中统”控制。另两任社长是国民党山东省党部执委李汉鸣和省党部委员刘明顺。此后该报在国民党山东省党部的控制下，竭尽全力进行反共反人民的宣传。

该报内部设编辑部、经理部和印刷厂三部分。其印刷设备是接收日本的，在当时比较先进，有日产轮转机、电动铸字机及手摇铸字机、平板机、压烤版机等。报纸印刷清晰。一版、二版刊登国内外军政要闻，三版刊登省内新闻及社会新闻，四版刊登读者来信、《黄河》副刊、文化消息及广告。发行量2000～10000份。

大華日報

和平談判現已停頓

鄂豫冀蘇共軍大舉進犯

蔣主席召見邵力子雷震

社論 從所謂"反美運動"說到中美兩國人民的願望

延安張家口運到共機

李先念部猛犯棗陽

大華日報

政府中共直接談判停止

主席馬帥明日西航廬山

杜聿明林彪今在長會晤

鄂豫共軍又攻隨棗城

北路窺鄂縣正激戰中

星期論文 如何發揚勝利成果

大華日報

抗戰勝利週年紀念

主席昭告全國同胞

社論 建立强大的空軍

應時月餅

馬大夫診所

大華日報

主席將離牯赴南昌轉京

馬帥司徒深夜長談

司徒大使周恩來昨晤談

合理管制物價

我軍進駐濟寧

社論 歡迎難胞救星谷部長

共軍應立即停犯大同

東北共軍蠢動

蘇北共匪暴行

魯豫區接收處理敵偽物資清查團通告

忠義軍得勝部隊政治部招考男女政工人員啟事

山东民报

山东民报社编　中华邮政局［发行］ 泰安 ［1928 年 10 月］~ 1929 年 5 月 19 日　1 期~ 214 期；复刊［复刊日期不详］~ 1936 年 ［总期数不详］ 日刊　39cm　铅印

1928 年创刊于泰安，社址泰安万字街，后迁到济南。1929 年 5 月 19 日发表“本报预备迁济，自明日起暂行停刊”，是国民党右派报纸。社长是国民党山东省党部监察委员赵季勋，后又为国民党山东省党部负责人张苇村所控制。

山東民報

△中華郵政特准掛號認爲新聞紙類△

△社址泰安萬字街電報掛號一三五七號△

第一八六號

每日出報兩張

零售每份銅元八枚

本報啓事一

本報近承各界踴躍投稿至爲感荷茲爲清理存稿務請投稿諸君以詳細地址及投稿次數條數詳告以便清查爲荷

本報啓事二

各界致函本報凡關于訂報登廣告者請經理部關于投稿者請寄編輯部關于副刊者請寄副刊編輯室以免混淆爲荷

山東日報社啓事

泰安平民醫院啓事

顏山中學添招三年初級插班生

濟南振業火柴公司啓事

山東剿匪總指揮部軍需處啓事

黨童子軍月刊

戚愛貞啓事

泰安民業印刷局啓事

濟南市民日報出版

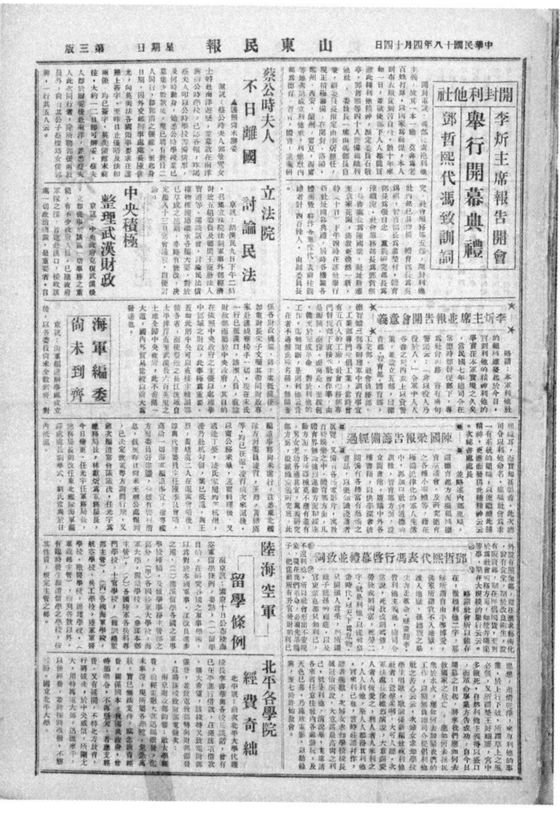

開封利他社舉行開幕典禮

李炘主席報告開會

鄧哲熙代馮致訓詞

蔡公時夫人不日離國

立法院討論民法

中央積極整理武漢財政

海軍編委尚未到齊

李炘主席報告開會意義

陳國梁報告籌備經過

陸海空軍留學條例

北平各學院經費奇絀

楊虎臣部克復高密

生擒僞師長陳子成

截獲長短槍千餘枝

俘虜共一千二百名

孫魁元部剿除刁松亭

商河教育局長易人

泰安防險水會續訊

五月一日正式成立

西關盤龍街之火警

濟南簡訊

鄒城建碑五通

歷城縣長佈告安民

濰縣近訊

膠縣民團剿匪近訊

日照縣立中學校將開學

民國與英團火

濟南桿石橋搶案已破獲

省府中山俱樂部昨日之開幕典禮

第一〇一號

贈藝術家們

誰之罪

濤聲

曳緒軒叢話

湘筍

国民日报

国民日报社编　中华邮政局［经销］　济南　1929年～1935年　［总期数不详］　日刊　54cm　铅印　继承《历下新闻》

1929年创刊于济南，其前身是《历下新闻》，1935年终刊。该报是国民党历城县党部机关报，对开4版，两张。社长郝家骅。其中副刊《燕语》的编辑有马吉峰（笔名马峰）、张春桥。

该报报名由戴传贤题，附有英文名The People Daily News和出版地英文名Tsinan ShanTuong。一版、二版刊登征订信息、本市影讯等生活广告；三版、四版刊登国际国内重大新闻；五版、六版刊登国内、本省、本市新闻、通知、布告、指示和领导人的文章、讲话，省会广播电台节目单；七版主要刊登文学、小说连载及文学专栏，如《圆圆》周刊、《儿童》周刊等；八版刊登本市生活、经济信息、物价表等。《国民日报》是当时济南百姓了解国际国内新闻、掌握生活讯息的报纸之一。

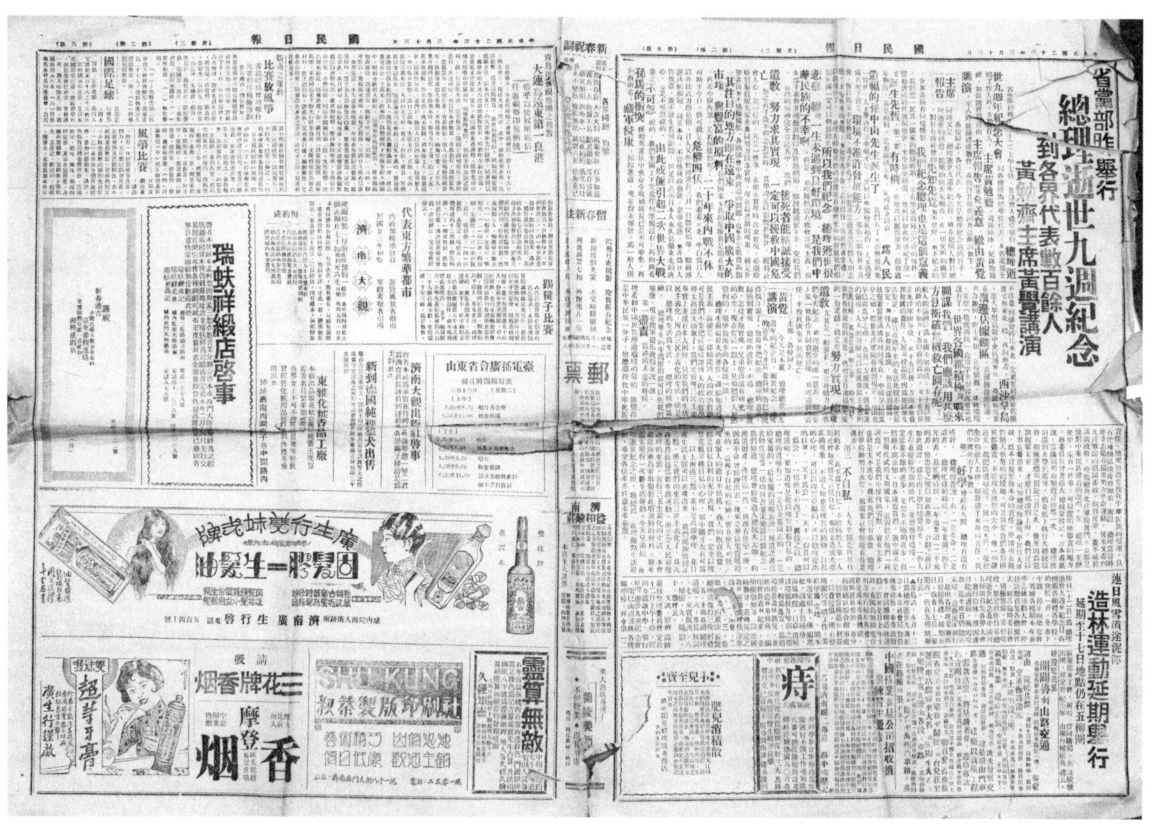

國民日報

總理逝世九週紀念

到各界代表數百餘人

造林運動延期舉行

瑞蚨祥綢店啓事

濟南大觀

靈寶無敵

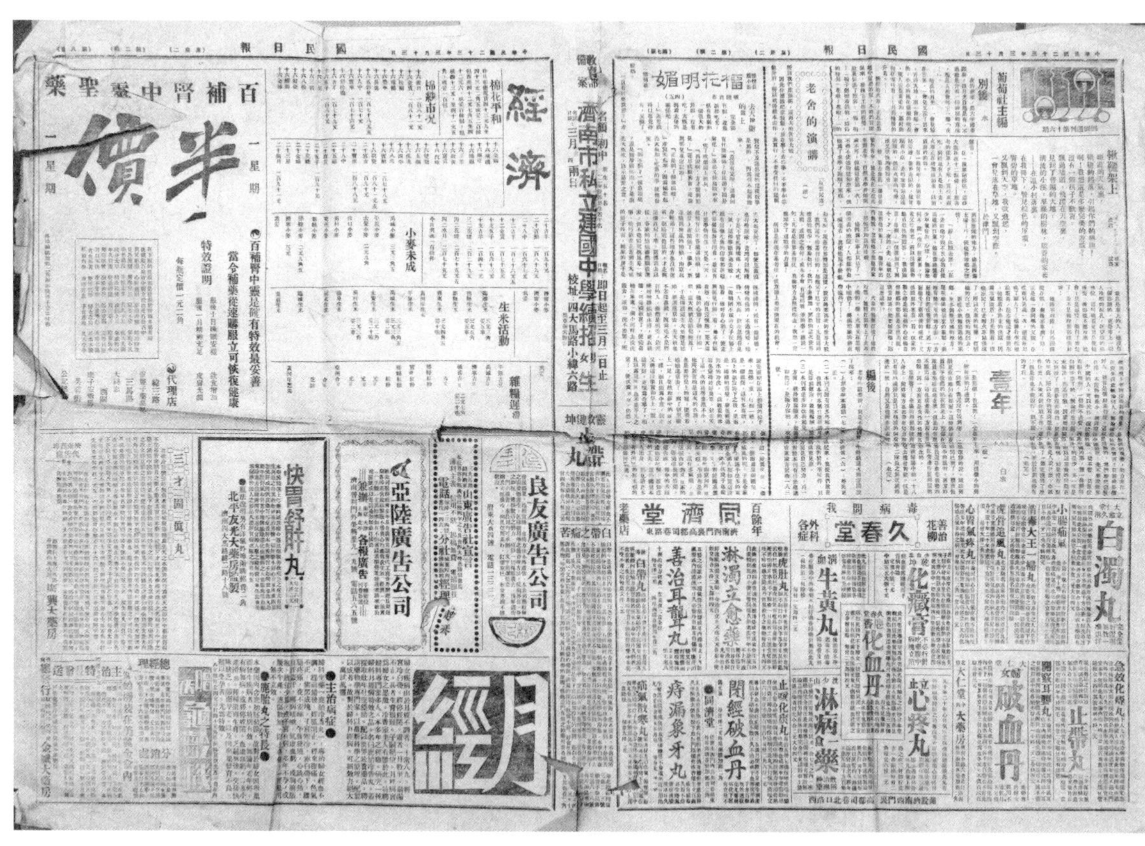

國民日報

百補腎中藥聖藥

半價

經濟

濟南市私立建國中學續招女生

良友廣告公司

亞陸廣告公司

快胃舒肝丸

同濟堂

久春堂

白濁丸

牛黃丸

化癥膏

止心疼丸

破血丹

閉經破血丹

善治耳聾丸

淋濁立愈藥

報纸之部

山东日报

山东日报社编　中华邮政局［发行］　济南　1929年～1937年　1期～13127期　日刊　39cm　铅印

1929年创刊于济南，总社在济南城内西门大街8号，分社在商埠升平街乙字1号。社长冉揆仲，总编辑牟宜之。冉和牟均为当时济南教育界的进步人士。副刊精彩是该报一大特色，除由赵则诚主编的副刊发表诗歌、小品、短篇小说、短剧、杂感、文坛消息外，还有青年文化社主编的《光明》，春草文艺社主编的《春草》，济南新医学社主编的《新医周刊》，博文学会主编的《时代文艺》，闫哲吾主编的《戏剧周刊》，文登人于云若主编、梁漱溟题刊头字的《明衣》双周刊；还有王铁民主编的《小品文学》，介绍影星、影片，披露影界消息的《电影圈》等。1937年因日军侵入济南而停刊。

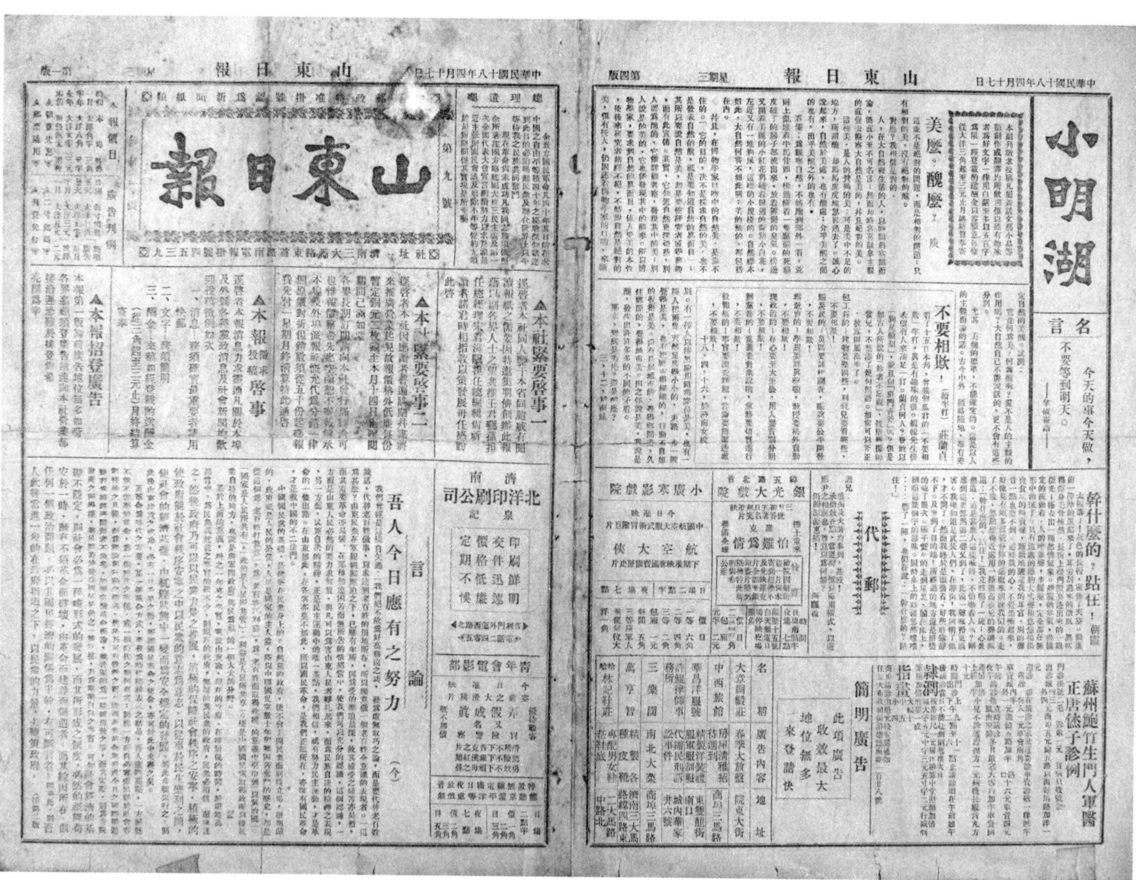
中華民國十八年四月十七日　山東日報　第一版

山東日報

本社緊要啟事一

本社緊要啟事二

本報投稿啟事

本報招登廣告

言論

吾人今日應有之努力

北洋印刷公司

青年會電影部

中華民國十八年四月十七日　山東日報　星期三　第四版

小明湖

名言

今天的事今天做，不要等到明天。

美麼，醜麼？

不要相欺！

幹什麼的，跕住！

蘇州施竹生門人軍醫正唐悰子診例

代郵

簡明廣告

小廣寒電影院

銀光大戲院

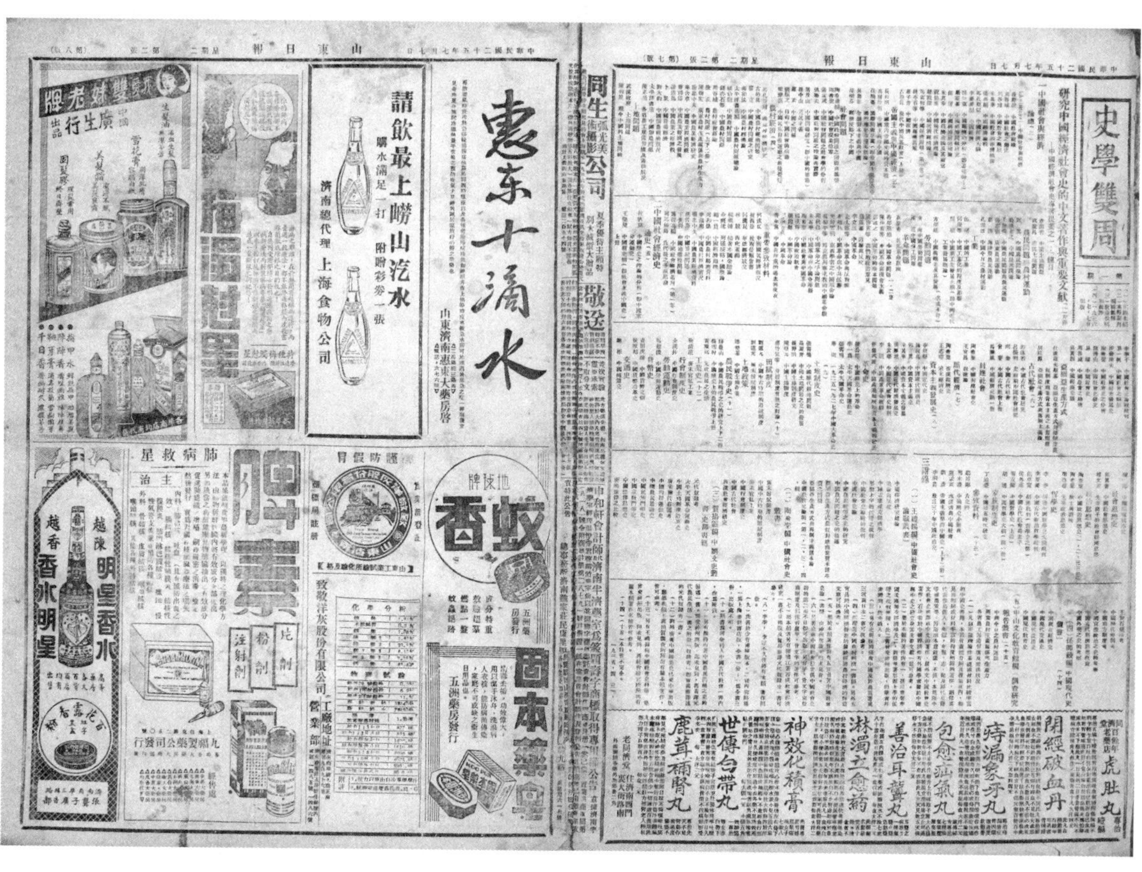
中華民國二十五年七月七日　山東日報

惠东十滴水

山東濟南惠東大藥房啓

請飲最上嶗山汽水

濟南總代理 上海食物公司

肺病救星

明星香水

地球牌 蚊香

史學雙周

同生照相公司

敬送

閉經破血丹

包愈疝氣丸

善治耳聾丸

淋濁立愈葯

神效化積膏

世傳白帶丸

鹿茸補腎丸

虎肚丸

报纸之部

山东省道会议特刊

山东省政府省道办事处编　编者刊［出版地不详］1929年1月1日　总1期　特刊　39cm　铅印

汪树惪述稿，高紫岗编纂，文美斋印刷，杨其祥为该报题写报头。该报目录为《启事四则》《祝词十件》《纪录——空前之省道会议》《县道村道之规划》《省道路线里程一览表》《拟定第一期各路应修县道统计表》《命令——省政府训令各县修筑道路文》《报告——省道处购置汽车》《尾声——筑路歌》。

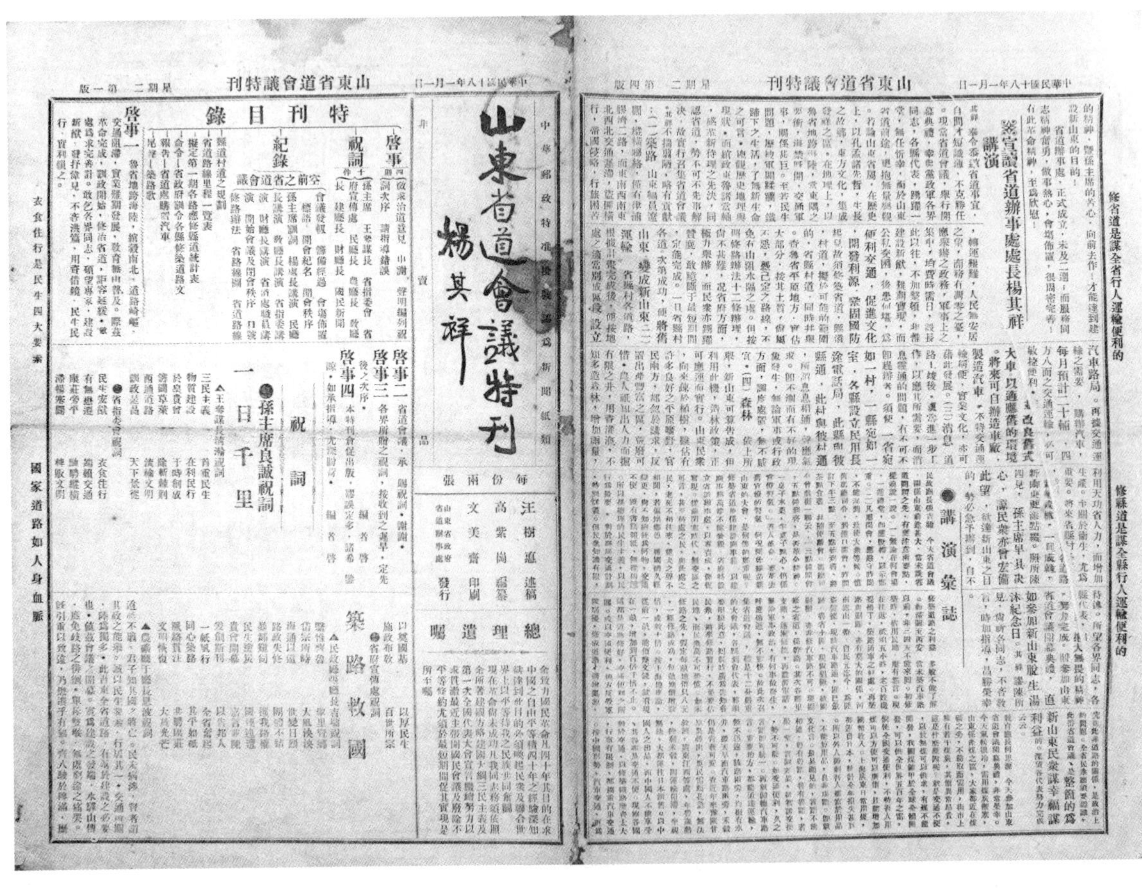

山東省道會議特刊

楊其祥

特刊目錄

啓事

祝詞

紀錄

講演

講演彙誌

築路救國

青岛民国日报

青岛民国日报社编　编者刊　青岛　1929 年 6 月 1 日 ~ 1932 年 2 月［总期数不详］日刊　55cm　铅印

1929 年 6 月 1 日创刊于青岛，4 开 8 版，国民党青岛市党部主办，负责人杨兴勤，1932 年 2 月停刊。

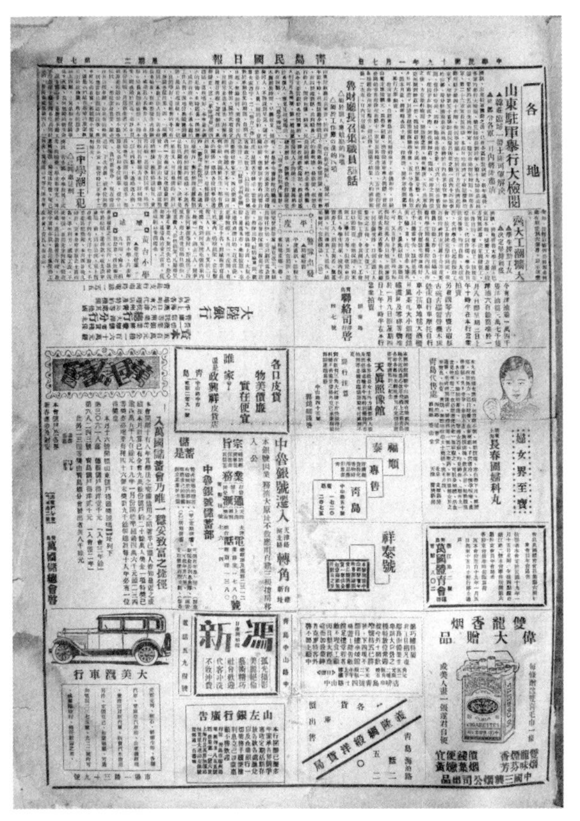
青島民國日報

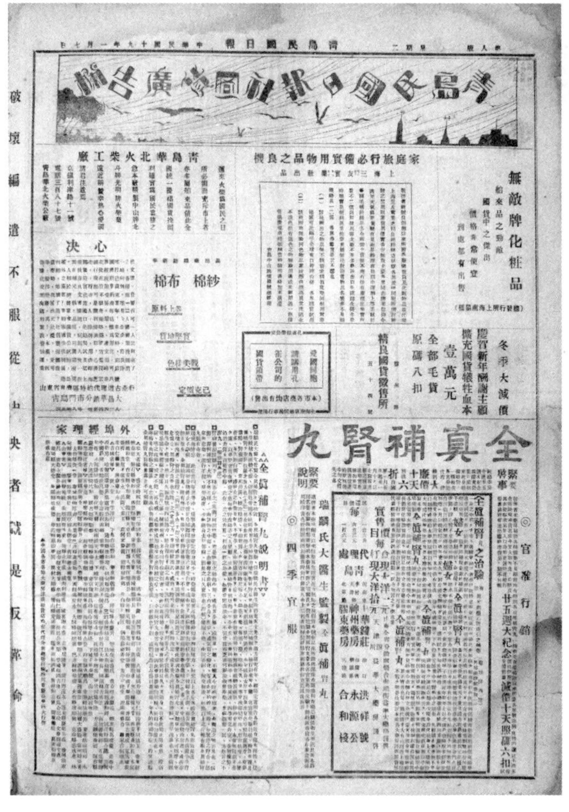
青島民國日報

全真補腎丸

华北新闻

方奈何、董子安编　中华邮政局［发行］　济南　1930年～1937年12月26日　1期～［3128期］；复刊［1945年10月26日］～1948年9月　［3129期］～［4064期］　日刊　38cm　铅印

1930年创刊于济南，4开8版，创刊初期，社址在魏家庄中间路西，后迁该街东首路北24号。社长赵自强，总编辑方奈何和董子安。1937年12月27日因日军侵占济南休刊。

该报是社长赵自强接受广饶同乡李延年、李玉堂的资助创办的。抗战期间，该报曾出版过西安版、重庆版。1945年8月抗日战争胜利，10月正式在济南复刊，改为4开4版，日发行量在1.2万份左右。1948年9月中国人民解放军解放济南时停刊。

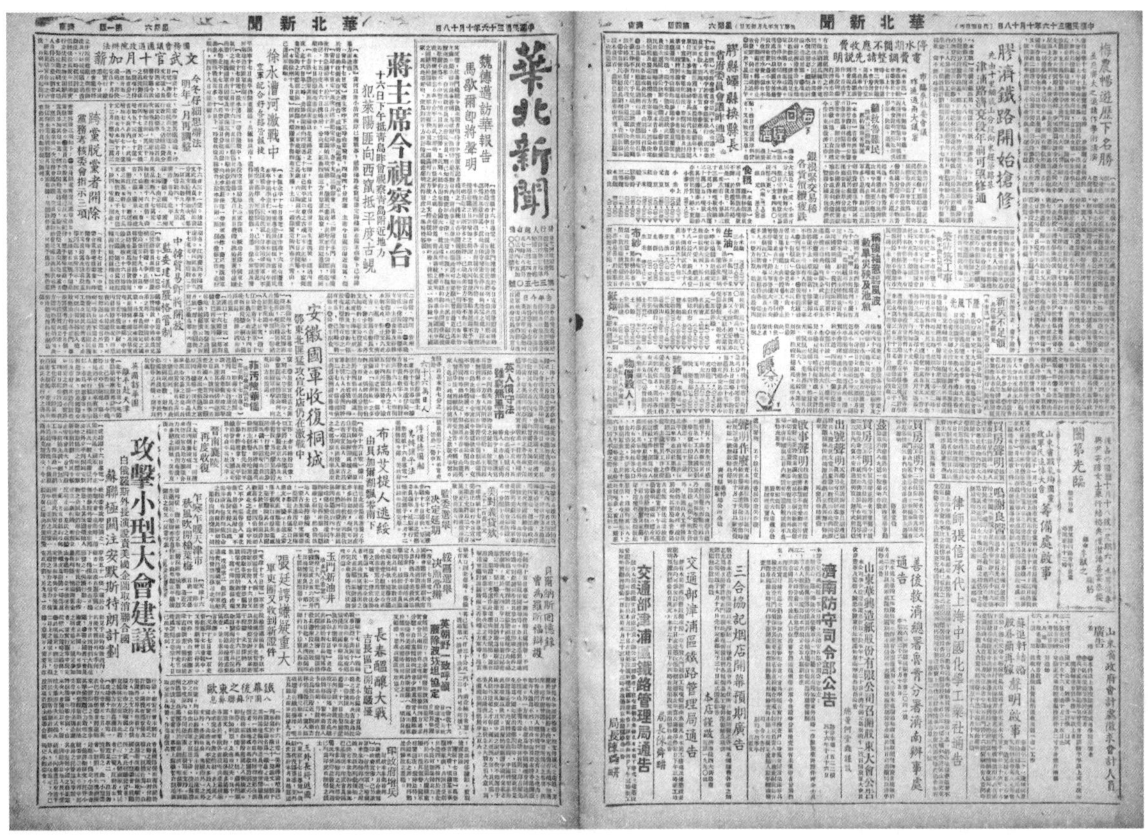

華北新聞

蔣主席今視察烟台

魏德邁訪華報告 馬歇爾即將聲明

徐水漕河激戰中

安徽國軍收復桐城

攻擊小型大會建議

長春鏖戰大戰

膠濟鐵路開始搶修

濟南防守司令部公告

交通部津浦鐵路管理局通告

律師提信承代上海中國化學工業社通告

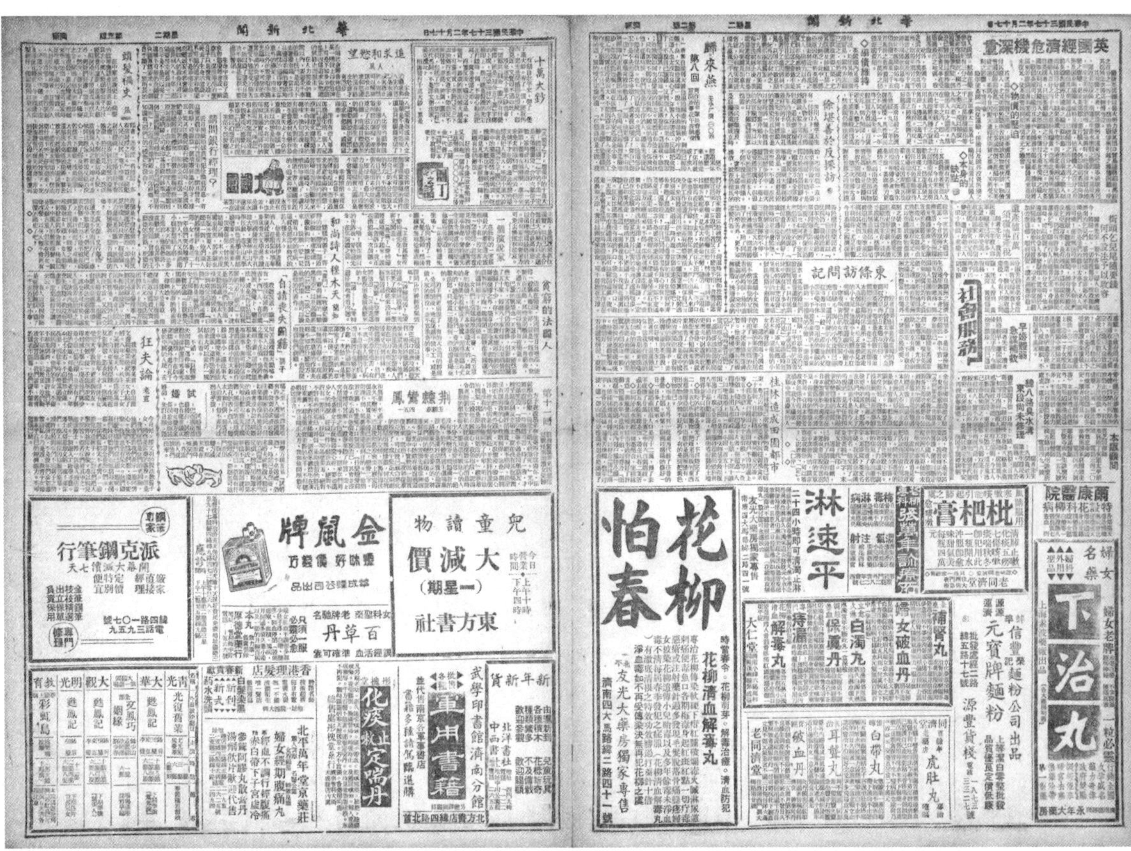

華北新聞

東條訪問記

派克鋼筆行

金鼠牌

兒童讀物 大減價 東方書社

花柳 怕春

花柳清血解毒丸

淋速平

枇杷膏

元寶牌麵粉

下治丸

济南晚报

济南晚报社编　中华邮政局［发行］　济南　1930年～1936年9月　［总期数不详］　日刊　38cm　铅印　由《济南晨报》替代

1930年创刊于济南，社长郭仲泉，社址在济南经六路纬四路，4开8版，该报是商业性的民办报纸，刊登国内外新闻及省内新闻，广告较多，商业气息浓厚。

1936年9月改名为《济南晨报》。

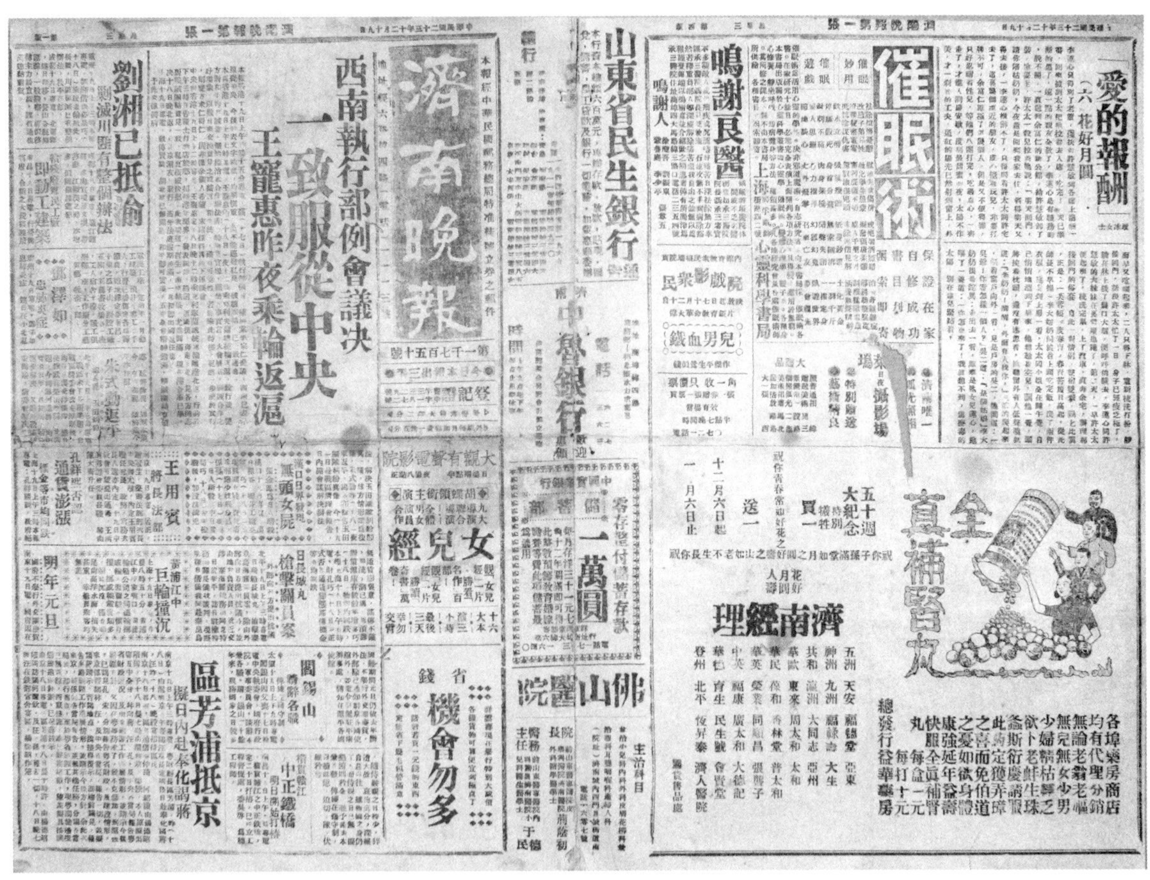

濟南晚報

西南執行部例會議決

一致服從中央

王寵惠昨夜乘輪返滬

劉湘已抵渝

區芳浦抵京

山東省民生銀行

中魯銀行

佛山醫院

機會勿多

催眠術

鳴謝良醫

愛的報酬

全真補腎丸

濟南經理

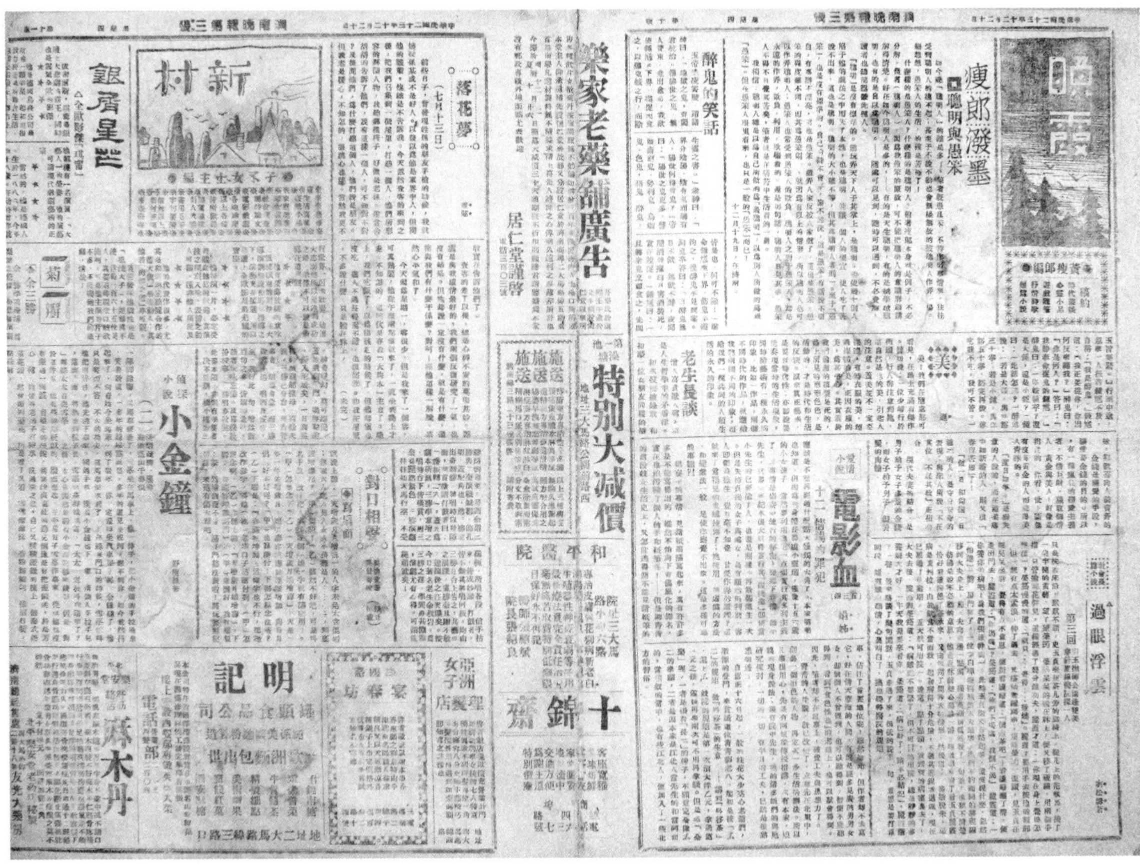

晚霞

瘦郎潑墨

新村

落花夢

醉鬼的笑話

樂家老藥舖廣告

特別大減價

小金鐘

電影血

老生長談

過眼浮雲

明記

十錦齋

麻木丹

济南晨报

张衣萍编　中华邮政局［发行］　济南　1936年9月～1937年　［总期数不详］　日刊　38cm　铅印　替代《济南晚报》

1936年9月由《济南晚报》改名而来，社址在济南经六路纬四路，4开8版。郭仲泉、郭伯泉、郭叔泉三兄弟主办，是商业性民办报纸。报纸内容，新闻设“专电”，言论设“社评”，副刊不征稿。该报四分之一以上的版面用于刊登广告。日发行量三千份左右。

《济南晨报》副刊《晨光》，报头固定在右上角，主编是罗伯仲，后改为阎罗主编。

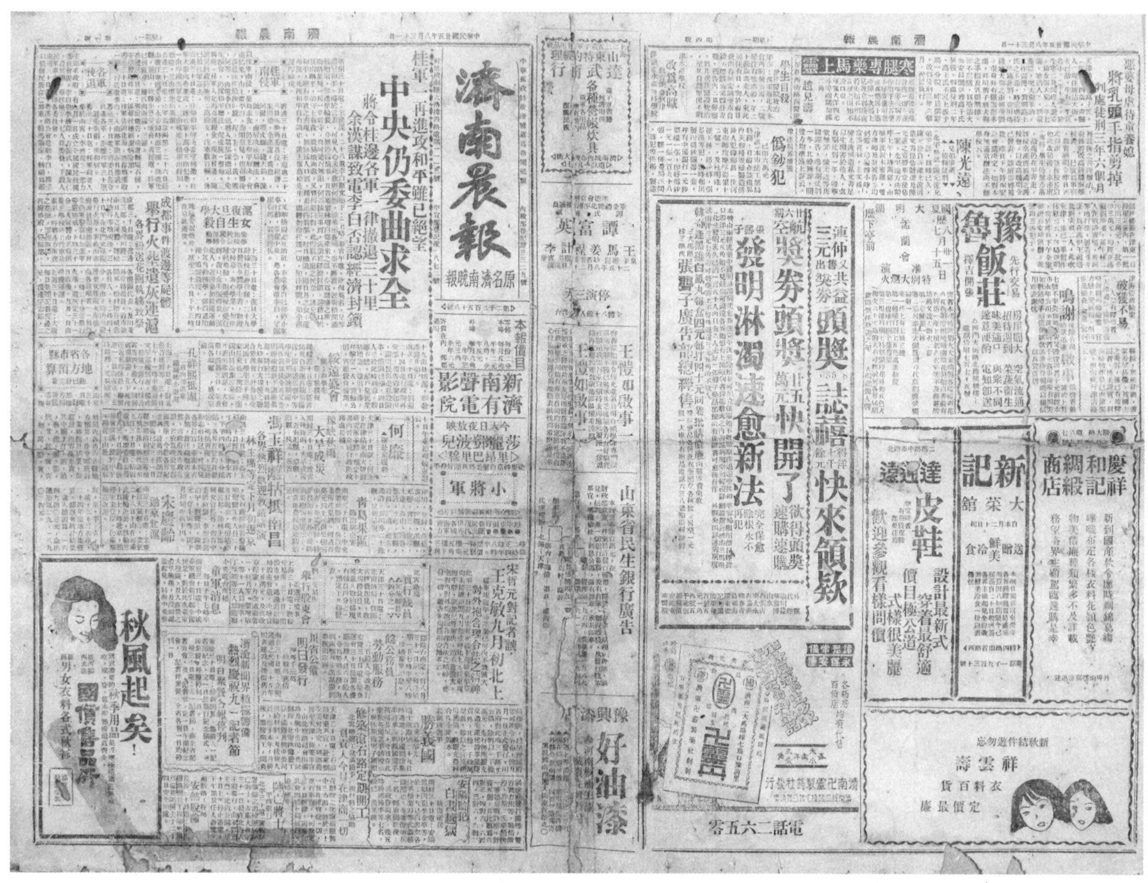
濟南晨報

原名濟南晚報

桂軍一再進攻和平雖已絕望

中央仍委曲求全

將令桂邊各軍一律撤退三十里

余漢謀致電李白否認經濟封鎖

秋風起矣！

山東省民生銀行廣告

好油漆

寒腿專藥馬上靈

頭獎誌禧 快來領欵

獎券頭獎廿五萬元快開了

發明淋濁速愈新法

豫魯飯莊

新記大菜館

達遠皮鞋

慶祥和記綢緞商店

祥雲壽

電話二六五五零

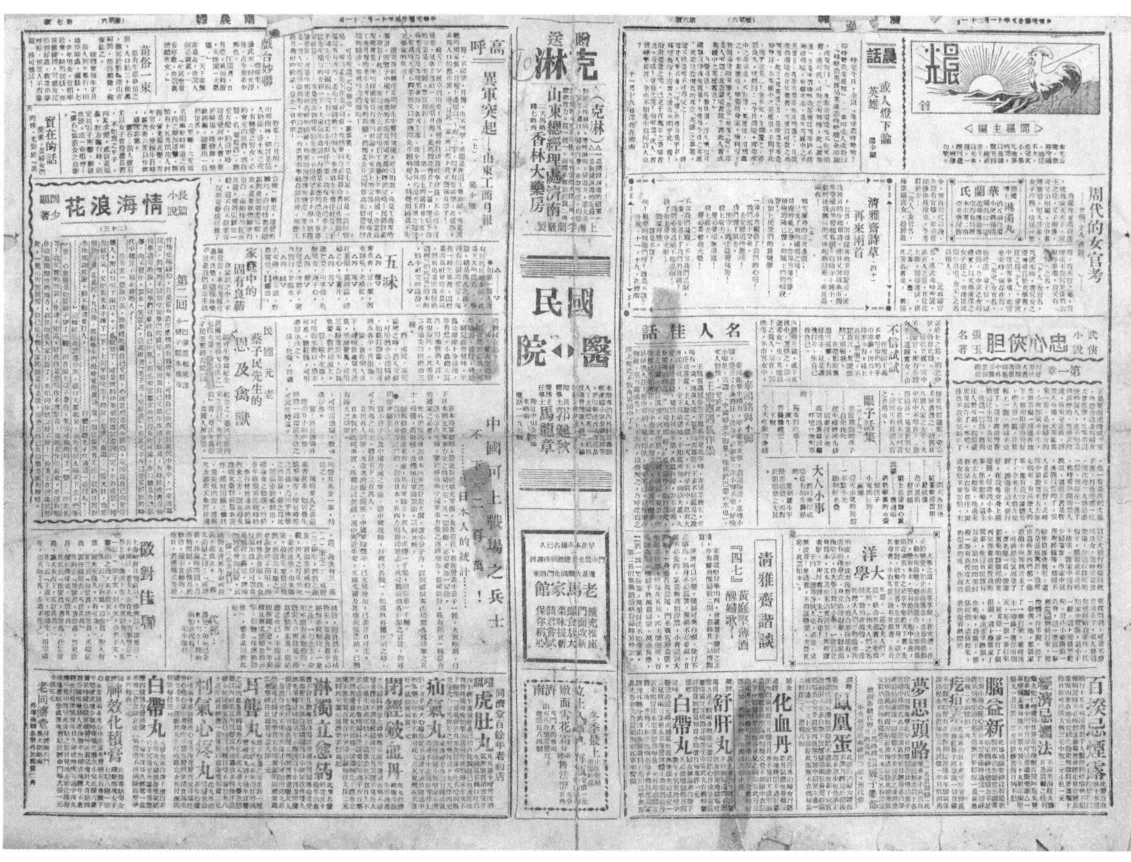
情海浪花

高呼 異軍突起

克淋

國民醫院

名人佳話

清雅齋詩草

忠心俠胆

周代的女官考

中國可上戰場之兵士

老馬家館

虎肚丸

白帶丸

化血丹

舒肝丸

鳳凰蛋

夢思頭路

腦益新

報纸之部

青岛民报

青岛民报社编　编者刊　青岛　1930年2月1日～1937年［总期数不详］　日刊　54cm　铅印

1930年2月1日创刊于青岛，1937年日本侵占青岛前夕停刊。社址在芝罘路40号，后迁至福建路38号。该报为日刊，对开3张，日发行量两三千份。1933年10月22日，青岛民报成立济南分社，社址在济南普利门外皖新街口，胡子琴任分社经理；1934年5月30日，成立东镇分社，栾呈祥为该分社主任；1937年3月15日，该报设驻沪办事处，特聘张惠民为办事处主任，办事处在上海英租界卞德路福临里四号。

该报创刊初期社长为杨兴勤，是当时国民党青岛市党部宣传部长，总编辑王景西（国民党改组派），后来担任社长。总编辑初由邱直清（国民党员）担任，后来由杜宇接任，1933年接任社长。其他编辑包括刘芳松、王铁生、何东林和孟励吾等人，历任副刊编辑有姜宏、于黑丁、刘西蒙、田钟济、孟超等。

《青岛民报》是一份国民党青岛市政府资助的民营报纸，是蒋介石、汪精卫合作时期的国民党青岛市党部机关报。办报宗旨为“发扬文化启迪民智”。《青岛民报》的标题最初为“青岛民报”四个竖直排列字，旁边有“蔡元培题”字样。《青岛民报》副刊《新地》后来渐由进步作家主编，于黑丁、蔡天心、孟超等先后担任主编。1935年7月辟《避暑录话》周刊，发表过老舍、洪深、王统照、吴伯箫、臧克家等著名作家的诗文。该周刊共出刊10期，由老舍发表《完了》一文后，宣布停刊。另外，1935年，诗人蒲克由日本回到青岛，也曾与王亚平合办过《诗歌周刊》，附于《青岛民报》。另外，《青岛民报》也出版过许多的特刊，专注刊登一些突发事件或者是有重要纪念意义的日期，如《鲁迅先生追悼会特刊》等。

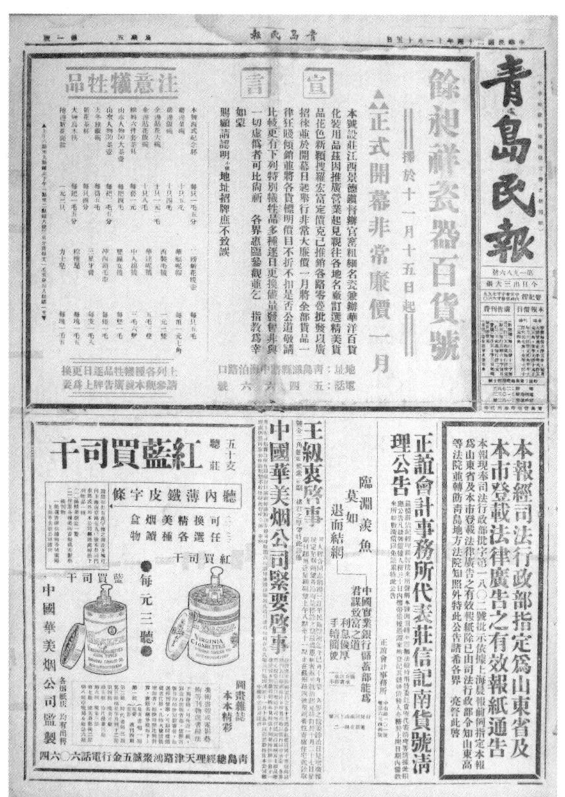

青島民報

餘祀祥瓷器百貨號

擇於十一月十五日起

正式開幕非常廉價一月

宣言

注意犧牲品

本報經司法行政部指定為山東省及本市登載法律廣告之有效報紙通告

正誼會計事務所代表莊信記南貨號清理公告

臨淵羨魚 莫如退而結網

王紉衷啓事

中國華美烟公司緊要啓事

紅藍買司干

仍交由國聯辦理

解決意阿爭端談判

英意談判一時尚難成立

意相贊同重開五國委會

香河事變情形複雜

被災各省減免田賦

政院令各省遵辦

定昨日飛京

六中會代表

戰爭危機與列強軍備競爭

改期回國

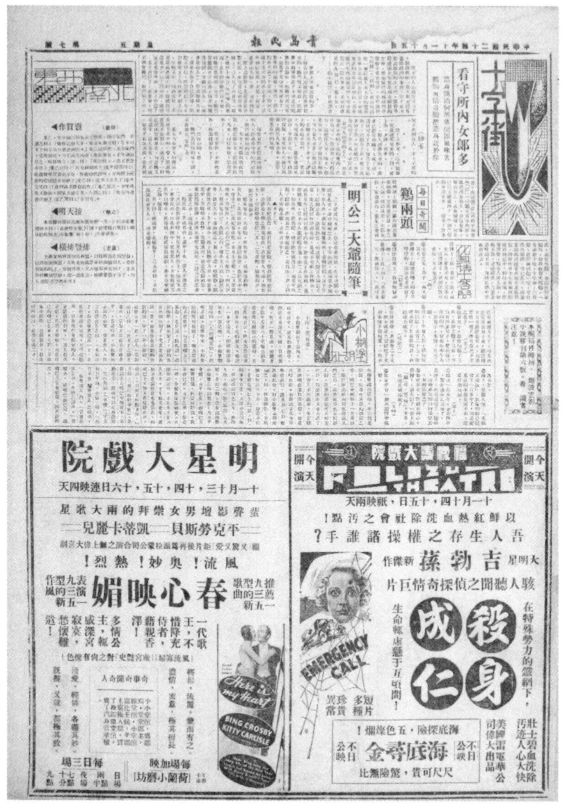

十字街

看守所內女郎多

明星大戲院

十一月十三、十四、十五、十六日連映四天

春心映媚

殺身成仁

最後的一面

紅葉

上海生生美術公司

勵行新生活聲中應提倡國貨

雪花膏

茉莉霜

诚报

诚报社编　朱经易［发行人］　济南　1931年6月2日～1937年12月　1期～2320期；复刊1947年9月3日～1948年8月　2321期～［终期不详］　日刊　53cm　铅印

1931年6月2日创刊于济南，创刊初期为对开8版，复刊后改出4开4版。抗日战争爆发后，1937年12月底被日军查封，一度休刊，1947年9月3日复刊，社址在济南经二路纬四路63号。1948年8月因中国人民解放军解放济南而停刊。社长朱羲堂（朱经易），总编辑王伯珊。该报除报道国内国际新闻外，还辟有《各地与社会》《经济》（分"上海行情"和"本市行情"）《市情赘语》等栏目。

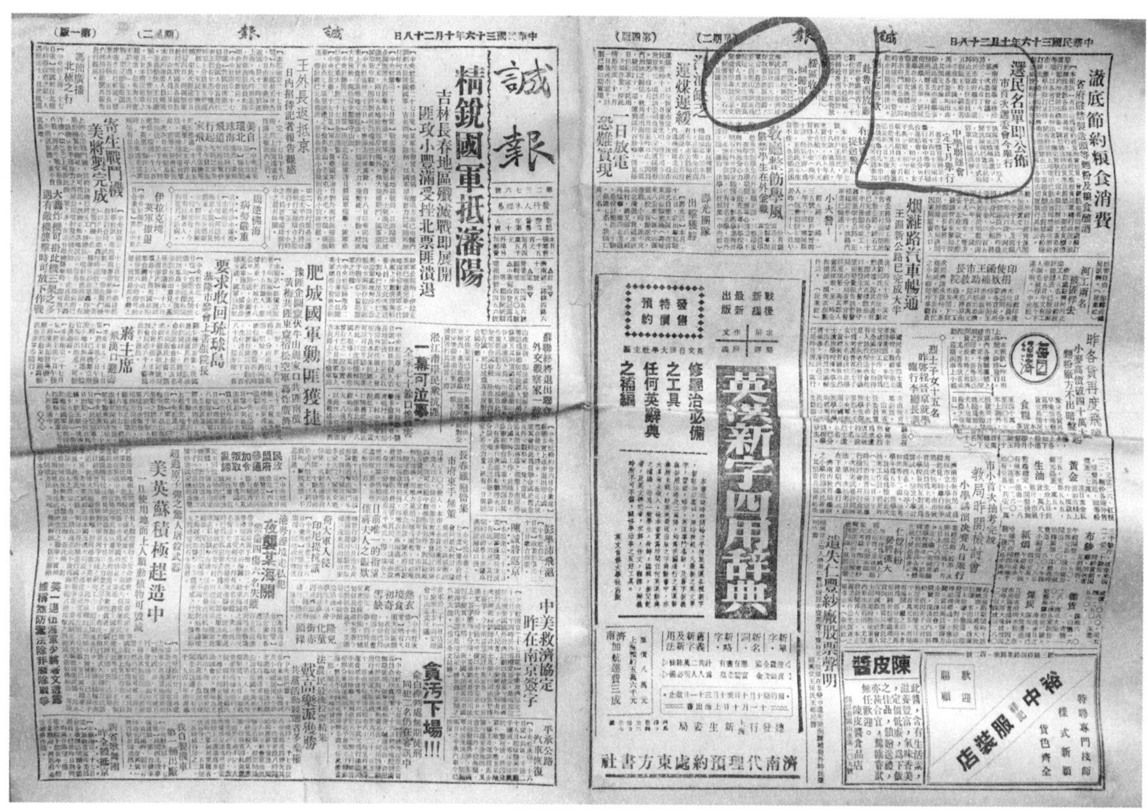

中華民國三十六年十月二十八日 誠報 （星期二） （第一版）

誠報

精銳國軍抵瀋陽

吉林長春地區殲滅戰即展開

匪攻小豐滿受挫北票匪潰退

王外長返抵京

日內招待記者報告觀感

寄生戰鬥機

美將製完成

大轟炸機可掛此機三架之多

遇有敵機襲擊時可放下作戰

伊拉克境

英軍撤退

周逆佛海

病勢嚴重

肥城國軍勦匪獲捷

要求收回琉球島

蔣主席

美英蘇積極趕造中

一幕可泣事

中美救濟協定

昨在南京簽字

貪污下場!!!

載高樂派兇勝

夜襲某海關

平承公路

汽車恢復

中華民國三十六年十月二十八日 誠報 （星期二） （第四版）

澈底節約糧食消費

選民名單即公佈

市首次選委會今舉行

中學聯運會

定下月舉行

一日放電

恐難實現

運煤遲緩

教廳整飭學風

嚴禁學生在外食宿

烟濰路汽車暢通

王淄新公路已完成大半

昨各貨再度飛漲

小麥高價破四十萬大關

麵粉廠方不出晚盤

黃金

生油

布紗

紙烟

煤炭

市小首次抽考完竣

教局昨開檢討會

小學講演決賽九日舉行

烈士子女十五名

昨啟程晉京就學

遺失仁豐紗廠股票聲明

英漢新字四用辭典

修習治必備之工具

任何英辭典之補編

濟南代理預約處東方書社

陳皮醬

裕中服裝店

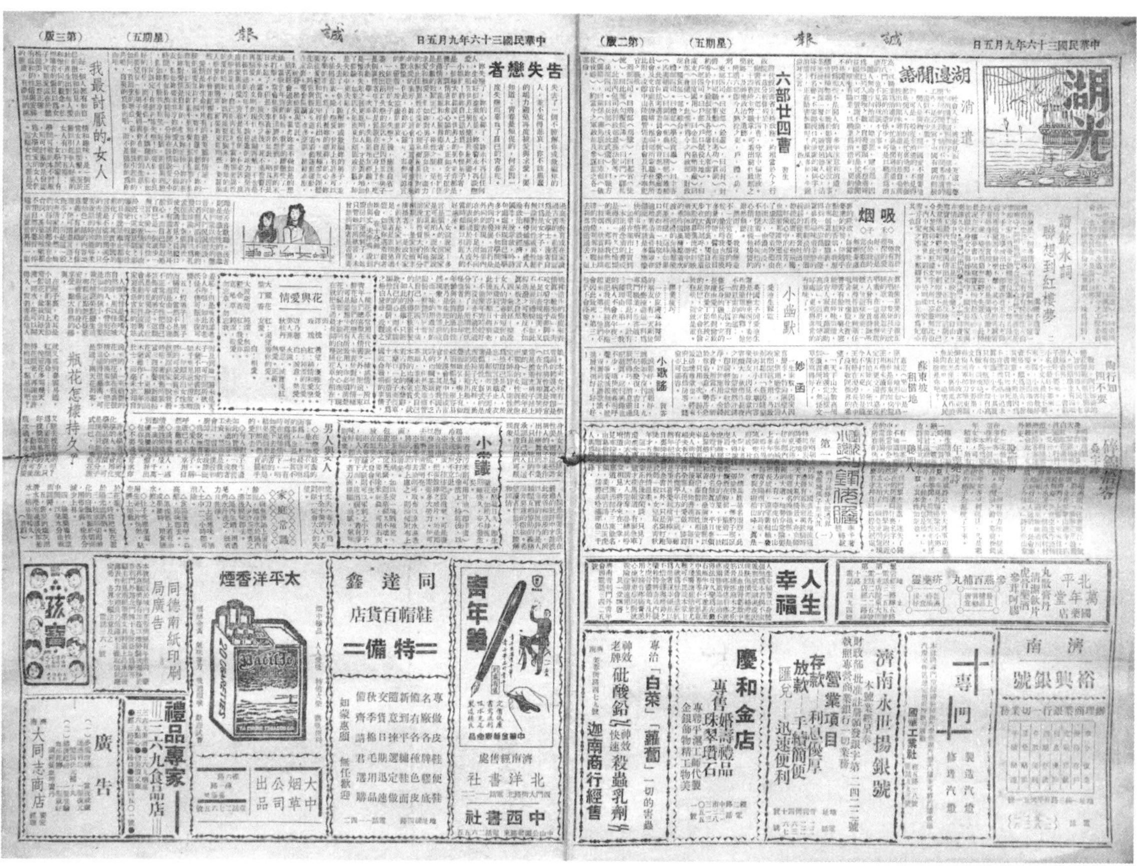

中華民國三十六年九月五日 誠報 （星期五） （第三版）

告失戀者

我最討厭的女人

花與愛情

瓶花怎樣持久?

男人與女人

小常識

家庭常識

太平洋香烟

同達鑫

鞋帽百貨店

＝特備＝

青年筆

北洋書社

中西書社

同德南紙印刷局廣告

禮品專家

三六九食品店

大中華烟公司出品

大同志商店

廣告

中華民國三十六年九月五日 誠報 （星期五） （第二版）

湖光

湖邊閒話

消遣

六部廿四書

吸烟

讀飲水詞

聯想到紅樓夢

小幽默

小歌謠

妙函

蘇東坡租借地

人生幸福

北平萬年堂國藥店

濟南永世揚銀號

慶和金店

專傳婚詩禮品

珠翠鑽石

專治「白菜」「蘿蔔」一切的害蟲

神效老牌砒酸鉛

神效快速殺蟲乳劑

迦南商行經售

濟南裕興銀號

胶县民报

胶县民报社编　编者刊　胶县　1932年3月～［终刊日期不详］［总期数不详］　三日刊　40cm　铅印

本报社址在胶县县党部，8开4版。

摘自该报第100期（1932年11月6日）第一版文章《本报一百期的清算》："本报诞生于去年九月，最初是周报，直到今年三月，才改为三日刊，并易名为胶县民报。……现在每期印刷900份，有一多半是分发到乡村中间去的。……除了国内各种重要新闻之外，其次就是本县消息了。……关于副刊，……嗣后拟辟学生园地一栏，对各校学生的来稿，择其佳者，尽量发表。……除此以外，则多采取关于日常生活的文字，如卫生，公民，科学常识，以及法律上对于人民的保障，都拟择要刊载，并加以详细的说明。"

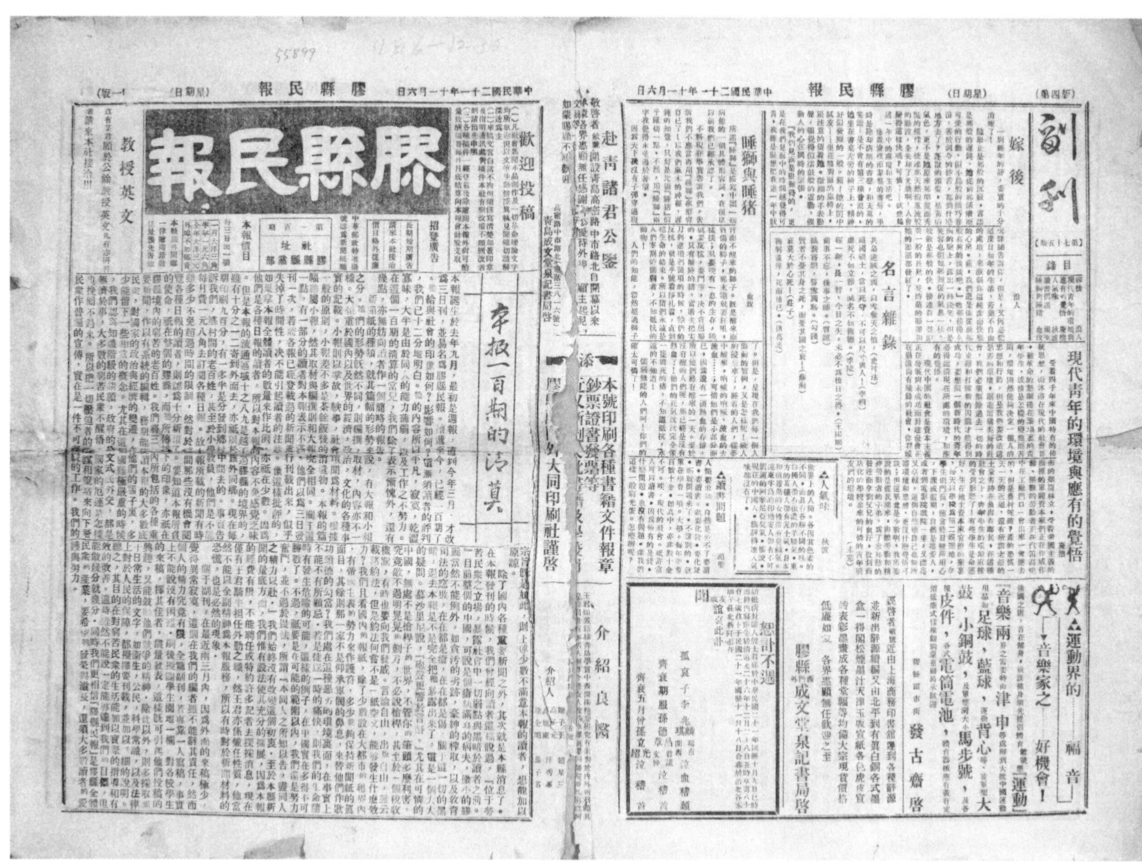

膠縣民報

中華民國二十一年十一月六日 星期日 第一版

教授英文

歡迎投稿

本報一百期的話

赴青諸君公鑒

介紹良醫

膠縣大同印刷社謹啓

中華民國二十一年十一月六日 星期日 第四版

副刊

嫁後

睡獅與睡豬

名言雜錄

現代青年的環境與應有的覺悟

運動界的好機會!

音樂家之

發古齋啓

恕計不週

膠縣成文堂泉記書局啓

中華民國二十一年十二月三日 膠縣民報 星期六 第二版

川事善後會議有實現可能

但渝劉尚無意罷兵

隆昌會議多數主張西進將有激戰

蓉局混亂王家烈有被迫離貴陽之說

劉珍年談

到浙後即辭職

一部抵溫州向麗水推進

誓以全力抗日

蔣下手諭六項

一日抵京

一部分出席

尊重縣長

小波

东鲁日报

东鲁日报社编　编者刊　济南　1932年4月～1933年［总期数不详］日刊　54cm　铅印

1932年4月创刊于济南，社址在济南普利门外乾成街路北门牌5号，1933年停刊。社长丛孝缜（律师），总编辑毕学箴。该报为日刊，先后出版对开4版和8版。该报在刊登国内新闻的同时，并大量刊登广告。

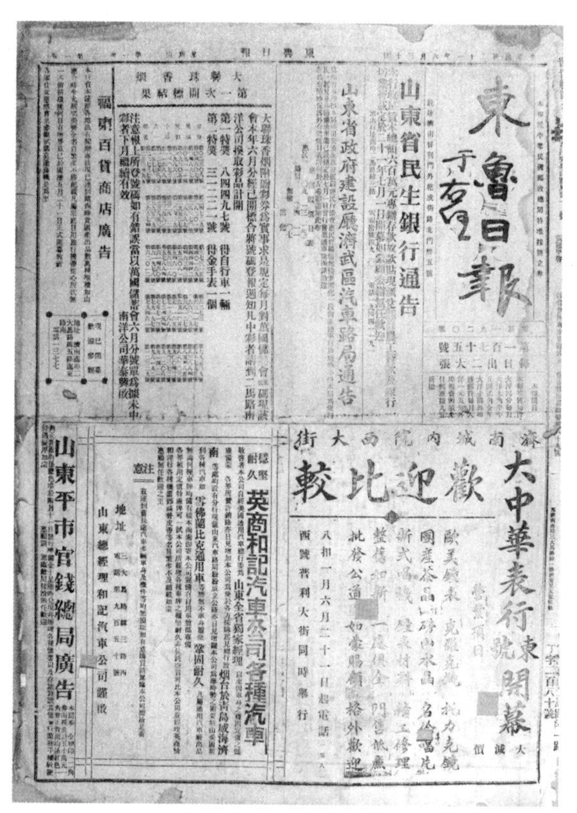

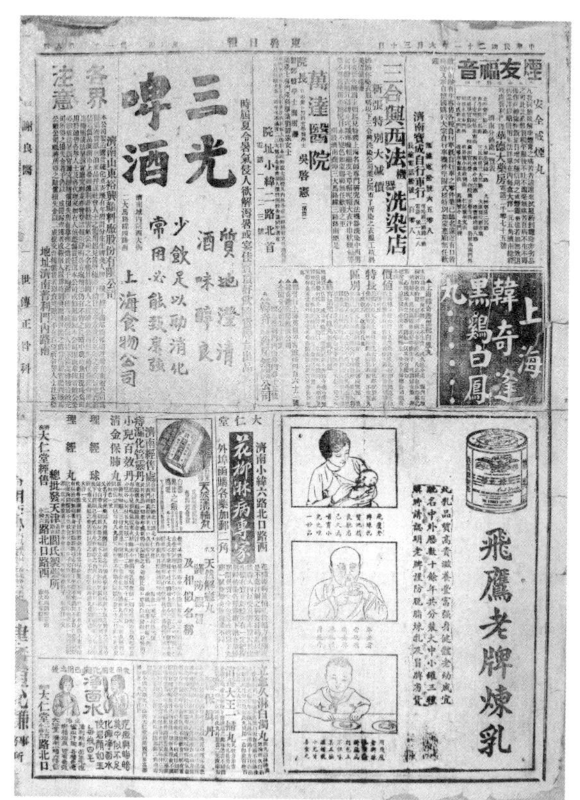

青岛晨报

陈迈迁编　中华邮政局［发行］ 青岛　1932 年 6 月～1936 年　1 期～1136 期　日刊　55cm　铅印

1932 年 6 月创刊于青岛，社址在青岛芝罘路 75 号，对开 8 版，是国民党改组派机关报，初名为《青风报》，不久即改名为《青岛晨报》。社长王景西，副社长杨恩厚，总编辑陈迈迁。

一版主要刊登重要的启事通告，二版、六版刊登国内外新闻，辟有《社论》专栏，四版、五版是文艺版，七版、八版是综合版，辟有《社会风光》专栏，九版是教育与体育版，十版是经济新闻版。肖军、黄宗江、李普等人都曾在文艺副刊上发表文章。

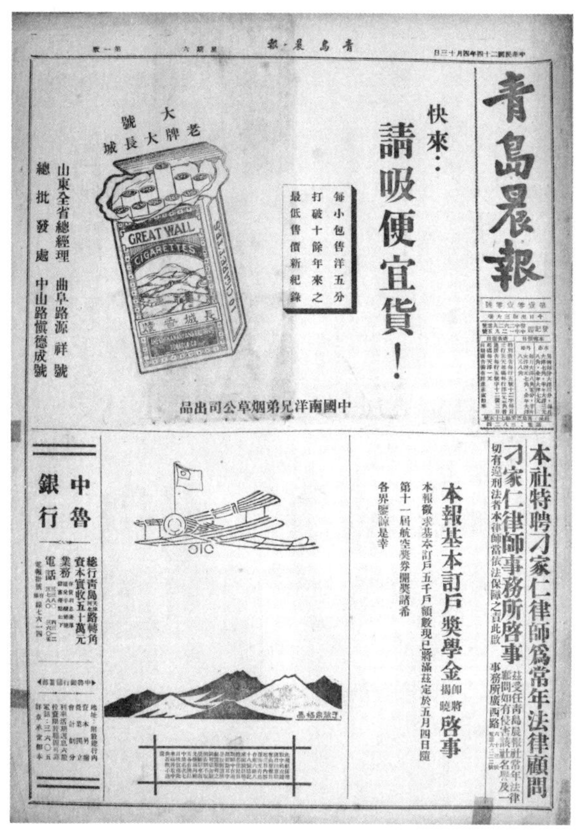
青島晨報

快來：請吸便宜貨！

每小包售洋五分 打破十餘年來之最低售價新紀錄

大長城牌老號

GREAT WALL CIGARETTES

山東全省總經理 曲阜路源祥號

總批發處 中山路慎德成號

中國南洋兄弟烟草公司出品

中魯銀行

本社特聘刁家仁律師為常年法律顧問

刁家仁律師事務所啓事

本報基本訂戶獎學金揭曉啓事

小學教師問題

世界書局出版新書

實業部青島商品檢驗局推銷廣告

英商老公茂康記水火保險公司

中久醫院廣告

壽康醫院 特別啟事

花園飯店

上海世界書局青島分局

社會風光

噫！生子何為？

福祿壽

明星大戲院

愛的魔力

情郎心香

重歸

逃亡

蕭振瀛奉召

即飛京川分謁孔蔣

黃紹雄蔣伯誠等均入川謁蔣

黃談兩粵謠言始終是「謠言」

宋哲元新職決定

損失五千萬

漢江水繼續猛漲

叛眾多名處死

贛江洪暴漲

關東軍態度

社論

济南妇女日报

刘又贞编　中华邮政局［发行］ 济南 ［1932 年 6 月 26 日］~［终刊日期不详］［总期数不详］ 日刊　40cm　铅印

1932 年 6 月创刊于济南，社址在普利门内凤凰街中段路西，日发行量 300 份。社长李淑梅（女）、刘又贞（男，抗战期间曾任伪政权县长）。一版刊登反映妇女特点的启事广告，例如儿童教育、照相、百货等。二版辟有《国事新闻》专栏，三版辟有《本省新闻》专栏，四版为副刊，刊登反映妇女生活特点的作品。该报出版不久后，因内部纠纷而停刊。

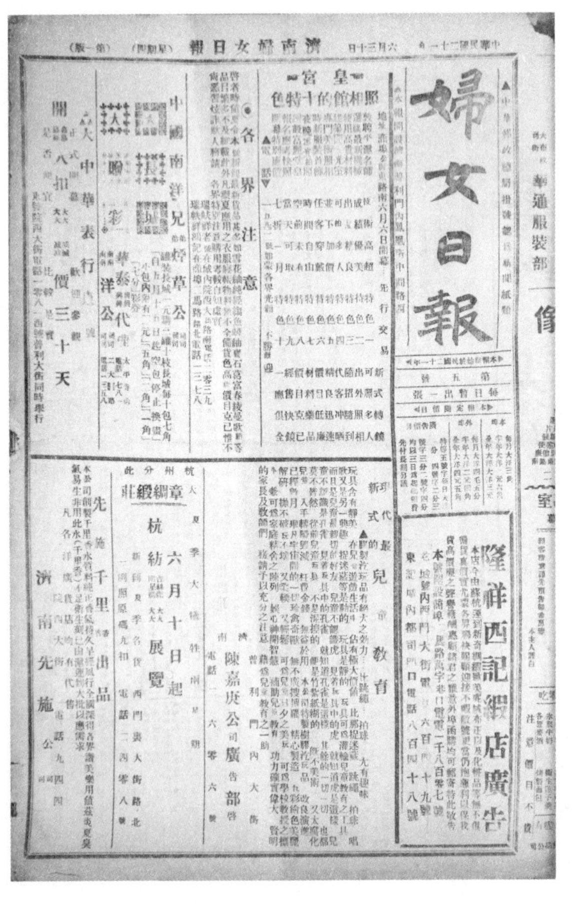

婦女日報

隆祥西記綢店廣告

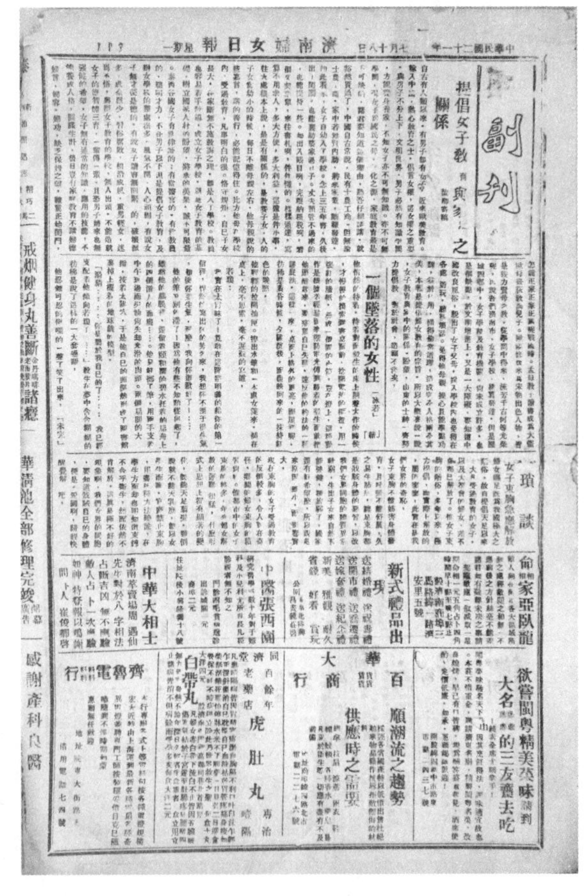

副刊

一個墮落的女性

济南大晚报

济南大晚报社编　中华邮政局［发行］　济南　［1933年］～［终刊日期不详］［总期数不详］　日刊　38cm　铅印

该报创刊于济南，社址在济南经四路小纬一路。一版刊登国内外新闻要闻，二版、三版刊登济南市地方新闻，五版、六版为文艺版，七版、八版为广告版。

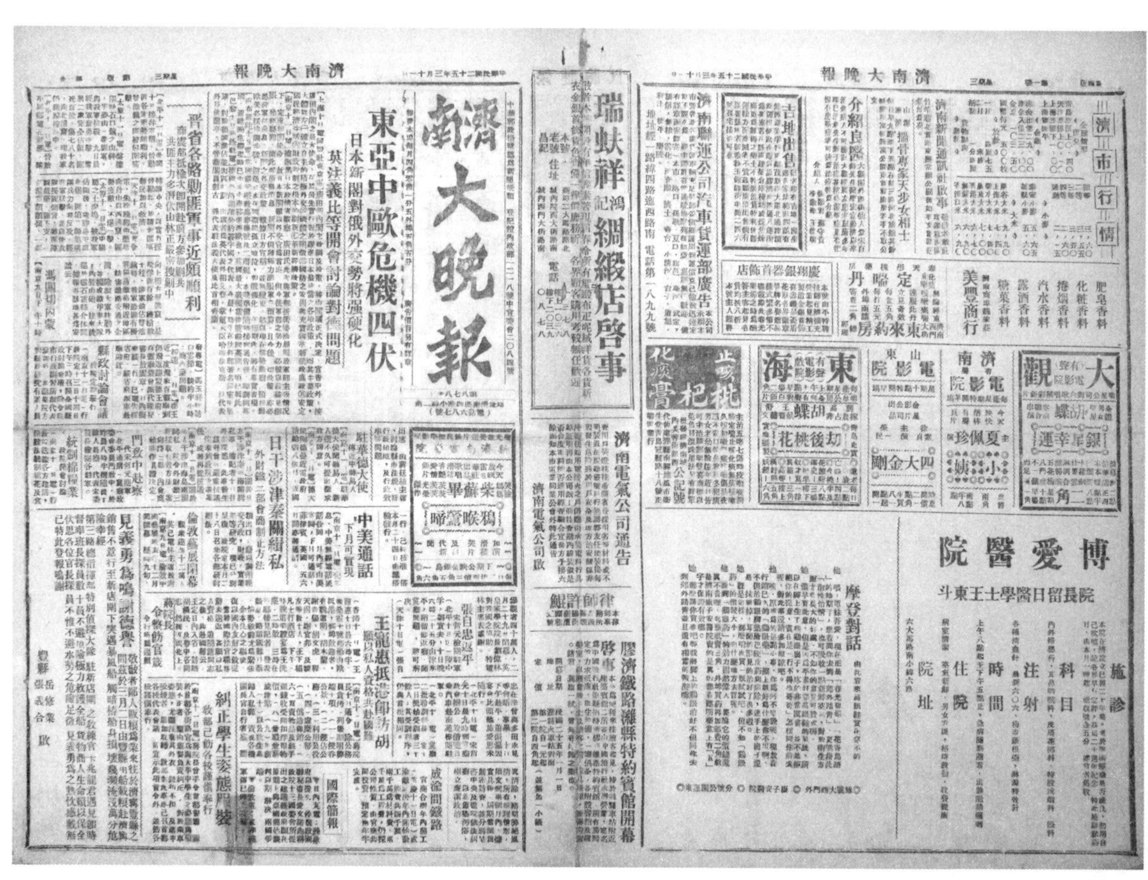

濟南大晚報

東亞中歐危機四伏

日本新閣對俄外交勢將强硬化

英法義比等開會討論對德問題

晉省各路剿匪軍事近頗順利

縣政討論會議

日干涉津秦關緝私

駐華德大使

中美通話　下月可實現

見義勇爲

瑞蚨祥鴻記綢緞店啓事

濟南電氣公司通告

濟市行情

濟南新聞通訊社啓事

介紹良醫

吉地出售

濟南聯運公司汽車貨運部廣告

慶翔銀器首飾店

美豐商行

東海　有聲電影院

山東電影院

濟南有聲電影院

大觀　有聲電影院

四大金剛

博愛醫院

摩登對話

济南通讯社

济南通讯社编　编者刊　济南　1933 年 6 月～［终刊日期不详］［总期数不详］　日刊　39cm　铅印

1933 年 6 月创刊于济南，负责人袁竟城，社址在济南南门月城 32 号商埠办事处，为 4 开 2 版的小报。一版刊登国内外新闻要闻，设《当日新闻》专栏，二版为文学版，设《世界》专栏。报纸排版采用中间部分刊登主要内容、四周刊登广告启事的版式。

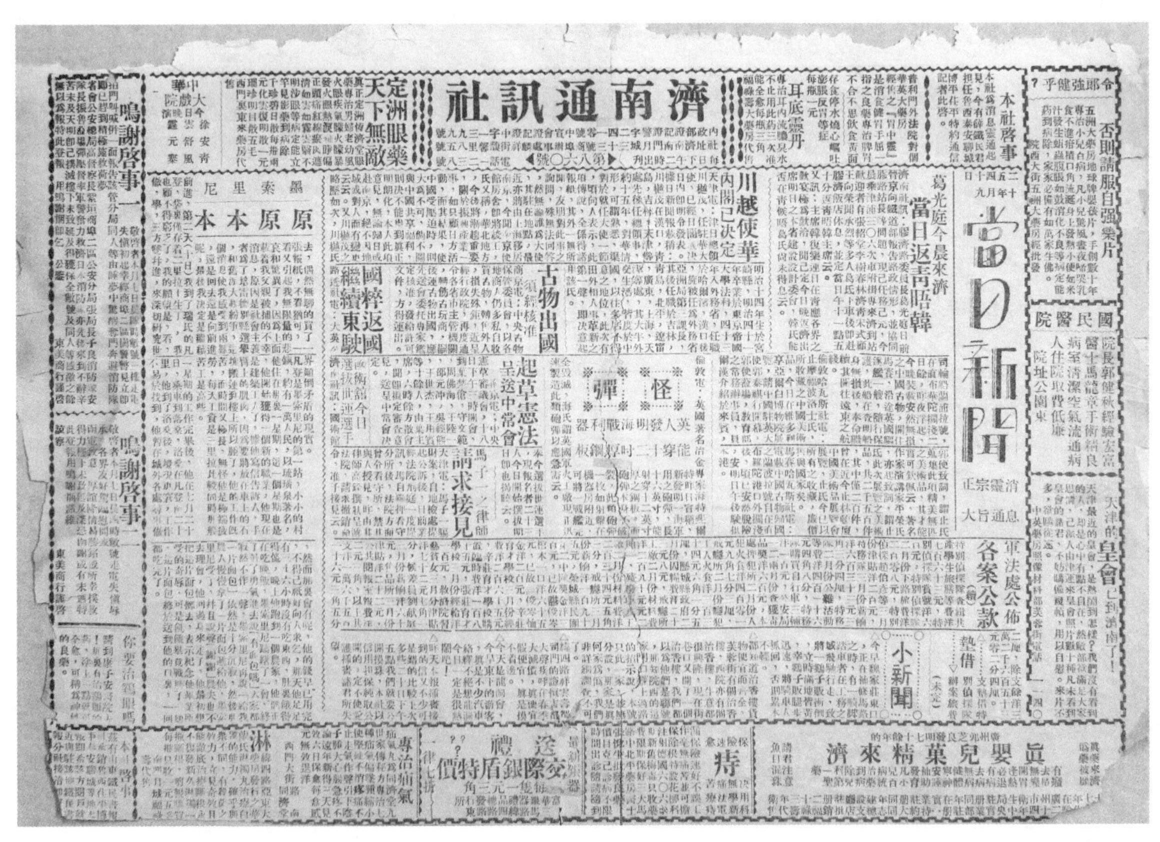

濟南通訊社

當日新聞

川越使華內閣已決定

葛光庭今晨來濟當日返青晤韓

古物出國

起草憲法遴定中常會

本本原原

鳴謝啓事

軍法處公佈各案公款

小新聞

大晚报

孙松一编　大晚报社［发行］　济南　1933 年 9 月～1937 年春　［总期数不详］；复刊 1945 年～1948 年　［总期数不详］　日刊　38cm　铅印

1933 年 9 月创刊于济南，发行人韩笑鹏，社址在济南经二路纬三路 58 号。1934 年设《戏剧周刊》。1937 年春休刊，1945 年日本投降后复刊，1948 年停刊。

大晚報　濟南

中華民國三十六年五月十六日　星期五　第一版

沂蒙山區臨決戰階段
青駝寺激戰展開
國軍加緊包圍克運糧山

山東省臨參會
今晨舉行二次會
聽取省政及民政報告

陳啓天考慮經濟部

公祭張自忠上將

春運會今晨揭幕

食粮情况又轉逆

五月花后

狐臭

厚德堂　三星補丸

紅龍醬油

大北照像館　分號紀念

滅疥粉

大華茶莊　週年紀念

德華診所

青年食堂

前锋日报

葛剑璞编　前锋日报社［发行］　黄县　1935年12月13日～1935年12月28日　1期～7期；复刊1936年7月27日～1936年12月31日　8期～103期　日刊　39cm　铅印

1935年12月13日创刊于黄县，于1935年12月28日（第7期）停刊，每日出刊两张，星期日一张。1936年7月27日（第8期）复刊，1936年12月31日停刊，每日出刊两张，星期一一张。社长赵紫荆（国民党黄县县党部委员），总编辑葛剑璞（复兴社黄县负责人）。该报是国民党黄县县党部机关报。该报附页多，有《空城》《戏剧》《风声》等专刊。《风声》创刊于1936年西安事变后，曾发表主张抗日的文学作品。

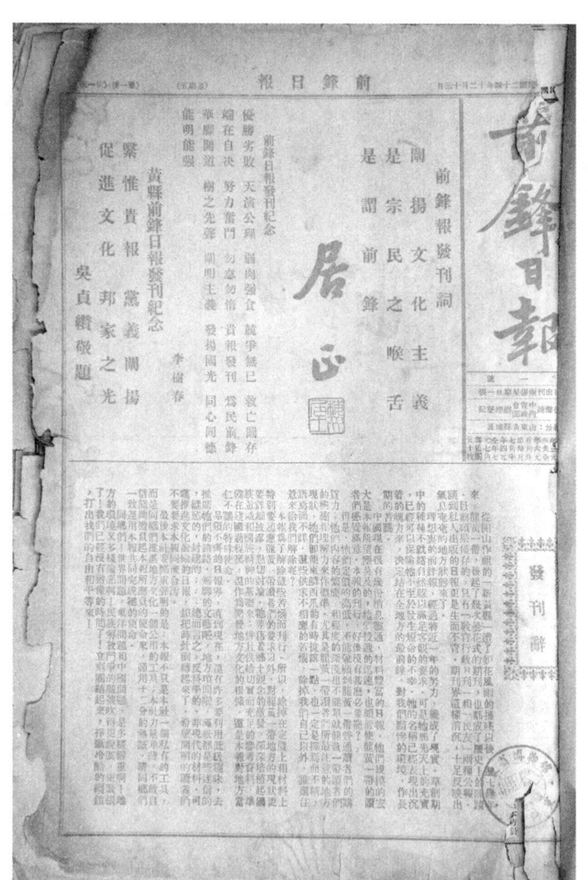
前鋒日報

前鋒日報

前鋒報發刊詞

闡揚文化主義
是宗民之喉舌
是謂前鋒

居正

前鋒日報發刊紀念

優勝劣敗 天演公理 弱肉强食 競爭無已 救亡圖存
端在自决 努力奮門 勿忘勿怖 貴報發刊 爲民前鋒
事聯開道 樹之先聲 闡明主義 發揚國光 同心同德
能明能强

李樹春

黃縣前鋒日報發刊紀念

緊惟貴報 黨義闡揚
促進文化 邦家之光

臭貞纘敬題

發刊辭

前鋒日報

中華民國二十五年十月五日

前鋒日報

第七十八號

上海龍鮮福新麵粉公司由滬運到潔白無味新麵啓事

中國名人

于佑任 潘齡皋
章太炎 鄭孝胥
華世奎 馬龍潭
何紹基 丁佛言

黃邑 美華鐘表眼鏡行

地址 粉橋西路北

新到歐美鐘表眼鏡特別大減價

鑲牙補齒大犧牲減價

龍口 普東大藥房

黃縣分銷處城裏大同派報社

黃縣西閣裏 乾亨順鐵行

桂香村茶食南味店廣告

地址：本城西關路南

主治

前鋒日報

中華民國二十五年九月十二日

藝林

第九期

黃縣金石雜記

璧經堂詩鈔

海角消閒錄

還讀齋讀書題記

黃縣志十二卷

公言报

公言报社编　编者刊　青岛　1936年～［休刊日期不详］［总期数不详］；复刊1945年10月10日～1947年3月2日　［总期数不详］　日刊　55cm　铅印

1936年创刊于青岛，对开4版，抗日战争期间休刊。社长王子美，抗战期间当了汉奸，1945年10月10日复刊，王子美再任社长，占用了茌平路13号一处日本房产。该报内容贫乏，不受读者欢迎，在“文德女中进步教师费莜芝殉义事件”中一定程度上支持学生运动。《公言报》副刊为《黎明》，寓意抗战胜利迎来黎明，以发表文学作品为主，编辑石玺。1947年王子美当选为国民党青岛市参议员后，报纸于1947年3月2日停刊。

公言報

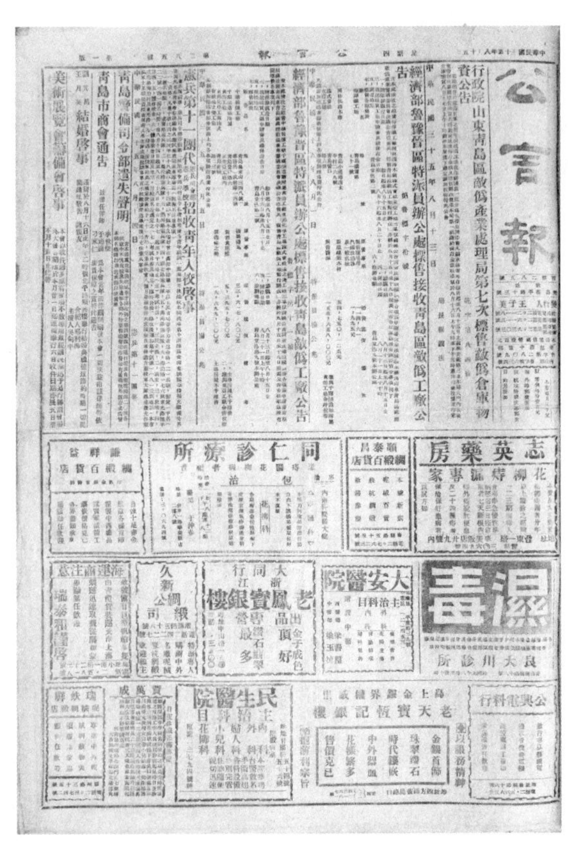

公言報

晓报

晓报社编　中华邮政局［发行］　济南　1936 年～1937 年　［总期数不详］　日刊　40cm　铅印

1936 年创刊于济南，社址在商埠三大马路瑞源里，负责人李植生。该报一版为国际新闻及社论，二版、三版是国内及省内新闻，四版是综合版，有《社会与各地》《故乡风土谈》《不算新闻》等栏目。

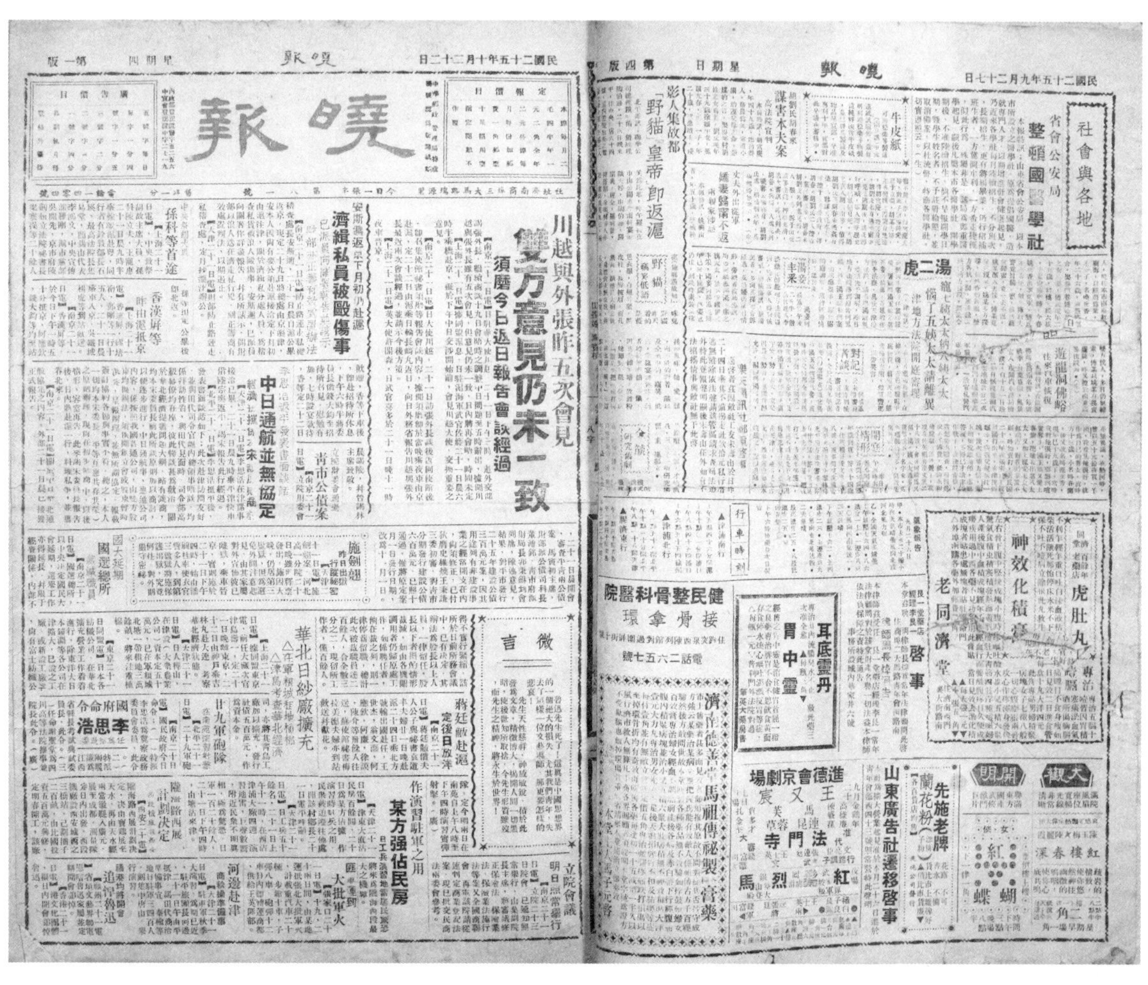
曉報

川越與外張昨五次會見
雙方意見仍未一致
須磨今日返日報告會談經過

濟緝私員被毆傷事

中日通航並無協定

華北日紗廠擴充

某方强佔民房

社會與各地

整頓國醫學社

湯二虎

健民整骨科醫院

耳底靈丹

胃中靈

山東廣告社遷移啓事

中报

中报社编　中华邮政局［发行］　济南　1936 年 12 月 1 日～1937 年 12 月 27 日　1 期～360 期；复刊 1946 年 2 月 1 日～1948 年　361 期～［终期不详］　日刊　38cm　铅印

1936 年 12 月 1 日创刊于济南，是一张 4 开 4 版的小报，社址在济南经四路小纬二路。1937 年济南陷落后休刊，又于 1946 年 2 月 1 日复刊。董事长何冰如，社长韩笑鹏，总编辑孙松一。

复刊后，由杨伟士主编副刊，后副刊由寒梅主编，二版逐渐侧重文艺方面，辟有《名言》《珍闻》《影讯》等栏目。《中报》副刊中较有特色的是赵弥华主编的《星期画刊》，每周一期，每期一版，以画为主，以文为辅，主要发表水彩画、国画、书法、篆刻、木刻等作品。

中報

中華民國二十五年十二月十七日 星期四

國府命令聲討叛張

政府對陝變決政治軍事兼施

特派定何應欽為討逆總司令

端納昨晨復由洛飛西安謁蔣

中政會昨議決討張

中日關係如兄弟！

中報

中華民國三十五年六月五日 星期三

大局前途將有開展

蔣主席昨日與馬使晤談

政協會議即將定期召開

共軍擬守興安嶺

長春市民紛犒賞國軍

促進美蘇合作

國防部重要人事

國軍整編現狀

陳誠報告各項要點

政院昨日例會

共軍擾蘇北豫東

新报

济南新报社编　编者刊　济南　1937年～1937年11月［总期数不详］日刊　39cm　铅印

1937年创刊于济南，又名《济南新报》，该报由杜振东自筹经费创办，并担任该报社长，社址设在商埠通惠街。4开4版，发行约一千份左右。1937年11月报社停办，报纸停刊。

该报是当时济南一家比较进步的报纸，以宣传抗日救国、反对不抵抗主义为主要内容。其社论和文章经常被国民党新闻检查机关删除，报纸版面有时"开天窗"，有时刊登"出路一条"四个大字，以示抗议，同时设有《新春秋》文学专栏。全国各界救国联合会负责人李公朴到济南视察时，曾特意拜访《济南新报》的编辑人员，并给予较高评价。

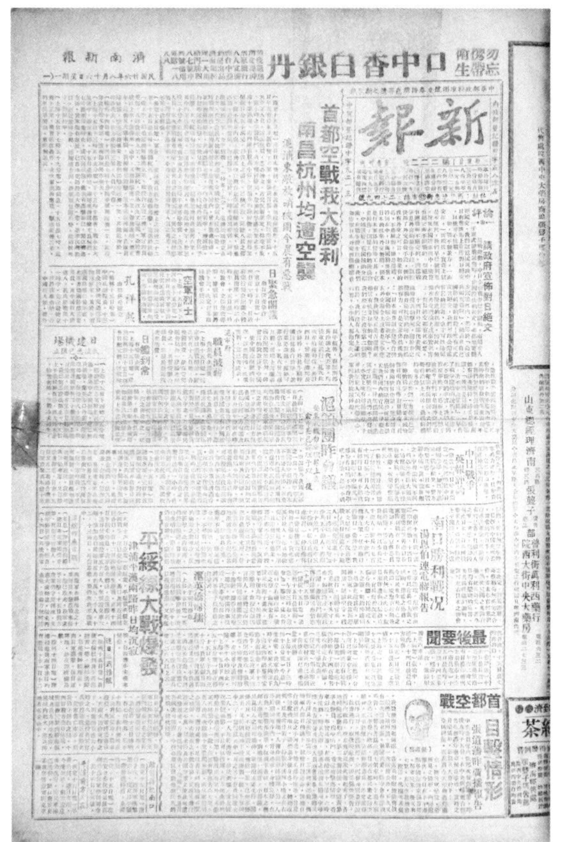

濟南新報

口中香白銀丹

首都空戰我大勝利

南昌杭州均遭空襲

平綏線大戰爆發

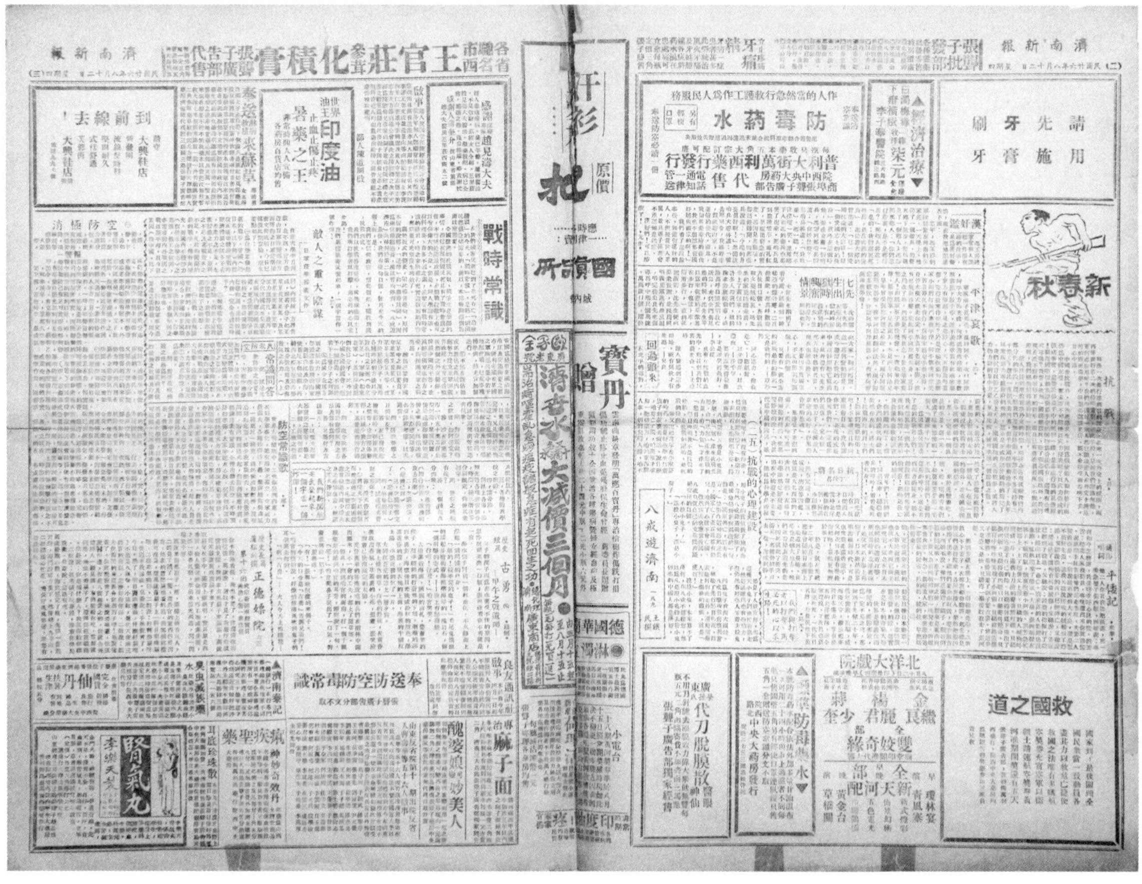

濟南新報

王官莊化積膏

防毒药水

印度油

戰時常識

寶丹

抗戰的心理建設

八歲遊濟南

新春秋

北洋大戲院

奉送防空防毒常識

救國之道

报纸之部

战友报

战友报社编　冀鲁豫军区政治部［主办］　平山　［1937年9月］～1941年　［总期数不详］；复刊1943年3月20日～1945年8月　［总期数不详］；复刊1945年9月～1948年1月　［总期数不详］；复刊1949年2月～1949年8月　［总期数不详］［刊期不详］　40cm　石印

该报是冀鲁豫军区政治部机关报，主要对象为排、区队以上干部及部分战士。1937年9月创刊于河北省平山县郭苏镇。1941年夏暂时停刊。1943年3月20日复刊，为石印周刊。1944年5月25日改为五日刊。1945年7月1日改为铅印。1945年8月抗战胜利后停刊，同年9月复刊，为铅印三日刊。该报后成为第二野战军政治部机关报。

该报为纯粹的部队读物，它继承了红军油印报纸的优良传统，以明确坚定的立场，尖锐地批评了部队中存在的一切不良影响，表扬了英雄模范事迹，使《战友报》真正成为连队战士真挚的战友。1939年春，杨得志率344旅一部挺进冀鲁豫，344旅分成为东西两个集团，《战友报》也分成东西两个版。

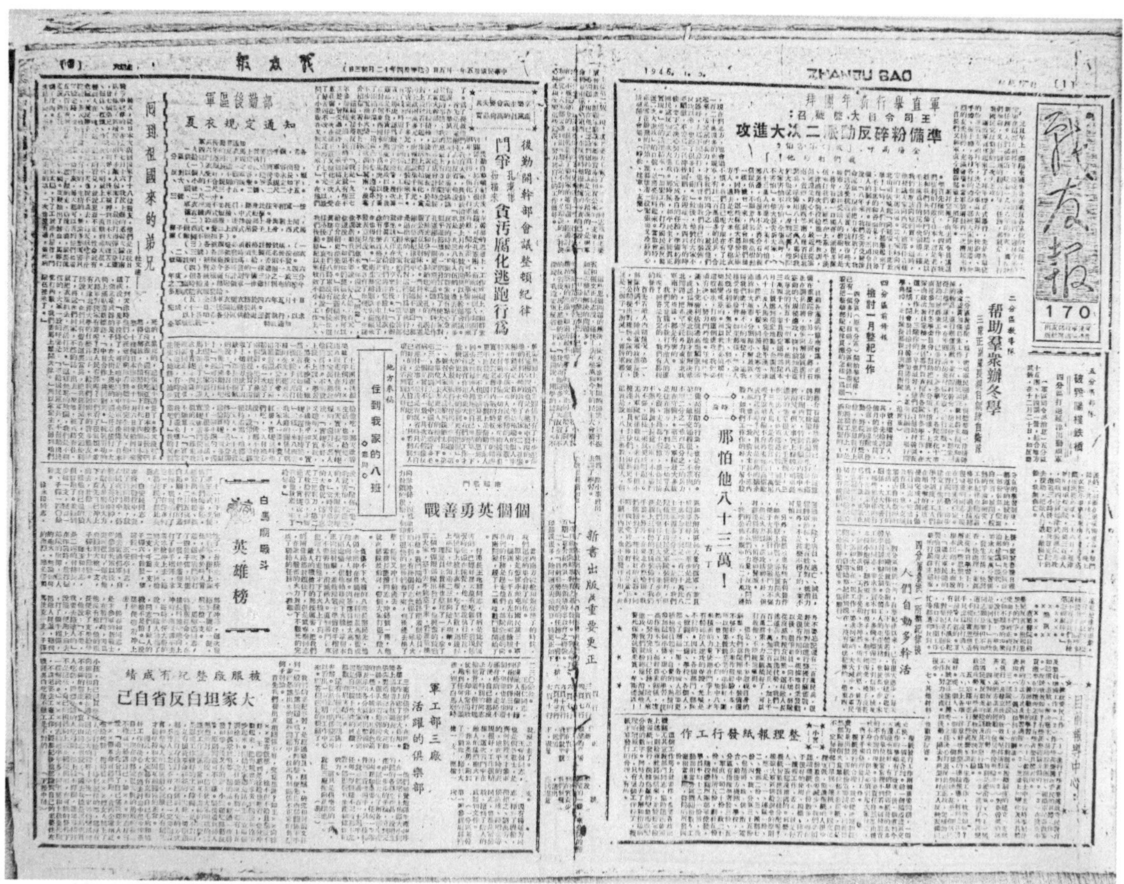

戰友報 170

ZHANJU BAO

軍直舉行新年團拜

王司令員大聲號召：

準備粉碎反動派二次大進攻

帮助羣衆辦冬學

檢討一月整紀工作

那怕他八十三萬！

人們自動多幹活

整理報紙發行工作

後勤開幹部會議整頓紀律

貪污腐化逃跑行爲

關於祖國來的弟兄

住到我家的八班

個個英勇善戰

英雄榜

被服廠整紀有成績

大家坦白反省自己

軍工部三廠活躍的俱樂部

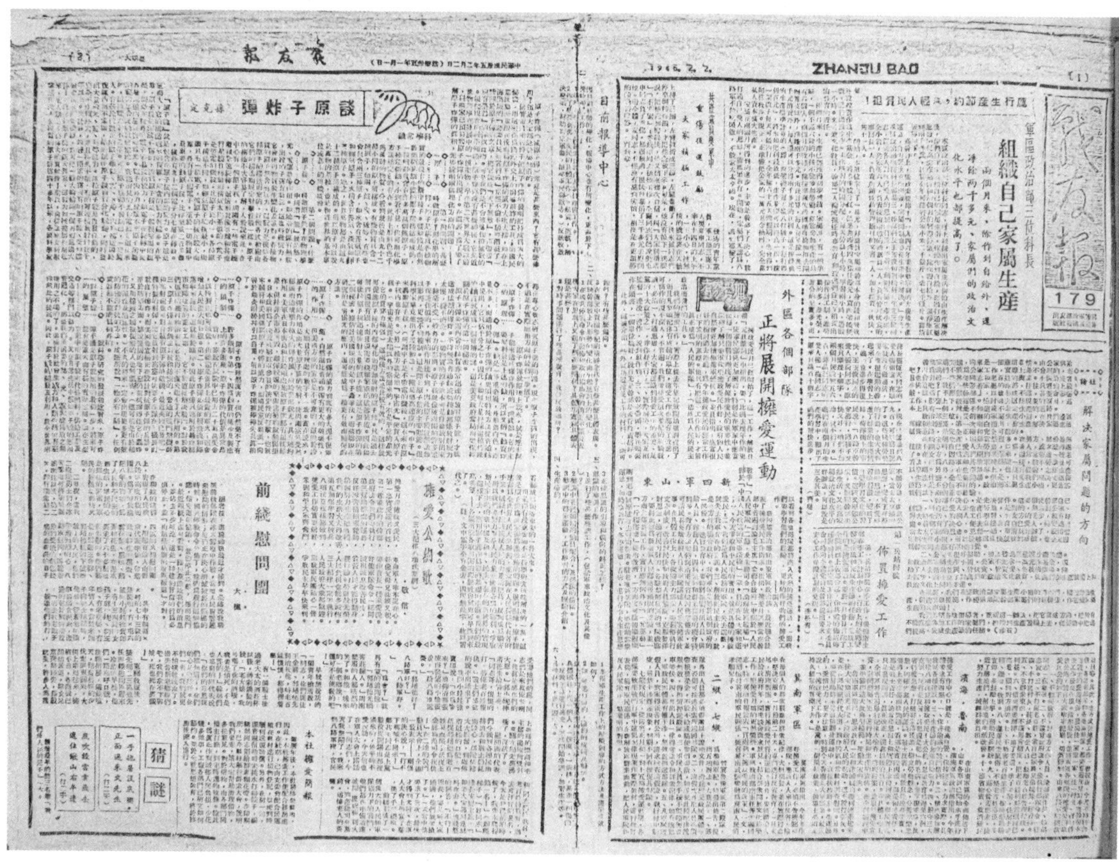

戰友報 179

ZHANJU BAO

厲行生産節約，減輕人民負担！

組織自己家屬生産

外區各個部隊

正將展開擁愛運動

目前報導中心

解决家屬問題的方向

談原子炸彈

前綫慰問團

猜謎

前锋

前锋报社编　八路军山东渤海军区政治部　［出版地不详］ 1938 年～1950 年 6 月 30 日　1 期～565 期　三日刊　38cm　铅印　由《前导报》替代

该报由油印不定期小报《红光报》《曙光报》，经过石印的《清河军人》，后发展成为《前锋报》，铅印，4 开 4 版。该报贯彻“全党办报，全军办报”的正确方针。为适应新形势的需要，1950 年 7 月 1 日，山东军区党委会决定《前锋》终刊，集中人力物力统一出版《前导报》。

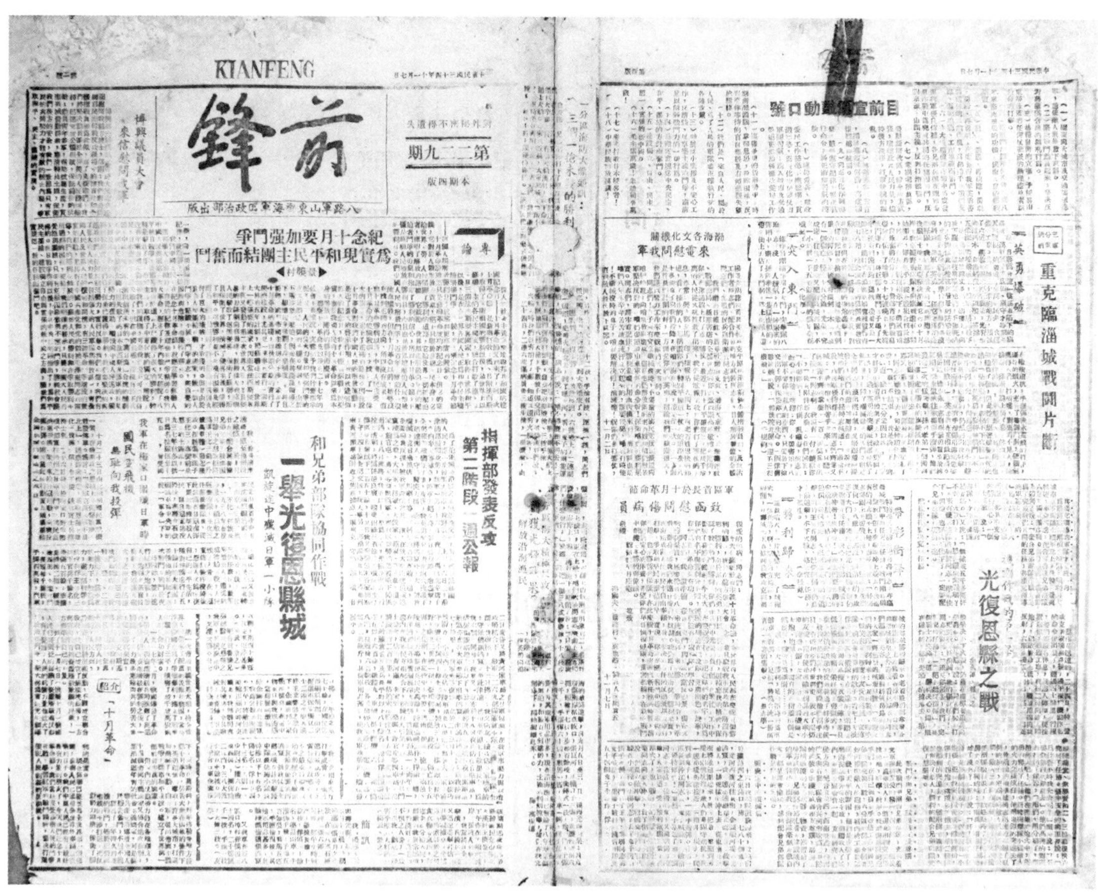

KIANFENG

前鋒

第二二九期

本期四版

八路軍山東海軍區政治部出版

社論

紀念十月要加強鬥爭 爲實現和平民主團結而奮鬥

指揮部發表反攻第二階段一週公報

和兄弟部隊協同作戰 一舉光復恩縣城

目前宣傳鼓動口號

渤海各文化機體來電慰問我軍

軍區首長於十月節紀念致函慰問傷病員

重克臨淄城戰鬥片斷

光復恩縣之戰

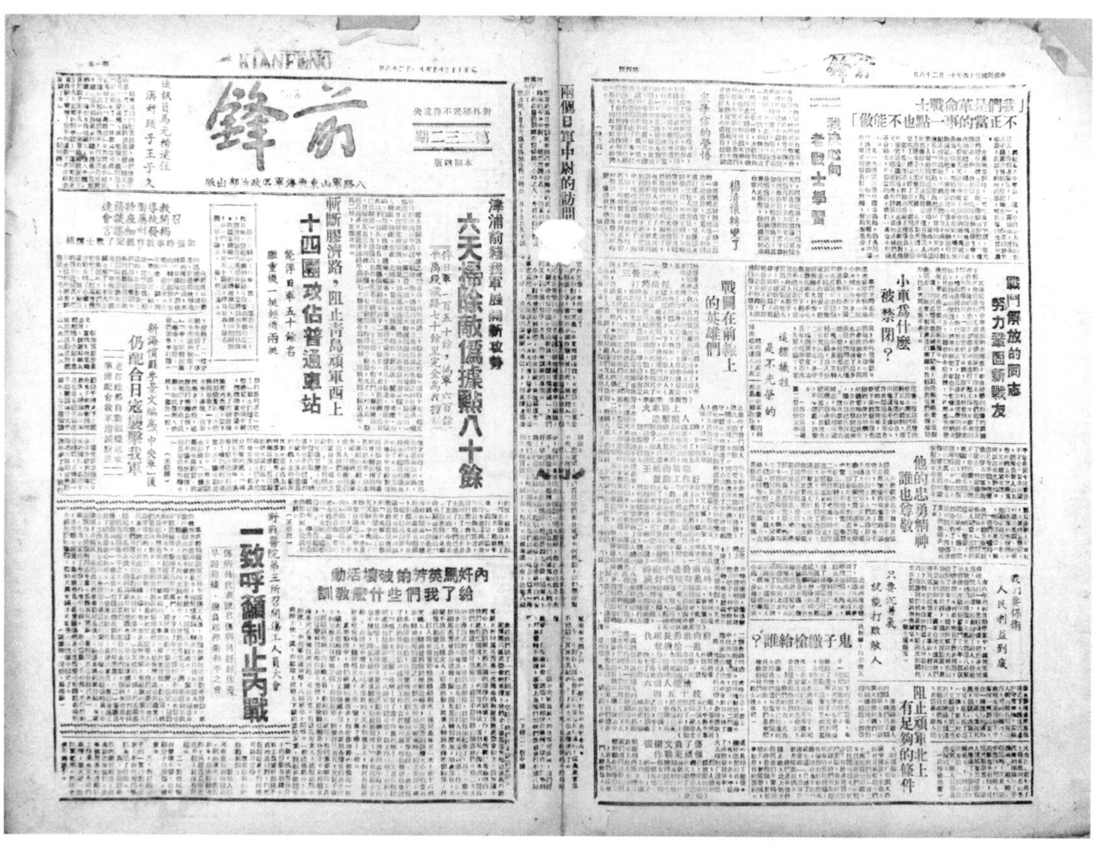

KIANFENG

前鋒

第二三二期

本期四版

八路軍山東海軍區政治部出版

津浦前線我軍展開新攻勢 六天掃除敵偽據點八十餘

斬斷膠濟路，阻止青島頑軍西上 十四團攻佔普通車站

一致呼籲制止內戰

內奸馬英芹的破壞活動給了我們些什麼教訓

兩個日軍中尉的訪問

我們是革命戰士「不正當的事一點也不能做」

戰鬥解放的同志 努力鞏固新戰友

小車為什麼被禁閉？

戰鬥在前線上的英雄們

他的忠勇精神誰也尊敬

鬼子槍給誰？

阻止頑軍北上有足夠的條件

报纸之部

青岛新民报

青岛新民报社编　编者刊　青岛　1938年1月28日～1942年4月2日　[9]期～1396期　日刊　铅印　与《大青岛报》合并而成《青岛大新民报》

1938年1月18日创刊于青岛，初名《新民报》，社长张传基，是日本人在青岛创办的一家中文报纸，日出对开半张2版。同年1月28日改名为《青岛新民报》。从1938年2月17日起，改出对开4版。不久，报社从日本进口轮转机印报（这在青岛是首家），又改为对开6版，日销2万份，每份对开一张半。该报原由日本军方控制，属于日官方企业，后来设立董事会，除日本人外，也有汉奸参加，对外伪装成民办报纸，以麻痹群众，在宣传上完全为日本侵略、统治中国服务。1942年4月2日停刊，后与《大青岛报》合并为《青岛大新民报》。

该报副刊为《新声》，编辑初为关友松。副刊连载有王度庐的长篇武侠章回小说《河岳游侠传》《舞鹤鸣鸾记》等，王度庐后成为北派武侠小说“四大家”之一。

青島新民報

晉南僞軍二十萬
陸續被日軍殲滅
包圍圈內開始捕捉戰

事實全暴露

教育行政會議
已正式開幕

日海軍航空隊
攻南鄭天水

全國宣傳會議
將正式開幕

東亞競技大會
將在滿舉行

開店三週年紀念
酬謝主顧!

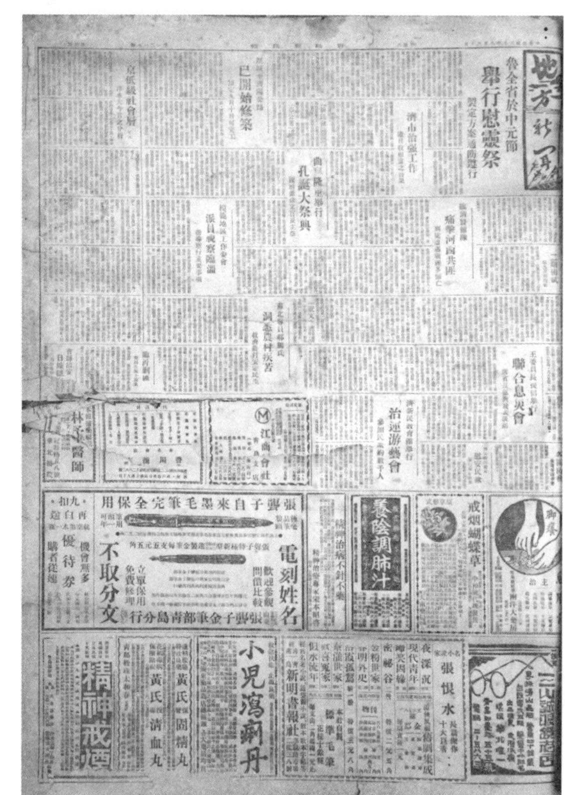

地方新聞

舉行慰靈祭

孔誕大祭典

聯合息災會

治運游藝會

張興子自來墨水毛筆完全保用

電刻姓名

不取分文

優待券

養陰調肺汁

小兒瀉痢丹

黃氏固精丸

黃氏清血丸

精神戒煙

英當局正式公佈
克島英軍已撤退

英軍防守部隊
損失極重大

德軍下次目標
將進攻埃及

伊拉克軍降服
締停戰協定

伊親英政府
傳即將成立

法準備抗英

美國對英援助
尚未舉效果

決實行節約

將開始活動

將採何地位

疲勞

強力米太賓靈片

六週紀念贈品特別優厚

買客目光中
唯有派拉蒙

精明人士
一時風靡
紛紛採用

报纸之部

青岛大新民报

青岛大新民报社编　编者刊　青岛　1942年4月3日～1945年9月13日　1397期～9976期　日刊　55cm　铅印　由《大青岛报》和《青岛新民报》合并而成　由《大新民报》继承

1942年4月3日创刊于青岛，2开4版，社址在青岛市中山路6号。该报是由原《大青岛报》和《青岛新民报》合并而成，刊期沿用《青岛新民报》的刊期，自1397号开始，中间有错号（1944年7月18日记2159号；7月19日记21600号起，至8月2日记21613号；8月4日记2174号起，至8月8日记2179号；8月10日记9882号起至终刊9976号）。1945年1月20日改名为《大新民报》，因经营不景气，版面一再缩编，1945年5月起为8开2版，到9月只出8开1版，第二版完全是空白，1945年9月13日停刊。

社长小谷节夫（日本人），总编辑乔川浚（日本人），编辑何东林，副刊主编张喟兹。

青島大新民報

英美瀕於崩潰前夕 軸心軍節節獲勝利

埃及國王對英大使 要求開羅英軍撤退 並拒絕援英軍動員

脫離英國羈絆

被包圍擊滅

恢復和平本色

兩軍間決戰

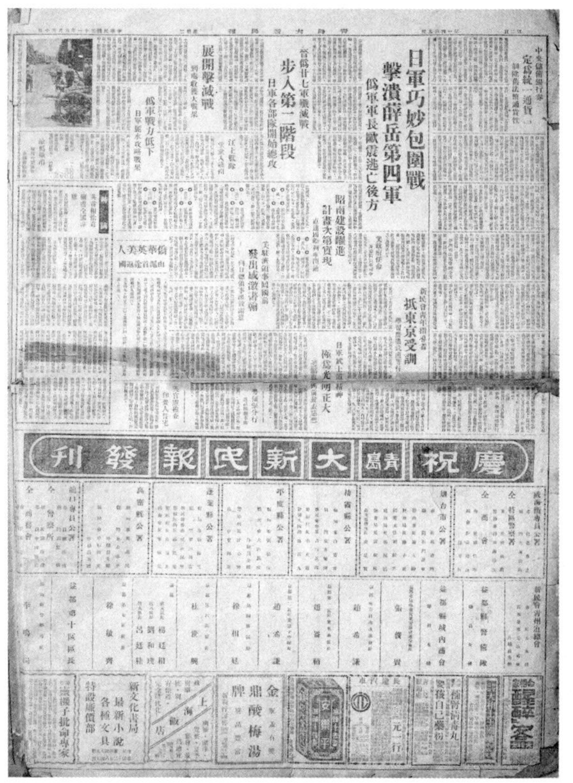

日軍巧妙包圍戰 擊潰薛岳第四軍 偽軍軍長歐震逃亡後方

步入第一階段

展開擊滅戰

抵東京受訓

慶祝青島大新民報發刊

中日以共同之立場 推進大東亞建設 興亞紀念週間本市行事決定

興亞紀念週間 本報擴大舉行行事

青島大新民報社

膠縣警備各中隊 繼續肅正工作 六月中旬行動統計

海水浴常識

七月一日起開放

先後就死四人

报纸之部

大众报（黄县）

大众报社编　编者刊　黄县　1938 年 8 月 13 日 ~ 1948 年 11 月 30 日　1 期 ~ 2368 期　日刊　39cm　铅印　由《胶东日报》继承

该报是中共胶东特委（后改中共胶东区党委）机关报。1938 年在胶东黄县（今龙口市）创刊，1948 年 12 月 1 日更名为《胶东日报》，1950 年 4 月 20 日因全国行政区划变动，随胶东行政区撤销停刊，先后共出 2869 期。创刊时为铅印报，在日军大扫荡期间，也出过油印本和石印本。初为 4 开 4 版，1946 年 4 月 1 日改为对开，初为 2 版，后为 4 版，1947 年 1 月恢复 4 开 4 版。当时，胶东各县都建立了《大众报》发行网，初期发行量一般为二千份，最高时超过万份；1946 年为 3.12 万份，1949 年建国前夕达 4.65 万份。

历任社长有阮志刚、贺致平、于寄愚、王卓青、王人三等。总编辑先后有白汝瑗、康庄、鲁琦、张映吾、陈晓东等人。

该报始终围绕中共胶东区委的中心任务组织宣传报道。抗日战争初期，宣传中国共产党的统一战线政策，宣传团结抗战和工、农、青、妇群众运动；1940 年后，大力宣传反“扫荡”、反顽斗争、减租减息、参军支前、大生产、互助合作运动及国际上的反法西斯斗争；解放战争时期及时报道人民战争的伟大胜利，鼓舞胶东人民为解放战争做出积极贡献。该报出版长达十二年之久，充分发挥了党报喉舌作用，卓有成效地指导了胶东人民的抗战斗争。

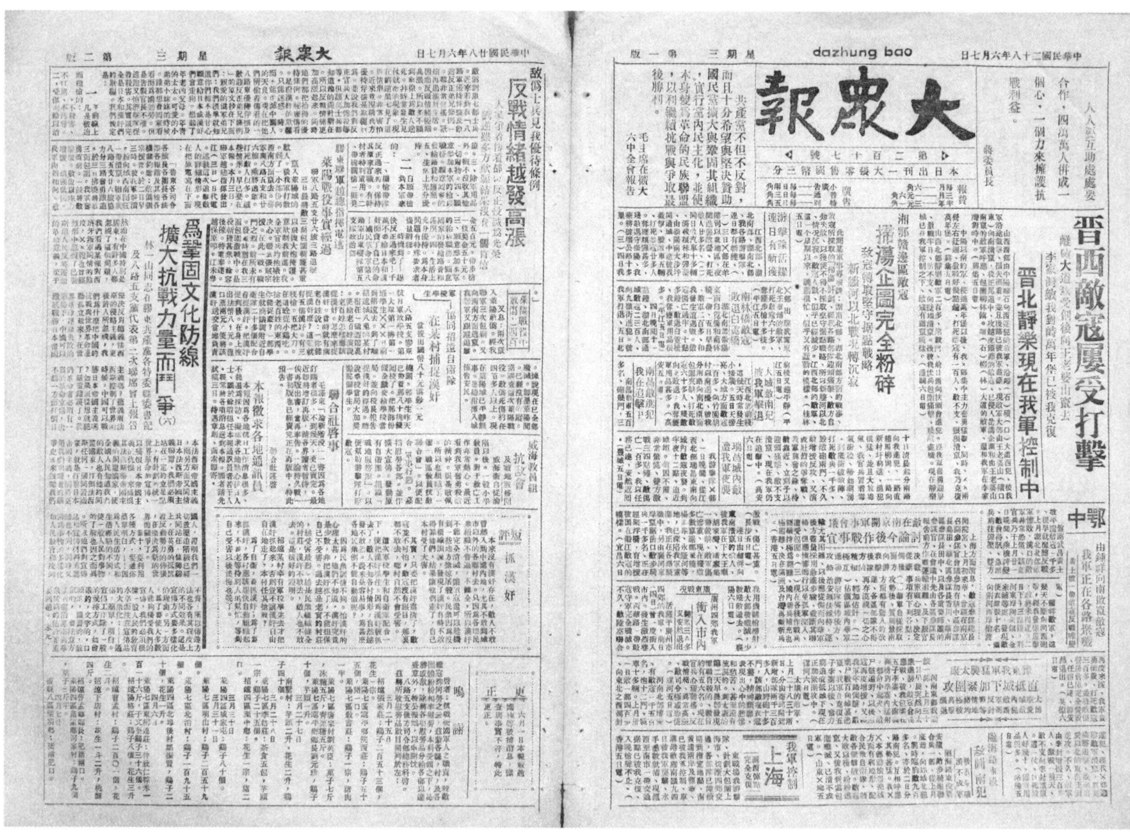

中華民國二十八年六月七日 星期三 第二百十七號

大眾報

晉西敵寇屢受打擊

晉北靜樂現在我軍控制中

摧毀敵寇企圖完全粉碎

反戰情緒越發高漲

為鞏固文化防線 擴大抗戰力量而鬥爭

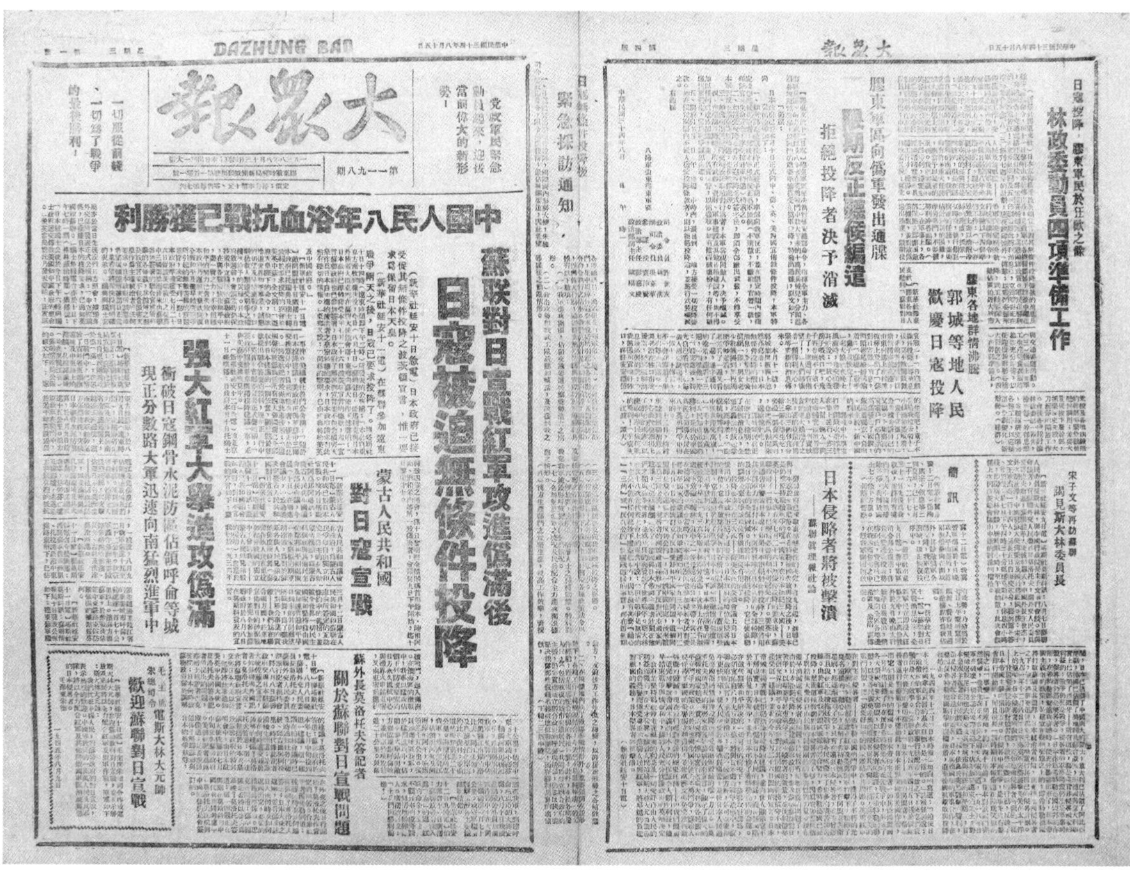

DAZHUNG BAO

大眾報

中國人民八年浴血抗戰已獲勝利

蘇聯對日宣戰紅軍攻進偽滿後 日寇被迫無條件投降

蒙古人民共和國對日寇宣戰

強大紅軍大舉進攻偽滿

歡迎蘇聯對日宣戰

關於蘇聯對日宣戰問題

林政委動員四項準備工作

郭城等地人民歡慶日寇投降

日本侵略者將被擊潰

報纸之部

群力报

群力报社编　胶东战时邮局［发行］　烟台　1945 年 2 月 7 日～1949 年 12 月 1 日　1 期～518 期　旬刊　28cm　铅印　并入《胶东日报》

1945 年 2 月 7 日创刊于烟台，该报先后有旬刊、五日刊、三日刊、日刊，以三日刊时间最长，共出 518 期。创刊初期为 8 开 4 版，1948 年 9 月起改为 4 开 4 版。该报发行量由三千份增至 1947 年的 55624 份。创办人为胶东各界抗日救国联合会主任张修己，社长兼总编辑为赵铎，1947 年以后，总编辑为蒋守全（女）、陈晓东、于梦尤。该报创刊初期是胶东各界抗日救国联合会的机关报，1948 年 1 月改为中共胶东区委机关报。1949 年 6 月，曾迁入青岛出版，同年 11 月 1 日改为日刊，1949 年 12 月 1 日迁至莱阳并入《胶东日报》。

该报通俗易懂、文字口语化，其读者对象为区村干部和群众。该报不设专职记者，依靠群众办报，村村设有通讯员。

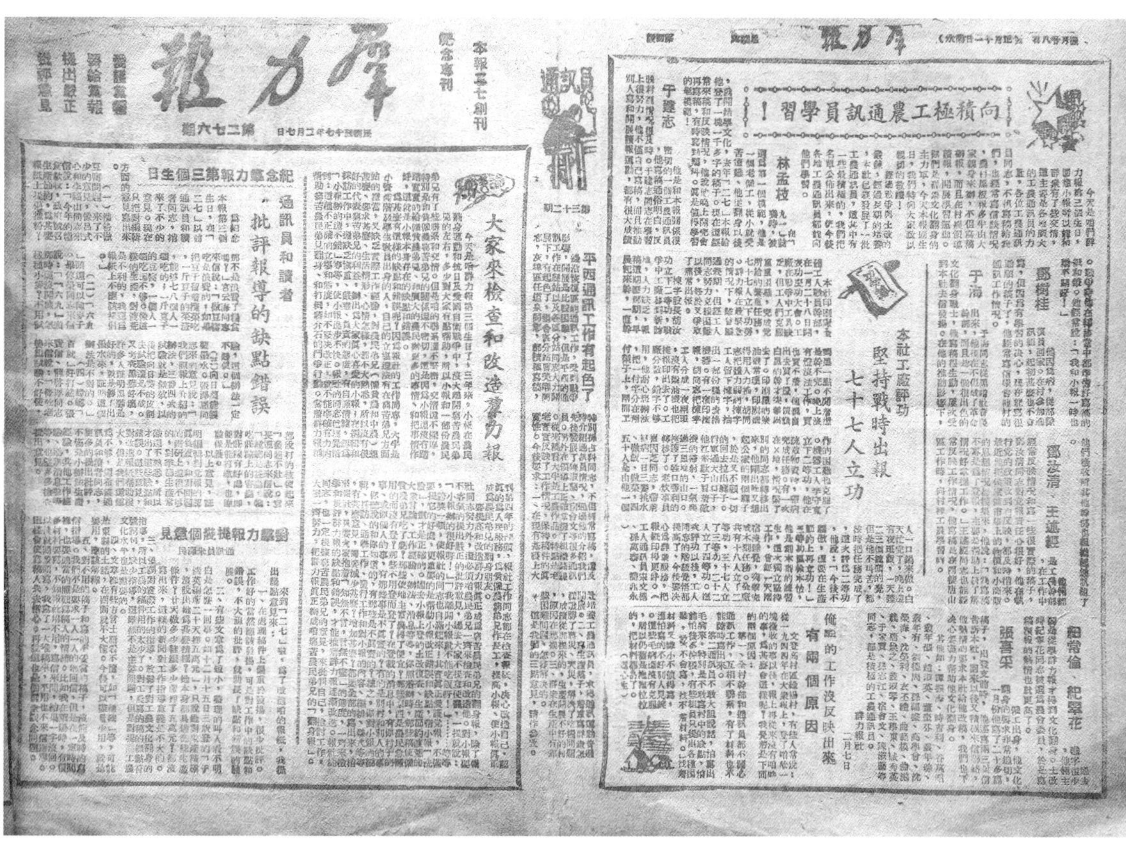

羣力報

第二七六期　民國三十七年二月七日

本報三七創刊紀念專刊

紀念羣力報第三個生日

通訊員和讀者 批評報導的缺點錯誤

大家來檢查和改造羣力報

向積極工農通訊員學習！

平西通訊工作有起色了

本社工廠評功 堅持戰時出報 七十七人立功

羣力報

第二九七期　民國三十八年二月十六日

準備春耕

五龍縣政府準備發放十萬斤早熟種籽

一月份工農來稿統計

蘇聯以及歐洲各國間都訂了那些友好條約？

北平三千多大學生開會 支援上海學生反壓迫運動

保護麥苗

創元寶

胶东日报

胶东日报社编　中共胶东区委宣传部［发行］　莱阳　1948年12月1日～1950年4月20日　2369期～2869期　日刊　54cm　铅印　继承《大众报》（黄县）　吸收《群力报》

原名《大众报》，1948年12月1日改名（第2369期），刊期仍沿用《大众报》的刊期。1949年6月4日由莱阳迁青岛，对开4版，1949年12月1日（第2732期）起，与《群力报》合刊在莱阳出版，改为8开。1949年12月5日中共胶东区委迁回莱阳，《胶东日报》12月9日回莱阳，1949年12月1～9日，青岛、莱阳同时出版。1950年4月20日随胶东区党委撤销而停刊。历任社长有王人三、陆平、何若人，历任总编辑有李维光、康庄、鲁琦、张应吾、于梦尤、陈晓东。

该报是中共胶东区党委机关报，刊登中国共产党各级组织和胶东解放区人民政府的重要文件，报道国内外时事、政治经济要闻、解放区土地改革、生产支前的情况，办过“二七”26周年纪念、“五一”“五四”等专刊。1949年6月2日青岛解放，随胶东区党委进入青岛，接收了原国民党青岛市党部机关报的《民言报》，6月4日在青岛出版，在青岛虽共计出版了6个月零4天，但报道了青岛文化史上许多重大事件。

GIAODUNG RHBAO

膠東日報

迎接勝利的一九四九年

將革命進行到底

—一九四九年新年獻詞—

中共中央致電祝賀華北前線偉大勝利

GIAODUNG RHBAO

膠東日報

人民民主專政的基礎是工人階級、農民階級和城市小資產階級的聯盟，而主要是工人和農民的聯盟，因為這兩個階級占了中國人口的百分之八十到九十。推翻帝國主義與國民黨反動派，主要是這兩個階級的力量。由新民主主義到社會主義，主要依靠這兩個階級的聯盟。

論人民民主專政

—紀念中國共產黨二十八週年—

毛澤東

GIAODUNG RHBAO

膠東日報

部隊準備大檢閱

祝賀十月革命三十二週年！中蘇兩國人民永遠友好合作！

毛澤東主席電賀斯大林大元帥

宋慶齡副主席電賀斯大林大元帥

全國總工會致蘇聯總工會賀電

中蘇友協會長劉少奇等致蘇對外文協賀電

全國各大城市人民熱烈籌備紀念十月革命 學習蘇聯的寶貴建國經驗

青年團書記馮文彬電賀蘇共產主義青年團

全國婦聯主席蔡暢電賀反法西斯委會

我駐蘇特命全權大使王稼祥向什維爾尼克呈遞國書

西蒙諾夫由京抵漢

政務院舉行第四次會議 聽取防治疫情報告

鲁东日报（烟台）

鲁东日报社编　中华邮政局［发行］　烟台　1938 年 10 月～1945 年　［总期数不详］　日刊　54cm　铅印

1938 年 10 月创办于烟台，社址在烟台履信路三号，对开 4 版，1945 年日本投降后停刊。社长是日本人斋藤荣，总编辑王逸轩。该报受日本特务机关领导，为日军侵华服务。初创时宣扬日本的富庶和日军的胜利，以及日本统治下烟台“歌舞升平”的景象等，随着战争形势的发展，1940 年起宣传德国、意大利法西斯战争的胜利，宣扬“大东亚圣战”“大东亚新秩序”“大东亚共荣圈”等，是日军侵华的舆论工具，并发表大量的反共社论，1940 年 6 月曾出过《龙黄版》专页，1941 年为配合日军推行强化治安政策，该报在第一版开辟《治强运动的解说》专栏。日发行量八千份，发行范围覆盖整个胶东地区。

魯東日報

日陸軍航空隊大展鵬翼
初次空襲偽都重慶
市街西北角軍事設施完全炸碎

海軍航空隊精銳
痛炸成都昆明

日軍進駐
加姆蘭灣

各部隊三面夾攻
偽軍潰亂敗逃
第四十三等四師傷亡大半

社論
在華北英美資印之資產凍結

築起保甲的堅壘，
剿滅共產八路軍。
保甲是反共的長城，
確保華北永久安寧。

為應付美干涉歐洲
將開樞軸八國會議

樞軸國會議說
德官方正式否認

德軍動員百萬
佇佔領烏克蘭

法政府開閣議
商討內外政策

暴露八路軍的殺戮主義

南安東之和平情況

戒烟聖藥
新吉福德祿

美容消滅

郝教育廳長視察龍口
及蓬黃招等治強運動狀況

第五自治區
亦徵起募捐

市公署消費合作社參觀記

對特別交易取締辦法之感想

省警備隊實兵打靶
在東南台園近舉行

芝罘防疫委員會佈告

聲明作廢無效

遺失聲明

岩城商會

華興商行

國際運輸芝罘出張所

國際現場話所

戒煙膠囊

報纸之部

大众日报

大众日报社编　编者刊　沂水　1939年1月1日～　　三日刊　39cm　铅印　吸收《新民主报》《新潍坊报》

1939年1月1日创刊于沂水县夏蔚乡王庄村，创刊初期为三日刊，4开4版，后改为二日刊。1945年8月，日本宣布无条件投降后，改为日刊，仍出4开4版。1948年8月，由4开4版改为对开4版。

第一任社长是刘导生，第一任总编辑是匡亚明。后来担任大众日报社社长、总编辑和党委书记的还有：于寄愚、李竹如、陈沂、白学光、恽逸群、包之静、夏征农、吴建、刘建、辛冠洁、陈晓东、朱民、李振、黄澎霖、齐松涛、王焕清、刘洪喜、韩喜凯等。

该报是中共山东省委机关报，也是我国报业史上连续出版时间最长的党报。1949年4月以前，《大众日报》一直在解放区农村出版。主要活动在沂水、沂南、莒南、临沂、临沭、日照、五莲、临朐、青州等地。1949年4月1日迁到省会济南市出版。在抗日战争期间，《大众日报》是中共中央山东分局机关报。解放战争时期，是中共中央华东局的机关报，担负整个华东地区的全面宣传报道工作。1949年3月华东局南下，中共中央山东分局成立，《大众日报》又改为山东分局的机关报，并兼作中共济南市委机关报，1954年8月中共中央山东分局撤销，山东省委成立，该报即为山东省委机关报迄今。

该报真实地记录了山东人民在党的领导下进行革命和建设的伟大历程。曾经受到党和国家三代领导人的称赞和鼓励。在创刊一周年前夕，毛泽东同志题词纪念；在创刊50周年之际，邓小平同志题词祝贺；1998年12月31日，江泽民同志为《大众日报》创刊60周年欣然题词——“永远与人民大众在一起”。

大众日报
大眾日報
坚持抗战
克服困难
准备进攻
咸該警惕的二十八年的第一天
發刊詞
本报启事
青年报社紧要启事
遗失声明

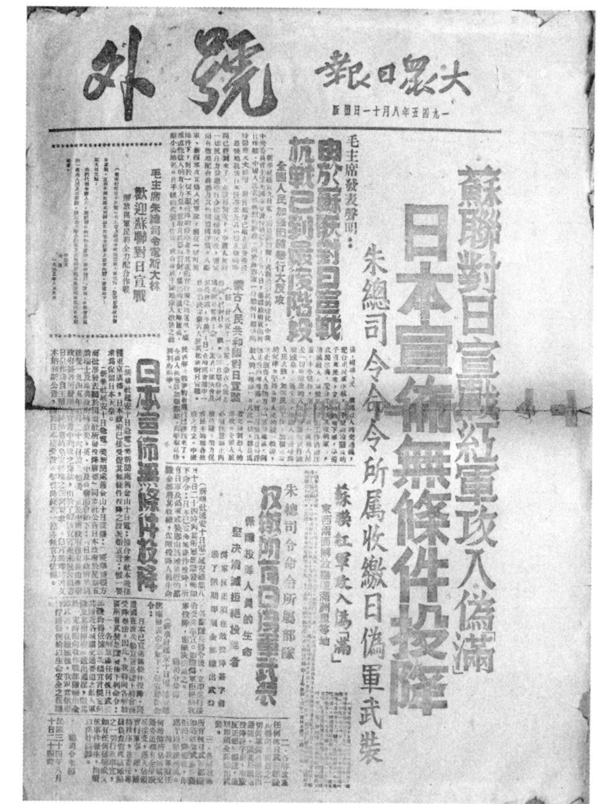
號外
大眾日報
蘇聯對日宣戰紅軍攻入偽「滿」
日本宣佈無條件投降
朱總司令命令所屬收繳日偽軍武裝
毛主席發表聲明
由於蘇聯對日宣戰 抗戰已到最後階段
日本宣佈無條件投降

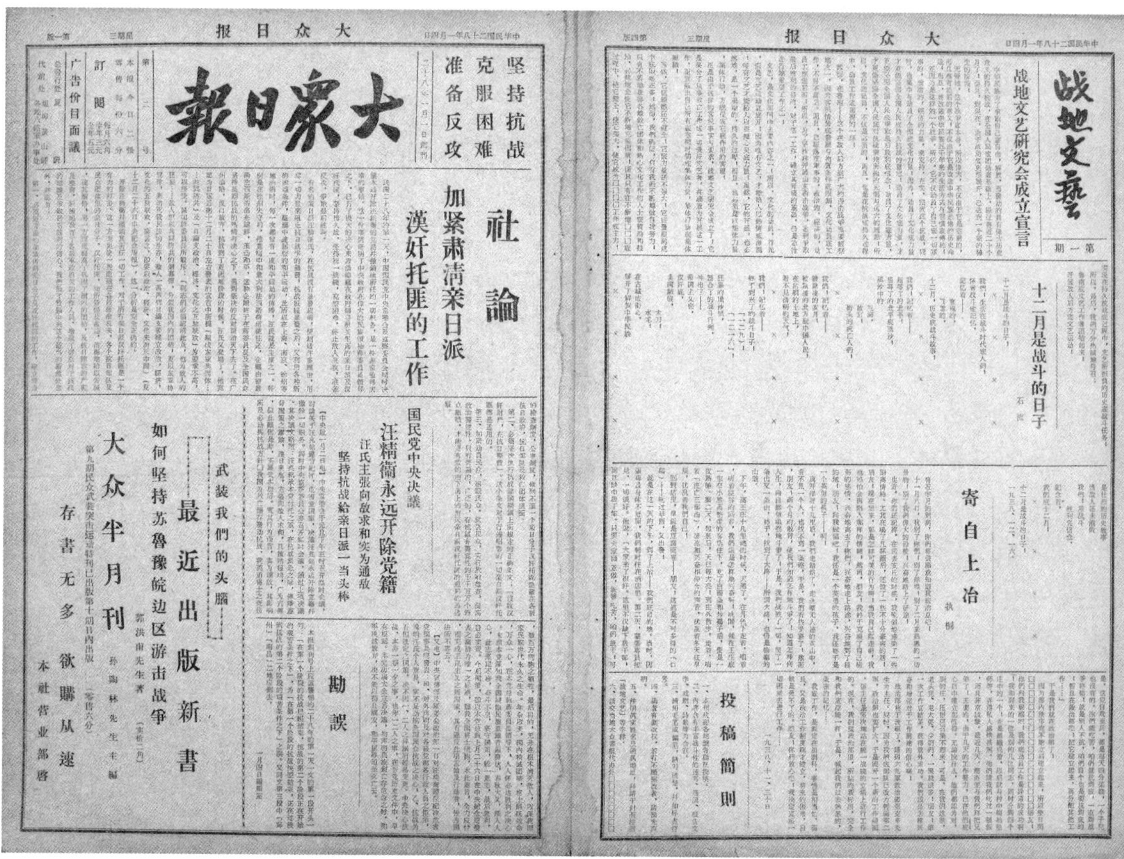
大众日报
大眾日報
坚持抗战
克服困难
准备反攻
社論
加紧肃清亲日派
漢奸托匪的工作
国民党中央决議
汪精衛永远开除党籍
勘誤
武装我們的头腦
最近出版新書
如何坚持苏鲁豫皖边区游击战争
大众半月刊
存書无多 欲購从速
本社营业部启
戰地文藝
战地文艺研究会成立宣言
十二月是战斗的日子
寄自上冶
投稿簡則

新潍坊报

新潍坊报社编　山东邮管局［发行］　潍坊　1948 年 5 月 1 日～ 1949 年 2 月 16 日　1 期～ 286 期　日刊　40cm　铅印　并入《大众日报》

1948 年 4 月 27 日潍坊解放，建立潍坊特别市，华东局决定创办《新潍坊报》，5 月 1 日，《新潍坊报》创刊，创刊时为 8 开 2 版，从第 11 期起扩为 4 开 4 版，发行 1000 ～ 5000 份。报社先设在城里棋盘街原《统一日报》社址，同年 9 月迁址城里博古街（今向阳路）南首。潍坊特别市市委书记徐冰任社长兼总编辑，赵扬任副社长，张黎群、乐静、戈扬任副总编辑，同年 9 月济南解放，徐冰调往济南后，由潍坊特别市市委宣传部长李波人代行其责。

该报创刊初期一版为地方新闻，二版为国际国内新闻。改版后，一版为要闻，二版为地方新闻，三版是国际国内新闻，四版先是广告，后开辟综合副刊，以发表通俗短文为主，在当时群众、特别是知识青年中有很大影响。1949 年 2 月 16 日，《新潍坊报》并入《大众日报》。

新潍坊报

新华社社论

将革命进行到底

——一九四九年新年献词——

恭贺新禧

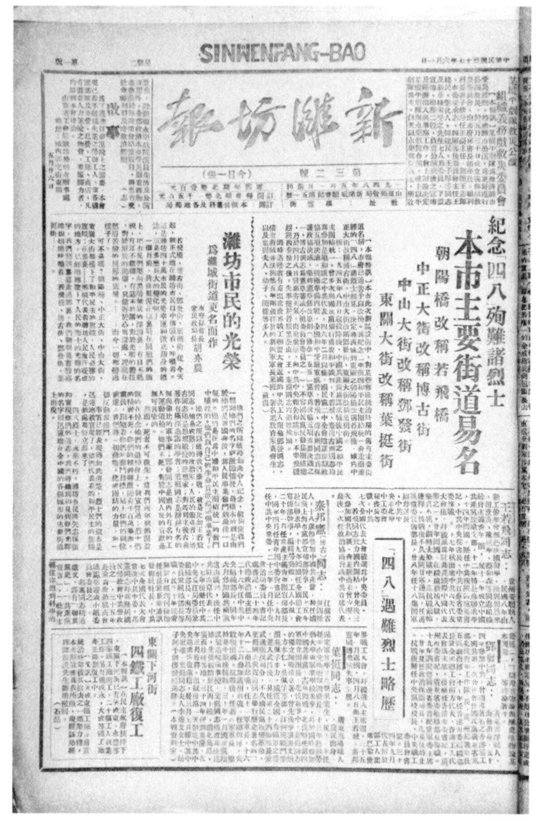

SINWEIFANG-BAO

新潍坊报

纪念四八殉难诸烈士

本市主要街道易名

朝阳桥改称若飞桥

中正大街改称博古街

中山大街改称邓发街

东关大街改称叶挺街

潍坊市民的光荣

四八遇难烈士略历

东关下河街 四铁工厂复工

SINWEIFANG-BAO

新潍坊报

庆祝各路大军克城歼敌的连续告捷的胜利！

庆祝人民解放军解放河南省会开封大捷！

陇海线我军大捷

解放开封歼敌三万

收复通许 陈留 兰封 中牟 民权 东明 考城

对……讲话原文

我苏北兵团横扫海州外围 截断徐海间铁路交通

SINWEIFANG-BAO

新潍坊报

蒋匪济南最高指挥官

王耀武於寿光被俘

平绥路我军展开强大攻势

连克集宁等五城

控制铁路四百里大同完全孤立

庆祝济南解放的伟大胜利

——新华社社论——

西北解放军揭穿胡匪假投降密令

蒋党反动限价政策失败

平津沪商人普遍拒售

上海汽车行竟脆宣告放假

新民主报

新民主报社编　编者刊　济南　1948年10月1日～1949年3月31日　1期～182期　日刊　54cm　铅印　并入《大众日报》

1948年10月1日创刊，对开4版大报，日发行1.2万份，社址在经三路纬二路，报社从业人员130人，恽逸群任社长，1949年3月31日停刊。

该报是济南解放后中共济南市委的第一张机关报，是当时解放区第一张省会报纸。该报设有党报委员会，由市委书记刘顺元、副市长徐冰、市委宣传部部长夏征农、济南特别市军事管制委员会新闻出版部部长恽逸群及张晓梅五人组成，刘顺元兼任书记，夏征农兼任副书记。下设编辑委员会，恽逸群任社长兼总编辑，李辛夫、李力众、沙洪三人为委员。其版面安排为：一版为要闻版，经常以特大字号刊登解放战争胜利的消息，创刊号一版头条刊登《寿光地方武装　活捉王耀武》；二版为地方新闻版；三版为专版，《青年文化》《职工生活》《新妇女》《学习之页》等专刊与副刊交替见报，副刊的报告文学和其他文艺作品颇有影响，为不少新区城市报纸所转载；四版为国际新闻。报社于1949年3月31日报纸头版刊登该报重要启事："本报奉命与大众日报合并。"

新民主報

慶祝濟南全市解放，向人民解放軍全體指戰員及支前民工、幹部致敬！

壽光地方武裝活捉王耀武

統一全市軍事、行政事宜 軍管會奉令成立 頒佈入城守則十一條 分設十六部進行接管

警備司令部 市政府 正式成立

發刊詞 本報的任務

濟南特別市軍事管制委員會佈告

濟南特別市警備司令部佈告

濟南特別市政府佈告

濟南北海銀行公告 兌換北海幣須知

新民主報

緊要啓事

重要更正

海外華僑紛電毛主席 贊成召開新政協會議

毛主席覆電

關外北寧線我軍大捷 解放綏中興城義縣 殲敵三萬包圍錦州

農村物資源源供應 市場漸活躍物價下跌

十天收復六座縣城

濟南特別市政府佈告

濟南貿易公司籌備處啓事

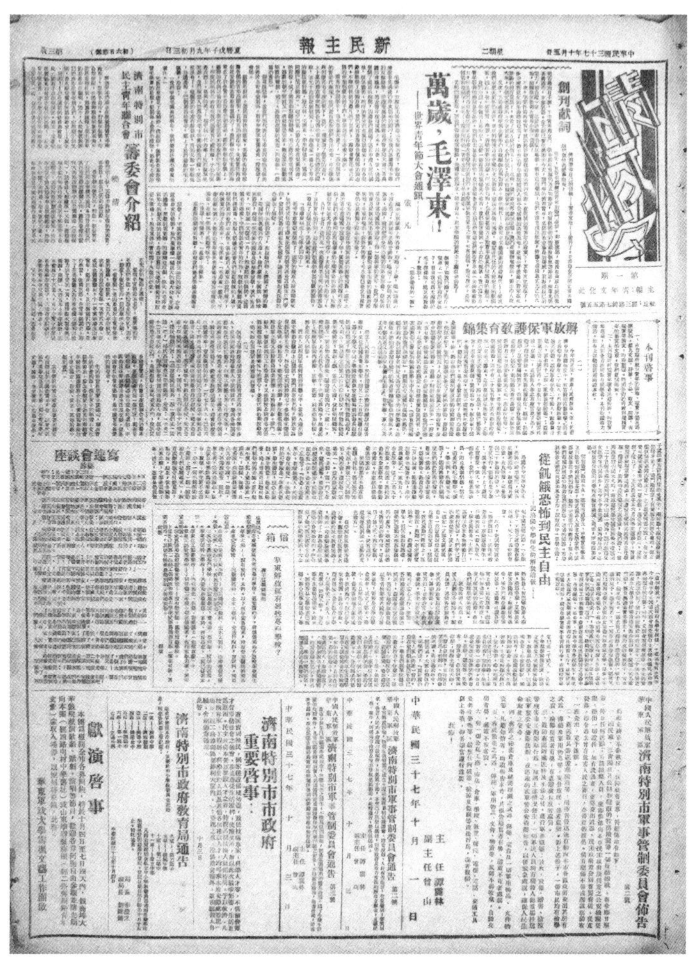
新民主報

萬歲，毛澤東！

創刊獻詞

解放軍保護教育集錦

濟南特別市民主青年聯合會籌委會介紹

從飢餓恐怖到民主自由

寫在座談會邊

濟南特別市軍事管制委員會佈告

濟南特別市市政府重要啓事

濟南特別市政府教育局通告

獻演啓事

群众报

群众报社编　各地县政府八路军办事处［代售］　清河区　1939年8月1日～1944年6月30日　1期～505期　不定期　39cm　油印　由《渤海日报》继承

1939年8月1日创刊于清河地区（临淄县苇子河、大夫店等村），在清河区特委所属各县、区和乡村支部及八路军内部发行。该报开始是油印小报，随着形势的发展和环境条件的改善，从第38期（1940年3月6日）起，《群众报》改为石印，4开4版，后改为铅印。刊期由开始时的不定期出版，逐步改为周刊、三日刊，发行三千份。出至第505期与《冀鲁日报》合并，成立渤海日报社。1944年7月1日，《渤海日报》继承出版。

历任社长刘洪轩、杜振东，历任总编辑张逢元、崔戌、陈叔俊、戴夫。该报是中共清河区特委机关报，是中国共产党领导下的解放区报纸之一。清河特委书记景晓村为该报撰写了发刊词。该报主要刊登国内外重大新闻，反映抗日军民的英勇事迹。敌张店旅团司令部参谋三浦梧楼曾仿效《群众报》的式样，出版伪《群众报》，企图破坏《群众报》威信。为此，《群众报》于1943年1月12日发表声明，揭露敌人阴谋。当年秋，敌人调集兵力进行“扫荡”，报社有30多人被俘，5人牺牲。在敌人“扫荡”中，报社撤离垦利驻地，出版过油印的《群众快讯》。

KYNZHUNG—BAO

群众报

全清河区的文化工作者们，团结起来，坚决为开展清河区文化工作而奋斗。

社论 纪念五四与开展清河区文化工作

五四运动纪念日 各地青救会热烈举行纪念大会

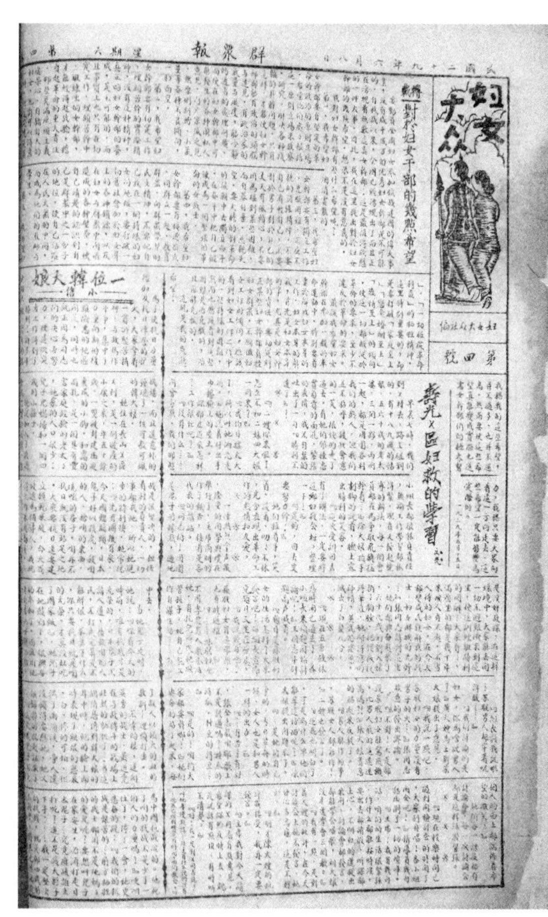

妇女

对於妇女干部的几点希望

一位韩大娘

寿光×区妇救的学习

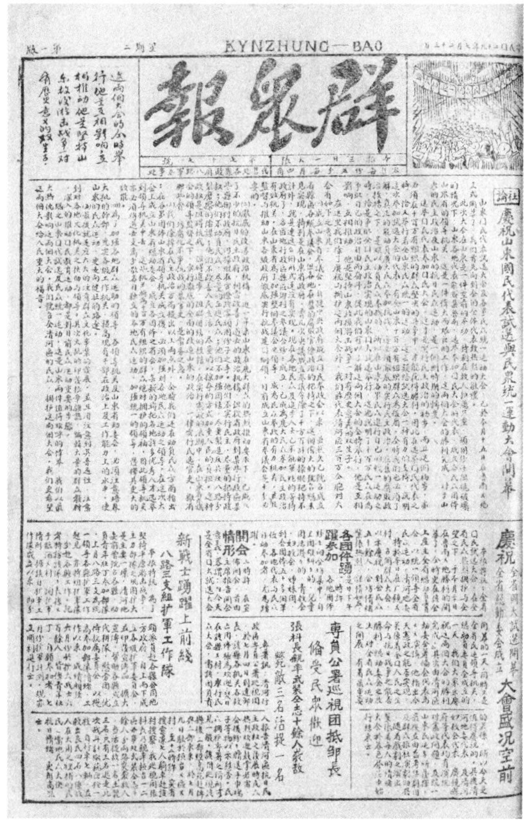

KYNZHUNG—BAO

群众报

社论 庆祝山东国民代表选举与民主统一运动大会开幕

新战士踊跃上前线 八路军支队扩军工作队

专员公署巡视团抵邹长 备受民众欢迎

渤海日报

戴夫、张镛等编　渤海邮政分局［发行］　惠民　1944 年 7 月 1 日～1950 年 4 月 26 日　506 期～2244 期　三日刊　39cm　铅印　继承《群众报》　吸收《渤海大众》《德州时报》

1944 年 7 月 1 日正式出版，其前身为《群众报》，刊期顺延《群众报》的刊期，自 506 期开始；1949 年 2 月 10 日《渤海大众》并入该报；1950 年 4 月 26 日该报随渤海区党委撤销而停刊。创刊初期为三日刊，4 开 4 版，1947 年改为对开 4 版。初印量 2500 份左右，到 1945 年 8 月增至 1.2 万份。历任社长有陈放（渤海区党委宣传部长）、张永逊、王力（区党委宣传部长）、吴健、王一黎。历任总编辑有戴夫、张镛、舒文、吴健、宋英。该报一版刊登国际国内的重大新闻、本区重要活动消息、领导人讲话等；二版、三版刊登本区的消息，结合当时的斗争形势，分阶段、有重点地反映全区的面貌；四版多刊登新华社消息和评论。

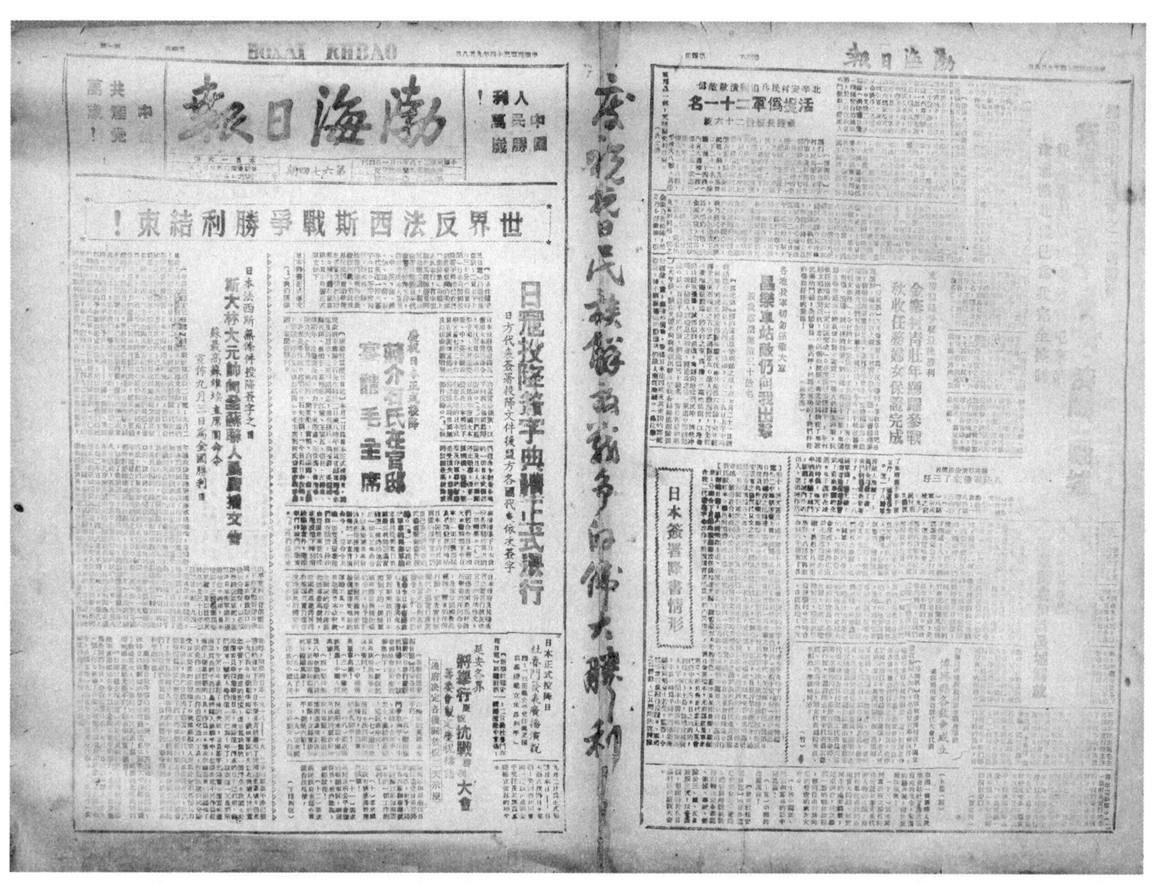

BOHAI RIBAO

渤海日報

中共萬歲！

中國人民勝利萬歲！

第六七四期

世界反法西斯戰爭勝利結束！

日寇投降簽字典禮正式舉行

日方代表簽署投降文件後盟方各國代表依次簽字

日本法西斯無條件投降簽字之日

斯大林大元帥向全蘇聯人民廣播文告

蘇最高蘇維埃主席團命令宣佈九月三日爲全國勝利日

蔣介石氏在官邸宴請毛主席

延安各界將舉行慶祝抗戰勝利大會

日本正式投降日

日本簽署降書情形

活捉偽軍二十一名

全縣青壯年踴躍參戰

秋收任務婦女保證完成

慶祝抗日民族解放戰爭的偉大勝利

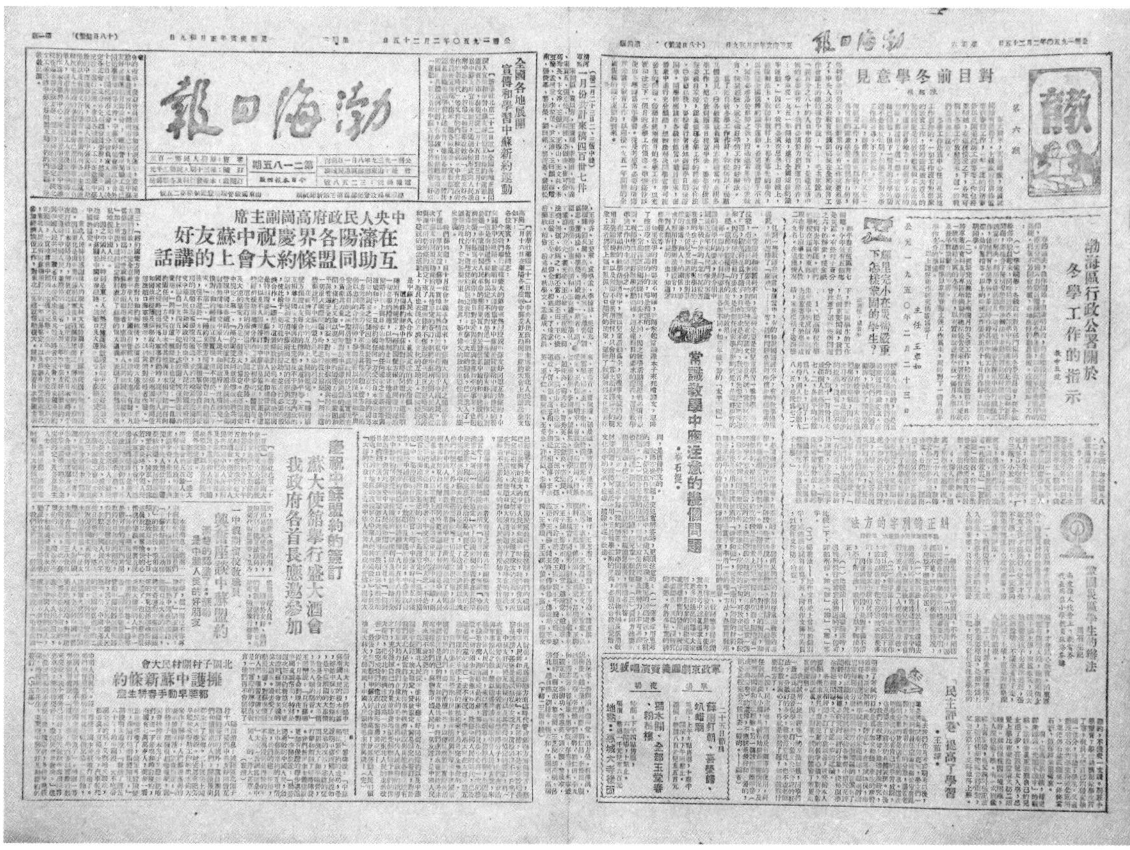

渤海日報

第二一八五期

全國各地展開宣傳和學習中蘇新約運動

一月份共計來稿四百卅七件

中央人民政府高崗副主席

在瀋陽各界慶祝中蘇友好

互助同盟條約大會上的講話

慶祝中蘇盟約的簽訂

蘇大使館舉行盛大酒會

我政府各首長應邀參加

北園子村農民大會

擁護中蘇新條約

教育

第六期

對目前冬學意見

渤海區行政公署關於冬學工作的指示

常識教學中應注意的幾個問題

糾正錯別字的方法

渤海大众

渤海大众社编　渤海邮政分局［发行］　惠民　1945 年 6 月 1 日 ~ 1949 年 2 月 6 日　1 期 ~ 175 期　五日刊　39cm　铅印　并入《渤海日报》

1945 年 6 月 1 日创刊于滨州市惠民县，由中共渤海区党委主办，原受《渤海日报》领导，后改由渤海各界抗日救国联合会领导，后仍归《渤海日报》领导。总编辑陈叔俊、马耀如、亓人、张明、吴健。该报报头由舒同题写，8 开 4 版。先后出五日刊、半月刊、月刊，每期发行 400 ~ 700 份。1949 年 2 月 6 日，根据区党委指示，该报与区委机关报《渤海日报》合并，奉命终刊。

与其他根据地出版的几份通俗报相同，该报也是一份以传播党的声音、贴近普通群众、关心边区百姓生活为主的报纸。这份报纸立足于辽阔的渤海平原，为使饱受疾苦的广大农民早日获得文化翻身，做了大量工作，在人民群众中产生了积极的影响。

渤海大众

第一〇〇期

庆祝新年，纪念百期！

廖副司令总结一年的胜利

李人凤不给人民办事 省政府下令把他撤职

渤海大众百期纪念

渤海区党委宣传部题赠

编者的话

陈粟反攻军，平汉路上打胜仗 消灭蒋匪一个师和第五兵团司令部

晋冀鲁豫解放军 半点钟打下运城

又拿下四座县城 刘邓大军越打越猛

渤海军区地方武装一年来的胜利成绩

新年落子

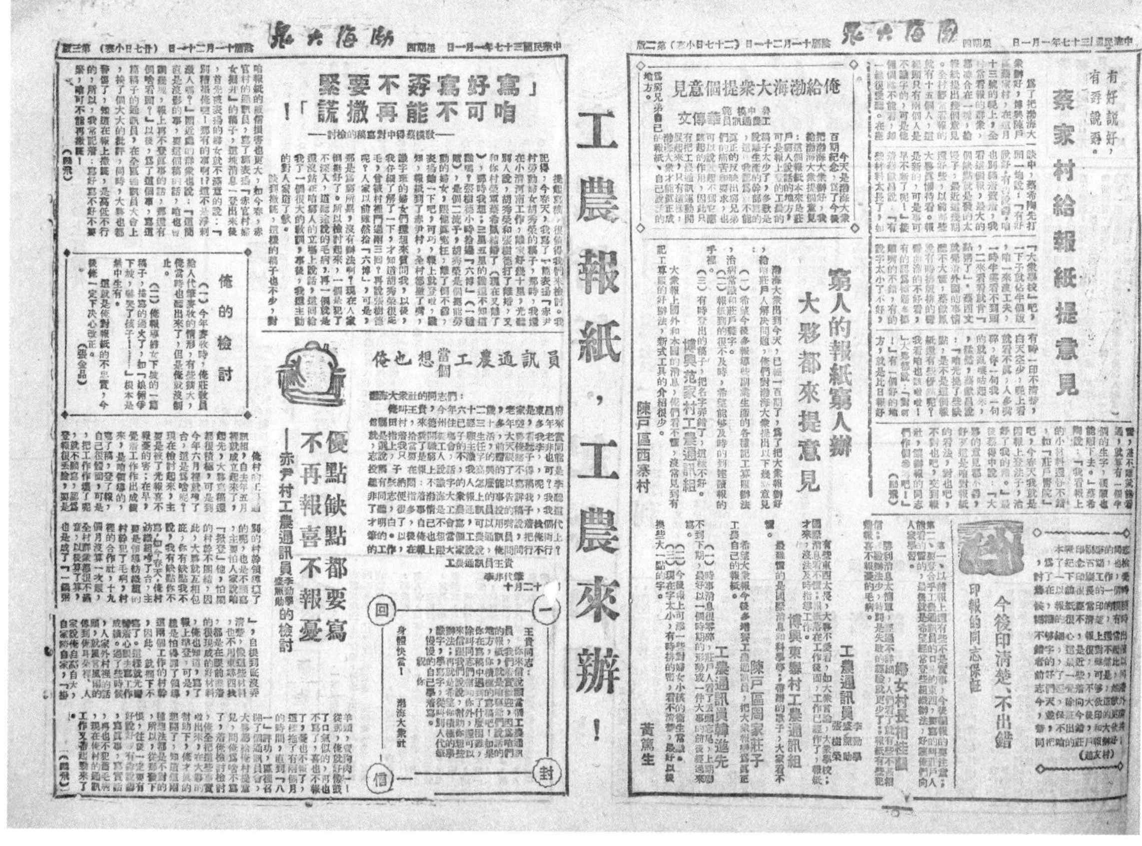

工农报纸，工农来办！

俺也想当工农通讯员

优点缺点都要写 不再报喜不报忧

俺的检讨

俺给渤海大众提个意见

穷人的报纸穷人办 大家都来提意见

蔡家村给报纸提意见

今后印清楚，不出错 印报的同志保证

回信

报纸之部

德州时报

德州时报社编　中华邮政局［发行］　德州　1946年7月1日～1946年10月31日　1期～41期　三日刊　39cm　石印　并入《渤海日报》

该报是1946年6月德州解放后，于7月1日中共德州市委创办的机关报，由市委委员陈颖任总编辑。该报的主要任务：宣传共产党的方针政策，特别是城市政策，报道国际国内重要新闻、解放战争形势和地方新闻等，以争取、团结广大群众，使他们了解共产党，支持解放战争。1946年10月31日停刊，与《渤海日报》合并，共出41期。

该报刊行时间虽然不长，可编采人员却采访并生动而详尽报道了德州市许多有重大意义的历史事件，如人民代表大会的召开、德州市行政委员会的成立等。

德州時報

發刊詞

召開人民代表選舉大會

德州時報

中共中央「七七」九週年紀念宣言

德州時報

全市各區街幹和群衆

紛起召開反內戰座談會

献出土地分給農民

德州時報

一年的教訓

解放日報社論

中共中央鄭重聲明

正报

正报社编　正报社股份有限公司［发行］　临沂　1940年5月5日～1942年［总期数不详］；复刊1947年1月15日～1948年［总期数不详］　日刊　54cm　铅印

1940年5月5日创刊于临沂，1942年休刊，1947年1月15日迁往济南复刊，社址在经四路纬二路229号。1947年6月发行人变更为赵公鲁，社址迁往济南经三路纬六路西251号。历任社长有赵公鲁、秦启荣，总编辑魏龙骧、马声舞。

该报一版、二版为国内新闻，三版为副刊，四版国际新闻。副刊《原野》1947年1月15日创刊，刊登散文、诗歌、小说、戏剧等文艺作品。

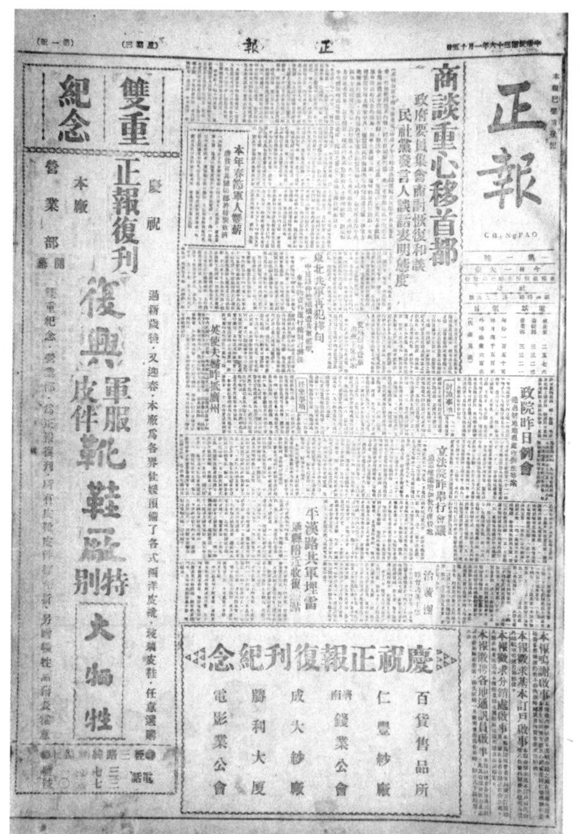

正報

商談重心移首都

政府要員集會商討恢復和談

民社黨發言人談話表明態度

本年春節軍人慰勞

東北共軍再犯梓甸

英使夫婦昨抵廣州

政院昨日例會

立法院昨舉行會議

平漢路共軍埋雷

雙重紀念

慶祝正報復刊

復興軍服皮件靴鞋廠特別大犧牲

過新歲時，又逢春，本廠爲各界在暖預備了各式西洋皮靴，皮鞋皮鞋，任意選購

本廠營業部

慶祝正報復刊紀念

百貨售品所

仁豐紗廠

濟南錢業公會

成大紗廠

勝利大廈

電影業公會

本報徵求基本訂戶啟事

本報徵求分銷處啟事

本報徵聘各地通訊員啟事

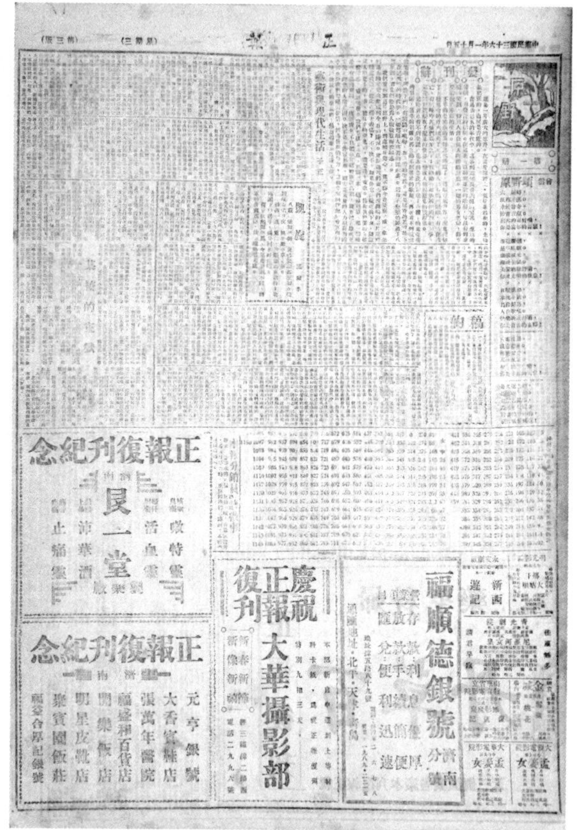

正報

正報復刊紀念

濟南

艮一堂

咳嗽特效

活血靈

沛華酒

止痛藥

正報復刊紀念

濟南

元亨銀號

大香寶糖店

張萬年醫院

福盛祥百貨店

聚樂飯店

明星皮靴店

聚寶園飯莊

福合厚記銀號

慶祝正報復刊

大華攝影部

福順德銀號

濟南分號

營業項目：存款，放款，匯兌

利息優厚，手續簡便，迅速

通匯地址：北平、天津、青島

孟姜女

正報

濟南市政府識字運動特刊

論識字運動

濟南市政府識字運動特刊

提高文化水準 培養國民素質

尹文敬

民主時代的基本課題

做人先從識字做起

識字釋義

濟南成通紡織染紗廠

精製

十二磅白細布

漂染各種色布

白棉紗

白棉紗

幸運牌

SAFETY MATCHES

幸運

永遠的微笑

兒女冤家

蘆花翻白燕子飛

正報

蘇否認助蒙侵略

廖耀湘昨返瀋陽

四平市區三面展開血戰

國軍增援東北在營口登陸

社論

堅定、靈活、力量：論中國需要的外交政策

香港統制外匯

民衆集結反擊

荷印將在巴城設漢學研究院

東方世外桃園：蘭嶼島之一瞥

郵政經濟困難主因郵費太低

東北之心臟——瀋陽

鲁南时报

中共鲁南区委员会编　编者刊　费县　1940年7月1日～［休刊日期不详］［总期数不详］；复刊1941年11月～［1948年2月15日］　1期～702期　周刊　油印　替代《时事通讯》

1940年7月1日创刊于费县（今平邑县），是中共鲁南区委机关报，两次因环境恶化停刊，后于1941年11月复刊，共出版702期。初为8开4版，后为4开2版、4开4版；由油印、石印发展为铅印；刊期由周刊改为三日刊。报头为八路军一一五师政委罗荣桓题写，第一任社长由区党委宣传部长林乎加兼任，总编辑白刃。其办报宗旨：及时传播中共中央声音，鼓舞和指导鲁南人民的革命斗争。该报曾出一版“号外”，专题报道了除掉大汉奸、大土匪刘桂棠。

LUNAN-SHBAO

鲁南时报

庆祝中国共产党廿五週年纪念

社论 贯澈和平建国方针 保卫鲁南解放区

中国人民领袖——毛泽东同志

共产党来到了咱这里 庄户爷们过起好日子

LUNAN-SHBAO

鲁南时报

中共中央

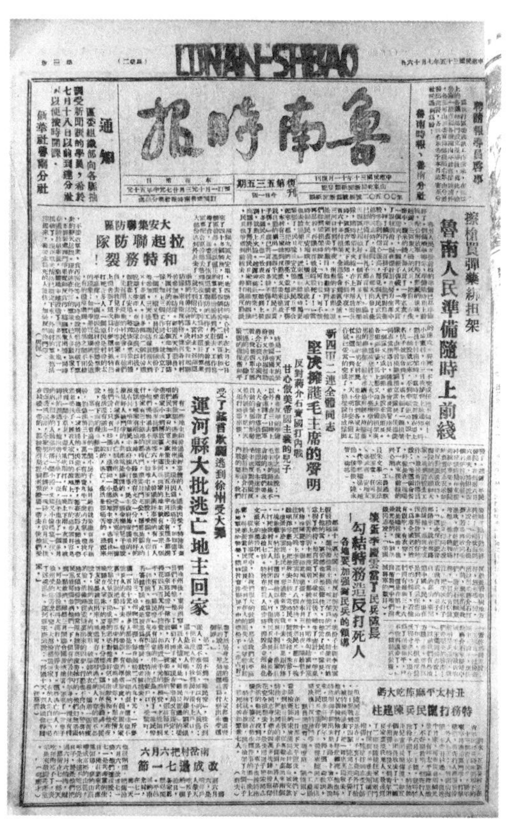

LUNAN-SHBAO

鲁南时报

通知

鲁南人民准备随时上前线

坚决拥护毛主席的声明

运河县大批逃亡地主回家

报纸之部

前卫报（鲁中）

刘宗卓编　山东鲁中军区政治部　沂南　1940 年 11 月 7 日～1947 年 7 月 31 日　1 期～440 期；复刊 1947 年 9 月 27 日～1948 年 8 月　441 期～［终期不详］　三日刊　40cm　油印　与《前进报》合并而成《前卫报》（鲁中南）

1940 年 11 月 7 日创刊于沂南，4 开 4 版，是山东纵队政治部机关报，1942 年 8 月，因建制调整，划归鲁中军区，《前卫报》成为鲁中军区政治部机关报，延续原有刊期。该报主编刘宗卓，刘宗卓调走后，由程力正任编辑主任。

该报 1947 年 8 月 1 日～9 月 26 日休刊，1947 年 9 月 27 日复刊后，鲁中军区政治部发表《关于〈前卫报〉复刊的通知》。为了加强《前卫报》的领导，成立了报社编委会。由刘宗卓任编委会主任委员，房干任副主任委员，以赵锡纯、张荣湘、郭济民、张国峰、何庆宇等为编委委员。

1948 年 8 月，区划调整，鲁中地区和鲁南地区合并为鲁中南地区。两军区合并为鲁中南军区，《前卫报》作为鲁中南军区政治部的机关报重新创刊出版。

前衛報

以堅強的意志和行動来紀念偉大的節日

紀念七一迎接前線勝利 工人同志突擊生產

我們的英明領袖 毛澤東同志略歷

接受經驗準備再次自衛

前衛報

二十五團夜打敵據點 點把鐘消滅頑軍兩個排

李幹排真是硬骨頭 一致要求再戰

二十五團通報 趕快接受六連的逃亡教訓

行軍好，幹部勤

提倡回動作風

沂源獨立營 歡送模範參加群英會

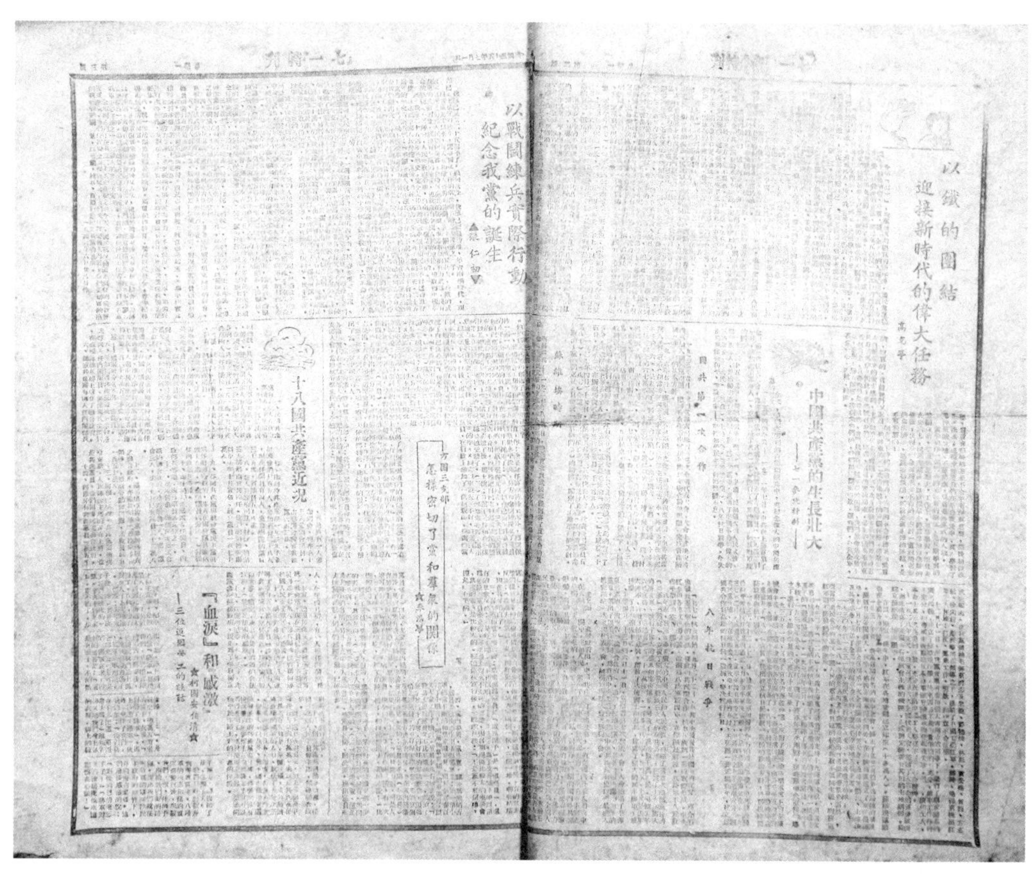

以戰鬥練兵實際行動紀念我黨的誕生

十八國共產黨近況

『血淚』和感激

以鐵的團結迎接新時代的偉大任務

中國共產黨的生長壯大

前进报

鲁南军区政治部编　编者刊　枣庄　1943年～1948年8月［总期数不详］　四日刊　54cm　铅印　与《前卫报》（鲁中）合并而成《前卫报》（鲁中南）

1943年创刊于枣庄，社长张秋桥，南京军区原副司令员张明将军曾因在战斗间隙积极采写军事新闻被聘为该报特级记者。1948年8月，因鲁中军区和鲁南军区合并成立了鲁中南军区，原鲁中军区政治部的机关报《前卫报》也与军区政治部的机关报《前进报》合并。

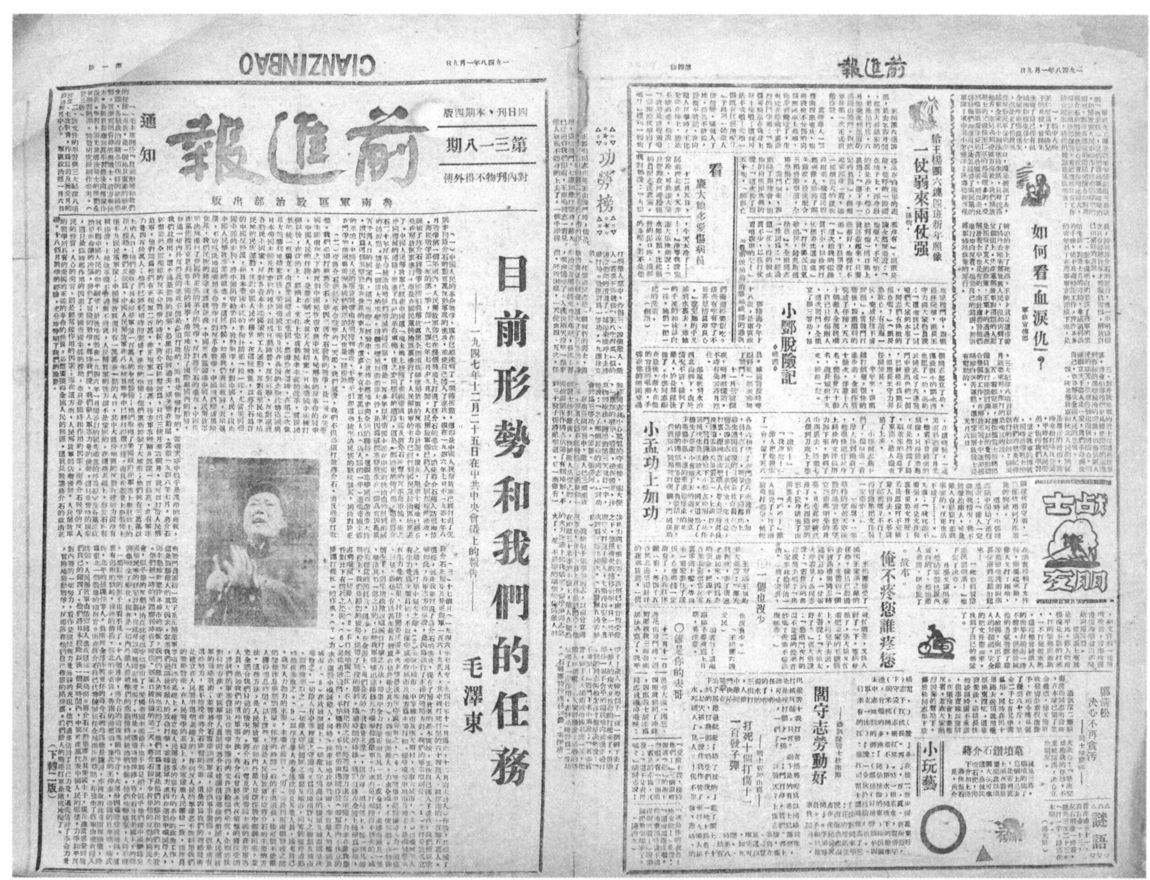

前進報

豫南軍區政治部出版

第三一八期

目前形勢和我們的任務

——一九四七年十二月二十五日在中共中央會議上的報告——

毛澤東

如何看「血淚仇」?

小鄧脫險記

小孟功上加功

俺不疼您誰疼您

閻守志勞動好

小玩藝

謎語

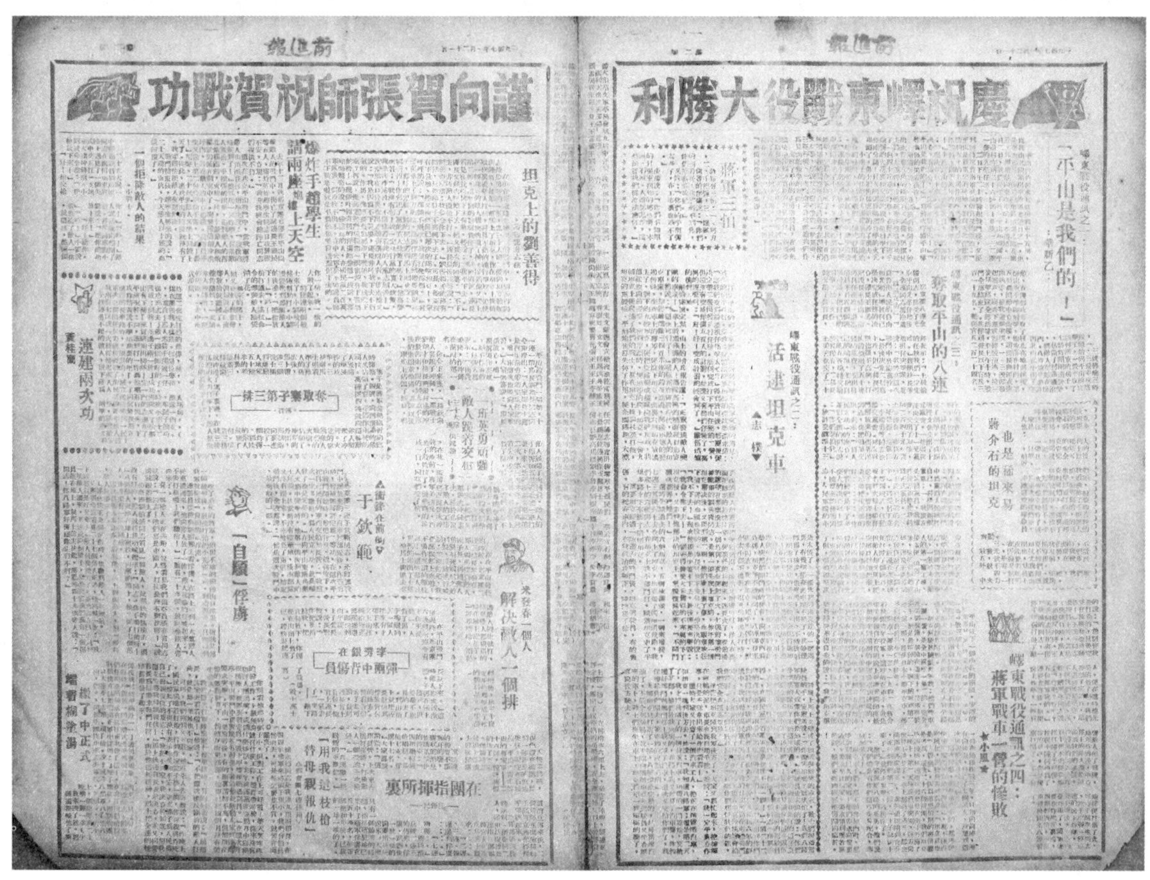

前進報

謹向賀張師祝賀戰功

坦克上的劉善得

連建兩大功

「自願」俘虜

解決敵人一個排

慶祝睢東戰役大勝利

「平山是我們的!」

奪取平山的八連

活捉坦克車

睢東戰役通訊之四：蔣軍戰車一營的慘敗

前卫报（鲁中南）

前卫报社编　华东鲁中南军区政治部　[出版地不详]　1948年10月10日～1952年6月15日　创刊号～107期　不定期　39cm　铅印

1948年10月10日创刊，该报为内部刊物，刊期不固定，4开4版（有时出6版、8版）。1949年4月18日（第36期）起报头登记为山东鲁中南军区政治部出版，8月1日起报头登记为中国人民解放军报鲁中南军区政治部出版。1952年6月停刊，共出107期。

该报是华东鲁中南军区机关报，报社实行社长制，房干任社长。办报宗旨是宣传与贯彻毛泽东的建军思想与军事原则，宣传与贯彻党的号召与政策，传达党委与军区的工作指示。主要读者对象为军区所属干部战士。报社有时还出画刊《前卫通讯》，是《前卫报》的增刊，16开本，每期30多页，不定期出版。

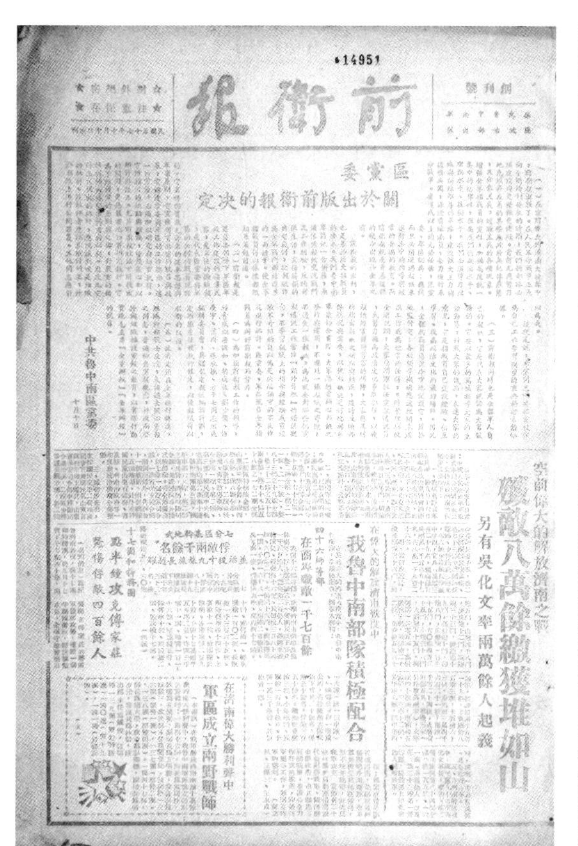

前衛報 創刊號

區黨委 關於出版前衛報的決定

中共魯中南區黨委

殲敵八萬餘繳獲堆如山

另有吳化文率兩萬餘人起義

我魯中南部隊積極配合

在濟南偉大勝利聲中 軍區成立兩野戰師

前衛報 第六十四期

中華人民共和國萬歲！毛主席萬歲!!!

全國人民的大喜事

中央人民政府成立 毛澤東當選主席

中央人民政府委員會 開首次會議宣佈就職 並任命政府重要人選

朱總司令宣讀總部命令

社論 祝賀中央人民政府成立

中國人民政協會議 確定國都紀年國歌國旗

打倒帝國主義！保衛世界和平!!!

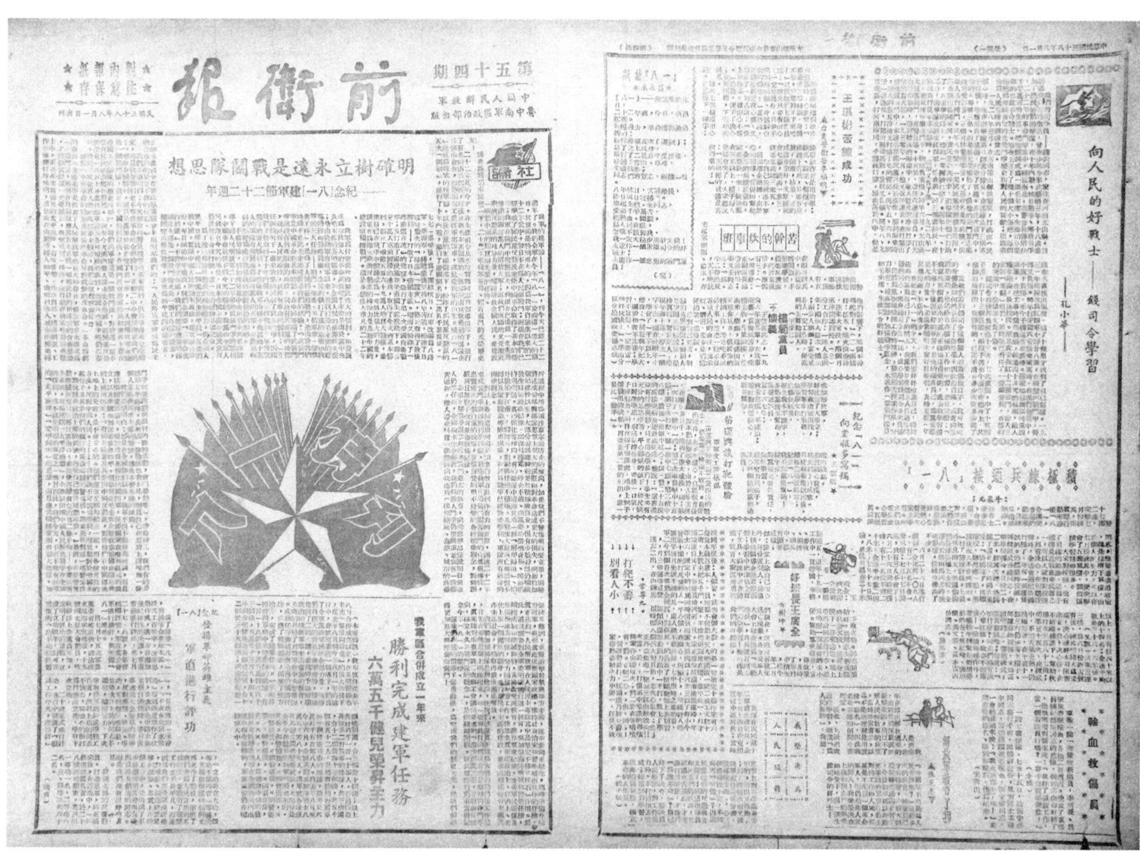

前衛報 第五十四期

社論 明確樹立永遠是戰鬥隊思想 ——紀念「八一」建軍節二十二週年

勝利完成建軍任務

向人民的好戰士——錢司令學習

冀鲁豫日报

冀鲁豫日报社编　冀鲁豫边区［发行］［出版地不详］ 1941年8月1日～1949年8月21日　1期～1742期　三日刊　54cm　石印　由《鲁西日报》和《卫河日报》合并而成　由《平原日报》替代

抗战爆发初期，山东鲁西党委曾出版《鲁西日报》，冀鲁豫区党委出版《卫河日报》，1941年8月，两报合并为《冀鲁豫日报》，初为石印三日刊，后为铅印日刊。1945年8月，抗日战争胜利后，《冀鲁豫日报》社迁至菏泽。1949年8月21日终刊，改出《平原日报》。社长陈沂，副社长刘祖春，总编辑巩固。

该报创刊后成为中共冀鲁豫区委机关报，以特有的形式宣传党的路线、方针、政策，报道国际国内的政治形势和第二次世界大战各国战场的发展变化情况，动员人民运用游击战争打击日本侵略者，极大地鼓舞了边区抗日军民保家卫国、英勇杀敌的斗志。在淮海战役初期，详尽记录了当时战况，如《东北解放战争大功告成》《解放军淮海地区战役开始》《徐州外围我连克十城》《围歼郑州逃敌战果》等。1947年1月1日，邓小平亲笔为《冀鲁豫日报》题词："为更多地消灭蒋军而斗争，为争取战略主动、收复一切失地而斗争，为民族独立与人民解放事业而斗争。"

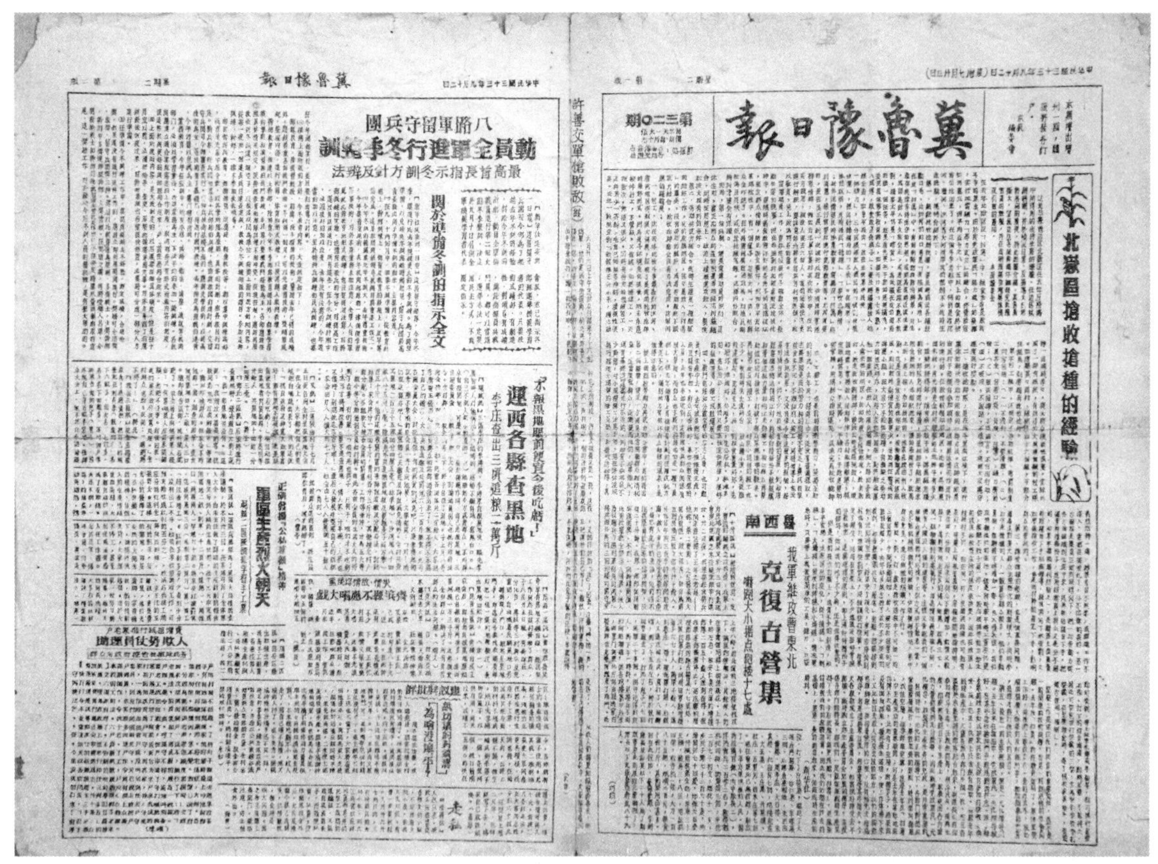

冀鲁豫日报

第三〇二期

八路军留守兵团
动员全军进行冬季练兵
最高首长指示冬训方针及办法

关于此次冬训的指示全文

运西各县查黑地

鲁西南

克复古营集

北岳区抢收抢种的经验

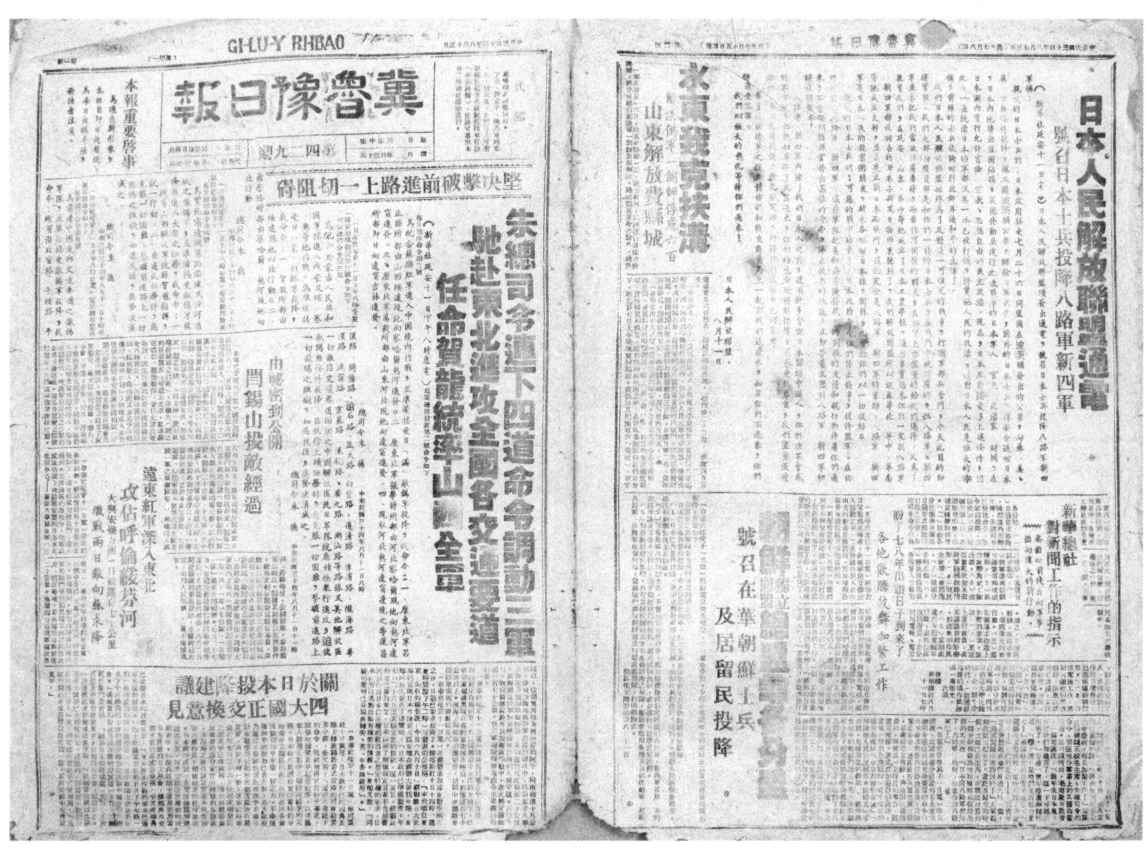

GI-LU-Y RHBAO

冀鲁豫日报

第四二九期

本报重要启事

坚决击破前进路上一切阻碍

朱总司令连下四道命令调动三军
驰赴东北进攻全国各交通要道
任命贺龙统率山西全军

阎锡山投敌经过

远东红军深入东北
攻占呼伦绥芬河

关于日本投降建议
四大国正交换意见

日本人民解放联盟通电
号召日本士兵投降八路军新四军

水东我克扶沟

山东解放费县城

新华总社
对新闻工作的指示

号召在华朝鲜士兵
及居留民投降

新胶东报

新胶东报社编　各海区抗协支会各县县会［代销］　烟台　1941 年 10 月 10 日～1942 年［总期数不详］　五日刊　55cm　石印

1941 年 10 月 10 日创刊于烟台，是国民党抗敌同志协会胶东分会机关报，对开一张。又名《抗协日报》。当时是胶东共产党抽调干部帮助国民党抗敌同志协会山东分会创办的报纸。社长孙川四，编辑部长王继瑞。1942 年，日军大扫荡时停刊。

中華民國三十年十月二十日　新膠東報　星期一　第一版

新膠東報

第三號

代論

抗戰建國大業中中國國民党的前路

李瀣之

開闢中國的海陽

在人民的熱烈擁護下

抗協海陽縣會宣告成立

東海生產建設工作

猛烈開展成績驚人

自力更生

北海區專員公署

召開蚕絲界座談會

只有國共長期親密合作才能爭取抗戰最后勝利

吳克華

中華民國三十年十月二十日　新膠東報　星期一　第四版

國內要聞

抗戰建國大業中中國國民党的前路（續）

李瀣之

新膠東報創刊紀念

為建設新民主主義新膠東而斗爭

戰旗報社、戰旗通訊社

新膠東報成立紀念

用我們的筆鋒揭破敵人的奴化政策，為建設新民主主義文化而奮斗

廖心光

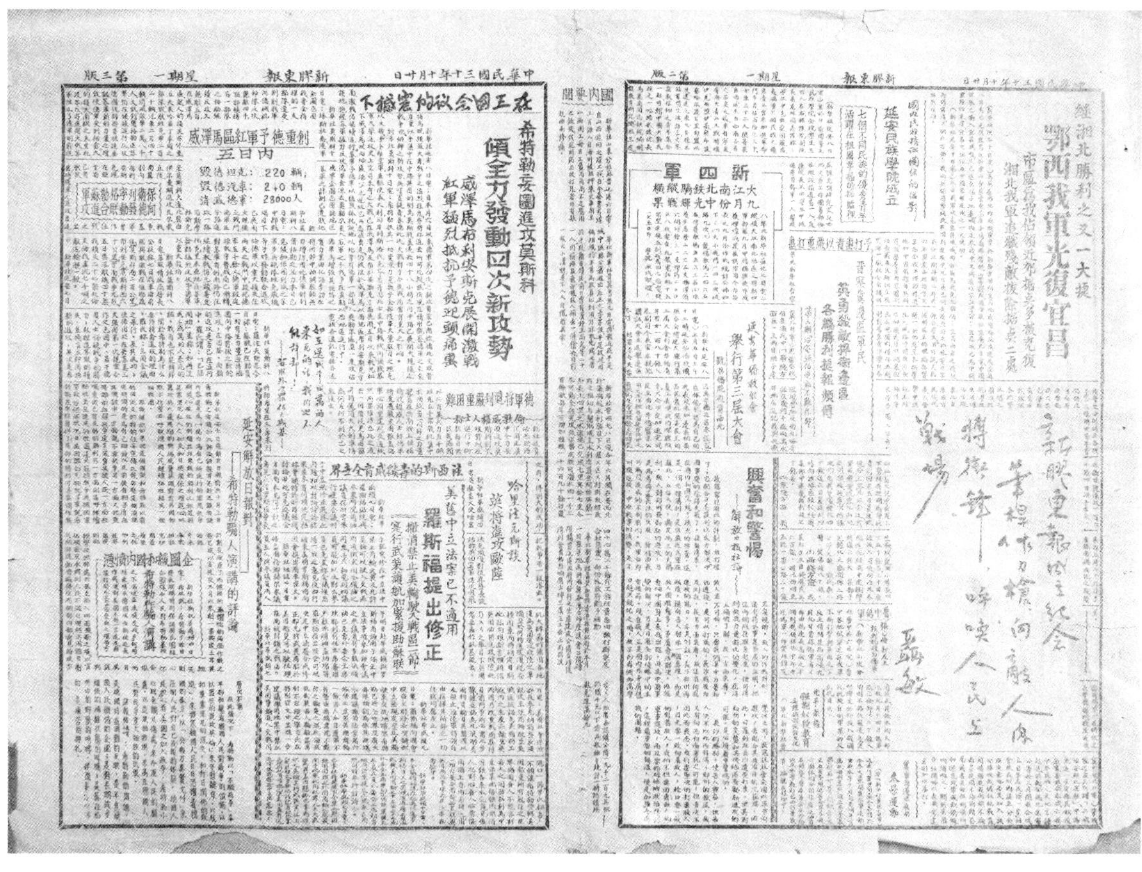

中華民國三十年十月十日　新膠東報　星期一　第三版

在工國会政的憲法下

希特勒妄圖進攻莫斯科

傾全力發動四次新攻勢

威澤馬布利安斯克展開激戰

紅軍猛烈抵抗予觉迎頭痛擊

創重德予軍紅區馬澤威

五日內

毀德坦克：220輛

毀德汽車：240輛

消滅德軍：28000人

保衛列寧格勒

延安解放日報對

希特勒職人演講的評論

全國抗戰和國內情勢

羅斯福提出修正

美舊中立法案已不適用

撤消禁止美輸駛入戰區一節

德軍將領遭到嚴重困難

哈里法克斯談

英將進攻歐陸

中華民國三十年十月十日　新膠東報　星期一　第二版

經湘北勝利之又一大捷

鄂西我軍光復宜昌

市區及我佔領近郊據點多被克復

湘北我軍追擊殘敵拔除據點二處

國內要聞

延安民族學院成立

七個不同民族的優秀青年

新四軍

大江南北鉄騎縱橫

九月份中光輝戰果

英勇殺敵捍衛疊區

各縣勝利捷報頻傳

延安舉行第三届大會

興奮和警惕

新膠東報成立紀念

筆桿即刀槍，向敵人陣地衝鋒——喚起人民上戰場

聶敏

沂蒙导报

沂蒙导报社编　山东战邮局［发行］　沂南　1942年2月20日～［终刊日期不详］［总期数不详］　五日刊　33cm　石印　吸收《反扫荡报》　由《鲁中日报》替代

1942年2月20日创刊于沂南县，由1941年在沂蒙山区出版的鲁中二地委机关报《反扫荡报》改名而来。《沂蒙导报》的主要任务是：对各级干部和人民群众进行国际国内形势教育，树立抗战必胜的信心；进行党的传统教育和文化知识教育；宣传党的路线、方针、政策；交流建党、建军、建设根据地的先进经验；表扬英雄模范人物，推进各项工作的顺利开展。

该报创刊初期为5开4版，石印，五日刊，一版为社论及地方新闻，二版、三版一般是综合性论述文章，宣传教育提纲、讲话、报告和资料等，四版是副刊。鲁中二地委有了印刷厂之后，报纸改为4开4版，铅印，三日刊。1943年春，中共鲁中区党委决定出刊机关报《鲁中日报》，全部人员调去鲁中日报社工作。

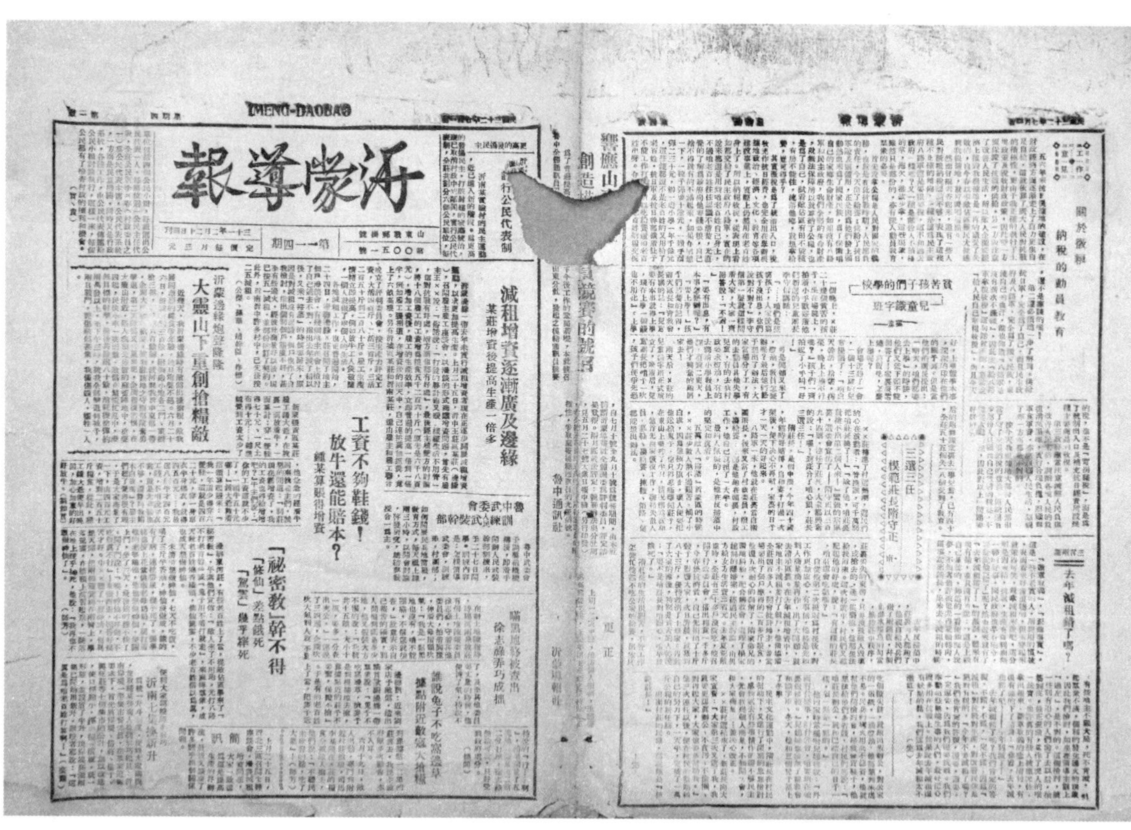

沂蒙導報

減租增資逐漸廣及邊緣

工資不夠鞋錢！放牛還能賠本？

「秘密教」幹不得

大靈山下軍創搶糧敵

關於徵糧納稅的動員教育

去年減租算了嗎？

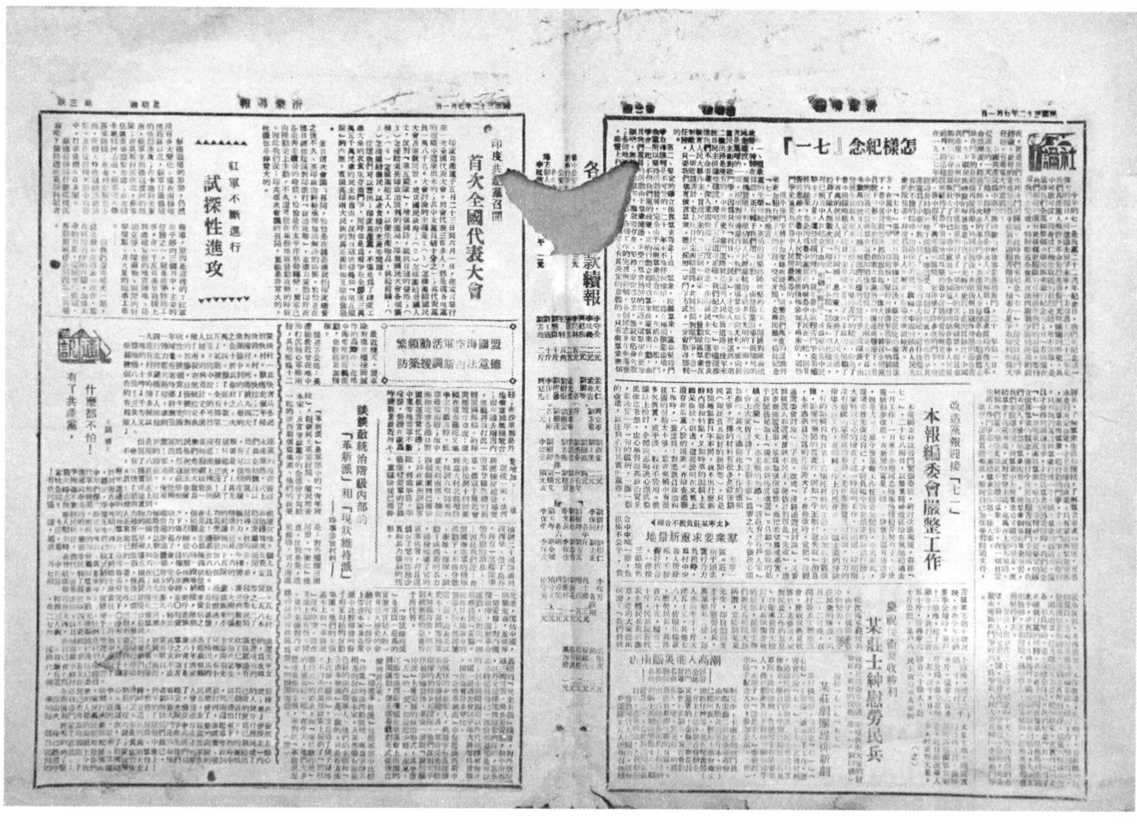

首次全國代表大會

試探性進攻

怎樣紀念「七一」

本報編委會嚴整工作

某莊士紳慰勞民兵

山东青年日报

青年日报社编　编者刊　济南　1942年5月4日～1942年12月［总期数不详］；复刊1945年9月5日～1946年5月1日［总期数不详］　日刊　39cm　铅印

1942年5月4日创刊于临沂，该报由赵公鲁的《正报》改组而成。1942年12月，当时投降日寇的吴化文部大举进犯，该报印刷器材遭到严重破坏，被迫停刊。1945年9月5日在济南复刊，社址在经二路小纬六路824号。1946年5月1日，《山东青年日报》因内部管理混乱、经营亏损而停刊。该报为4开4版，发行1000～3000份。

社长由三青团山东省支团宣传组长马声舞（同时兼发行人，曾是《正报》的总编辑）担任，采访主任裴道涵。该报是三青团山东省支团机关报，它是抗战后济南复刊最早的报纸。1946年改办为《新生日报》。抗日战争期间，该报副刊设有《白热》专栏，发表诗歌、散文、杂文、随笔等文艺小品。1945年12月17日，该专栏改名《新血轮》，以适应国民党反动政治斗争的需要。该报副刊辟有一个《警声》专栏，刊登《警政工作探讨》《警训生活记实》《怎样做一个合格的警察》等。

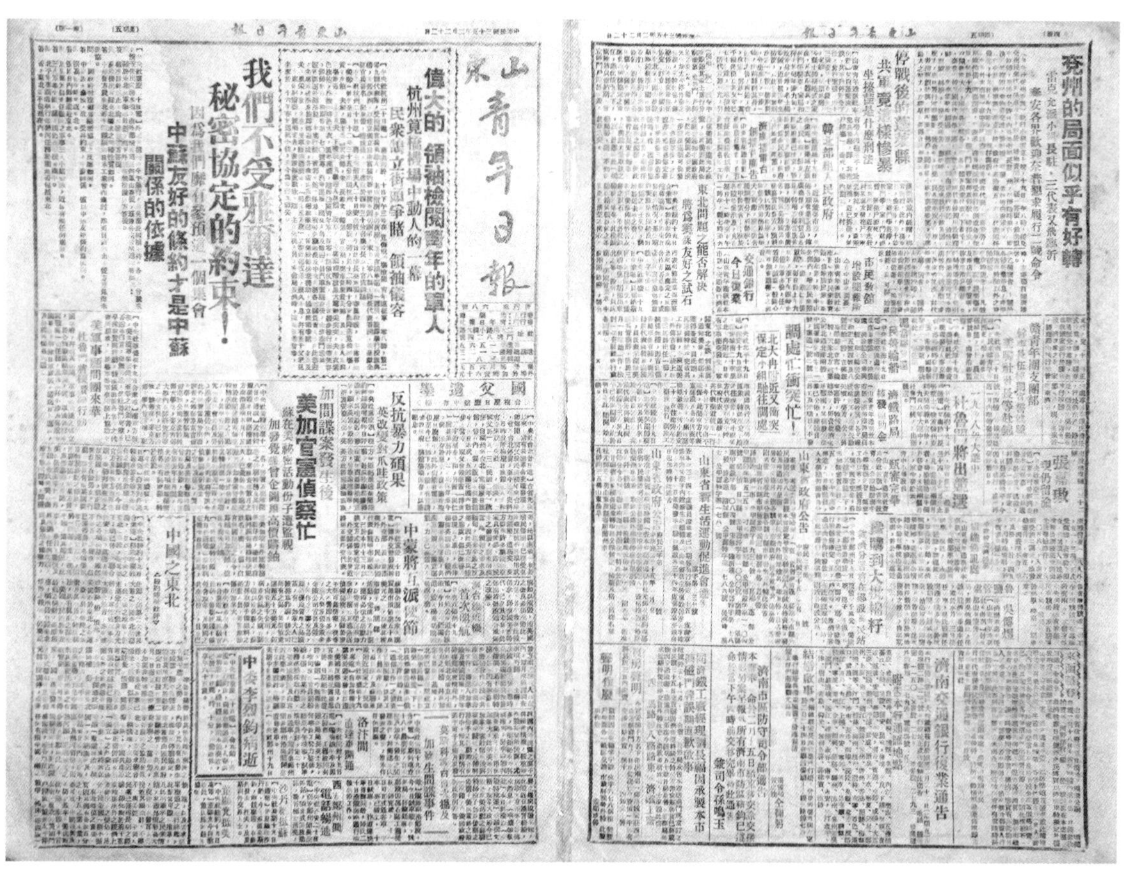

山東青年日報

我們不受雅爾達秘密協定的約束！

中蘇友好的條約才是中蘇關係的依據

偉大的領袖檢閱青年的軍人

反抗暴力頑果

美加官吏偵察忙

中國之東北

兗州的局面似乎有好轉

停戰後的黃縣

東北問題之能否解決

山東省政府公告

調處仍衝突忙！

杜魯門將出巡

濟南交通銀行復業通告

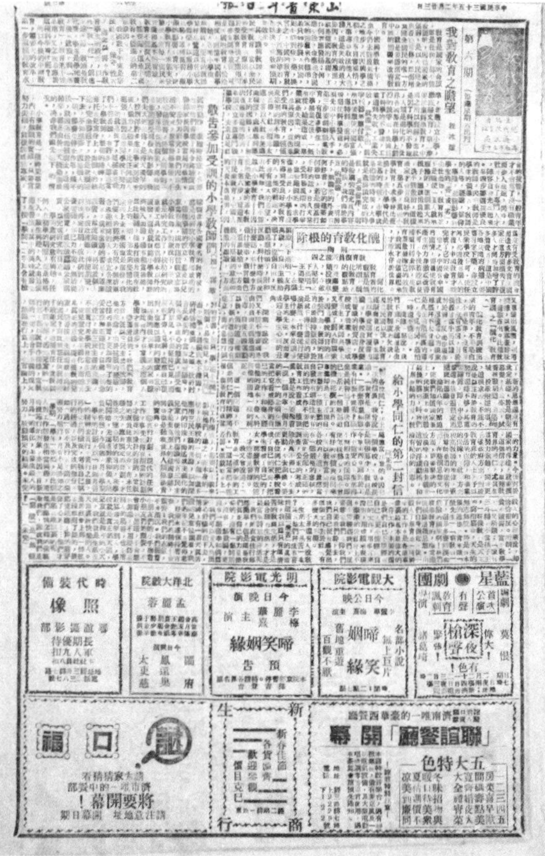

山東青年日報

我的教育之希望

給小學同志的第一封信

大觀電影院

明光電影院

聯誼餐廳開幕

新生商行

口福

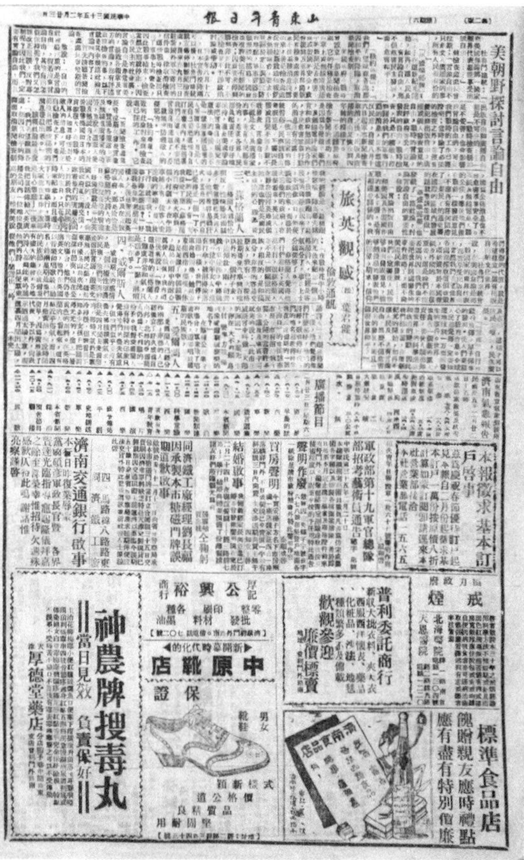

山東青年日報

美朝野探討言論自由

旅英觀感

濟南交通銀行啟事

普利委託商行

戒煙

公興裕

中原靴店

神農牌搜毒丸

厚德堂藥店

標準食品店

报纸之部

民兵

民兵报社编　八路军山东滨海军区政治部［出版地不详］1943年5月20日～1943年6月　1期～［休刊期数不详］；复刊1943年8月～［1946年］［复刊期数不详］～151期；复刊1947年1月1日～1948年1月15日，1期～68期　周刊　38cm　油印

1943年5月20日创刊，社长万里云，是滨海军区政治部的机关报（1947年起属滨海军分区），始为6开2版油印周刊，出版6期改为铅印。同年6月底奉命和八路军一一五师办的《战士报》合并，8月14日，《战士报》停刊，又恢复《民兵》。1944年1月，改为4开4版，五日刊，报头先是由罗荣桓题写，后为舒同题写。该报的主要发行对象是驻滨海军区内一一五师所属部队及滨海区地方武装，期发三四千份。1946年夏，《民兵》停刊。1947年1月1日，《民兵》复刊，至1948年1月15日停刊。该报两次停刊，两次复刊。

该报通讯员1000多名，工农子弟兵的大量来稿占70%以上，受到中共中央山东分局、山东军区的表彰。

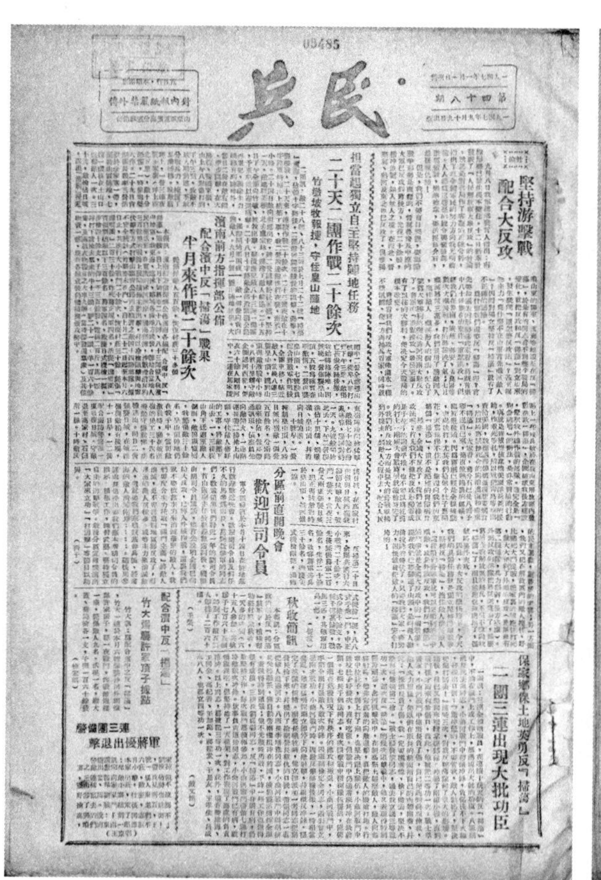

民兵

對內報紙嚴禁外傳

第四十八期

一九四七年九月十九日出版

堅持游擊戰 配合大反攻

擔當起獨立自主堅持陣地任務 二十天二團作戰二十餘次

竹嶺坡牧報捷，守住皇山陣地

濱南前方指揮部公佈 配合濱中反「掃蕩」戰果 半月來作戰二十餘次

分區前直開晚會 歡迎胡司令員

二團三連出現大批功臣

民兵

對內報紙嚴禁外傳

第五十四期

一九四七年十月廿五日出版

迎接縣總團成立 東海縣武裝大出擊 八天打了六次勝仗

臨沂縣總團（×）連伏擊告捷

分區前後直熱烈幫秋收 莒縣獨立團幫收也積極

為建設正規化民兵團打下良好基礎

三團首次開幹部會 佈置當前軍政工作

東沙戰鬥補充戰果

東沙殲滅戰

民兵

對內報紙嚴禁外傳

第六十五期

一九四八年一月一日

慶祝新年支持群衆平分土地建設階級武裝

慶祝新年 迎接新任務

恭賀新禧

恭賀新年，慶祝勝利，上下一致，共同進步，三查三整，認真執行，整頓紀律，絕不放鬆！軍事技術要提高，以戰教戰辦法妙，只要作風轉變了，新的勝利定來到！

濱海軍區司令部政治部恭賀

恭賀年禧

新年來到了，大家笑嘻嘻，向你拜個年，希望你努力！誰是大家的，樂聲來歡報，人人都贊揚，迎接新勝利！

民兵報社恭賀

分區各部隊全年戰績輝煌 作戰五八八次殲敵萬餘

繳獲大小炮十四門，輕機槍十五挺，長短槍一千五百九十八支

開始整頓群衆紀律

迎接新年肅清地主富農思想轉變思想作風

民兵

對內報紙嚴禁外傳

第六十六期

以勝利慶祝新年

攻克李家莊等四處據點

東海自衛總團又打勝仗

通知

禁令

軍分區政治部

山東省政府

衛生部調查群衆損失 按價賠償向群衆道歉

正確認識與處理 新參軍中的地主富農成份

老班長田文章

前线报

前线报社编　十八集团军山东胶东军区政治部　胶东　1944 年 6 月 ~ 1951 年 10 月［总期数不详］　三日刊　39cm　油印　继承《胶东前线》

该报是八路军山东第三军区机关报，前身是《胶东前线》，1939 年 9 月改为《前线报》，1943 年春，成为胶东军区机关报，1951 年 10 月随着胶东军区撤销而停刊。

该报初为期刊，1944 年改为报纸型，4 开 4 版。1945 年的党报委员会由 7 人组成，政治部主任彭嘉庆任主任委员。1943 年起姜浪拂任主编、副社长、社长。1946 年起，从笑难先后任主编、副社长、社长直至停刊。

该报及时传播中央、中央军委和各级党委、军事领导机关的文件指示精神，介绍工作经验，宣传英雄事迹，重视言论工作。

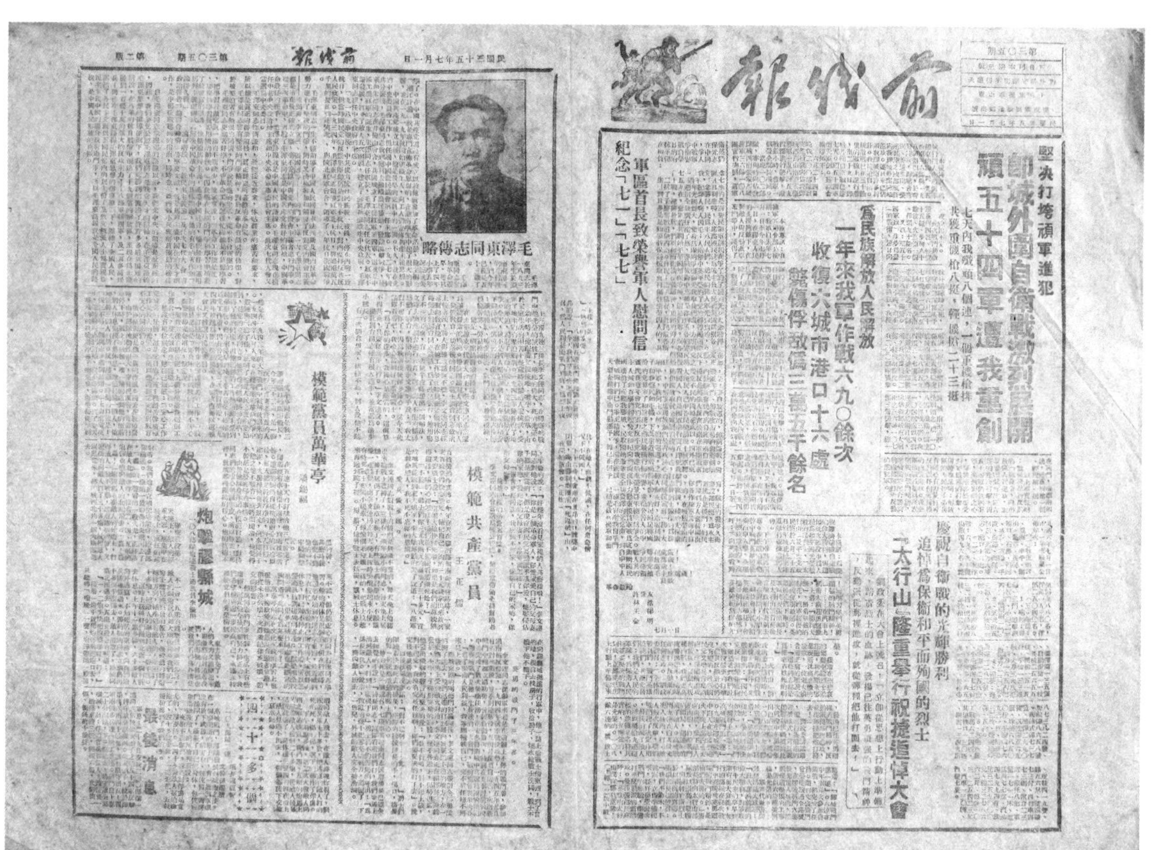

前線報

中華民國三十五年七月一日 前線報 第三○五期 第二版

堅決打垮頑軍進犯

鄆城外圍自衛戰激烈展開 頑五十四軍遭我重創

為民族解放人民翻身

一年來我軍作戰六九〇餘次 收復六城市港口十六處 斃俘敵偽二萬五千餘名

軍區首長致榮譽軍人慰問信 紀念「七一」「七七」

慶祝自衛戰的光輝勝利 追悼為保衛和平而殉國的烈士

「太行山」隆重舉行祝捷追悼大會

毛澤東同志傳略

模範黨員萬舉亭

模範共產黨員

炮擊滕縣城

最後消息

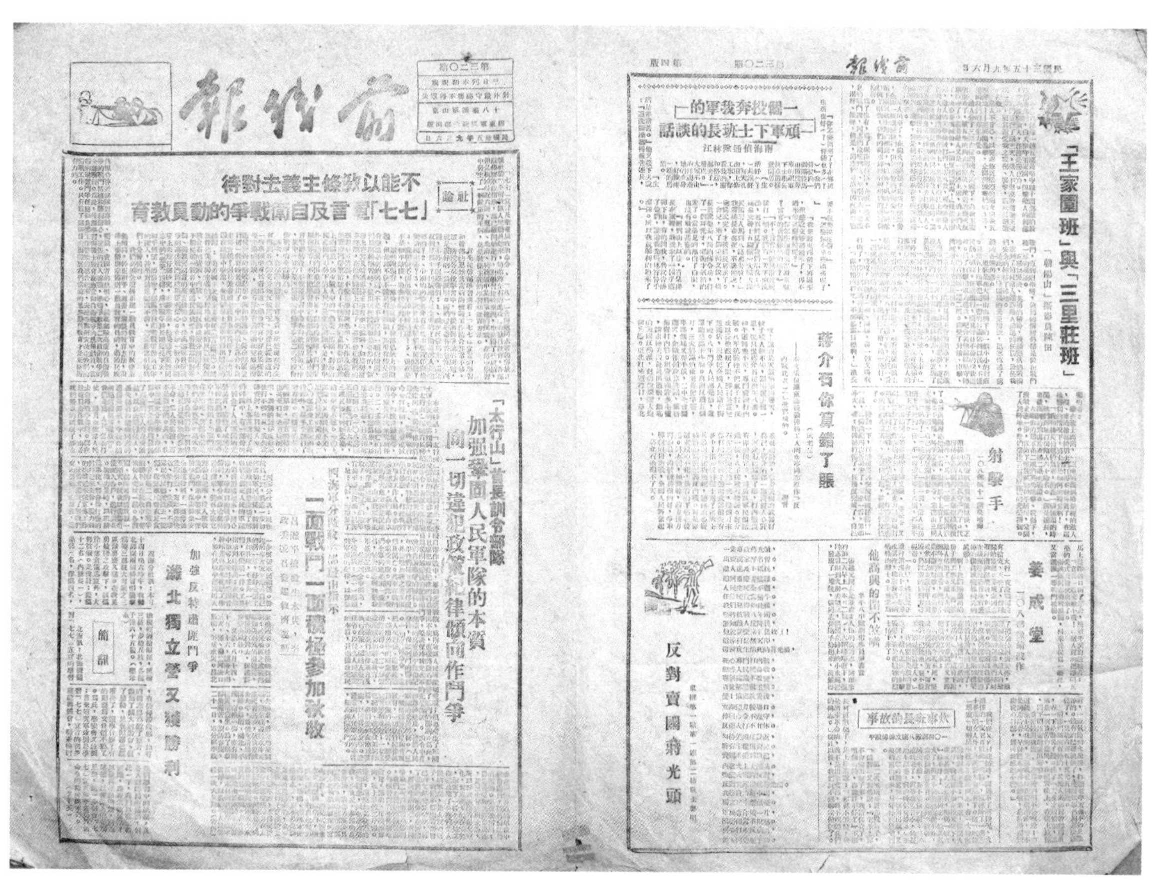

前線報

第三○二期

社論

不能以教條主義去對待「七七」宣言及自衛戰爭的動員教育

「太行山」首長訓令部隊 加強鞏固人民軍隊的本質 向一切違犯政策紀律傾向作鬥爭

一面戰鬥一面積極參加秋收

瀨北獨立營又獲勝利

前線報 第三○二期 第四版

一個投奔我軍的頑軍下士班長的談話

蔣介石你算錯了賬

「王家園班」與「三里莊班」

射擊手

姜成璧

反對賣國蔣光頭

炊事班長的故事

滨海农村

滨海农村报社编　山东邮管局［发行］　莒南　1945年6月1日～1948年1月22日　1期～331期　三日刊　38cm　石印

该报是中国共产党滨海区党委机关报，1945年6月1日创刊于滨海解放区的莒南县，1948年1月22日停刊。创刊初期为8开2版，石印，单面印刷，三日刊。1946年1月1日第一张铅印版正式出刊，该报改为4开4版，二日刊。

1943年冬，滨海区党委创办了《滨海农村》小册子，32开本，油印，不定期出刊。1945年夏，抗日战争胜利前夕，为了迎接新的任务，滨海区党委决定将《滨海农村》小册子改为报纸，由滨海军区政治部主任赖可可兼任社长，辛纯任总编辑，宋英为副总编辑。报社内部设编辑室、通联科和秘书处。1946年初，辛纯调走，吴健任社长兼总编辑。报纸的主要读者是农村干部群众，通俗化、大众化是它的主要特点和风格。

该报与当时鲁中的《鲁中大众》、胶东的《群力报》、渤海的《渤海大众》，并称山东解放区四大通俗报纸。

濱海農村

中華民國三十六年一月十九日

立即進入戰爭行動

蘇北蔣軍敗路進攻隴海路

南大門外炮聲響

爆炸隊好飛雷 蔣軍汽車兩輛毀 斃傷敵人二十多

濱海農村

捐輸物資救濟難胞

咱濱海成立「難胞工作委員會」 組織難胞生產幫助難胞治病

濱南廿天地雷開花 爆炸手個個立功

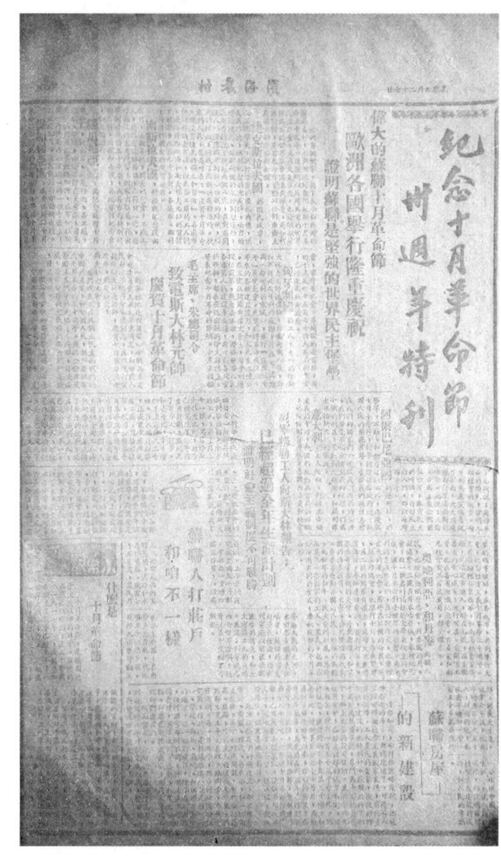

濱海農村

紀念十月革命節卅週年特刊

偉大的蘇聯十月革命節 歐洲各國舉行隆重慶祝 證明蘇聯是堅強的世界民主堡壘

毛主席、朱總司令致電斯大林元帥 慶賀十月革命節

蘇聯人打販戶 和咱不一樣

报纸之部

鲁报

鲁报社编　张贞甫[发行人]　济南　1945年8月～1948年6月　[总期数不详]　日刊　39cm　铅印　继承《和平日报》　并入《工商晚报》

1945年8月，日军投降,《和平日报》改报名为《鲁报》，该报是在抗日战争时期由潍县国民党地方势力张天佑等出资创办。版面不固定，三版、四版多刊登国内国际新闻，并经常刊登污蔑共产党的文稿。1946年11月迁至济南，1946年12月25日正式出刊，社址普利街82号，编辑部铜元局后街4号。社长张贞甫，总编辑张舜卿、王敬之。后因张贞甫与张天佑关系破裂，由庞镜塘资助出版，国民党省党部控制。1948年6月与《工商晚报》合并。

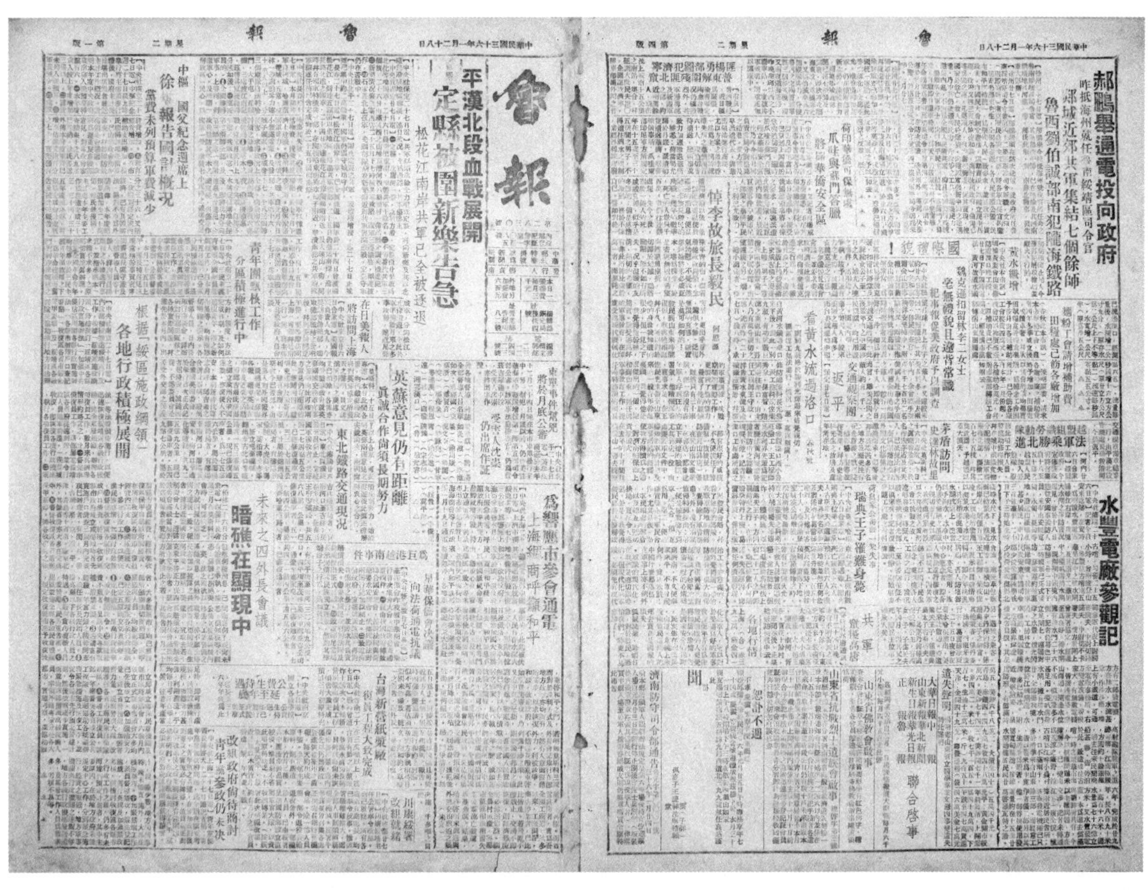

中華民國三十六年一月二十八日　會報　星期二　第一版

會報

平漢北段血戰展開

定縣被圍新樂告急

松花江南岸共軍已全被逐退

中樞國父紀念週席上

徐報告國計概況

黨費未列預算軍費減少

青年團執行工作

分區積極進行中

根據綏區施政綱領

各地行政積極展開

在日美報人

將訪問上海

英蘇意見仍有距離

真誠合作尚須長期努力

東北鐵路交通現況

未來之四外長會議

暗礁在顯現中

東單事件當兒

將於月底公審

受害人沈崇

仍出席作證

為響應市參會通電

上海組織呼籲和平

為巨港越南事件

荷華僑協會決議

向法荷通電抗議

公費生待遇

延至年底

台灣新營紙漿廠

復員工程大致完成

改組政府尚待商討

青年黨參政仍未決

川康綏署

改組就緒

中華民國三十六年一月二十八日　會報　星期二　第四版

郝鵬舉通電投向政府

昨抵海州就任魯南綏靖區司令官

郯城近郊共軍集結七個餘師

魯西劉伯誠部南犯隴海鐵路

寧濟部匪圖犯濟北

匪楊勇部圖犯濟北

普東解圍殘匪北竄

荷印華僑可保無虞

爪哇與蘇門答臘

將闢華僑安全區

悼李故旅長毅民

國際禮貌！

魏克遜扣留林李二女士

毫無禮貌且違背常識

紀事報促美政府予以調查

黃水驟增

麵粉工會請增補助費

田糧處已飭各廠增加

看黃水流過洛口

返平

交通規則

法軍乘勝北進

越盟組織勞動隊

茅盾訪問

史達林故里

瑞典王子罹難身斃

共軍

竄擾高唐

各地行情

水豐電廠參觀記

遺失聲明

大華日報　山東新報　新華北報　正報　新生日報　魯光日報　聯合啟事

山東省佛教會啟事

山東省抗戰烈士遺族會啟事

怨訐不遑

濟南防守司令部通告

閒

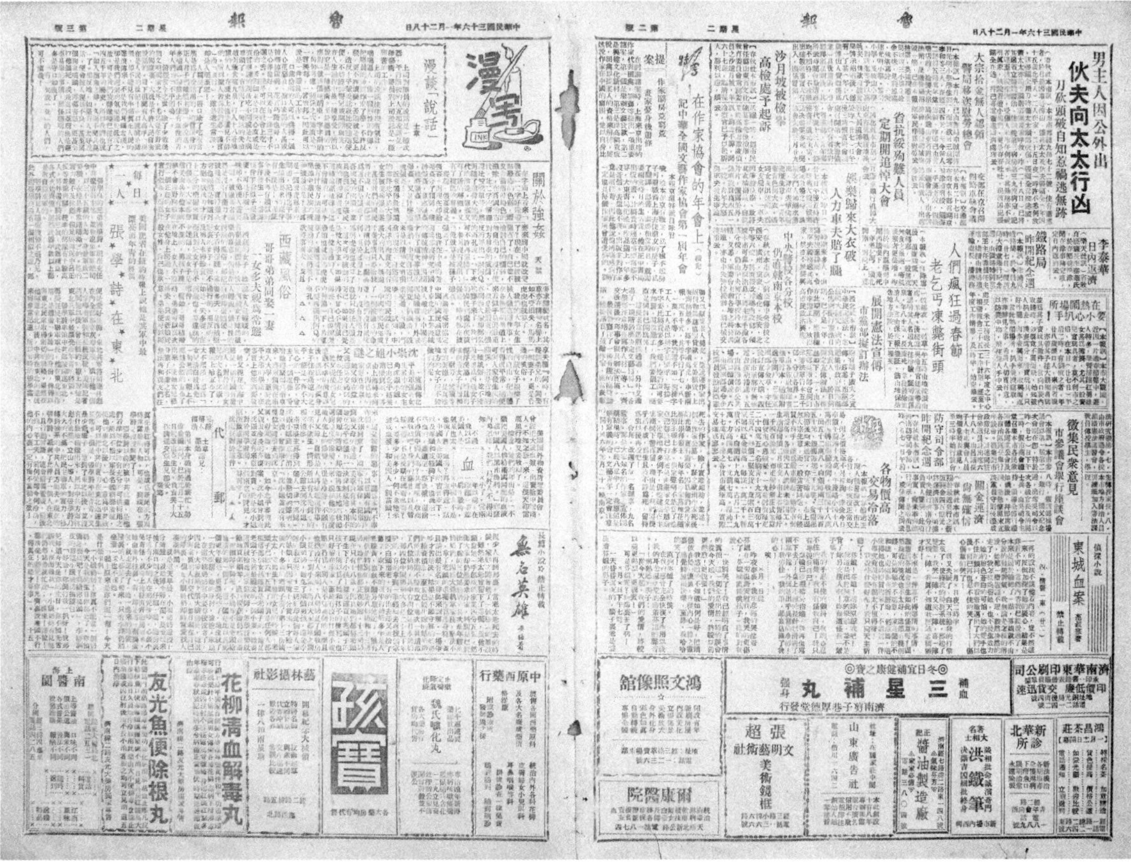

中華民國三十六年一月二十八日　會報　星期二　第三版

漫談「說話」

每日一人

張學詩在東北

關於強姦

西藏風俗

哥哥弟弟同娶一妻

一女多夫視為常態

沈崇小姐之謎

代郵

血

長篇小說　無名英雄

中華民國三十六年一月二十八日　會報　星期二　第二版

男主人因公外出

伙夫向太太行凶

刀砍頭破自知惹禍逃無蹤

大宗拾金無人認領

警局移送慰勞總會

沙月坡被檢舉

高檢處予起訴

在作家協會的年會上

記中華全國文藝作家協會第一屆年會

提案

省抗殺殉難人員

定期開追悼大會

李泰華

日內返濟

鐵路局

昨開紀念週

人們瘋狂過春節

老乞丐凍斃街頭

中央警校各分校

仍直轄南京本校

娛樂歸來大衣破

人力車夫賠了臉

展開憲法宣傳

市黨部擬訂辦法

在熱鬧場所

要小心扒手！

徵集民眾意見

市參議會舉行座談會

防守司令部

昨開紀念週

各物價高

交易冷落

開金還濟

偵探小說　東城血案

工商晚报

工商晚报社编　刘贯一［发行人］　济南　1947年9月2日～1948年　［总期数不详］　日刊　53cm　铅印　吸收《鲁报》

1947年9月2日创刊于济南，社址在经四路302号，4开4版，发行700～800份。1948年因中国人民解放军解放济南停刊。

该报是日本投降后，由国民党的各游击部队资助创办的报纸。该报主要内容是刊登经济新闻，辟有《商民之声》《今日行情》《工商界消息》等专栏。副刊《大千世界》内容庸俗。

工商晚報

魯西金鄉國軍順利掃蕩

皖北阜陽城郊戰事激烈

勝利三週年紀念

勝利日抒感

美國左袒日天皇

豪門游資之鑑

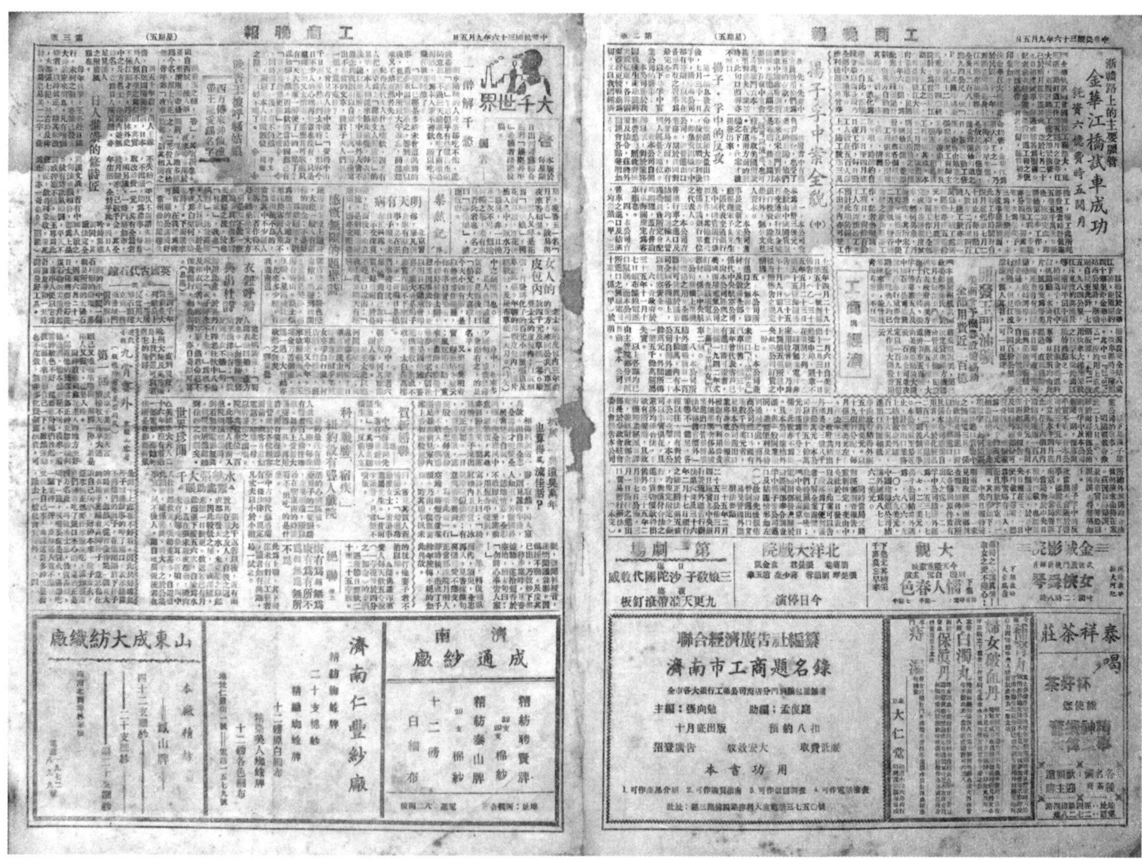

工商晚報

大千世界

揚子亭中索全錢

金華江橋試車成功

第一劇場

北洋大戲院

大觀

金城影院

山東成大紡織廠

濟南仁豐紗廠

濟南成通紗廠

濟南市工商題名錄

泰祥茶莊

经纬时报

经纬时报社编　编者刊　济南　1945年8月~［终刊日期不详］［总期数不详］［刊期不详］ 53cm　铅印

1945年8月创刊于济南，由国民党秘书处战地工作团主办，社址在华美街44号，发行兼编辑人魏雨辰，负责人陈德华、崔兰坡等，创刊同年停刊。

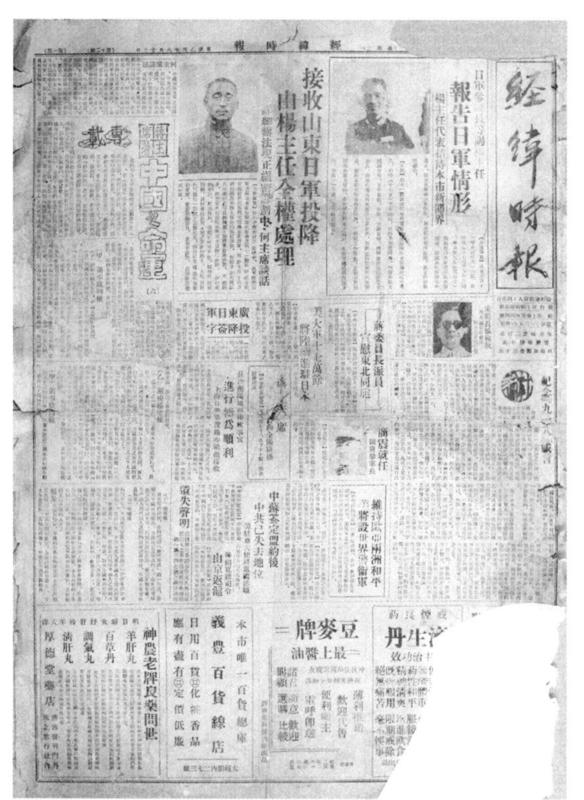

經緯時報

報告日軍情形

楊主任代表招待本市新聞界

接收山東日軍投降

由楊主任全權處理

中國之命運

廣東日軍投降簽字

蔣委員長派員宣慰東北同胞

經緯時報

蔣主席及夫人爲設宴洗塵

招待記者發表談話

麥帥命令凍結

日本資金

對物資分配亦加管制

中國之命運（二十）

敵後策動功績卓著

香港恢復舊觀尚須時日

表明法國對外方策

各戰區進駐極順利

經緯時報

恪守崗位鞏固治安

何主席電各縣長專員部隊遵照

對本省各僞省立學校

決予寬大處理

各校員生應安心服務上課

文藝與生活

歌詩

提高警察權

恪守法令安分守己

協助政府共策安全

下次入獄記

過去的生命

華文齒科醫院

神農牌良藥

鲁中大众

宫达非编　鲁中大众社［发行］　沂源　1945年9月～1948年2月　［总期数不详］　三日刊　39cm　铅印

该报是中共鲁中区委机关报，1945年9月在沂源县舍庄创刊，4开4版。1948年2月停刊，共出版200多期。

创刊初期，正值解放战争时期，该报特别关注战争形势及解放军各战场战役的报道，加强军事报道，除大力宣传中共中央、毛泽东的战略思想，还在一版显著位置以专题“号外”的形式刊登重大战役的战果，如莱芜战役、孟良崮战役，都出过红字“号外”。

该报用语一大特点是把鲁中地区方言与普通用语相结合，通俗易懂。每期发行5000到10000份。

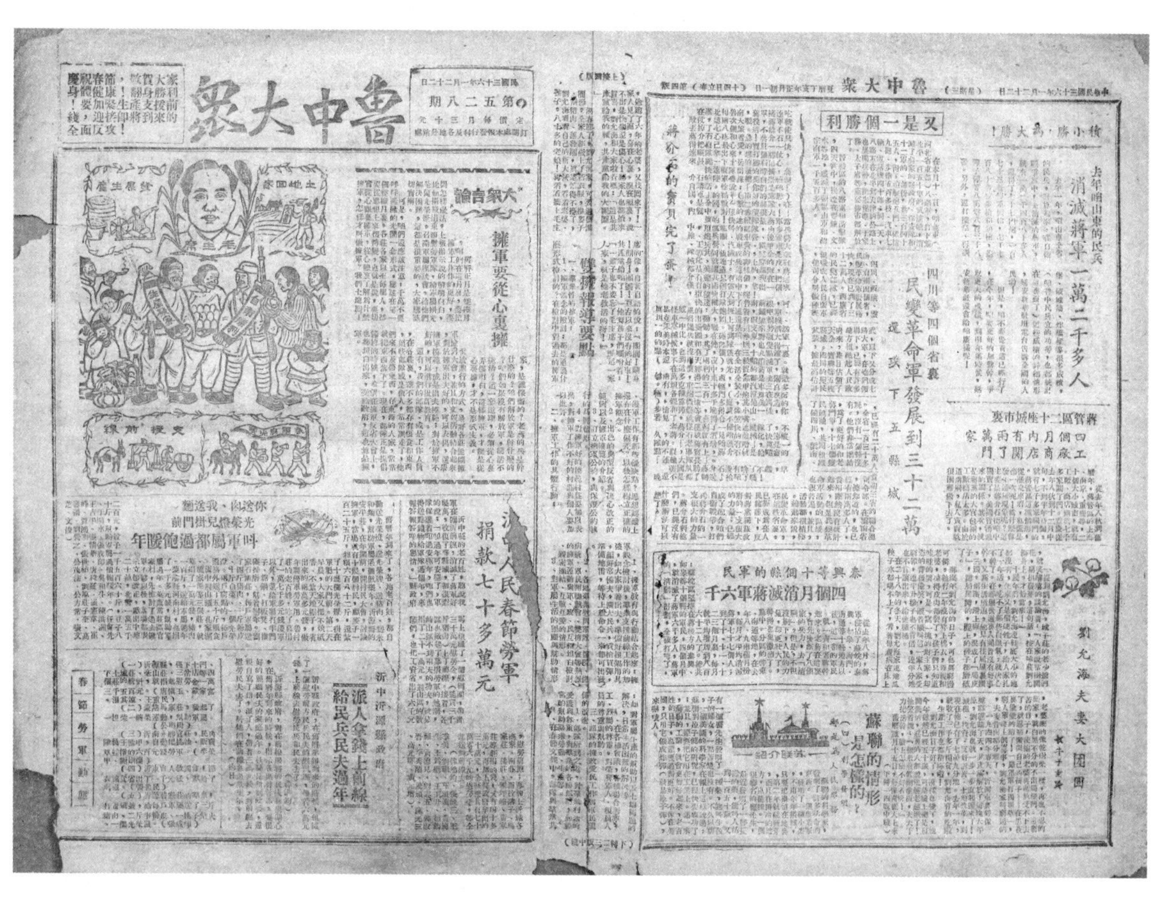

魯中大眾

第五二八期

大眾言論

擁軍要從心裏擁

沂中人民春節勞軍捐款七十多萬元

派人拿錢上前線 給民兵民夫過年

雙擁報導要點

又是一個勝利

四川等四個省裏 民變革命軍發展到三十二萬

去年兩山東的民兵 消滅蔣軍一萬二千多人

泰興等十個縣的軍民 四個月消滅蔣軍六千

蘇聯的情形是怎樣的

劉九海夫妻大團圓

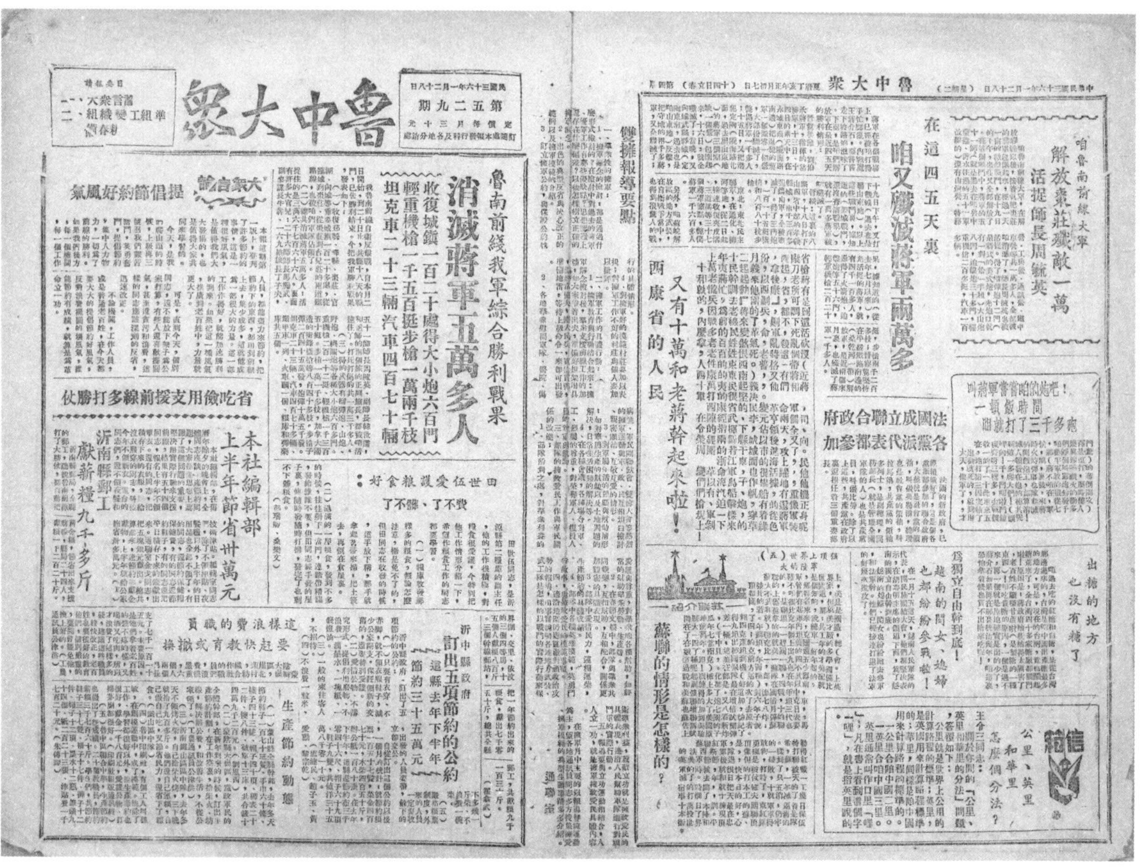

魯中大眾

第五二九期

大眾言論

提倡節約好風氣

魯南前綫我軍綜合勝利戰果

消滅蔣軍五萬多人

收復城鎮一百二十處 得大小炮六百門 輕重機槍一千五百挺 步槍一萬兩千枝 坦克車二十三輛 汽車四百七十輛

省吃儉用支援前綫多打勝仗

本社編輯部上半年節省卅萬元

沂南縣郵工獻薪糧九千多斤

沂中縣政府 訂出五項節約公約 還要比去年下半年節約三十五萬元

生產節約動態

雙擁報導要點

在這四五天裏 咱又殲滅蔣軍兩萬多

咱魯南前線大軍 解放棗莊殲敵一萬 活捉師長周毓英

西康省的人民 又有十萬和老蔣幹起來啦

法國成立聯合政府 各黨派代表都參加

蘇聯的情形是怎樣的

爲獨立自由幹到底 越南的男女也都紛紛參戰

出糖的地方也沒有糖了

公里、英里和華里怎麼個分法？

烟台日报

于大申编　烟台战邮发行科［发行］　烟台　1945年9月18日～1947年11月30日　1期～663期　二日刊　39cm　铅印

1945年9月18日创刊于烟台，是中共烟台市委机关报，社址在烟台履信路3号。创刊初期为二日刊，4开4版，发行份数约八千份。1947年10月国民党军侵入烟台，《烟台日报》转至农村出油印报，1947年年底停刊。

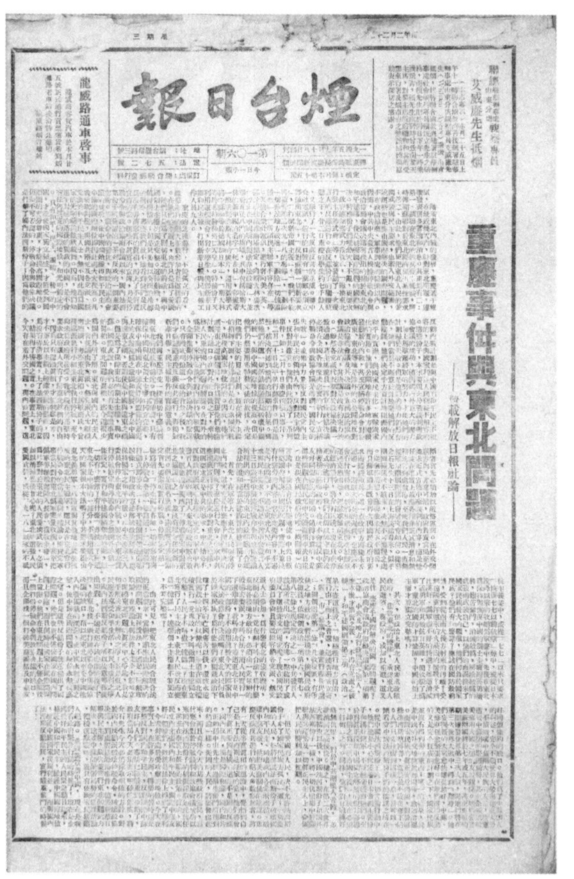
烟台日报

重庆事件与东北问题
——新华社解放日报社论——

龙威路通车启事

烟台日报

开展大生产运动
帮助贫苦农民解决牲畜、种子等困难
市府发放大批农业贷款
实业局派干部五人至各区协助进行

芝罘屯群众组织起来
斗争汉奸吕化南

来论
把防奸工作造成群众运动

烟台日报

大翻身后的烟市妇女
热烈庆祝"三八"妇女节

东顺银号店员
向经理王锡仁讲理

烟台日报

猛烈开展伸冤诉苦运动
通伸区四千有组织群众
控诉罪大恶极奸特詹永芬等

市府拟定开展烟市大生产计划

西大街等十九村群众
向汉奸王高玉清算血债

各货行情一览表

新威日报

新威日报社编　胶东战时邮局［发行］　威海　1945年10月1日～1947年12月20日　1期～696期　三日刊　55cm　铅印

1945年10月1日创刊于威海，是中共威海卫市委机关报，社址在威海卫城市区城东村161号，创刊初期为4开2版，后改为4开4版。社长由威海卫市长于洲兼任，副社长孔东平、陈健伧，于梦尤（兼总编辑）。办报方针是："宣传党的各项方针政策，推动党的各项工作的发展。"

该报大量报道解放区各战场消灭蒋军的胜利消息和蒋管区人民反压迫、反饥饿、反内战的动态，宣传党中央的土地政策。1947年8月，在国民党军队入侵威海卫市前夕，报社随政府机关撤离市区，在文登、荣成、威海坚持出版，由于战争形势紧张，经费严重不足，交通极为不便，1947年12月20日停刊。

新威日報

SIN WEI RHBAO

中華民國三十五年五月十九日

世界走向和平民主道路的保證 十八國共產党執政

蘇聯與中國未計在內

四平街激戰重新展開 進犯軍遺屍三百餘具

昔島掀起劳軍運動

反動派吉田奉命組閣

長春市勞動人民掀起翻身運動

國民黨進攻豫東計劃

集會歡迎民主聯軍

關於吳滿有方向問題

新威日報

SINWEIRHBAO

中華民國三十五年四月二十一日

四平街連日激戰 進犯軍損失上千

飛機坦克特務均被擊退 民主聯軍擊落飛机一架

有史以來第一次 日共領袖出席新議會

紛紛反對吉田組閣

侵佔定遠安次兩城

四平街保衛戰

許中國時局

宣化店執行小組發佈命令 制止反動派的內戰行為

豫東軍民被迫自衛

新威日報

SIN WEI RHBAO

中華民國三十五年五月二十五日

蘇皖解放區軍民 戰勝四十年來最大災荒 百萬斷炊災民渡過艱苦

北平調執部頒發和字第七號命令

石橋區的主佃仲裁會議

無能為力

三人小組濱口協議

滿洲蘇軍全部撤完

馬西努評論中國局勢

新威日報

SIN WEI RHBAO

中華民國三十五年三月三十一日

民主聯軍撤出長春聲明 晉察冀各界熱烈擁護

辛克吾在蔡家莊失踪 膠東軍區已向國民党方抗議

外國報導中國輿論 用政治方法解決問題

鉄托元帥抵羅

提救荒的努力

近萬災民蜂起索糧

襄陽六分區救災成績

莫洛托夫總結聲明 關於巴黎外長會議

交通部济南区铁路局日报

济南区铁路局秘书室编　编者刊　济南　1945 年 11 月 21 日～1946 年 2 月 28 日　创刊号～38 期　日刊　27cm　铅印　由《交通部津浦区铁路管理局日报》替代

1945 年 11 月 21 日创刊于济南，16 开 4 版，刊登局令、通告、工作表格、国内国际时事等内容。1946 年 2 月 28 日出版至 38 号后，随着铁路局名称的改变，报纸改名为《交通部津浦区铁路管理局日报》，刊名由局长陈舜畊题写。

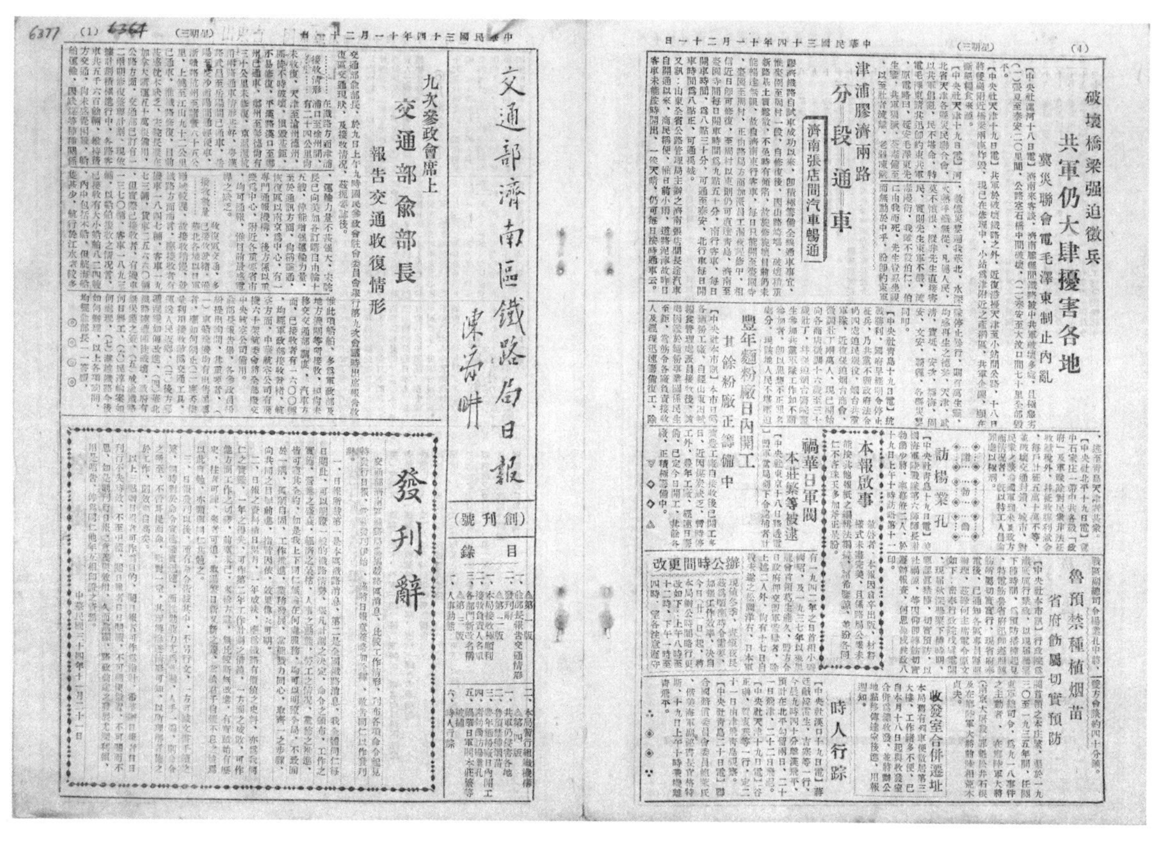

中華民國三十四年十一月二十一日

交通部濟南區鐵路局日報

創刊號

目錄

發刊辭

九次參政會席上 交通部龔部長報告交通收復情形

破壞橋梁強迫徵兵 共軍仍大肆擾害各地

津浦膠濟兩路分段通車

濟南張店間汽車暢通

魯預禁種植烟苗 省府飭屬切實預防

豐年麵粉廠日內開工

本報啟事

時人行踪

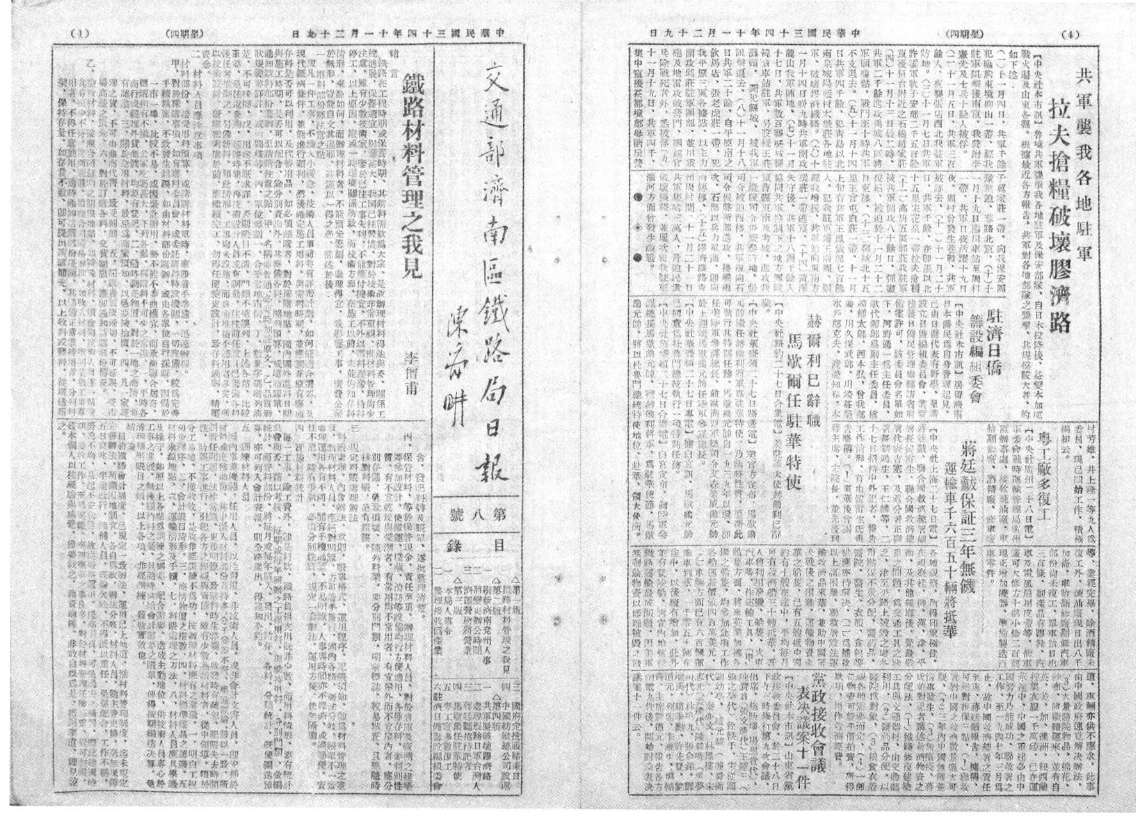

中華民國三十四年十一月二十九日

交通部濟南區鐵路局日報

第八號

目錄

鐵路材料管理之我見

李曾甫

共軍襲我各地駐軍 拉夫搶糧破壞膠濟路

駐濟日僑 籌設編組委會

赫爾利已辭職 馬歇爾任駐華特使

蔣廷黻保證三年無饑 運輸車千六百五十輛將抵華

專工廠多復工

交通部津浦区铁路管理局日报

津浦区铁路管理局编　编者刊　济南　1946年3月1日～1948年8月31日　1期～767期　日刊　27cm　铅印　替代《交通部济南区铁路局日报》

该报由局长陈舜畊题写刊名，1946年3月1日出版第1号，16开4版，刊登局令、通告、工作表格、国内国际时事等内容。

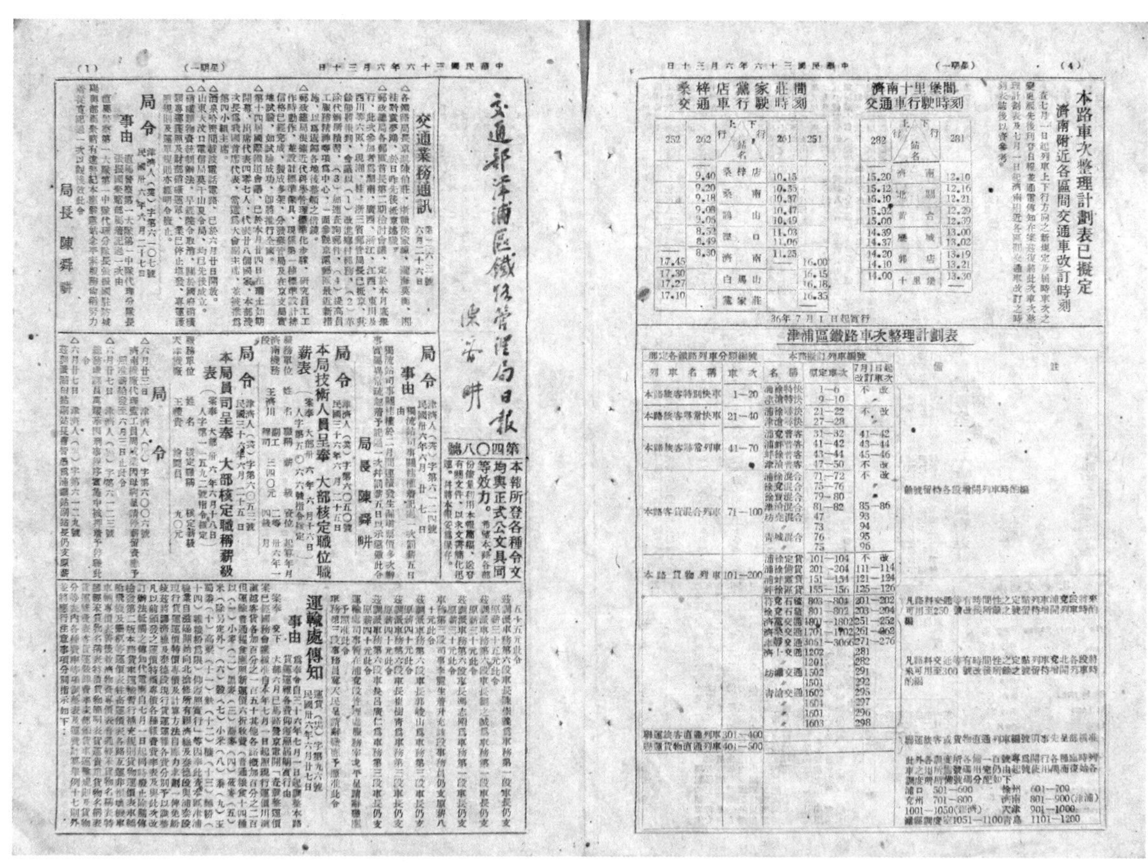

中華民國三十六年六月三十日　（星期一）　（1）

交通部津浦區鐵路管理局日報

陳舜畊

第四〇八號

本報所登各種命文均與正式公文具同等效力。

交通業務通訊

（第一六三號　六月二十六日）

局令

事由

局長　陳舜畊

本局技術人員呈奉大部核定職位職薪表

本局員司呈奉大部核定職稱薪級表

運輸處傳知

中華民國三十六年六月三十日　（星期一）　（4）

本路車次整理計劃表已擬定

濟南附近各區間交通車改訂時刻

濟南十里堡間交通車行駛時刻

282	站名	281
15.20	濟南	12.10
15.12 / 15.10	兆北	12.16 / 12.21
15.02 / 15.00	黃台	12.29 / 12.39
14.39 / 14.37	歷城	13.00 / 13.02
14.20 / 14.10	郭店	13.19 / 13.21
14.00	十里堡	13.30

桑梓店黨家莊間交通車行駛時刻

252	202	站名	201	251
	9.40	桑梓店	10.15	
	9.20 / 9.18	桑南	10.35 / 10.37	
	9.08 / 9.05	鵲山	10.47 / 10.49	
	8.52 / 8.49	濼口	11.03 / 11.06	
17.45	8.30	濟南	11.25	16.00
17.30 / 17.27		白馬山		16.15 / 16.18
17.10		黨家莊		16.35

36年7月1日起實行

津浦區鐵路車次整理計劃表

中華民國三十七年八月二十四日　（星期二）　（1）

中華郵政登記認為第一類新聞紙類　山東郵政管理局執照第八二號

交通部津浦區鐵路管理局日報

陳舜畊

第七六二號

本報所登各種命文均與正式公文具同等效力。

局令

津濟警（卅七）字第一二三九四號　民國卅七年八月二十一日

事由

局長　陳舜畊

人事室通告

路聞摘要

濟南區員工消費合作社通告

交通業務通訊

中華民國三十七年八月二十四日　（星期二）　（4）

一九四七年世界科學成績（續）

張敬民譯

11.從空氣中萃取氮的新方法

證章遺失聲明

战士报

山东渤海军区第一军分区政治部编　编者刊　烟台　1946 年 3 月 30 日～1947 年 12 月 10 日　1 期～89 期　不定期　50cm　油印

1946 年 3 月 30 日创刊于烟台，由山东渤海军区主办，4 开，刻版印刷，于 1947 年 12 月 10 日第 89 期终刊。这份报纸为庆祝“八一”这天的到来，专门出版了一份色彩艳丽的套红报纸。

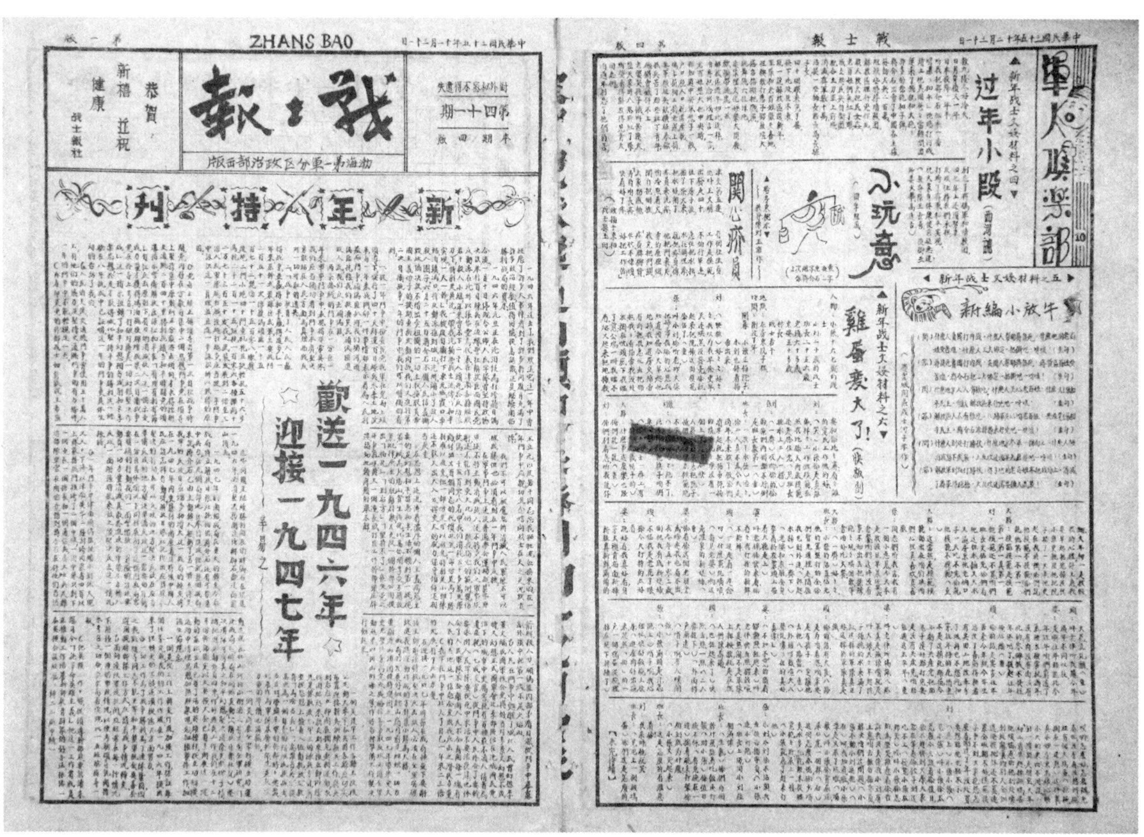
ZHANS BAO

戰士報

第四十一期

新年特刊

歡送一九四六年

迎接一九四七年

軍人俱樂部

過年小段

小玩意

雞蛋變大了！

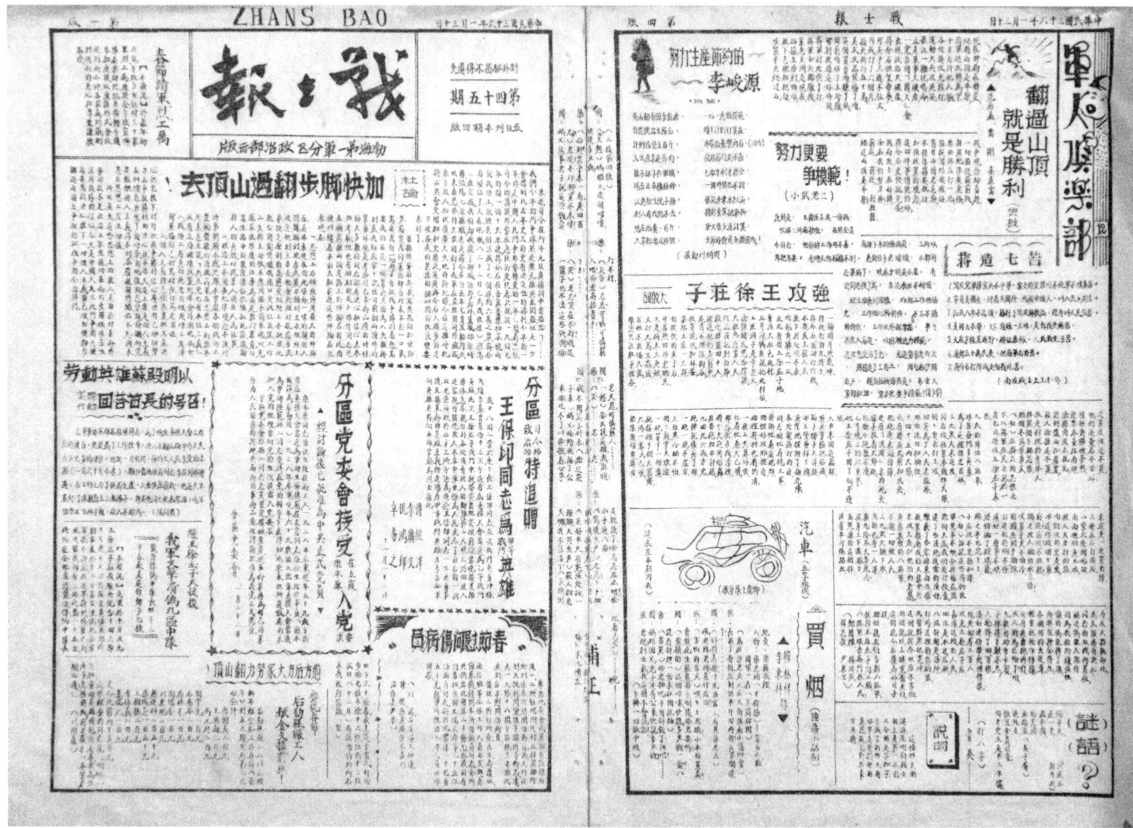
ZHANS BAO

戰士報

第四十五期

加快腳步翻過山頂去

軍人俱樂部

翻過山頂就是勝利

強攻王徐莊子

汽車

買烟

謎語

济宁日报

济宁日报社编　冀鲁豫区邮局[发行]　济宁　1946年5月1日～1946年9月12日　1期～133期　日刊　39cm　铅印

1946年5月1日创刊于济宁，社址在济宁市双井街。中共济宁市委主办，负责人刘子毅，发刊词题目为“我们是为全市人民服务的”。冀鲁豫军区政委张霖之为济宁日报创刊纪念题词：“集中人民意见的园地，坚持人民利益的武器。”主要读者对象是城市基层干部、工人及其他城市居民。一版刊登济宁市地方新闻消息，包括政治、经济、文化、生活等；二版是国内外时事。

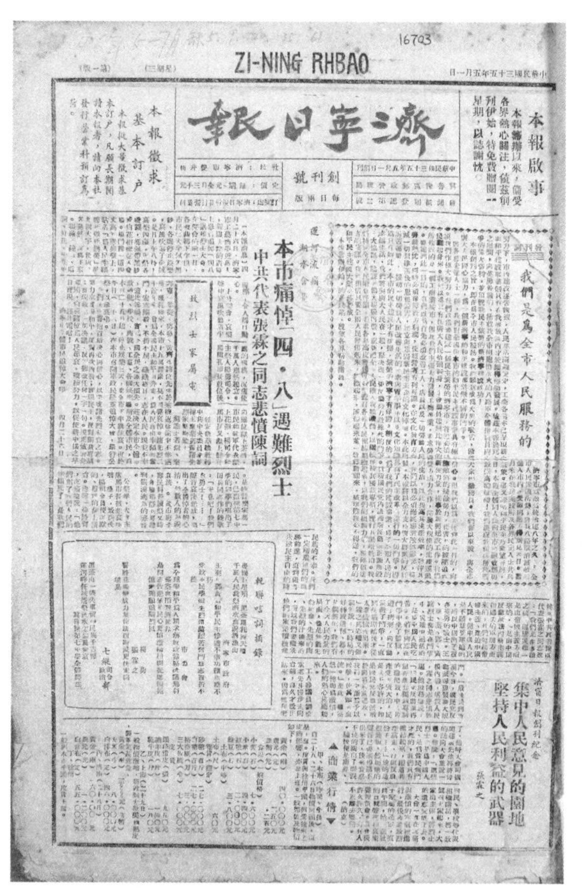

ZI-NING RHBAO

濟寧日報

創刊號

本報啟事

本報徵求基本訂戶

我們是為全市人民服務的

本市痛悼「四·八」遇難烈士

中共代表張霖之同志悲憤陳詞

集中人民意見的園地 堅持人民利益的武器

商業行情

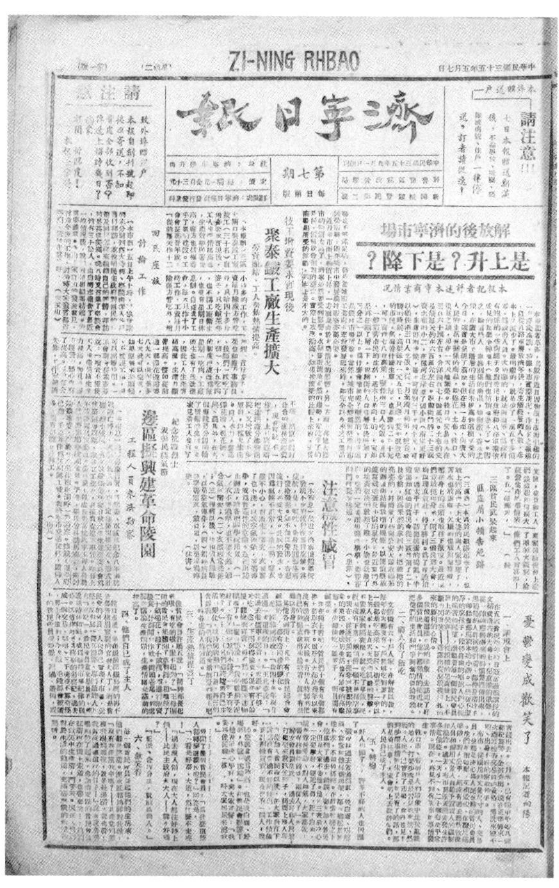

ZI-NING RHBAO

濟寧日報

第七期

請注意

解放後的濟寧市場

是上升？是下降？

聚泰鐵工廠生產擴大

邊區擬興建革命陵園

注意性病

憂鬱變成歡笑了

ZI-NING RHBAO

濟寧日報

第一二八期

濟寧市金融交易所啟事

國民黨軍官兵，起來罷戰怠戰！

解放報社論

歡迎整編起義的孔從周將軍

中央社造謠

濟寧日報

大千街民兵向駐軍學習刺殺

鋤奸反特運動深入開展

新生日报

新生日报社编　黄公如［发行人］　济南　1946年6月～1948年9月　［总期数不详］　日刊　37cm　铅印

1946年6月创刊于济南，社址在经三路纬七路。该报是三青团山东省支团部在《山东青年日报》的基础上创办的，由黄公如任社长。1948年9月济南解放，该报停刊。该报有副刊《前进号》，另有《青潮》周刊，1946年7月2日创办，由青潮周刊社主编，每逢星期二出版。

新生日報

魯共失利林彪調部增援

横山淪陷榆林被圍益緊

和平方案分別送達

監院發佈各案件

克夫人昨飛延安

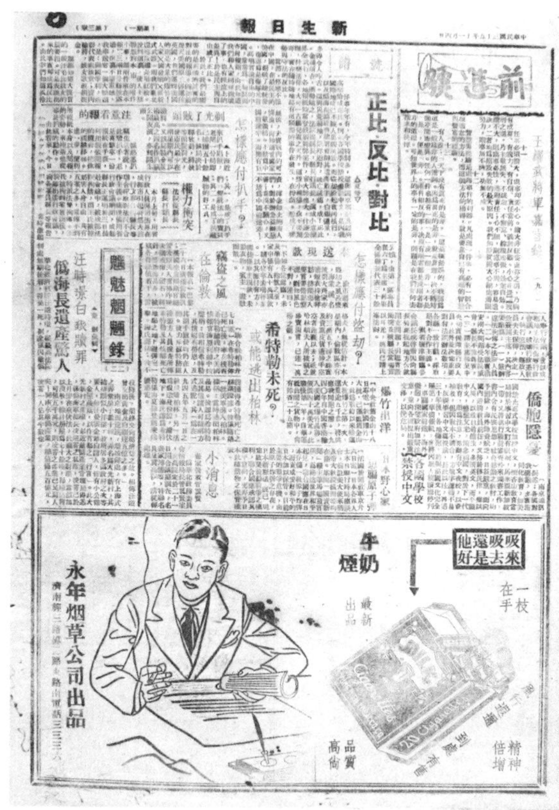
新生日報

正比·反比·對比

魑魅魍魎錄

僞海長還鄉驚人

新生日報

政府接受第三方面建議

惟必須以主席文告爲討論基礎

中共再拒絕國大或延期

中美商約要點

保定圍解國軍入城

察省國軍收復蔚縣

中美友好通商航海條約全文

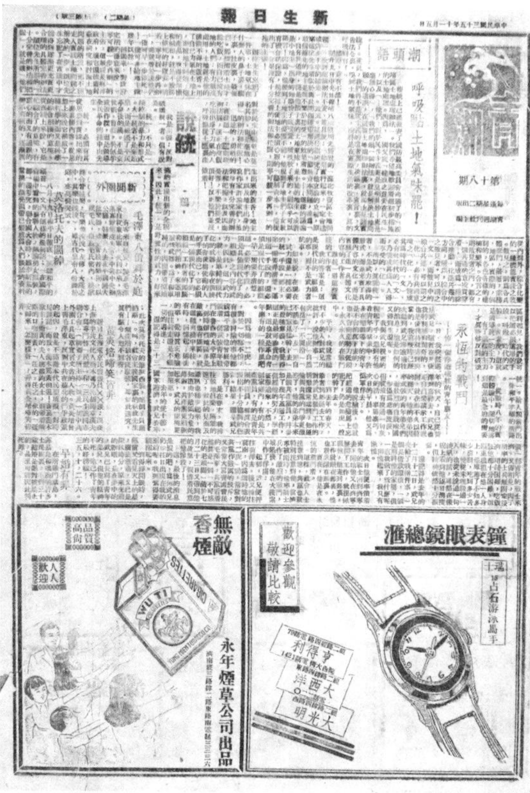
新生日報

潮頭語

报纸之部

军政报

军政报社编　新四军山东军区政治部　莒南　1946 年 8 月 15 日～1947 年 3 月 31 日［总期数不详］五日刊　37cm　铅印

1946 年 8 月 15 日创刊于莒南，新四军山东军区政治部主办，以新四军直属队、直属分区、直属警备旅为主要发行范围，是新四军的直属机关、直属兵团的党报。万里云任社长。1947 年 2 月 14 日起，改为三日刊，每隔两期增为 4 版。

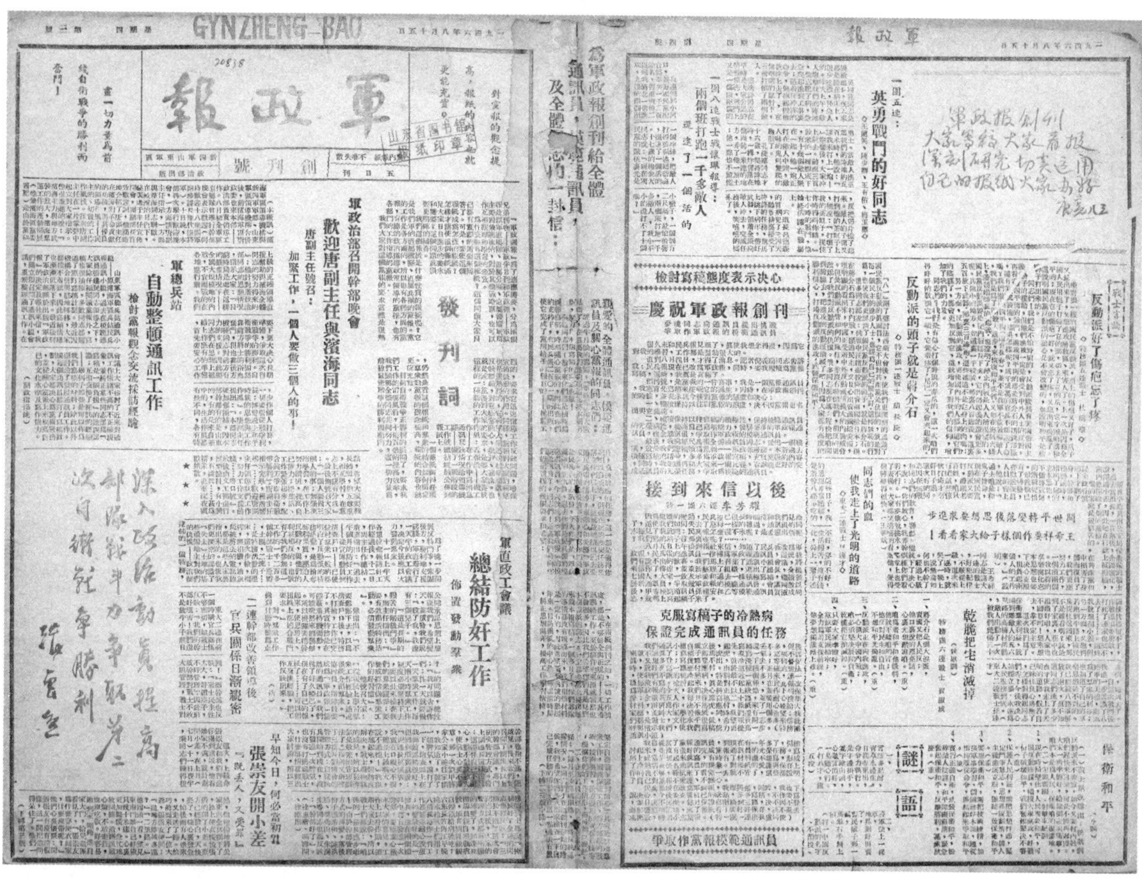

GYNZHENG-BAO

一九四六年八月十五日 星期四 第三號

軍政報

創刊號

一切力量為前綫自衛戰爭的勝利而奮鬥！

為軍政報創刊給全體通訊員、讀者、記者及全體同志們的一封信

軍政治部召開幹部晚會 歡迎唐副主任與濱海同志

唐副主任號召：加緊工作，一個人要做三個人的事！

發刊詞

軍總兵站 自動整頓通訊工作 檢討黨報觀念交流採訪經驗

軍直政工會議 總結防奸工作

張崇友開小差

深入政治動員，提高部隊戰斗力，爭取此次自衛戰爭勝利 張雲逸

軍政報 一九四六年八月十五日 星期四 第四版

一團五連：英勇戰鬥的好同志

一團八連戰士戰綠報導：兩個班打跑一千多敵人

軍政報創刊 大家寫稿 大家看報 深刻研究 切實運用 自己的報紙大家辦好

心決示表度態穩寫討檢

慶祝軍政報創刊

接到來信以後

反動派的頭子就是蔣介石

反動派好了傷疤忘了疼

同志們的血使我走上了光明的道路

克服寫稿子的冷熱病 保證完成通訊員的任務

乾脆把牠消滅掉

謎語

保衛和平

爭取作黨報模範通訊員

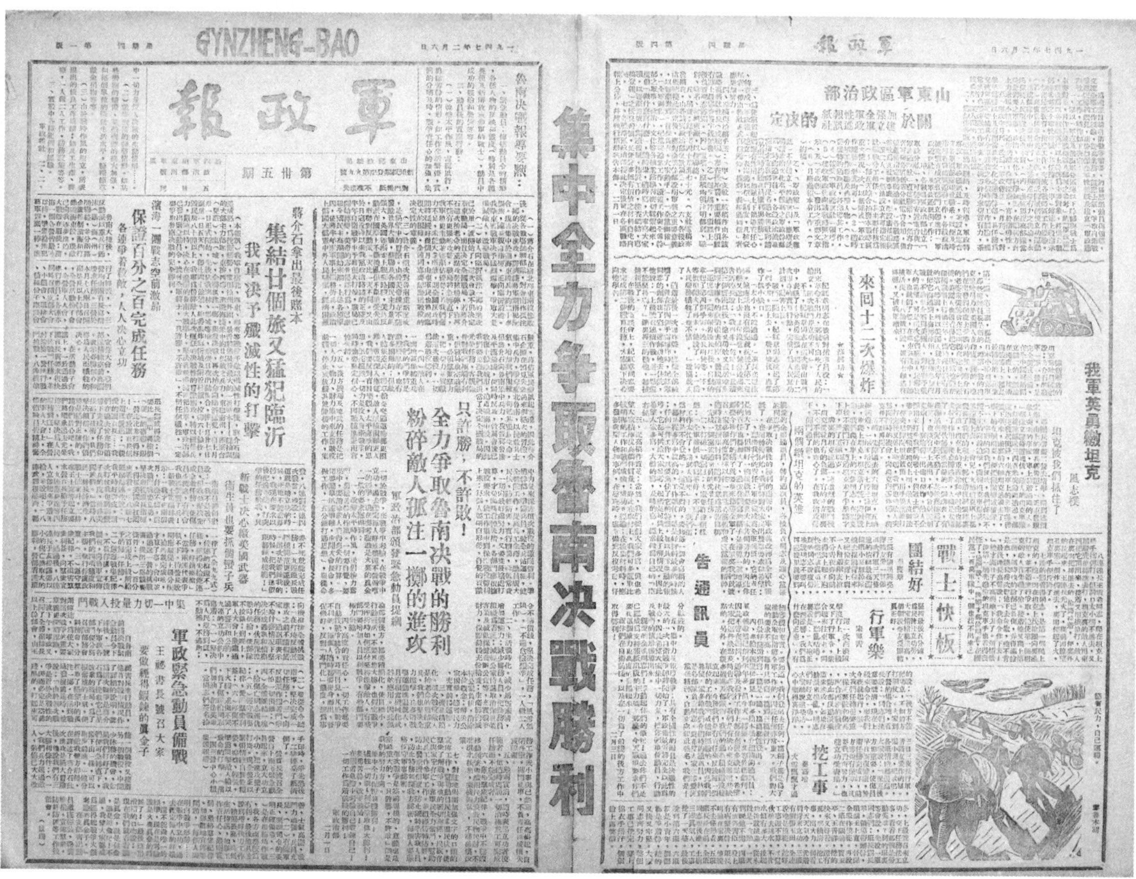

GYNZHENG-BAO

一九四七年二月六日 星期四 第一版

軍政報

第卅五期

魯南決戰報導要點

蔣介石拿出最後賭本 集結廿個旅又猛犯臨沂 我軍決予殲滅性的打擊

濱海一團戰志空前激昂 保證百分之百完成任務 各連爭着殺敵，人人決心立功

只許勝，不許敗！ 全力爭取魯南決戰的勝利 粉碎敵人孤注一擲的進攻

新戰士決心繳美國武器 衛生員也要抓個俘子兵

軍政緊急動員備戰

集中全力爭取魯南決戰勝利

軍政報 一九四七年二月六日 星期四 第四版

山東軍區政治部關於加強全軍性報紙建立軍政通訊社的決定

來同十二次爆炸

我軍英勇繳坦克

兩個繳坦克的英雄

告通訊員

戰士快板

團結好

行軍樂

挖工事

土地改革快报

渤海四地委编　编者刊　阳信　1946 年 10 月 16 日～［终刊日期不详］［总期数不详］［刊期不详］ 26cm　油印

1946 年 10 月 16 日创刊于滨州市阳信县，由山东解放区渤海四地委主办。该报是土改刊物，主要报道阳信、惠民等地区土地改革的经验、消息、动态等内容。

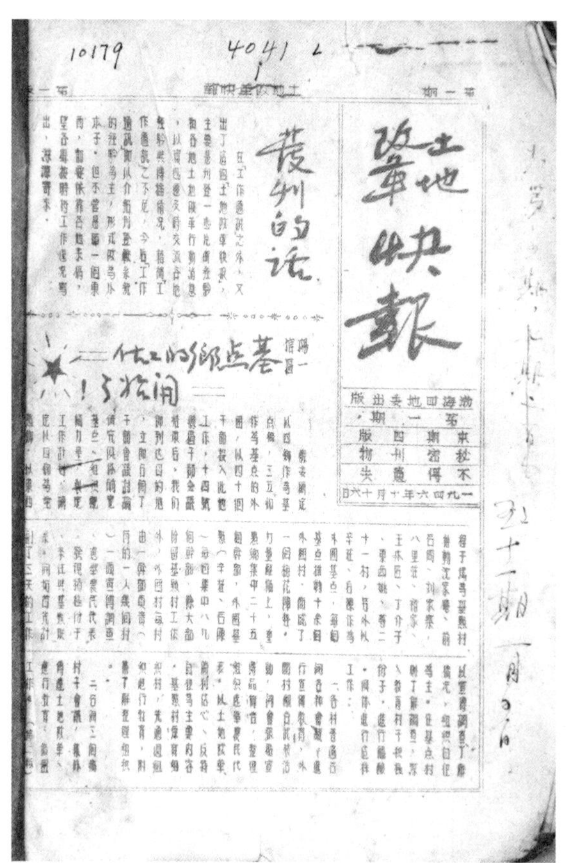

土地改革快报

发刊的话

土地改革标语口号

一、大胆放手发动群众，坚决彻底土地改革。

二、消灭封建剥削，实行耕者有其田。

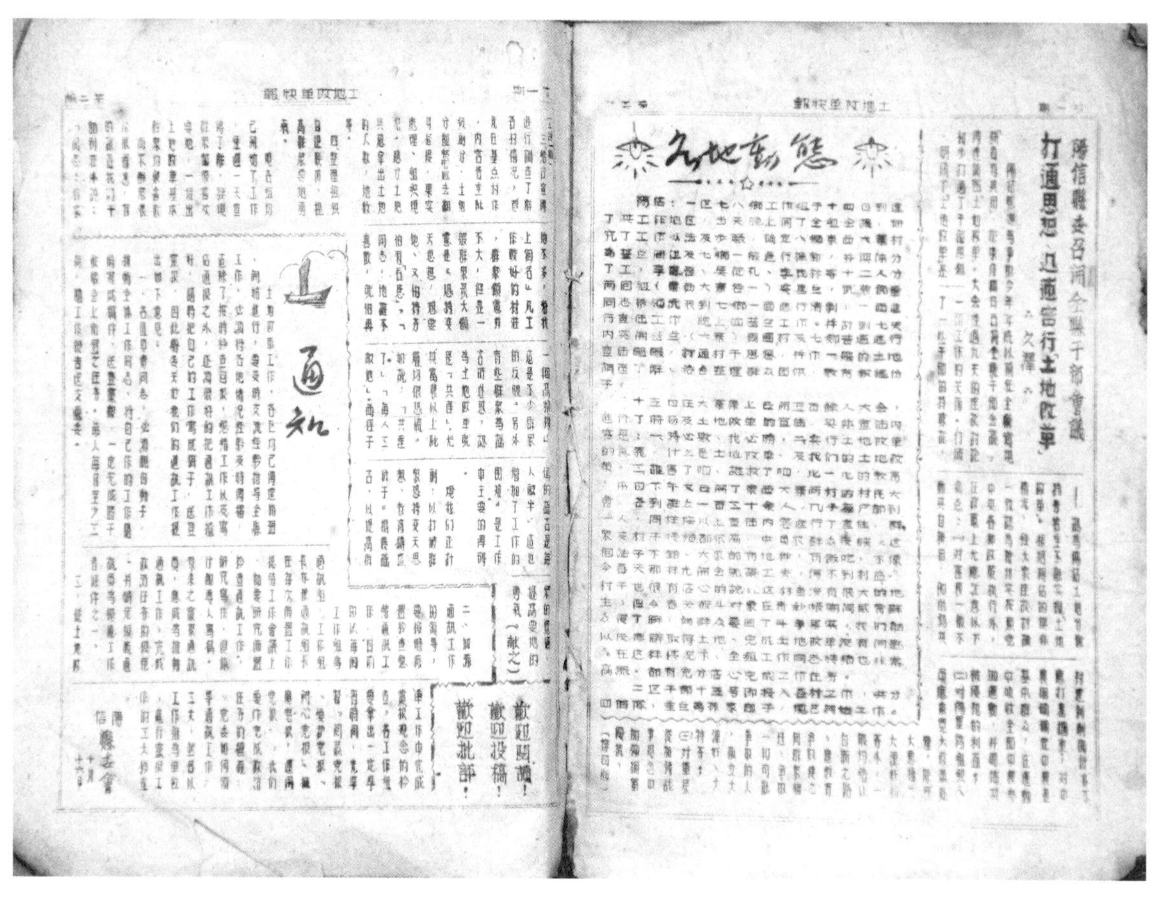

各地动态

阳信县委召开全县干部会议

打通思想 迅速进行土地改革

通知

欢迎阅读！

欢迎投稿！

欢迎批评！

报纸之部

西海大众

西海大众社编　编者刊　掖县　1947年～1948年［总期数不详］二日刊　40cm　油印

1947年创刊，由掖县西海大众社创办，中共西海地委主办，负责人臧尚彝，1948年停刊。该报先后出版过油印、石印。

西海大衆

第十五期　西海大衆社出版

澄清思想，準備反清剿

中華民國三十六年十一月六日

西海大衆

第十九期　西海大衆社出版

濰城外圍展開游擊戰

小陶和母親

国民晚报

国民晚报社编　刘晓波［发行人］　济南　1947 年 2 月～1948 年　［总期数不详］　日刊　37cm　铅印

1947 年 2 月创刊于济南，创刊初期为 8 开 4 版的小报，后改出过 8 开 2 版，社址在济南经三路纬二路，社长刘晓波，1948 年停刊。

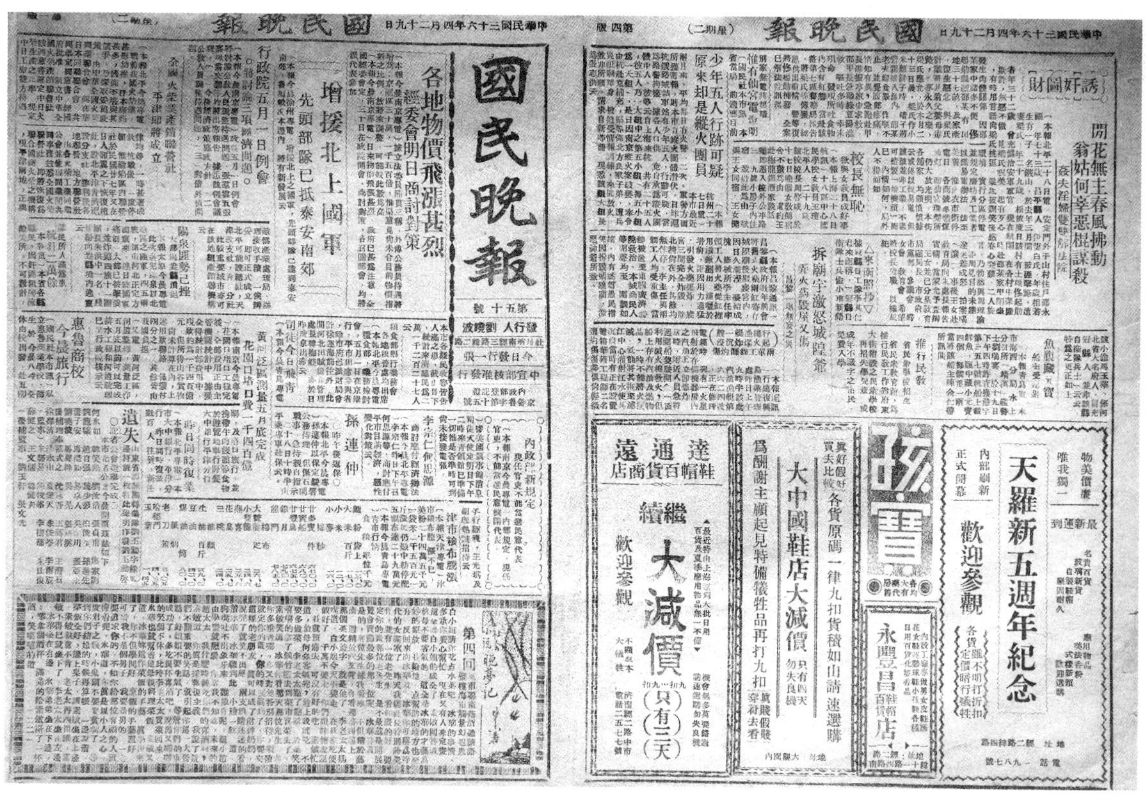
中華民國三十六年四月二十九日　國民晚報　（星期二）　第一版

國民晚報

第五十號

發行人　劉曉波

社址濟南經三路緯二路

今日發行一張

中宣部核准發行

各地物價飛漲甚烈
經委會明日商討對策

增援北上國軍
先頭部隊已抵泰安南郊

行政院五月一日例會
將討論三項經濟問題

全國火柴產銷聯營社
平津即將成立

陽泉匪勢已挫

黃河泛區測量五月底完成
花園口堵口費一千四百億

惠魯商校今晨旅行

司徒今日飛青

孫連仲

李宗仁仰思源

遺失

內政部新規定

中華民國三十六年四月二十九日　國民晚報　（星期二）　第四版

誘奸圖財

閑花無主春風拂動
翁姑何辛惡棍謀殺

少年五人行跡可疑
原來却是縱火團員

校長無恥

拆廟宇激怒城隍爺

推行民教

魚腹藏寶

達通遠
鞋帽百貨商店

繼續大減價

歡迎參觀

大中國鞋店大減價

天羅新五週年紀念

歡迎參觀

人民战士

人民战士报社编　晋冀鲁豫军区政治部前线　［出版地不详］ 1947年4月28日～1947年7月　［总期数不详］；复刊1949年1月26日～1949年7月　［总期数不详］；复刊1950年3月20日～1950年　1期～26期　三日刊　38cm　铅印

1947年4月28日创刊，同年7月因野战军主力南下暂时停刊。1949年初，晋冀鲁豫野战军编为第二野战军，1949年1月26日复刊，成为第二野战军政治部机关报。同年7月末，第二野战军向大西南进军，再次停刊。1950年3月20日重新复刊，成为西南军区政治部机关报，复刊后共出刊26期。

该报的读者对象是干部和战士，发行到连队。该报的主要任务是：通俗地解说军委总政、西南军区党委的指示、决议和当前中心工作的方针、任务，反映部队的执行情况，开展批评与自我批评，交流工作经验，宣传国内外形势，进行爱国主义教育，组织、辅导干部理论学习，指导俱乐部工作，反映党团生活等。

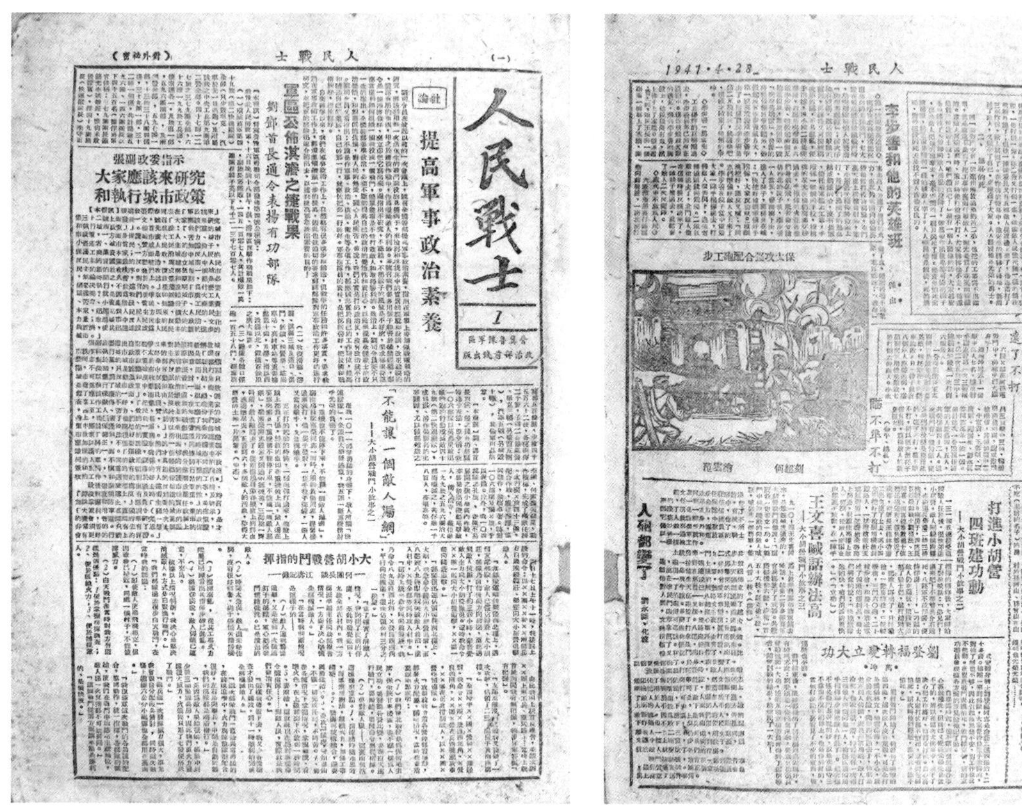

人民戰士

1

社論

提高軍事政治素養

冀區公佈濮濟之捷戰果

大家應該來研究和執行城市政策

不能讓一個敵人漏網

大小胡營戰鬥的指揮

1947·4·28 人民戰士 (二)

李步香和他的英雄班

打進小胡營 四班建功勳

王文喜鹹話辦法高

劉發福楊林立大功

給她捐一個功回去!

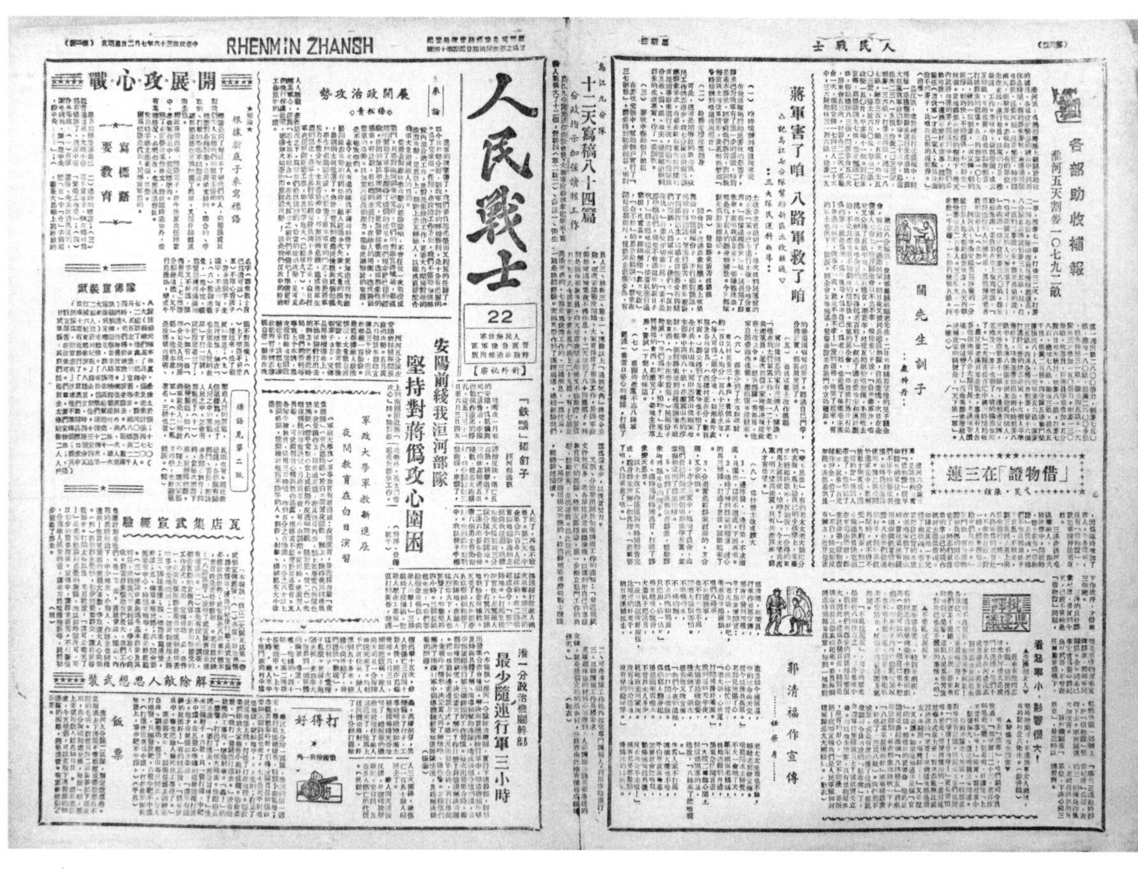

RHENMIN ZHANSH

人民戰士

22

開展攻心戰

展開政治攻勢

安陽前綫我洹河部隊堅持對蔣偽攻心圍困

十二天寫稿八十四篇

蔣軍害了咱 八路軍救了咱

各部助收糧報

開先生訓子

借「物證」在三連

瓦店集宣武經驗

解除敵人思想武裝

最少隨連行軍三小時

打得好

郭清福作宣傳

看起來小 影響很大!

工商通讯

工商通讯社编　刘贯一［发行人］　济南　1947 年 7 月 4 日～［终刊日期不详］［总期数不详］　日刊　36cm　铅印

1947 年 7 月 4 日创刊于济南，社址在经四路 302 号，社长刘贯一。该报主要刊登经济新闻。

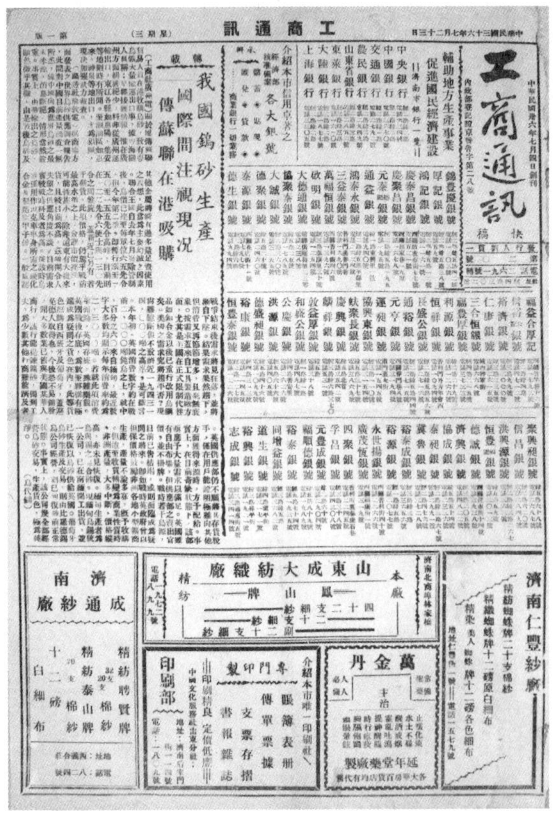

工商通訊

輔助地方生產事業 促進國民經濟建設

我國鎢砂生產 國際間注視現況 傳蘇聯在港吸購

山東成大紡織廠

濟南仁豐紗廠

濟南通成紗廠

萬金丹

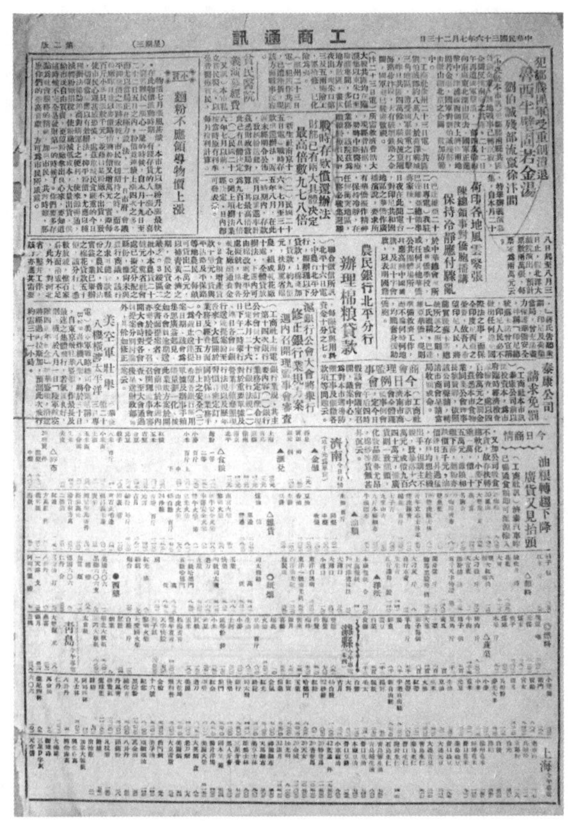

工商通訊

辦理棉糧貸款

大众报（滨北版）

大众报（滨北）社编　滨北地委［主办］　滨州　1947年10月10日～［终刊日期不详］［总期数不详］　三日刊　39cm　铅印

1947年10月10日创刊于滨州，同年11月25日改名为《滨北大众》。

大衆報濱北版

大衆報

濱北版　三日刊　第五期

有力配合全國大反攻

我軍一舉光復諸城

守敵全部被殲 俘蔣記縣長以下兩千八百餘名

不分階層大變工

地委指示全力突擊搶種

村村打響處處開花

打破"打亂平分"的顧慮

環海區羣衆生產忙

濱北一月戰績

搶耕搶種又備荒

大部村莊雇貧尚未當家

四戶從未翻身戶被吸收入組

寬大爲懷賜給土地

大衆報濱北版

大衆報

濱北版　三日刊　第十四期

城郊區在外區幫助自己努力下

四千畝麥子全種上

討論開展冬學運動

研究出備荒辦法

到城南區習耕

節約棉衣支前

薛繹雲支前不要糧

注意聽取羣衆呼聲

重視今冬生產

各地要注意糾私

防止耕牛出口

生產簡訊

军直小报

军直小报社编　编者刊　临沂［1948年］～［终刊日期不详］［总期数不详］五日刊　39cm　铅印

该报创办于临沂，华东军区政治部主办。一版有《社论》《短评》《思想漫谈》等专栏，刊登军政消息、思想动态、模范事迹等；二版除有时事教育、学习体会外，还有智力测验、小常识、寓言故事、游戏算术等内容。

軍直小報
第三十四期
熱烈慶祝濟南大捷
加緊工作努力學習提高業務，爲人民立下功績
捷報傳來歡欣鼓舞
慶祝濟南大捷連隊講話要點
聽了戰役動員——工作情緒普遍提高
打下濟南府 活捉王耀武
濟南解放 戰士有那些思想反映 不正確的要加強思想和階級教育
功運簡訊

軍直小報
第四十九期
迎接新年與慶賀功臣大會
爲人民立功無上光榮 各單位隆重慶功授獎
立了功的不要驕傲 沒立功的不要灰心
人人功臣人人敬
賀信
功勞頌
把立功運動經常化普遍化

軍直小報
第五十九期
班長怎樣鞏固全班
團結互助
思想領導 耐心教育
前方經驗
介紹一個「團結模範班」
兩個班的鞏固工作比較
對新戰士的管理教育方法

华东前线

华东野战军山东兵团政治部编　编者刊 ［出版地不详］ 1948 年 6 月 22 日 ~ 1950 年 4 月 12 日　1 期 ~ 200 期　三日刊　27cm　铅印　由《华东前线》(兵团版)继承

1948 年 6 月 22 日创刊，是华东野战军山东兵团机关报，铅印 16 开，三日刊，每期一般 4 页，页码连续计数，每出 10 余期后，发一张编有总目录的封面，自行装订成册，便于保存。开始每期发行 2 千份，发至连队后，印数增加，1949 年 8 月发行至 5000 份。1949 年 5 月随第七兵团入浙后，改由第七兵团兼浙江军区政治部出版。读者对象为连以上干部。

该报《代发刊词》中，明确阐述其任务："一、反复宣传毛泽东思想与党的政策，贯彻前委及兵团司政机关对于部队的思想领导和工作（作战）指导，保证全兵团在思想上、政策上、作战方针和工作作风上完全一致。并通过报纸帮助领导及时了解情况，汲取经验，改进工作。二、为全体指战员，首先就是为连营干部服务，根据他们作战、工作、学习的需要，有计划地介绍与交流一些经验，供给他们必要的参考资料和文艺读物，使报纸真正成为干部学习的园地。"

華東前綫

自第一期至第十三期

合訂本

自1948.6.22.至7.28.

華東野戰軍山東兵團政治部出版

要 目

1

P—1

華東前綫

第一期

一九四八年六月廿二日

本期四頁

★華東野戰軍山東兵團政治部出版·對外秘密不准遺失★

代發刊詞

關於出版「華東前綫」的决定

（一）八個月的事實證明，出版一個全兵團範圍的統一的黨報，完全屬於必要。兵團政治部徵求了幾個部隊的意見，并經過反覆研究之後，决定出版「華東前綫」報。

（二）「華東前綫」報的性質，確定爲一綜合性的旬刊……

（五）報社工作人員，應了解自己責任的重大，努力學習黨的政策，積極完成黨的任務，與全軍同志共勉，建設一個真正的與實際與羣衆有密切聯系的黨報。

山東兵團政治部 六月十五日

二十天戰情

我軍於上月下旬，對蔣匪連華北之唯一大動脈津浦鐵路徐州至濟南段七百里强固防線發起攻勢，……

P—740

注意爭取土匪悔過立功自贖

經三個月整理後 二分區武裝建設初具規模

關於住房子及對匪特資財的處理

怎樣做好連隊文書工作？

P—741

我對幹部思想領導的檢討和意見

啓

電燈

報紙之部

邮电周报

山东省邮电管理局邮电周报社编　编者刊［出版地不详］1948年8月18日～1949年7月27日　1期～51期　周刊　39cm　铅印　由《邮政周报》继承

1948年8月18日创刊，是华东财办邮电管理总局的机关报，内部刊物。小型4版报纸，由大众日报社承印。先后出报51期，于1949年7月底停刊，由《邮政周报》继承，刊期继续沿用。该报主要刊登邮电总局的工作指示、各地的工作经验、业务研究、通讯报导等。

對內刊物 不得遺失

郵電週報

第四十八期

中華民國三十八年七月六日

山東省郵電管理局郵電週報社編

廣泛交流郵電工作經驗 華東郵電會議勝利閉幕

決議郵政企業科學民主化管理 統一組織、開支供應及手續制度

上海訊：華東郵電會議，歷時六天，於上月二十六日勝利閉幕。來自各地的代表和原來郵政工作人員，在虛心的研究下，把鄉村和城市，新的和舊的郵政工作經驗，相互交流，爲今後的郵政工作發展，鋪下了一條新的道路。

華東郵政管理總局趙志剛局長，把六天來所有的決議，作了詳盡的總結報告，並指出了今後郵政應走的方向，分爲二個重點：㈠郵政企業性質上的改變：過去的郵政企業，是屬於反動的官僚資產階級所有，對廣大人民的利益可以不顧，但現在又復爲人民自己所有，新的郵政方針應該爲廣大人民服務，應根據廣大人民的需要隨時改進；同時要和軍事，政治，經濟，文化等密切結合。㈡在經營管理上，變企業官僚化爲企業科學民主化：甲、採用廣泛的民主管理方式，發揮員工積極創造性，以及自動自覺的工作精神，開展勞動競賽，廣泛徵詢員工們意見，隨時改進。乙、緊縮機構，精簡人員，按工作需要，決定人員的多少和機關大小，每人要有八小時的正常工作。丙、發展業務，計算成本，在經濟上力求量入爲出，逐漸做到自足自給。丁、實行嚴格的預算和決算制度，統一收支，統一供應，力行節約，反對貪污浪費。戊、打破形式化和官僚化，要實事求是。上級對下級要澈底瞭解，對工作要仔細認識和負責，對人民要和藹而有耐心。己、建立眞正的民主化獎懲制度，採取大家的意見來決定獎懲。

今後的任務：一、在江南新解放地區，目前還在整理時期，在最近三個月內，主要任務是整理組織，統一制度，開展業務。二、在解放較久的地區，組織機構已趨完整，要切實實行這次大會的決議，做到統一組織，統一開支，統一供應，統一手續制度。三、各局在經濟上都要逐漸做到自給自足。四、在城市要加以整理和建設，把合理的保持，不合理的去掉。在農村，老解放區要鞏固已得的成果，新解放區要逐漸建立鄉村郵政機構，使城市和鄉村能密切的結合，使郵政能很快的深入到鄉村去，並要協助書報發行，使廣大的農民獲得精神食糧。

大會通過提案共二十多件，除少數個別的部門有關，需郵財經辦事處批示後才能執行外，其餘決議都將在全華東普遍實施，行政組通過的有：一、郵區劃分問題：決定以省爲單位，建立郵區，設管理局。二、人員處理問題，決定現職人員，無論過去做過什麼事情，只要沒有罪大惡極或劣跡昭彰者，或人民反對者，都仍留用。三、爲了培養郵政幹部，準備開辦華東郵政學校，使新舊員工都有學習機會，並可在政治和工作上提高一步。四、工資辦法，由財經辦事處統一公佈，原則上新舊員工的生活和福利都要照顧。五、準備建立印刷廠和修造廠，自己印製郵票冊並修理汽車自行車等。業務組通過：一、國內郵政包裹，以個化人民交寄手續。五、確定內包件資費。二、華東調整郵件資費標準。六、件辦法。三、擬恢復國際公私運輸機構代運郵、各局聯運包裹。七、修訂華東解放區各類郵際郵件和包裹業務。四、沿海海關停止查驗國件資費表。八、恢復郵局代訂報刊，中小城市及鄉村郵局代派書刊。九，恢復和統一開辦華東地區匯兌。供應計核組通過：㈠匯兌處理組織和職等。㈡劃一郵政會計科目。㈢劃一各級郵局現款收支和調整辦法。㈣劃一郵政賬務制度。㈤劃一郵政預算和決算編造辦法。㈥將現行供給制人員改爲包乾制。㈦薪賬內借用借務的處理。㈧供應處所提供應方案等。

這次富有劃時代歷史意義的郵電會議，在解放後的上海，是新老上下員工更密切團結的開始，也是華東新民主主義郵政事業向全面發展建設的開始。

省局職工會首次執委會 產生常委明確分工

選出參加市職工大會代表

本報訊：省局職工會成立後，於上月三十日召開第一次執委會議，討論委員會分工與產生常委，及選派參加濟南市職工會代表大會代表等。選出陳金城，康潤棠，吳伯衡三同志爲常務委員。常務委員下領導執行委員會。執委會下分設：組織、宣傳、技術、勞動保護、青年、婦女六部；并設正副秘書，由陳俊嫻，汪宗禮分任。各部主要委員列下：組織部王濬光，宣傳部郝清桂，技術部趙子珍，勞動保護部周伯約，青年部吳伯衡，婦女部張文彥。會上并推選出席濟南市職工代表大會代表九名（係各主要委員及常委）。現各部均正在擬訂七、八、九月份工作計劃中。（金城、志堅）

青島郵電部 妥善調整員工新資

員工對照顧週到咸表滿意

青島訊：青島郵電部，進行調整員工薪資。這次接管郵政、電訊等五個單位，解放前員工薪資標準各有不同，如儲匯局發的多，郵政局發的少，因此解放後，根據原來實得薪資確定標準也很難，不能取得一致。爲了照顧員工生活，市軍管會暫行預借工資，郵電部所屬郵政、電信、儲匯三局員工六月份之全部薪資，業於上月二十五、六兩日發放完畢，一千三百餘員工，共發出薪資計人民幣四千零八十三萬三千四百七十餘元。爲很好調整員工薪資，於上月十九日成立工資調研小組，吸收工會同志及各單位財經人員參加，分頭深入各單位作周密的調查了解，徵詢員工意見。最後根據軍管會所頒佈之『關於員工薪資問題的決定』的基本精神，研究作出調整決定，經軍管會批准執行。電信局按照三、四、五、三個月份所得實際薪資之每月平均數折成麵粉，又按目前市價將麵粉折合人民幣發給。郵政，儲匯兩局按照軍管會薪資決定中第五條「……現行之薪資標準上下相差無幾者，即可按照濟南新資標準執行」的原則，結合該兩單位的實際情況，當決定上述兩局按濟南省郵電管理局之薪資標準執行。由於此次新資得到合理的妥善解決，保證了員工生活，員工們咸表滿意。郵政局工人說：「解放前，國民黨那些壞蛋宣傳說共產黨來後幾個月不發工資，這次證明他們是完全騙咱，不但是發，而且照顧得很週到。」同時郵電部並與青市合作供銷總社，商訂一批麵粉，小米，食油，通過原有的合作社，廉價直接售予員工。（孫琳）

省局機關青年團 半年來的建團工作

陳太國

（一）由一個團員發展到百餘人

去年九月濟南解放後，原濟南局一千三百餘員工中，僅有一個青年團員，由於團員數量太少，領導上又未注意建團工作，因此至今年一月還未建立起團的組織來。

今年一月四日中共中央頒佈建立中國新民主主義青年團的決議後，濟南市委對建團工作也作了指示，因此濟南郵電局黨委開始重視建團工作，加強這一工作的領導。開始建團時，首由黨委召開全體黨員大會，傳達中央關於建團決議及濟南市委的指示，使全體黨員同志明確建團工作的重要性。以後首先在職工學習班裏開始發展團員，以學員中的積極分子爲對象，進行教育，講明團的性質，有的青年知道了團是眞正青年自己的組織，便自動要求入團，當時經市團委批准，吸收了三名優秀青年入團。

一月底學習班結束，團員們分配到各個工作崗位，積極開展團的活動，機關並抽出兩名青年黨員到團內作基礎開始建團工作。

三月八日省局機關成立了機關青年團總支及五個支部，總支書記由省局副局長喬□中同志担任。這時，機關青年們認識了自己的組織，踴躍申請入團，一個多月的時間共吸收三十餘青年入團，這些青年都是工作中湧現的優秀積極份子。

自三月二十九日舉行第一次團員入團儀式後，六月八日又舉行第二次，至現在爲止，由原來一個團員，已發展至一百四十一名了。

（二）團員是工作中的火車頭

青年團員們在工作中起着火車頭作用，積極完成行政工作任務，成爲工作學習的模範。如女話務員張文彥同志入團後，工作表現很積極，她有個吃奶的小孩，幹起工作來甚至把孩子都忘記了照顧，下午五點鐘下班，她有時幹到七點才回家。有一次打夜班的時候，深夜工作閒了，她發動十幾個同志把多年沒有拆洗過的窗簾子，褥子都拆洗乾淨了，牆報上受到表揚。張文彥同志對團的組織非常關心，自二月以來親自發展了七個團員，並不倦的教育同志們。六月五日濟南市團代大會，張文彥同志被選爲代表，還次省局職工會成立，她又被選爲工會委員。

團員彭守謙同志手被摩托車炸傷，打斷了三根血管，休養了八天，傷未痊癒就用一條木板托着手幹起油印工作，別人勸他休息他也不聽。其餘如女團員趙淑華、馬鳳英等同志在工作上也都積極熱情，還能推動小組同志很好的學習。郵電學校的青年團員們在學習中都非常活躍，劉在豐、施梅、尹運生等同志除自己努力學習外，還能積極推動別人。

此外，並開展團員文化娛樂活動，創立『青年生活』壁報，現已出刊三期，團員們積極投稿。同時，團內又開展學習熱潮，有的『青年文化』學習，現團員與群衆訂閱『青年文化』有四十餘份。

（三）建團工作中的缺點

吸收團員存在偏差，忽視吸收廣大工人及勞動者成份的青年入團，據五月份統計，八十八名團員中，工人成份的只有四人，六月份統計，一百二十四名團員中，工人成份者只有十名，工人成份青年所佔成份太少，這說明我們在建團路綫上還不夠明確，今後必須注意這一問題。另外團的組織發展還不普遍，如總現有八百餘青年中（郵電學校在內），團員估百分之十五，所以今後也應注意組織的發展，吸收廣大優秀的青年到團裏面來。

省局幹訓班開學

本報訊：省局在職幹部訓練班，於上月廿九日開學，共有學員六十餘名。在開會典禮大會上，仲主任傳達學習計劃，說明現在我們迫切須要提高文化，這次是給大家的一個很好學習機會，要求大家好好學習。最後華東郵電學校耿校長講話，他對大家提出三點要求：第一，要去掉好高騖遠及認爲沒文化吃不開的思想；第二，要下苦工夫學習；第三，學習中提倡互助，共同進步。（李旭升、孫豁然）

徐州市局成立機關學校 青島職工學校籌備建立

徐州訊：徐州市局機關學校於七一開學。現已有學員二百餘人，學校畢業除學習，劃分甲、乙、丙、三班，主要提高員工文化，政治水平。校長由李夫甫同志担任，李潤霖同志爲副校長。（德博）

青島訊：青島郵電部接管工作第二步驟（清點階段）已大體結束，員工情緒普遍穩定。現根據一般員工的學習要求，籌備成立職工學校，以便加強新員工政策等教育。（孫琳）

濰坊局職工選出參加市工代大會代表

濰坊訊：爲了參加全市工代大會，濰坊市局職工會於上月二十九日晚，假市局召開選舉參加大會代表。到會會員五十八人。大會在『毛澤東之歌』歌聲中開始，首由主席宣佈開會意義，繼由行政代表市局呂局長講話，他說去年職工會雖已成立，但由於領導上包辦，收效不大。因此他強調指出，此次選舉要眞正的選出工人代表，明確主人翁的觀念，以便參加生產管理。講話完畢後，即提出候選人名單，職工們愼重選出王效聰、王素英（女）二同志爲參加市工代大會代表。（劉寶）

臨沂局工會佈置工作加强學習 臨沭局工會成立

臨沂訊：臨沂縣郵局於上月二十三日召集全體郵工會員佈置工作，傳達工會會議制度。今後工作重點以雨季交通爲中心，號召每個會員要保證完成雨季任務。同時強調今後每個會員要加強學習，幹部除保證完成縣委佈置的學習任務外，並學習總工會章程與五一勞動節指示、其他同志採用上課方式學習工會章程。學習中要展開批評與自我批評，加強會員與非會員的團結，適當的發展會員擴大組織。（溪水）

臨沭訊：臨沭縣局郵工會於上月廿一日成立。民主選出許樂堂，劉萍等五同志爲職工會委員。會上負責同志提出：今後要嚴格組織生活，加強學習，擴大組織，保證完成行政任務。（劉誠銘）

煙濰、煙津間郵運調整 郵運迅速業務發展

煙台訊：煙台至濰坊及天津間郵綫調整後，郵運速度提高。過去煙台至濰坊間的郵件，係用膠輪大車載運，一般須四天到達。現與運輪分公司洽商，利用汽車載運，開闢了煙濰汽車郵綫，郵件天半即達濰坊。煙台至天津之海運，過去利用的輪船帶運，時間不保證，由津開來一次，煙郵件須六、七天時，現與海康，永和等輪船商定，利用煙津間一切往返之輪船帶運郵件，由津至煙郵件平均兩天即到達。由於郵運提高，業務也隨之發展，五月份煙台局共收包裹一六五件，重三六二五公斤，而六月份僅兩旬即收寄包裹二二八件，重五〇四〇公斤。五月份出售郵票共二三，七二九〇元（人民幣下同），而六月份兩旬出售郵票即達三〇，三二〇〇元。（宮潤翔、王信之）

臨沂局學習測驗成績良好

臨沂訊：臨沂局同志月五初開始參加縣機關學校學習，六月中旬進行學習全面測驗，郵局參加測驗共計十九人，結果平均都得七十分以上。其中以郵遞員張學山及任月中二同志成績最好，張同志算術試題得一百分，任同志試題得百分，大家都讚揚他們的學習精神。另外劉持瑞等同志學習也很好，從未曠課，非常重視學習文化。這次測驗以後，更鼓舞了大家的情緒，均表示要繼續加油的學習。（李長有）

煙台局開始建團

煙台訊：煙台市局已開始建立新青團組織。上月十九日，在煙台市團委會的領導下，舉行郵電局、銀行等九個機關青年團支部成立大會。煙台市局建團籌委會並成立，選出縣秀芬等五同志爲委員，第一批吸收十四名青年入團。現青年們熱烈擁護青年團組織，紛紛申請入團。根據這一情況，已佈置學習關於建團的文件，加強青年的教育，以後準備逐步發展團的組織。（宮潤輝，宮潤瑚。于慈支。）

諸城訊：諸城郵局在縣委的領導下，開始建團工作，現已吸收七名青年入團。（陳桂森）

簡訊

△濰坊電報業務經二十餘天的準備工作，業於本月一日與解放區大城市正式通報。（王德邦）

△徐州市局於七一召開紀念中共誕生廿八週年紀念大會，到會員工約一千八百餘人，由委會丁部長證會報告黨史，俱樂部並演出『猴』、『全家忙』等節目娛興。（關生森）

△濰坊雨季電話整備工作已完成。計裝避雷器一一九個，油桿二二七根，打幫樁二四根，保證雨季電話暢通。（劉寶）

補正

本報第四十七期載省局職工會成立文……

邮政周报

山东省邮政管理局邮政周报社编　编者刊［出版地不详］1949 年 8 月 1 日～1949 年 9 月 28 日　52 期～60 期　周刊　39cm　铅印　继承《邮电周报》

该报为内部刊物，1949 年 8 月 1 日正式出版，其前身是《邮电周报》，刊期仍沿用《邮电周报》的刊期，自 52 期开始，1949 年 9 月 28 日出至第 60 期停刊。

山东邮政周报社在 1949 年 8 月 1 日（第 52 期）报纸第一版刊登重要启事：上级决定邮电分管，成立山东省邮政管理局，原《邮电周报》改由省邮管局出版《邮政周报》。另外，山东省邮政管理局在 1949 年 9 月 28 日（第 60 期）报纸第一版刊登《关于〈邮政周报〉停刊通知》："《华东邮报》也已出版，内容丰富，适合各局所邮政员工要求。兹为节省开支并免重复起见，决定山东《邮政周报》从本期起停刊。"

报纸之部

對內刊物 不得遺失

郵政週報

第五十二期

郵電分管與簡化郵政組織機構

山東各級郵局等級劃分

大家努力克服兩文困難

執行得通！利益大！

重要啟事

改進報紙投遞

要愛護包皮

對內刊物 不得遺失

郵政週報

第五十三期

社論

把競賽運動開展起來

普遍捲入競賽浪潮

工作緊張效率提高

向省局投遞股提出挑戰

省局八月份學習計劃

對內刊物 不得遺失

郵政週報

第五十五期

緊縮機構因事設人

整編精簡獲成績

省局制定勤勞節約方案

郵政週報

高登友破壞郵規受處分

加強群眾觀念 保持廉潔作風

職工生活

我的學習

榜二紅

鲁中南报

鲁中南报社编　编者刊　沂水　1948年9月26日～1950年4月20日　1期～216期　三日刊　铅印

1948年9月26日创刊于鲁中南地区，是中共鲁中南区党委机关报，在沂水出版，初创时期为三日刊，1950年2月16日改为二日刊，1950年4月20日因鲁中南区党委撤销而停刊。该报宣传报道的中心是“一切为了前线”，以报道战前准备和前线胜利消息为主要内容。强调大众化、通俗化，重视群众工作，开辟《工农习作》专栏，发表工农通讯员的文章，并提出“工农写，写工农”的口号。

中华民国三十七年九月二十六日

鲁中南报 第一期

济南全部解放

济南战役总动员令

华野大军进攻济南

东路直逼城下，西路攻入商埠

吴化文带领两个旅起义

华东中央局 华东军区 山东省政府

中华民国三十七年九月二十九日

鲁中南报 第二期

常胜的人民解放军万岁！

庆祝解放济南大捷，谨向前线将士致热烈敬礼！

空前伟大胜利

我华野大军解放济南 十万守敌全军覆没

打掉蒋匪军在山东最大守备重点

我华东华北两大解放区完全连成一片

各地武装配合济南战役胜利出击

长清外围歼敌八百多

临沂西南打下傅家庄

中原解放军破击陇海津浦南铁路 收复民权、汝南、新蔡

济南介绍

中华民国三十七年九月二十九日

鲁中南报 第四版

庆祝济南人民见晴天

征求战士意见改进后方工作

胜利传来以后

混乱的长沟

地武出击获胜

济南外围战经过

鲁中南报 第三七期

庆祝伟大的淮海战役全部胜利结束！我们要打过长江，活捉蒋介石，解放全中国！

★伟大的淮海战役全部胜利结束★

迅速、干脆、彻底

全歼邱李两兵团 活捉战犯杜聿明

徐州战场国民党军已完全肃清

再接再厉消灭蒋贼 我区四个民工队又英勇开赴前线

英雄参军上前线 消灭蒋贼立功劳

上书要求升主力 渡江解放全中国

战勤报

华东军区后勤政治部战勤报社编　编者刊　临沂　1948年10月6日～［1950年2月9日］　创刊号～［70期］　周刊　39cm　铅印

1948年10月6日创刊于临沂，是华东军区后勤党委机关报，内部刊物，以报道军队战勤支援、伤病救护、物资保障以及收容工作等方面的内容为主。对于了解解放军的后勤保障历史，有重要的文献参考价值。

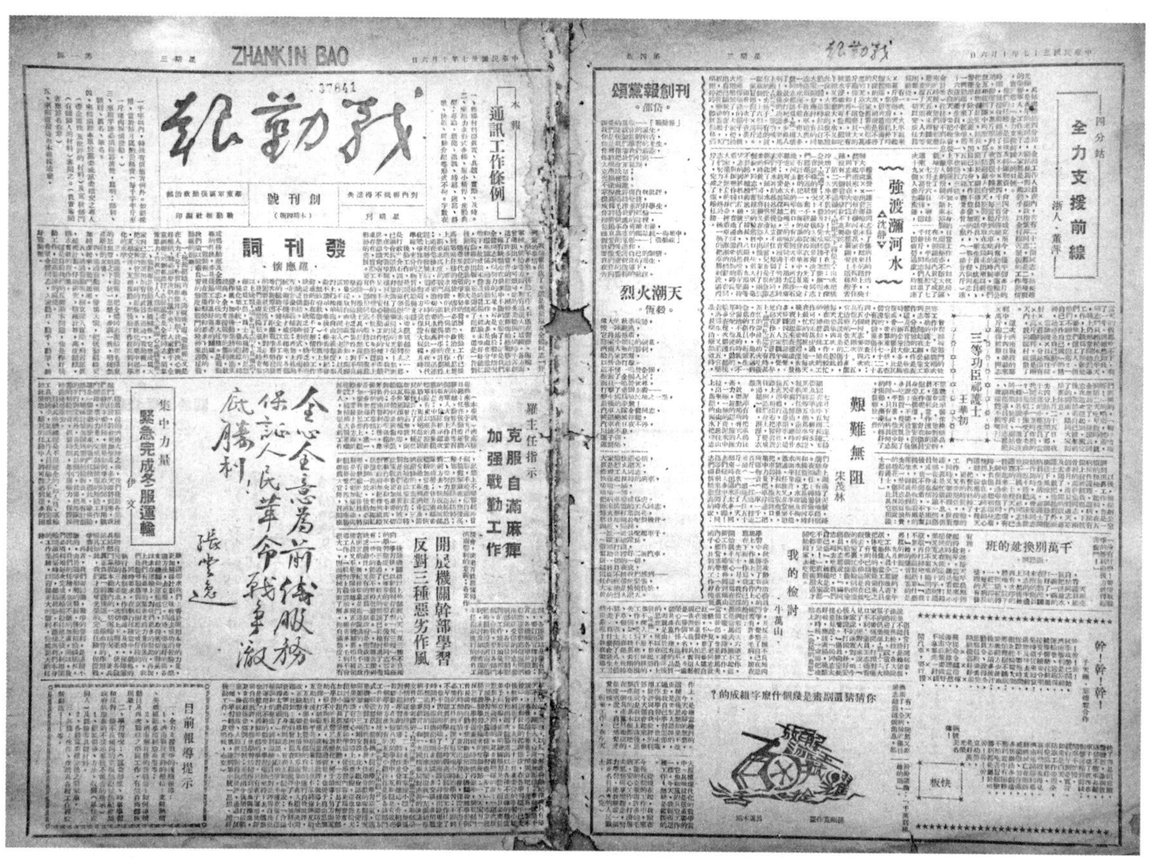

ZHANKIN BAO

戰勤報

創刊號

本報通訊工作條例

發刊詞

集中力量緊急完成冬服運輸

全心全意為前線服務，保證人民革命戰爭徹底勝利！ 張雲逸

羅主任指示 克服自滿麻痹 加强戰勤工作

開展機關幹部學習 反對三種惡劣作風

目前報導提示

頌黨報創刊

天潮火烈

強渡灘河水

全力支援前線

艱難無阻

我的檢討

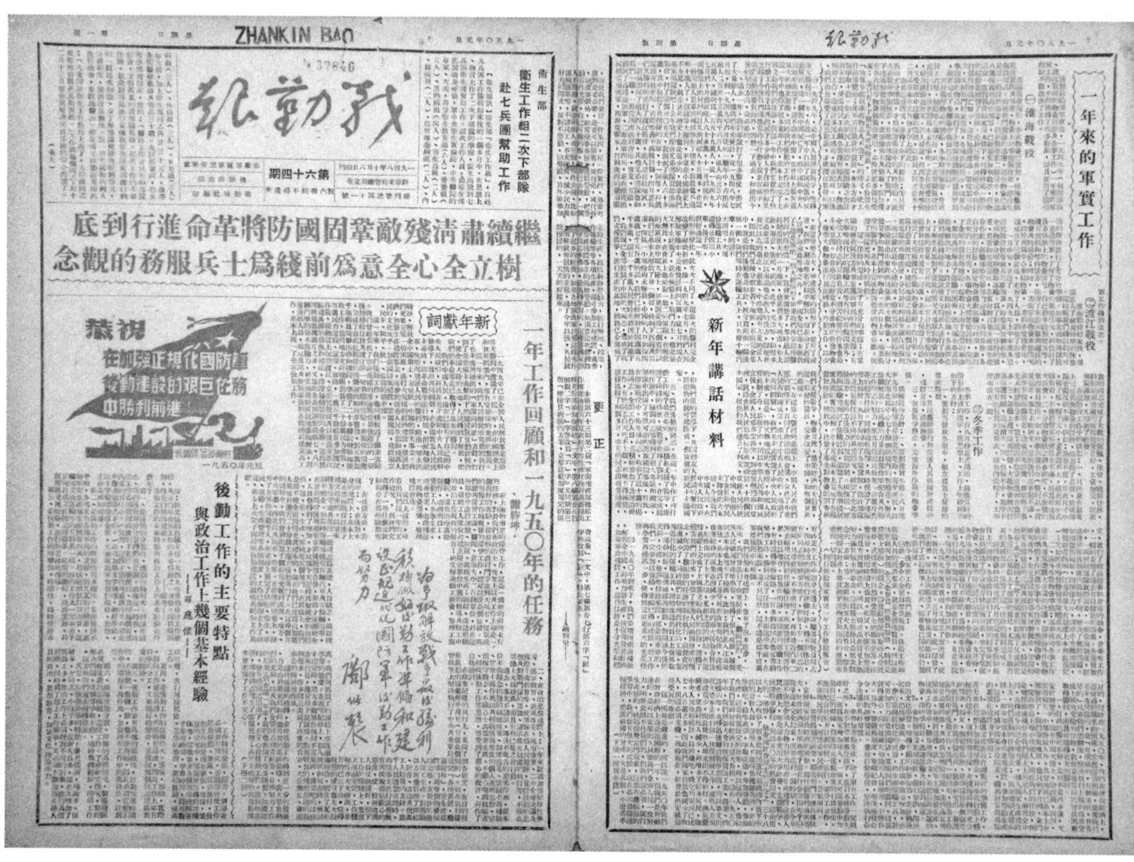

ZHANKIN BAO

戰勤報

第六十四期

衛生部衛生工作組二次下部隊 赴七兵團幫助工作

繼續肅清殘敵鞏固國防將革命進行到底

樹立全心全意為前綫為士兵服務的觀念

新年獻詞

一年工作回顧和一九五〇年的任務

祝賀 在加強正規化國防軍後勤建設的艱巨任務中勝利前進

後勤工作的主要特點與政治工作上幾個基本經驗

爭取解放戰爭最後勝利，積極做好後勤工作準備和建設正規化國防軍後勤工作而努力 鄧兆祥

新年講話材料

一年來的軍實工作

更正

报纸之部

青年文化

济南青年文化社编　新知识书店［总经售］　济南　1949年1月28日～1950年1月25日　1期～78期　周刊　53cm　铅印　并入《山东青年》

1949年1月28日创刊于济南，该报原是《新民主报》副刊，自1948年10月5日在《新民主报》上辟栏创出周刊，由江晓天主编，共出17期。1949年1月28日开始单出8开4版周刊，随后为满足广大读者要求，自第17期（1949年5月20日）起，改出五日刊，自第38期（1949年9月3日）起，改出三日刊。随后根据团省工委与团济南市委指示，于1950年1月25日宣告终刊，与《山东青年》合并，共出78期。社长张黎群、江晓天。

该报是中国新民主主义青年团济南市委机关报。影响波及全国，从第一期发行2500份，很快增长到1.5万份，发行范围遍及全国17个省、市和地区，从东北的齐齐哈尔，到南方的广州、香港，都有热心的订户。在宣传革命思想、传播文化知识上，曾发挥积极作用。正如江晓天所说，这张报纸“一直是在革命形势和读者要求下逼出来的”。

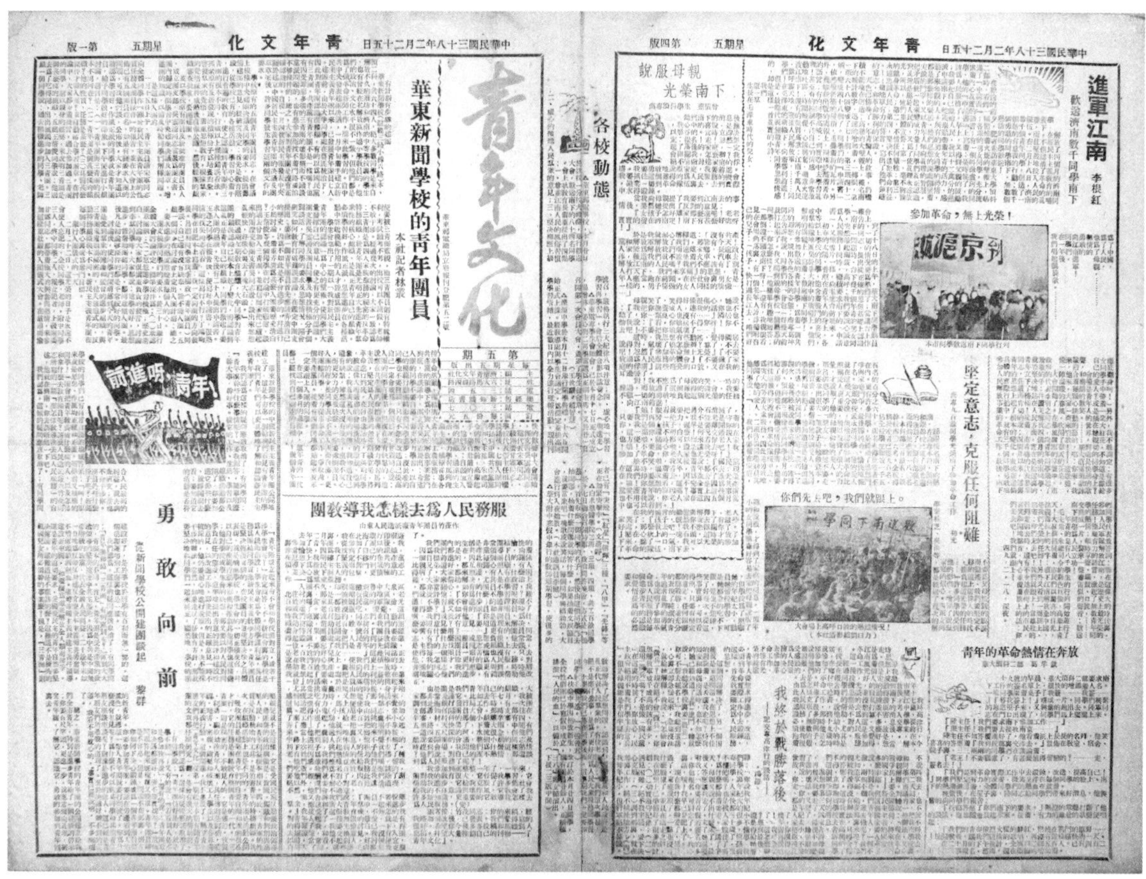

中華民國三十八年二月二十五日 青年文化 星期五 第一版

青年文化

華東新聞學校的青年團員

本社記者林震

勇敢向前

團教導我怎樣去為人民服務

中華民國三十八年二月二十五日 青年文化 星期五 第四版

進軍江南

李根紅

說服母親

下南光榮

各校動態

參加革命，無上光榮！

堅定意志，克服任何阻難

青年的革命熱情在奔放

我終於戰勝落後

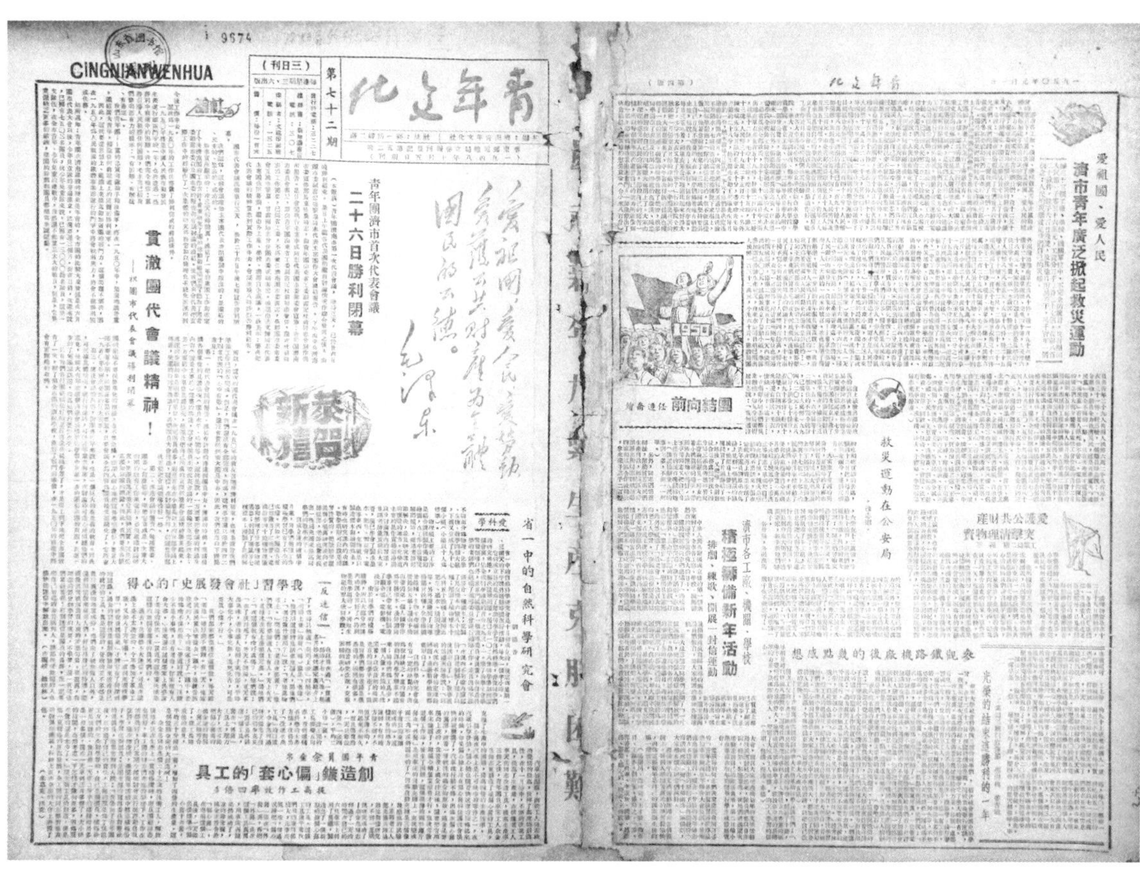

CINGNIANWENHUA

青年文化

第七十二期

青年團濟市首次代表會議 二十六日勝利閉幕

貫徹團代會議精神！

愛祖國，愛人民，愛勞動，愛科學，愛護公共財產為全體國民的公德。

毛澤东

恭賀新禧

省一中的自然科學研究會

我學習「社會發展史」的心得

創造「偏心套」的工具

愛祖國、愛人民 濟市青年廣泛掀起救災運動

團結向前

救災運動在公安局

積極籌備新年活動

愛護公共財產

參觀鐵路機廠後的幾點感想

职工报

济南铁路职工报社编　济南铁路职工总会筹委会［发行］　济南　1949年2月7日～1950年6月　1期～100期　五日刊　39cm　铅印　由《铁道工人》替代

1949年2月7日创刊，由华东铁路总工会主办，新中国成立后，改由济南铁路局主办，创刊初期，每期发行4000份。该报初期报纸开张为4开2版，五日刊。1950年4月19日，改为8开4版、每周2期。《职工报》共出版100期。1950年6月24日更名并出版《铁道工人》。济南铁路局职工总会筹委会委员方铸东任社长，筹委会主席杜鹏任名誉社长。

1949年10月，确定《职工报》为中共济南铁路管理局委员会机关报，当时济南铁路局的主要任务是"恢复长江以北铁路，支援大规模的解放战争"，因此该报创办之初，便大力宣传了"解放军打到哪里，铁路就修到哪里，物资就运到哪里"的战斗口号，鼓舞铁路职工开展生产竞赛、支前立功运动。1949年2月开始，报纸版式为竖排，每版竖分10栏，1950年6月，报头改为横置一版左上方位，1949年10月，在二版正式开辟《工人文艺》栏目，1950年4月，在四版开辟报纸的第一个专栏《读者服务》。

職工報

第二十五期

全路工代及勞功大會 改期分別舉行

兗州修理評功中發生的偏向

怎樣把功評好

濟南站爭取六月份為 運轉無事故月間

平原站太不負責 幾乎發生大車變

某司機違犯路章 遺大車又丟車輛

邱文牧橋工隊

司機任樹華 細心負責

職工報

對於檢修煙管的一點意見

建議節約

濟南電力工廠立功忙 星期不休息照常工作

五人六天修好車

濟南站從一日起實行 聯合勞動上下班

工人的家工人看

兗州工務段各道班 加工趕路搜集材料

立功簡訊

南沙河道班工友 搜料修復二股道

職工報

第五十期

慶祝十月革命節

慶祝蘇聯十月革命節 管理局隆重開會紀念

濟南鐵路局政治部 關於進行人民政協文件及國際主義教育的計劃

十月革命節

職工報

濟鐵首屆工代大會 八日上午隆重揭幕 各地出席代表共達三百餘人

鐵道部王主任 提出三點意見

大會籌備經過

首屆工代召開預備會

鞭炮響大會開 獻花獻旗一齊來

报纸之部

临清市日报

临清市日报社编　编者刊　临清　1949年3月～1949年9月12日　1期～56期　三日刊　38cm　铅印　由《临清日报》继承

1949年3月创办于临清，临清在1949年时隶属河北省，现隶属山东省。该报原为中共临清市委机关报，后改为临清镇委机关报，社址在本市大寺西街。设有比较固定的栏目如以报道本市时事为主的《时事新闻》，以报道粮食、日用品、棉布类等为主的《昨日行情》等。1949年9月13日起改报头为《临清日报》，延续《临清市日报》固定的栏目如《大众信箱》《昨日行情》等。

臨清市日報

七一獻禮

在全體職工一致努力下

大鐵橋竣工

本市青年團工作的概況

臨清市日報

紀念黨的生日

各工廠總結生產競賽成績

全市民兵加強夏防

臨清市日報

中國共產黨中央委員會發佈

紀念七七抗日戰爭十二週年口號

隆重紀念黨的二十八週年誕辰

臨清日報

中國人民政協第一屆會議上

毛主席開幕詞

毛主席等任常委

山东荣军

山东省荣管局编　编者刊［出版地不详］1949年5月20日～1951年9月10日　创刊号～126期　周刊　40cm　铅印

该报创刊号（1949年5月20日）至第7期（1949年7月1日）为周刊，自第8期（1949年7月5日）起，出版五日刊，内部刊物，报头标注有“对外秘密　地方发到县荣校发到班”字样。

创刊号记载：“《山东荣军》是为指导我们的荣军工作，教育全体荣军同志而出版的。”“为了加强本报的领导及有组织有计划地进行党报工作，决定由洪天寿、吴德钟、郑宝海、温佩清、方庆五同志组成编辑委员会，以洪天寿同志为主任委员，吴德钟同志为副主任委员。……本报确定为四开四版五日刊。为指导地方县以上，荣校连以上荣军工作，由本报出版《山东荣军增刊》编印成册，发至各级。”

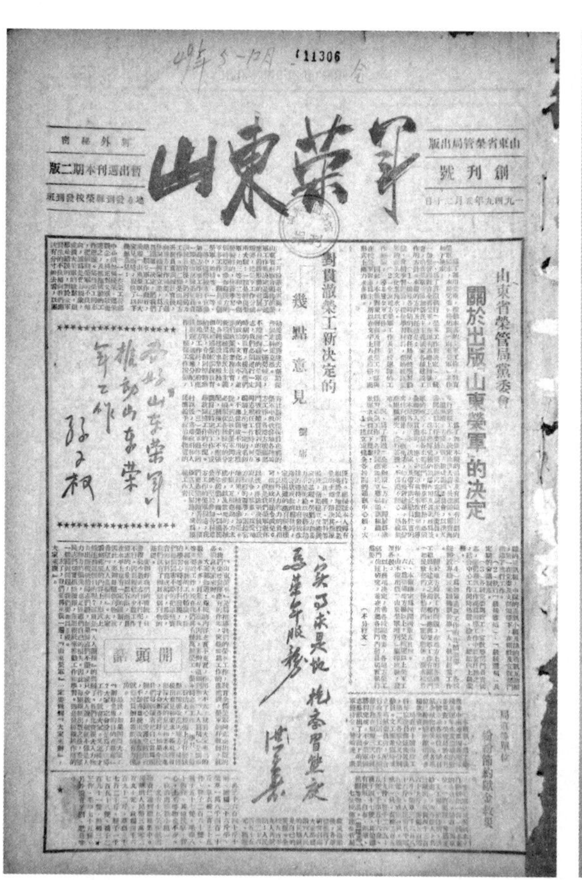

山東榮軍

創刊號

山東省榮管局出版

關於出版山東榮軍的決定

山東省榮管局黨委會

對貫徹榮工新決定的幾點意見

開頭話

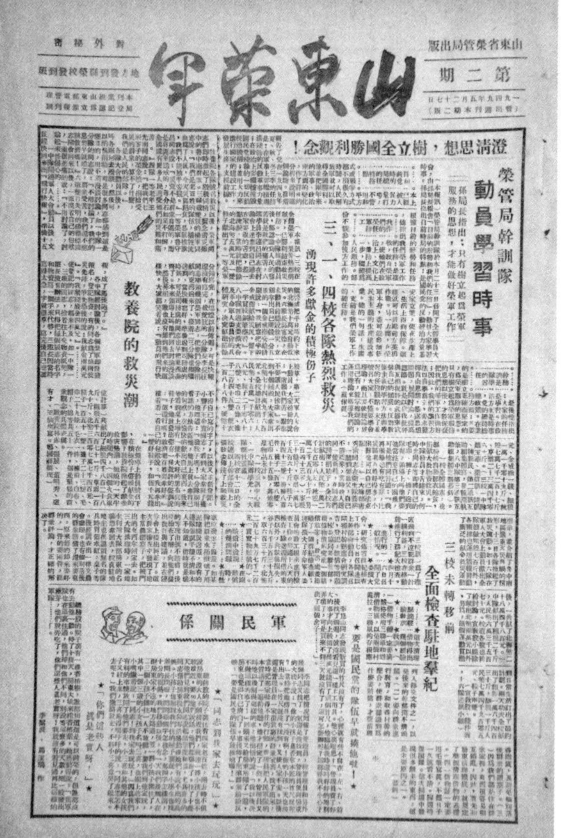

山東榮軍

第二期

山東省榮管局出版

澄清思想，樹立全國勝利觀念！

榮管局幹訓隊 動員學習時事

三、一、四梯各隊熱烈救災 湧現許多獻金的積極份子

教養院的救災潮

軍民關係

全面檢查駐地羣紀

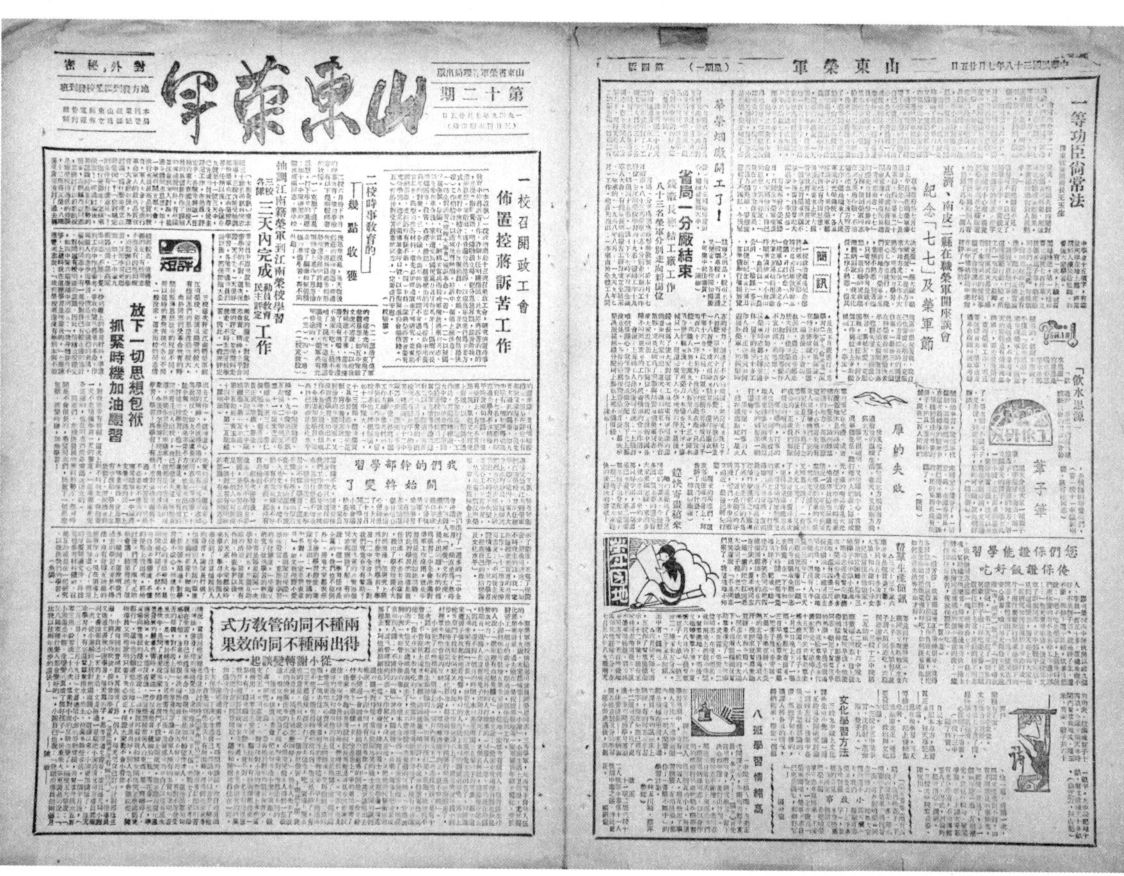

山東榮軍

第十二期

一梯召開政工會 佈置控蔣訴苦工作

二梯時事教育的幾點收獲

抽調江南新榮軍到江南榮校學習 各梯三天內完成工作

短評

放下一切思想包袱 抓緊時機加油學習

我們的幹部學習 開始轉變了

兩種不同的管教方式 兩種不同的效果

一等功臣尚常法

省局一分廠結束

紀念「七七」及榮軍節

簡訊

飲水思源

文化學習方法

八班學習情緒高

昌潍大众

昌潍大众报社编　山东省邮政管理局［发行］　昌乐　1949年7月7日～1950年5月10日　1期～100期；复刊1959年1月1日～1963年2月28日　1期～1024期　三日刊　39cm　铅印　由《潍坊大众》继承

该报出版发行主要分为两个阶段：1949年7月7日创刊于昌乐，出刊3期后，随地委迁往益都（今青州），4开4版，横排铅印，三日刊，期发1万份，1950年5月10日停刊，共出100期；1959年1月1日，在潍坊市复刊，先是三日刊，后改为日刊、周六刊、周三刊。复刊之前该报于1958年12月24日出版试刊号，4开4版，1959年1月1日正式出版创刊号，1960年3月26日迁至郭宅街48号院内，最高发行量为2.8万份。后更名为《潍坊大众》。

创刊初期，社长由地委宣传部长王人三兼任，总编辑马昭伦。1959年复刊后，编委会主任由中共昌潍地委副书记何子健兼任，地委宣传部长王永成、刘华民先后兼任总编辑。

据查证，《昌潍大众》是潍坊解放后第一份地委机关报，以报道农业、农村、农民为重点，聚焦“三农”问题，具有明显的农业报特点。

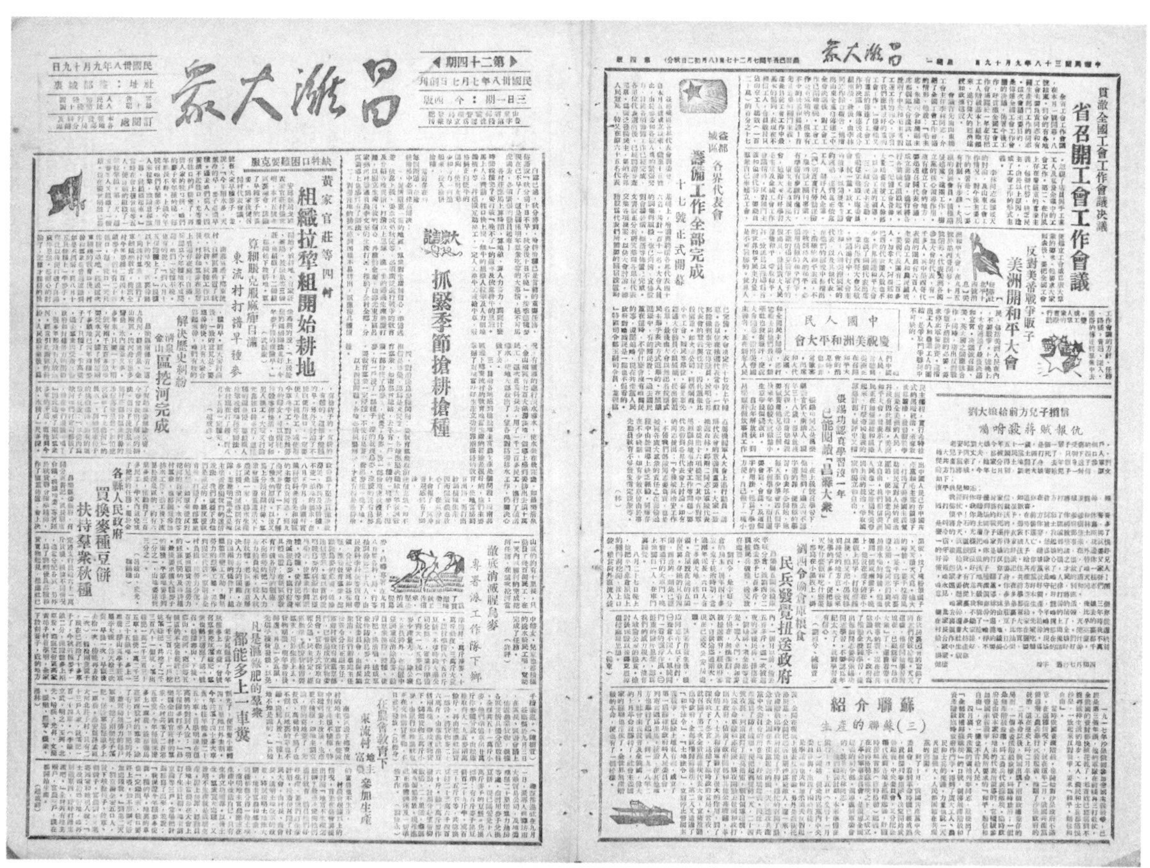

昌濰大衆

第二十四期

民國卅八年九月十九日

抓緊季節搶耕搶種

組織拉犁組開始耕地

省召開工會工作會議

反對美帝戰爭販子 美洲開和平大會

慶祝美洲和平大會

蘇聯介紹

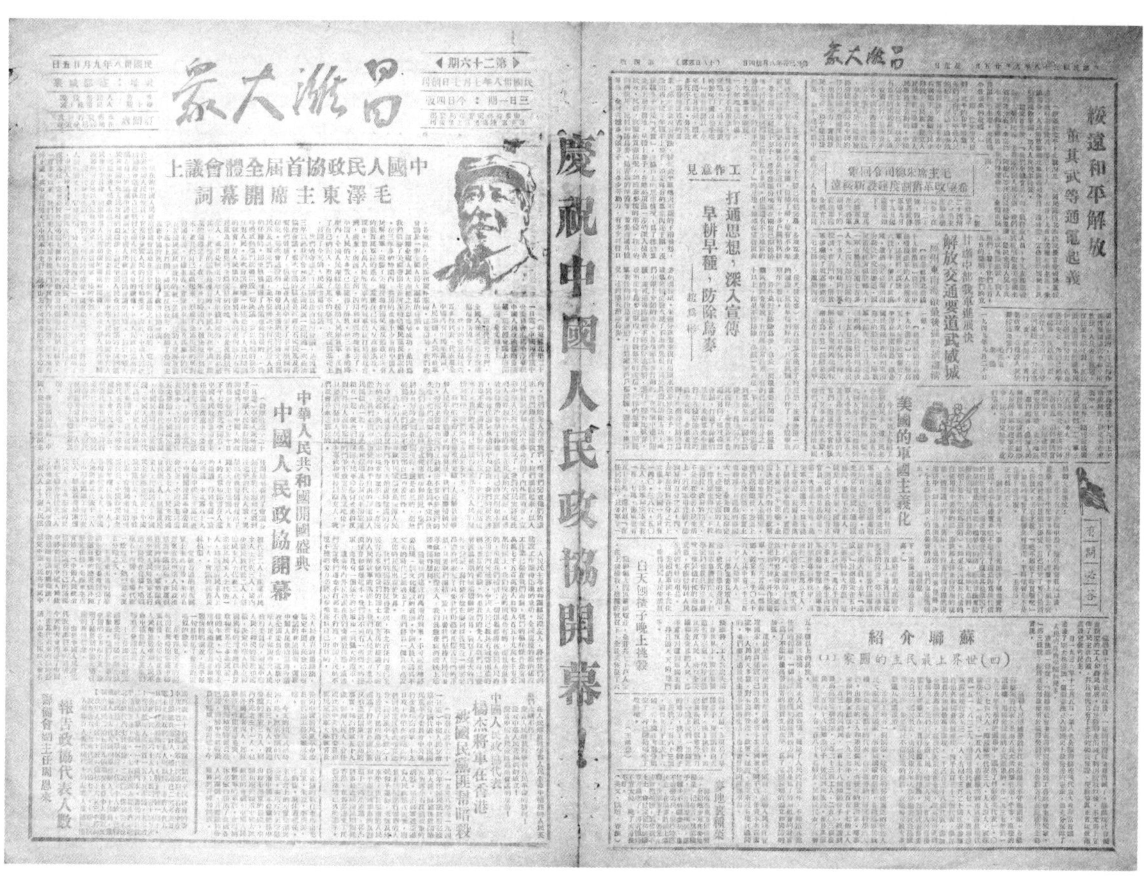

昌濰大衆

第二十六期

慶祝中國人民政協開幕！

中國人民政協首屆全體會議上 毛澤東主席開幕詞

中華人民共和國開國盛典 中國人民政協開幕

綏遠和平解放

蘇聯介紹

胶县党政周报

国民党胶县县党部编　胶县党政周报［发行］　胶县　［出版日期不详］［总期数不详］　周刊　40cm　铅印

该报创刊于胶县（今胶州），创刊、终刊日期不详，国民党胶县县党部办，社址在胶县县党部，每周六出刊，8开4版。馆藏报纸最早日期为1932年1月9日。

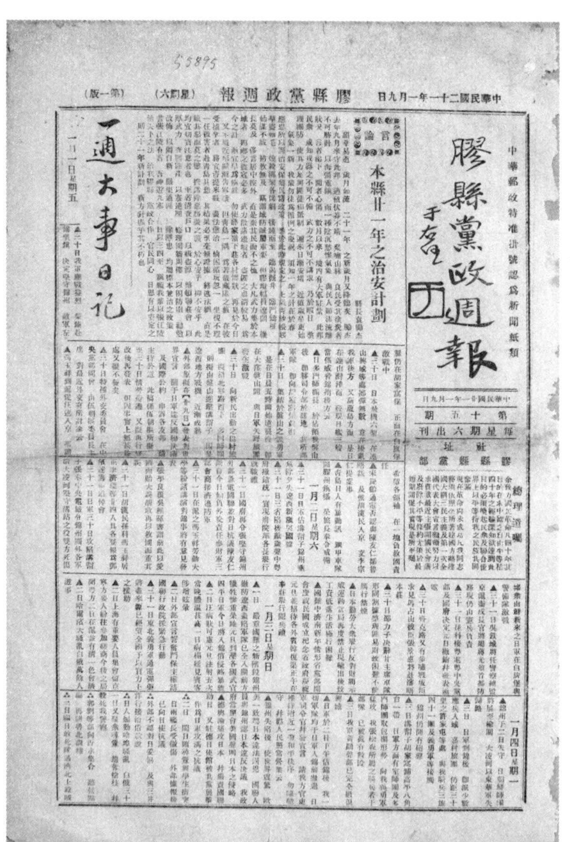

中華民國二十一年一月九日　膠縣黨政週報　(星期六)　(第一版)

中華郵政特准掛號認為新聞紙類

膠縣黨政週報

中華民國廿一年一月九日　第十五期　每星期六出刊　社址　膠縣縣黨部

言論

本縣廿一年之治安計劃

一週大事日記

一月一日星期五

一月二日星期六

一月三日星期日

一月四日星期一

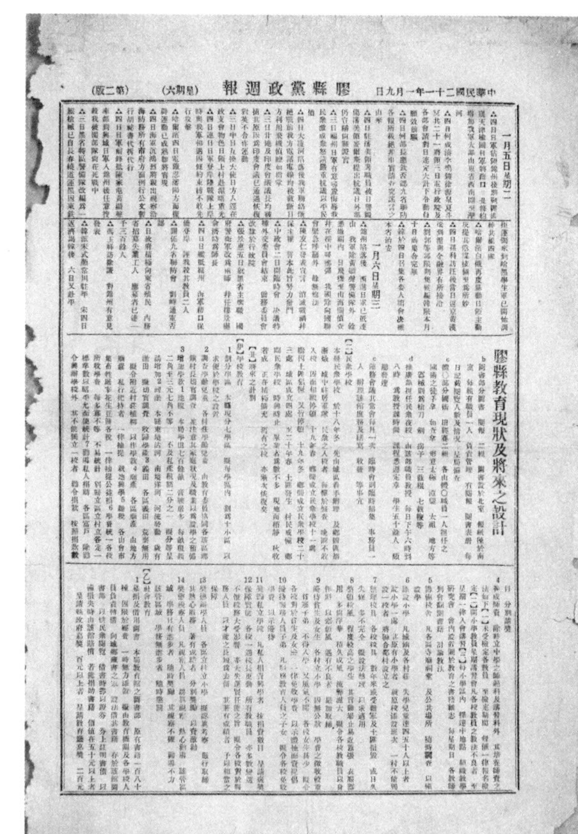

中華民國二十一年一月九日　膠縣黨政週報　(星期六)　(第二版)

一月五日星期二

一月六日星期三

膠縣教育現狀及將來之設計

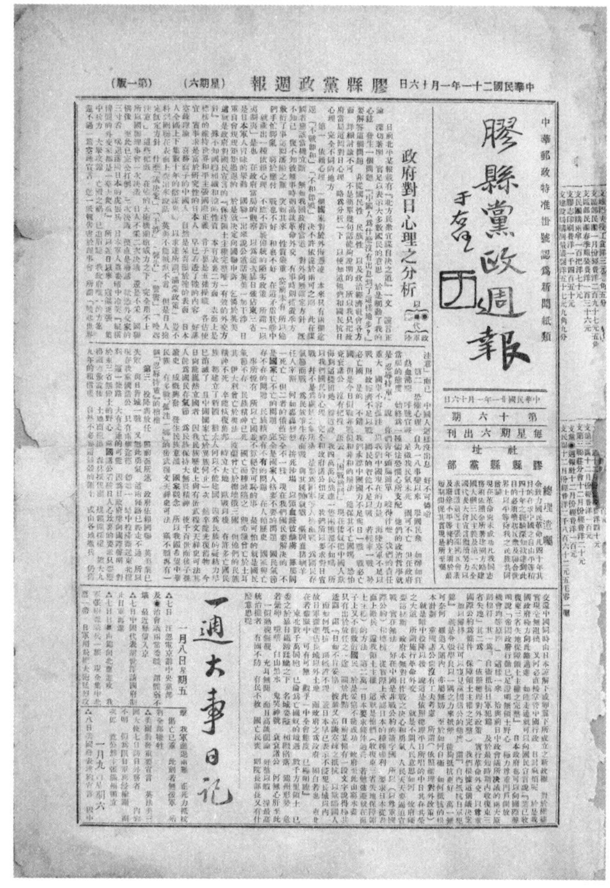

中華民國二十一年一月十六日　膠縣黨政週報　(星期六)　(第一版)

中華郵政特准掛號認為新聞紙類

膠縣黨政週報

中華民國廿一年一月十六日　第十六期　每星期六出刊　社址　膠縣縣黨部

政府對日心理之分析

一週大事日記

一月八日星期五

一月九日星期六

报纸之部

胶州日报

胶州日报社编　中华邮政局［发行］ 胶县 ［出版日期不详］［总期数不详］ 日刊　40cm　铅印

该报创刊、终刊日期不详，创办于胶县（今胶州），社址在国民党胶县县党部，4开4版。一版刊登国内外新闻要闻，有《社论》专栏，二版刊登山东新闻要闻，三版设有《本县新闻》专栏，四版是文学副刊及广告启事。除第一版外，其余版面均有广告。

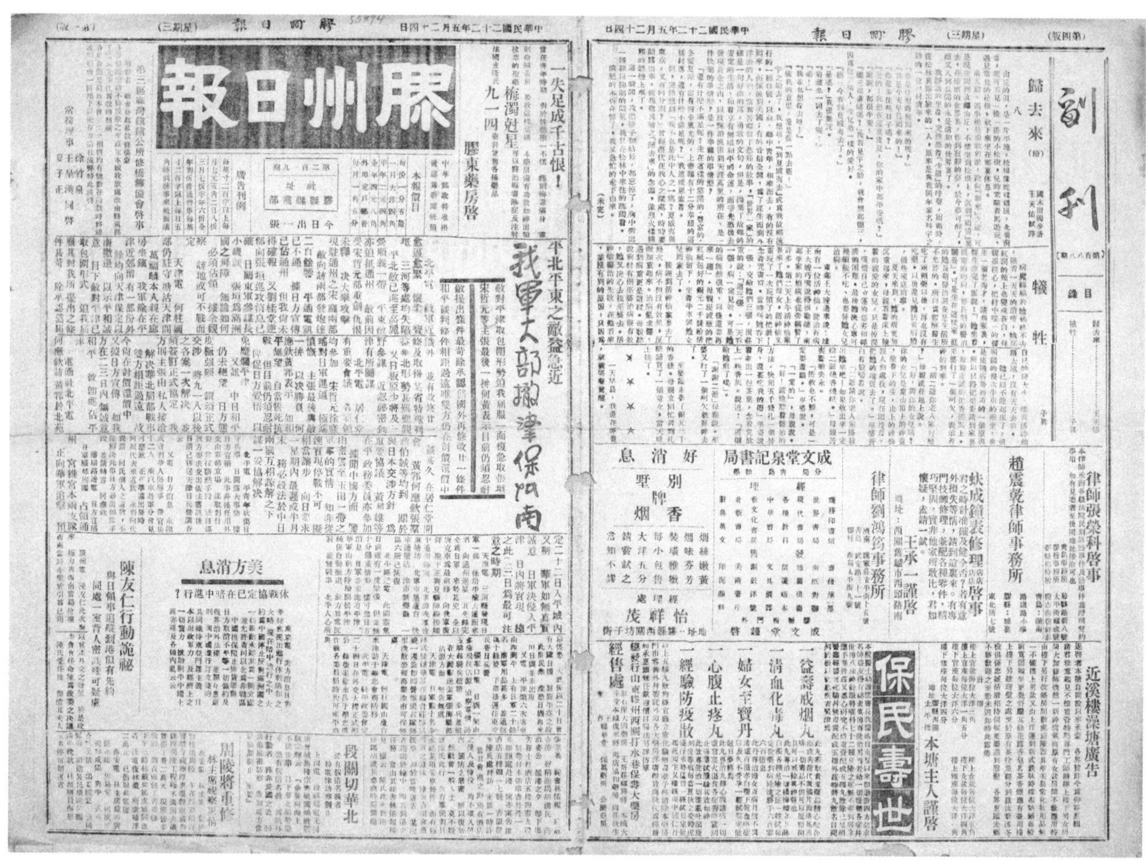

膠州日報

一失足成千古恨！

膠東藥房啟

平北平東之敵益急近

我軍大部撤津保以南

段關切華北

周陵將軍修

陳友仁行動詭秘

美方消息

副刊

歸去來

犧牲

律師張榮科啟事

趙震乾律師事務所

律師劉禹鈞事務所

成文堂泉記書局

好消息

別牌香烟

近溪樓藻塘廣告

保民壽世

一益壽戒烟丸

一清血化毒丸

一婦女至寶丹

一心腹止疼丸

一經驗防疫散

經售處

本塘主人謹啟

膠州日報

歡迎投稿

停戰會開始第一步談判

代表何柱國等出發塘沽

談判僅限軍事不涉政治

我方代表專車赴塘沽

明日撤退日期

兵區域善後不涉及政治

數日內即可成立協定

我軍不滿方振武

梁立柱就職

湯賊再叛國

鈴聲週刊

袁榮叟題

鈴聲響了！

為鈴聲週刊發刊的話

充實的生活與文藝創作

為膠州文化大放光芒

魯東之光

青年人的良友

警世木鐸

鈴聲發刊題詞

鈴聲週刊發刊紀念

藝術之路

荒漠裏的晨鐘

近溪樓藻塘廣告

保民壽世

一益壽戒烟丸

一清血化毒丸

一婦女至寶丹

一心腹止疼丸

一經驗防疫散

經售處

本塘主人謹啟

军政通讯

华东军区整编委员会、华东军区政治部编　编者刊　临沂［出版日期不详］［总期数不详］［刊期不详］ 27cm　铅印

该报创办于临沂，创刊、终刊日期不详，华东军区政治部主办，4 开 4 版。第 14 期（1948 年 4 月 24 日）有《紧急完成生产救灾　继续贯彻整编工作》《生产救灾工作的发展与经验》和《滨北二团一营三连如何从实际教育中掀起了生救热潮》等内容。

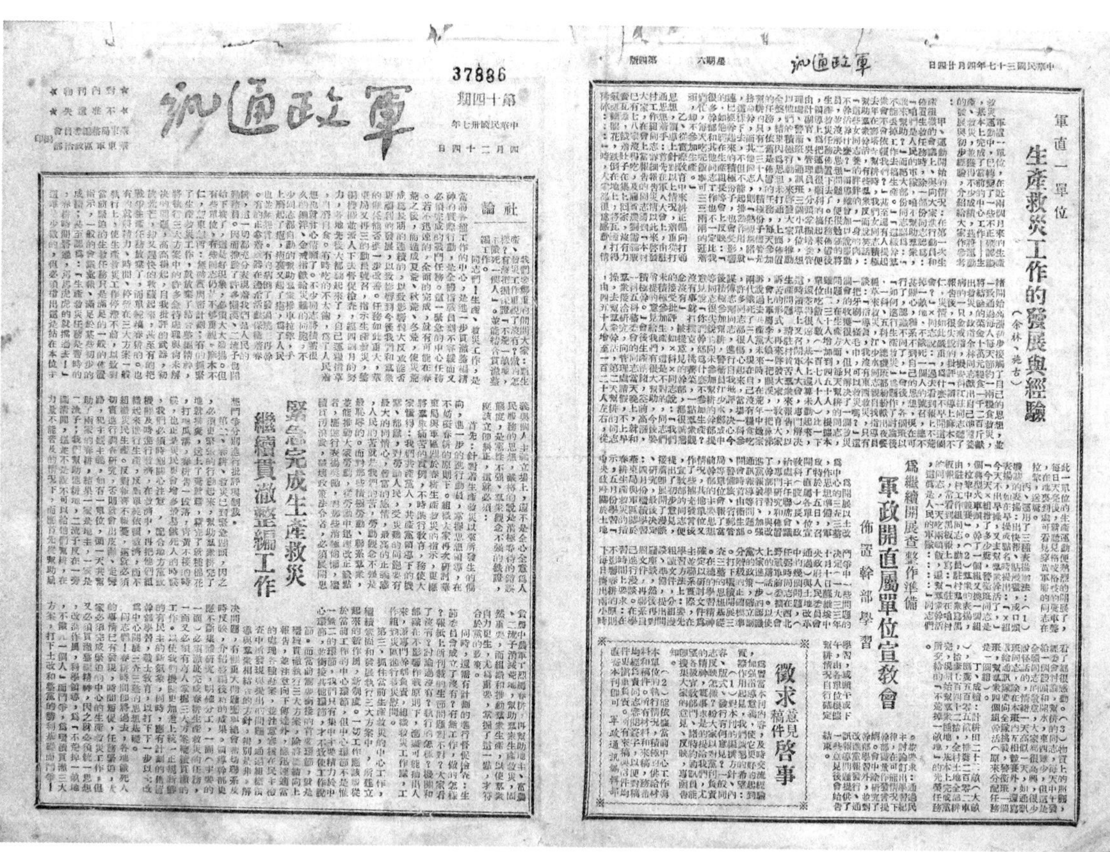

37886

軍政通訊

第四十期　中華民國卅七年四月二十四日

★對內刊物★　★不准遺失★

華東軍區政治部　華東局黨委會　印

社論

緊急完成生產救災　繼續貫徹整編工作

中華民國三十七年四月廿四日　軍政通訊　星期六　第四版

軍直一單位

生產救災工作的發展與經驗

（金林、亮杰）

為繼續開展查整工作準備

軍政開直屬單位宣教會

佈置幹部學習

徵求意見稿件啟事

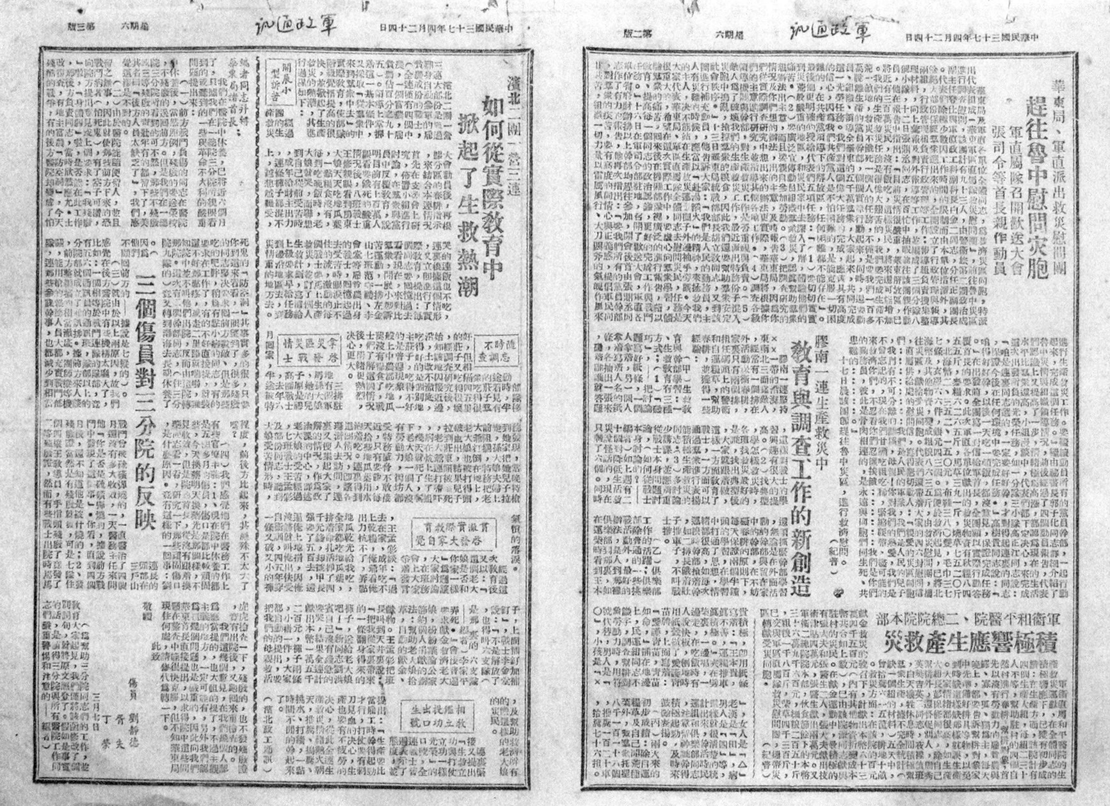

中華民國三十七年四月二十四日　軍政通訊　星期六　第三版

濱北二團一營三連

如何從實際教育中掀起了生救熱潮

開展小型訴苦

三個傷員對三分院的反映

拿災區災情啟發戰士

隨時調查

中華民國三十七年四月二十四日　軍政通訊　星期六　第二版

華東局、軍直派出救災慰問團

趕往魯中慰問災胞

軍直屬隊召開歡送大會　張司令等首長親作動員

膠南一連生產救災中

教育與調查工作的新創造

積極響應生產救災

報纸之部

鲁东日报（潍县）

鲁东日报社编　中华邮政局［发行］　潍县　［出版日期不详］［总期数不详］　日刊　38cm　铅印

该报创刊、终刊日期不详，4开8版，社址在潍县坝崖大街。主要刊登国际国内新闻、本省新闻、本县新闻和经济新闻，也有社会、科学和常识等内容，四版、八版刊登广告。

中華民國廿五年九月十一日　星期五　魯東日報　第一版

魯东日報

桂局奠定後
蔣將返京主持政務
白崇禧偕劉維章返桂後即飛粵謁蔣
桂當局擁護中央通電日內即可發出

三種公債

日光發動機

宣告成立

曾發生小紛擾

大檢閱大露營

宋哲元赴津

粵海關檢疫

大批黃金

希特勒演説

審理案程

電教訓練班

國府命令

張嘉璈抵粵

永定河

西班牙叛軍

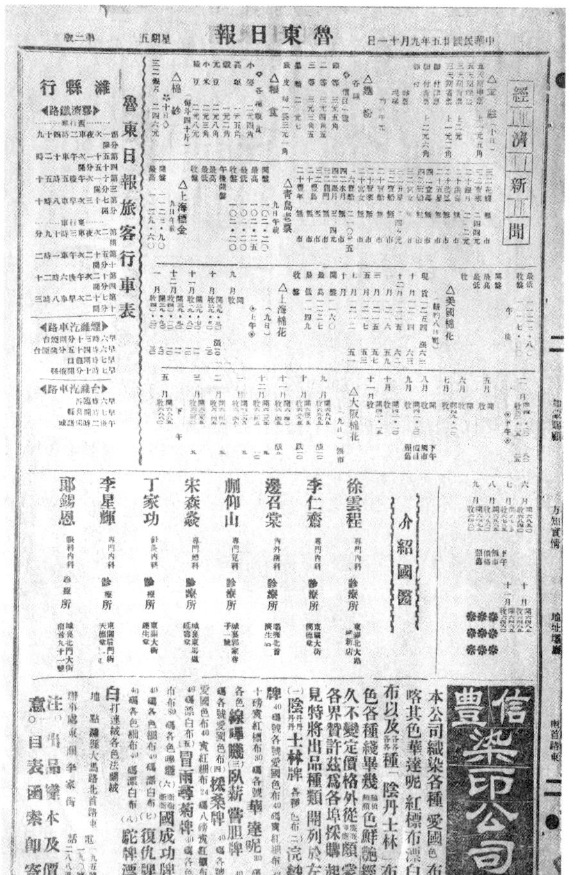
中華民國廿五年九月十一日　星期五　魯東日報　第二版

經濟新聞

魯東日報旅客行車表

濰縣行

介紹國醫

徐雲程　李仁齋　邊召棠　蒯仰山　宋森焱　丁家功　李星輝　耶錫恩

信豐染印公司

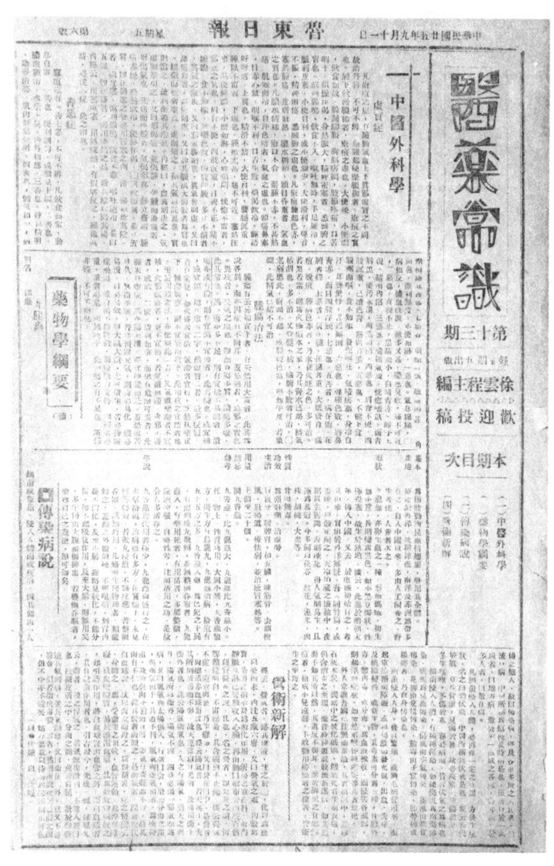
中華民國廿五年九月十一日　星期五　魯東日報　第六版

醫藥常識

第十三期

徐雲程主編

歡迎投稿

本期目次

(一)中醫外科學

(二)藥物學綱要

(三)傳染病説

(四)醫術新解

中醫外科學

藥物學綱要

傳染病説

醫術新解

山东全省财务局长第一次会议专刊

山东全省财务局长第一次会议专刊编 编者刊 济南 ［出版日期不详］［总期数不详］［刊期不详］ 39cm 铅印

该报创刊于济南，创刊、终刊日期不详。创刊初期刊登了山东全省财务局长第一次朝会纪录、山东全省财务局长会议第一次大会纪录、山东全省财务局长会议规则等内容。

山東全省財務局長第一次會議專刊

山東全省財務局長第一次會議專刊

山東全省財務局長第一次朝會紀錄

山東全省財務局長會議第一次大會紀錄

山東全省財務局長會議規則

山東全省財務局長第一次會議專刊

全省財務局長會議輯覽

訓練各縣財務局長各項規則

新財政人員十要

山东全省教育局长第一次会议日刊

山东全省教育局长第一次会议日刊编　编者刊　济南［出版日期不详］［总期数不详］　日刊　39cm　铅印

该报创刊于济南，创刊、终刊日期不详。创刊初期刊登了山东全省县长公安局长第一次行政会议开幕、何思源教育厅长交议之六大议案、各组审查委员会第一次联席会议记录等内容。

山東全省教育局長第一次會議日刊

山東全省縣長公安局長第一次行政會議開幕

何教育廳長交議之六大議案

(一)實施强迫義務教育案

經費幷保障其獨立案

(二)擴充縣教育

(三)縣教育經費支配標準案

(四)訓練師資案

(五)推廣民衆補習教育案

山东工人

山东工人报社编　编者刊　[出版地不详]　[出版日期不详]　[总期数不详]　周刊　38cm　铅印

该报创刊、终刊日期不详，发行人苏守贵，对开2版。该报主要以协调劳资关系、工业建国为宗旨，一版刊登工会通知、工会运动、工会立法等，二版有《工农园地》《工人呼声》《家庭小常识》等栏目。

山東工人

華北東北視察經過　馬超俊

國營工廠的腐敗

工人的共鳴

濟南交通事故的檢討與整理

山東工人

修正工會法全文

工農園地

談士農工商

百草丹

新山东

新山东社编　编者刊　济南［出版日期不详］［总期数不详］半月刊　55cm　铅印

该报创刊、终刊日期不详，社址在经二路小纬六路790号，每期4版。一版是国际新闻与国际时事评论，二版、三版是国内新闻与专论，四版是本省新闻与社论。

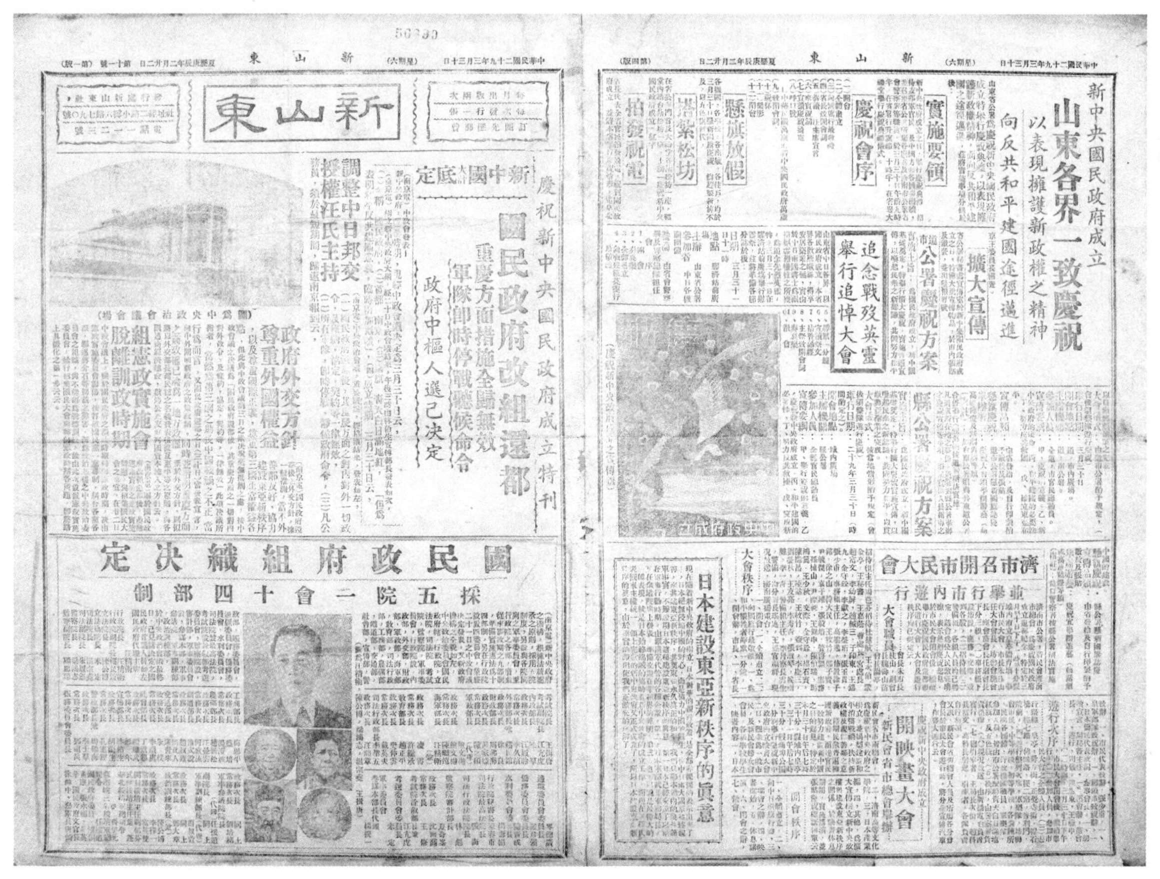
新山東

慶祝新中央國民政府成立特刊

國民政府改組還都

重慶方面措施全歸無效

軍隊即時停戰聽候命令

政府中樞人選已決定

新中國之底定

調整中日邦交 授權汪氏主持

政府外交方針 尊重外國權益

組憲政實施會 脫離訓政時期

國民政府組織決定

採五院一會十四部制

新中央國民政府成立

山東各界一致慶祝

以表現擁護新政權之精神

向反共和平建國途徑邁進

實施要領

慶祝會序

懸旗放假

拍發祝電

擴大宣傳

市公署慶祝方案

追念戰歿英靈 舉行追悼大會

縣公署慶祝方案

濟南市召開市民大會

並舉行市內遊行

大會秩序

日本建設東亞新秩序的真意

開映畫大會

遊行次序

期刊之部（一）

山东实业公报

山东行政公署实业司编　编者刊　济南　1914年1月~［1914年2月］　总4期；复刊1931年7月~1933年7月　总25期　旬刊　24cm　替代《山东实业报》　吸收《山东农矿厅公报》

该刊创刊初期多刊登有关实业法令、电文、公牍以及山东筹备参加巴拿马赛会的专件等。实业厅与农矿厅合并，该刊内容也相应扩充，除刊登工商界的法令、文牍外，也增加了农桑、合作事业方面的内容。

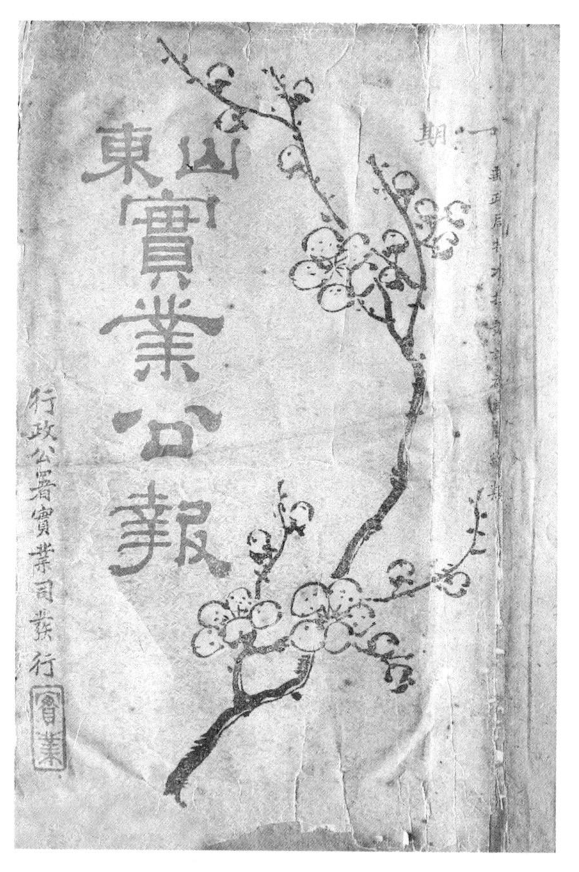

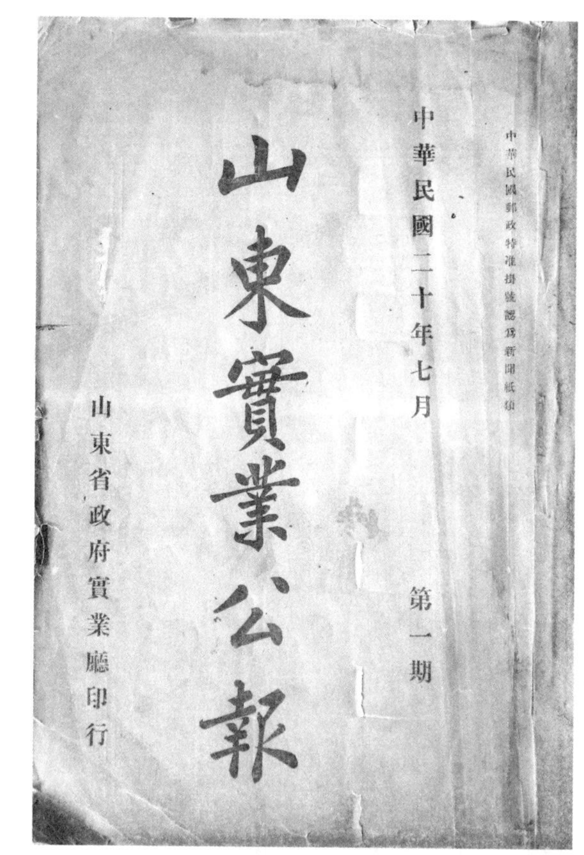

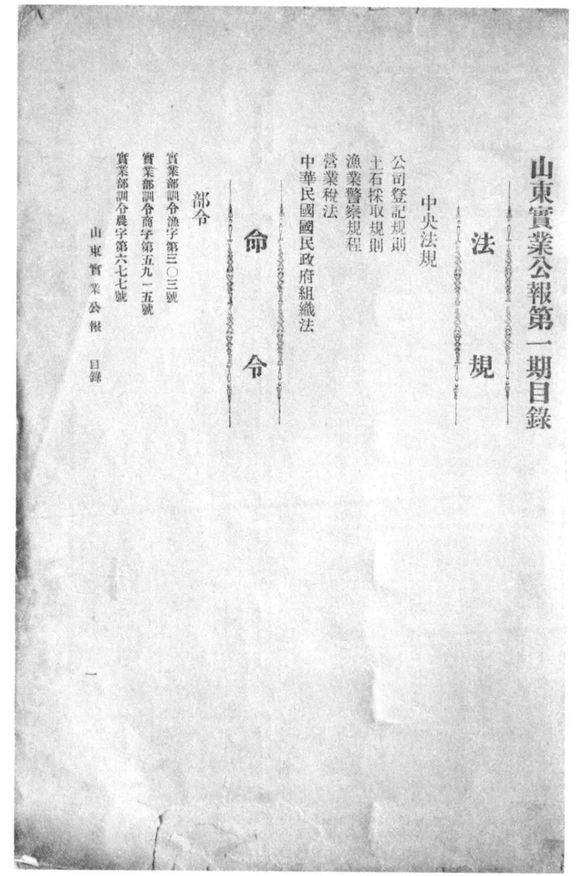

山東實業公報第一期目錄

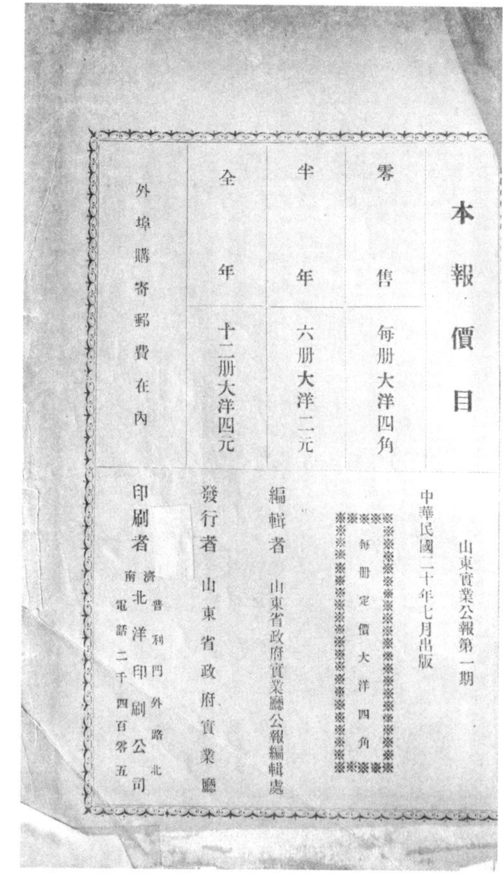

本報價目

零售	每冊大洋四角
半年	六冊大洋二元
全年	十二冊大洋四元
外埠購寄郵費在內	

山東實業公報第一期
中華民國二十年七月出版
每冊定價大洋四角
編輯者 山東省政府實業廳公報編輯處
發行者 山東省政府實業廳
印刷者 北洋印刷公司 濟南普利門外路北 電話二千四百零五

山东农矿公报

山东省政府农矿厅秘书处公报室编　编者刊　济南　1928年10月～1930年5月　1期～17期　月刊　26cm　由《山东农矿厅公报》继承

该刊是国民党政府山东农矿厅机关刊物，主要刊登中央与本省厅命令、法规、公文与农矿事业之概况，从第二卷起改为《山东农矿厅公报》。

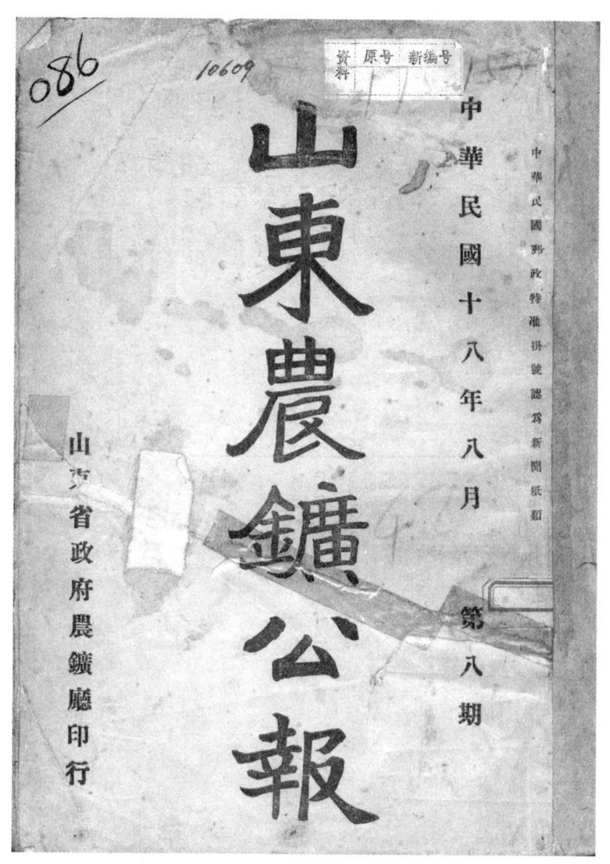

山東農鑛公報

中華民國十八年八月

第八期

山東省政府農鑛廳印行

中華民國郵政特准掛號認爲新聞紙類

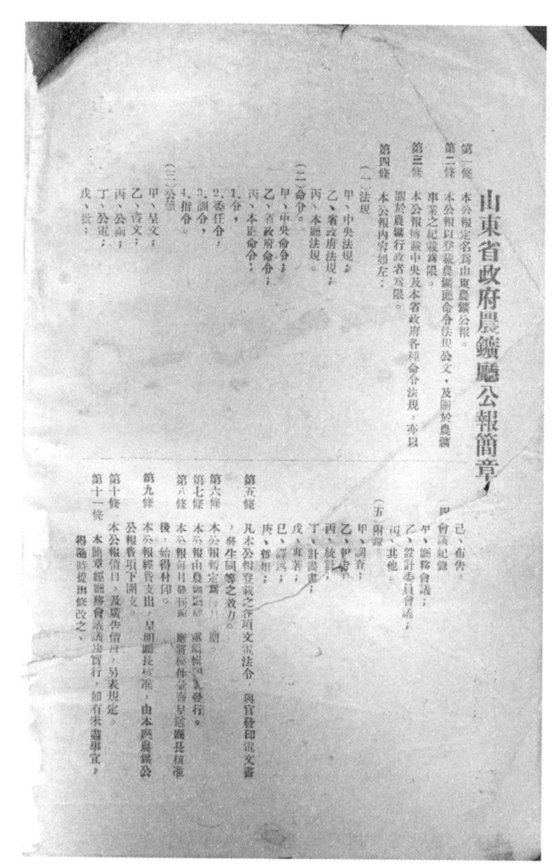

山東省政府農鑛廳公報簡章

第一條　本公報定名爲山東農鑛公報。

第二條　本公報以登載農鑛廳命令法規公文，及關於農鑛事業之紀載爲限。

第三條　本公報轉載中央及本省政府各種命令法規，亦以關於農鑛行政者爲限。

第四條　本公報內容如左：

（一）法規

甲、中央法規；

乙、省政府法規；

丙、本廳法規。

（二）命令。

甲、中央命令；

乙、省政府命令；

丙、本廳命令；

1. 令，
2. 委任令，
3. 訓令，
4. 指令。

（三）公牘

甲、呈文；

乙、咨文；

丙、公函；

丁、公電；

戊、批；

己、布告。

（四）會議紀錄

甲、廳務會議；

乙、設計委員會議；

丙、其他。

（五）附錄

甲、調查；

乙、報告；

丙、統計；

丁、計畫書；

戊、專著；

巳、譯述；

庚、雜俎；

第五條　凡本公報登載之各項文電法令，與官發印寄文書，發生同等之效力。

第六條　本公報暫定爲〔月〕刊。

第七條　本公報由農鑛廳〔編〕〔輯〕〔處〕編輯發行。

第八條　本公報每月發行兩〔次〕，廳〔內〕〔稿〕件至〔審〕呈送廳長核准後，始得付印。

第九條　本公報經費支出，呈請廳長核准，由本廳農鑛公公報費項下開支。

第十條　本公報價目，及廣告價目，另表規定。

第十一條　本簡章經廳務會議議決實行，如有未盡事宜，得隨時提出修改之。

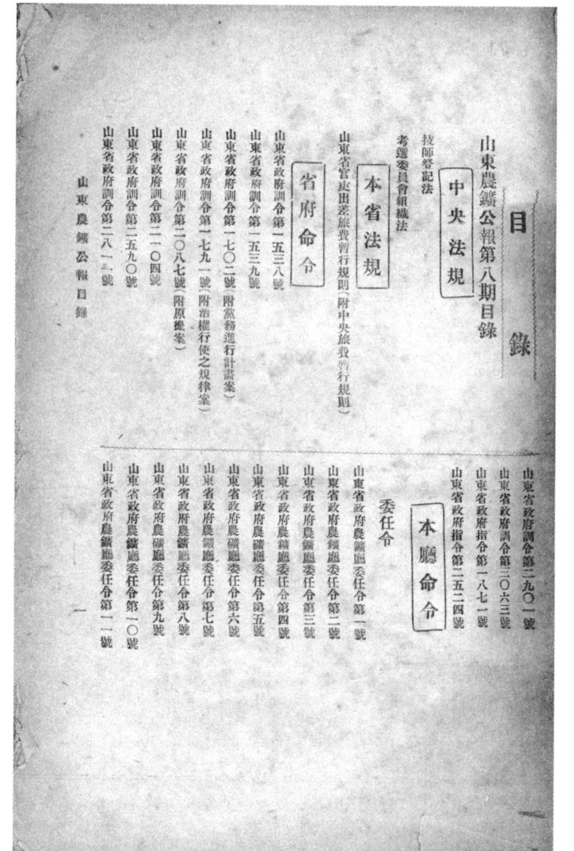

目錄

山東農鑛公報第八期目錄

山東農鑛公報目錄　一

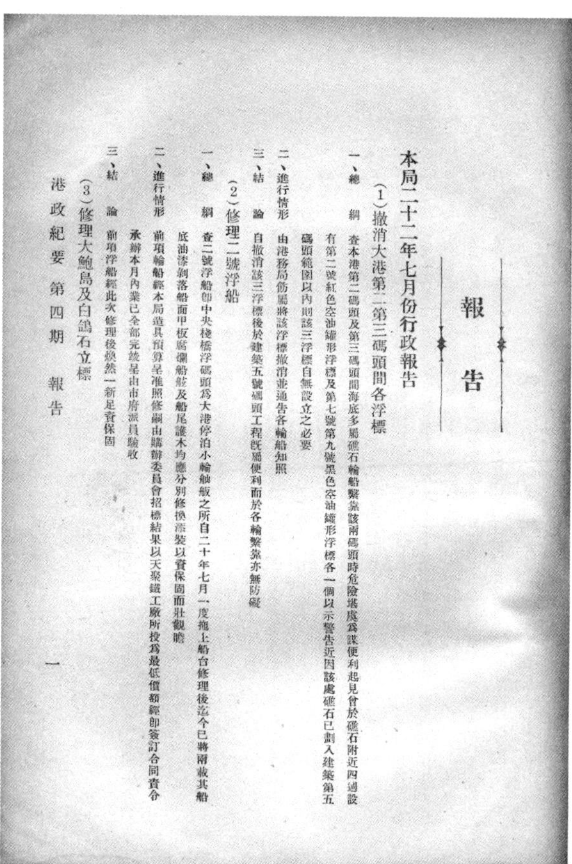

報告

本局二十二年七月份行政報告

（1）撤消大港第二第三碼頭間各浮標

一、總　綱　查本港第二碼頭及第三碼頭間海底多屬礁石輪船繫靠該兩碼頭時危險堪虞爲謀便利起見曾於礁石附近四週設有第二號紅色空油罐形浮標及第七號第九號黑色空油罐形浮標各一個以示警告近因該處礁石已劃入建築第五碼頭範圍以內則該三浮標自無設立之必要

二、進行情形　由港務局飭屬將該浮標撤消並通告各輪船知照

三、結　論　自撤消該三浮標後於建築五號碼頭工程既屬便利而於各輪繫靠亦無防礙

（2）修理二號浮船

一、總　綱　查二號浮船即中央棧橋浮碼頭爲大港停泊小輪舢舨之所自二十年七月一度拖上船台修理後迄今已將兩載其船底油漆剝落船面甲板腐爛船舷及船尾護木均應分別修換添裝以資保固而壯觀瞻

二、進行情形　前項輪船經本局造具預算呈准照修嗣由購辦委員會招標結果以天聚鐵工廠所投爲最低價額經即簽訂合同責令承辦本月內業已全部完竣呈由市府派員驗收

三、結　論　前項浮船經此次修理後煥然一新足資保固

（3）修理大鮑島及白鴿石立標

港政紀要　第四期　報告　一

山东农矿厅公报

山东省政府农矿厅公报编辑处编　编者刊　济南　1930年10月～1931年6月　2卷1期～2卷9期　月刊　26cm　继承《山东农矿公报》并入《山东实业公报》

该刊第一卷为《山东农矿公报》，从第二卷起改为《山东农矿厅公报》，主要刊登中央与本省厅命令、法规、公文与农矿事业之概况。

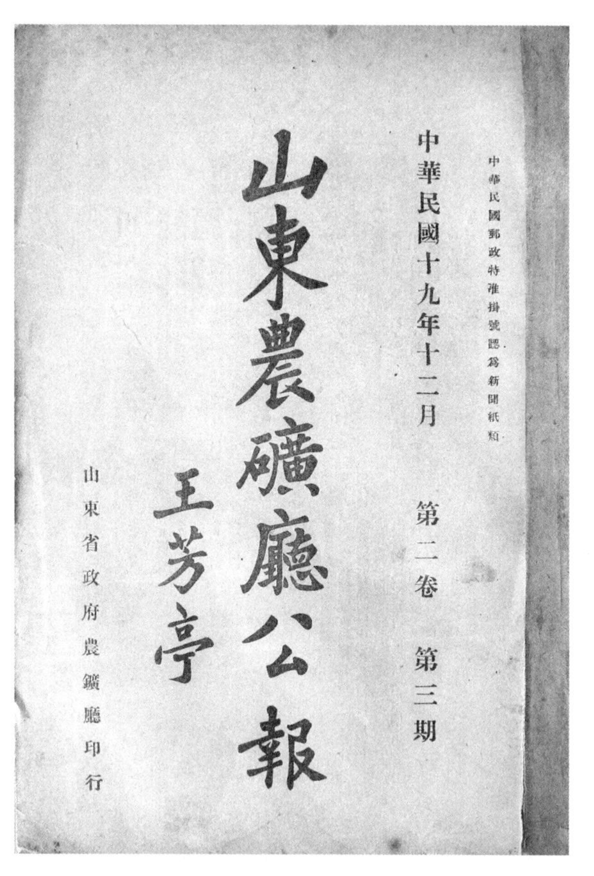

中華民國郵政特准掛號認爲新聞紙類

山東農礦廳公報

王芳亭

中華民國十九年十二月　第二卷　第三期

山東省政府農礦廳印行

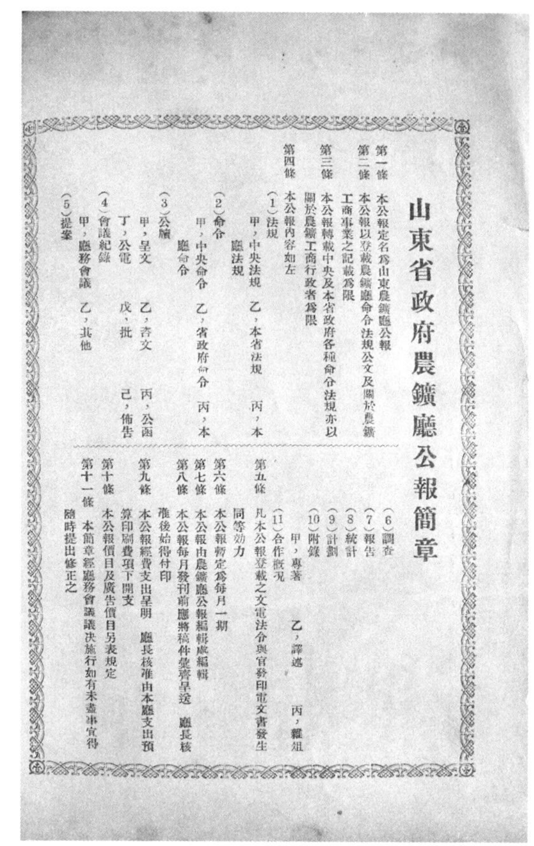

山東省政府農礦廳公報簡章

第一條　本公報定名爲山東農礦廳公報

第二條　本公報以登載農礦廳命令法規公文及關於農礦工商事業之記載爲限

第三條　本公報轉載中央及本省政府各種命令法規亦以關於農礦工商行政者爲限

第四條　本公報內容如左

（1）法規

甲，中央法規　乙，本省法規　丙，本廳法規

（2）命令

甲，中央命令　乙，省政府命令　丙，本廳命令

（3）公牘

甲，呈文　乙，咨文　丙，公函

丁，公電　戊，批　己，佈告

（4）會議紀錄

甲，廳務會議　乙，其他

（5）提案

（6）調查

（7）報告

（8）統計

（9）計劃

（10）附錄

甲，專著　乙，譯述　丙，雜俎

（11）合作概況

第五條　凡本公報登載之文電法令與官務印電文書發生同等効力

第六條　本公報暫定爲每月一期

第七條　本公報由農礦廳公報編輯處編輯

第八條　本公報每月發刊前應將稿件彙齊呈送　廳長核准後始得付印

第九條　本公報經費支出呈明　廳長核准由本廳支出預算印刷費項下開支

第十條　本公報價目及廣告價目另表規定

第十一條　本簡章經廳務會議議決施行如有未盡事宜得隨時提出修正之

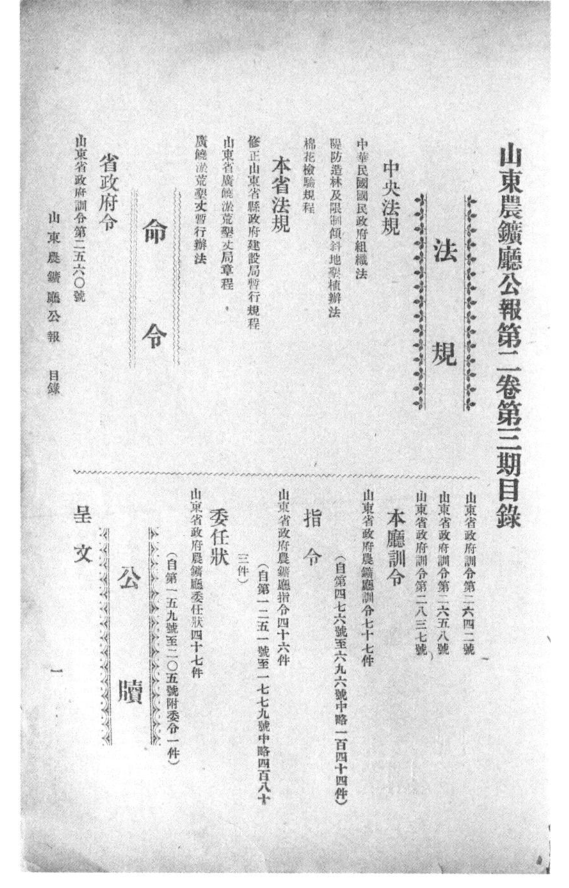

山東農礦廳公報第二卷第三期目錄

法規

中央法規

中華民國國民政府組織法

隄防造林及限制傾斜地墾植辦法

棉花檢驗規程

本省法規

修正山東省縣政府建設局暫行規程

山東省廣饒淤荒墾丈局章程

廣饒淤荒墾丈暫行辦法

命令

省政府令

山東省政府訓令第二五六〇號

山東省政府訓令第二六四二號

山東省政府訓令第二六五八號

山東省政府訓令第二八三七號

本廳訓令

山東省政府農礦廳訓令七十七件

（自第四七六號至六九六號中略一百四十四件）

指令

山東省政府農礦廳指令四十六件

（自第一二五一號至一七七九號中略四百八十三件）

委任狀

山東省政府農礦廳委任狀四十七件

（自第一五九號至二〇五號附委令一件）

公牘

呈文

山東農礦廳公報　目錄　一

本報價目

零售	半年	全年
每册大洋四角	六册大洋二元	十二册大洋四元

外埠購寄郵費在內

山東農礦廳公報第二卷第三期

中華民國十九年十二月出版

每册定價大洋四角

編輯者　山東省政府農礦廳公報編輯處

發行者　山東省政府農礦廳

印刷者　山東省政府印刷局

文化新介绍

尚学会编辑部编　编者刊　济南　1920年1月　上下两册　特刊　25cm

该刊社址在济南城内鹊华桥东路北公字第5号，是山东创刊最早的倡导新文化的刊物。第一期选载了罗家伦的《今日中国之杂志界》和蔡元培的《国文之将来》，胡适的《我们为什么要做白话诗》《谈新诗》《论短篇小说》《文学进化观念与戏剧改良》等文章。

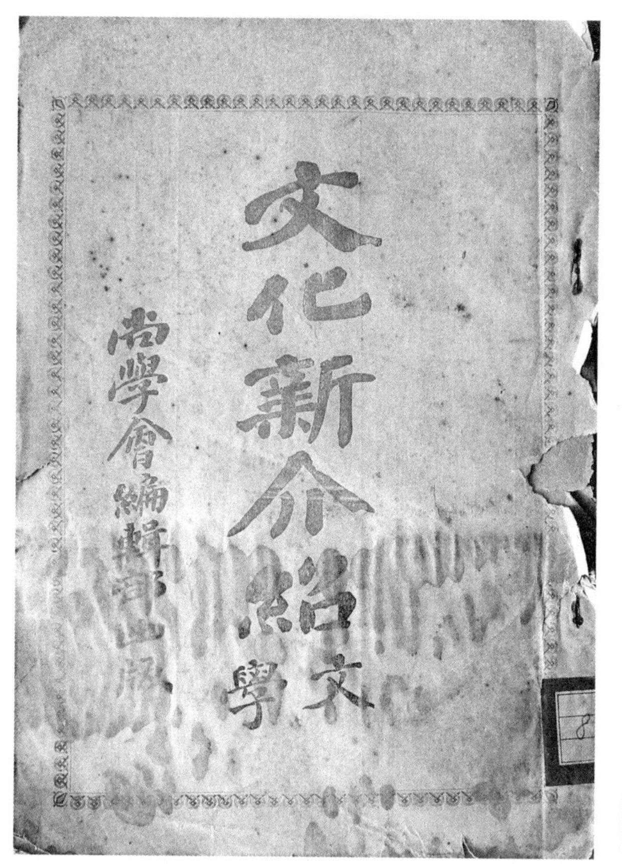

今日中國之雜誌界 轉錄八年四月新潮一卷四號

羅家倫

西洋的定期出版品或曰 Review，或曰 Monthly，或曰 Weekly 種種。而以上幾種常用的名詞以中，並沒「雜」的意思，所以中國人學日本人把各種定期出版品都叫「雜誌」，是有點不妥當的。不過現在已經用慣了，我也不必另改。況且一個名詞的意思隨着用處，也常有伸縮的餘地。我勸讀者只當「雜誌」是一個名詞，作日報以外的「定期出版品」解，不照中國原有的字面解，那就對了。

我現在既然要來批評中國今日之雜誌界，實在有幾種困難。(一)中國近年來雜誌太多，不能全看。(二)這班雜誌，忽生忽滅，不知上年出版的今年是否繼續出版。既然有這幾種困難，我就難於下筆。好在我們圖書館裏還有近年來的雜誌幾百種，重要的我都勉强翻過。我現在所批評的，衹是其中有點勢力，可以代表一部分趨向的雜誌。有幾種明知他早已停版，但是他這種傾向現在還沒有消滅，所以也不妨提出來批評一番。

中國近來的雜誌，忽生忽滅，雖然很多，但是歸納攏來，也不過以下幾派：

(一)官僚派　這派大概都是政府的機關辦的，也有許多是地方公共機關辦的。其中所登載的，除命令之外，盡是無關重要的往來公文。其實這種東西，何得名爲雜誌，不過是官家的「檔案彙刻」罷了。我想官家的「檔案彙刻」，也應該刻幾種重要檔案，總合於給大衆看的宗旨。何以芝麻大事的稿件，都要刻出來，難道是國家的錢多不過了嗎？內務公報財政月刊都是這一類的東西。其中惟有農商公報一種，常有許多國外調查，同種植牧畜的方法，是很重要很出色的，我想這類的雜

今日中國之雜誌界　一

用」的成見，致生出許多無謂的意見。你以爲何如？

還有一層意思，你不曾發揮得盡致。清朝的「漢學家」所以能有國故學的大發明者，正因爲他們用的方法無形之中都暗合學科的方法。錢大昕的古音之研究，王引之的經傳釋詞，俞樾的古書疑義舉例，都是科學方法的出產品。這還是「不自覺的」（Unconscious）科學方法，已能有這樣的成績了。我們若能用自覺的科學方法，加上許多防弊的法子，用來研究國故，將來的成績一定更大了。這種勸法，似乎更動聽一点，你以爲何如？

我前夜把「漢學家的科學方法」一文寫完，寄出。這文的本意是要把「漢學家」所用的「不自覺的」方法變爲「自覺的」方法。「不自覺」最容易有弊，如科學方法最淺最要的一部分就是「求否定的例」（Negative instances or exceptions）。顧亭林講易音，把革傳「炳蔚君」三字輕輕放過，不題。未濟傳極正二字，亦然。這便不甚好。錢大昕把這兩個例外也尋出「韻」來，方才使顧氏的通例無有否定的例。若我們有自覺的方法，處處存心防弊，豈不更圓滿嗎？

適。　八年八月十六日

胡適答藍志先書 轉錄新青年六卷四號

胡適之

(三)革新家的態度問題。先生對於這個問題的議論，句句都是從自己經驗上來的，所以說得十分懇切。我們讀了很感激先生的好意。先生說，「我們今日正應當以身作則，矯正舊惡習，（就是把自己的虛榮心看作第一層真理，反在第二層的惡習）開出個討論眞理的基礎來，纔有改革可言。至於主張上的成敗，到還是第二層的問題。」這眞是我們自命爲革新家的人所應該遵守的態度。我對於這個態度問題也曾一次宣言，現在且把這段宣言鈔作下面，做我這篇答書的結束：

人類的見解有個先後遲早的區別。我們深信是「天經地義」了，旁人還不信這「是地經地義」。我們有我們的「天經地義」，他們有他們的「天經地義」。輿論家的手段，全在用明白的文字，充足的理由，誠懇的精神，要使那些反對我們的人不能不取消他們的「天經地義」，來信仰我們的「天經地義」。所以我們將來的政策主張，儘管趨於極端，議論定須平心靜氣。（五卷八三頁）

中華民國八年三月二十三夜　胡適敬復

胡適答藍志先書　一二三

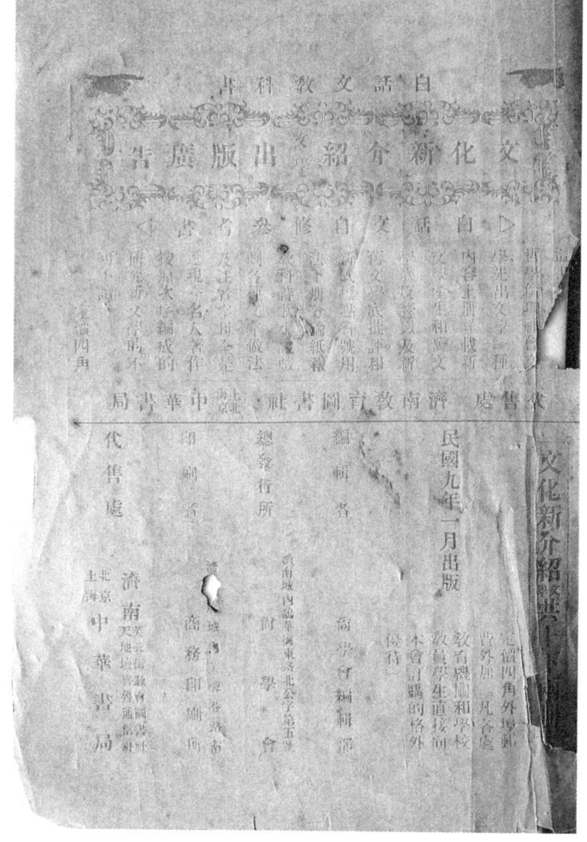

白話文教科書

文化新介紹出版廣告

白話文自修參考書

代售處　濟南教育圖書社　北京上海中華書局

民國九年一月出版

編輯者　尚學會編輯部

總發行所　尚學會

印刷者　商務印刷所

代售處　濟南教育圖書社　北京上海中華書局

新黄县

山东黄县新黄县周刊社编　编者刊　黄县　1920 年 7 月～［终刊日期不详］［总期数不详］　周刊　26cm

该刊为时事新闻刊物。主要刊登国内要闻及地方新闻、公文等，也刊有文艺小说、经济消息等内容。每期均有劝学调查报告和基督教浸信会教务丛谈的连载文章。辟有《选论》《公牍》《要闻》《地方新闻》《专件》等栏目。

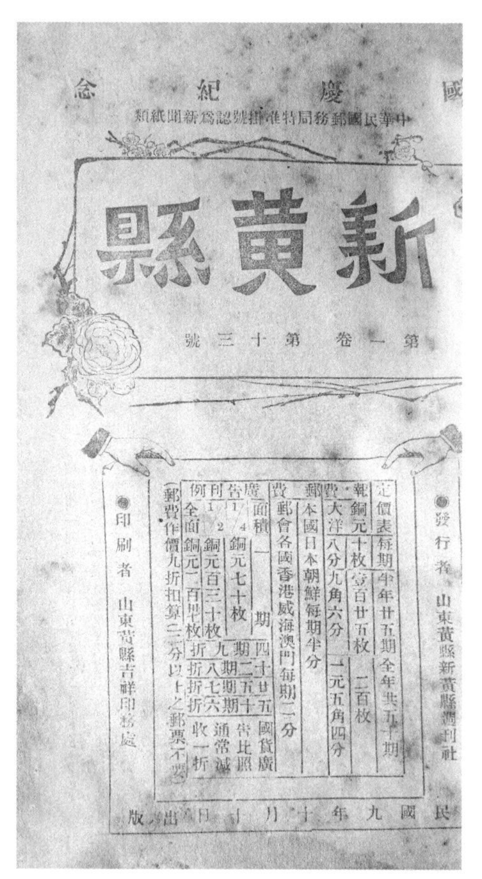

國慶紀念

中華民國郵務局特准掛號認爲新聞紙類

新黃縣

第一卷第十三號

定價表	每期	半年廿五期	全年共五十期
報費 銅元	十枚	壹百廿五枚	二百枚
大洋	八分	九角六分	一元五角四分

郵費 本國日本朝鮮每期半分 郵會各國香港威海澳門每期二分

廣告刊例 面積	一期
1/4	銅元七十枚
1/2	銅元百三十枚
全面	銅元二百卌枚

四期九折 二十期八折 廿五期七折 五十期六折 國貨廣告比照通常減收一折

（郵費作價九折扣算二分以上之郵票不要）

●發行者 山東黃縣新黃縣週刊社

●印刷者 山東黃縣吉祥印務處

民國九年十月十日出版

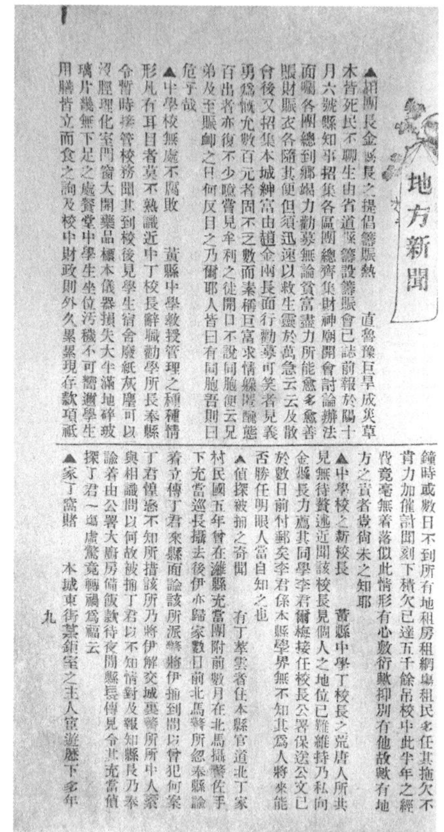

地方新聞

▲紳團長金縣長之提倡籌賑熱　直魯豫旱成災草木皆死民不聊生由省道飭籌設籌賑會已誌前報於陽十月六號縣知事招集各區團總齊集財神廟開會討論辦法面囑各團總到鄉竭力勸募無論貧富盡力所能愈多愈善賑財賑衣各隨其便但須迅速以救生靈於萬急云云及散會後又招集本城紳富由趙金兩長面行勸募可笑者見義勇爲慨允數百元者固不乏數而素稱巨富求情緣隱醜態百出者亦復不少噫嘗見牟利之徒開口不說同胞便云兄弟及至賑卹之日何反目之乃爾耶人皆曰有同胞吾則曰危乎哉

▲中學校無處不腐敗　黃縣中學教授管理之種種情形凡有耳目者莫不熟識近中丁校長辭職勸學所長奉縣令暫時接管校務聞其到校後見學生宿舍廢紙灰塵可以沒脛理化室門窗大開藥品標本儀器損失大半滿地碎玻璃片幾無下足之處餐堂中學生坐位汚穢不可嚮邇學生用膳皆立而食之詢及校中財政則外久累累現存款項祇鐘時或數日不到所有地租房租網鳥租民多任其拖欠不肯力加催討聞刻下積欠已達五千餘吊校中此半年之經費竟毫無着落似此情形有心敷衍歟抑別有他故歟有地方之責者豈尙未之知耶

▲中學校之新校長　黃縣中學丁校長之荒唐人所共見無待贅述近聞該校長見個人之地位已難維持乃私向金縣長力薦其同學李君爾梅接任校長公署保送公文已於數日前付郵矣李君係本縣學界無不知其爲人將來能否勝任明眼人當自知之也

▲偵探被捕之奇聞　有丁孝雲者住本縣官道北丁家村民國五年曾在濰縣充當團附前數月在北馬攝警佐手下充當巡長攝去後伊亦歸家數日前北馬警所忽奉縣論着立傳丁君來縣面論該所派警將伊捕到問以曾犯何案丁君惶恐不知所措該所乃將伊解交城裏警所所中人素與相識問以何故被捕丁君以不知情對及報知縣長乃奉論着由公署大廚房備飯款待夜間縣長傳見令其充當偵探丁君一與虛驚竟轉禍爲福云

▲家丁竊賭　本城東街業鉅室之王人宦遊歷下多年

九

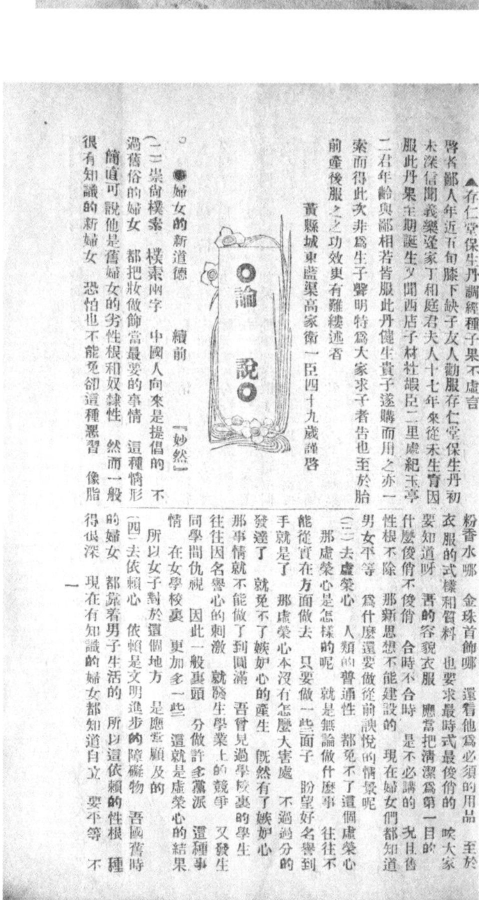

▲存仁堂保生丹調經種子果不虛言

啓者鄙人年近五旬膝下缺子友人勸服存仁堂保生丹初未深信聞義樂逄家丁和庭君夫人十七年來從未生育因服此丹果生期誕生夕聞西店子村杜㬎臣二里處紀玉亭二君年齡與鄙相若皆服此丹健生貴子遂購而用之亦一索而得此次非爲生子聲明特爲大家求子者告也至於胎前產後服之之功效更有難縷述者

黃縣城東鹽渠高家衛一臣四十九歲謹啓

○論說○

●婦女的新道德　續前　『妙然』

（二）崇尙樸素　樸素兩字　中國人向來是提倡的　不過舊俗的婦女　都把妝做飾當最要的事情　這種情形　簡直可說他是舊婦女的劣性根和奴隸性　然而一般很有知識的新婦女　恐怕也不能免卻這種惡習　像脂粉香水哪　金珠首飾哪　還看他爲必須的用品　至於衣服的式樣和質料　也要求最時式最俊俏的　唉大家要知道呀　吾的容貌衣服　應當把清潔爲第一目的　什麼俊俏不俊俏　合時不合時　是不必講的　况且舊性根不除　那新思想不能建設的　現在婦女們都知道男女平等　爲什麼還要做從前誤悅的情景呢

（三）去虛榮心　人類的普通性　都免不了這個虛榮心　那虛榮心是怎樣的呢　就是無論做什麼事　往往不能從實在方面做去　只要做一些面子　盼望好名譽到手就是了　那虛榮心本沒有怎麼大害處　不過過分的發達了　就免不了嫉妒心的產生　既然有了嫉妒心　那事情就不能做了到圓滿　吾曾見過學校裏的學生　往往因名譽心的刺激　就發生學業上的競爭　又發生同學間仇視　因此一般裏頭　分做許多黨派　這種事情　在女學校裏　更加多一些　這就是虛榮心的結果　所以女子對於這個地方　是應當顧及的

（四）去依賴心　依賴是文明進步的障礙物　吾國舊時的婦女　都靠着男子生活的　所以這依賴的性根　種得很深　現在有知識的婦女都知道自立　要平等　不

一

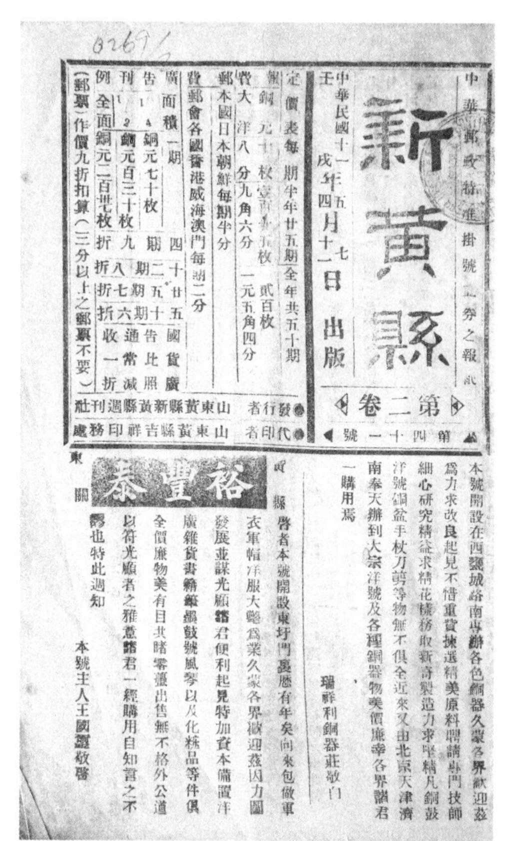

中華郵政特准掛號立券之報紙

新黃縣

中華民國十一年五月十一日　壬戌年四月十七日　出版

第二卷　第四十一號

定價表	每期	半年廿五期	全年共五十期
報費 銅元	十枚	壹百廿五枚	貳百枚
大洋	八分	九角六分	一元五角四分

郵費 本國日本朝鮮每期半分 郵會各國香港威海澳門每期二分

廣告刊例 面積	一期
1/4	銅元七十枚
1/2	銅元百三十枚
全面	銅元二百卌枚

四期九折 二十期八折 廿五期七折 五十期六折 國貨廣告比照通常減收一折

（郵票）作價九折扣算（三分以上之郵票不要）

●發行者 山東黃縣新黃縣週刊社

●代印者 山東黃縣吉祥印務處

本號開設在西關城路南專辦各色銅器久蒙各界歡迎茲爲力求改良起見不惜重貲揀選精美原料聘請專門技師細心研究精益求精花樣務取新奇製造力求堅精凡銅鼓洋號銅盆手杖刀剪等物無不俱全近來又由北京天津濟南奉天辦到大宗洋號及各種銅器物美價廉幸各界諸君一購用焉

瑞祥利銅器莊敬白

裕豐泰

啓者本號開設東圩門裏歷有年矣向來包做軍衣軍帽洋服大氅爲業久蒙各界歡迎茲因力圖發展並謀光顧諸君便利起見特加資本備置洋廣雜貨書籍鞋襪鼓號風琴以及化粧品等件俱全價廉物美有目共睹零躉出售無不格外公道以符光顧者之雅意諸君一經購用自知言之不謬也特此週知

本號主人王國璽敬啓

期刊之部（二）

山东劝业汇刊

林修竹编　山东劝业汇刊社　济南［1920年10月］~［终刊日期不详］［总期数不详］　月刊　23cm

该刊以辅助推行山东劝业政策为宗旨。内容包括提倡种树造林、种桑养蚕、改良美棉、发展家庭工业、凿井通渠等。栏目有《论说》《公牍》《各县实业状况》《调查》《专件》《杂俎》《各县劝业报告》《附件》。

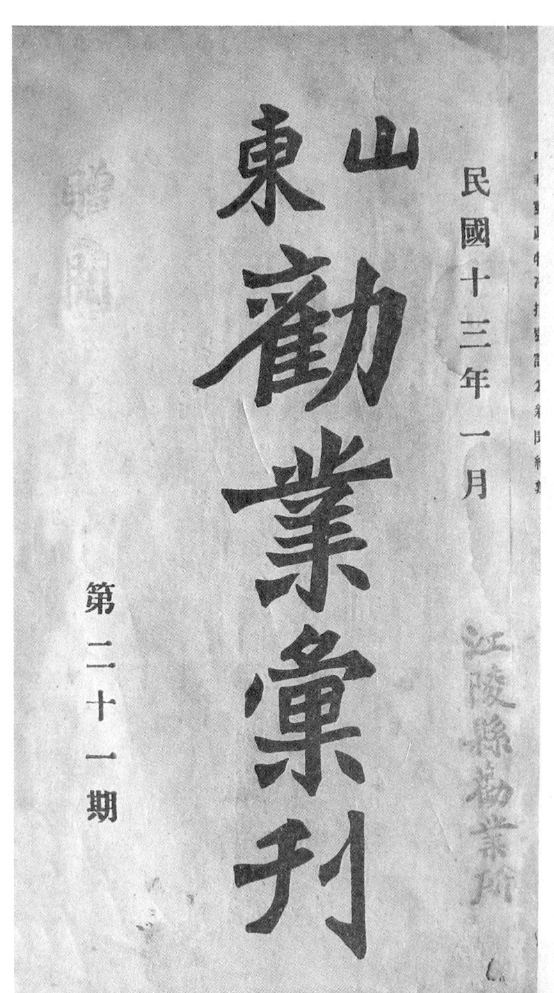
山東勸業彙刊

民國十三年一月

第二十一期

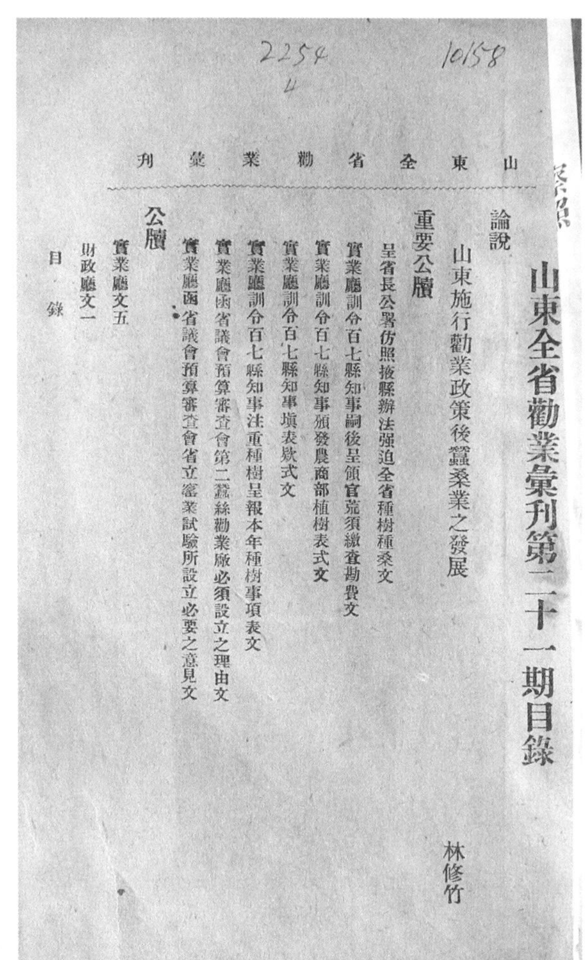

山東全省勸業彙刊第二十一期目錄

目錄

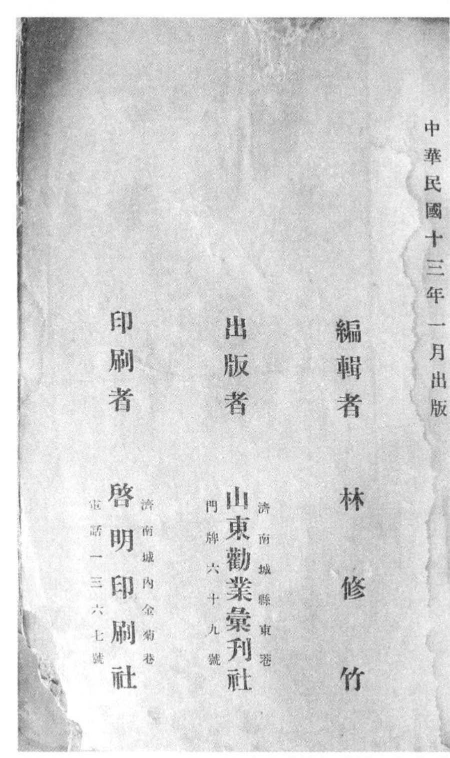

中華民國十三年一月出版

編輯者　林修竹

出版者　濟南城縣東巷門牌六十九號　山東勸業彙刊社

印刷者　濟南城內金菊巷電話一三六七號　啓明印刷社

山东公立农业专门学校校友会杂志

山东公立农业专门学校校友会编　编者刊　济南　1920年12月15日～1925年5月　1期～8期　［刊期不详］　25cm

该刊为山东公立农业专门学校校友会创办的刊物。栏目有《论说》《学艺》《讲演》《调查》《文苑》《杂俎》《附录》。

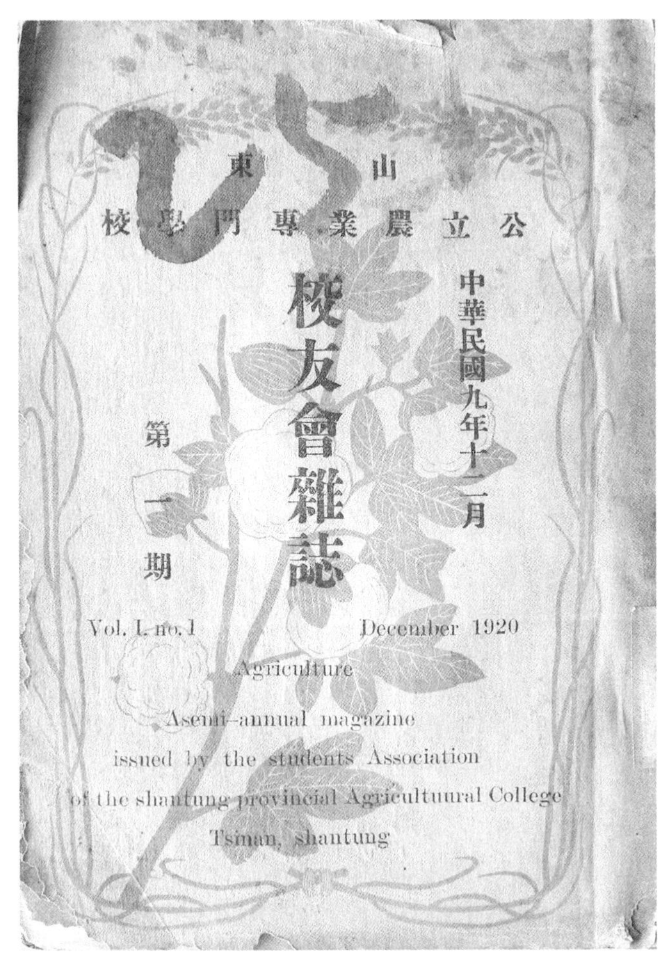

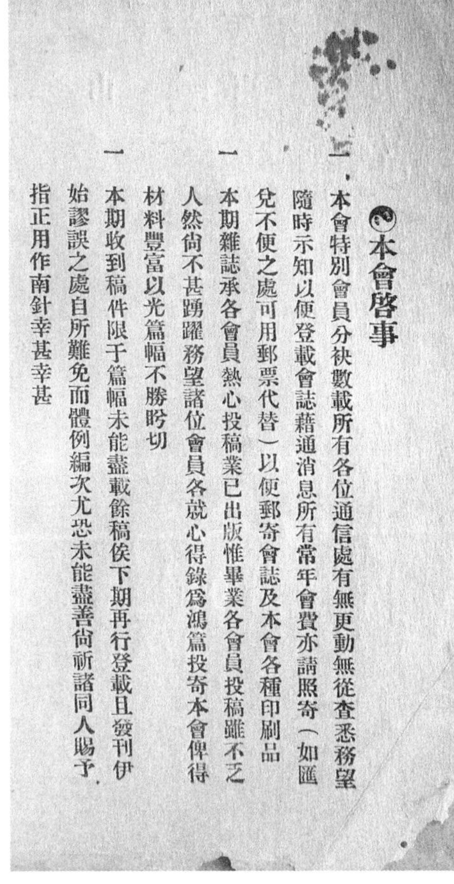

本會啓事

一、本會特別會員分袂數載所有各位通信處有無更動無從查悉務望隨時示知以便登載會誌藉通消息所有常年會費亦請照寄（如匯兌不便之處可用郵票代替）以便郵寄會誌及本會各種印刷品

一 本期雜誌承各會員熱心投稿業已出版惟畢業各會員投稿雖不乏人然尚不甚踴躍務望諸位會員各葳心得錄爲鴻篇投寄本會俾得材料豐富以光篇幅不勝盼切

一 本期收到稿件限于篇幅未能盡載餘稿俟下期再行登載且發刊伊始謬誤之處自所難免而體例編次尤恐未能盡善尚祈諸同人賜予指正用作南針幸甚幸甚

民國九年六月山東公立農業專門學校農科製絲科農業教員及速成班三班畢業合影

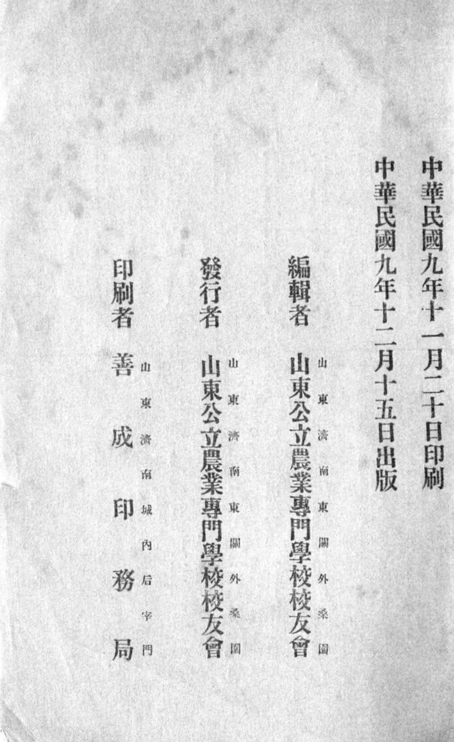

中華民國九年十一月二十日印刷
中華民國九年十二月十五日出版

編輯者 山東濟南東關外桑園 山東公立農業專門學校校友會

發行者 山東濟南東關外桑園 山東公立農業專門學校校友會

印刷者 山東濟南城內后宰門 善成印務局

哲报

济南道德社编　编者刊　济南　1921 年～1926 年 8 月 1 日　1 卷 1 期～4 卷 5 期　旬刊　22cm

该刊为宗教刊物。刊中以文坛、译述、研究、问答等形式登载有关宗教、哲学、灵学、道德等方面的文章。

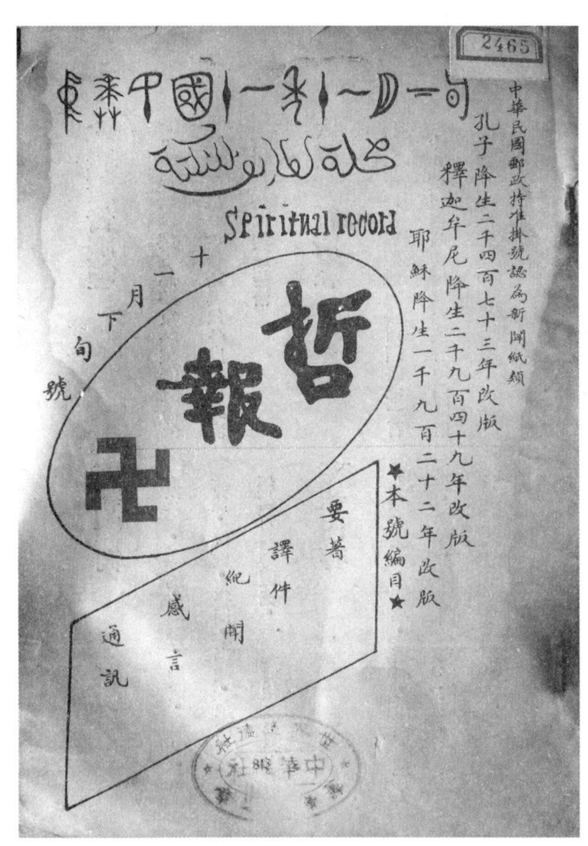

Spiritual record

十一月下旬號

哲報 卍

中華民國郵政特准掛號認爲新聞紙類

孔子降生二千四百七十三年改版

釋迦牟尼降生二千九百四十九年改版

耶穌降生一千九百二十二年改版

★本號編目★

要著　譯件　紀聞　感言　通訊

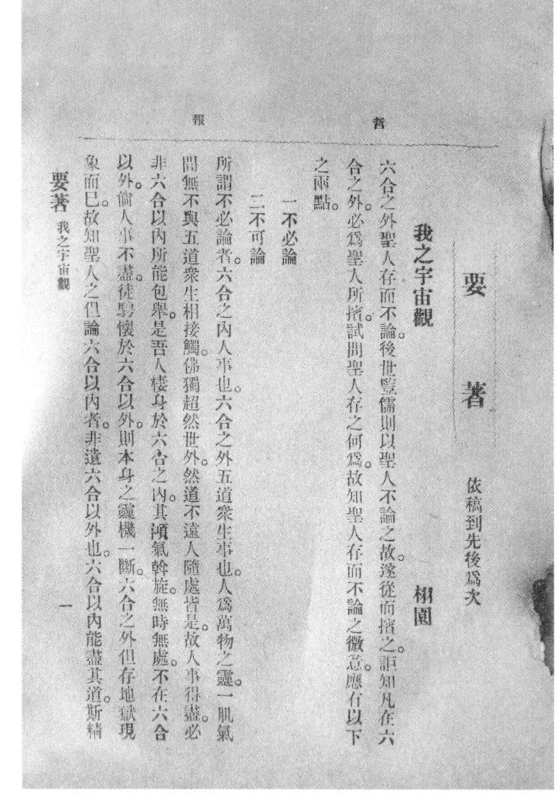

要著

依稿到先後爲次

我之宇宙觀

栩園

六合之外聖人存而不論。後世豎儒則以聖人不論之故。遂從而擯之。詎知凡在六合之外。必爲聖人所擯。試問聖人存之何爲。故知聖人存而不論之微意。應有以下之兩點。

一不必論

二不可論

所謂不必論者。六合之內人事也。六合之外五道衆生事也。人爲萬物之靈。一肌氣間無不與五道衆生相接觸。佛獨超然世外。然道不遠人隨處皆是。故人事得盡。必非六合以內所能包舉。是吾人棲身於六合之內。其頑氣斡旋。無時無處。不在六合以外。倘人事不盡。徒騁懷於六合以外。則本身之靈機一斷。六合之外但存地獄現象而已。故知聖人之但論六合以內者。非遺六合以外也。六合以內能盡其道。斯精

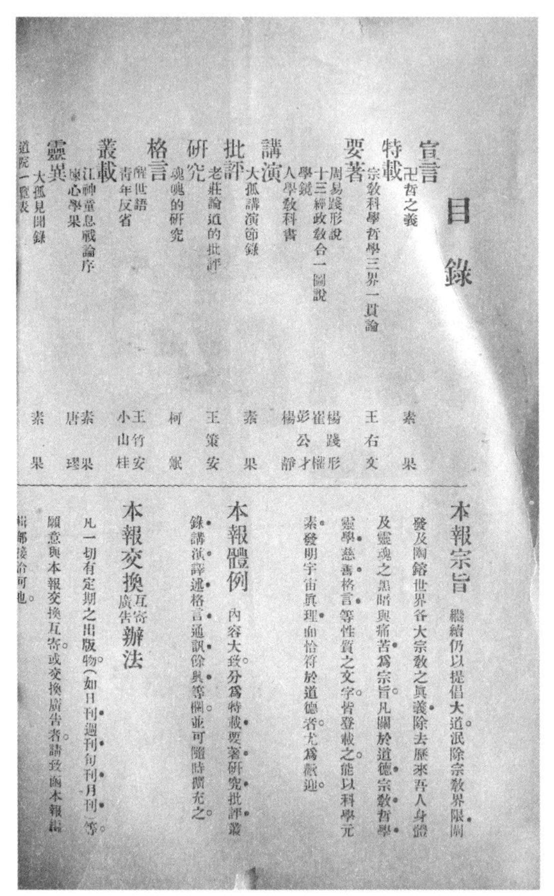

目錄

本報宗旨 繼續仍以提倡大道。泯除宗敎界限。發及闡銘世界各大宗敎之眞義。除去歷來吾人身體及靈魂之黑暗與痛苦。爲宗旨。凡關於道德。宗敎。哲學。靈學。慈善。格言。等性質之文字。皆登載之。能以科學元素。發明宇宙眞理。而恰符於道德者。尤爲歡迎。

本報體例 內容大致分爲特載。要著。研究。批評。叢錄。講演。譯述。格言。通訊。餘興。等欄。並可隨時擴充之。

本報交換互寄廣告辦法 凡一切有定期之出版物。（如日刊。週刊。旬刊。月刊。等。）願意與本報交換互寄。或交換廣告者。請致函本報編輯部接洽可也。

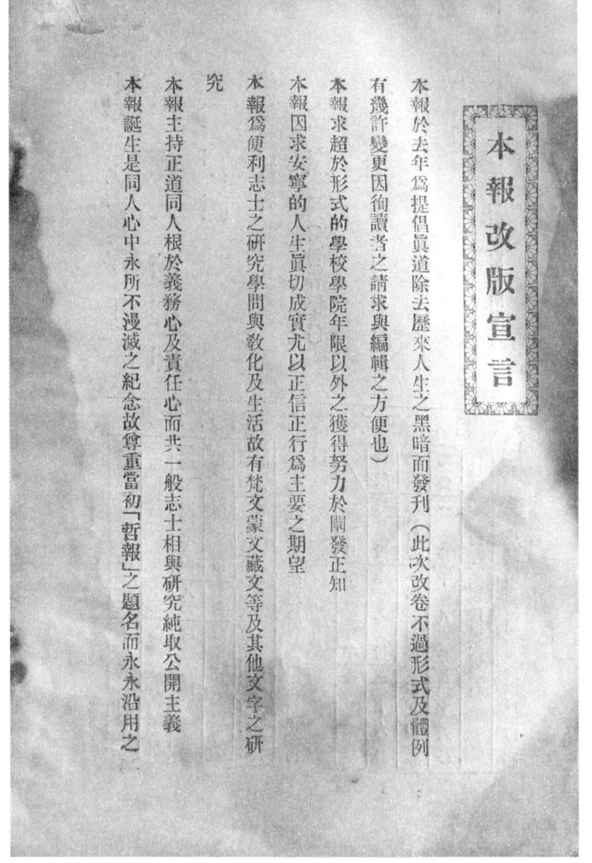

本報改版宣言

本報於去年爲提倡眞道除去歷來人生之黑暗而發刊（此次改卷不過形式及體例有幾許變更因徇讀者之請求與編輯之方便也）

本報求超於形式的學校學院年限以外之獲得努力於闡發正知

本報因求安寧的人生眞切成實尤以正信正行爲主要之期望

本報爲便利志士之研究學問與敎化及生活故有梵文蒙文藏文等及其他文字之研究

本報主持正道同人根於義務心及責任心而共一般志士相與研究純取公開主義

本報誕生是同人心中永所不漫滅之紀念故尊重當初「哲報」之題名而永永沿用之

齐鲁医刊

齐鲁大学医科编　编者刊　济南　1921 年 1 月～［1931 年 7 月］ 1 卷 1 期～［11 卷 3 期］ 季刊　23cm　并入《中华医学杂志》

该刊主要反映国内外先进医疗技术和齐鲁大学医科的研究成果，是省内出版发行较早的医学刊物，在国内医学界有一定影响。编辑部设在齐鲁大学医科，孟合理（P.L.McAll）任编辑部主任。1932 年该刊并入《中华医学杂志》，出版中文版，每两月发行一次。

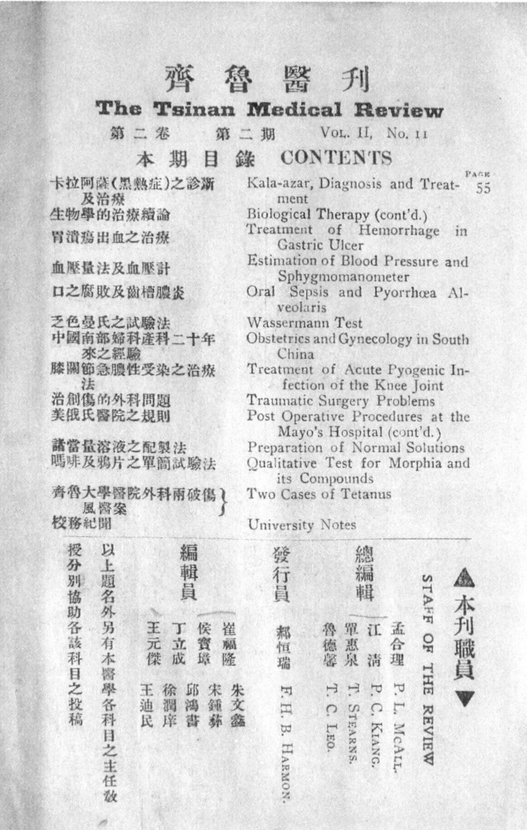

齊魯醫刊

The Tsinan Medical Review

第二卷　第二期　Vol. II, No. 11

本期目錄 CONTENTS

卡拉阿薩(黑熱症)之診斷及治療 KALA-AZAR

杜儒德編　孟合理譯

For original articles see "Kala-azar, its diagnosis and treatment" by E. Muir also "The Indian Gazette," and "The Tropical Disease Bulletin."

家族之歷史、常見患者家中有數人受染、或已有因之殞命者。在印度嘗調查患者數十人之家族、其一染及其母與兄弟九人、其一染及其父與兄弟三人、姊妹一人、其一染及兄弟一姊妹一與妻及子女、其一染及其母與兄弟二人、其一染及兄弟二人與弟婦一人、

本身之歷史及症狀、或云鼻及牙齦易於出血、兼患痢者亦不少、據余所見患者居醫院時、亦常有腹瀉、然無特別原因、大抵瀉爲本病之一狀、亦有皮色較黑者、至病之末級、身體瘦弱極甚、

溫度　患者之溫度常不規則、甚或升至一百零二度、然在一百度上下者居大多數、其溫度之特式、卽有時一日之內上升兩次、故在表上成雙浪、然有人不顯此式、亦有人間或顯此式、從無人於病初起卽來求診、故不能定其初時發熱否、據問診所及、皆言在初起時間或有若干時期每日發熱、亦有若干時期不然、病初起時皆未赴院就診、強半至約計病及一年已成慢性始來、究之病至五年有餘者甚少、是以設有一人言其脾腫大約有十年、大抵非爲卡拉阿薩而爲慢性瘧等病、　脾常長大然其體積及部位人各不同、據余所經驗、此病在

SHANTUNG CHRISTIAN UNIVERSITY

齊魯大學

此即校友會欲建之校友門 Alumni gate

1920年伏天,文神二科畢業式職教員及畢業生著學禮服將進禮堂之攝影

亦甚小、且潔淨。約不久症狀卽可消沒、傷口獲癒矣、　一月二十日、傷口痊癒、症狀亦完全消沒、遂於二十二日出院。

可見此人注射抗毒血清十次、共計六萬六千準箇。(其人受破傷風之染、甚不可測、且染路亦殊難定、不知由刀口或他處所致、所用之器具及敷料等、自然按法滅菌、至終不知從何染及、)

校務紀聞

希

巴校長返華 本校正式校長巴慕德氏已偕其眷屬到濟上月本科學生開會歡迎巴氏識力高遠新猷待展本校前途希望正大

齊魯燕京兩大校合組爲華北大學之提議 英美教會之中國教育調查委員會會員去歲杪調查告竣主張將教會十六大學合組爲六大學華北大學爲其中之一本校校長巴氏與燕京校長司徒雷登兩人自動的願將兩校合組爲華北大學雙方業經同意駐華董事部亦極端贊成現徵求各方意見以便三月三十一號以前彙電英美董事部作最後之取決

醫科正式科長之舉定 前代理科長惠義路氏因返國在卽特行辭職本校執行部公舉細菌學教授柯德仁爲正式科長柯氏現已執行職務

醫科學生自治會之提議 世運日新自治潮流日益澎湃本科教員會月初曾給學生一自治會特許狀所列各種條文吾人正在審愼考慮中

道德杂志

道德杂志社编　济南上新街道院［发行］　济南　1921 年 10 月 10 日 ~ 1924 年 12 月 10 日　1 卷 1 期 ~ 4 卷 8 期　月刊　24cm

该刊为宗教刊物，以提倡道德、研究哲理学理为宗旨。主要刊登有关道德哲理、劝世化俗的论文，仙佛画像及乩书字画，佛家释经笺注，古今阴阳果报事迹等。出版过程中发行者有所变更，创刊开始由济南上新街道院发行，1923 年 4 月第 3 卷第 1 期由济南道院发行，1923 年 7 月第 3 卷第 4 期由道德杂志院发行。辟有《图》《论说》《杂言》《词苑》《丛谭》《灵验事报》《录迹》《事件》等栏目。

道德雜誌

第一卷第一期

山東濟南 道德雜誌社發行

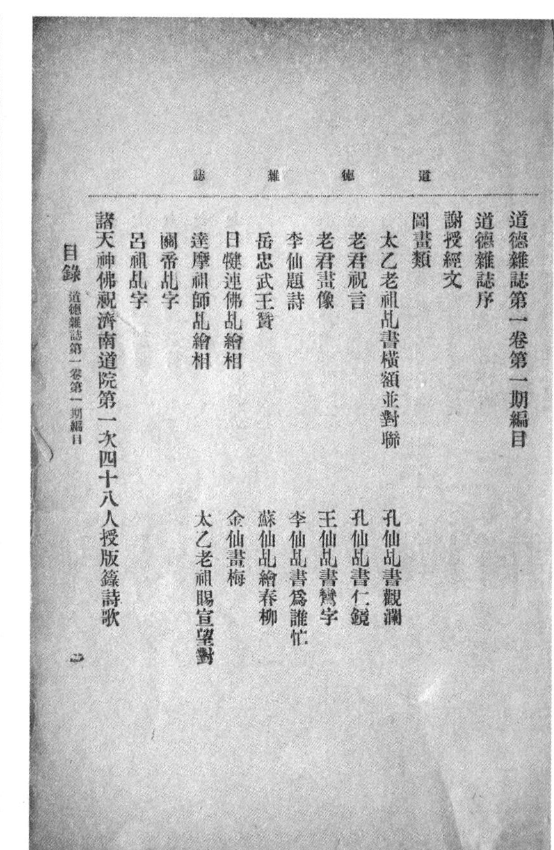

道德雜誌第一卷第一期編目

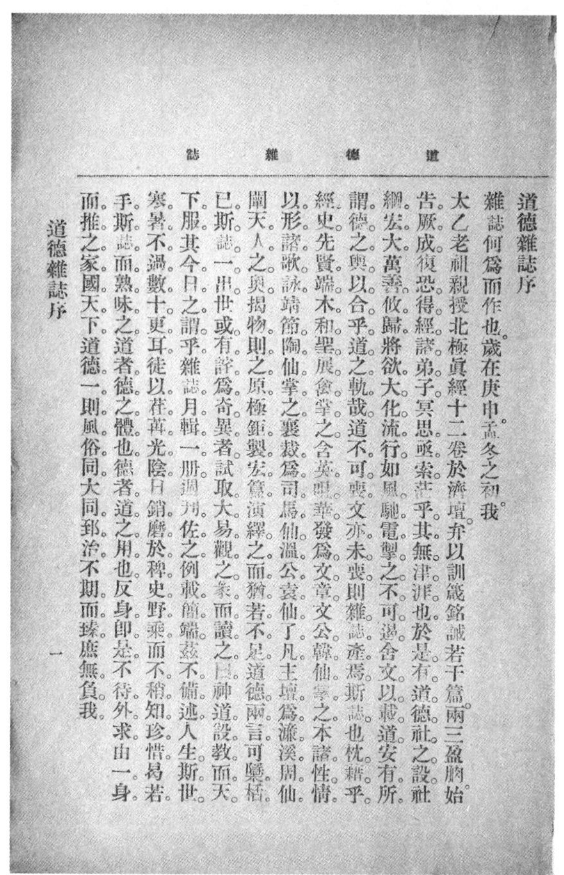

道德雜誌序

雜誌何爲而作也歲在庚申孟冬之初我太乙老祖親授北極眞經十二卷於濟壇弁以訓箴銘誡若干篇兩三盈朒始告厥成復恐得經諸弟子冥思亟索茫乎其無津涯也於是有道德社之設社綱宏大萬彙攸歸將欲大化流行如風馳電掣之不可遏舍文以載道安有所謂德之興以合乎道之軌哉道不可喪文亦未喪則雜誌產焉斯誌也枕藉乎經史先賢端木和聖展禽掌之含英咀華發爲文章文公韓仙寧之本諸性情以形諸歌詠靖節陶仙掌之褒裁爲司馬仙溫公袁仙了凡主壇爲濂溪周仙闡天人之奧揭物則之原極鉅製宏篇演繹之而猶若不足道德兩言可饜梏已斯誌一出世或有詫爲奇異者試取大易觀之彖而讀之曰神道設教而天下服其今日之謂乎雜誌月輯一冊週刊佐之例載簡端茲不備述人生斯世寒暑不過數十更耳徒以荏苒光陰日銷磨於稗史野乘而不稍知珍惜曷若手斯誌而熟味之道者德之體也德者道之用也反身即是不待外求由一身而推之家國天下道德一則風俗同大同郅治不期而臻庶無負我

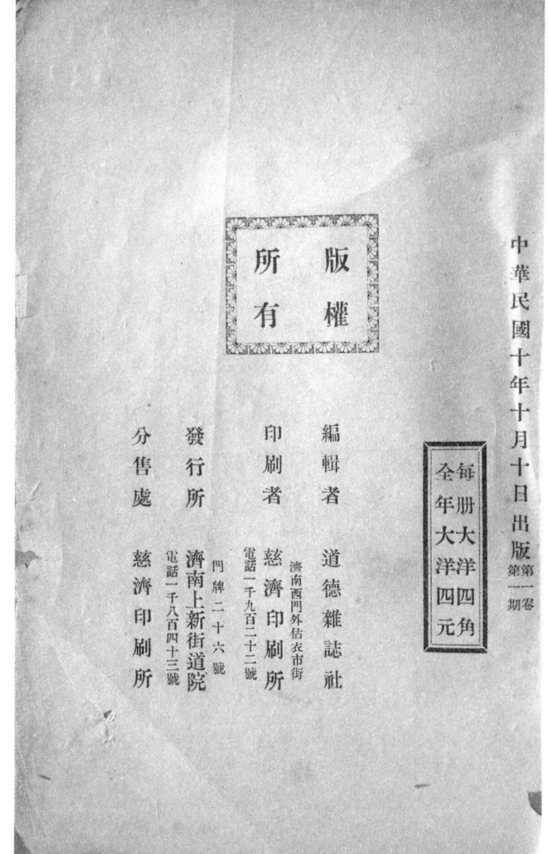

中華民國十年十月十日出版 第一卷第一期

每冊大洋四角
全年大洋四元

編輯者　道德雜誌社　濟南西門外估衣市街
印刷者　慈濟印刷所　電話一千九百二十二號
發行所　濟南上新街道院　門牌二十六號　電話一千八百四十三號
分售處　慈濟印刷所

期刊之部（一）

山东教育月刊

山东教育月刊经理处编　编者刊　济南　1922年1月～1928年1月　1卷1期～7卷1期　月刊　23cm

该刊是教育学专业性学术刊物，所发文章多为国内外教育理论、教育部的命令与公文、各省有关教育发展的考察报告，特别重点报道山东省内各级教育现状，是研究山东教育史的重要刊物。辟有《论著》《命令》《公牍》《报告》《调查》《研究》《名著》《记载》《要闻》《专件》《附录》等栏目，从第2卷第2号起增辟《学生论坛》专栏。

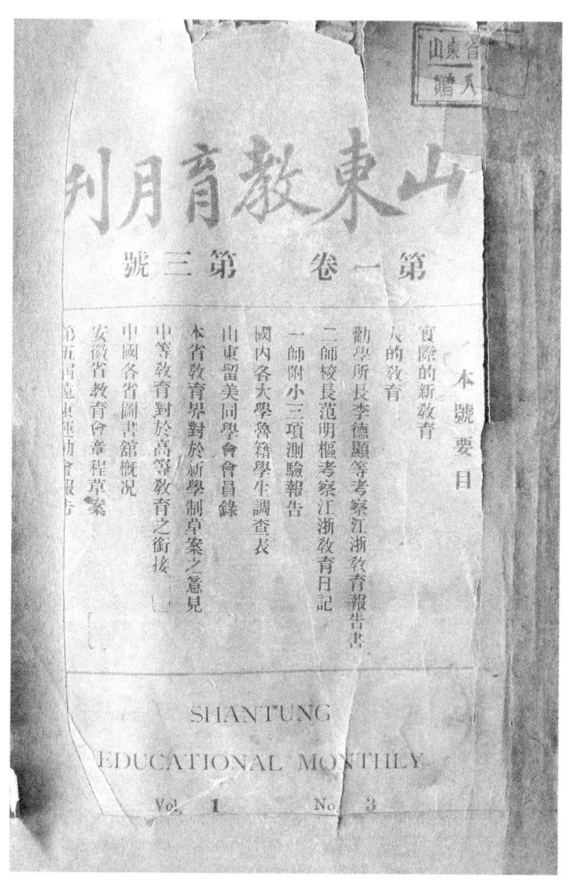

山東教育月刊

第一卷 第三號

本號要目

SHANTUNG
EDUCATIONAL MONTHLY
Vol. 1 No. 3

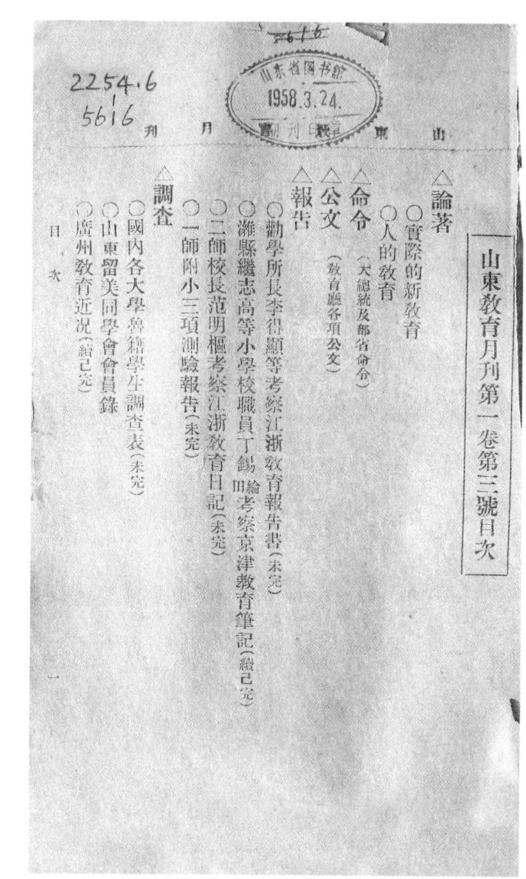

山東教育月刊第一卷第三號目次

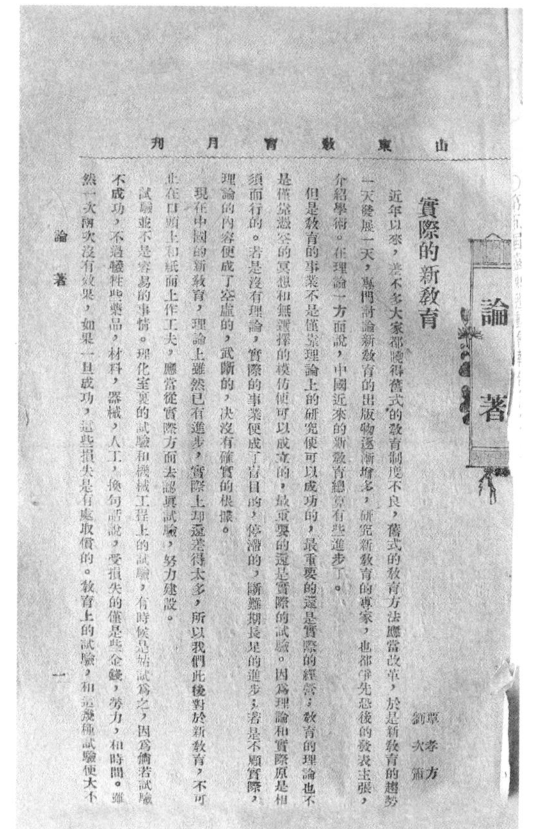

論著

實際的新教育

覃孝方 劉次滿

近年以來，差不多大家都曉得舊式的教育制度不良，舊式的教育方法應當改革，於是新教育的趨勢一天發展一天，專門討論新教育的出版物逐漸增多，研究新教育的專家，也都爭先恐後的發表主張，介紹學術。在理論一方面說，中國近來的新教育總算有些進步了。

但是教育的事業不是僅靠理論上的研究便可以成功的，最重要的還是實際的經營；教育的理論也不是僅靠憑空的冥想和無選擇的模仿便可以成立的，最重要的還是實際的試驗。因爲理論和實際原是相須而行的。若是沒有理論，實際的事業便成了盲目的，停滯的，斷難期長足的進步；若是不顧實際，理論的內容便成了空虛的，武斷的，決沒有確實的根據。

現在中國的新教育，理論上雖然已有進步，實際上却還差得太多，所以我們此後對於新教育，不可止在口頭上和紙面上作工夫，應當從實際方面去認真試驗，努力建設。

試驗並不是容易的事情。理化室裏的試驗和機械工程上的試驗，有時候是姑試爲之，因爲倘若試驗不成功，不過犧牲些藥品，材料，器械，人工，換句話說，受損失的僅是些金錢，勞力，和時間。雖然一次兩次沒有效果，如果一旦成功，這些損失是有處取償的。教育上的試驗，和這幾種試驗便大不

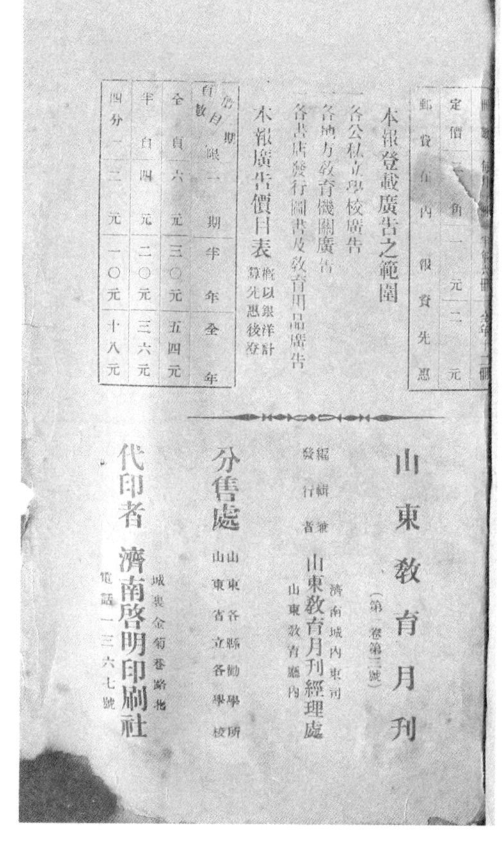

冊數	每冊	半年六冊	全年十二冊
定價	一角	一元	二元
郵費在內		報費先惠	

本報登載廣告之範圍

一各公私立學校廣告
一各地方教育機關廣告
一各書店發行圖書及教育用品廣告

本報廣告價目表（概以銀洋計算先惠後登）

期限 / 頁數	一期	半年	全年
全頁	六元	三〇元	五四元
半頁	四元	二〇元	三六元
四分一	二元	一〇元	十八元

山東教育月刊（第一卷第三號）

編輯兼發行者 山東教育月刊經理處 濟南城內東司 山東教育廳內

分售處 山東各縣勸學所 山東省立各學校

代印者 濟南啓明印刷社 城東金菊巷路北 電話一三六七號

胶澳公报

胶澳商埠督办公署秘书处编纂股编　编者刊　青岛　1923年1月~［1928年7月］ 1期~［531期］ 半周刊　26cm

该刊是政府公报性质，古代“邸报”的传承，面向机关、单位发行。主要刊登政府机关的正式文告，也刊登代表政府的新闻，栏目有《命令》《公牍》《布告》《批示》《广告》等。

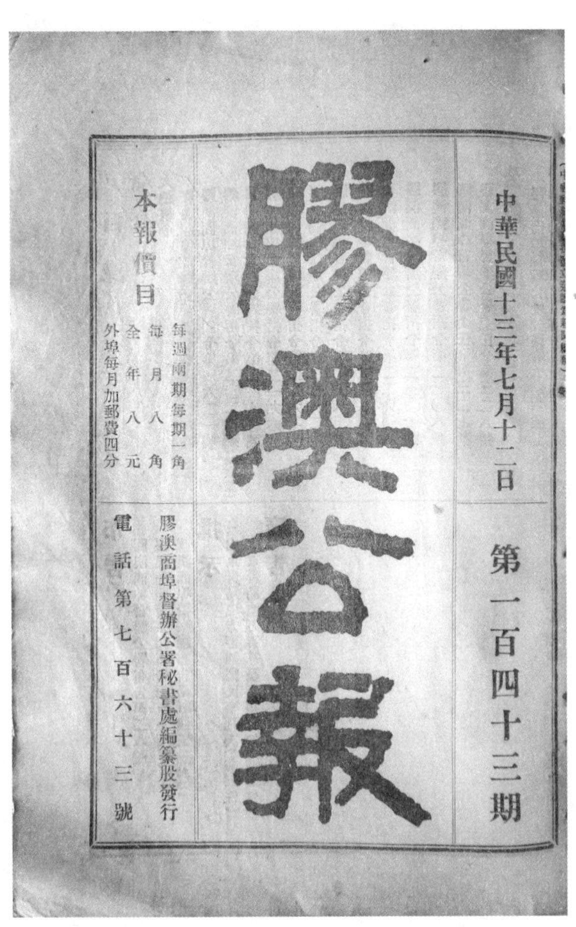

中華民國十三年七月十二日

第一百四十三期

膠澳公報

本報價目

每週兩期每期一角
每月八角
全年八元
外埠每月加郵費四分

膠澳商埠督辦公署秘書處編纂股發行

電話第七百六十三號

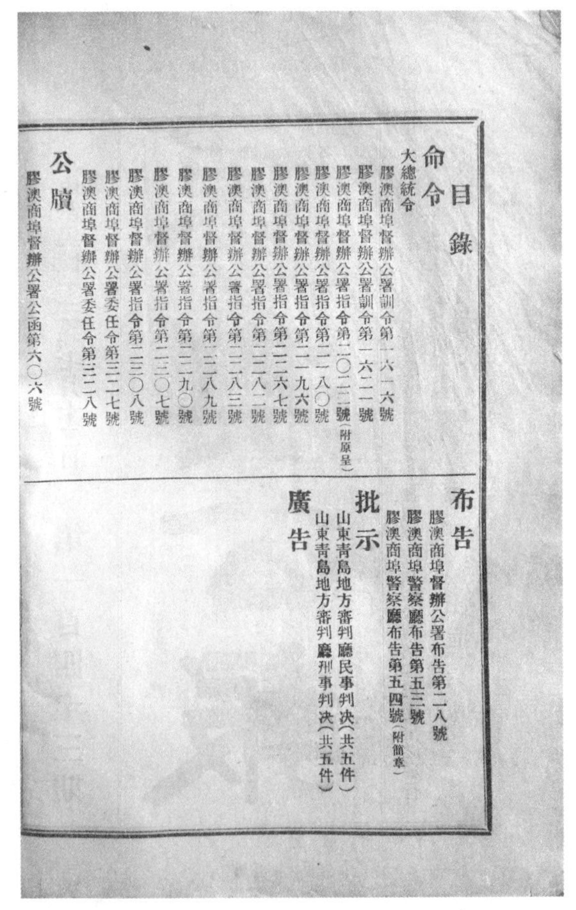

目錄

命令

大總統令

膠澳商埠督辦公署訓令第一六一六號
膠澳商埠督辦公署訓令第一六二一號
膠澳商埠督辦公署指令第二〇二二號（附原呈）
膠澳商埠督辦公署指令第二一八〇號
膠澳商埠督辦公署指令第二一九六號
膠澳商埠督辦公署指令第二二六七號
膠澳商埠督辦公署指令第二二八二號
膠澳商埠督辦公署指令第二二八三號
膠澳商埠督辦公署指令第二二八九號
膠澳商埠督辦公署指令第二二九〇號
膠澳商埠督辦公署指令第二三〇七號
膠澳商埠督辦公署指令第二三〇八號
膠澳商埠督辦公署委任令第三二七號
膠澳商埠督辦公署委任令第三二八號

公牘

膠澳商埠督辦公署公函第六〇六號

布告

膠澳商埠督辦公署布告第二八號
膠澳商埠警察廳布告第五三號
膠澳商埠警察廳布告第五四號（附簡章）

批示

山東青島地方審判廳民事判決（共五件）
山東青島地方審判廳刑事判決（共五件）

廣告

鲁案善后月报特刊——铁路

督办鲁案善后事宜公署编辑处编　编者刊［济南］1923年5月　总1期　特刊　25cm

该刊是中国向日本赎回胶济路权的有关史料的专刊。包括中德条约、华府会议解决山东问题条约（节录）、胶济铁路实况、中日联合委员会议事经过、评价分委员会会议录、议决方法及接受总报告等内容。附录《胶济铁路股份有限公司章程草案》及《胶济铁路股份有限公司招股简章》。

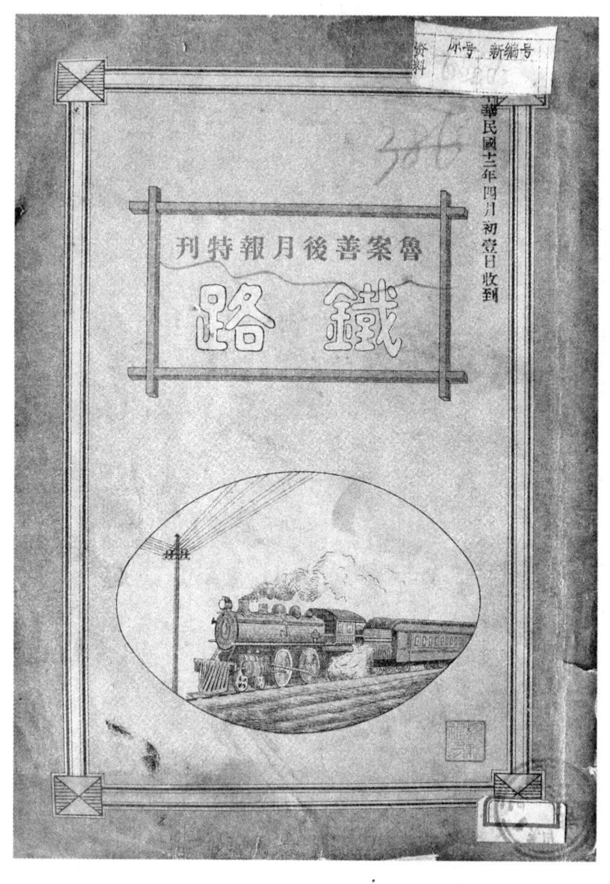

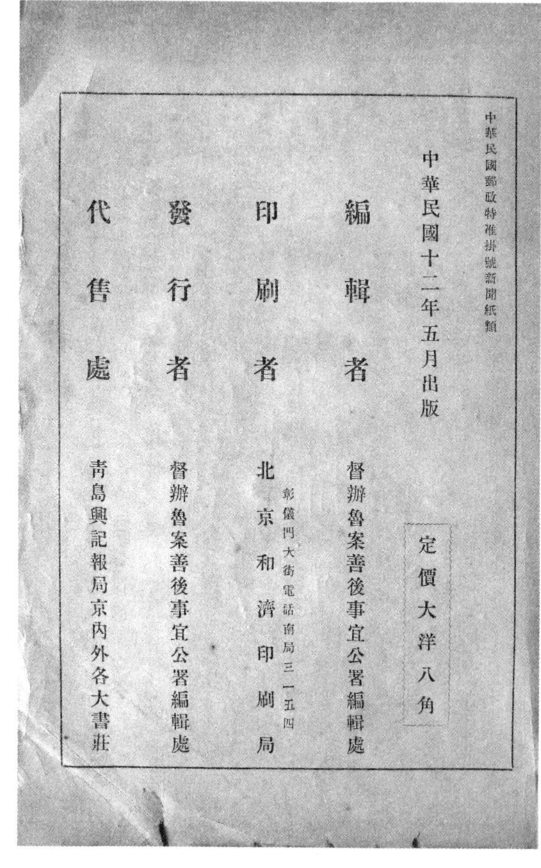

中華民國郵政特准掛號新聞紙類

中華民國十二年五月出版

編輯者　督辦魯案善後事宜公署編輯處

印刷者　北京和濟印刷局　彰儀門大街電話南局三一五四

發行者　督辦魯案善後事宜公署編輯處

代售處　青島興記報局京內外各大書莊

定價大洋八角

道院特刊

圆诚、灵易、善济、凤标编　济南道院、北京道院［发行］　济南　1923年6月　总1期　特刊　25cm

该刊封面标注为“随二卷十期道德杂志附送不取资”。该刊为宣传介绍北京道院成立经过的专册，内容主要是济南道院、兆院及天津道院的训文。

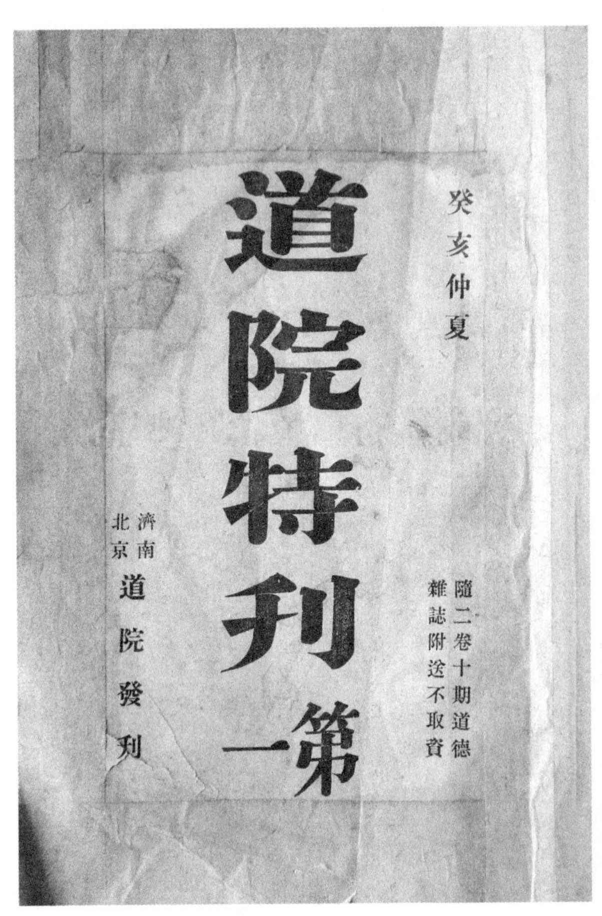

癸亥仲夏

道院特刊第一

随二卷十期道德雜誌附送不取資

濟南
北京
道院發刊

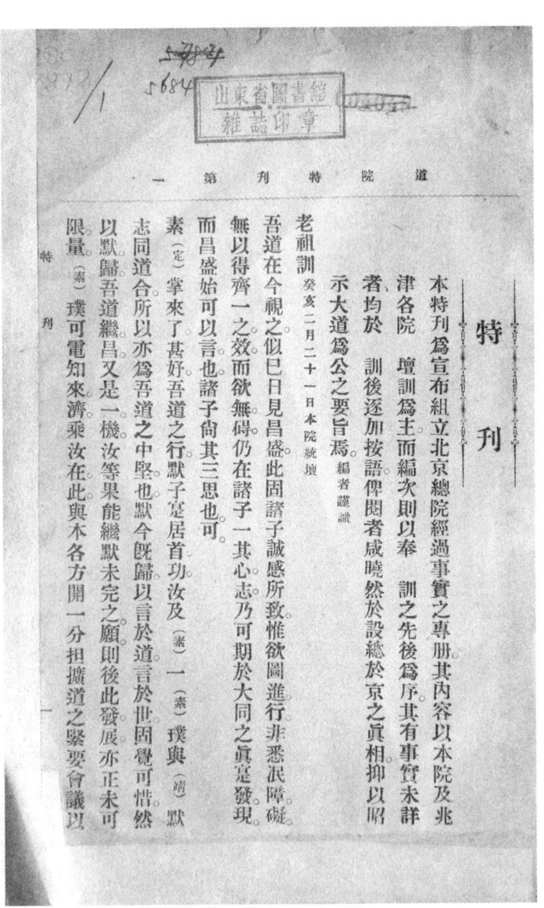

特刊

本特刊爲宣布組立北京總院經過事實之專册。其內容以本院及兆津各院　壇訓爲主。而編次則以奉　訓之先後爲序。其有事實未詳者。均於　訓後逐加按語。俾閱者咸曉然於設總於京之眞相。抑以昭示大道爲公之要旨焉。編者謹識

老祖訓癸亥二月二十一日本院統壇

吾道在今視之。似已日見昌盛。此固諸子誠感所致。惟欲圖進行。非悉泯障礙。無以得齊一之效。而欲無碍。仍在諸子一其心志。乃可期於大同之眞寔發現。而昌盛始可以言也。諸子尙其三思也可。

素（定）掌來了甚好。吾道之行。默子寔居首功。汝及（素）一（素）璞與（靖）默志同道合。所以亦爲吾道之中堅也。默今既歸。以言於道。言於世。固覺可惜。然以默歸。吾道繼昌。又是一機。汝等果能繼默未完之願。則後此發展。亦正未可限量。（素）璞可電知來濟。乘汝在此與本各方開一分担擴道之緊要會議。以

齐大心声

齐大心声社编　编者刊　济南　1924 年 4 月～1926 年 5 月　1 卷 1 期～3 卷 2 期　季刊　25cm

该刊以反映齐鲁大学办学概况为主，主要包括名人讲座、政府教育政策、学术动态、学生与校友情况、办学规划等。如刊登《泰戈尔过济及在齐大讲演纪略》《南京教育会之概况及其意义》等文章。

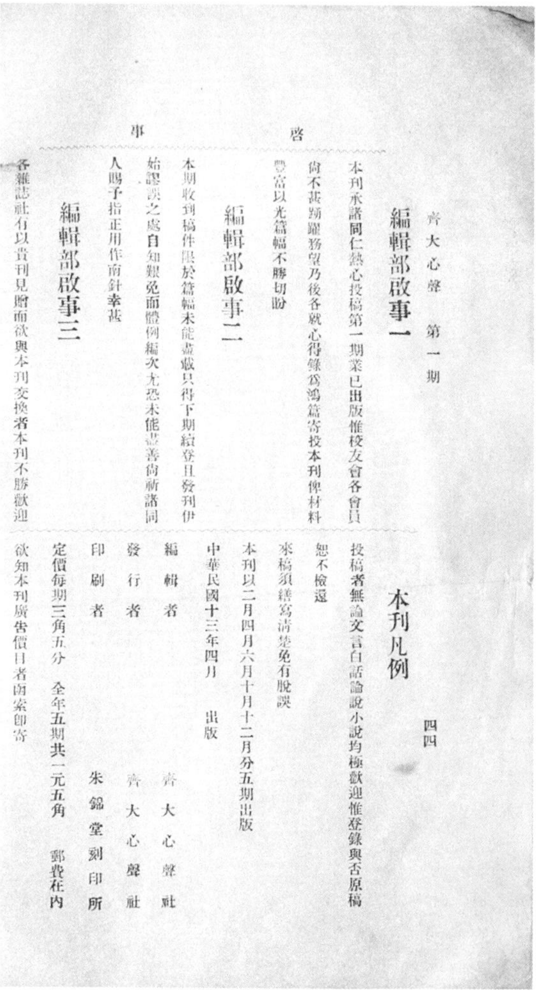

齊大心聲　第一期

啓事

編輯部啟事一

本刊承諸同仁熱心投稿第一期業已出版惟校友會各會員尚不甚踴躍務望乃後各就心得錄爲鴻篇寄投本刊俾材料豐富以光篇幅不勝切盼

編輯部啟事二

本期收到稿件限於篇幅未能盡載只得下期續登且發刊伊始謬誤之處自知艱免而體例編次尤恐未能盡善尚祈諸同人賜予指正用作南針幸甚

編輯部啟事三

各雜誌社有以貴刊見贈而欲與本刊交換者本刊不勝歡迎

本刊凡例

投稿者無論文言白話論說小說均極歡迎惟登錄與否原稿恕不檢還

來稿須繕寫清楚免有脫誤

本刊以二月四月六月十月十二月分五期出版

中華民國十三年四月　出版

編輯者　齊大心聲社

發行者　齊大心聲社

印刷者　朱錦堂刻印所

定價每期三角五分　全年五期共一元五角　郵費在內

欲知本刊廣告價目者函索即寄

四四

新鲁旬刊

新鲁旬刊编辑部编　编者刊　济南　1926 年 1 月 30 日 ~ 1926 年 10 月　1 期 ~ 13 期　旬刊　27cm

该刊为综合性时政刊物。内容有《论著》《国内要闻》《国外要闻》《学海》《小说》《特载》等。

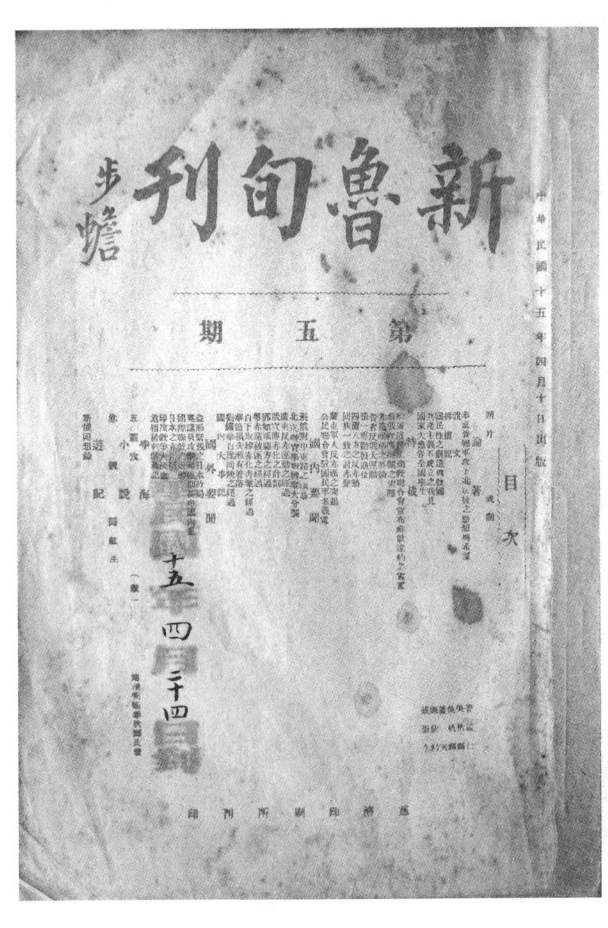

新魯旬刊　步蟾

第五期

中華民國十五年四月十日出版

目次

論著

特載

國內要聞

國外要聞

學海

小說

遊記

十五年四月二十四日

慈濟印刷所印刷

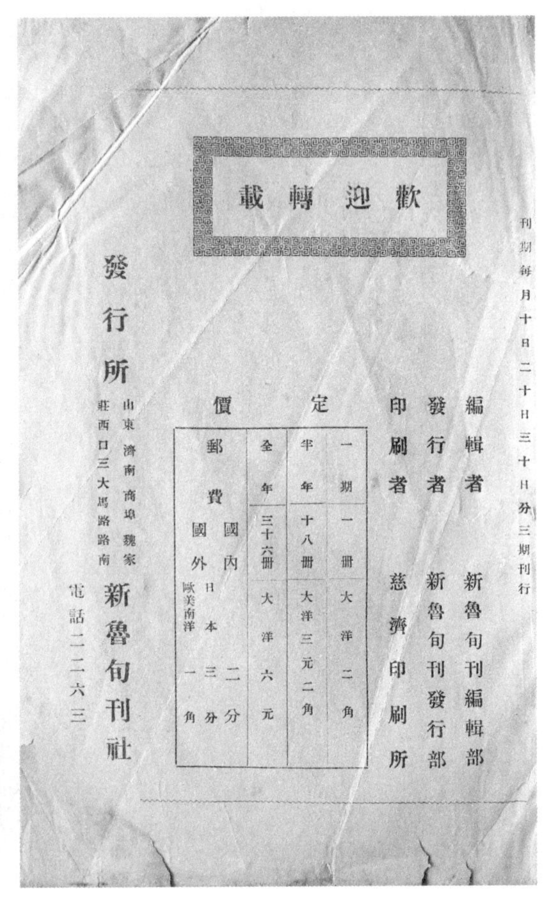

歡迎轉載

刊期　每月十日二十日三十日分三期刊行

編輯者　新魯旬刊編輯部

發行者　新魯旬刊發行部

印刷者　慈濟印刷所

定價

一期	半年	全年	郵費
一冊	十八冊	三十六冊	國內　二分
大洋二角	大洋三元二角	大洋六元	國外　日本　三分 歐美南洋　一角

發行所　山東濟南商埠魏家莊西口三大馬路路南　新魯旬刊社　電話二二六三

山东统计月刊

山东省长公署统计处编　编者刊　济南　1926年7月15日～1928年1月15日　1期～19期　月刊　27cm

该刊以促进全省统计、介绍统计知识为宗旨，主要内容有统计法令、法规、中外统计理论的探讨、译著等以及本省内务、外交、财政、实业、教育、司法、交通等各方面的统计图表。栏目有《法令》《论著》《学术》《制表》等。

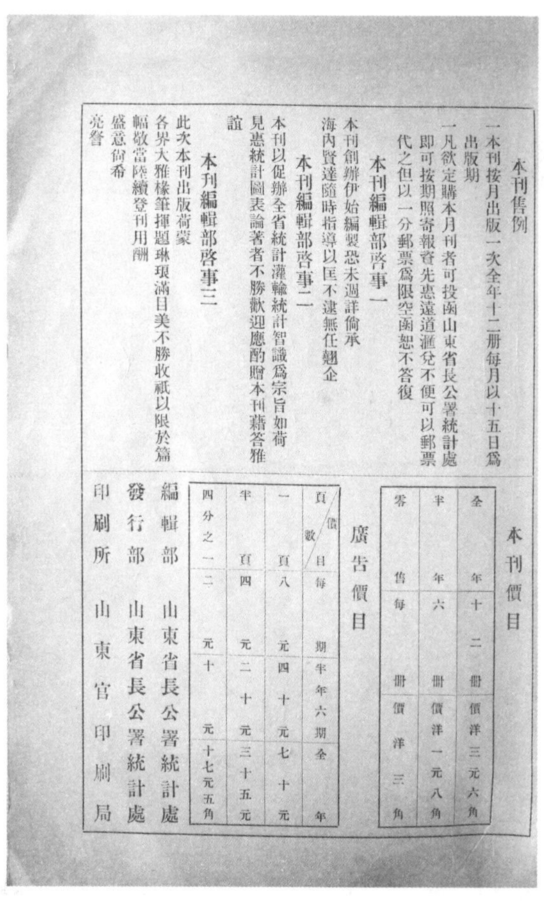

本刊售例

一本刊按月出版一次全年十二册每月以十五日爲出版期

一凡欲定購本月刊者可投函山東省長公署統計處即可按期照寄報資先惠遠道滙兌不便可以郵票代之但以一分郵票爲限空函恕不答復

本刊編輯部啓事一

本刊創辦伊始編製恐未週詳倘承海內賢達隨時指導以匡不逮無任翹企

本刊編輯部啓事二

本刊以促辦全省統計灌輸統計智識爲宗旨如荷見惠統計圖表論著者不勝歡迎應酌贈本刊藉答雅誼

本刊編輯部啓事三

此次本刊出版荷蒙各界大雅椽筆揮題琳琅滿目美不勝收祇以限於篇幅敬當陸續登刊用酬盛意尚希亮誓

本刊價目

全年	十二册	價洋三元六角
半年	六册	價洋一元八角
零售	每册	價洋三角

廣告價目

價目／頁數	每期	半年六期	全年
一頁	八元	四十元	七十元
半頁	四元	二十元	三十五元
四分之一	二元	十元	十七元五角

編輯部　山東省長公署統計處
發行部　山東省長公署統計處
印刷所　山東官印刷局

中国青岛报特刊

中国青岛报编　编者刊　青岛　1926年12月10日　总1期　特刊　26cm

1926年12月为了纪念中国收回青岛4周年和《中国青岛报》创刊5周年，出版了《中国青岛报纪念特刊》。该刊有祝词、论著、杂俎、纪事、讨赤之声、专载、附录几个部分。

特刊

中國青島報

中華民國十五年十二月十日

國土重光　四週紀念

●閱報各家照常送閱不另收費

中國青島報特刊

弁言　王青人

梅竹迎風槐檀斯改十二月十日至矣是日者乃為珠還合浦國土重光第四週之佳辰也吾人居於斯食於斯對此有史以來空前未有之大紀念自應必誠必敬舉行慶祝此本報發行特刊聊申微忱之大旨也至本報慘淡經營虛度五週之紀念猶在其次耳本報發行人伊小農君近因他事所羈嘗以其責屬諸同人余雖忝列記事之席愧乏生花之筆矧以此次所徵之文鉤元提要美不勝收佛頭着糞余何敢焉因是未便以搪塞之

弁言　一

灵学月刊

山东悟善分社编　编者刊　济南　1927年～［终刊日期不详］［总期数不详］　月刊　23cm

该刊是宗教刊物。刊登关于儒、道、佛三教方面的研究内容。栏目有《乩字乩画类》《道诠类》《论著类》《社务类》《记事类》《诗词类》《医药类》等。

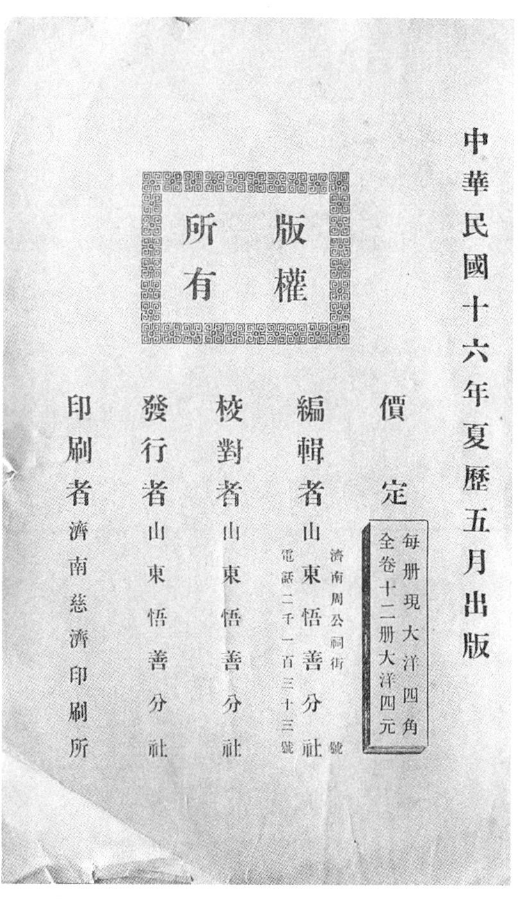
中華民國十六年夏歷五月出版

版權所有

價定　每册現大洋四角　全卷十二册大洋四元

編輯者　山東悟善分社　濟南周公祠街　電話二千一百三十三號

校對者　山東悟善分社

發行者　山東悟善分社

印刷者　濟南慈濟印刷所

山东省政府公报（1928）

山东省政府秘书处编　编者刊　济南　1928 年 8 月 ~ 1937 年 8 月　1 期 ~ 450 期；复刊 1946 年 5 月 ~ 1948 年 8 月　1 期 ~ 120 期　周刊　26cm

1928 年 8 月在济南创刊，1937 年 8 月停刊，1946 年 5 月复刊，期数另起。该刊是国民党山东省政府机关刊物。刊有中央法规、中央命令，该省指令、命令、委任状、训令，省政府会公函、电文、指令批示、布告、会议纪录等。主要传达发布省政府的政令、措施，本省政治、经济、文化的发展状况等。

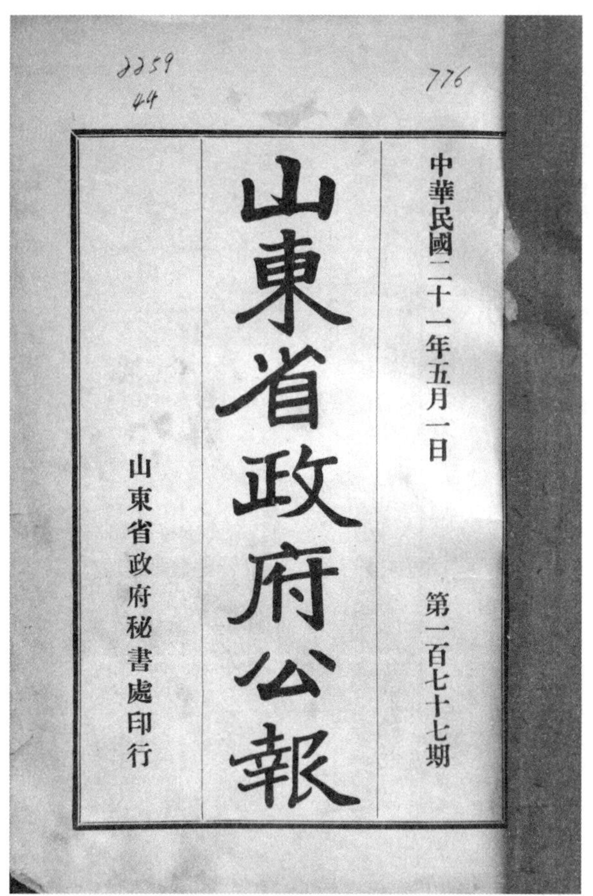

中華民國二十一年五月一日

山東省政府公報

第一百七十七期

山東省政府秘書處印行

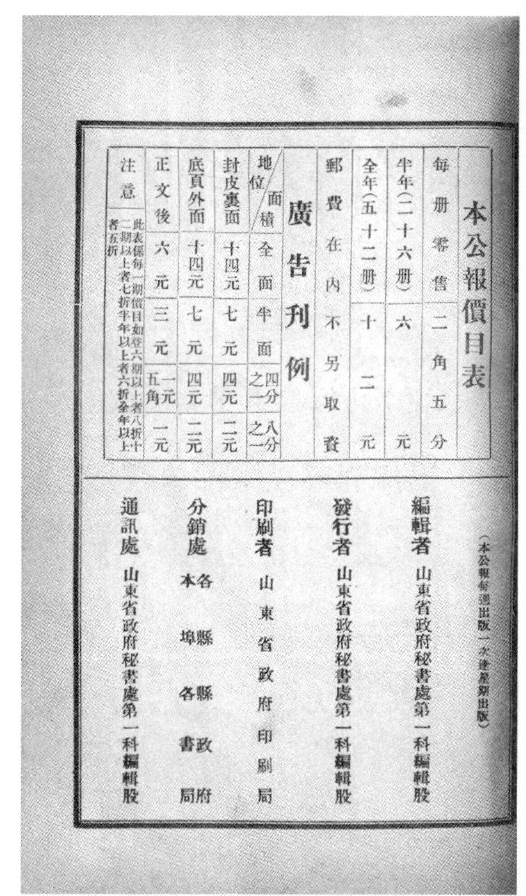

本公報價目表

每冊零售	二角五分
半年(二十六冊)	六元
全年(五十二冊)	十二元
郵費在內不另取資	

廣告刊例

地位/面積	全面	半面	四分之一	八分之一
封皮裏面	十四元	七元	四元	二元
底頁外面	十四元	七元	四元	二元
正文後	六元	三元	一元五角	一元
注意	此表係每一期價目如登六期以上者八折十二期以上者七折半年以上者六折全年以上者五折			

（本公報每週出版一次逢星期出版）

編輯者　山東省政府秘書處第一科編輯股

發行者　山東省政府秘書處第一科編輯股

印刷者　山東省政府印刷局

分銷處　各縣縣政府　本埠各書局

通訊處　山東省政府秘書處第一科編輯股

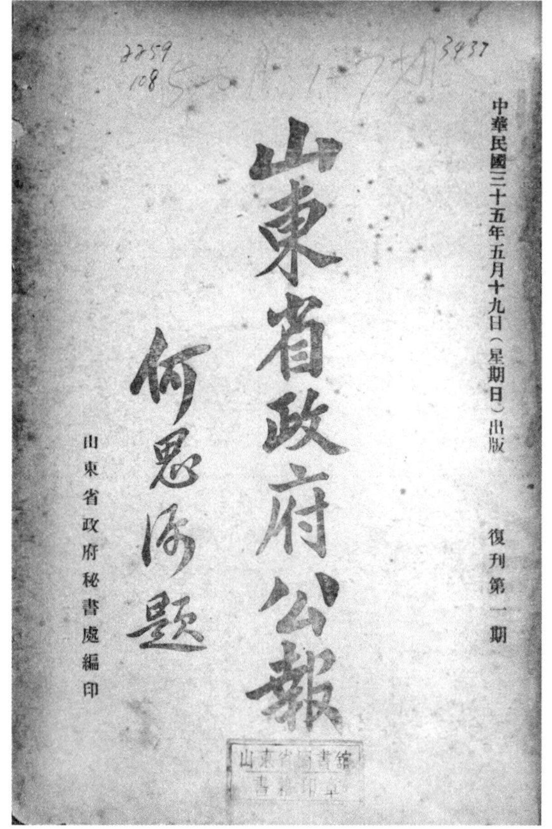

中華民國三十五年五月十九日（星期日）出版

復刊第一期

山東省政府公報

何思源題

山東省政府秘書處編印

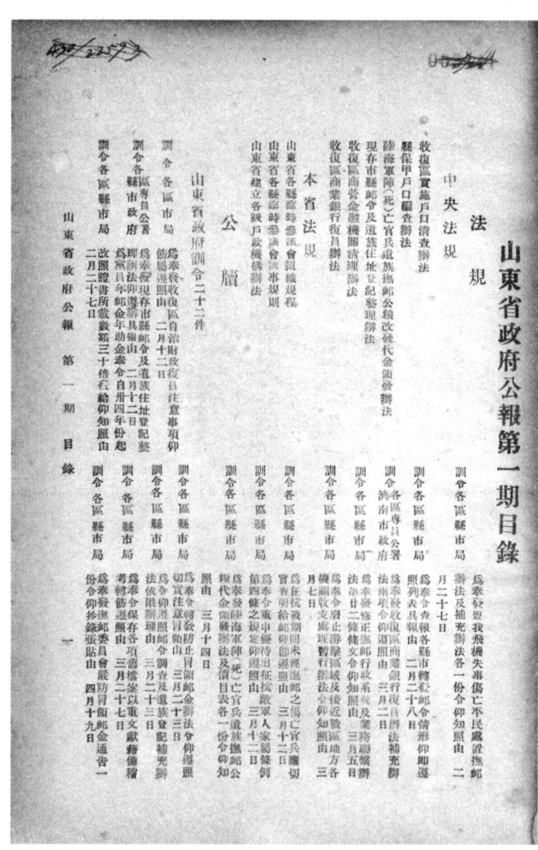

山東省政府公報第一期目錄

法　規

中央法規

收復區實施戶口清查辦法

縣保甲戶口編查辦法

陸海軍陣(死)亡官兵遺族撫卹公糧改發代金價發辦法

現存市縣卹令及遺族住址登記整理辦法

收復區商營金融機關清理辦法

收復區商業銀行復員辦法

本省法規

山東省各縣臨時參議會組織規程

山東省各縣臨時參議會議事規則

山東省建立各級戶政機構辦法

公　牘

山東省政府訓令二十二件

訓令各區市局　為奉發收復區自治財政復員注意事項仰飭屬遵照由　二月十二日

訓令各區專員公署、各縣市政府　為奉發現存市縣卹令及遺族住址登記整理辦法仰遵辦具報由　二月十二日

訓令各區縣市局　為寓員年卹金年助金奉令自卅四年份起改照證書所載數額三十倍發給仰知照由　二月二十七日

訓令各區縣市局　為奉發盟我飛機失事傷亡平民處置撫卹辦法及補充辦法各一份令仰知照由　二月二十七日

訓令各區縣市局　為奉令查報各縣市轉發卹令情形仰即遵照列表具報由　二月二十八日

訓令各區專員公署、濟南市政府　為奉發收復區商業銀行復員辦法補充辦法兩項令仰遵照由　三月二日

訓令各區縣市局　為奉發修正撫卹行政系統及業務聯繫辦法第廿二條條文令仰知照由　三月五日

訓令各區縣市局　為奉令廢止游擊區域及接近戰區地方各機關收支處理暫行辦法令仰知照由　三月七日

訓令各區縣市局　為在抗戰期間未經撫卹之傷亡官兵應切實查明給卹仰即遵照由　三月十二日

訓令各區縣市局　為奉令軍中優待出征抗敵軍人家屬條例第四條之規定仰遵照由　三月十二日

訓令各區縣市局　為奉發陸海軍陣(死)亡官兵遺族撫卹公糧代金價發辦法及價目表各一份令仰知照由　三月十四日

訓令各區縣市局　為奉令轉發防止冒領卹金辦法令仰遵照切實注意冒領由　三月二十三日

訓令各區縣市局　為令仰遵照卹令調查及遺族登記補充辦法依限辦理由　三月二十三日

訓令各區縣市局　為奉令保存各項舊檔案以重文獻藉備考轉飭遵照由　三月二十七日

訓令各區縣市局　為奉發撫卹委員會嚴防冒領卹金通告一份令仰抄錄張貼由　四月十九日

山東省政府公報　第一期　目錄　一

山东教育行政周报

山东省政府教育厅周报编辑处编　编者刊　济南　1928 年 9 月 1 日 ~ 1936 年 4 月 18 日　1 期 ~ 390 期　周刊　24cm

该刊是国民党教育行政刊物，主要包括教育部、省政府教育厅各种政策法规、教育统计表、各校学生履历表、各级教育机关工作概况等内容。栏目有《训令》《指令》《法规》《纪事》《报告》《教育消息》。

革命尚未成功　同志仍須努力

總理遺囑

余致力國民革命凡四十年其目的在求中國之自由平等積四十年之經驗深知欲達到此目的必須喚起民衆及聯合世界上以平等待我之民族共同奮鬥

現在革命尚未成功凡我同志務須依照余所著建國方略建國大綱三民主義及第一次全國代表大會宣言繼續努力以求貫徹最近主張開國民會議及廢除不平等條約尤須於最短期間促其實現是所至囑

山東教育行政週報

第一三二期

中華民國二十年五月二日　星期六

中華郵政立券掛號認爲新聞紙類

本期要目

山東省政府訓令第三九五九號（抄發中央地政機關籌備處組織規程附第一期籌備辦法令仰知照由）

山東省政府教育廳訓令第一三三五號（奉省政府令准內政部咨以黨徽及總理遺像製入迷信物品者嚴行取締通飭遵照由）

山東省政府教育廳訓令第一四五八號（爲奉省政府令知監察院派員分赴各公署及其他公立機關調查檔案冊籍遇有疑問該主管人員應負責爲詳實之答復通令知照由）

山東省政府教育廳指令第三六〇六號

山東省政府教育廳委任令三件

山東省政府教育廳核閱所屬各機關例行公文表

山東省政府教育廳備案文書一覽表

中央地政機關籌備處組織規程附籌備處第一期籌備辦法

危害民國緊急治罪法施行條例

四川善後督辦公署暫行組織大綱附暫行編制及職掌表

特種考試法

監察院調查證使用規則

管理英國退還庚款董事會章程

視察霑化無棣陽信縣教育報告

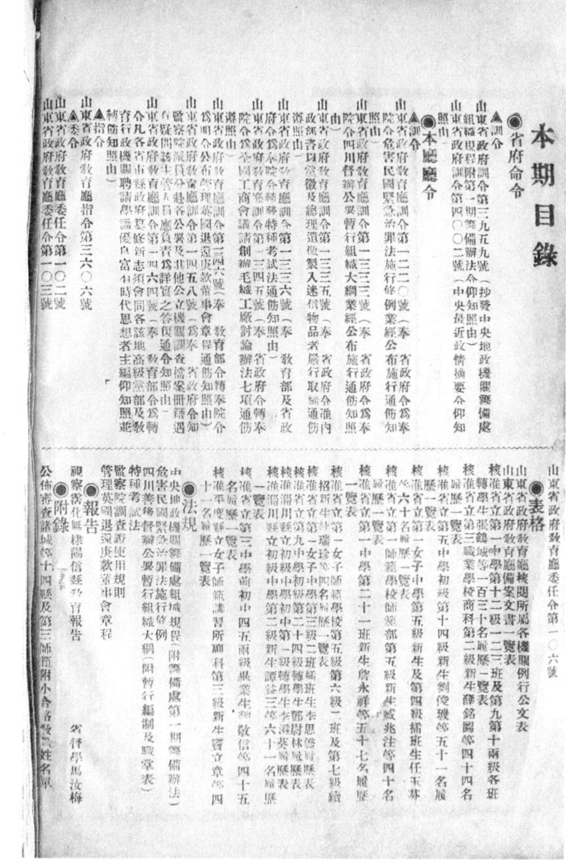

本期目錄

◉省府命令

▲訓令

山東省政府訓令第三九五九號（抄發中央地政機關籌備處組織規程附第一期籌備辦法令仰知照由）

山東省政府訓令第四〇〇二號（中央最近政情摘要令仰知照由）

◉本廳廳令

▲訓令

山東省政府教育廳訓令第一二二〇號（奉省政府令爲奉院令危害民國緊急治罪法施行條例業經公布施行通飭知照由）

山東省政府教育廳訓令第一三三三號（奉省政府令爲奉院令四川督辦公署暫行組織大綱業經公布施行通飭知照由）

山東省政府教育廳訓令第一三三五號（奉省政府令准內政部咨以黨徽及總理遺像製入迷信物品者嚴行取締通飭遵照由）

山東省政府教育廳訓令第一三三六號（奉教育部及省政府令爲奉院令轉發特種考試法通飭知照由）

山東省政府教育廳訓令第一三四五號（奉省政府令轉奉院令爲全國工商會議請創辦毛織工廠討論辦法七項通飭遵照由）

山東省政府教育廳訓令第一三四六號（奉教育部令轉奉院令爲明令公布管理英國退還庚款董事會章程通飭知照由）

山東省政府教育廳訓令第一四五八號（爲奉省政府令知監察院派員分赴各公署及其他公立機關調查檔案冊籍遇有疑問該主管人員應負責爲詳實之答復通令知照由）

山東省政府教育廳訓令第一四六四號（奉教育部令爲轉令凡各省市縣政府纂修新志須會同各該地高級黨部及教育行政機關聘請學識優良富有時代思想者主編仰知照並飭轉飭知照由）

▲指令

山東省政府教育廳指令第三六〇六號

▲委令

山東省政府教育廳委任令第一〇二號

山東省政府教育廳委任令第一〇三號

山東省政府教育廳委任令第一〇六號

◉表格

山東省政府教育廳核閱所屬各機關例行公文表

山東省政府教育廳備案文書一覽表

核准省立第一中學第十二級一二三班及第九第十兩級各班轉學生張鶴城等一百三十名履歷一覽表

核准省立第三職業學校商科第二級新生薛銘圖等四十四名履歷一覽表

核准省立第五中學初級第十四級新生劉俊璣等五十一名履歷一覽表

核准省立第一女子中學第五級新生及第四級插班生任玉琳等六十名履歷一覽表

核准省立第一師範學校師範部第五級新生臧兆洼等四十名履歷一覽表

核准省立第一中學第二十一班新生詹永祥等五十七名履歷一覽表

核准省立第一女子師範學校第五級第六級二班及第七級續招新生杜瑞珍等四名履歷一覽表

核准省立第一女子中學第三級二班插班生李思儒履歷表

核准省立第九中學初級第二十四級轉學生鄧尉林履歷表

核准淄川縣立初級中學初中第一級轉學生李滋棻履歷表

核准淄川縣立初級中學第二級新生譚益三等六十一名履歷一覽表

核准省立第三中學高初中四五兩級畢業生張敬信等四十五名履歷一覽表

核准平度縣立女子師範講習所師範科第三級新生寶立章等四十一名履歷一覽表

◉法規

中央地政機關籌備處組織規程（附籌備處第一期籌備辦法）

危害民國緊急治罪法施行條例

四川善後督辦公署暫行組織大綱（附暫行編制及職掌表）

特種考試法

監察院調查證使用規則

管理英國退還庚款董事會章程

◉報告

視察霑化無棣陽信縣教育報告　省督學馬汝梅

◉附錄

公佈審查諸城等十四縣及第三師範附小合格教員姓名單

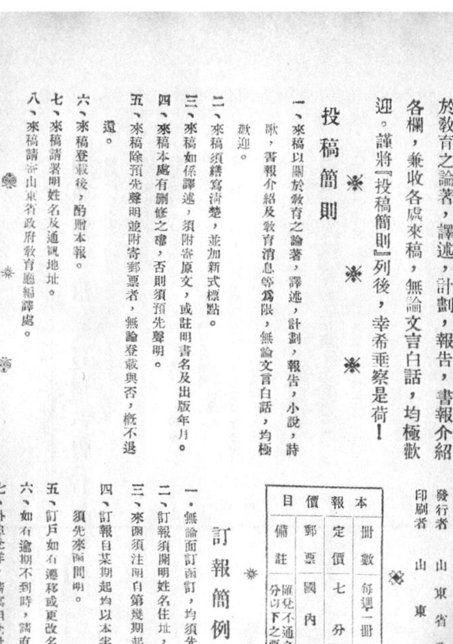

本報啓事

啓者本報爲充美內容藉增閱者興趣起見特闢關於教育之論著，譯述，計劃，報告，書報介紹各欄，兼收各處來稿，無論文言白話，均極歡迎。謹將『投稿簡則』列後，幸希垂察是荷！

投稿簡則

一、來稿以關於教育之論著，譯述，計劃，報告，小說，詩歌，書報介紹及教育消息等爲限，無論文言白話，均極歡迎。

二、來稿須繕寫清楚，並加新式標點。

三、來稿如係譯述，須附寄原文，或註明書名及出版年月。

四、來稿本處有刪修之權，否則須預先聲明。

五、來稿除預先聲明並附寄郵票者，無論登載與否，概不退還。

六、來稿登載後，酌贈本報。

七、來稿請署明姓名及通訊地址。

八、來稿請寄山東省政府教育廳編譯處。

中華民國二十年五月九日

山東教育行政週報第一三三期

編輯者　山東省政府教育廳編譯處

發行者　山東省政府教育廳編譯處

印刷者　山東民國日報社

本	冊數	每週一冊	半年二十六冊	全年五十二冊
報	定價	七分	一元八角二分	三元六角四分
價	郵票	國內免交	國外加收	
目	備註	匯兌不通之處得以中國郵票代價，但以四分以下之票爲限。		

訂報簡例

一、無論面訂函訂，均須先交報費。

二、訂報須開明姓名住址，以便投遞。

三、來函須注明自第幾期起，未注者，概從最近一期算起。

四、訂報自某期起均以本半年內出版者爲限，購閱以前各報須先來函問明。

五、訂戶如有遷移或更改名稱時，須來函聲明，以便改寄。

六、如有逾期不到時，請直接向郵局詢問。

七、外埠兌洋，請寫明兌付濟南院前郵局，以便領取。

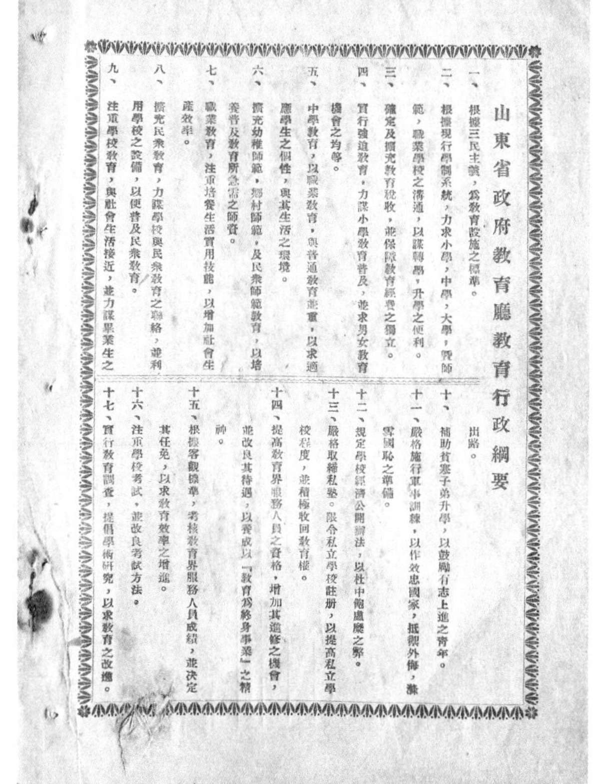

山東省政府教育廳教育行政綱要

一、根據三民主義，爲教育設施之標準。

二、根據現行學制系統，力求小學，中學，大學，暨師範，職業學校之溝通，以謀轉學，升學之便利。

三、確定及擴充教育稅收，並保障教育經費之獨立。

四、實行強迫教育，力謀小學教育普及，並求男女教育機會之均等。

五、中學教育，以職業教育，與普通教育並重，以求適應學生之個性，與其生活之環境。

六、擴充幼稚師範，鄉村師範，及民衆師範教育，以培養普及教育所急需之師資。

七、職業教育，注重培養生活實用技能，以增加社會生產效率。

八、擴充民衆教育，力謀學校與民衆教育之聯絡，並利用學校之設備，以便普及民衆教育。

九、注重學校教育，與社會生活接近，並力謀畢業生之出路。

十、補助貧寒子弟升學，以鼓勵有志上進之青年。

十一、嚴格施行軍事訓練，以作效忠國家，抵禦外侮，雪國恥之準備。

十二、規定學校經濟公開辦法，以杜中飽虛糜之弊。

十三、嚴格取締私塾。限令私立學校註冊，以提高私立學校程度，並積極收回教育權。

十四、提高教育界服務人員之資格，增加其進修之機會，並改良其待遇，以養成以『教育爲終身事業』之精神。

十五、根據客觀標準，考核教育界服務人員成績，並決定其任免，以求教育效率之增進。

十六、注重學校考試，並改良考試方法。

十七、實行教育調查，提倡學術研究，以求教育之改進。

山东河务特刊

山东河务局总务科编　山东河务局［发行］　济南　1928年10月～1936年1月　1期～8期　年刊　26cm

该刊为水利刊物。刊登中央、山东省及山东河务局有关黄河治理问题的政令、法规、公函、计划、各种统计图表以及学术论著等，并有少量文学作品。有《扈工特刊》一册。该刊栏目有《插图》《图表》《命令》《法规》《论文》《工程》《公牍》《公函》《专载》《记事》《党义》《文艺》《专件》《布告》《计划》《工作报告》《附载》。

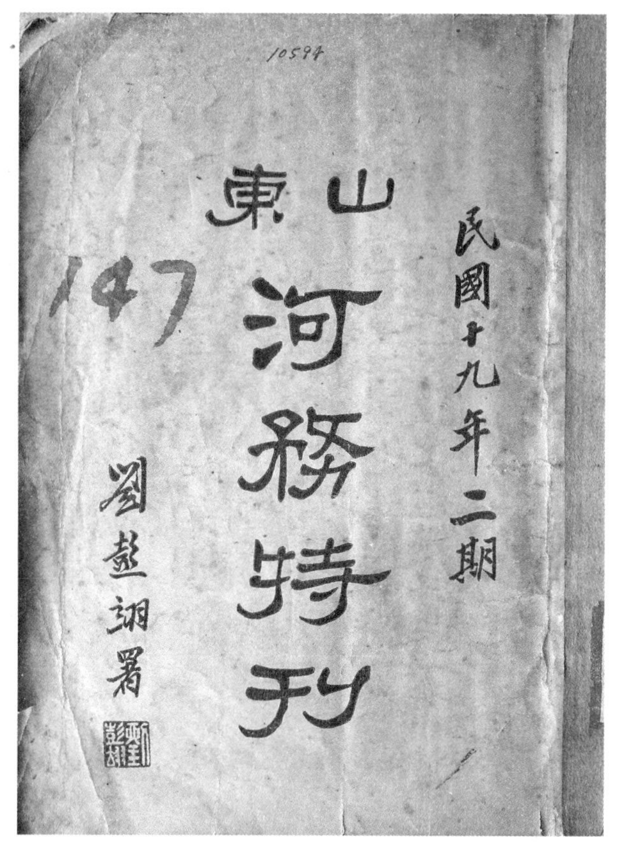

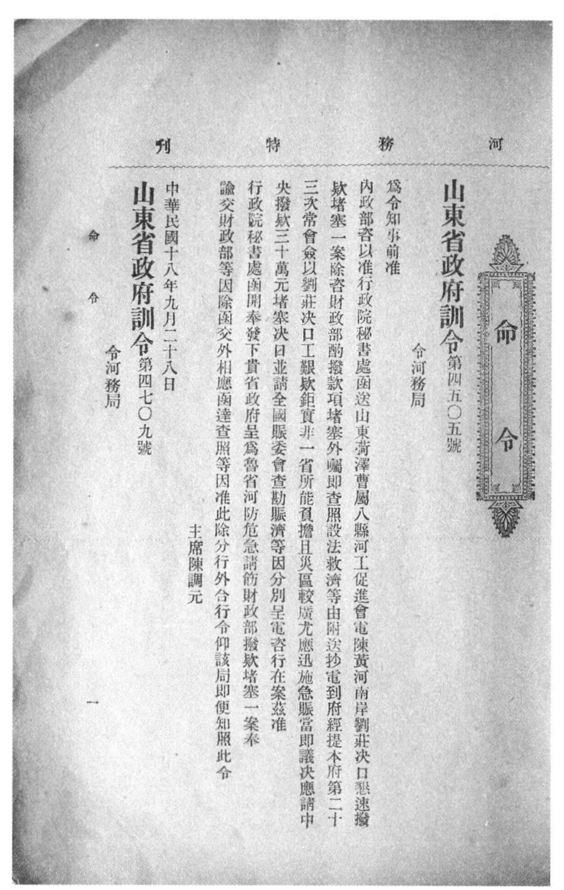

河務特刊

命令

山東省政府訓令第四五〇五號

令河務局

爲令知事前准內政部咨以准行政院秘書處函送山東菏澤曹屬八縣河工促進會電陳黃河南岸劉莊決口懇速撥欵堵塞一案除咨財政部酌撥款項堵塞外屬即查照設法救濟等由附送抄電到府經提本府第二十三次常會僉以劉莊決口工艱欵鉅實非一省所能負擔且災區較廣尤應迅施急賑當即議決應請中央撥欵三十萬元堵塞決口並請全國賑委會查勘賑濟等因分別呈電咨行在案茲准行政院秘書處函開奉發下貴省政府呈爲魯省河防危急請飭財政部撥欵堵塞一案奉論交財政部等因除函交外相應函達查照等因准此除分行外合行令仰該局即便知照此令

主席陳調元

中華民國十八年九月二十八日

山東省政府訓令第四七〇九號

令河務局

命令　一

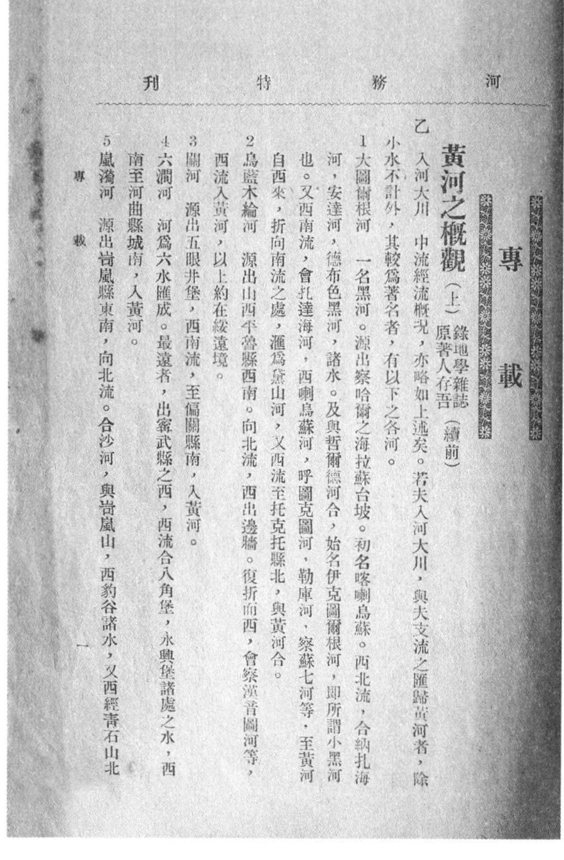

河務特刊

專載

黃河之概觀（上）（續前）

錄地學雜誌 原著人存吾

乙 入河大川　中流經流概況，亦略如上述矣。若夫入河大川，與夫支流之匯歸黃河者，除小水不計外，其較爲著名者，有以下之各河。

1 大圖爾根河　一名黑河。源出察哈爾之海拉蘇台坡。初名喀喇烏蘇。西北流，合納扎海河，安達河，德布色黑河，諸水。及與哲爾德河合，始名伊克圖爾根河，即所謂小黑河也。又西南流，會扎達海河，西喇烏蘇河，呼圖克圖河，勒庫河，察蘇七河等，至黃河自西來，折向南流之處，滙爲黛山河，又西流至托克托縣北，與黃河合。

2 烏藍木綸河　源出山西平魯縣西南。向北流，西出邊牆。復折而西，會察漢音圖河等，西流入黃河，以上約在綏遠境。

3 關河　源出五眼井堡，西南流，至偏關縣南，入黃河。

4 六潤河　河爲六水匯成。最遠者，出甯武縣之西，西流合八角堡，永興堡諸處之水，西南至河曲縣城南，入黃河。

5 嵐漪河　源出岢嵐縣東南，向北流。合沙河，與岢嵐山，西豹谷諸水，又西經靑石山北

專載　一

港务统计年报

青岛市港务局编　编者刊　青岛　1929年～［1933年］1期～［5期］年刊　27cm　由《港务统计季刊》继承

该刊内容包括青岛港概况、码头大港、码头小港、港务之都。码头大港包括图表、总表、离埠分埠轮船、轮船出口、进口货物附船用货物介绍、码头到发送铁路货物介绍、营业仓库等；码头小港内容是小港轮船贸易；港务之都包括青岛港出入轮船、旅客等。该刊1937年改名为《港务统计季刊》。抗战期间曾停刊，1947年复刊。

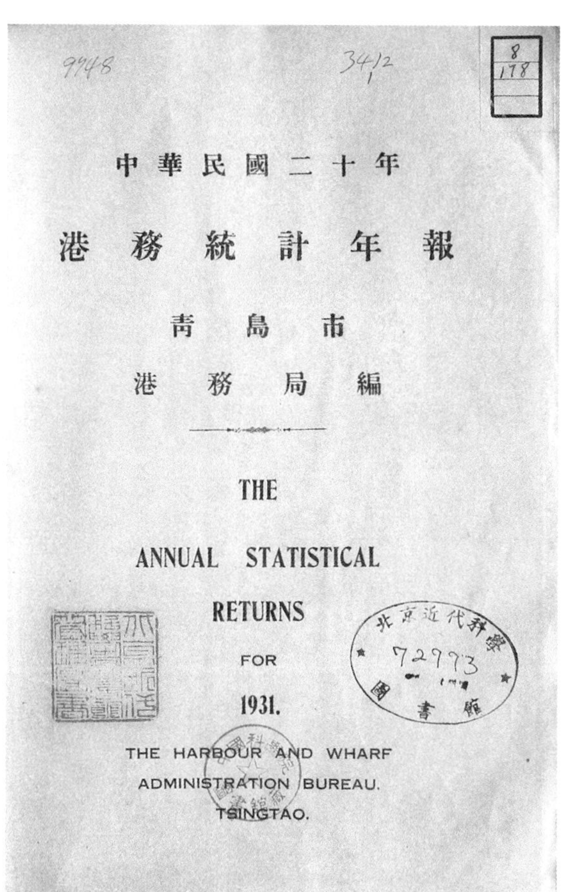

中華民國二十年

港務統計年報

青島市

港務局編

THE ANNUAL STATISTICAL RETURNS FOR 1931.

THE HARBOUR AND WHARF ADMINISTRATION BUREAU. TSINGTAO.

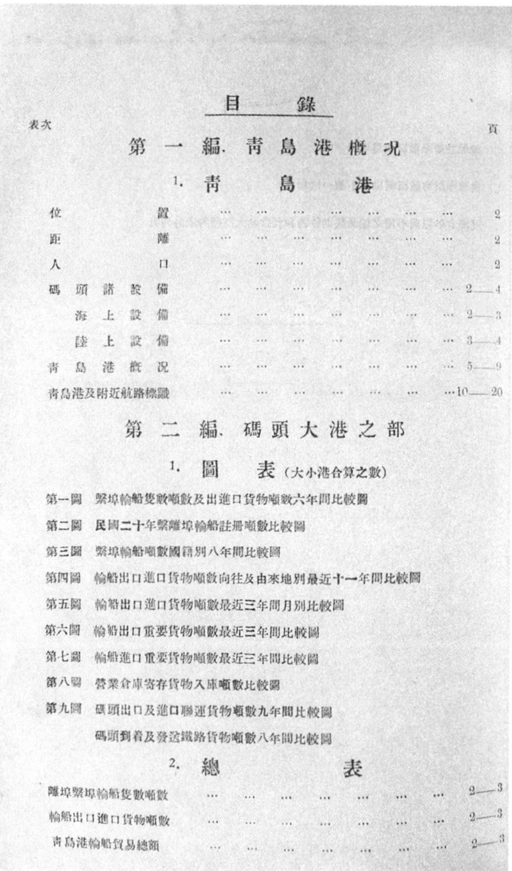

目錄

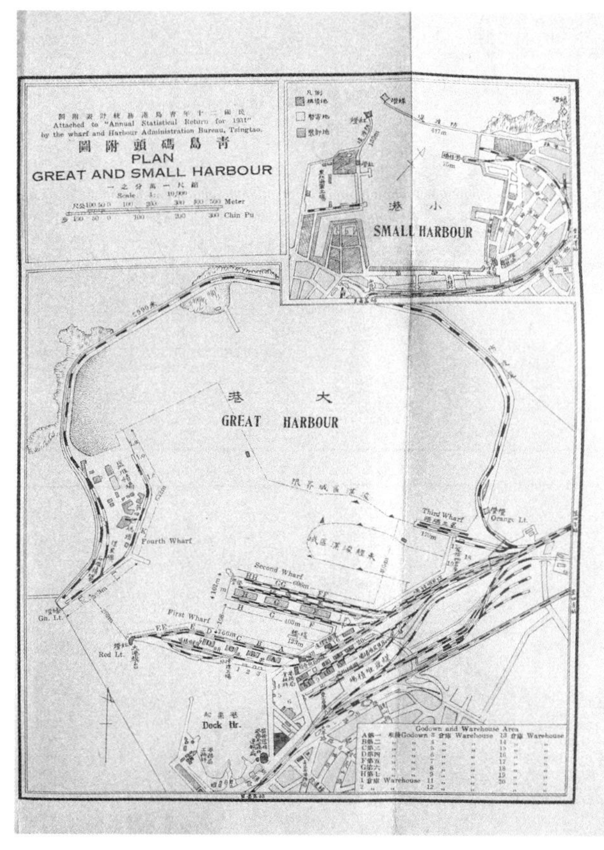

期刊之部（二）

鲁铎

济南齐鲁神学院鲁铎社编　编者刊　济南　1929 年～1931 年　1 卷 1 期～4 卷 1 期；复刊 1933 年～1935 年　4 卷～7 卷　半年刊　24cm

该刊原为半年刊，自 1931 年 10 月 4 卷 1 期起改为季刊。4 卷后曾停刊，1933 年复刊，改为年刊，卷期续前。该刊为宗教刊物，由济南齐鲁神学院师生合办，刊登内容多为宗教、教会及神学研究文章、译著等，尤以基督教文化的研究文章居多，主要包括论说、研究、讲坛、祷文、诗歌、小说以及宗教戏剧、教会新闻、读物介绍等。栏目有《书评》《校闻》《言论》《研究》《译述》《文艺》《消息》等。

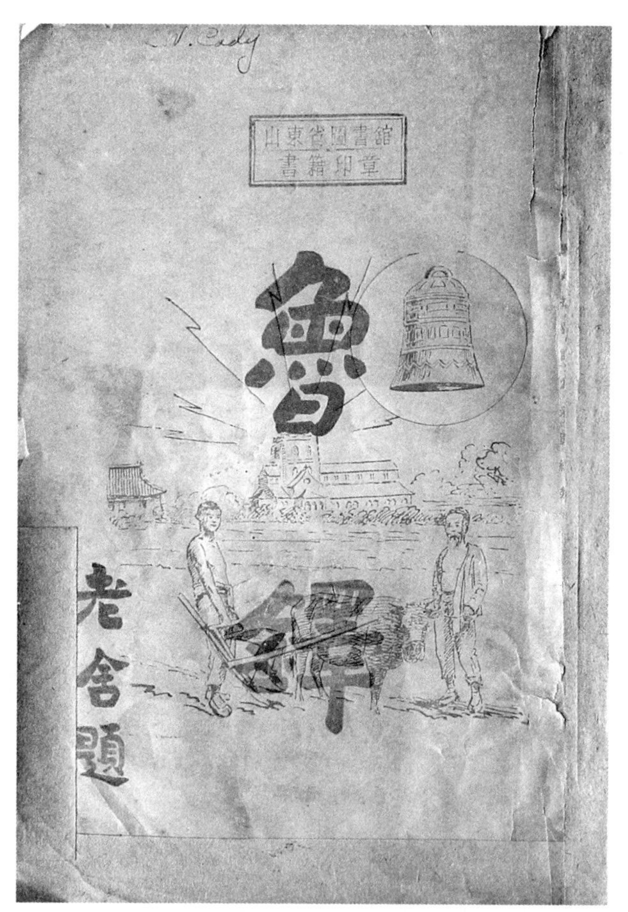

目錄

一九三〇年畢業留影

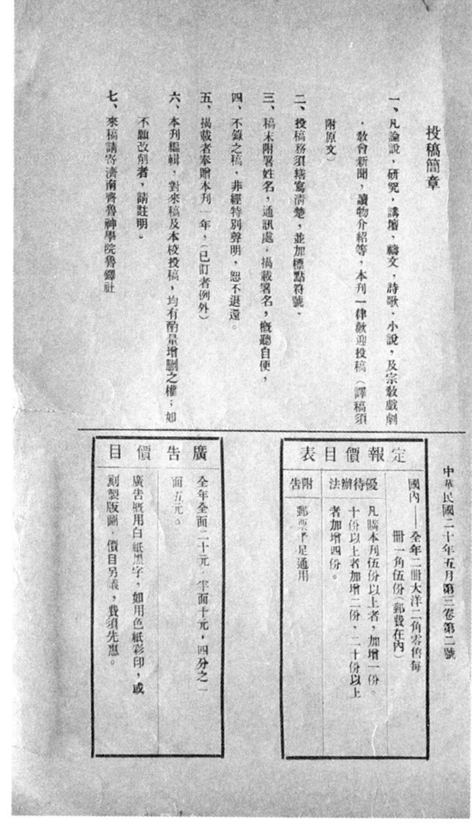

投稿簡章

一、凡論說，研究，講壇，譯文，詩歌，小說，及宗教戲劇，教會新聞，讀物介紹等，本刊一律歡迎投稿（譯稿須附原文）

二、投稿務須繕寫清楚，並加標點符號。

三、稿末附署姓名，通訊處，揭載署名，概聽自便，

四、不錄之稿，非經特別聲明，恕不退還。

五、揭載者奉贈本刊一年，（已訂者例外）

六、本刊編輯，對來稿及本校投稿，均有酌量增删之權；如不願改削者，請註明。

七、來稿請寄濟南齊魯神學院魯鐸社

中華民國二十年五月第三卷第二號

定報價目表

國內	——全年二冊大洋二角零售每冊一角伍份（郵費在內）
優待辦法	凡購本刊伍份以上者，加增一份。十份以上者加增二份，二十份以上者加增四份。
附告	郵票十足通用

廣告價目

全年全面二十元，半面十元，四分之一面五元。

廣告概用白紙黑字，如用色紙彩印，或刻製版圖，價目另議，費須先惠。

山东省地方民国十八年度预算

山东省政府财政厅编　编者刊　济南　1929 年　1 册～4 册　年刊　26cm

第 1 册为岁入：正杂各款，岁出：党务费、内政费；第 2 册为岁出：财政费；第 3 册为岁出：教育费；第 4 册为岁出：农矿费、工商费、建设费、司法费、临时费。第 4 册卷末附有《制定十八年度预算纪事本末》。

山東省地方民國十八年度預算

歲入 正雜各款

歲出 縣務費 內政費

第一冊

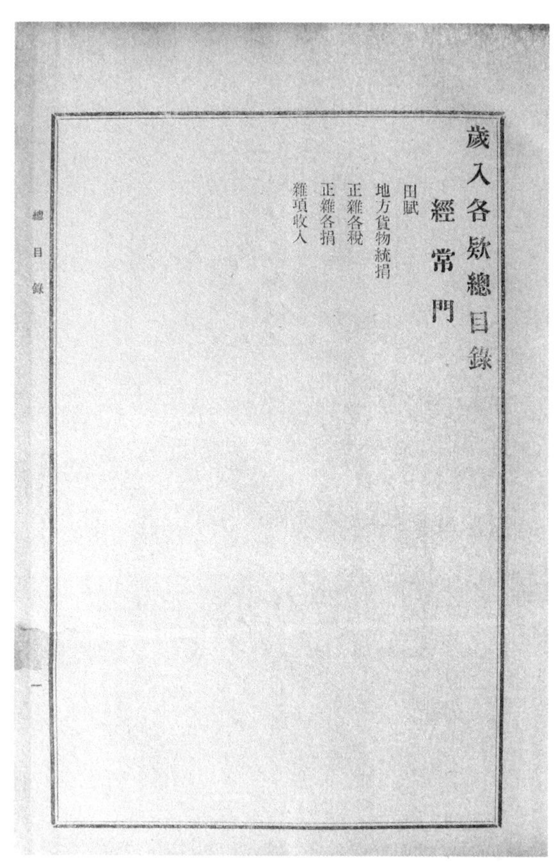

歲入各欵總目錄

經常門

田賦

地方貨物統捐

正雜各稅

正雜各捐

雜項收入

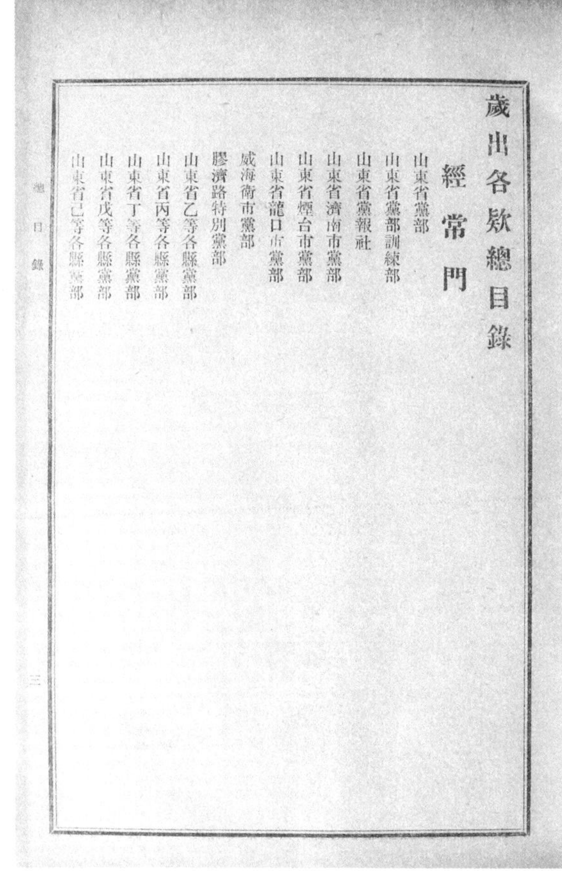

歲出各欵總目錄

經常門

山東省黨部

山東省黨部訓練部

山東省黨報社

山東省濟南市黨部

山東省煙台市黨部

山東省龍口市黨部

威海衛市黨部

膠濟路特別黨部

山東省乙等各縣黨部

山東省丙等各縣黨部

山東省丁等各縣黨部

山東省戊等各縣黨部

山東省已等各縣黨部

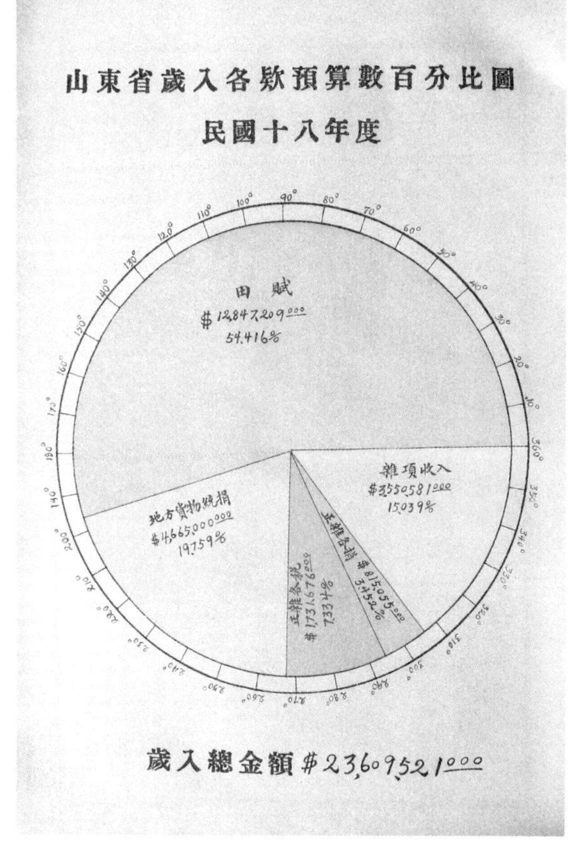

山東省歲入各欵預算數百分比圖

民國十八年度

歲入總金額 $23,609,521000

山东矿业报告

山东省政府实业厅编　编者刊　泰安　1929年~[终刊日期不详][总期数不详]　不定期　27cm

该刊内容主要反映了省实业厅自1928年7月成立以来，山东矿业的工作总结和统计报告，仅见民国二十年度1册。由于山东矿产以煤为主，有关煤矿的材料占此刊的三分之二。

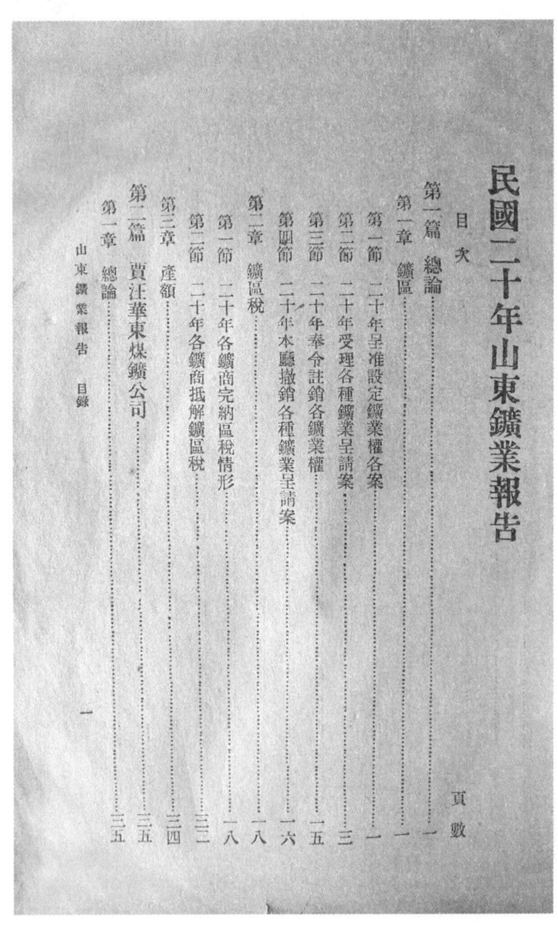

民國二十年山東鑛業報告

目次　　頁數

山東鑛業報告　目錄　一

章邱煤田地質柱形剖面圖

時代	層別	柱形	厚度	說明
近代	冲積層			黄土,紅土及礫岩等
侏羅紀	紅綠砂岩系		200至350公尺	紅色砂岩,綠色砂岩,黄色砂岩,紫色砂岩,棕灰色砂岩等
	中生代煤系		100至160公尺	黄綠色泥質頁岩,黑色頁岩 黄綠色砂岩 黄綠及白色砂岩 黑色頁岩
三疊紀	紅色砂岩系		650	黄綠色薄層砂岩 深紅色粗粒砂岩 棕,黄,灰色粘土,泥質頁岩 綠色砂岩
二疊紀	石英質砂岩層		200至260	淺綠色硬砂岩 白色石英質砂岩 淺綠色硬砂岩
二疊石炭紀	古生代煤系		275	紅色頁岩砂岩,彩色泥質頁岩 砂岩,泥質頁岩及煤層 砂岩,黑色頁岩,石灰岩及煤層 粘土,泥頁岩,砂岩,石灰岩等
奥陶紀	濟南石灰岩層			直角石石灰岩

训练旬刊

中国国民党山东省指导委员会训练部编　编者刊　济南［1929年1月］~ 1929年2月11日　1期~ 3期　旬刊　26cm　由《训练月刊》（济南）替代

该刊为党化教育刊物，是国民党对党员进行党化教育的内部刊物，由中国国民党山东省指导委员会训练部印行，辟有《政治问答》等栏目。

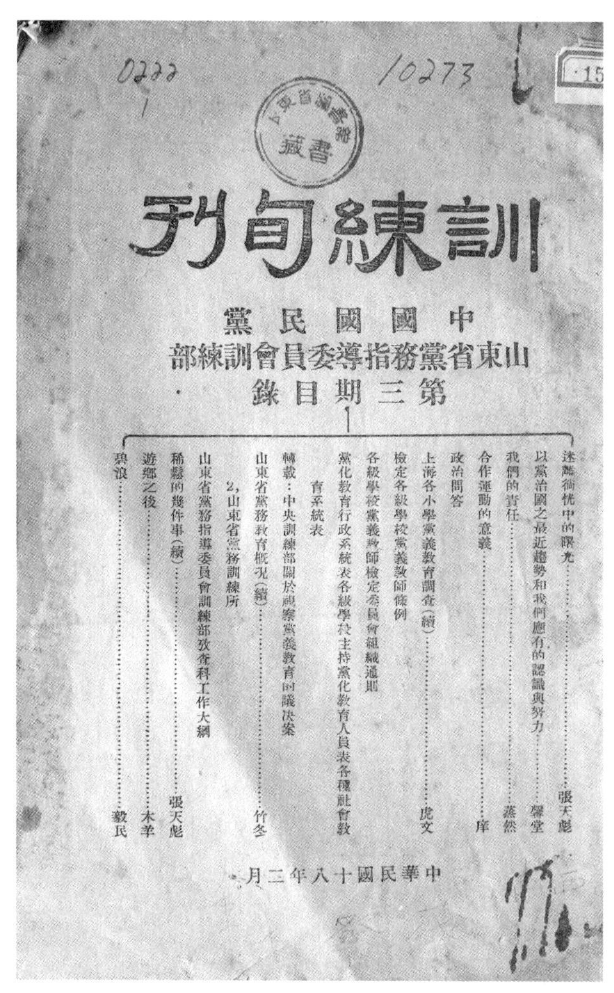

訓練旬刊

中國國民黨
山東省黨務指導委員會訓練部
第三期目錄

迷離徜恍中的曙光……張天彪
以黨治國之最近趨勢和我們應有的認識與努力……馨堂
我們的責任……蒸然
合作運動的意義……庠
政治問答
上海各小學黨義教育調查(續)……虎文
檢定各級學校黨義教師條例
各級學校黨義教師檢定委員會組織通則
黨化教育行政系統表各級學校主持黨化教育人員表各種社會教育系統表
轉載：中央訓練部關於視察黨義教育的議決案
山東省黨務教育概况(續)……竹冬
2，山東省黨務訓練所
山東省黨務指導委員會訓練部攷查科工作大綱
稀縣的幾件事(續)……張天彪
遊鄉之後……木辛
碧浪……毅民

中華民國十八年二月

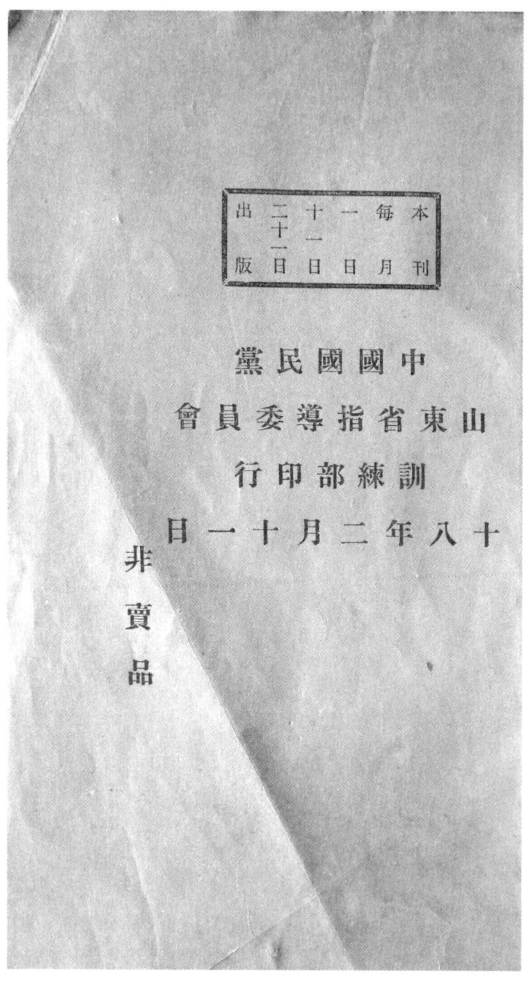

本刊每月一日十一日二十一日出版

中國國民黨
山東省指導委員會
訓練部印行
十八年二月十一日

非賣品

训练月刊（济南）

中国国民党山东省党务整理委员会训练部编　编者刊　济南　1930 年 1 月～1930 年 3 月　1 期～3 期　月刊　21cm　替代《训练旬刊》

该刊是国民党山东省党务整理委员会训练部对党员进行党化教育的内部刊物。创刊宗旨是对党员进行党化教育，对非党团体则根据中央规定、民众训练方案指导训练。主要刊载党员训练的理论与实践方面的文章、工作报告等。

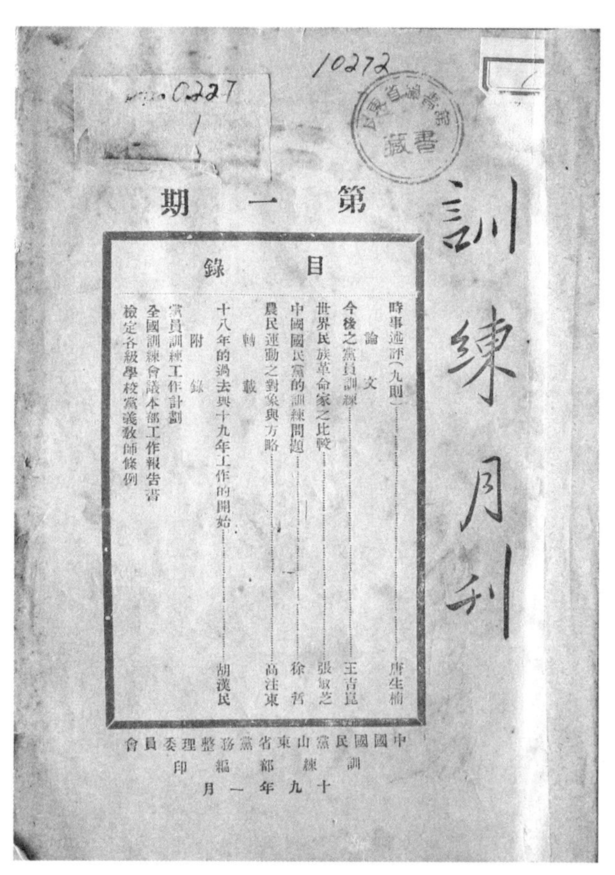

訓練月刊

第一期

目錄

中國國民黨山東省黨務整理委員會

訓練部編印

十九年一月

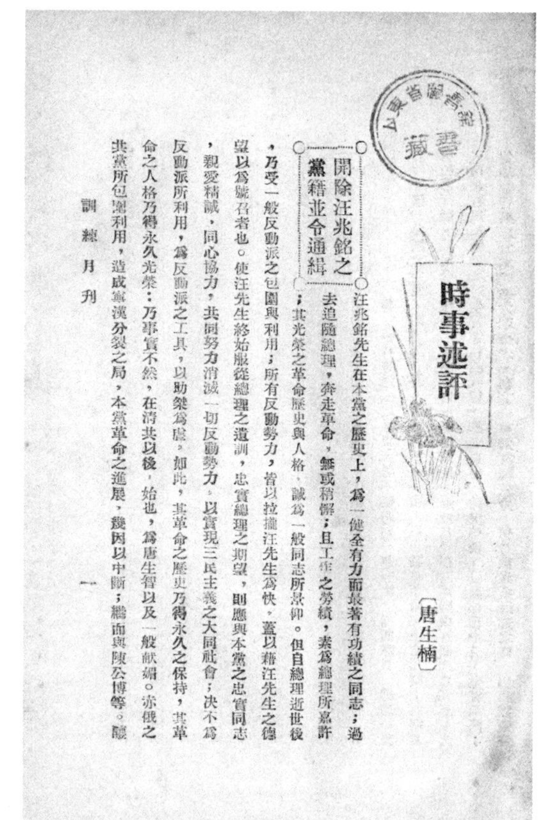

時事述評

（唐生楠）

開除汪兆銘之黨籍並令通緝

汪兆銘先生在本黨之歷史上，爲一健全有力而最著有功績之同志；過去追隨總理，奔走革命，無或稍懈；且工作之勞績，素爲總理所嘉許；其光榮之革命歷史與人格，誠爲一般同志所景仰。但自總理逝世後，乃受一般反動派之包圍與利用；所有反動勢力，皆以拉攏汪先生爲快，蓋以藉汪先生之德望以爲號召者也。使汪先生終始服從總理之遺訓，忠實總理之期望，則應與本黨之忠實同志，親愛精誠，同心協力，共同努力消滅一切反動勢力，以實現三民主義之大同社會；決不爲反動派所利用，爲反動派之工具，以助桀爲虐。如此，其革命之歷史乃得永久之保持，其革命之人格乃得永久光榮；乃事實不然，在清共以後，始也，爲唐生智以及一般猷媚。赤俄之共黨所包圍利用，造成寧漢分裂之局，本黨革命之進展，幾因以中斷；繼而與陳公博等。聽

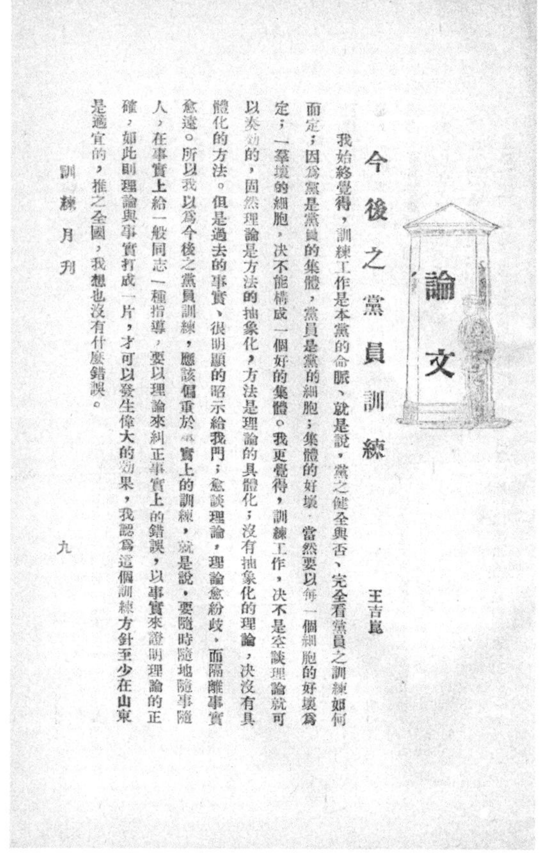

論文

今後之黨員訓練

王吉崑

我始終覺得，訓練工作是本黨的命脈、就是說，黨之健全與否、完全看黨員之訓練如何而定；因爲黨是黨員的集體，黨員是黨的細胞；集體的好壞，當然要以每一個細胞的好壞爲定；一羣壞的細胞，決不能構成一個好的集體。我更覺得，訓練工作，決不是空談理論就可以奏效的，固然理論是方法的抽象化，方法是理論的具體化；沒有抽象化的理論，決沒有具體化的方法。但是過去的事實、很明顯的昭示給我門；愈談理論，理論愈紛歧，而隔離事實愈遠。所以我以爲今後之黨員訓練，應該偏重於事實上的訓練，就是說，要隨時隨地隨事隨人，在事實上給一般同志一種指導，要以理論來糾正事實上的錯誤，以事實來證明理論的正確，如此則理論與事實打成一片，才可以發生偉大的效果，我認爲這個訓練方針至少在山東是適宜的，推之全國，我想也沒有什麼錯誤。

山东建设行政周报

山东省政府建设厅行政周报编辑室编　编者刊　济南　1929年2月23日～1929年9月29日　1期～26期　周刊　27cm

该刊是综合性刊物。刊登国民党中央及山东省政府有关政治、经济、工农业生产、商业、金融、教育、官吏制度等各方面的法规、法令。栏目有《中央法规》《本厅命令》《公牍》《建设计划》《工作报告》《会议》等。

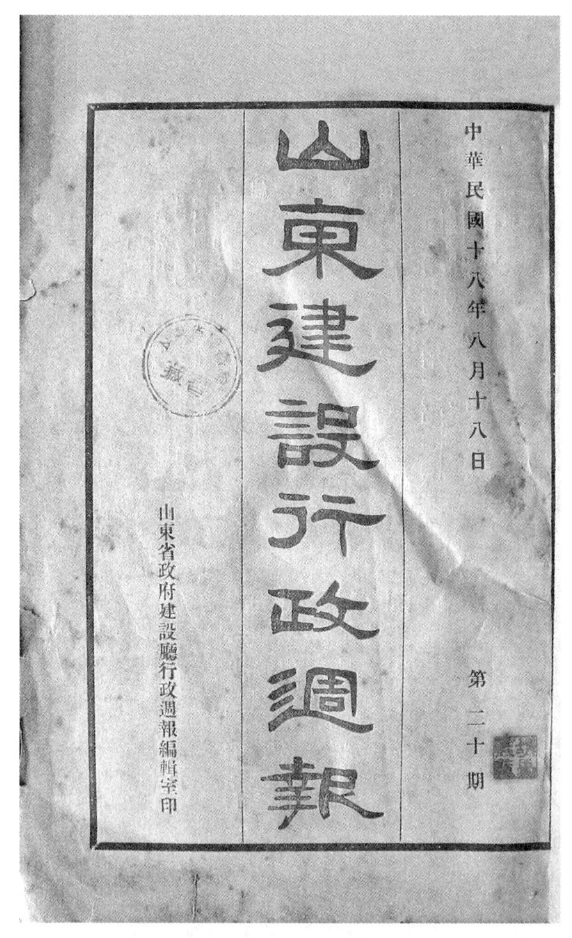
山東建設行政週報

中華民國十八年八月十八日

第二十期

山東省政府建設廳行政週報編輯室印

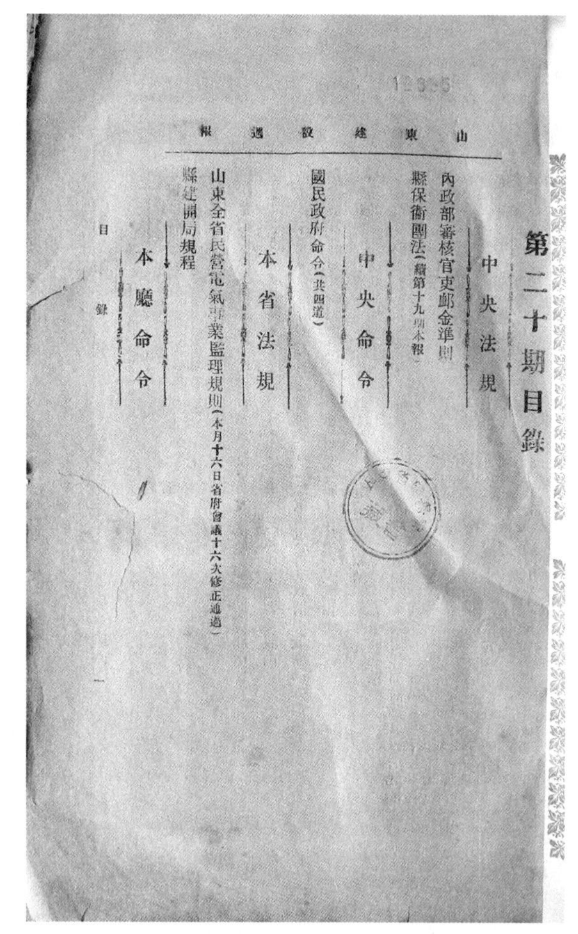

第二十期目錄

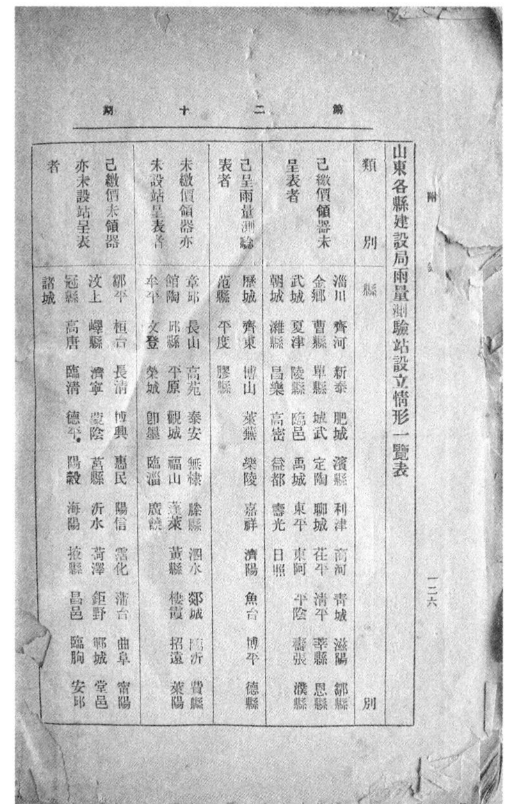

附錄

山東各縣建設局雨量測驗站設立情形一覽表

類別	縣別
已繳價領器未呈表者	淄川 齊河 新泰 肥城 濱縣 利津 商河 青城 滋陽 鄒縣 金鄉 曹縣 單縣 城武 定陶 聊城 茌平 清平 莘縣 恩縣 武城 夏津 陵縣 臨邑 禹城 東平 東阿 平陰 壽張 濮縣 朝城 濰縣 昌樂 高密 益都 壽光 日照
已呈雨量測驗表者	歷城 齊東 博山 萊蕪 樂陵 嘉祥 濟陽 魚台 博平 德縣 范縣 平度 膠縣
未繳價領器亦未設站呈表者	章邱 長山 高苑 泰安 無棣 滕縣 泗水 郯城 臨沂 費縣 館陶 邱縣 平原 觀城 福山 蓬萊 黃縣 棲霞 招遠 萊陽 牟平 文登 榮城 即墨 臨淄 廣饒
已繳價未領器亦未設站呈表者	鄒平 桓台 長清 博興 惠民 陽信 霑化 蒲台 曲阜 甯陽 汶上 嶧縣 濟寧 蒙陰 莒縣 沂水 菏澤 鉅野 鄆城 堂邑 冠縣 高唐 臨清 德平 陽穀 海陽 掖縣 昌邑 臨朐 安邱 諸城

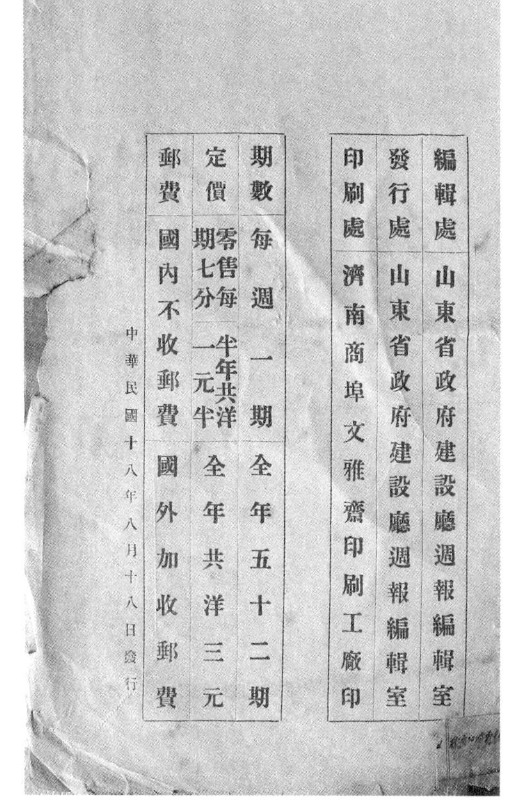
編輯處 山東省政府建設廳週報編輯室
發行處 山東省政府建設廳週報編輯室
印刷處 濟南商埠文雅齋印刷工廠印

期數 每週一期 全年五十二期
定價 零售每期七分 半年共洋一元半 全年共洋三元
郵費 國內不收郵費 國外加收郵費

中華民國十八年八月十八日發行

山东民政公报

山东民政厅秘书处公报室编　编者刊　济南　1929 年 7 月 15 日～1936 年 3 月 20 日　1 期～258 期　周刊　26cm

该刊为山东省政府民政厅主办的机关刊物。主要刊登有关的法规、政令、议案和函电，报告民政设施计划及其实施状况等。1931 年改为旬刊，1936 年 3 月 20 日停刊。栏目有《法规》《命令》《公牍》《报告》《统计》《记录》《调查》。

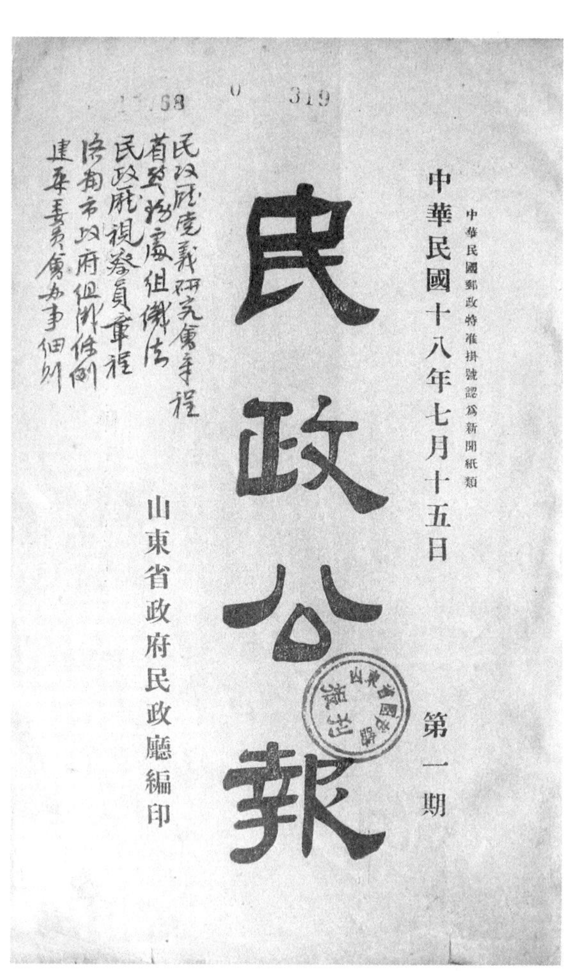

中華民國郵政特准掛號認爲新聞紙類

中華民國十八年七月十五日

民政公報

第一期

山東省政府民政廳編印

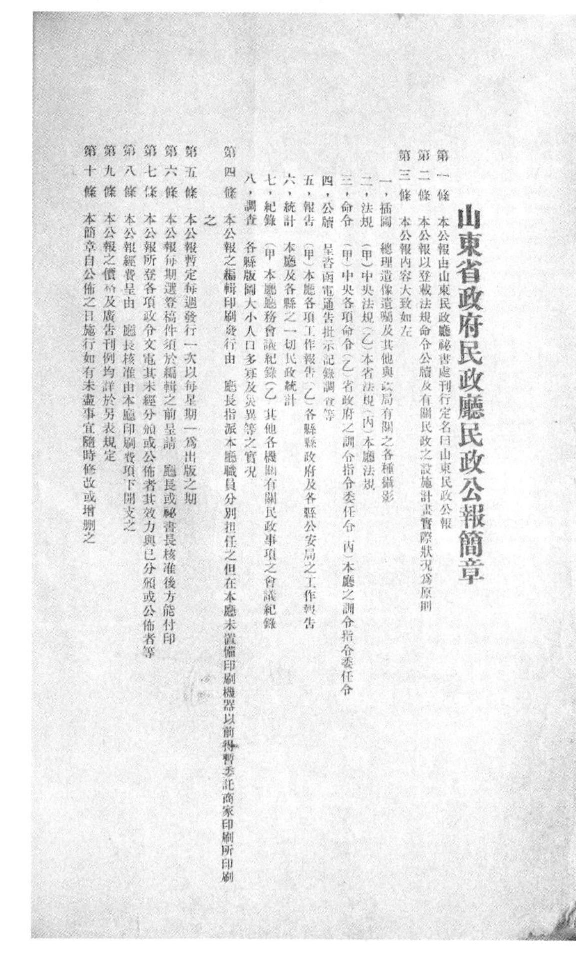

山東省政府民政廳民政公報簡章

第一條　本公報由山東民政廳祕書處刊行定名曰山東民政公報

第二條　本公報以登載法規命令公牘及有關民政之設施計畫實際狀況爲原則

第三條　本公報內容大致如左

一，插圖　總理遺像遺囑及其他與政局有關之各種攝影

二，法規　（甲）中央法規（乙）本省法規（丙）本廳法規

三，命令　（甲）中央各項命令（乙）省政府之訓令指令委任令（丙）本廳之訓令指令委任令

四，公牘　呈咨函電通告批示記錄調查等

五，報告　（甲）本廳各項工作報告（乙）各縣縣政府及各縣公安局之工作報告

六，統計　本廳及各縣之一切民政統計

七，紀錄　（甲）本廳廳務會議紀錄（乙）其他各機關有關民政事項之會議紀錄

八，調查　各縣版圖大小人口多寡及災異等之實況

第四條　本公報之編輯印刷發行由　廳長指派本廳職員分別担任之但在本廳未置備印刷機器以前得暫委託商家印刷所印刷之

第五條　本公報暫定每週發行一次以每星期一爲出版之期

第六條　本公報每期選登稿件須於編輯之前呈請　廳長或祕書長核准後方能付印

第七條　本公報所登各項政令文電其未經分頒或公佈者其效力與已分頒或公佈者等

第八條　本公報經費呈由　廳長核准由本廳印刷費項下開支之

第九條　本公報之價目及廣告刊例均詳於另表規定

第十條　本簡章自公佈之日施行如有未盡事宜隨時修改或增刪之

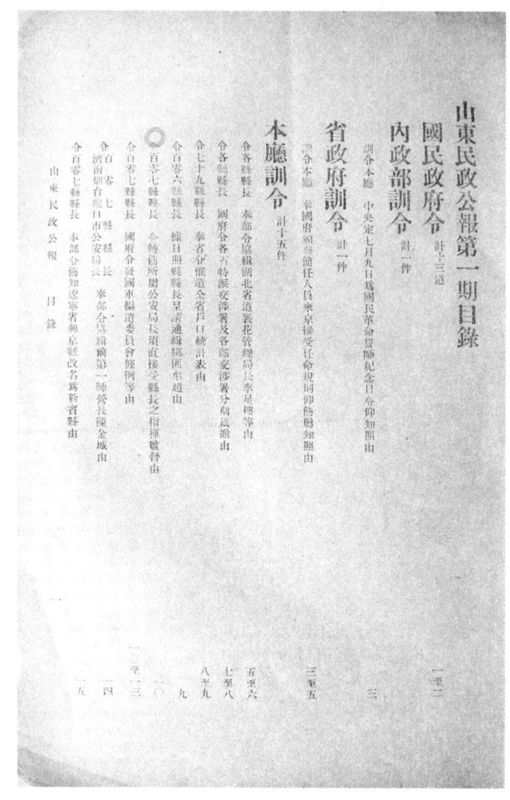

山東民政公報第一期目錄

山東民政公報　目錄

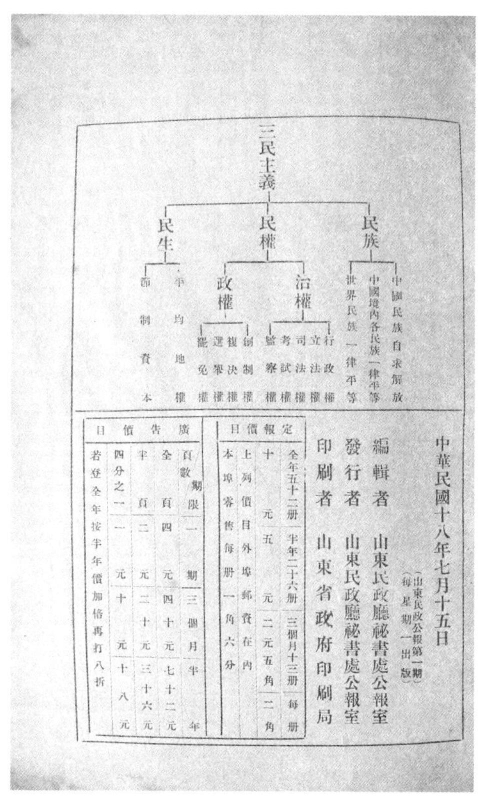

中華民國十八年七月十五日
（山東民政公報第一期）
（每星期一出版）

編輯者　山東民政廳祕書處公報室

發行者　山東民政廳祕書處公報室

印刷者　山東省政府印刷局

定報價目

全年五十二册	半年二十六册	三個月十三册	每册
十元	五元	二元五角	二角

上列價目外埠郵費在內　本埠零售每册一角六分

廣告價目

頁數＼期限	一期	三個月	半年
全頁	四元	四十元	七十二元
半頁	二元	二十元	三十六元
四分之一	一元	十元	十八元

若登全年按半年價加倍再打八折

潍县政府公报

潍县县政府秘书处编　编者刊　潍县　1929年7月31日～［终刊日期不详］［总期数不详］　半月刊　26cm

该刊包括中央法规、中央命令、本省命令、本府命令、本府公牍、附录几个部分。临时增刊第一号是《治蝗特刊》。

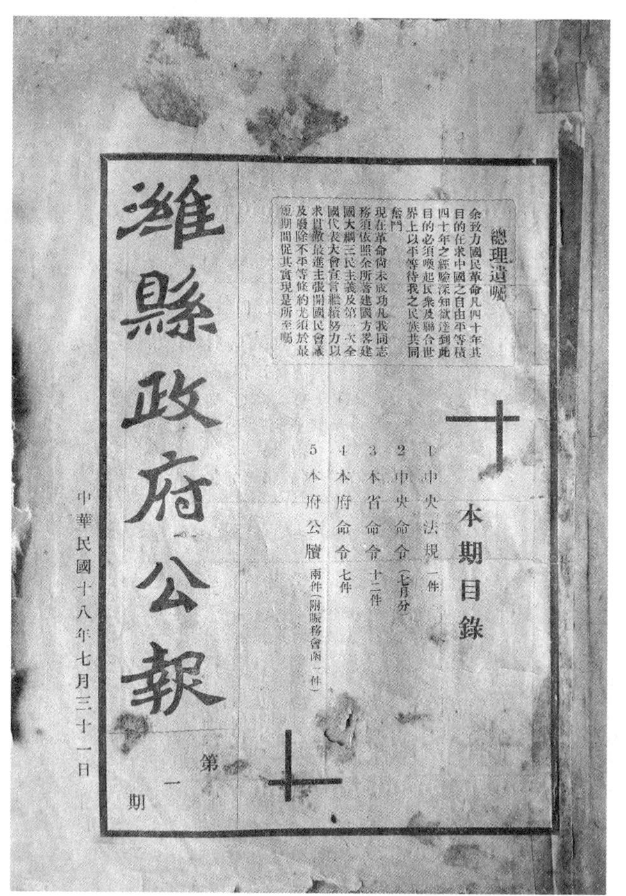

濰縣政府公報

第一期

中華民國十八年七月三十一日

總理遺囑

余致力國民革命凡四十年其目的在求中國之自由平等積四十年之經驗深知欲達到此目的必須喚起民衆及聯合世界上以平等待我之民族共同奮鬥現在革命尚未成功凡我同志務須依照余所著建國方畧建國大綱三民主義及第一次全國代表大會宣言繼續努力以求貫徹最近主張開國民會議及廢除不平等條約尤須於最短期間促其實現是所至囑

本期目錄

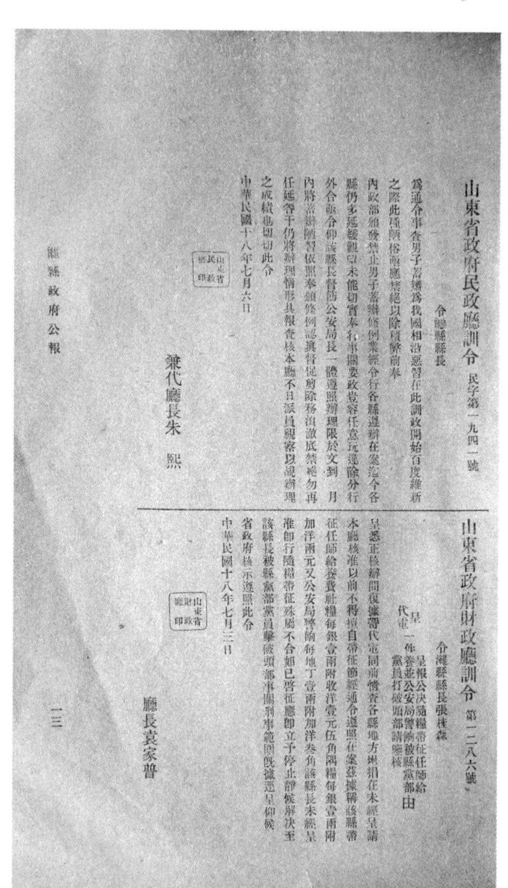

山東省政府民政廳訓令 民字第一九四一號

令濰縣縣長

爲通令事查男子蓄辮爲我國相沿惡習在此訓政開始百度維新之際此項陋俗亟應禁絕以除積弊前奉內政部頒發禁止男子蓄辮條例業經令行各縣遵辦在案迄今各縣仍多延緩觀望未能切實奉行事關要政豈容任意玩違除分行外合亟令仰該縣長督飭公安局長一體遵照辦理限於文到一月內將蓄辮陋習依照奉頒條例認眞督促剪除務須澈底禁絕勿再任延晉干仍將辦理情形具報查核本廳不日派員視察以覘辦理之成績也切切此令

中華民國十八年七月六日

（山東省民政廳印）

兼代廳長朱熙

山東省政府財政廳訓令 第一二八六號

令濰縣縣長張桂森

呈一件 呈報公決隨糧帶征任師給養並公安局警餉被縣黨部由代電 黨員打破頭部請鑒核

呈悉查核辦間復據帶代電同前情查各縣地方捐在未經呈請本廳核准以前不得擅自帶征節經通令遵照在案茲據稱該縣帶征任師給養費社糧每銀壹兩附收洋壹元伍角隔糧每銀壹兩附加洋兩元又公安局警餉每地丁壹兩附加洋叁角該縣長未經呈准卽行隨糧帶征殊屬不合如已啓征應卽立予停止靜候解決至該縣長被縣黨部黨員擊破頭部事關刑事範圍既據逕呈仰候省政府核示遵照此令

中華民國十八年七月三日

（山東省財政廳印）

廳長袁家普

濰縣政府公報　　一三

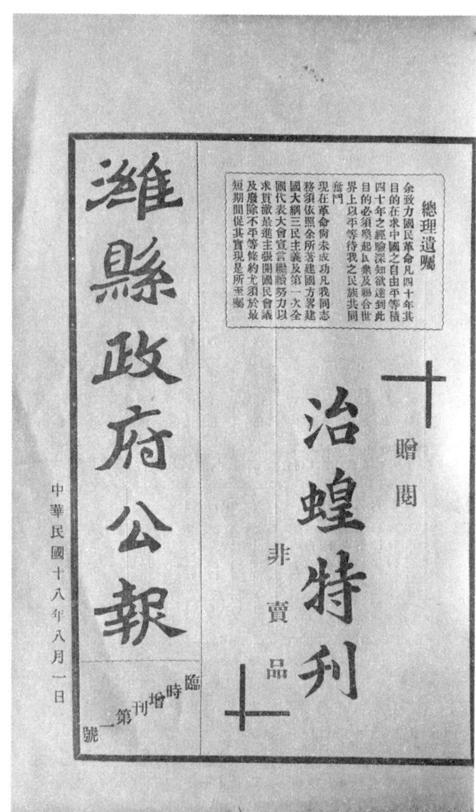

濰縣政府公報

治蝗特刊

臨時增刊第一號

中華民國十八年八月一日

贈閱　非賣品

總理遺囑

余致力國民革命凡四十年其目的在求中國之自由平等積四十年之經驗深知欲達到此目的必須喚起民衆及聯合世界上以平等待我之民族共同奮鬥現在革命尚未成功凡我同志務須依照余所著建國方畧建國大綱三民主義及第一次全國代表大會宣言繼續努力以求貫徹最近主張開國民會議及廢除不平等條約尤須於最短期間促其實現是所至囑

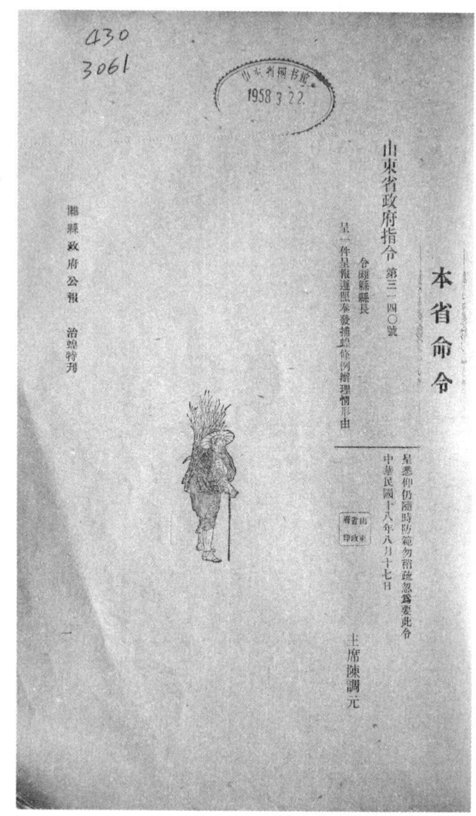

本省命令

山東省政府指令 第三二四〇號

令濰縣縣長

呈一件呈報遵照奉發捕蝗條例辦理情形由

呈悉仰仍隨時防範勿稍疏忽爲要此令

中華民國十八年八月十七日

（山東省政府印）

主席陳調元

濰縣政府公報　治蝗特刊　　一

山东财政公报

山东省政府财政厅公报编辑处编　山东省政府财政厅［发行］ 济南　1929 年 8 月～ 1935 年 3 月　1 卷 1 期～ 6 卷 7 期；复刊 1935 年 4 月～ 1936 年 2 月　1 期～ 11 期　月刊　26cm

该刊刊登中央和本省有关财政方面的命令、法规、函电、布告、会议记录、统计、预算及决算案等。自 1935 年 4 月起，凡有关例行公文时间性较缓者刊登在该刊，时间性较急者载于《山东财政旬刊》。该刊栏目有《党义》《法规》《议案》《命令》《公牍》《报告》《统计》《特载》《附录》等。出版至第 6 卷第 7 期（1935 年 3 月）改卷期标识，期数另起，1935 年 4 月出版“第 1 期”。

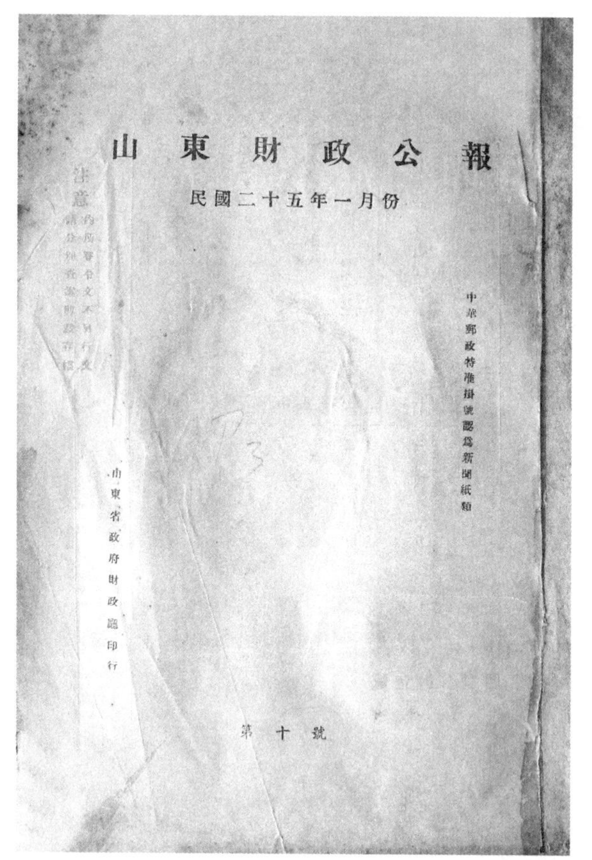

山東財政公報

民國二十五年一月份

中華郵政特准掛號認爲新聞紙類

山東省政府財政廳印行

第十號

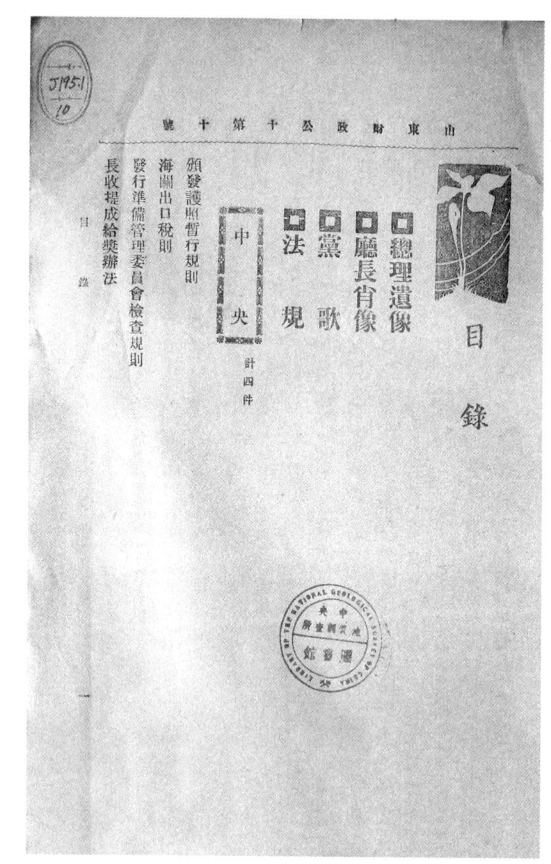

目錄

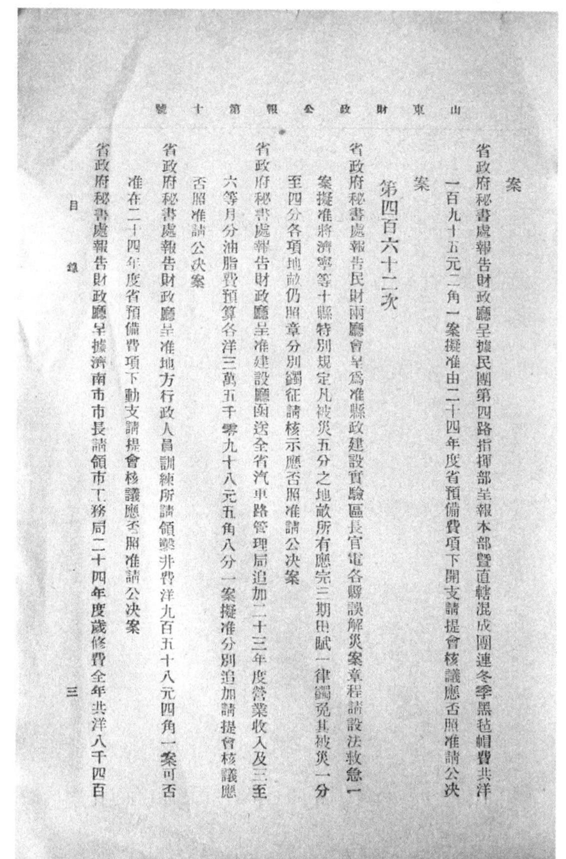

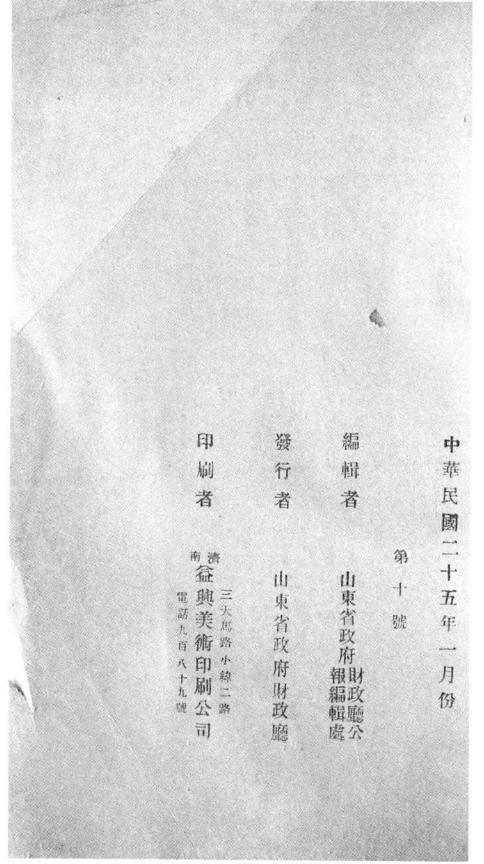

中華民國二十五年一月份

第十號

編輯者　山東省政府財政廳公報編輯處

發行者　山東省政府財政廳

印刷者　濟南益興美術印刷公司　三大馬路小緯二路　電話九百八十九號

济南市市政月刊

济南市市政府秘书处编　编者刊　济南　1929年9月~1933年12月　1卷1期~7卷6期　月刊　26cm　由《济南市政府市政月刊》继承

该刊除刊有少量市政建设和管理方面的政论外，主要公布市政府、各部门颁行的有关法规、章程及该市各项工作的调查统计资料，并刊登社会、财政、教育、卫生、公安、土地等方面的行政公牍文件和政府机关的咨呈、函电、市政会议记录等。栏目有《论著》《济南市市政府市政计划大纲》《法令》《命令》《公牍》《会议纪录》《调查》《工作报告》《柬事》。

1934年1月改名为《济南市政府市政月刊》，刊至1937年5月11卷5期停刊。

(中華郵政特准掛號認爲新聞紙類)

中華民國十八年十月出版

濟南市市政月刊

阮肇昌題

秘書處編印　第一卷第二期

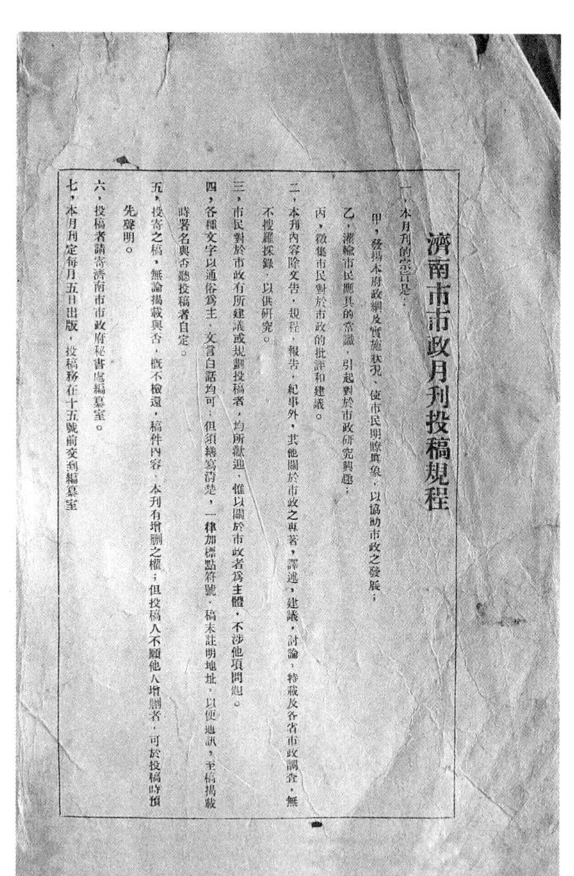

濟南市市政月刊投稿規程

一、本月刊的宗旨是：

甲，發揚本府政綱及實施狀況，使市民明瞭真象，以協助市政之發展；

乙，灌輸市民應具的常識，引起對於市政研究興趣；

丙，徵集市民對於市政的批評和建議。

二、本刊內容除文告，規程，報告，紀事外，其他關於市政之專著，譯述，建議，討論，特載及各省市政調查，無不搜羅採錄，以供研究。

三、市民對於市政有所建議或規劃投稿者，均所歡迎，惟以關於市政者爲主體，不涉他項問題。

四、各種文字以通俗爲主，文言白話均可；但須繕寫清楚，一律加標點符號，稿末註明地址，以便通訊，至稿揭載時署名與否聽投稿者自定。

五、投寄之稿，無論揭載與否，概不檢還，稿件內容，本刊有增刪之權；但投稿人不願他人增刪者，可於投稿時預先聲明。

六、投稿者請寄濟南市市政府秘書處編纂室。

七、本月刊定每月五日出版，投稿務在十五號前交到編纂室

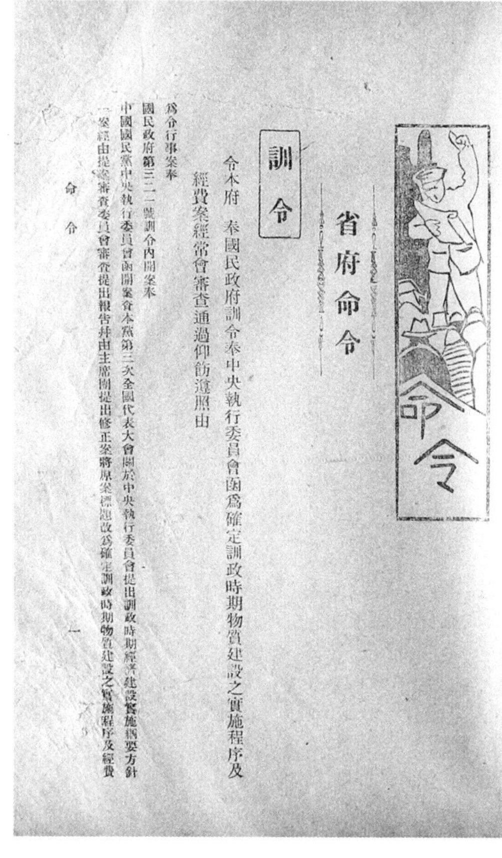

省府命令

訓令

令本府　奉國民政府訓令奉中央執行委員會函爲確定訓政時期物質建設之實施程序及經費案經常會審查通過仰飭遵照由

爲令行事案奉

國民政府第三二一號訓令內開案奉

中國國民黨中央執行委員會函開案查本黨第三次全國代表大會關於中央執行委員會提出訓政時期經濟建設實施綱要方針一案經由提案審查委員會審查提出報告并由主席團提出修正案將原案標題改爲確定訓政時期物質建設之實施程序及經費

命令　一

期刊之部（一）

济南市政府市政月刊

济南市市政府秘书处编纂室编　编者刊　济南　1934年1月～1937年5月　8卷1期～11卷5期　月刊　27cm　继承《济南市市政月刊》

该刊宗旨为发扬政纲及实施状况，使市民明了真象，以协助市政之发展；向市民普及相关知识，引导市民的研究兴趣；征集市民对于市政的批评和建议。该刊刊登内容包括文告、规程、报告、纪事以及关于市政的专著、译述、建议、讨论、特载和各省市政调查。栏目设有《法规》《公牍》《调查统计》《会议纪录》《纪事》等。

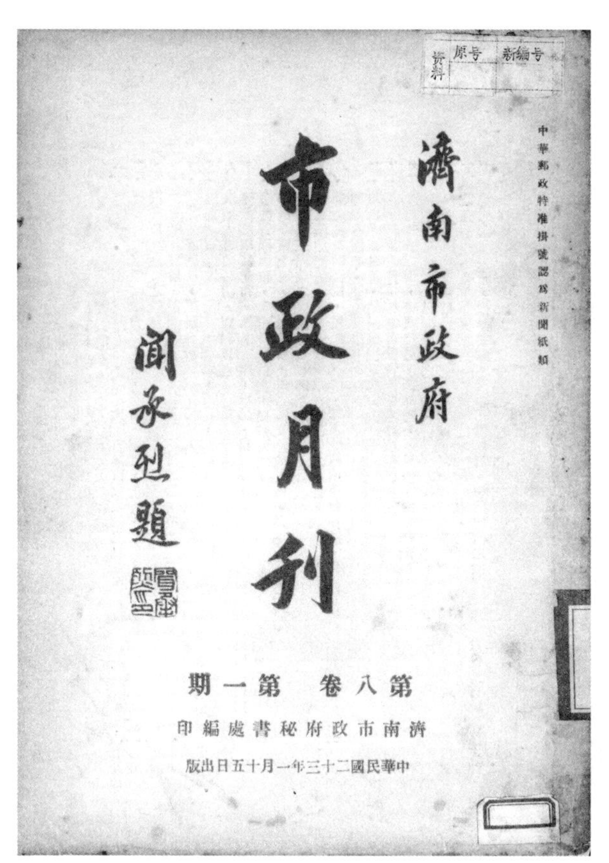

中華郵政特准掛號認爲新聞紙類

濟南市政府

市政月刊

聞承烈題

第八卷 第一期

濟南市政府秘書處編印

中華民國二十三年一月十五日出版

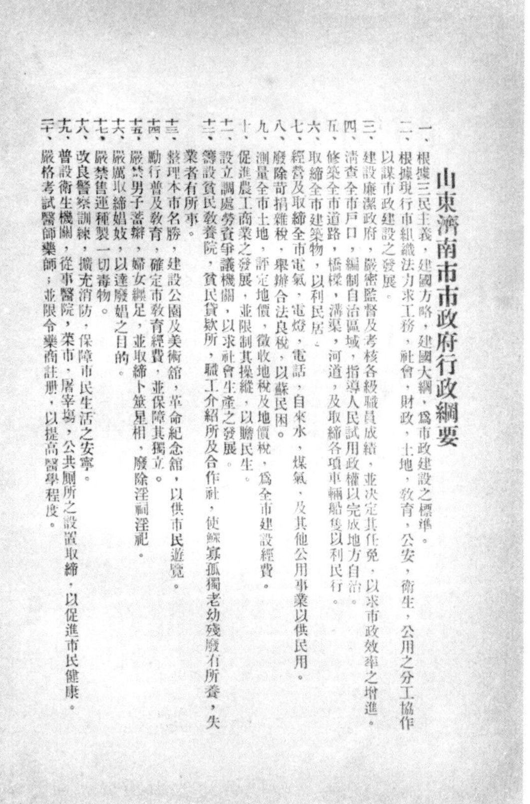

山東濟南市市政府行政綱要

一、根據三民主義，建國方略，建國大綱，爲市政建設之標準。
二、根據現行市組織法力求工務，社會，財政，土地，教育，公安，衛生，公用之分工協作以謀市政建設之發展。
三、建設廉潔政府，嚴密監督及考核各級職員成績，並決定其任免，以求市政效率之增進。
四、清查全市戶口，編制自治區域，指導人民試用政權以完成地方自治。
五、修築全市道路，橋樑，溝渠，河道，及取締各項車輛船隻以利民行。
六、取締全市建築物，以利民居。
七、經營及取締全市電氣，電燈，電話，自來水，煤氣，及其他公用事業以供民用。
八、廢除苛捐雜稅，舉辦合法良稅，以蘇民困。
九、測量全市土地，評定地價，徵收地稅及地價稅，爲全市建設經費。
十、促進農工商業之發展，並限制其操縱，以贍民生。
十一、設立調處勞資爭議機關，以求社會生產之發展。
十二、籌設貧民教養院，貧民貸欵所，職工介紹所及合作社，使鰥寡孤獨老幼殘廢有所養，失業者有所事。
十三、整理本市名勝，建設公園及美術館，革命紀念館，以供市民遊覽。
十四、勵行普及教育，確定市教育經費，並保障其獨立。
十五、嚴禁男子蓄辮，婦女纏足，並取締卜筮星相，廢除淫祠淫祀。
十六、嚴厲取締娼妓，以達廢娼之目的。
十七、嚴禁售運種製一切毒物。
十八、改良警察訓練，擴充消防，保障市民生活之安寧。
十九、普設衛生機關，從事醫院，菜市，屠宰塲，公共厠所之設置取締，以促進市民健康。
二十、嚴格考試醫師藥師；並限令藥商註册，以提高醫學程度。

13512

濟南市政府市政月刊第八卷第一期目錄

目錄 一

本市救濟事業實況

聞承烈

社會上有貧民之存在，乃社會之病態現象。欲袪此病態，使社會臻於繁榮之境，必須從事救濟。在貧民激增之今日，救濟事業尤爲重要。救濟之道約有兩端，即治本與治標是也。謀大局之隱定，生產業之發展，俾國民人人皆有職業，以解决個人及家庭之最低生活，使貧民無由發生，是爲治本。將現有之貧民集合於相當處所，與以衣食住之供給，除老弱殘廢者外，均授以謀生之技能，恢復其維持生存之能力，是爲治標。茲欲討論者，即治標之救濟辦法。因年來國內禍亂相尋，民生凋敝，農工商各業之破產者，日有增加，致失業人民充滯各地，此項失業游民以都市中爲最多。蓋由於鄉間之農民及小工商業者，受經濟蕭條之影響，一經破產後，惟有趨都市以謀出路。尚有一部份人則羨慕都市之繁榮，皆欲入都市享受較高之物質生活，此輩

論著 本市救濟事業實況 一

青潮月刊

王统照主编　青潮月刊社　青岛　1929年9月1日～1930年1月1日　1期～2期　月刊　23cm

该刊为青岛历史上的第一个文学期刊。以翻译作品、平民文学和儿童文学为侧重点。在创刊词《我们的意思》中说："我们想借文艺的力量来表现我们的思，感，与希望……在天风海水的浩荡中迸跃出这无力的一线青潮，也或是颇有兴致的事吧！……在这大时代中争着，奋跃着，挣扎着，呻吟着他们未来的运命。"该刊表现出了强烈的革命文学思想，刊登的文学作品反映社会基层的农民和小知识分子生活与状态。其中王统照的小说侧重山东乡土生活和激烈社会动荡中人的命运，其他作品以城市知识分子的灰色生活为主题。

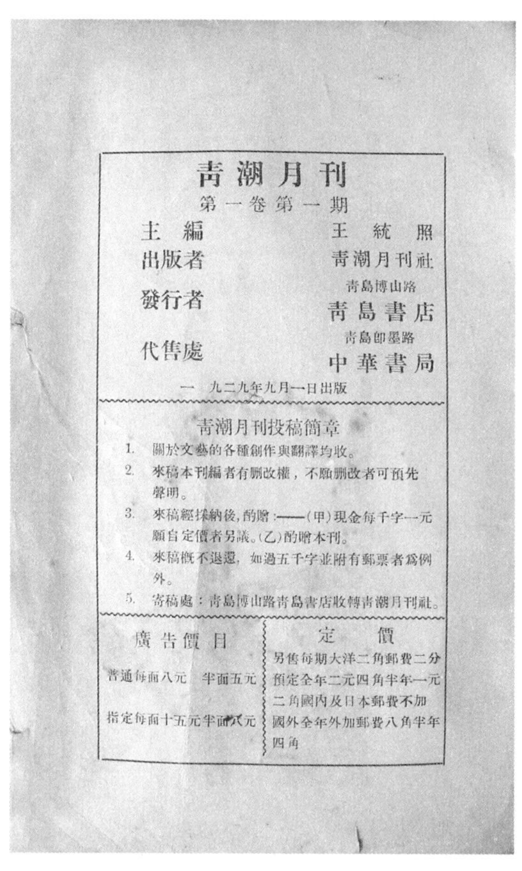

青潮月刊

第一卷第一期

主編　王統照

出版者　青潮月刊社

發行者　青島博山路　青島書店

代售處　青島卽墨路　中華書局

一九二九年九月一日出版

青潮月刊投稿簡章

1. 關於文藝的各種創作與翻譯均收。
2. 來稿本刊編者有删改權，不願删改者可預先聲明。
3. 來稿經採納後，酌贈：——(甲)現金每千字一元願自定價者另議。(乙)酌贈本刊。
4. 來稿概不退還，如過五千字並附有郵票者爲例外。
5. 寄稿處：青島博山路青島書店收轉青潮月刊社。

廣告價目

普通每面八元　半面五元

指定每面十五元半面八元

定價

另售每期大洋二角郵費二分預定全年二元四角半年一元二角國內及日本郵費不加國外全年外加郵費八角半年四角

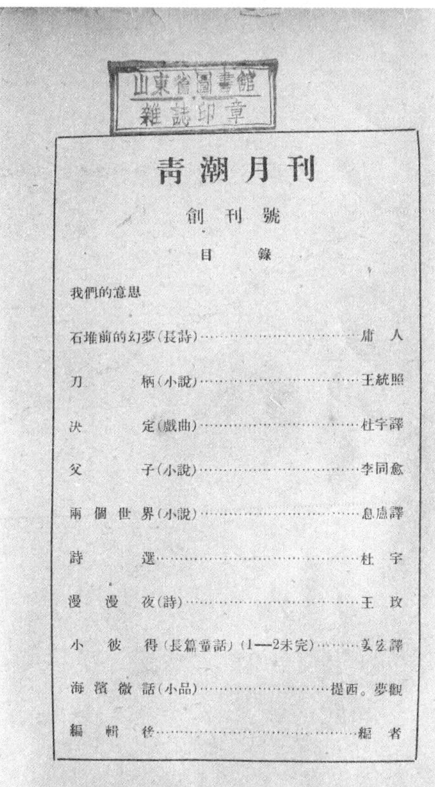

青潮月刊

創刊號

目錄

我們的意思

近二三年來定期刊物，眞的，如「雨後春筍」了，特別是所謂文藝刊物正各自在這大時代中爭着，奮躍着，掙扎着，呻吟着他們未來的運命。這究竟是一個蓬勃的現象。雖然在社會上，在思想上，在我們這樣民族的國家裏，而一切時代意識的認識已給予我們對於渺茫的前程有微光的啓示與希望。這是暴風雨後的澄明？或是暴風雨的前夜？誰敢說定。然而時代的飛濤確已迅疾地掠過了我們古舊思想的防岸，與捲沒了牠的荒蕪枯乾的平原，我們在此中洗浮？我們在此中隨流？還是我們在此中奔越呢？時代是無情的轉輪，自有天然的力之推動，但是我們呢？

光彩絢爛的微光正射在我們的遠處，時代思想更從無形

青岛教育

青岛市教育局编　编者刊　青岛　1929年10月～1929年12月　1卷1期～1卷3期；新1931年1月～1931年9月　新1期～2期；新1933年5月～1937年3月　新1卷1期～4卷9期；复刊1947年5月　1期　半月刊　26cm

该刊是教育刊物，旨在宣传推行政府教育法令，研究教育理论，介绍教育方法，报告教育实况，以促进教育的发展。栏目有《专载》《论著》《文艺》《杂俎》《介绍》等。该刊原为半月刊，自1931年1月起期数另起，自1933年3月起期数另起。自1933年12月新1卷7期起改为月刊。曾停刊，1947年复刊，期数另起。

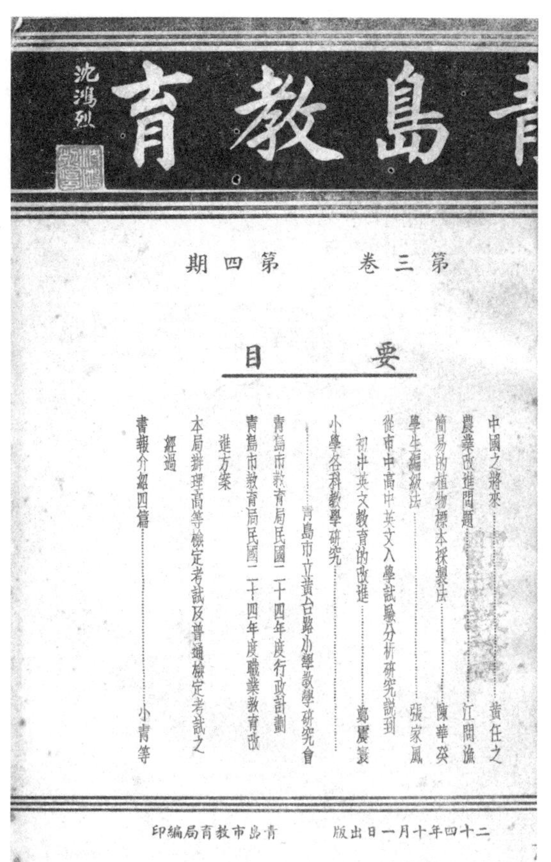

青島教育

沈鴻烈

第三卷 第四期

要目

二十四年十一月一日出版　青島市教育局編印

專載

中國之將來

——二十四年七月二十一日在青島市禮堂——

黄任之先生演講　鶴軒　家鳳筆記

諸位先生：

剛才聽到七十二歲沈老先生的懇切演講，發生了許多感想，現在跟着沈先生的話講下去，可是我的題目「中國之將來」所要説的話，都被沈先生説完了，我的話祇可説是把沈先生的話，引伸一下。

中國的現狀，危險極了！中國的將來，究竟怎樣還是很大的一個問題？解決這個問題，是我們全國國民任何一個人，都要負起責任來纔行。我在九一八事變幾個月以前，恰到日本去過，所看到的聽到的，受了很大刺激，那次也來過青島，回到上海，曾寫過一本黄海環游記，接着九一八事變就來了，因此我感覺到，照我的服務方針，還不足以救國，所以與中華職業教育社一般同志討論，把職業教育的意義，從局部的事業擴大到全社會全國家去，我呢

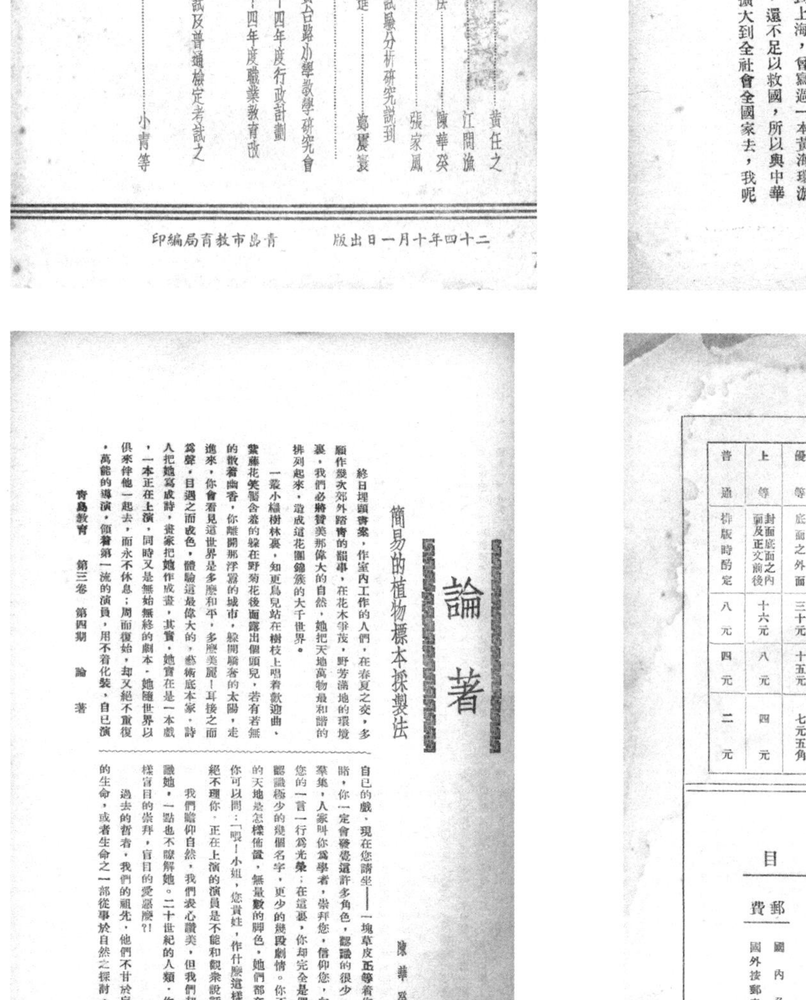

論著

簡易的植物標本採製法

陳華癸

終日埋頭書案，作室內工作的人們，在春夏之交，多願作幾次郊外踏青的韻事，在花木爭茂，野芳滿地的環境裏，我們必將贊美那偉大的自然，她把天地萬物最和諧的排列起來，造成這花團錦簇的大千世界。

一叢小橘樹林裏，知更鳥兒站在樹枝上唱着歡迎曲，紫藤花笑靨含羞的躲在野菊花後面露出個頭兒，若有若無的散着幽香，你離開那浮囂的城市，躲開驕奢的太陽，走進來，你會看見這世界是多麼和平，多麼美麗！耳接之而爲聲，目遇之而成色，體驗這最偉大的，藝術底本家，詩人把她寫成詩，畫家把她作成畫，其實，她實在是一本戲，一本正在上演，同時又是無始無終的劇本，她隨世界以俱來伴他一起去，而永不休息；周而復始，却又絕不重復，萬能的導演，領着第一流的演員，用不着化裝，自已演自已的戲，現在您請坐——一塊草皮正等着您；靜觀而默睹，你一定會發覺這許多角色，認識的很少，即使您博覽羣集，人家叫你爲學者，崇拜您，信仰您，向您求教，引您的一言一行爲光榮；在這裏，你却完全是個蠢漢，你只認識極少的幾個名字，更少的幾段劇情。你不知道這盤個的天地是怎樣佈置，無量數的脚色，她們都在演些什麼，你可以問：「喂！小姐，您貴姓，作什麼這樣忙呀?!」但她絕不理你，正在上演的演員是不能和觀衆説話的！

我們瞻仰自然，我們衷心讚美，但我們却一點也不認識她，一點也不瞭解她。二十世紀的人類，你們甘心於這樣盲目的崇拜，盲目的愛慕麼?!

過去的哲者，我們的祖先，他們不甘於盲目，以整個的生命，或者生命之一部從事於自然之探討，努力底研究

廣告刊例

一，廣告概用白紙黑字。

二，廣告連登三個月者照九折計算；連登半年八折計算；連登一年七折計算。

三，廣告如需圖版，可由本刊代辦，製版費照收。

四，廣告所用文字，中西皆可。

廣告價目表

等級	地位	價目 全面	價目 半面	價目 四分之一面
優等	底面之外面	三十元	十五元	七元五角
上等	封面底面之內面及正文前後	十六元	八元	四元
普通	排版時酌定	八元	四元	二元

編輯者：張家鳳
發行者：青島市教育局
印刷者：青島興華印刷局
代售處：青島中華書局

價目

定價		郵費	
每期	二角	國內	免收
全年	二元	國外	按郵章照加

山东建设月刊

山东省政府建设厅编辑处编　编者刊　济南　1929年10月～1930年3月　1期～6期；复刊1931年1月~1934年12月　1卷1期~4卷2期　月刊　26cm

该刊刊登有关建设厅及所属各机关建设进行之状况及关于建设事业学理研究的文章，主要是介绍山东省的建设情况，如航运、水利、电力、运输及相关法规、省财政情况等。栏目有《图画》《论著》《法规》《公牍》《计划》《提案》《专载》《命令》《统计》《要闻》《转载》《附录》等。

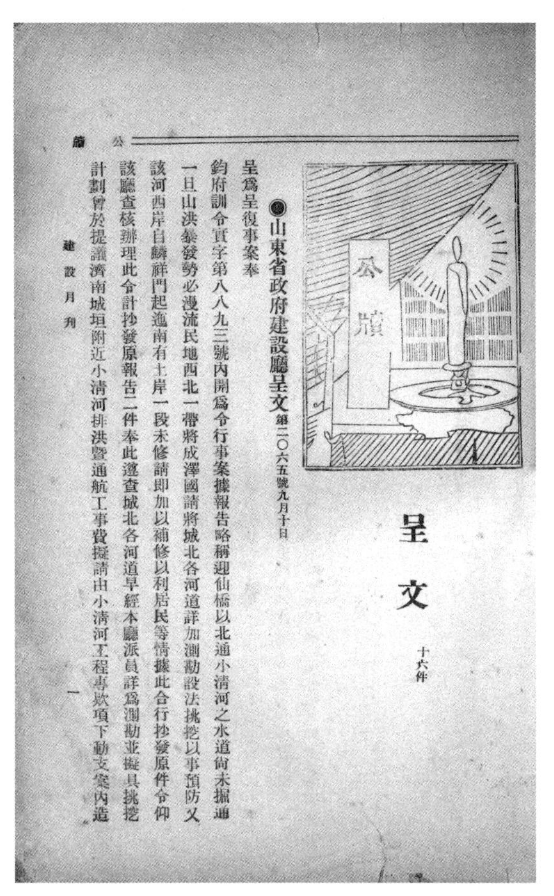

呈文

十六件

山東省政府建設廳呈文第二〇六五號九月十日

呈爲呈復事案奉

鈞府訓令實字第八八九三號內開爲令行事案據報告略稱迎仙橋以北通小清河之水道尚未掘通一旦山洪暴發勢必漫流民地西北一帶將成澤國請將城北各河道詳加測勘設法挑挖以事預防又該河西岸自麟祥門起迤南有土岸一段未修請即加以補修以利居民等情據此合行抄發原件令仰該廳查核辦理此令計抄發原報告二件奉此遵查城北各河道早經本廳派員詳爲測勘並擬具挑挖計劃曾於提議濟南城垣附近小清河排洪暨通航工事費擬請由小清河工程專欵項下動支案內造

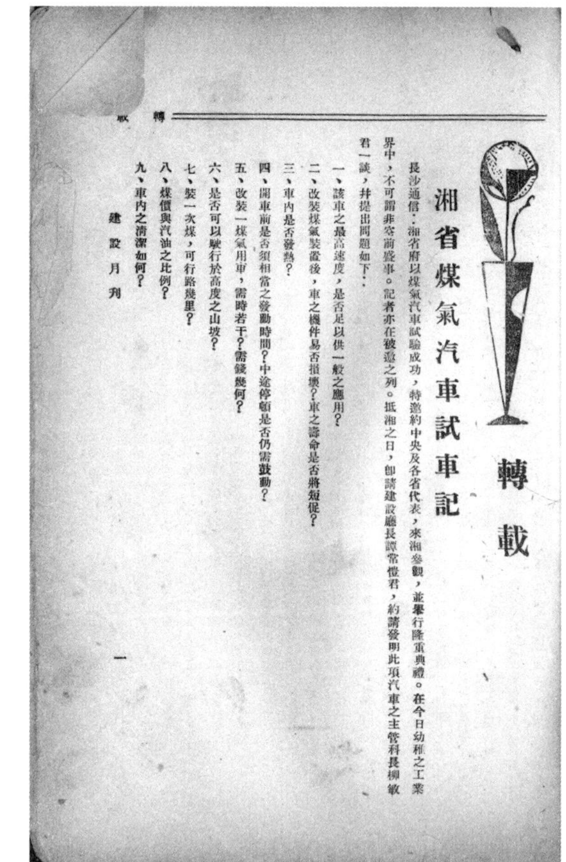

轉載

湘省煤氣汽車試車記

長沙通信：湘省府以煤氣汽車試驗成功，特邀約中央及各省代表，來湘參觀，並舉行隆重典禮。在今日幼稚之工業界中，不可謂非空前盛事。記者亦在被邀之列。抵湘之日，卽請建設廳長譚常愷君，約請發明此項汽車之主管科長柳敏君一談，并提出問題如下：

一、該車之最高速度，是否足以供一般之應用？

二、改裝煤氣裝置後，車之機件易否損壞？車之壽命是否將短促？

三、車內是否發熱？

四、開車前是否須相當之發動時間？中途停頓是否仍需鼓動？

五、改裝一煤氣用車，需時若干？需錢幾何？

六、是否可以駛行於高度之山坡？

七、裝一次煤，可行路幾里？

八、煤價與汽油之比例？

九、車內之清潔如何？

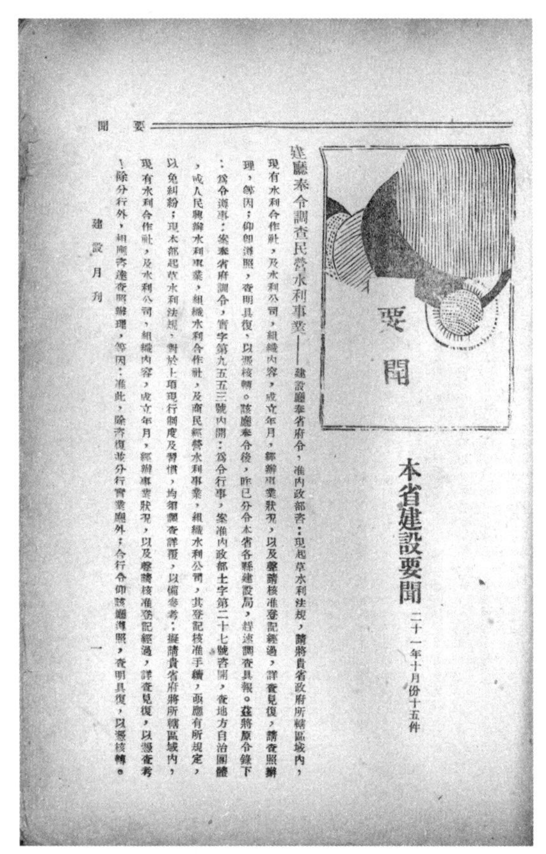

本省建設要聞

二十一年十月份十五件

建廳奉令調查民營水利事業——建設廳奉省府令，准內政部咨：現起草水利法規，請將貴省政府所轄區域內，現有水利合作社，及水利公司，組織內容，成立年月，經辦事業狀況，以及聲請核准登記經過，詳查見復，請查照辦理，等因；仰卽遵照，查明具復，以憑核轉。該廳奉令後，昨已分令本省各縣建設局，趕速調查具報。茲將原令錄下：爲令遵事：案奉省府訓令，實字第九五五三號內開：爲令行事，案准內政部土字第二十七號咨開，查地方自治團體，或人民興辦水利事業，組織水利合作社，及商民經營水利事業，組織水利公司，其登記核准手續，亟應有所規定，以免糾紛；現本部起草水利法規，對於上項現行制度及習慣，均須調查詳覆，以備參考；擬請貴省府將所轄區域內，現有水利合作社，及水利公司，組織內容，成立年月，經辦事業狀況，以及聲請核准登記經過，詳查見復，以憑查考，除分行外，相應咨達查照辦理，等因；准此，除咨復並分行實業廳外；合行令仰該廳遵照，查明具復，以憑核轉。

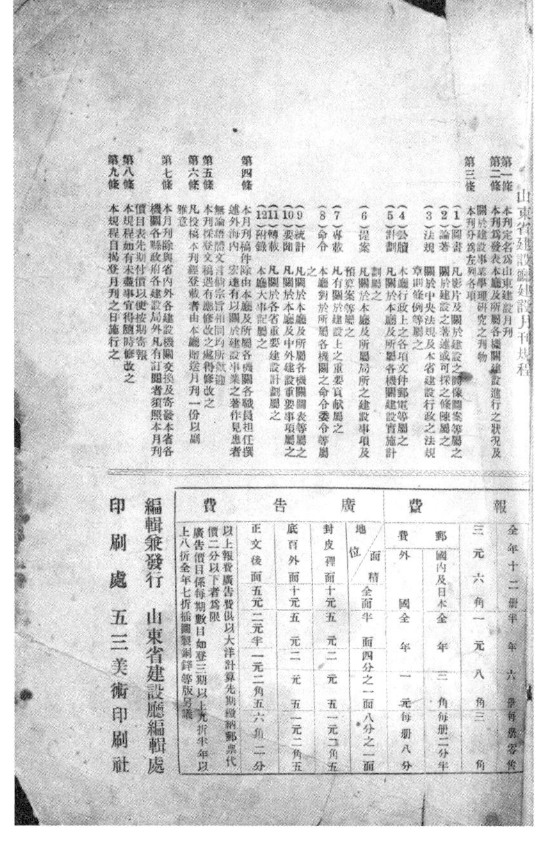

山東省建設廳建設月刊規程

第一條　本刊定名爲山東建設月刊

第二條　本刊爲發表本廳及所屬各機關建設進行之狀況及關於建設事業學理研究之刊物

第三條　本刊分爲左列各項

（1）圖畫　凡影片及關於建設之圖像圖案等屬之

（2）論著　關於建設之著述或可採之條陳屬之

（3）法規　關於中央法規及本省建設行政之法規章則條例等屬之

（4）公牘　本廳行政上之各項文件郵電等屬之

（5）計劃　凡關於本廳及所屬各機關建設實施計劃屬之

（6）提案　凡關於本廳及所屬局所之建設事項及預算案等屬之

（7）專載　凡有關於建設上之重要貢獻屬之

（8）命令　本廳對於所屬各機關之命令委令等屬之

（9）統計　凡關於本廳及所屬各機關圖表等屬之

（10）要聞　凡關於本廳及中外建設重要事項屬之

（11）轉載　凡關於各省重要建設計劃屬之

（12）附錄　本廳大事記屬之

第四條　本月刊稿件除由本廳及所屬各機關各職員担任撰述外海內宏達有以關於建設事業之著作見惠者無論語體文言倘宗旨相同均所歡迎

第五條　本刊採登文稿遇有應修改之處得修改之

第六條　凡投稿本刊經登載者由本廳贈送月刊一份以酬雅意

第七條　本月刊除與省內外各建設機關交換及寄發本省各機關各縣政府各建設局外凡有訂閱者須照本月刊價目表先期付價以便按期寄報

第八條　本規程如有未盡事宜得隨時修改之

第九條　本規程自揭登月刊之日施行之

報費	
全年十二冊	三元六角
半年六冊	一元八角
每冊零售	三角

郵費	全年	每冊
國內及日本	三角	二分半
國外	一元	八分

廣告費 地位＼面積	全面	半面	四分之一面	八分之一面
封皮裡面	十元	五元	二元五	一元二角五
底頁外面	十元	五元	二元五	一元二角五
正文後面	五元	二元半	一元二角五	六角二分

以上報費廣告費俱以大洋計算先期繳納郵票代價二分以下者爲限廣告價目係每期數目如登三期以上九折半年以上八折全年七折插圖製銅鋅等版另議

編輯兼發行　山東省建設廳編輯處

印刷處　五三美術印刷社

期刊之部（二）

山东建设公报

山东省政府建设厅编辑处编　编者刊　济南　1929年10月6日～1936年3月25日　1期～286期　周刊　26cm

该刊是建设刊物，是国民党山东省政府建设厅机关刊物。以汇集中央与地方法规、命令及山东省经济建设情况为主。栏目有《法规》《命令》《公牍》《工作报告》等。

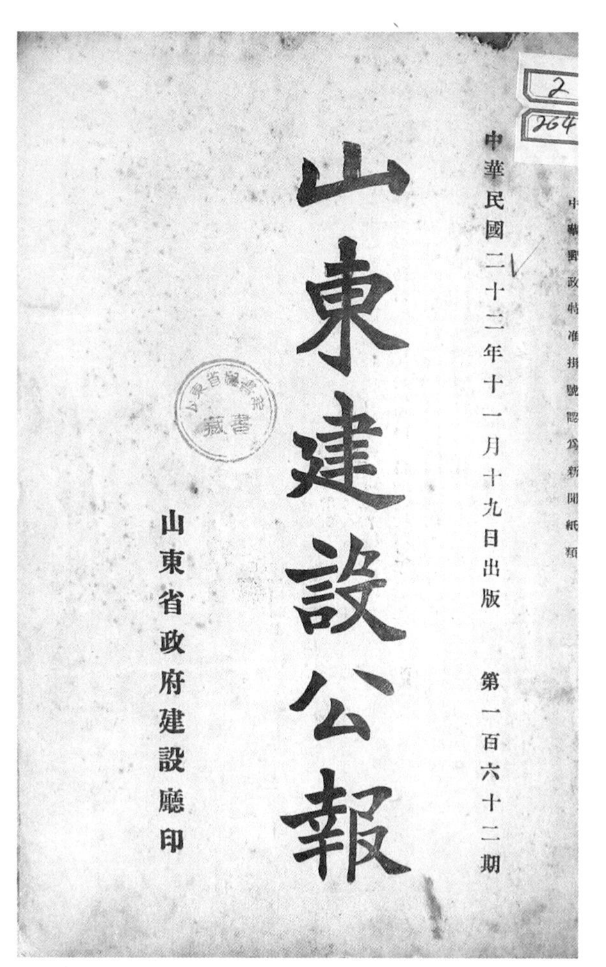

山東建設公報

中華民國二十二年十一月十九日出版　第一百六十二期

中華郵政特准掛號認為新聞紙類

山東省政府建設廳印

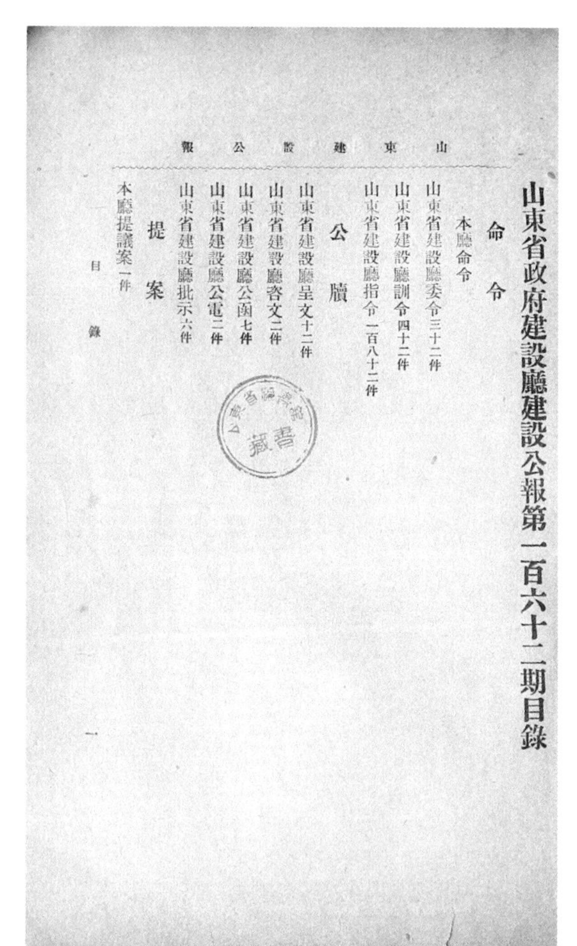

山東省政府建設廳建設公報第一百六十二期目錄

編輯者	山東省政府建設廳編輯處
發行者	山東省政府建設廳編輯處
印刷者	濟南五三美術印刷社（社址普利門外新市場斜對過　電話二〇五七號）
期數	每週一期　全年五十二期
定價	零售每期一角　半年共洋二元六角　全年洋五元二角
郵費	國內不收郵費　國外加收郵費

中華民國二十二年十一月十九日出版

青岛市公安局行政年刊

青岛市公安局编　编者刊　青岛　1930 年～1935 年　1 期～6 期　年刊　27cm

该刊是警务刊物。内容主要为记载每一行政年度的警政事务，包括《行政计划》《工作报告》（包括警务、保安、交通、卫生、户籍等方面工作）《司法重要案件》《会议》《教育》《财政》《统计》等专栏，对当地的治安、民政、人口变化有详细的记录。

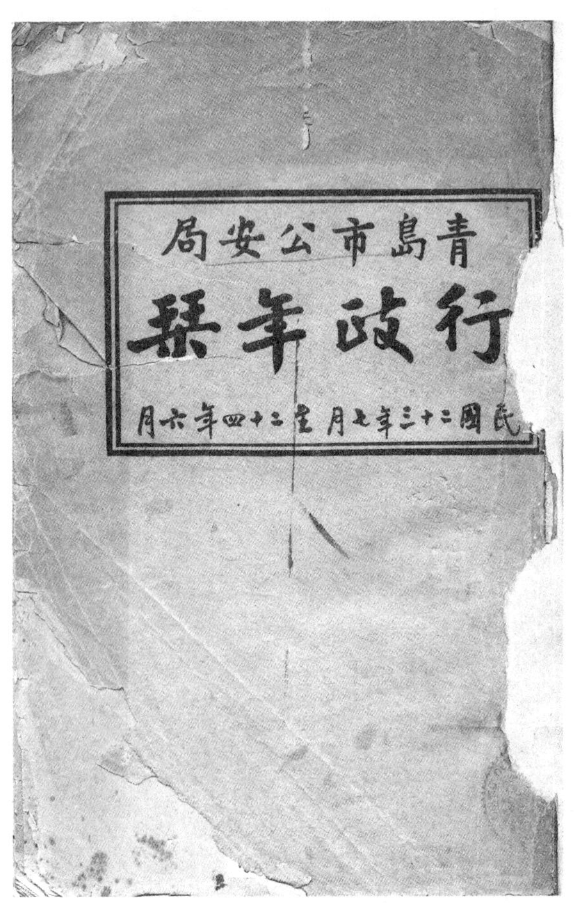

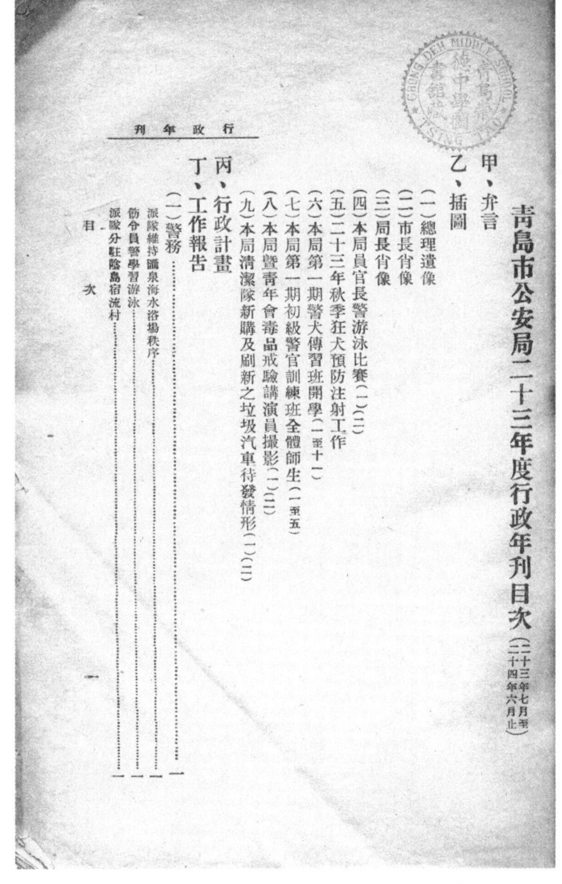

行政年刊

青島市公安局二十三年度行政年刊目次（二十三年七月至二十四年六月止）

目次　一

铁工

胶济铁路工会理事会宣传科编　胶济铁路工会理事会［发行］［出版地不详］ 1930年～［终刊日期不详］［总期数不详］ 旬刊　22cm

该刊栏目有《小评》《论坛》《杂俎》《专载》等。

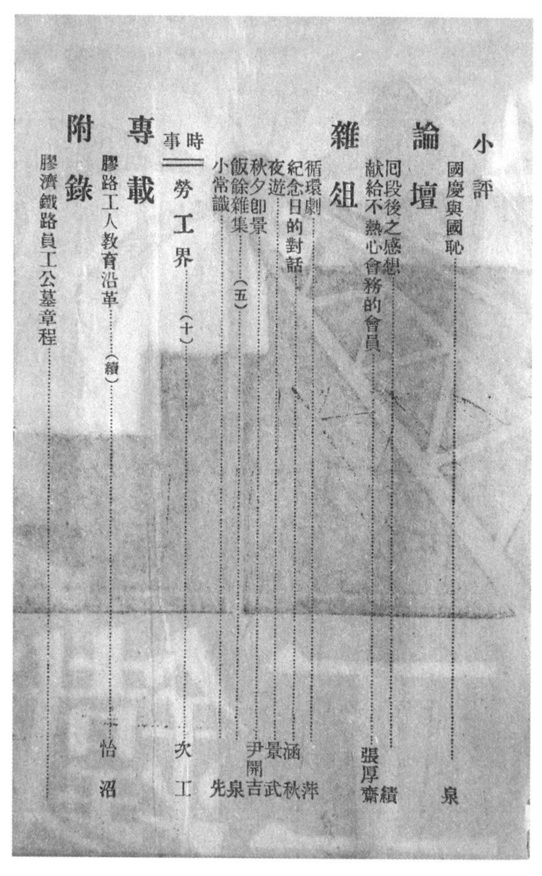

小評

論壇

雜俎

時事

專載

附錄

训练月刊（青岛）

中国国民党青岛特别市党务指导委员会训练部编　编者刊　青岛　1930年1月～［1930年2月］　1期～［2期］　月刊　27cm

该刊是党化教育刊物。旨在对党员进行党化教育，对非党团体则根据中央规定、民众训练方案指导训练。内容主要分《论著》《转载》《部务》三部分，刊登有关阐扬国民党主义政纲政策的论文、关于党员训练的理论与实施的研究、关于民众团体训练的理论与实施的研究、关于革命的著作。

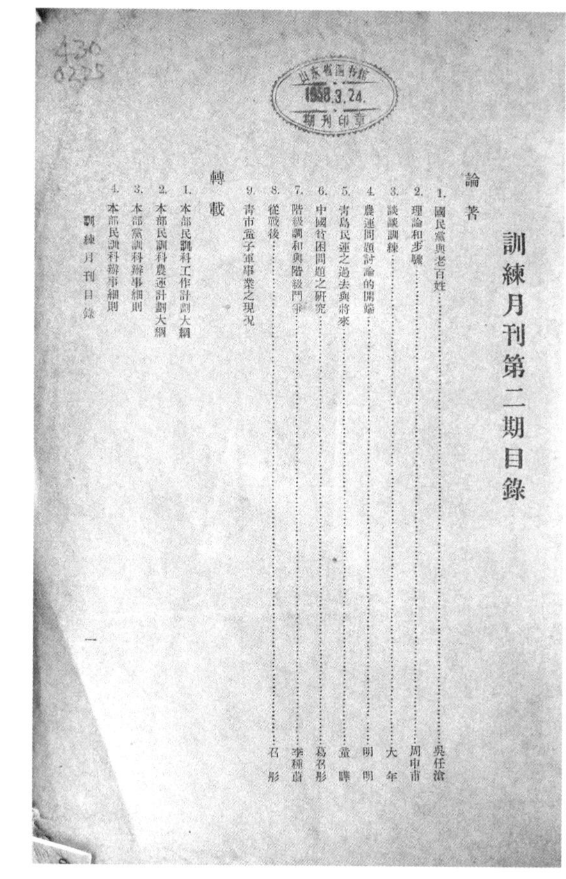

訓練月刊第二期目錄

論著

轉載

訓練月刊目錄　一

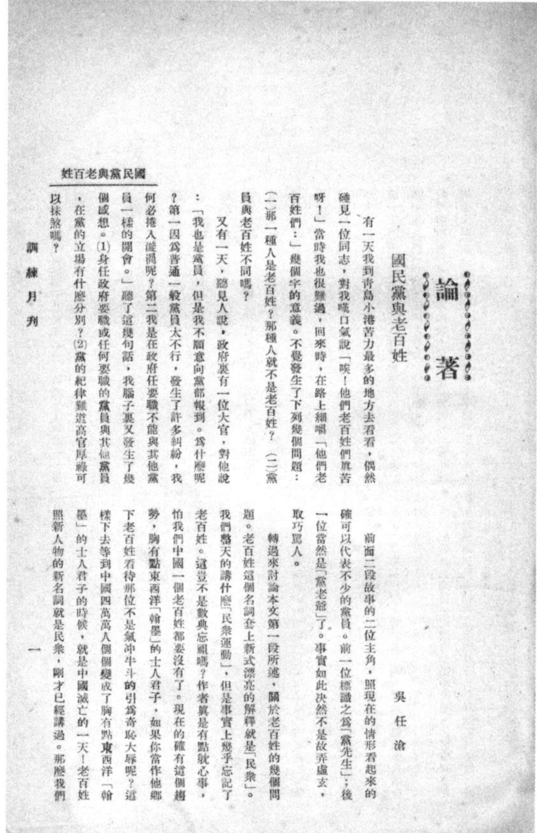

論著

國民黨與老百姓

吳任滄

有一天我到青島小港苦力最多的地方去看看，偶然碰見一位同志，對我嘆口氣說「唉！他們老百姓們眞苦呀！」當時我也很難過，回來時，在路上細嚼「他們老百姓們……」幾個字的意義。不覺發生了下列幾個問題：(一)那一種人是老百姓？那種人就不是老百姓？(二)黨員與老百姓不同嗎？

又有一天，聽見人說，政府裏有一位大官，對他說：「我也是黨員，但是我不願意向黨部報到。爲什麼呢？第一因爲普通一般黨員太不行，發生了許多糾紛，我何必捲入漩渦呢？第二我是在政府任要職不能與其他黨員一樣的開會。」聽了這幾句話，我腦子裏又發生了幾個感想。(1)身任政府要職或任何要職的黨員與其他黨員，在黨的立場有什麼分別？(2)黨的紀律難道高官厚祿可以抹煞嗎？

前面二段故事的二位主角，照現在的情形看起來的確可以代表不少的黨員。前一位標識之爲「黨先生」；後一位當然是「黨老爺」了。事實如此決然不是故弄虛玄，取巧罵人。

轉過來討論本文第一段所述，關於老百姓的幾個問題。老百姓這個名詞套上新式漂亮的解釋就是「民衆」。我們整天的講什麼「民衆運動」，但是事實上幾乎忘記了老百姓。這豈不是數典忘祖嗎？作者眞是有點耽心事，怕我們中國一個老百姓都要沒有了。現在的確有這個趨勢，胸有點東西洋「翰墨」的士人君子，如果你當作他鄉下老百姓看待那位不是氣冲牛斗的引爲奇恥大辱呢？這樣下去等到中國四萬萬人個個變成了胸有點東西洋「翰墨」的士人君子的時候，就是中國滅亡的一天！老百姓照新人物的新名詞就是民衆，剛才已經講過。那麼我們

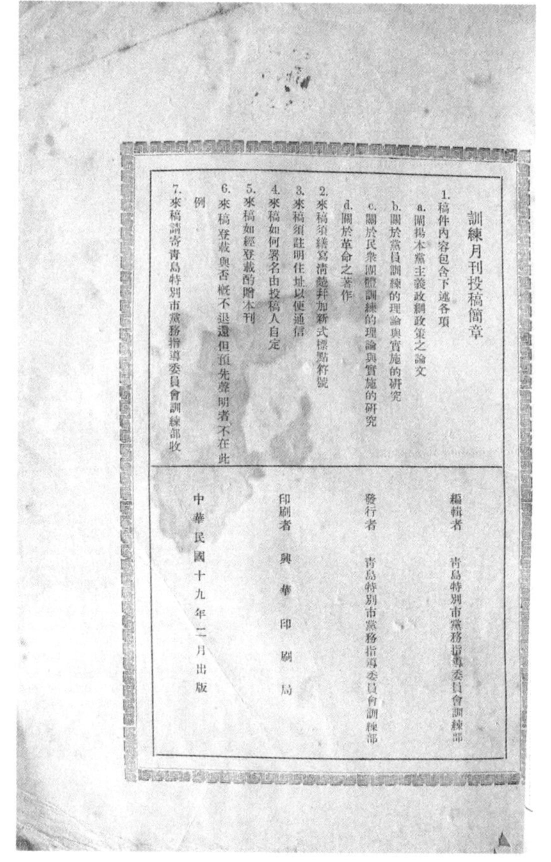

訓練月刊投稿簡章

1. 稿件內容包含下述各項
   a. 闡揚本黨主義政綱政策之論文
   b. 關於黨員訓練的理論與實施的研究
   c. 關於民衆團體訓練的理論與實施的研究
   d. 關於革命之著作
2. 來稿須繕寫淸楚幷加新式標點符號
3. 來稿須註明住址以便通信
4. 來稿如何署名由投稿人自定
5. 來稿如經登載酌贈本刊
6. 來稿登載與否概不退還但預先聲明者不在此例
7. 來稿請寄青島特別市黨務指導委員會訓練部收

編輯者　青島特別市黨務指導委員會訓練部
發行者　青島特別市黨務指導委員會訓練部
印刷者　興華印刷局
中華民國十九年二月出版

济南市公安局公安月刊

济南市公安局秘书处编　编者刊　济南　1930年1月～1935年　1卷1期～5卷12期　月刊　26cm

该刊以提高警察知识、讨论警察生活、研究警务学术为主旨。报告该局施政状况、征集市民意见、讨论公安各项问题、研究公安问题，刊登有关公安论说、译述、公文、公函与布告，并附有省主席、市长、公安局长等照片。栏目有《插图》《论著》《警察之路》《警察喉舌》《法规》《命令》《公牍》《图表》《报告》《纪录》。

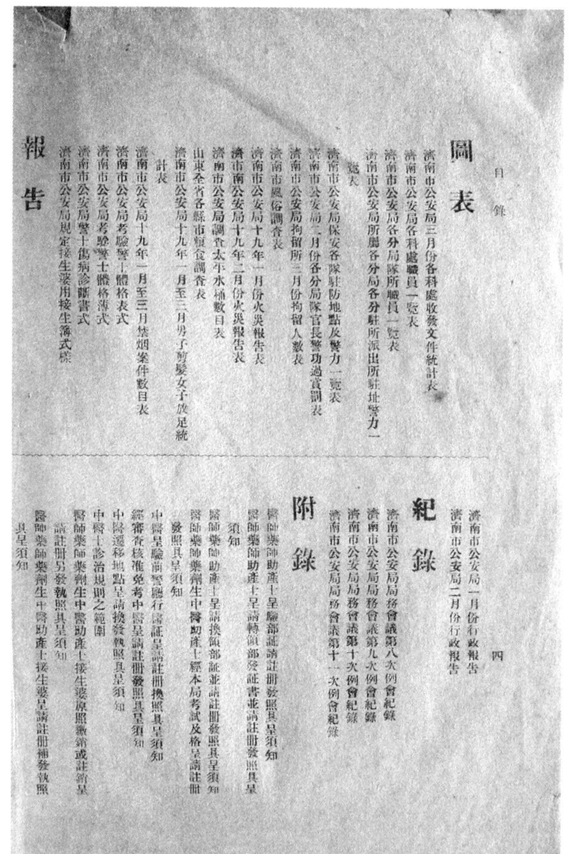

目錄

圖表

報告

紀錄

附錄

城內第一分局局長陳樹濤

城內第二分局局長史緯元

城內第三分局局長陳覲成

城外第一分局局長隋得功

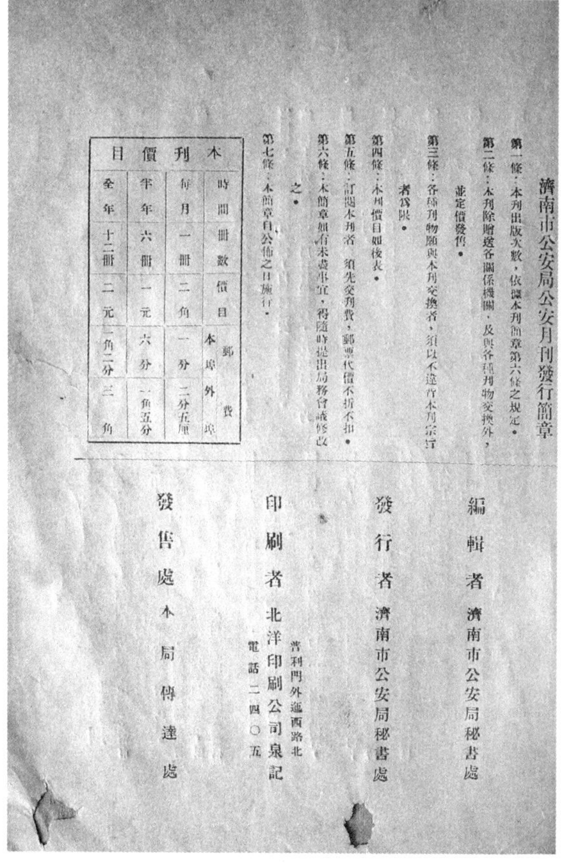

濟南市公安局公安月刊發行簡章

第一條：本刊出版次數，依照本刊簡章第六條之規定。

第二條：本刊除贈送各關係機關，及與各種刊物交換外，並定價發售。

第三條：各種刊物願與本刊交換者，須以不違背本刊宗旨者爲限。

第四條：本刊價目如後表。

第五條：訂閱本刊者，須先交刊費，郵票代價不折不扣。

第六條：本簡章如有未盡事宜，得隨時提出局務會議修改之。

第七條：本簡章自公佈之日施行。

本刊價目

時間	冊數	價目	郵費 本埠	郵費 外埠
每月	一冊	二角	一分	二分五厘
半年	六冊	一元	六分	一角五分
全年	十二冊	二元	一角二分	三角

編輯者 濟南市公安局秘書處
發行者 濟南市公安局秘書處
印刷者 北洋印刷公司泉記 普利門外運西路北 電話二四〇五
發售處 本局傳達處

民众教育月刊

山东省立民众教育馆出版部编　编者刊　济南　1930 年 1 月～1930 年 4 月　1 卷 1 期～1 卷 4 期；复刊 1931 年 8 月～1932 年　2 卷 1 期～3 卷　月刊　23cm　由《山东民众教育月刊》继承

该刊以研究民众教育的理论、探讨民众教育的方法为已任，是研究社会教育理论、探讨社会教育方法、传播社会教育消息的专业刊物。由梁荣若担任编辑部主编，1930 年 1 月创刊，出版四期停刊。1931 年 8 月，在建馆两周年纪念之日复刊，刊期标注为第 2 卷第 1 期。从 1933 年第 4 卷第 1 期起更名为《山东民众教育月刊》。出版过专刊，如《本馆二周年纪念专号》《山东社会教育专号》等。

第三卷第六期目錄

山東社會教育專號（廿一年六月出版）

一

過去四年的山東社會教育

何思源

社會教育的目的，在補助民衆知識，指導民衆生計，强大民衆體魄，建立社會文化的中心，培養民衆優美的德性與感情。牠的性質在政治上，可以爲行政的匡導，政策的宣傳。在社會上，可以養成良好的風俗，造成堅固的權威，齊一民衆的視聽，彌補各方面的缺陷。所以社會教育是訓政時期國家各種設施唯一的利器，是全國民衆唯一的好朋友！

但是這種偉大的目的與作用，一般人對於他的認識很淺。就山東說，四年以前的社會教育，在濟南方面，只有一個半公半私的社會教育經理處，一個有名無實的巡迴講演團，一個設備毫無的體育場。省立圖書館，並不屬于教育廳，只是政客名流的養老機關。至于各縣的社會教育，除了講

一

編輯後記

編這本專號的目的在系統報告本省社教概況，檢查過去已有的事業，探討將來改進的方針。全省辦理社教的人可以把這次結賬作爲反省的機會，同時也供給國內外社教專家以指導批評的資料。

事業的甘苦成敗，不是親身從事的人說不出來，所以決定出這個專號以後，便請全省社教負責的人一齊動員，承各方的不棄，何廳長以及省市縣社教負責同志或寵賜宏文，或代填表格，居然在兩月內完成全省調查，實在是本刊的榮幸。

因爲時間限制，本省將辦的新社教事業如民衆實驗學校，鄉村民教實驗區，以及本舘打算辦的通俗講演人員訓練班等都沒有能記述進去，烟台青島等重要城市的社教調查，青島大學齊魯大學的擴充教育，也因搜集資料困難，暫付闕如。各縣的社教調查因爲以民衆教育舘爲中心，也不免有掛漏之處，這些只有以後再補充了。

省立圖書館王館長本來還答應寫一篇圖書館設施概況，因爲時間限制，沒有能如願，這自然是本刊一種缺陷。不過保古與存古也是圖書館三年來一部分很重要的工作。窺豹一斑，從這一方面的活動，我們也可以想像圖書館整個的事業了。

各縣民教事業的調查統計，因爲工作太繁重，作的人又少，出版期又迫促，數目字如有錯誤的地方，望通函示知，當隨時訂正。

本期因超過原定分量甚多，印刷困難，出版略有衍期。下期業已趕印，仍可按期出版。再本期因收稿先後不齊，目錄次序及頁數略有更易，請讀者原諒！

二五五

本刊徵稿簡章

一・本刊歡迎關於民衆教育之論著，調查，報告等稿件。

二・來稿請繕寫清楚，並加新式標點，最好照本刊行款繕寫。

三・投寄譯稿，務請附寄原文。如原文不便寄送，請將原著者姓名，出地及年月詳細開列。

四・來稿長在三千字以上者。如不登載，當負責退還。

五・來稿請註明眞姓名及詳細地址，以便通訊。

六・來稿遇必要時，本刊得酌爲增删。不願者請聲明。

七・來稿一經採用，當酌贈本刊，並依其性質每千字酌酬現金一元至三元。

八・來稿請寄濟南貢院牆根街山東省立民衆教育舘出版部編輯處。

定價　每册一角五分，半年八角，全年一元五角，郵費在內。

編輯者　山東省立民衆教育舘出版部　濟南貢院牆根街

發行者　山東省立民衆教育舘出版部　電話一千零九十二號

印刷者　濟南慈濟印刷所　濟南商埠二大馬路緯一路　電話一千九百二十二號

分售處
濟南　商務印書舘　世界書局　午夜書店　東方書店　中山書店
北平　東安市場佩文齋　勸業場四友書社　和平門文化學社
保定　翠玉山房　世界圖書社
天津　直隸書局　百城書店
南京　花牌樓南京書店　翠賢書店

山东民众教育月刊

山东省立民众教育馆编　山东省立民众教育馆发行处［发行］　济南　1933年～1937年6月　4卷1期～8卷6期　月刊　24cm　继承《民众教育月刊》

该刊为教育刊物，先后由梁荣若、萧迪忱、朱智贤担任主编。主要刊登中国各地民众教育、社会教育、乡村教育、职业教育的论述、译述，另不定期出版专号，如《民众戏剧专号》等。

中華郵政特准掛號認爲新聞紙類

山東

Shandong

民衆教育月刊

Minjonq Jiawyuh Yuehkan

第五卷

第七期要目

（民國二十三年九月）

山東省立民衆教育館編印

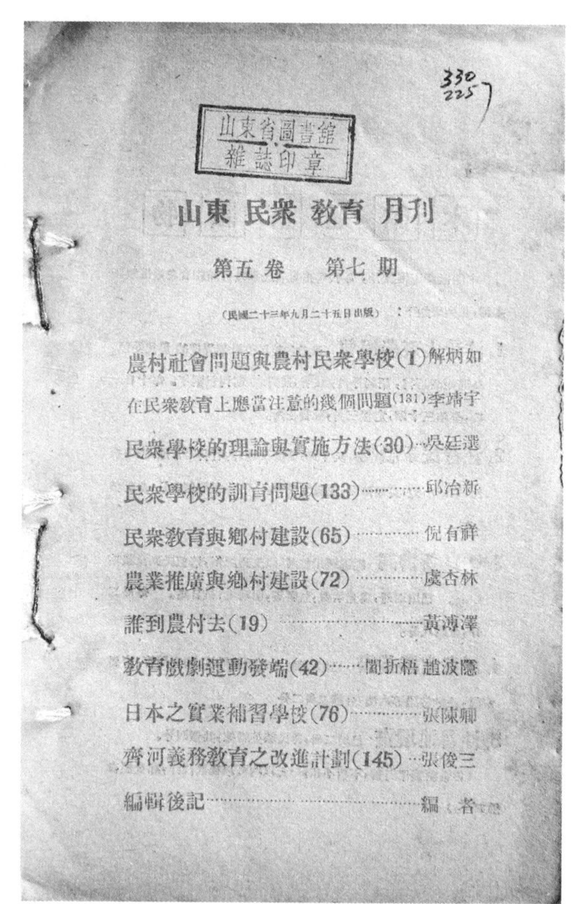

山東 民衆 教育 月刊

第五卷 第七期

（民國二十三年九月二十五日出版）

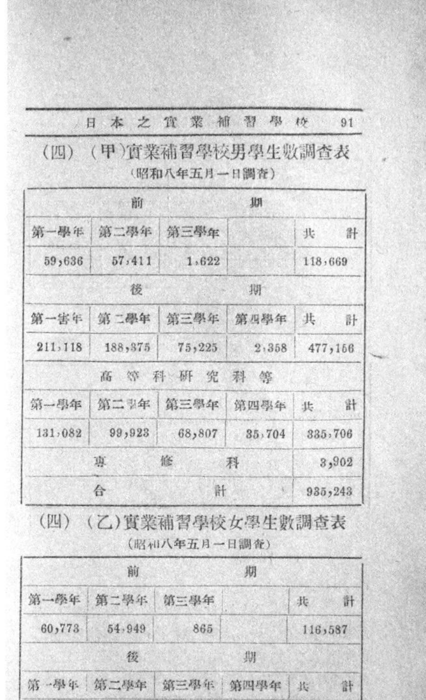

日本之實業補習學校 91

(四) (甲)實業補習學校男學生數調查表

(昭和八年五月一日調查)

前期				
第一學年	第二學年	第三學年		共計
59,636	57,411	1,622		118,669
後期				
第一害年	第二學年	第三學年	第四學年	共計
211,118	188,375	75,225	2,358	477,156
高等科研究科等				
第一學年	第二學年	第三學年	第四學年	共計
131,082	99,923	68,807	35,704	335,706
專修科				3,902
合計				935,243

(四) (乙)實業補習學校女學生數調查表

(昭和八年五月一日調查)

前期				
第一學年	第二學年	第三學年		共計
60,773	54,949	865		116,587
後期				
第一學年	第二學年	第三學年	第四學年	共計
126,469	102,680	24,648	506	254,303

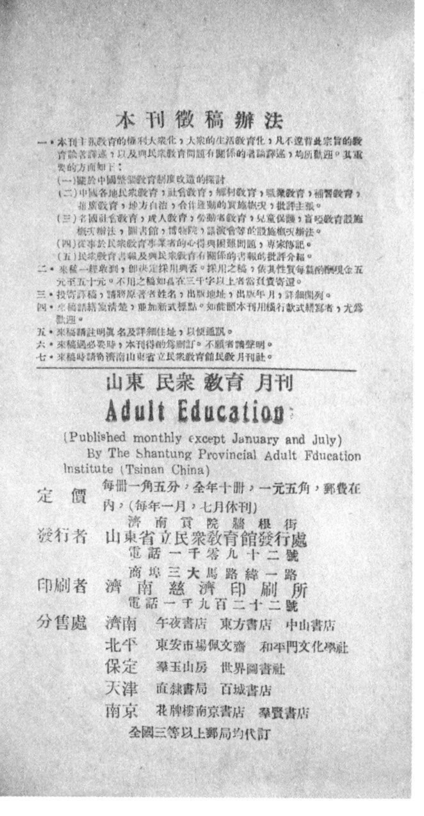

本刊徵稿辦法

一·本刊主張教育的權利大衆化，大衆的生活教育化，凡不違背此宗旨的教育論著譯述，以及與民衆教育問題有關係的著論譯述，均所歡迎。其重要的方面如下：

(一)關於中國整個教育制度改造的探討

(二)中國各地民衆教育，社會教育，鄉村教育，職業教育，補習教育，推廣教育，地方自治，合作運動的實施概況，批評主張。

(三)各國社會教育，成人教育，勞動者教育，兒童保護，盲啞教育設施概況辦法，圖書館，博物院，講演會等的設施概況辦法。

(四)從事於民衆教育事業者的心得與困難問題，專家傳記。

(五)民衆教育書報及與民衆教育有關係的書報的批評介紹。

二·來稿一經收到，即決定採用與否。採用之稿，依其性質每篇酌酬現金五元至五十元。不用之稿如爲在三千字以上者當負責寄還。

三·投寄譯稿，請將原著者姓名，出版地址，出版年月，詳細開列。

四·來稿請繕寫清楚，並加新式標點。如能照本刊用橫行款式繕寫者，尤爲歡迎。

五·來稿請註明眞名及詳細住址，以便通訊。

六·來稿認必要時，本刊得酌爲删訂。不願者請聲明。

七·來稿時請寄濟南山東省立民衆教育館民教月刊社。

山東 民衆 教育 月刊

Adult Education

(Published monthly except January and July)
By The Shantung Provincial Adult Fducation Institute (Tsinan China)

定價 每册一角五分，全年十册，一元五角，郵費在內，(每年一月，七月休刊)

發行者 濟南貢院牆根街 山東省立民衆教育館發行處 電話一千零九十二號

印刷者 商埠三大馬路緯一路 濟南慈濟印刷所 電話一千九百二十二號

分售處 濟南 午夜書店 東方書店 中山書店
北平 東安市場佩文齋 和平門文化學社
保定 羣玉山房 世界圖書社
天津 直隸書局 百城書店
南京 花牌樓南京書店 羣賢書店

全國三等以上郵局均代訂

山东省第一届县长考试特刊

山东省县长考试筹备委员会编　编者刊　济南　1930年2月　总1期　特刊　26cm

该刊是考试特刊，是国民党山东省第一届县长考试筹委会文件汇编。主要内容有筹委会组织条例、筹委会会议录、招考布告、试题、榜示及各种考试报名统计图表。

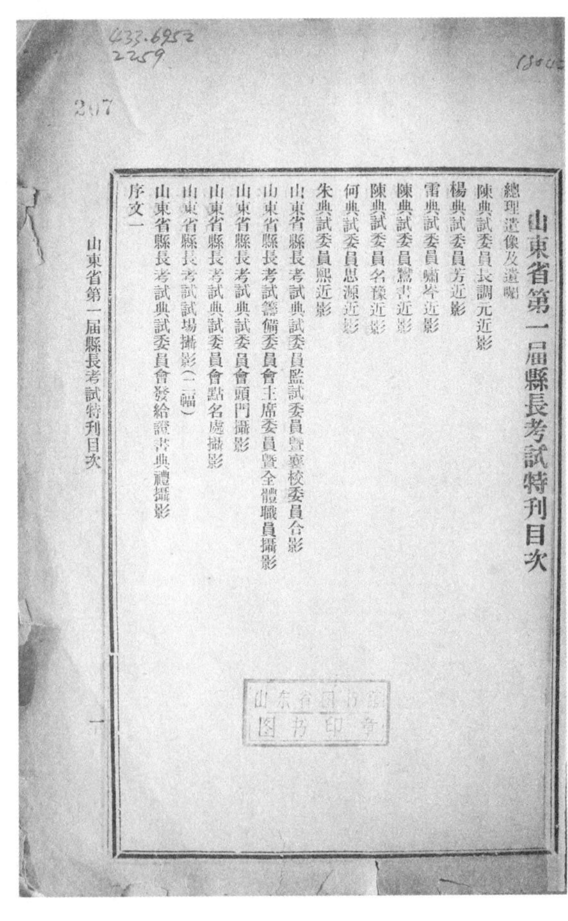

山東省第一屆縣長考試特刊目次

青岛党务半月刊

中国国民党青岛特别市党务指导委员会宣传部编　编者刊　青岛［1930 年 3 月］~［终刊日期不详］［总期数不详］半月刊　26cm

该刊主要内容是宣传与介绍三民主义、国民党党务、政纲与政策。栏目有《论著》《国内外大事记略》《国内大事日志》《工作概况》《会议录》《专载》《法规条例》《附录》等。

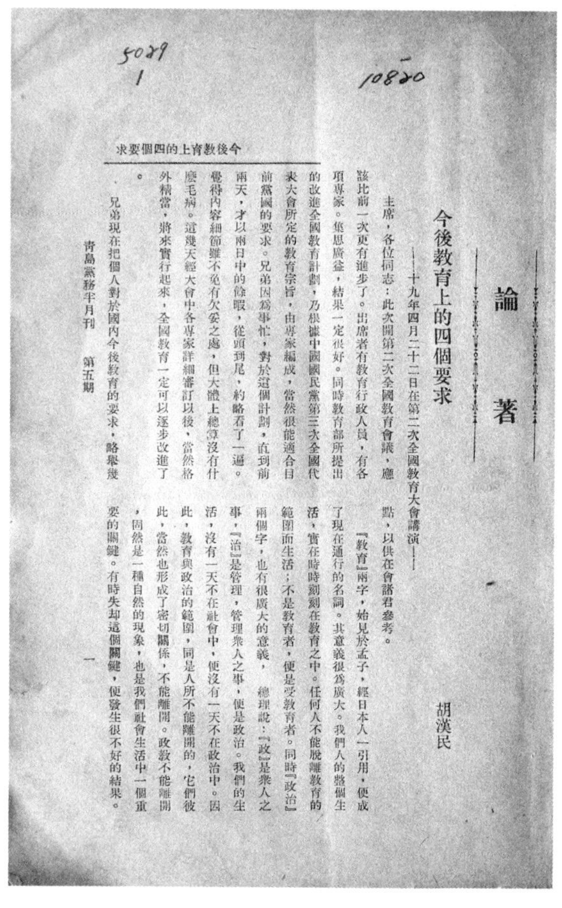

論著

今後教育上的四個要求

——十九年四月二十二日在第二次全國教育大會講演——

胡漢民

主席，各位同志：此次開第二次全國教育會議，應該比前一次更有進步了。出席者有教育行政人員，有各項專家。集思廣益，結果一定很好。同時教育部所提出的改進全國教育計劃，乃根據中國國民黨第三次全國代表大會所定的教育宗旨，由專家編成，當然很能適合目前黨國的要求。兄弟因爲事忙，對於這個計劃，直到前兩天，才以兩日中的餘暇，從頭到尾，約略看了一遍。覺得內容細節雖不免有欠妥之處，但大體上總算沒有什麼毛病。這幾天經大會中各專家詳細審訂以後，當然格外精當，將來實行起來，全國教育一定可以逐步改進了。兄弟現在把個人對於國內今後教育的要求，略舉幾點，以供在會諸君參考。

『教育』兩字，始見於孟子，經日本人一引用，便成了現在通行的名詞。其意義很爲廣大。我們人的整個生活，實在時時刻刻在教育之中。任何人不能脫離教育的範圍而生活；不是教育者，便是受教育者。同時『政治』兩個字，也有很廣大的意義，　總理說：『政』是衆人之事，『治』是管理，管理衆人之事，便是政治。我們的生活，沒有一天不在社會中，便沒有一天不在政治中。因此，教育與政治的範圍，同是人所不能離開的，它們彼此，當然也形成了密切關係，不能離開。政教不能離開，固然是一種自然的現象，也是我們社會生活中一個重要的關鍵。有時失却這個關鍵，便發生很不好的結果。

青島黨務半月刊　第五期　一

青岛市政府市政公报

青岛市政府秘书处编　编者刊　青岛　1930年9月～1937年5月　12期～87期　月刊　26cm　继承《青岛特别市政府市政公报》　由《青岛市政府公报》替代

该刊是市政刊物。主要刊登青岛市政府的各项命令、法规、文电、训令、指令、布告、要录、统计等内容。栏目有《法规》《公牍》《训令》《专载》等。该刊继承1929年8月创刊的《青岛特别市政府市政公报》,1930年9月第12期起改为《青岛市政府市政公报》。

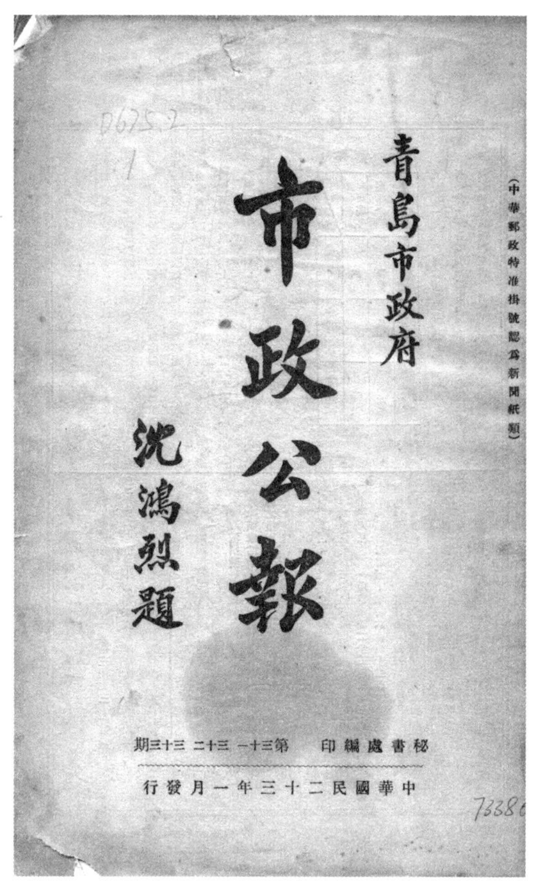

（中華郵政特准掛號認爲新聞紙類）

青島市政府

市政公報

沈鴻烈題

秘書處編印　第三十一—三十二—三十三期

中華民國二十三年一月發行

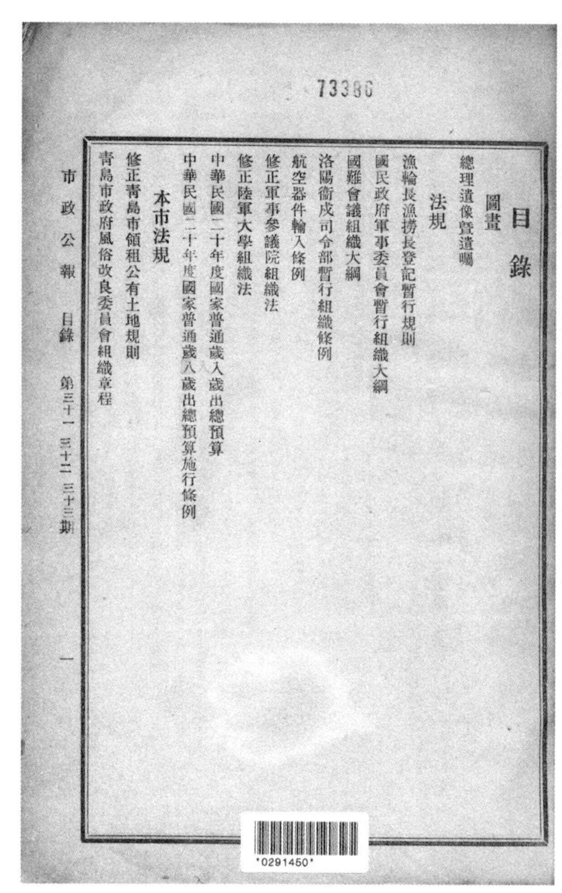

目錄

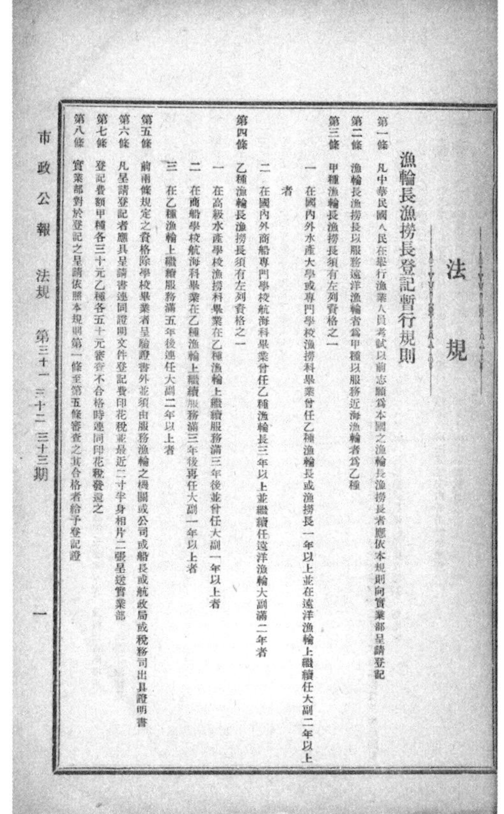

法規

漁輪長漁撈長登記暫行規則

第一條　凡中華民國人民在舉行漁業人員考試以前志願爲本國之漁輪長漁撈長者應依本規則向實業部呈請登記

第二條　漁輪長漁撈長以服務遠洋漁輪者爲甲種以服務近海漁輪者爲乙種

第三條　甲種漁輪長漁撈長須有左列資格之一

一　在國內外水產大學或專門學校漁撈科畢業曾任乙種漁輪長或漁撈長一年以上並在遠洋漁輪上繼續任大副二年以上者

二　在國內外商船專門學校航海科畢業曾任乙種漁輪長三年以上並繼續任遠洋漁輪大副滿二年者

第四條　乙種漁輪長漁撈長須有左列資格之一

一　在高級水產學校漁撈科畢業在乙種漁輪上繼續服務滿三年後並曾任大副一年以上者

二　在商船學校航海科畢業在乙種漁輪上繼續服務滿三年後再任大副一年以上者

三　在乙種漁輪上繼續服務滿五年後連任大副二年以上者

第五條　前兩條規定之資格除學校畢業者呈驗證書外並須由服務漁輪之機關或公司或船長或航政局或稅務司出具證明書

第六條　凡呈請登記者應具呈請書連同證明文件登記費印花稅並最近二寸半身相片二張呈送實業部

第七條　登記費額甲種各三十元乙種各五十元審查不合格時連同印花稅發還之

第八條　實業部對於登記之呈請依照本規則第一條至第五條審查之其合格者給予登記證

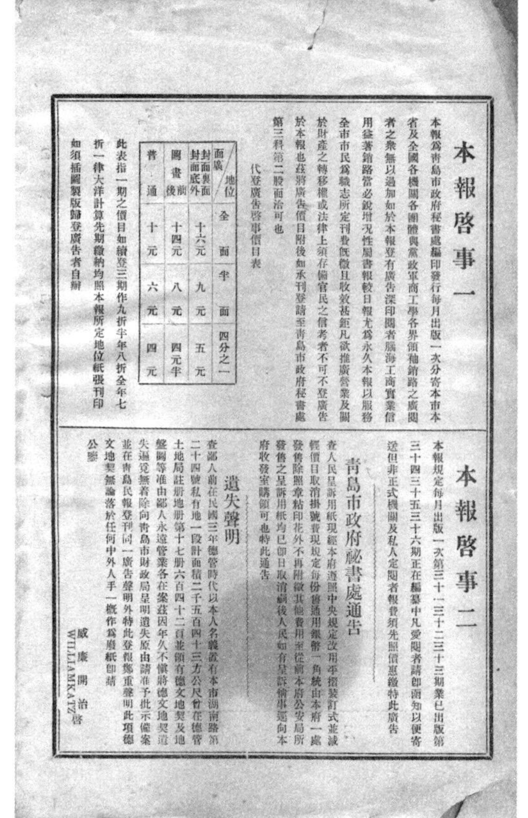

本報啓事一

本報爲青島市政府秘書處編印發行每月出版一次分寄本市本省及全國各機關各團體與黨政軍商工學各界領袖銷路之廣閱者之衆無以過加如於本報登有廣告深印閱者腦海工商實業借用益著銷路當必銳增况性關書報較日報尤爲永久本報以服務全市市民爲職志所定刊費既微且收效甚鉅凡欲推廣營業及關於財產之轉移權或法律上須存備官民之借考者不可不登廣告於本報也茲將廣告價目附後如承刊登請至青島市政府秘書處第三科第二股面洽可也

代登廣告啓事價目表

面廣 / 地位	全面	半面	四分之一
封面裏面 封面底外	十六元	九元	五元
圖書前後	十四元	八元	四元半
普通	十元	六元	四元

此表指一期之價目如續登三期作九折半年八折全年七折一律大洋計算先期繳納均照本報所定地位紙張刊印如須插圖製版歸登廣告者自辦

本報啓事二

本報規定每月出版一次第三十一三十二三十三期業已出版第三十四三十五三十六期正在編纂中凡愛閱者請即函知以便寄送但非正式機關及私人定閱者報費須先照價惠繳特此廣告

青島市政府祕書處通告

查人民呈訴用紙現經本府遵照中央規定改用平摺裝訂式並減輕價目取消掛號費現規定每份售洋通用銀幣一角統由本府一處發售除照章粘印花外不再附徵其他費用至從前本府公安局所發售之呈訴用紙均已即日取消嗣後人民如有呈訴儘事逕向本府收發室購領可也特此通告

遺失聲明

查鄙人前在民國三年德管時代以本人名義置有本市湖南路第二十四號私有地一段計面積二千五百四十三方公尺曾在德管土地局註册地册第十七册六百四十二頁並領有德文地契及地盤圖等准由鄙人永遠管業各在案茲因年久不愼將德文地契遺失遍覓無着除向青島市財政局呈明遺失原由請准予批示備案並在青島民報登刊同一廣告聲明外特此登報鄭重聲明此項德文地契無論落於任何中外人手一概作爲廢紙即請公鑒

威廉開治啓

WILLIAMKATZ

期刊之部（一）

齐大月刊

济南私立齐鲁大学编　编者刊　济南　1930年10月～1932年6月　1卷1期～2卷8期　月刊　22cm　由《齐大季刊》替代

该刊以发表该校的学术研究、文艺创作和校事报告为主要内容。老舍为编辑委员和编辑部主任，具体负责编务。他为此撰写了《发刊词》，并发表了《论创作》《论文学的形式》、散文《一些印象》、译文《但丁》《维廉·韦子唯慈》等作品。

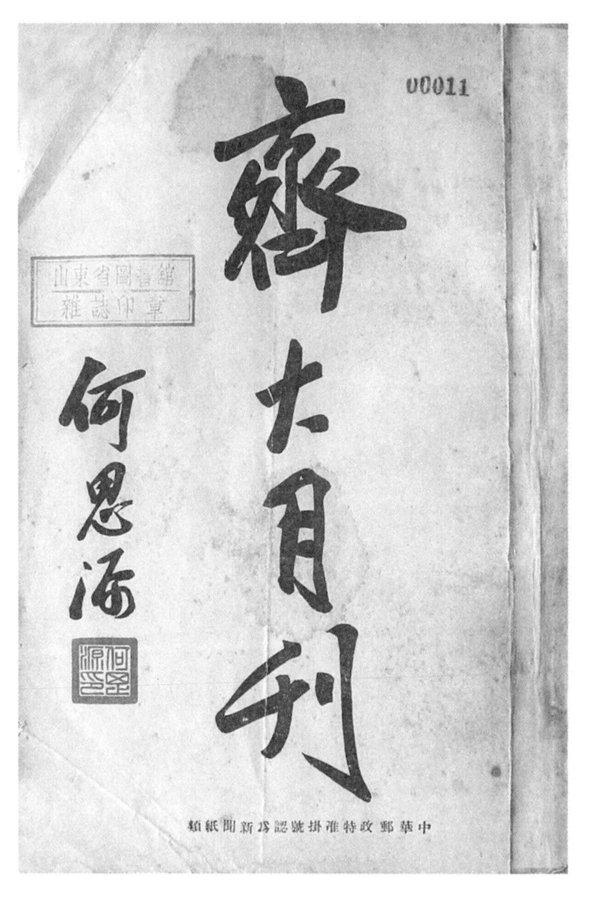

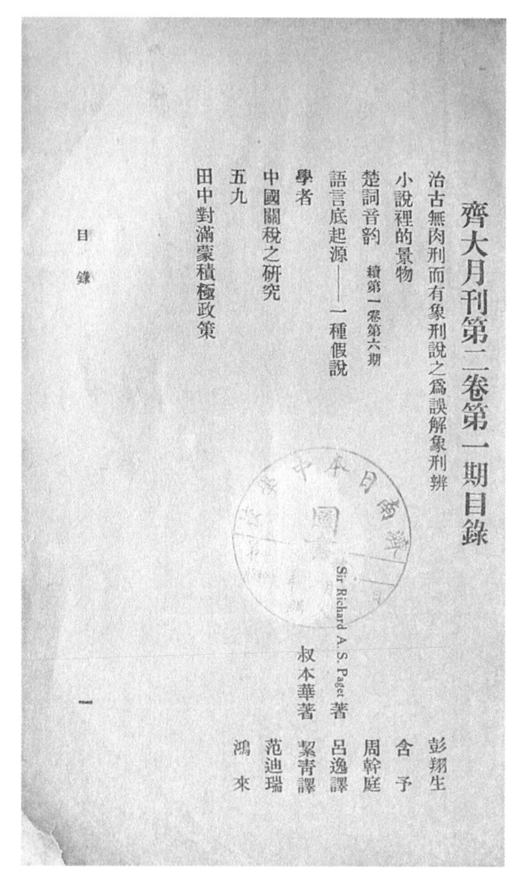

齊大月刊第二卷第一期目錄

目錄　一

本校考文樓與宿舍遠景

本校辦公樓與網球場

期刊之部（二）

齐大季刊

济南私立齐鲁大学国学研究所编　济南私立齐鲁大学［发行］　济南　1932 年 12 月～1935 年 12 月　1 期～7 期　半年刊　27cm　替代《齐大月刊》

该刊为齐鲁大学文、理、医及国学研究刊物，每期所收文章有一半以上均来自国学研究所，刊登有关中国历史、哲学、法制、文学、考古、宗教等方面的论著与译述，有文化、外交与名人研究的文章，其第三、五合期出版国学研究所收集到的《青铜十字专号》，此外，有少量自然科学方面的文章。该刊由《齐大月刊》更名后，老舍由编辑部主任改任普通编辑，并在上面继续连载他的译著《文学批评》第二、三、四章和《文学与作家》《语言课理智的价值》《文学中道德的价值》等作品。

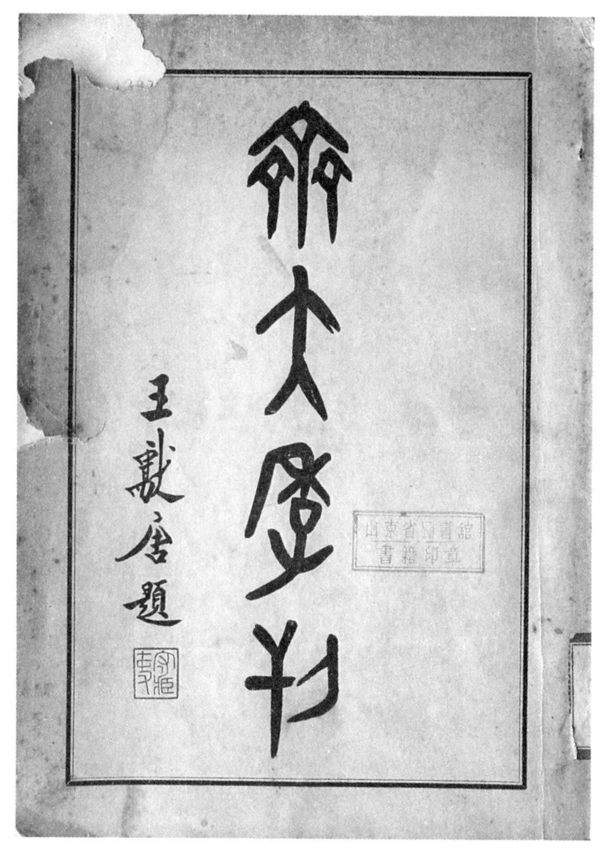

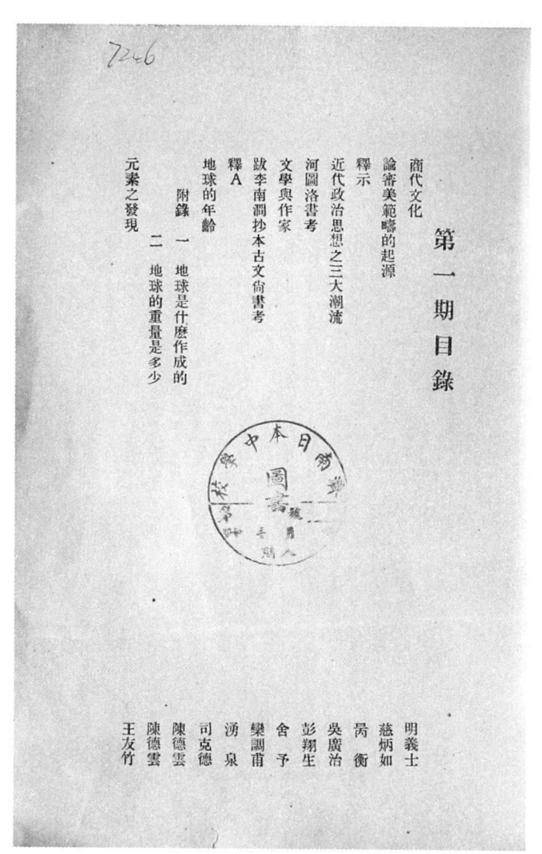

第一期目錄

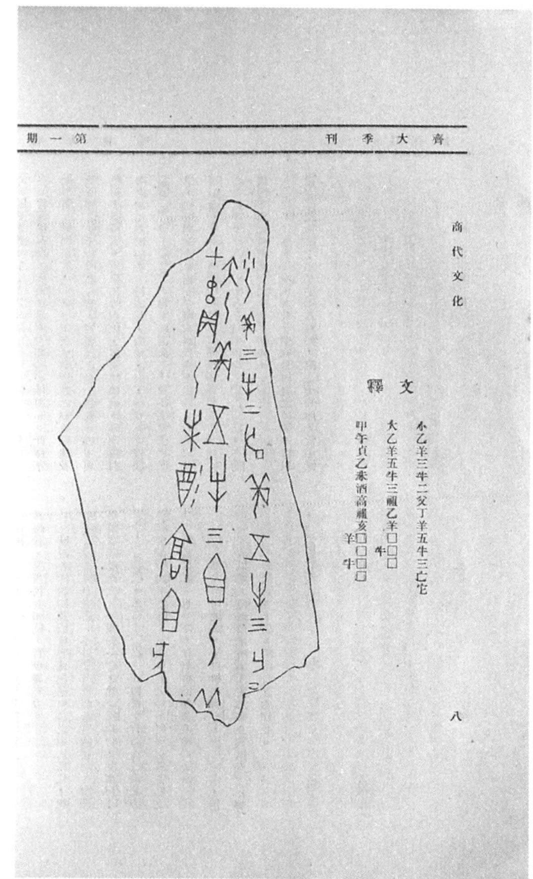

商代文化

釋文

小乙羊三牛二叉丁羊五牛三亡宅
大乙羊五牛三祖乙羊□□牛
甲午貞乙未酒高祖亥□□□□羊牛

期刊之部（一）

青岛市港务月报

青岛市港务局编　编者刊　青岛　1930年10月～1936年8月　1卷～7卷　月刊　27cm

该刊为青岛市港务局内部刊物。主要刊登青岛各码头进出港轮船及货物吨数、铁路联运吨位、旅客进出统计以及各路航标识别介绍等港口的业务活动。分为码头之部、港务之部和行政纪要三个部分。

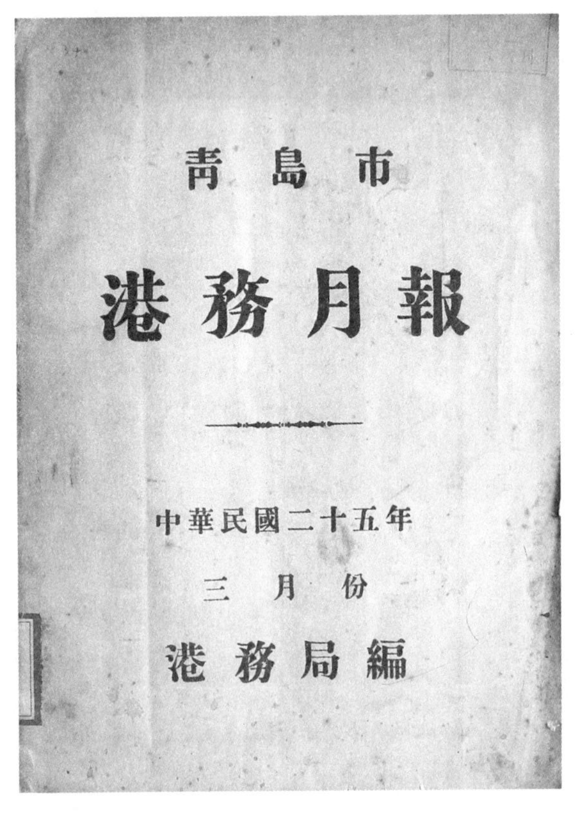

2

入港輪船隻數噸數

一月以降累計											
民國二十五年				民國二十四年				民國二十三年			
大港		小港		大港		小港		大港		小港	
隻數	註册噸數	隻數	註册噸數	隻數	註册噸數	隻數	註册噸數	隻數	註册噸數	隻數	註册噸數
549	892,976	294	33,460	530	901,140	242	23,418	503	838,871	157	18,680
548	891,206	228	24,105	525	897,200	233	25,782	503	843,391	141	15,894
1,097	1,784,182	522	57,565	1,055	1,798,400	475	49,200	1,006	1,682,262	298	34,574

港輪船國籍別

一月以降累計											
民國二十五年				民國二十四年				民國二十三年			
大港		小港		大港		小港		大港		小港	
隻數	註册噸數	隻數	註册噸數	隻數	註册噸數	隻數	註册噸數	隻數	註册噸數	隻數	註册噸數
197	199,828	294	33,460	183	192,296	242	23,418	171	167,553	157	18,680
183	325,263	—	—	195	356,597	—	—	202	330,618	—	—
132	249,029	—	—	103	180,599	—	—	85	187,679	—	—
7	29,238	—	—	11	47,229	—	—	9	37,370	—	—
—	—	—	—	—	—	—	—	—	—	—	—
1	4,754	—	—	—	—	—	—	1	1,005	—	—
10	44,956	—	—	10	47,274	—	—	9	40,505	—	—
18	34,439	—	—	17	36,163	—	—	16	36,153	—	—
—	—	—	—	—	—	—	—	—	—	—	—
—	—	—	—	—	—	—	—	—	—	—	—
1	5,469	—	—	6	24,760	—	—	5	19,669	—	—
—	—	—	—	—	—	—	—	3	10,769	—	—
—	—	—	—	3	9,922	—	—	2	6,950	—	—
—	—	—	—	—	—	—	—	—	—	—	—
—	—	—	—	2	6,301	—	—	—	—	—	—
549	892,976	294	33,460	530	901,140	242	23,418	503	838,871	157	18,680

港輪船國籍別

一月以降累計											
民國二十五年				民國二十四年				民國二十三年			
大港		小港		大港		小港		大港		小港	
隻數	註册噸數	隻數	註册噸數	隻數	註册噸數	隻數	註册噸數	隻數	註册噸數	隻數	註册噸數
196	199,179	228	24,105	170	188,978	233	25,782	167	161,645	141	15,894
184	327,023	—	—	194	357,090	—	—	205	335,112	—	—
130	244,370	—	—	102	176,458	—	—	86	186,492	—	—
7	29,238	—	—	11	47,043	—	—	9	37,370	—	—
—	—	—	—	—	—	—	—	—	—	—	—
1	4,754	—	—	—	—	—	—	—	—	—	—
10	44,956	—	—	11	52,324	—	—	1	1,605	—	—
19	36,217	—	—	16	34,384	—	—	9	40,505	—	—
—	—	—	—	—	—	—	—	17	37,932	—	—
—	—	—	—	—	—	—	—	—	—	—	—
1	5,469	—	—	6	24,760	—	—	6	25,011	—	—
—	—	—	—	—	—	—	—	3	10,769	—	—
—	—	—	—	3	9,922	—	—	2	6,950	—	—
—	—	—	—	—	—	—	—	—	—	—	—
—	—	—	—	2	6,301	—	—	—	—	—	—
548	891,206	228	24,105	525	897,200	233	25,782	503	843,391	141	15,894

扈工特刊

山东河务局编　编者刊　济南　1930年11月　总1期　特刊　27cm

1929年2月18日山东利津县扈家滩黄河决口，当年6月堵口失败，1930年5月再次堵口成功。该刊收录了决口与堵口工程的有关电文及政府文件。

期刊之部（一）

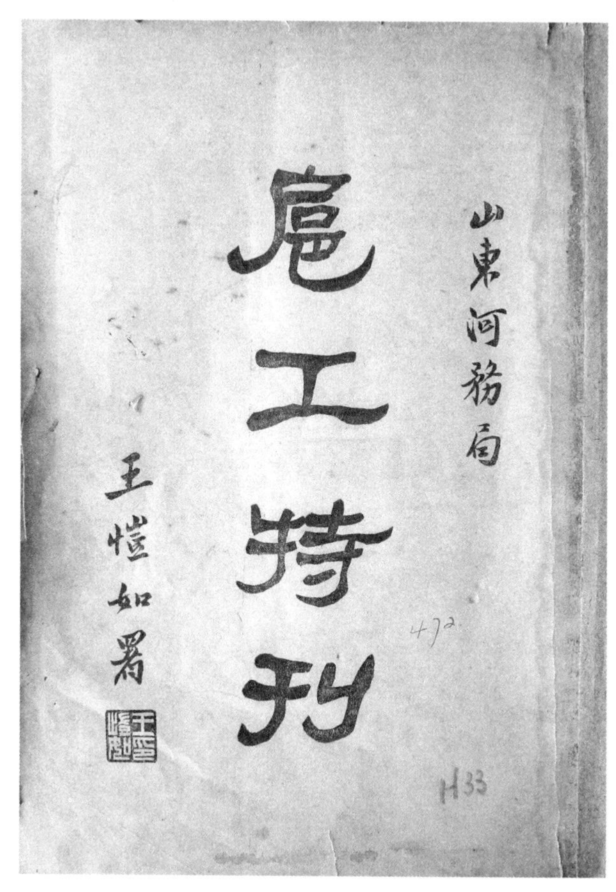

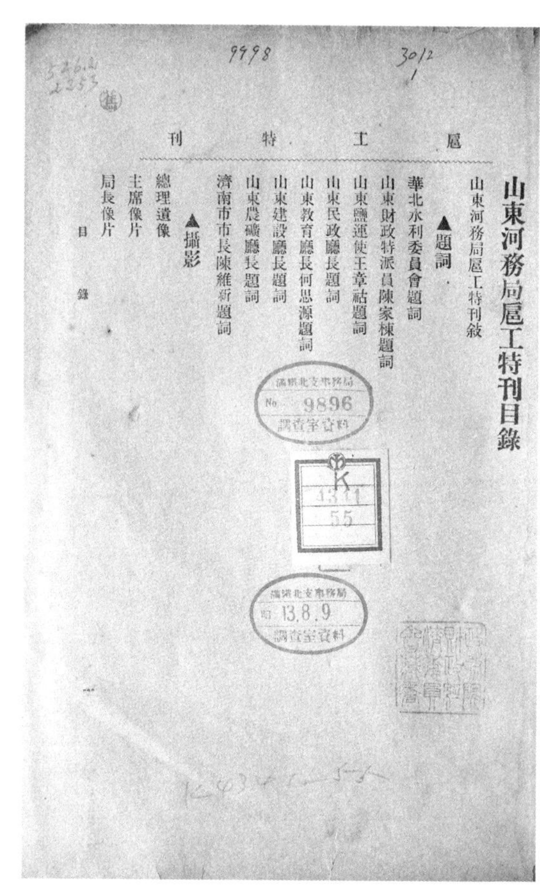

山東河務局扈工特刊目錄

扈工特刊　目錄

一实月刊

山东省立第一实验小学编　本校一实月刊社［发行］　济南　1930 年 11 月～1933 年 2 月　1 卷 1 期～2 卷 16 期　月刊　26cm　由《小学问题》替代

该刊社址在济南城内贡院墙根，济南世界书局、济南中山书店代售，一年出 8 期，1 月、2 月、7 月、8 月四个月停刊。主要编辑有陈剑恒、左绍儒、刘德瑞等。刊物发到山东各县，与外省（如浙江）的实验小学交换刊物。

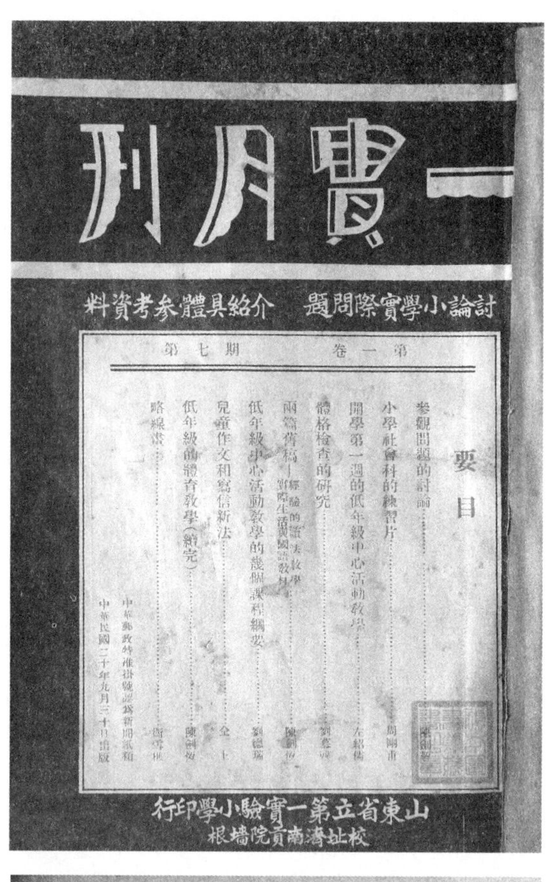

一實月刊

討論小學實際問題　介紹具體參考資料

第一卷　第七期

要目

中華郵政特准掛號認爲新聞紙類
中華民國二十年九月三十日出版

山東省立第一實驗小學印行
校址濟南貢院墻根

總理遺像

總理遺囑

余致力國民革命凡四十年其目的在求中國之自由平等積四十年之經驗深知欲達到此目的必須喚起民衆及聯合世界上以平等待我之民族共同奮鬭

現在革命尚未成功凡我同志務須依照余所著建國方略建國大綱三民主義及第一次全國代表大會宣言繼續努力以求貫徹最近主張開國民會議及廢除不平等條約尤須於最短期間促其實現是所至囑

本刊旨趣

（一）發刊動機

1．因爲一椿事業本須公開研究，然後方有進步；所以本校定期發行刊物　以便大家的討論和指導。

2．因爲與各地小學彼此常有通訊，互相參考的地方，藉出版上的交換彼此可以得到較切實的聯絡。

（二）本刊內容

1．統以學術的研究爲宗旨。

2．注重小學實際問題的討論。

3．介紹切實的參考資料。

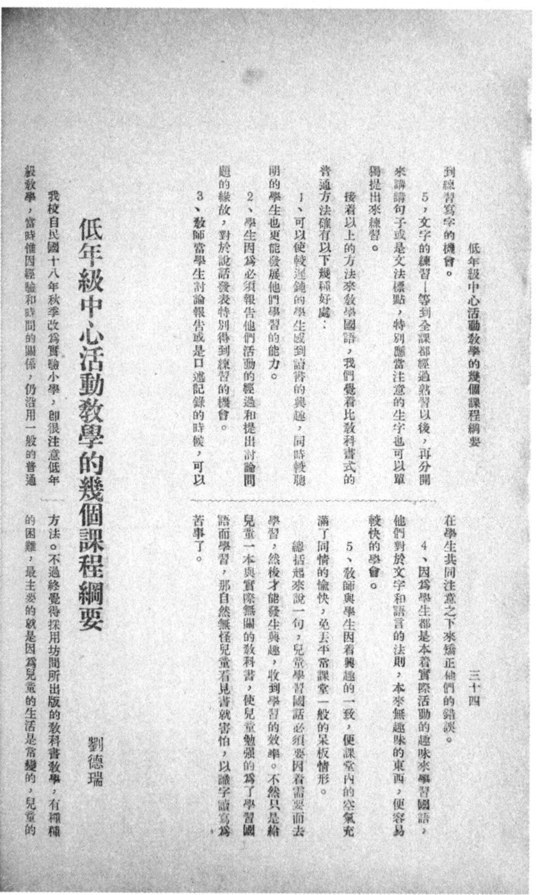

低年級中心活動教學的幾個課程綱要　三十四

到練習寫字的機會。

5，文字的練習—等到全課都經過熟習以後，再分開來講講句子或是文法標點，特別應當注意的生字也可以單獨提出來練習。

接着以上的方法來教學國語，我們覺着比教科書式的普通方法確有以下幾種好處：

1、可以使較遲鈍的學生感到讀書的興趣，同時較聰明的學生也更能發展他們學習的能力。

2、學生因爲必須報告他們活動的經過和提出討論問題的緣故，對於說話發表特別得到練習的機會。

3、敎師當學生討論報告或是口述記錄的時候，可以在學生共同注意之下來矯正他們的錯誤。

4、因爲學生都是本着實際活動的趣味來學習國語，他們對於文字和語言的法則，本來無趣味的東西，便容易較快的學會。

5、敎師與學生因着興趣的一致，便課堂內的空氣充滿了同情的愉快，免去平常課堂一般的呆板情形。

總括起來說一句，兒童學習國語必須要因着需要而去學習，然後才能發生興趣，收到學習的效率。不然只是給兒童一本與實際無關的敎科書，使兒童勉强的爲了學習國語而學習，那自然無怪兒童看見書就害怕，以識字讀寫爲苦事了。

低年級中心活動教學的幾個課程綱要

劉德瑞

我校自民國十八年秋季改爲實驗小學，即很注意低年級敎學，當時僅因經驗和時間的關係，仍沿用一般的普通方法。不過終覺得採用坊間所出版的敎科書敎學，有種種的困難，最主要的就是因爲兒童的生活是常變的，兒童的

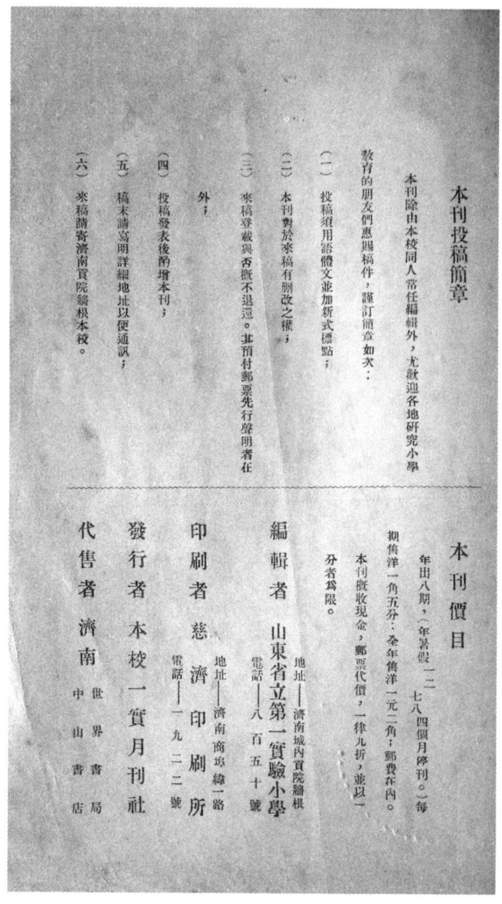

本刊投稿簡章

本刊除由本校同人常任編輯外，尤歡迎各地研究小學教育的朋友們惠賜稿件，謹訂簡章如次：

（一）投稿須用語體文並加新式標點；

（二）本刊對於來稿有刪改之權；

（三）來稿登載與否概不退還。其預付郵票先行聲明者在外；

（四）投稿發表後酌增本刊；

（五）稿末請寫明詳細地址以便通訊；

（六）來稿請寄濟南貢院牆根本校。

本刊價目

年出八期，（年署假一二七八四個月停刊。）每期售洋一角五分；全年售洋一元二角；郵費在內。

本刊概收現金，郵票代價，一律九折，並以一分者爲限。

編輯者　山東省立第一實驗小學　地址—濟南城內貢院牆根　電話—八百五十號
印刷者　慈濟印刷所　地址—濟南商埠緯一路　電話—一九二二號
發行者　本校一實月刊社
代售者　濟南　世界書局　中山書店

小学问题

小学问题社编　编者刊　济南　1933年5月～1937年4月　1卷1期～4卷30期；复刊1948年春季～1948年夏季　1期～2期　月刊　22cm　替代《一实月刊》

该刊社址在济南经五路纬三路市立第一中正小学。主要编辑有孔德址、张元笙、马淑贞、陈剑恒、陈子雷等。该刊为小学教育工作研究刊物。办刊宗旨为“讨论小学实际问题，介绍具体参考资料”，内容涉及小学教育阶段实际问题的讨论研究，包括儿童身体、心理、健康等方面，并有全省小学主要课程教学情况介绍和本地教育界活动报道，还刊登结合抗日宣传而选定的非常时期国语教材。

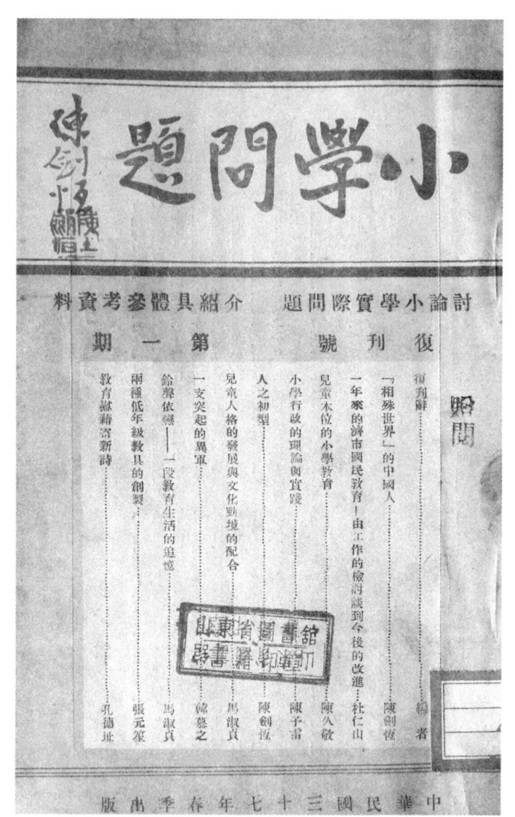

小學問題

陳劍恆題

討論小學實際問題　介紹具體參考資料

復刊號　第一期

中華民國三十七年春季出版

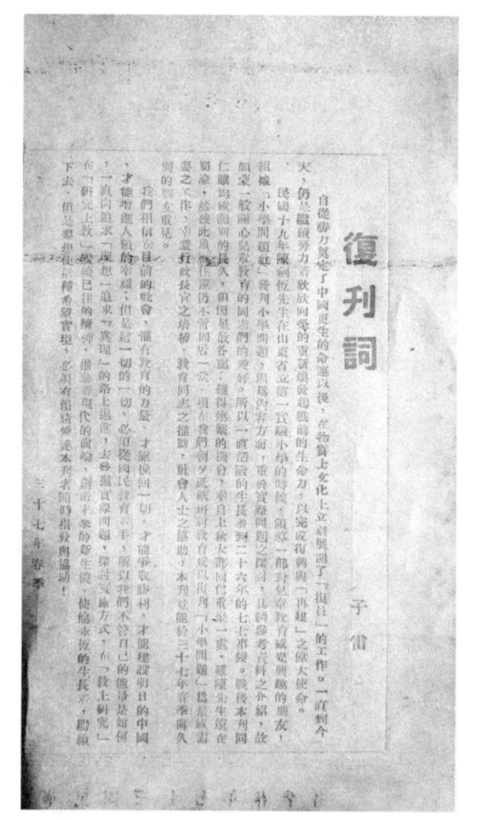

復刊詞

子雷

自從勝力奠定了中國更生的命運以後，在物質上文化上立刻展開了「復員」的工作。一直到今天，仍是繼續努力着欣欣向榮的重新煥發起戰前的生命力，以完成復興與「再建」之偉大使命。

民國十九年陳劍恆先生在山東省立第一實驗小學的時候，領導一部對兒童教育感覺興趣的朋友，組織「小學問題社」發刊小學問題，因為內容方面，重於實際問題之探討，且時參考資料之介紹，故頗蒙一般關心兒童教育的同志們的愛好。所以一直活潑的生長着到二十六年的七七事變。戰後本刊同仁雖均感離別的長久，但因星散各處，難得聚緊的機會，幸自去秋大部同仁重聚一處，雖陳先生遠在蜀途，然彼此魚雁往還仍不啻同居一室，現在我們朝夕砥礪研討教育咸以復刊「小學問題」為最感需要之工作，幸蒙行政長官之培植，教育同志之推動，社會人士之協助，本刊竟能於三十七年春季與久別的朋友重見。

我們相信在目前的社會，惟有教育的力量，才能挽回一切，才能爭取勝利，才能建設明日的中國，才能增進人類的幸福；但是這一切的一切，必須從國民教育着手，所以我們不管自己的能力是如何，一直向追求「理想」追求「真理」的路上邁進，去發掘實際問題，探討實施方式，在「教上研究」在「研究上教」，繼續已往的精神，推進着現代的齒輪，創出未來的新生機，使他永恆的生長着，繼續下去，但是要想使這種希望實現，必須有相當愛護本刊者隨時指教與協助！

三十七年春季

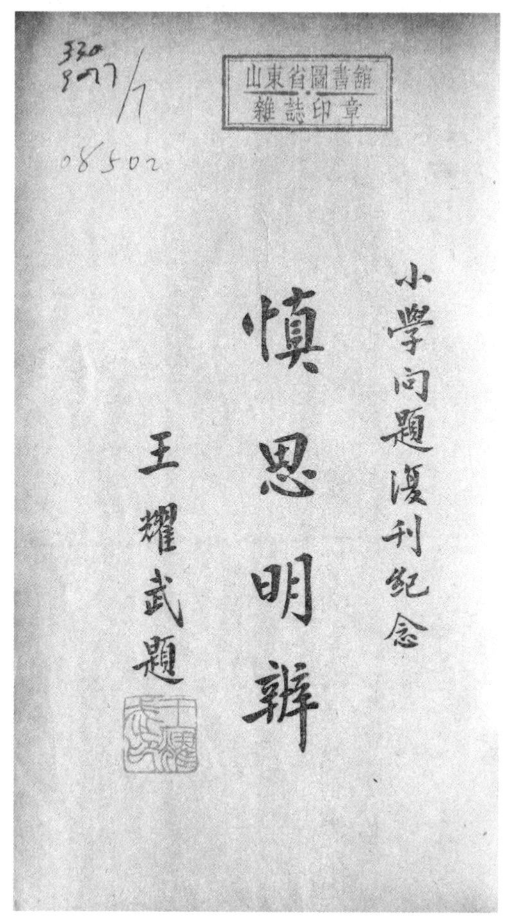

小學問題復刊紀念

慎思明辨

王耀武題

投稿簡則

一、本刊包括論著教育研究討論小學實際問題介紹具體參考資料為宗旨

二、本刊除由編輯員特約撰述常任編輯外，尤歡迎各地研究小學教育的同志們惠賜稿件

三、投稿須用語體文並加新式標點

四、本刊對於來稿有刪改之權

五、來稿登載與否概不退還、其預付郵票先行聲明者在外

六、投稿發表後酌贈本刊

七、稿末請寫明詳細地址以便通訊

八、來稿請寄濟南經五路緯三路市立第一中正小學

小學問題（復刊號）第一期

民國三十七年春季

每冊定價

編輯者　小學問題社

發行者　小學問題社

地址：濟南經五路緯三路市立第一中正小學

電話：四六〇七號

印刷者　山東新報印刷所

民众周刊

山东省立民众教育馆编　编者刊　济南　1930年12月22日～1931年6月　2卷1期～2卷24期；复刊1931年8月4日～1934年12月25日　3卷1期～6卷48期　周刊　27cm　继承《民众半周刊》　由《小学与社会》替代

该刊为民众教育刊物，内容包括社会重大事件报道和评论、民众教育知识的普及等。每遇纪念日或是社会有重要事件发生可作教育资料时，则出专号，如:《年俗展览会专号》《造林运动专号》《陋俗专号》《乡村教师的生活专号》《开学准备中心专号》等，该刊的读者主要是各地小学教师和中等学校学生。1935年经馆务会议决定，更名为《小学与社会》，卷期另起。辟有《插画》《论说》《乡土调查》《常识谈话》《儿童教育》《通俗文艺》《时事述要》《新书介绍》《民众顾问》等栏目。

民衆週刊

第四卷第二期

每星期二發行

民國二十一年十一月十九日出版

濟南貢院牆根街山東省立民衆教育館出版部發行

徵求各地禮俗調查

烏鴉的道德和聰明

注音符號底用處

時事撮要

美政府干涉東三省事件

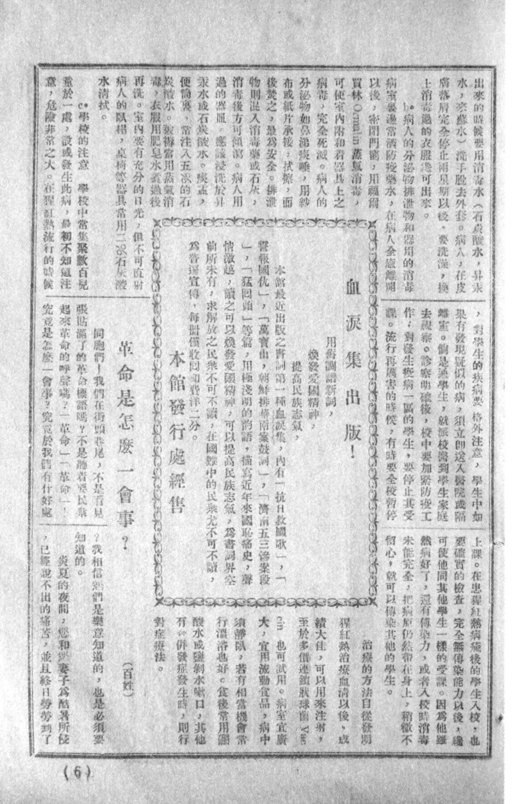

血淚集出版

本館發行處經售

革命是怎麼一會事？

期刊之部（二）

小学与社会

山东省民众教育馆小学与社会社编　编者刊　济南　1935年1月8日～1937年6月29日　1卷1期～3卷24期　周刊　27cm　替代《民众周刊》

其前身为《民众周刊》，为适应需要，刊物内容逐渐集中到教育方面，1935年更名为《小学与社会》，1935年1月8日出版创刊号，1937年终刊，共出3卷120期。该刊为小学教育刊物。内容包括乡村教育理论、教学法、实验报告、时事分析、世界知识、名著介绍、生活常识等。栏目有《时事讲话》《研究》《教材》《问题解答》等，另出版过《儿童节专号》《成绩考查专号》《家庭联络专号》《劳作教育专号》等。

小學與社會

教育周刊

第二卷 第十一期

（民國二十六年三月三日出版）

兒童節專號

每逢星期二出版

零售每期——一分
全年五十期——五角
郵費在內

一週大事

一、駐甘于學忠部已開拔完竣，月底可全開皖境。
二、綏境蒙政委會全體會員大會，對蒙固邊陲，決定對各盟旗民衆加以普遍之軍事訓練。
三、廣東省政府主席黃慕松病逝，由吳鐵城繼任。上海市長有張群繼任傳說。
四、中日貿易協會除對「日商銀行所存現銀交出問題」、「對華輸出信用補充制度」等商議結果，大體達到結論外，對減低關稅、走私、中國棉花購買、紡織提攜、紡織砂糖銷售等問題，將來決組織各種專門委員會，並府續研究及商議。我方堅持在政治問題解決以前，難進行經濟提攜之談判。
五、滬日韓浪人私運銅元，並毆傷我海關人員。廿一日滬關員發表宣言，謂廟上緝私兩線作殊死戰。
六、佐藤外交政策轉變，積極進行聯英。日本將派赴英經濟考察團，所負使命重大。
七、西澳不干涉委員會廿四日舉行全體會，派定各海港監察主任。西政府對監察辦法，決提異議。

編輯者 濟南 山東省立民衆教育館 小學與社會社

（2）

紀念民國二十六年的兒童節

李化方

兒童節誕生在中國，現在已有五年的歷史，在這五年之中，每逢到四月四日，各地都舉行着大規模的慶祝大會。然而慶祝只管慶祝，悲慘的事實仍然是悲慘的事實。我們不要只看幾個都會地方，遇着特殊境遇的兒童，好像是過着愉快的生活，這僅是少數中的少數；大多數的兒童，仍然是在鄉間或都會的貧民窟中過着如同家畜一樣的生活。因爲他們的父母尚是作痛苦着的奴隸，他們那會得到痛苦的奴隸以上的生活呢？我們一想到這個地方，就聯想到中國整個的問題了。整個的問題沒得解決，一切問題都得不到解決，何況是兒童問題呢？說到這個地方，也許要使大家灰心短氣，不願再努力這部分工作了，因爲努力下去也是無益。其實不然，整個問題和部分問題是互爲因果的，整個問題有了辦法，固可加速部分問題的解決；可是各部分得到進步，亦能促成整個問題的解決。所以我們現在担任部分工作的人們，更應當因爲整個問題得不到解決，而加緊我們的努力才是。

我現在所預備要說的話，是關於教育兒童的幾個基本問題。我希望現在担任小學教師工作的朋友們，對這幾個基本問題，都要徹底的認識與實行。今臚列之於下：

一、尊重兒童的人格　人格這兩個字的意義，一般人多解爲道德的意義，如說某人「人格高尚」，某人「沒有人格」。這好像是說，有人格就完全道德，沒人格就是沒道德。我在此地所說的人格，與此一般的解釋，稍有不同，沒有這樣的高深，簡單一句話，就是看他有爲人的地位。在人的範圍中，雖然有成人和兒童的分別，然其爲人則一也。兒童既然不能畫出人的範圍以外，那末，就當以人禮相待，這是很明顯的道理。但是我們就實際的情形來考察起來，兒童在一般成人眼目中，是否仍具平等的人權看待，那就有問題了。你沒見成人可以任意責罵兒童嗎？可以任意恐嚇兒童嗎？可以任意苦打兒童嗎？一個人遇着成人在路中妨礙交通時，是說「借光」要求讓路；但遇着兒童時，不是就要厲聲說「躲開」嗎？這些事實，是我們常常見到的。爲什麼以不施之於成人者，而專施之於兒童？這恐怕就是因爲認兒童尚不得列於人的行伍中之心理的表現吧！

這種情事，是常常使兒童失掉其自尊心及向上的勇氣，而一切依賴、退縮、虛偽、頑皮等惡劣，恰都是因爲兒童在成人心目中失掉他的人格地位而養成。不能尊重兒童的人格，其弊害至此，顯然是社會上一種病態，我們不能不設法矯正。矯正此種病態，最好是小學教師，先從自己的學校作起，再瀟瀟地引發到社會中。小學教師不要顧慮：若尊重兒童的人格，恐怕兒童不能約束，秩序無法維持。這實在是多慮，因爲兒童最重感情，教師如以真情愛護他們，尊重他們，他們是會順從的。許多教育家已爲我們開了先路，是無庸贅述了，只看我們的方法如何耳。

二、注意兒童的心身發育　人之一生，發育的階段，可以分爲幼兒期、兒童期及青年期，在這三個發育的階段中，要以兒童期的發育最爲顯著。在兒童期無論是身體方面，是精神方面，都有很明顯的變化，一年有一年的不同，一月有一月的不同，這樣急遽變化的時期，我們不能不特別注意，如稍有不慎，其影響將及於終身，而終身的幸福就斷送了。兒童的發育，可分爲心身兩方面；而培養設施亦應分爲兩方面，即所謂精神衛生和身體衛生是也。培養這兩方面的發育，兒童的家庭固應負很重大的責任，但現在一般鄉間兒童的父母們，尚無此種知識，能直接傳播這些知識於兒童，並間接傳播這些知識於兒童之父母者，惟有賴於鄉村的小學教師。所

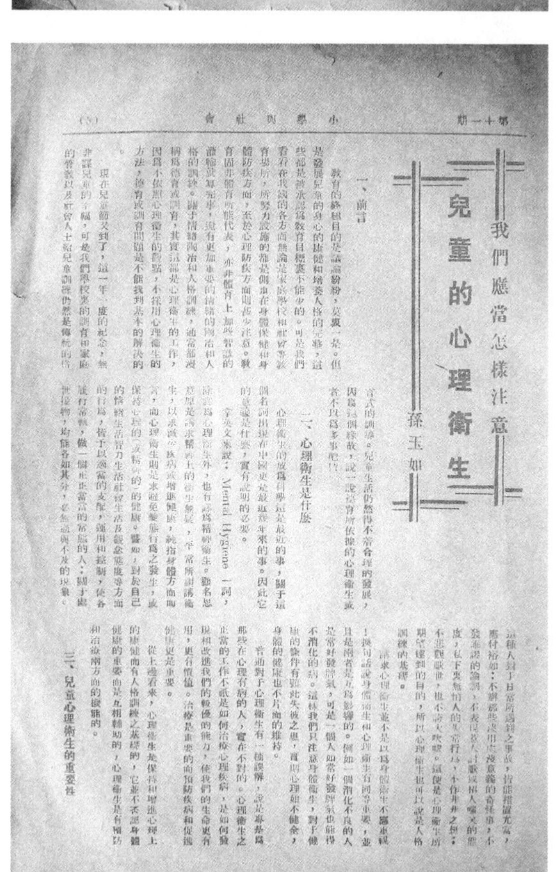

第十一期　小學與社會　（5）

我們應當怎樣注意兒童的心理衛生

孫玉如

一、前言

教育的終極目的是議論紛紛，莫衷一是。但是發展兒童的身心的康健和培養人格的完整，這些都是被承認爲教育目標裏不能少的。可是我們看看在我國的各方面無論是家庭學校和社會等教育場所，所努力設施的都是側重在身體保健和身體防疾方面，至於心理防疾方面則甚少注意。教育固非體育所能代表，亦非體育上加些智識的灌輸就算完事，還有更加重要的情緒的陶冶和人格的訓練。關于情緒陶冶和人格訓練，通常都混稱爲德育或訓育，其實這都是心理衛生的工作，因爲不依照心理衛生的觀點，不採用心理衛生的方法，德育或訓育問題是不能找到基本的解決的。

現在兒童節又到了，這一年一度的紀念，無非謀兒童的幸福，可是我們學校裏的訓育和家庭的管教以及社會人士給兒童調護仍然是傳統的舊式的訓導。兒童生活仍然得不着合理的發展，因爲這個緣故，說一說訓育所依據的心理衛生或者不貝爲多事吧!?

二、心理衛生是什麼

心理衛生的成爲科學這是最近的事，關于這個名詞出現在中國更是最近幾年來的事。因此它的意義是什麼，實有說明的必要。

拿英文來說：Mental Hygiene 一詞，除譯爲心理衛生外，也有譯爲精神衛生。顧名思意原是講求精神上的衛生無疑，平常所謂講衛生，以求減少疾病或增進健康，純指身體方面而言，而心理衛生則是求避免變態行爲之發生，或保持心理的（或精神的）的健康。譬如，對於自己的情緒生活智力生活社會生活及觀念態度等方面的行爲，皆予以適當的支配，運用和控制，使各個行爲常軌，做一個正正當當的常態的人；關于處世接物，均能各如其分，必無過與不及的現象。這種人對于日常所遇到之事故，皆能措置允當，應付裕如；不贅那些沒用沒意義的奇怪事，不發無謂的論調，不表現惹人討厭或招人嘲笑的態度，私下裏無怕人的不當行爲，不作非非之想；不悲觀厭世，也不誇大吹噓。這便是心理衛生所期望達到的目的，所以心理衛生也可以說是人格訓練的基礎。

講求心理衛生並不是以爲身體衛生不需重視！換句話說身體衛生和心理衛生有同等重要，並且是兩者是互爲影響的。例如一個消化不良的人是常好發脾氣，可是一個人如常好發脾氣也能得不消化的病。這樣我們只注意身體衛生，對于健康的條件有顧此失彼之患，實則心理如不健全，身體的健康也不片面的維持。

普通對于心理衛生有一種誤解，說是專是爲那些在心理有病的人，實在不對的。心理衛生之正當的工作不祇是如何治療心理疾病，是如何發現和改進我們的輕優的能力，使我們的生命更有用，更有價值。治療是重要的而預防疾病和促進健康更是重要。

從上邊看來，心理衛生是保持和增進心理上的康健而有人格訓練之基礎的，它並不否認身體健康的重要而是互相輔助的，心理衛生是有預防和治療兩方面的機能的。

三、兒童心理衛生的重要性

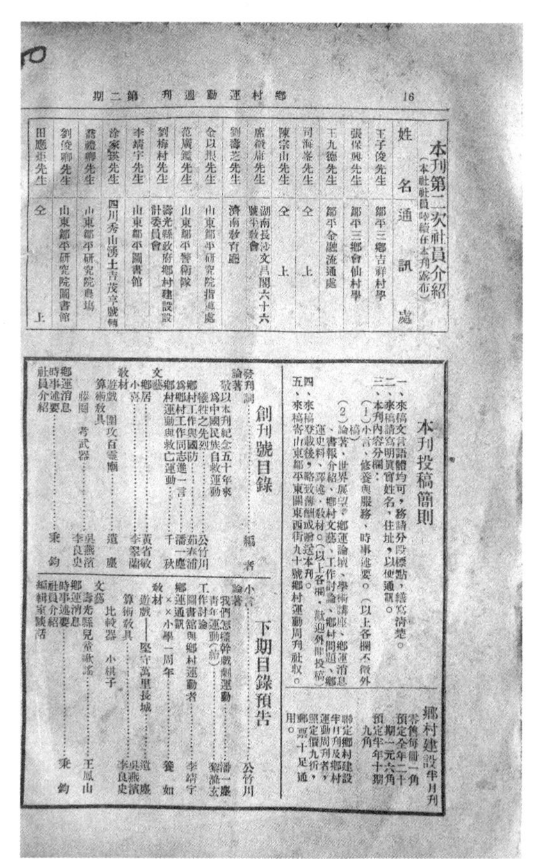

鄉村運動週刊　第二期　16

本刊第二次社員介紹
（本社社員陸續在本刊露布）

姓名	通訊處
王子俊先生	鄒平三鄉吉祥村學
張保興先生	鄒平三鄉會仙村學
王九德先生	鄒平金融流通處
司海峯先生	仝上
陳宗山先生	仝上
席微庸先生	湖南長沙文昌閣六十六號平教會
劉壽芝先生	濟南教育廳
金以琪先生	山東鄒平研究院指導處
范廣鑑先生	山東鄒平警衛隊
劉梅村先生	壽光縣政府鄉村建設設計委員會
李靖宇先生	山東鄒平圖書館
涂家琪先生	四川秀山湧土吉茂亭號轉
喬禮卿先生	山東鄒平研究院農場
劉俊卿先生	山東鄒平研究院圖書館
田應垣先生	仝上

本刊投稿簡則

一、來稿文言語體均可，務請分段標點，繕寫清楚。
二、來稿請寫明真實姓名，住址，以便通訊。
三、本刊內容分欄：（1）小言、修養與服務、時事述要。（以上各欄不徵外稿）（2）論著、世界展望、鄉運論壇、學術講座、鄉運消息、書報介紹、鄉村文藝、工作討論、鄉村問題、鄉運史料、譯述、鄉教材。（以上各欄，歡迎外間投稿）
四、來稿登載後，略致薄酬或贈送本刊。
五、來稿寄山東鄒平東關東西街九十號鄉村運動周刊社收。

鄉村建設半月刊
零售每冊一角
預定全年二十期一元六角
預定半年十期九角
聯定鄉村建設半月刊及鄉村運動周刊者，照定價九折，郵票十足通用。

創刊號目錄

下期目錄預告

前导月刊

前导月刊社编　编者刊　青岛　1930年12月25日~[1931年7月]　1期~[6期]　月刊　23cm

该刊是综合性刊物，社址在青岛太平路8号。内容有文、史、哲、经、党义等各方面的理论研究文章；文学作品形式有小说、译文、诗歌、歌剧、童话、散文等。

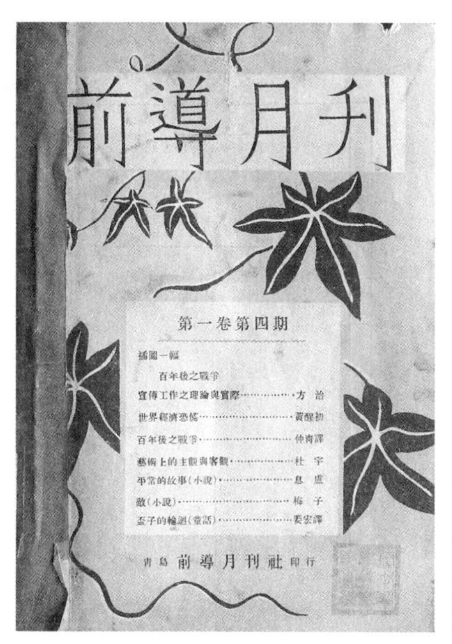

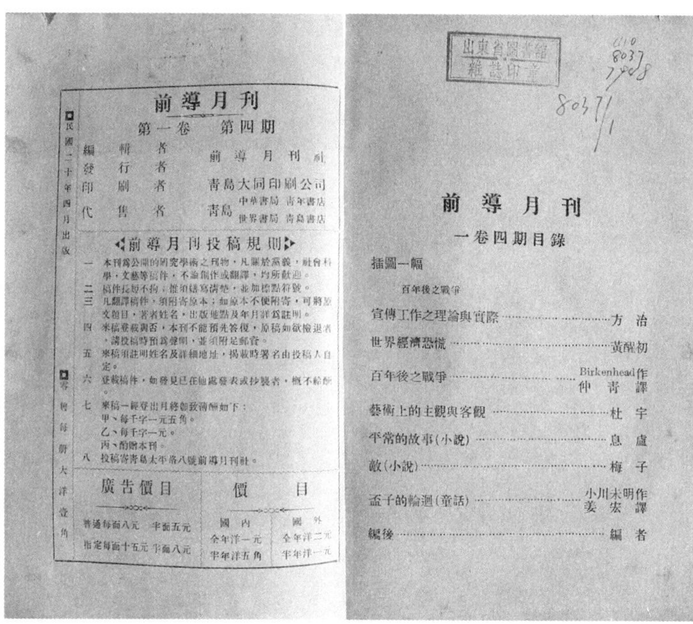

前導月刊

第一卷　第四期

編輯者　發行者　前導月刊社
印刷者　青島大同印刷公司
代售者　青島　中華書局　青年書店　世界書局　青島書店

民國二十年四月出版

零售每冊大洋壹角

◁前導月刊投稿規則▷

一　本刊為公開的研究學術之刊物，凡關於黨義，社會科學，文藝等稿件，不論創作或翻譯，均所歡迎。
二　稿件長短不拘；惟須繕寫清楚，並加標點符號。
三　凡翻譯稿件，須附寄原本；如原本不便附寄，可將原文題目，著者姓名，出版地點及年月詳為註明。
四　來稿登載與否，本刊不能預先答復，原稿如欲檢退者，請投稿時預為聲明，並須附足郵資。
五　來稿須註明姓名及詳細地址，揭載時署名由投稿人自定。
六　登載稿件，如發見已在他處發表或抄襲者，概不給酬。
七　來稿一經登出月終即致薄酬如下：
甲、每千字一元五角。
乙、每千字一元。
丙、酌贈本刊。
八　投稿寄青島太平路八號前導月刊社。

廣告價目		價目	
		國內	國外
普通每面八元	半面五元	全年洋一元	全年洋二元
指定每面十五元	半面八元	半年洋五角	半年洋一元

前導月刊

一卷四期目錄

社會雜誌

二第二卷第四期要目二

(定價)零售每冊大洋三角　預定全年連郵三元
(總社)南京龍王廟堂子巷第十號
(分社)上海北四川路永安里七十六號
(特約代理)上海白克路河北路太平洋書店
(分售處)南京上海及全國各大書店

社會雜誌社啓

新聲月刊

一第三卷第三期要目一

編輯兼發行者　新聲社(社址：南京四牌樓九號)
定價　每冊一角五分　每年十二冊一元四角　半年六冊七角

時事月報

二二月號要目二

零售每冊二角五分定閱全年二元八

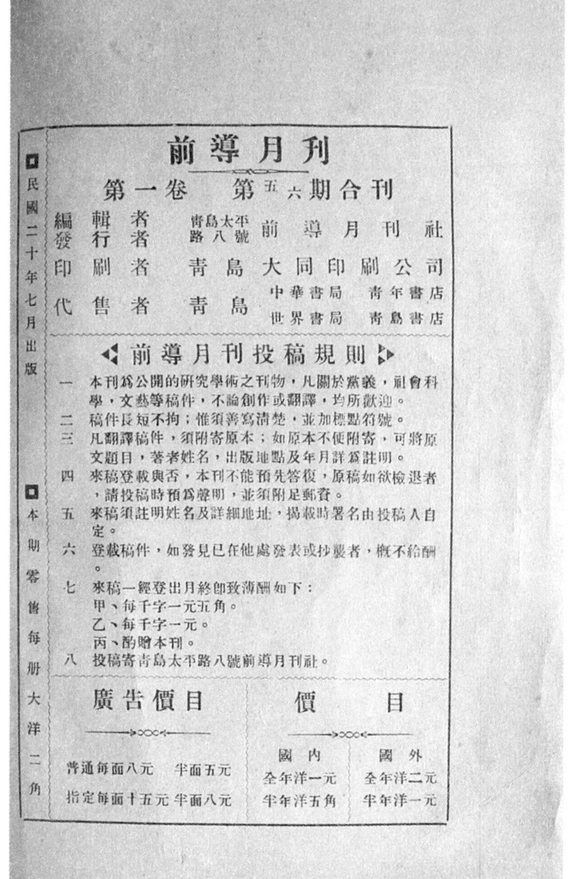

前導月刊

第一卷　第五六期合刊

編輯者　發行者　青島太平路八號　前導月刊社
印刷者　青島大同印刷公司
代售者　青島　中華書局　青年書店　世界書局　青島書店

民國二十年七月出版

本期零售每冊大洋二角

◁前導月刊投稿規則▷

一　本刊為公開的研究學術之刊物，凡關於黨義，社會科學，文藝等稿件，不論創作或翻譯，均所歡迎。
二　稿件長短不拘；惟須繕寫清楚，並加標點符號。
三　凡翻譯稿件，須附寄原本；如原本不便附寄，可將原文題目，著者姓名，出版地點及年月詳為註明。
四　來稿登載與否，本刊不能預先答復，原稿如欲檢退者，請投稿時預為聲明，並須附足郵資。
五　來稿須註明姓名及詳細地址，揭載時署名由投稿人自定。
六　登載稿件，如發見已在他處發表或抄襲者，概不給酬。
七　來稿一經登出月終即致薄酬如下：
甲、每千字一元五角。
乙、每千字一元。
丙、酌贈本刊。
八　投稿寄青島太平路八號前導月刊社。

廣告價目		價目	
		國內	國外
普通每面八元	半面五元	全年洋一元	全年洋二元
指定每面十五元	半面八元	半年洋五角	半年洋一元

港政纪要

青岛市港务局编　编者刊　青岛　1931 年～1934 年　1 期～4 期　年刊　27cm

该刊主要刊登港务局各类（总务、海务、业务、工务、运输）档案文牍材料、当年工作计划、事迹报告等。栏目有《插图》《公牍》《计划》《报告》。该刊共 4 期。

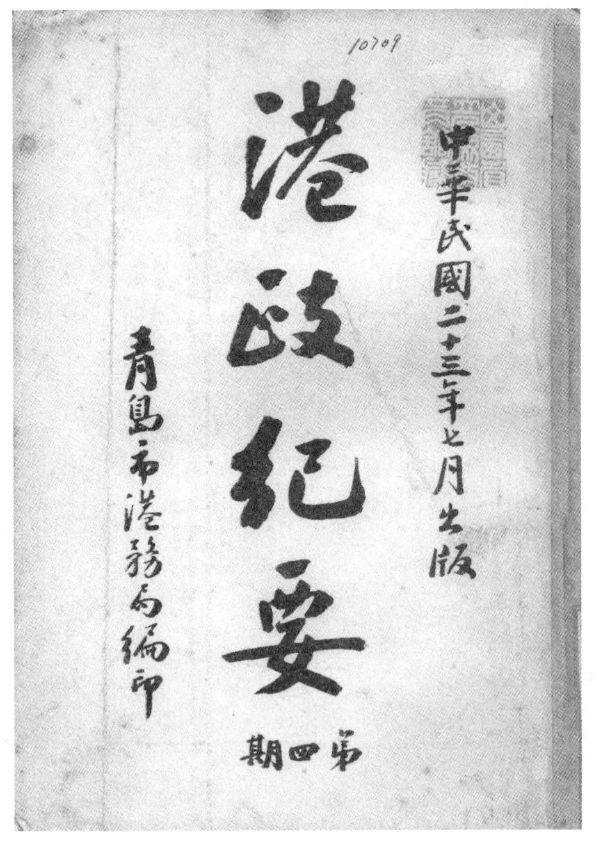

山东省国货陈列馆国货年刊

山东省国货陈列馆编　编者刊　济南　1931年～1935年　1期～5期　年刊　26cm

山东省国货陈列馆于1931年秋正式开馆，该刊记录了该馆筹备成立以来的工作情形，编成报告，出版年刊。直到1937年日军占领济南，山东省国货陈列馆被迫停办。1931年刊名由山东省政府委员兼实业厅厅长王芳亭题写，1932年刊名由山东省政府委员兼建设厅厅长张鸿烈题写。

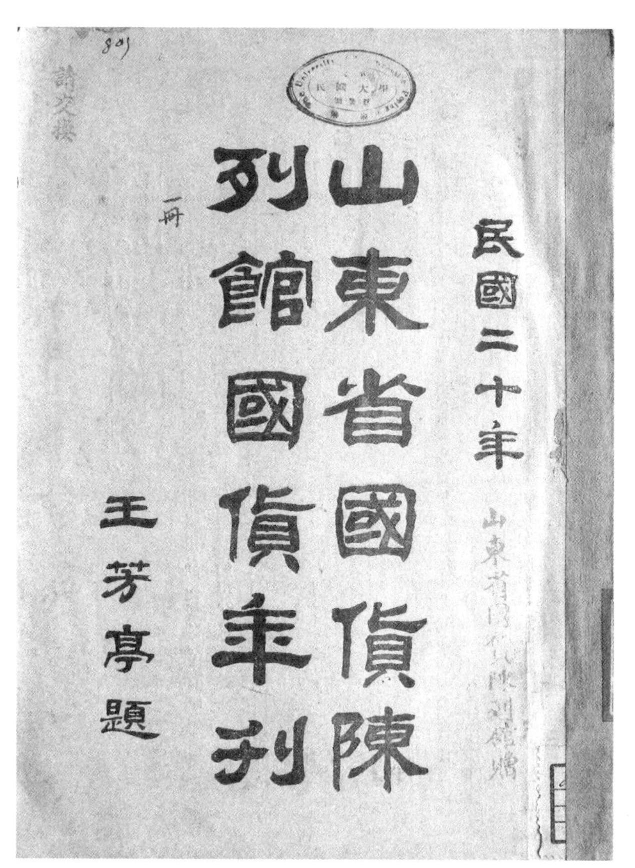

本刊編輯大意

一、提倡國貨，有賴宣傳，宣傳之效，在能普及。本館既負提倡之責，故須力謀普遍宣傳。而宣傳之法，利用文字，實居首要，此本刊之所以編輯。

一、本館徵集國貨，分類陳列，並附具標籤，將出品之名稱，商標，價值，暨商號等項，詳細塡載，使參觀者，易於認識，而便購買。惟陳列囿於一處，難以及遠，本刊編輯，爲彌斯憾。將前述各項，詳爲刊列，以供遠方閱者之查考，而資採擇。

一、我國出產，種類繁多，本刊所列。乃本館於民國二十年，開幕之初，第一次徵集之貨品，較諸國貨全量，何異九牛一毛。惟按本館定章，徵集國貨，每年一次，故本刊亦將逐歲編輯，俾所徵國貨，得以陸續刊登。

一、本刊主旨。在刊佈本館陳列之國貨，至其他登載，均係附帶報告，俾社會明瞭本館之組織，及開幕以來之重要工作，與將來進行之計劃。

一、本館成立未久，本刊初次編訂，其中誤謬及缺漏之處，自必不少，尙望各界閱者，惠予指正，不勝幸甚！

胶济铁路月刊

胶济铁路管理局总务处编查课编　编者刊　青岛　1931年1月～1937年4月　1卷1期～7卷4期　月刊　27cm

该刊栏目有《统计图表》《研究资料》《调查报告》《会议纪录》《党务》《路务消息》等，主要刊登与铁路有关的研究、计划、各项法规指令等内容。

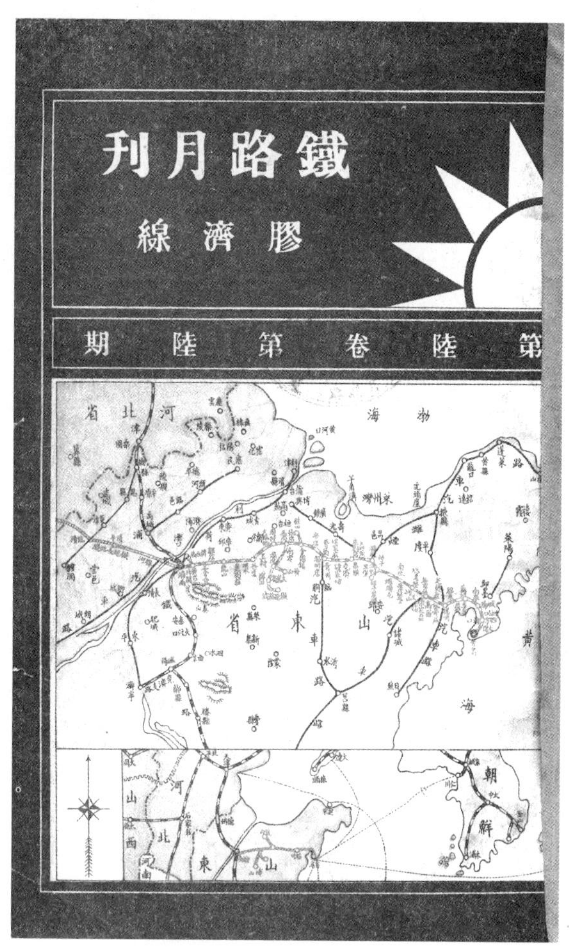

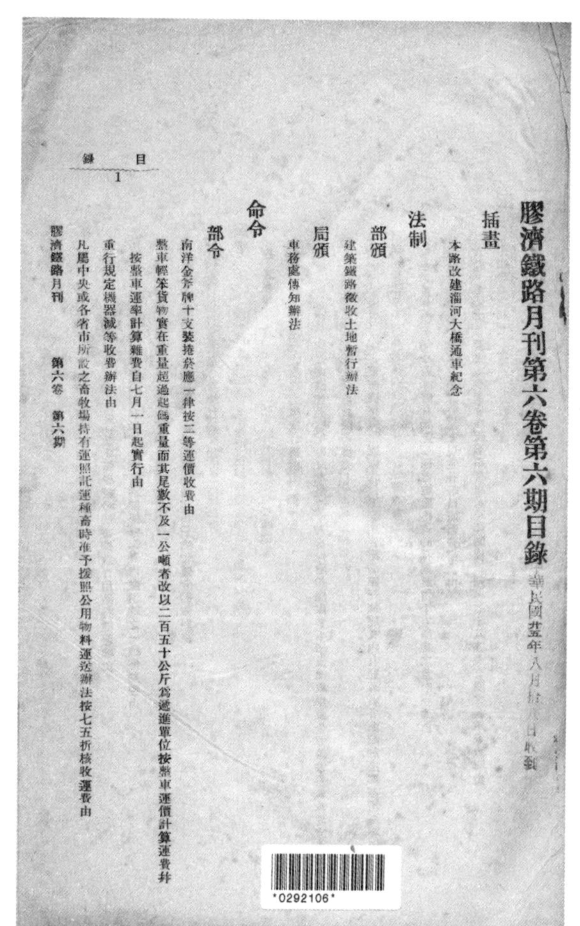

膠濟鐵路月刊第六卷第六期目錄

民國廿五年六月十二日膠濟鐵路改建淄河大橋通車紀念

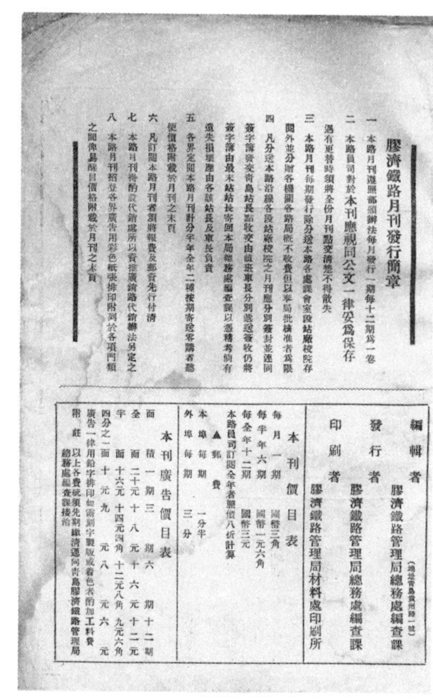

膠濟鐵路月刊發行簡章

一　本路月刊遵照部頒辦法每月發行一期每十二期爲一卷

二　本路員司對於本刊應視同公文一律妥爲保存遇有更替時須將全份月刊點交清楚不得散失

三　本路月刊每期發行除分送本路各處課會室段站廠校院存閱外並分贈各機關各路局概不收費但以奉局批核准者爲限

四　凡分送本路沿線各段站廠校院之月刊應分別簽封並連同簽字簿發交青島站長點收交由值班車長分別遞送簽收仍將簽字簿由最末站站長寄回本局總務處編查課以憑稽考倘有遺失損壞應由各該站長及車長負責

五　各界定閱本路月刊計分半年全年二種按期寄送零購者聽便價格附載於月刊之末頁

六　凡訂閱本路月刊者須將報費及郵資先行付清

七　本路月刊特酌設代銷處所以資推廣銷路代銷辦法另定之

八　本路月刊招登各界廣告用彩色紙張排印附列於各項門類之間俾易醒目價格附載於月刊之末頁

編輯者　膠濟鐵路管理局總務處編查課（地址青島貴州路一號）

發行者　膠濟鐵路管理局總務處編查課

印刷者　膠濟鐵路管理局材料處印刷所

本刊價目表

每月一期　國幣三角

每半年六期　國幣一元六角

每全年十二期　國幣三元

本路員司訂閱全年者照價八折計算

▲郵費

本埠每期　一分半

外埠每期　三分

本刊廣告價目表

面積	一期	三期	六期	十二期
全面	二十元	十八元	十六元	十二元
半面	十六元	十四元四角	十二元八角	九元六角
四分之一面	十元	九元	八元	六元

附註　廣告一律用鉛字排印如需刻字製版或着色者酌加工料費以上各費統須先期繳清逕向青島膠濟鐵路管理局總務處編查課接洽

期刊之部（二）

警务周刊

青岛市公安局编辑处编　编者刊　青岛　1931年1月～1933年6月　1期～130期　周刊　26cm

该刊是民国警察行业的研究专刊，面向全国公安系统发行，主要刊登与警务工作有关的政令、法规等。栏目有《论著》《法规》《特件》《训令》《榜示》《公告》等。

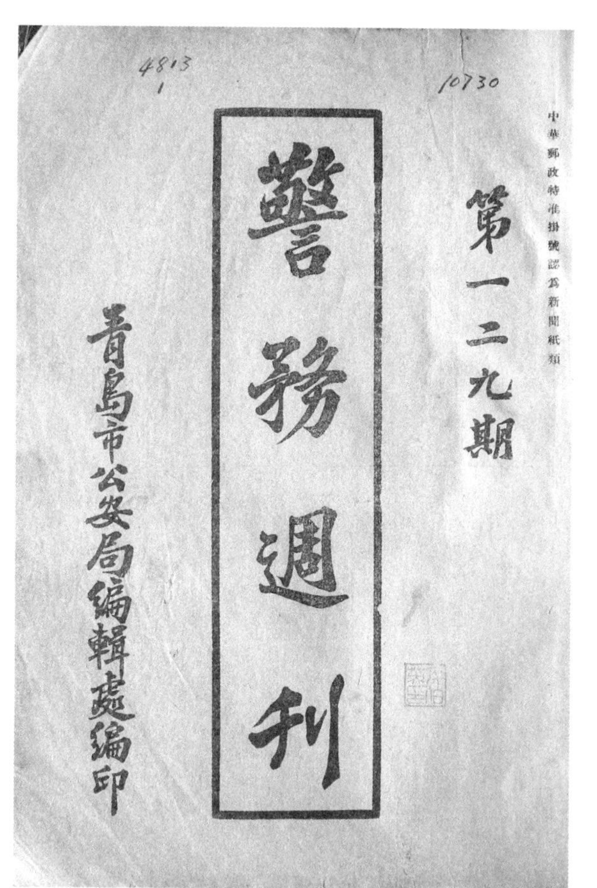

中華郵政特准掛號認為新聞紙類

警務週刊

第一二九期

青島市公安局編輯處編印

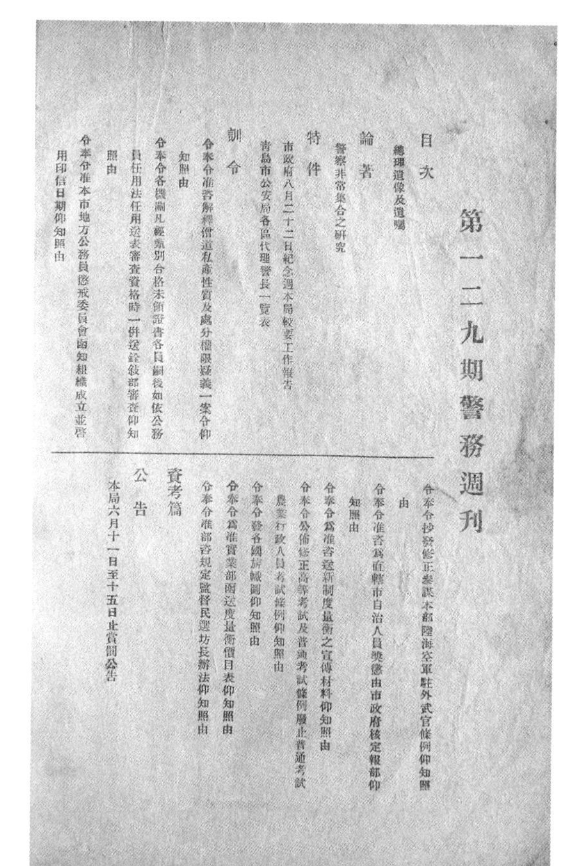

第一二九期警務週刊

目次

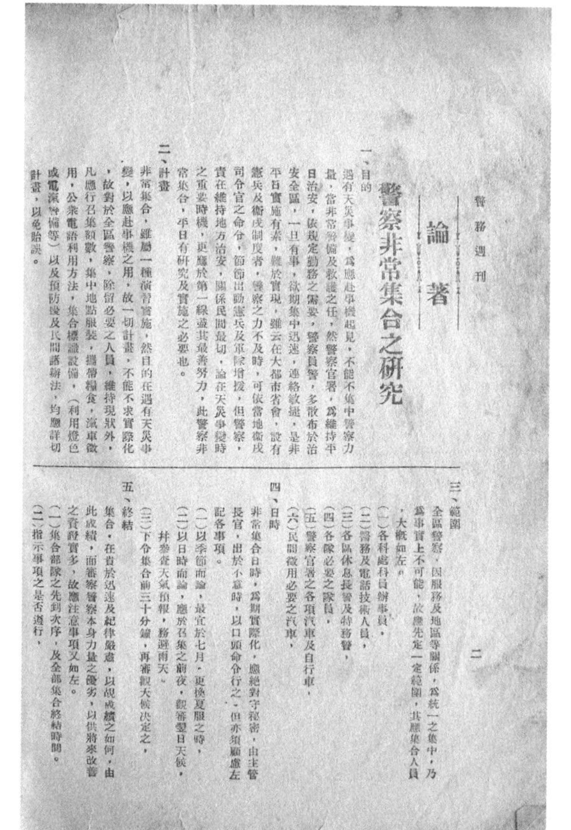

警務週刊

論著

警察非常集合之研究

一、目的

遇有天災事變，為應赴事機起見，不能不集中警察力量，當非常警備及救護之任，然警察官署，為維持平日治安，依規定勤務之需要，警察員警，多散布於治安全區，一旦有事，欲期集中迅速，連絡敏捷，是非平日實施有素，難於實現，雖云在大都市省會，設有憲兵及衛戍制度者，警察之力不及時，可依當地衛戍司令官之命令，飭飭出勳憲兵及軍隊增援，但警察責在維持地方治安，關係民間最切，論在天災事變時之重要時機，更應於第一線盡其最善努力，此警察非常集合，平日有研究及實施之必要也。

二、計畫

非常集合，雖屬一種演習實施，然目的在遇有天災事變，以應赴事機之用，故一切計畫，不能不求實際化，故對於全區警察，除留必要之人員，維持現狀外，凡應行召集額數，集中地點服裝，攜帶糧食，派車徵用，公衆電語利用方法，集合標識設備，（利用燈色或電滾警備等）以及預防變及民間謠辦法，均應詳切計畫，以免貽誤。

三、範圍

全區警察，因服務及地區等關係，為統一之集中，乃為事實上不可能，故應先定一定範圍，其應集合人員，大概如左。

（一）各科處科員辦事員，

（二）醫務及電話技術人員，

（三）各區休息長警及特務警，

（四）各隊必要之隊員，

（五）警察官署之各項汽車及自行車，

（六）民間徵用必要之汽車，

四、日時

非常集合日時，為期實際化，應絕對守秘密，由主管長官，出於不意時，以口頭命令行之，但亦須顧慮左記各事項。

（一）以季節而論，最宜於七月，更換夏服之時，

（二）以日時而論，應於召集之前夜，觀審翌日天候，并參查天氣預報，務避雨天。

（三）下令集合前三十分鐘，再審觀天候決定之，

五、終結

集合，在貴於迅速及紀律嚴肅，以覘成績之如何，由此成績，而審察警察本身力量之優劣，以供將來改善之資證實多，故應注意事項又如左。

（一）集合部隊之先到次序，及全部集合終結時間。

（二）指示事項之是否遵行，

二

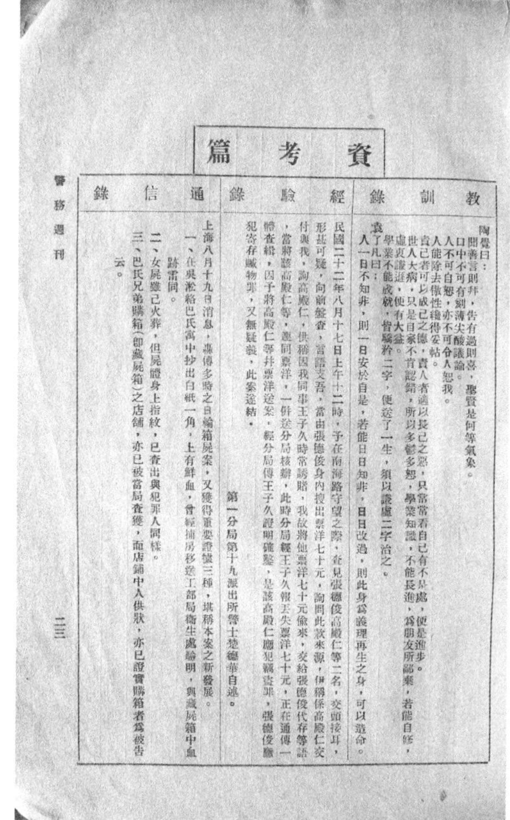

警務週刊

資考篇

教訓錄

陶覺曰：

聞善言則拜，告有過則喜，聖賢是何等氣象。口中不可有刻薄尖酸議論。人不可自恕，亦不可令人恕我。人能除去傲性纔得妥帖。責己者可以成己之德，責人者適以長己之惡，只常常看自已有不是處，便是進步。世人大病，只是自家不肯認錯，所以多鬱多怨，學業知識，不能長進，為朋友所鄙棄，若能自修，虛衷謙遜，使有大益。

袁了凡曰：

學業不能成就，皆驕矜二字，使送了一生，須以謙虛二字治之。人一日不知非，則一日安於自是，若能日日知非，日日改過，則此身為義理再生之身，可以造命。

經驗錄

民國二十二年八月十七日上午十二時，予在南海路守望之際，查見張德俊高殿仁等二名，交頭接耳，形甚可疑，向前盤查，言語支吾，當由張德俊身內搜出票洋七十元，詢問此款來源，伊稱係高殿仁交付與我，詢高殿仁，供稱因我同事王子久時常誘賭，我故將他票洋七十元偷來，交給張德俊代存等語，當將該高殿仁等，連同票洋，一併送分局核辦，此時分局經王子久報丟失票洋七十元，正在通傳一體查緝，因予將高殿仁等并票洋送案，經分局傳王子久證明確鑿，是該高殿仁應犯竊盜罪，張德俊應犯寄存贓物罪，又無疑義，此案遂結。

第一分局第十九派出所警士楚德華自述。

通信錄

上海八月十九日消息，轟傳多時之日輪箱屍案，又獲得重要證據三種，堪稱本案之新發展。

一、在吳淞絡巴氏寓中抄出白紙一角，上有鮮血，曾經捕房移送工部局衛生處驗明，與藏屍箱中血跡雷同。

二、女屍雖已火葬，但屍體身上指紋，已查出與犯罪人同樣。

三、巴氏兄弟購箱（即藏屍箱）之店舖，亦已被當局查獲，而店舖中人供狀，亦已證實購箱者為被告云。

二三

胶济日刊

胶济铁路管理局总务处编查课编　编者刊　青岛　1931年1月6日～1937年7月12日　1期～1991期　日刊　28cm

该刊除星期日例假日外按日发行。主要刊登铁道部下发的局令。

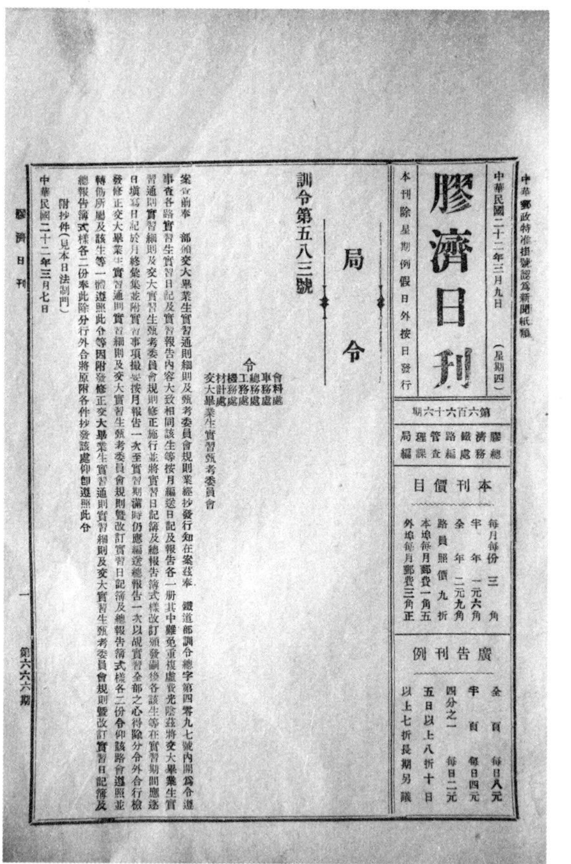
中華郵政特准掛號認爲新聞紙類

中華民國二十二年三月九日（星期四）

膠濟日刊

本刊除星期例假日外按日發行

第六百六十六期

膠濟鐵路管理局總務處編查課編

本刊價目

每月每份	三角
半年	一元六角
全年	二元九角
路員照價九折	
本埠每月郵費一角五	
外埠每月郵費三角正	

廣告刊例

全頁	每日八元
半頁	每日四元
四分之一	每日二元
五日以上八折	
十日以上七折	
長期另議	

局令

訓令第五八三號

令 會計處 車務處 總務處 工務處 機務處 材料處 交大畢業生實習甄考委員會

案查前奉 部頒交大畢業生實習通則細則及甄考委員會規則業經抄發行知在案茲奉 鐵道部訓令總字第四零九七號內開爲令遵事查各路實習生實習日記及實習報告內容大致相同該生等按月編送日記及報告各一冊其中難免重複虛費光陰茲將交大畢業生實習通則實習細則及交大實習生甄考委員會規則修正施行並將實習日記簿及總報告簿式樣改訂頒發嗣後各該生等在實習期間應逐日塡寫日記於月終彙集並附實習事項撮要按月報告一次至實習期滿時仍應編送總報告一次以覘實習全部之心得除分令外合行檢發修正交大畢業生實習通則實習細則及交大實習生甄考委員會規則暨改訂實習日記簿及總報告簿式樣各二份令仰該路會遵照並轉飭所屬及該生等一體遵照此令等因附發修正交大畢業生實習通則實習細則及交大實習生甄考委員會規則暨改訂實習日記簿及總報告簿式樣各二份奉此除分行外合將原附各件抄發該處仰卽遵照此令

附抄件（見本日法制門）

中華民國二十二年三月七日

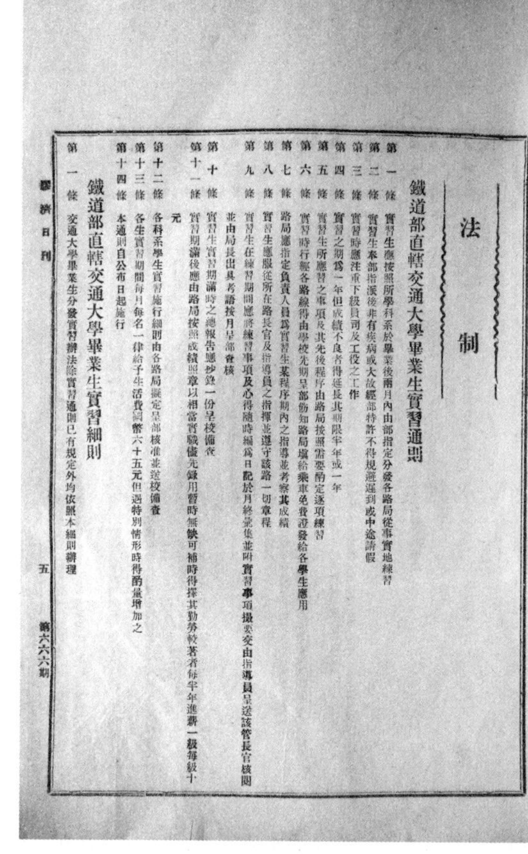

法制

鐵道部直轄交通大學畢業生實習通則

第一條　實習生應按照所學科系於畢業後兩月內由部指定分發各路局從事實地練習

第二條　實習生奉部指派後非有疾病或大故經部特許不得規避遲到或中途請假

第三條　實習時應注重下級員司及工役之工作

第四條　實習之期爲一年但成績不良者得延長其期限半年或一年

第五條　實習生所應習之事項及其先後程序由路局按照需要酌定逐項練習

第六條　實習時行經各路線得由學校先期呈部飭知路局塡給乘車免費證發給各學生應用

第七條　路局應指定負責人員爲實習生某程序期內之指導並考察其成績

第八條　實習生應服從所在路長官及指導員之指揮並遵守該路一切章程

第九條　實習生在練習期間應將練習事項及心得隨時編爲日記於月終彙集並附實習事項撮要交由指導員呈送該管長官核閱並由局長出具考語按月呈部查核

第十條　實習生實習期滿時之總報告應抄錄一份呈校備查

第十一條　實習期滿後應由路局按照成績照章以相當實職儘先錄用暫時無缺可補時得擇其勤勞較著者每半年進薪一級每級十元

第十二條　各科系學生實習施行細則由各路局擬定呈部核准並送校備查

第十三條　各生實習期間每月每名一律給予生活費國幣六十五元但遇特別情形時得酌量增加之

第十四條　本通則自公布日起施行

鐵道部直轄交通大學畢業生實習細則

第一條　交通大學畢業生分發實習辦法除實習通則已有規定外均依照本細則辦理

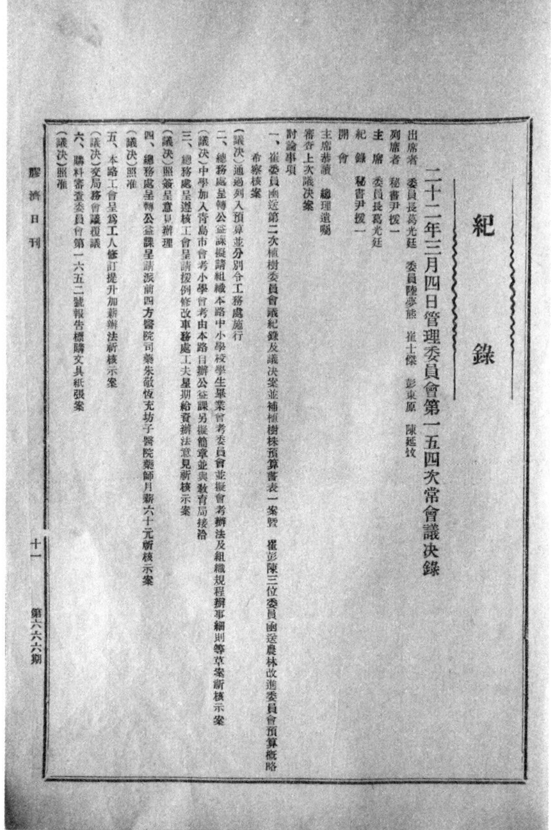

紀錄

二十二年三月四日管理委員會第一五四次常會議決錄

出席者　委員長葛光廷　委員陸夢熊　崔士傑　彭東原　陳延枚

列席者　秘書尹援一

主席　委員長葛光廷

紀錄　秘書尹援一

開會

主席恭讀　總理遺囑

審査上次議決案

討論事項

一、崔委員函送第二次植樹委員會議紀錄及議決案並補植樹株預算書表一案暨　崔彭陳三位委員函送農林改進委員會預算概略希察核案

（議決）通過列入預算並分別令工務處施行

二、總務處呈轉公益課擬請組織本路中小學校學生畢業會考委員會並擬會考辦法及組織規程辦事細則等草案祈核示案

（議決）中學加入青島市會考小學會考由本路自辦公益課另擬簡章並與教育局接洽

三、總務處呈遵核工會呈請援例修改車務處工夫星期給資辦法意見祈核示案

（議決）照簽呈意見辦理

四、總務處呈轉公益課呈請派前四方醫院司藥朱敬恆充坊子醫院藥師月薪六十元祈核示案

（議決）照准

五、本路工會呈爲工人修訂提升加薪辦法祈核示案

（議決）交局務會議覆議

六、購料審査委員會第一六五二號報告標購文具紙張案

（議決）照准

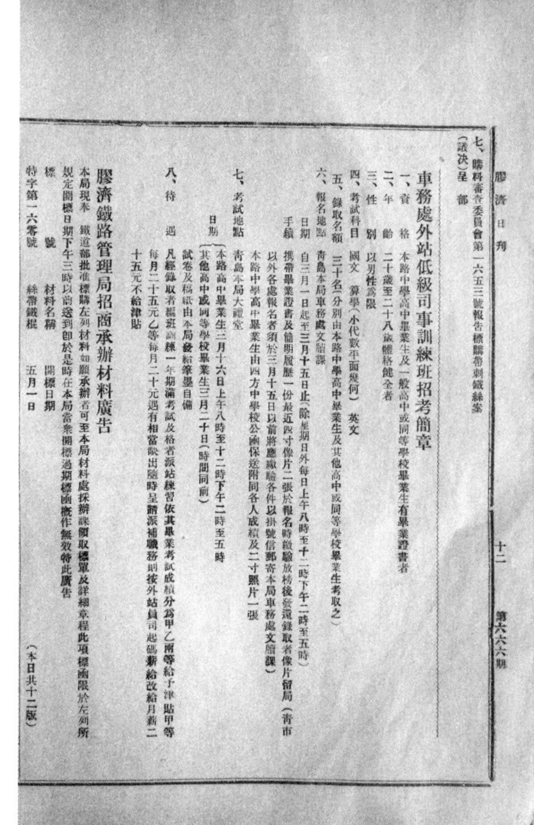

七、購料審査委員會第一六五三號報告標購帶刺鐵絲案

（議決）呈　部

車務處外站低級司事訓練班招考簡章

一、資格　本路中學高中畢業生及一般高中或同等學校畢業生有畢業證書者

二、年齡　二十歲至二十八歲體格健全者

三、性別　以男性爲限

四、考試科目　國文　算學（小代數平面幾何）　英文

五、錄取名額　三十名（分別由本路中學高中畢業生及其他高中或同等學校畢業生考取之）

六、報名地點　青島本局車務處文牘課

日期　自三月一日起至三月十五日止（除星期日外每日上午八時至十二時下午二時至五時）

手續　携帶畢業證書及簡明履歷一份最近四寸像片二張於報名時繳驗放榜後發還錄取者像片留局（青市以外各處報名者須於三月十五日以前將應繳驗各件以掛號信郵寄本局車務處文牘課）本路中學高中畢業生由四方中學校公函保送附同各人成績及二寸照片一張

七、考試地點　青島本局大禮堂

日期　本路高中畢業生三月十六日上午八時至十二時下午二時至五時
其他高中或同等學校畢業生三月二十日（時間同前）

試卷及稿紙由本局發給筆墨自備

八、待遇　凡經錄取者編班訓練一年期滿考試及格者派站練習依其畢業考試成績分爲甲乙兩等給予津貼甲等每月二十五元乙等每月二十元遇有相當缺出隨時呈請派補職務則按外站員司起碼薪給改給月薪二十五元不給津貼

膠濟鐵路管理局招商承辦材料廣告

本局現奉　鐵道部批准標購左列材料如願承辦者可至本局材料處採辦課領取標單及詳細章程此項標函限於左列所規定開標日期下午三時以前送到卽於是時在本局當衆開標過期標函概作無效特此廣告

標號	材料名稱	開標日期
特字第一六零號	絲帶鐵棍	五月一日

（本日共十二版）

山东省立图书馆季刊

山东省立图书馆编　编者刊　济南　1931 年 3 月～1936 年 12 月　1 期～2 期　季刊　27cm

该刊是在 20 世纪初中国“新图书馆运动”影响下诞生的山东省唯一一家图书馆学专业刊物。其宗旨是保存、整理中华民族之文化遗产；搜集乡邦文献文物，弘扬齐鲁文化；宣传西方图书馆学理论，寻找适合中国图书馆发展的理论和方法。内容主要为古籍、乡邦文献的整理与研究，图书馆学理论研究，以及本馆各项工作总结。该刊共出两期，第一期 555 页，第二期 149 页，16 开本，用当时最高级画报纸铅印。第一期辟有《图象》《论著》《校勘》《目录》《记载》五个栏目，载文 20 篇。1936 年为纪念奎虚书藏落成，出版第二期《奎虚书藏落成纪念专集》，该集包括一篇专载《奎虚书藏营建始末记》和 9 篇纪念论文。1970 年 3 月台湾学生书局将两期合为一册影印出版。

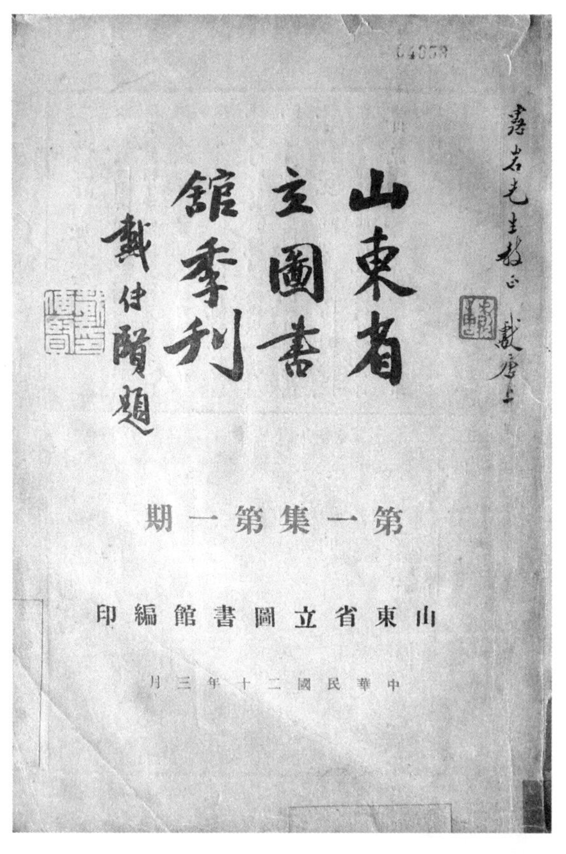

山東省立圖書館季刊

戴仲頤題

第一集第一期

山東省立圖書館編印

中華民國二十年三月

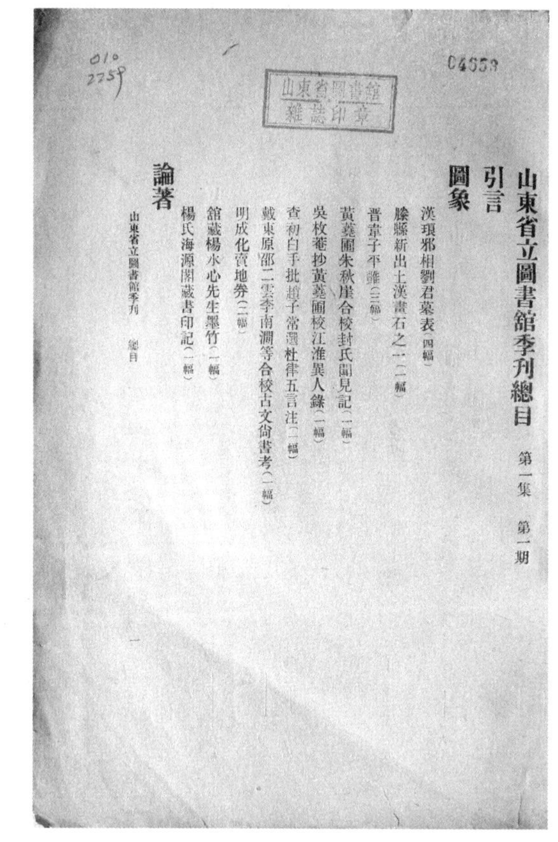

山東省立圖書館季刊總目　第一集　第一期

山東省立圖書館季刊　總目　一

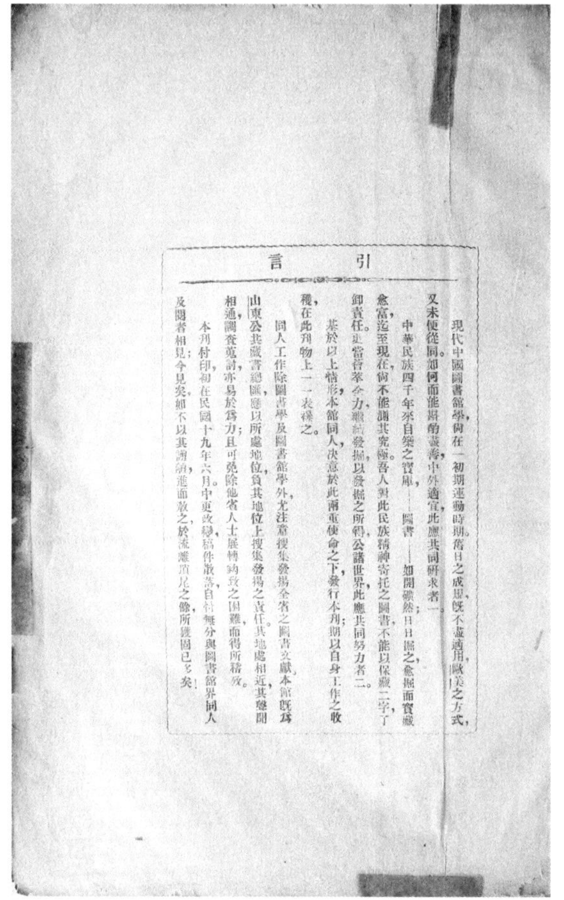

引言

現代中國圖書館學，尚在一初期運動時期。舊日之成規既不盡適用，歐美之方式又未便從同。如何而能斟酌盡善，中外適宜，此應共同研求者一；

中華民族四千年來自築之寶庫——圖書——如開礦然日日掘之，愈掘而寶藏愈富，迄至現在，尚不能窮其究極。吾人對此民族精神寄托之圖書不能以保藏二字了卸責任。更當脊萃全力繼續發掘，以發掘之所得，公諸世界，此應共同努力者二。

基於以上情形，本館同人，決意於此兩重使命之下，發行本刊，期以自身工作之收穫，在此刊物上一一表襮之。

同人工作除圖書學及圖書館學外，尤注意搜集發揚全省之圖書文獻。本館既為山東公共藏書總匯，應以所處地位，負其地位上搜集發揚之責任。其地處相近，其聲聞相通，調查蒐討，亦易於為力；且可免除他省人士展轉鉤致之困難，而得所稽攷。

本刊付印，初在民國十九年六月。中更政變，稿件散落，自忖無分與圖書館界同人及閱者相見；今見矣，如不以其謭陋，進而教之，於流離瑣尾之餘，所獲固已多矣！

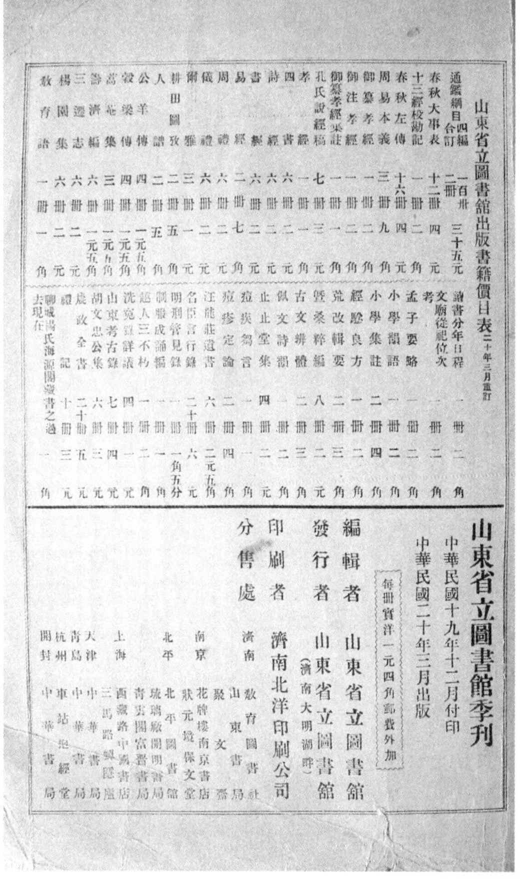

山東省立圖書館出版書籍價目表（二十年三月重訂）

書名	冊數	價目
通鑑綱目四編（合訂）	一百卅二冊	三十五元
春秋大事表	十二冊	四元
十三經校勘記	一冊	二角
春秋左傳	十六冊	四元
周易本義	三冊	九角
御纂孝經	一冊	二角
御注孝經	一冊	二角
御纂孝經集註	一冊	一角
孔氏說經稿	七冊	三元
孝經	一冊	一角
四書	六冊	二元
詩經	六冊	二元
書經	六冊	二元
易經	二冊	七角
周禮	六冊	二元
儀禮	六冊	二元
爾雅	三冊	一元
耕田圖攷	二冊	五角
人譜	二冊	五角
公羊傳	四冊	一元五角
穀梁傳	四冊	一元五角
嵩菴集	三冊	一元五角
詒濟編	六冊	一元五角
三遷志	六冊	二元
楊園集	六冊	二元
教育語	一冊	一角
讀書分年日程	一冊	二角
文廟從祀位次考	一冊	二角
孟子要略	一冊	二角
小學韻語	一冊	二角
小學集註	二冊	四角
經驗良方	一冊	二角
荒政輯要	二冊	三角
蠶桑粹編	八冊	二元
古文辨體	二冊	三角
佩文詩韻	一冊	二角
止止堂集	四冊	二元
瘟疫芻言	一冊	一角
痘疹定論	二冊	四角
汪龍莊遺書	六冊	二元五角
名臣言行錄	二十冊	六元
明刑管見錄	一冊	一角五分
制服成誦編	一冊	一角
超人三不朽	一冊	二角
洗冤錄詳議	四冊	一元
山東考古錄	七冊	四元
胡文忠公集	六冊	三元
農政全書	二十冊	五元
禮記	十冊	三元
聊城楊氏海源閣藏書之過去現在		一角

山東省立圖書館季刊

中華民國十九年十二月付印

中華民國二十年三月出版

每冊實洋一元四角郵費外加

編輯者　山東省立圖書館

發行者　山東省立圖書館（濟南大明湖畔）

印刷者　濟南北洋印刷公司

分售處

濟南　教育圖書社　山東書局　聚文齋

南京　花牌樓南京書店　狀元境保文堂

北平　北平圖書館　琉璃廠開明書局　青雲閣富晉書局

上海　西藏路中國書店　三馬路蟫隱廬

天津　中華書局

青島　中華書局

杭州　車站抱經堂

開封　中華書局

财政旬刊

山东省政府财政厅公报编辑处编　山东省政府财政厅［发行］　济南　1931 年 4 月 30 日～1935 年 3 月 31 日　1 卷 1 期～12 卷 10 期　旬刊　27cm　由《山东财政旬刊》继承

该刊以报表形式公布该省各行业的财务税收状况，报道经济纠纷案例等。栏目有《讲演》《译著》《最近重要工作情形》《金融》《统计》《本厅新闻》等。

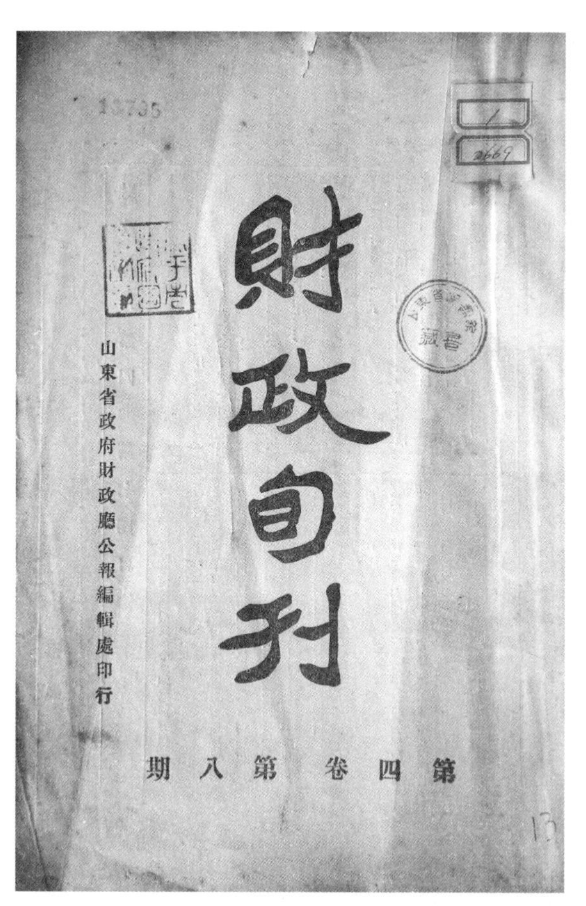
財政旬刊

山東省政府財政廳公報編輯處印行

第四卷 第八期

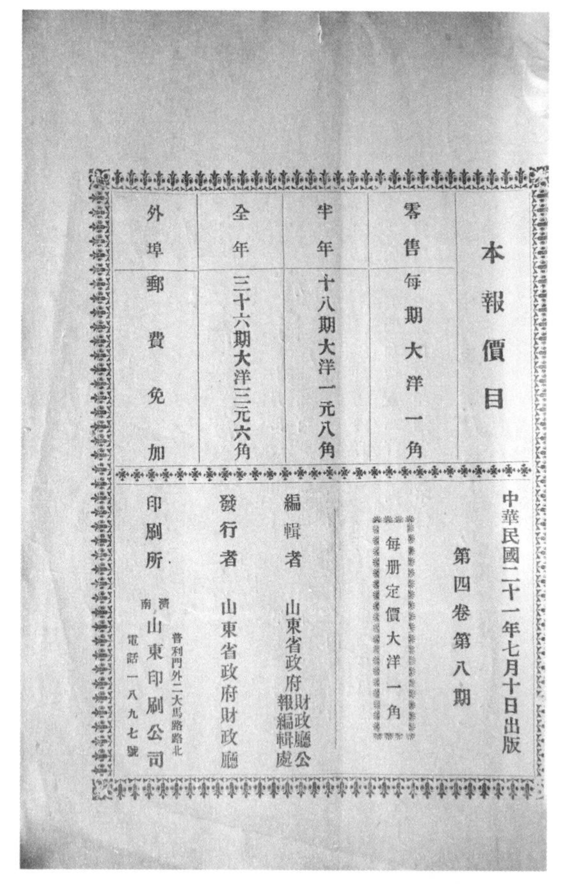
本報價目

零售	每期大洋一角
半年	十八期大洋一元八角
全年	三十六期大洋三元六角
外埠郵費免加	

中華民國二十一年七月十日出版

第四卷第八期

每册定價大洋一角

編輯者　山東省政府財政廳公報編輯處

發行者　山東省政府財政廳

印刷所　山東印刷公司　濟南普利門外二大馬路路北　電話一八九七號

財政旬刊

最近重要工作情形

令禹城縣該縣私出紙票應迅速查禁

令青城縣所請加征民團槍捐各節未便准行

令各縣縣長查恩縣縣長應領藏字庫券於二十九日甫經領出三十日即託中國銀行在濟南兌現七千元殊屬有意取巧阻碍推行已呈請省府將該縣長記大過一次以示懲戒

各縣每月收入計算書表前經嚴定期限迭經飭遵在案惟泗水等縣五月份前項書表逾限十日以上自應照章嚴令申斥

曹縣請添設里書仍征里書費已電復不准

批濟南市同祥號據呈請減營業稅額碍難照准

令蒙陰縣縣長該縣積欠歷年各項稅款迄未征解仰即設法嚴追尅日批解

令各兼辦營業稅各縣縣長查營業稅每季征收辦法業經營業稅總評議委員會議決現經本廳規定兼辦縣分均自七月份實行以歸一律

呈爲二十一年度省縣地方兩項預算印刷等費援案請由省款撥發其一切急需應隨時墊付俟印刷工價詳細核明連同各費再專案請在二十年度總預備費內動支呈請省府鑒核先行立案

統計

山東省政府財政廳金庫民國二十一年六月下旬收支旬報表

气象月报（济南）

山东省建设厅气象测候所编　编者刊　济南　1931年6月～1936年12月　1期～67期；复刊1947年7月～1949年12月　[总期数不详]　月刊　26cm

该刊又名《济南气象月报》，气象观测刊物，由山东省建设厅气象测候所编印，所址在济南东南城上魁星楼，复刊后由山东省气象所编印。内容全部为图表。

氣象月報

中華民國三十六年七月

山東省氣象所

濟南城内南馬道街

凡　例

1.本所位於東經117° 1′ 33.83″，北緯36°39′47.36″，海拔49.38公尺

2.各種儀器海拔高度如次

氣壓計	53.92公尺
風向器	61.58公尺
風速計受風杯	61.58公尺
雨量器	49.78公尺

3.觀測時間用東經120° 標準時·每日八次，計爲3,6,9,12,14,18,21,24等時。

4.凡一日降水量在0.1mm以上者，爲降水日，不足則記(T),不作降水日·

5.蒸發量每日9^h觀測一次，其值爲前一日量·

6.雲狀，能見度，天氣狀態等記錄符號，悉依中央氣象局之規定·

7.地中溫度自〇至50cm每日觀測三次，卽$6^h 14^h 21^h$；自75 cm至5 m皆於每日9^h觀測一次。

山东省区长训练所第三期期刊

山东省区长训练所编　编者刊［济南］1931年7月　总1期　不定期　27cm

该刊为综合刊物。主要刊登该所学员对内政、外交、哲学、经济、教育等问题的论说，对自身的责任及自治工作的体会，以及创作的自治歌词和散文作品。

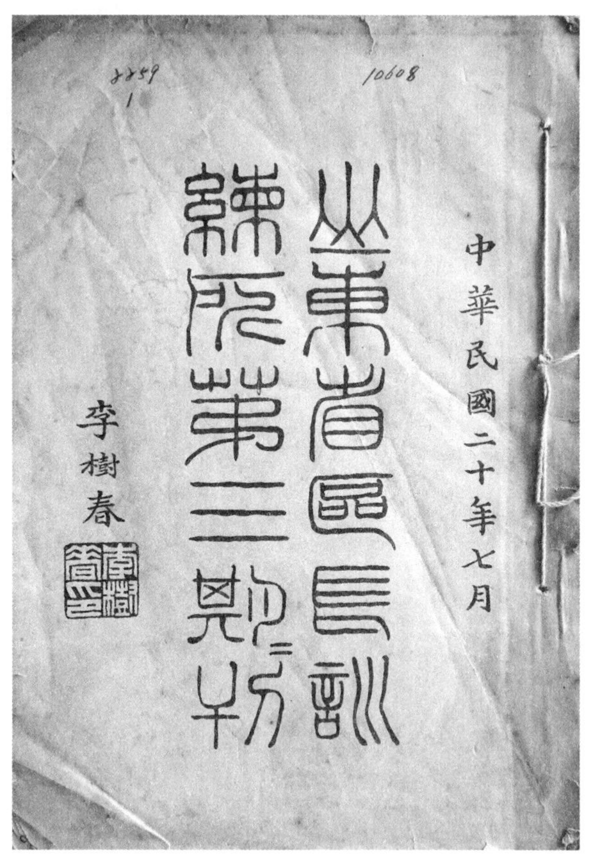

山東省區長訓練所第三期期刊序

國强於政，而政明於學，我聞在昔，以禹貢治水，以春秋折獄，以一十七史作治譜，以三百五篇當諫書，坐言起行，通經致用，有由來矣，洎乎晚近，學術龐雜，莘莘學子，齊啓調吻，幾乎人挾民約之篇，家藏唯物之論，或泥古而滯今，或築室而道謀，非弦絕於膠柱，即足傷於適屨，耳食膚論，鮮所折衷，甚矣其惑也， 總理鑒政治之不良，由於學說之不當，提倡國民革命，主張三民五權，而以軍政訓政憲政三時期，爲進行革命之手段，與改良政治之標準，並以訓政時期，須訓練人民及官吏，以爲實現三民五權之預備，酌古準今，由邇及遠，法甚良，意甚美也，夫訓政云者，簡釋之卽是教政，蓋良好之政治，必寓教育之作用，良好之教育，必藉政治以推行，教而離政，則流於空疏，政而離教，則永無進步，故必以教育之方法，以行政，更必以政治之力量而施教，此訓政之精義也，本所爲訓練自治區長而設，萃齊魯之羣英，研精學理，考中外之學說，闡明治術，朋簪既聚，智珠愈明，復本其平日研求所得，或著而爲文，或講而成說，彙集成帙，定期刊行，取精用宏，作簡畢鉅，嘉俊及之節操，而杜其虛聲，希洛閩之學風，而戒其空談，集思廣益，敬業樂羣，甚盛事也，所望啓迪國民，袪井蛙夏蟲之見，指導社會，通東鶼西鰈之郵，範我馳驅，示知正鵠，庶幾晉國輿人之頌，並撫慰乎謀新，鄭人鄉校之言，將有裨於執政，則斯刊之作，爲不徒行矣，諸君勉乎哉，是爲序，

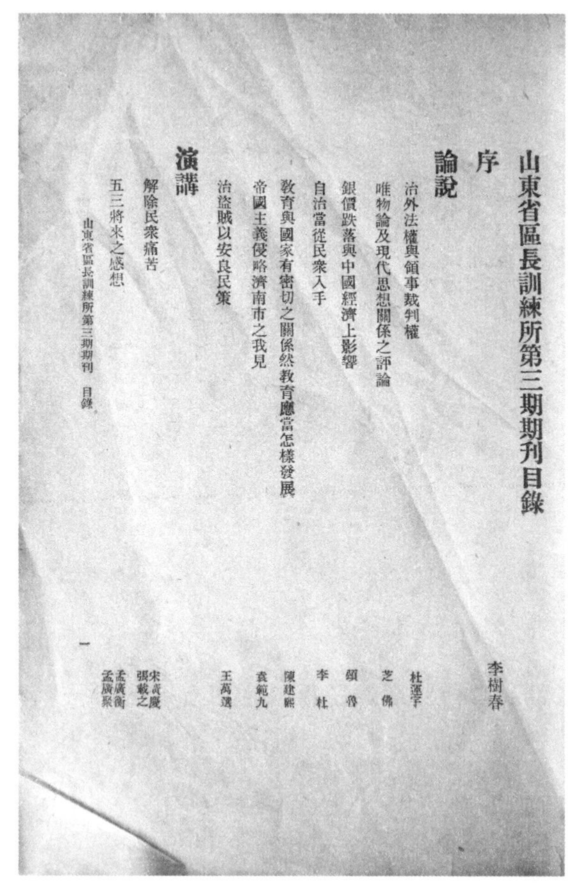

山東省區長訓練所第三期期刊目錄

乡村建设

山东乡村建设研究院乡村建设旬刊编辑部编　山东乡村建设研究院［发行］　邹平　1931年10月～1937年10月　1卷1期～7卷6期　旬刊　26cm

该刊是以梁漱溟为代表的乡村建设派创办的刊物，是宣传乡村建设理论、介绍实践经验的主要阵地。它及时报道邹平的实验情况，介绍邹平的乡村建设经验，如先后出版了《乡农学校专号》《邹平乡师专号》和两期《邹平合作事业专号》，详细介绍了梁漱溟在邹平的实验动态。该刊在扩大梁漱溟乡村建设影响、推广邹平乡村建设经验上，起了极其重要的作用。曾先后发表梁漱溟的多篇关于乡村建设的重要论文，如《乡农学校的办法及其意义》《乡村建设理论提纲》《中国合作运动之路向》《政教合一》《中国民众的组织问题》《村学乡学之具体办法》等。该刊还分九次连载了梁漱溟《乡村建设理论》一书的重要章节。

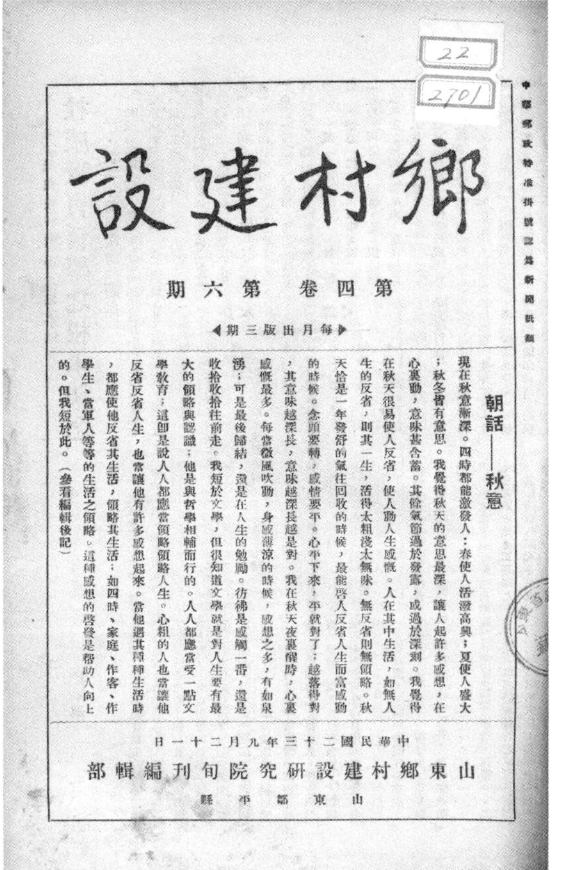

鄉村建設

第四卷　第六期

◀每月出版三期▶

朝話——秋意

現在秋意漸深。四時都能激發人：春使人活潑高興；夏使人盛大；秋冬皆有意思。我覺得秋天的意思最深，讓人起許多感想，在心裏動，意味甚含蓄。其餘氣節過於發露，或過於深刻。我覺得在秋天很易使人反省，使人動人生感慨。人在其中生活，如無人生的反省，則其一生，活得太粗淺太無味。無反省則無領略。秋天恰是一年發舒的氣往回收的時候，最能啓人反省人生而富感動的時候。念頭要轉，感情要平。心平下來，平就對了；越落得對，其意味越深長，意味越深長越是對。我在秋天夜裏醒時，心裏感慨最多。每當微風吹動，身感薄涼的時候，感想之多，有如泉湧；可是最後歸結，還是在人生的勉勵。彷彿是感觸一番，還是收拾收拾往前走。我短於文學，但很知道文學就是對人生要有最大的領略與認識；他是與哲學相輔而行的。人人都應當受一點文學教育；這即是說人人都應當領略領略人生。心粗的人也當讓他反省反省人生，也當讓他有許多感想起來。當他遇其種種生活時，都應使他反省其生活，領略其生活；如四時、家庭、作客、作學生、當軍人等等的生活之領略。這種感想的啓發是帮助人向上的。但我短於此。（參看編輯後記）

中華民國二十三年九月二十一日
山東鄉村建設研究院旬刊編輯部
山東鄒平縣

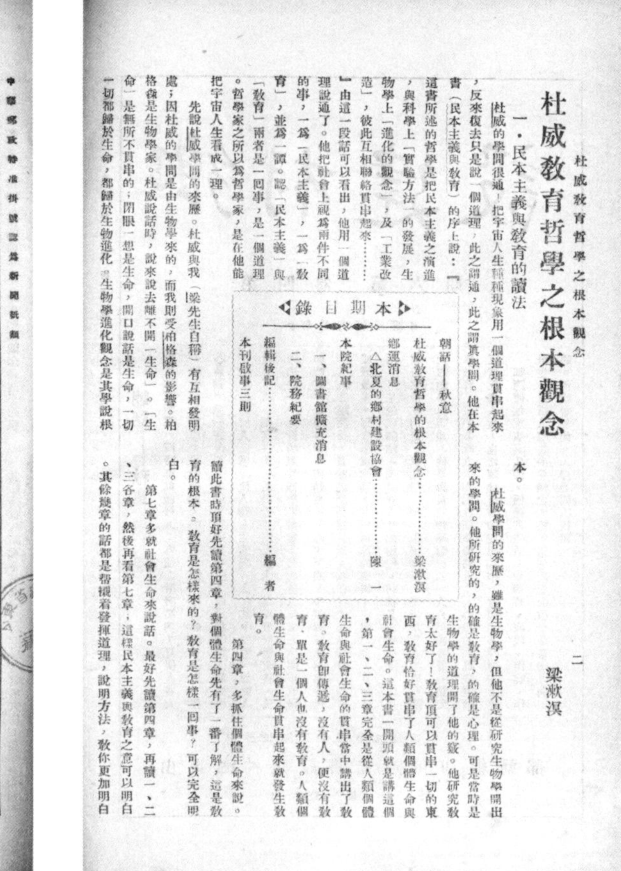

杜威教育哲學之根本觀念

梁漱溟

一・民本主義與教育的讀法

杜威的學問很通！把宇宙人生種種現象用一個道理貫串起來，反來復去只是說一個道理，此之謂通，此之謂眞學問。他在本書（民本主義與教育）的序上說：『這書所述的哲學是把民本主義之演進，與科學上「實驗方法」的發展，生物學上「進化的觀念」，及「工業改造」，彼此互相聯絡貫串起來……』由這一段話可以看出，他用一個道理說通了。他把社會上視爲兩件不同的事，一爲「民本主義」，一爲「教育」，並爲一譚。認「民本主義」與「教育」兩者是一回事，是一個道理。哲學家之所以爲哲學家，是在他能把宇宙人生看成一理。

先說杜威學問的來歷。杜威與我（梁先生自稱）有互相發明處；因杜威的學問是由生物學來的，而我則受柏格森的影響。柏格森是生物學家。杜威說話時，說來說去離不開「生命」。「生命」是無所不貫串的；閉眼一想是生命，開口說話是生命，一切一切都歸於生命，都歸於生物進化。生物學進化觀念是其學說根本。

杜威學問的來歷，雖是生物學，但他不是從研究生物學開出來的學問。他所研究的，的確是教育，的確是心理。可是當時是生物學的道理開了他的竅。他研究教育太好了！教育頂可以貫串一切的東西，教育恰好貫串了人類個體生命與社會生命。這本書一開頭就是講這個，第一、二、三章完全是從人類個體生命與社會生命的貫串當中講出了教育。教育即傳遞，沒有人，便沒有教育。單是一個人也沒有教育。人類個體生命與社會生命貫串起來就發生教育。

第四章，多抓住個體生命來說。讀此書時頂好先讀第四章，對個體生命先有了一番了解，這是教育的根本。教育是怎樣來的？教育是怎樣一回事？可以完全明白。

第七章多就社會生命來說話。最好先讀第四章，再讀一、二、三各章，然後再看第七章，這樣民本主義與教育之意可以明白。其餘幾章的話都是帮襯着發揮道理，說明方法，教你更加明白

本期目錄

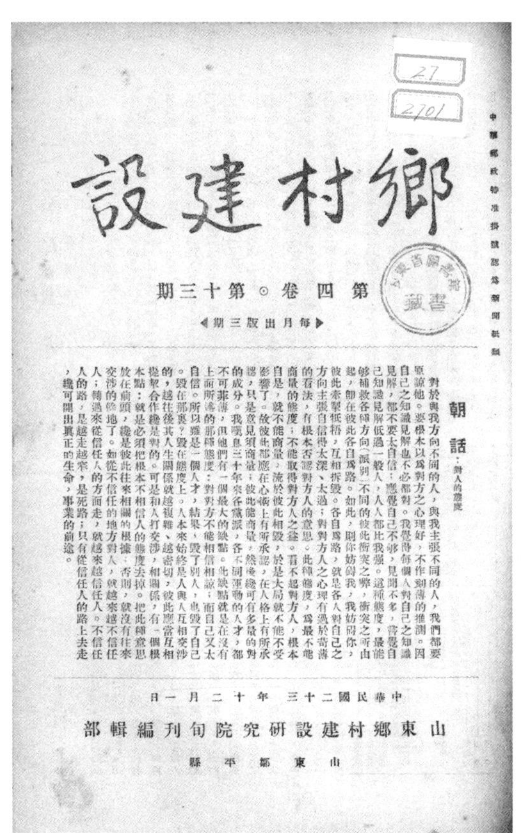

鄉村建設

第四卷・第十三期

◀每月出版三期▶

朝話：對人的態度

對於與我方向不同的人，與我主張不同的人，我們都要原諒他。要根本以爲對方之心理好，不作刻薄的推測。因自己之知識見解也不必都對。我覺得每個人對自己之知識見解，都不要太自信；應覺自己不够，見聞不多，當覺自己知識見解低過一般人，人人都比我强。這種態度，最能够補救各種方向（派別）不同的彼此衝突之弊，衝突之所由起，即在彼此各自爲路。如此，則你妨礙我，我妨礙你，彼此牽掣牴牾，互相拆毁。各自爲路，就是各人對自己之方向主張自信得太深、太過；對對方人之心理有過於苛薄的看法，有根本否認對方人的意思。此種態度，爲最不能商量的態度；不能取得對方人之益。看不起對方人，根本自是，就不能商量，流於彼此相毁，於是大局就不能不受影響了。故彼此都應在心術上有所承認，在人格上有所承認，只是意見須商量；彼此能商量，然後纔可有多量的對的成分。我嘆息三十年來各黨派，各不同運動的人才，都不可菲薄，但他們有一個最大的缺點。此缺點就是在沒有上面所述的那種態度：對對方不能相信相諒；而自己又太自信。所以雖是一個人才，結果，毁了別人，也毁了自己。毁在那裏？毁在態度上。人本來始終是人與人互相交涉的，越往後其人生關係就越複雜、越密切，彼此應當互相從幫合作纔是對的。可是和人打交涉，相關係，有一個根本點：就是必須把根本不相信人的態度去掉。把此種意思放在前頭，纔是彼此往來相關的根據；否則，就沒有往來交涉的餘地了。如從不信任的地方對人，就越來越不信任人；轉過來從信任人的方面走，就越來越信任人。不信任人的路，是越走越窄，是死路；只有從信任人的路上去走，纔可開出眞正的生命，是事業的前途。

中華民國二十三年十二月一日
山東鄉村建設研究院旬刊編輯部
山東鄒平縣

三種人生態度

梁漱溟

——逐求，厭離，鄭重——

『人生態度』是指人日常生活的傾向而言，向深裏講，即入了哲學範圍，向粗淺裏說，也不難明白。依中國分法，將人生態度分爲「出世」與「入世」兩種，但我嫌其籠統，不如三分法較爲詳盡適中。我們仔細分析：人生態度之深淺，曲折，偏正……各式各種都有；而各時代、各民族、各社會，亦皆有其各種不同之精神；故欲求不籠統，而究難免於籠統，我們現在所用之三分法，亦不過是比較適中的辦法而已。

按三分法，第一種人生態度，可用『逐求』二字以表示之。此意即謂人於現實生活中逐求不已：如飲食、宴安、名譽、聲色、貨、利等，一面受趣味引誘，一面受問題刺激，顛倒迷離於苦樂中，與其他生物，亦無所異；此第一種人生態度（逐求），能够徹底做到家，發揮至最高點者，即爲近代之西洋人。他們純爲向外用力，兩眼直向前看，逐求於物質享受，其征服自然之威力實甚偉大，最值得令人拍掌稱贊。他們並且能將此第一種人生態度理智化，使之成爲一套理論——哲學。可代表者，爲美國杜威之實驗主義，他很能細密地尋求出學理的基礎來。

第二種人生態度爲厭離的人生態度。第一種人生態度爲人對於物的問題。第三種人生態度爲人對於人的問題，此則爲人對於自己本身的問題。人與其他動物不同，其他動物全走本能道路，而人則走理智道路，其理智作用特別發達。其最特殊之點，即在回轉頭來反看自己，此爲一切生物之所不及於人者。當人轉回頭來冷靜地觀察其生活時，即感覺得人生太苦，一方自己爲飲食男女及一切欲望所糾纏，不能不有許多痛苦；而在另一方面，社會上又充滿了無限之偏私、嫉忌、仇怨、計較，以及生離死別種種現象，更足使人感覺得人生太無意思：如是，乃產生一種厭離人世的人生態度。此態度爲人人所同有，世俗之愚夫愚婦皆有此想，因愚夫愚婦亦能回頭想，回頭想時，便欲厭離。但此種人生態度雖爲人人所同具，而所分別者即在程度上深淺之差，只看徹底不徹底，到家不到家而已。此種厭離之人生態度，爲許多宗教之所生。最能發揮到家者，厥爲印度人；印度人最奇怪，其整個生活，完全爲宗教生活。他們最徹底，最完全；其中最通透者爲佛家。

第三種人生態度，可以用『鄭重』二字以表示之。鄭重態度，又可分爲兩層來說：其一、爲不反觀自己時——向外用力；其二、爲回頭看自家時——向內用力。上述之逐求，與厭離

本期目錄

青岛市社会局业务特刊

青岛市社会局编　编者刊　青岛　1932 年　1 期～2 期　半年刊　26cm

该刊是统计资料刊物。内容包括青岛市的总务行政、农工商行政、劳动行政、公益行政、卫生行政等有关资料，并附载有该市现行卫生法规。

青島市社會局

業務特刊

二十二年至二十三年

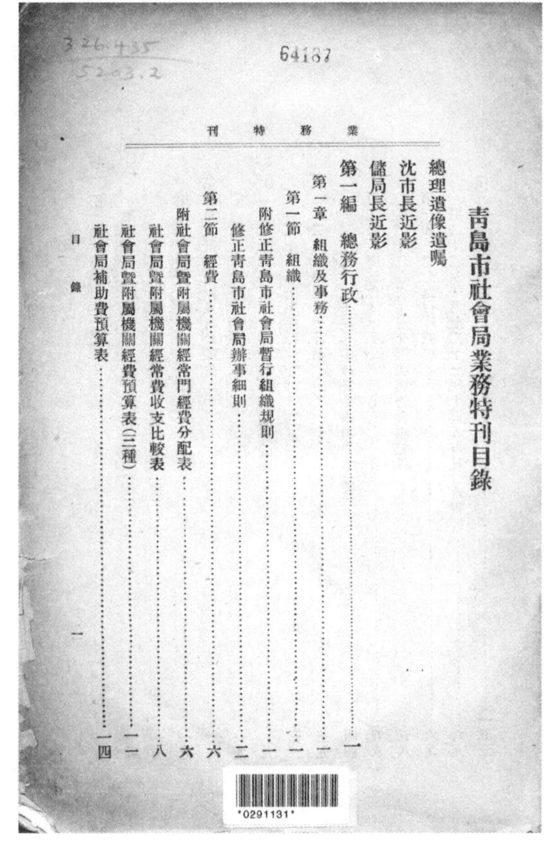

業務特刊

青島市社會局業務特刊目錄

目錄　一

济南气象年报

山东省建设厅气象测候所编　编者刊　济南　1932 年～［1938 年］ 1 卷～7 卷　年刊　26cm

该刊为气象刊物。刊登济南市的气象要素表、天气杂项表、风向统计表、雨线图等气象资料。1938 年编辑、出版单位改为山东省公署建设厅。

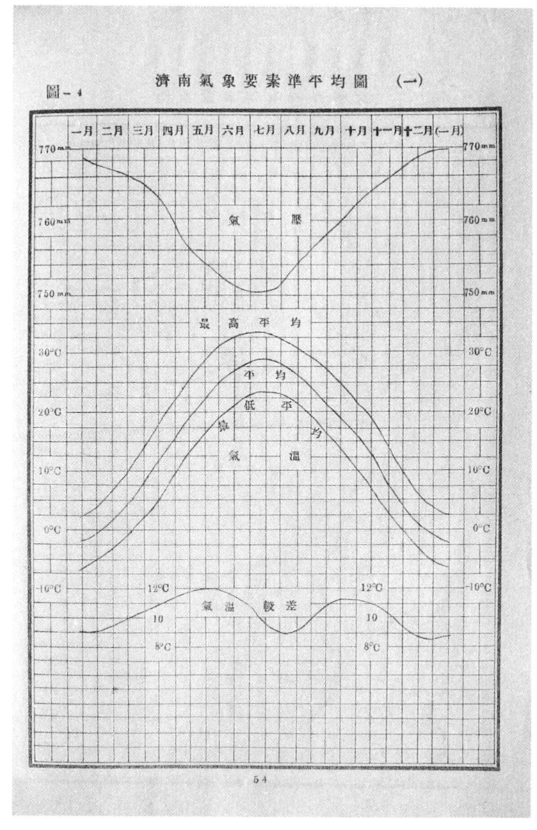

历师月刊

历师月刊社编　编者刊　济南　1932年～1935年5月15日　1卷1期～4卷5期　月刊　25cm

该刊是师范教育刊物，张贺元题写刊名，社址在历城县学街。栏目有《教育论文》《教育实施》《教育消息》《书报介绍》《文艺》。

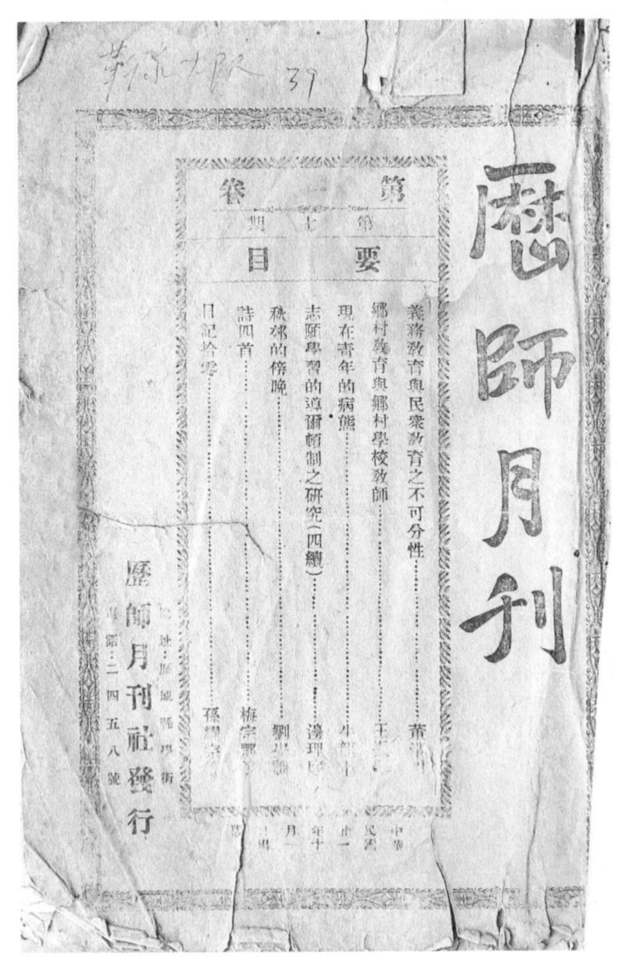

歷師月刊

第一卷 第七期

要目

義務教育與民衆教育之不可分性……董渭川
鄉村教育與鄉村學校教師……王振華
現在青年的病態……牛龍卜
志願學習的道爾頓制之研究（四續）……邊理庭
秋郊的傍晚……劉崇謙
詩四首……梅宗鄂
日記拾零……孫耀宗

歷師月刊社發行
社址：歷城縣學街
電話：二四五八號

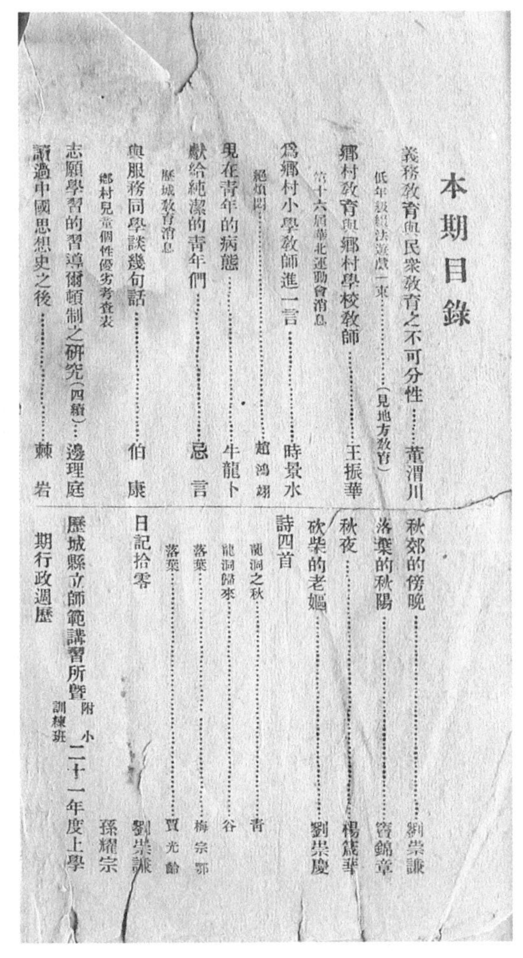

本期目錄

邃经特刊

世界红卍字会全鲁各分会联合救济办事处编　编者刊　济南　1932年　总1期　特刊　24cm

该刊是宗教刊物，社址在济南商埠魏家庄民康里7号。

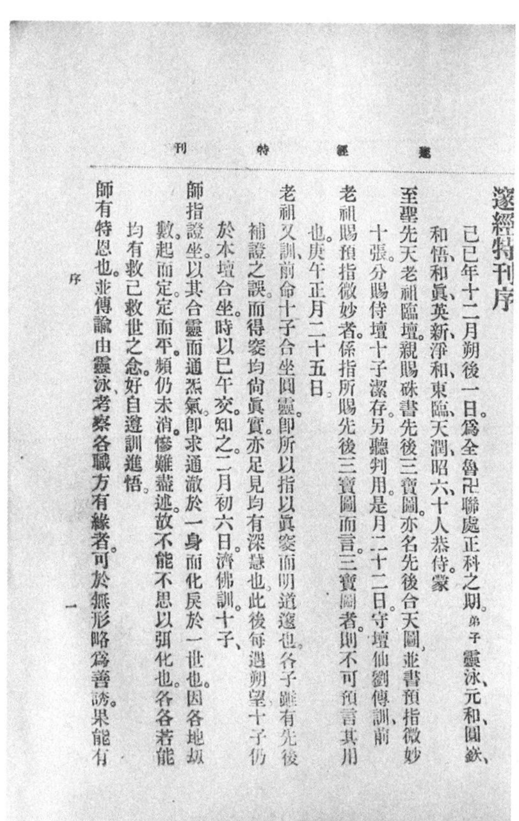

邃經特刊序

已巳年十二月朔後一日。爲全魯卍聯處正科之期。弟子靈泳、元和、圓欽、和悟、和眞、英新、淨和、東臨、天潤、昭六、十人恭侍。蒙

至聖先天老祖臨壇。親賜硃書先後三寶圖。亦名先後合天圖。並書預指微妙十張。分賜侍壇十子。潔存。另聽判用。是月二十二日。守壇仙劉傳訓、前

老祖賜預指微妙者。係指所賜先後三寶圖而言。三寶圖者。則不可預言其用也。庚午正月二十五日

老祖又訓、前命十子合坐圓靈。卽所以指以眞奧而明道邃也。各子雖有先後補證之誤。而得奧均尚眞實。亦足見均有深慧也。此後每遇朔望十子仍於本壇合坐。時以巳午交。知之。二月初六日。濟佛訓。十子、

師指證坐。以其合靈而通烝氣。卽求通澈於一身而化戾於一世也。因各地刼數。起而定。定而平。頻仍未消。慘難蠢述。故不能不思以弭化也。各各若能均有救己救世之念。好自遵訓進悟。

師有特恩也。並傳諭由靈泳、考察各職方有緣者。可於無形略爲善誘。果能有

中华民国二十一年度山东省地方普通岁入岁出总预算表

山东省政府财政厅编　编者刊　济南　1932 年　总 1 期　年刊　27cm

该刊分为山东省地方普通岁入总预算表和山东省地方普通岁出总预算表两个部分，每个部分分有经常门和临时门两大块。

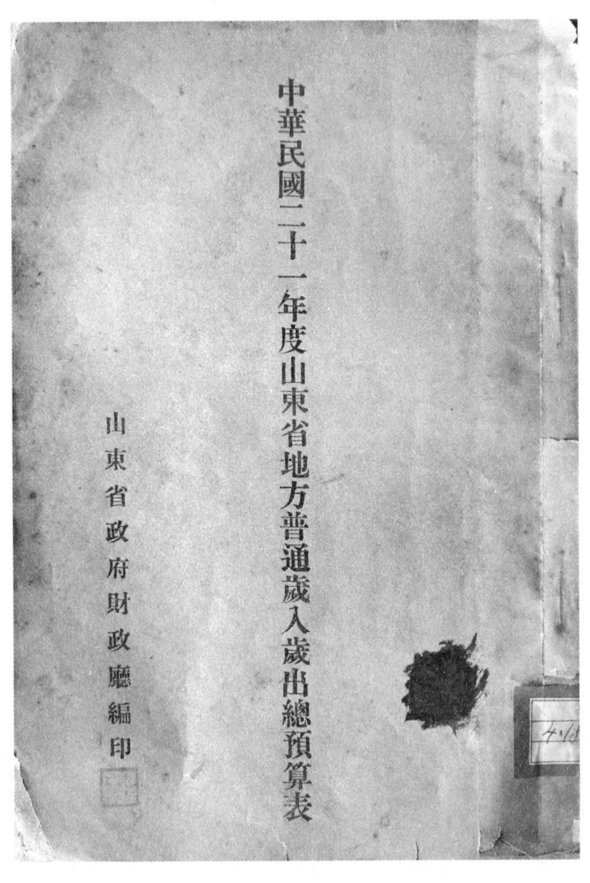

中華民國二十一年度山東省地方普通歲入歲出總預算表

山東省政府財政廳編印

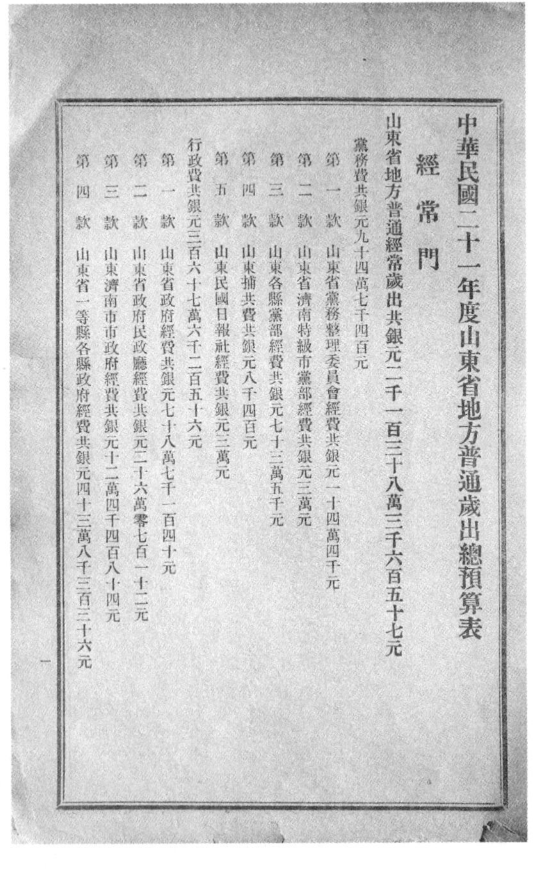

中華民國二十一年度山東省地方普通歲出總預算表

經常門

山東省地方普通經常歲出共銀元二千一百三十八萬三千六百五十七元

黨務費共銀元九十四萬七千四百元

第一款　山東省黨務整理委員會經費共銀元一十四萬四千元

第二款　山東省濟南特級市黨部經費共銀元三萬元

第三款　山東各縣黨部經費共銀元七十三萬五千元

第四款　山東捕共費共銀元八千四百元

第五款　山東民國日報社經費共銀元三萬元

行政費共銀元三百六十七萬六千二百五十六元

第一款　山東省政府經費共銀元七十八萬七千一百四十元

第二款　山東省政府民政廳經費共銀元二十六萬零七百一十二元

第三款　山東濟南市市政府經費共銀元十二萬四千四百八十四元

第四款　山東省一等縣各縣政府經費共銀元四十三萬八千三百三十六元

黄县教育行政月刊

黄县县政府教育局第二课编辑股编　编者刊　黄县　1932 年 1 月～1936 年 2 月　1 卷 1 期～4 卷　月刊　26cm

该刊为教育专业月刊，每期主要内容须送呈省厅鉴核。刊登国民党各级政府关于教育方面的训令、指令、黄县教育问题讨论、教学指导等内容，介绍该县民众教育馆工作概况、有关部门视察学校的报告以及该县小学教员考核的项目和试题等。栏目有《教育厅令》《本府命令》《讨论》《法规》《公牍》《专载》《报告》。

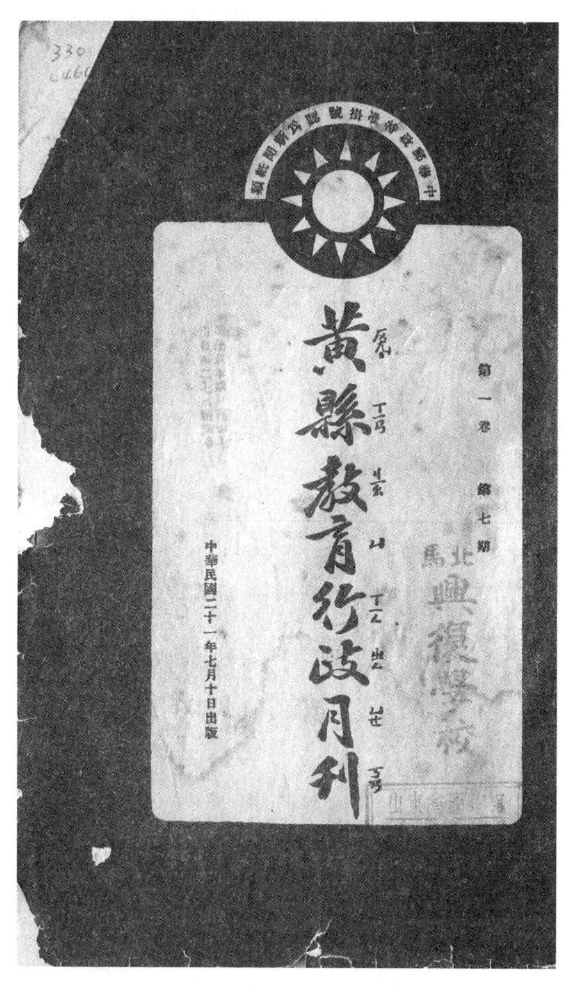

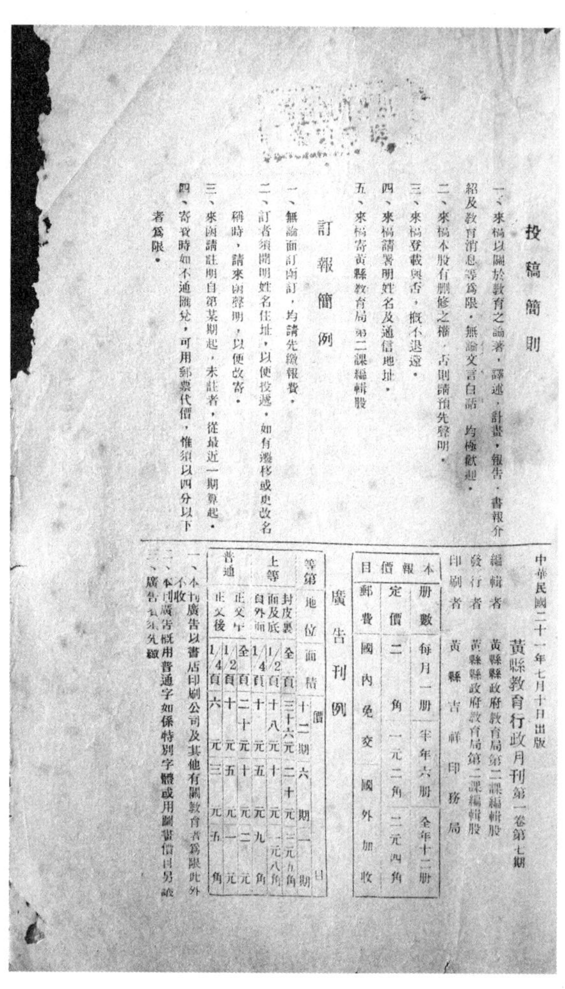

投稿簡則

一、來稿以關於教育之論著，譯述，計畫，報告，書報介紹及教育消息等爲限。無論文言白話均極歡迎。
二、來稿本股有刪修之權，否則請預先聲明。
三、來稿登載與否，概不退還。
四、來稿請署明姓名及通信地址。
五、來稿寄黃縣教育局第二課編輯股

訂報簡例

一、無論面訂函訂，均請先繳報費。
二、訂者須開明姓名住址，以便投遞。如有遷移或更改名稱時，請來函聲明，以便改寄。
三、來函請註明自第某期起，未註者，從最近一期算起。
四、寄費時如不通匯兌，可用郵票代價，惟須以四分以下者爲限。

中華民國二十一年七月十日出版
黃縣教育行政月刊第一卷第七期
編輯者　黃縣縣政府教育局第二課編輯股
發行者　黃縣縣政府教育局第二課編輯股
印刷者　黃縣吉祥印務局

本報價目

冊數	每月一冊	半年六冊	全年十二冊
定價	二角	一元二角	二元四角
郵費	國內免交		國外加收

廣告刊例

等第	地位	面積	價目 十二期	六期	一期
上等	封皮裏面及底頁外面	全頁	三十六元	二十元	三元九角
		1/2頁	十八元	十元	一元八角
		1/4頁	十元	五元	九角
普通	正文前	全頁	二十元	十元	二元
		1/2頁	十元	五元	一元
	正文後	1/4頁	六元	三元	五角

一、本刊廣告以書店印刷公司及其他有關教育者爲限此外不收
二、本刊廣告概用普通字如係特別字體或用圖畫價目另議
三、廣告費須先繳

柔锋

山东省立第一乡师读书会编　编者刊　济南　1932年1月～[1932年][总期数不详]　不定期　24cm　替代《前冲》　由《炬轮》替代

该刊社长潘复生、张宏凡、张得放，其前身是1931年以读书会名义编辑出版的《前冲》，1932年1月更名为《柔锋》，卷期另起。同年因被敌人破坏停刊。该刊宣传中国共产党的抗日主张，揭露国民党政府对日本侵略者的不抵抗政策，号召广大学生“转换方向”“到工农中去”，组织发动工农群众参加救亡活动。中共淄川县委第一任书记孟金山分别用“金山”“锦山”等笔名，在刊物上发表了多篇宣传抗日救国文章，此刊物在乡师及济南地区其他学校进步学生中颇有影响。

山東省立第一鄉師讀書會

柔鋒

第一期

中華民國二十一年一月八日出版

開場鑼

編者

根據着觀念形態鬥爭的理由作爲鬥爭武器之一的本刊，產生了這『柔鋒』的一個近似討厭而陰灰的名詞，但這也是出自不得已，想讀者諸君定會理解的。

我們深信自己的力量是薄弱的，但，又不能因爲力量的薄弱而拋棄了青年們應盡的任務，關于這一點我們在誠肯的渴望着大家來幫忙！

山東省立第一鄉村師範

寒假同學讀書會成立宣言

社會進化到了資本主義的現代，我們深知道它的組織比較從前是複雜的多了，同時也深信人是不能離去社會而獨謀生存，反之要生存就不能脫離社會；要在社會中求生存，就不得不先把社會認識清楚；要認識清社會，就不得

不先從讀書這一面着手，

我們感覺到與體驗到，現在的讀書已不是從前的簡單的讀本了，書本不過是用以推動行爲的工具的一種，讀書的一個部門，我們整個的讀書對象乃是整個的社會現象的研究討論和改造，祇有這樣才算是眞正的讀書。從上述的幾句話中，可以證實了讀書並不是個人的事，同時也不是個人所能做的事，我們的讀書會之所以成立也就是建築在這個原因上。

一九三一，一二，二九。

東省事變後我們應有的覺悟與努力

大滯

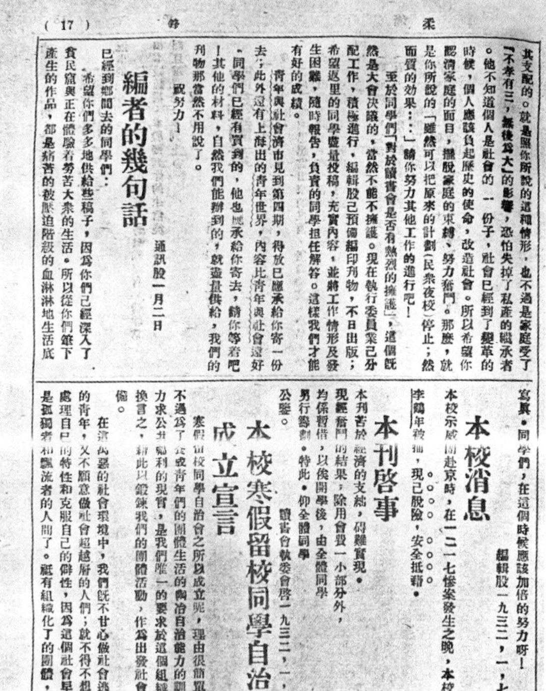

其支配的。就是照你所說的這種情形，也不過是家庭受了『不孝有三，無後爲大』的影響，恐怕失掉了私產的繼承者。他不知道個人是社會的一份子，社會已經到了變革的時候，個人應該負起歷史的使命，改造社會。所以希望你認清家庭的面目，擺脫家庭的束縛，努力奮鬥。那麼，就是你所說的「雖然可以把原來的計劃（民衆夜校）停止；然而質的效果：：」請你努力其他工作的進行吧！

至於同學們「對於讀書會是否有熱烈的擁護」，這個既然是大會決議的，當然不能不擁護。現在執行委員業已分配工作，積極進行，編輯股已預備編印刊物，不日出版；希望返里的同學盡量投稿，充實內容，並將工作情形及發生困難，隨時報告，負責的同學担任解答。這樣我們才能有好的成績。

青年與社會濟市見到第四期，得放已經承給你寄一份去；此外還有上海出的青年世界，內容比青年與社會還好。同學們已經有買到的，他也應承給你寄去，請你等着吧！其他的材料，自然我們能辦到的，就盡量供給，我們的刊物那當然不用說了。

祝努力！

通訊股一月二日

編者的幾句話

已經到鄉間去的同學們：

希望你們多多地供給些稿子，因爲你們已經深入了貧民窟與正在體驗着勞苦大衆的生活。所以從你們筆下產生的作品，都是痛苦的被壓迫階級的血淋淋地生活底寫真。同學們，在這個時候應該加倍的努力呀！

編輯股一九三二，一，七。

本校消息

本校宗威團赴京時，在一二一七慘案發生之晚，本校同學李鶴年被捕，現已脫險，安全抵籍。

。。。。。。。。。

本刊啓事

本刊苦於經濟的支絀，碍難實現。現經奮鬥的結果；除用會費一小部分外，均係暫借，以俟開學後，由全體同學另行籌劃。特此，仰全體同學公鑒。

讀書會執委會啓一九三二，一，七日

本校寒假留校同學自治會成立宣言

寒假留校同學自治會之所以成立呢，理由很簡單，祇不過爲了使青年們的團體生活的陶冶自治能力的訓練，力求公共福利的現實，是我們唯一的要求於這個組織的。換言之，藉此以鍛鍊我們的團體活動，作爲出發社會的準備。

在這萬惡的社會環境中，我們既不甘心做社會逃避層的青年，又不願意做社會超越層的人們；就不得不想法去處理自己的特性和克服自己的僻性，因爲這個社會早已不是孤獨者和飄流者的人間了。祇有組織化了的團體，才能

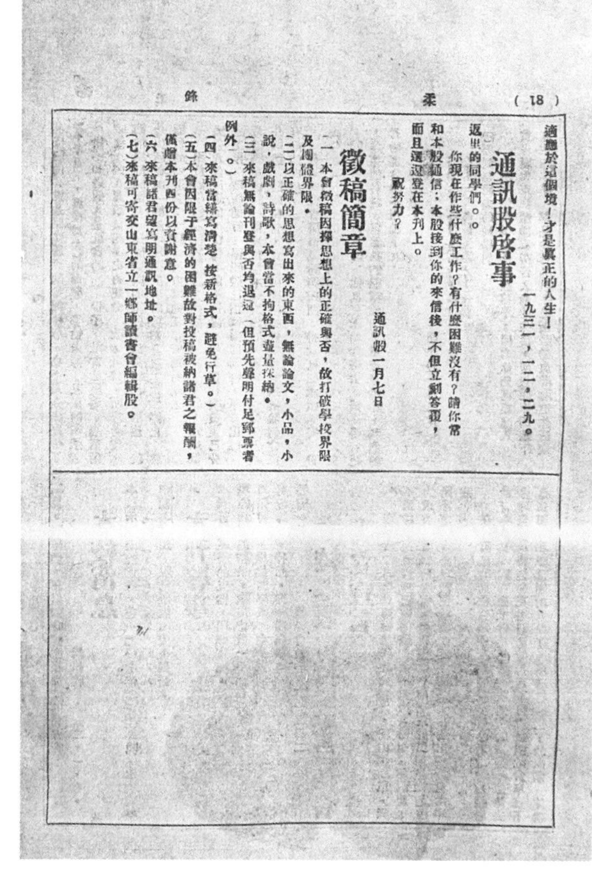

適應於這個境！才是眞正的人生！

一九三一，一二，二九。

通訊股啓事

返里的同學們。。

你現在作些什麼工作？有什麼困難沒有？請你常和本股通信；本股接到你的來信後，不但立刻答覆，而且還迅登在本刊上。

祝努力？

通訊股一月七日

徵稿簡章

（一）本會徵稿因擇思想上的正確與否，故打破學校界限及團體界限。

（二）以正確的思想寫出來的東西，無論論文，小品，小說，戲劇，詩歌，本會當不拘格式盡量採納。

（三）來稿無論刊登與否均退還（但預先聲明付足郵票者例外。）

（四）來稿當繕寫清楚，按新格式，避免行草。）

（五）本會因限于經濟的困難故對投稿被納諸君之報酬，僅贈本刊四份以資謝意。

（六）來稿諸君須寫明通訊地址。

（七）來稿可寄交山東省立一鄉師讀書會編輯股。

山东合作

山东合作学会编　编者刊　济南　1932年1月～［1936年5月］ 1卷1期～［4卷8期］ 月刊　27cm

该刊为合作学会会刊。宗旨是宣扬合作精神，提倡以合作事业作为救国良策，反抗日本帝国主义侵略中国。设有《论述》《合作座谈》《合作消息》《转载》等栏目。主要内容包括研究合作理论，介绍各地合作社的经验方法，刊登经济调查报告资料，发表本会工作报告等。第3卷10至12期为合作学会首届年会专号。

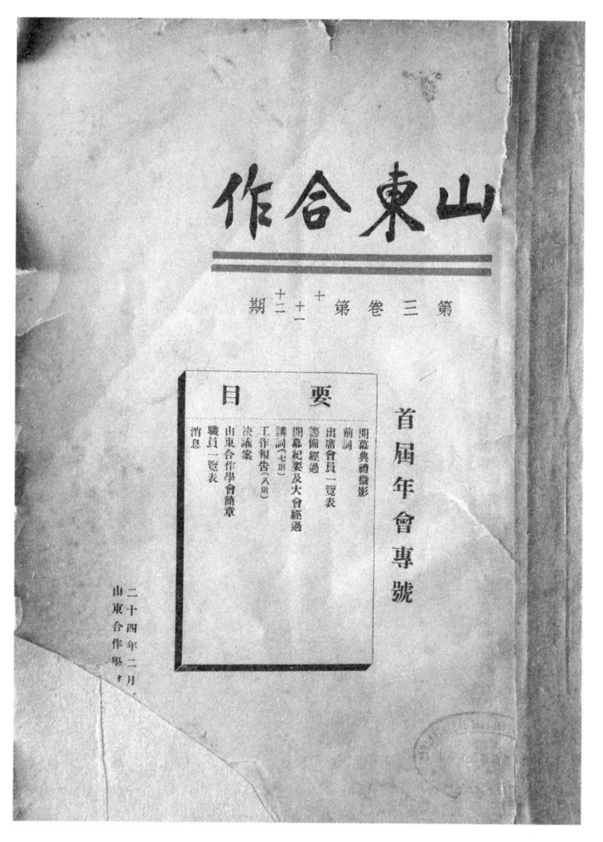

山東合作

第三卷第十一十二期

首屆年會專號

要目

開幕典禮攝影
前詞
出席會員一覽表
籌備經過
開幕紀要及大會經過
講詞（七篇）
工作報告（八篇）
決議案
山東合作學會簡章
職員一覽表
消息

二十四年二月
山東合作學會

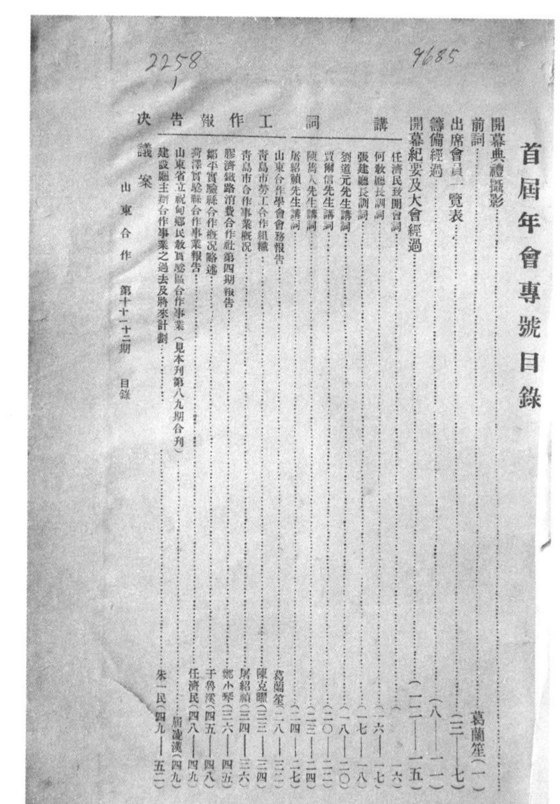

首屆年會專號目錄

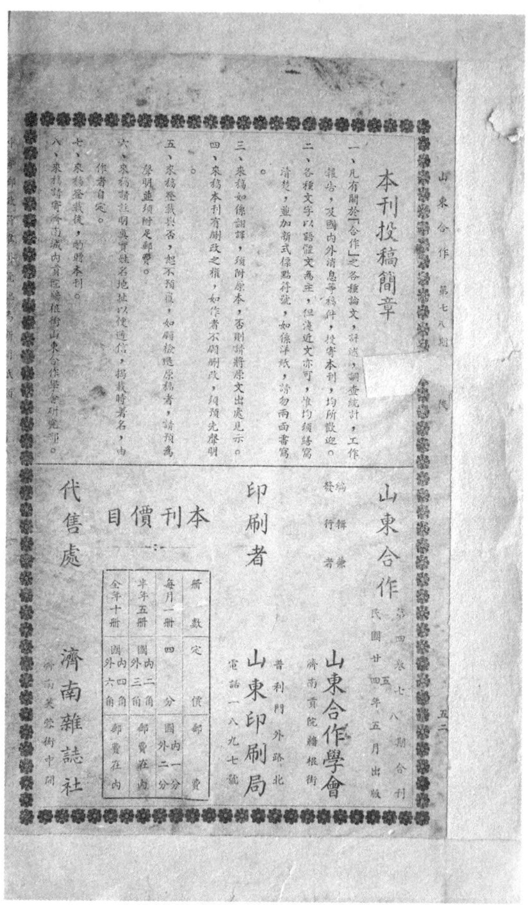

本刊投稿簡章

一、凡有關於「合作」之各種論文，評述，調查統計，工作報告，及國內外消息等稿件，投寄本刊，均所歡迎。
二、各種文字以語體文為主，但淺近文亦可，惟均須繕寫清楚，並加新式標點符號，如係洋紙，請勿兩面書寫。
三、來稿如係翻譯，須附原本，否則請將原文出處見示。
四、來稿本刊有刪改之權，如作者不願刪改，須預先聲明。
五、來稿登載與否，概不預復，如願檢還原稿者，請預為聲明並須附足郵費。
六、來稿請註明真實姓名地址以便通信，揭載時署名，由作者自定。
七、來稿登載後，酌贈本刊。
八、來稿請寄濟南城內貢院牆根街山東合作學會研究部。

山東合作　第四卷七八期合刊　民國廿四年五月出版

編輯兼發行者　山東合作學會　濟南貢院牆根街

印刷者　山東印刷局　普利門外路北　電話一八九七號

本刊價目

册數	定價	郵費
每月一册	四分	國內一分 國外二分
半年五册	國內二角 國外三角	郵費在內
全年十册	國內四角 國外六角	郵費在內

代售處　濟南雜誌社　濟南芙蓉街中間

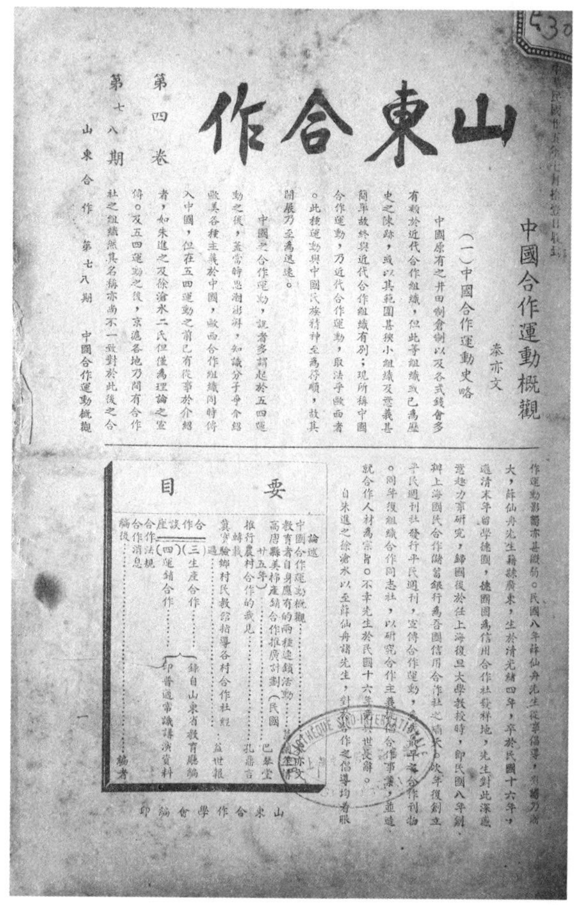

山東合作

第四卷　第七八期

中國合作運動概觀

秦亦文

（一）中國合作運動史略

中國原有之井田制倉制以及各式錢會多有類於近代合作組織，但此等組織或已為歷史之陳跡，或以其範圍甚狹小組織及意義甚簡單故終與近代合作組織有別；現所稱中國合作運動，乃近代合作運動，取法乎歐西者。此種運動與中國民族精神至為符順，故其開展乃至為迅速。

中國之合作運動，論者多謂起於五四運動之後，蓋當時思潮澎湃，知識分子爭介紹歐美各種主義於中國，歐西合作組織同時傳入中國，但在五四運動之前已有從事於介紹者，如朱進之及徐滄水二氏但僅為理論之宣傳。及五四運動之後，京滬各地乃間有合作社之組織然其名稱亦尚不一致對於此後之合作運動影響亦甚微渺。民國八年薛仙舟先生從事倡導，影響乃甚大，薛仙舟先生籍隸廣東，生於清光緒四年，卒於民國十六年，遜清末年留學德國，德國固為信用合作社發祥地，先生對此深感覺趣力事研究，歸國後於任上海復旦大學教授時，即民國八年創辦上海國民合作儲蓄銀行為吾國信用合作社之嚆矢。次年復創立平民週刊社發行平民週刊，宣傳合作運動，……合作刊物。同年復組織合作同志社，以研究合作主義……合作事業，並造就合作人材為宗旨。不幸先生於民國十六年……世長辭。自朱進之徐滄水以至薛仙舟諸先生，對……作之倡導均着眼

要目

論述
中國合作運動概觀……秦亦文
敎育者自身應有的兩種建鎮活動……巴琴堂
高唐縣美棉產銷合作推廣計劃（民國廿五年）……孔鼎吉
推行農村合作的我見……益世報
冀實驗鄉村民敎館指導各村合作社經過
(三)生產合作……}錄自山東省敎育廳編印普通常識講演資料
(四)運銷合作……
合作法規
合作消息
編後……編者

山東合作學會編印

历城县教育行政月报

山东历城县教育局编　编者刊　济南　1932年10月～［终刊日期不详］［总期数不详］　月刊　26cm

该刊刊登教育法令、规章、公牍等及有关教育的一切参考资料。栏目有《命令》《表格》《法规》《局务》《教育论著》《教育计划》《教育报告》《教育消息》《书报介绍》等。

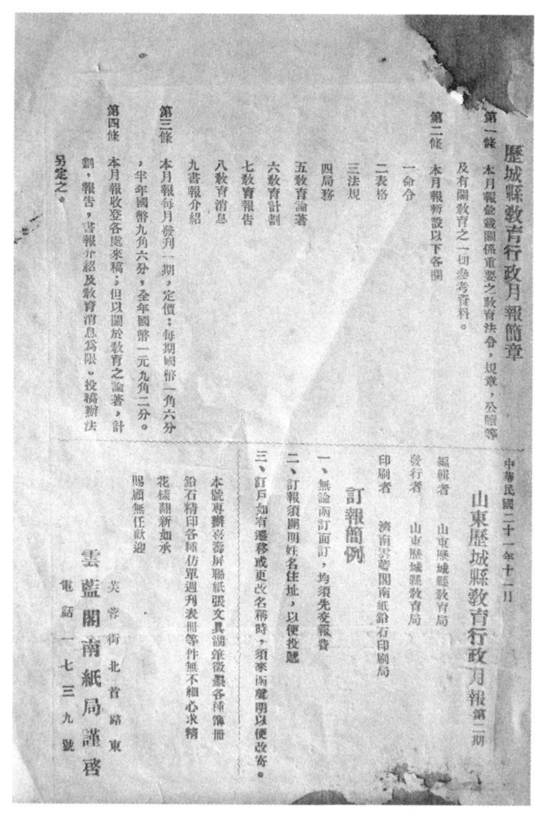

歷城縣教育行政月報簡章

第一條　本月報登載關係重要之教育法令，規章，公牘等及有關教育之一切參考資料。

第二條　本月報暫設以下各欄

一命令

二表格

三法規

四局務

五教育論著

六教育計劃

七教育報告

八教育消息

九書報介紹

第三條　本月報每月發刊一期，定價：每期國幣一角六分，半年國幣九角六分，全年國幣一元九角二分。

第四條　本月報收登各處來稿；但以關於教育之論著，計劃，報告，書報介紹及教育消息為限。投稿辦法另定之。

中華民國二十一年十一月

山東歷城縣教育行政月報第二期

編輯者　山東歷城縣教育局

發行者　山東歷城縣教育局

印刷者　濟南雲藍閣南紙鉛石印刷局

訂報簡例

一、無論兩訂面訂，均須先交報費

二、訂報須開明姓名住址，以便投遞

三、訂戶如有遷移或更改名稱時，須來函聲明以便改寄。

本號專辦喜壽屏聯紙張文具湖筆徽墨各種簿冊鉛石精印各種仿單週刊表冊等件無不細心求精花樣翻新如承賜顧無任歡迎

雲藍閣南紙局謹啓

芙蓉街北首路東

電話一七三九號

歷城縣教育行政月報

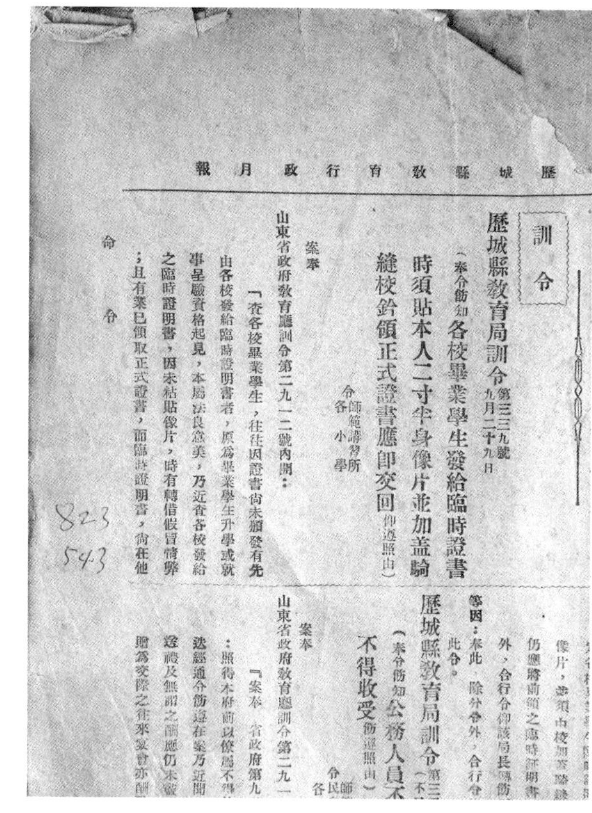

訓令

歷城縣教育局訓令第三三九號 九月二十九日

（奉令飭知各校畢業學生發給臨時證書時須貼本人二寸半身像片並加蓋騎縫校鈐領正式證書應即交回仰遵照由）

令各師範講習所 各小學

案奉

山東省政府教育廳訓令第二九一二號內開：

「查各校畢業學生，往往因證書尚未頒發有先由各校發給臨時證明書者，原為畢業學生升學或就事呈驗資格起見，本屬法良意美，乃近查各校發給之臨時證明書，因未粘貼像片，時有轉借假冒情弊；且有業已領取正式證書，而臨時證明書，尚在他

823
543

像片，並須由校加蓋騎縫……仍應將前領之臨時証明書……外，合行令仰該局長遵照飭……

等因：奉此，除分令外，合行令……此令。

歷城縣教育局訓令第三……

（奉令飭知公務人員不……不得收受飭遵照由）

令民……師……各……

案奉

山東省政府教育廳訓令第二九一……

『案奉　省政府第九……：照得本府前以僚屬不得……迭經通令飭遵在案乃近聞……邀禮及無謂之酬應仍未斂……贈爲交際之往來宴會亦酬……

歷城縣教育行政月報

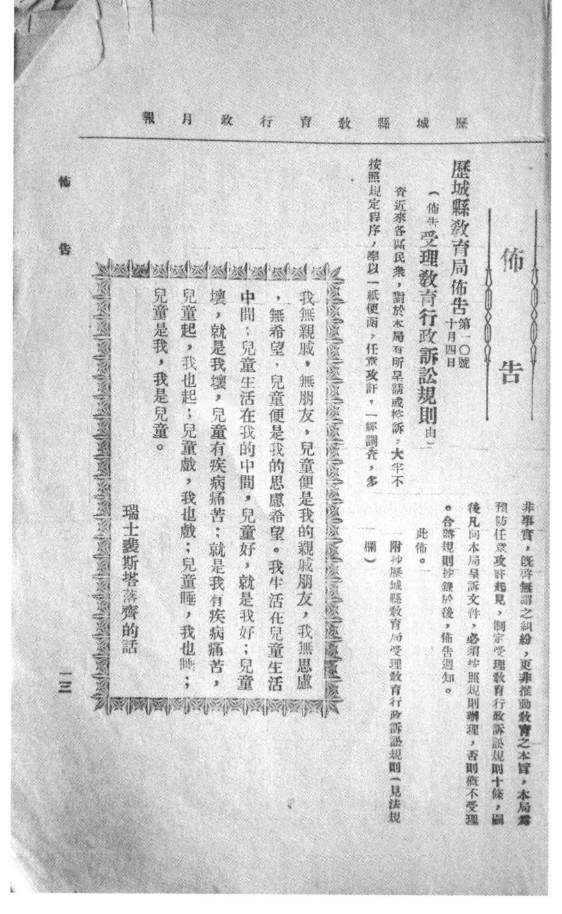

佈告

歷城縣教育局佈告第一〇號 十月四日

（佈告受理教育行政訴訟規則由）

查近來各區民衆，對於本局有所呈請或控訴；大半不按照規定程序，率以一紙便函，任意攻訐，一經調查，多非事實，既啓無謂之糾紛，更非推動教育之本旨，本局爲預防任意攻訐起見，制定受理教育行政訴訟規則十條，嗣後凡向本局呈訴文件，必須按照規則辦理，否則概不受理。合將規則抄錄於後，佈告週知。

此佈。

附抄歷城縣教育局受理教育行政訴訟規則（見法規欄）

我無親戚，無朋友，兒童便是我的親戚朋友，我無思慮，無希望，兒童便是我的思慮希望。我生活在兒童生活中間；兒童生活在我的中間，兒童好，就是我好；兒童壞，就是我壞，兒童有疾病痛苦；就是我有疾病痛苦，兒童起，我也起；兒童戲，我也戲；兒童睡，我也睡；兒童是我，我是兒童。

瑞士裴斯塔洛齊的話

佈告　一三

歷城縣教育行政月報

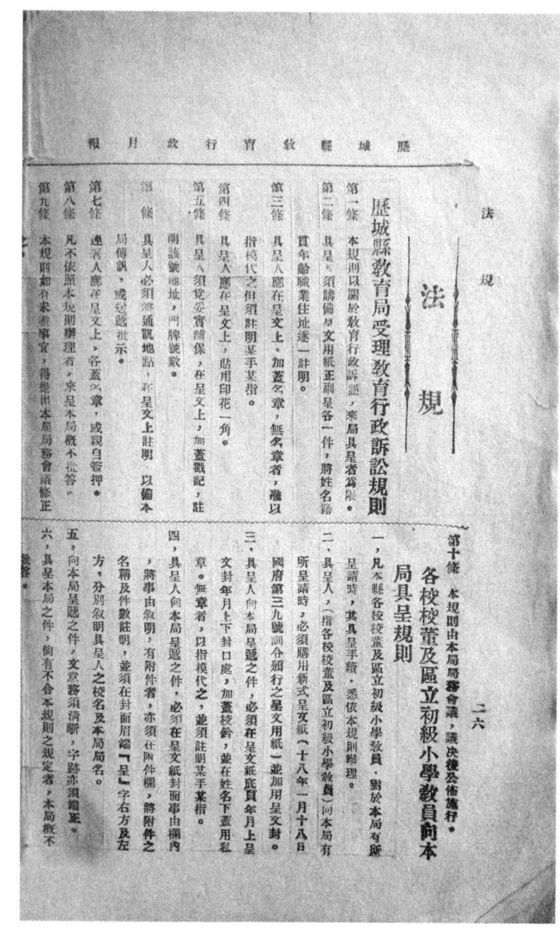

法規

歷城縣教育局受理教育行政訴訟規則

第一條　本規則以關於教育行政訴訟，來局具呈者爲限。

第二條　具呈人須購備呈文用紙正副呈各一件，將姓名籍貫年齡職業住址逐一註明。

第三條　具呈人應在呈文上，加蓋名章，無名章者，准以指模代之但須註明某手某指。

第四條　具呈人應在呈文上，貼用印花一角。

第五條　具呈人須覓妥實舖保，在呈文上，加蓋戳記，註明該號地址，門牌號數。

第六條　具呈人必須將通訊地點，在呈文上註明，以備本局傳訊，或送達批示。

第七條　連署人應在呈文上，各蓋名章，或親自簽押。

第八條　凡不依照本規則辦理者，來呈本局概不批答。

第九條　本規則如有未盡事宜，得提出本局局務會議修正

第十條　本規則由本局局務會議，議決後公佈施行。

各校校董及區立初級小學教員向本局具呈規則

一，凡本縣各校校董及區立初級小學教員，對於本局有所呈請時，其具呈手續，悉依本規則辦理。

二，具呈人，（指各校校董及區立初級小學教員）向本局有所呈請時，必須購用新式呈文紙（十八年一月十八日國府第三九號訓令頒行之呈文用紙）並加用呈文封。

三，具呈人向本局呈遞之件，必須在呈文紙底頁年月上呈文封年月上下封口處，加蓋校鈐，並在姓名下蓋用私章。無章者，以指模代之，並須註明某手某指。

四，具呈人向本局呈遞之件，必須在呈文紙封面事由欄內，將事由敘明，有附件者，亦須在附件欄，將附件之名稱及件數註明，並須在封面眉端『呈』字右方及左方，分別敘明具呈人之校名及本局局名。

五，向本局呈遞之件，文意務須清晰，字跡亦須端正。

六，具呈本局之件，倘有不合本規則之規定者，本局概不批答。

法規　二六

齐大年刊

齐大年刊社编　编者刊　济南　1932年11月～[终刊日期不详]［总数期不详］年刊　26cm

该刊老舍题《发刊词》中说："齐大年刊不是广告本子，也不是什么学说的宣传；它是把整个的学校：人、物、工作，全清清楚楚的画出来，作一种真实的纪念品。"该刊栏目有《校景》《年刊职员》《董事会》《职教员》《学士》《学院》《团体》《生活》《体育》《校友》等。

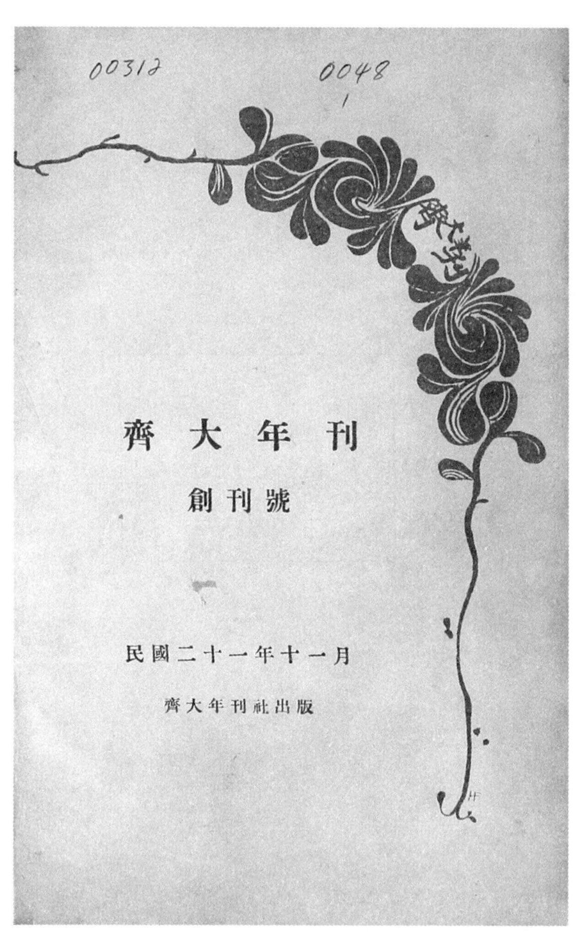

齊大年刊

創刊號

民國二十一年十一月

齊大年刊社出版

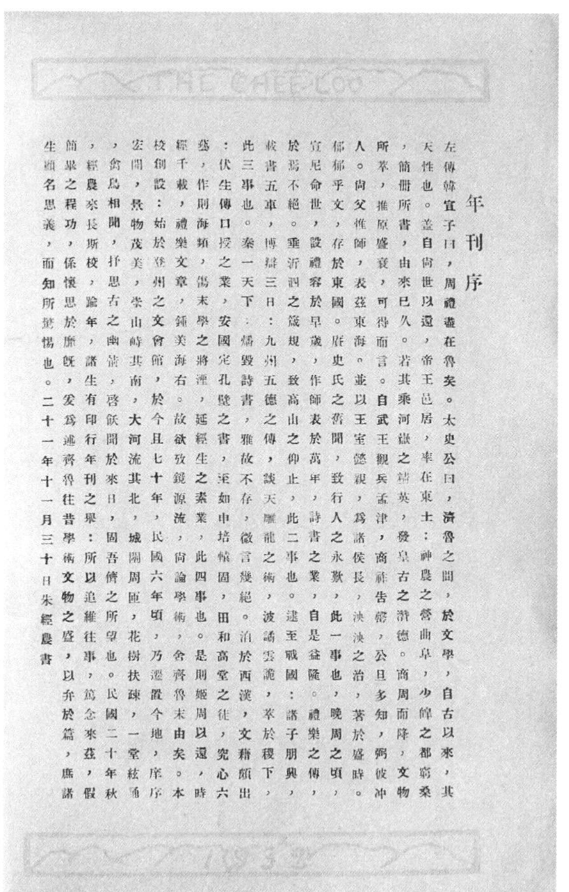

年刊序

左傳韓宣子曰，周禮盡在魯矣。太史公曰，濟魯之間，於文學，自古以來，其天性也。蓋自商世以還，帝王邑居，率在東土：神農之營曲阜，少皡之都窮桑，簡冊所書，由來已久。若其乘河嶽之精英，發皇古之潛德。商周而降，文物所萃，推原盛衰，可得而言。自武王觀兵孟津，商紂告歸，公旦多知，弼彼冲人。尚父惟師，表茲東海。並以王室懿親，爲諸侯長，泱泱之治，著於盛時。郁郁乎文，存於東國。居史氏之舊聞，致行人之永歎，此一事也，晚周之頃，宣尼命世，設禮容於早歲，作師表於萬年，詩書之業，自是益隆。禮樂之傳，於焉不絕。垂沂泗之箴規，致高山之仰止，此二事也。逮至戰國：諸子朋興，載書五車，博辯三日：九州五德之傳，談天雕龍之術，波譎雲詭，萃於稷下，此三事也。秦一天下：燔毀詩書，雅故不存，微言幾絕。洎於西漢，文精頗出：伏生傳口授之業，安國定孔壁之書，涇如申培轅固，田和高堂之徒，究心六藝，作則海頰，傷末學之將湮，延經生之素業，此四事也。是則姬周以還，時經千載，禮樂文章，鍾美海右。故欲致鏡源流，尚論學術，舍齊魯末由矣。本校創設：始於登州之文會館，於今且七十年，民國六年頃，乃遷置今地，庠序宏開，景物茂美，崇山峙其南，大河流其北，城闕周匝，花樹扶疏，一堂絃誦，禽鳥相聞，抒思古之幽情，啓飫聞於來日，固吾儕之所望也。民國二十年秋，經農來長斯校，踰年，諸生有印行年刊之舉：所以追維往事，篤念來茲，假館舍之程功，係懷思於庶既，爰爲述齊魯往昔學術文物之盛，以弁於篇，庶諸生顧名思義，而知所警惕也。二十一年十一月三十日朱經農書

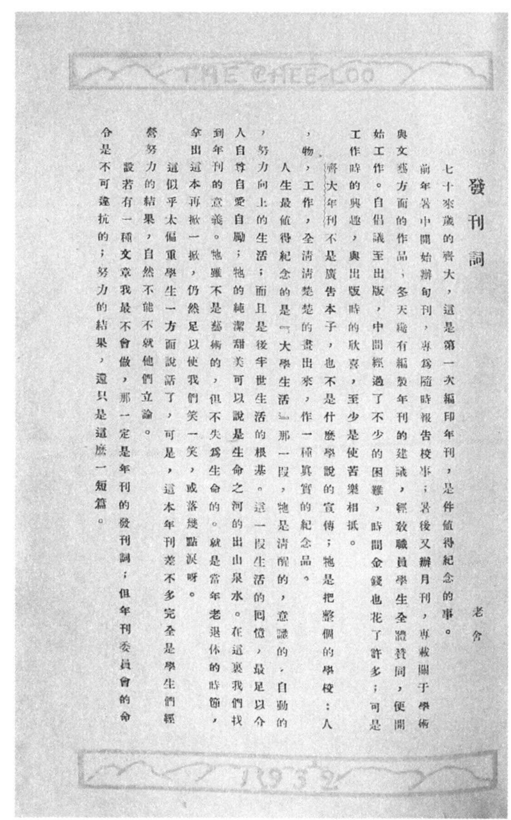

發刊詞

老舍

七十來歲的齊大，這是第一次編印年刊，是件值得紀念的事。

前年暑中開始辦旬刊，專爲隨時報告校事；暑後又辦月刊，專載關于學術與文藝方面的作品。今天纔有編製年刊的建議，經教職員學生全體贊同，便開始工作。自倡議至出版，中間經過了不少的困難，時間金錢也花了許多；可是工作時的興趣，與出版時的欣喜，至少是使苦樂相抵。

齊大年刊不是廣告本子，也不是什麽學說的宣傳；牠是把整個的學校：人，物，工作，全清清楚楚的畫出來，作一種真實的紀念品。

人生最值得紀念的是「大學生活」那一段，牠是清醒的，意識的，自動的，努力向上的生活；而且是後半世生活的根基。這一段生活的回憶，最足以介人自尊自愛自勵；牠的純潔甜美可以說是生命之河的出山泉水。在這裏我們找到年刊的意義。牠雖不是藝術的，但不失爲生命的。就是當年老退休的時節，拿出這本再撫一撫，仍然足以使我們笑一笑，或落幾點淚呀。

這似乎太偏重學生一方面說話了，可是，這本年刊差不多完全是學生們經營努力的結果，自然不能不就他們立論。

設若有一種文章我最不會做，那一定是年刊的發刊詞；但年刊委員會的命令是不可違抗的；努力的結果，還只是這麽一短篇。

校景

山东省立第八中学校刊

山东省立第八中学校刊编辑部编　编者刊　烟台　1932年11月～1934年1月　1期～4期　不定期　27cm　由《山东省立烟台中学校刊》继承

该刊刊登有关孔、孟、庄子哲学思想，以及中国历史、文学和自然科学方面的论述，也有小说、散文、诗词、小品、戏剧、校闻等。栏目有《论著》《小品文》《诗词》《自然界》《校闻》。

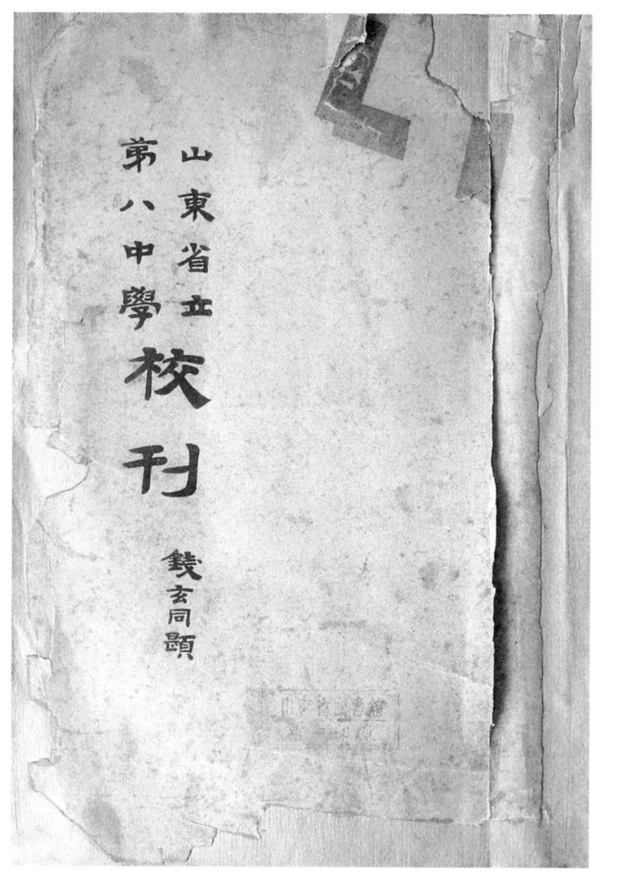

發刊詞

某一個時代的教育，是某一個時代的產物；同時它更要適應某一時代的需要。如果教育不能適應某一時代的需要，那便失了教育的意義，或者更釀成時代的危機。故欲謀教育上的建設，第一先要認清時代，而使之與時代相適應，然後才生出教育的效能，培養起健全的人材，來轉移時代。

在風雨飄搖的中國今日，情勢險惡，勿庸諱言，但我們並不因此消極，且更促起我們的努力。我們相信時代不是固定的，它不斷的在變化，其變化固有其社會的背景，但人力的推動，也是有力的主因。故我們要打開目前的殭局，造成一個新局面，不可不先努力於教育的工作，以期培植起健全的人材，作爲時代的先驅，我們相信教育確能負起這件重大使命。

但人材到底怎樣培植？而且我們是否能負起這個使命？這些問題我覺得都很嚴重。即就我們自身來說，我們置身教育界，固然應有一點自信的主張，但這種主張，是否合於客觀的理論，恐怕我們也沒很大的把握；如果沒有把握，而高唱培植人材，其成績可以想見；或者與目的背道而馳，也未可知。所以我們要致力於教育，對於自己先要有一番嚴格的檢查，我們的態度是否正確？我們的理論是否切實？我們的方法是否合理？關於這些地方，對於自己都要有深刻的認識。待到自己敢確信沒有錯誤，才足以談到培植人材，領到青年。如欲得到自我的認識，一則賴於主觀的反省；再則更賴於客觀的批評，我們創

發刊詞

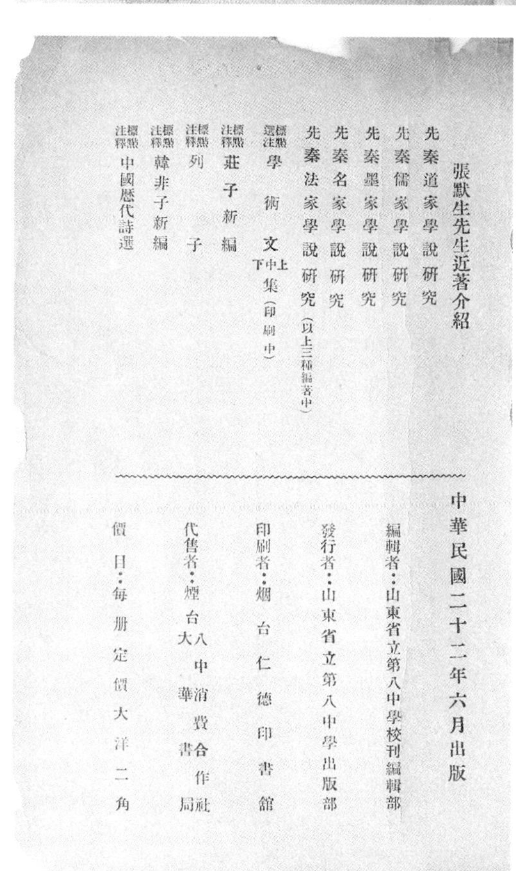

張默生先生近著介紹

先秦道家學說研究
先秦儒家學說研究
先秦墨家學說研究
先秦名家學說研究
先秦法家學說研究（以上三種編著中）
標點選注 學術文集 上中下（印刷中）
標點注釋 莊子新編
標點注釋 列子
標點注釋 韓非子新編
標點注釋 中國歷代詩選

中華民國二十二年六月出版
編輯者：山東省立第八中學校刊編輯部
發行者：山東省立第八中學出版部
印刷者：烟台仁德印書館
代售者：煙台八中消費合作社　大華書局
價目：每册定價大洋二角

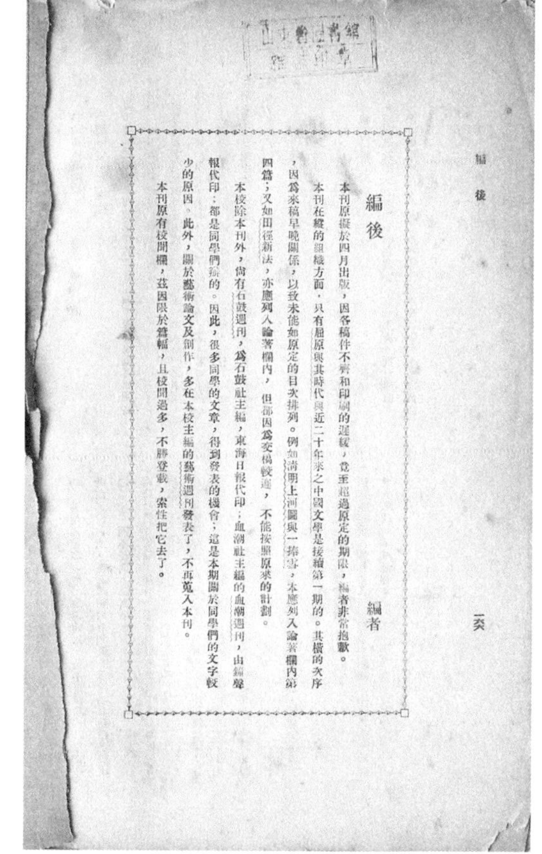

編後

本刊原擬於四月出版，因各稿件不齊和印刷的遲緩，竟至超過原定的期限，編者非常抱歉。

本刊在縱的組織方面，只有屈原與其時代與近二十年來之中國文學是接續第一期的。其橫的次序，因爲來稿早晚關係，以致未能如原定的目次排列。例如清明上河圖與一捧雪，本應列入論著欄內第四篇；又如田徑新法，亦應列入論著欄內，但都因爲交稿較遲，不能按照原來的計劃。

本校除本刊外，尚有石鼓週刊，爲石鼓社主編，東海日報代印；血潮社主編的血潮週刊，由鐘聲報代印；都是同學們辦的。因此，很多同學的文章，得到發表的機會；這是本期關於同學們的文字較少的原因。此外，關於藝術論文及創作，多在本校主編的藝術週刊發表了，不再蒐入本刊。

本刊原有校聞欄，茲因限於篇幅，且校聞過多，不勝登載，索性把它去了。

編者

編後

山东省立烟台中学校刊

山东省立烟台中学校刊编辑部编　山东省立烟台中学出版部［发行］　烟台　1934年6月～［1934年10月］［总2期］　不定期　26cm　继承《山东省立第八中学校刊》

该刊原名《山东省立第八中学校刊》，1934年2月，山东省立第八中学改称为山东省立烟台中学，故其校刊自第5期起，改为《山东省立烟台中学校刊》。该刊是供本校同仁和学生发表作品的园地，栏目有《论著》《文艺》等。

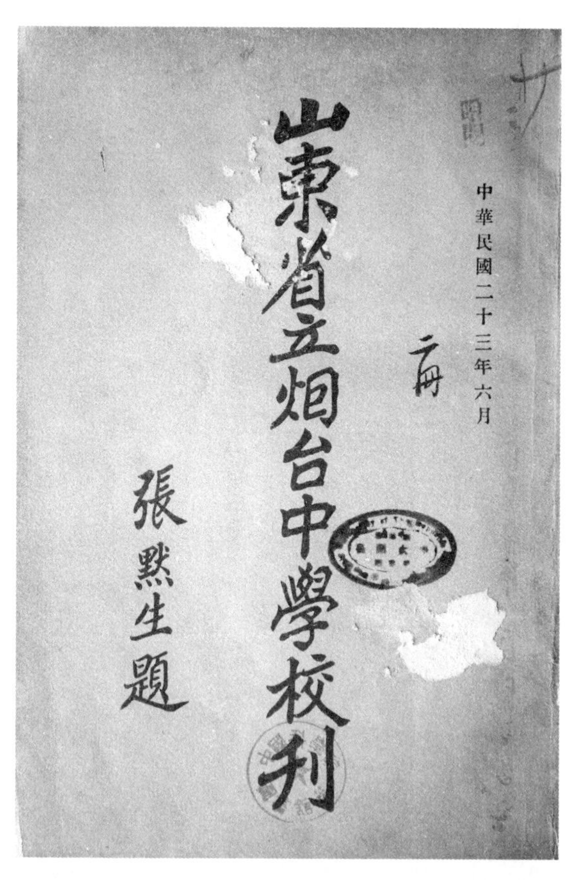
山東省立烟台中學校刊

中華民國二十三年六月

張默生題

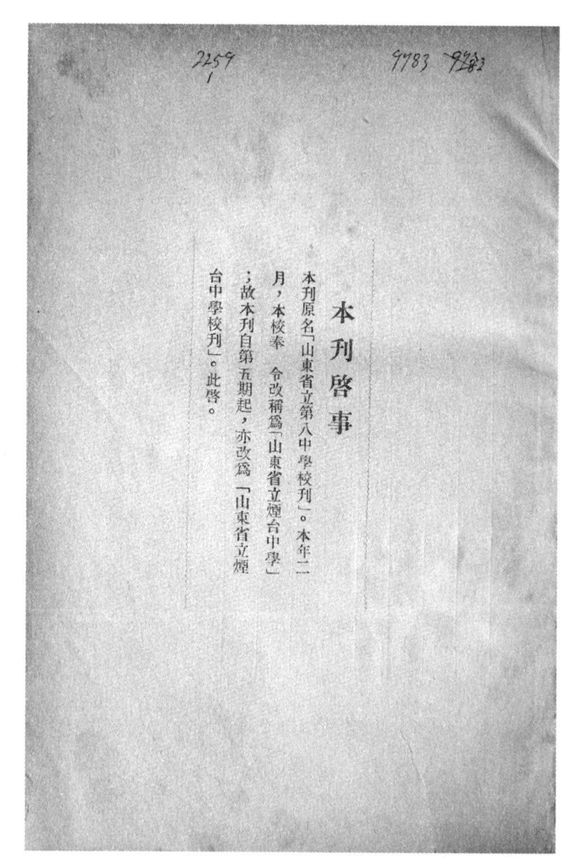
本刊啓事

本刊原名「山東省立第八中學校刊」。本年二月，本校奉　令改稱爲「山東省立煙台中學」；故本刊自第五期起，亦改爲「山東省立煙台中學校刊」。此啓。

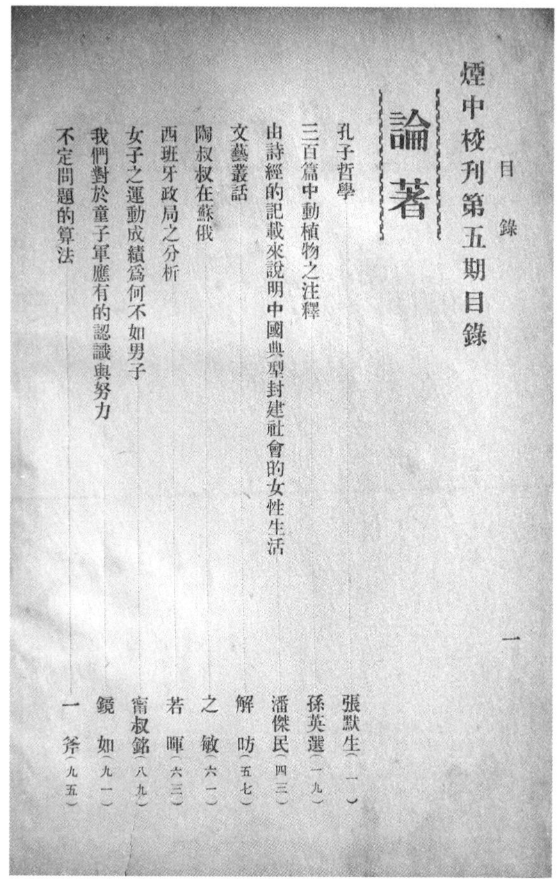
目錄

煙中校刊第五期目錄

論著

一

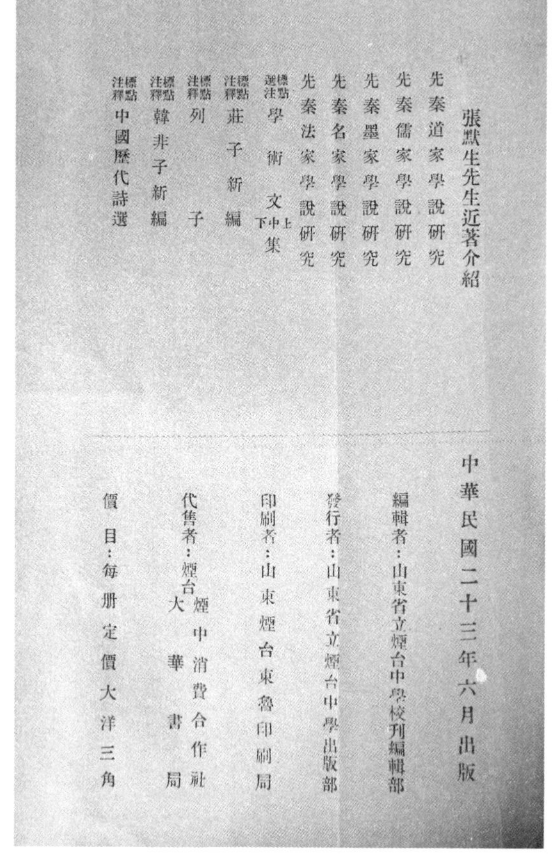
張默生先生近著介紹

先秦道家學說研究

先秦儒家學說研究

先秦墨家學說研究

先秦名家學說研究

先秦法家學說研究

標點選注學術文（上中下集）

標點注釋莊子新編

標點注釋列子

標點注釋韓非子新編

標點注釋中國歷代詩選

中華民國二十三年六月出版

編輯者：山東省立煙台中學校刊編輯部

發行者：山東省立煙台中學出版部

印刷者：山東煙台東魯印刷局

代售者：煙台 煙中消費合作社／大華書局

價目：每冊定價大洋三角

期刊之部（一）

警声月刊

山东省警官学校校友会编　编者刊　济南　1932年12月～1933年2月　1卷1期～1卷3期　月刊　26cm

该刊内容除载有论著、学术文章外，还有各类法律、法规、各类统计表、国外警察教育介绍等。栏目有《论著》《学术》《专载》《译述》《法规》《文艺》《杂俎》《调查》《统计》《介绍》。

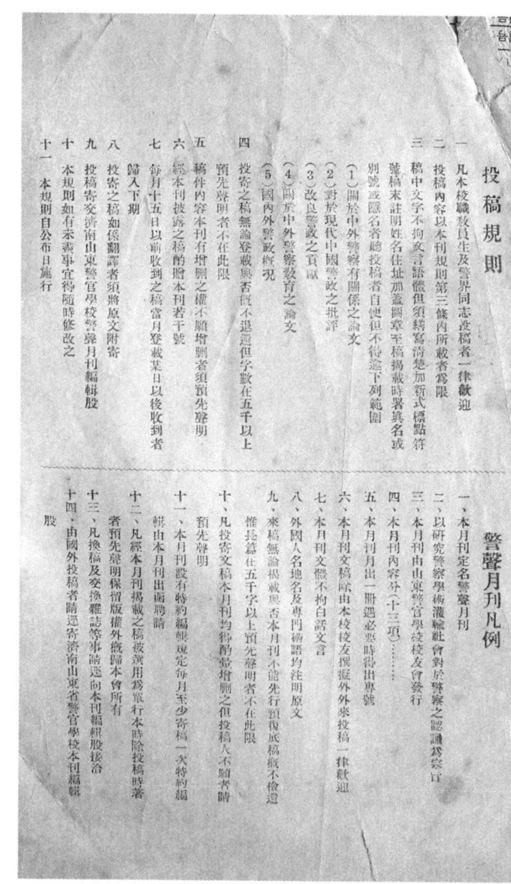

投稿規則

一　凡本校職教員生及警界同志投稿者一律歡迎
二　投稿內容以本刊規則第三條內所載者爲限
三　稿中文字不拘文言語體但須繕寫清楚加新式標點符號稿末註明姓名住址加蓋圖章至稿揭載時署眞名或別號或隱名者聽投稿者自便但不得逾下列範圍
(1)關於中外警察有關係之論文
(2)對於現代中國警政之批評
(3)改良警政之貢獻
(4)關於中外警察教育之論文
(5)國內外警政概况
四　投寄之稿無論登載與否概不退還但字數在五千以上預先聲明者不在此限
五　稿件內容本刊有增删之權不願增删者須預先聲明
六　經本刊披露之稿酌贈本刊若干號
七　每月十五日以前收到之稿當月登載某日以後收到者歸入下期
八　投寄之稿如係翻譯者須將原文附寄
九　投稿寄交濟南山東警官學校警聲月刊編輯股
十　本規則如有未盡事宜得隨時修改之
十一　本規則自公布日施行

警聲月刊凡例

一、本月刊定名警聲月刊
二、以研究警察學術灌輸社會對於警察之認識爲宗旨
三、本月刊由山東警官學校校友會發行
四、本月刊內容分(十三項)……
五、本月刊月出一册遇必要時得出專號
六、本月刊文稿除由本校校友撰擬外外來投稿一律歡迎
七、本月刊文體不拘白話文言
八、外國人名地名及專門術語均注明原文
九、來稿無論揭載與否本月刊不能先行預復底稿概不檢還惟長篇在五千字以上預先聲明者不在此限
十、凡投寄文稿本月刊均得酌量增删之但投稿人不願者請預先聲明
十一、本月刊設有特約編輯規定每月至少寄稿一次特約編輯由本月刊出函聘請
十二、凡經本月刊揭載之稿被選用爲單行本時除投稿時著者預先聲明保留版權外概歸本會所有
十三、凡換稿及交換雜誌等事請逕向本刊編輯股接洽
十四、由國外投稿者請逕寄濟南山東省警官學校本刊編輯股

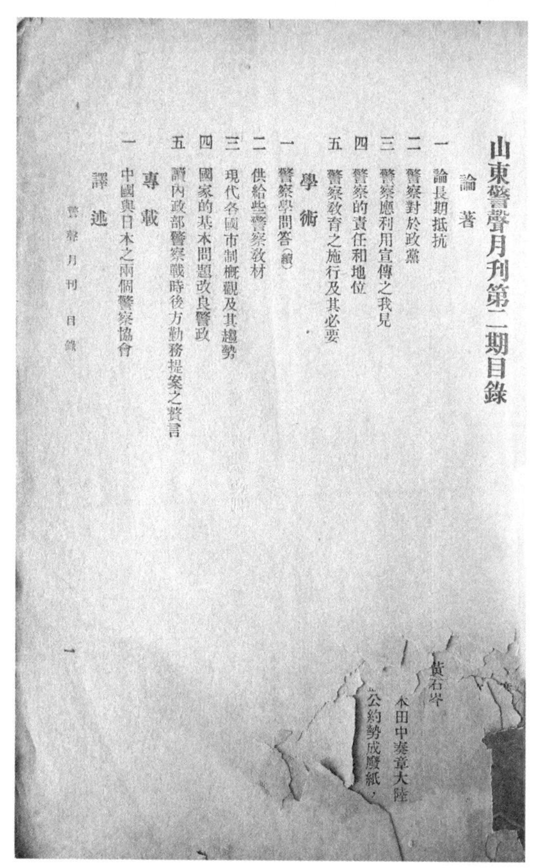

山東警聲月刊第二期目錄

警聲月刊　目錄　一

論著

論長期抵抗

黃石岑

我國數萬方里，三千萬人民，土脈肥沃之東三省，被侵年餘，而倭奴饕餮成性，本田中奏章大陸政策之一貫，猶復謀奪我熱河，更侵我華北，國聯之議決案等于空談，國際聯盟公約勢成廢紙，遷延一載，徒耗歲月，使侵略情形更形惡化，有强權無公理，弱國無外交，不其然乎，吾國欲圖生存，只有出于抵抗之一途，我國以五十年前敗衄之武器，而與機械武器，化學兵器，科學戰術，一戰勝負，不啻以卵投石也，但與其坐待而亡，何如勉强支撑一戰，尚有一線之生機，比利時土耳其之對德，非以卵投石，勉强支撑一戰者乎，至今未亡者，乃拚命圖存之故也，蓋世絕無甘受侵略之國，睹國是阽危，陸沉之禍，懸在眉睫，不戰必亡，戰或不亡，何不奮起一戰，拚命圖存，使人知我不甘滅亡，利害關係者始能奮袂扼腕，以相助我，更若實行全國總動員，以期持久抵抗，如能支持三年，國際情形則起變化，敵國政情推移變遷，財政搜羅俱窮，不能支持，終告失敗，可斷言也，蓋敵利速戰，我利持久，必如何方能持久，唯在全國人民萬衆一心，力禦外侮，無門戶之見解，無黨派之紛爭，毋事國內之相殘，無以政治見解不同，而妨對外，毋爲敵國利用，以達其個個擊破之目的，勿爲敵人利誘，坐觀成敗而不之助，歷年我國政爭，妨害統一，何

警聲月刊　論著　一

黄县民友

山东黄县县立民众教育馆编　编者刊　黄县　1932 年 12 月 10 日 ~ 1937 年 8 月 9 日　1 卷 1 期 ~ 5 卷 31 期　周刊　26cm

该刊由黄县教育局所属民众教育馆主办，铅印竖排版面，全年 50 期，徐桐华任主编，王适溪（王修）任出版部主任兼编辑。该刊以普及科学文化教育为宗旨，刊登科普常识、教育动态、地方民俗、文史知识、人物传记等。后来国民党黄县政府指令开辟专栏，刊登国民党中央社电讯。该刊经常转载国内其他报刊上宣传抗日的评论和消息。

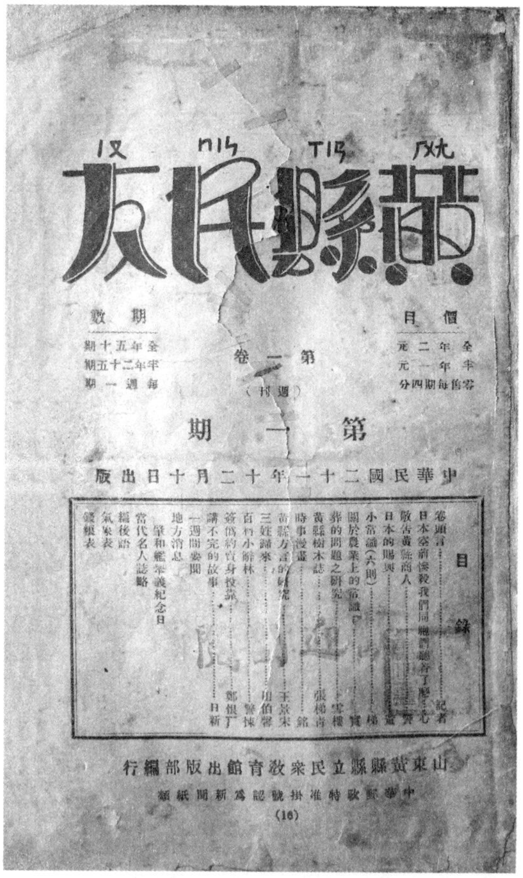

黃縣民友

價目：全年二元　半年一元　零售每期四分

期數：全年五十期　半年二十五期　每週一期

第一卷（週刊）

第一期

中華民國二十一年十二月十日出版

目錄

山東黃縣縣立民衆教育館出版部編行

中華郵政特准掛號認為新聞紙類

（16）

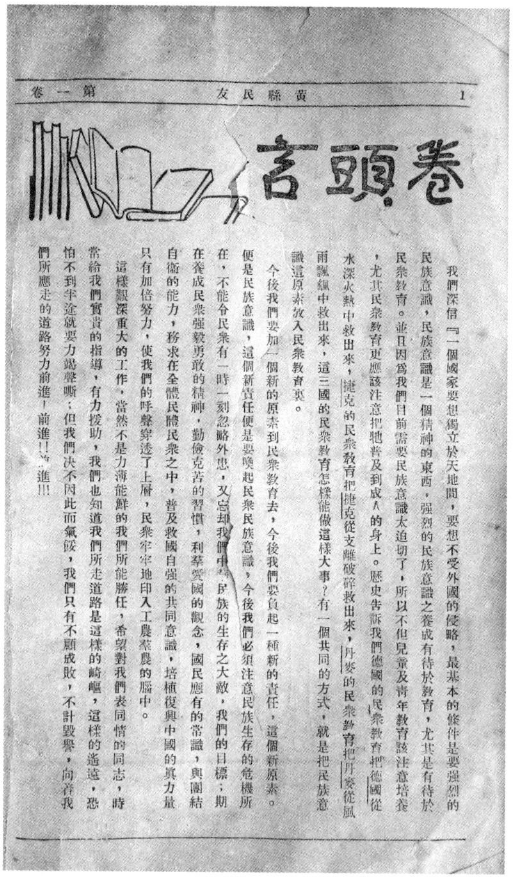

卷頭言

我們深信『一個國家要想獨立於天地間，要想不受外國的侵略，最基本的條件是要强烈的民族意識，民族意識是一個精神的東西，强烈的民族意識之養成有待於教育，尤其是有待於民衆教育。並且因為我們目前需要民族意識太迫切了，所以不但兒童及青年教育該注意培養，尤其民衆教育更應該注意把牠普及到成人的身上。歷史告訴我們德國的民衆教育把德國從水深火熱中救出來，捷克的民衆教育把捷克從支離破碎救出來，丹麥的民衆教育把丹麥從風雨飄颻中救出來，這三國的民衆教育怎樣能做這樣大事？有一個共同的方式，就是把民族意識這原素放入民衆教育裏。

今後我們要加一個新的原素到民衆教育去，今後我們要負起一種新的責任，這個新原素便是民族意識，這個新責任便是要喚起民衆民族意識，今後我們必須注意民族生存的危機所在，不能令民衆有一時一刻忽略外患，又忘却我們中華民族的生存之大敵，我們的目標：期在養成民衆强毅勇敢的精神，勤儉克苦的習慣，利萃愛國的觀念，國民應有的常識，與團結自衛的能力，務求在全體民體民衆之中，普及救國自强的共同意識，培植復興中國的真力量只有加倍努力，使我們的呼聲穿透了上層，民衆牢牢地印入工農萃農的腦中。

這樣艱深重大的工作，當然不是力薄能鮮的我們所能勝任，希望對我們表同情的同志，時常給我們實貴的指導，有力援助，我們也知道我們所走道路是這樣的崎嶇，這樣的遙遠，恐怕不到半途就要力竭聲嘶；但我們决不因此而氣餒，我們只有不顧成敗，不計毀譽，向着我們所應走的道路努力前進！前進！！前進！！！

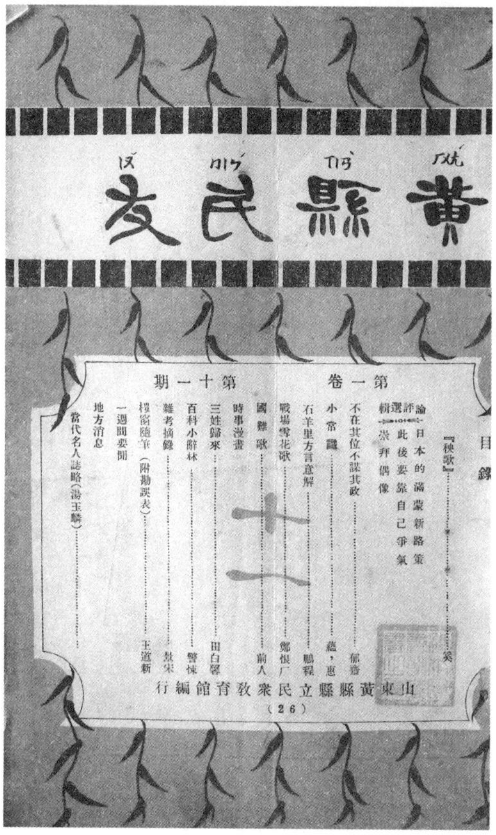

黃縣民友

第一卷　第十一期

目錄

山東黃縣縣立民衆教育館編行

（26）

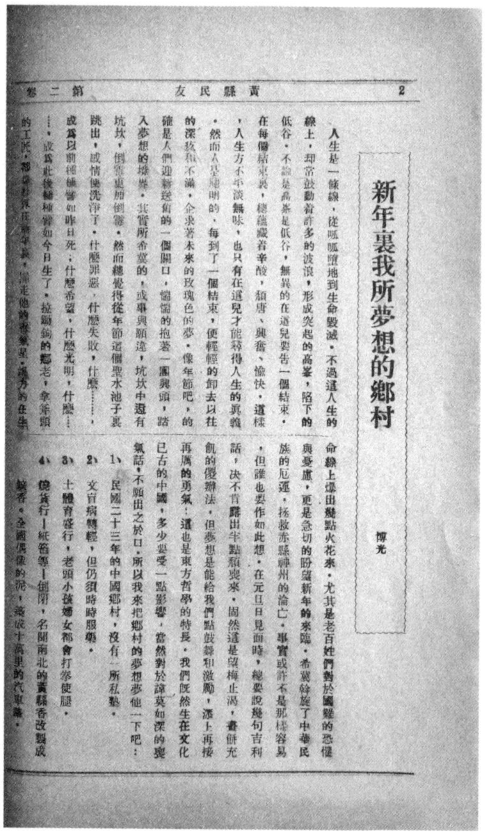

新年裏我所夢想的鄉村

惇光

人生是一條線，從呱呱墮地到生命毀滅，不過這人生的線上，却常鼓動着許多的波浪，形成突起的高峯，陷下的低谷。不論是高峯是低谷，無異的在這兒要告一個結束，在每個結束裏，總蘊藏着辛酸，頹唐，興奮，愉快，這樣，人生方不平淡無味，也只有在這兒才能尋得人生的眞義。然而人是聰明的，每到了一個結束，便輕輕的卸去以往的深孩和不滿，企求著未來的玫瑰色的夢。像年節吧，的確是人們迎新送舊的一個關口，惴惴的抱著一團興頭，踏入夢想的境界。其實所希冀的，或卑與願違，坑坎中還有坑坎，倒霉更加倒霉。然而總覺得從年節這個聖水池子裏跳出，感情便洗淨了，什麼罪惡，什麼失敗，什麼……，成爲以前種種譬如昨日死；什麼希望，什麼光明，什麼……，成爲此後種種譬如今日生了。拉鋸鋸的鄉老，拿斧頭的工匠，都[illegible]年裏，[illegible]走他的[illegible]星，發方的在生命線上爆出幾點火花來。尤其是老百姓們對於國難的恐懼與憂慮，更是急切的盼望新年的來臨，希冀斡旋了中華民族的厄運，拯救赤縣神州的淪亡。事實或許不是那樣容易，但誰也要作如此想。在元旦日見面時，總要說幾句吉利話，决不肯露出半點頹喪來。固然這是望梅止渴，畫餅充飢的傻辦法，但夢想是能給我們點鼓舞和激勵，添上再接再厲的勇氣；這也是東方哲學的特長。我們既然生在文化已古的中國，多少要受一點影響，當然對於諱莫如深的喪氣話，不願出之於口。所以我來把鄉村的夢想夢他一下吧：

1、民國二十三年的中國鄉村，沒有一所私塾。

2、文盲病轉輕，但仍須時時服藥。

3、土體育盛行，老頭小孩婦女都會打拳使腿。

4、洋貨行一紙箔等一倒閉，名聞南北的黃縣香改製成線香。全國偶像的泥，適成十萬里的汽車路。

青岛崇德中学校刊

青岛崇德中学校董事会编　青岛崇德中学［发行］　青岛　1933年　总1期　特刊　26cm

该刊刊名为青岛市市长沈鸿烈题写，市教育局局长雷法章题写了校训：忠、信、笃、敬。著名教育家蔡元培先生为校刊题词：文质彬彬。校刊编辑委员会由李荣章、齐功亭、邓余鸿、乔萧蓬、王履平、安绮轩、张兰亭、于华平等八位教员组成。该刊内容包括编者、校董、职教员、毕业生、教务概况、训务概况、事务概况、同学录等。

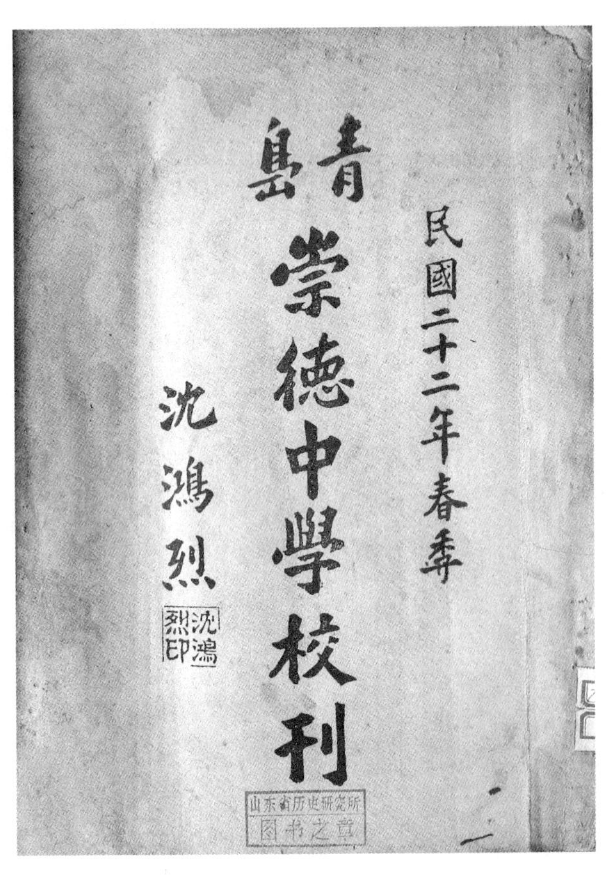
青島崇德中學校刊
民國二十二年春季
沈鴻烈

校刊弁言

王文坦

人才爲國家之命脈，學校爲人才之產地，學校良窳，影響國家盛衰，故庠序興而三代盛，科學昌而歐美強，史乘所載，無待吾人復喋喋矣。然今之教育，又非往者可比：蓋漢唐明清之設學，專爲養成治國人才，原不顧及普通智能，故彼時之學校，只有誦經讀史習字作文而已；今者則不然，教育負養成純良人格，恢復民族精神，發展實業救國種種重大使命，學校之不良，影響學生國家，殊堪惶悚，是必改良求進，務期完善，方不負國家設學之孤詣。然人行霧中，莫辨西東，必有標準，方可遵循，是故諸校有校刊之出焉；凡校中組織情形，課程分配，以及學校生活，學生自治無不納之册中，翻閱一過，種種概况，歷歷在目：何者是，何者非，孰應興，孰應革，公諸衆智，貢以羣目，以作藉鑒，或爲前車，截長補短，擇善去惡，庶乎學校之進行有法，人才之蔚起不窮，其利於社會者無限，利於國家者又何鮮哉。本校不敢後人，願作效顰，遂有校刊之出，本知班門弄斧，難免見笑於高明，然抛磚引玉，或則有裨於本校。幸諸君子不吝金玉，時加指導，是所厚望焉。

中华民国二十二年度山东省地方普通概算

山东省政府财政厅编　编者刊　济南　1933 年　总 1 期　年刊　26cm

该刊包括纪事本末、普通岁入说明、岁入总表、各项收入、普通岁出说明、岁出总表、党务费、行政费、司法费等内容。

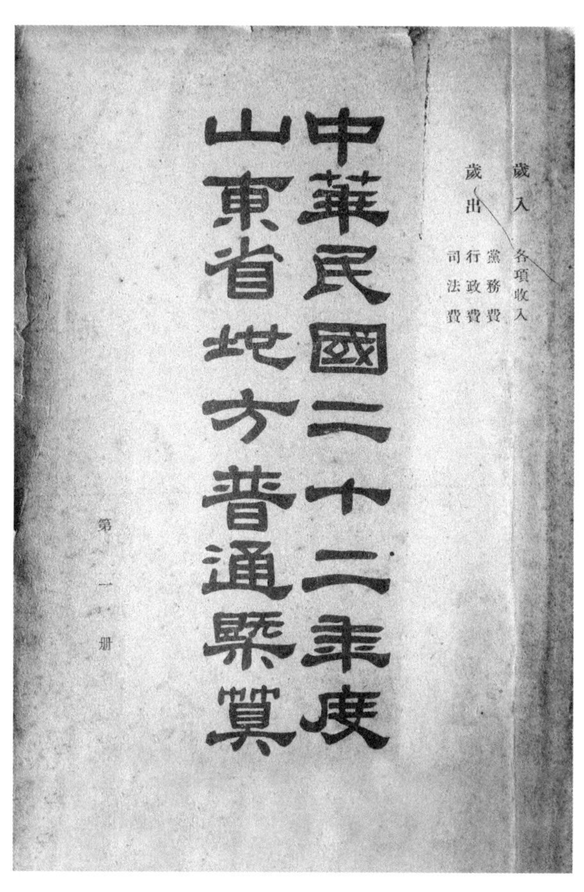

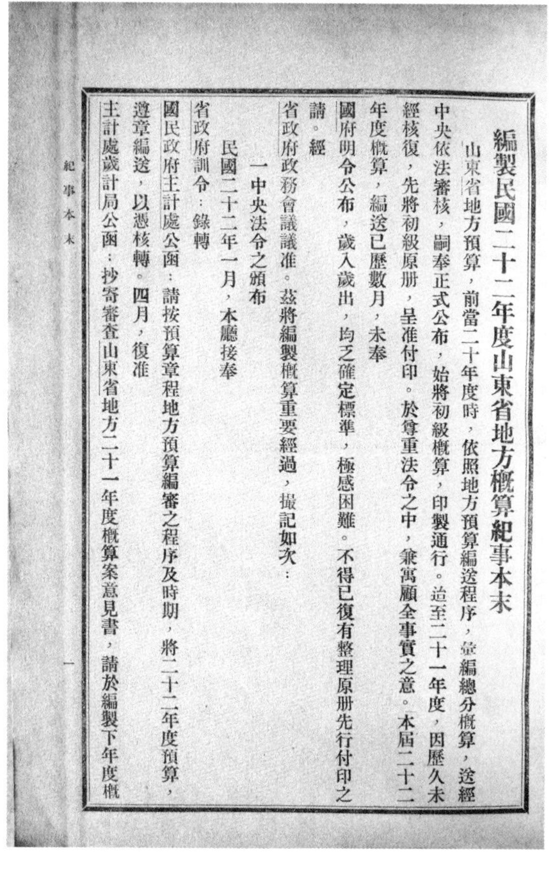

紀事本末

編製民國二十二年度山東省地方概算紀事本末

山東省地方預算，前當二十年度時，依照地方預算編送程序，彙編總分概算，送經中央依法審核，嗣奉正式公布，始將初級概算，印製通行。迨至二十一年度，因歷久未經核復，先將初級原册，呈准付印。於尊重法令之中，兼寓顧全事實之意。本屆二十二年度概算，編送已歷數月，未奉國府明令公布，歲入歲出，均乏確定標準，極感困難。不得已復有整理原册先行付印之請。經省政府政務會議議准。茲將編製概算重要經過，撮記如次：

一　中央法令之頒布

民國二十二年一月，本廳接奉省政府訓令：錄轉國民政府主計處公函：請按預算章程地方預算編審之程序及時期，將二十二年度預算，遵章編送，以憑核轉。四月，復准主計處歲計局公函：抄寄審查山東省地方二十一年度概算案意見書，請於編製下年度概

平民月报

平民月报社编　编者刊　青岛　1933年3月～1935年4月　1卷1期～3卷3期　月刊　26cm

该刊社长张乐古，总编辑王子美，编辑韩致远等。主要刊登时事新闻、内政外交政策、中外时局发展综述、学术笔记等内容。对经济问题尤为关注，曾设有《华社经济研讨》专栏，并发表马寅初《怎样利用外资问题》一文。栏目有《评论》《专论》《杂记》《演讲》《国际》《特载》《省政》《时局》《海外》《介绍》《译文》《宗教》《文艺》《时事日志》等。

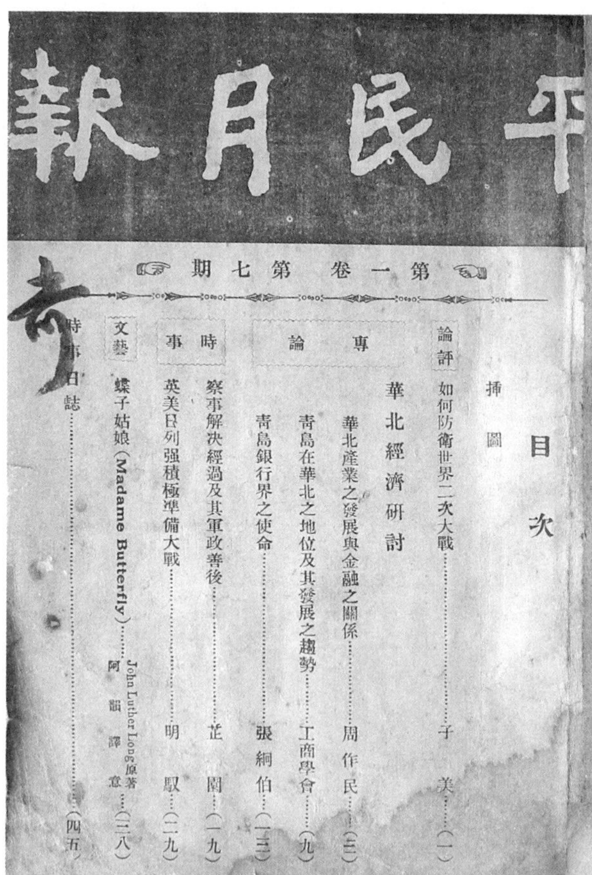

平民月報

第一卷第七期

目次

Ping Min Yueh Pao

General Sales Agents: the Ping Min Pao

Fei Cheng Road, Tsingtao.

民國二十二年九月一日出版

社長 張樂古

總編輯 王子美

編輯 韓致遠

法律顧問 牟紹周

醫務顧問 焦湘宗

發行所 青島小港一路平民月報社 社址青島肥城路二號 電話三四一四號

印刷者 平民月報社

一、稿件篇幅以四千字至一萬字爲限投寄之稿務請繕寫清楚並加新式標點

二、稿件揭載否概不預覆如事先聲明稿件不揭載應須退還時請附足郵票

三、本社有删改來稿之權如不願删改請預先聲明

四、本報創辦伊始的致薄酬（甲）本報（乙）現金·每篇一元至十元照片漫畫及千字以下短文每篇一角至二元

價目表

全年十二冊實洋兩元

報資先惠空函不覆

國內及日本郵費在內

國外每冊加郵費一角五分

廣告價目表

地位 \ 等次	特等 底封面	優等 前封面內面及封面對面與圖畫前	普通
全頁	五十元	四十元	三十元
半頁	三十元	三十五元	十八元
四分之一頁		十五元	十元

廣告概用白紙黑字如用色紙或彩印價目另議連登多期價目從廉

定閱諸君如有詢問事件或更改住址通信時務請將（1）定戶姓名（2）定單號數（3）在何處定（4）原寄何處四項詳細寫明寄至青島小港一路新二號平民月報辦事處便可照辦

齐中月刊

齐中月刊社编　济南齐鲁中学［发行］　济南　1933年3月～1937年6月　1卷1期～5卷4期　月刊　26cm

该刊是综合性刊物，多为齐鲁中学学生写的文章。内容有评论及小说、散文、剧作、翻译作品、杂谈等，也有对齐鲁中学的情况、活动的记述。栏目有《论著》《文艺》《杂著》《校闻》。

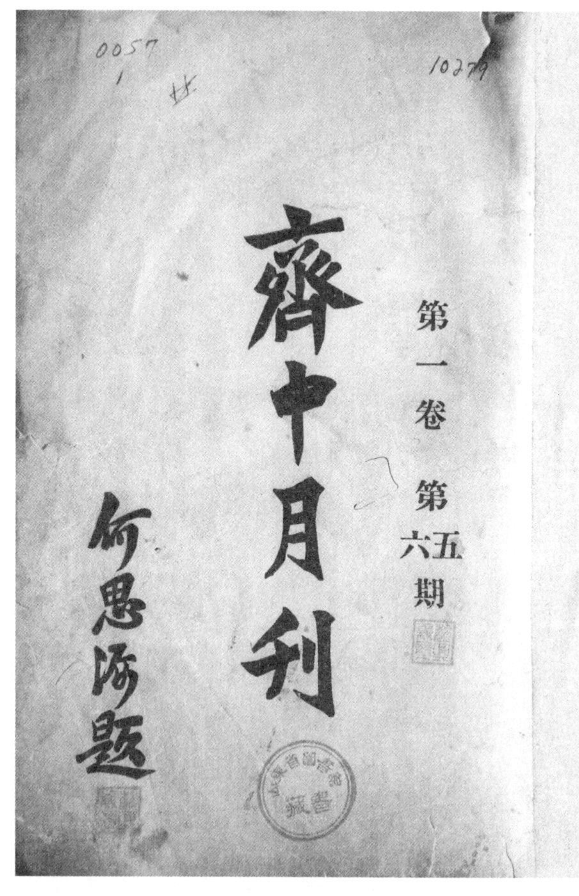

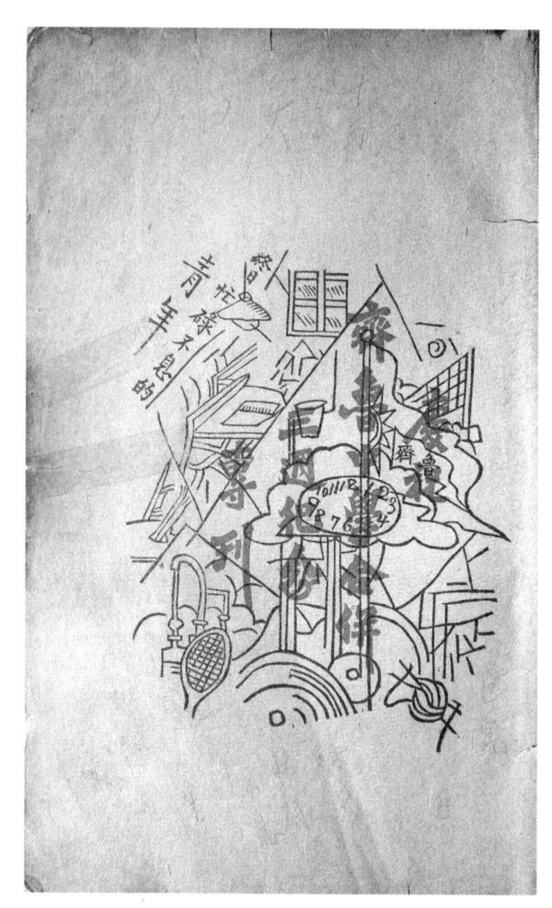

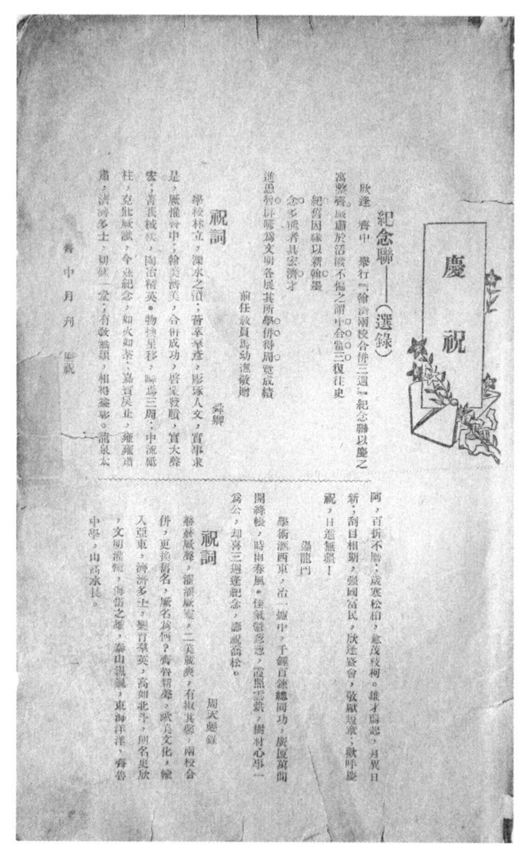

慶祝

紀念聯——（選錄）

欣逢齊中舉行『翰濟兩校合併三週』紀念聯以慶之

寓整齊嚴肅於活潑不偏之謂中合當三復往史

紀舊因緣以新翰墨

念多號者其宏濟才

進恐行得曉爲文明各展其所學併得周覽成績

前任敎員馬幼樵敬贈

祝詞

舜卿

學校林立，濼水之濱；薈萃羣彥，彫琢人文，實事求是，厥惟齊中，翰美濟美，合併成功，啓蒙發聵，實大聲宏；菁莪棫樸，陶冶精英。物換星移，瞬爲三周；中流砥柱，克壯厥猷，今逢紀念，如火如荼，嘉賓戾止，雍雍肅肅，濟濟多士，切磋一堂；有斐無類，相得益彰。濡泉太兩，百折不撓；歲寒松柏，愈茂枝柯。雄才偉畧，月異日新；刮目相期，强國富民。欣逢盛會，敬獻短章，歡呼慶祝，日進無疆！

湯龍門

學術滙西東，冶一爐中，千錘百鍊總同功，廣厦萬間開絳帳，時雨春風。佳氣鬱葱葱，霞照雲烘，樹材心事一爲公，却喜三週逢紀念，壽祝喬松。

祝詞

周天爵錄

赫赫厥聲，濯濯厥靈，二美既爽，有損其鑿，兩校合併，更換舊名，厥名爲何？齊魯精華，歐美文化，輸入亞東，濟濟多士，樂育羣英，高如北斗，仰名更欣，文明薈萃，海岱之雄，泰山巍巍，東海洋洋，齊魯中學，山高水長。

齊中月刊 慶祝

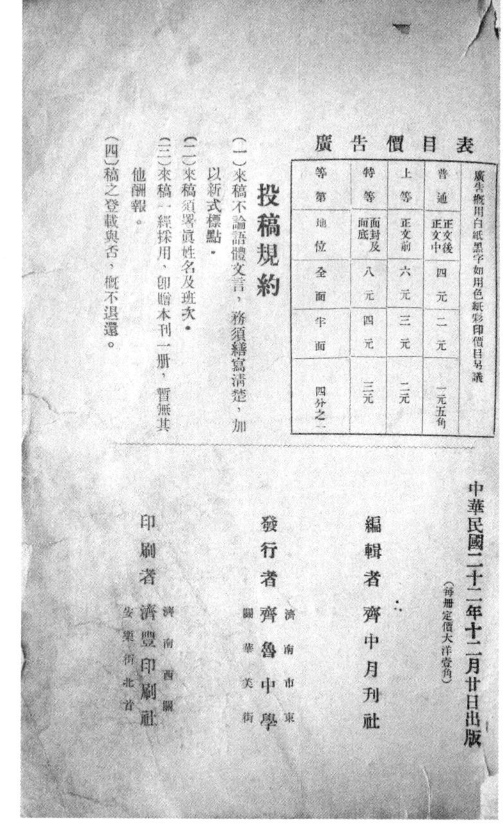

廣告價目表

等第	地位	全面	半面	四分之一
普通	正文後 正文中	四元	二元	一元五角
上等	正文前	六元	三元	二元
特等	面封及面底	八元	四元	三元

廣告概用白紙黑字如用色紙彩印價目另議

投稿規約

（一）來稿不論語體文言，務須繕寫清楚，加以新式標點。

（二）來稿須署眞姓名及班次。

（三）來稿一經採用，卽贈本刊一册，暫無其他酬報。

（四）稿之登載與否，概不退還。

中華民國二十二年十二月廿日出版（每册定價大洋壹角）

編輯者：齊中月刊社

發行者：齊魯中學 濟南市東關華美街

印刷者：濟豐印刷社 濟南西關按樂街北首

山东九中月刊

山东省立第九中学月刊编辑委员会编　编者刊　掖县　1933年5月～1934年1月　1期～7/8期　月刊　26cm　由《山东（省立）掖中月刊》继承

该刊为中学校刊。主要载有文学、政治、经济、科学常识等方面的文章，此外还辟有《学校校务》《学生园地》等栏目。1934年10月改为《山东（省立）掖中月刊》，刊期延续。

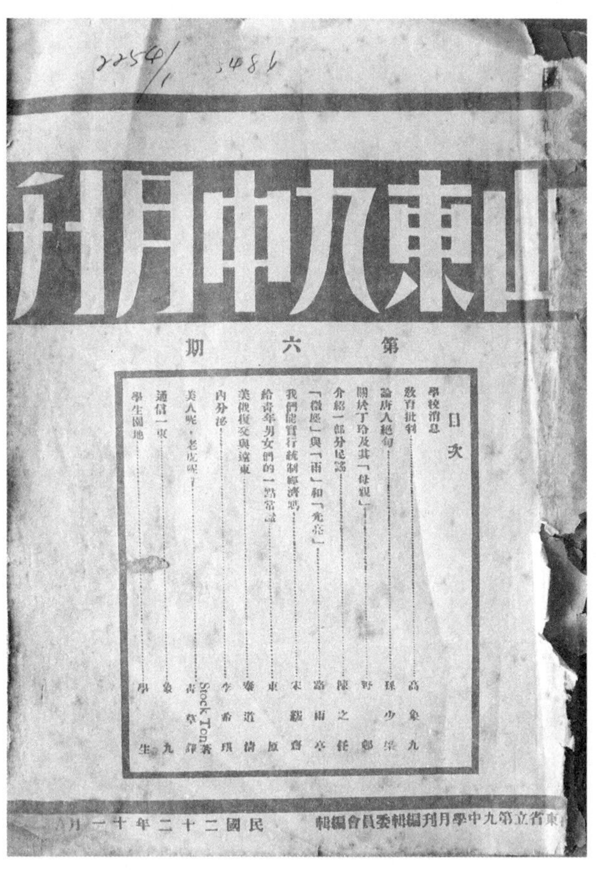

刊月中九東山

第六期

目次

山東省立第九中學月刊編輯委員會編輯　民國二十二年十一月

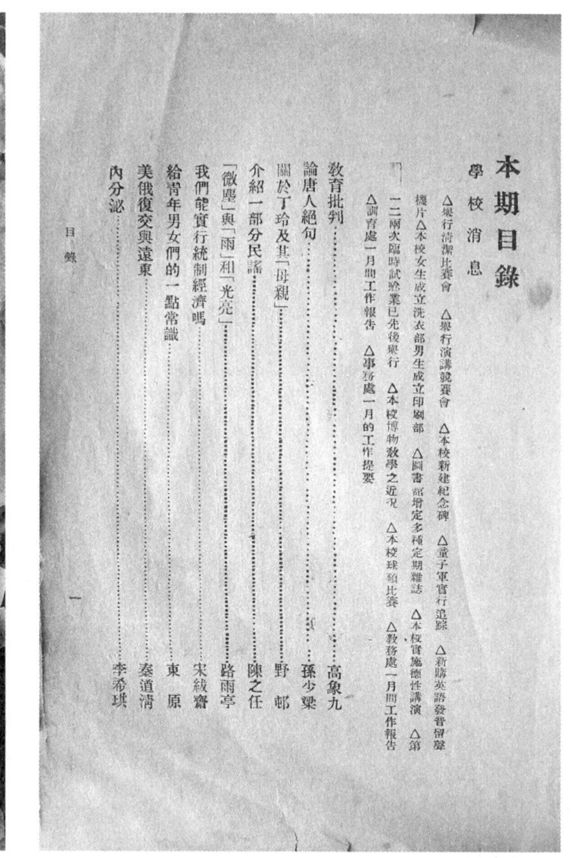

本期目錄

學校消息

△舉行清潔比賽會　△舉行演講競賽會　△本校新建紀念碑　△童子軍實行追踪　△新購英語發音留聲機片△本校女生成立洗衣部男生成立印刷部　△圖書部增定多種定期雜誌　△本校實施德性講演　△第一二兩次臨時試驗業已先後舉行　△本校博物數學之近況　△本校球類比賽　△教務處一月間工作報告　△訓育處一月間工作報告　△事務處一月的工作提要

教育批判（二）

高象九

我們要注重精神教育

現階段的教育，最大的缺點，我以為就是：重知識的輸入，而忽略了品格的訓練；重死死板板的學，而忽略了活活動動的行，只知每日課堂的六小時之鄭重，可是除了上課及休息外，所餘的時間卻不重視了。

這種教育，可說只是皮毛的板滯的教育，至於教育究竟如何？學生到底受到如何的感動與刺激，根本就顧及不到。

這應付殘缺現狀，與知識化了的教育，驟然看到以為教育就好像如是而已，其實仔細的觀察起來，這種情形與真正的教育比較相差不是一點，可說不但是量的問題，質上亦相差得多。

時常與朋友討論：要辦一個學校，按步就板平平常常一步一步的走去，並不是一件難事，只要對於功課認真，管理嚴緊，學生潔潔淨淨的，校內齊齊整整的，就算可以了，可是要透入教育的內層中去作；卻不是這樣的容易，就初中說吧！

（一）正在變化劇烈時期的青年心理，怎樣使他循着正規，一步步的向前發展，各種過火的根性怎樣於不知覺中去使他高化。

（二）心理的各種情懷，所謂獸性念頭，物質享受等等，怎樣使他明了正大的真意與範圍。

（三）青年的勇氣怎樣提起？悲觀的思想，頹廢的行為，怎樣革除？都市的摩登狂，鄉村的落伍病，與破落戶的紈絝氣，怎樣糾正？

（四）用消極的何種改正及積極的什麼方法，就可造就一個堅苦卓絕，熱烈勇敢，積極前進的青年？

以上這些問題，只靠着上課的時間，就辦不到了；除非另外用一部份精神，專在這上邊用力。

學校中我以為除了正課以外，尤其是國文，算術，英

造世界大同。」至普通教育則「根據三民主義，以陶鎔青年忠孝仁愛信義和平之國民道德為目的」。(8)三中全會開會，程天放等提議確定教育目標與改革教育制度，其所列之教育目標：一曰健全國民，二曰生產能力，三曰良好師資，四曰專門人才，五曰政治領袖。此項提案業已通過。（見黨潤之初等中學教育目標。）

這一大段話，是參考的兩個人的說法，我自己並無有什麼意見，可是我們看了這些事實，誠然有不少的感想，世界上的國家多得很，經過革命的國家也不只是一個中國。可是象着一國命脈的教育來開玩笑，今日改東，明日改西，唯有這種國家是不多見的。若早不覺悟，還是不顧社會的背景及世界的趨勢，仍是本着個人所學或個人所信，一味的亂改，我以為這是最危險的一件事，希望我國的教育家及教育者，多多思索思索！

論唐人絕句

孫少梁

春間教讀某校，嘗取陳濟凡王曉湘諸先生論詩文修詞之作，推衍引申之，以為解詩之法，私覺頗有所獲，今綴數月，印象猶存腦際，九中月刊需文補白，特為草出一篇，以成此篇，自知無可取，聊充篇幅，塞責云耳。

【一】絕句體及其發源與取名

唐人言詩，有古體近體之分；近體指律詩與絕句而言。言近體者，所以別於古體也。夫詩以言志，重在歌詠，但求音律之和諧，安有古今之畛域？然而社會進化，其觀念形態隨之以轉移，一切語言習慣，亦必隨之而日新月異。昨日之是，或成今日之非；昨日之好尚，或為今日所鄙棄。文學體裁之演進蓋亦原因於此。

詩在齊宋以前，體制極為自由，無聲病之說，亦不尙

道德月刊

道德总社编　编者刊　济南　1933年8月～1937年8月　1期～24期　月刊　24cm

该刊刊登有道慈要旨、研经论说、讲演丛载等，研究儒家、法家以及中外政治家、宗教家、科学家与哲学家等有关道德之文字，以述本社发扬道德精神、唤起人类互助互爱之宗旨。栏目有《道慈要旨》《研经》《论说》《讲演》《道慈实录》《丛载》等。

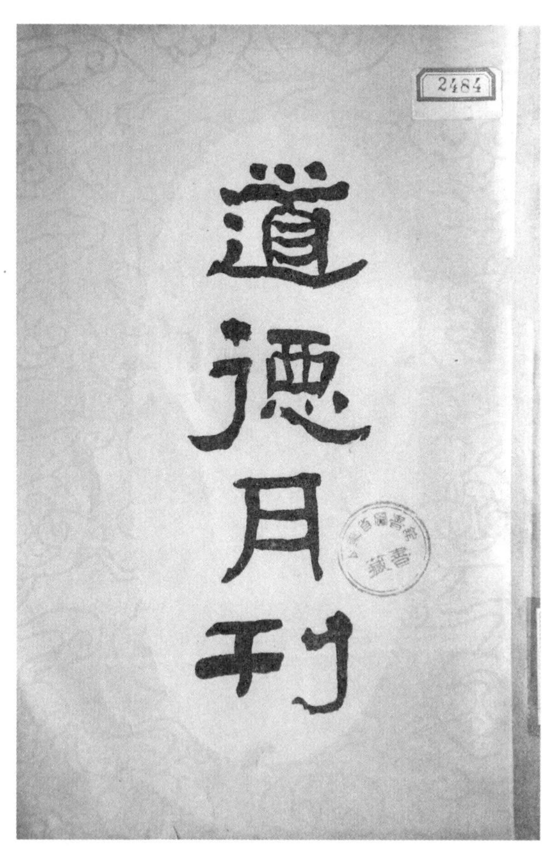

道德月刊

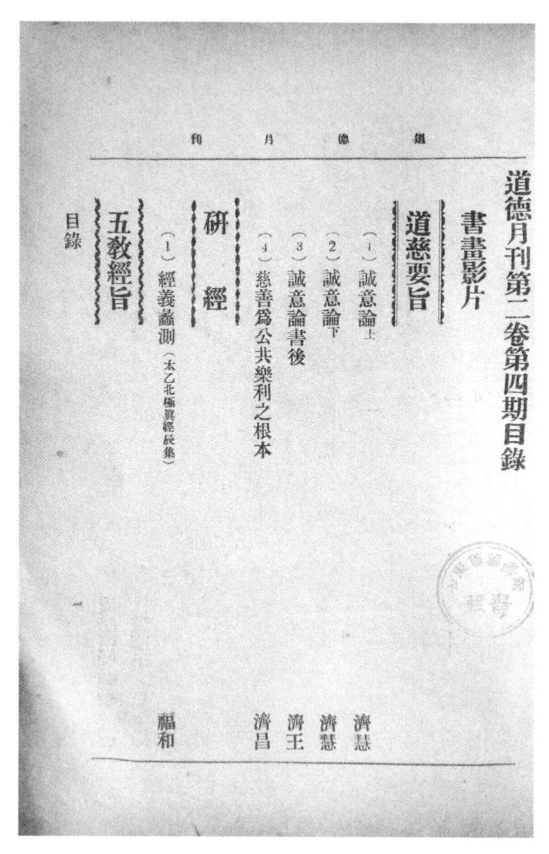

道德月刊第二卷第四期目錄

世界紅卍字會博山分會大殿正面圖

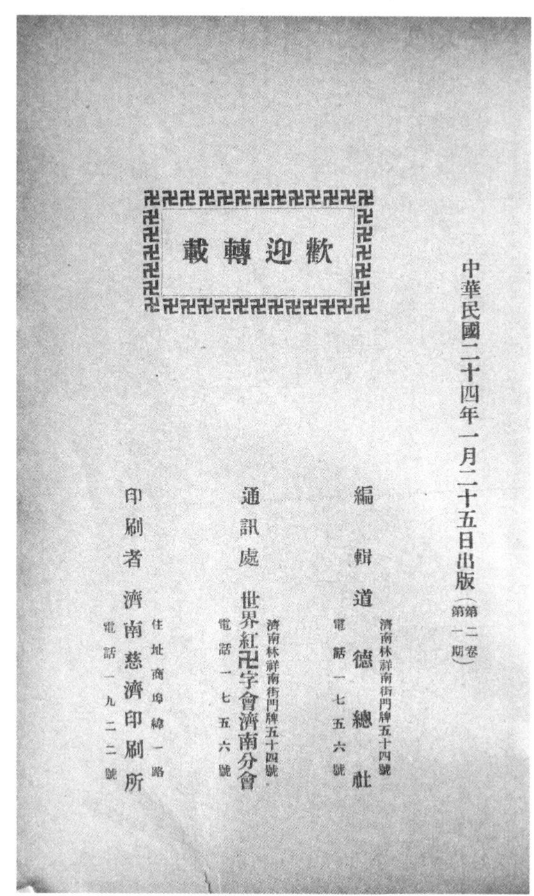

歡迎轉載

中華民國二十四年一月二十五日出版（第二卷第一期）

編輯　道德總社　濟南林祥南街門牌五十四號　電話一七五六號

通訊處　世界紅卍字會濟南分會　濟南林祥南街門牌五十四號　電話一七五六號

印刷者　濟南慈濟印刷所　住址商埠緯一路　電話一九二二號

期刊之部（一）

农工商周刊

农工商周刊社编　编者刊　济南　1933 年 8 月 1 日～[1933 年 11 月]　1 卷 1 期～[1 卷 11 期]　周刊　27cm

1933 年 8 月 1 日创刊于济南，该刊特别注意调查农工商业的实际状况并探讨其原因，以介绍专门论著、综合事实与理论救济目前的恐慌以谋求将来的发展为宗旨。第 2 期脱期，直到 9 月 5 日出版。

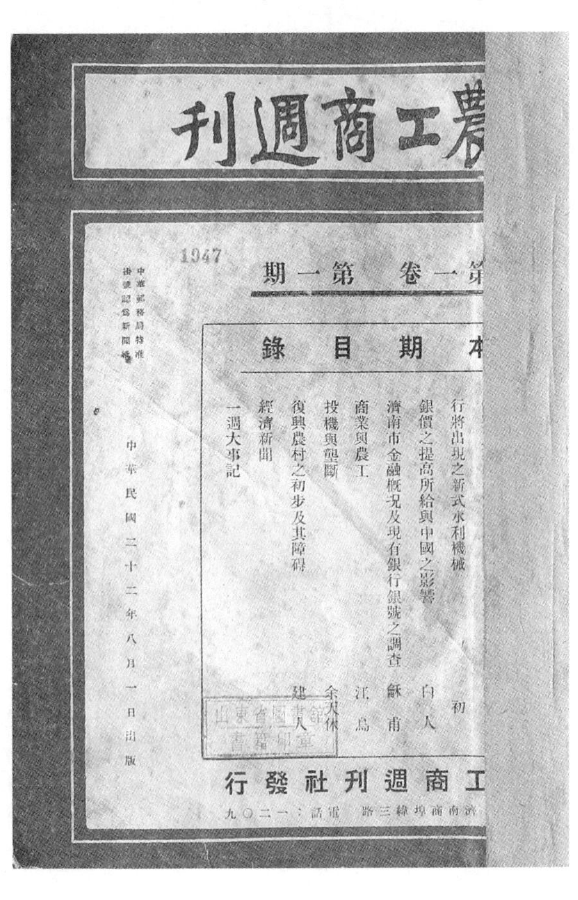

工商週刊

第一卷　第一期

1947

中華郵務局特准掛號認爲新聞紙類

本期目錄

行將出現之新式水利機械　初

銀價之提高所給與中國之影響　白人

濟南市金融概況及現有銀行銀號之調查　稣甫

商業與農工　江島

投機與壟斷　余大休

復興農村之初步及其障碍　建人

經濟新聞

一週大事記

中華民國二十二年八月一日出版

工商週刊社發行

濟南商埠緯三路　電話：一二〇九

發刊詞

作耒耜，造舟車，日中爲市，懋遷有無，此神農氏之敎萬民也。迨及后稷，敎民稼穡，樹藝五穀，五穀熟而人民育，故書稱無逸，詩載豳風，溯及往古，由來久矣。是以三代政治，以封建爲經，井田爲緯，秦漢以還，井田雖廢，而重農政策，下至明清，迄未之改。自雅片戰起，吾國之古老銅壁，被歐西資本主義諸國衝破，致使數千年來自足自給之社會經濟狀況，日趨於崩潰之途。謀國之士，始知遵古之非計，遂注力以追隨資本主義諸國之後，家天下之古制，遂一廓而清，賤商抑工之政策，亦從此長逝。總之，吾社會之古型，於爲告終。

今者民國肇造，二十餘載。外而諸帝國主義者，愈變本加厲，積極促現其侵略之策。內而野心家，更閱牆摧殘，加速自取滅亡之途。若外交，則受挫於淞滬，屈辱於平津，招亙古未有之奇恥大辱。若內政，則農村破產，工商凋敝；米粮則仰給於暹羅、安南之輸入，麥粉則求助於美國之供給，其他日用物品，亦以洋貨爲大宗，坐使舶來品充斥於市。故去歲之入超，竟達五億關平兩以上。最可怪者，年來穀賤傷農，我政府正乏救濟之策，二萬萬麥棉借款，又昭示國人矣。立法院循例通過，行政院指定用途，同時謂以此款恢復農村，而有農村復興委員會之設，是果有所憬悟耶？抑敷衍吾儕小民之耳目耶？我輩井蛙之見，何足以窺天！

雖然，國家興亡，匹夫有責，不幸而國亡矣，不幸而種滅矣，我輩尙能踐吾土，食吾毛，居吾

農工商週刊　一

山东省立第四乡村师范学校三周年纪念刊

山东省立第四乡村师范学校编辑委员会编　编者刊　滋阳　1933年11月　总1期　年刊　26cm

该刊为山东省立第四乡村师范学校三周年纪念专刊。其汇载该校创办三年的教育主张、发展情况、学科设置等，并载有大量的师生和校景照片。

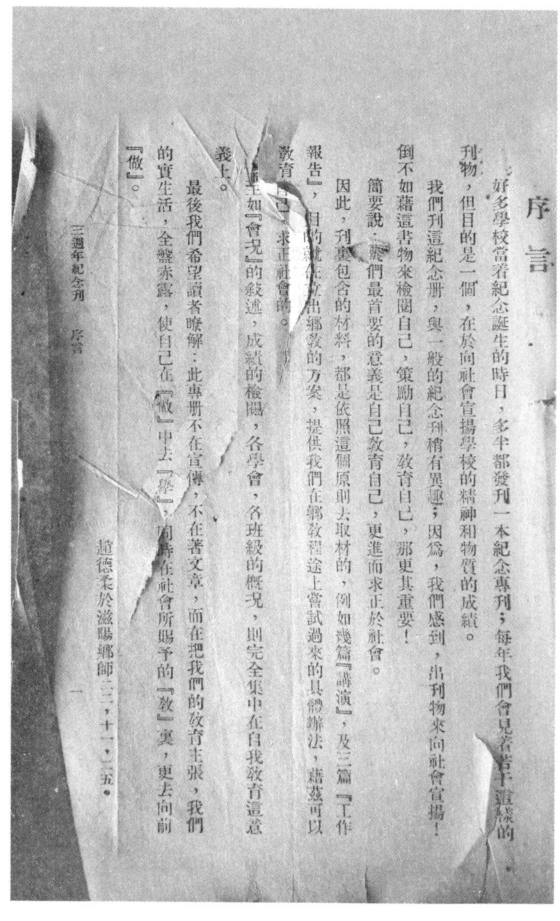

序言

[illegible]好多學校當着紀念誕生的時日，多半都發刊一本紀念專刊；每年我們會見着若干這樣的刊物，但目的是一個，在於向社會宣揚學校的精神和物質的成績。

我們刊這紀念冊，與一般的紀念刊稍有異趣；因爲，我們感到，出刊物來向社會宣揚！倒不如藉這書物來檢閱自己，策勵自己，教育自己，那更其重要！

簡要說：[illegible]們最首要的意義是自己教育自己，更進而求正於社會。

因此，刊裏包含的材料，都是依照這個原則去取材的，例如幾篇『講演』，及三篇『工作報告』，目的就在[illegible]出鄉教的方案，提供我們在鄉教程途上嘗試過來的具體辦法，藉茲可以教育[illegible]，求正社會的。[illegible]如『會況』的敍述，成績的檢閱，各學會，各班級的概況，則完全集中在自我教育這意義上。

最後我們希望讀者瞭解：此專冊不在宣傳，不在著文章，而在把我們的教育主張，我們的實生活，全盤赤露，使自己在『做』中去『學』，同時在社會所賜予的『教』裏，更去向前『做』。

趙德柔於滋陽鄉師二二，十一，二五。

三週年紀念刊　序言　一

励学

国立山东大学励学社编　编者刊　青岛　1933 年 12 月～1937 年 5 月　1 期～7 期　半年刊　26cm

该刊所载文章内容以文史哲理和科学之学术论著为主。栏目有《文史》和《科学》。

勵學

第一期

國立山東大學勵學社編印

民國二十二年十二月出版

徵稿條例

一，本刊以關於文學及科學之學術論著爲主。

二，本刊除本社社員爲基本撰稿人外，並歡迎外來稿件。

三，稿件登載與否，概不預覆，出版後，未登之稿件由本社負責退還。

四，寄稿者須註明姓名及詳細地址，寄稿後，如有更動，希能隨時通知。

五，來稿一經刊載暫以本刊爲酬。

六，來稿請寄『青島國立山東大學信箱二四一〇二號』。

勵學　第一期

民國二十二年十二月出版。

編輯兼出版者：　國立山東大學勵學社。

發行及函購處：　青島國立山東大學信箱二四一〇二號。

代　售　處：　國內各大書局。

定　　價：　每册三角，外埠函購，郵費另加。

廣 告 價 目：　暫分兩種，半頁五元整頁十元，位置均在底封面之前，另紙印刷。

青岛工商季刊

青岛工商学会编　编者刊　青岛　1933 年 12 月 ~ 1936 年 12 月　1 卷 1 期 ~ 4 卷 4 期　季刊　26cm

该刊是工商业行业专刊，主要内容为报道青岛市及国内的工商业状况，兼有介绍工商业法规、调查统计资料以及该会会务报告等内容。栏目有《撰述》《调查》《工商法规》《青岛市工商状况》《国内工商状况》《国际工商状况》《工商业统计》《工商专件》《本会会务》《附录》等。

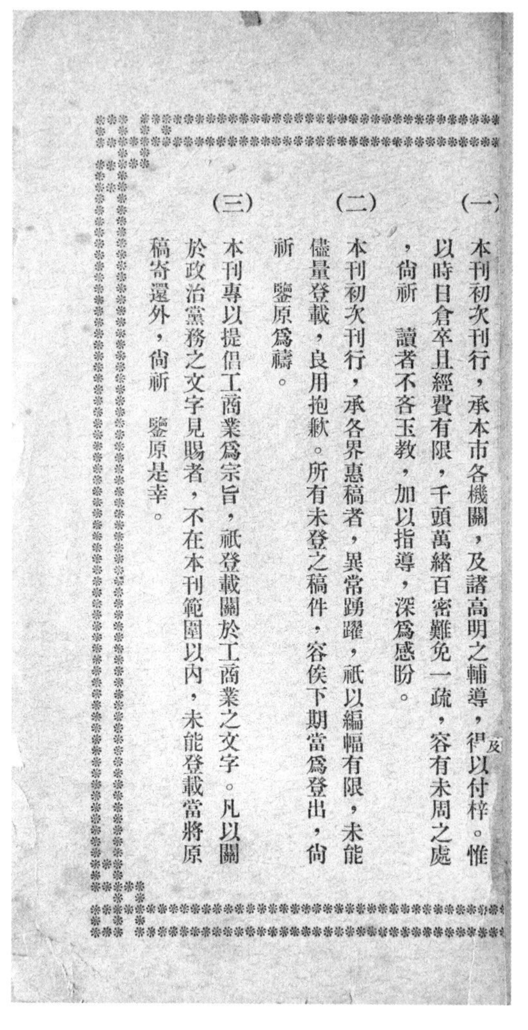

(一) 本刊初次刊行，承本市各機關，及諸高明之輔導，俾以付梓。惟以時日倉卒且經費有限，千頭萬緒百密難免一疏，容有未周之處，倘祈 讀者不吝玉教，加以指導，深爲感盼。

(二) 本刊初次刊行，承各界惠稿者，異常踴躍，祇以編幅有限，未能儘量登載，良用抱歉。所有未登之稿件，容俟下期當爲登出，倘祈 鑒原爲禱。

(三) 本刊專以提倡工商業爲宗旨，祇登載關於工商業之文字。凡以關於政治黨務之文字見賜者，不在本刊範圍以內，未能登載當將原稿寄還外，倘祈 鑒原是幸。

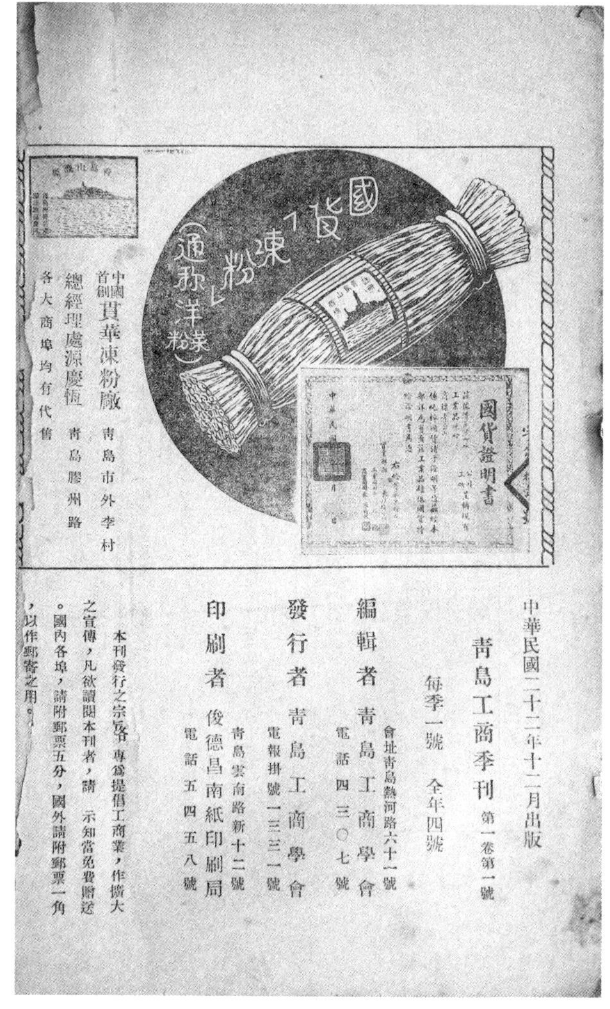

中華民國二十二年十二月出版

青島工商季刊 第一卷第一號

每季一號 全年四號

編輯者 青島工商學會 會址青島熱河路六十一號 電話四三〇七號

發行者 青島工商學會 電報掛號一三三一號

印刷者 俊德昌南紙印刷局 青島雲南路新十二號 電話五四五八號

本刊發行之宗旨，專爲提倡工商業，作擴大之宣傳，凡欲讀閱本刊者，請 示知當免費贈送。國內各埠，請附郵票五分，國外請附郵票一角，以作郵寄之用。

山东潍县广文中学五十周年纪念特刊

广文中学五十周年纪念大会筹备委员会编辑部编　广文中学事务部［发行］　潍县　1933年12月　总1期　特刊　26cm

该刊记载了广文中学1883年至1933年的校史，栏目有《校训校歌》《本校概要》《祝词》《庆祝五十周》《建筑与设备》《行政组织》《班级》《学校生活》《历届毕业生》《往事》《校友会》《杂俎》《本校一览》《同学录》《英文校史》《英文序》等。

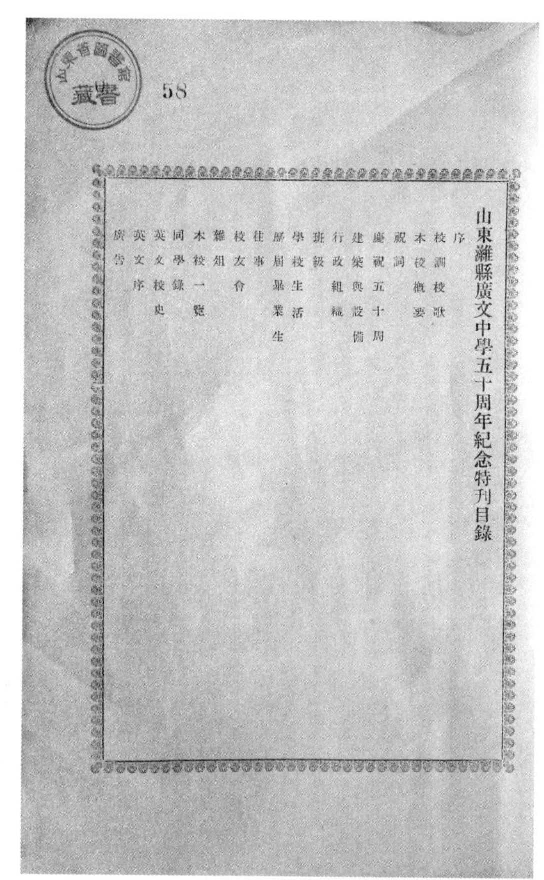

山東濰縣廣文中學五十周年紀念特刊目錄

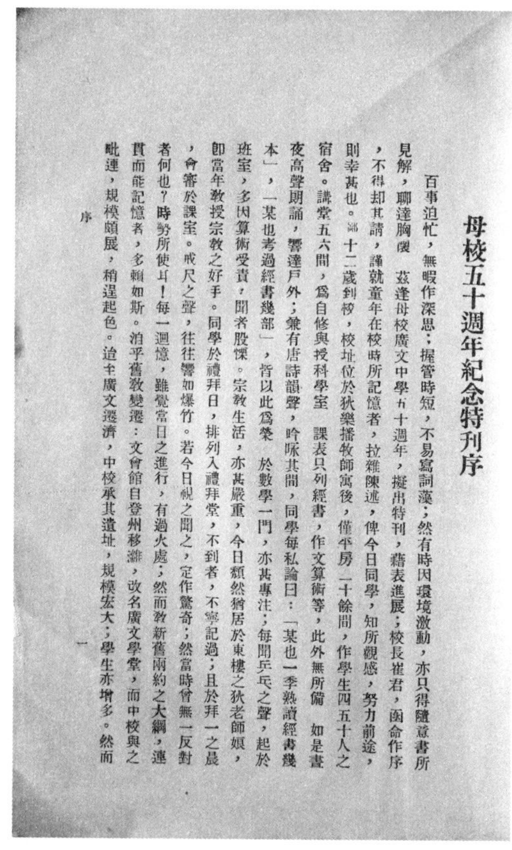

母校五十週年紀念特刊序

百事迫忙，無暇作深思；握管時短，不易寫詞藻；然有時因環境激動，亦只得隨意書所見解，聊達胸懷　茲逢母校廣文中學五十週年，擬出特刊，藉表進展；校長崔君，函命作序，不得却其請，謹就童年在校時所記憶者，拉雜陳述，俾今日同學，知所觀感，努力前途，則幸甚也。鄙十二歲到校，校址位於狄樂播牧師寓後，僅平房二十餘間，作學生四五十人之宿舍。講堂五六間，爲自修與授科學室　課表只列經書，作文算術等，此外無所備　如是晝夜高聲朗誦，響達戶外；兼有唐詩韻聲，吟咏其間，同學每私論曰：「某也一季熟讀經書幾本」，「某也考過經書幾部」，皆以此爲榮　於數學一門，亦甚專注；每聞乒乓之聲，起於班室，多因算術受責，聞者股慄。宗教生活，亦甚嚴重，今日頹然猶居於東樓之狄老師娘，卽當年教授宗教之好手。同學於禮拜日，排列入禮拜堂，不到者，不寧記過；且於拜一之晨，會審於課室。戒尺之聲，往往響如爆竹。若今日視之聞之，定作驚奇；然當時曾無一反對者何也？時勢所使耳！每一迴憶，雖覺當日之進行，有過火處；然而教新舊兩約之大綱，連貫而能記憶者，多賴如斯。洎乎舊教變遷：文會館自登州移濰，改名廣文學堂，而中校與之毗連，規模頓展，稍逞起色。迨至廣文遷濟，中校承其遺址，規模宏大；學生亦增多。然而

序　一

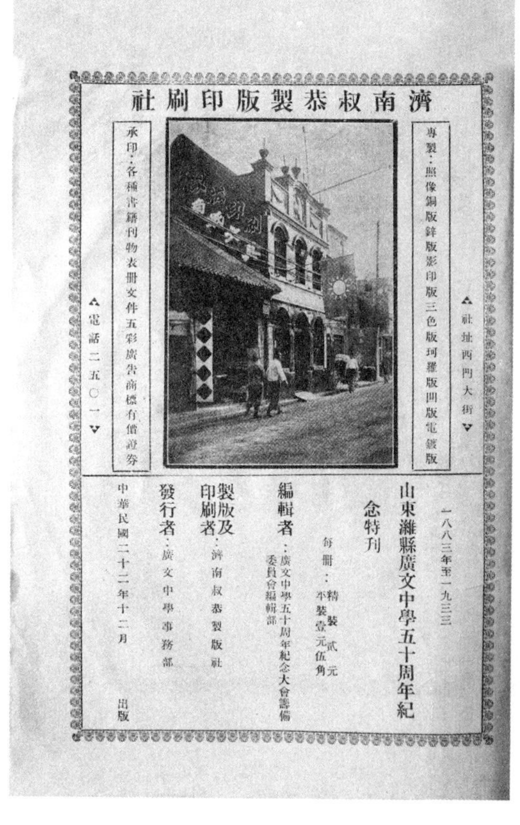

濟南叔恭製版印刷社

專製：照像銅版鋅版影印版三色版珂羅版凹版電鍍版

承印：各種書籍刊物表冊文件五彩廣告商標有價證券

▲社址西門大街▼

▲電話二五〇一▼

一八八三年至一九三三
山東濰縣廣文中學五十周年紀念特刊
每冊：精裝貳元　平裝壹元伍角
編輯者：廣文中學五十周年紀念大會籌備委員會編輯部
製版及印刷者：濟南叔恭製版社
發行者：廣文中學事務部
中華民國二十二年十二月　出版

检验季刊

青岛商品检验局编　编者刊　青岛　1934年1月　6卷1期；复刊1936年7月～1937年1月　1期～4期；复刊1938年1月～1943年4月　1期～[终期不详]　季刊　27cm　继承《工商部青岛商品检验局检验月刊》

该刊原名为《工商部青岛商品检验局检验月刊》，1929年11月创刊，原以期计算，计30期，自1934年起改为本名，且以6卷1期计算。1934年停刊，1936年复刊，期数另起，1937年停刊，1938年复刊，1943年4月停刊。栏目有《论著》《检验成绩》《调查》《统计》《附表》《附录》等。

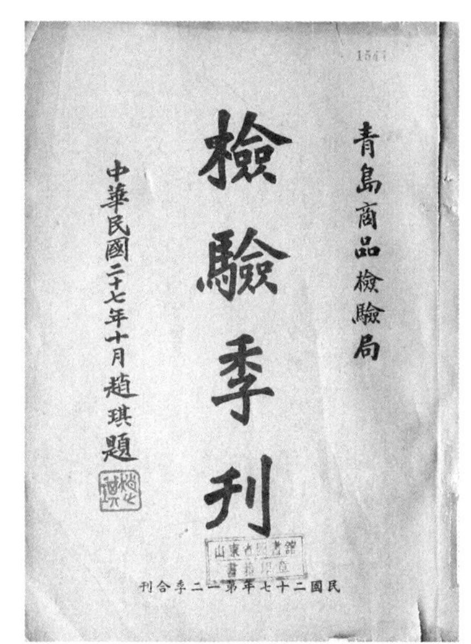

青島商品檢驗局

檢驗季刊

中華民國二十七年十月 趙琪題

民國二十七年第一第二季合刊

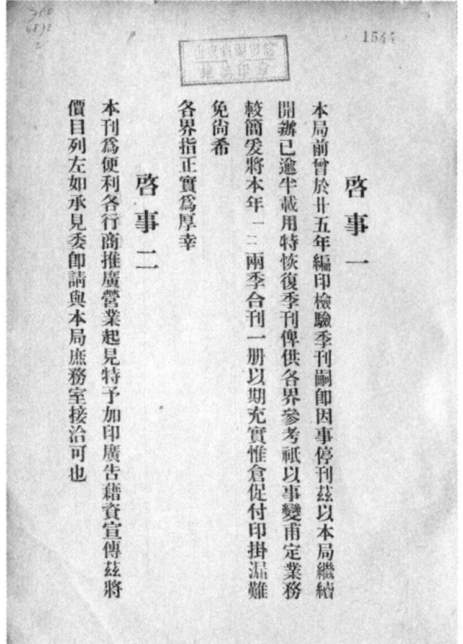

啓事一

本局前曾於廿五年編印檢驗季刊嗣卽因事停刊茲以本局繼續開辦已逾半載用特恢復季刊俾供各界參考祇以事變甫定業務較簡爰將本年一二兩季合刊一册以期充實惟倉促付印掛漏難免尙希各界指正實爲厚幸

啓事二

本刊爲便利各行商推廣營業起見特予加印廣告藉資宣傳茲將價目列左如承見委卽請與本局庶務室接洽可也

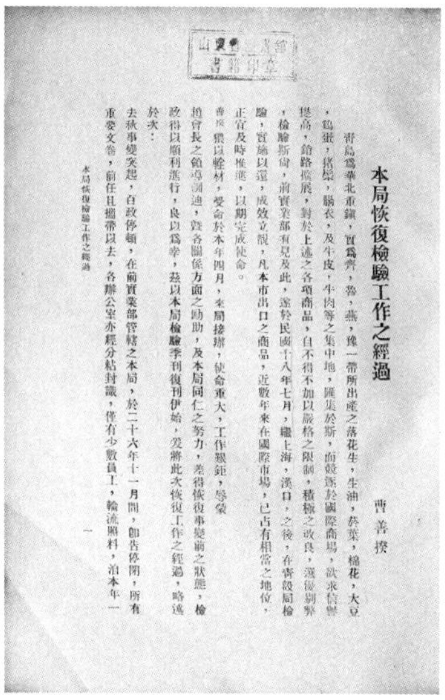

本局恢復檢驗工作之經過

曹善撰

靑島爲華北重鎮，實爲齊，魯，燕，豫一帶所出產之落花生，生油，菸葉，棉花，大豆，鷄蛋，豬鬃，腸衣，及牛皮，牛肉等之集中地，匯集於斯，而競逐於國際商場，欲求信譽提高，銷路擴展，對於上述之各項商品，自不得不加以嚴格之限制，積極之改良，還復剔弊，檢驗斯尙，前實業部有見及此，遂於民國十八年七月，繼上海，漢口，之後，在靑設局檢驗，實施以還，成效立覩，凡本市出口之商品，近數年來在國際市場，已占有相當之地位，正宜及時推進，以期完成使命。

善[illegible]猥以輇材，受命於本年四月，來局接辦，使命重大，工作艱鉅，辱蒙趙會長之領導誘迪，暨各關係方面之協助，及本局同仁之努力，差得恢復事變前之狀態，檢政得以順利進行，良以爲幸，茲以本局檢驗季刊復刊伊始，爰將此次恢復工作之經過，略述於次：

去秋事變突起，百政停頓，在前實業部管轄之本局，於二十六年十一月間，卽告停閉，所有重要文卷，前任且攜帶以去，各辦公室亦經分粘封識，僅有少數員工，輪流照料，迨本年一

本局恢復檢驗工作之經過 一

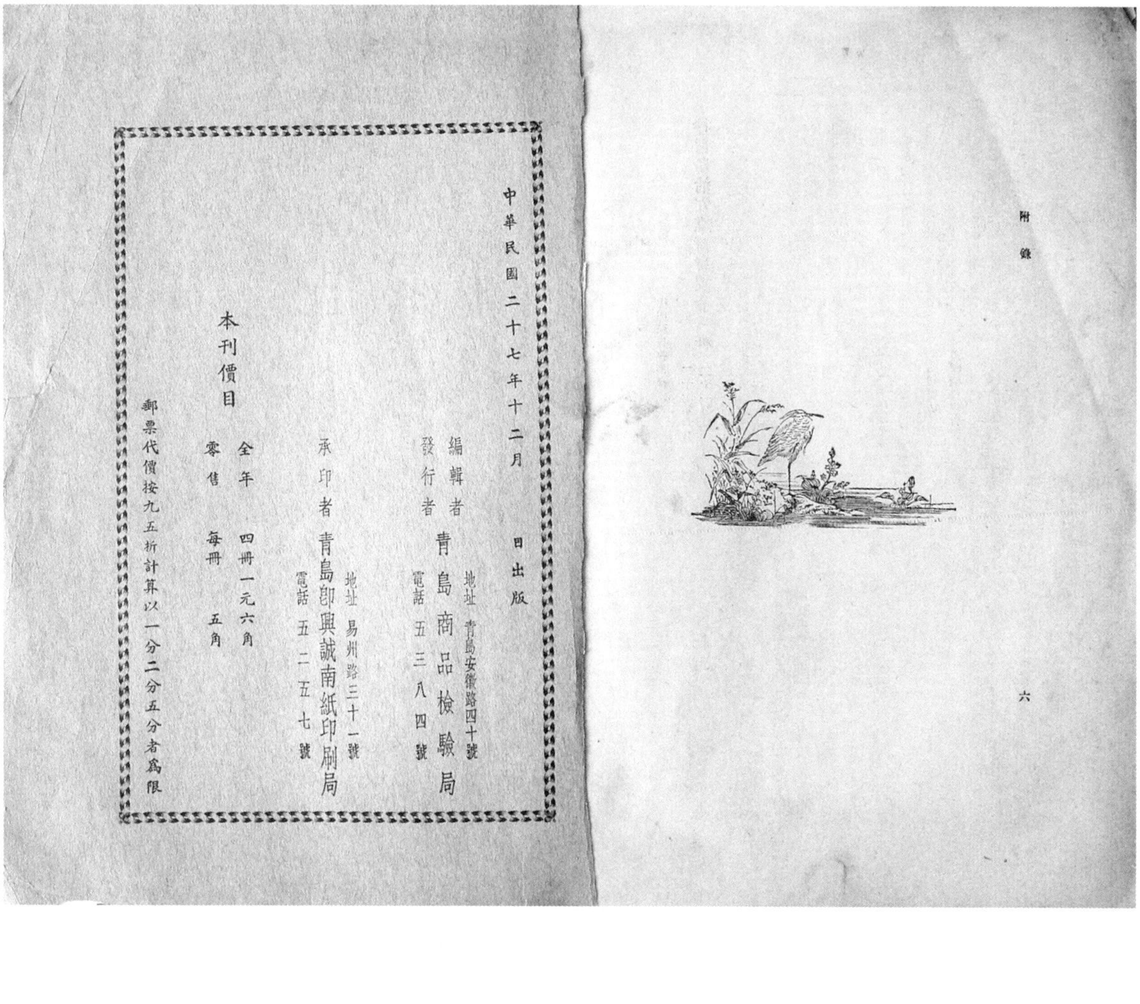

中華民國二十七年十二月　日出版

編輯者
發行者　青島商品檢驗局　地址 青島安徽路四十號　電話 五三八四號

承印者　青島郎興誠南紙印刷局　地址 易州路三十一號　電話 五二五七號

本刊價目

全年　四册一元六角

零售　每册　五角

郵票代價按九五折計算以一分二分五分者爲限

附錄

六

刁斗季刊

山东大学刁斗文艺社编　编者刊　青岛　1934 年 1 月 ~ 1935 年 4 月　1 卷 1 期 ~ 2 卷 1 期　季刊　27cm

该刊是山东大学学生在进步作家的影响下，自发创办的文学刊物，主要刊登抒发青年学生爱国情怀的诗歌、散文、小说等文学作品。栏目有《论文》《小说》《剧本》《诗选》《散文》《书评》等。

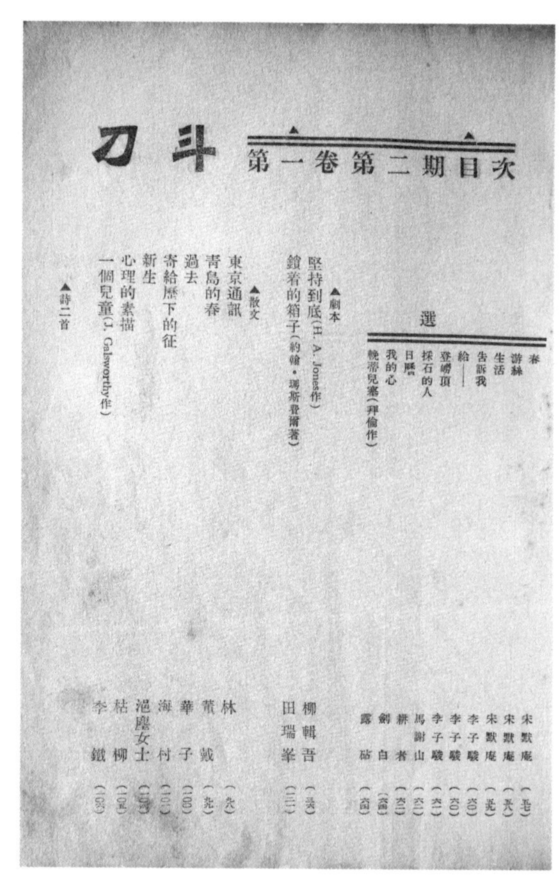

刁斗 第一卷第二期目次

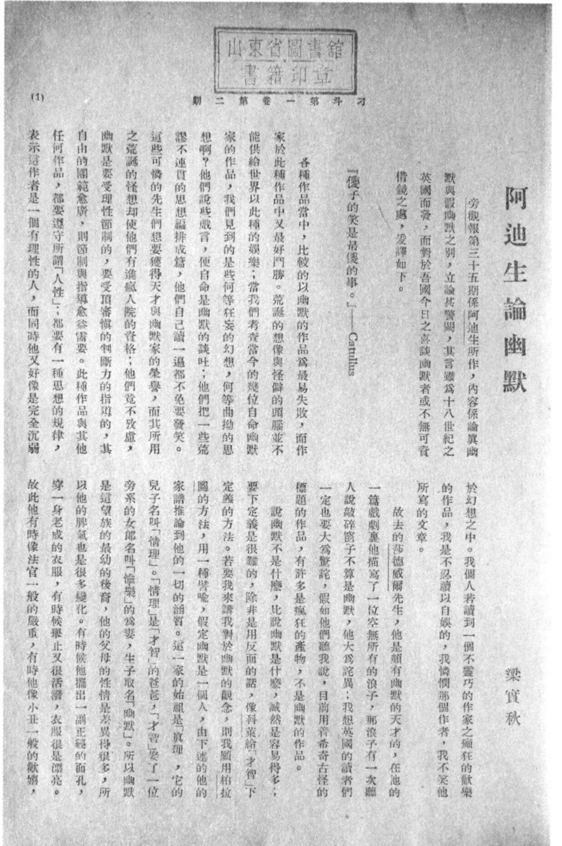

阿迪生論幽默

梁實秋

旁觀報第三十五期係阿迪生所作，內容係論真幽默與假幽默之別，立論甚警闢，其言雖爲十八世紀之英國而發，而對於吾國今日之喜談幽默者或不無可資借鏡之處，爰譯如下。

「傻子的笑是最傻的事。」——Catullus

各種作品當中，比較的以幽默的作品爲最易失敗，而作家於此種作品中又最好鬥勝。荒誕的想像與怪僻的頭腦並不能供給世界以此種的娛樂；當我們考查當今的幾位自命幽默家的作品，我們見到的是些何等狂妄的幻想，何等曲拗的思想啊？他們說些戲言，便自命是幽默的談吐；他們把一些荒謬不連貫的思想編排成篇，他們自己讀一遍都不免要發笑。這些可憐的先生們想要獲得天才與幽默家的榮譽，而其所用之荒誕的怪想却使他們有進瘋人院的資格；他們竟不考慮，幽默是要受理性節制的，要受頂審慎的判斷力的指導的，其自由的圍範愈廣，則節制與指導愈爲需要。此種作品與其他任何作品，都要遵守所謂「人性」；都要有一種思想的規律，表示這作者是一個有理性的人，而同時他又好像是完全沉溺於幻想之中。我個人若讀到一個不靈巧的作家之癲狂的歡樂的作品，我是不忍讀以自娛的，我憐憫那個作者，我不笑他所寫的文章。

故去的莎德威爾先生，他是頗有幽默的天才的，在他的一篇戲劇裏他描寫了一位空無所有的浪子，那浪子有一次聽人說敲碎窗子不算是幽默，他大爲詫異；我想英國的讀者們一定也要大爲驚詫，假如他們聽我說，目前用着希奇古怪的標題的作品，有許多是瘋狂的產物，不是幽默的作品。

說幽默不是什麼，比說幽默是什麼，誠然是容易得多；要下定義是很難的，除非是用反面的話，像科萊給「才智」下定義的方法。若要我來講我對於幽默的觀念，則我願用柏拉圖的方法，用一種譬喻，假定幽默是一個人，由下述的他的家譜推論到他的一切的涵習。這一家的始祖是「真理」，它的兒子名叫「情理」。「情理」是「才智」的爸爸，「才智」娶了一位旁系的女郎名叫「愉樂」的爲妻，生子取名「幽默」。所以幽默是這望族的最幼的後裔，他的父母的性情是差異得很多，所以他的脾氣也是很多變化。有時候他擺出一副正經的面孔，穿一身老成的衣服，有時候舉止又很活潑，衣服很是漂亮。故此他有時像法官一般的嚴重，有時他像小丑一般的歡嬉，

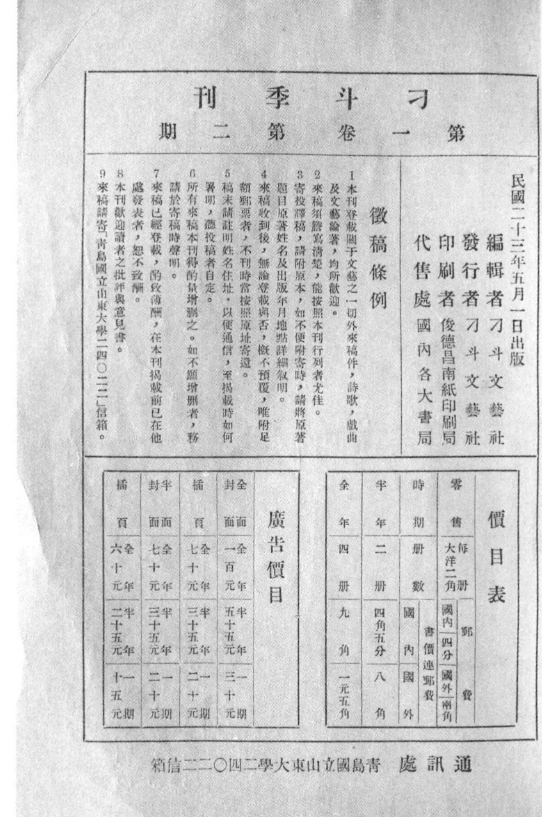

刁斗季刊

第一卷第二期

民國二十三年五月一日出版

編輯者 刁斗文藝社
發行者 刁斗文藝社
印刷者 俊德昌南紙印刷局
代售處 國內各大書局

徵稿條例

1 本刊登載關于文藝之一切外來稿件，詩歌，戲曲及文藝論著，均所歡迎。
2 來稿須謄寫清楚，能按照本刊行列者尤佳。
3 寄投譯稿，請附原本，如不便附寄時，請將原著題目原著姓名及出版年月地點詳細敘明。
4 來稿收到後，無論登載與否，概不預覆，唯附足額郵票者，不刊時當按照原址寄還。
5 稿末請註明姓名住址，以便通信，至揭載時如何署明，聽投稿者自定。
6 所有來稿本刊得酌量增删之。如不願增删者，務請於寄稿時聲明。
7 來稿已經登載，酌致薄酬，在本刊揭載前已在他處發表者，恕不致酬。
8 本刊歡迎讀者之批評與意見書。
9 來稿請寄「青島國立山東大學二四〇二二」信箱。

價目表

時期	零售	半年	全年
册數	每册大洋二角	二册	四册
郵費	國內四分 國外兩角		
書價連郵費 國內		四角五分	九角
書價連郵費 國外		八角	一元五角

廣告價目

	全面封面	插頁	半面封面	插頁
全年	一百元	七十元	七十元	六十元
半年	五十五元	三十五元	三十五元	二十五元
一期	三十元	二十元	二十元	十五元

通訊處 青島國立山東大學二四〇二二信箱

惠中校刊

山东省立惠民中学编　编者刊　惠民　1934 年 3 月 ~ 1936 年 11 月　1 期 ~ 22 期　不定期　26cm　继承《山东省立惠民中学校刊》

该刊最早为创刊于 1931 年 9 月 26 日的《山东省立第四中学校刊》，1934 年随该校更名，改刊名为《山东省立惠民中学校刊》，后又改为《惠中校刊》。该刊发表中国古代学术研究论文，评论国际国内政局，并报道该校校闻。

中華民國二十四年十一月十日出版 【1】

惠中校刊

中華郵政特准掛號認爲新聞紙類
山東省立惠民中學校刊社出版
第十五期
每份大洋一分五

本期目錄

意亞爭端之剖視

馬友三

一、前言

現代的世界，在表面上看，好像是一塊一塊無連索的上地；彼此互不連繫似的，如就其經濟與政治的關係上着眼，整個的世界，彼此間已經是一個很嚴密的組織體，一動百搖。現在意大利在黑衣宰相的統率下，已開始向非洲僅存的一個黑人國家亞比西尼亞進攻，據近幾天的戰報，意軍已得到局部的勝利，佔有了亞國北部阿多華瑪喀爾及其他名城 戰爭仍在逐步擴大中。與北非有利害關係的國家 都携持他們在歐洲的同盟，在國際聯合會集體安全制度下，作制裁之試習。很明顯的，這已經不是意亞的局部爭執，小小的波紋，已有逐漸波動全世界的趨勢。我們遠在亞洲東部，和這個事變，沒有直接利害關係，然而這個波紋的蕩漾，我們也一定要受其波動，蒙受深巨的影響。不管在那一方面說，我們皆不應當再蒙被酣睡，過無知覺的愚昧生活了。機警的觀察，明快的手眼，是現代每個國民，必須有的生存護衛法術。列身知識份子之林的每個青年，自衛的機警，應當過人，不然國家未來希望，將更暗淡。諸事我們皆應敏銳皆應有應付事變之固定見解。這篇文字如果在文字上取材上不失敗的話，願意在此事之認識上，予一點助力。

二、意亞爭執之發動

意亞戰爭雖是兩個國家的爭執，亞比西尼亞西[illegible]點初[illegible]了[illegible]沒有製造

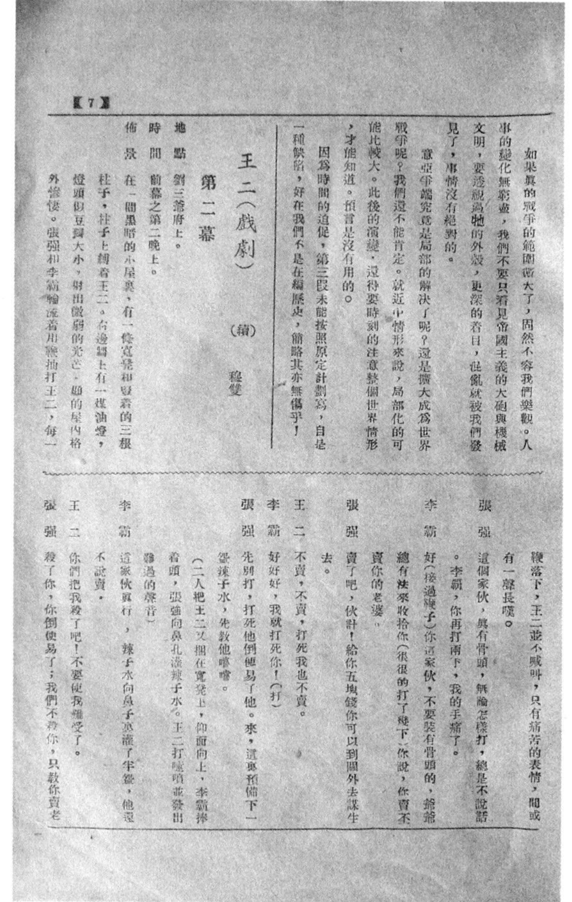

如果真的戰爭的範圍擴大了，固然不容我們樂觀。人事的變化無窮盡，我們不要只看見帝國主義的大砲與機械文明，要透視爲牠的外殼，更深的着目，混亂就被我們發見了，事情沒有絕對的。

意亞爭端究竟是局部的解決了呢？還是擴大成爲世界戰爭呢？我們還不能肯定。就近中情形來說，局部化的可能比較大。此後的演變，還得要時刻的注意整個世界情形，才能知道。預言是沒有用的。

因爲時間的迫促，第三段未能按照原定計劃寫，自是一種缺陷，好在我們不是在編歷史，簡略其亦無傷乎！

王二(戲劇)(續)

穆雙

第二幕

地點 劉三爺府上。

時間 前幕之第二晚上。

佈景 在一間黑暗的小屋裏，有一條寬凳和豎着的三根柱子，柱子上縛着王二。右邊牆上有一盞油燈，燈頭似豆粒大小，射出微弱的光芒，與的屋內格外慘悽。張強和李霸輪流着用鞭抽打王二，每一鞭落下，王二並不喊叫，只有痛苦的表情，間或有一聲長嘆。

張強 這個家伙，真有骨頭，無論怎樣打，總是不說話。李霸，你再打兩下，我的手痛了。

李霸 好(接過鞭子)你這家伙，不要裝有骨頭的，爺爺總有法來收拾你(很很的打了幾下)你說，你賣不賣你的老婆。

張強 賣了吧，伙計！給你五塊錢你可以到關外去謀生去。

王二 不賣，不賣，打死我也不賣。

李霸 好好好，我就打死你！(打)

張強 先別打，打死他倒便易了他。來，這裏預備下一罐辣子水，先教他嚐嚐。

(二人把王二又捆在寬凳上，仰面向上，李霸捧着頭，張強向鼻孔灌辣子水。王二打噎噴並發出難過的聲音)

李霸 這家伙眞行，辣子水向鼻子裏灌了半罐，他還不說賣。

王二 你們把我殺了吧！不要使我難受了。

張強 殺了你，你倒便易了；我們不殺你，只教你賣老

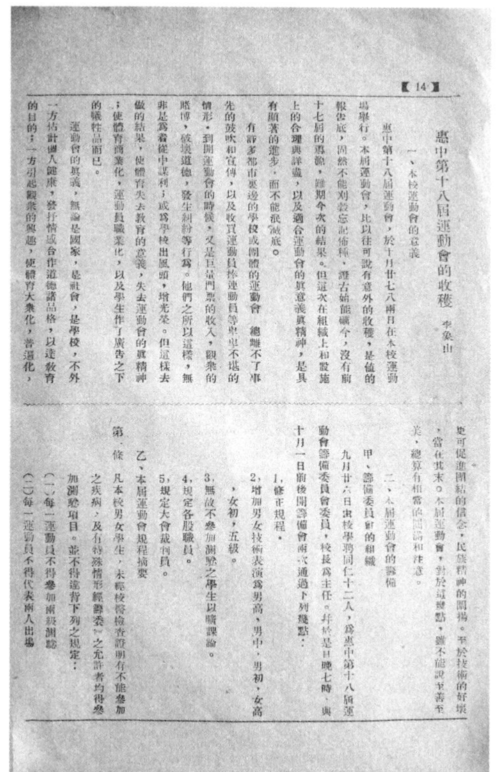

惠中第十八屆運動會的收穫

李象山

一、本校運動會的意義

惠中第十八屆運動會，於十月廿七八兩日在本校運動場舉行。本屆運動會，比以往可說有意外的收穫，是值的報告底，固然不能刈穀忘記佈種，譬古始能礪今，沒有前十七屆的憑藉，難期今次的結果。但這次在組織上和設施上的合理與詳盡，以及適合運動會的眞意義眞精神，是具有顯著的進步，而不能泯滅底。

有許多都市裏邊的學校或團體的運動會 總離不了事先的鼓吹和宣傳，以及收買運動員等卑鄙不堪的情形，到開運動會的時候，又是巨量門票的收入，觀衆的賭博，破壞道德，發生糾紛等行爲。他們之所以這樣，無非是爲着從中謀利；或爲學校出風頭，增光榮。但這樣去做的結果，使體育失去教育的意義，失去運動會的眞精神；使體育商業化，運動員職業化，以及學生作了廣告之下的犧牲品而已。

運動會的眞義，無論是國家，是社會，是學校，不外一方估計個人健康，發抒情感合作道德諸品格，以達教育的目的；一方引起觀衆的興趣，使體育大衆化，普遍化，更可促進團結的信念，民族精神的闡揚。至於技術的好壞，當在其末。本屆運動會，對於這幾點，雖不能說至善至美，總算有相當的開端和注意。

二、本屆運動會的籌備

甲、籌備委員會的組織

九月廿六日由校學聘同仁十二人，爲惠中第十八屆運動會籌備委員會委員，校長爲主任。并於是日晚七時、與十月一日前後開籌備會兩次通過下列幾點：

1，修正規程。

2，增加男女技術表演爲男高，男中，男初，女高，女初，五級。

3，無故不參加測驗之學生以曠課論。

4，規定各股職員。

5，規定大會裁判員。

乙、本屆運動會規程摘要

第一條 凡本校男女學生，未經校醫檢查證明有不能參加之疾病，及有特殊情形經籌委會之允許者均得參加測驗項目。並不得違背下列之規定：

(一)每一運動員不得參加兩級測驗

(二)每一運動員不得代表兩人出場

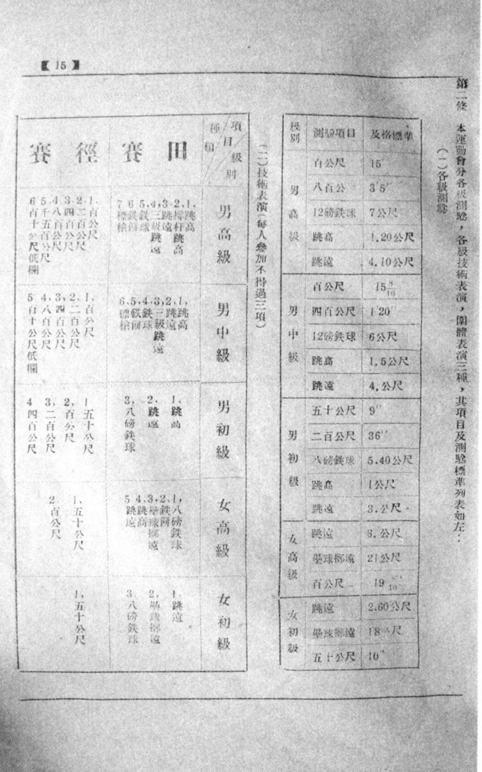

第二條 本運動會分各級測驗，各級技術表演，團體表演三種，其項目及測驗標準列表如左：

(一)各級測驗

級別	測驗項目	及格標準
男高級	百公尺	15″
	八百公	3′5″
	12磅鉄球	7公尺
	跳高	1.20公尺
	跳遠	4.10公尺
男中級	百公尺	$15\frac{8}{10}$
	四百公尺	1′20″
	12磅鉄球	6公尺
	跳高	1.5公尺
	跳遠	4.公尺
男初級	五十公尺	9″
	二百公尺	36″
	八磅鉄球	5.40公尺
	跳高	1公尺
	跳遠	3.公尺
女高級	跳遠	3.公尺
	壘球擲遠	21公尺
	百公尺	19 [illegible]/10
女初級	跳遠	2.60公尺
	壘球擲遠	18公尺
	五十公尺	10″

(二)技術表演(每人參加不得過三項)

項目／級別／種類	男高級	男中級	男初級	女高級	女初級
田賽	1,跳高 2,撐杆跳高 3,跳遠 4,三級跳遠 5,鉄球 6,鉄餅 7,標槍	1,跳高 2,跳遠 3,三級跳遠 4,鉄球 5,鉄餅 6,標槍	1,跳高 2,跳遠 3,八磅鉄球	1,八磅鉄球 2,鉄餅 3,壘球擲遠 4,跳高 5,跳遠	1,跳遠 2,壘球擲遠 3,八磅鉄球
徑賽	1,百公尺 2,二百公尺 3,四百公尺 4,八百公尺 5,千五百公尺 6,百十公尺低欄	1,百公尺 2,二百公尺 3,四百公尺 4,八百公尺 5,百十公尺低欄	1,五十公尺 2,百公尺 3,二百公尺 4,四百公尺	1,五十公尺 2,百公尺	1,五十公尺

棉业特刊

青岛工商学会棉业试验场编　编者刊　青岛　1934 年 4 月 15 日　总 1 期　特刊　27cm

该刊是棉业试验刊物，刊登关于推行棉种改良、棉花研究、推广种棉等三项工作的总结。青岛工商学会为在胶东地区推广棉花种植，1933 年 5 月在青岛沧口设植棉试验总厂，经过一年的改良研究、推广，将工作情况汇编成该刊。并有高密、胶州等地棉业调查报告、本会公函、照片插图等资料。

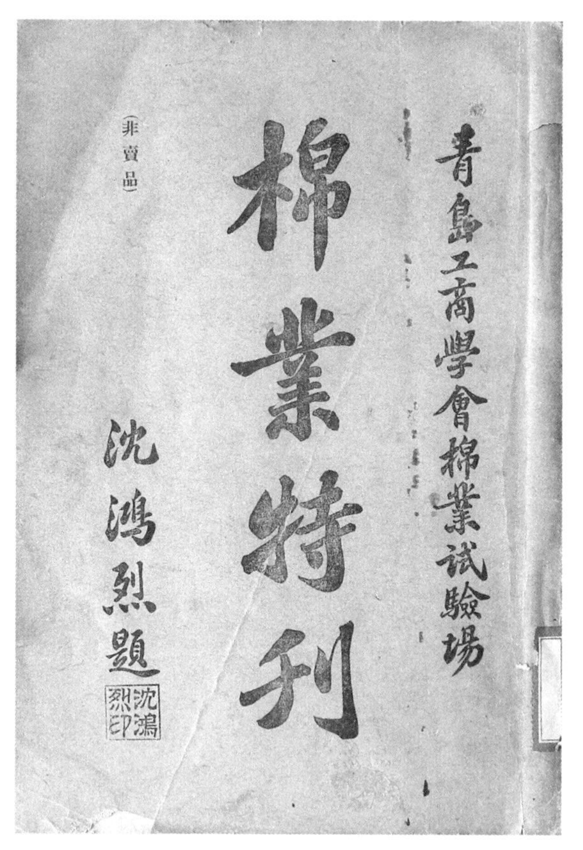

青島工商學會棉業試驗場

棉業特刊

（非賣品）

沈鴻烈題

沈鴻烈印

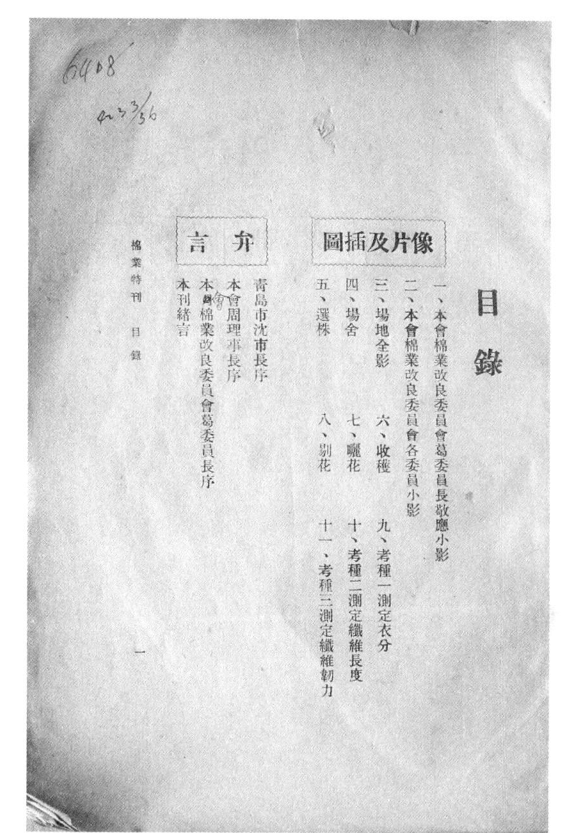

目錄

像片及插圖

弁言

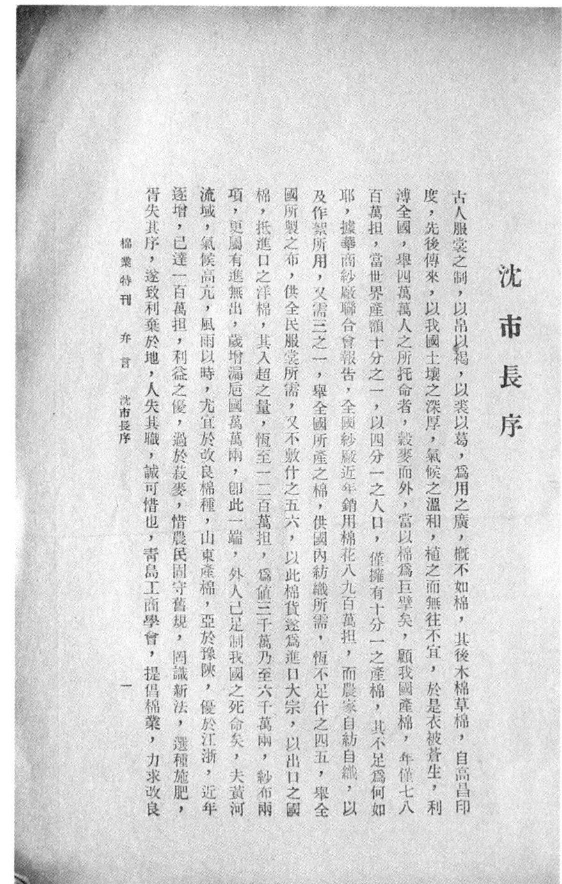

沈市長序

古人服裳之制，以帛以褐，以裘以葛，爲用之廣，概不如棉，其後木棉草棉，自高昌印度，先後傳來，以我國土壤之深厚，氣候之溫和，植之而無往不宜，於是衣被蒼生，利溥全國，舉四萬萬人之所托命者，穀麥而外，當以棉爲巨擘矣，顧我國產棉，年僅七八百萬担，當世界產額十分之一，以四分一之人口，僅擁有十分一之產棉，其不足爲何如耶，據華商紗廠聯合會報告，全國紗廠近年銷用棉花八九百萬担，而農家自紡自織，以及作絮所用，又需三之一，舉全國所產之棉，供國內紡織所需，恆不足什之四五，舉全國所製之布，供全民服裳所需，又不敷什之五六，以此棉貨遂爲進口大宗，以出口之國棉，抵進口之洋棉，其入超之量，恆至一二百萬担，爲值三千萬乃至六千萬兩，紗布兩項，更屬有進無出，歲增漏卮國萬萬兩，卽此一端，外人已足制我國之死命矣，夫黃河流域，氣候高亢，風雨以時，尤宜於改良棉種，山東產棉，亞於豫陝，優於江浙，近年遂增，已達一百萬担，利益之優，過於菽麥，惜農民固守舊規，罔識新法，選種施肥，胥失其序，遂致利棄於地，人失其職，誠可惜也，青島工商學會，提倡棉業，力求改良

選株

收穫

国立山东大学文史丛刊

国立山东大学出版委员会编　国立山东大学出版课［发行］　青岛　1934年5月　总1期　不定期　27cm

该刊是国立山东大学的校刊，仅出1期。主要刊登著名学者国学文史研究成果以及部分西方文论，胡适、梁实秋均有著述在此发表。

國立山東大學

文史叢刊

第一期

中華民國二十三年五月發行

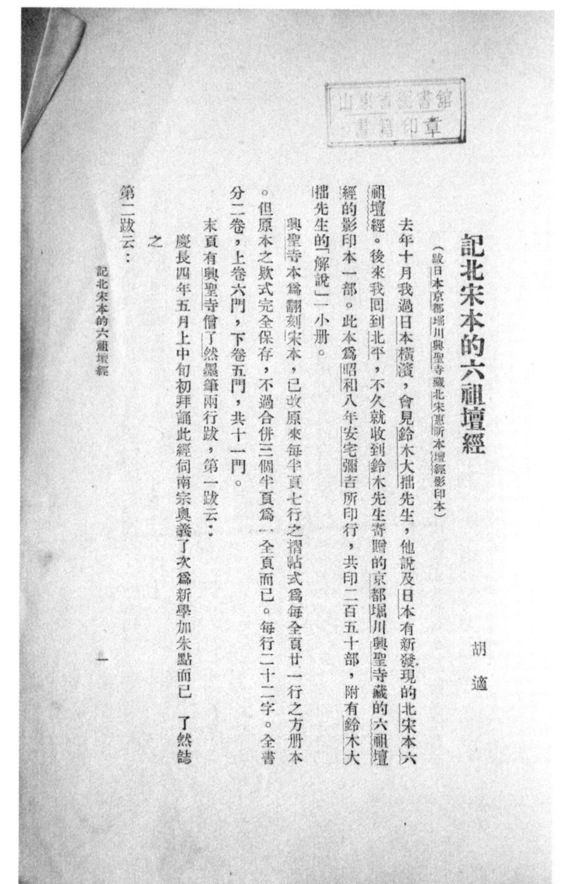

記北宋本的六祖壇經

（跋日本京都堀川興聖寺藏北宋惠昕本壇經影印本）

胡適

去年十月我過日本橫濱，會見鈴木大拙先生，他說及日本有新發現的北宋本六祖壇經。後來我回到北平，不久就收到鈴木先生寄贈的京都堀川興聖寺藏的六祖壇經的影印本一部。此本為昭和八年安宅彌吉所印行，共印二百五十部，附有鈴木大拙先生的「解說」一小冊。

興聖寺本為翻刻宋本，已改原來每半頁七行之摺帖式為每全頁廿一行之方冊本。但原本之款式完全保存，不過合併三個半頁為一全頁而已。每行二十二字。全書分二卷，上卷六門，下卷五門，共十一門。

末頁有興聖寺僧了然墨筆兩行跋，第一跋云：

慶長四年五月上中旬初拜誦此經伺南宗奧義了次為新學加朱點而已　了然誌之

第二跋云：

記北宋本的六祖壇經　一

國立山東大學

文史叢刊

第一期

價目	每冊定價六角
郵費	本國及日本加郵費五分 其他地域郵費一角五分

編輯者　國立山東大學出版委員會

發行者　國立山東大學出版課

青島膠東書社承印

中華民國二十三年五月發行

乡村教育半月刊

山东省教育厅乡村教育辅导委员会编　中华邮政局［发行］　济南　1934年5月31日~1935年10月　创刊号~35期　半月刊　25cm　由《基础教育月刊》替代

该刊为乡村教育刊物，何思源题写刊名，并题《发刊词》。其使命是：一、推动全省教育界人士向着上述的途径切实奋进；二、切实讨论研究各项实行的办法；三、传达各处实验工作的状况和结果。主要刊登有关小学教育和农民业余教育、乡村教育调查、乡村教育实验区和乡村教育研究会会议记录等内容。其中载有何思源、梁漱溟讲话。

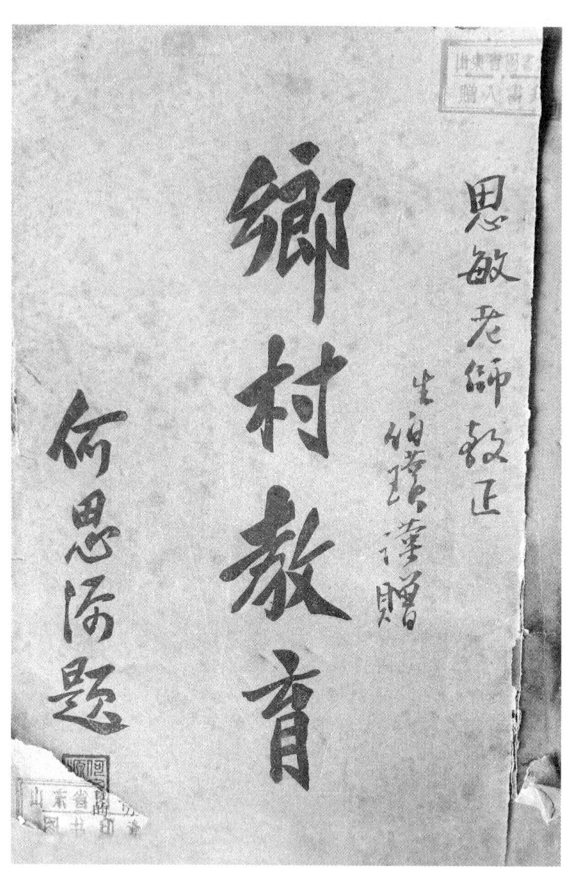

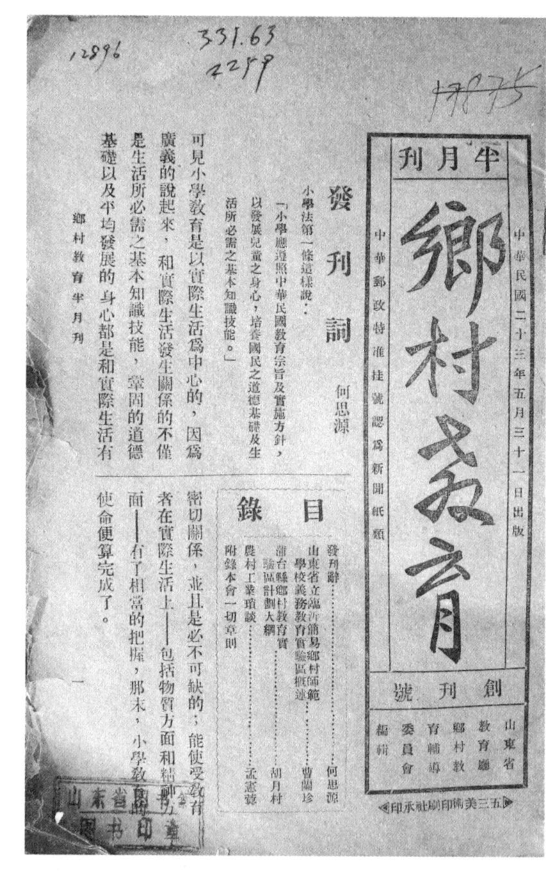

半月刊

鄉村教育

中華民國二十三年五月三十一日出版

中華郵政特准挂號認爲新聞紙類

創刊號

山東省教育廳鄉村教育輔導委員會編輯

◀五三美術印刷社承印▶

發刊詞

何思源

小學法第一條這樣說：

「小學應遵照中華民國教育宗旨及實施方針，以發展兒童之身心，培養國民之道德基礎及生活所必需之基本知識技能。」

可見小學教育是以實際生活爲中心的，因爲廣義的說起來，和實際生活發生關係的不僅是生活所必需之基本知識技能，鞏固的道德基礎以及平均發展的身心都是和實際生活有密切關係，並且是必不可缺的；能使受教育者在實際生活上——包括物質方面和精神方面——有了相當的把握，那末，小學教育使命便算完成了。

鄉村教育半月刊　一

目錄

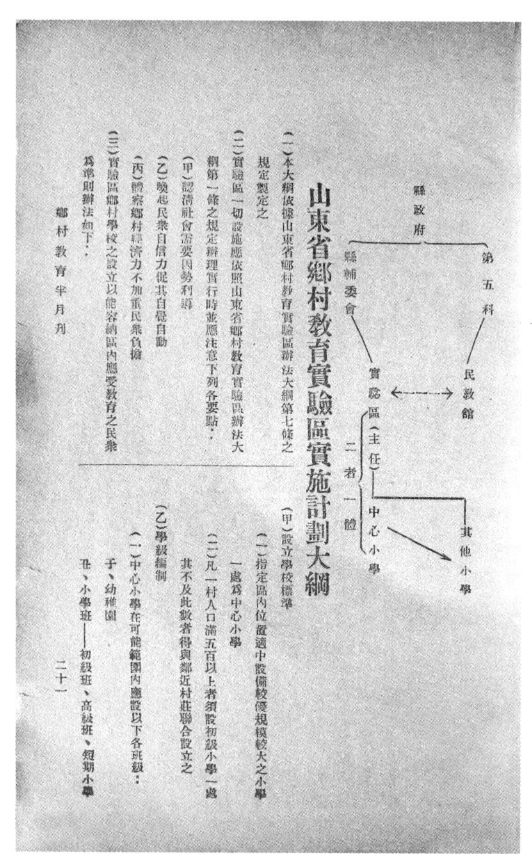

山東省鄉村教育實驗區實施計劃大綱

（一）本大綱依據山東省鄉村教育實驗區辦法大綱第七條之規定製定之

（二）實驗區一切設施應依照山東省鄉村教育實驗區辦法大綱第一條之規定辦理實行時並應注意下列各要點：

（甲）認清社會需要因勢利導

（乙）喚起民衆自信力促其自覺自動

（丙）體察鄉村經濟力不加重民衆負擔

（三）實驗區鄉村學校之設立以能容納區內應受教育之民衆爲準則辦法如下：

（甲）設立學校標準

（一）指定區內位置適中設備較優規模較大之小學一處爲中心小學

（二）凡一村人口滿五百以上者須設初級小學一處其不及此數者得與鄰近村莊聯合設立之

（乙）學級編制

（一）中心小學在可能範圍內應設以下各班級：

子、幼稚園

丑、小學班——初級班、高級班、短期小學

鄉村教育半月刊　二十一

蒲台縣鄉村教育實驗區計畫大綱

胡月村

引言

過去幾年民衆教育館的工作，只注意到館的設備，和館的活動，把館弄得齊齊整整，多引幾個人來玩耍，便以爲盡了辦理民衆教育的能事，究竟效果怎樣？敢肯定的說：甚爲渺小，不過只是裝璜門面的粉飾工作罷了！當茲農村經濟破產，社會秩序紊亂，政治組織崩潰的現在，豈容再這樣浮淺的幹去，故各地教育名流，都感覺以前的失敗，而致力求「深入鄉村」，「救濟農村」「訓練民衆」「組織民衆」「增加生產」等事業，以實現中國農業社會所急需的教育；本省教育當局，更提出「求生教育」的理論，與鄉村教育實驗區辦法，並劃出二十縣實驗，即此可見近來教育動向之一斑了！本縣雖未劃入實驗縣，但月村受訓期滿，形將回縣之時，何廳長及王主任在個別訓話中諄諄告囑。仿照鄉村教育實驗區辦法，擇區實驗，月村早有深入鄉村設區實驗的計劃，聆何廳長及王主任訓話後，益確定了自信，增加了勇氣。

本縣土壤瘠薄，尤多鹹鹵。縣內農產品除五穀外，以棉花爲大宗，（建設廳劃爲棉區）社會經濟狀況，極爲枯窘，農民借款，月息四分起碼至六七分不等，農民除種植農產品外，別無副業，可得收入，這樣枯竭的農村，焉能不日趨窮困？我們在此環境中實施教育，自然應從農業改良，鹹地改良，增加生產，提倡副業，調劑金融上着手（即以生計教育爲中心）漸次及於語文公民……等教育，茲基此原則，規定實驗區之計劃如下：

甲、實驗標準：

1、注重生計教育，謀農民生產之增加改良，及副業之提倡。

2、本求生教育，以做到學校即社會教育即生活目的，使學校教育與社會教育打成一片，訓練學生從事勞動生產，以洗過去士大夫教育之弊，指導小

鄉村教育半月刊　十三

基础教育月刊

山东省教育厅月刊编辑处编　编者刊　济南　1935 年 11 月～1937 年 7 月　创刊号～2 卷 7 期　月刊　26cm　替代《乡村教育半月刊》

该刊宗旨是“国民教育的播音台，小学教师的问题箱”，旨在进行各区基础教育设施的观摩，意思的沟通和教育方法的交流。刊登有国民基础教育方面的论著、教师的经验、体会和心得，以及常识资料、教师来信、国内教育纪事等。自 1936 年 7 月 1 日（1 卷 9 期）起改由教育厅秘书处编译股负责编辑。

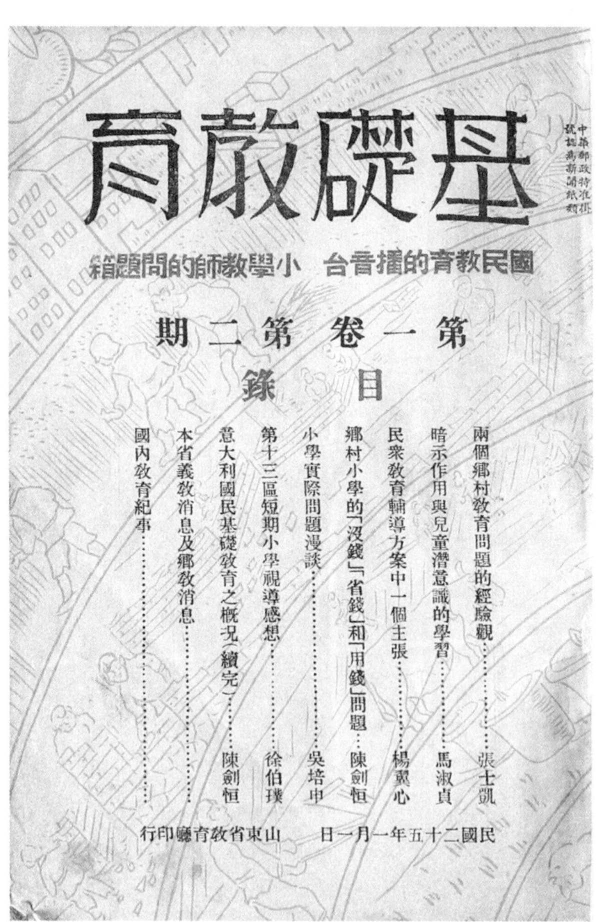

基礎教育

中華郵政特准掛號認為新聞紙類

國民教育的播音台　小學教師的問題箱

第一卷第二期

目錄

民國二十五年一月一日　山東省教育廳印行

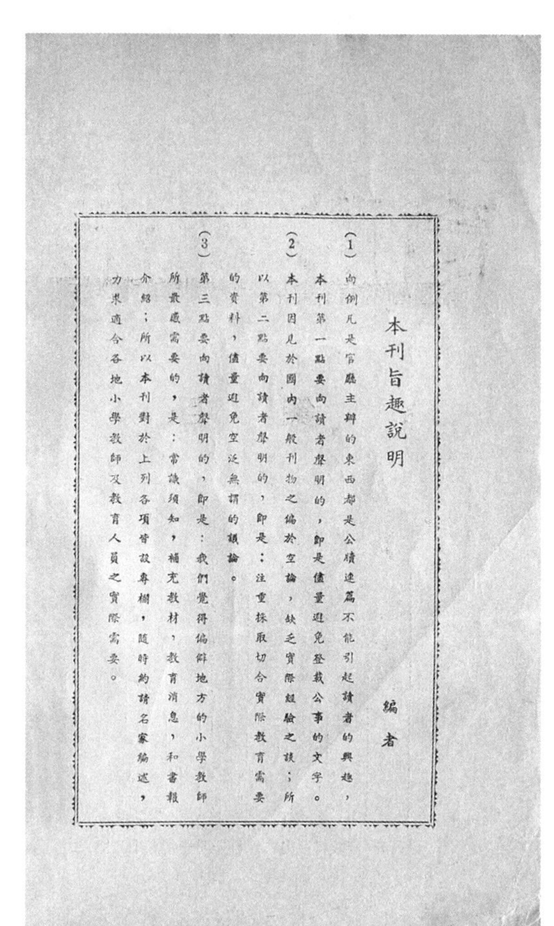

本刊旨趣說明

(1)向例凡是官廳主辦的東西都是公牘述篇不能引起讀者的興趣，本刊第一點要向讀者聲明的，即是儘量避免登載公事的文字。

(2)本刊因見於國內一般刊物之偏於空論，缺乏實際經驗之談；所以第二點要向讀者聲明的，即是：注重採取切合實際教育需要的資料，儘量避免空泛無謂的議論。

(3)第三點要向讀者聲明的，即是：我們覺得偏僻地方的小學教師所最感需要的，是：常識須知，補充教材，教育消息，和書報介紹；所以本刊對於上列各項皆設專欄，隨時約請名家編述，力求適合各地小學教師及教育人員之實際需要。

編者

鄉村小學的「沒錢」「省錢」和「用錢」問題

——在濰縣章邱對短期小學教師訓練班講詞——

陳劍恒

心理的阻礙——沒錢沒辦法

無論是在城市還是在鄉村中國社會最流行的一種口語即是「沒有錢，沒辦法」，這種話在一方面想未嘗不是代表一種事實。巧婦難為無米之炊，確乎在經濟的限制下，有時真是一文錢難倒英雄好漢！可是設若我們另從一方面想，有許多事實却並不盡然！口口聲聲說沒辦法的人，實在是因為慣性懶惰，沒有前進的勇氣與魄力，於是乎一切事都以沒錢沒辦法了之大吉，好像自已是一點責任不負！這是弱者的烟幕彈！懶人的護身符。凡是有志從事小學教育的青年和同志，都不應當有如此的思想。反過來說天下事皆在人為，沒有錢有沒錢的辦法，困難有困難的解決，呻咽嘆息捉縮不前，不是現代小學教師應有的態度。

講到這裏，我們想起清末求乞興學的武訓和現在提倡鄉村教育的陶行知：武先生以一乞丐，感動地方人士，興辦學校，這是中國教育史上僅有的人物。陶行知最近創議小先生制，他的事業結果，雖尚在不可知之中，可是他想在沒辦法中，求得實施義務教育的方案，這種開闢的勇氣，值得我們給他同情。依他的計劃：全國小學生現有約一千萬人，私塾生約有一千萬人，店舖學徒約有一千五百萬人，識字的成人，約有八千萬人，中學生小學教師約有一百萬人；這些人合起來的總數約有一萬萬人。假如這些人每人都能分一份教育責任，於工餘課暇教兩個不識字的人；那末中國在二年之內教育可普

基礎教育月刊　第一卷第二期

民國廿四年十二月三十一日編印
民國廿五年一月一日發行
編輯者　山東省教育廳月刊編輯處
發行者
印刷者　山東印刷局
代售處——濟南　世界書局　東方書社　教育圖書社　北洋書店　新濟南雜誌社

定價（郵費在內）

每月一册　零售五分
半年六册　定價三角
全年十二册　定價五角

廣告刊例

全面——每月六元　每年七十元
二分之一頁——每月三元　每年卅五元
四分之一頁——每月二元　每年二十元

本刊投稿簡章

1. 來稿須繕寫標點清楚並附著者真實姓名及住址。
2. 來稿請勿寫兩面或摺疊粘釘牢固，致礙排板。
3. 投稿以討論實際問題介紹具體資料為標準，空泛議論概不收受。
4. 稿中如有譯名或引證須分別註明出處以便讀者參考，譯稿並須附寄原文以資對照。
5. 本刊對於來稿有刪改之權。
6. 來稿登載與否概不退還其預附郵票聲明者除外。
7. 來稿一經登載板權即歸本刊所有其保留著作權者須預於函中聲明。
8. 來稿發表後每千字由本刊酌贈二元至五元之酬金關於特別著作之酬金得臨時另訂之。
9. 來稿如已在他處披露者概不採用，如未及查出而已付印時，恕不致酬。
10. 來稿請寄濟南山東教育廳月刊編輯處信封外面註明「投稿」字樣。

期刊之部（二）

济南电气公司新厂落成纪念特刊

济南电气公司月刊部编　济南五三印刷社［发行］　济南　1935 年　总 1 期　特刊　26cm

该刊将该公司“采取的一切措施及今昔状况分别录述”。栏目有《论著》《法规》《公牍》《记事》《专载》等。

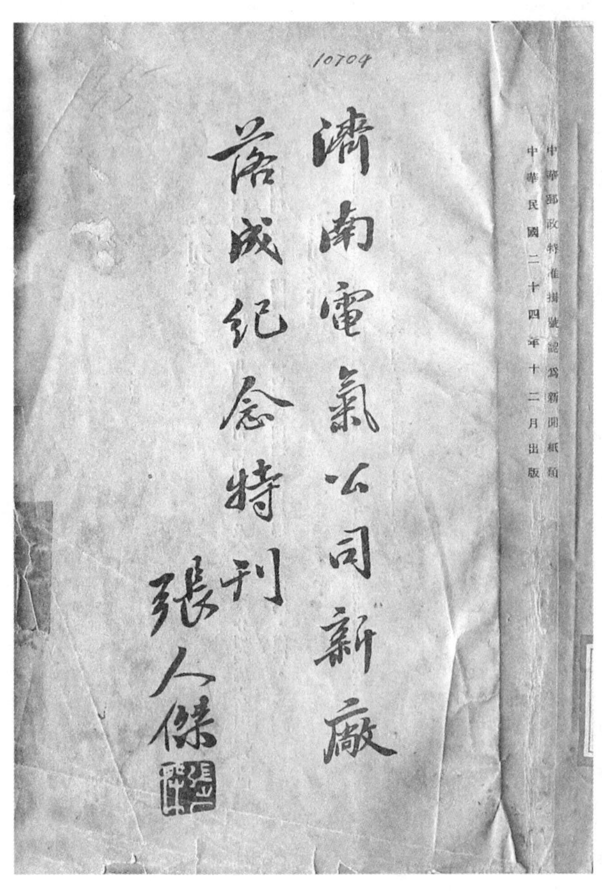

濟南電氣公司新廠落成紀念特刊

張人傑

中華郵政特准掛號認爲新聞紙類

中華民國二十四年十二月出版

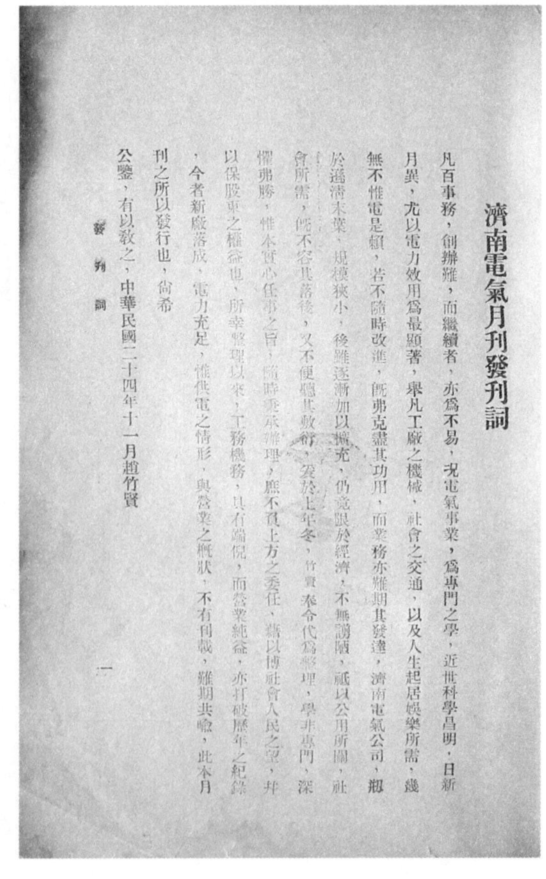

濟南電氣月刊發刊詞

凡百事務，創辦難，而繼續者，亦爲不易，况電氣事業，爲專門之學，近世科學昌明，日新月異，尤以電力效用爲最顯著，舉凡工廠之機械，社會之交通，以及人生起居娛樂所需，幾無不惟電是賴，若不隨時改進，既弗克盡其功用，而業務亦難期其發達，濟南電氣公司，剏於遜清末葉，規模狹小，後雖逐漸加以擴充，仍竟限於經濟，不無謭陋，祇以公用所關，社會所需，既不容其落後，又不便聽其敷衍，爰於上年冬，竹賢奉令代爲經理，學非專門，深懼弗勝，惟本實心任事之旨，隨時秉承辦理，庶不負上方之委任，藉以博社會人民之望，并以保股東之權益也，所幸整理以來，工務機務，具有端倪，而營業純益，亦打破歷年之紀錄，今者新廠落成，電力充足，惟供電之情形，與營業之概狀，不有刊載，難期共喻，此本月刊之所以發行也，尚希

公鑒，有以教之，中華民國二十四年十一月趙竹賢

發刊詞　一

青岛市市立医院年刊

青岛市市立医院编　编者刊　青岛　1935 年　总 1 期　年刊　23cm

该刊是青岛市市立医院 1935 年工作报告，内容有市长序、局长序、弁言、沿革、插图、院长报告、各科室工作报告等。

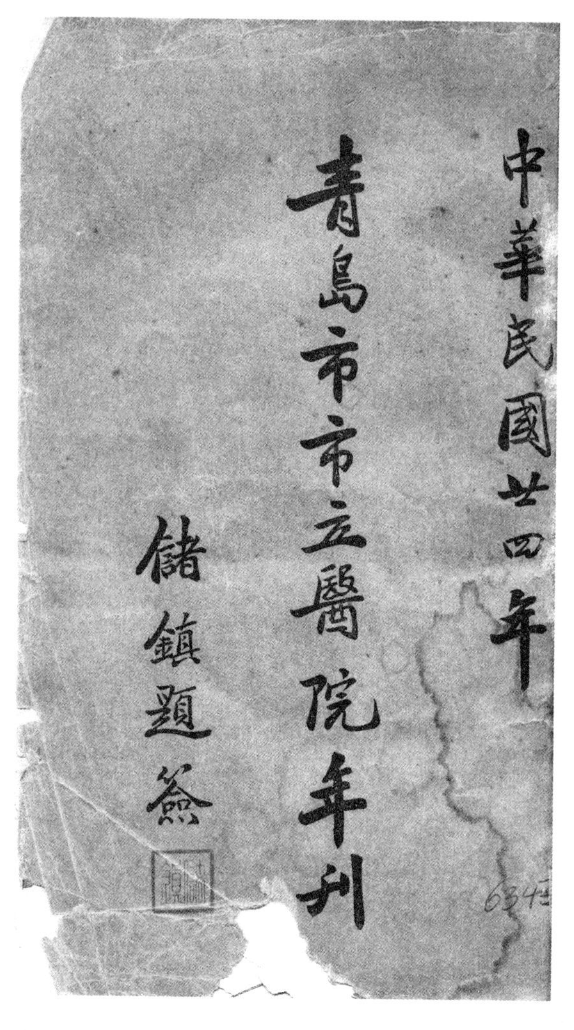

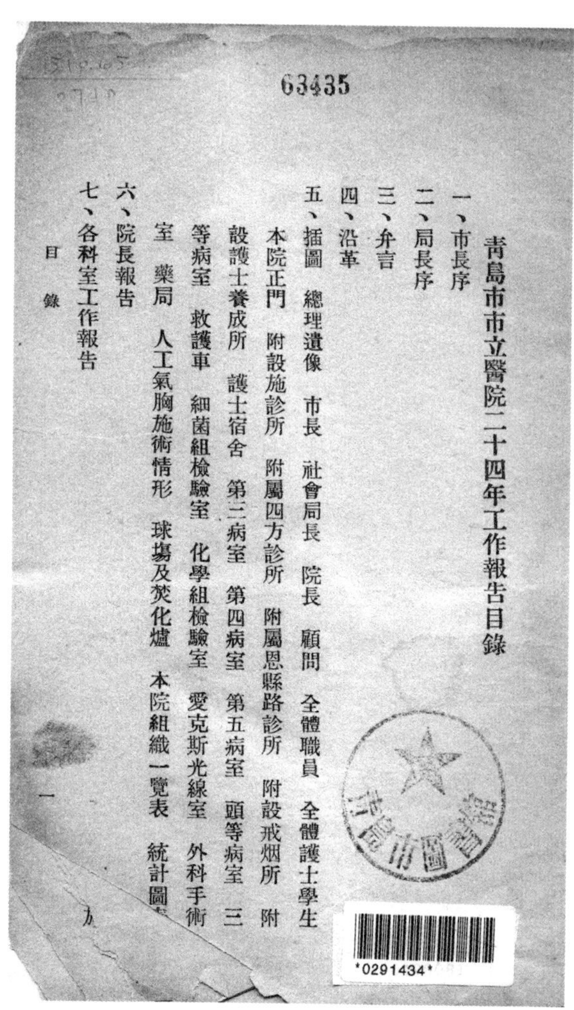

青島市市立醫院二十四年工作報告目錄

目錄　一

山东全省汽车路管理局特刊

山东全省汽车路管理局编　编者刊　济南　1935 年～［终刊日期不详］［总期数不详］　不定期　26cm

该刊为运输管理刊物。内容有法规、训令、统计、会议记录及重点工程，涉及山东省公路管理工作与货运运输管理工作等。

山東全省汽車路管理局特刊

第三期

山東全省汽車路管理局編印

中華民國二十五年一月

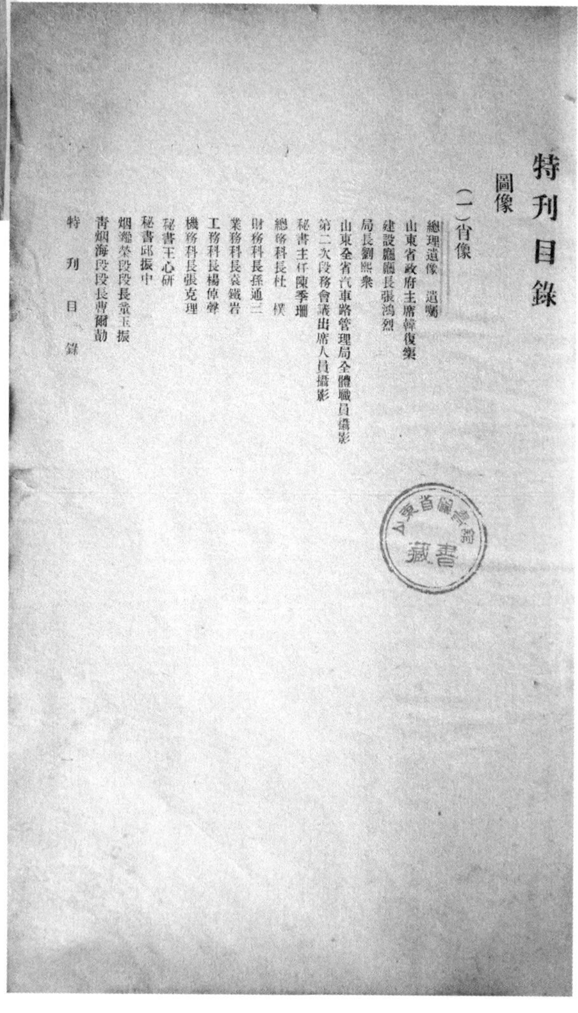

特刊目錄

圖像

（一）肖像

總理遺像　遺囑

山東省政府主席韓復榘

建設廳廳長張鴻烈

局長劉熙衆

山東全省汽車路管理局全體職員攝影

第二次段務會議出席人員攝影

秘書主任陳季珊

總務科長杜　樸

財務科長孫通三

業務科長袁鐵岩

工務科長楊倬聲

機務科長張克理

秘書王心研

秘書邱振中

烟濰榮段段長童玉振

青烟海段段長曹爾勛

特刊目錄

济师校刊

山东省立济南师范学校校刊委员会编　编者刊　济南　1935年3月1日～［终刊日期不详］［总期数不详］［刊期不详］ 26cm

该刊是山东省立济南师范学校的校刊。其任务是把学校办理的情形公诸教育界，用大家的批评作为改进的指南针；刊登学校消息，使同仁及同学明了一切；师生之间讨论研究疑难问题，把研究所得通过校刊公诸全体同学等。内容主要分为“学术论著”和“文艺创作”两个部分。学术论著包括各种论文，涉及教育、文学、社会科学、自然科学、历史、地理、哲学、艺术等各个学科；文艺创作包括各种文艺作品，如诗歌、戏剧、小说、小品、散文等。

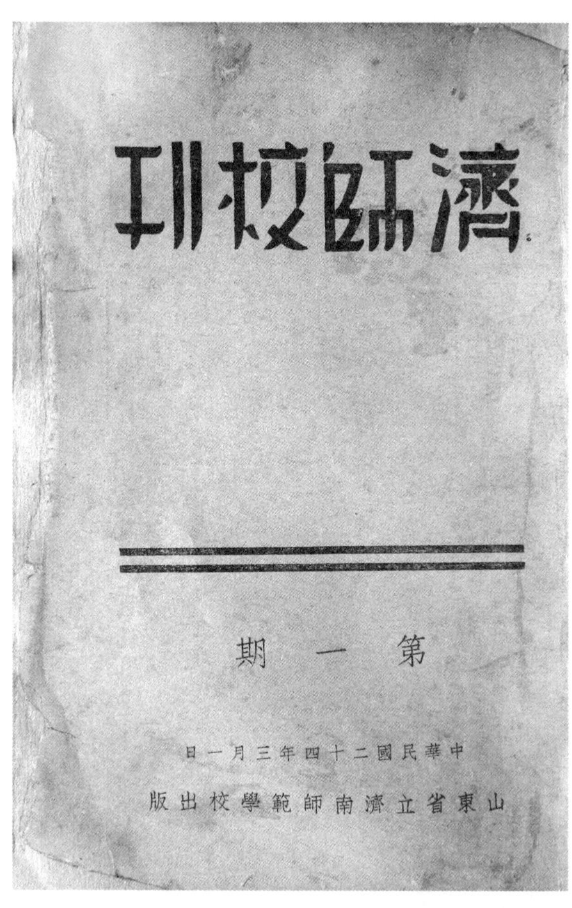

濟師校刊

第一期

中華民國二十四年三月一日

山東省立濟南師範學校出版

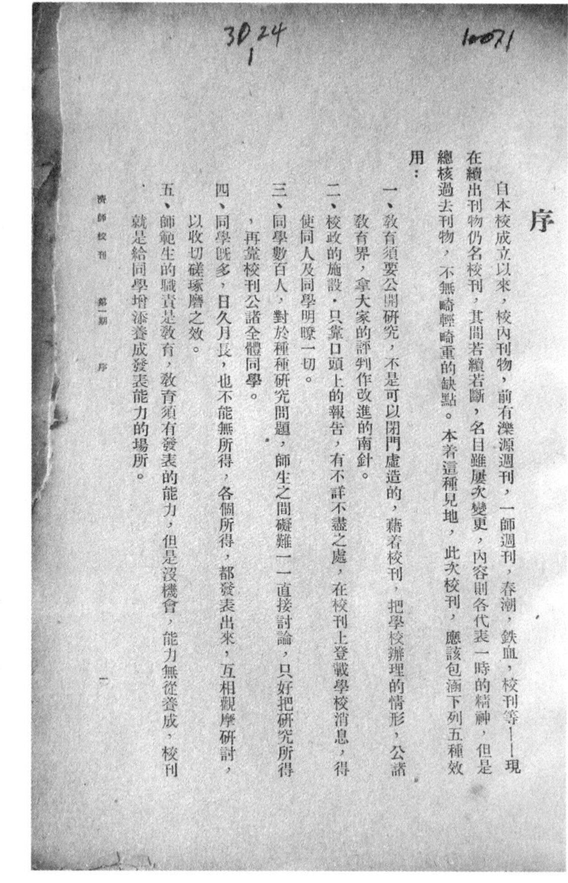

序

自本校成立以來，校內刊物，前有灤源週刊，一師週刊，春潮，鉄血，校刊等——現在續出刊物仍名校刊，其間若續若斷，名目雖屢次變更，內容則各代表一時的精神，但是總核過去刊物，不無畸輕畸重的缺點。本着這種見地，此次校刊，應該包涵下列五種效用：

一、教育須要公開研究，不是可以閉門虛造的，藉着校刊，把學校辦理的情形，公諸教育界，拿大家的評判作改進的南針。

二、校政的施設，只靠口頭上的報告，有不詳不盡之處，在校刊上登載學校消息，得使同人及同學明瞭一切。

三、同學數百人，對於種種研究問題，師生之間礙難一一直接討論，只好把研究所得，再靠校刊公諸全體同學。

四、同學既多，日久月長，也不能無所得，各個所得，都發表出來，互相觀摩研討，以收切磋琢磨之效。

五、師範生的職責是教育，教育須有發表的能力，但是沒機會，能力無從養成，校刊就是給同學增添養成發表能力的場所。

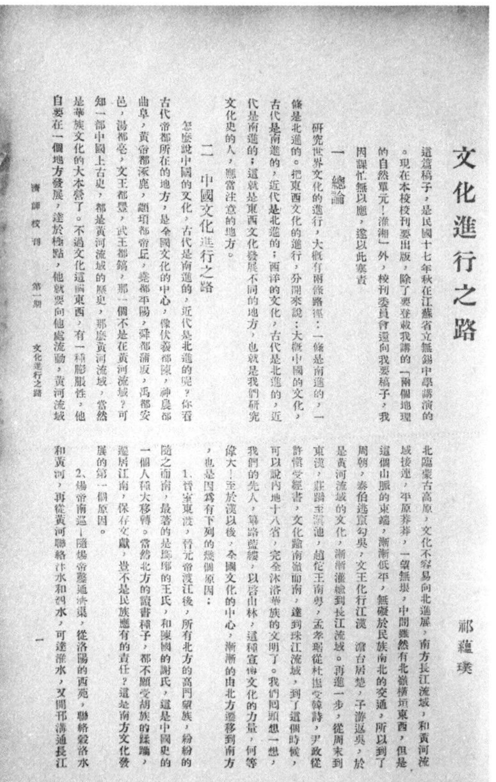

文化進行之路

祁蘊璞

這篇稿子，是民國十七年秋在江蘇省立無錫中學講演的。現在本校校刊要出版，除了要登載我講的「兩個地理的自然單元！淮湘」外，校刊委員會還向我要稿子，我因課忙無以應，遂以此塞責

一　總論

研究世界文化的進行，大概有兩條路徑：一條是南進的，一條是北進的。把東西文化的進行，分開來說：大概中國的文化，古代是南進的，近代是北進的；西洋的文化，古代是北進的，近代是南進的；這就是東西文化發展不同的地方，也就是我們研究文化史的人，應當注意的地方。

二　中國文化進行之路

怎麼說中國的文化，古代是南進的，近代是北進的呢？你看古代帝都所在的地方，是全國文化的中心，像伏羲都陳，神農都曲阜，黃帝都涿鹿，顓頊都帝丘，堯都平陽，舜都蒲阪，禹都安邑，湯都亳，文王都豐，武王都鎬，那一個不是在黃河流域？可知一部中國上古史，都是黃河流域的歷史，那麼黃河流域，當然是華族文化的大本營了。不過文化這兩東西，有一種膨脹性，他自要在一個地方發展，達於極點，他就要向他處流動，黃河流域北臨蒙古高原，文化不容易向北進展，南方長江流域，和黃河流域接連，平原莽莽，一望無垠，中間雖然有北嶺橫亘東西，但是這個山脈的東端，漸漸低平，無礙於民族南北的交通，所以到了周朝，泰伯逃竄勾吳，文王化行江漢　澹台居楚，子游返吳，於是黃河流域的文化，漸漸灌輸到長江流域。再進一步，從周末到東漢，莊蹻王滇池，趙佗王南粵，孟孝琚從杜撫受韓詩，尹政從許慎受經書，文化踰南嶺而南，達到珠江流域，到了這個時候，可以說內地十八省，完全沐浴華族的文明了。我們回頭想一想，我們的先人，篳路藍縷，以啓山林，這種宣傳文化的力量，何等偉大！至於漢以後，全國文化的中心，漸漸的由北方遷移到南方，也是因爲有下列的幾個原因：

1、晉室東渡，晉元帝渡江後，所有北方的高門望族，紛紛的隨之而南，最著的是琅琊的王氏，和陳國的謝氏，這是中國史的一個人種大移轉。當然北方的讀書種子，都不願受胡族的蹂躪，遷居江南，保存文獻，豈不是民族應有的責任？這是南方文化發展的第一個原因。

2、煬帝南巡—隨煬帝鑿通濟渠，從洛陽的西苑，聯絡穀洛水和黃河，再從黃河聯絡汴水和泗水，可達淮水，又開邗溝通長江

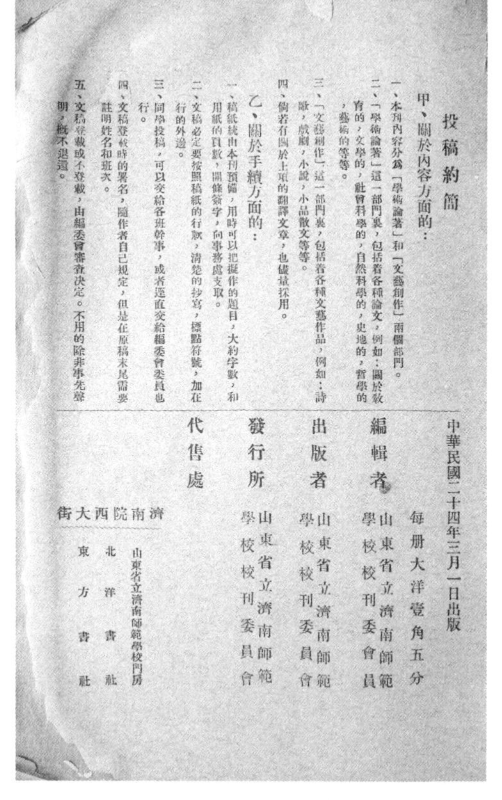

投稿約簡

甲、關於內容方面的：

一、本刊內容分爲「學術論著」和「文藝創作」兩個部門。

二、「學術論著」這一部門裏，包括着各種論文，例如：關於教育的，文學的，社會科學的，自然科學的，史地的，哲學的，藝術的等等。

三、「文藝創作」這一部門裏，包括着各種文藝作品，例如：詩歌，戲劇，小說，小品散文等等。

四、倘若有關於上項的翻譯文章，也儘量採用。

乙、關於手續方面的：

一、稿紙統由本刊預備，用時可以把擬作的題目，大約字數，和用紙的頁數，開條簽字，向事務處支取。

二、文稿必定要按照稿紙的行款，清楚的抄寫，標點符號，加在行的外邊。

三、同學投稿，可以交給各班幹事，或者逕直交給編委會委員也行。

四、文稿登載時的署名，隨作者自己規定，但是在原稿末尾需要註明姓名和班次。

五、文稿登載或不登載，由編委會審查決定。不用的除非事先聲明，概不退還。

中華民國二十四年三月一日出版
每冊大洋壹角五分

編輯者　山東省立濟南師範學校校刊委員會
出版者　山東省立濟南師範學校校刊委員會
發行所　山東省立濟南師範學校校刊委員會
代售處　濟南院西大街
山東省立濟南師範學校門房
北洋書社
東方書社

舞台艺术

山东省立剧院编译处编　山东省立剧院　济南　1935年3月1日～1935年6月　1期～5期　月刊　26cm

该刊社址在济南城内贡院墙根，共出版5期，偏重戏剧理论与舞台艺术研究，刊登一些戏剧动态，有刘开渠的《论中国戏剧的前途》与《一九三四年中国戏剧运动的回顾》、王泊生的《中国戏剧之演变与新歌剧之创造》、李朴园的《戏剧革命论》等文章。此外，还刊登了法国沙塞的《戏剧的美学》、犹理斯·柏甫的《演剧社会学》等外国艺术理论之作。

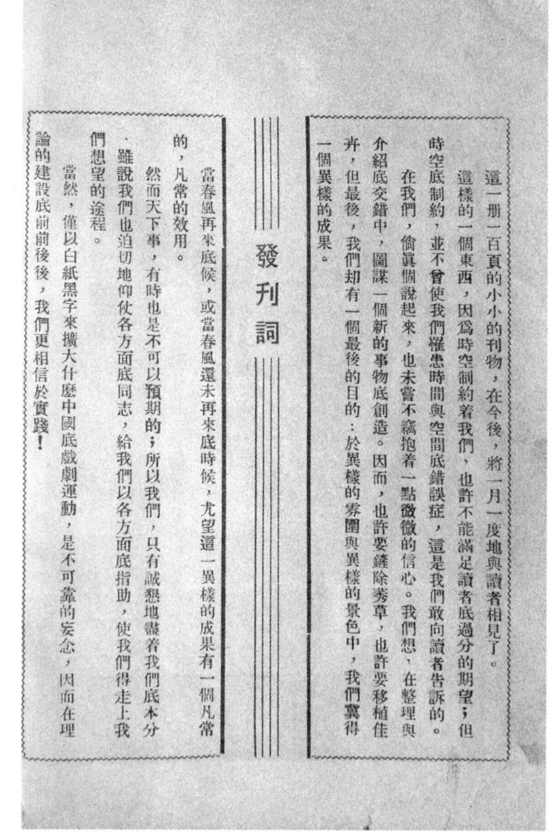

這一冊一百頁的小小的刊物，在今後，將一月一度地與讀者相見了。

這樣的一個東西，因爲時空制約着我們，也許不能滿足讀者底過分的期望；但時空底制約，並不會使我們罹患時間與空間底錯誤症，這是我們敢向讀者告訴的。

在我們，倘眞個說起來，也未嘗不竊抱着一點微微的信心。我們想，在整理與介紹底交錯中，圖謀一個新的事物底創造。因而，也許要鏟除莠草，也許要移植佳卉，但最後，我們却有一個最後的目的：於異樣的氛圍與異樣的景色中，我們冀得一個異樣的成果。

發刊詞

當春風再來底候，或當春風還未再來底時候，尤望這一異樣的成果有一個凡常的，凡常的效用。

然而天下事，有時也是不可以預期的；所以我們，只有誠懇地盡着我們底本分，雖說我們也迫切地仰仗各方面底同志，給我們以各方面底指助，使我們得走上我們想望的途程。

當然，僅以白紙黑字來擴大什麼中國底戲劇運動，是不可靠的妄念，因而在理論的建設底前前後後，我們更相信於實踐！

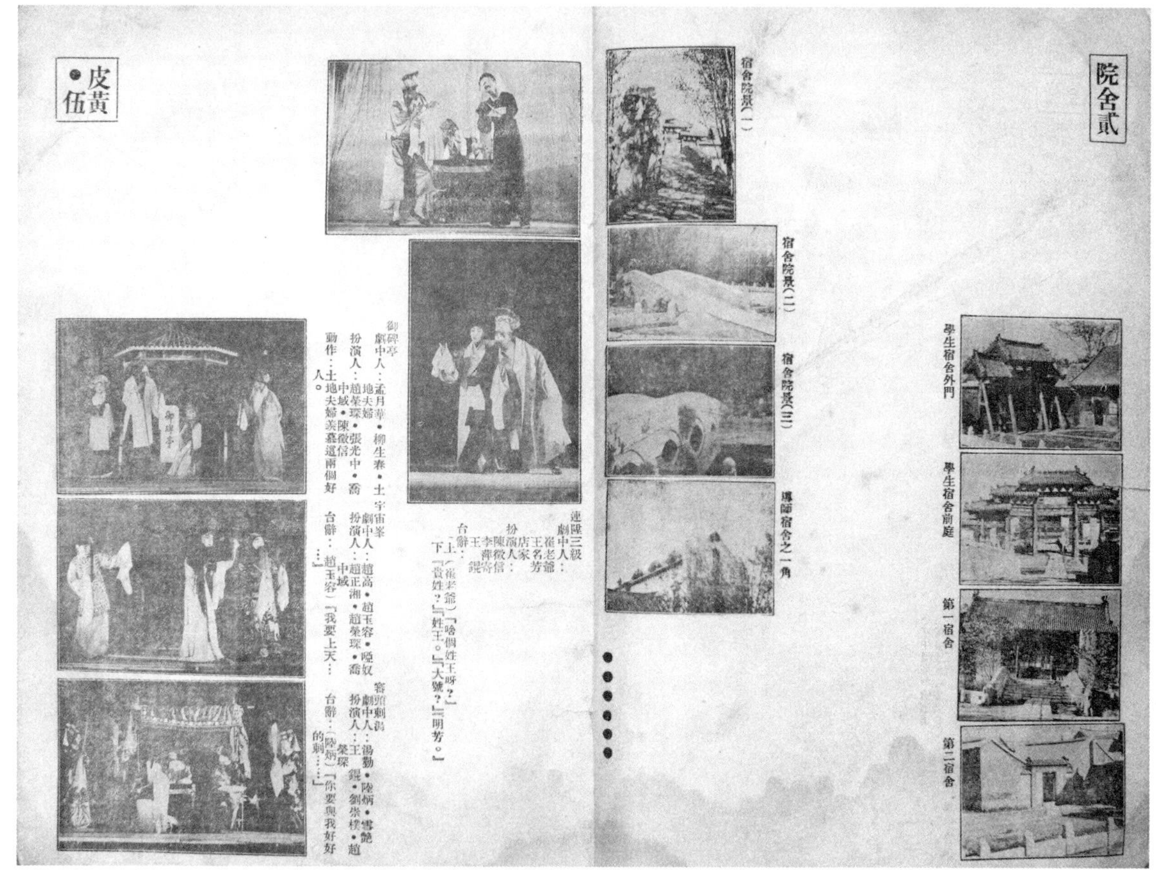

皮黃●伍

連陞三級　劇中人：崔老爺・王名芳・店家　扮演人：陳家信・李微寄・王萍錕　台辭：上（崔老爺）「啥個姓王呀？」下「貴姓？」「姓王。」「大號？」「明芳。」

御碑亭　劇中人：孟月華・柳生春・土地夫婦　扮演人：趙榮琛・張光中・喬中域・陳徵信　動作：土地夫婦羨慕這兩個好人。

宇宙鋒　劇中人：趙高・趙玉容・啞奴　扮演人：趙正湘・趙榮琛・喬中域　台辭：（趙玉容）「我要上天……」

審頭刺湯　劇中人：湯勤・陸炳・雪艷　扮演人：王錕・劉崇樸・趙榮琛　台辭：（陸炳）「你要與我好好的剌……」

院舍貳

宿舍院景(一)

宿舍院景(二)

宿舍院景(三)

專師宿舍之一角

學生宿舍外門

學生宿舍前庭

第一宿舍

第二宿舍

都市与农村

金慕陶编　都市与农村旬刊社　青岛　1935年4月21日～1937年4月5日　1期～23期　旬刊　27cm

该刊主要研究中国经济问题，探讨城市发展与农村发展的相互关系。《发刊词》中说："'复兴农村运动'是挽救国民经济的治本办法。"创刊号载有唐渭滨的文章《中国农村问题之分析》，第11期是《胶济专号》。

都市与農村

創刊號

二十四年四月二十一日出版

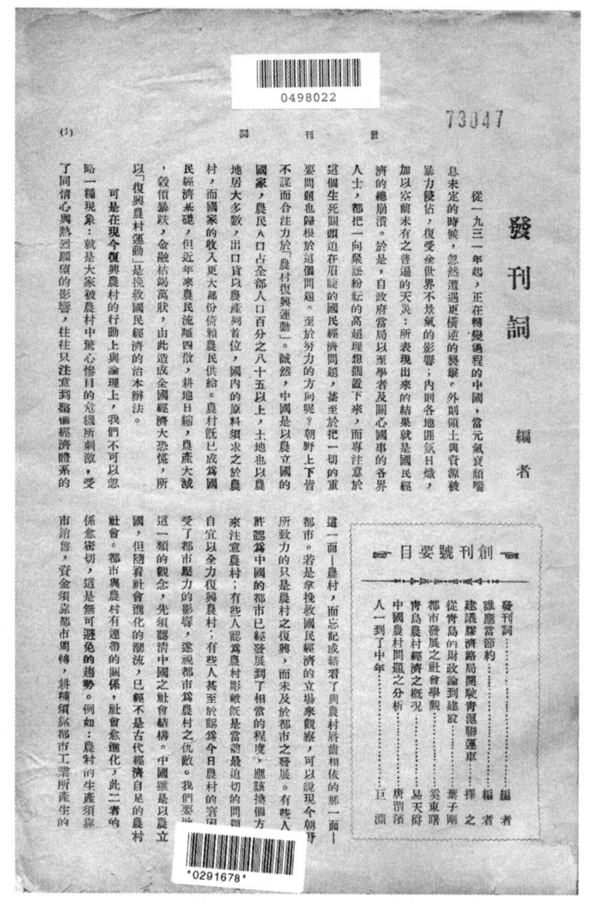

發刊詞

編者

從一九三一年起，正在轉變過程的中國，當元氣衰頹喘息未定的時候，忽然遭遇更橫逆的襲擊。外則領土與資源被暴力侵佔，復受全世界不景氣的影響；內則各地匪氛日熾，加以空前未有之普遍的天災：所表現出來的結果就是國民經濟的總崩潰。於是，自政府當局以至學者及關心國事的各界人士，都把一向聚訟紛紜的高超理想擱置下來，而專注意於這個生死關頭迫在眉睫的國民經濟問題，甚至於把一切的重要問題也歸根於這個問題。至於努力的方向呢？朝野上下皆不謀而合注力於「農村復興運動」。誠然，中國是以農立國的國家，農民人口占全部人口百分之八十五以上，土地也以農地居大多數，出口貨以農產列首位，國內的原料須求之於農村，而國家的收入更大部份倚賴農民供給。農村既已成爲國民經濟基礎，但近年來農民流離四散，耕地日縮，農產大減，穀價暴跌，金融枯竭萬狀，由此造成全國經濟大恐慌，所以「復興農村運動」是挽救國民經濟的治本辦法。

可是在現今復興農村的行動上與論理上，我們不可以忽略一種現象：就是大家被農村中驚心慘目的危機所刺激，受了同情心與熱烈顧留的影響，往往只注意到畸偏經濟體系的這一面—農村，而忘記或輕看了與農村唇齒相依的那一面—都市。若是拿挽救國民經濟的立場來觀察，可以說現今朝野所致力的只是農村之復興，而未及於都市之發展。有些人許認爲中國的都市已經發展到了相當的程度，應該換個方來注意農村；有些人認爲農村彫敝既是當前最迫切的問題，自宜以全力復興農村；有些人甚至於認爲今日農村的窘[illegible]受了都市壓力的影響，遂視都市爲農村之仇敵。我們要[illegible]這一類的觀念，先須認清中國之社會結構。中國雖是以農立國，但隨着社會進化的潮流，已經不是古代經濟自足的農村社會。都市與農村有連帶的關係，社會愈進化，此二者的[illegible]係愈密切，這是無可避免的趨勢。例如：農村的生產須靠[illegible]市銷售，資金須靠都市周轉，耕種須靠都市工業所產生的

創刊號要目

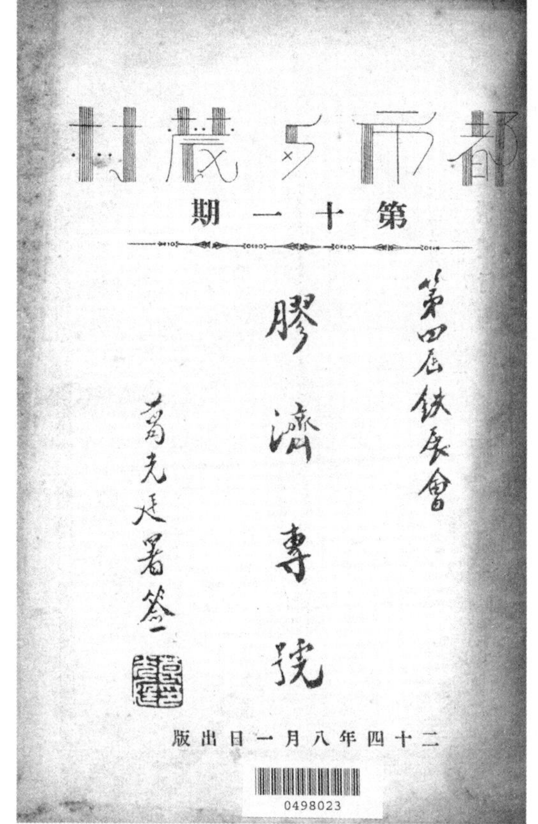

都市与農村

第十一期

膠濟專號

第四屆鐵展會

葛光廷署簽

二十四年八月一日出版

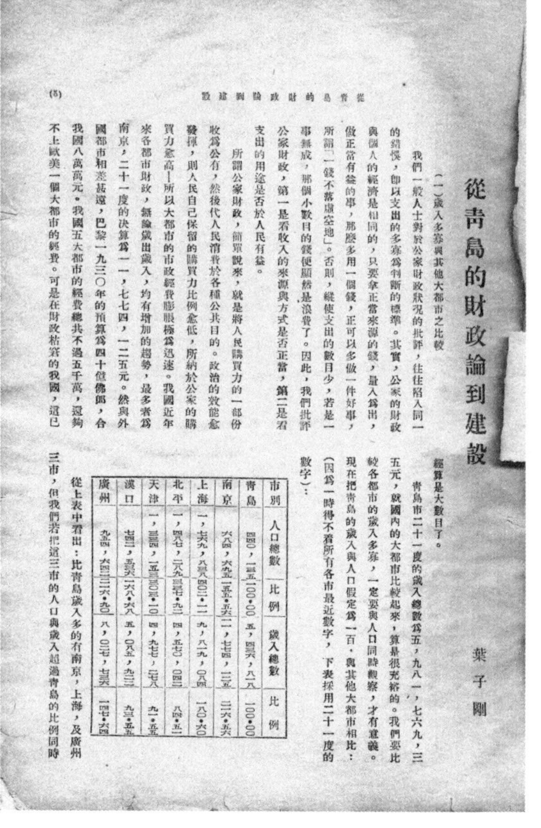

從青島的財政論到建設

葉子剛

（一）歲入多寡與其他大都市之比較

我們一般人士對於公家財政狀況的批評，往往陷入同一的錯悞，卽以支出的多寡爲判斷的標準。其實，公家的財政與個人的經濟是相同的，只要拿正當來源的錢，量入爲出，做正當有益的事，那麼多用一個錢，正可以多做一件好事，所謂「一錢不落虛空地」。否則，縱使支出的數目少，若是一事無成，那個小數目的錢便顯然是浪費了。因此，我們批評公家財政，第一是看收入的來源與方式是否正當，第二是看支出的用途是否於人民有益。

所謂公家財政，簡單說來，就是將人民購買力的一部份收爲公有，然後代人民消費於各種公共目的。政治的效能愈發揮，則人民自己保留的購買力比例愈低，所納於公家的購買力愈高—所以大都市的市政經費膨脹極爲迅速。我國近年來各都市財政，無論歲出歲入，均有增加的趨勢，最多者爲南京，二十一度的決算爲一一，七七四，一二五元。然與外國都市相差甚遠，巴黎一九三〇年的預算爲四十億佛郎，合我國八萬萬元。我國五大都市的經費總共不過五千萬，還夠不上歐美一個大都市的經費。可是在財政枯窘的我國，這已經算是大數目了。

青島市二十一度的歲入總數爲五，九八一，七六九，三五元，就國內的大都市比較起來，算是很充裕的。我們要比較各都市的歲入多寡，一定要與人口同時觀察，才有意義。現在把青島的歲入與人口假定爲一百，與其他大都市相比：（因爲一時得不着所有各市最近數字，下表採用二十一度的數字）：

市別	人口總數	比例	歲入總數	比例
青島	四四〇，一三五	一〇〇·〇〇	五，四三六，八一八	一〇〇·〇〇
南京	六八四，六九五	一五五·五六	一一，七七四，一二五	二一六·五六
上海	一，七六九，八三八	四〇二·一一	九，八一九，〇八四	一八〇·六〇
北平	一，四八七，二八九	三三七·九三	四，五七〇，〇四二	八四·五一
天津	一，三三四，一五三	三〇三·一〇	四，九七七，二七八	九一·五五
漢口	七四二，五三六	一六八·六八	五，〇八五，九二三	九三·五五
廣州	九五四，六四二	二一六·九〇	八，〇二七，七三六	一四七·六四

從上表中看出：比青島歲入多的有南京，上海，及廣州三市，但我們若把這三市的人口與歲入超過青島的比例同時

山东月刊

山东月刊社编　编者刊　济南　1935 年 5 月～［终刊日期不详］［总期数不详］　月刊　26cm

该刊主要刊登时事述评类文章，涉及政治、教育、经济等各方面，也有文艺作品。栏目有《时事论评》《散文》《文艺》《世界珍闻》《科学新闻》《诗歌》等。

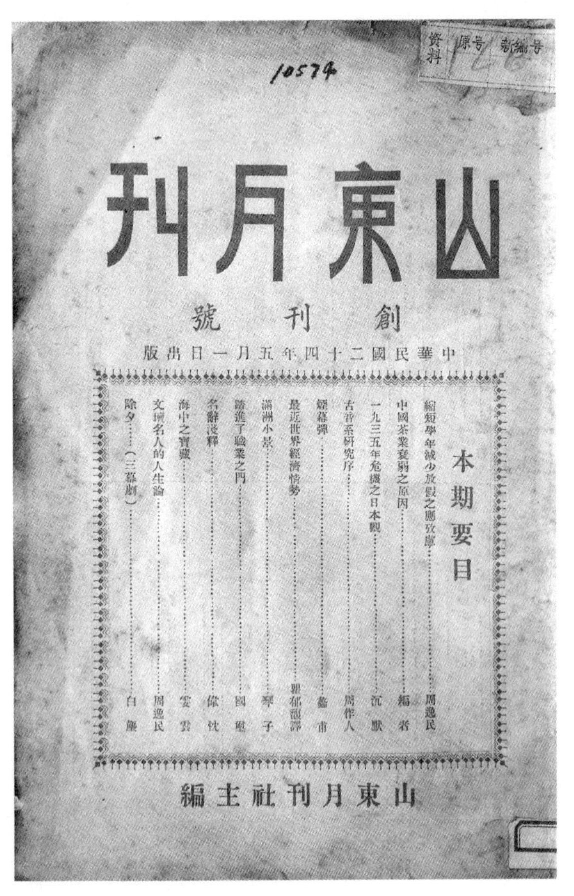

山東月刊

創刊號

中華民國二十四年五月一日出版

本期要目

山東月刊社主編

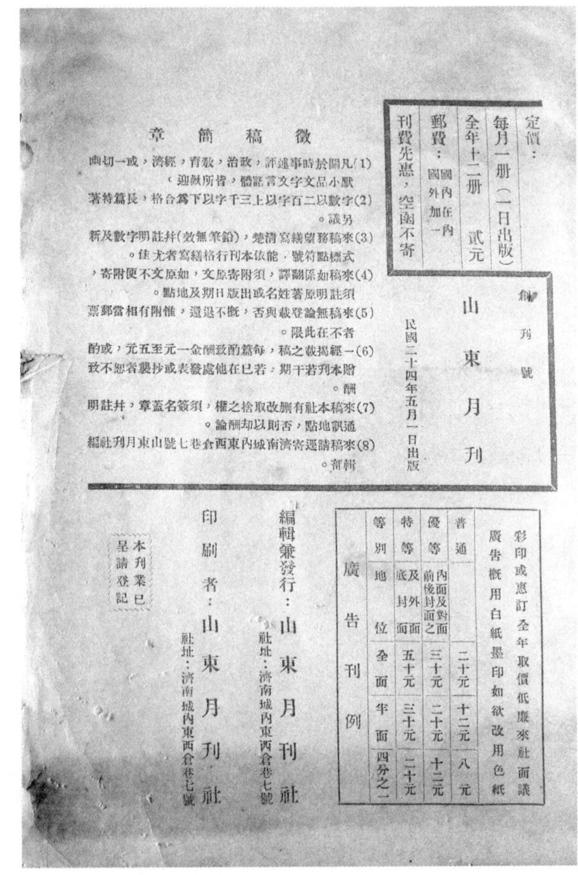
定價：每月一冊（一日出版）　全年十二冊　貳元
郵費：國內在內　國外加一
刊費先惠，空函不寄

創刊號
山東月刊
民國二十四年五月一日出版

徵稿簡章

(1)凡關於時事述評，政治，教育，經濟，或一切幽默小品文，文言語體，皆所歡迎。
(2)字數以二百字以上三千字以下為合格，長篇特著另議。
(3)來稿務望繕寫清楚，（鉛筆無效）并註明字數及新式標點符號，能依本刊行格繕寫者尤佳。
(4)來稿如係翻譯，須附寄原文，如原文不便附寄，須註明原著者姓名或出版日期及地點。
(5)來稿無論登載與否，概不退還，惟附有相當郵票者不在此限。
(6)一經揭載之稿，每篇酌致酬金一元至五元，或酌贈本刊若干期；若已在他處發表或抄襲者恕不致酬。
(7)來稿本社有刪改取捨之權，須簽名蓋章，并註明通訊地點，否則以却酬論。
(8)來稿請逕寄濟南城內東西倉巷七號山東月刊社編輯部。

廣告刊例

等別	地位	全面	半面	四分之一
特等	底及封外面	五十元	三十元	二十元
優等	內面及封面之前後對面	三十元	二十元	十二元
普通		二十元	十二元	八元

廣告概用白紙墨印如欲改用色紙彩印或惠訂全年取價低廉來社面議

編輯兼發行：山東月刊社　社址：濟南城內東西倉巷七號
印刷者：山東月刊社　社址：濟南城內東西倉巷七號

本刊業已呈請登記

民族运动

山东泰安萃英中学民族运动社编　编者刊　泰安　1935年5月31日～［终刊日期不详］［总期数不详］　旬刊　26cm

该刊为政治性刊物。内容涉及政治、经济、史地等方面。政治文章中多论及“中日问题”，分析日本侵华政策及其历史背景等。

民族運動

第一期　每期定價四分

本刊爲旬刊每十日出版
二十四年五月三一日印
出版處：山東泰安萃英中學民族運動社
印刷者：泰安大陸書社
代售處：泰安復興書局　新華書局

本期目錄

新運週年紀念告同胞書

摄錄新運週刊

滿洲國成立三週年

李冠英

夜

高立成

进德月刊

山东省进德会编　编者刊　济南　1935年8月～1937年8月　1卷1期～2卷12期　月刊　27cm

该刊为山东省政府主席韩复榘所办的进德会会刊，是综合性刊物，以挽救颓风、改造社会、宣扬进德修业为宗旨。创刊于1935年8月，是山东省进德会为宣扬旧道德、旧文化，普及会员文艺创作而创办。由进德会总干事郭清甫兼任社长，文书股主任董绥青兼任总编辑，从第2卷起调建设厅秘书股段凌辰、张敬民分别兼任总编辑、编辑，董绥青改兼副总编辑。该刊内容涉及戏剧、大事记、漫画等，发表伦理、政治、宗教、哲学、文学、艺术等诸多方面的文章，其中尤以戏剧方面的理论文章最具影响力。第1卷第7期为《山东各县专号》，介绍历城、章丘、泰安、邹平、曲阜各县的概况。栏目有《论述》《文艺》《命令》《公牍》《会议记录》《会务》《会计报告》《会员信息》等。

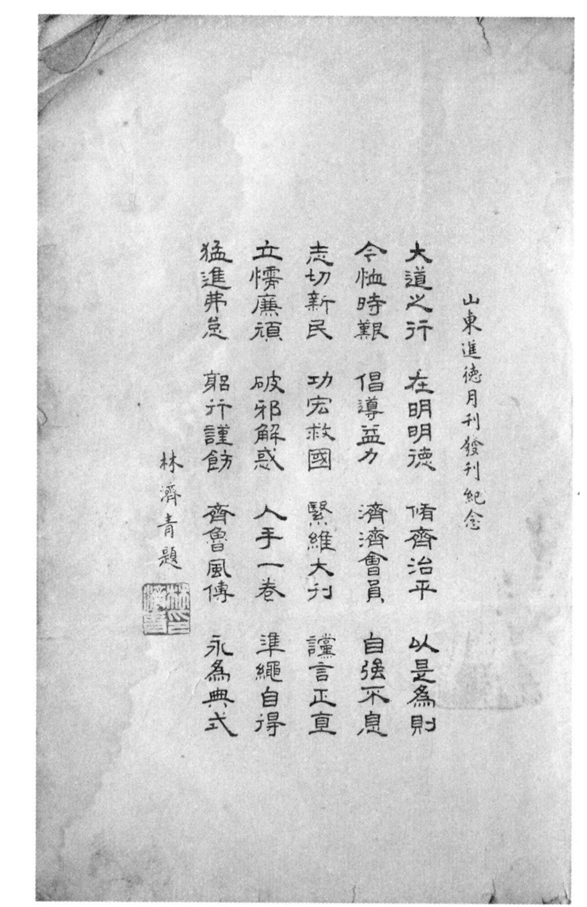

山東進德月刊發刊紀念

大道之行　在明明德　脩齊治平　以是為則
令恤時艱　倡導益力　濟濟會員　自強不息
志切新民　功宏救國　緊維大刊　讜言正直
立懦廉頑　破邪解惑　人手一卷　準繩自得
猛進弗怠　躬行謹飭　齊魯風傳　永為典式

林濟青題

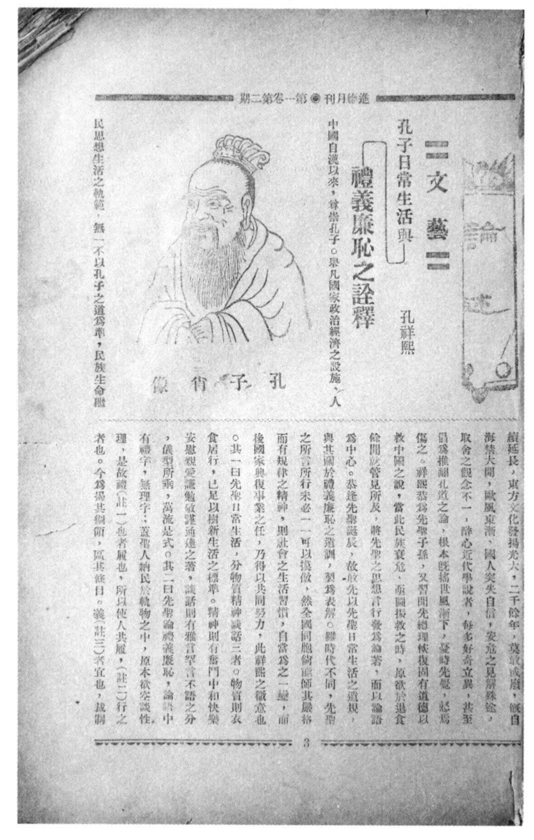

進德月刊◉第一卷第二期

文藝

孔子日常生活與禮義廉恥之詮釋

孔祥熙

孔子肖像

中國自漢以來，尊崇孔子。舉凡國家政治經濟之設施、人民思想生活之軌範，無一不以孔子之道為準，民族生命繼續延長，東方文化發揚光大，二千餘年，莫或或廢，洎自海禁大開，歐風東漸，國人失自信，安危之見解殊途，取舍之觀念不一，醉心近代學說者，每多好奇立異，甚至倡為推翻孔道之論，根本既搖，世風漸下，憂時先覺，悲焉傷之。祥熙恭為先聖子孫，又習聞先總理恢復固有道德以救中國之說，當此民族衰危，亟圖振救之時，原欲於退食餘閒，就管見所及，將先聖之思想言行發為論著，而以論語為中心。恭逢先聖誕辰，故敢先以先聖日常生活之遺規，與其關於禮義廉恥之遺訓，製為表解。雖時代不同，先聖之所言所行未必一一可以摹倣，然全國同胞倘能師其嚴格而有規律之精神，則社會之生活習慣，自當為之一變，而後國家興復事業之任，乃得以共同努力，此祥熙之微意也。其一曰先聖日常生活，分物質精神談話三者。物質則衣食居行，已足以樹新生活之標準。精神則有奮鬥中和快樂安慰親愛謙勉敬謹通達之著，談話則有雅言罕言不語之分，儀型所垂，萬流是式。其二曰先聖論禮義廉恥，論語中有禮字，無理字，蓋聖人納民於軌物之中，原本欲空談性理，是故禮(註一)也者履也，所以使人共履，(註二)行之者也。今為撮其綱領，區其條目。義(註三)者宜也，裁制

3

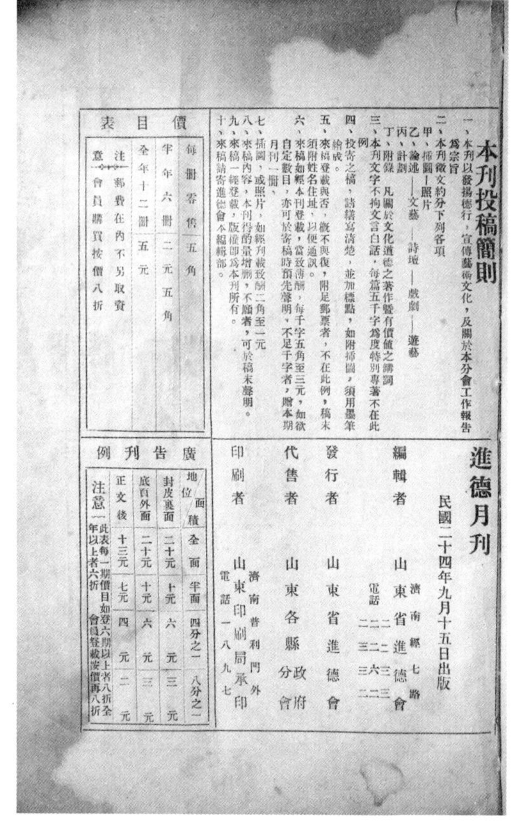

本刊投稿簡則

一、本刊以發揚德行，宣傳藝術文化，及關於本分會工作報告為宗旨
二、本刊徵文約分下列各項
甲、插圖——照片
乙、論述——文藝——詩壇——戲劇——遊藝
丙、計劃
丁、附錄　凡關於文化道德之著作暨有價值之講詞
三、本刊文字不拘文言白話，每篇五千字為度特別專著不在此例
四、投寄之稿，請繕寫清楚，並加標點，如附插圖，須用墨筆繪成。
五、來稿登載與否，概不與復，附足郵票者，不在此例，稿末須附姓名住址，以便通訊。
六、來稿如經本刊登載，當致薄酬，每千字五角至三元，如欲自定數目，亦可於寄稿時預先聲明，不足千字者，贈本期月刊一冊。
七、插圖，或照片，如經刊載致酬二角至一元
八、來稿內容，本刊得酌量增刪，不願者，可於稿末聲明。
九、來稿一經登載，版權即為本刊所有。
十、來稿請寄進德會本編輯部。

價目表

每冊零售	五角
半年六冊	二元五角
全年十二冊	五元

注意　郵費在內不另取費　會員購買按價八折

進德月刊

民國二十四年九月十五日出版

編輯者　山東省進德會　濟南經七路　電話二二三三　二二六二　二三三二
發行者　山東省進德會
代售者　山東各縣政府　分會
印刷者　山東印刷局承印　濟南普利門外　電話一八九七

廣告刊例

地位＼面積	全面	半面	四分之一	八分之一
封皮裏面	二十元	十元	六元	三元
底頁外面	二十元	十元	六元	三元
正文後	十三元	七元	四元	二元

注意　此表每一期價目如登六期以上者八折全年以上者六折　會員登載按價再八折

礼贤周刊

礼贤周刊社编　礼贤中学学生自治会［发行］　青岛　1935年10月～［终刊日期不详］［总期数不详］　周刊　26cm

该刊由礼贤中学学生自治会出版发行，是中学生刊物，注重提高学生的知识水平，尤其是外语水平。栏目有《读书指导》《文艺》《书评》《外国语栏》《校闻》等。

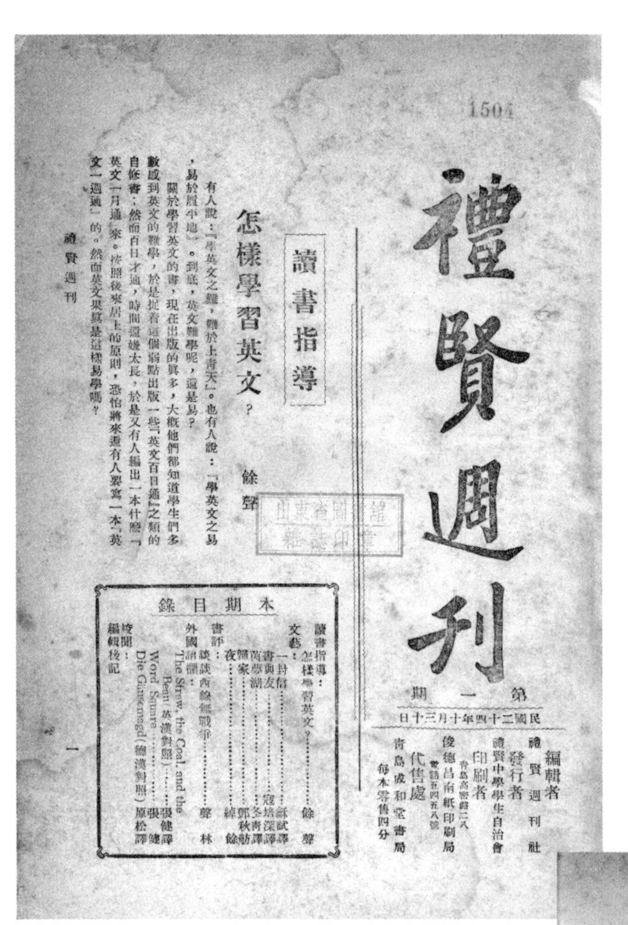

禮賢週刊

第一期

民國二十四年十月三十日

編輯者　禮賢週刊社
發行者　禮賢中學學生自治會
印刷者　青島高密路二八　德昌南紙印刷局　電話五四五八號
代售處　青島成和堂書局
每本零售四分

讀書指導

怎樣學習英文？

餘聲

有人說：「學英文之難，難於上青天」。也有人說：「學英文之易，易於履平地」。到底，英文難學呢，還是易？

關於學習英文的書，現在出版的眞多，大概他們都知道學生們多數感到英文的難學，於是捉着這個弱點出版一些「英文百日通」之類的自修書；然而百日才通，時間還嫌太長，於是又有人編出一本什麼「英文一月通」來。按照後來居上的原則，恐怕將來還有人要寫一本「英文一週通」的。然而英文果眞是這樣易學嗎？

本期目錄

編輯後記

▲咱們這個刊物死了不知多少次，而且並不是死在什麼急症上，偏偏是漸漸地沒勁斷了氣的，所以我想這次要再來個發刊詞，再來上那麼一大套，恐怕誰也不理會了，誰也不會相信這郎中的藥方就能把人的精神振起來，叫這刊物一活就活個十年八年！——多說也是廢話，咱們儘着力量幹去得了，「事做了再說，別話說出來了幹不出來」！

▲因爲這是學生的刊物，自然讀書是應該放在前面，——當然校刊的意義就是被圍在讀書的圈子裏的；所以這次翻開第一頁就是「讀書指導」；這期是馮餘聲老師的「怎樣學習英文」？是他學習英文的經驗和心得，同時也給我們解釋了不少的疑問，希望同學們特別注意！

▲同時我敢相信沒有一位老師對于我們讀書方面的討論是不肯担任的。

▲外國語一欄的必須大蓋不必多說了；不過假使同學們對于這種編法感到什麼不妥的話，很希望直接寫明了放在稿箱裏，可以使我們得到一些參攷！

▲至於文藝方面，一封信，茵夢湖，書與友三篇翻譯都很充實，創作如歸家等也是極流利的東西，所以文藝方面倒還有些內容。

▲不過茵夢湖雖然在中國已經有了幾位名家的譯本，而他們多半是根據的英譯本，丁原松君這篇却是從德文原本翻出來的，自然該比自英文譯的好是根本不可能的事，可是這是譯者研究德語的一點心得，供獻給大家正是一種研究，希望大家有什麼以爲不適處來稿指正！還有書評欄也是值得我們注意的！

▲下期的計劃希望能再加上「讀書介紹」和「科學小品」兩欄——滴水不能成河，大家總是得幫忙的。

▲這刊物不妥的地方一定很多，希望同學們多多來稿指正！同時並向那些努力幫忙同學致一聲謝！

校聞

一

▲本月三十日爲本校三十五週年紀念爲慶祝起見特由自治會幹事會議決於是日舉行慶祝大會並由游藝股召集各班代表討論一切事務及排演各種游藝等……。而學術股亦同時出版週刊以資慶祝現正由師長指導之下積急籌備一切屆時定有一番盛况云。

二

▲本校自治會有鑒於提倡同學課外活動起見擬定期舉行秋季田徑對抗賽（以班級爲單位）現正商酌中。

三

▲本校學生自治會第七屆幹事人員[illegible]出後對於各項自治事務的進行不遺餘力近又經幹事會議決爲使同學養成自治相當能力故特向學校請求將學生炊事接爲自辦經學校答覆後即於本月十一日假本校大禮堂召集全體同學舉行第一屆炊事委員會委員選舉大會首由主席丁原松君報告開會宗旨後即開始選舉至九時許始竣事。

凌汉峰

山东泰安萃英中学编　编者刊　泰安　1935年10月10日～1935年11月20日　1期～2期　不定期　25cm

该刊是山东泰安萃英中学校刊，内容有散文、游记、回忆文章、暑期杂感、诗歌等。

3432
1

10706

凌漢峯

第一期：二十四年十月十日出版
價目：每期大洋四分
出版處：山東泰安萃英中學
印刷處：會東印刷所
代售處　萃英中學門房　泰安復興書局

1.2

目錄

勞農俄國之軍事預備教育　節錄

勞農俄國之軍事預備教育，乃以民兵制度，縮短軍隊教育之期間，而使純粹之青年。有擁護革命之信仰心而已。凡年在十六歲以上至二十歲以下，勞農社會主義共合國之一般青年，皆有受此教育之義務。

本教育令，係按照一九一八年四月二十日，全俄中央執行委員會，在一九年七月，革命軍事議會中，所議決之制度實行之。其後義務兵役令，屢經修改，因之亦略見完備云。關於此項命令之施行細則及其成績，尚未切實查明，其顯然可知者，大約如左：——

宗旨

一般義務軍事預備教育之宗旨如下：

1 精神教育

以喚醒國人對社會主義共合國之義務觀念，俾知服從革命的規律，併以養成不撓不屈之氣概為主。

2 體力之養成

以發達各人身體，在生理上的組織，更進而鍛鍊其身體，使為赤軍軍人者，能耐戰場上之困苦為主。

3 軍事教育

授以軍事上初等學術科，以期縮短兵營教育之時日。

區分

凡在勞農社會主義共合國內一切青年男子，皆有受軍事預備教育之義務，其青年女子，則依本人之志願辦理之。此項教育，歸革命軍事會議所屬之勤勞民軍教育本部辦理，以綜合全國而統一指導之。其區分如左：

1 第一期　十六歲至十八歲青年男子之教育。

2 第二期　十九歲至二十歲青年男子之教育。

第二期教育，又稱為召集前之軍事教育。

在第一期內所授課目，以體育及政治（精神）教育為主。第二期以軍事教育為主。

凡未滿十五歲之少年男女，應在教育部所管之全國各勞働學校內，受體育及政治的義務教育。

又凡十六歲以上之青年男女，而肄業於高等專門學校者，應照教育部及勤勞民軍教育本部之規定，在該合學校內，按一般軍事預備教育法，授以相當之教育。

總之勞農俄國之義務教育，乃由學校教育，經軍事預備教育，以至於軍隊教育也。其教育制度，互相銜接，而不容間斷者也。

靈岩寺旅行記　甘益三

我們校中在上學期的時候，已有旅行的計劃，學生們也曾很熱烈的喊過「旅行」「旅行」的口號，但是學校當局對於旅行所應具的條件，還未曾有相當的準備，於是旅行的機會便消失了，而同學們卻都含着一種遠遊的希望了。

至今季開學已經一月以來，天氣漸漸溫暖，學校的手續也辦好了，又加上春光明媚，大地春鮮，而同學們又都是青年人，不用說是遠遊異地風景的慾望又產生了，於是學校的旅行團便成立了，旅行靈岩寺的事實也實現了。

在三月二十日，早三時許梳洗畢，大家都極匆促的準備起來，四時許都已擁擠在泰安車站上，五時許火車就要到了；大家都挺着胸膛，魚貫式的上了火車，不久火車如上嗚嗚的叫了幾聲，火車也就移動了，從此就離開泰安了。

在鐵路兩旁的一切景物，都是看動的形態，就像似歡迎我們的一樣。在車中不過一小時的時候，就到了萬德，火車停了以後，大家都下了火車，休息了半小時，又吃了早飯。

七時許就往靈岩寺出發了，沿着高低不平的小路，與彎曲不同的山道上走着，人也隨着一上一下的搖蕩着。一氣兒往上沖去，一氣兒往下沖去，不知道經過了幾十次，才到了目的地。

我們進了寺內，就望見正殿上，坐着威靈顯赫的觀音，千手千眼的佛，丈六金身的菩薩，兩旁有四十八個羅漢，院中又見了數十個禿頭僧侶。

我們在院中看完了以後，其中有幾位同學要到山頂上玩一玩，我也是其中的一份子呀。我們就沿着蚰蜒式的小路，一上一下，一橫一縱，向上進前，好容易爬到了山頂。我們以為到了絕頂，可是擡頭一望，上面又冒出來一座峻峯，不禁新的慾望又產生出來了。像這樣的爬幾次，始終達到最高峯。俯首一看，地下枯大的樹木，建築宏偉的靈岩寺，都變成小玩具了；再往四周一望，就見天與地相接的線，恰恰像一道墨筆畫的圓圈，比圓規畫得還圓；我們正好站在這圓圈的圓心點上，四圍裏，那些美麗自然的的風光像同我們兜着圈子一般。啊！大家在這大自然的搖藍裏甜蜜的安睡吧！再往上一望，只見那半圓的天，如一湛深的碧水，恰恰的畫在這圓圈上，不大不小的覆在上面。啊！我們永遠的附在這快樂的大自然的圓圈裏，長久的覆在半球下吧。

至下午五時許又回到萬德站，九時許由萬德動身，及十一時就到學校了。

戰禍　語唐

自來戰禍之烈，無過今次的！

T城共過戰禍三次：第一次，李紀才與張宗昌之戰，戰了十三天，鳳凰台作了戰場，把梨棗界首艾凹天平店夏張大進口；打了個不亦樂乎，婦人之被姦淫，雞犬之被兵偷食，男人之被擄，而打死，房子之燒毀，不可勝記。第二次，蔣鼎文與徐海春之戰，打了七天，T城城內，共死五十三人，文廟打壞，死一美國牧師。第三次即今次之戰，可說是T城空前之大戰！守城者為傅作義之岳旅，攻城者為第十五路馬鴻逵。起於後六月十日，迄于七月初二日，共有二十三天。兵死三百人以上，城內百姓死百餘人，城外者百姓死七十餘人，其間如：馬全良旅長受傷，岳旅長被擒，西城樓被地雷轟沒，壓死攻城兵兩連。老百姓之受傷者不計其數，房子燒的很多，北鐵門李姓之屋，被城上用洋油點着：延燒二十餘間，考棚街某姓，一家全在地窖內，被一飛機炸彈，打死九口；包公祠之槐樹，烘出五里之遙；承文新書舖，大陸書社，中西藥房，泰濟石印館，鴻泰鐵店，餘記果店，浴德池塘，道生茶葉店，皆不見了踪影。

這次戰禍，為T城未有之戰禍，比去年濟南慘案打仗時厲害的多，晉軍好守，都是中了傅作義之毒，真是無味，無意思，何必人人都學傅作義！犧牲不要緊，犧牲的得

山东省立剧院第一周年纪念年刊

山东省立剧院年刊委员会编　山东省立剧院　济南　1935年11月　总1期　年刊　26cm

该刊全面介绍该院院务情况，报道一年来的教学、演出实习成果，发表有关中国戏剧研究的论文，以大量图片介绍剧院演职员及演出活动，刊后附有教职员和毕业生一览表、有关院务各种统计图表、校歌及大事记。栏目有《写真》《论文》《报告》《统计》《规程》《附录》等。

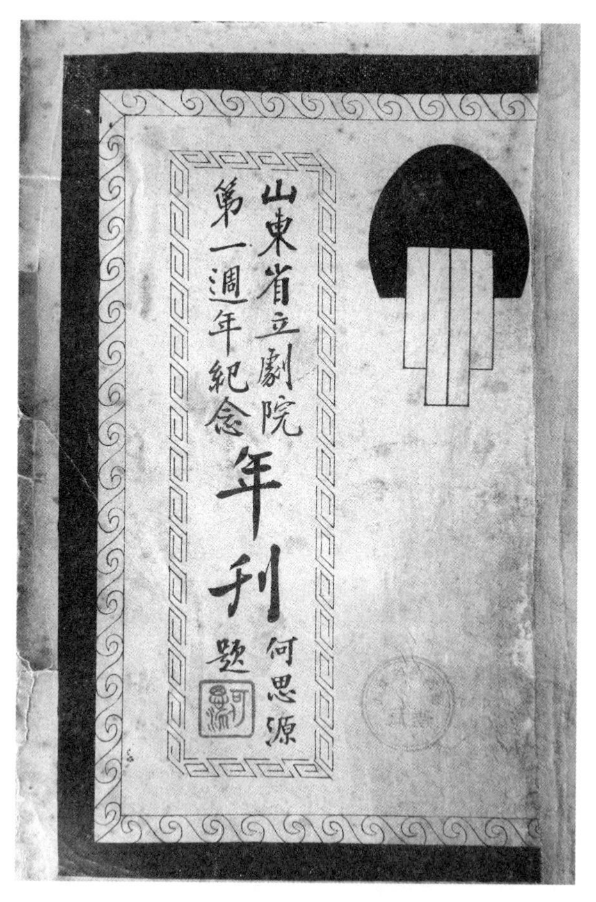

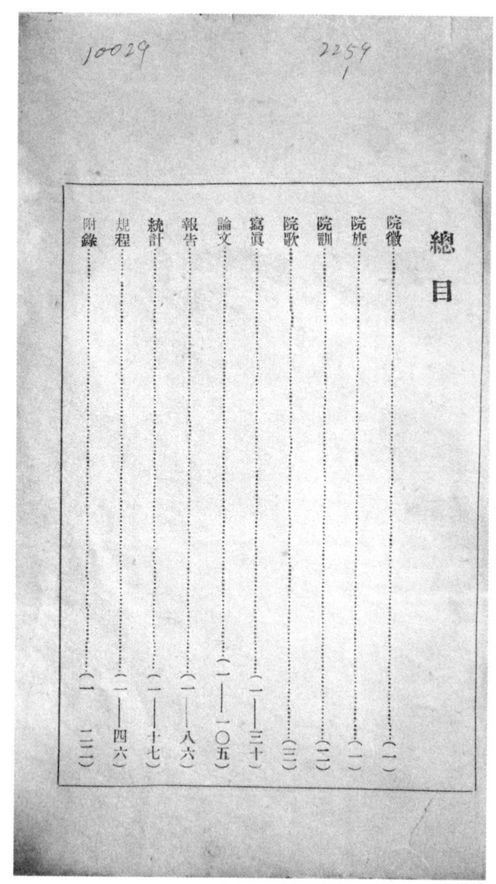

總目

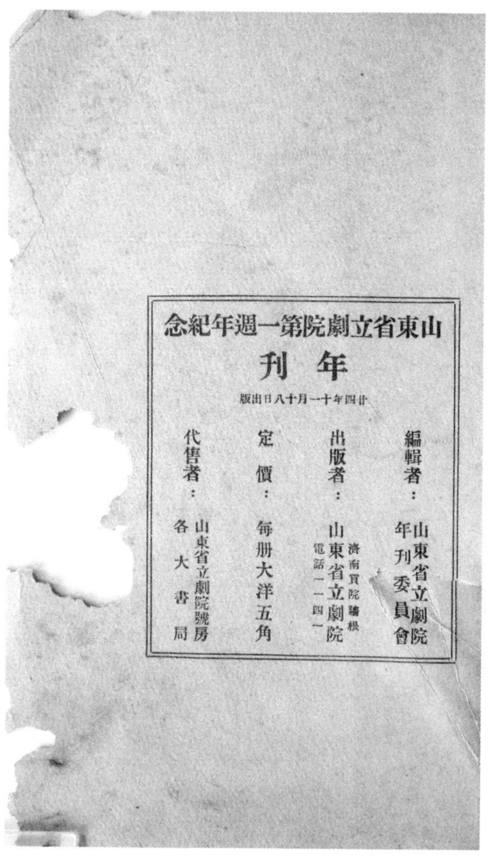

山東省立劇院第一週年紀念

年刊

廿四年十一月十八日出版

編輯者：山東省立劇院年刊委員會
出版者：山東省立劇院 濟南貢院牆根 電話一一四一
定價：每册大洋五角
代售者：山東省立劇院號房 各大書局

期刊之部（二）

民國時期文獻
保護計劃

成果

民国时期山东报刊目录提要

下

李西宁 王玉梅◎主编

國家圖書館出版社

期刊之部（二）

济南市市政统计

济南市政府秘书处编纂室编　编者刊　济南　1936 年　总 1 期　年刊　27cm

该刊内容选自 1934 年 7 月 1 日至 1935 年 6 月 30 日的济南市政府所属各局提供的资料。内容范围就行政性质分为十类，有总务类、社会类、公安类、卫生类、工务类、公用类、财政类、土地类、教育类、自治类。

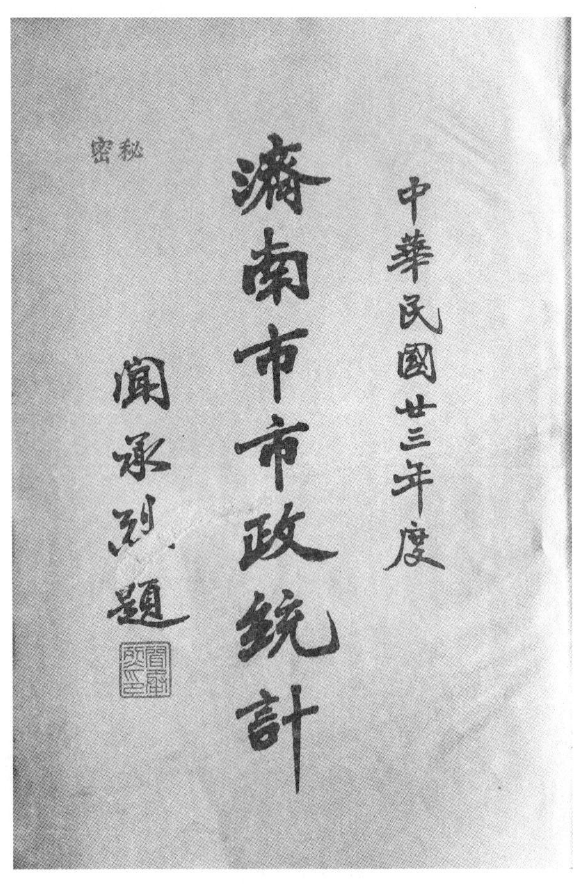
秘密

濟南市市政統計

中華民國廿三年度

聞承烈題

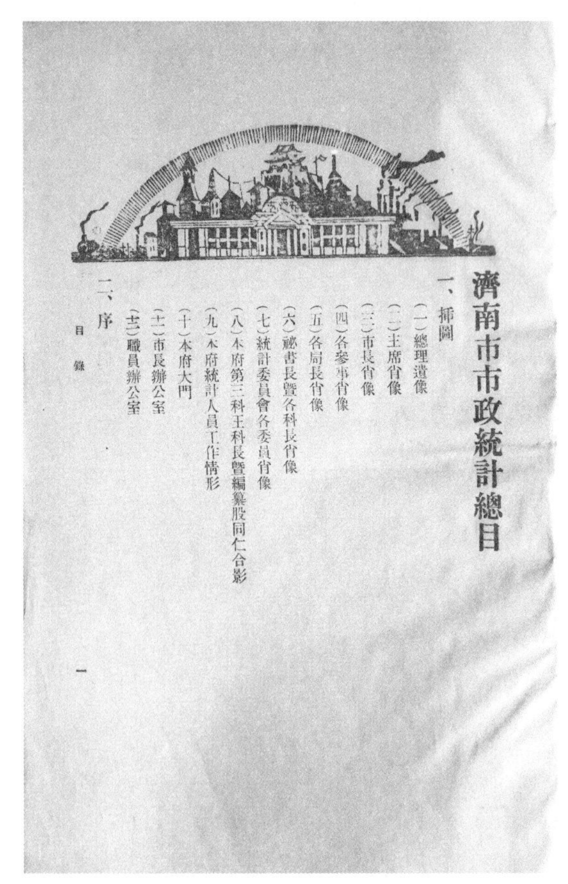
濟南市市政統計總目

一、插圖

(一)總理遺像

(二)主席肖像

(三)市長肖像

(四)各參事肖像

(五)各局長肖像

(六)祕書長暨各科長肖像

(七)統計委員會各委員肖像

(八)本府第三科王科長暨編纂股同仁合影

(九)本府統計人員工作情形

(十)本府大門

(十一)市長辦公室

(十二)職員辦公室

二、序

目錄　一

济南仁丰纺织染股份有限公司特刊

济南仁丰纺织染股份有限公司编　编者刊　济南　1936 年　总 1 期　特刊　19cm

该刊《发刊辞》中说："发行特刊，所有纺织染三厂之设备，以及各项章制，悉著于篇。"该刊内容有题词、职工摄影、图版及说明、调查图表及标语、文字、规章。

發刊辭（三）

馬伯聲

溯自海通以來，美雨歐風，橫波中土，降及晚近，勢尤狂暴，疆域日蹙，民生日困，貧弱既極，淪胥堪悲。憂國之士，雖汲汲於挽救之方，舉凡勵精圖治；然而收效未宏者，率多偏於治標，而未能注意於根荄也。良以飛機大礮之威力，遠不及吮血吸膏之經濟侵略；安內禦外之利器，要在自足自給之生產建設。試觀自歐洲工業革命以後，世界各國，咸集其全力於生產事業之擴張，精益求精，以相誇競，突飛猛進，大有一日千里之勢。於是各挾其國勢，爭為市場之開拓，以謀原料之吸收，而推銷其過剩之產品。吾國以天產優越生產落後之故，遂為吐納之口矣。魚肉自陳，以待宰割，坐困如是，尚勝歎哉！竊維民生之要素，不外衣食住行，而衣之一項，消費尤鉅，其被侵略也尤甚。試就國民仰給之舶來品察之，其原料又多為吾國所有，彼僅一經手之勞耳，即攫吾厚利而去矣！又嘗致民國二十年，英國曼徹斯特城商務調查團調查報告所載，只山東一省，某國紗布之侵入，每年約有數千萬之鉅，而其所用之原料，皆自濟南購去，紡成紗，織成布，染成色，仍運回銷售。只此一項，淨賺純利約百分之五十，出入之大，實堪驚駭！如更就全國而言之，又當何如耶？至魯省棉產，夙為勝區，全省棉田，約有三百五十萬畝，產額約一百六十萬担。而全省需要棉紗，約三十萬件；需要棉布，約值三千萬元。以原料產額如此之豐，製品銷場如此之廣，而不能自製自給，任人剝削侵略；儻不亟思挽救，非第有害於民生，亦實民族之奇恥也！馨懷奮起補救之志久矣，只以能力未逮，徒喚奈何！後與崔景三，辛鑄九諸公相遇，志同意合，共相籌劃，始成斯廠。時在民國二十二年，正值經濟疲弊之餘，幾經艱苦奮鬥，規模粗具。初設紡紗部，成効漸著；繼組織染兩部，建築廠房，購

三

鲁论

鲁论社编　鲁论社出版部［发行］ 济南　1936 年～1937 年 9 月　1 卷 1 期～2 卷 8 期　月刊　26cm

该刊以刊登政治、经济、文化、教育以及各种文艺作品为主。

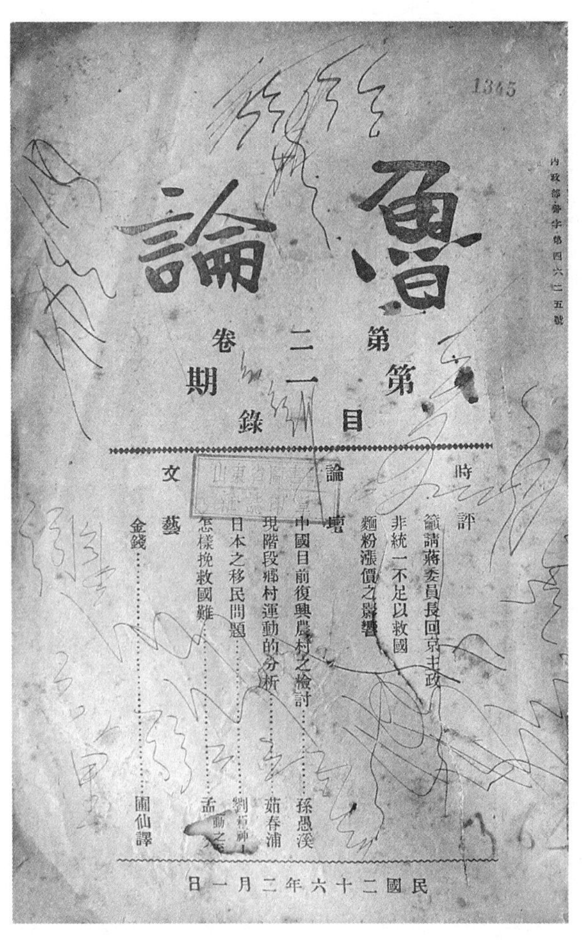
1345

內政部登字第四六二五號

魯論

第二卷第一期

目錄

時評

籲請蔣委員長回京主政

非統一不足以救國

麵粉漲價之影響

論壇

中國目前復興農村之檢討……孫愚溪

現階段鄉村運動的分析……茹春浦

日本之移民問題……劉[illegible]

怎樣挽救國難……孟[illegible]

文藝

金錢……圃仙譯

民國二十六年二月一日

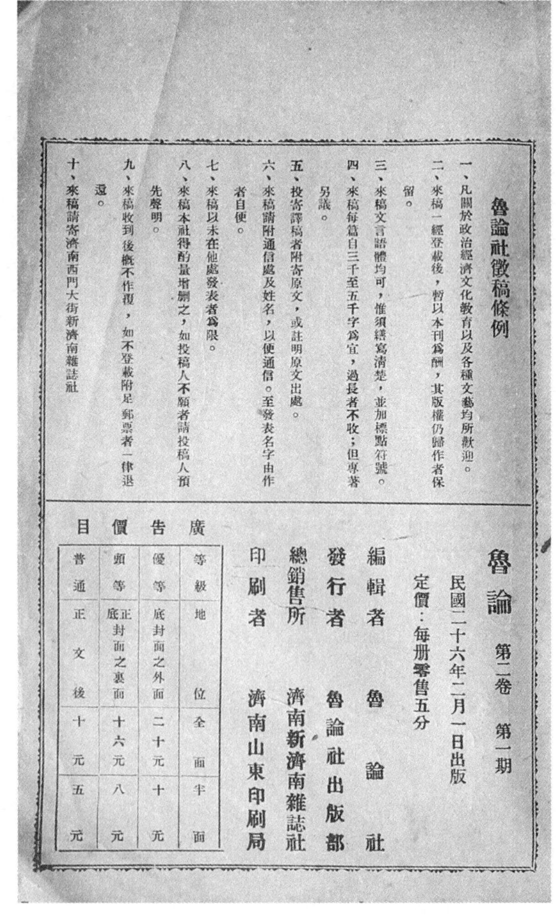
魯論社徵稿條例

一、凡關於政治經濟文化教育以及各種文藝均所歡迎。

二、來稿一經登載後，暫以本刊爲酬，其版權仍歸作者保留。

三、來稿文言語體均可，惟須繕寫清楚，並加標點符號。

四、來稿每篇自三千至五千字爲宜，過長者不收；但專著另議。

五、投寄譯稿者附寄原文，或註明原文出處。

六、來稿請附通信處及姓名，以便通信。至發表名字由作者自便。

七、來稿以未在他處發表者爲限。

八、來稿本社得酌量增刪之，如投稿人不願者請投稿人預先聲明。

九、來稿收到後概不作復，如不登載附足郵票者一律退還。

十、來稿請寄濟南西門大街新濟南雜誌社

魯論　第二卷　第一期

民國二十六年二月一日出版

定價：每冊零售五分

編輯者　魯論社

發行者　魯論社出版部

總銷售所　濟南新濟南雜誌社

印刷者　濟南山東印刷局

廣告價目

等級	地位	全面	半面
優等	底封面之外面	二十元	十元
頭等	正底封面之裏面	十六元	八元
普通	正文後	十元	五元

山大年刊——民国廿五年

山大二五年刊编辑委员会编　国立山东大学二五级级会［发行］ 青岛　1936年　总1期　年刊　27cm

该刊汇集了大量山东大学校景图片资料，包括校舍实验室、图书馆、体育馆、宿舍楼、教职工、学生团体及毕业生的照片等。该刊内容有校史概要、六年来财政情况、题词、校景、设备、教职员、团体及毕业同学、生活、文艺等。

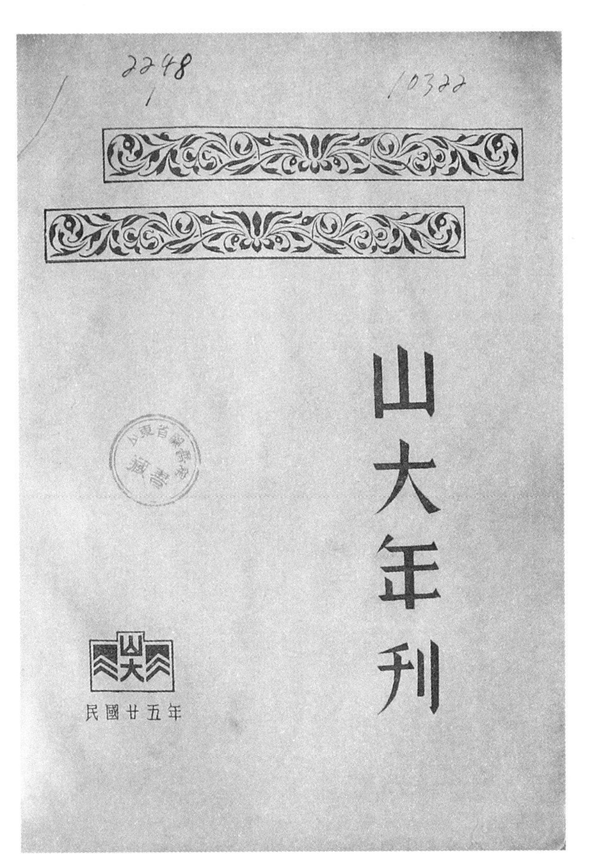

敍

民國二十一年秋，畸奉命長斯校，時廿五年級諸生亦以是年入學，當瀋陽事變之後，學潮甫告平息，師生之間，咸懷警惕之心，奮發淬厲不稍懈；又以楊前校長金甫先生成規具在，遵循倣傚取則不遠，用是數年間成效略有可觀；爾後國難益亟，學校亦迭遘艱阻，畸之不才，竭其綿薄，勉爲措拄，其所經營諸有形者，若科學館，工學館，體育館，水力實驗室，實習工廠之建築，以及儀器圖書之添購，亦歲有增加，規模麤具，聲譽漸起：凡此並全校師生同心戮力，有以致之，畸也何與焉。今諸生方潛心進修，鍥而不舍，而廿五年級畢業之期已屆，念諸生今日之小成，得之匪易，不有記錄，非獨他時鴻爪無從印證，且將何以警惕於身，而開示於後，則茲刊之輯不可緩已。顧以時迫而多艱，綜其記載尚未能達所期於什一，以致我師生間數年來之勞瘁，其無形者末由顯著，撫躬自訟，寧不疚心。雖然苟即此以求其略，則尋蹤問跡，舊事可追，締造經營，艱難自見，庶幾諸生異日獻身國家之時，倘披斯編，當有鑒於往者之努力，而不至有懈於將來，是又區區之所厚望也夫。民國二十五年六月趙畸謹敍

山东合作事业指导月刊

山东省政府建设厅合作事业指导处编　编者刊　济南　1936 年 3 月～1937 年 6 月 ［总期数不详］ 月刊　27cm

该刊由国民党山东省政府建设厅主办。报道本省合作事业及农村经济的发展情况，刊登关于合作事业的研究文章、农业经济及产品生产等的调查报告等。

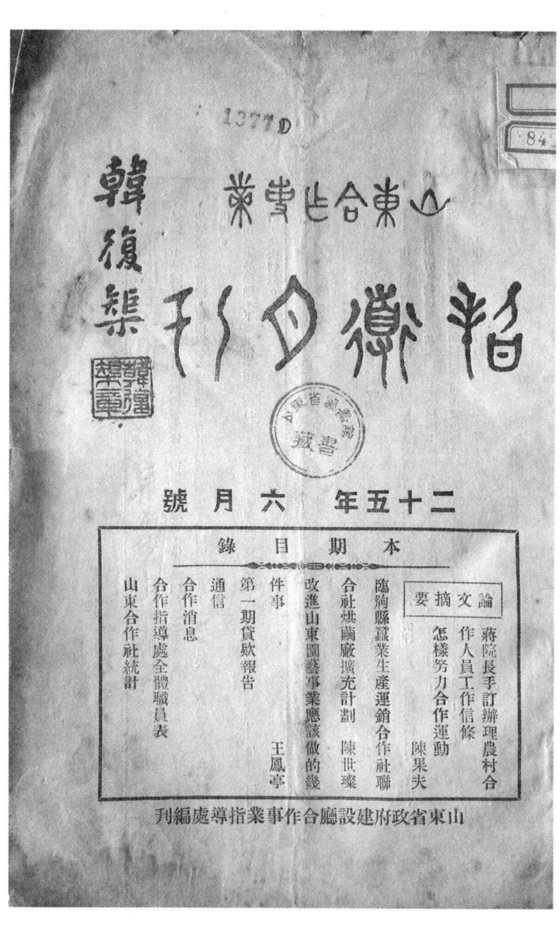

山東合作事業指導月刊

韓復榘

二十五年六月號

本期目錄

山東省政府建設廳合作事業指導處編刊

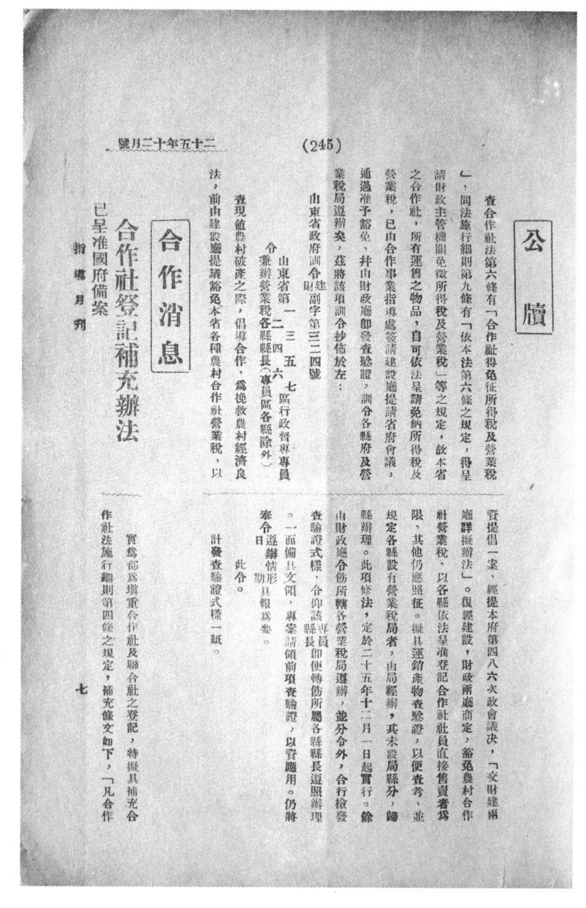

公牘

查合作社法第六條有「合作社得免征所得稅及營業稅」，同法施行細則第九條有「依本法第六條之規定，得呈請財政主管機關免徵所得稅及營業稅」等之規定，故本省之合作社，所有運售之物品，自可依法呈請免納所得稅及營業稅，已由合作事業指導處簽請建設廳提請省府會議，通過准予豁免，并由財政廳即發查驗證，訓令各縣府及營業稅局遵辦矣，玆將該項訓令抄佈於左：

山東省政府訓令建財副字第三三二四號

令山東省第一二三四五六七區行政督專專員兼辦營業稅各縣縣長（專員區各縣除外）

查現值農村破產之際，倡導合作，爲挽救農村經濟良法，前由建設廳提議豁免本省各種農村合作社營業稅，以資提倡一案，經提本府第四八六次政會議決，「交財建兩廳詳擬辦法」。復經建設，財政兩廳商定，豁免農村合作社營業稅，以各縣依法呈准登記合作社社員直接售賣者爲限，其他仍應照征。擬具運銷產物查驗證，以便查考，並規定各縣設有營業稅局者，由局經辦，其未設局縣分，歸縣辦理。此項修法，定於二十五年十二月一日起實行。餘由財政廳令飭所轄各營業稅局遵辦，並分令外，合行檢發查驗證式樣，令仰該專員縣長即便轉飭所屬各縣縣長遵照辦理。一面備具文領，專案請領前項查驗證，以資應用。仍將奉令日期遵辦情形具報爲要。

此令。

計發查驗證式樣一紙。

合作消息

合作社登記補充辦法

已呈准國府備案

實業部爲慎重合作社及聯合社之登記，特擬具補充合作社法施行細則第四條之規定，補充條文如下，「凡合作

医药杂志

山东医药总会济南医药杂志社编　济南医药杂志社［发行］　济南　1936年4月30日～［终刊日期不详］［总期数不详］　月刊　26cm

该刊创办人为段子涵，社址在济南舜庙街。辟有《医学论文》《医学研究》《药学研究》《临症经验》《医林笔记》《医药界新闻》《杂件》等栏目。

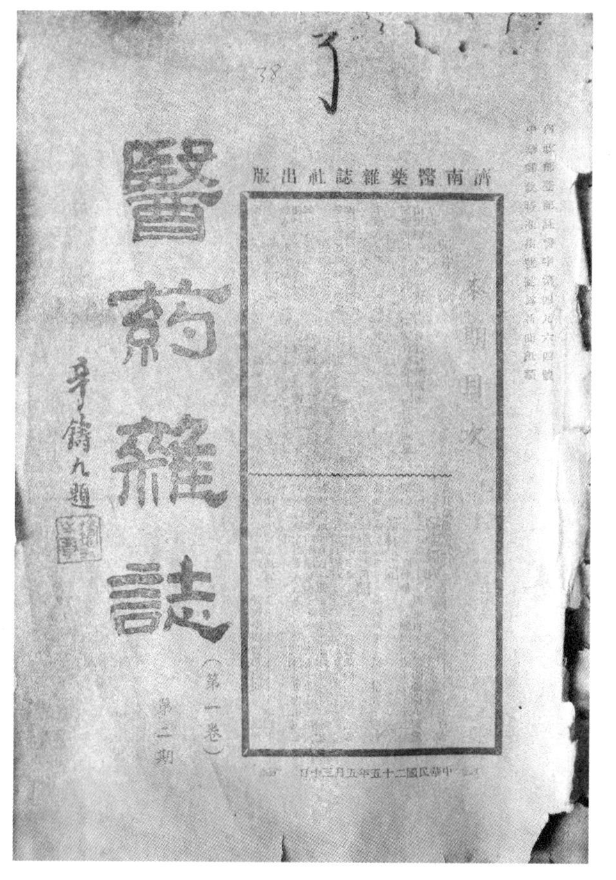

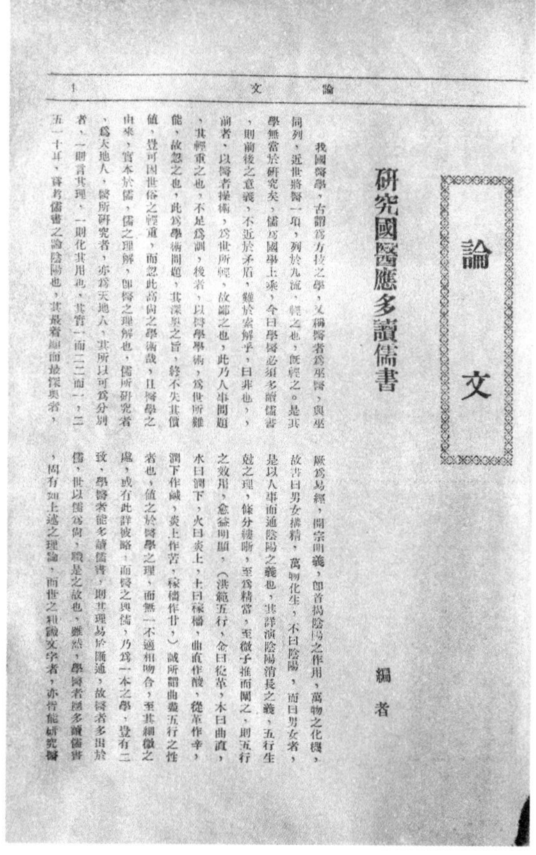

論　文　1

論文

研究國醫應多讀儒書

編者

我國醫學，古謂爲方技之學，又稱醫者爲巫醫，與巫同列，近世將醫一項，列於九流，輕之也，既輕之。是其學無當於研究矣，儒爲國學上乘，今日學醫必須多讀儒書，則前後之意義，不近於矛盾，難於索解乎，曰非也，，前者，以醫者操術，爲世所輕，故鄙之也，此乃人事問題，其輕重之也，不足爲訓，後者，以醫學學術，爲世所難能，故忽之也，此爲學術問題，其深奧之旨，終不失其價值，豈可因世俗之輕重，而忽此高尚之學術哉，且醫學之由來，實本於儒，儒之理解，即醫之理解也，儒所研究者，爲天地人，醫所研究者，亦爲天地人，其所以可爲分別者，一則言其理，一則化其用也，其實一而二，二而一，二五一十耳，試考儒書之論陰陽也，其最著顯而最探奧者，厥爲易經，開宗明義，即首揭陰陽之作用，萬物之化機，故書曰男女搆精，萬物化生，不曰陰陽，而曰男女者，是以人事而通陰陽之義也，其詳演陰陽消長之義，五行生尅之理，條分縷晰，至爲精當，至微子推而闡之，則五行之致用，愈益明顯，（洪範五行，金曰從革，木曰曲直，水曰潤下，火曰炎上，土曰稼穡，曲直作酸，從革作辛，潤下作鹹，炎上作苦，稼穡作甘，）誠所謂曲盡五行之性者也，值之於醫學之理，而無一不適相吻合，至其細微之處，或有此詳彼略，而醫之與儒，乃爲一本之學，豈有二致，學醫者能多讀儒書，則其理易於匯通，故醫者多出於儒，世以儒爲醫，職是之故也，雖然，學醫者固多讀儒書，固有如上述之理論，而世之粗識文字者，亦皆能研究醫

民力月刊

山东省立第二民众辅导区编辑委员会编　山东省立第二民众辅导区办事处［发行］　益都　1936年5月～1937年6月　1卷1期～2卷2期　月刊　25cm

该刊以“培养民力，再造民族”为宗旨。主要刊登民众教育理论及实施方法，报道各地民众教育实际活动，介绍各地民众教育实施经验，讨论民众教育现状，调查统计民众教育情况及介绍民众教育书报、其他民教理论和实施方法等。栏目有《小言》《专论》《介绍与批评》《民教谈薮》《民教讯》等。

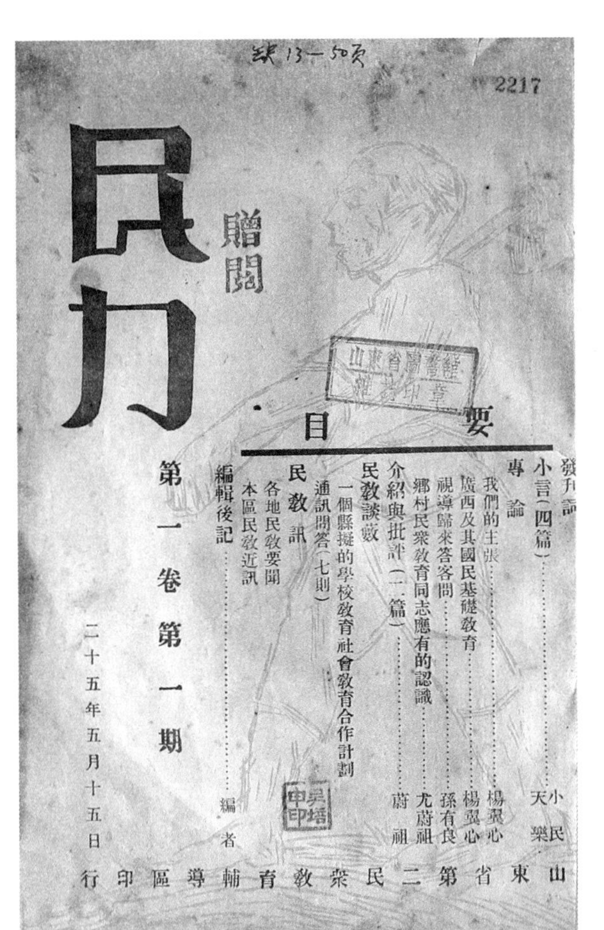

民力

要目

第一卷第一期

二十五年五月十五日

山東省第二民衆教育輔導區印行

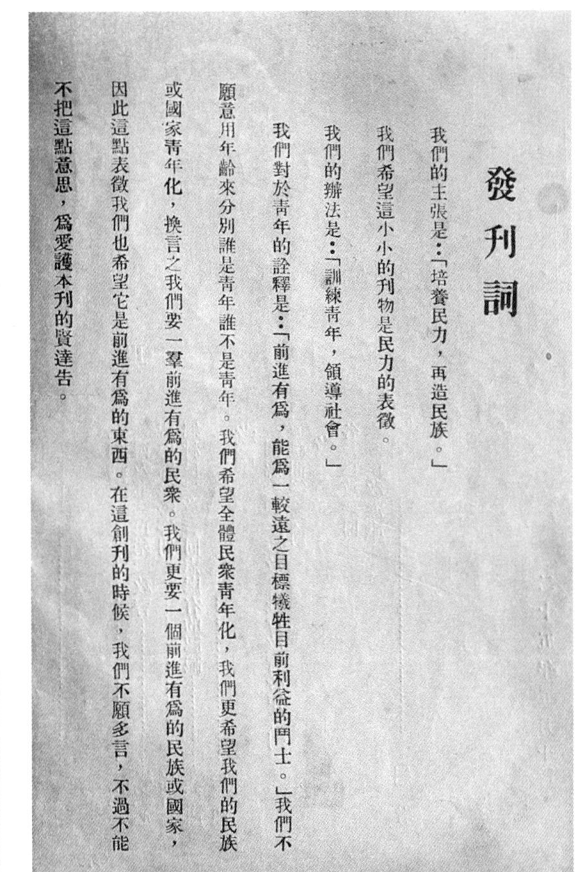

發刊詞

我們的主張是：「培養民力，再造民族。」

我們希望這小小的刊物是民力的表徵。

我們的辦法是：「訓練青年，領導社會。」

我們對於青年的詮釋是：「前進有爲，能爲一較遠之目標犧牲目前利益的鬥士。」我們不願意用年齡來分別誰是青年誰不是青年。我們希望全體民衆青年化，我們更希望我們的民族或國家青年化，換言之我們要一羣前進有爲的民衆，我們更要一個前進有爲的民族或國家，因此這點表徵我們也希望它是前進有爲的東西。在這創刊的時候，我們不願多言，不過不能不把這點意思，爲愛護本刊的賢達告。

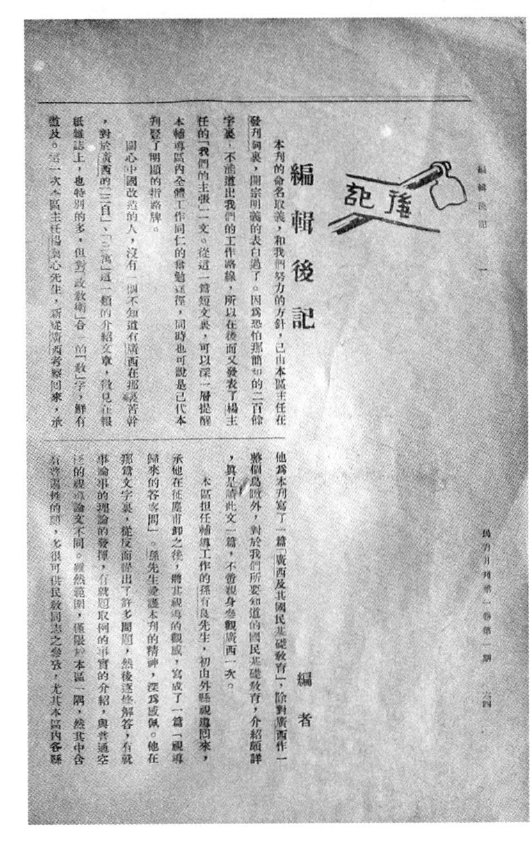

編輯後記

編者

本刊的命名取義，和我們努力的方針，已由本區主任在發刊詞裏，開宗明義的表白過了。因爲恐怕那簡短的二百餘字裏，不能道出我們的工作路綫，所以在後面又發表了楊主任的「我們的主張」一文。從這一篇短文裏，可以深一層提醒本輔導區內全體工作同仁的奮勉途徑，同時也可說是已代本刊豎了明顯的指路牌。

關心中國改造的人，沒有一個不知道有廣西在那裏苦幹，對於廣西的「三自」、「三寓」這一類的介紹文章，散見在報紙雜誌上，也特別的多，但對「政教衛」合一的「教」字，鮮有道及。這一次本區主任楊展心先生，新從廣西考察回來，承他爲本刊寫了一篇「廣西及其國民基礎教育」，除對廣西作一整個鳥瞰外，對於我們所要知道的國民基礎教育，介紹頗詳，真是讀此文一篇，不啻親身參觀廣西一次。

本區担任輔導工作的孫有良先生，初由外縣視導回來，承他在任應市卸之後，將其視導的觀感，寫成了一篇「視導歸來的答客問」。孫先生愛護本刊的精神，深爲感佩。他在那篇文字裏，從反面提出了許多問題，然後逐條解答，有就事論事的理論的發揮，有就題取例的事實的介紹，與普通空泛的視導論文不同。雖然範圍，僅限於本區一隅，然其中含有普遍性的部分，亦很可供民教同志之參考，尤其本區內各縣

山东建设半月刊

山东省政府建设厅编辑股编　编者刊　济南　1936年5月～1937年5月　1卷1期～2卷10期　半月刊　25cm

该刊以指导山东省农业、林业、工业、商业、水利、交通、通信等各方面建设为宗旨。主要发表有关全省物资建设方面的理论文章、指导性文件、各种调查研究报告等。栏目有《插图》《论著》《法规》《计划》《报告》《专载》《公文》《提案》《统计》《记事》《附录》等。

中華郵政掛號認爲新聞紙類

山東省建設半月刊

第一卷 第二期

民國二十五年五月十五日出版

山東省政府建設廳編印

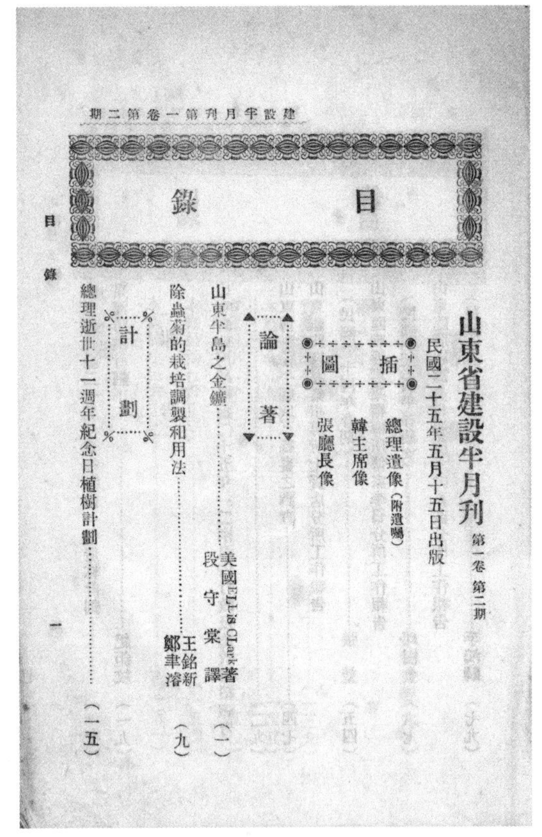

目錄

山東省建設半月刊 第一卷 第二期

民國二十五年五月十五日出版

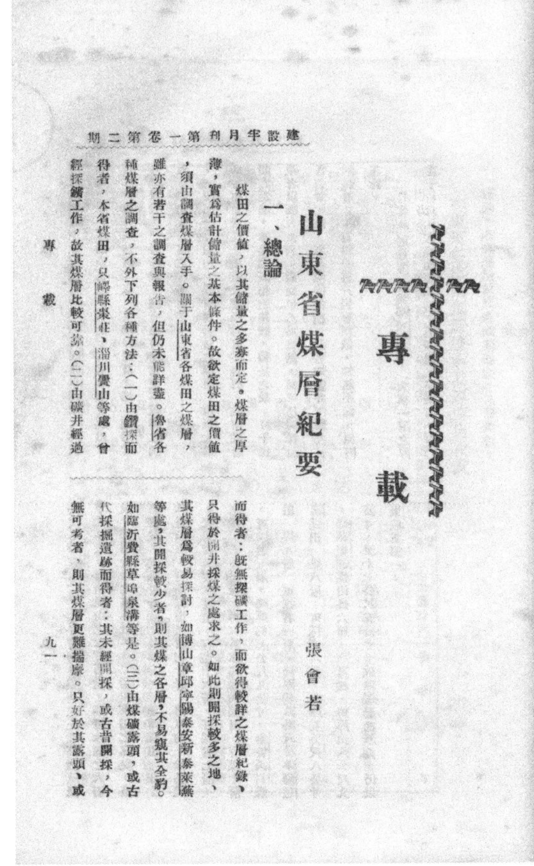

專載

山東省煤層紀要

張會若

一、總論

煤田之價値，以其儲量之多寡而定。煤層之厚薄，實爲估計儲量之基本條件。故欲定煤田之價値，須由調查煤層入手。關于山東省各煤田之煤層，雖亦有若干之調査與報告，但仍未能詳盡。魯省各種煤層之調查，不外下列各種方法：（一）由鑽探而得者，本省煤田，只嶧縣棗莊，淄川黌山等處，曾經採鑛工作，故其煤層比較可靠。（二）由礦井經過而得者：既無探礦工作，而欲得較詳之煤層，只得於開井採煤之處求之。如此則開採較多之其煤層爲較易探討，如博山章邱寧陽泰安新泰萊蕪等處，其開採較少者，則其煤之各層，不易窺其全豹。（三）由煤礦露頭，如臨沂費縣草埠泉溝等是。（四）由古代採掘遺跡而得者：其未經開採，或古昔開採無可考者，則其煤層更難揣摩。只好於其露頭，或

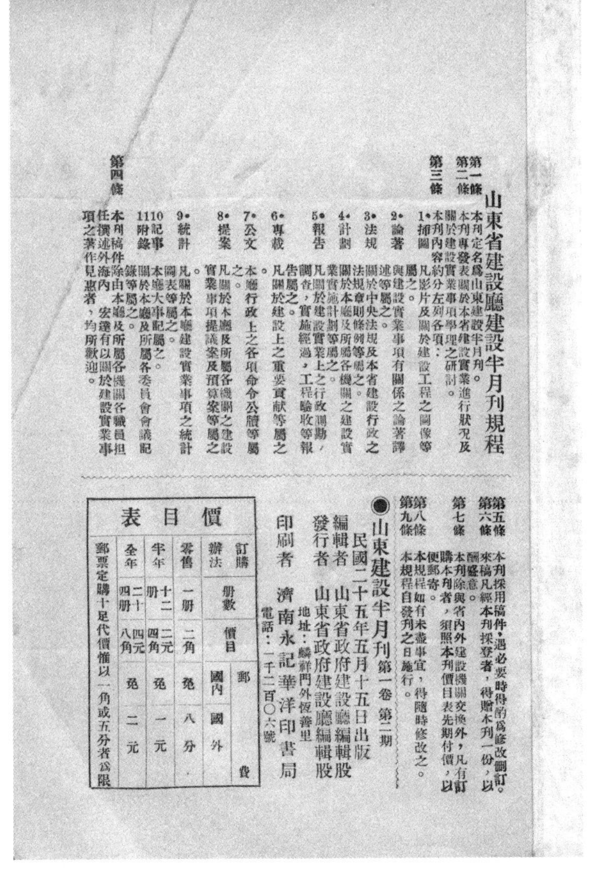

山東省建設廳建設半月刊規程

第一條 本刊定名爲山東建設半月刊。

第二條 本刊專發表關於本省建設實業進行狀況及關於建設實業事項學理之研討。

第三條 本刊內容約分左列各項：

1. 插圖 凡影片及關於建設工程之圖像等屬之。
2. 論著 凡建設實業事項有關係之論著譯述等屬之。
3. 法規 關於中央法規及本省建設行政之法規章則條例等屬之。
4. 計劃 關於本廳及所屬各機關之建設實業實施計劃等屬之。
5. 報告 凡關於建設實業上之行政調查，實施經過，工程驗收等報告屬之。
6. 專載 凡關於建設上之重要貢獻等屬之。
7. 公文 本廳行政上之各項命令公牘等屬之。
8. 提案 凡關於本廳及所屬各機關之建設實業事項提議案及預算案等屬之。
9. 統計 凡關於本廳建設實業事項之統計圖表等屬之。
10. 記事 本廳大事記屬之。
11. 附錄 關於本廳及所屬各委員會會議記錄等屬之。

第四條 本刊稿件除由本廳及所屬各機關各職員担任撰述外，海內宏達有以關於建設實業事項之著作見惠者，均所歡迎。

第五條 本刊採用稿件，遇必要時得酌爲修改刪訂。

第六條 來稿凡經本刊採登者，得贈本刊一份，以酬盛意。

第七條 本刊除與省內外建設機關交換外，凡有訂購本刊者，須照本刊價目表先期付價，以便郵寄。

第八條 本規程如有未盡事宜，得隨時修改之。

第九條 本規程自發刊之日施行。

山東建設半月刊 第一卷 第二期

民國二十五年五月十五日出版

編輯者 山東省政府建設廳編輯股

發行者 山東省政府建設廳編輯股 地址：麟祥門外復善里

印刷者 濟南永記華洋印書局 電話：一千二百〇六號

價目表

訂購辦法	册數	價目	郵費 國內	郵費 國外
零售	一册	二角	免	八分
半年	十二册	二元四角	免	一元
全年	二十四册	四元八角	免	二元

郵票定購十足代價惟以一角或五分者爲限

时代青年

时代青年社编　编者刊　济南　1936年5月25日～1937年4月30日　创刊号～2卷6期　月刊　27cm

该刊以文艺作品为主，兼有时事述评、文艺漫谈、史学考证、社会现象分析等。栏目有《时代现象》《研究·批评·介绍》《文艺》《青年生活》等。

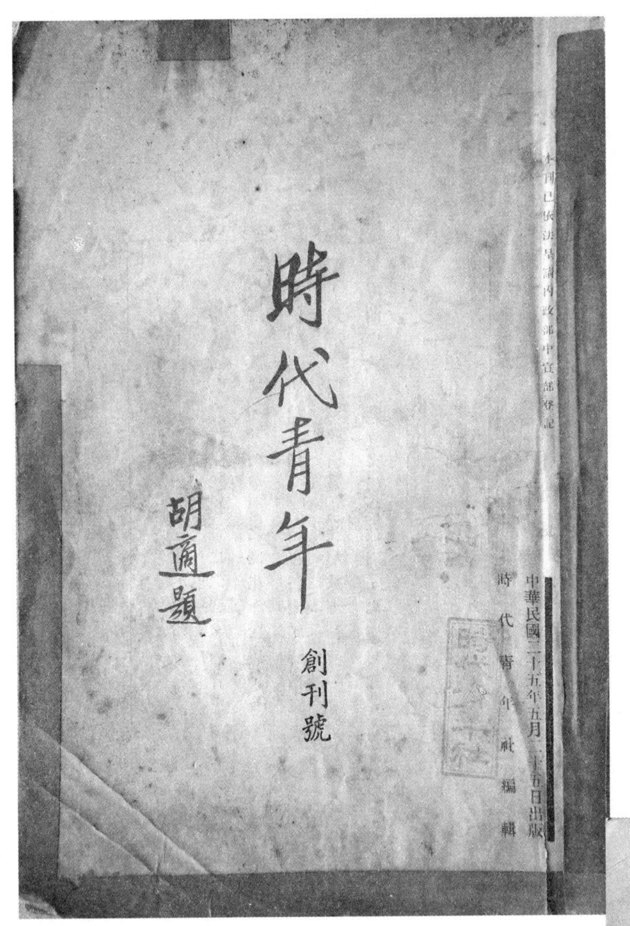

●投稿簡約●

一、本刊接收外稿(「時代現象」除外。文言白話不拘，唯須合於本刊體例者。
二、來稿最多以萬字爲限，特約撰稿除外。
三、譯稿須附原文，或載明原文出處。
四、來稿須用格紙繕寫清楚，並加標點以便排印。
五、本社對于來稿有删改權，其不願者請附函聲明。
六、來稿除附有相當郵資者，恕不退還。
七、本刊稿費暫定一元至五元，或酌贈本刊。
八、來稿暫寄山東濟南初級中學收轉本社編輯部

本刊廣告價目

地位	全面	半面	四分之一
底封外	六十元	三十元	十五元
封內	五十元	二十五元	十二元
正文前後	三十元	十五元	十一元

時代青年(創刊號)

中華民國二十五年五月二十五日出版

編輯者　時代青年社
負責人　顧警民
出版者　時代青年社
印刷者　華北印刷局　濟南普利門外迤西路北
總經售　北洋書社　濟南院西大街路北
代售處　國內各大書局

每月出版一册　全年十二册
每月二十五日出版

定價表

零售	全年	半年
一册	十二册	六册
一角	一元	五角五分

郵費在內

山东省政府工作报告

山东省政府秘书处编　编者刊　济南　1936年6月～［终刊日期不详］　1期～［14期］　月刊　26cm

该刊为政务刊物，栏目有《奉行中央法令事项》《颁行本省单行法规事项》《民政》《财政》《教育》《建设》《农矿》《工商》等。

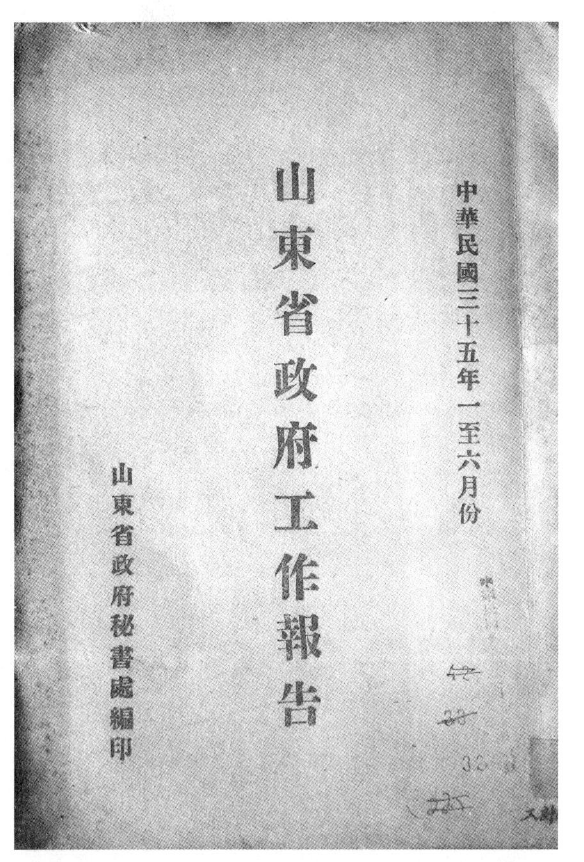
中華民國三十五年一至六月份

山東省政府工作報告

山東省政府秘書處編印

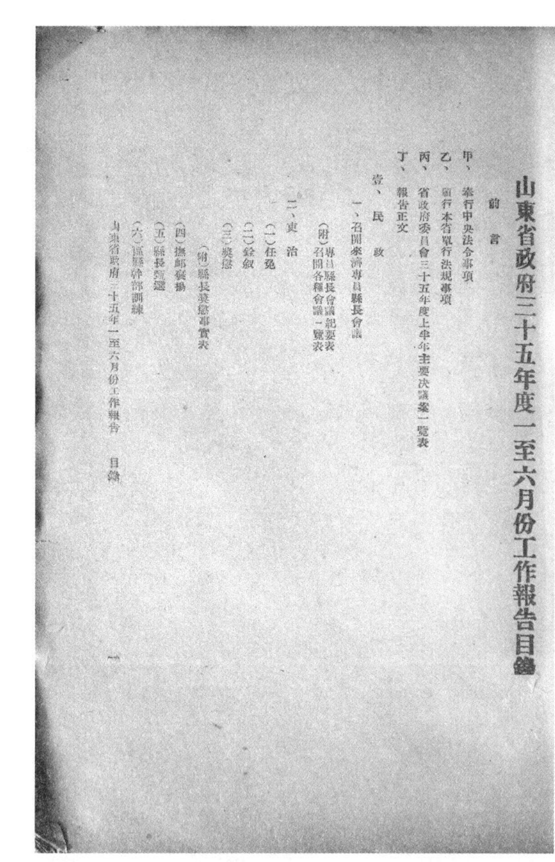
山東省政府三十五年度一至六月份工作報告目錄

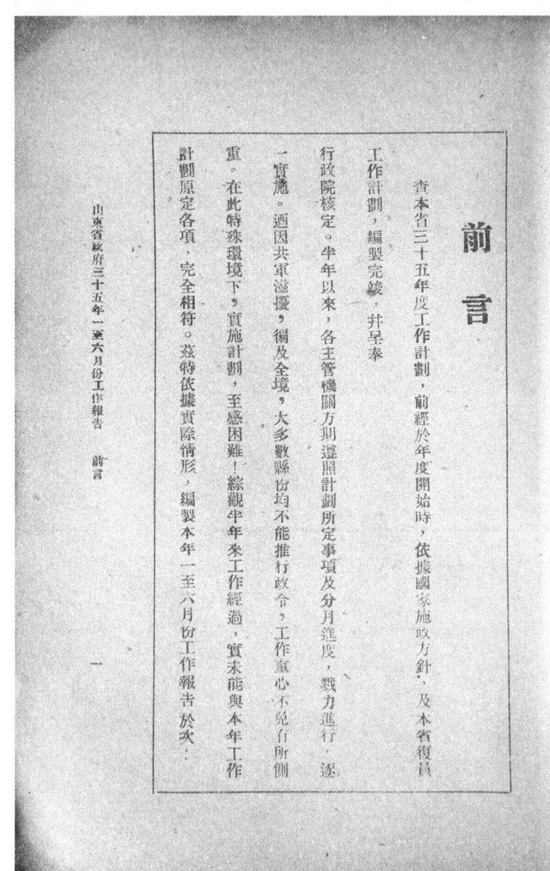
前言

查本省三十五年度工作計劃，前經於年度開始時，依據國家施政方針，及本省復員工作計劃，編製完竣，并呈奉行政院核定。半年以來，各主管機關方期遵照計劃所定事項及分月進度，戮力進行，逐一實施。適因共軍滋擾，徧及全境，大多數縣份均不能推行政令，工作重心不免有所側重。在此特殊環境下，實施計劃，至感困難！綜觀半年來工作經過，實未能與本年工作計劃原定各項，完全相符。茲特依據實際情形，編製本年一至六月份工作報告於次：

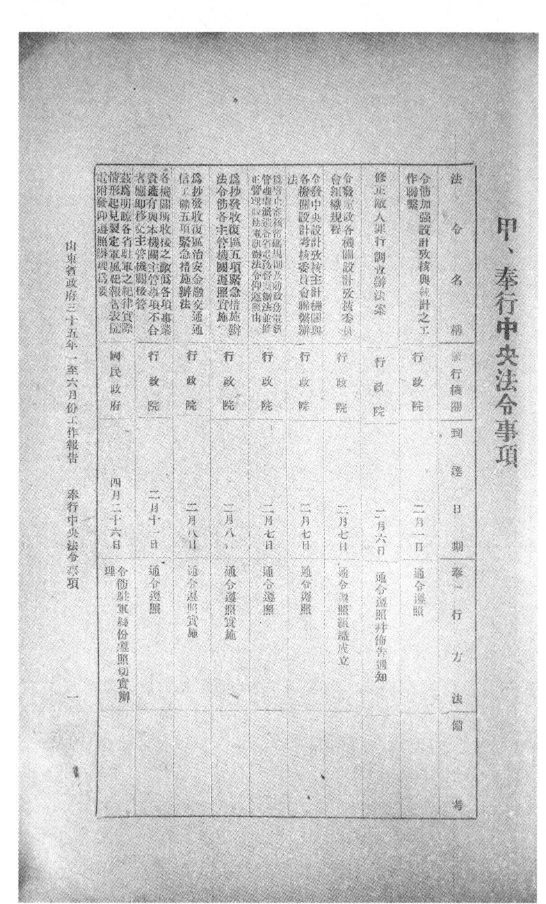
甲、奉行中央法令事項

法令名稱	頒行機關	到達日期	奉行方法	備考
令飭加強設計考核與統計之工作聯繫	行政院	二月一日	通令遵照	
修正敵人罪行調查辦法案	行政院	一月六日	通令遵照并佈告週知	
令發黨政各機關設計考核委員會組織規程	行政院	二月七日	通令遵照組織成立	
令發中央設計考核主計機關與各機關設計考核委員會聯繫辦法	行政院	二月七日	通令遵照	
爲廢止審核電碼規則及前政務電訊管理處濫發各省電務特案辦法並修正管理政務電訊辦法令仰遵照由	行政院	二月七日	通令遵照	
爲抄發收復區五項緊急措施辦法令飭各主管機關遵照實施	行政院	二月八、	通令遵照實施	
爲抄發收復區治安金融交通通信工礦五項緊急措施辦法	行政院	二月八日	通令遵照實施	
各機關所收接之敵僞各項事業資產有與本機關主管事項不合者應即移交主管機關接管	行政院	二月十一日	通令遵照	
茲爲明瞭各省駐軍之紀律實際情形起見製定軍風紀報告表隨電附發仰遵照辦理爲要	國民政府	四月二十六日	令飭駐軍按份遵照切實辦理	

学行月刊

学行月刊社编　编者刊　济南　1936年6月～1936年8月　1卷1期～1卷3期　月刊　26cm

该刊是社会科学刊物，刊名由著名教育家蔡元培题写，意在体现“知行合一”的教育理念，引导学生学以致用，既要注重书本知识的学习，又要关心社会时事政治。主要发表有关中外政治制度、国际关系、外交政策、经济、教育、文化等方面的论著、述评、调查报告、史料考证等，并载有少量诗词、小说、笔记等。栏目有《特载》《时事》《专载》《专著》《文艺》《调查》《大事日志》《史料》《研究》等。

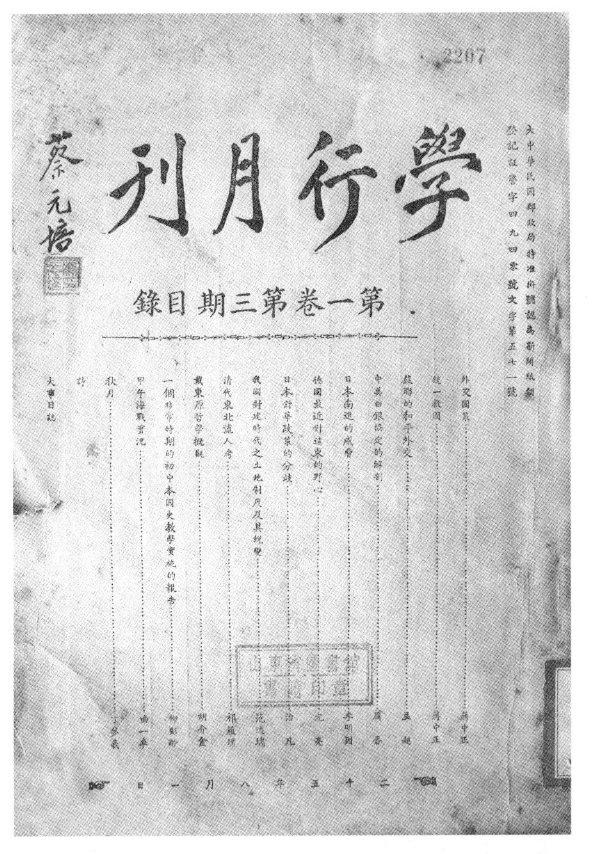

2207

大中華民國郵政局特准掛號認為新聞紙類
登記證警字四九四零號文字第五七一號

學行月刊

蔡元培

第一卷第三期目錄

二十五年八月一日

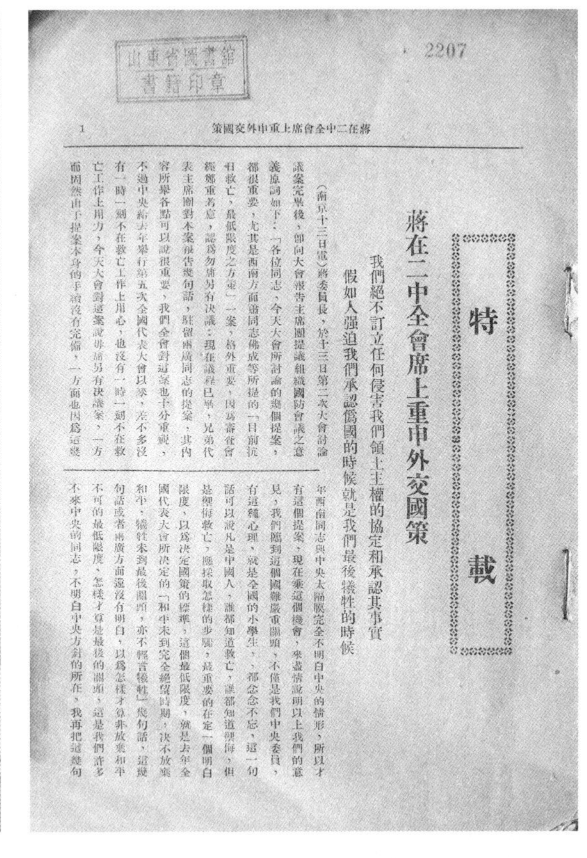

2207

特載

蔣在二中全會席上重申外交國策

我們絕不訂立任何侵害我們領土主權的協定和承認其事實
假如人強迫我們承認僞國的時候就是我們最後犧牲的時候

（南京十三日電）蔣委員長，於十三日第二次大會討論議案完畢後，即向大會報告主席團提議組織國防會議之意義，原詞如下：「各位同志，今天大會所討論的幾個提案，都很重要，尤其是西南方面蕭同志佛成等所提的「目前抗日救亡，最低限度之方案」一案，格外重要，因爲審查會經鄭重考慮，認爲勿庸另有決議：現在議程已畢，兄弟代表主席團對本案報告幾句話，駐留兩廣同志的提案，其內容所舉各點可以說很重要，我們全會對這案也十分重視，不過中央給去年舉行第五次全國代表大會以來，差不多沒有一時一刻不在救亡工作上用心，也沒有一時一刻不在救亡工作上用力，今天大會對這案說毋庸另有決議案，一方面固然由于提案本身的手續沒有完備，一方面也因爲這幾年西南同志與中央太隔膜完全不明白中央的情形，所以才有這個提案，現在乘這個機會，來盡情說明以上我們的意見，我們臨到這個國難嚴重關頭，不僅是我們中央委員，有這種心理，就是全國的小學生，都念念不忘，這一句話可以說凡是中國人，誰都知道救亡，誰都知道禦侮，但是禦侮救亡，應採取怎樣的步驟，最重要的在定一個明白限度，以爲決定國策的標準，這個最低限度，就是去年全國代表大會所決定的「和平未到完全絕望時期，決不放棄和平，犧牲未到最後關頭，亦不輕言犧牲」幾句話，這幾句話或者兩廣方面還沒有明白，以爲怎樣才算非放棄和平不可的最低限度，怎樣才算是最後的關頭，這是我們許多不來中央的同志，不明白中央方針的所在，我再把這幾句

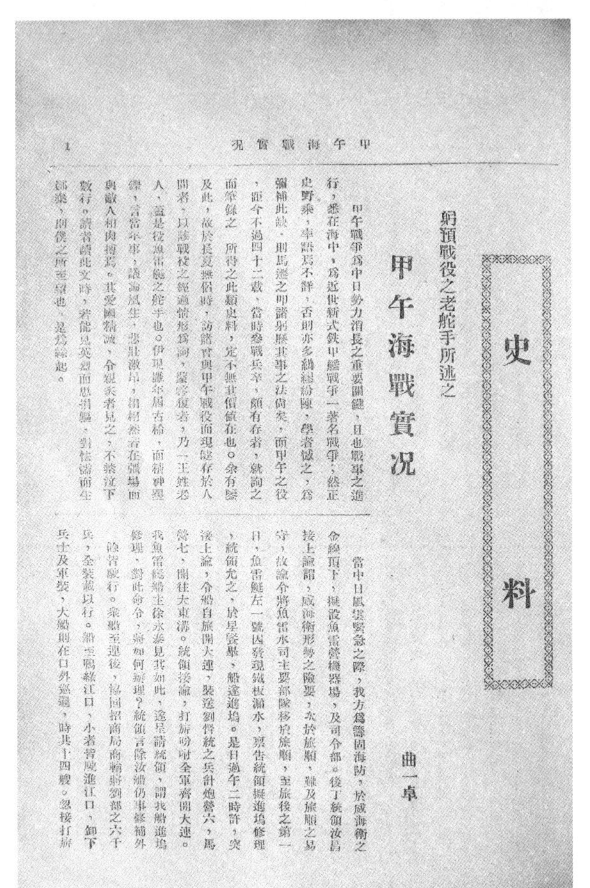

史料

甲午海戰實況

躬預戰役之老舵手所述之

曲一卓

甲午戰爭爲中日勢力消長之重要關鍵，且也戰事之進行，悉在海中，爲近世新式鐵甲艦戰爭一著名戰爭；然正史野乘，率語焉不詳，否則亦多紕繆紛陳，學者憾之，爲彌補此缺，則馬遷之叩諸躬歷其事之法尚矣，而甲午之役，距今不過四十二載，當時參戰兵卒，頗有存者，就詢之而筆錄之　所得之此類史料，定不無其價值在也。余有鑒及此，故於長夏無侶時，訪諸曾與甲午戰役而現健存於人間者，以該戰役之經過情形爲詢，鑿鑿復者，乃一王姓老人，蓋是役魚雷艇之舵手也○伊現雖年屆古稀，而精神矍鑠，言當年事，議論風生，悲壯激昂，likewise 樹然若在疆場而與敵人相肉搏焉。其愛國精誠，令親炙者見之，不禁泣下數行。讀者讀此文時，若能見英烈而思捐軀，對怯懦而生恥棄，則僕之所至望也，是爲緣起。

當中日風雲緊急之際，我方爲鞏固海防，於威海衛之金線頂下，擬設魚雷營機器場，及司令部。後丁統領汝昌接上諭謂，威海衛形勢之險要，亦於旅順，雖及旅順之易守，故諭令將魚雷水司主要部隊移於旅順，至旅後之第一日，魚雷艇左一號因發現鐵板漏水，稟告統領擬進塢修理，統領允之，於是發舉，船遂進塢。是日過午二時許，突接上諭，令船自旅開大連，裝送劉督統之兵計炮營六，馬營七，開往大東溝。統領接諭，打旗吩咐全軍齊開大連。我魚雷艇艙主徐永泰見其如此，遂呈請統領，謂我船進塢修理，對此命令，當如何辦理？統領言除汝艙仍事修補外，餘皆駛行。除船至連後，協同招商局商輪將劉部之六千兵，全裝載以行。船至鴨綠江口，小者皆駛進江口，卸下兵士及軍裝，大船則在口外巡邏，時共十四艘。忽接打旗

◉學行月刊投稿簡章

（一）本刊歡迎下列稿件
（一）關於社會科學者；
（二）關於自然科學者；
（三）插畫與照片
（一）投寄稿件文言白話皆可，惟須繕寫清楚並加新式標點符號。
（一）投寄稿件登載與否，概不退還；惟長篇在三千字以上者，不在此例。
（一）投寄稿件登載後酌酬稿費或本月刊若干份。
（一）投寄稿件經登載後，除與本社有特別約定者外，其著作權即歸本社所有。
（一）本社對於投寄稿件有增刪權。
（一）投寄稿件請逕交濟南齊魯大學內學行月刊社。

廣告價目

地位	全頁	二分之一	四分之一
封面內外	五〇元	三〇元	二十元
正文前後	四〇元	二五元	十五元

廣告概用白紙黑字，如用色彩者，價目另議。銅鋅木版，概由自備。連登多期，價目從廉。

學行月刊

（第一卷第三期）

民國二十五年八月一日出版

編輯者　學行月刊社　濟南齊魯大學內
發行者
總經售處　新濟南雜誌社　濟南芙蓉街甲三十六號
印刷者　華北印刷局　濟南普利門外路北

每月出版一冊　全年十二冊
每月一日發行

定價表

零售	預定半年	預定全年
一冊	六冊	十二冊
二角	一元一角	二元

郵費在內

期刊之部（二）

莱阳中学月刊

莱阳县立中学学生自治会编　编者刊　莱阳　1936 年 8 月 ~ 1937 年 6 月　1 期 ~ 4 期　月刊　26cm

该刊为中学校刊。主要刊登文艺小品、诗歌、校园动态及师生撰写的论文。该刊有脱期现象，在第 3 期编辑对脱期原因有所说明：“既不是因为稿子的缺乏，也不是为了经济的困难，而是因为莱阳县仅有的昌阳印局的工作繁忙，无暇来印我们这似乎不关紧要的月刊。”

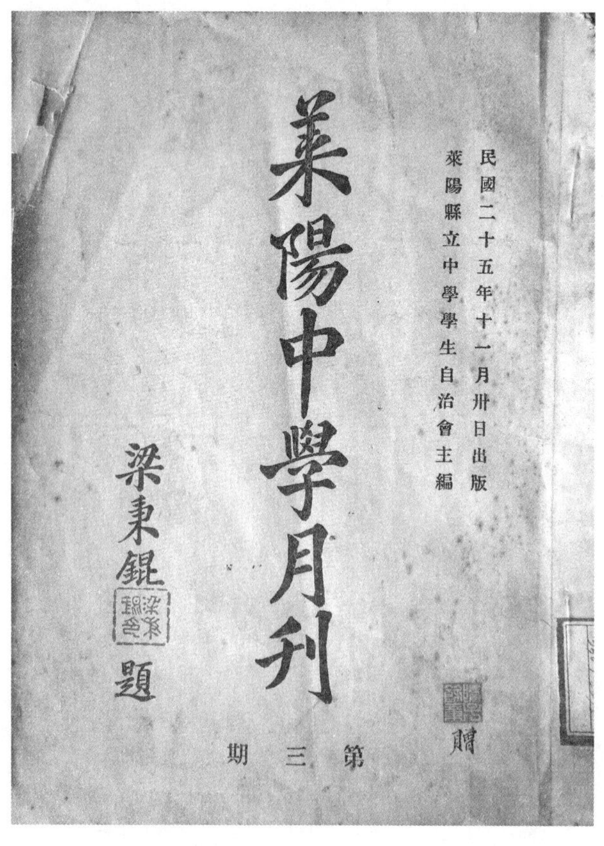

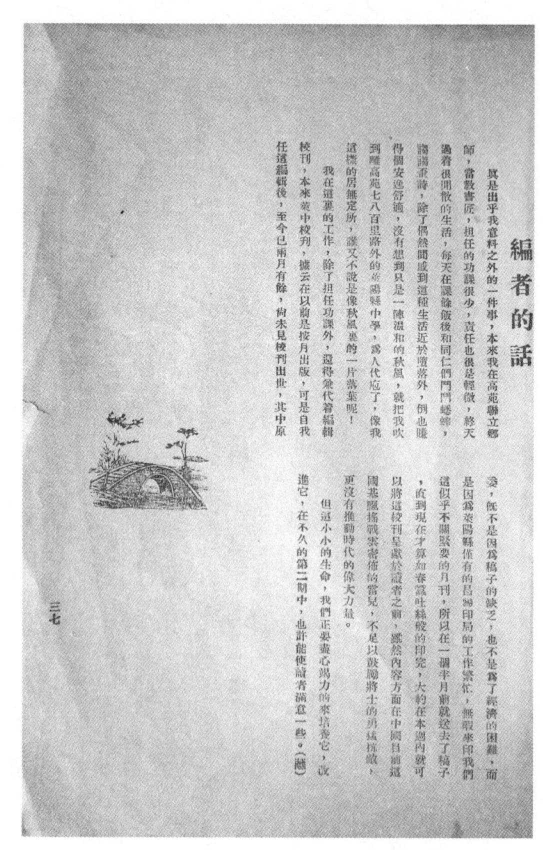

編者的話

眞是出乎我意料之外的一件事，本來我在高苑聯立鄉師，當教書匠，担任的功課很少，責任也很是輕微，終天過着很閒散的生活，每天在課餘飯後和同仁們鬥鬥蟋蟀，謅謅歪詩，除了偶然間感到這種生活近於墮落外，倒也賺得個安逸舒適，沒有想到只是一陣溫和的秋風，就把我吹到離高苑七八百里路外的萊陽縣中學，爲人代庖了，像我這樣的居無定所，誰又不說是像秋風裏的一片落葉呢！

我在這裏的工作，除了担任功課外，還得兼代着編輯校刊，本來萊中校刊，據云在以前是按月出版，可是自我任這編輯後，至今已兩月有餘，尚未見校刊出世，其中原委，既不是因爲稿子的缺乏，也不是爲了經濟的困難，而是因爲萊陽縣僅有的昌陽印局的工作繁忙，無暇來印我們這似乎不關緊要的月刊，所以在一個半月前就送去了稿子，直到現在才算如春蠶吐絲般的印完，大約在本週內就可以將這校刊呈獻於讀者之前，雖然內容方面在中國目前這國基飄搖戰雲密佈的當兒，不足以鼓勵將士的勇猛抗敵，更沒有推動時代的偉大力量。

但這小小的生命，我們正要盡心竭力的來培養它，改進它，在不久的第二期中，也許能使讀者滿意一些。（編）

三七

黄县行政公报

山东黄县县政府编　编者刊　黄县　1936年9月15日～［1937年］［总期数不详］　半月刊　25cm

该刊是国民党黄县政府主办的刊物。以公布中央暨本省本县法规、命令及记载本县各项行政事务，增进行政效率为宗旨。栏目有《法规》《命令》《公牍》《会议纪录》《例件表》《附录》。内容包括各种法规、规程、命令、公牍、各项会议记录及例行文件表等。

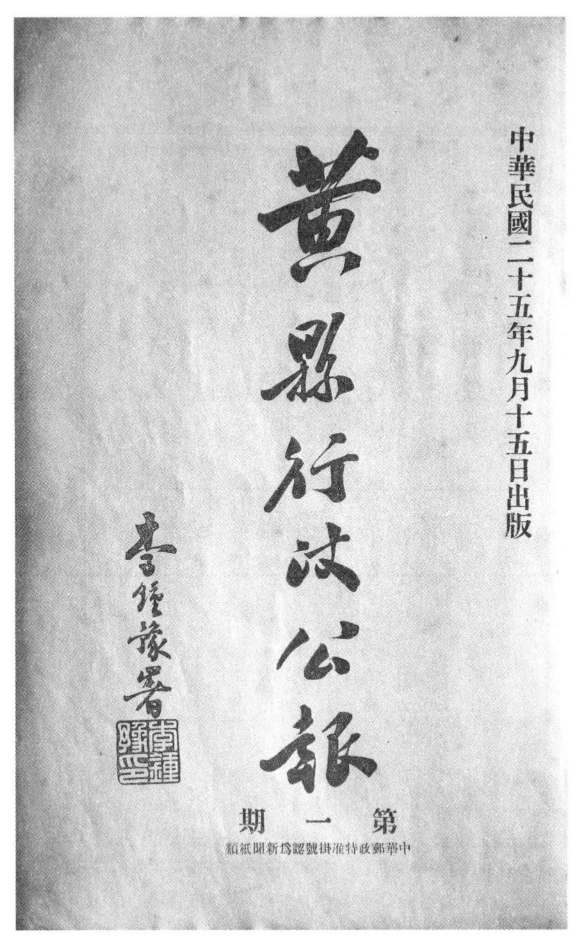

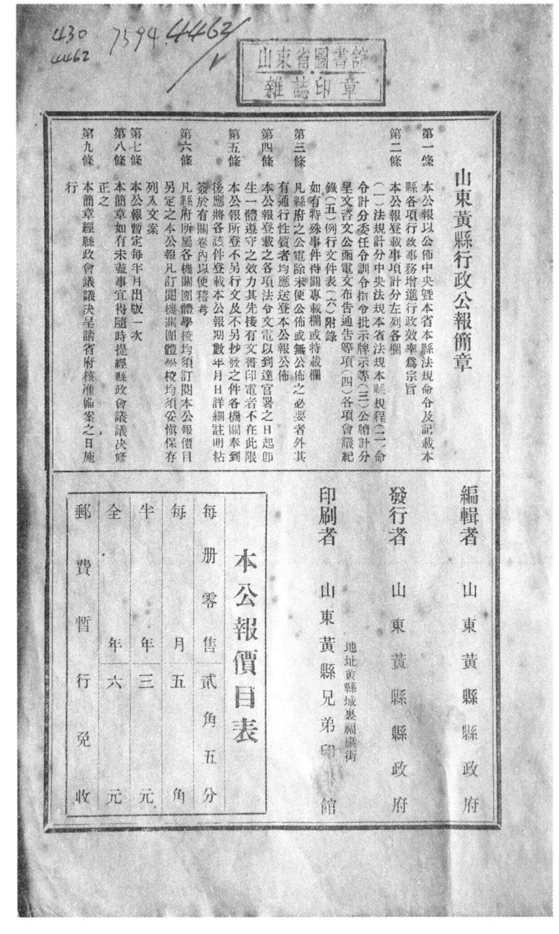

山東黃縣行政公報簡章

第一條　本公報以公佈中央暨本省本縣法規命令及記載本縣各項行政事務增進行政效率爲宗旨

第二條　本公報登載事項計分左列各欄

（一）法規計分中央法規本省法規本縣規程（二）命令計分委任令訓令指令批示牌示等（三）公牘計分呈文咨文公函電文布告通告等項（四）各項會議紀錄（五）例行文件表（六）附錄

如有特殊事件得闢專載欄或特載欄

第三條　凡縣府之公電除未便公佈或無公佈之必要者外其有通行性質者均應送登本公報公佈

第四條　本公報登載之各項法令文電以到達官署之日起即生一體遵守之效力其先接有文書印電者不在此限

第五條　本公報所登不另行文及不另抄發之件各機關奉到後應將各該件登載本公報期數年月日詳細註明粘簽於有關卷內以便稽考

第六條　凡縣府所屬各機關團體學校均須訂閱本公報價目另定之本公報凡訂閱機關團體學校均須妥愼保存列入文案

第七條　本公報暫定每半月出版一次

第八條　本簡章如有未盡事宜得隨時提經縣政會議議決修正之

第九條　本簡章經縣政會議議決呈請省府核准備案之日施行

編輯者　山東黃縣縣政府

發行者　山東黃縣縣政府

印刷者　山東黃縣兄弟印[illegible]館　地址黃縣城裏福祿街

本公報價目表

每冊零售	貳角五分
每月	五角
半年	三元
全年	六元
郵費暫行免收	

山东工商月报

山东工商月报社编　编者刊　济南　1936年10月10日～1937年5月　1期～［6期］　月刊　26cm

该刊是山东工商业行业专刊。《创刊辞》中写到："总理三民主义有云：'实业救国'吾人应群策群力，共谋发展工商实业，杜绝列强经济侵略。鲁省交通水陆便利，农工商实业之发达与否，关系民生经济重要。余鉴及此，乃发行——山东工商月报——呈蒙中央内政部中宣会发给登记证后。"该刊主要刊登关于工商实业及经济方面的评论、新闻、调查和统计等，并有部分文艺作品。

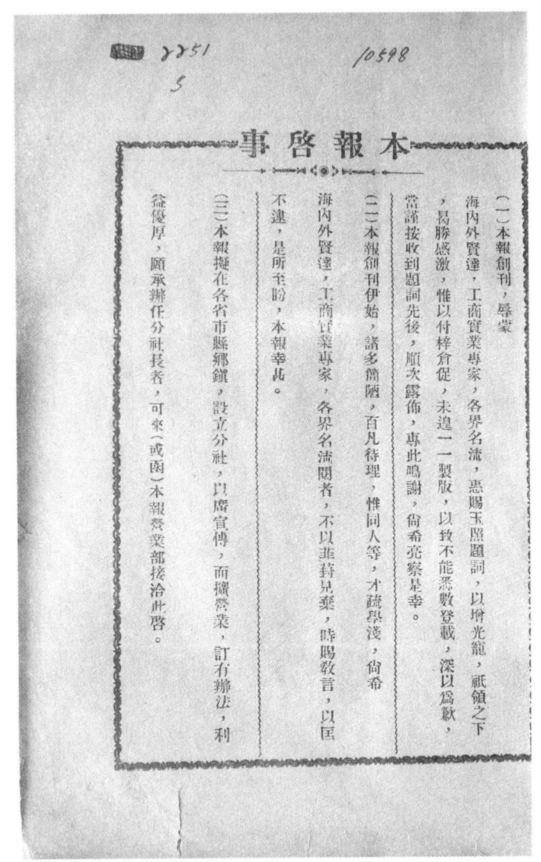

本報啓事

（一）本報創刊，辱蒙海內外賢達，工商實業專家，各界名流，惠賜玉照題詞，以增光寵，祇領之下，曷勝感激，惟以付梓倉促，未遑一一製版，以致不能悉數登載，深以爲歉，當謹按收到題詞先後，順次露佈，專此鳴謝，尙希亮察是幸。

（二）本報創刊伊始，諸多簡陋，百凡待理，惟同人等，才疏學淺，尙希海內外賢達，工商實業專家，各界名流閱者，不以菲葑見棄，時賜教言，以匡不逮，是所至盼，本報幸甚。

（三）本報擬在各省市縣鄉鎮，設立分社，以廣宣傳，而擴營業，訂有辦法，利益優厚，願承辦任分社長者，可來（或函）本報營業部接洽此啓。

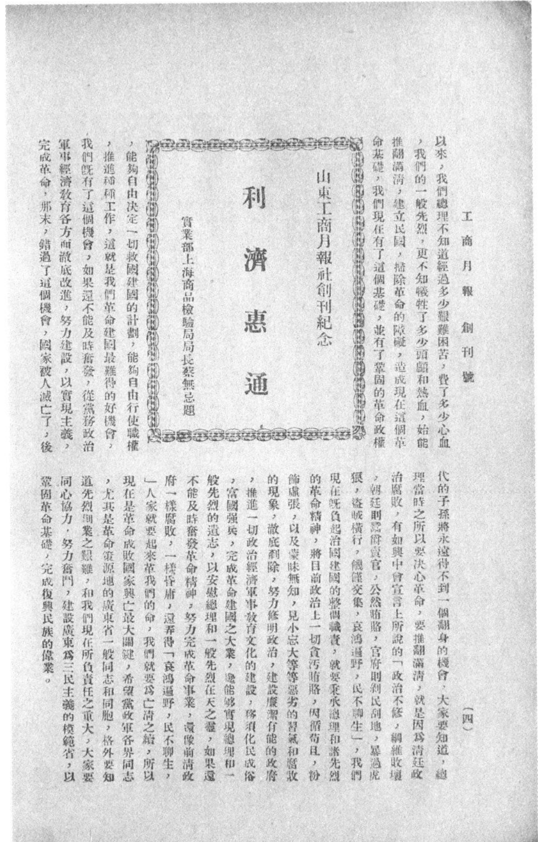

工商月報創刊號　（四）

山東工商月報社創刊紀念

利濟惠通

實業部上海商品檢驗局局長蔡無忌題

以來，我們總理不知道經過多少艱難困苦，費了多少心血，我們的一般先烈，更不知犧牲了多少頭顱和熱血，始能推翻滿清，建立民國，掃除革命的障礙，造成現在這個革命基礎，我們現在有了這個基礎，並有了鞏固的革命政權，能夠自由決定一切救國建國的計劃，能夠自由行使職權，推進種種工作，這就是我們革命建國最難得的好機會，我們既有了這個機會，如果還不能及時奮發，從黨務政治軍事經濟教育各方面澈底改進，努力建設，以實現主義，完成革命，那末，錯過了這個機會，國家被人滅亡了，後代的子孫將永遠得不到一個翻身的機會，大家要知道，總理當時之所以要決心革命，要推翻滿清，就是因爲清廷政治腐敗，有如興中會宣言上所說的「政治不修，綱維敗壞，朝廷則鬻爵賣官，公然賄賂，官府則剝民刮地，暴過虎狼，盜賊橫行，饑饉交集，哀鴻遍野，民不聊生」，我們現在既負起治國建國的整個職責，就要秉承總理和諸先烈的革命精神，將目前政治上一切貪污賄賂，因循苟且，粉飾虛張，以及蒙昧無知，見小忘大等等惡劣的習氣和腐敗的現象，澈底剷除，努力修明政治，建設廉潔有能的政府，推進一切政治經濟軍事教育文化的建設，務須化民成俗，富國強兵，完成革命建國之大業，纔能夠實現總理和一般先烈的遺志，以安慰總理和一般先烈在天之靈，如果還不能及時奮發革命精神，努力完成革命事業，還像前清政府一樣腐敗，一樣昏庸，還弄得「哀鴻遍野，民不聊生」，人家就要起來革我們的命，我們就要爲亡清之續，所以現在是革命成敗國家興亡最大關鍵，希望黨政軍各界同志，尤其是革命策源地的廣東省一般同志和同胞，格外要知道先烈創業之艱難，和我們現在所負責任之重大，大家要同心協力，努力奮鬥，建設廣東爲三民主義的模範省，以鞏固革命基礎，完成復興民族的偉業。

投稿簡章

（一）凡關於工商實業，及經濟等項新聞。或調查統計。參觀記，文言語體均可。

（二）投稿須繕寫清楚。並自加標點符號。不得兩面繕寫。

（三）投寄譯稿，須附記原本。如原本不便附寄。請將原書題目。著者姓名。出版日期。及地點。詳細叙明。以便查核。

（四）稿末請註明姓名住址。以便通信。至揭載時。如何署名。聽投稿者自定。

（五）投稿揭載與否。不能豫復。原稿亦概不檢還。但長篇在五十字以上者。如經預先聲明。並附有詳細住址及回件郵費者。不在此限。

（六）投稿一經刊載。從優酬金。或贈本報。長篇小說另議。

（七）投稿經揭載後。著作權爲本報所有。若尚未揭載而先在他報發表者。槪不致酬。

（八）投稿本報編輯得酌量增刪。但投稿人不願增刪者可預先聲明。

（九）投稿請寄濟南市西門大街路北二十六號。山東工商月報社編輯部。信封上書「新聞稿」三字。

月報價目

零售每冊	半年六冊	全年十二冊
四角	二元	四元

一、本報每月出版一次。於十日發行。郵費在外。

一、各種新聞報及雜誌欲與本報交換者請來函接洽。

廣告刊例

地位＼面價	全面	半面	四分之一	八分之一
封皮裏面	二十元	十元	六元	三元
底頁外面	二十元	十元	六元	三元
正文後	十三元	七元	四元	二元

注意　此表每一期價目。如登六期以上者八折。全年以上者六折。但係用白紙黑字。如繪圖製版色紙彩印。長期刊登。價目另議，

山東工商月報創刊號
中華民國二十五年十月十日出版
編輯者　山東工商月報社　濟南西門大街二十六號　電話二千二百零二號
發行者　山東工商月報社
印刷者　工商月報印刷部

教师与农民半月刊

教师与农民编刊社编　编者刊　济南　1937 年 1 月～1937 年 6 月　1 期～11 期　半月刊　26cm

该刊为乡村教育刊物。主要反映乡村教育与教师问题，报告农村情形，介绍农业技术、描写个人生活实感。同时也刊登时事评论、时事纪要、教育动态、法律及医药常识问答。

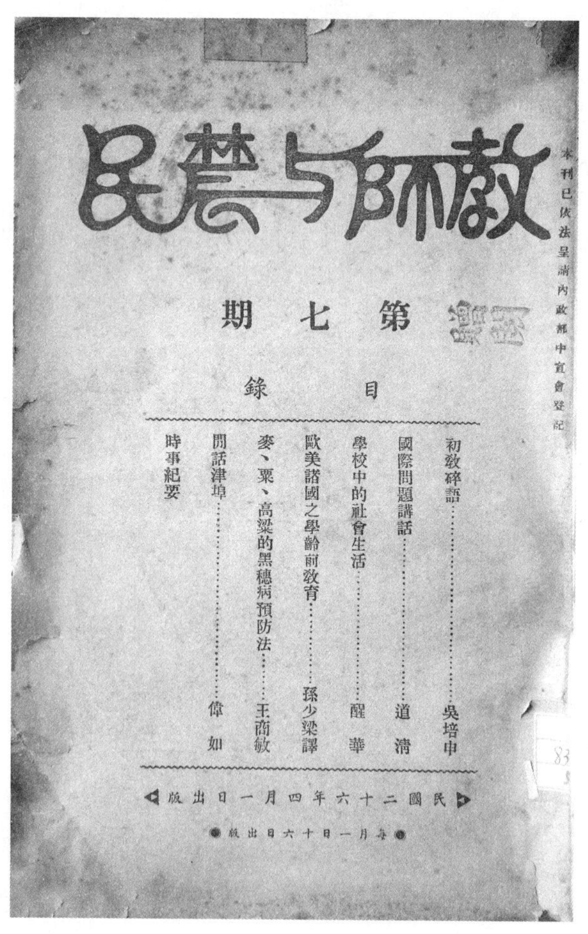

教師與農民

本刊已依法呈請內政部中宣會登記

第七期

目錄

民國二十六年四月一日出版

每月一日十六日出版

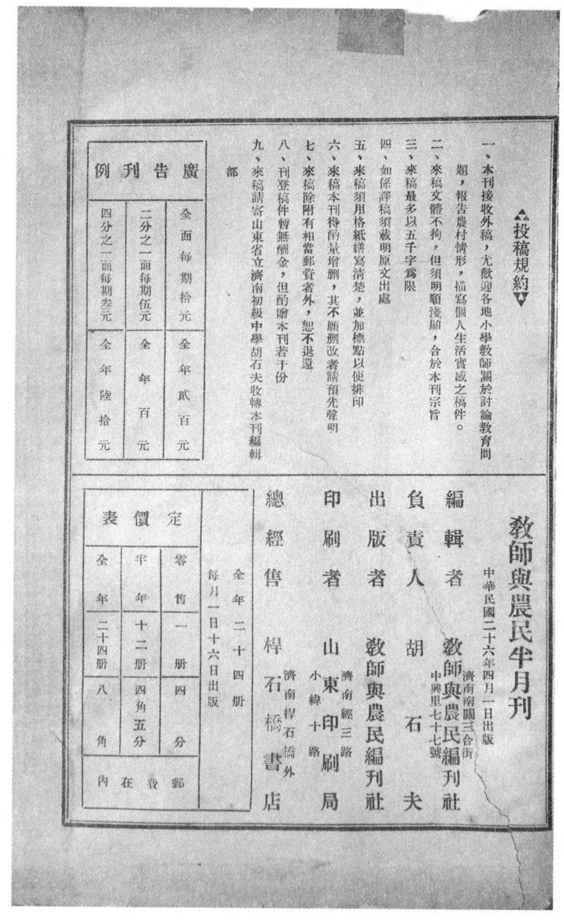

投稿規約

一、本刊接收外稿，尤歡迎各地小學教師關於討論教育問題，報告農村情形，描寫個人生活實感之稿件。

二、來稿文體不拘，但須明順淺顯，合於本刊宗旨

三、來稿最多以五千字爲限

四、如係譯稿須載明原文出處

五、來稿須用格紙繕寫清楚，並加標點以便排印

六、來稿本刊得酌量增删，其不願删改者請預先聲明

七、來稿除附有相當郵資者外，恕不退還

八、刊登稿件暫無酬金，但酌贈本刊若干份

九、來稿請寄山東省立濟南初級中學胡石夫收轉本刊編輯部

廣告刊例	
全面每期拾元	全年貳百元
二分之一面每期伍元	全年百元
四分之一面每期叁元	全年陸拾元

教師與農民半月刊

中華民國二十六年四月一日出版

編輯者　教師與農民編刊社　濟南南關三合街中興里七十七號

負責人　胡石夫

出版者　敎師與農民編刊社

印刷者　山東印刷局　濟南經三路小緯十路

總經售　桿石橋書店　濟南桿石橋外

全年二十四冊

每月一日十六日出版

定價表		
零售	一冊	四分
半年	十二冊	四角五分
全年	二十四冊	八角
郵費在內		

山东省立乡建专校附设乡村师范学校同学会会报

济南乡师同学会编　编者刊　济南　1937 年 1 月～［终刊日期不详］［总期数不详］［刊期不详］　25cm

该刊主要是对中华乡村工作途径、个人进修问题以及同学的思想、行动、全面生活的剖露及研讨。会报第一期主要刊登本会职员及本校教职员情况、毕业同学及在校同学生活概况等。

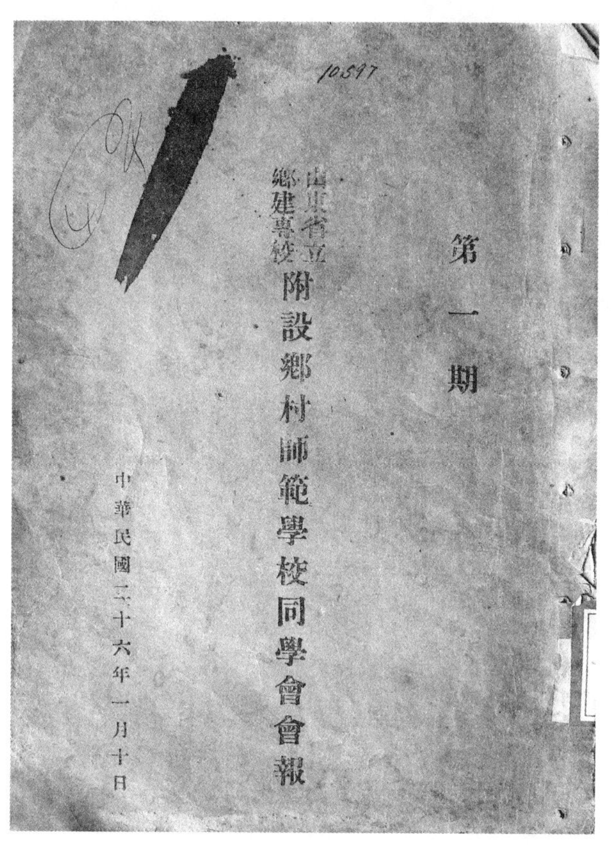

山東省立鄉建專校附設鄉村師範學校同學會會報

第一期

中華民國二十六年一月十日

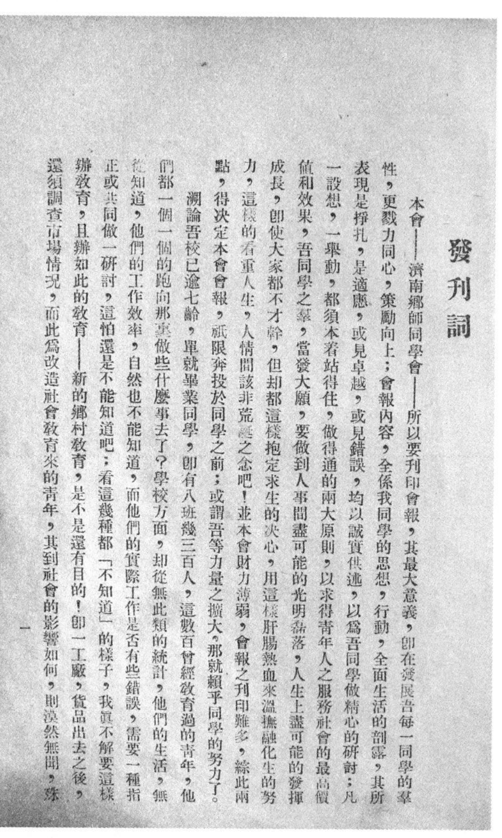

發刊詞

本會——濟南鄉師同學會——所以要刊印會報，其最大意義，卽在發展吾每一同學的摹性，更戮力同心，策勵向上；會報內容，全係我同學的思想，行動，全面生活的剖露，其所表現是掙扎，是適應，或見卓越，或見錯誤，均以誠實供述，以爲吾同學做精心的研討；凡一設想，一舉動，都須本着站得住，做得通的兩大原則，以求得青年人之服務社會的最高價值和效果，吾同學之羣，當發大願，要做到人事間盡可能的光明磊落，人生上盡可能的發揮成長，卽使大家都不才幹，但却都這樣抱定求生的決心，用這樣肝腸熱血來溫撫融化生的努力，這樣的看重人生，人情間該非荒謬之念吧！並本會財力薄弱，會報之刊印難多，綜此兩點，得決定本會會報，祇限奔投於同學之前；或謂吾等力量之擴大，那就賴乎同學的努力了。

溯論吾校已逾七齡，單就畢業同學，卽有八班幾三百人，這數百曾經敎育過的青年，他們都一個一個的跑向那裏做些什麼事去了？學校方面，却從無此類的統計，他們的生活，無從知道，他們的工作效率，自然也不能知道，而他們的實際工作是否有些錯誤，需要一種指正或共同做一研討，這怕還是不能知道吧；看這幾種都「不知道」的樣子，我真不解要這樣辦敎育，且辦如此的敎育——新的鄉村敎育，是不是還有目的！卽一工廠，貨品出去之後，還須調查市場情況，而此爲改造社會敎育來的青年，其到社會的影響如何，則漠然無聞，殊

一

山东省立乡村建设专科学校校刊

山东省立乡村建设专科学校校刊社编　编者刊　济南　1937 年 4 月～1937 年 6 月　1 期～4 期　半月刊　27cm

该刊以对外报告校务概况，对内使教职员及学生了解学校各部工作情形为宗旨。内容以刊登本校及附设高级农职、简易乡师、实验农场和实习区的文告、行政消息、工作计划、报告、会议纪录与记叙各种活动情形的文字为原则。栏目有《文告》《校闻》《专载》《附录》。

中華民國二十六年四月二十三日

山東省立鄉村建設專科學校校刊

第一期

山東省立鄉村建設專科學校校刊社出版

本期要目

文告

山東省立鄉村建設專科學校佈告第十號

為佈告事：案奉

山東省政府教育廳總14第三四四號訓令內開：

「案准省政府秘書處二十六年三月廿四日底銓字第一二一一號公函內開：「奉主席諭：各機關牆壁及縣城牆垣應切實禁止亂寫字句或漫塗繪畫，以正觀瞻等因：除由府分令並分函外，相應抄錄原令函達查照辦理，」等因；附抄發銓字第二四零號訓令一件，准此，自應照辦，除分令外，合行抄發原附件，令仰該校遵照辦理為要！此令。」

等因；附抄發省府銓字第二四零號訓令一件，奉此，自應遵辦；除轉飭各部切實規畫辦法認真辦理外，合行抄錄原附件，佈告全校學生，仰即一體恪遵為要，切切！

此佈。

附抄省府銓字第二四零號訓令一件

中華民國廿六年四月 十二 日

校長湯茂如

附省府訓令

山東省政府訓令 銓字第二四〇號

一

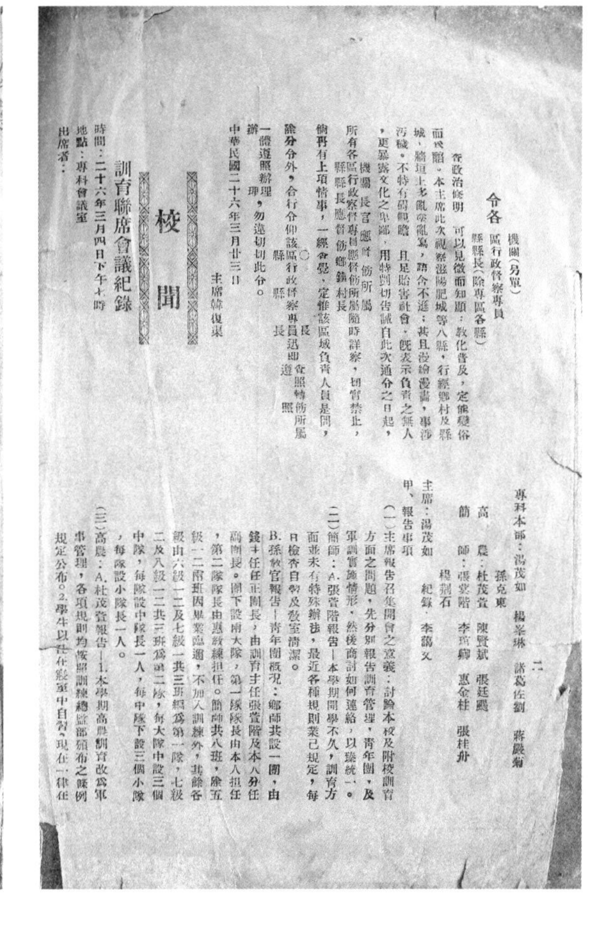

二

令各 機關(另單) 區行政督察專員 縣縣長(除專區各縣)

查政治修明，可以見微而知顯；教化普及，定能變俗而成習。本主席此次視察滋陽肥城等八縣，行經鄉村及縣城，牆垣上多亂寫亂畫，詞令不遜；甚且漫繪漫畫，事涉污穢。不特有礙觀瞻，且足貽害社會，既表示負責之無人，更暴露文化之卑鄙。用特剴切告誡自此次通令之日起，所有各區行政督察專員應督飭所屬隨時詳察，切實禁止，機關長官應即飭所屬 縣縣長應督飭鄉鎮村長 倘再有上項情事，一經發覺，定惟該區域負責人員是問，除分令外，合行令仰該區行政督察專員迅即查照轉飭所屬 縣長 縣長遵照 一體遵照辦理，勿違切切此令。

中華民國二十六年三月廿三日 主席韓復榘

校聞

訓育聯席會議紀錄

時間：二十六年三月四日下午七時

地點：專科會議室

出席者：

專科本部：湯茂如 楊峯琳 諸葛佐劉 蔣嚴菊 孫克東

高農：杜茂萱 陳賢斌 張廷颺

簡師：張萱階 李萬卿 惠金柱 張桂升 楊荊石

主席：湯茂如 紀錄：李鶴文

甲、報告事項

(一)主席報告召集開會之意義：討論本校及附校訓育方面之問題，先分別報告訓育管理，青年團，及軍訓實施情形，然後商討如何連絡，以臻統一。

(二)簡師：A.張萱階報告—本學期開學不久，訓育方面並未有特殊辦法，最近各種規則業已規定，每日檢查自習及教室清潔。

B.孫教官報告—青年團概況：鄉師共設一團，由錢主任任正團長，由訓育主任張萱階及本人分任副團長。團下設兩大隊，第一隊隊長由本人担任，第二隊隊長由惠教練担任。簡師共八班，除五級一二兩班因畢業臨邇，不加入訓練外，其餘各級由六級一二及七級一共三班編為第一隊，七級二及八級一二共三班為第二隊，每大隊中設三個中隊，每隊設中隊長一人，每中隊下設三個小隊，每隊設小隊長一人。

(三)高農：A.杜茂萱報告—1.本學期高農訓育改為軍事管理，各項規則均按照訓練總監部頒布之條例規定公布。2.學生以在自修室中自習，現在一律在

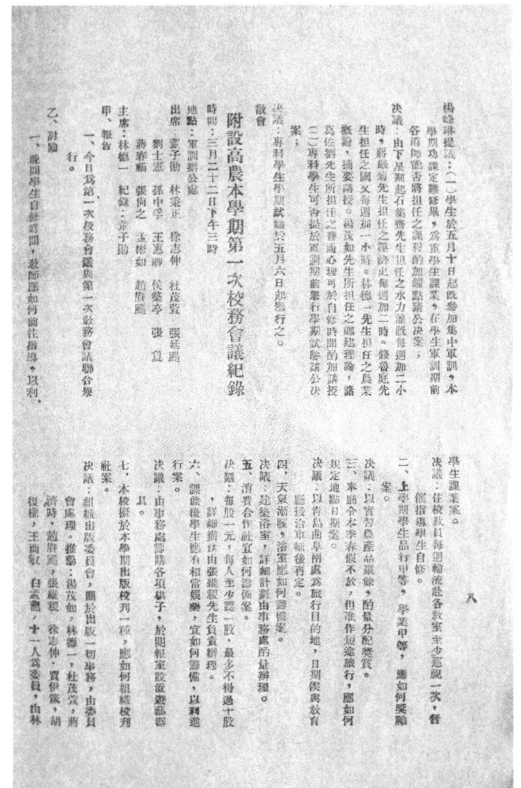

八

楊峯琳提議：(一)學生於五月十日起既參加集中軍訓，本學期功課定難修畢，為重學生課業，在學生軍訓期前各導師能否將担任之課程酌加鐘點請公決案；

決議：由下星期起石集齋先生担任之水力灌溉每週加二小時，蔣嚴菊先生担任之經濟史每週加二時。錢魯庭先生担任之國文每週加一小時。林德一先生担任之農業概論，摘要講授。湯茂如先生所担任之鄉建理論，諸葛佐劉先生所担任之普通心理可於自修時間酌加講授。

(二)專科學生可否提於軍訓期前舉行學期試驗請公決案；

決議：專科學生學期試驗於五月六日起舉行之。

散會

附設高農本學期第一次校務會議紀錄

時間：三月二十二日下午三時

地點：軍訓辦公處

出席：董子勛 林秉正 徐志伸 杜茂萱 張廷颺 劉士憲 孫中孚 王蕙卿 侯築亭 張貞 蔣春楣 張倘之 孟彬如 趙府颺

主席：林德一 紀錄：董子勛

甲、報告

一、今日為第一次校務會議與第一次教務會議聯合舉行。

乙、討論

一、晚間學生自修時間，教師應如何前往指導，以利學生課業案。

決議：住校教員每週輪流赴各教室至少巡視一次，督促指導學生自修。

二、上學期學生品行甲等，學業甲等，應如何獎勵案。

決議：以實習農產品贏餘，酌量分配獎賞。

三、本廳令本季春假不放，但准作短途旅行，應如何規定地點日期案。

決議：以青島曲阜兩處為旅行目的地，日期俟與教育廳接洽車輛後再定。

四、天氣漸暖，浴室應如何籌備案。

決議：建築浴室，詳細計劃由事務處酌量辦理。

五、消費合作社宜如何籌備案。

決議：每股一元，每人至少認一股，最多不得過十股，詳細辦法由張繼稷先生負責辦理。

六、課餘後學生應有相當娛樂，宜如何籌備，以利進行案。

決議：由事務處籌購各項棋子，於閱報室設置遊藝器具。

七、本校擬於本學期出版校刊一種，應如何組織校刊社案。

決議：組織出版委員會，關於出版一切事務，由委員會處理。推舉：湯茂如，林德一，杜茂萱，蔣濟時，趙府颺，張繼稷，徐志伸，賈伊箴，胡復權，王尚叡，白孟龍，十一人為委員，由林

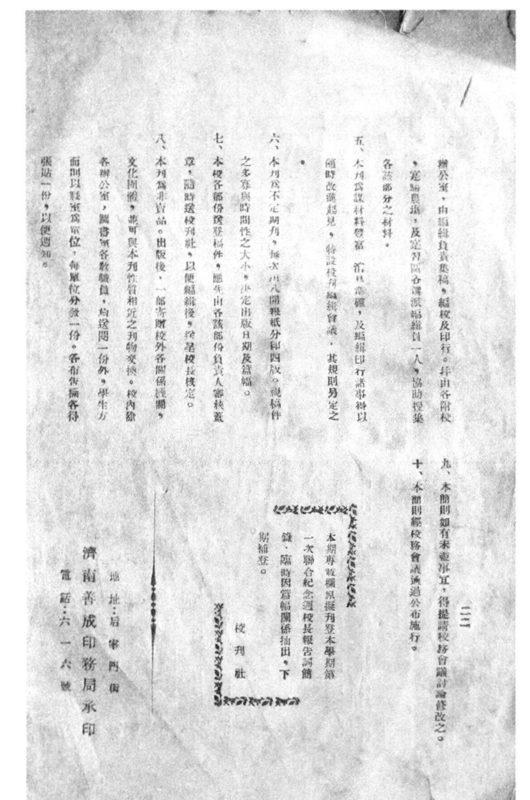

二二

辦公室，由編輯負責集稿，編校及印行。并由各附校，實驗農場，及實習區各選派編輯員一人，協助搜集各該部分之材料。

五、本刊為謀材料豐富，消息靈通，及編輯印行諸事得以隨時改進起見，特設校刊編輯會議，其規則另定之。

六、本刊為不定期刊，每次用八開報紙分印四版。視稿件之多寡與時間性之大小，決定出版日期及篇幅。

七、本校各部份發登稿件，應先由各該部份負責人審核蓋章，隨時送校刊社，以便編輯後，發呈校長核定。

八、本刊為非賣品。出版後，一部寄贈校外各關係機關，文化團體，并可與本刊性質相近之刊物交換。校內除各辦公室，圖書室各教職員，均送閱一份外，學生方面則以寢室為單位，每單位分發一份。各布告欄各得張貼一份，以便週知。

九、本簡則如有未盡事宜，得提請校務會議討論修改之。

十、本簡則經校務會議通過公布施行。

本期專載欄原擬刊登本學期第一次聯合紀念週校長報告詞節錄，臨時因篇幅關係抽出，下期補登。

校刊社

濟南普成印務局承印
地址：后宰門街
電話：六一六號

乡村运动周刊

山东邹平乡村运动周刊社编　编者刊　邹平　1937年4月5日～[1937年9月13日]　1期～24期　周刊　26cm

该刊是乡村建设派主办的综合性刊物之一。1937年4月在邹平县创刊，前13期在邹平县出刊，同年7月1日第14期起迁往济南出版，共出24期，同年9月停刊，16开本。辟有《小言(杂谈)》《修养与服务》《时事述要》《论著》《世界展望》《乡运论坛》《学术讲座》《乡运消息》《书报介绍》《乡村文艺》《工作讨论》《乡村问题》《乡运史料》《译著》等栏目，曾出版《抗议战特刊》。

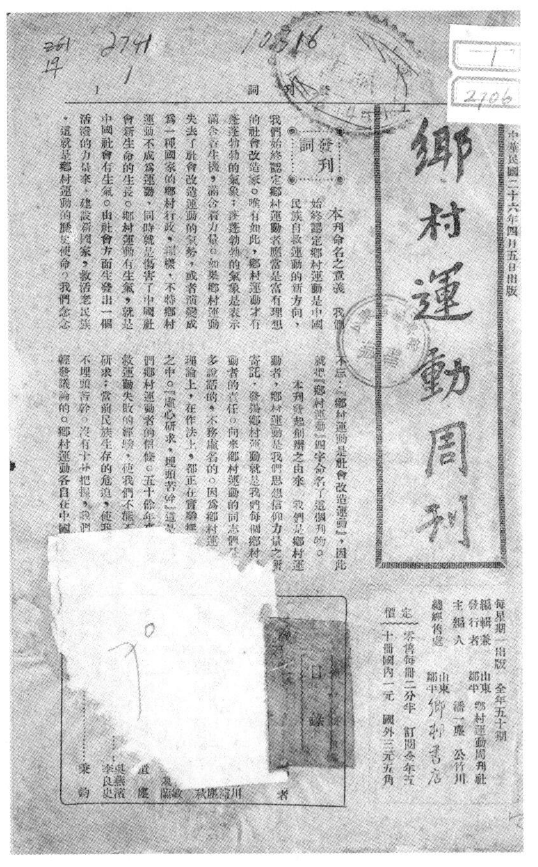

鄉村運動周刊

中華民國二十六年四月五日出版

發刊詞

每星期一出版 全年五十期
編輯兼發行者 山東鄒平鄉村運動周刊社
主編人 潘一塵 公竹川
總經售處 山東鄒平鄉村書店
定價 零售每冊二分半 訂閱全年五十冊國內一元 國外三元五角

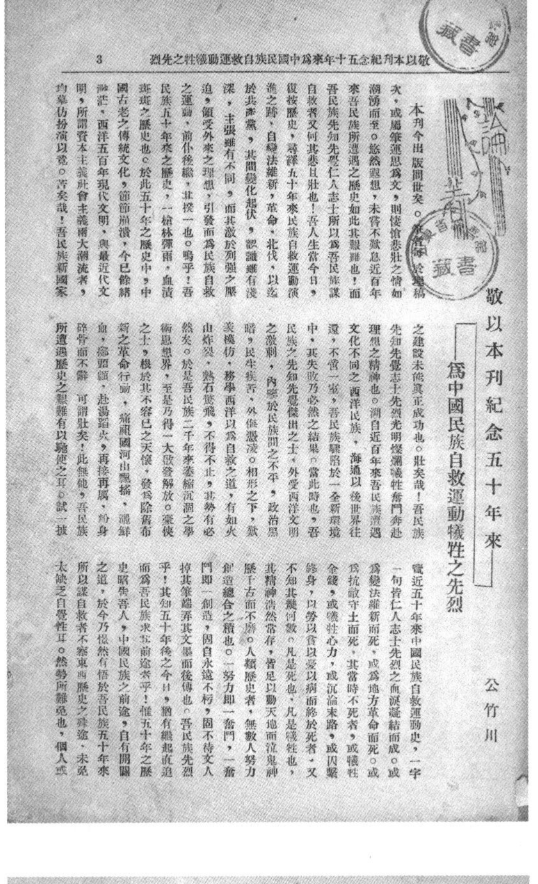

敬以本刊紀念五十年來為中國民族自救運動犧牲之先烈

公竹川

鄉村運動周刊

同志

公竹川

第二期目錄

中華民國二十六年四月十二日出版

本刊第一次社員介紹（本社社員陸續在本刊露布）

性名	通訊處
潘一塵先生	山東鄒平鄉村建設研究院
張俶知先生	同上
黃艮庸先生	同上
秦亦文先生	同上
公竹川先生	同上
方銘竹先生	同上
黎濂玄先生	同上
濮秉鈞先生	同上
張昜仁先生	同上
蕭克木先生	同上
席朝杰先生	同上
懷煥文先生	山東省立第一鄉建師範
葉之樅先生	鄒平一鄉韓家坊村學
孟昭慶先生	鄒平第三鄉鄉學

中華郵政特准掛號認為新聞紙類

本刊投稿簡則

一、來稿文言語體均可，務請分段標點，繕寫清楚。
二、來稿請寫明眞實姓名，住址，以便通訊。
三、本刊內容分欄：
（1）小言、修養與服務、時事述要。（以上各欄不徵外稿）
（2）論著、世界展望、鄉運論壇、學術講座、鄉運消息、書報介紹、鄉村文藝、工作討論、鄉村問題、鄉運史料、評述、教材。（以上各欄，歡迎外間投稿）
四、來稿登載後，略致薄酬或贈送本刊。
五、來稿寄山東鄒平東關東西街九十號鄉村運動周刊社收。

下期目錄預告

警察月刊

青岛市警察局编辑室编　青岛市警察局庶务股［发行］　青岛　1937年4月30日～［终刊日期不详］［总期数不详］　月刊　26cm

1937年4月30日创刊于青岛，社址设在湖北路16号。该刊主要刊登该局发布的各种法令和法规、本年度各时期的业务统计与年度报告，以及有关警务工作等方面的文章。栏目有《法规》《训令》《论著》《特载》《榜示》《公告》《统计》。

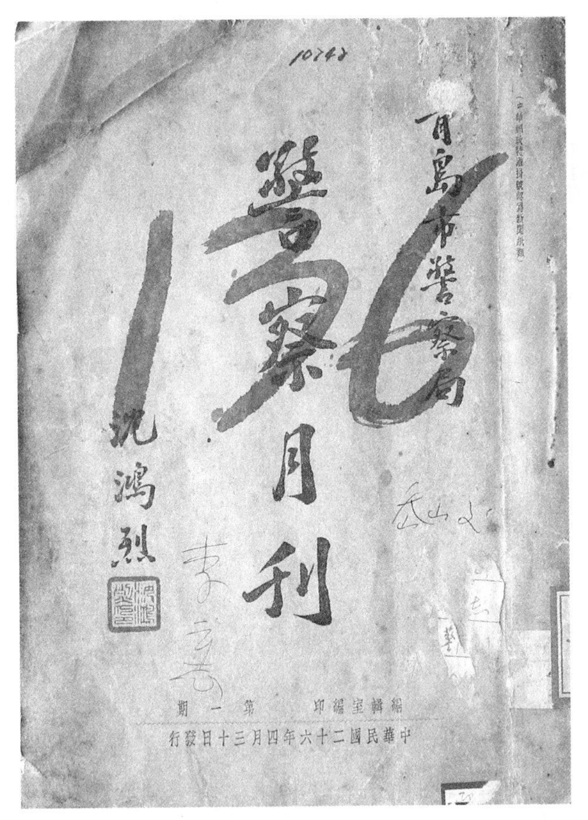

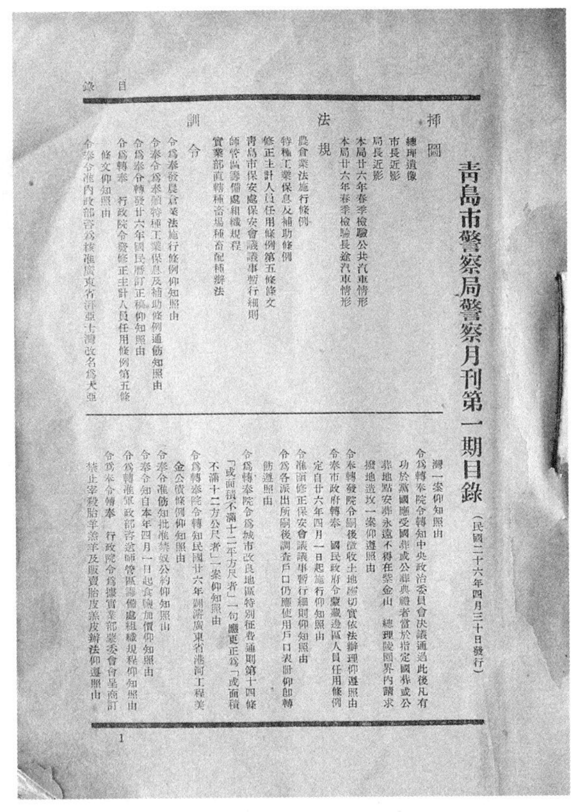

青島市警察局警察月刊第一期目錄（民國二十六年四月三十日發行）

插圖

總理遺像
市長近影
局長近影
本局廿六年春季檢驗公共汽車情形
本局廿六年春季檢驗長途汽車情形

法規

農倉業法施行條例
特種工業保息及補助條例
修正主計人員任用條例第五條條文
青島市保安處保安會議議事暫行細則
師管區籌備處組織規程
實業部直轄種畜場種畜配種辦法

訓令

令爲奉發農倉業法施行條例仰知照由
令奉令爲奉頒特種工業保息及補助條例通飭知照由
令爲奉令轉發廿六年國民曆訂正稿仰知照由
令爲轉奉　行政院令發修正主計人員任用條例第五條條文仰知照由
令奉令准內政部咨爲核准廣東省將惠士灣改名爲大亞灣一案仰知照由
令爲轉奉院令轉知中央政治委員會決議通過此後凡有功於黨國應受國葬或公葬典禮者當於指定國葬或公葬地點安葬永遠不得在紫金山　總理陵園界內請求撥地遺攻一案仰遵照由
令奉轉發院令嗣後徵收土地應切實依法辦理仰遵照由
令奉市政府轉奉　國民政府令蒙藏邊區人員任用條例定自廿六年四月一日起施行仰知照由
令准函修正保安會議議事暫行細則仰知照由
令爲各派出所嗣後調查戶口仍應使用戶口表冊仰即轉飭遵照由
令爲轉奉院令爲城市改良地區特別征費通則第十四條「或面積不滿十二平方尺者」一句應更正爲「或面積不滿十二方公尺者」一案仰知照由
令爲轉奉院令轉知民國廿六年調濟廣東省港河工程美金公債條例仰知照由
令奉令准飭知批准禁奴公約仰知照由
令奉令知自本年四月一日起食鹽加價仰知照由
令爲轉准軍政部咨送師管區籌備處組織規程仰知照由
令爲奉令轉奉　行政院令爲據實業部蒙委會會呈商訂禁止宰殺胎羊羔羊及販賣胎皮羔皮辦法仰遵照由

1

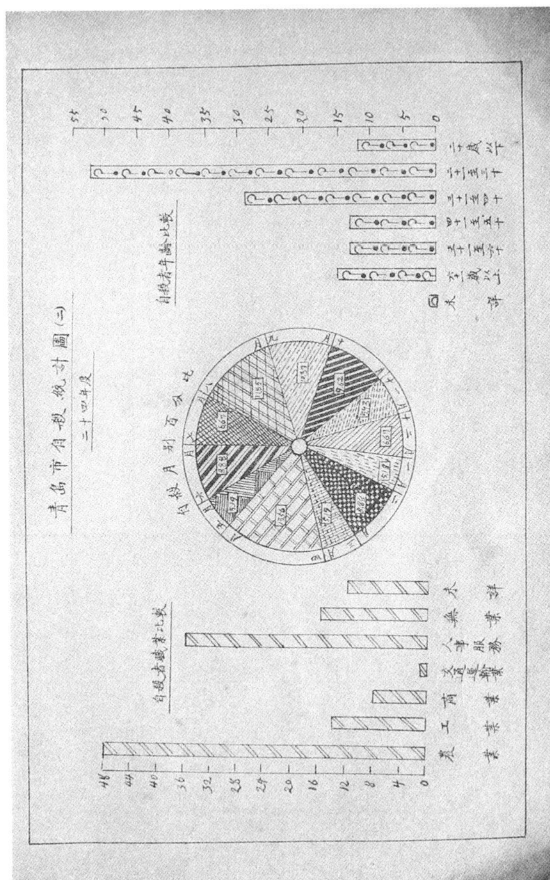

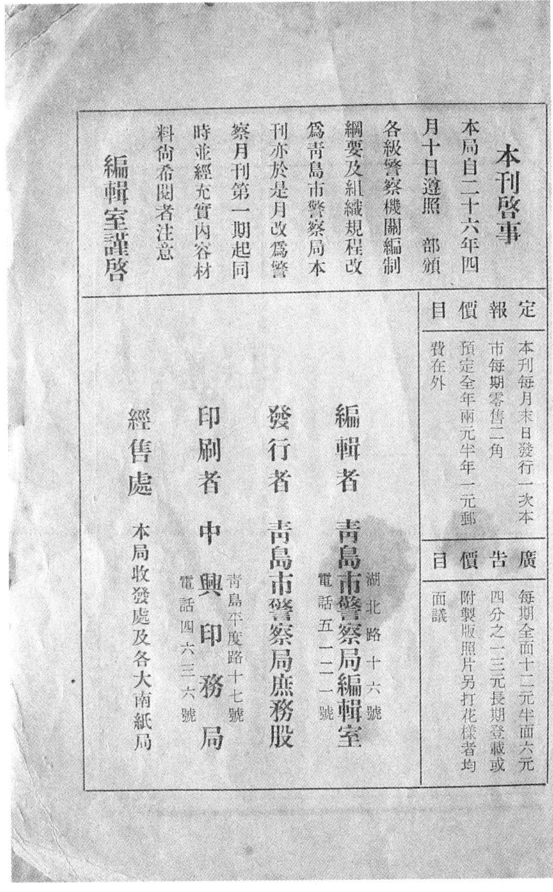

本刊啓事

本局自二十六年四月十日遵照　部頒各級警察機關編制綱要及組織規程改爲青島市警察局本刊亦於是月改爲警察月刊第一期起同時並經充實內容材料尚希閱者注意

編輯室謹啓

定報價目

本刊每月末日發行一次本市每期零售二角預定全年兩元半年一元郵費在外

廣告價目

每期全面十二元半面六元四分之一三元長期登載或附製版照片另打花樣者均面議

編輯者　青島市警察局編輯室　湖北路十六號　電話五一二一號
發行者　青島市警察局庶務股
印刷者　中興印務局　青島平度路十七號　電話四六三六號
經售處　本局收發處及各大南紙局

济南市公署二十七年统计专刊

（伪）济南市公署秘书处编　编者刊　济南　1938 年　总 1 期　年刊　27cm

该刊以图表形式分析伪济南市政府行政概况，分为总务类、财政类、建设类、教育类、畜政类、社会类。数据源于该署各处相关主管部门的调查统计。

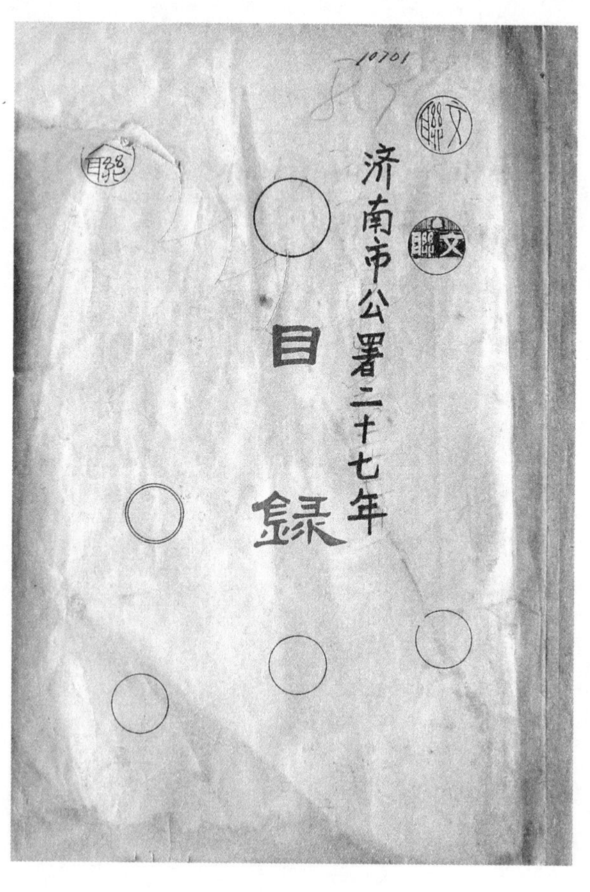

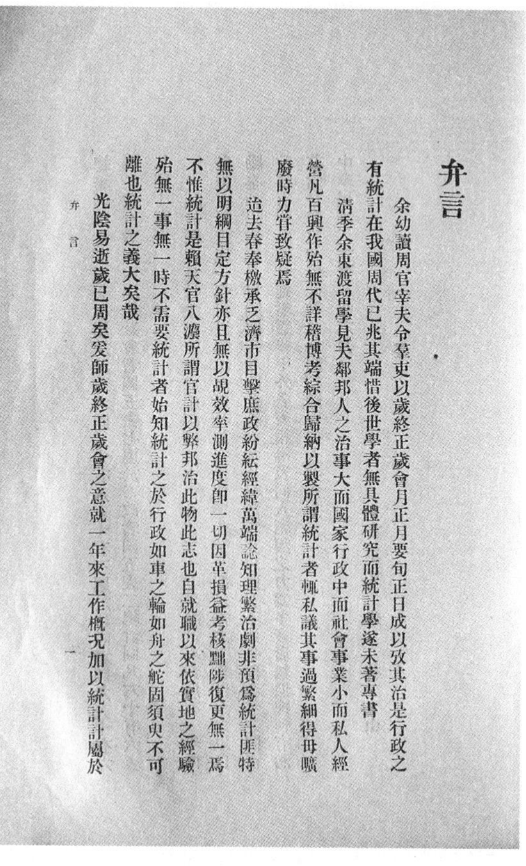

弁言

余幼讀周官宰夫令羣吏以歲終正歲會月正月要旬正日成以攷其治是行政之有統計在我國周代已兆其端惜後世學者無具體研究而統計學遂未著專書

淸季余東渡留學見夫鄰邦人之治事大而國家行政中而社會事業小而私人經營凡百興作殆無不詳稽博考綜合歸納以製所謂統計者輙私議其事過繁細得毋曠廢時力竊致疑焉

迨去春奉檄承乏濟市目擊庶政紛紜經緯萬端諗知理繁治劇非預爲統計匪特無以明綱目定方針亦且無以覘效率測進度即一切因革損益考核黜陟復更無一焉不惟統計是賴天官八灋所謂官計以弊邦治此物此志也自就職以來依實地之經驗殆無一事無一時不需要統計者始知統計之於行政如車之輪如舟之舵固須臾不可離也統計之義大矣哉

光陰易逝歲已周矣爰師歲終正歲會之意就一年來工作概況加以統計計屬於

弁言　一

鲁东月刊

鲁东月刊社编　编者刊　烟台　1938年5月～1939年1月　1卷1期～2卷9期　月刊　26cm

该刊内容有国际时事、经济、军事、历史、山东各县的风土人情、文艺小说及社会、自然科学等。栏目有《论著》《小品》《小说》《译述》《鲁东政闻》等。

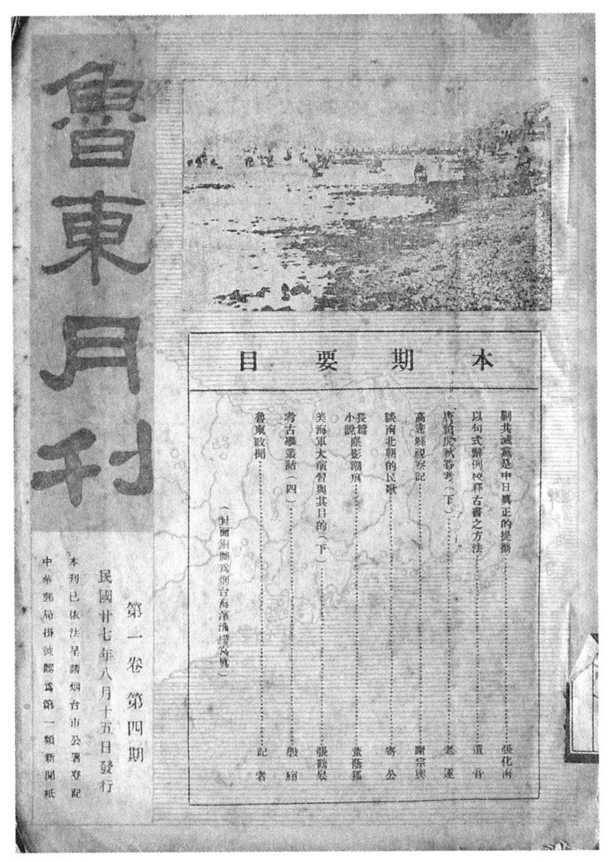

魯東月刊

第一卷　第四期

民國廿七年八月十五日發行

本刊已依法呈請烟台市公署登記

中華郵局掛號認爲第一類新聞紙

本期要目

剿共滅黨是中日真正的提携……張化南

以何式辭例校釋古書之方法……道音

唐詩流派考（下）……老蓮

高密縣視察記……謝宗與

談南北朝的民歌……寄公

長篇小說　塵影潮痕……蕭蔭孤

美海軍大演習與其目的（下）……張鶴皋

考古學叢話（四）……敬廬

魯東政聞……記者

（封面係圖爲烟台海濱漁撈風景）

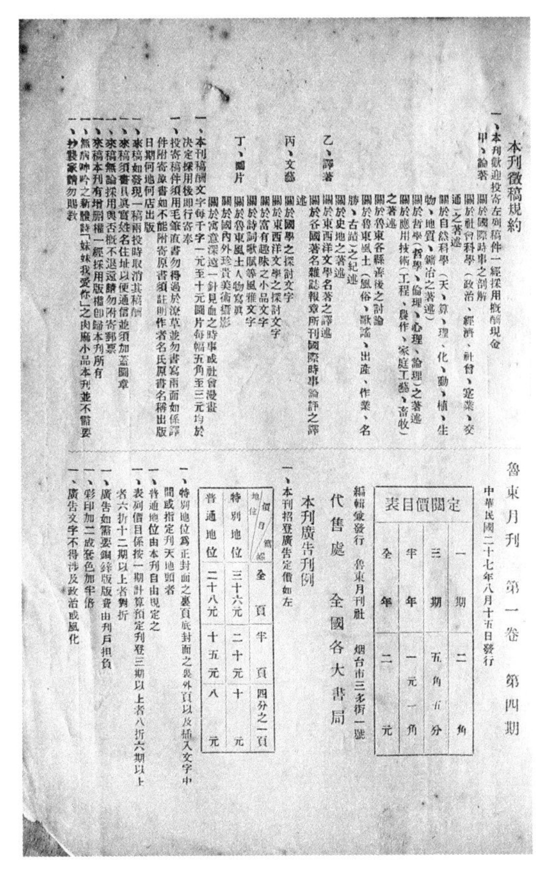

本刊徵稿規約

一、本刊歡迎投寄左列稿件一經採用概酬現金

甲、論著　關於社會科學（政治、經濟、社會、實業、交通）之著述

關於國際時事之剖解

關於自然科學（天、算、理、化、動、植、生物、地質、鑛冶之著述）

關於哲學（哲學、倫理、心理、論理）之著述

關於應用技術（工程、農作、家庭工藝、畜牧）之著述

關於魯東各縣善後之討論

乙、譯著　關於魯東風土（風俗、歌謠、出產、作業、名勝、古蹟）之紀述

關於史地之著述

關於東西洋文學名著之譯述

關於各國著名雜誌報章所刊國際時事論評之譯述

丙、文藝　關於國學之探討文字

關於東西洋文學之探討文字

關於富有趣味之小品文字

關於詩詞歌賦等風雅文字

丁、圖片　關於魯東風土人物寫眞

關於國內外珍貴美術攝影

關於寓意深遠一針見血之時事或社會漫畫

一、本刊稿酬文字每千字一元至十元圖片每幅五角至三元均於決定採用後即行寄奉

一、投寄稿件須用毛筆直書勿得過於潦草並勿書寫兩面如係譯件附寄原書如不能附寄原書須註明作者名氏原書名稱出版日期何地何店出版

一、來稿如發現一稿兩投時取消其稿酬

一、來稿須書具眞實姓名住址以便通信並須加蓋圖章

一、來稿無論採用與否概不退還請勿附寄郵票

一、來稿本刊有增删權一經採用版權即歸本刊所有

一、無病呻吟之新體詩「妹妹我愛你」之肉麻小品本刊並不需要

一、抄襲家請勿賜教

魯東月刊　第一卷　第四期

中華民國二十七年八月十五日發行

定閱價目表

一期	三期	半年	全年
二角	五角五分	一元一角	二元

編輯兼發行　魯東月刊社　烟台市三多街一號

代售處　全國各大書局

本刊廣告刊例

一、本刊招登廣告定價如左

地位／價目／篇幅	全頁	半頁	四分之一頁
特別地位	三十六元	二十元	十元
普通地位	二十八元	十五元	八元

一、特別地位爲正封面之裏頁底封面之裏外頁以及插入文字中間或指定刊天地頭者

一、普通地位由本刊自由規定之

一、表列價目係按一期計算預定刊登三期以上者八折六期以上者六折十二期以上者對折

一、廣告如需要銅鋅版版費由刊戶担負

一、彩印加二成套色加半倍

一、廣告文字不得涉及政治或風化

鲁联卍字旬刊

世界红卍字会全鲁各分会联合救济办事处编　编者刊　济南　1938 年 5 月 ~ 1939 年 3 月　1 期 ~ 7 期　旬刊　26cm

该刊 1938 年 5 月创刊于济南，社址在济南商埠魏家庄民康里 7 号，总编辑灵泳、张星五。以宣道展慈为宗旨，内容不涉政治不分派别，栏目有《道慈阐邃》《研经》《讲演》《道慈纪实》《文苑撷英》《丛载》等。

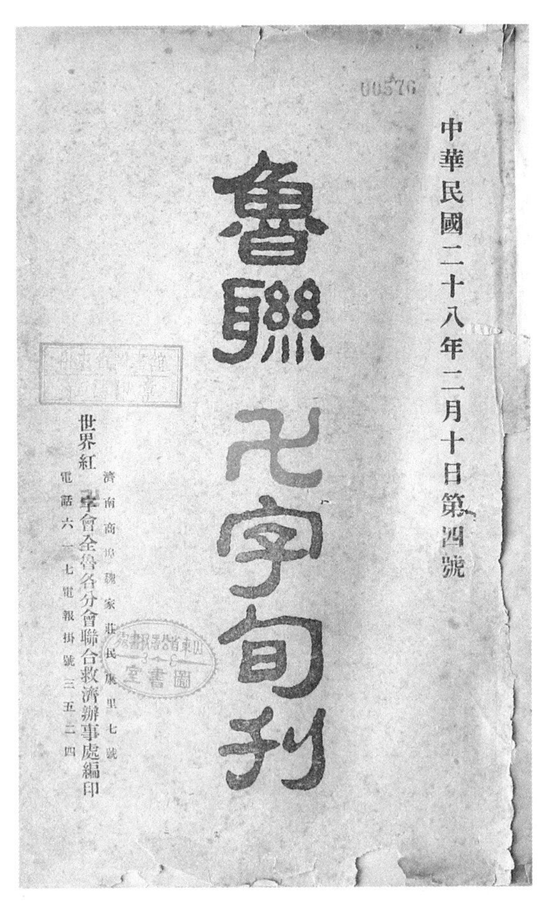

魯聯卍字旬刊

中華民國二十八年二月十日第四號

世界紅卍字會全魯各分會聯合救濟辦事處編印

濟南商埠魏家莊民康里七號

電話六一七電報掛號三五二四

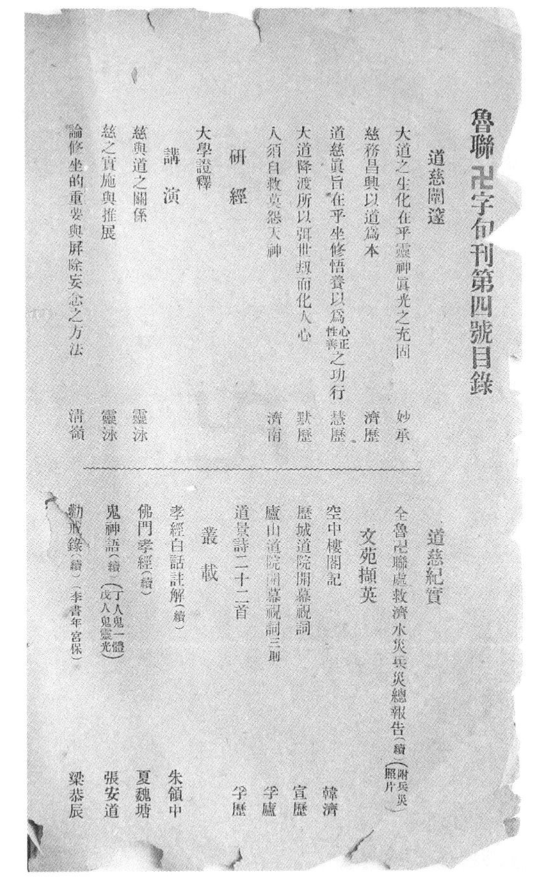

魯聯卍字旬刊第四號目錄

道慈闡達

大道之生化在乎靈神眞光之充固　妙承

慈務昌興以道爲本　濟歷

道慈眞旨在乎坐修悟養以爲心正性齊之功行　慧歷

大道降渡所以弭世刼而化人心　默歷

人須自救莫怨天神　濟南

研經

大學證釋

講演

慈與道之關係　靈泳

慈之實施與推展　靈泳

論修坐的重要與屏除妄念之方法　清嶺

道慈紀實

全魯卍聯處救濟水災兵災總報告（續）（附兵災照片）

文苑擷英

空中樓閣記　韓濟

歷城道院開幕祝詞　宣歷

廬山道院開幕祝詞三則　孚廬

道景詩二十二首　孚歷

叢載

孝經白話註解（續）　朱領中

佛門孝經（續）　夏魏塘

鬼神語（續）（丁人鬼一體 戊人鬼靈光）　張安道

勸戒錄（續）（李書年宮保）　梁恭辰

魯聯卍字旬刊第五號目錄

道慈闡達

闡發眞炁之靜動萦靈　妙承

闡發道慈體用坐修悟行之眞諦　康歷

以佛家慈悲濟世參證大道之內功外行　濟歷

近世科哲宗教之理皆包括於大道之中　默歷

研經

大學證釋（續）

講演

白話講演錄（天人一氣合說 說化刼）　惟翮

心爲形役　罔繄

道慈紀實

全魯卍聯處救濟水災兵災總報告（續）

文苑擷英

勉善賦　昌歷

母院承啓院對聯

賜各方對聯

四戒詩　孚濟

叢載

孝經白話註解（續）　朱領中

佛門孝經（續）　夏魏塘

鬼神語（續）（戊人鬼靈光 己齊魂齊魄）　張安道

勸戒錄（續）（許氏積德）　梁恭辰

本刊啓事

中華民國二十八年二月三十日第六號　出版

（每月三册每册一角五分全年三十六册四元五角）

總編輯　靈泳　張星五

發行者　世界紅卍字會全魯各分會聯合救濟辦事處

會址濟南魏家莊民康里七號

電話六一七號電報掛號三五二四

印刷者　濟南慈濟印刷所

電話一千九百二十二號

住址商埠經二路緯一路

济南市公署旬刊

（伪）济南市公署秘书室编　编者刊　济南　1938 年 5 月 10 日～1940 年 10 月　1 卷 1 期～30 卷 88 期　旬刊　27cm　由《济南市政公报》替代

该刊主要公布法规，刊登公文及工作报告、讲演材料，宣扬“中日亲善”和所谓“东亚新秩序”，反对共产党，反对人民抗战。栏目有《法规》《公牍》《财政》《建设》《教育》《统计》《工作报告》《专载》等。

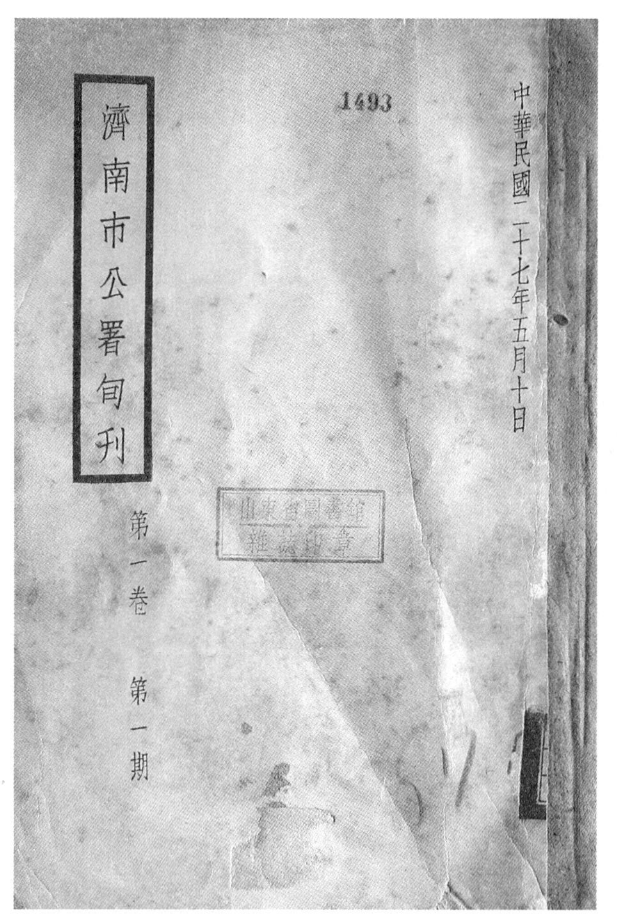

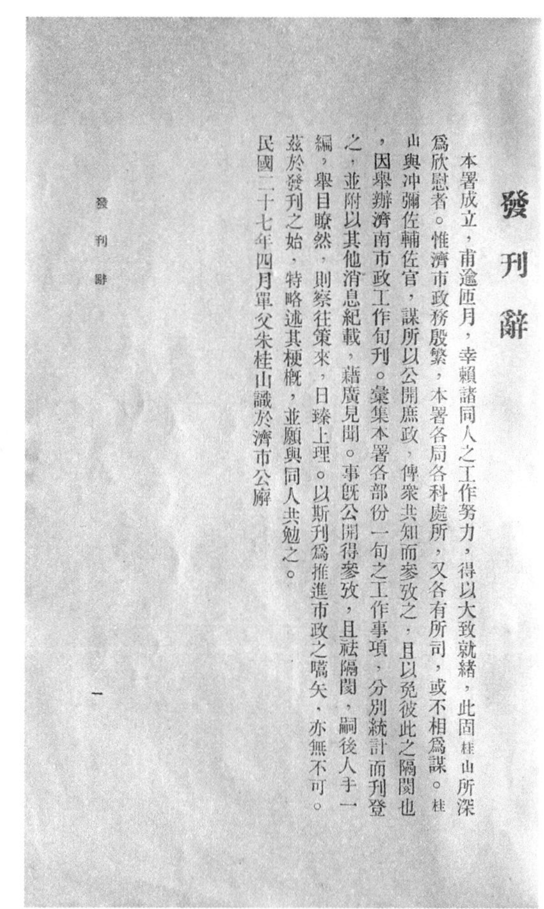

發刊辭

本署成立，甫逾匝月，幸賴諸同人之工作努力，得以大致就緒，此固桂山所深爲欣慰者。惟濟市政務殷繁，本署各局各科處所，又各有所司，或不相爲謀。桂山與冲彌佐輔佐官，謀所以公開庶政，俾衆共知而參攷之，且以免彼此之隔閡也，因舉辦濟南市政工作旬刊。彙集本署各部份一旬之工作事項，分別統計而刊登之，並附以其他消息紀載，藉廣見聞。事既公開得參攷，且袪隔閡，嗣後人手一編，舉目瞭然，則察往策來，日臻上理。以斯刊爲推進市政之嚆矢，亦無不可。茲於發刊之始，特略述其梗概，並願與同人共勉之。

民國二十七年四月單父朱桂山識於濟市公廨

發刊辭 一

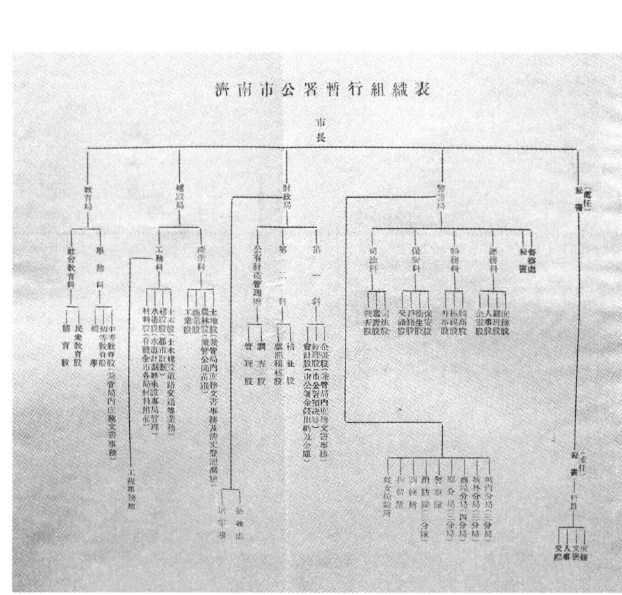

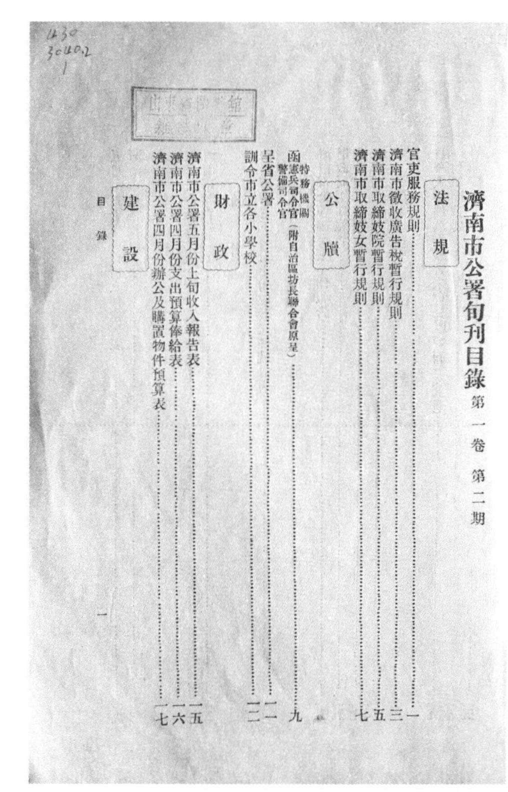

濟南市公署旬刊目錄 第一卷 第二期

目錄 一

济南市政公报

（伪）济南市公署秘书处编　编者刊　济南　1940年10月～1944年8月　1卷1期～4卷11期　月刊　26cm　替代《济南市公署旬刊》

该刊主要刊登伪济南市公署颁布的各项法规、训令、统计报表以及人事任免详细情况等。其中第2卷第6期刊登启事："为厉行物资节约特自本期起，改为二十开小型版本。"尺寸改为23厘米。栏目有《法规》《公牍》《统计及调查》《任免及指叙》等。

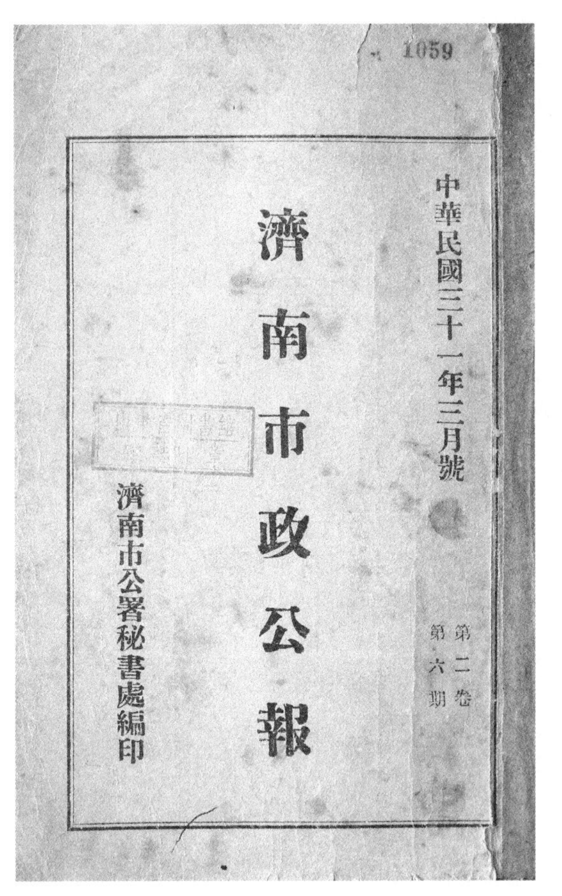

中華民國三十一年三月號

濟南市政公報

第二卷 第六期

濟南市公署秘書處編印

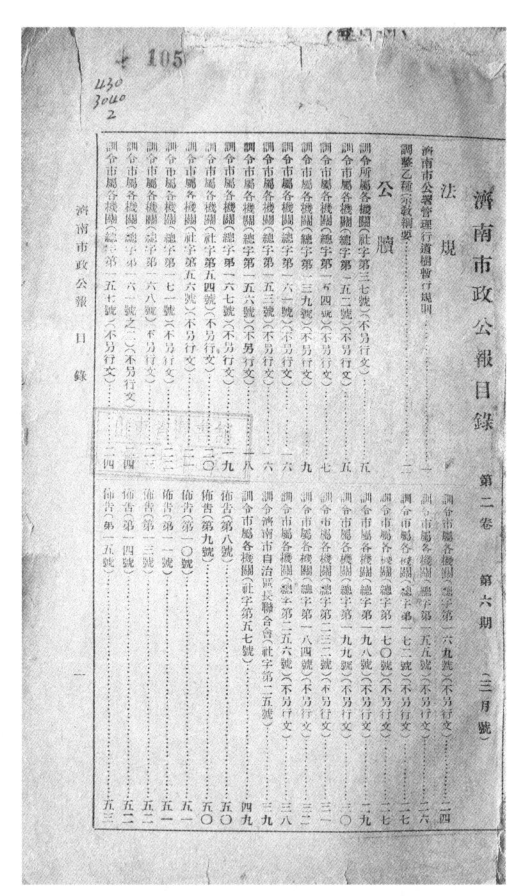

濟南市政公報目錄　第二卷　第六期　（三月號）

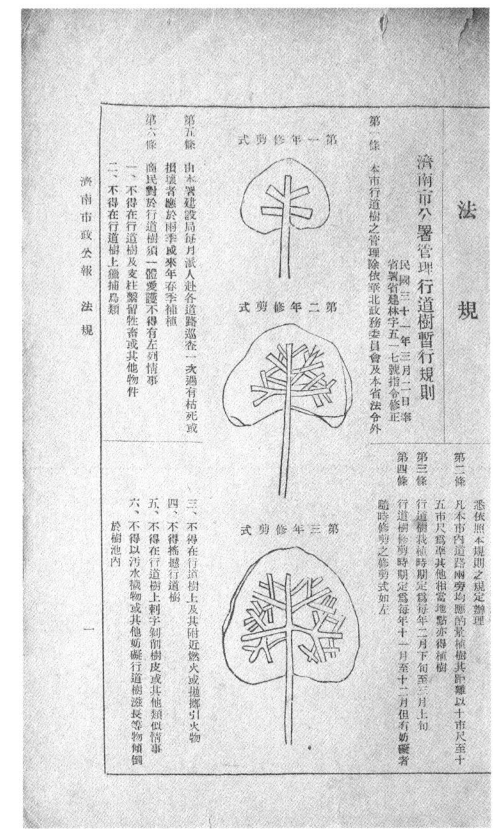

法規

濟南市公署管理行道樹暫行規則

民國三十一年三月二日奉省署省建林字五一七號指令修正

第一條　本市行道樹之管理除依華北政務委員會及本省法令外悉依照本規則之規定辦理

第二條　凡本市內道路兩旁均應酌量植樹其距離以十市尺至十五市尺爲準其他相當地點亦得植樹

第三條　行道樹栽植時期定爲每年二月下旬至三月上旬

第四條　行道樹修剪時期定爲每年十一月至十二月但有妨礙者臨時修剪之修剪式如左

第五條　由本署建設局每月派人赴各道路巡查一次遇有枯死或損壞者應於雨季或來年春季補植

第六條　商民對於行道樹須一體愛護不得有左列情事

一、不得在行道樹及支柱繫留牲畜或其他物件
二、不得在行道樹上獵捕鳥類
三、不得在行道樹上及其附近燃火或抛擲引火物
四、不得搖撼行道樹
五、不得在行道樹上刺字剝削樹皮或其他類似情事
六、不得以汚水穢物或其他妨礙行道樹滋長等物傾倒於樹池內

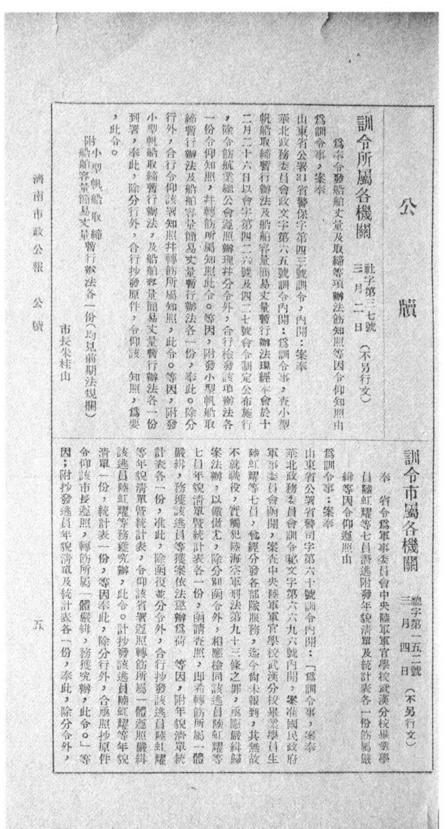

公牘

訓令所屬各機關　社字第三七號　三月二日　（不另行文）

爲奉令發船舶丈量及取締等項辦法飭知照等因令仰知照由

爲訓令事，案奉

山東省公署81省警保字第四三號訓令，內開：案奉

華北政務委員會政文字第六五號訓令內開：爲訓令事，查小型帆船取締暫行辦法及船舶容量簡易丈量暫行辦法現經本會於十二月二十六日以會字第四二六號及四二七號會令制定公布施行，除令飭航業總公會遵照辦理幷分令外，合行檢發該項辦法各一份令仰知照，幷轉飭所屬知照此令。等因，附發小型帆船取締暫行辦法及船舶容量簡易丈量暫行辦法各一份，奉此。除分行外，合行令仰該署知照幷轉飭所屬知照，此令。等因，附發小型帆船取締暫行辦法，及船舶容量簡易丈量暫行辦法各一份到署，奉此，除分行外，合行抄發原件，令仰該　知照，爲要，此令。

附小型帆船取締船舶容量簡易丈量暫行辦法各一份（均見前期法規欄）

市長朱桂山

訓令市屬各機關　總字第一五二號　三月四日　（不另行文）

奉　省令爲軍事委員會中央陸軍軍官學校武漢分校畢業學員陸虹耀等七員潛逃附發年貌清單及統計表各一份飭屬嚴緝等因令仰遵照由

爲訓令事：案奉

山東省公署省警司字第六十號訓令內開：「爲訓令事，案奉華北政務委員會訓令秘文字第六六九六號內開，案准國民政府軍事委員會函開，案查中央陸軍軍官學校武漢分校畢業學員生陸虹耀等七員，曾經分發各部隊服務，迄今尚未報到，其無故不就職役，實觸犯陸海空軍刑法第九十三條之罪，亟應嚴緝歸案法辦，以儆傚尤，除分別函令外，相應檢同該逃員陸虹耀等七員年貌清單暨統計表各一份，函請查照，即希轉飭所屬一體嚴緝，務獲該逃員等獲案依法懲辦爲荷。等因，附年貌清單統計表各一份，准此，除函復並分令外，合行抄發該逃員陸虹耀等年貌清單暨統計表，令仰該省署遵照轉飭所屬一體遵照嚴緝該逃員陸虹耀等務獲究辦，此令。計抄發該逃員陸虹耀等年貌清單一份，統計表一份，等因奉此，除分行外，合亟照抄原件令仰該市長遵照，轉飭所屬一體嚴緝，務獲究辦，此令。」等因；附抄發逃員年貌清單及統計表各一份，奉此，除分令外，

青岛教育周刊

（伪）青岛治安维持会总务部教育科编　编者刊　青岛　1938年6月～1939年12月　1卷1期～2卷48期　周刊　23cm　由《青岛教育半月刊》替代

该刊为日伪组织青岛治安维持会创办，第2卷1期起由伪青岛特别市教育局编辑印刷。主要刊登青岛教育、文化界的消息及各种学术研究的论著。栏目有《论著》《专载》《公牍》《计划与报告》《儿童文艺》等。

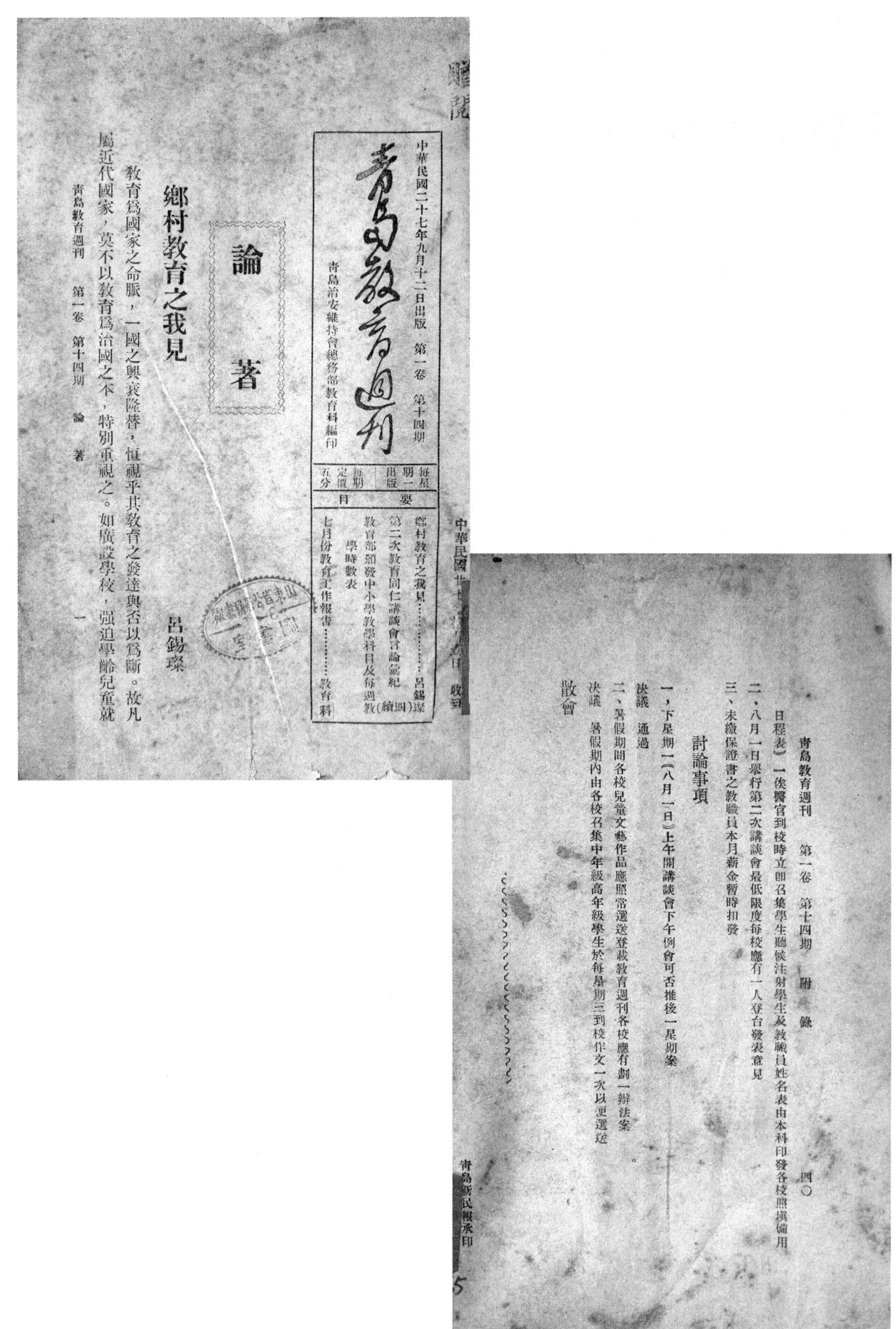

青島教育週刊
中華民國二十七年九月十二日出版　第一卷　第十四期
青島治安維持會總務部教育科編印
每星期一出版　每期定價五分

論著

鄉村教育之我見

呂錫璨

教育為國家之命脈，一國之興衰隆替，恒視乎其教育之發達與否以為斷。故凡屬近代國家，莫不以教育為治國之本，特別重視之。如廣設學校，强迫學齡兒童就

日程表）一俟醫官到校時立即召集學生聽候注射學生及教職員姓名表由本科印發各校照填備用

二、八月一日舉行第二次講談會最低限度每校應有一人登台發表意見

三、未繳保證書之教職員本月薪金暫時扣發

討論事項

一，下星期一（八月一日）上午開講談會下午例會可否推後一星期案

決議　通過

二、暑假期間各校兒童文藝作品應照常選送登載教育週刊各校應有劃一辦法案

決議　暑假期內由各校召集中年級高年級學生於每星期三到校作文一次以便選送

散會

青島新民報承印

青岛教育半月刊

（伪）青岛特别市教育局编　编者刊　青岛　1940年1月～1941年9月　1卷1期～2卷18期　半月刊　22cm　替代《青岛教育周刊》

该刊以改革过去党化教育之流弊与发扬东方文化之真髓并报告教育实况以促进本市教育发展为宗旨。内容主要是关于青岛教育问题的文章，除创刊号为专号外，其余大致分为《论著》《专载》《法规》《公牍》《计划及报告》《教育史料》《各校通讯》《教育消息》《杂著》《附录》等栏目。

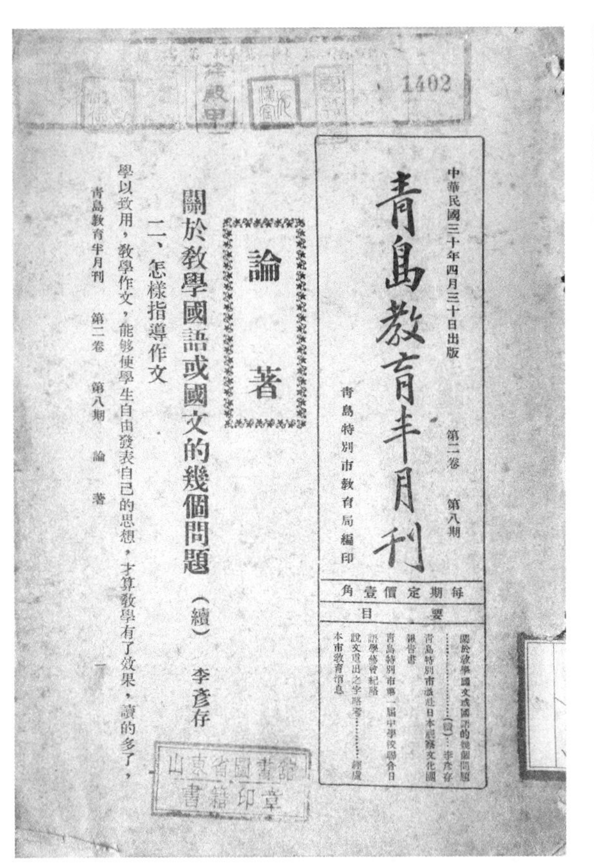

青島教育半月刊

中華民國三十年四月三十日出版

第二卷 第八期

青島特別市教育局編印

每期定價壹角

要目

論著

關於教學國語或國文的幾個問題（續）

李彥存

二、怎樣指導作文

學以致用，教學作文，能够使學生自由發表自己的思想，才算教學有了效果，讀的多了，

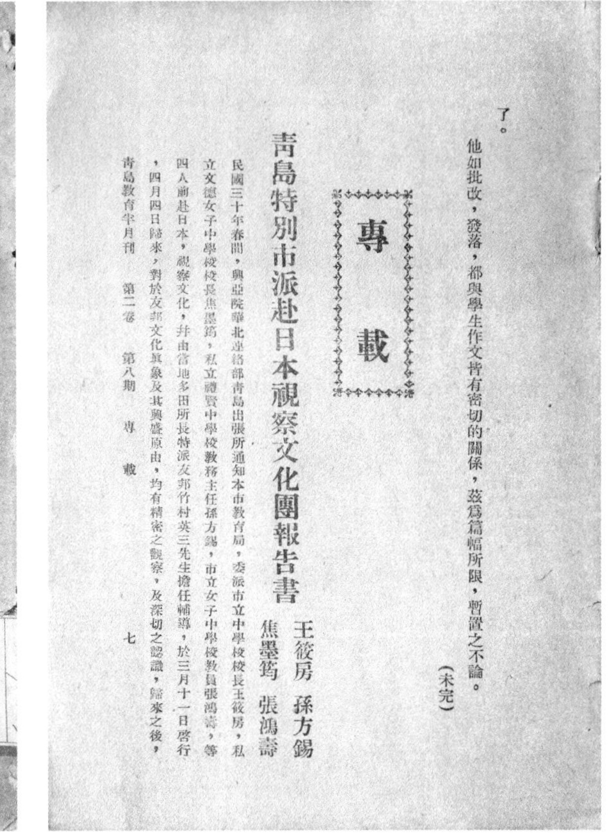

了。

他如批改，發落，都與學生作文皆有密切的關係，茲爲篇幅所限，暫置之不論。（未完）

專載

青島特別市派赴日本視察文化團報告書

王筱房　孫方錫
焦墨筠　張鴻壽

民國三十年春間，興亞院華北連絡部青島出張所通知本市教育局，委派市立中學校校長王筱房，私立文德女子中學校校長焦墨筠，私立禮賢中學校教務主任孫方錫，市立女子中學校教員張鴻壽，等四人前赴日本，視察文化，幷由當地多田所長特派友邦竹村英三先生擔任輔導，於三月十一日啓行，四月四日歸來，對於友邦文化眞象及其興盛原由，均有精密之觀察，及深切之認識，歸來之後，

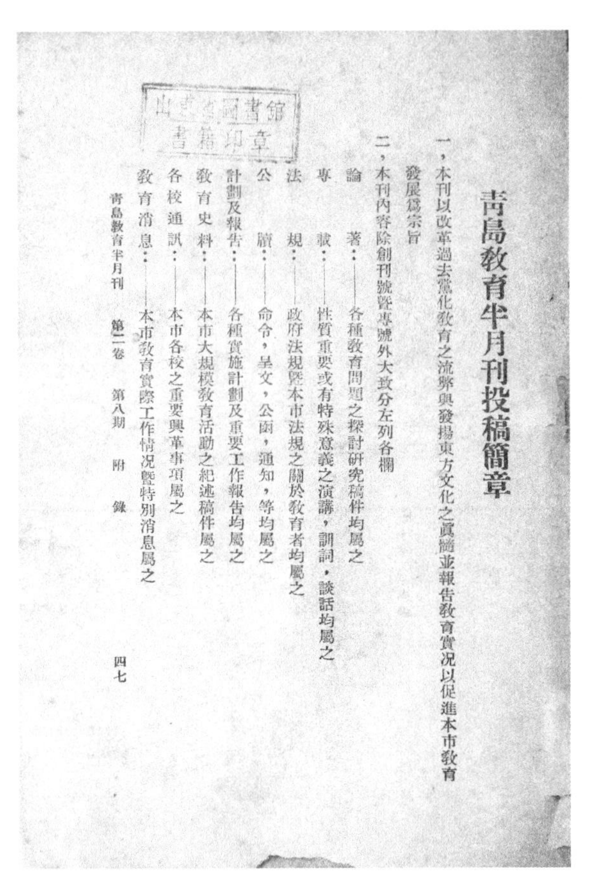

青島教育半月刊投稿簡章

一，本刊以改革過去黨化教育之流弊與發揚東方文化之眞髓並報告教育實況以促進本市教育發展爲宗旨

二，本刊內容除創刊號暨專號外大致分左列各欄

論　　著：——各種教育問題之探討研究稿件均屬之

專　　載：——性質重要或有特殊意義之演講，訓詞，談話均屬之

法　　規：——政府法規暨本市法規之關於教育者均屬之

公　　牘：——命令，呈文，公函，通知，等均屬之

計劃及報告：——各種實施計劃及重要工作報告均屬之

教育史料：——本市大規模教育活動之紀述稿件屬之

各校通訊：——本市各校之重要興革事項屬之

教育消息：——本市教育實際工作情況暨特別消息屬之

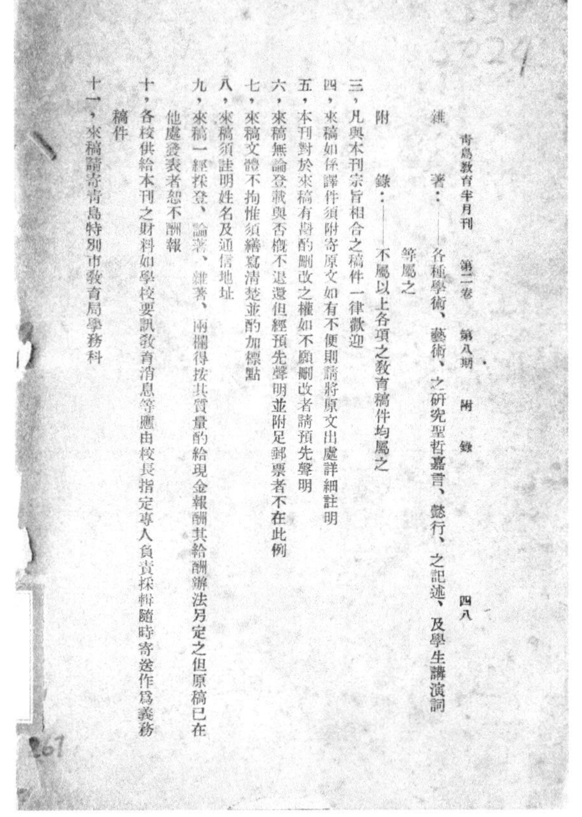

雜　　著：——各種學術、藝術、之研究聖哲嘉言、懿行、之記述、及學生講演詞等屬之

附　　錄：——不屬以上各項之教育稿件均屬之

三，凡與本刊宗旨相合之稿件一律歡迎

四，來稿如係譯件須附寄原文如有不便則請將原文出處詳細註明

五，本刊對於來稿有斟酌刪改之權如不願刪改者請預先聲明

六，來稿無論登載與否槪不退還但經預先聲明並附足郵票者不在此例

七，來稿文體不拘惟須繕寫清楚並酌加標點

八，來稿須註明姓名及通信地址

九，來稿一經採登、論著、雜著、兩欄得按其質量酌給現金報酬其給酬辦法另定之但原稿已在他處發表者恕不酬報

十，各校供給本刊之財料如學校要訊教育消息等應由校長指定專人負責採輯隨時寄送作爲義務稿件

十一，來稿請寄青島特別市教育局學務科

力行月刊（1938）

夏郁文编　力行月刊社［发行］　济南　1938年7月25日～1941年10月　创刊号～2卷4期　月刊　26cm

该刊办刊宗旨为“阐扬东方文化，巩固中日提携，宣播王道政治，力行反共主张”，宣扬“力行中日提携以保障中日两国民族之共存共荣”的汉奸论调。内容涉及政治、经济、教育、文化、哲学、乡村建设等方面。

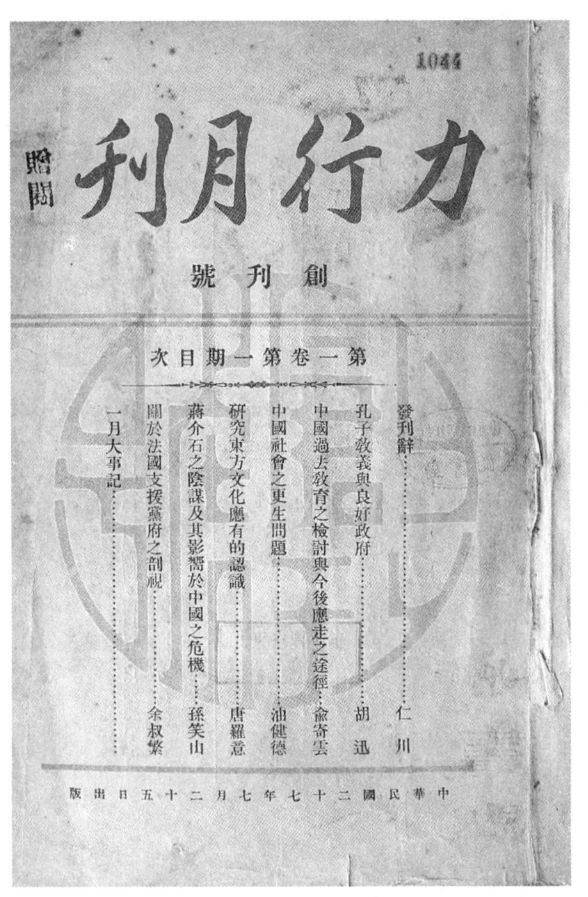

贈閱

力行月刊

創刊號

第一卷第一期目次

中華民國二十七年七月二十五日出版

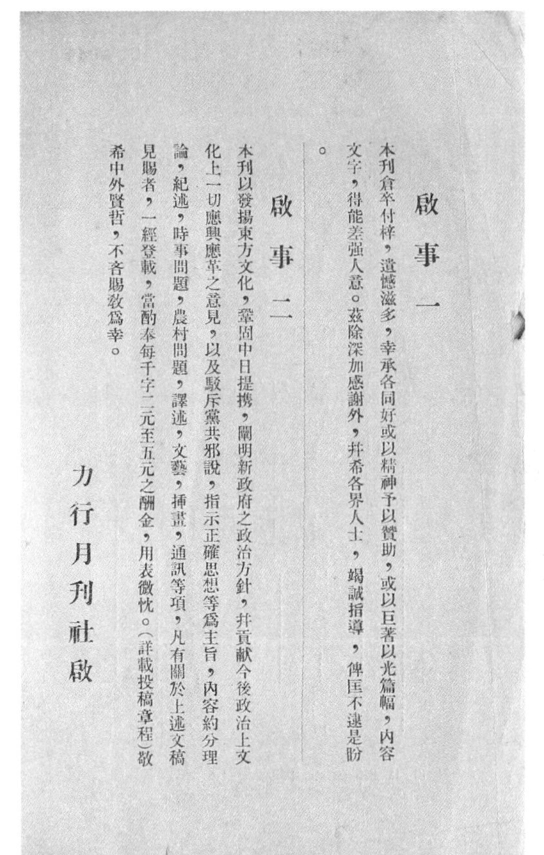

啟事一

本刊倉卒付梓，遺憾滋多，幸承各同好或以精神予以贊助，或以巨著以光篇幅，內容文字，得能差強人意。茲除深加感謝外，并希各界人士，竭誠指導，俾匡不逮是盼。

啟事二

本刊以發揚東方文化，鞏固中日提携，闡明新政府之政治方針，并貢獻今後政治上文化上一切應興應革之意見，以及駁斥黨共邪說，指示正確思想等為主旨，內容約分理論，紀述，時事問題，農村問題，譯述，文藝，揷畫，通訊等項，凡有關於上述文稿見賜者，一經登載，當酌奉每千字二元至五元之酬金，用表微忱。（詳載投稿章程）敬希中外賢哲，不吝賜教為幸。

力行月刊社啟

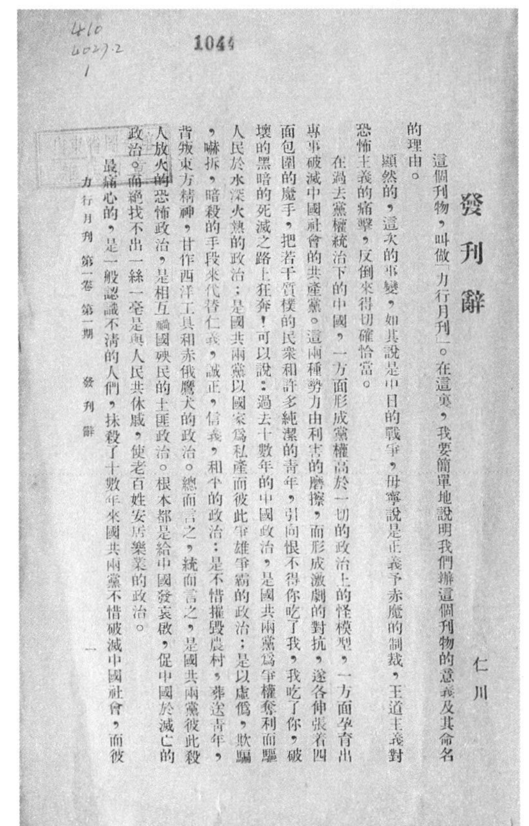

發刊辭

仁川

這個刊物，叫做「力行月刊」。在這裏，我要簡單地說明我們辦這個刊物的意義及其命名的理由。

顯然的，這次的事變，如其說是中日的戰爭，毋寧說是正義予赤魔的制裁，王道主義對恐怖主義的痛擊，反倒來得切確恰當。

在過去黨權統治下的中國，一方面形成黨權高於一切的政治上的怪模型，一方面孕育出專事破滅中國社會的共產黨。這兩種勢力由利害的磨擦，而形成激劇的對抗，遂各伸張着四面包圍的魔手，把若干質樸的民衆和許多純潔的青年，引向恨不得你吃了我，我吃了你，破壞的黑暗的死滅之路上狂奔！可以說：過去十數年的中國政治，是國共兩黨為爭權奪利而驅人民於水深火熱的政治；是國共兩黨以國家為私產而彼此爭雄爭霸的政治；是以虛僞，欺騙，嚇拆，暗殺的手段來代替仁義，誠正，信義，和平的政治；是不惜摧毀農村，葬送青年，背叛東方精神，甘作西洋工具和赤俄鷹犬的政治。總而言之，統而言之，是國共兩黨彼此殺人放火的恐怖政治，是相互禍國殃民的土匪政治。根本都是給中國發喪啟，促中國於滅亡的政治。而絕找不出一絲一毫是與人民共休戚，使老百姓安居樂業的政治。

最痛心的，是一般認識不清的人們，抹殺了十數年來國共兩黨不惜破滅中國社會，而彼

力行月刊 第一卷 第一期 發刊辭 一

力行月刊第一卷第一期

中華民國二十七年七月二十五日出版

每月一冊　每月二十五日出版　全年十二冊

本刊定價表

訂購辦法	冊數	價目	郵費 國內及日本	郵費 國外
零售	一	一角	免	照收
預定半年	六	五角	免	照收
預定全年	十二	一元	免	照收

編輯者：夏郁文

發行者：力行月刊社

通訊處：濟南小緯二路南首四里村 電話二八三〇

代售處：各省市各大書局

印刷者：力行月刊社

廣告價目表

等第	位置	全面	半面	四分之一
特等	底封面之外面	四十元	二十五元	無
優等	封面對面之內面及對正文首篇之內面	三十元	十五元	八元
上等	目錄前後及正文前	二十元	十元	五元
普通	正文後	十五元	八元	四元

備攷　廣告概用白紙黑字如欲用色紙或彩印或指定地位者價目另議　繪圖刻圖工價另議　欲知詳情請向敝社廣告部接洽函詢即復

山东省政公报

（伪）山东省公署秘书处公报所编　编者刊　东阿　1938 年 9 月～1939 年 6 月　1 期～30 期　旬刊　26cm　由《山东省公报》替代

该刊为政务刊物。栏目有《法规》《命令》《公牍》《统计》《特载》等。

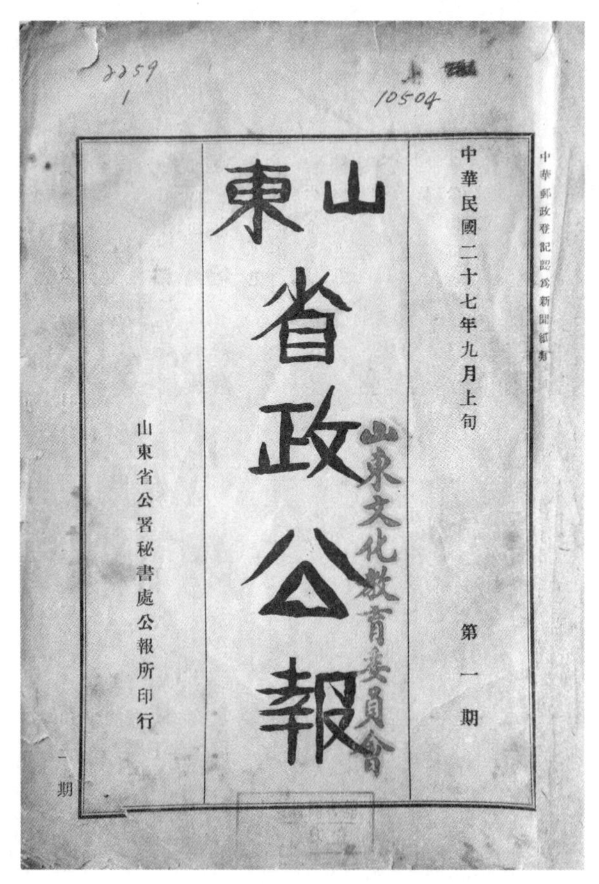

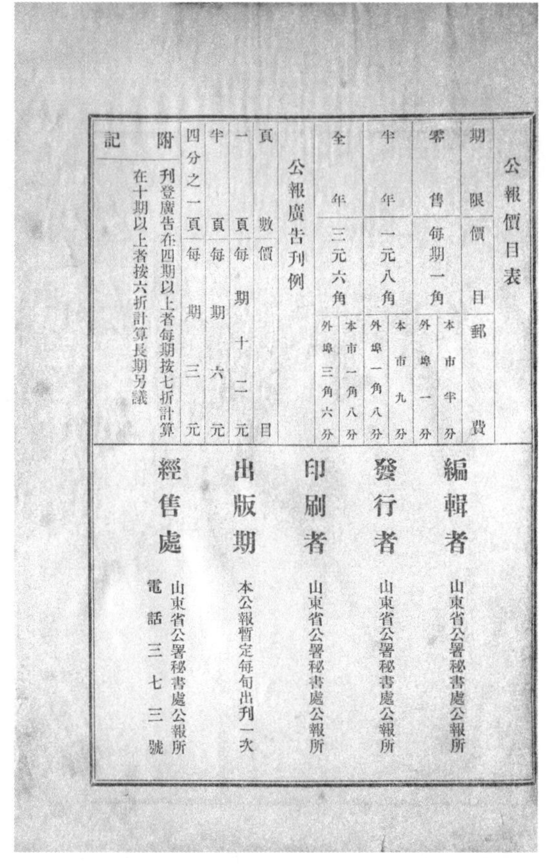

公報價目表

期限	價目	郵費	
零售	每期一角	本市半分	外埠一分
半年	一元八角	本市九分	外埠一角八分
全年	三元六角	本市一角八分	外埠三角六分

公報廣告刊例

頁數	價目
一頁	每期十二元
半頁	每期六元
四分之一頁	每期三元

附記　刊登廣告在四期以上者每期按七折計算　在十期以上者按六折計算長期另議

編輯者　山東省公署秘書處公報所

發行者　山東省公署秘書處公報所

印刷者　山東省公署秘書處公報所

出版期　本公報暫定每旬出刊一次

經售處　山東省公署秘書處公報所　電話三七三號

山东省公报

（伪）山东省公署秘书处第二科公报股编　编者刊　济南　1939年7月10日～1943年11月10日　1期～157期　旬刊　27cm　替代《山东省政公报》　由《山东省政府公报》（1943）继承

该刊是行政刊物。主要发布伪山东省政府有关命令、本署会议记录、省内外公文函电、本署工作报告、本署大事记等。栏目有《法规》《命令》《公牍》《会议纪录》《报告》《特载》《附录》《法规》。

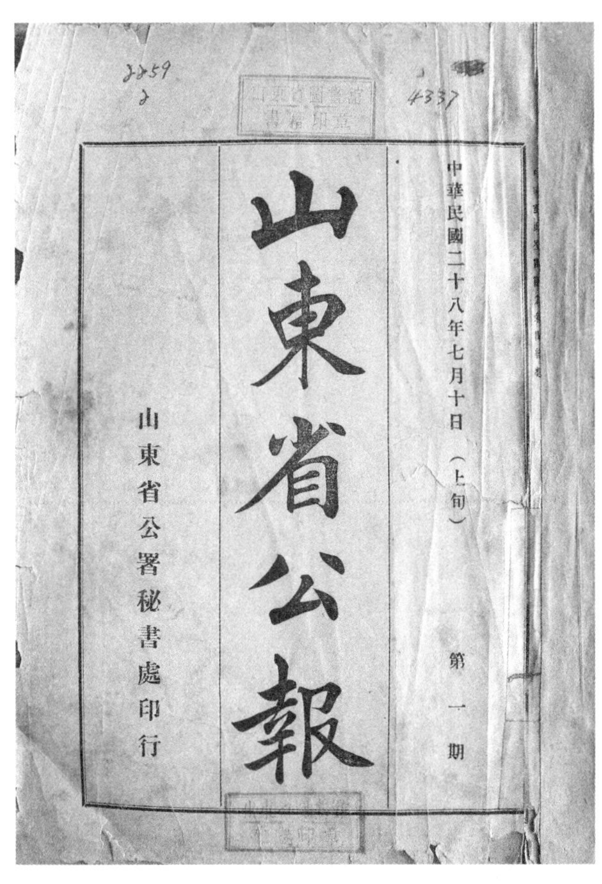

山東省公報

中華民國二十八年七月十日（上旬）　第一期

山東省公署秘書處印行

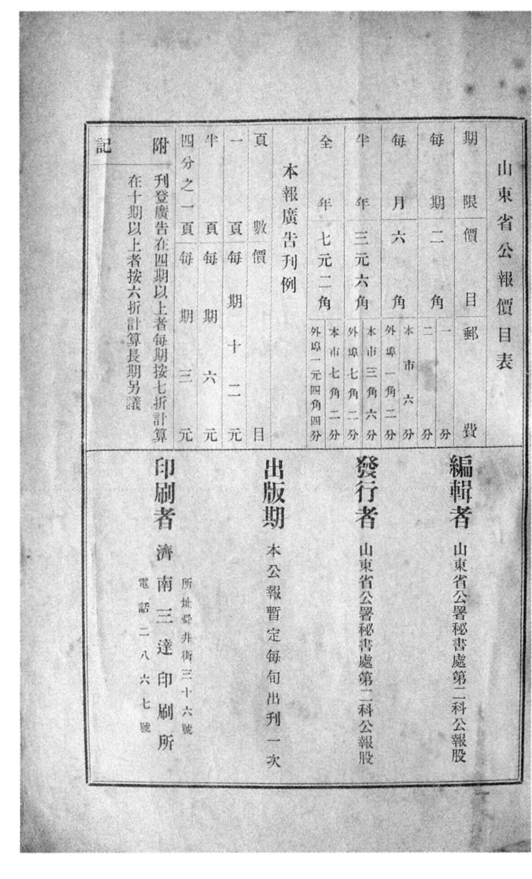

山東省公報價目表

期限	價目	郵費
每期	二角	一分
每月	六角	本市六分 外埠一角二分
半年	三元六角	本市三角六分 外埠七角二分
全年	七元二角	本市七角二分 外埠一元四角四分

本報廣告刊例

頁數	價目
一頁	每期十二元
半頁	每期六元
四分之一頁	每期三元

附記　刊登廣告在四期以上者每期按七折計算在十期以上者按六折計算長期另議

編輯者　山東省公署秘書處第二科公報股

發行者　山東省公署秘書處第二科公報股

出版期　本公報暫定每旬出刊一次

印刷者　濟南三達印刷所　所址舜井街三十六號　電話二八六七號

山东省政府公报（1943）

（伪）山东省政府秘书处编　编者刊　济南　1943 年 11 月 20 日～［1945 年 7 月］ 158 期～［204 期］ 旬刊　27cm　继承《山东省公报》

该刊是行政刊物。158 期发表《通告》:“山东省公报，自三十二年十一月中旬第一五八期起，改称山东省政府公报，所有刊期号数，继续沿用发行，特此通告。”该刊主要发布伪山东省政府有关命令、会议记录、省内外公文函电、工作报告、大事记等。栏目有《法规》《命令》《公牍》《会议纪录》《报告》《特载》《附录》《法规》。

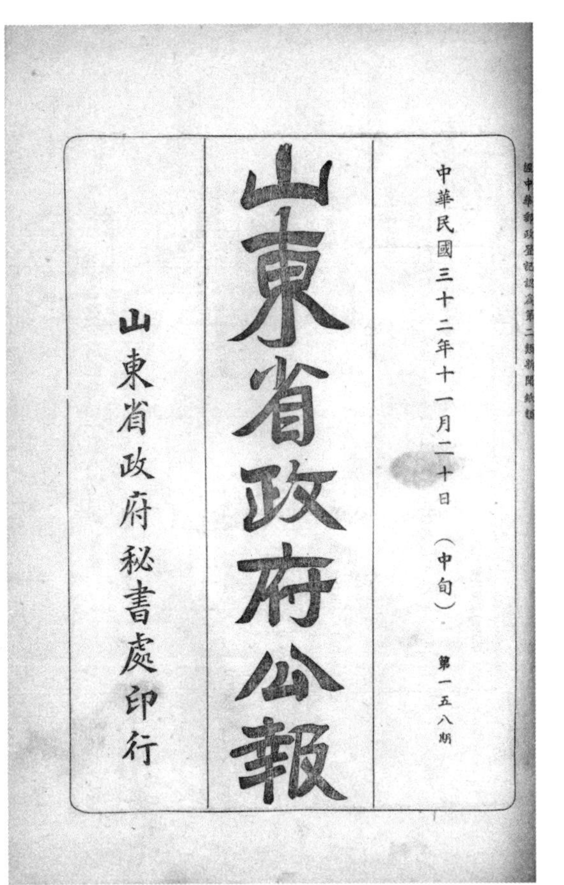

山東省政府公報

中華民國三十二年十一月二十日（中旬）第一五八期

山東省政府秘書處印行

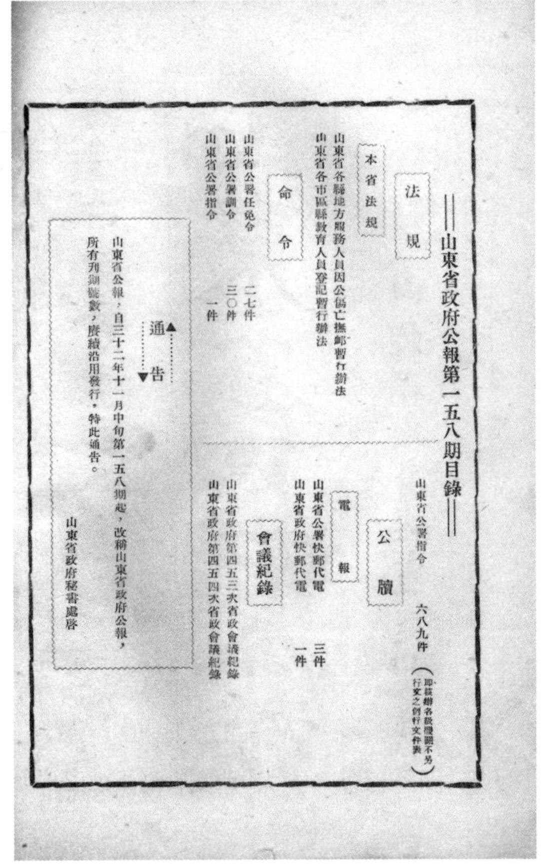

山東省政府公報第一五八期目錄

通告

山東省公報，自三十二年十一月中旬第一五八期起，改稱山東省政府公報，所有刊期號數，賡續沿用發行。特此通告。

山東省政府秘書處啓

法規

本省法規

山東省各縣地方服務人員因公傷亡撫卹暫行辦法

民國三十二年十一月評第四五三次省政會議議決修正通過施行

第一條 凡各縣辦理地方自治暨保甲自衛團各級人員因公傷亡均依本辦法給予卹金

第二條 卹金分左列二種

一、本身一次卹金

二、遺族一次卹金

第三條 凡具有左列情事之一經證明屬實者應撥酌情形給予本身一次卹金

一、因剿匪受有重傷致成殘廢者

二、因公重傷不勝職務因而退職者

第四條 凡具有左列情事之一經證明屬實者應給予遺族一次卹金

一、因剿匪陣亡或傷重致死者

二、因公出差遇險以致死亡者

三、因公致疾或在辦公時突遇意外危險以致死亡者

第五條 前項卹金支給辦法分爲左列二種

一、區鄉鎮等自治機關服務人員卹金由縣預備費項下支給

二、保甲自衛員等卹金由該區就地自籌

第六條 卹金額數如左

一、縣預備費支給者區長五百元鄉鎮長區助理員各三百元僱員及區丁各一百八十元

二、由各區就地自籌者自衛團保長三百元甲長二百四十元團員一百八十元

第七條 由縣預備費項下給卹者應由縣知事遵照縣地方會計規程之規定呈經省公署核准後支給之由各區就地自籌者應依照保甲經費征收暫行辦法第十一條之規定「由聯保主任召集保甲長聯席會議決定後由區長呈請縣知事轉呈省公署核准後支給之」

第八條 凡領受本身卹金者須由本人具領領受遺族卹金者由亡故者之妻子或父母具領均應備具正式領狀覓取保人呈准縣公署支給或飭發并由縣公署具報省公署備查

第九條 本辦法如有未盡事宜得隨時提請省政會議修正

第十條 本辦法自省政會議議決公布之日施行

山東省各市區縣教育人員登記暫行辦法

民國三十二年十月十九日第四四六次省政會議議決通過施行

第一條 本省爲延攬教育人才起見特制訂本辦法

第二條 本辦法所稱教育人員分左列各項

一、教育行政人員

甲、縣市區教育科長

山東省政府公報【法規】 一

山東省政府公報價目表

期限	價目	郵費
每期	三角	本埠二分 外埠一分
每月	九角	本埠六分 外埠三分
半年	五元四角	本埠三角六分 外埠一角八分
全年	十元八角	本埠七角二分 外埠三角六分

山東省政府公報廣告刊例

面積	價目
全頁	每期十二元
二分之一	每期七元
四分之一	每期四元
八分之一	每期二元

附記

一、凡刊登上下封面之廣告加倍計算其特別指定刊登某頁者亦同

二、凡刊登廣告在四期以上者每期按八折計算在十期以上者按六折計算長期另議

中華民國三十二年十一月二十日

第一五八期

每旬出版一冊

每月出版三冊

每冊定價三角

編輯者 山東省政府秘書處

發行者 山東省政府秘書處

印刷者 山東省政府印刷所 城內四才盛巷內 電話三二五三號

济南市公署二十八年统计专刊

（伪）济南市公署秘书处编　编者刊　济南　1939 年　总 1 期　年刊　27cm

该刊以图表形式分析伪济南市政府行政概况，分为总务类、财政类、建设类、教育类、畜政类、水道类、社会类。统计数据源于该署各处相关主管部门的调查统计。

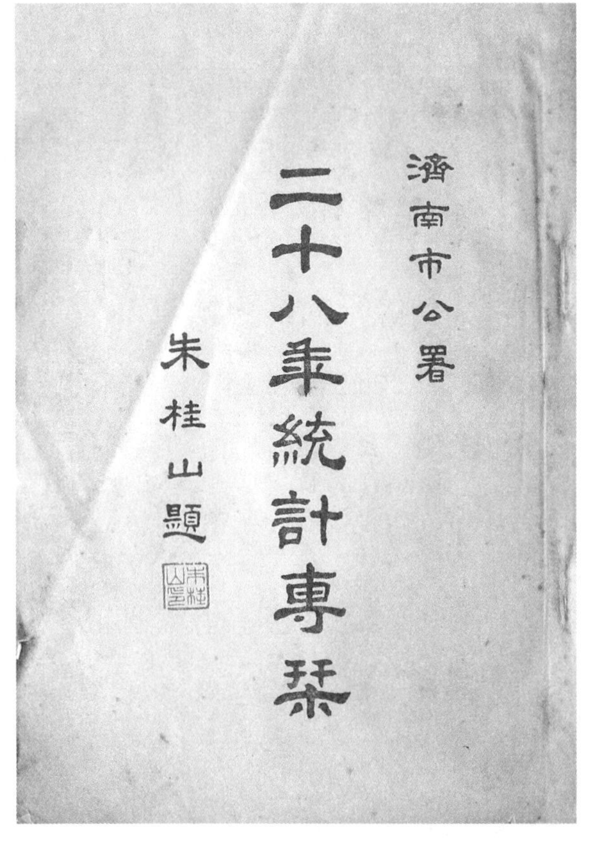

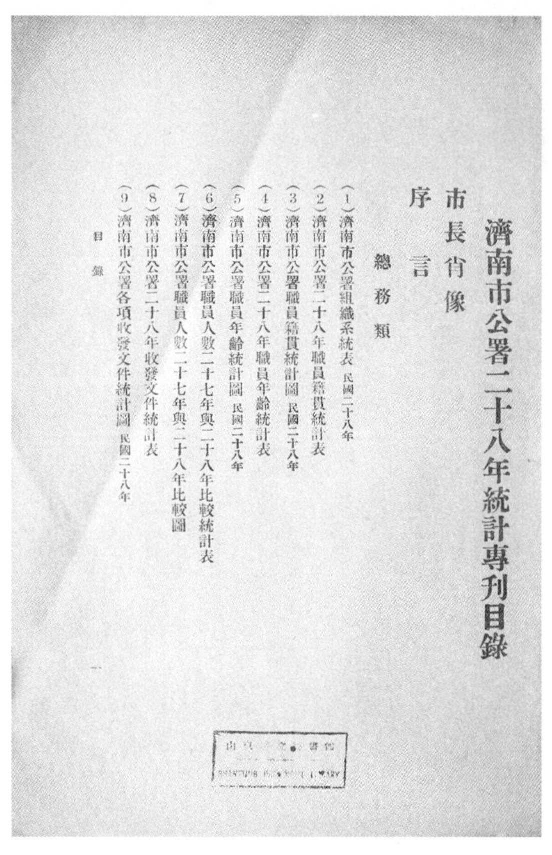

濟南市公署二十八年統計專刊目錄

市長肖像

序言

總務類

目錄　一

青岛经济统计月报

青岛日本商工会议所编　编者刊　青岛　1939年3月～1943年2月　1卷1期～4卷12期　月刊　26cm

该刊是日文版，编辑兼发行人是松崎雄二郎，内容包括经济概况、物价、人口等统计资料。

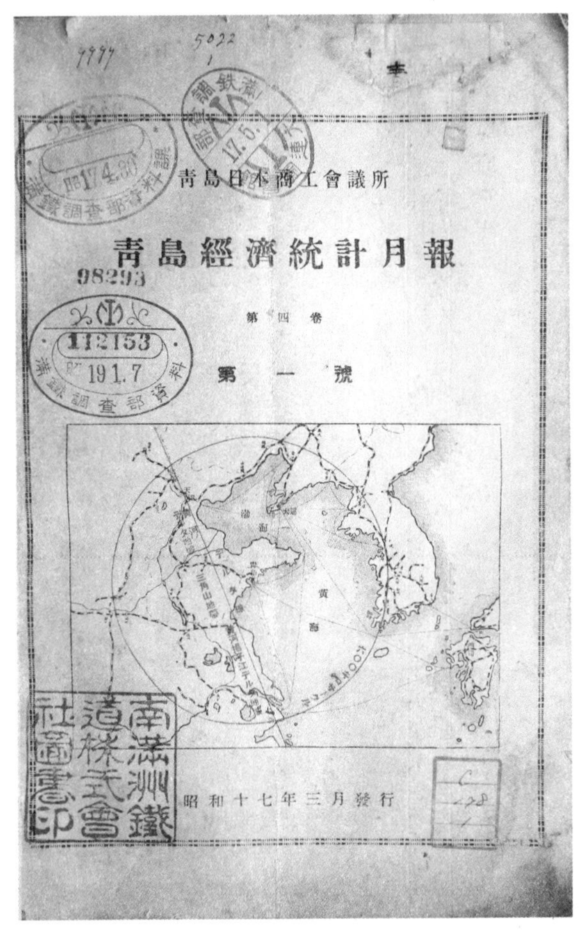

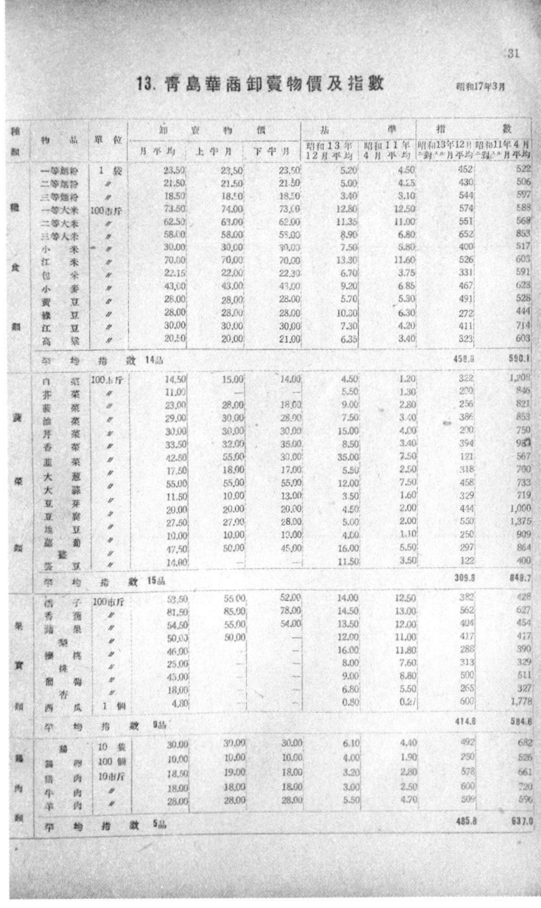

31

13. 青島華商卸賣物價及指數

昭和17年3月

種類	物品	單位	卸賣物價 月平均	卸賣物價 上半月	卸賣物價 下半月	基準 昭和13年12月平均	基準 昭和11年4月平均	指數 昭和13年12月ニ對スル月平均	指數 昭和11年4月ニ對スル月平均
糧食類	一等麵粉	1袋	23.50	23.50	23.50	5.20	4.50	452	522
	二等麵粉	〃	21.50	21.50	21.50	5.00	4.25	430	506
	三等麵粉	〃	18.50	18.50	18.50	3.40	3.10	544	597
	一等大米	100市斤	73.50	74.00	73.00	12.80	12.50	574	588
	二等大米	〃	62.50	63.00	62.00	11.35	11.00	551	568
	三等大米	〃	58.00	58.00	58.00	8.90	6.80	652	853
	小米	〃	30.00	30.00	30.00	7.50	5.80	400	517
	江米	〃	70.00	70.00	70.00	13.30	11.60	526	603
	包米	〃	22.15	22.00	22.30	6.70	3.75	331	591
	小麥	〃	43.00	43.00	43.00	9.20	6.85	467	628
	黃豆	〃	28.00	28.00	28.00	5.70	5.30	491	528
	綠豆	〃	28.00	28.00	28.00	10.30	6.30	272	444
	江豆	〃	30.00	30.00	30.00	7.30	4.20	411	714
	高粱	〃	20.50	20.00	21.00	6.35	3.40	323	603
	平均指數 14品							458.8	590.1
蔬菜類	白菜	100市斤	14.50	15.00	14.00	4.50	1.20	322	1,208
	芥菜	〃	11.00	—	—	5.50	1.30	200	846
	菠菜	〃	23.00	28.00	18.00	9.00	2.80	256	821
	油菜	〃	29.00	30.00	28.00	7.50	3.40	386	853
	芹菜	〃	30.00	30.00	30.00	15.00	4.00	200	750
	香菜	〃	33.50	32.00	35.00	8.50	3.40	394	983
	韮菜	〃	42.50	55.00	30.00	35.00	7.50	121	567
	大葱	〃	17.50	18.00	17.00	5.50	2.50	318	700
	大蒜	〃	55.00	55.00	55.00	12.00	7.50	458	733
	豆芽	〃	11.50	10.00	13.00	3.50	1.60	329	719
	豆腐	〃	20.00	20.00	20.00	4.50	2.00	444	1,000
	地豆	〃	27.50	27.00	28.00	5.00	2.00	550	1,375
	蘑菇	〃	10.00	10.00	10.00	4.00	1.10	250	909
	蠶豆	〃	47.50	50.00	45.00	16.00	5.50	297	864
	芸豆	〃	14.00	—	—	11.50	3.50	122	400
	平均指數 15品							309.8	848.7
果實類	橘子	100市斤	53.50	55.00	52.00	14.00	12.50	382	428
	香蕉	〃	81.50	85.00	78.00	14.50	13.00	562	627
	蘋果	〃	54.50	55.00	54.00	13.50	12.00	404	454
	梨	〃	50.00	50.00	—	12.00	11.00	417	417
	櫻桃	〃	46.00	—	—	16.00	11.80	288	390
	桃	〃	25.00	—	—	8.00	7.60	313	329
	葡萄	〃	45.00	—	—	9.00	8.80	500	511
	杏	〃	18.00	—	—	6.80	5.50	265	327
	西瓜	1個	4.80	—	—	0.80	0.27	600	1,778
	平均指數 9品							414.8	584.6
雞肉類	雞	10隻	30.00	30.00	30.00	6.10	4.40	492	682
	雞卵	100個	10.00	10.00	10.00	4.00	1.90	250	526
	猪肉	10市斤	18.50	19.00	18.00	3.20	2.80	578	661
	牛肉	〃	18.00	18.00	18.00	3.00	2.50	600	720
	羊肉	〃	28.00	28.00	28.00	5.50	4.70	509	596
	平均指數 5品							485.8	637.0

山东鲁西道尹公署周年施政特刊

（伪）山东鲁西道公署编　编者刊　济宁　1939年3月　总1期　特刊　26cm

“山东鲁西道公署”隶属于伪山东省公署。道公署为所辖各县的行政监督指导及省长委任事项的执行机关，设道尹1人，承省长之命指挥监督所辖各县行政与职员，对驻扎道内的警团及警备队有节制调遣权。朱泮藻任当时“鲁西道道尹”，初设“公署”于泰安，后迁至济宁。该刊是1939年“公署”成立一周年特刊，内容包括“公署”所属各科室工作摘要及统计，另还刊登《山东省鲁西道行政区划图》《鲁西道二十八年度政治工作推行计划概要》《鲁西道各县状况（二十八年三月）》。

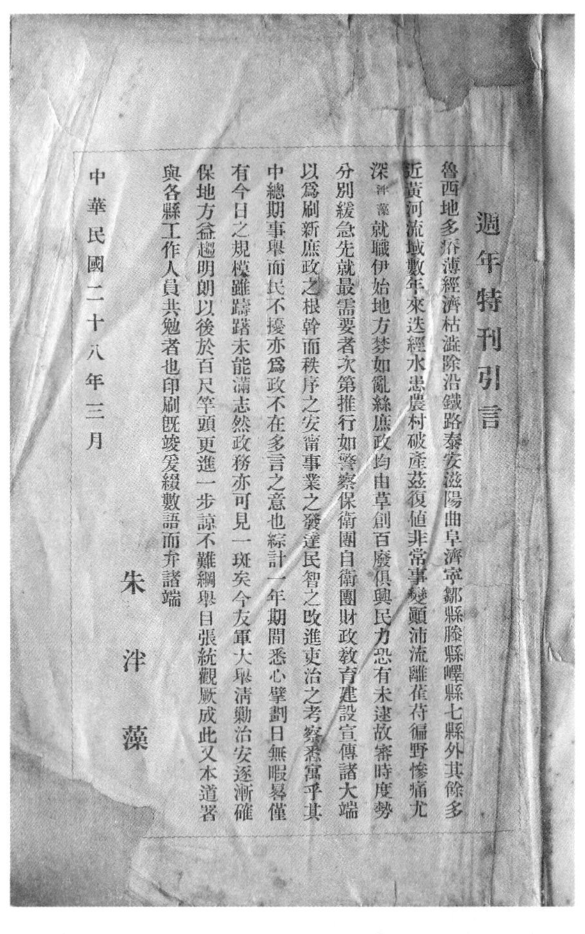

週年特刊引言

魯西地多瘠薄經濟枯澁除沿鐵路泰安滋陽曲阜濟寧鄒縣滕縣嶧縣七縣外其餘多近黃河流域數年來迭經水患農村破產茲復值非常事變顚沛流離萑苻徧野慘痛尤深泮藻就職伊始地方棼如亂絲庶政均由草創百廢俱興民力恐有未逮故審時度勢分別緩急先就最需要者次第推行如警察保衛團自衛團財政教育建設宣傳諸大端以爲刷新庶政之根幹而秩序之安甯事業之發達民智之改進吏治之考察悉寓乎其中總期事舉而民不擾亦爲政不在多言之意也綜計一年期間悉心擘劃日無暇晷僅有今日之規模雖躊躇未能滿志然政務亦可見一斑矣今友軍大舉清勦治安逐漸確保地方益趨明朗以後於百尺竿頭更進一步諒不難綱舉目張統觀厥成此又本道署與各縣工作人員共勉者也印刷既竣爰綴數語而弁諸端

朱泮藻

中華民國二十八年三月

山東魯西道尹公署週年施政特刊

目錄

秘書室工作摘要

魯西道二十八年度政治工作推行計劃概要目錄

總說明

緒言

關於民政者：

1 完成縣地方自治之組織，應先選定區長及鄉鎮村公所主任，並實施訓練，養成縣地方自治人才。

2 攷察各縣知事之學行品操，及施政成績，以定黜陟。

3 設置道務研究會，以求庶政措施，興革咸宜。

4 設置縣政研究會，以求補偏救弊，增進效率。

關於警務者：

1 關於強化警務人才之計劃：

甲，創設警察幹部訓練班，培養警務幹部人才，健全各縣警局組織。

乙，擴大警士訓練班，採納遠藤聯隊長意見，挪用本署應添保衛團之原有經費，養成健全警士，適應刷新警政之需要。

2 關於強化保衛團之計劃：

鲁西月报

（伪）山东鲁西道尹公署秘书室月报编辑部编　编者刊［出版地不详］1939年3月1日～1940年1月1日　1期～11期　月刊　25cm

该刊是地方行政刊物，朱泮藻题写刊名。刊登伪山东省政府及鲁西地区有关民政、警务、财政、教育等各项政令、工作实施概况的各种公文，以及收发文件、财务、物资的统计、会议记录等。栏目有《组织规程》《工作计划》《施政纪要》《统计》等。

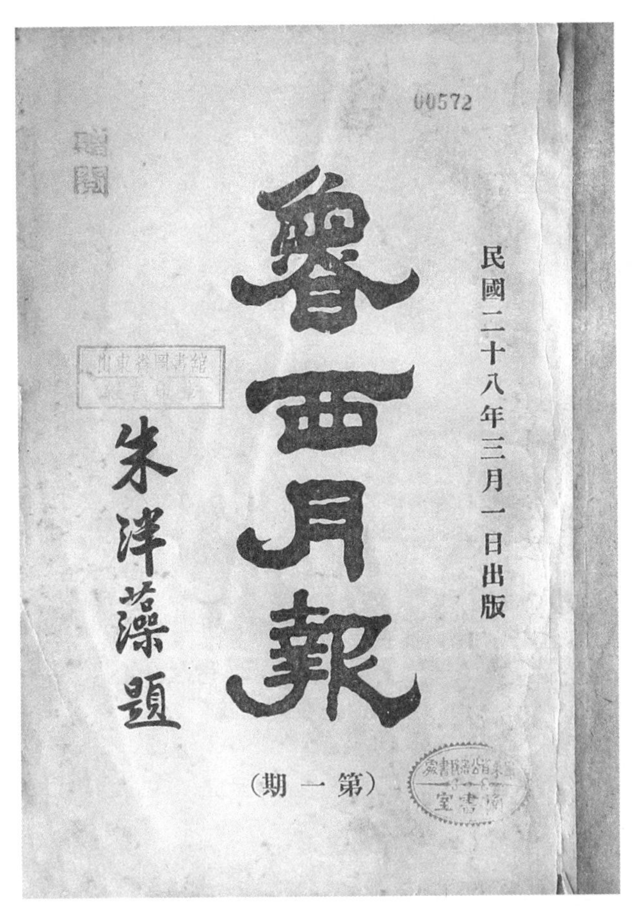

魯西月報

朱泮藻題

民國二十八年三月一日出版

（第一期）

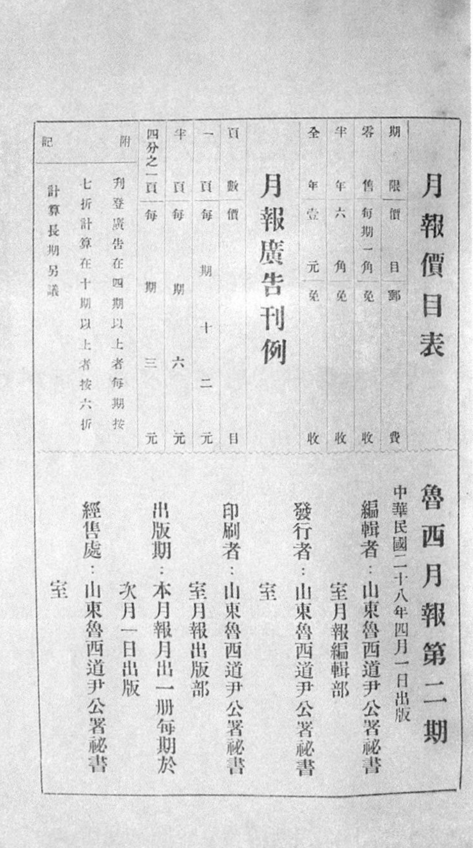

月報價目表

期限	價目	郵費
零售	每期一角	免收
半年	六角	免收
全年	壹元	免收

月報廣告刊例

頁數	價目
一頁	每期十二元
半頁	每期六元
四分之一頁	每期三元

附記　刊登廣告在四期以上者每期按七折計算　在十期以上者按六折計算　長期另議

魯西月報第二期

中華民國二十八年四月一日出版

編輯者：山東魯西道尹公署秘書室月報編輯部

發行者：山東魯西道尹公署秘書室

印刷者：山東魯西道尹公署秘書室月報出版部

出版期：本月報月出一冊每期於次月一日出版

經售處：山東魯西道尹公署秘書室

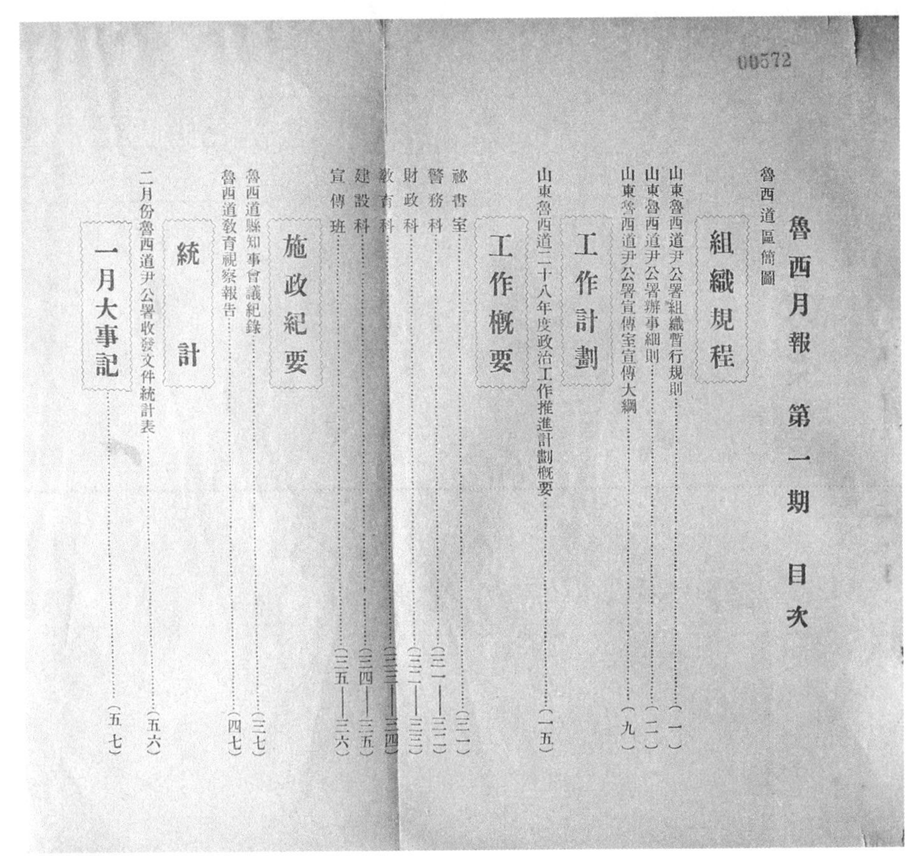

魯西月報　第一期　目次

青岛市经济月报

（伪）青岛特别市社会局经济科编　编者刊　青岛　1939 年 4 月 ~ 1939 年 12 月　1 期 ~ 8 期　月刊　27cm

该刊是经济刊物，主要介绍青岛工业产品、农副业产品的统计数字，进出口货物数量、价格的统计，对经济情况的调查资料，粮食作物收成及受灾统计数字等。刊内的文字采用中日文对照。

中華民國廿八年十一月

青島市經濟月報

第七號

青島特別市社會局經濟科

目次

研究

調查並資料

◉青島市經濟月報　每月一回發行

第一輯　青島沿海產魚類名稱對照表　（民國二十八年五月發刊　非賣品）
第二輯　青島の水產概況　日文（民國二十八年六月發刊　非賣品）
第三輯　青島の農業概況　華日文（民國二十八年十月發刊　非賣品）
第四輯　青島漁具解說　華日文合入（民國二十八年七月發刊　非賣品）
第五輯　經濟都市青島　日文（民國二十八年十一月發刊予定　非賣品）
第六輯　青島市中國商工總覽　（民國二十八年九月發刊　實價一元）

◉殘部あり御入要の方は御申込次第送附

民國二十八年十二月二十日印刷
民國二十八年十二月廿五日發行　（非賣品）

編輯兼發行者　青島特別市社會局經濟科
青島市奉天路二一四號
印刷者　曲佩光
印刷所　青島新民報印務局

廣告價目表

地位	價目 全面	半面	四分之一面
底面之外面（裏表紙の表）	三十元	十五元	七元五角
封面底面之內面（表紙及裏紙の裏）	二十元	十元	五元
正文後頁（內部）	十六元	八元	四元

社会月刊

（伪）社会局编纂委员会编 （伪）青岛特别市公署社会局［发行］ 青岛 1939年4月30日～［终刊日期不详］［总期数不详］ 月刊 27cm 由《社会半年刊》替代

该刊为市政综合性刊物。刊登内容包括该局法规、公文、报告、调查统计等，涉及社会生活的诸多方面，如职工与舞女生活、救济院、物价、住房等，另有部分小说、诗歌等文艺作品及作品鉴赏。栏目有《法规》《公牍》《局务报告》《统计调查》《言论》《专载》《文艺》等。

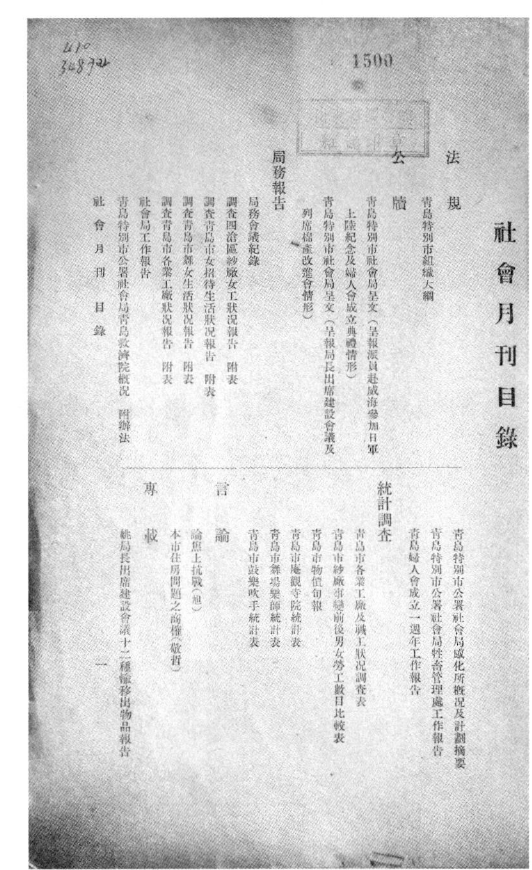

1500

社會月刊目錄

一

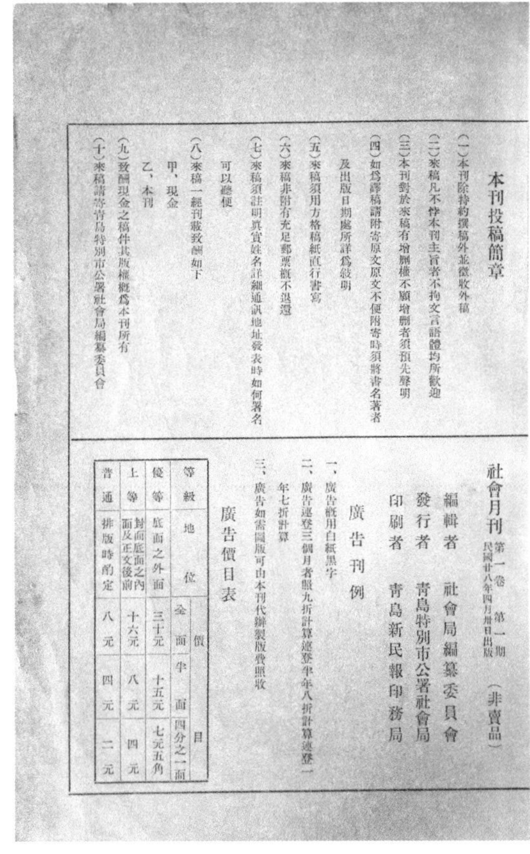

本刊投稿簡章

（一）本刊除特約撰稿外並徵收外稿
（二）來稿凡不悖本刊主旨者不拘文言語體均所歡迎
（三）本刊對於來稿有增刪權不願增刪者須預先聲明
（四）如爲譯稿請附寄原文原文不便附寄時須將書名著者及出版日期處所詳爲敍明
（五）來稿須用方格稿紙直行書寫
（六）來稿非附有充足郵票概不退還
（七）來稿須註明眞實姓名詳細通訊地址發表時如何署名可以聽便
（八）來稿一經刊載致酬如下
甲、現金
乙、本刊
（九）致酬現金之稿件其版權概爲本刊所有
（十）來稿請寄青島特別市公署社會局編纂委員會

社會月刊　第一卷　第一期　（非賣品）
民國廿八年四月卅日出版
編輯者　社會局編纂委員會
發行者　青島特別市公署社會局
印刷者　青島新民報印務局

廣告刊例

一、廣告概用白紙黑字
二、廣告連登三個月者照九折計算連登半年八折計算連登一年七折計算
三、廣告如需圖版可由本刊代辦製版費照收

廣告價目表

等級	地位	價目 全面	價目 半面	價目 四分之一面
優等	底面之外面	三十元	十五元	七元五角
上等	封面底面之內面及正文後前	十六元	八元	四元
普通	排版時酌定	八元	四元	二元

文化防线

胶东文化协会编　胶东联合社　胶东　1939年6月～1940年3月1日　1期～2期　不定期　19cm

该刊主要刊登中国共产党领导人，如毛泽东、彭德怀、王稼祥等人的文章。该刊指出：为了中国不沦为日本帝国主义的殖民地，中国人民不沦为亡国奴，我党应该采取“拥蒋反汪”的全面抗战路线，建立最大范围的抗日民族统一战线。该刊还发表了毛泽东主席的《相持阶段中的形势与任务》一文。栏目有《专载》《名论特辑》《电文一束》《译作》等。

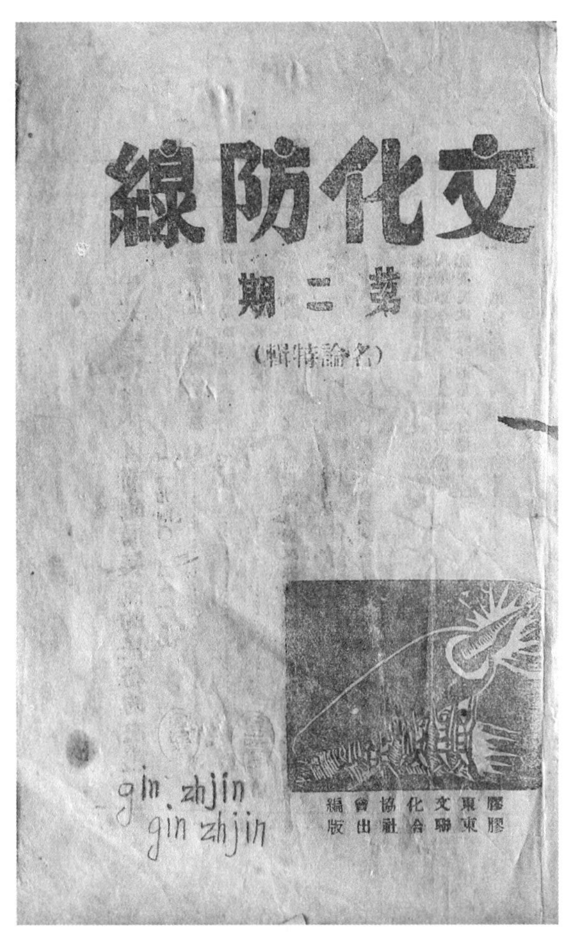

文化防線

第二期

（名論特輯）

膠東文化協會編

膠東聯合社出版

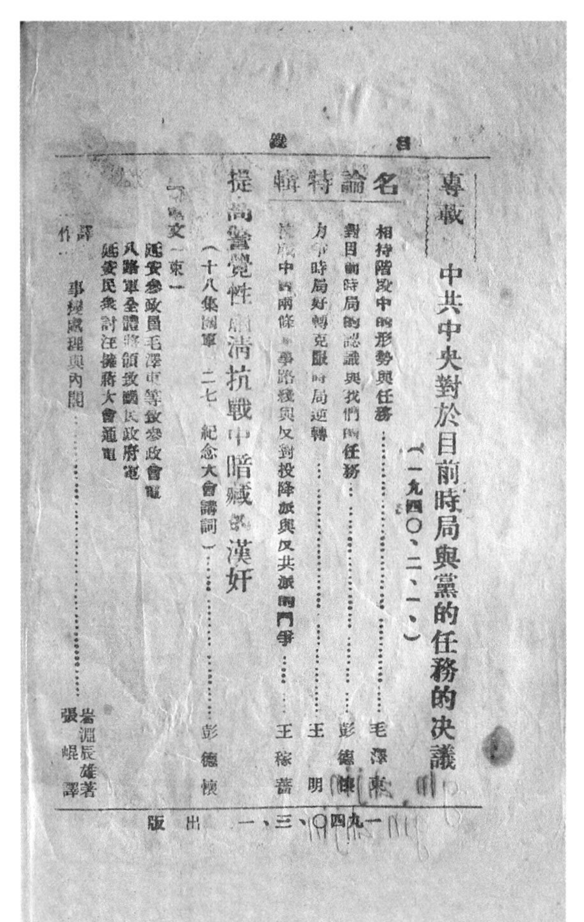

目錄

專載

中共中央對於目前時局與黨的任務的決議（一九四〇、二、一）

名論特輯

一九四〇、三、一出版

中共中央對於目前時局與黨的任務的決議

（甲）目前國內時局的特點是：在敵我戰略相持階段中，大資產階級的投降方向與無產階級小資產階級及中產階級的抗戰方向，兩方面展開日益明顯，日益嚴重的鬥爭。由於抗戰進步勢力克服投降倒退的力量還不足，就使得投降與倒退的危險依然嚴重的存在着，依然是目前時局中的主要危險。但由於共產黨八路軍新四軍的阻力，國民黨中大多數人的阻力，全國人民的阻力，日寇滅華的堅決方針，英美法和日本之間，還存在着相當嚴重的矛盾；歐戰削弱了英法在遠東的地位。因而很難迅速召集遠東慕尼黑會議。蘇聯的強大及其積極援華的方針等國內國際的條件，就使得投降派舉行全國的反共戰爭甚爲困難，由於這兩方面的情況，就使目前抗日進步勢力和投降倒退勢力，形成了一個嚴重鬥爭的局面，雙方鬥爭的結果，或者是時局的好轉，或者是時局的逆轉，但好轉的可能性並未喪失，如有正確方針，加上全國的努力，是能夠改變目前局面，爭取時局好轉的。我們的基本任務就在於強固抗日進步勢力，抵抗投降倒退勢力，力爭時局好轉，克服時局逆轉。如以爲時局好轉的可能性已經喪失，只是一個逆轉的前途，因而不去力爭好轉，只是消極地準備對付全國性的突然事變，這種意見，顯然是不正確的。

（乙）最近「日汪協定」的披露，僞中央政府的準備成立與蔣介石反汪宣傳的發表，給了國內投降派，反共派與頑固派一個新的打擊，又給了抗戰派親共派與進步派一個新的推動，這是對於爭取時局好轉有利益的。但是，目前投降倒退勢力，不但還沒有受到根本的打擊，且有更猖獗的可能，局部的地方性的突然事變，還會繼續發生。這是由於以汪精衛爲首領的親日派，大資產階級與國內投降倒退勢力相呼應，而抗日進步勢力

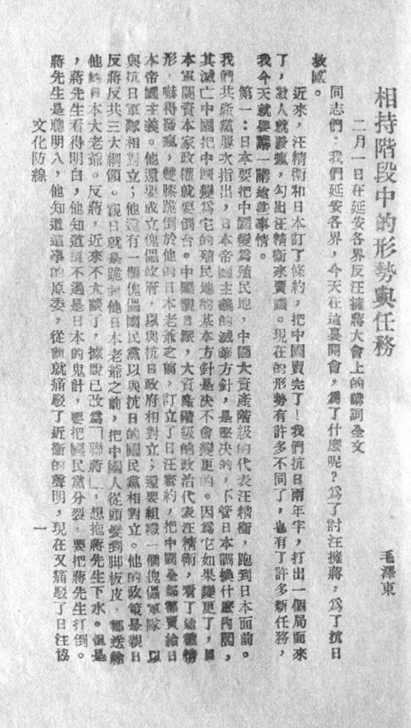

相持階段中的形勢與任務

毛澤東

二月一日在延安各界反汪擁蔣大會上的講詞全文

同志們：我們延安各界，今天在這裏開會，爲了什麼呢？爲了討汪擁蔣，爲了抗日救國。

近來，汪精衛和日本訂了條約，把中國賣完了！我們抗日兩年半，打出一個局面來了，敵人就發瘋，勾出汪精衛來賣國。現在的形勢有許多不同了，也有了許多新任務，我今天就要講一講這些事情。

第一：日本要把中國變爲殖民地，中國大資產階級的代表汪精衛，跑到日本面前。我們共產黨屢次指出，日本帝國主義的滅華方針，是堅決的，不管日本調換什麼內閣，其滅亡中國把中國變爲它的殖民地的基本方針是決不會變更的。因爲它如果變更了，日本軍閥資本家政權就要倒台。中國親日派，大資產階級的政治代表汪精衛，看了這種情形，嚇得發瘋，雙膝跪倒於他的日本老爺之前，訂立了日汪密約，把中國全部賣給日本帝國主義。他還要成立傀儡政府，以與抗日政府相對立；還要組織一個傀儡軍隊，以與抗日軍隊相對立；他還有一個傀儡國民黨以與抗日的國民黨相對立。他的政策是親日反蔣反共三大綱領。親日就是跪在他日本老爺之前，把中國人從頭髮到脚板皮，都送給他的日本大老爺。反蔣，近來不大講了，據說已改爲「聯蔣」，想拖蔣先生下水。但是，蔣先生看得明白，他知道這不過是日本的鬼計，要把國民黨分裂，要把蔣先生打倒。蔣先生是聰明人，他知道這事的原委，從前就痛駁了近衛的聲明，現在又痛駁了日汪協

青岛市政公报

（伪）青岛特别市总务局编　编者刊　青岛　1939 年 7 月～1943 年 12 月　1 期～54 期　月刊　27cm

该刊 1939 年 7 月创办，第 1 期刊登伪青岛特别市公署 7 月份文件。同时出版《青岛市政公报特刊》，刊登 1939 年 1 月 10 日伪青岛特别市公署成立之日起至 6 月底文件。栏目有《命令》《法规》《公牍》《公函》《训令》《指令》《布告》《会议纪录》《统计》等。

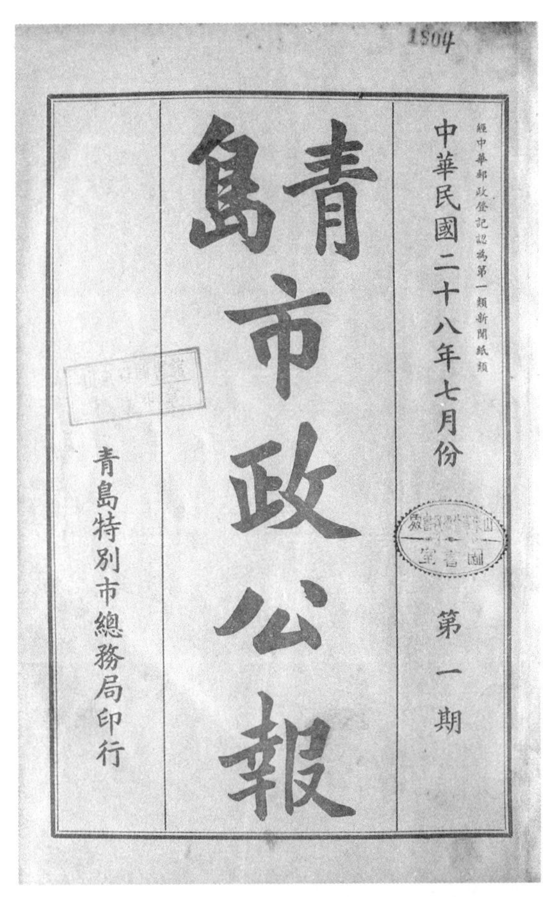

經中華郵政登記認為第一類新聞紙類

中華民國二十八年七月份

第一期

青島市政公報

青島特別市總務局印行

青島市政公報

特刊

青島特別市總務局印行

中華民國二十八年一月份至六月份

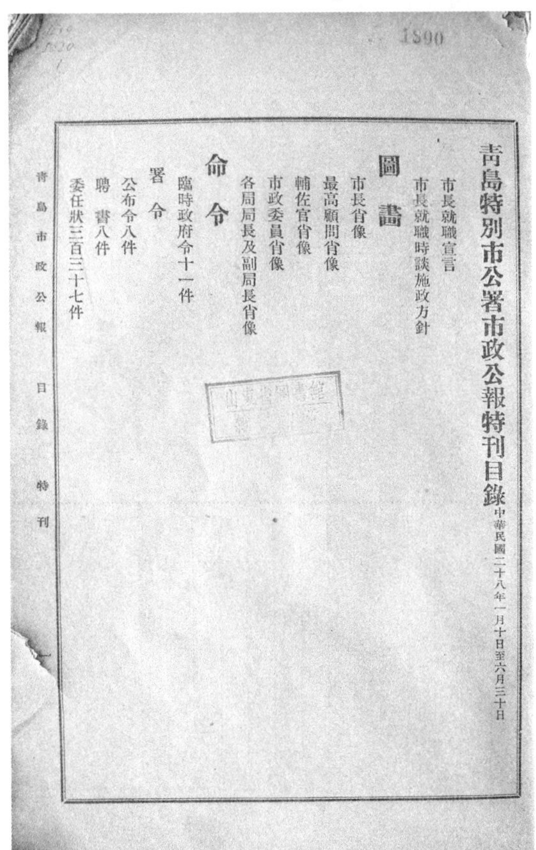

青島特別市公署市政公報特刊目錄

中華民國二十八年一月十日至六月三十日

市長就職宣言

市長就職時談施政方針

圖畫

市長肖像

最高顧問肖像

輔佐官肖像

市政委員肖像

各局局長及副局長肖像

命令

臨時政府令十一件

署令

公布令八件

聘書八件

委任狀三百三十七件

青島市政公報　目錄　特刊

公報價目表

限期	價目
零售	每期四角
半年	二元二角
全年	四元
附記	特刊定價每册八角郵費四分訂閱全年者不另加價

廣告價目表

頁數	價目
一頁	每期十二元
半頁	每期六元
四分之一	每期三元
附記	刊登廣告在三期以上者每期按七折計算在六期以上者按六折計算長期另議

編輯者　青島特別市總務局

發行者　青島特別市總務局

印刷者　青島泰東號

出版期　每月一次特刊不定期

經售處　青島特別市總務局總務科調查股

山东省会警察局半年刊

（伪）山东省会警察局秘书室编 （伪）山东省会警察局［发行］ 济南 1939 年 7 月 1 期 半年刊 24cm 由《山东省会警察署半年刊》继承

该刊是警务专刊，主要刊登关于警务方面的法规章程、各项材料、统计图表，还有少量的论著。栏目有《中央法令》《本省法规》《本局章则》《关于总务事项》《关于行政事项》《关于司法事项》《关于卫生事项》《关于特务事项》《统计图表》《专载》《附件》。自第二期改名为《山东省会警察署半年刊》。

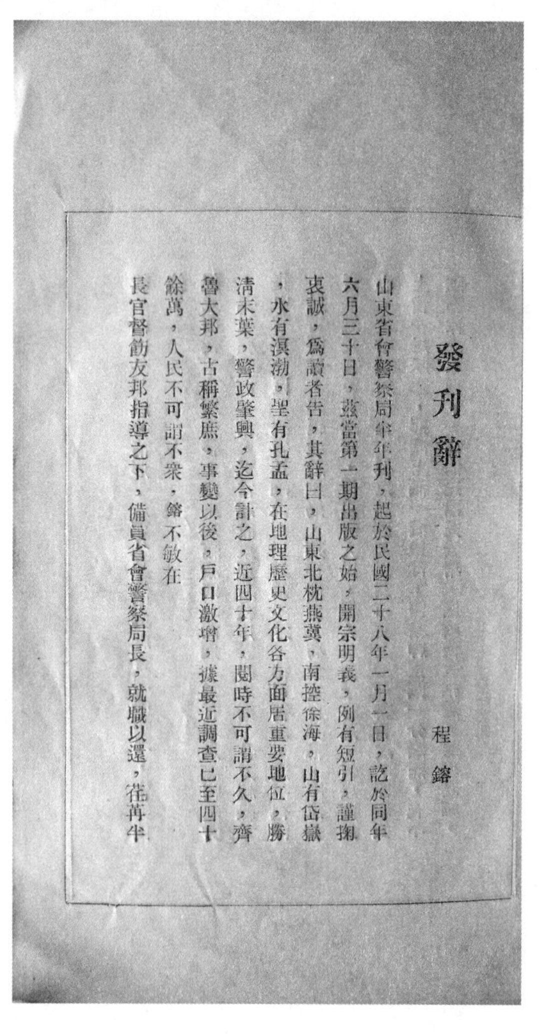

發刊辭

程鎔

山東省會警察局半年刊，起於民國二十八年一月一日，訖於同年六月三十日，茲當第一期出版之始，開宗明義，例有短引，謹掬衷誠，爲讀者告，其辭曰，山東北枕燕冀，南控徐海，山有岱嶽，水有溟渤，聖有孔孟，在地理歷史文化各方面居重要地位，勝清末葉，警政肇興，迄今計之，近四十年，閱時不可謂不久，齊魯大邦，古稱繁庶，事變以後，戶口激增，據最近調查已至四十餘萬，人民不可謂不衆，鎔不敏在長官督飭友邦指導之下，備員省會警察局長，就職以還，荏苒半

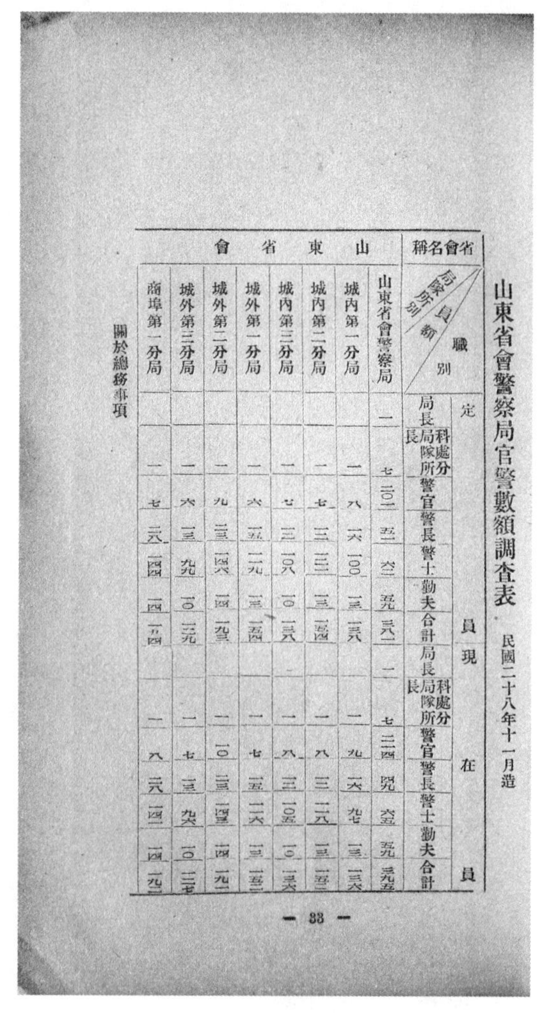

山東省會警察局官警數額調查表

民國二十八年十一月造

省會名稱	局隊所別	定員 局長	定員 科處分局隊所長	定員 警官	定員 警長	定員 警士	定員 勤夫	定員 合計	現在員 局長	現在員 科處分局隊所長	現在員 警官	現在員 警長	現在員 警士	現在員 勤夫	現在員 合計
山東省會	山東省會警察局	一	七	二〇一	四二	六三	五九	三八一	一	七	三四	四九	六五	五九	三九五
	城內第一分局		一	八	一六	一〇〇	一三	一三八		一	九	一六	九七	一三	一三六
	城內第二分局		一	七	一三	一一一	一三	一四四		一	八	一三	一一八	一三	一五三
	城內第三分局		一	七	一三	一〇八	一〇	一三八		一	八	一三	一〇五	一〇	一三七
	城外第一分局		一	六	一五	一一九	一三	一五四		一	七	一五	一一六	一三	一五二
	城外第二分局		一	九	二三	一四八	一四	一九三		一	一〇	二三	一四五	一四	一九三
	城外第三分局		一	六	一三	九九	一〇	一二九		一	七	一三	九六	一〇	一二七
	商埠第一分局		一	七	二八	一四四	一四	一九四		一	八	二八	一四二	一四	一九三

關於總務事項

— 33 —

山东省会警察署半年刊

（伪）山东省会警察署秘书室编 （伪）山东省会警察署［发行］ 济南 1939 年 12 月～［1942 年 7 月］ 2 期～6/7 期 半年刊 24cm 继承《山东省警察局半年刊》

该刊是警务刊物，是由日伪政权山东省会警察局创办的。第一期是《山东省警察局半年刊》，从第二期改为《山东省会警察署半年刊》。

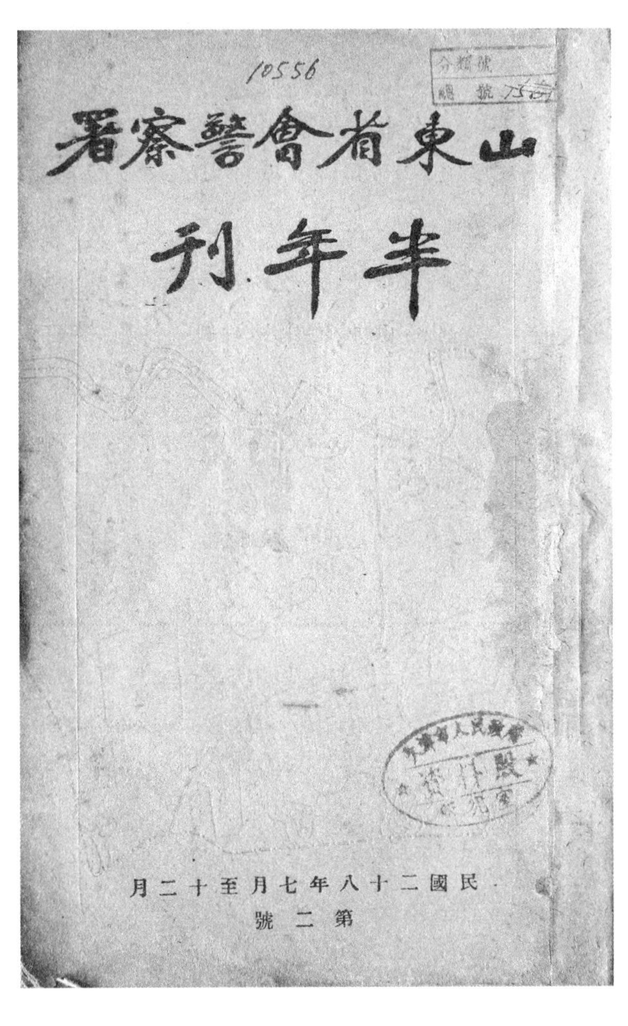

山東省會警察署

半年刊

民國二十八年七月至十二月

第二號

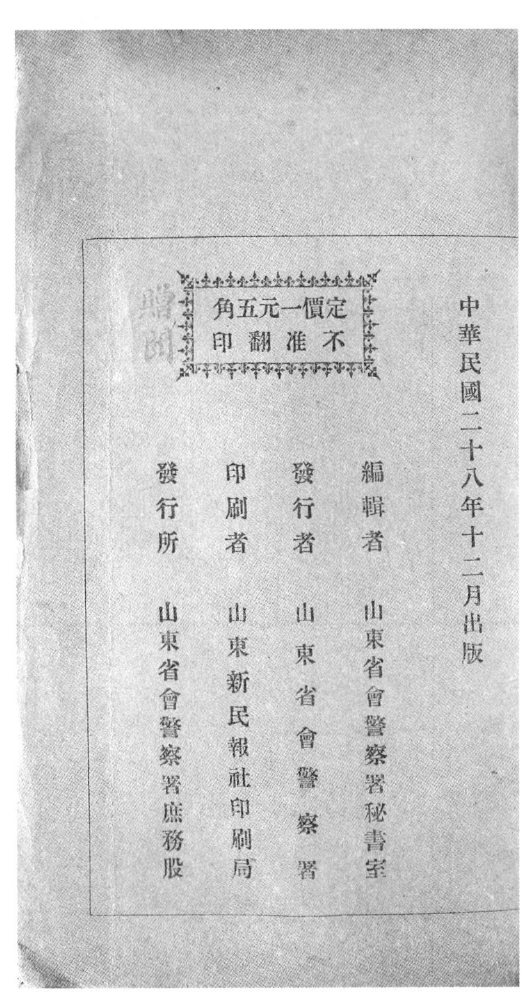

定價一元五角

不准翻印

中華民國二十八年十二月出版

編輯者 山東省會警察署秘書室

發行者 山東省會警察署

印刷者 山東新民報社印刷局

發行所 山東省會警察署庶務股

前线报

十八集团军山东胶东军区政治部编　编者刊　胶东　1939 年 9 月 ~ 1944 年 6 月　[总数期不详]　半月刊　20cm　继承《胶东前线》

该刊是胶东军区机关报，初为油印，1943 年以后改为铅印，32 开本，刊期半月，后为旬刊，每期页码 40 页至 60 页不等，刊稿 3 万字左右。从第 185 期起，由旬刊改为五日刊。1944 年 6 月改为报纸型，4 开 4 版。主要宣传报道党中央、中央军委和各级党委、军事领导机关的文件指示精神，多请军区军政首长撰写社论、政论文章。栏目有《社论》《特载》《工作报道》《工作指导》《经验介绍》《整风报道》《工作研究》《指导》《敌情研究》《武器研究》《通讯》《卫生常识》等。

前綫報

中華民國三十二年五月卅日

129

武裝保衛麥收！　李善一

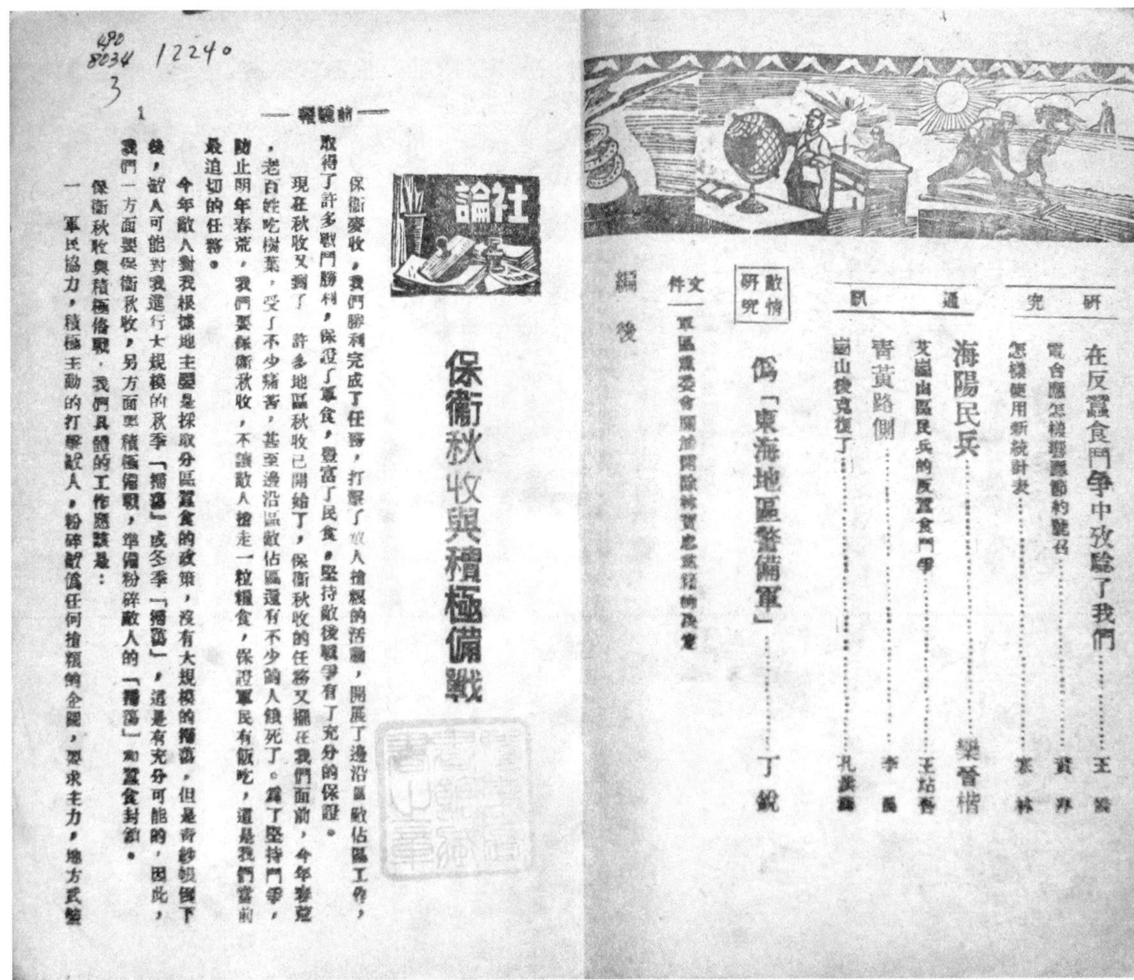

社論

保衛秋收與積極備戰

保衛麥收，我們勝利完成了任務，打擊了敵人搶糧的活動，開展了邊沿區敵佔區工作，取得了許多戰鬥勝利，保證了軍食，豐富了民食，堅持敵後戰爭有了充分的保證。

現在秋收又到了 許多地區秋收已開始了，保衛秋收的任務又擺在我們面前，今年麥荒，老百姓吃樹葉，受了不少痛苦，甚至邊沿區敵佔區還有不少窮人餓死了。為了堅持鬥爭，防止明年春荒，我們要保衛秋收，不讓敵人搶走一粒糧食，保證軍民有飯吃，這是我們當前最迫切的任務。

今年敵人對我根據地主要是採取分區蠶食的政策，沒有大規模的掃蕩，但是青紗帳倒下後，敵人可能對我進行大規模的秋季「掃蕩」或冬季「掃蕩」，這是有充分可能的，因此，我們一方面要保衛秋收，另方面要積極備戰，準備粉碎敵人的「掃蕩」和蠶食封鎖。

保衛秋收與積極備戰，我們具體的工作應該是：

一 軍民協力，積極主動的打擊敵人，粉碎敵偽任何搶糧的企圖，要求主力，地方武裝

新文化

新文化杂志社编　编者刊　济南　1939年10月～［终刊日期不详］［总期数不详］　月刊　22cm

该刊内容有论著、诗歌、翻译、小说、剧本、散文、小品等，另辟有《青年文艺》栏目。创刊号中刊登茅盾的《代发刊词》。

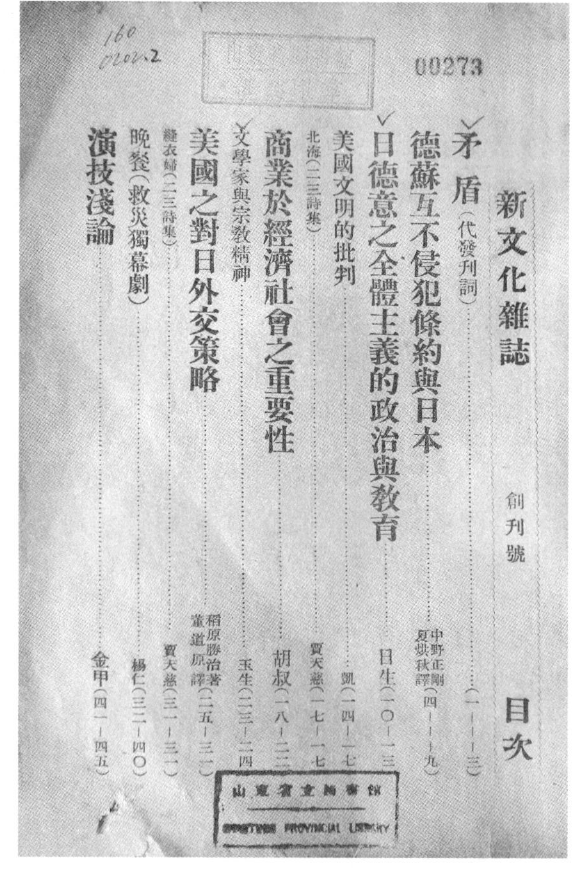

新文化雜誌　創刊號　目次

青岛特别市公署行政年鉴

（伪）青岛特别市公署总务局编　编者刊　青岛　1940 年　总 1 期　年刊　26cm

该刊是政务刊物，报道伪青岛市政府行政各方面情况，内容包括总务、社会、警察、财政、教育、建设、卫生、海务、乡政、警备、农事合作事业等。

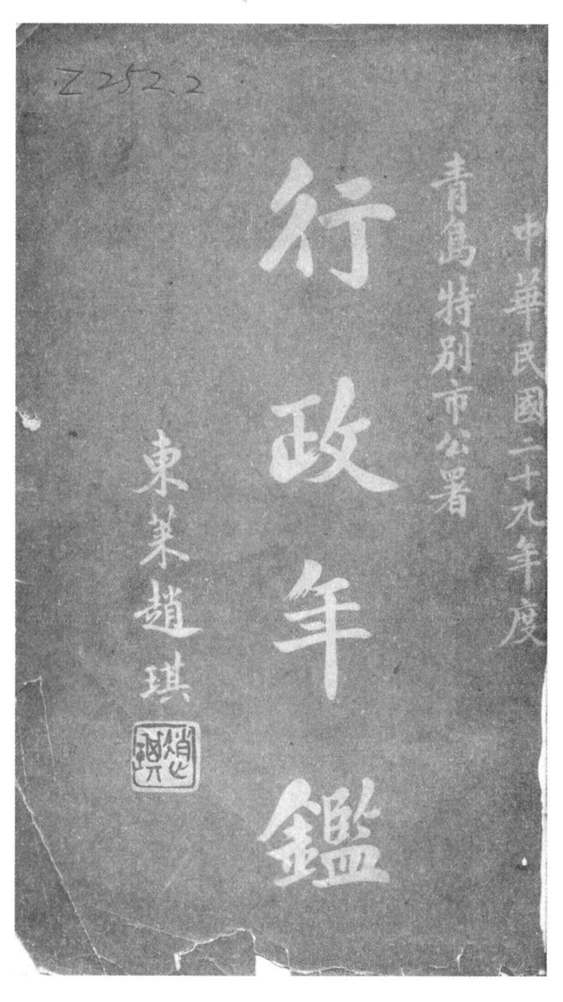

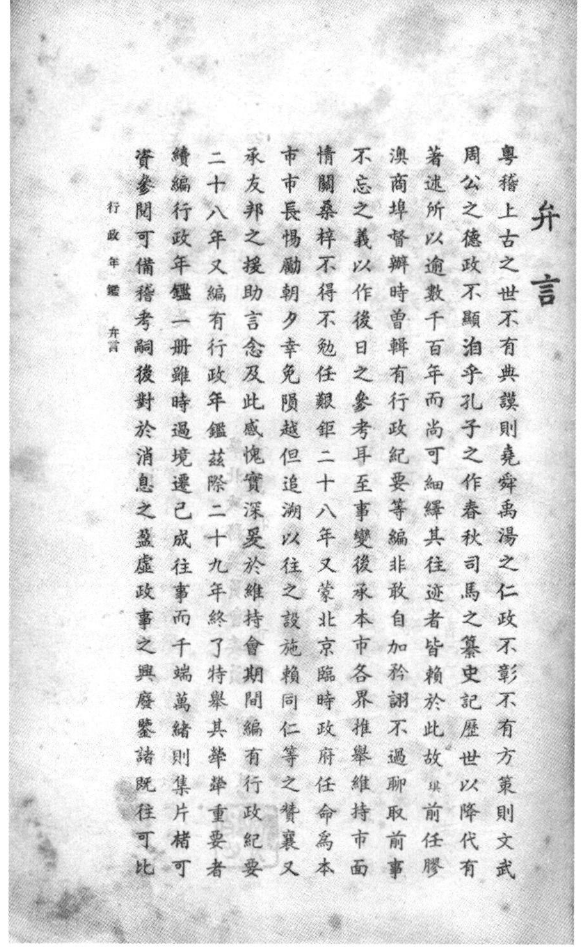

弁言

粤稽上古之世不有典謨則堯舜禹湯之仁政不彰不有方策則文武周公之德政不顯洎乎孔子之作春秋司馬之纂史記歷世以降代有著述所以逾數千百年而尚可細繹其往迹者皆賴於此故琪前任膠澳商埠督辦時曾輯有行政紀要等編非敢自加矜詡不過聊取前事不忘之義以作後日之參考耳至事變後承本市各界推舉維持市面情關桑梓不得不勉任艱鉅二十八年又蒙北京臨時政府任命爲本市市長惕勵朝夕幸免隕越但追溯以往之設施賴同仁等之贊襄又承友邦之援助言念及此感愧實深爰於維持會期間編有行政紀要二十八年又編有行政年鑑茲際二十九年終了特舉其犖犖重要者續編行政年鑑一冊雖時過境遷已成往事而千端萬緒則集片楮可資參閱可備稽考嗣後對於消息之盈虛政事之興廢鑒諸既往可比

行政年鑑　弁言

社会经济月报

（伪）青岛特别市社会局调查室编　编者刊　青岛［1940年］~［终刊日期不详］［总期数不详］月刊　27cm

该刊由伪青岛特别市社会局主办，为中文、日文对照刊物，出版过《劳工问题特辑号》。

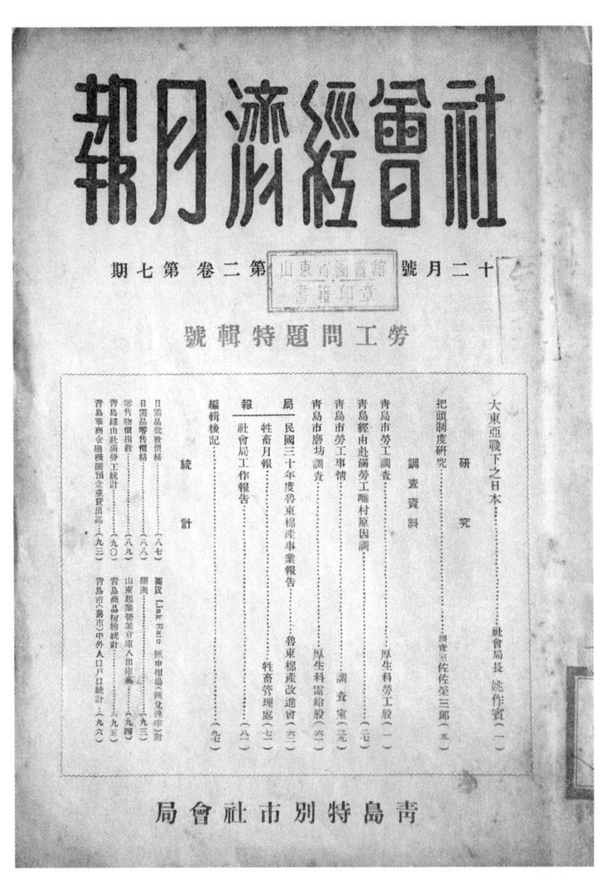

社會經濟月報

十二月號　第二卷　第七期

勞工問題特輯號

青島特別市社會局

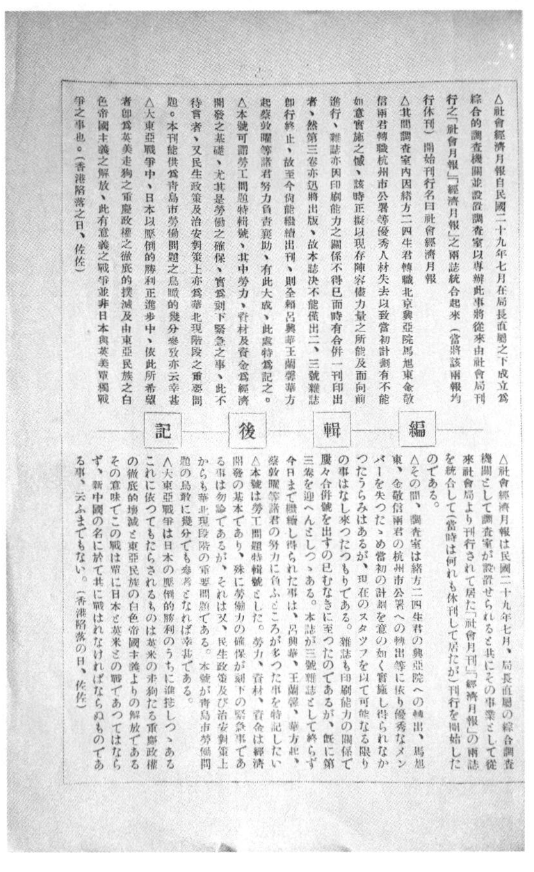

編輯後記

△社會經濟月報自民國二十九年七月在局長直屬之下成立爲綜合的調查機關並設置調查室以專辦此事將從來由社會局刊行之「社會月報」「經濟月報」之兩誌統合起來（當將該兩報均行休刊）開始刊行名曰社會經濟月報

△其間調查室内因緒方二四生君轉職北京興亞院馬旭東金敬信兩君轉職杭州市公署等優秀人材失去以致當初計劃有不能如意實施之憾、該時正擬以現存陣容儘力量之所能及而向前進行、雜誌亦因印刷能力之關係不得已而時有合併一刊印出者、然第三卷亦迅將出版、故本誌決不能僅出二、三號雜誌即行終止、故至今尚能繼續出刊、則全賴呂興華王蘭馨華方起蔡敦曜等諸君努力負責襄助、有此大成、此處特爲記之。

△本號可謂勞工問題特輯號、其中勞力、資材及資金爲經濟開發之基礎、尤其是勞働之確保、實爲刻下緊急之事、此不待言者、又民生政策及治安對策上亦爲華北現階段之重要問題。本刊能供爲青島市勞働問題之鳥瞰的幾分參致亦云幸甚

△大東亞戰爭中、日本以壓倒的勝利正進步中、依此所希望者卽爲英美走狗之重慶政權之徹底的撲滅及由東亞民族之白色帝國主義之解放、此有意義之戰爭並非日本與英美單獨戰爭之事也。（香港陷落之日、佐佐）

△社會經濟月報は民國二十九年七月、局長直屬の綜合調查機關として調查室が設置せらるゝと共にその事業として從來社會局より刊行されて居た「社會月刊」「經濟月報」の兩誌を統合して（當時は何れも休刊して居たが）刊行を開始したのである。

△その間、調查室は緒方二四生君の興亞院への轉出、馬旭東、金敬信兩君の杭州市公署への轉出等に依り優秀なメンバーを失つたゝめ當初の計劃を意の如く實施し得られなかつたうらみはあるが、現在のスタツフを以て可能なる限りの事はなし來つたつもりである。雜誌も印刷能力の關係で屢々合併號を出すの已むなきに至つたのであるが、既に第三卷を迎へんとしつゝある。本誌が三號雜誌として終らず今日まで繼續し得られた事は、呂興華、王蘭馨、華方起、蔡敦曜等諸君の努力に負ふところが多つた事を特記したい

△本號は勞工問題特輯號とした。勞力、資材、資金は經濟開發の基本であり、殊に勞働力の確保が刻下の緊急事である事は勿論であるが、それは又、民生政策及び治安對策上からも華北現段階の重要問題である。本號が青島市勞働問題の鳥瞰に幾分でも參考となれば幸甚である。

△大東亞戰爭は日本の壓倒的勝利のうちに進捗しつゝあるこれに依つてもたらされるものは英米の走狗たる重慶政權の徹底的撲滅と東亞民族の白色帝國主義よりの解放である その意味でこの戰は單に日本と英米との戰であつてはならず、新中國の名に於て共に戰はれなければならぬものである事、云ふまでもない。（香港陷落の日、佐佐）

文教月刊

（伪）山东文化教育委员会编　编者刊　济南　1940 年 1 月 1 日～1942 年 12 月 31 日　1 卷 1 期～3 卷 11/12 期　月刊　27cm　由《山东文教》替代

该刊内容多为经学研究、本省教育概况、文化动态等。栏目有《论说》《文学》《经解》《文艺》《专载》《杂俎》等。

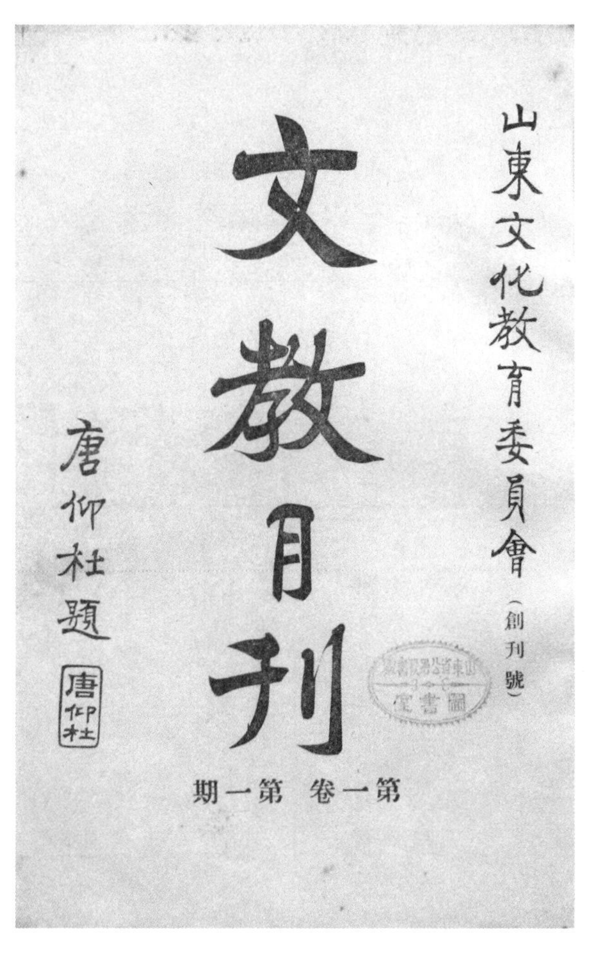

定價表

冊數	價目	郵費
每月一冊　全年十二冊　每月一日出版		
一	三角	本市一分　外埠二分
六	一元六角	本市六分　外埠一角二分
十二	三元	本市一角二分　外埠二角四分

附記：凡訂閱本刊取得收據者本會準按期寄遞如遇有誤寄情形本會定將餘款退回

廣告刊例

頁數	價目
一頁	每期十元
半頁	每期五元
四分之一頁	每期二元五角

附記：刊登廣告四期以上者每期按七折計算在十期以上者按六折計算長期另議

中華民國二十九年元月一日

文教月刊　第一卷　第一期

編輯者　山東省文化教育委員會

發行者　山東省文化教育委員會　濟南市東關外華美街十一號　電話九九〇號

出版期　每月出刊一次

印刷者　濟南善成合記印務局　后宰門街路南　電話八二〇號

山东文教

（伪）山东文化教育振兴委员会文教编辑部编 （伪）山东省公署教育厅编译股［发行］ 济南 1943年9月～［1944年］ 1期～［12期］ 月刊 26cm 替代《文教月刊》

该刊偏重教育理论研究。主要刊登关于教育问题研究的学术论文。栏目有《论著》《专载》《文艺》《文化教育消息》《修学讲座》《教育通讯》《青年文苑》等。

山東文教

創刊號

發刊詞

要目

民國三十二年九月一日出版

編後語

當諸位看到「山東文教」的時候，也許會想到記憶中的「文教月刊」，不錯！這個刊物正是「文教月刊」的化身，在名稱和形式上似乎沒有多大區別，然而分解起內容來，却與過去的「文教月刊」，大不相同，讀了以後，自然就會知道的，現在「山東文教」的內容是偏重教育論著，研討教育問題，介紹新的教育理論，研究中外學術。

這個小小的刊物，猶如文化之花，現已萌芽，希冀日後，開放燦爛之花，結得美味之果，必須有賴我教育界同仁，關懷愛護，時刻不忘，有如園丁，澆溉施肥，有如花侯，耕鋤培植，始克達到理想之目的，圓滿之境地；願我教育界同仁，羣策羣力，互相砥礪，集思廣益，以期同愛此花，共享此果，藉以達成山東教育之使命。

兒童是未來的主人翁，國家的棟梁，我們負有百年樹人，建國大計的教育責任，對於兒童教育之實施，實不可忽視，本期所載「談談兒教與文教」與「兒童的疾病與衛生」係南京教育部兒童教育專家邵明九先生，及韓朋先生之大作，對於兒童教育貢獻非淺，特介紹於讀者。

創刊號中蒙南京教育部長北京教育總署督辦，以及各位長官頒賜祝詞并承省長賜訓，本刊光榮倍增，深為欣幸，特表謝忱，更希明達時予指正。

山東文教

創刊號

中華民國三十二年九月一日

編輯：山東文化教育振興委員會文教編輯部

發行：山東省公署教育廳編譯股

印刷：山東省公署印刷所

價目：每冊六角

每月一日出版

約稿

一、本刊除特約撰述外徵收投稿

二、關於教育論文教育問題研究學術論文文藝作品以及其他有關文化教育諸問題撰著或翻譯均可投寄

三、來稿文體不拘請用稿紙直行繕清并加新式標點

四、本刊對於來稿有刪改權其不願刪改者請於稿端註明

五、翻譯稿件請附原文如不便寄遞者可將書名著者姓名及出版處所註明

六、來稿請註明真實姓名及詳細住址

七、來稿非經預先聲明無論刊登與否概不退還

八、來稿刊登後贈送本刊一冊版權仍歸著者但本刊有選用權

九、本刊稿費每千字五元但聲明抑酬及認為義務投稿者不給稿費

十、來稿請寄山東省公署教育廳編譯股代收

军政

新四军山东军区政治部编　编者刊　鲁南　1940年7月～1949年［总期数不详］　月刊　17cm

该刊是军队政工刊物，发表有关军政工作时事评论、军队作战经验、军政工作意见总结等文章。

目錄

第十三期
四月一日

济南商埠中华基督教会会刊

济南商埠中华基督教会编　编者刊　济南　1940年8月～［终刊日期不详］［总期数不详］［刊期不详］ 22cm

该刊是济南商埠中华基督教会主办，会址在济南商埠经四路小纬六路路北。第一期中刊登有《济南基督徒布道团消息》一文，详细介绍该团成立经过及其工作情况。栏目有《讲论》《解经》《本会事工述要》《经济》等。

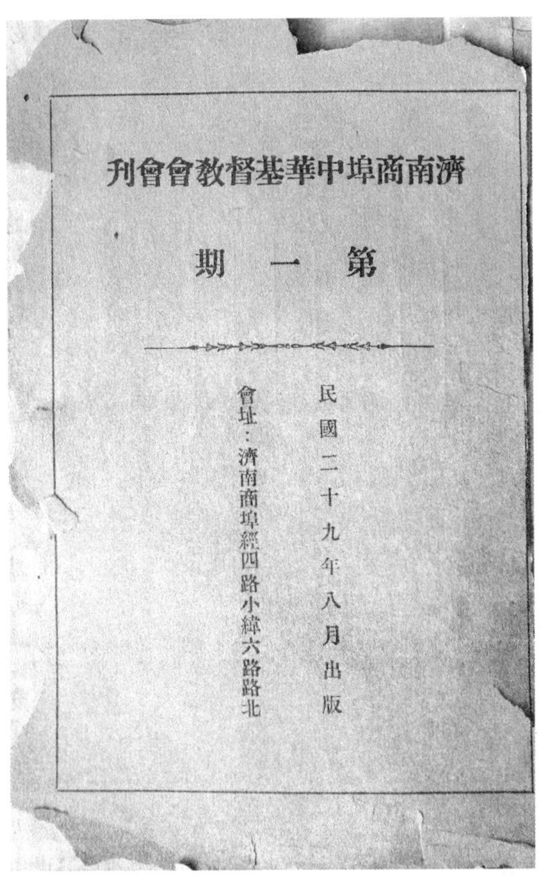

濟南商埠中華基督教會會刊

第一期

民國二十九年八月出版

會址：濟南商埠經四路小緯六路路北

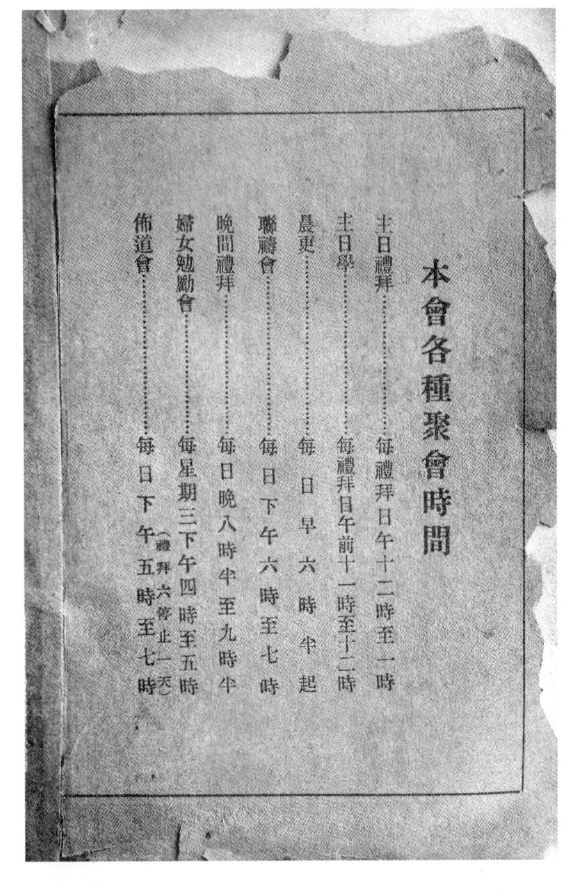

本會各種聚會時間

主日禮拜……………每禮拜日午十二時至一時

主日學………………每禮拜日午前十一時至十二時

晨更…………………每日早六時半起

聯禱會………………每日下午六時至七時

晚間禮拜……………每日晚八時半至九時半

婦女勉勵會…………每星期三下午四時至五時（禮拜六暫止一天）

佈道會………………每日下午五時至七時

年議會紀實

一九四〇年即民國二十九年七月十四日午後三點，聚年議會於本會大禮拜堂，主席張鳳鳴牧師。

開會後，唱讚美詩二三二首由孫修五長老領衆祈禱，張牧師讀經腓力比書第二章。

嗣即由主席報告開會宗旨及本會宗教事業，孫修五長老報告宗教教育，牟楓庭長老報告賬目。

繼由孫修五長老提出辭職意見，報告會衆，即進行選舉。所有候選人，事先由提名委辦劉廉卿，牟楓庭，王注東，許宏坤等四人審慎提出，大會時當衆公佈，更由主席聲請會衆臨時提出候選人加入之。

選舉結果：除王洸凡長老經堂議會通過，請煙台教會將其名遷來作本會長老外，又舉出孫修五牟楓庭胡益琛王注東馬勳臣五位爲長老。次舉出張山農許宏坤李希曾朱伯崙王子正汪再筠六位爲執事。

最後舉出譚訏民李興符一位爲查賬員，選舉畢由劉廉卿牧師祝福散會。

會內消息

一、濟南基督徒佈道團曾在本市西鄉吳家堡成立教會一處，共有信徒二人，慕道友十餘人，委託本會辦理。當即於一九四〇年七月一日正式接收，作爲本會分會。張鳳鳴牧師曾率領男女佈道員前往開佈道大會二次。每主日均派人前往佈道，悉蒙神祝福。但該處距市內約有二十餘里之遙，往返頗覺不便；勢須派定佈道人員常川住居，專責牧養。惟此人尚未物色得到，願主親自差派合　祂心意的人，使該分會多得益處。

二、恩縣尹王莊，設有本會分會一，由張冠三先生充該分會佈道員，現共有男女教友十餘位，請多爲彼處分會代禱，求　主多將得救的人，賜給　祂的教會！

三、張鳳鳴牧師之女公子美麗女士，與胡益琛長老之男公子明道君，經孫修五，牟楓庭二長老之介紹於一九三九年雙十佳節，舉行訂婚，此良好姻緣之締結，想亦爲讀者所樂聞也。

四、劉恩義牧師，年來患左手抖索病，現經醫調治，日見痊癒。請主內兄姊在禱告中常爲紀念，更求神施恩醫治，俾牧師身體早日復原，仍得繼續爲主作工。

五、齊更新執事患腿病，行動不便，請爲代禱，求神醫治。

山东青年

山东青年月刊社编　编者刊　鲁南　1940 年 9 月 18 日 ~ 1943 年春　[总期数不详]；复刊 1944 年 ~ [终刊日期不详] [总期数不详]　周刊　26cm

该刊创刊初期为周刊，1944 年开始，改为不定期小册子；1945 年秋，恢复山东青年原来版式，同时在鲁东、鲁南、鲁中、鲁西南四个地区出版；1945 年 12 月，《鲁南版》改为《复员版》，随着山东青年本部来到济南，转为在济南出版，社址在济南县前街路北。

该刊为国民党三民主义青年团刊物，主要刊登时事政治及与青年问题有关的文章。抗战时期文章内容多为鼓舞青年从军，介绍世界反法西斯时局。战后出版的内容多带有较浓的反共色彩。辟有《专载》《论著》《转载》《青年问题》《青年生活》《青年动态》《文艺》《青年园地》等栏目。

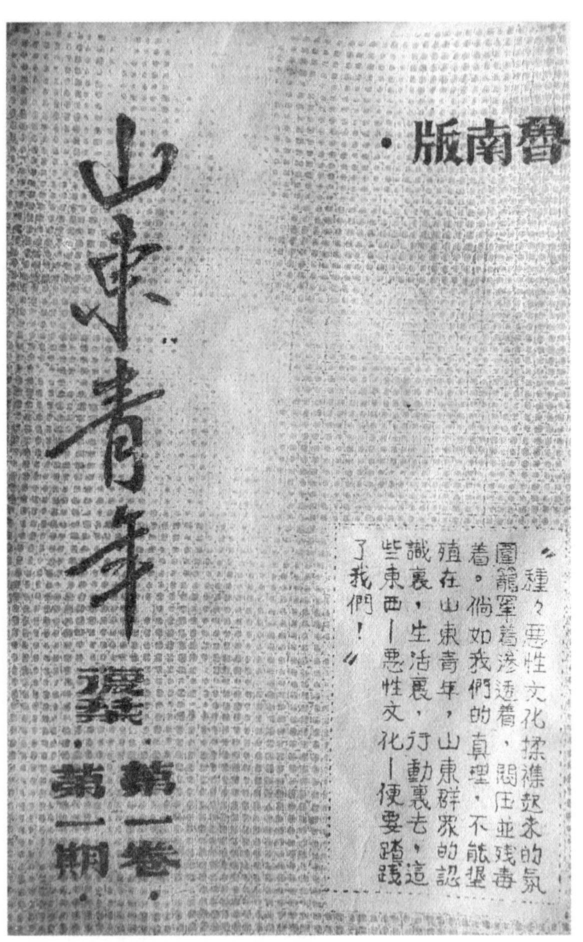

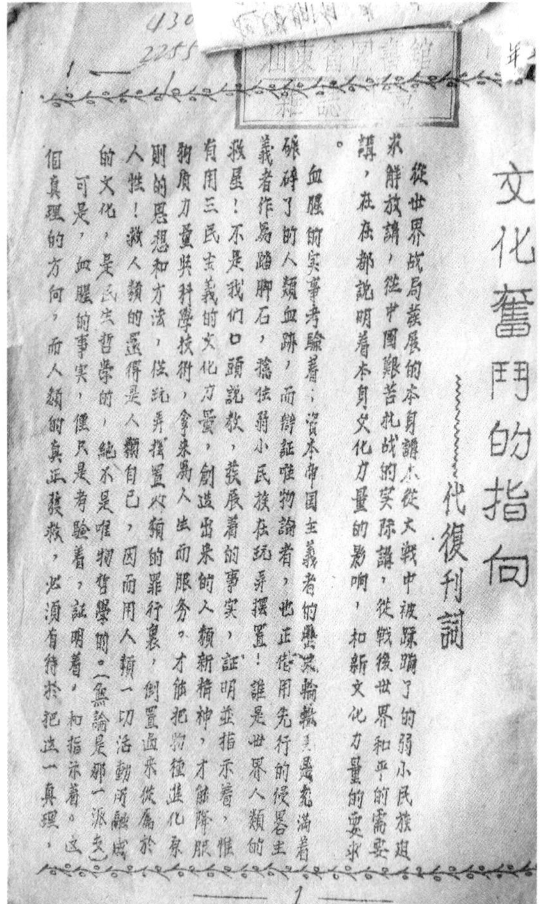

文化奮鬥的指向

——代復刊詞

從世界戰局發展的本身講，從大戰中被蹂躪了的弱小民族追求解放講，從中國艱苦抗戰的實際講，從戰後世界和平的需要講，在在都說明着本身文化力量的影响，和新文化力量的要求。

血腥的事實考驗着：資本帝國主義者的[illegible]輪轍是充滿着碾碎了的人類血跡，而辯証唯物論者，也正在用先行的侵略主義者作爲踏脚石，播弄弱小民族在玩弄擺置！誰是世界人類的救星！不是我們口頭說教，發展着的事實，証明並指示着，惟有用三民主義的文化力量，創造出來的人類新精神，才能降服物質力量與科學技術，拿來爲人出而服務。才能把物種進化原則的思想和方法，從玩弄擺置人類的罪行裏，倒置過來從屬於人性！救人類的還得是人類自己，因而用人類一切活動所融成的文化，是民生哲學的，絕不是唯物哲學的。（無論是那一派的）

可是，血腥的事實，僅只是考驗着，証明着，和指示着。這個真理的方向，而人類的真正獲救，必須有待於把這一真理，

1

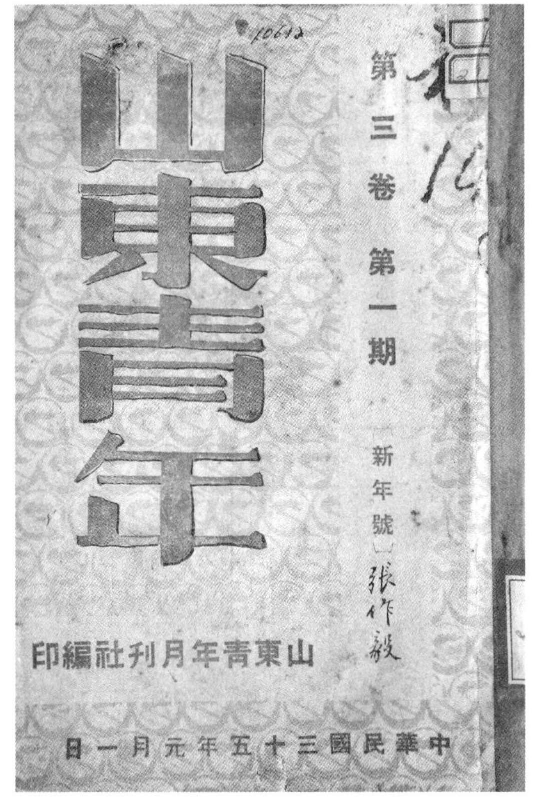

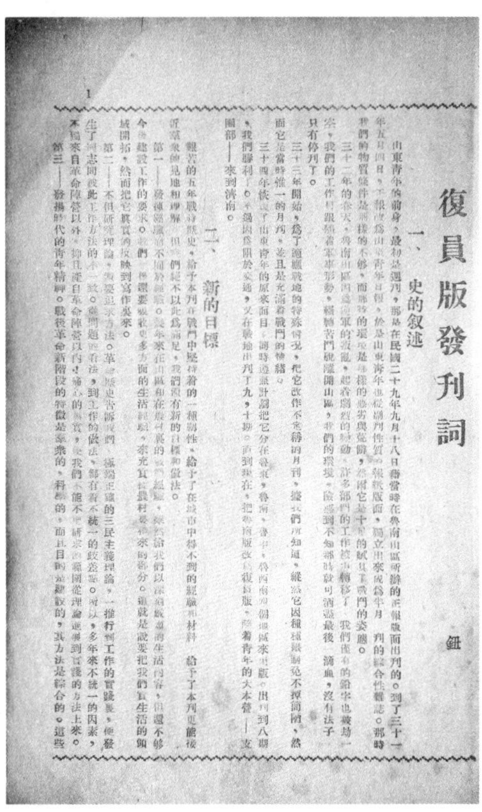

1

復員版發刊詞

鈕

一、史的叙述

山東青年的前身，最初是週刊，那是在民國二十九年九月十八日爲當時在魯南山區所辦的[illegible]報版面出刊的。到了三十一年五月四日，[illegible]報改爲山東青年日報，於是山東青年也從副刊性質[illegible]報紙版面，獨立出來成爲半月刊的綜合性雜誌。那時我們的物質條件是那樣的不够，而那時的環境是那樣的惡劣與荒僻，然而它是十[illegible]的賦[illegible]戰鬥的姿態。

三十二年的春天，魯南山區因爲[illegible]軍的叛亂，起着劇烈的變動，許多部門的工作被[illegible]轉移了，我們僅有的鉛字也被劫一空，我們的工作[illegible]跟隨着軍事形勢，輾轉苦鬥地離開山區，我們的環境，除感到不知那時就可洒盡最後一滴血，沒有法子只有停刊了。

三十三年開始，爲了適應戰地的特殊情況，把它改作不定期的月刊，據我們所知道，縱然它因種種限制免不掉簡陋，然而它是當時惟一的月刊，並且是充滿着戰鬥的情緒。

三十四年恢復了山東青年的原來面目，同時遂派計劃把它分在魯東，魯南，魯中，魯西南四個地區來出版。出刊到八期，我們勝利了。又因爲限於交通，又在戰地出刊了九，十期。直到現在，把魯南版改爲復員版，隨着青年的大本營——支團部——來到濟南。

二、新的目標

艱苦的五年戰鬥歷史，給予本刊在戰鬥中堅持着的一種韌性，給予了在城市中得不到的經驗和材料，給予了本刊更能接近羣衆的見地和瞭解，但[illegible]們絕不以此爲滿足，我們還有新的目標和做法。

第一——發揚經驗[illegible]不囿於經驗。[illegible]年來在山區和在農村裏的[illegible]經驗，[illegible]給我們以深刻艱難的生活內容，但還不够今[illegible]建設工作的要求。我們[illegible]還要吸收更多方面的生活經驗，來充實在農村裏[illegible]來的部分。這就是說要把我們[illegible]生活的領域開拓，然而把它真實的反映到寫作裏來。

第二——不但研究理論，還要追求方法。革[illegible]歷史告訴我們，擁[illegible]正確的三民主義理論，一[illegible]推行[illegible]工作的實踐[illegible]，使發生了同志間彼此工作方法的不一致。[illegible]問題的看法，到工作的做法，都有着不統一的歧差[illegible]。所以，多年來不統一的因素，不獨來自革命陣營以外，抑且產自革命陣營以內！痛心的[illegible]實，使我們不能不[illegible]研求[illegible]從理論連[illegible]到實踐的方法上來。

第三——發揚時代的青年精神。戰後革命新階段的特徵是羣衆的，科學的，而且目前[illegible]建設的，其方法是綜合的。這些

青年人（1940）

渤海青年人社编　渤海新华书店［发行］［出版地不详］1940年12月9日～［休刊日期不详］［总期数不详］；复刊1946年7月15日～1946年12月　［总期数不详］　月刊　19cm　由《渤海文化》继承

1940年12月9日创刊，该刊使命是：“为鼓励表扬青年们可歌可泣的伟大事迹，更为进一步巩固与扩大青年的组织，将千千万万的青年们，动员起来，组织起来，武装起来，铸成钢铁一般的力量，打倒蛮横的日本帝国主义，争取民族解放，并加强青年们的学习，求得自身解放。”1946年7月15日复刊，由32开改为16开出版。设有《通讯》《青年工作指导》《读者园地》《儿童生活》《文艺诗歌》《研究问题》《教师园地》等栏目。

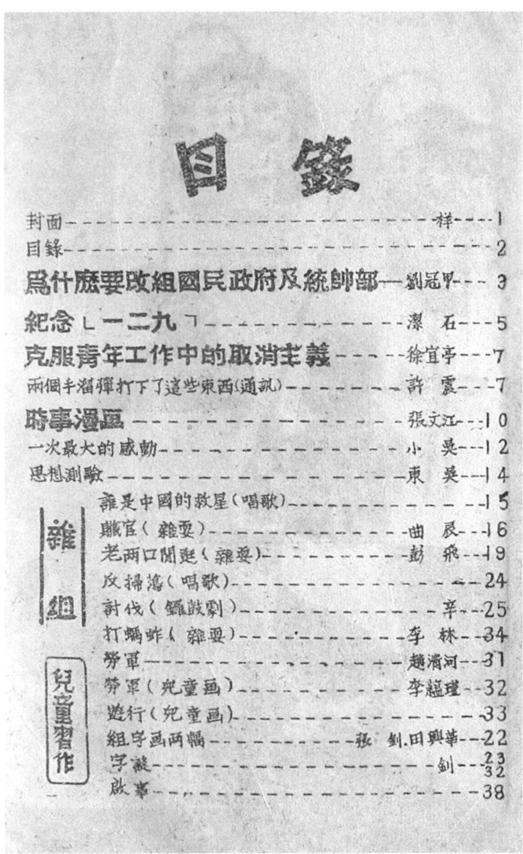

目錄

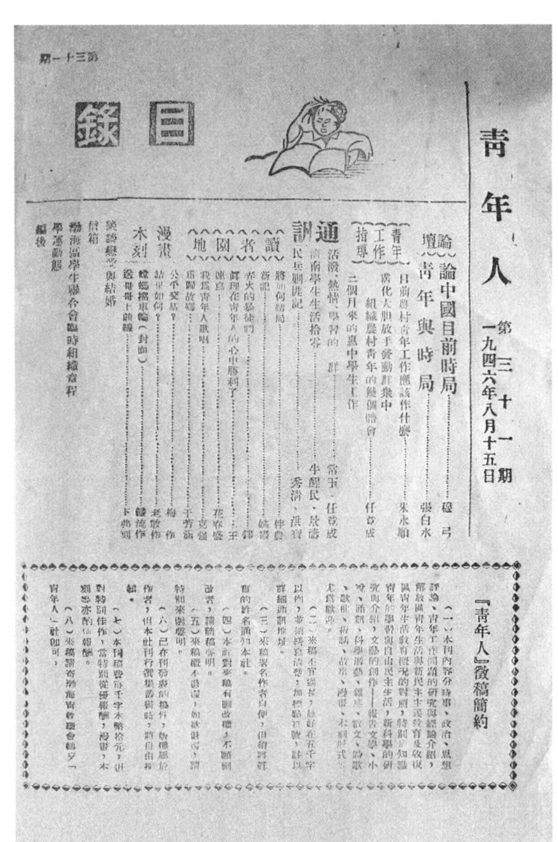

青年人 第三十一期 一九四六年八月十五日

目錄

『青年人』徵稿簡約

渤海文化

渤海文化社编　编者刊　渤海区　1947年1月1日～［终刊日期不详］［总期数不详］　月刊　25cm　继承《青年人》(1940)

该刊是反映与指导渤海区斗争与建设的综合性刊物，内容涵盖军事、政治、经济、文化、社会、卫生、科学常识等方面，尤以群众运动与军事斗争宣传为重点。

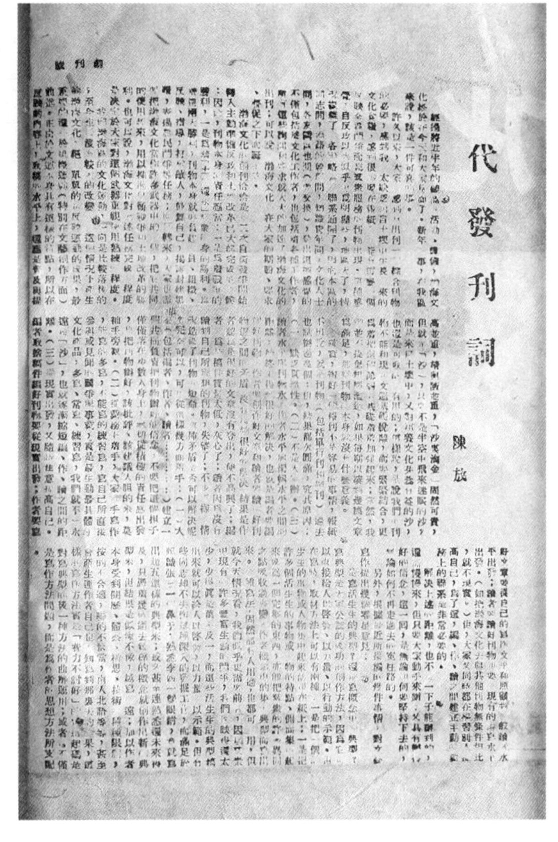

創刊號

代發刊詞

陳放

渤海文化

目錄

渤海文化 創刊 一九四七年元旦

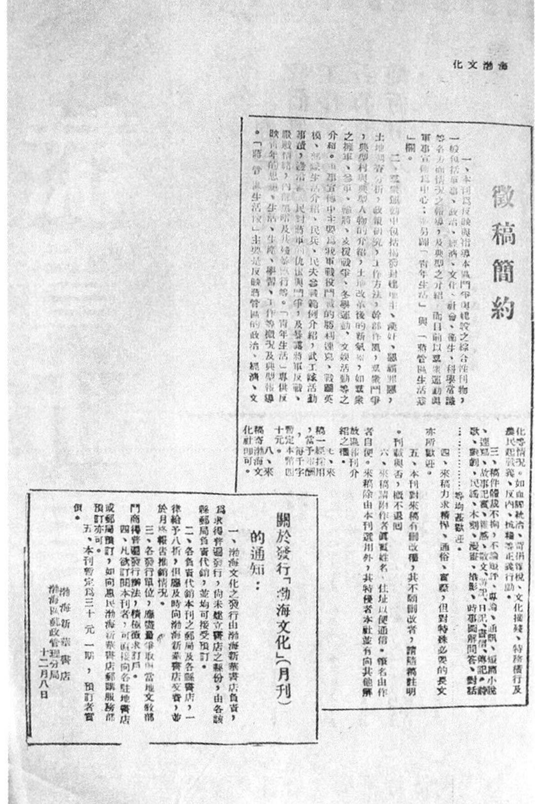

渤海文化

徵稿簡約

關於發行「渤海文化（月刊）」的通知

期刊之部（二）

经济月刊

冀鲁豫经济月刊编辑委员会编　编者刊　冀鲁豫区　1941 年 ~ 1947 年 [总期数不详] 月刊　19cm

该刊以供干部业务学习、研究财经动态、交流经验、指导工作为主要目的。刊登有关市场管理、进出口贸易、税务工作、工商业经营、银行财产管理以及各项业务方面的总结、系统的经济调查统计材料和干部思想教育、生产节约等内容的文章。

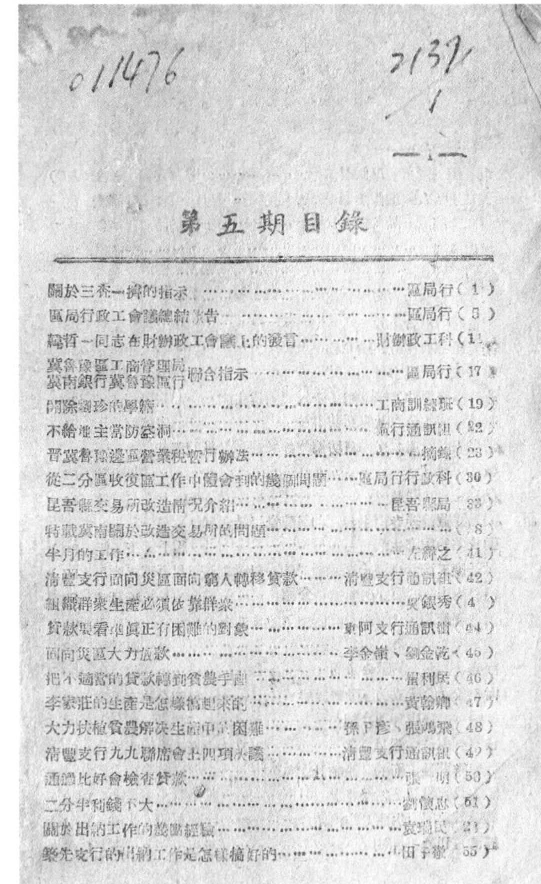

—1—

第五期目錄

—2—

期刊之部（二）

战士朋友

八路军山东胶东军区政治部编　编者刊　烟台　1941 年～1942 年　［总期数不详］；复刊 1944 年 5 月～1945 年 4 月　1 期～12 期　半月刊　18cm　继承《前线画报》　由《胶东画报》（部队版）替代

该刊在 1941 年春天创刊，其前身是《前线画报》，八路军山东胶东军区政治部为推动部队文化运动，提高部队士兵和工农干部文化学习的积极性，提高士兵的阅读和写作能力而创办。该刊特点是图文并茂，它以浅显的文字和生动的图画搞活了部队政治文化。该刊 1942 年在胶东军区成立时停刊，1944 年 4 月胶东画报社成立后，于 5 月复刊，改为 32 开本的石印半月刊，主要由李恕负责编辑，1945 年 5 月改为 4 开单张《胶东画报》（部队版）。1946 年初，为适应战时携带方便，胶东军区政治部决定恢复 32 开本，共出 37 期，在 1947 年停刊。

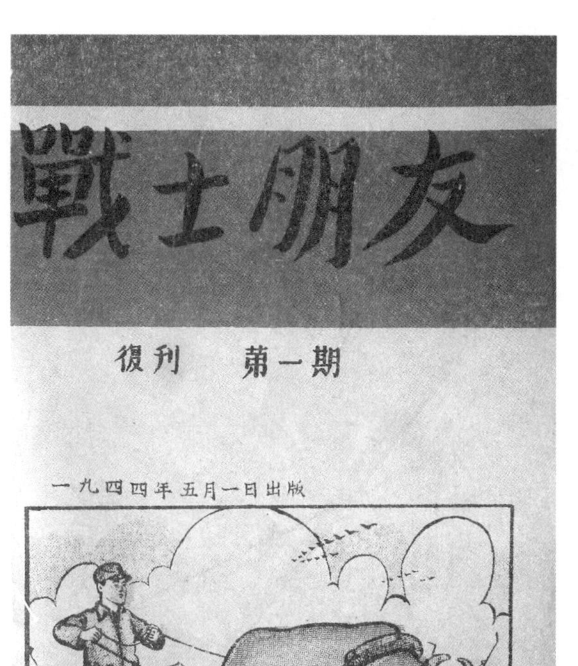

戰士朋友

復刊　第一期

一九四四年五月一日出版

八路軍山東膠東軍區政治部編印

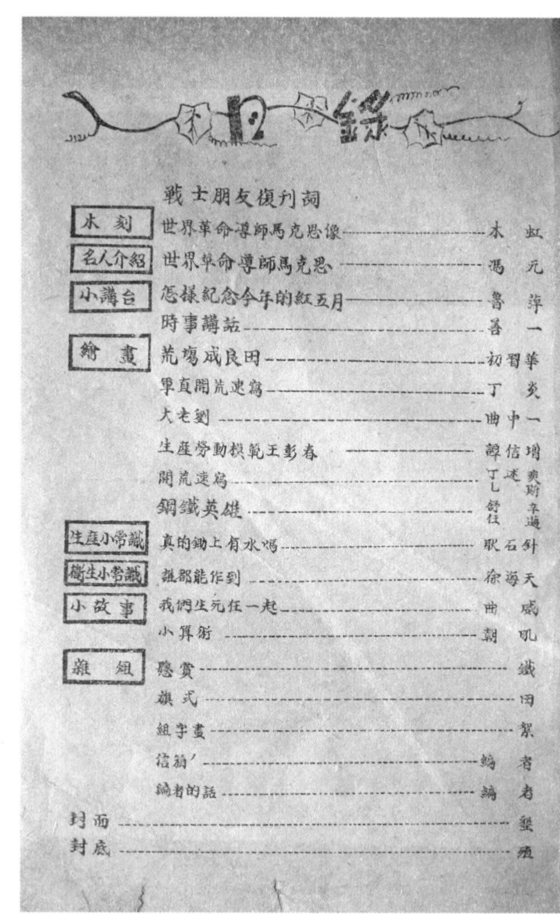

目錄

11921 060/6347

戰士朋友復刊詞

“戰士朋友”以一個新的姿態在大家的眼前出現了，讀者同志們一定很高興，我們編者同人也都很高興。

趁着戰士朋友復刊的當兒，我們來簡單敘說一下它的小小的歷史及其所担負的任務——作為復刊後第一次和讀者見面的“開場白”吧。

戰士朋友的發刊是在一九四一年的春天，那時還在山縱五支的時期，當時有一個畫刊，名字叫“前綫畫報”，是不定期的單張型的一種對外宣傳性質的東西，為了應付當時的反投降任務，有在部隊中進行强烈的宣傳鼓動的必要，於是經過討論，“前綫畫報”就改成為對內的定期性的小册子型的刊物，改成了「戰士朋友」的名稱，開始時，只是單純的繪畫，後來充實了一些政治文化的通俗文字進去，那時就明確提出了“戰士朋友應該是政治文化教育最好的助手和工具”。之後，投稿者日衆，尤其戰士的稿件每日都收到四五十塊，因此就使我們認識了，“戰士朋友”要真正成為適合於群衆的要求，也不能停留在幾個少數的畫家包辦，而應該廣泛的容納群衆，特别是戰士自己的來稿，從此戰士朋

24

政治部關於戰士朋友復刊的通知：

（一）由於戰士課外讀物的缺乏與需要，政治部特決定將過去的戰士朋友於五月一日復刊，以後半月出版一期，使它今後成為主力兵團以至縣區武裝班排干部戰士們的政治文化教育的有力的輔助讀物。各級政治干部必須及時組織和指導戰士們投稿。

（二）戰士朋友發至連隊後，各級政工人員必須保証能及時在戰士手中傳閱，並領導其閱讀，而不應停留在少數干部或機關中。戰士讀後的反映應隨時注意搜集，並用書面寄來本部宣傳科。

試試看，誰勝誰敗。

帥—先走　將—後走

張延華，克　汀，張起惠，孫和堂；孫始正，王世昌，丁述爽，畢曼萍，王　華，王玉峯，王茂義，李照福，張承範，孫訓正，孔慶風，王義信，杜　寶……等

黃木滋，欒玉鐸，譚詳倫，王連貞，孫玉學，孫鎮祥，呂　駿，張文盛，王仁德，鄒莉熙，孫　禧，宋仁立，宋忠勤，王積同，鄭福敬，姜東海，

（由於戰士朋友保存不全，所以作者姓名難免有所遺漏，祈諒！）

胶东画报（部队版）

山东胶东军区政治部编　编者刊［烟台］［1945年5月］～1947年　1期～37期　半月刊　18cm　替代《战士朋友》

1945年5月《战士朋友》改为4开单张《胶东画报》（部队版），1946年初，为适应战时携带方便，胶东军区政治部决定自第17期起改为32开画本，共出37期，每期16页至24页不等，以美术、文字为主，也刊登少量照片，在部队内部发行1000份左右，1947年国民党军队重点进攻山东，在战争打到胶东腹地时停刊。

GIAODUNG XUABAO

膠東畫報

對內刊物·不準外傳　　一九四六年五月十五日出版

第十九期

山東膠東軍區
政治部編印

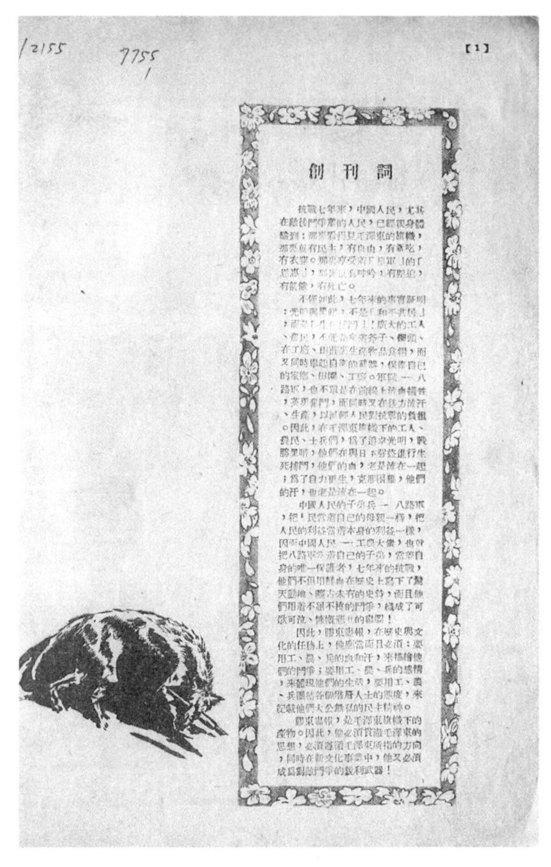
【1】

創刊詞

抗戰七年來，中國人民，尤其在敵後鬥爭着的人民，已經親身體驗到：哪裏看得見毛澤東的旗幟，哪裏就有民主，有自由，有飯吃，有衣穿。哪裏享受着「皇軍」的「恩惠」，哪裏就有呻吟，有壓迫，有飢餓，有死亡。

不僅如此，七年來的事實證明：光明與黑暗，不是「和平共居」，而是「生死搏鬥」！廣大的工人、農民，不光是拿着斧子、鐮頭、在工廠、田間裏生產物品食糧，而又同時舉起自衛的武器，保衛自己的家鄉、田園、工廠。軍隊——八路軍，也不單是在前線上流血犧牲，英勇奮鬥，而同時又在後方流汗、生產，以減輕人民對抗戰的負担。因此，在毛澤東旗幟下的工人、農民、士兵們，為了追求光明，戰勝黑暗，他們在與日本强盜進行生死搏鬥，他們的血，老是流在一起；為了自力更生，克服困難，他們的汗，也老是流在一起。

中國人民的子弟兵——八路軍，把人民當着自己的母親一樣，把人民的利益當着本身的利益一樣，因而中國人民——工農大衆，也曾把八路軍當着自己的子弟，當着自身的唯一保護者，七年來的抗戰，他們不但用鮮血在歷史上寫下了驚天動地、曠古未有的史詩，而且他們用着不屈不撓的鬥爭，織成了可歌可泣、悽惋悲壯的錦圖！

因此，膠東畫報，在歷史與文化的任務上，他應當而且必須：要用工、農、兵的血和汗，來描繪他們的鬥爭；要用工、農、兵的感情，來體現他們的生活，要用工、農、兵團結各個階層人士的態度，來記載他們大公無私的民主精神。

膠東畫報，是毛澤東旗幟下的產物。因此，他必須貫澈毛澤東的思想，必須遵循毛澤東所指的方向，同時在新文化事業中，他又必須成為對敵鬥爭的銳利武器！

19

先烈用鲜血染紅了五月

五一國際勞動節

五三慘案

一九二八年五月三日，日本鬼子炮轟濟南，死傷軍民數十人，將外交人員蔡公時割耳挖心，造成有名的濟南慘案，國民党卻俯首貼耳，連個屁也不敢放

13

五五學習節

一八一八年五月五日世界革命導師馬克思誕生，他的學說指導了世界工人階級與被壓迫階級作了艱苦卓越的鬥爭走向解放走向勝利，故定為我們的學習節

五七國際紀念

一九一四年五月七日世界大戰暴發，日本藉口反對德國對山東侵佔，曾提出絞死中國人民的二十一條件，可是賣國賊袁世凱只管自己作大皇帝，而偷偷摸摸的全部承認了。

我们要堅決保衛和平！

五四運動

五卅慘案

一九二五年上海日本紗廠打死共產党員顧正紅和打傷十餘工人、全市人民起來反對，而帝國主義們竟開槍向示威群衆射擊，造成死傷七八十人的流血大慘案，從此以工人階級為骨幹領導了市民掀起了反帝國主義的斗爭、成了北伐大革命的序幕。

百年來，中華民族經歷了無數艱難痛苦，蒙受了無數的污辱，無數先烈前仆後繼，作了英勇的犧牲，終於在毛澤東同志的領導下，經過了北伐大革命，十年內戰，八年抗日戰爭，戰勝了強大的日本帝國主義，鎮壓了國內反動派，在全世界上爭取了空前未有的國際地位，在國內實現了百年來未有的和平民主局面，這是多麼令人興奮的勝利啊！

然而，國民党法西斯份子不甘心人民的勝利，又在極力破壞和平民主，在東北擴大內戰，在華北在膠東要挑起大規模內戰了！同志們我們決不能容許他們任意搗亂，一定要保衛百年來的勝利果實——和平民主

青年记者

大众日报社编　编者刊　1941 年～［休刊日期不详］［总期数不详］；复刊 1947 年 2 月～ 1947 年 9 月　1 期～ 4 期；复刊 1949 年～ 1953 年 9 月　1 期～ 35 期　不定期　18cm

该刊为大众日报社主办的通讯员读物。1941 年创刊，1947 年 2 月复刊，曾出版 16 开本、32 开本，刊期为双月刊、月刊，有时不定期出版。免费赠阅。栏目有《业务研究》《编辑札记》《记者生涯》《通讯员园地》《新闻大学》《写作漫谈》《帮您成才》《新闻作品赏析》《读报与评报》《专记》等。

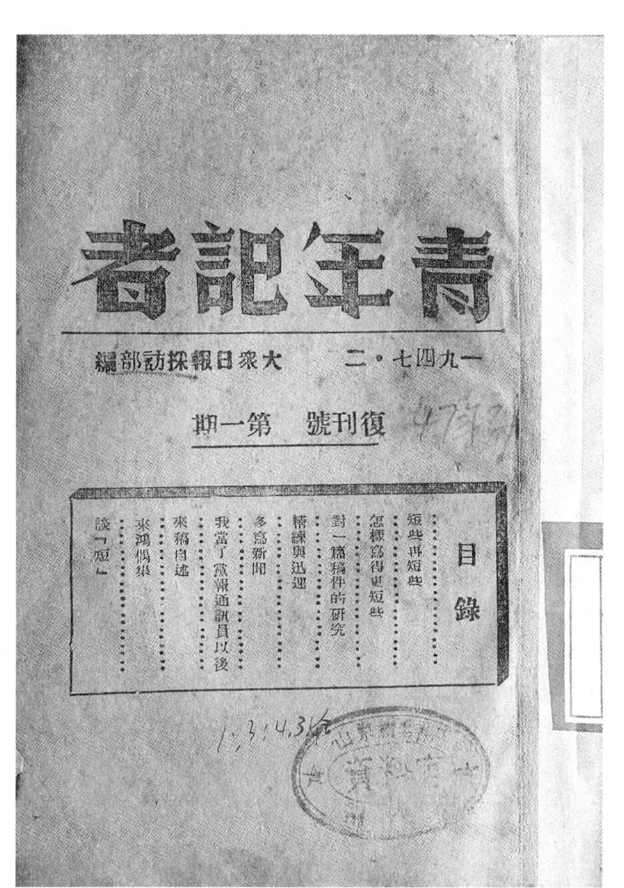

青年記者

一九四七·二　大衆日報採訪部編

復刊號　第一期

目錄

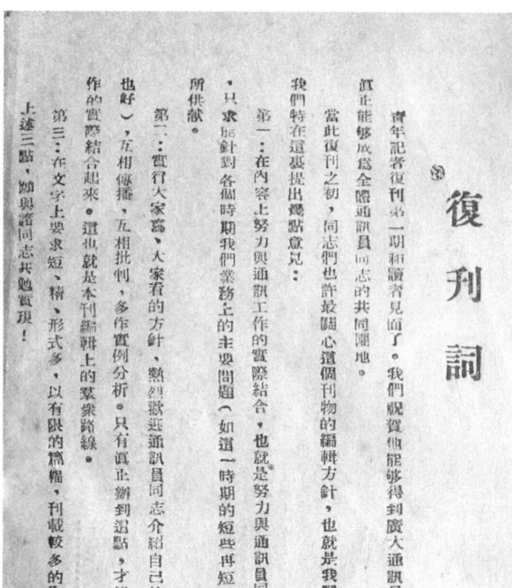

復刊詞

青年記者復刊第一期和讀者見面了。我們祝賀他能够得到廣大通訊員同志的愛護與幫助。使他眞正能够成爲全體通訊員同志的共同園地。

當此復刊之初，同志們也許最關心這個刊物的編輯方針，也就是我們今後的努力方向。因此，我們特在這裏提出幾點意見：

第一：在內容上努力與通訊工作的實際結合，也就是努力與通訊員同志的要求結合。不求太多，只求能針對各個時期我們業務上的主要問題（如這一時期的短些再短些、新聞的準確性等），有所供獻。

第二：實行大家寫、大家看的方針，熱烈歡迎通訊員同志介紹自己的經驗心得（即使一點一滴也好），互相傳播，互相批判，多作實例分析。只有眞正辦到這點，才能保證他在實際上與通訊工作的實際結合起來。這也就是本刊編輯上的羣衆路線。

第三：在文字上要求短、精、形式多，以有限的篇幅，刊載較多的作品。

上述三點，願與諸同志共勉實現！

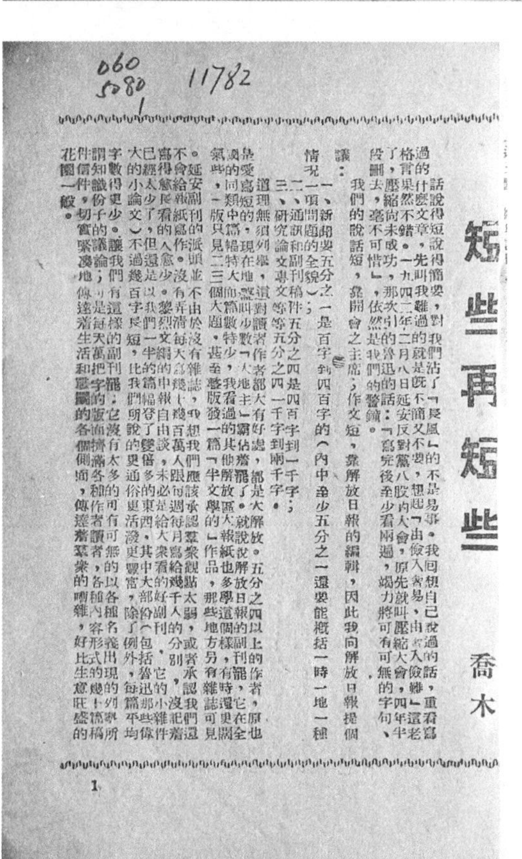

短些再短些

喬木

1

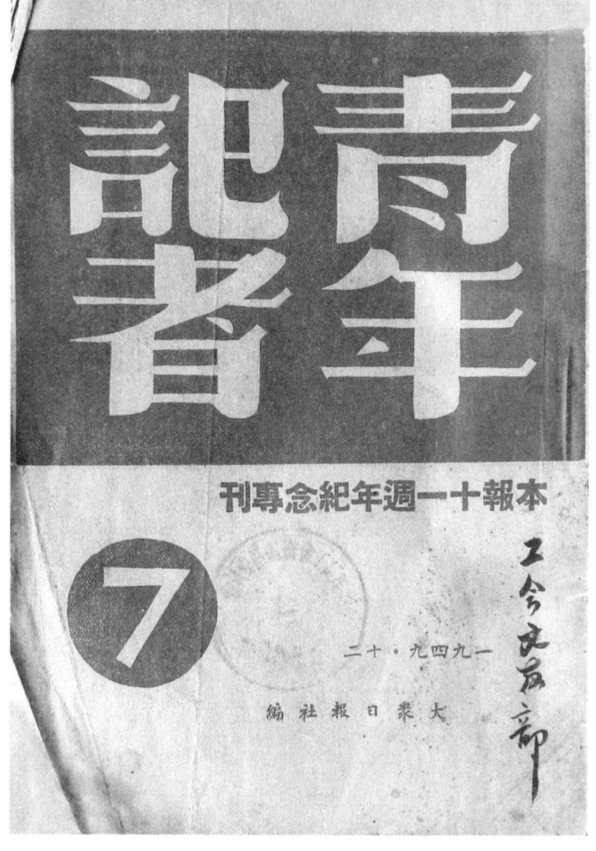

青年記者

本報十一週年紀念專刊

7

一九四九·十二

大衆日報社編

泰安道年刊

（伪）泰安道公署编　编者刊　泰安　1941年　总1期　年刊　27cm

该刊是日伪山东泰安道公署机关刊物。内容为记载该“公署”辖区各县施政概况，主要以报告书、调查、统计图表分类编排而成。栏目有《总务》《财政》《民政》《建设》《教育》《警务》等。

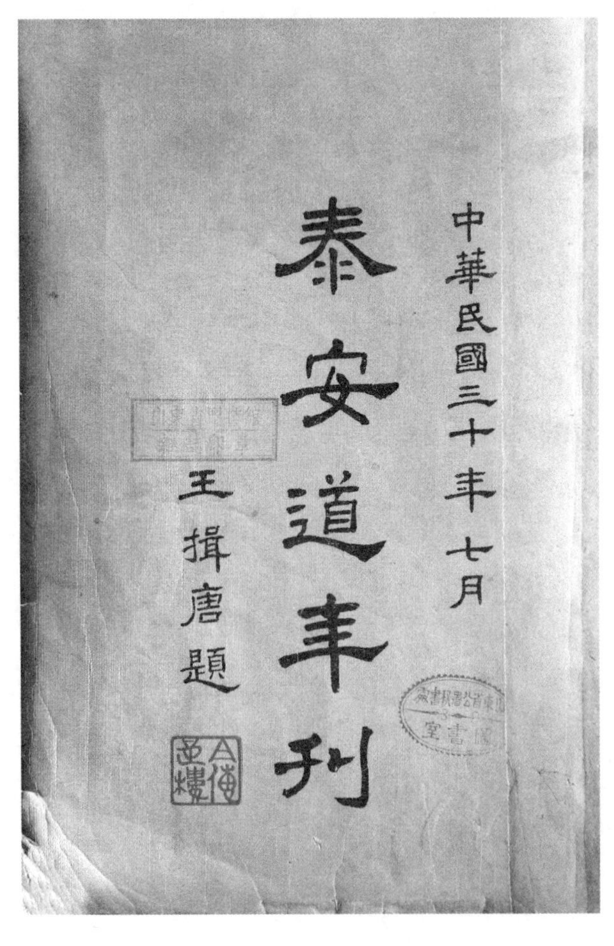

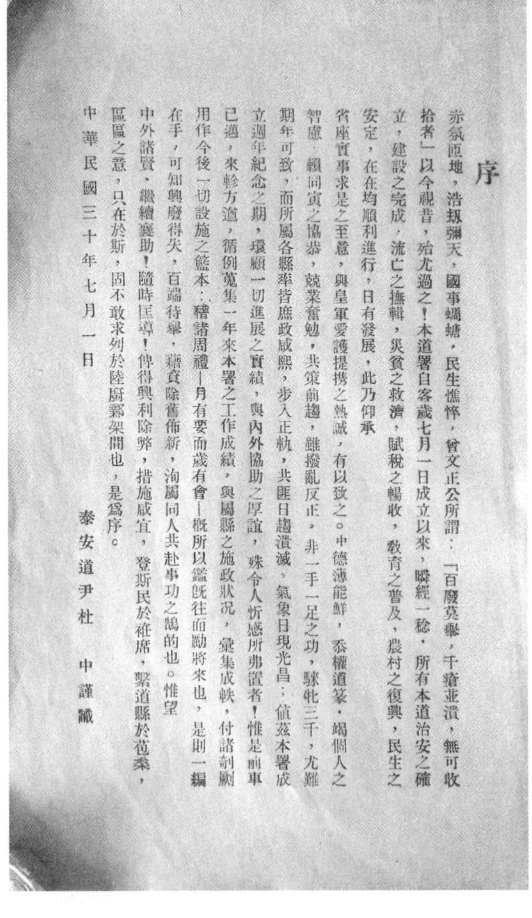

序

赤氛匝地，浩刧彌天，國事蜩螗，民生憔悴，曾文正公所謂：「百廢莫舉，千瘡並潰，無可收拾者」以今視昔，殆尤過之！本道署自客歲七月一日成立以來，瞬經一稔，所有本道治安之確立，建設之完成，流亡之撫輯，災貧之救濟，賦稅之暢收，敎育之普及，農村之復興，民生之安定，在在均順利進行，日有發展，此乃仰承

省座實事求是之至意，與皇軍愛護提携之熱誠，有以致之。中德薄能鮮，忝權道篆，竭個人之智慮，賴同寅之協恭，兢業奮勉，共策前趨，雖撥亂反正，非一手一足之功，騋牝三千，尤難期年可致，而所屬各縣率皆庶政咸熙，步入正軌，共匪日趨潰滅，氣象日現光昌；値茲本署成立週年紀念之期，環顧一切進展之實績，與內外協助之厚誼，殊令人忻感弗置者！惟是前事已邁，來軫方遒，循例蒐集一年來本署之工作成績，與屬縣之施政狀況，彙集成帙，付諸剞劂用作今後一切設施之籃本：稽諸周禮「月有要而歲有會」概所以鑑既往而勵將來也，是則一編在手，可知興廢得失，百端待舉，藉資除舊佈新，洵屬同人共赴事功之鵠的也。惟望

中外諸賢，繼續襄助！俾得興利除弊，措施咸宜，登斯民於衽席，繫道縣於苞桑，區區之意，只在於斯，固不敢求列於陸厨鄴架間也，是爲序。

泰安道尹杜　中謹識

中華民國三十年七月一日

宣传通讯

山东省党部编　编者刊　济南　1941 年～［终刊日期不详］［总期数不详］　不定期　20cm

该刊为国民党山东省党部内部刊物，油印本。

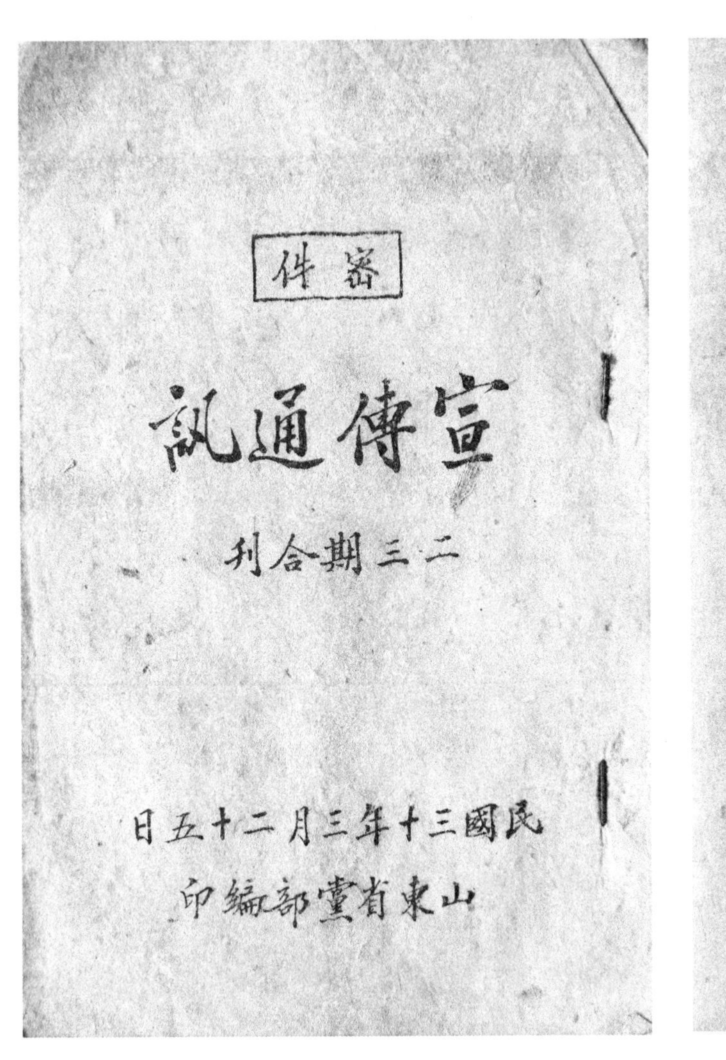

密件

宣傳通訊

二三期合刊

民國三十年三月二十五日

山東省黨部編印

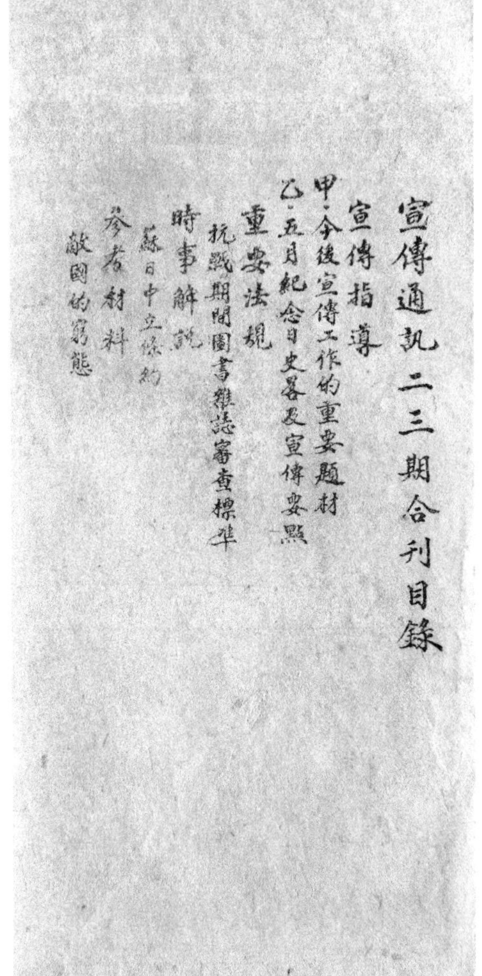

宣傳通訊二三期合刊目錄

宣傳指導

甲.今後宣傳工作的重要題材

乙.五月紀念日史略及宣傳要點

重要法規

抗戰期間圖書雜誌審查標準

時事解說

蘇日中立條約

參考材料

敵國的窮態

鲁鹾月刊

（伪）华北政务委员会财务总署、（伪）山东盐务管理局编　编者刊［济南］1941年1月～1943年10月　1～34期　月刊　26cm

该刊主要刊登盐务方针、工作经验、缉私护税等方面的文章。栏目有《图画》《法规》《命令》《局令》《公牍》《报告》《统计》《特载》《附载》。

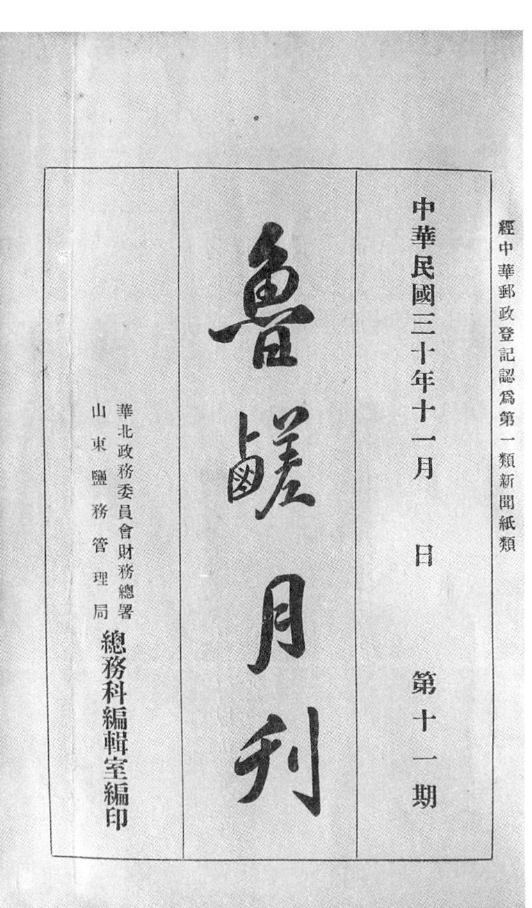

經中華郵政登記認爲第一類新聞紙類

中華民國三十年十一月　日　第十一期

魯鹺月刊

華北政務委員會財務總署
山東鹽務管理局　總務科編輯室編印

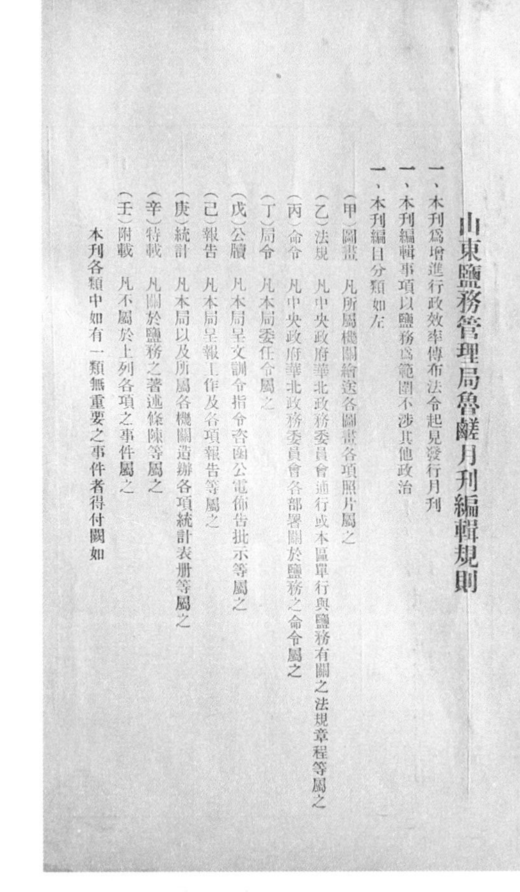

山東鹽務管理局魯鹺月刊編輯規則

一、本刊爲增進行政效率傳布法令起見發行月刊

一、本刊編輯事項以鹽務爲範圍不涉其他政治

一、本刊編目分類如左

(甲)圖畫　凡所屬機關繪送各圖畫各項照片屬之

(乙)法規　凡中央政府華北政務委員會通行或本區單行與鹽務有關之法規章程等屬之

(丙)命令　凡中央政府華北政務委員會各部署關於鹽務之命令屬之

(丁)局令　凡本局委任令屬之

(戊)公牘　凡本局呈文訓令指令咨函公電佈告批示等屬之

(己)報告　凡本局呈報工作及各項報告等屬之

(庚)統計　凡本局以及所屬各機關造辦各項統計表册等屬之

(辛)特載　凡關於鹽務之著述條陳等屬之

(壬)附載　凡不屬於上列各項之事件屬之

本刊各類中如有一類無重要之事件者得付闕如

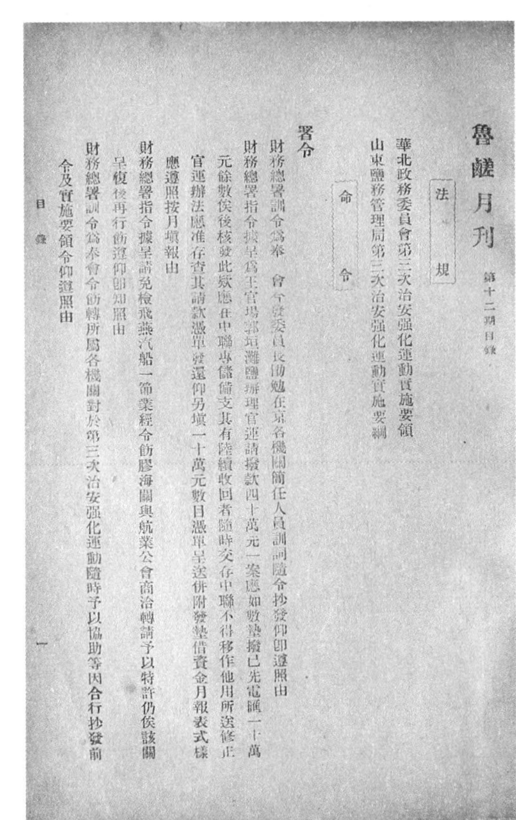

魯鹺月刊　第十二期目錄

法規

華北政務委員會第三次治安強化運動實施要領

山東鹽務管理局第三次治安強化運動實施要綱

命令

署令

財務總署訓令爲奉　會令發委員長俲勉在京各機關簡任人員訓詞隨令抄發仰卽遵照由

財務總署指令據呈爲王官場郭坨灘鹽掃理官運請撥款四十萬元一案應如數墊撥已先電匯一十萬元餘數俟後核發此款應在中聯專儲備支其有陸續收回者隨時交存中聯不得移作他用所送修正官運辦法應准存查其請款憑單發還仰另塡一十萬元數目憑單呈送併附發墊借資金月報表式樣應遵照按月塡報由

財務總署指令據呈請免檢飛燕汽船一節業經令飭膠海關與航業公會商洽轉請予以特許仍俟該關呈復後再行飭遵仰卽知照由

財務總署訓令爲奉會令飭轉所屬各機關對於第三次治安強化運動隨時予以協助等因合行抄發前令及實施要領令仰遵照由

目錄　一

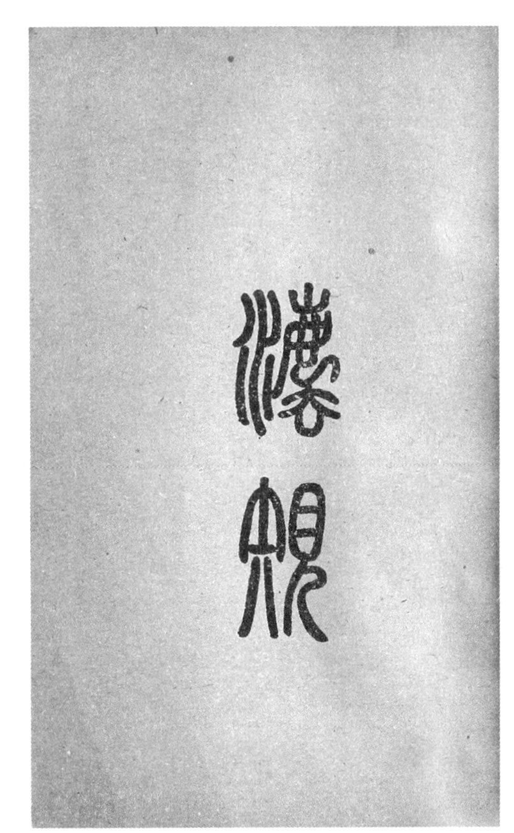

法規

胶东大众

胶东大众社编　胶东联合社　胶东　1941 年 1 月 15 日～1945 年 1 月　1 期～26 期；复刊 1946 年 1 月～1947 年 8 月　27 期～63 期　月刊　22cm　由《胶东文艺》替代

该刊 1941 年 1 月 15 日创刊，第 1 至 26 期为 32 开本，1945 年 1 月停刊。1946 年 1 月复刊（第 27 期），改为半月刊，27 期至 46 期为 16 开本，47 至 63 期为 32 开本。1947 年 8 月 15 日出到第 63 期，根据读者要求，改版为《胶东文艺》。

该刊是为适应胶东人民日益发展的抗日斗争的需要而创刊，创刊时主要发表政治、经济、军事论文，党、政、军、民的工作总结和经验教训，以及关于战事的描述、民众斗争的速写等文章，也有少量战地通讯、速写等。第 3 期之后，增设《文艺》专栏，发表散文、报告文学、戏剧、小说、诗歌、曲艺等。15 期起，内容有所变动，主要发表时事述评、论文、工作经验、通讯报道、科学技术介绍、文艺作品、美术作品等。1946 年复刊后，栏目有《论坛》《文艺》《通讯》《半月大事》《文摘》《工作经验》《青年园地》《写作指导》《大众科学》《国际知识》等。

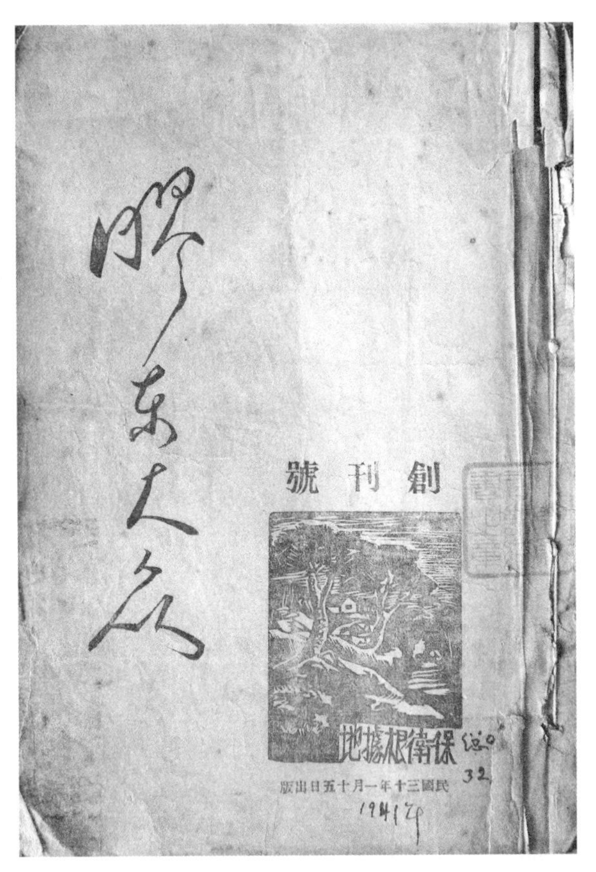

膠東大眾

創刊號

民國三十一年一月十五日出版

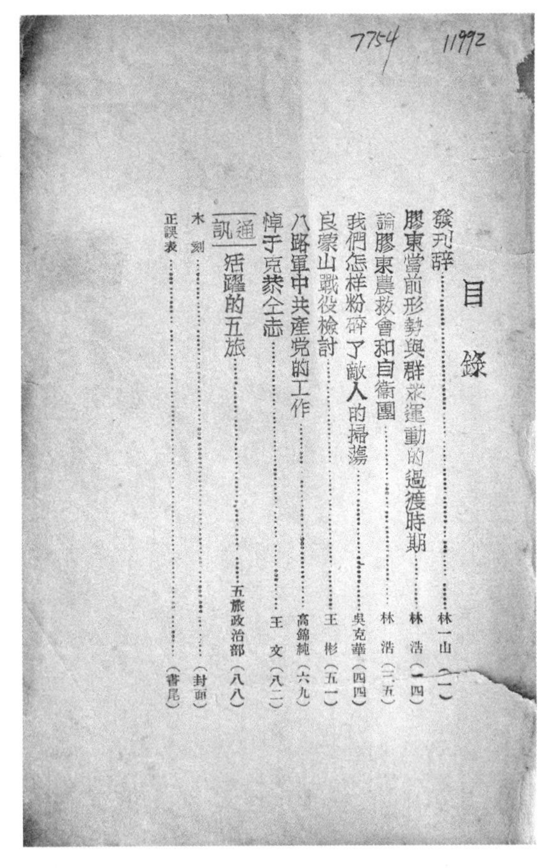

目錄

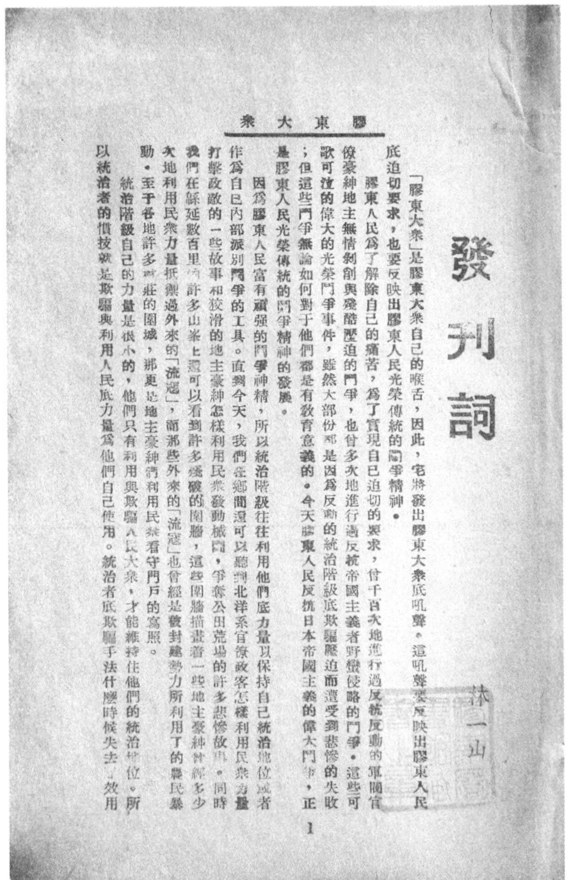

發刊詞

林一山

「膠東大眾」是膠東大眾自己的喉舌，因此，宅將發出膠東大眾底吼聲。這吼聲要反映出膠東人民底迫切要求，也要反映出膠東人民光榮傳統的鬬爭精神。

膠東人民爲了解除自己的痛苦，爲了實現自已迫切的要求，曾千百次地進行過反抗反動的軍閥官僚豪紳地主無情剝削與殘酷壓迫的鬥爭，也曾多次地進行過反抗帝國主義者野蠻侵略的鬥爭。這些可歌可泣的偉大的光榮鬥爭事件，雖然大部份都是因爲反動的統治階級底欺騙壓迫而遭受到悲慘的失敗；但這些鬥爭無論如何對于他們都是有教育意義的。今天膠東人民反抗日本帝國主義的偉大鬥爭，正是膠東人民光榮傳統的鬥爭精神的發展。

因爲膠東人民富有頑强的鬥爭神精，所以統治階級往往利用他們底力量以保持自己統治地位或者作爲自已內部派別鬥爭的工具。直到今天，我們在鄉間還可以聽到北洋系官僚政客怎樣利用民衆力量打擊政敵的一些故事和狡滑的地主豪紳怎樣利用民衆發動械鬥，爭奪公田荒場的許多悲慘故事。同時我們在綿延數百里的許多山峯上還可以看到許多殘破的圍牆，這些圍牆描畫着一些地主豪紳曾經多少次地利用民衆力量抵禦過外來的「流寇」，而那些外來的「流寇」也曾經是被封建勢力所利用了的饑民暴動。至于各地許多村莊的圍墻，那更是地主豪紳們利用民衆看守門戶的寫照。

統治階級自己的力量是很小的，他們只有利用與欺騙人民大衆，才能維持住他們的統治地位。所以統治者的慣技就是欺騙與利用人民底力量爲他們自己使用。統治者底欺騙手法什麼時候失去了效用

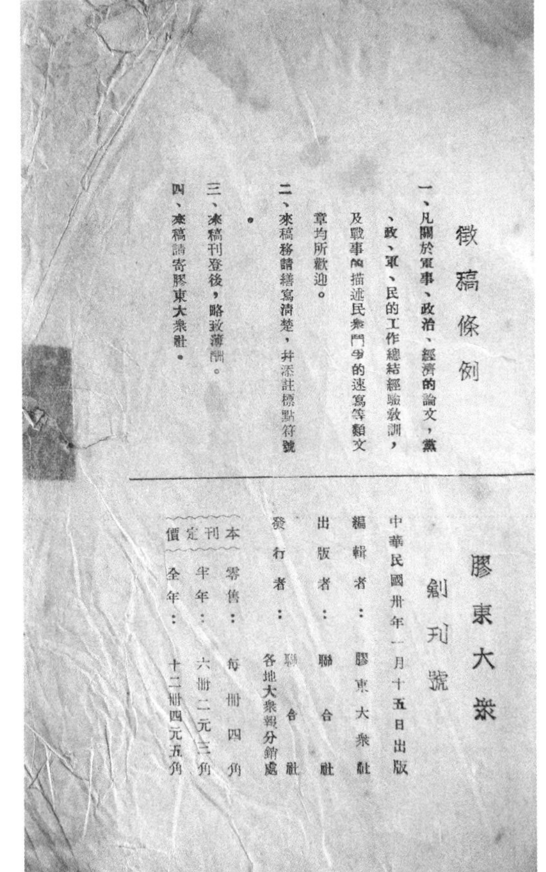

徵稿條例

一、凡關於軍事、政治、經濟的論文，黨、政、軍、民的工作總結經驗教訓，及戰事的描述民衆鬥爭的速寫等類文章均所歡迎。

二、來稿務請繕寫清楚，并添註標點符號。

三、來稿刊登後，略致薄酬。

四、來稿請寄膠東大衆社。

膠東大衆

創刊號

中華民國卅年一月十五日出版

編輯者：膠東大衆社

出版者：聯合社

發行者：聯合社 各地大衆報分銷處

本刊定價

零售：每冊四角

半年：六冊二元三角

全年：十二冊四元五角

胶东文艺

马少波主编　胶东新华书店　胶东　1947年9月15日～1948年1月15日　1期～8期　半月刊　24cm　替代《胶东大众》

该刊创刊于1947年9月15日，大32开，其前身是文化综合性刊物《胶东大众》。马少波担任主编，主要编辑先后有包干夫、鲁特、丁宁、李根红等。

该刊内容围绕着贯彻大众化的文艺方针，真实反映和推动反帝反封建的民主爱国革命斗争。发表的作品多以胶东人民的爱国自卫战争和土改复查运动为中心内容。主要栏目有《杂文》《理论》《报告》《鼓词·板话·诗》《童话·民间故事·歌谣》《评介·书简》等，作品形式有文艺理论、小说、诗歌、散文、戏剧、曲艺、民间文学、美术作品等。

膠東文藝

半月刊 創刊號

創刊的話

我們爲了從文藝戰線上，和目前空前緊張深入的反帝反封建的革命鬥爭，緊密的結合，以求盡到應盡的責任，提高文藝運動，所以決意把「膠東大衆」改編成「膠東文藝」。

「膠東大衆」，繼「海燕」「文化防線」之後，於一九四二年創刊，算來，已竟經歷過六年的戰鬥了。無疑的，「膠東文藝」還是要繼承着它的戰鬥的傳統。因爲我們不能不回念它們對於膠東的文藝運動，有着相當重大的供獻。

談到膠東文藝運動，我們更不能不慶幸着抗戰以來膠東許多年青的文藝工作者，在黨的領導和培育下，學習着其他先進地區，從實際鬥爭中，獲得思想和作品上初步的鍛鍊和提高；我們也不能不深深感謝來自各個兄弟地區和解放區的文藝戰友們的過往盤桓，他們所給的熱心的指導和贊助；我們不能不更熱烈的歌頌：膠東的文藝運動，尤其經過了近十年來的實際鬥爭，已經具備了廣大勞苦群衆翻身翻心的豐厚的政治基礎。他們——中國的主人，已經在開始學習着掌握新文藝了。

雖然如此，我們還不能便認爲滿足，膠東文藝界目前的鬆懈沉寂，就是還滿足不得的根據。由於大家之間缺乏組織和推動，力量分散的現象，沒能夠及時的想法克服；彼此接頭探討的機會少，聯系少，鼓勵少，批評少，發表創作的園地也比較窄狹，因而創作的產量減低，創作的進度不快，在同志們思想上就不免多少引起一些煩悶；尤其因爲鬥爭緊張，大家幾乎都在忙於更迫切需要的各種實際具體的工作，沒有空閒搞文藝。固然，這種埋頭的態度，不管對工作，對個人，都是很有意義的，應該說是好現象；不過，荒廢的日子長了，間或有些小時間也就抓不緊，因循下來，甚至也就擱於勤拳、勤手、勤木刻刀了。多少有才能的文藝工作者未能充分的發揮其才能，和迅速的提高。多少人民鬥爭中可歌可泣的英雄故事，也就不能不有許多這樣悄悄的湮沒了，想來着實叫人痛惜！把文藝比作武器，是公認的事實了吧；那麼，武器長時間放下來，總是不算很好的。

就是在這種情況下，「膠東文藝」出刊了，因此，它的任務很爲明確：鼓勵創作，反映鬥爭，交流經驗，推動組織，求得文藝界愛國民主大團結，通過集體努力，把新的文藝運動更深入的展開！

我們自己首先振作起來，我們衷心的願和親愛的作者、讀者同志們緊密的攜手，並在這裏誠懇表示一下我們的態度：

第一、「膠東文藝」的讀者對象，是城鄉知識份子和區村以上的幹部同志。當然在內容表現的分量上，平均兼顧農村和城市，或者平均兼顧勞苦大衆和小資產階級，是有極大困難的，而且也不應該。因此，我們必須有重點的照顧：以城鄉而論，我們把腳根站在農村，但我們也面向城市；以表現勞苦大衆和小資產階級而論，毫無

編後記

正是解放區土改復査鬥爭更加深入澈底的時候，蔣賊向我膠東像深秋的蒼蠅蚊子一樣，進行着垂死的進擾，我膠東軍民投入高度緊張的戰爭中了。我們爲了加緊文藝戰線的戰鬥，日夜加工，爭取一分一秒的時間，把這小生命，獻給正在英勇奮戰中的敬愛的讀者們。假設它能在戰鬥中早和讀者們相見，我們將深深感到榮幸和安慰！

不過也正爲以上原因，匆匆編印，而且因爲初創，幼稚、粗糙都是難免。

但我們不能不衷心感謝各方面同志們的熱心的督催和支持，更添了我們戰鬥的勇氣。這裏向所有關心本刊的同志深致謝意！因交通不便，而又迫不及待，所以接到山東文協張會長的稿子和他推薦的許多佳作的時候，本期已經下稿了。我們爲感盛意，且求充實篇幅，臨時想法塞進了幾篇，因版已粗成，實在塞不下很多，餘者下期當陸續發表，特此告歉！

大家接到這小生命的時候，愈是感覺其幼稚，一定愈會增强責任感。因此我們堅信：在大家愛護培植下，一定會一期比一期好起來的。

因受戰爭影響，刊物的出版和郵路，都不免遇到一些困難，但我們有決心克服它！堅持！堅持！敬愛的讀者們！這小生命送到你們手中，往往拖長了一些時間，一定會給予充分的諒解罷。戰爭中盼多賜稿。敬祝勝利！

編者

膠東文藝 半月刊 創刊號
中華民國三十六年九月十五日出版
主辦 膠東文化協會
主編 馬少波
出版 發行 膠東新華書店
定價 每期五十元

戰時訂閱

膠東文藝暫行辦法

戰爭期間，郵政不匯款。本店爲了切實爲讀者服務起見，只要訂戶來信說明，本店即可按期寄書，待郵政匯款，希訂戶再將書款迅速寄來。

膠東新華書店啓

道义半月刊

安清道义会出版股编　编者刊　济南　1941 年 3 月 15 日 ~ 1941 年 9 月 15 日　1 期 ~ 7 期　半月刊　26cm

安清道义会是北方民间帮会组织，抗日战争期间沦为汉奸帮会，接受日伪扶持。该刊在《发刊致辞》中写到："本刊应时势之需要，为文化之前锋，以站在兴亚反共最前线上，领导同道群众，向新时代前程迈进，发扬吾道固有之团结精神，为建设新中国巨练之一环，同时更以服务社会为最大目的，以纯民众立场，代表全道友之喉舌，为本会强有力之舆论代表机关。"内容除介绍该道教义及总结道义会的工作进展情况外，其他文章均有较浓厚的反共色彩。

中華民國三十年三月十五日

山東安清道義會出版

道義半月刊

創刊號

本期要目

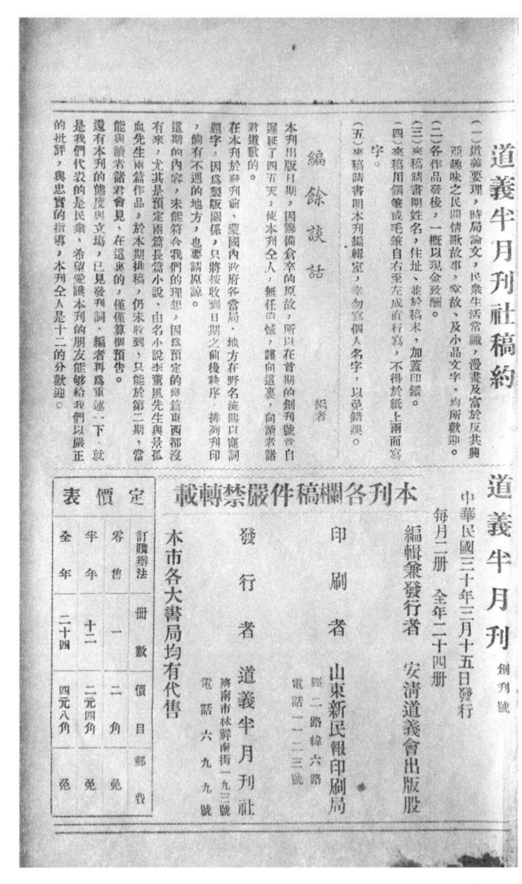

道義半月刊社稿約

（一）道義要理，時局論文，民衆生活常識，漫畫及富於反共興亞趣味之民間情歌故事，掌故、及小品文字，均所歡迎。

（二）各作品發後，一概以現金致酬。

（三）來稿請書明姓名，住址，並於稿末，加蓋印鑑。

（四）來稿用鋼筆或毛筆自右至左成直行寫，不得於紙上兩面寫字。

（五）來稿請書明本刊編輯室，幸勿寫個人名字，以免錯誤。

編餘談話

編者

本刊出版日期，因籌備倉卒的原故，所以在首期的創刊號曾自遲延了四五天，使本刊仝人，無任歉憾，謹向這裏，向讀者諸君道歉的。

在本刊於發刊前，蒙國內政府各當局，地方在野名流賜以寵詞題字，因爲製版關係，只將接收到日期之前後秩序，排列刊印，倘有不週的地方，也要請原諒。

這期的內容，未能符合我們的理想，因爲預定的幾篇東西都沒有來，尤其是預定兩篇長篇小說，由名小說李薰風先生與景孤血先生兩篇作品，於本期排稿，仍未收到，只能於第二期，當能與讀者諸君會見，在這裏的，僅僅算個預告。

還有本刊的態度與立場，已見發刊詞，編者再爲重述一下，就是我們代表的是民衆，希望愛護本刊的朋友能够給我們以嚴正的批評，與忠實的指導，本刊仝人是十二的分歡迎。

道義半月刊　創刊號

中華民國三十年三月十五日發行

每月二册　全年二十四册

編輯兼發行者　安清道義會出版股

印刷者　山東新民報印刷局　經二路緯六路　電話一一二三號

發行者　道義半月刊社　濟南市林祥南街一九三號　電話六九九號

本市各大書局均有代售

定價表

訂購辦法	册數	價目	郵費
零售	一	二角	免
半年	十二	二元四角	免
全年	二十四	四元八角	免

本會成立大會盛況

說明一　山東省安清道義會于二十九年七月十四日午後一時假北洋大戲院舉行結成大會是日所到會員二千餘人並有中外各機關長官以及各界代表均參加指導車水馬龍盛極一時上圖爲舉行結成大會情形

說明二　安清道義會由查瑞卿與古友仁任聘三老先生出來聯絡濟南安清道友組織山東省安清道義會勘定林祥南街爲會址于二十九年五月五日在本會內舉行籌備大會是日參加者均係濟南之有力人物上圖爲全體籌備員攝影

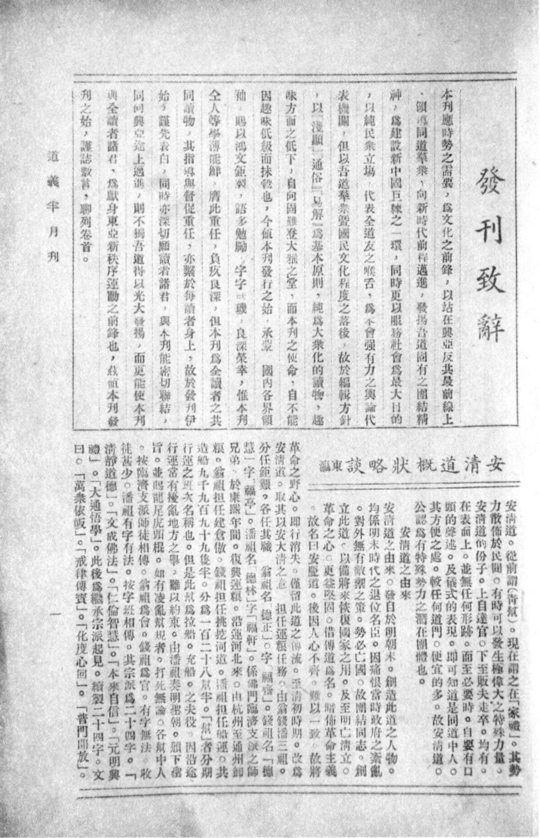

發刊致辭

本刊應時勢之需要，爲文化之前鋒，以站在興亞反共最前線上、領導同道羣衆，向新時代前程邁進，發揚吾道固有之團結精神，爲建設新中國巨棟之一環，同時更以服務社會爲最大目的，以純民衆立場，代表全道友之喉舌，爲本會强有力之輿論代表機關，但以吾道羣衆暨國民文化程度之落後，故於編輯方針，以「淺顯」「通俗」「易解」爲基本原則，純爲大衆化的讀物，趣味方面之低下，自向固難登大雅之堂，而本刊之使命，自不能因趣味低級而抹殺也，今値本刊發行之始，承蒙　國內各界領袖，賜以鴻文鉅製，語多勉勵，字字珠璣，良深榮幸，惟本刊全人等學薄能鮮，膺此重任，負疚良深，但本刊爲全讀者之共同讀物，其指導與督促重任，亦繫於每讀者身上，故於發刊伊始，謹先表白，同時亦深切願讀者諸君，與本刊能密切聯結，同向興亞途上邁進，則不獨吾道得以光大發揚，而更能使本刊與全讀者諸君，爲獻身東亞新秩序運動之前鋒也，玆値本刊發刊之始，謹誌數言，聊列卷首。

安清道概狀略談

東瀛

安清道。從前謂之在「家禮」。現在謂之「青幫」。其勢力散佈於民間。有時可以發生極偉大之特殊力量。安清道的份子。上自達官。下至販夫走卒。均有。在表面上。並無任何形跡。而至必要時。自要有口頭的聲述。及儀式的表現。即可知道是同道中人。其方便之處。較任何道門。便宜的多。故安清道。公認爲有特殊勢力之潛在團體也。

安清道之由來

安清道之由來。發自於明朝末。創造此道之人物。均係明末時代之退位名臣。因痛恨當時政府之紊亂。對外無有禦辯之策。勢必亡國。故團結同志。創立此道。以備將來恢復國家之用。及至明亡清立。革命之心。更往堅固。借傳道爲名。暗佈革命主義。故名曰安慶道。後因人心不齊。難以一致。故將革命之野心。即行消失。僅留此道之傳流。至清初時期。改爲安清道。取其以安大清之意　担任運糧任務。由翁錢潘三祖。分任鉅艱。各任其職。翁祖名「德正」。字「福齋」。錢祖名「德慧」字「福亭」。潘祖名「德林」字「福軒」。係佛門臨濟支派之師兄弟。於康熙年間。復興運糧。沿運河北來。由杭州至通州卸糧。翁祖担任建倉儆。錢祖担任挑挖河道。潘祖担任船運。共造船九千九百九十九隻半。分爲一百二十八幫半。「幫」者分期行運之班次名稱也。但是此幫爲拉船。充船。之夫役。因沿途行運常有擾亂地方之舉。難以約束。由潘祖奏明聖朝。頒下鑾旨。並賜龍尾虎頭棍。如有淩亂幫規者。打死無論。各幫中人。按臨濟支派師徒相傳。翁祖爲會。錢祖爲官。有字無法。收徒甚少。潘祖有字有法。按字班相傳。其宗派爲二十四字。「清靜道德」。「文成佛法」。「仁倫智慧」。「本來自信」。「元明興禮」。「大通悟學」。此後爲繼承宗派起見。續製二十四字。文曰。「萬象依皈」。「戒律傳寶」。「化度心回」。「普門開放」。

大风

大风月刊社编　编者刊　济南　1941年6月～1944年7月　创刊号～28期　月刊　26cm

该刊社址在济南贡院墙根街4号，主要刊登文艺小说、杂文、诗歌等。《发刊词》中说："在本刊，希望成一面更犀利更明澈的镜子，从这里不但能照鉴美的各方面，并能使丑真的裸现，使它再也不能隐藏，不能粉饰——因为有了对丑的承认，才好有对丑的改善。"栏目有《论著》《专载》《文艺》《杂俎》《介绍》《特写》等。

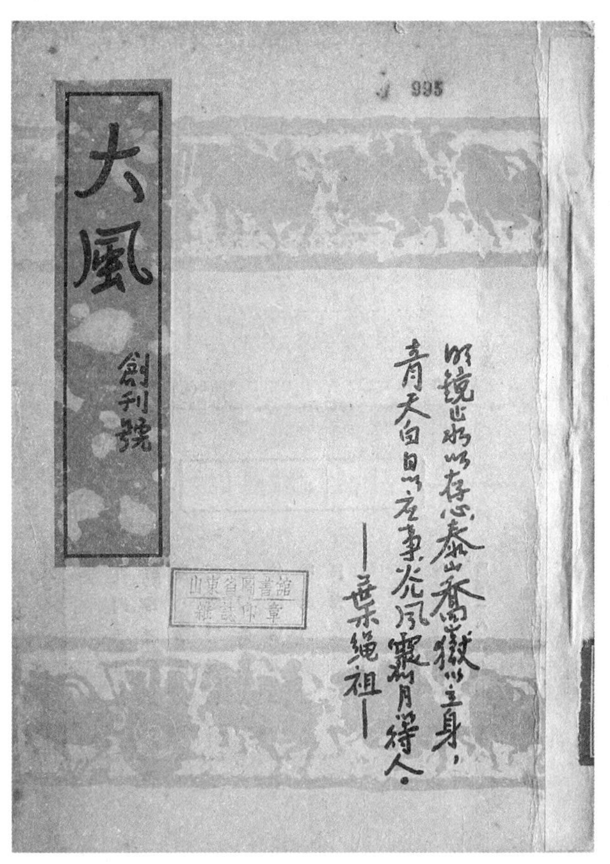

大風

創刊號

明鏡止水以存心，泰山喬嶽以立身，青天白日以應事，光風霽月以待人。
——葉繩祖——

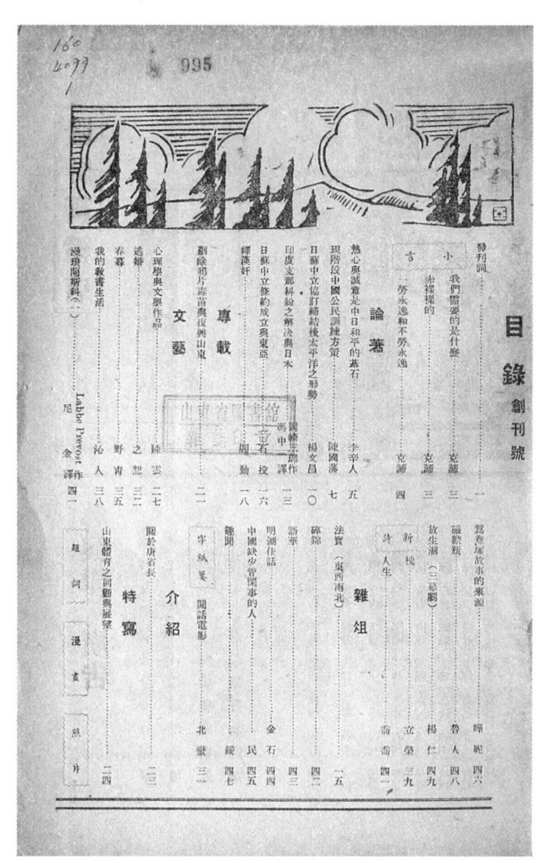

目錄 創刊號

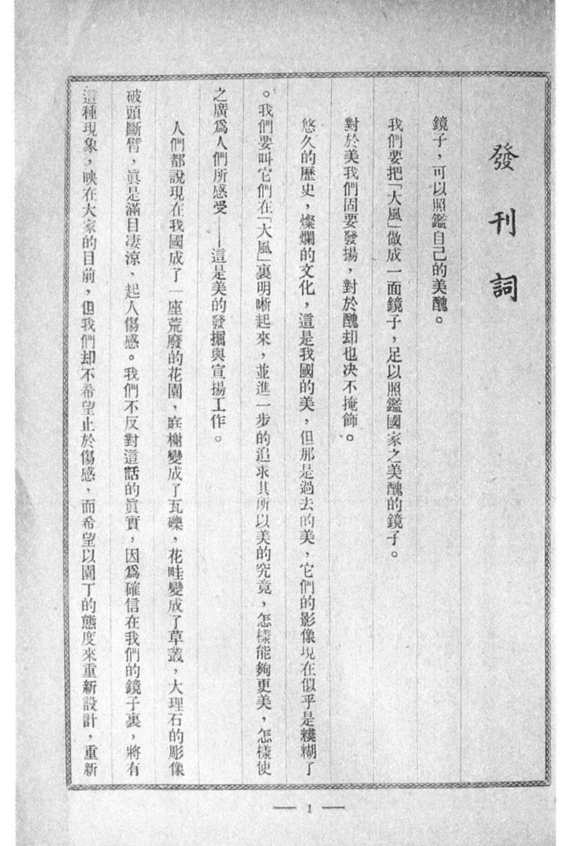

發刊詞

鏡子，可以照鑑自己的美醜。

我們要把「大風」做成一面鏡子，足以照鑑國家之美醜的鏡子。

對於美我們固要發揚，對於醜却也決不掩飾。

悠久的歷史，燦爛的文化，這是我國的美，但那是過去的美，它們的影像現在似乎是糢糊了。我們要叫它們在「大風」裏明晰起來，並進一步的追求其所以美的究竟，怎樣能夠更美，怎樣使之廣爲人們所感受——這是美的發掘與宣揚工作。

人們都說現在我國成了一座荒廢的花園，庭樹變成了瓦礫，花畦變成了草叢，大理石的影像破頭斷臂，眞是滿目淒涼，起人傷感。我們不反對這話的眞實，因爲確信在我們的鏡子裏，將有這種現象，映在大家的目前，但我們却不希望止於傷感，而希望以園丁的態度來重新設計，重新

— 1 —

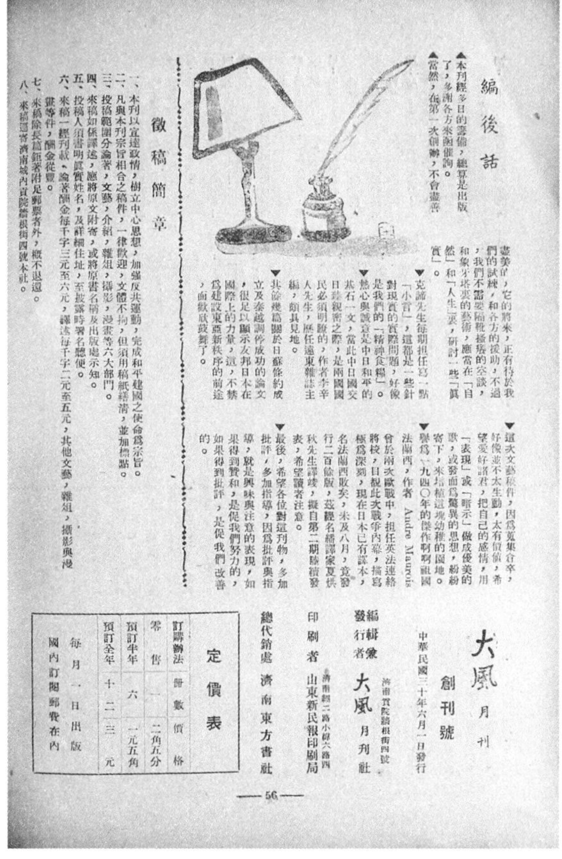

編後話

▲本刊經多日的籌備，總算是出版了，多謝各方來函催詢。

▲當然，在第一次創辦，不會盡善盡美的，它的將來，正有待於我們的試煉，和各方的援助，不過，我們不需要隔靴搔癢的空談，和象牙塔裏的藝術，應當在「自然」和「人生」裏，研討一些「眞實」。

▼克諦先生每期担任寫一點「小言」，這都是一些針對現實的實際問題，好像是我們的「精神食糧」。

▼熱心與誠意是中日和平的基石一文，當此中日國交日趨親密之際，是兩國國民必須明瞭的，作者李辛人先生，歷任遠東雜誌主編，頗具見地。

▼其餘幾篇關於日蘇條約成立及泰越調停成功的論文，很足以顯示友邦日本在國際上的力量，這，不禁爲建設東亞新秩序的前途，而歡欣鼓舞了。

▼這次文藝稿件，因爲蒐集倉卒，好像並不太生動，太有價值，希望愛好諸君，把自己的感情，用「表現」或「暗示」做成優美的歌，或發而爲驚異的思想，紛紛寄下，來培植這塊幼稚的園地。

▼變爲一九四〇年的傑作啊啊祖國法蘭西，作者 Andre Maurois 曾於兩次歐戰中，担任英法連絡將校，目覩此次戰爭內幕，描寫極爲深刻，現在日本已有譯本，名法蘭西敗矣，未及八月，竟發行二百餘版，茲經名譯家夏洪秋先生譯竣，擬自第二期陸續發表，希望讀者注意。

▼最後，希望各位對這刊物，多加批評，多加指導，因爲批評與指導，就是興味與注意的表現，如果得到贊和，是促我們努力的，如果得到批許，是促我們改善的。

徵稿簡章

一、本刊以宣達政情，樹立中心思想，加強反共運動，完成和平建國之使命爲宗旨。
二、凡與本刊宗旨相合之稿件，一律歡迎，文體不拘，但須用稿紙繕清，並加標點。
三、投稿範圍分論著，文藝，介紹，雜俎，攝影，漫畫等六大部門。
四、來稿如係譯述，應將原文附寄，或將原書名稱及出版處示知。
五、投稿人須書明眞實姓名，及詳細住址，至披露時署名聽便。
六、來稿一經刊載，論著酬金每千字三元至六元，譯述每千字二元至五元，其他文藝，雜俎，攝影與漫畫等件，酬金從豐。
七、來稿除長稿預著附足郵票者外，概不退還。
八、來稿逕寄濟南城內貢院牆根街四號本社。

大風 月刊
創刊號
中華民國三十年六月一日發行
編輯兼發行者　大風月刊社　濟南貢院牆根街四號
印刷者　山東新民報印刷局　濟南經二路小緯六路西
總代銷處　濟南東方書社

定價表

訂購辦法	冊數	價格
零售	一	二角五分
預訂半年	六	一元五角
預訂全年	十二	三元

每月一日出版
國內訂閱郵費在內

— 56 —

山东省强化治安运动特刊

（伪）山东省文化教育委员会编　编者刊［济南］1941年8月12日　总1期　特刊　26cm

该刊为“治安强化运动”的理论宣传性刊物。“治安强化运动”自1941年3月起至1942年冬止，共推行了五次。在第二次运动中，伪山东省公署制定了《治安强化运动促进委员会暂行办法》，成立运动专门指导机构，还编印了《山东省治安强化运动特刊》，用以研究、指导“治安强化运动”。

山東省强化治安運動特刊

中華民國三十年八月十二日

山東省文化教育委員會編印

山東省强化治安運動特刊　目次

强化治安的四大原則

筆　人

自興亞運動。風行於海內。引起東方民族的自決精神。對於自治自衞的建設。積極整頓。各以自强不息的原理。研究安寧的實效。從此强化治安的口號。風起雲湧。其推行神速。大有一日千里之進展。獨有華北一方。尙不能剷除異類的擾亂。實爲莫大遺憾。同顧岱宗黃河之間。每有小醜潛伏。竟使無辜小民。日日在水深火熱之中。此實興亞的障害。不可不深切討論。早日斡旋於無形者也。吾輩生長於齊魯之邦。接近聖人之居。其根本思想。均與敵軍南轅北轍。所以一經呼號。而萬山響應。當此一帆風順之局。提倡强化治安問題。其飛進情勢。當有不可思議的勝利。實現於目前。謹將進展的原則。略述四項。以作宣傳之助。其要項如下，

（一）强化的區域

亞洲之大。總計有五大區域。西起黑海之南。愛琴與紅海之東。自古屬於回族及各大宗教之發源地。是謂西亞特殊情勢。由此而東南。直接印度洋的各大半島。及無數島國。是謂南亞的商戰特區。其沿印度西北。裏海與帕米爾之間。是謂中亞的蘇維埃區域。再北與西伯利亞相接。由烏拉山東行。以達於日本海。統以北亞稱之。歐人稱呼遠東問題者。卽北亞區域也。

治安强化運動之重要

師範學生楊明倫

第二次治安强化運動，已開始了，我想此次治安强化運動，負的責任，要必上次負的任務，還要重百倍。在前幾天的標語上說；「治安强化方有飯吃」，從此句話，卽可看出治安强化之重要，若一個人不吃飯，便不能生存於世，若吃飯必須治安，拿吃飯來比治安的重大，要詳細論之，實在一點也不錯。若是住在一個離城較遠的地方，整日人民不能過平安日子，可恨的八路軍，慘無人道，强姦婦女，殺人放火，使人民不能安居樂業，人民的糧食，亦都被共產黨搶去，可惡可恨的共產黨，使人民沒有飯吃，所以詳細論起來，這句「治强安化方有飯吃」是很對的。他們整日紊亂社會地方不安，若是不實行治安，終久人民不能得到安居樂業之地位，所以必須實行治安强化運動，就如我們的第二條生命一般。故必須治安，要與友邦日本，攜手向前努力治安，剷除匪類的共產黨，努力向前邁進，以速促成第二次的强化治安運動爲目的，切望早日實現，使整個的全華北人，都享到幸福。如人人抱着這個心理向前奔去，那麼第二次的强化治安運動，定可早日實現，方爲我們的使命矣。

强化治安運動之我見

小學教訓所安雲松

第一次强化治安運動，雖已得着了豐滿的美果，但治安不穩固的地方未免還嫌太多。現又值夏季，秋禾茂盛，更給那些不良份子造了好的時機，蠢起搶殺爭戰，尤其共產化的八路軍，

抗战生活

鲁苏战区战地党政委员会分会宣委会工作大队编　编者刊　临沂　1942 年～［终刊日期不详］［总期数不详］［刊期不详］　19cm

该刊《发刊词》中说:“革命的行动上没有模仿也没有畏缩，革命的精神上只有前进，只有努力，只有不断奋斗，本刊就履行了这个时代的伟大启示与神圣的革命意识，勇敢的乞求反映革命时代的精神。”栏目有《特载》《论著》《青年修养讲座》《散文》《漫画与木刻》《敌情介绍》《戏剧》《歌曲》《记事》等。

1433
抗戰生活
1
創刊號

1433
抗戰生活創刊號目錄
發刊詞

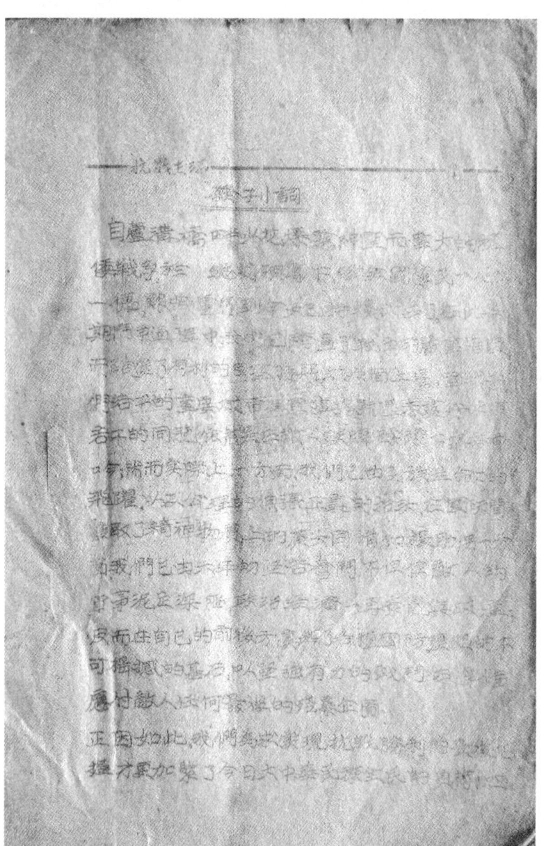
抗戰生活

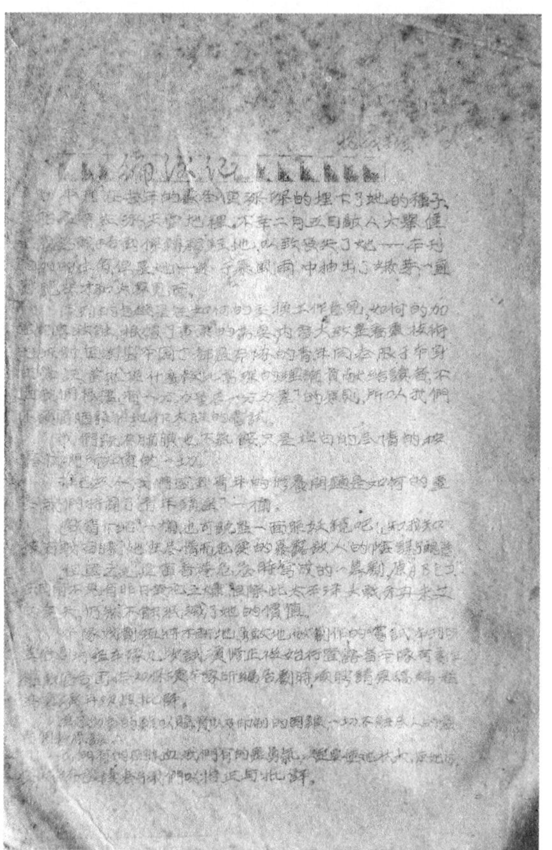

山东自治月刊

（伪）山东自治研究会编 （伪）山东省公署民政厅［发行］ 济南 1942年1月31日～1942年11月31日 1卷1期～1卷11期 月刊 22cm

该刊是山东省日伪政府民政厅为推行其“强化治安运动”所办。目的在于配合日寇的侵华政策，为实现其“大东亚计划”的野心服务。栏目有《特载》《法规解释》《命令解释》《汇报》《附载》等。

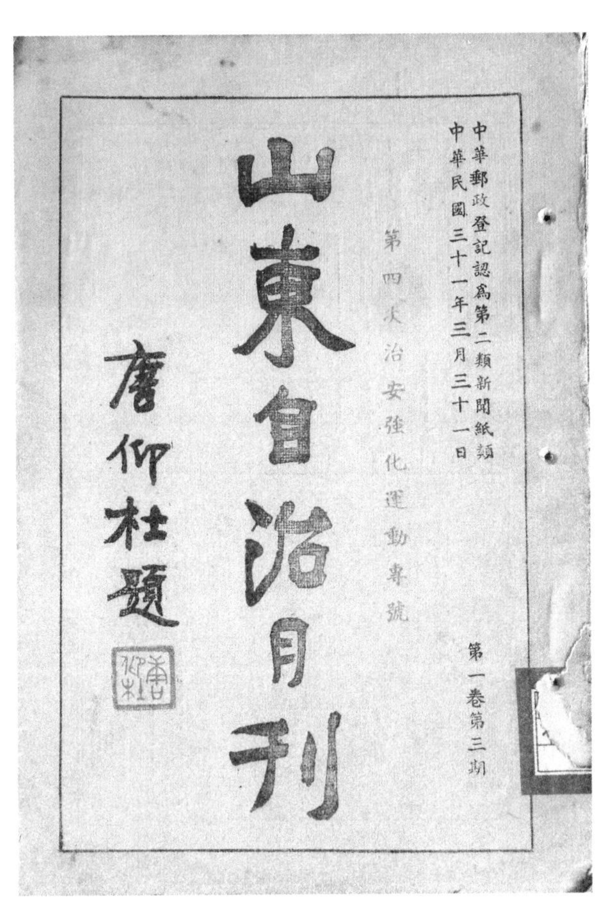

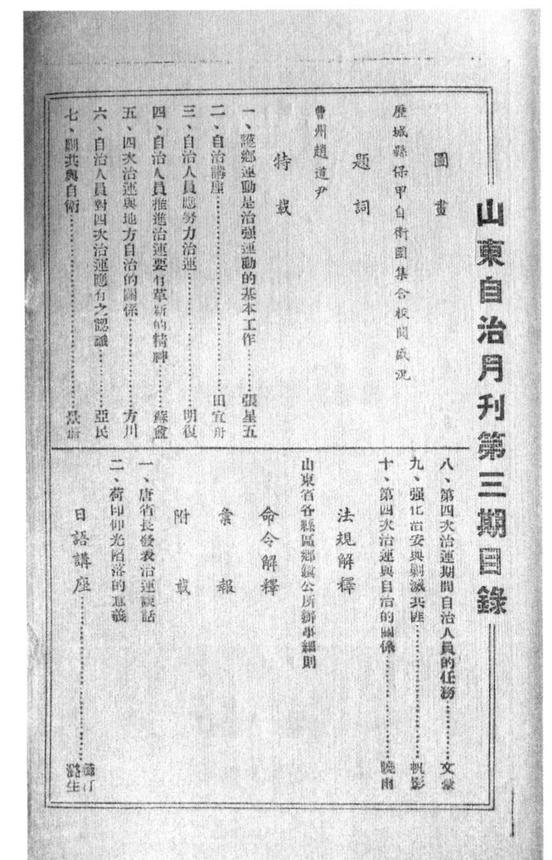

山東自治月刊第三期目錄

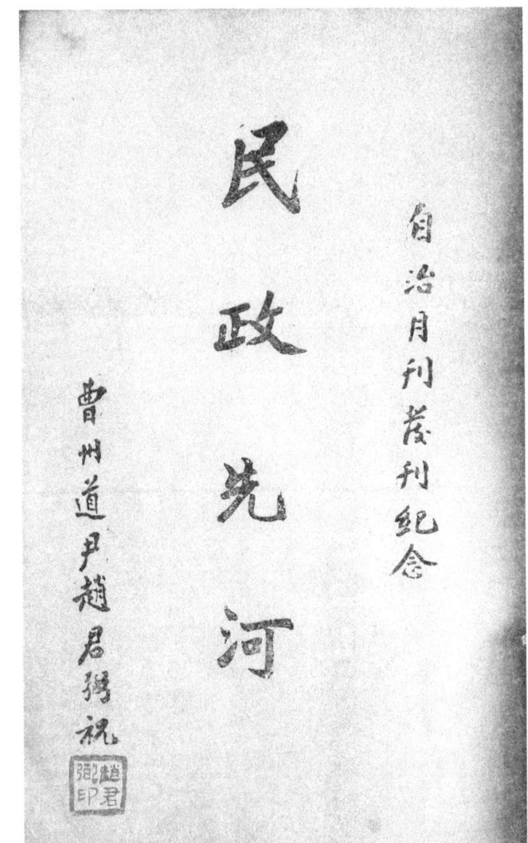

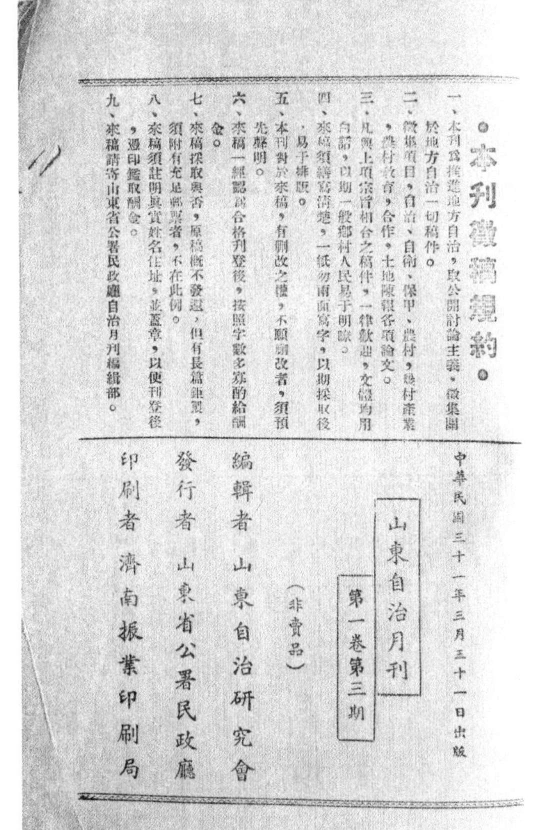

●本刊徵稿規約●

一、本刊為推進地方自治，取公開討論主義，徵集關於地方自治一切稿件。
二、徵集項目，自治、自衛、保甲、農村，縣村產業，農村教育，合作，土地陳報各項論文。
三、凡與上項宗旨相合之稿件，一律歡迎，文體均用白話，以期一般鄉村人民易于明瞭。
四、來稿須繕寫清楚，一紙勿兩面寫字，以期採取後，易于排版。
五、本刊對於來稿，有刪改之權，不願刪改者，須預先聲明。
六、來稿一經認為合格刊登後，按照字數多寡酌給酬金。
七、來稿採取與否，原稿概不發還，但有長篇鉅製，須附有充足郵票者，不在此例。
八、來稿須註明真實姓名住址，並蓋章，以便刊登後，憑印鑑取酬金。
九、來稿請寄山東省公署民政廳自治月刊編輯部。

中華民國三十一年三月三十一日出版
山東自治月刊 第一卷第三期
（非賣品）
編輯者 山東自治研究會
發行者 山東省公署民政廳
印刷者 濟南振業印刷局

山东教育统计

（伪）山东省公署教育厅编　编者刊 ［济南］［1942 年 2 月］~［1942 年 5 月］［总期数不详］ 月刊　23cm

该刊内容包括山东省中等教育、初等教育和社会教育概况统计表及比较图。

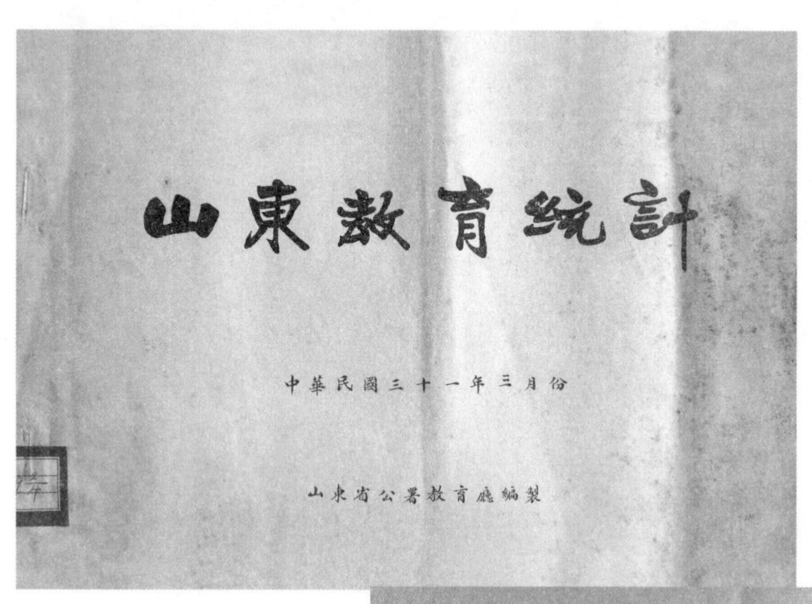

山東省初等教育概況統計表 （二）　三十一年三月份

類別	校別	校數	班數	教職員數 男	教職員數 女	教職員數 合計	學生數 男	學生數 女	學生數 合計	經費數 每月經費總數	經費數 每班每月平均經費數
完全小學	省立小學校	4	48	55	31	86	1.892	1.208	3.100	6.699 00	139 56
	市區立小學校	47	312	241	229	470	11.025	6.932	17.957	26.411 00	84 55
	縣立小學校	623	2.677	3,331	626	3.957	91.367	21.670	113.037	203.023 00	75 84
	私立小學校	98	649	646	292	938	21.650	8.582	30.234	47.288 00	72 46
	合計	772	3.686	4.273	1.178	5.451	125.934	38.394	161.328	283.421 00	76 48
初級小學	省立初級小學校										
	市區立初級小學校	125	448	236	30	266	6.682	1.316	7.998	8.593 00	19 18
	縣立初級小學校	13.432	20.073	17.984	443	18.427	464.747	41.855	506.602	488.029 00	24 31
	私立初級小學校	4.632	5.013	5.247	117	5.364	89.069	9.697	98.766	163.824 00	32 38
	合計	18.189	25.534	23.467	590	24.057	560.498	52.868	613.366	660.446 00	25 87
其他	代用小學										
	私塾										
	其他										
	合計										
總計		18.961	29.220	27.740	1.768	29.508	686.432	91.262	777.694	943.867 00	32 30

備考：
一、縣屬鄉村公立小學校均列入縣立小學校欄內
一、本表根據三十一年三月各市區縣教育概況月報表編製
一、本表未計入縣份係未經呈報者
一、本表所列數目係每月數目
一、本表所列計省市區縣共一百零七個單位

山东民主导报

山东民主导报编辑委员会编　山东省战时行政委员会　沂南　1942年3月～1947年1月　［总期数不详］不定期　16cm　由《民主导报》继承

该刊1942年3月创刊于沂南县，黎玉题发刊词《山东民主导报与坚持山东民主斗争的基本方向》。第4期起改为季刊，第7期起改名《民主导报》，第8期起由山东省政府主编。栏目有《特载》《专载》《调查研究》《附录》等。

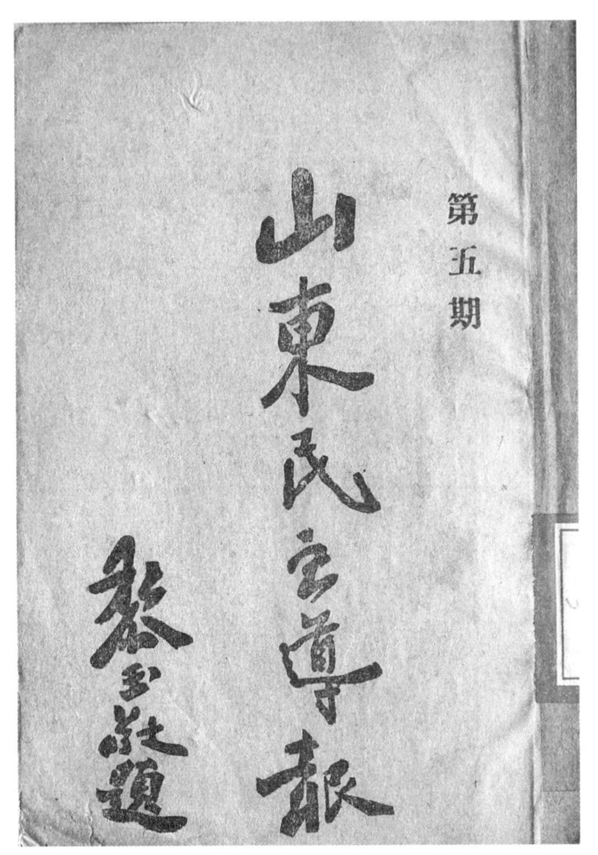

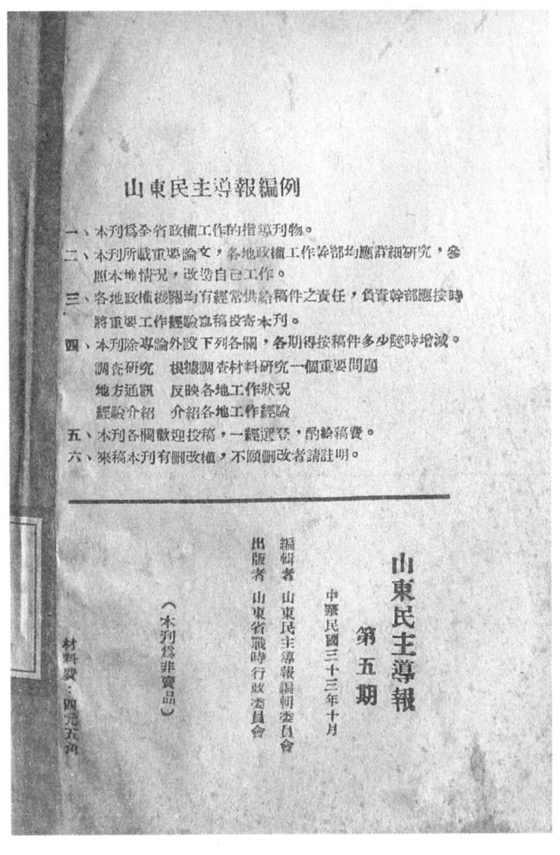

山東民主導報編例

一、本刊爲全省政權工作的指導刊物。
二、本刊所載重要論文，各地政權工作幹部均應詳細研究，參照本地情況，改造自己工作。
三、各地政權機關均有經常供給稿件之責任，負責幹部應按時將重要工作經驗寫稿投寄本刊。
四、本刊除專論外設下列各欄，各期得按稿件多少隨時增減。
調查研究　根據調查材料研究一個重要問題
地方通訊　反映各地工作狀況
經驗介紹　介紹各地工作經驗
五、本刊各欄歡迎投稿，一經選登，酌給稿費。
六、來稿本刊有刪改權，不願刪改者請註明。

山東民主導報
第五期
中華民國三十三年十月
編輯者　山東民主導報編輯委員會
出版者　山東省戰時行政委員會
（本刊爲非賣品）
材料費：四元五角

胶东青年

胶东青年社编　胶东联合社　胶东　1942 年 8 月～1942 年 12 月　总 5 期；复刊 1943 年 1 月～1945 年春　总 9 期　月刊　19cm

该刊的出版分两个时间段。第一段为 1942 年 8 月～1942 年 12 月，共出版 5 期，是一份面向青年儿童的杂志，读者对象为初中一年级及高小学生，是在解放区创刊较早的青年读物之一。第二个时间段为 1943 年 1 月～1945 年春，共出版 9 期，内容包括时事新闻介绍及简明评述。有政治、军事以及各种社会问题的论述，有战斗、生产、生活报道与素描，还有工作学习方法及经验介绍、科学常识、青年习作园地等。复刊后由“胶东青年社”变为“胶东文协”编辑，胶东战时邮局发行，主编马少波。

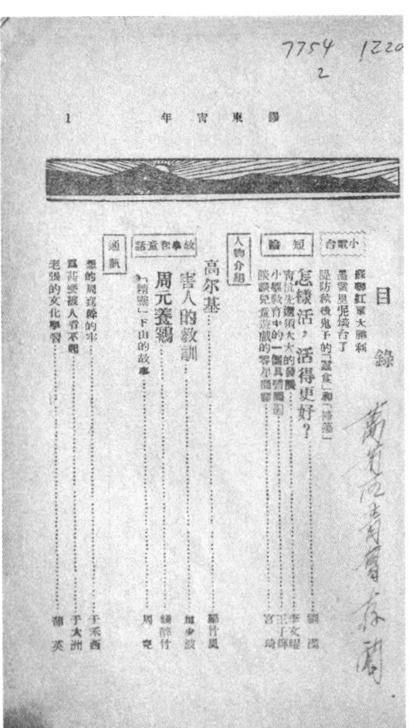

1　膠東青年

目錄

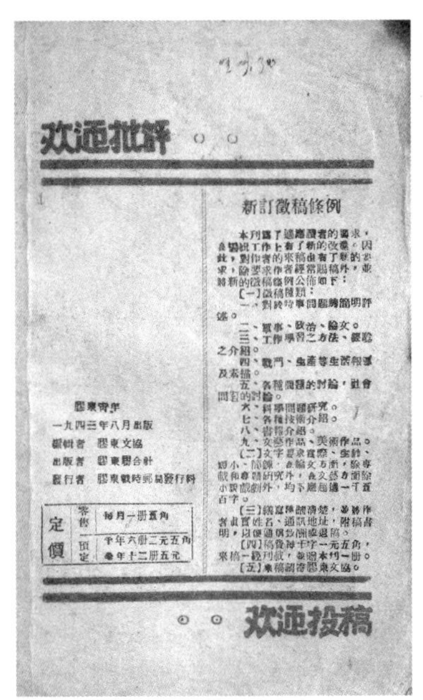

歡迎批評 ○○

新訂徵稿條例

本刊爲了適應讀者的要求，在編輯工作上有了新的改變。因此，對作者的來稿也有了新的要求，除要求作者經常賜稿外，並將新的徵稿條例公佈如下：

〔一〕徵稿種類：

一、對於時事問題的簡明評述。

二、軍事、政治、論文。

三、工作學習之方法、經驗之介紹。

四、戰鬥、生產等生活報導及素描。

五、各種問題的討論，社會問題的討論。

六、科學問題研究。

七、各種技術介紹。

八、書籍介紹。

九、文藝作品、美術作品。

〔二〕文字要求實際、生動、短小、簡練，在論文方面，除專載和專題研究外，在文藝方面除小說戲劇外，均不應超過一千五百字。

〔三〕稿寫務請清楚，並將作者真實姓名、通訊地址，附稿聲明，以便通訊致酬或退稿。

〔四〕稿費每千字一元五角，來稿一經刊載，並贈本刊一冊。

〔五〕來稿請寄膠東文協。

膠東青年
一九四三年八月出版
編輯者　膠東文協
出版者　膠東聯合社
發行者　膠東戰時郵局發行科

定價	零售	每月一冊五角
	預定	半年六冊二元五角
		全年十二冊五元

○○ 歡迎投稿

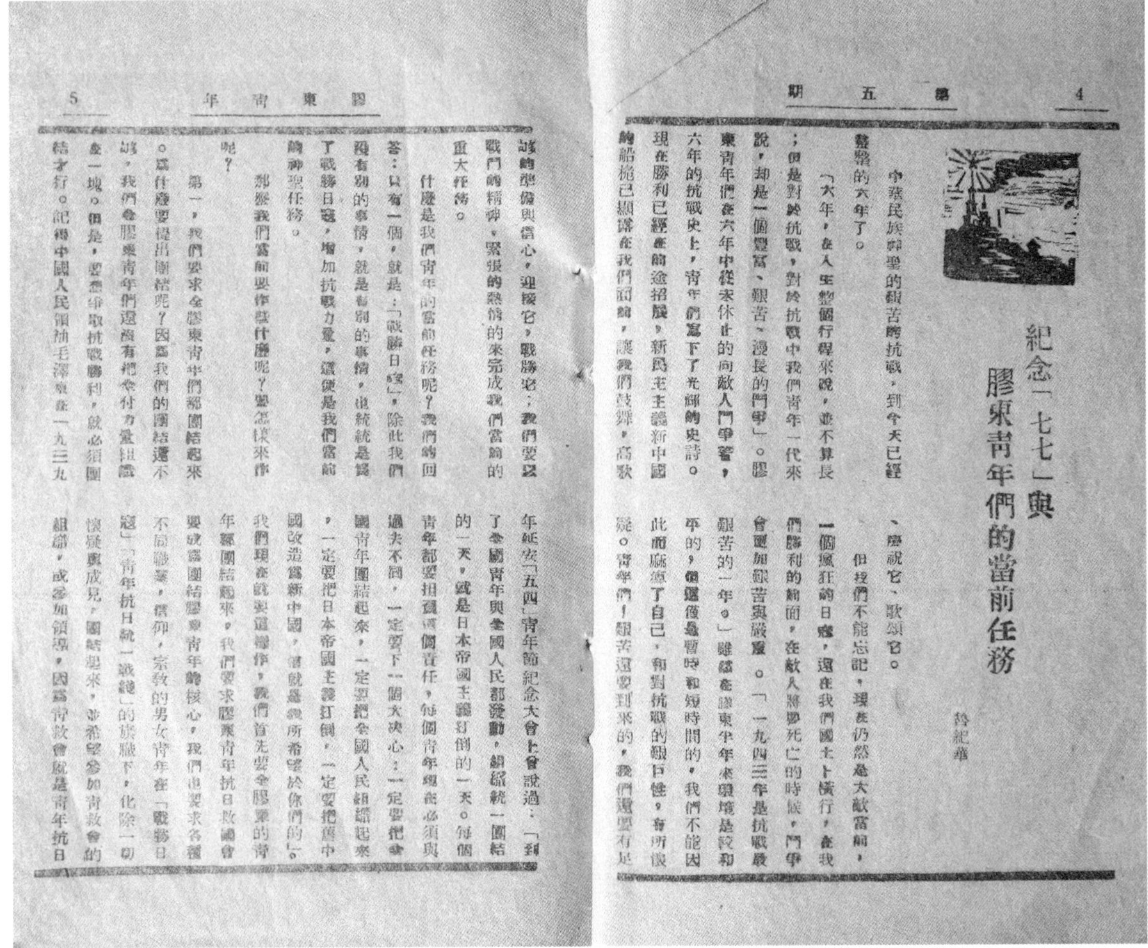

膠東青年　5

够的準備與信心，迎接它，戰勝它；我們要以戰鬥的精神，緊張的熱情的來完成我們當前的重大任務。

什麼是我們青年的當前任務呢？我們的回答：只有一個，就是：「戰勝日寇」，除此我們沒有別的事情，就是有別的事情，也統統是爲了戰勝日寇，增加抗戰力量，這便是我們當前的神聖任務。

那麼我們當前要作些什麼呢？要怎樣來作呢？

第一，我們要求全膠東青年們都團結起來。爲什麼要提出團結呢？因爲我們的團結還不够，我們全膠東青年們還沒有把全付力量組織在一塊。但是，要想爭取抗戰勝利，就必須團結才行。記得中國人民領袖毛澤東在一九三九年延安「五四」青年節紀念大會上曾說過：「到了全國青年與全國人民都發動，組織統一團結的一天，就是日本帝國主義打倒的一天。每個青年都要担負這個責任，每個青年現在必須與過去不同，一定要下一個大決心：一定要把全國青年團結起來，一定要把全國人民組織起來，一定要把日本帝國主義打倒，一定要把舊中國改造爲新中國，這就是我所希望於你們的」。我們現在就要這樣作，我們首先要全膠東的青年都團結起來，我們要求膠東青年抗日救國會要成爲團結膠東青年的核心，我們也要求各種不同職業，信仰，宗教的男女青年在「戰勝日寇」「青年抗日統一戰綫」的旗幟下，化除一切懷疑與成見，團結起來，並希望參加青救會的組織，或參加領導，因爲青救會就是青年抗日

膠　五期　4

紀念「七七」與膠東青年們的當前任務

孫紀華

中華民族神聖的艱苦的抗戰，到今天已經整整的六年了。

「六年，在人生整個行程來說，並不算長；但是對於抗戰，對於抗戰中我們青年一代來說，却是一個豐富、艱苦、漫長的鬥爭」。膠東青年們在六年中從未休止的向敵人鬥爭著，六年的抗戰史上，青年們寫下了光輝的史詩。現在勝利已經在前途招展，新民主主義新中國的船桅已顯露在我們面前，讓我們鼓舞，高歌、慶祝它、歌頌它。

但我們不能忘記，現在仍然是大敵當前，一個瘋狂的日寇，還在我們國土上橫行，在我們勝利的前面，在敵人將要死亡的時候，鬥爭會更加艱苦與嚴重。「一九四三年是抗戰最艱苦的一年。」雖然在膠東半年來環境是較和平的，但還僅是暫時和短時間的，我們不能因此而麻痺了自己，和對抗戰的艱巨性，有所懷疑。青年們！艱苦還要到來的，我們還要有足

学生之友

学生之友月刊编辑委员会编 （伪）济南市公署教育局［发行］ 济南 1942年12月～1944年11月 1卷1期～2卷3期 月刊 27cm

该刊栏目有《教育论述》《自由写作》《故事杂谈》《科学知识》《教育消息》等。

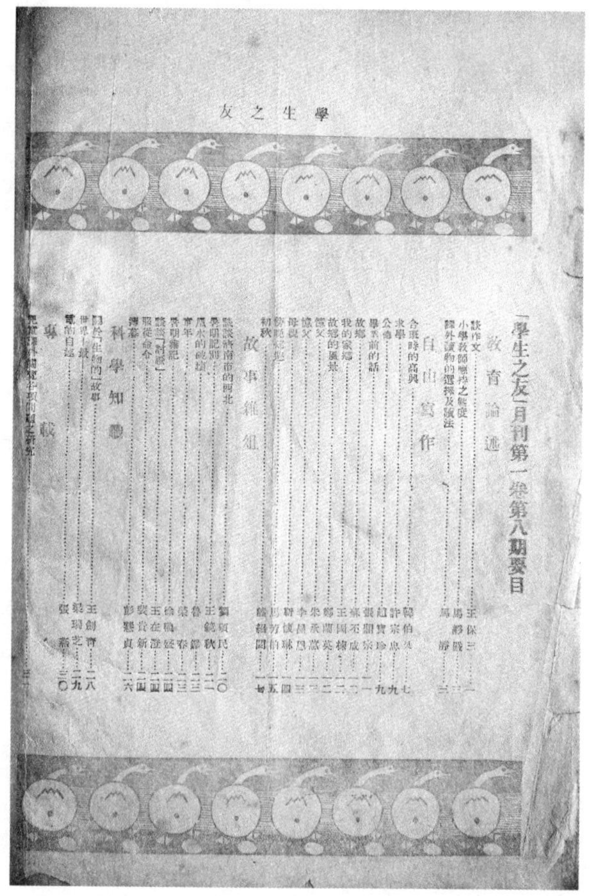

學生之友

「學生之友」月刊第一卷第八期要目

教育論述

談作文……王保三

自由寫作

故事雜組

科學知識

專載

政务月报

（伪）青岛特别市胶州行政办事处编　编者刊　青岛［1942 年 12 月］～［1944 年 4 月］［总期数不详］　月刊　26cm

该刊为政务刊物，油印本。内容包括庶务、民政、财务、警察、宣传等方面，有统计图表。

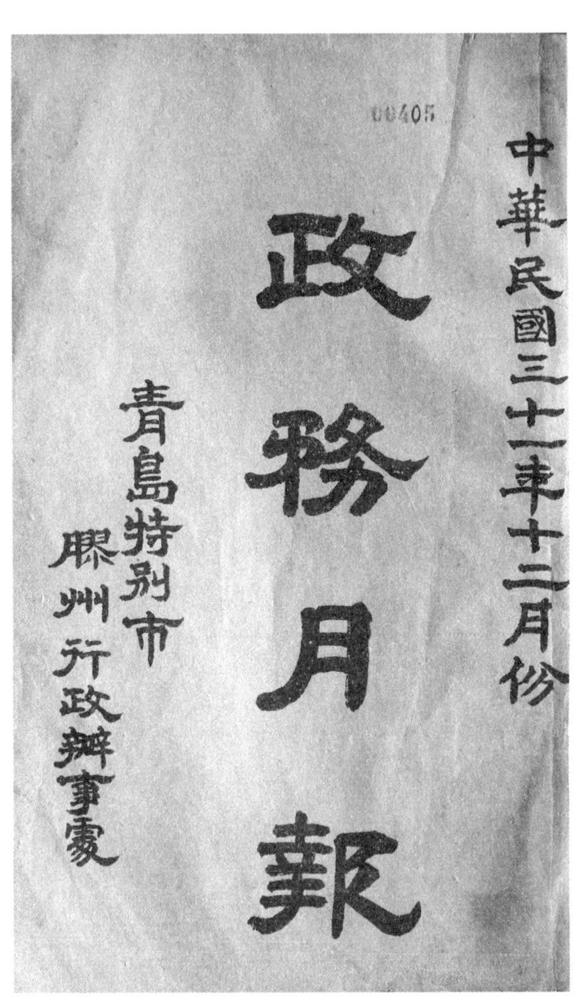
中華民國三十一年十二月份

政務月報

青島特別市
膠州行政辦事處

山东文化

山东省文协编辑部编　山东省文协［发行］　莒南　1943年3月～1945年8月［总期数不详］；复刊1946年～1947年［复刊期数不详］～5卷2期　月刊　27cm

该刊是抗日战争时期山东解放区创办较早的一本综合性文艺杂志。刊物从创刊起，通过报告文学、通讯、小说、故事、诗歌等多种文艺形式，真实地反映了山东解放区军民的战斗生活、生产劳动、拥军爱民以及广大农民的翻身斗争、农村的新人新事新风尚等，歌颂了各条战线的英雄模范人物，还发表论述性文章及评价历史人物和作品的文章。第2卷第3期为《文艺创作专号》。该刊先后担任主编的有刘知侠、燕遇明、蔡贲、张笠吾、张凌青、雪苇等。

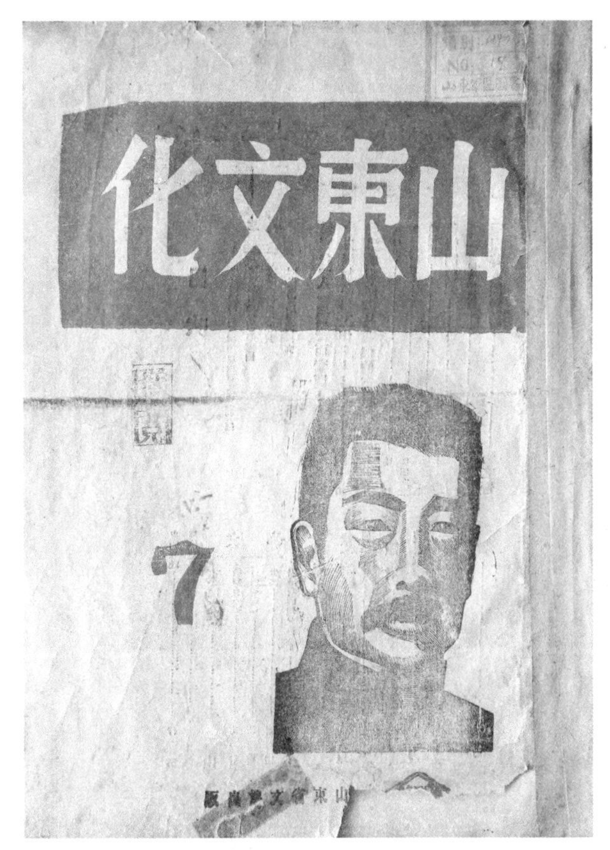

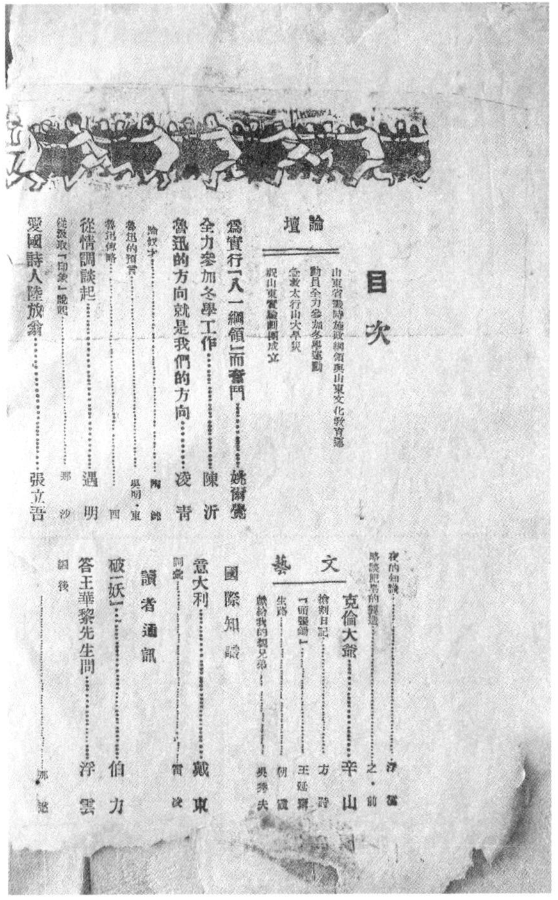

目次

論壇

山東省戰時施政綱領與山東文化教育第
動員全力參加冬學運動
急救太行山大旱災
祝山東實驗劇團成立

為實行「八一綱領」而奮鬥……姚爾覺
全力參加冬學工作……陳沂
魯迅的方向就是我們的方向……凌青
論奴才……陶鈍
魯迅的預言……吳明·東
魯迅傳略……四
從情調談起……遇明
從我取「印象」說起……那沙
愛國詩人陸放翁……張立吾

夜的知識……浮
略談肥料的製造……之·前

文藝

克倫大爺……辛山
搶刺日記……方詩
「頭髮鋪」……王延輝
生路……朗識
獻給我的親兄弟……吳秀夫

國際知識

意大利……戴東
詞彙……雷波

讀者通訊

破「妖」……伯力
答王華黎先生問……浮雲
圖後……那迷

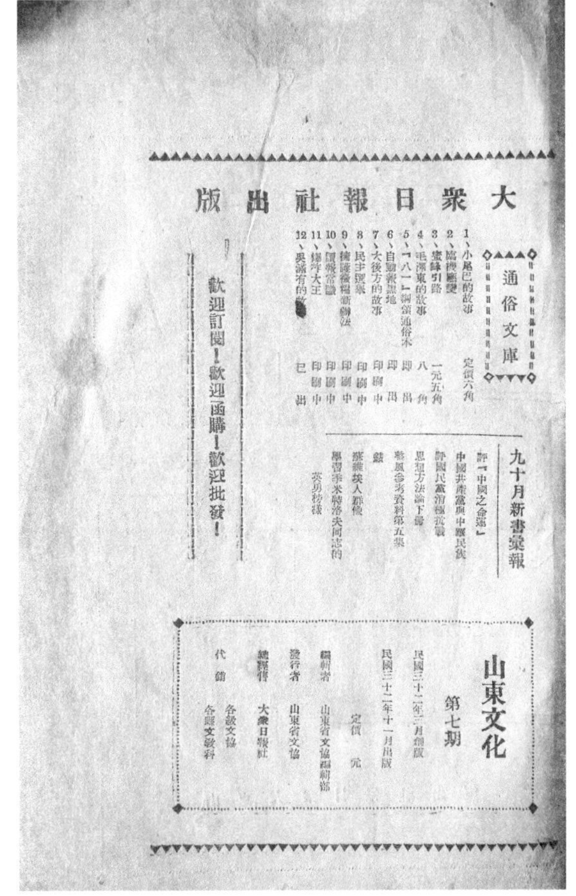

大衆日報社出版

通俗文庫

1、小尾巴的故事　定價六角
2、臨機應變　一元五角
3、螢蜂引路　八角
4、毛澤東的故事　即出
5、「八一」綱領通俗本　即出
6、自動報黑地　印刷中
7、大後方的故事　印刷中
8、民主選舉　印刷中
9、擁護政權新辦法　印刷中
10、國報常識　印刷中
11、爆炸大王　印刷中
12、吳滿有的故事　已出

歡迎訂閱！歡迎函購！歡迎批發！

九十月新書彙報

評『中國之命運』
中國共產黨與中華民族
評國民黨消極抗戰
思想方法論下冊
整風參考資料第五集
鼓
蘇維埃人群像
學習季米特洛夫同志的英勇榜樣

山東文化　第七期
民國三十二年二月創版
民國三十二年十一月出版
定價　元
編輯者　山東省文協編輯部
發行者　山東省文協
總經售　大衆日報社
代銷　各級文協　各縣文教科

中国青年

中国青年月刊社编　朝阳公馆［发行］　济南　1943年5月1日～1945年4月　1卷1期～3卷6期　月刊　27cm

1943年5月1日创刊于济南，社址在济南南关朝阳街21号。1945年出至3卷6期停刊。该刊声称其任务是："以客观立场，自由研究态度，探讨中外学术思想，观摩东西文化技术，以求东方精神之发展，中日文化之彻底沟通。"主要刊登政治、经济、戏剧、美术、音乐等方面的各种评论、创作、译著等。栏目有《社论》《论著》《译著》《时事爪鳞》《文艺》等。

內務總署登記證政字第一一一號
中華郵政登記認爲第一類新聞紙

中國青年

謹以此獻給追求眞理崇尚正義，關心民族命運與人類幸福；願意共同尋找一條光明大路，救中國與亞洲的青年朋友！

曙光到了，什麼時候才日出呀！（版畫作品）

第一卷第一期

中華民國卅二年五月一日出版

中國青年月刊社

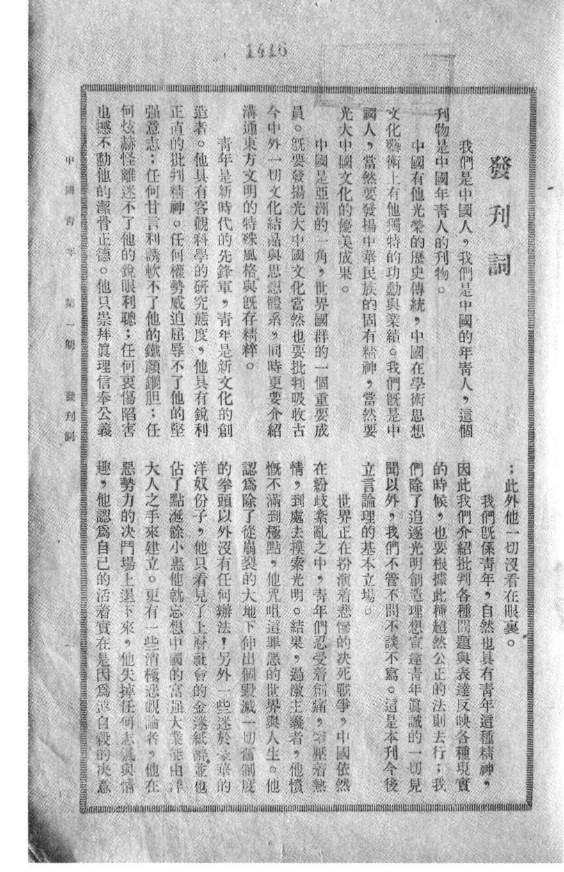

發刊詞

我們是中國人，我們是中國的年青人，這個刊物是中國年青人的刊物。

中國有他光榮的歷史傳統，中國在學術思想文化藝術上有他獨特的功勳與業績。我們既是中國人，當然要發揚中華民族的固有精神，當然要光大中國文化的優美成果。

中國是亞洲的一角，世界國群的一個重要成員。既要發揚光大中國文化當然也要批判吸收古今中外一切文化結晶與思想體系，同時更要介紹溝通東方文明的特殊風格與既存精粹。

青年是新時代的先鋒軍，青年是新文化的創造者。他具有客觀科學的研究態度，他具有銳利正直的批判精神。任何權勢威迫屈辱不了他的堅强意志；任何甘言利誘軟不了他的鐵顏鋼胆；任何炫赫怪離迷不了他的銳眼利聽；任何衷傷陷害也撼不動他的潔骨正德。他只崇拜眞理信奉公義；此外他一切沒看在眼裏。

我們既係青年，自然也具有青年這種精神，因此我們介紹批判各種問題與表達反映各種現實的時候，也要根據此種超然公正的法則去行；我們除了追逐光明創造理想宣達青年眞誠的一切見聞以外，我們不管不問不談不寫。這是本刊今後立言論理的基本立場。

世界正在扮演着悲慘的決死戰爭，中國依然在紛歧紊亂之中，青年們忍受着創痛，容壓着熱情，到處去摸索光明。結果，過激主義者，他憤慨不滿到極點，他咒咀這罪惡的世界與人生。他認爲除了從崩裂的大地下伸出個毀滅一切舊制度的拳頭以外沒有任何辦法！另外一些迷於豪華的洋奴份子，他只看見了上層社會的金迷紙醉，並他佔了點涎餘小惠他就忘想中國的富强大業能由洋大人之手來建立。更有一些消極悲觀論者，他在惡勢力的決鬥場上退下來，他失掉任何志氣與情趣，他認爲自己的活着實在是因爲沒自殺的決意

中國青年　第一期　發刊詞

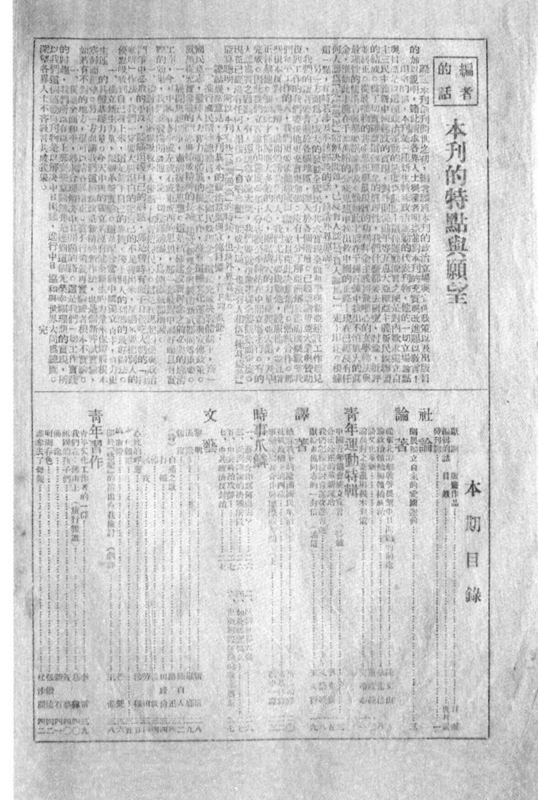

編者的話　本刊的特點與願望

本期目錄

青年生活社啓事

中國青年文藝研究會徵求會員啓事

中國青年月刊徵稿簡約

中國青年

第一卷　第一期

中華民國卅二年五月一日出版

編輯者　中國青年月刊社　濟南南關朝陽街二十一號　電話四五五二號

發行者　朝陽公舘

代售處　各大書局均有代售

定閱處　濟南南關朝陽街廿一號本社

定價表

定購辦法	冊數	價格	郵費 中國及日本	郵費 外國
零售	一	五角	二分	三角
預定半年	六	二元八角	在內	一元八角
預定全年	十二	五元六角	在內	三元六角

每月一日出版　每月一冊　全年十二冊

廣告價目　另行議定

期刊之部（二）

山东画报

山东军区政治部编　十八集团军山东军区政治部［发行］　莒南　1943年7月~［1947年11月］　总39期；复刊1958年8月～1961年1月　总31期；复刊1978年1月～　月刊　27cm　替代《战士画刊》　由《华东画报》继承

该刊前身是八路军一一五师兼山东军区政治部主办的《战士画刊》，1943年7月在山东省莒南县创刊，第1期由山东军区政治部编印，十八集团军山东军区政治部发行，从第2期起改由山东画报社编辑出版，山东新华书店发行。石印美术刊物，16开本，初为月刊，后改为半月刊，页数不定。从1945年7月1日出版的第25期起开始刊登铜版时事照片。迫于战争形势，《山东画报》从26期（1945年7月15日）开始版式不断变化，有时是4开单张，有时恢复16开本。解放战争开始后，改为4开单张不定期的画刊，出至33期改由山东画报社编。从第40期开始《山东画报》改名《华东画报》，沿用《山东画报》刊期顺序，继续不定期出版四开画刊。中华人民共和国建立后，《华东画报》恢复《山东画报》原名，于1958年8月1日在济南复刊，隶属出版系统。山东画报社编，山东人民出版社出版。8开本，月刊，28页。国内发行，每期发行1万册左右。1961年2月停刊，共出版31期。1978年1月复刊，当年出版双月刊，1979年改为月刊。开本不变，页数增至36页，彩色版居半。复刊后仍以专题摄影报道为主，艺术性增强，开辟了多种栏目。1980年开始由中国国际书店对外发行。复刊后期号续前。

该刊是中国共产党领导的抗日根据地创办的综合性画报。1～24期，只刊登美术作品与文稿。1945年7月1日出版的《山东画报》第25期，刊登了大量照片，内容包括近一年来山东抗日根据地军民取得的重大战果，如光复莒城，攻克文登、泗水、沂水、蒙城、利津，诸城伪军反正，人民支援前线，部队练兵等84幅，另有木刻图画及文字报道，共44页，刊首登朱德总司令和军区罗荣桓司令员肖像。从此，《山东画报》逐步成为以铜版摄影照片、锌版美术作品和铅印文字为主的综合性画报。1945年7月15日，第26期采用照片10张，反映了抗战胜利前夕敌伪兵败如山倒的战争形势及我军的战斗生活等。

『……毛主席手造中國空前未有的人民的軍隊……成為全國抗戰和全國新民主主義決定因素的八路軍和新四軍。這個赤手成家的人民的軍隊，拿着粗劣的武器，抵抗強大的日寇，同時還遭受國民黨反動派的夾擊。但是，終于能夠不斷戰勝敵人，並且日益壯大，這就是由于毛主席在軍事戰略上，在政治上，在經濟建設上的明智領導，以及全黨全軍同志在這個領導下的共同艱苦努力。……

『……向毛主席學習，學習他的勇敢，學習他的智慧，學習他的工作作風，把全黨全軍團結在毛澤東同志旗幟下，就團結得像一個和睦的家庭一樣，以爭取抗戰與民主的最後的、完全的勝利。』

擇自朱總司令在中共第七次全國代表大會上的演說。

2

處在總反攻前夜的山東解放區

羅榮桓

羅司令員

津浦沂水以東直至黃海七千里綿長的海岸線與隴海路以北跨過膠濟路直至河北平原，這裏有山東五塊大的解放區，已在我軍勝利作戰之下互相打通而聯系起來了，這裏包括有一千七百萬人口，二十萬八路軍的正規軍、游擊隊、五十萬民兵與幾百萬普遍的人民自衛武裝，已統一組成為一支堅持抗戰與建設新民主主義的雄厚勢力，這是經過了七年來艱苦鬥爭創造出來的！而且有了屹立不可動搖的基礎，一如泰山之不可拔一樣。

山東解放區的建立開始于一九三七年濟南失守，國民黨軍隊一瀉千里的潰退；共產黨即在這一片國土上號召組織人民的抗日游擊戰，發展人民自己的軍隊——八路軍，獲得了新的生命，成千萬的勇士拿起武器，組織隊伍，打擊敵人[illegible]兇殘，並依靠廣大鄉村以對抗敵佔的城市與交通線，因此當時使國民黨某些被隔斷于敵人後方的軍隊如石友三高樹勳等，也得以獲得援救，潰散支離的國民

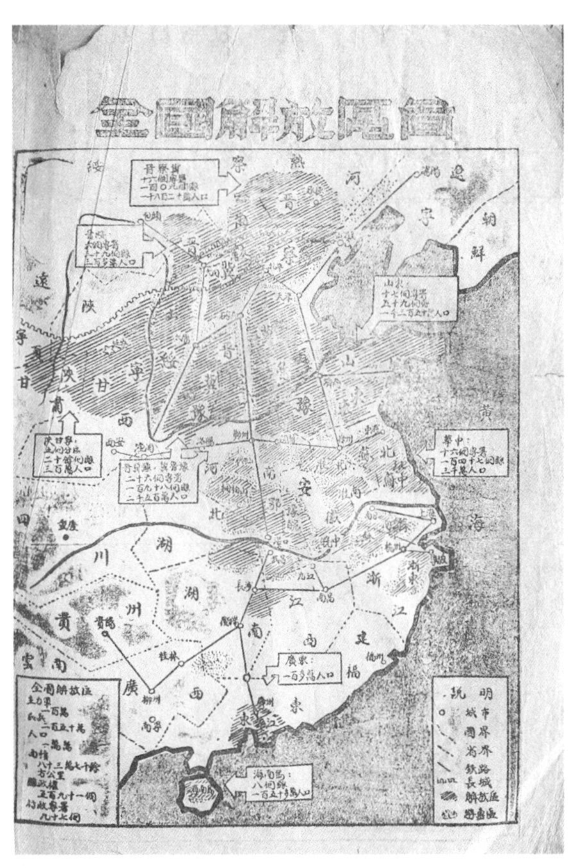

期刊之部（二）

教育月刊

（伪）烟台市公署教育局教育月刊编辑部编 （伪）烟台市公署教育局 烟台 1943年7月15日～［终刊日期不详］［总期数不详］ 月刊 23cm

该刊以发扬东方文化、研讨教育理论为目标，期以现在教育实施情形，公诸社会，旁及教育学说并一切施教计划，予教育同仁互相研讨砥砺切磋，用作辅助改进之参考。主要栏目有《论著》《法规》《教育材料》《杂组》《专载》《学生文艺》等。

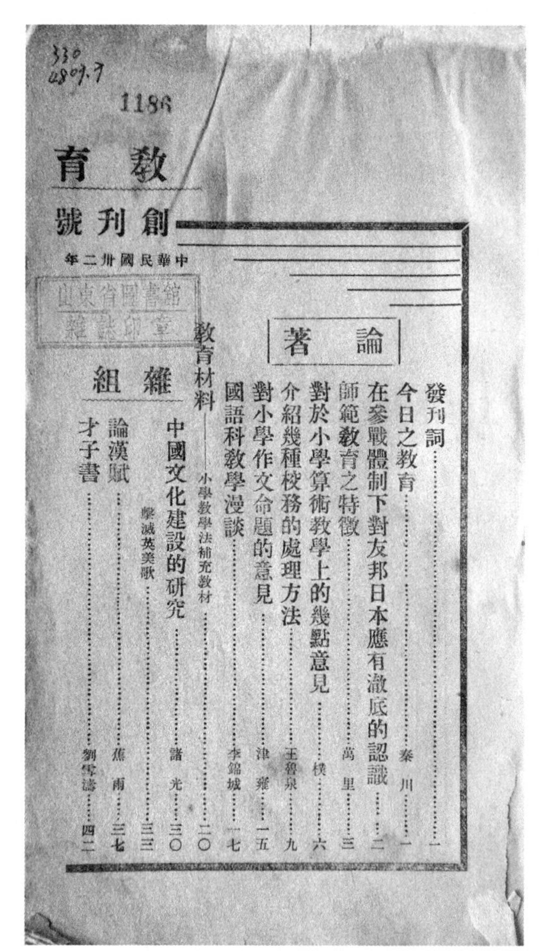

教育

創刊號

中華民國卅二年

論著

雜組

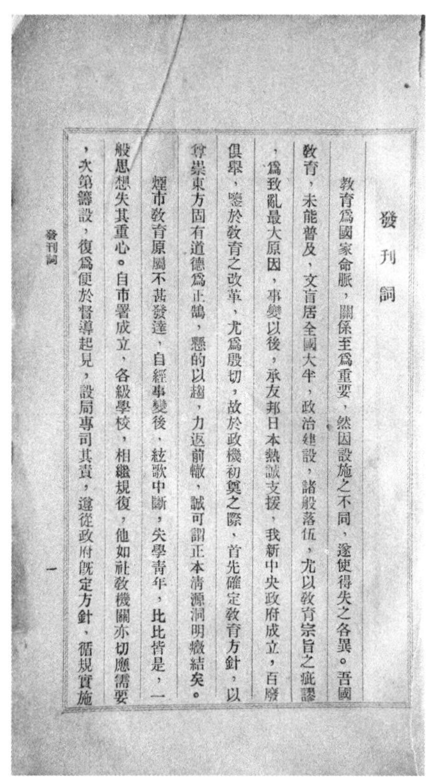

發刊詞

教育爲國家命脈，關係至爲重要，然因設施之不同，遂使得失之各異。吾國教育，未能普及，文盲居全國大半，政治建設，諸般落伍，尤以教育宗旨之疵謬，爲致亂最大原因，事變以後，承友邦日本熱誠支援，我新中央政府成立，百廢俱舉，鑒於教育之改革，尤爲殷切，故於政機初奠之際，首先確定教育方針，以尊崇東方固有道德爲止鵠，懸的以趨，力返前轍，誠可謂正本清源洞明癥結矣。

烟市教育原屬不甚發達，自經事變後，絃歌中斷，失學青年，比比皆是，一般思想失其重心。自市署成立，各級學校，相繼規復，他如社教機關亦切應需要，次第籌設，復爲便於督導起見，設局專司其責，遵從政府既定方針，循規實施

發刊詞　一

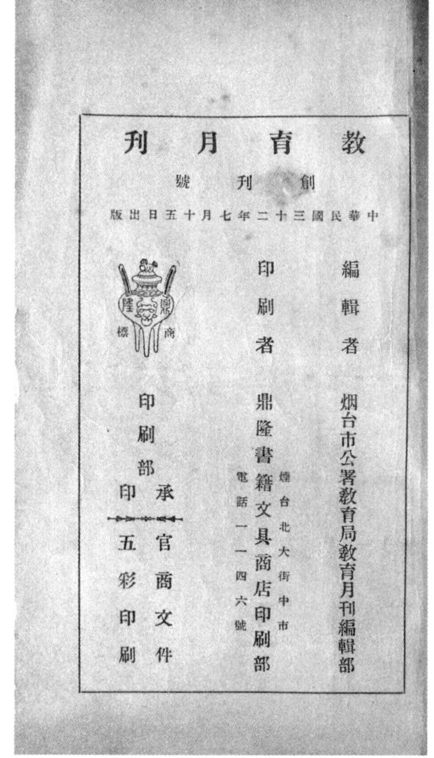

教育月刊
創刊號
中華民國三十二年七月十五日出版
編輯者　烟台市公署教育局教育月刊編輯部
印刷者　鼎隆書籍文具商店印刷部
煙台北大街中市
電話一一四六號
商標
印刷部
承印
官商文件
五彩印刷

战士

第十八集团军山东军区政治部编　编者刊　鲁南　1943年9月15日～1946年4月　594期～［终期不详］；复刊1947年9月～［终刊日期不详］［总期数不详］　月刊　18cm

1943年8月8日《战士》报在出版第593期后停刊，9月15日以期刊形式继续出版，刊期延续。

该刊沿用朱德总司令题写的“战士”报名，时任军区司令员兼政委罗荣桓、副政委黎玉、政治部主任肖华、军区参谋处长李作鹏、赖可可、梁必业、闫捷等七人组成党报委员会，肖华兼任社长。1945年9月，《战士》随山东军区主力开赴东北，山东军区与东北民主联军整编后继续出版该刊。1946年4月，民主联军总政治部将《战士》更名为《自卫》报。9月，又更名为《东北前线》报，成为东北野战军党委机关报。1947年9月，《战士刊复刊启事》中说：“为了适应今后伟大的斗争局面，更广泛地交流宝贵经验，故此决定复刊。”

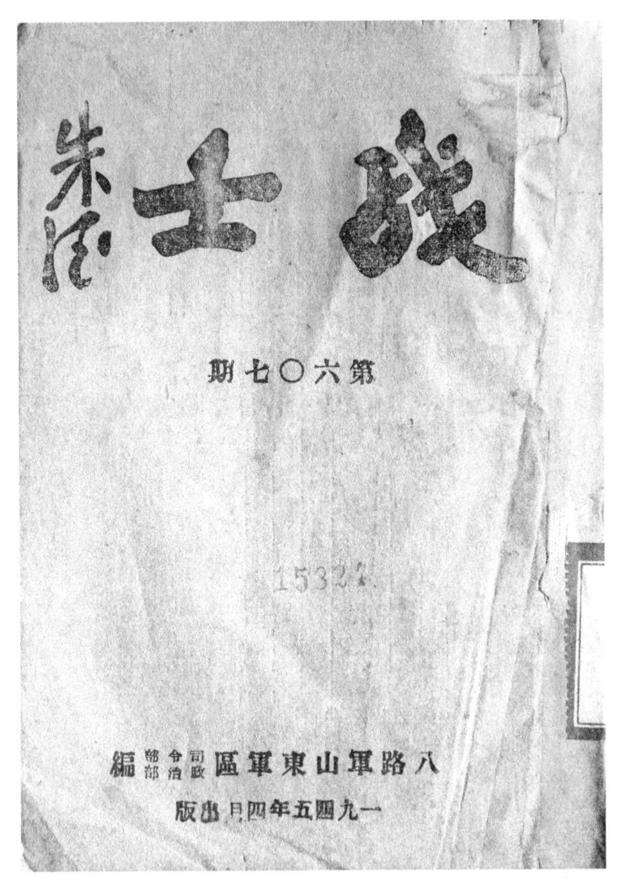
朱德

戰士

第六〇七期

八路軍山東軍區司令部政治部編

一九四五年四月出版

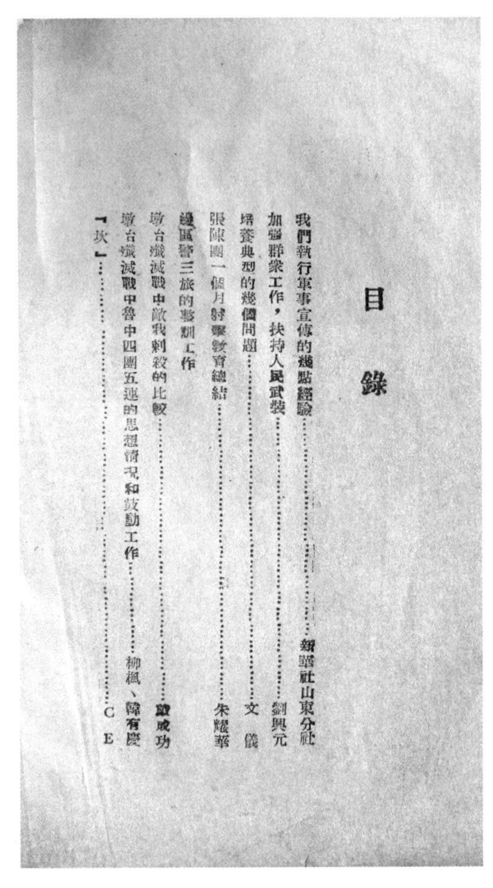
目錄

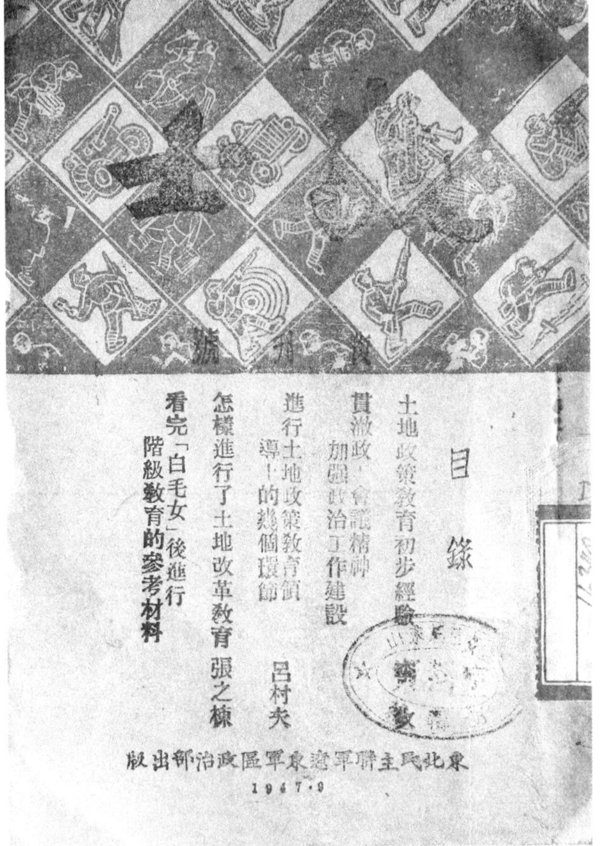
戰士

復刊號

目錄

東北民主聯軍遼東軍區政治部出版

1947·9

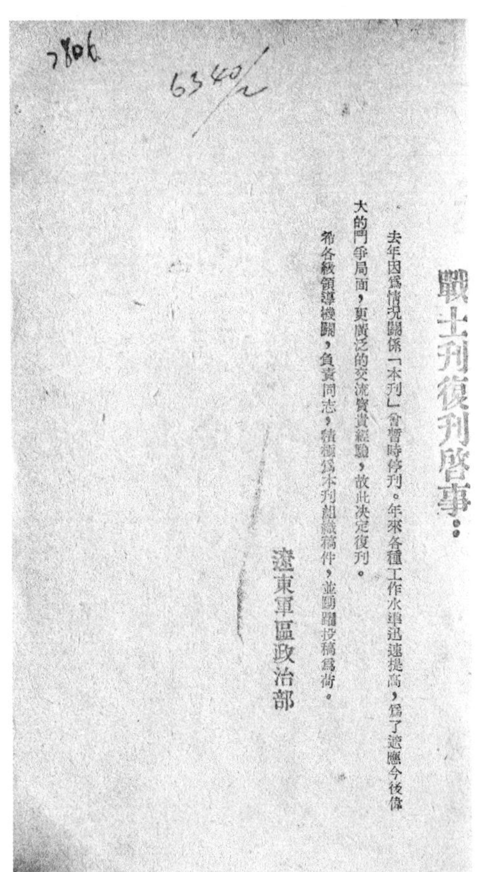
戰士刊復刊啓事。

去年因爲情况關係「本刊」曾暫時停刊。年來各種工作水準迅速提高，爲了適應今後偉大的鬥爭局面，更廣泛的交流寶貴經驗，故此決定復刊。

希各級領導機關，負責同志，積極爲本刊組織稿件，並踴躍投稿爲荷。

遼東軍區政治部

整风报道

中共胶东区党委总学委会编　编者刊　莱阳　1944年～1944年6月　1期～4期　［刊期不详］　19cm

该刊是油印本，主要介绍胶东区党政机关、团体整风学习概况。

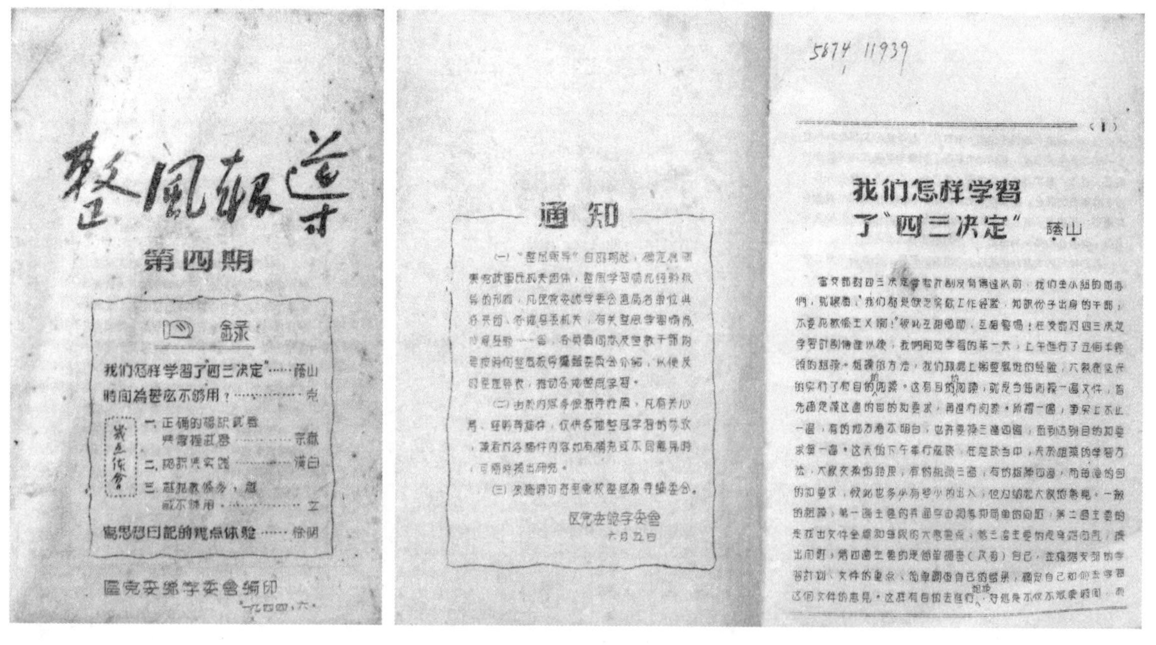

整風報導

第四期

目錄

我们怎样学習了"四三决定"……藤山

時間為甚麽不够用？……克

寫思想日記的幾点体驗……徐明

區党委總学委會編印

一九四四，六．

通知

區党委總学委會

六月五日

我们怎样学習了"四三决定"　藤山

教师之友（滨海）

山东滨海行政公署教育处编　编者刊　滨海　1944 年 3 月 ~ 1945 年 11 月 ［总期数不详］ 月刊　20cm

该刊栏目有《学习生活》《教育通讯》《点滴经验》《学习小故事》《卫生教材》等。

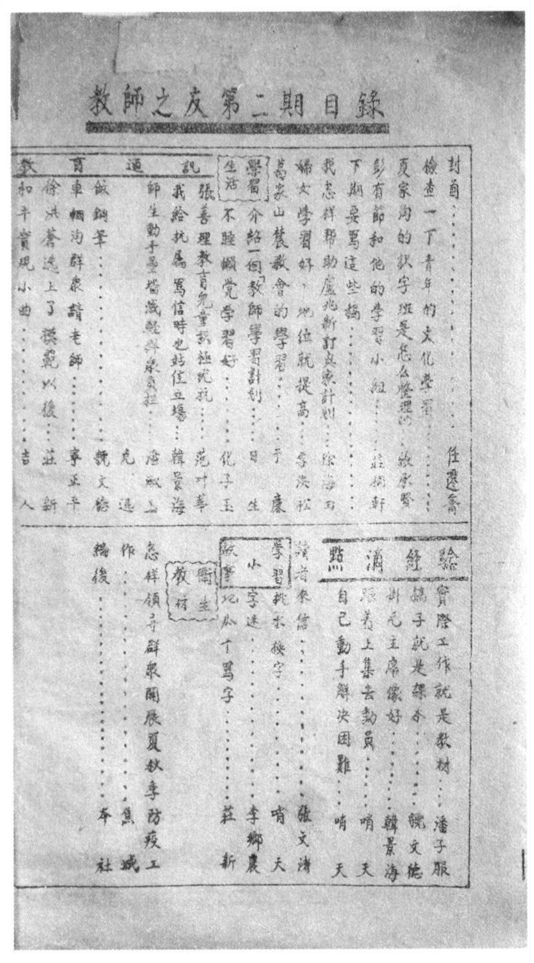

教師之友第二期目錄

民民民月刊

民民民月刊编辑部编　华北文化通信社［发行］　青岛　1944年3月～1945年6月　1期～10期　月刊　27cm

1944年3月创刊于青岛，王伯南任发行人，社址在中山路、曲阜路口的黄海大楼，由胡汉士主编，张喟兹任编辑，撰稿人大都是青年人，经常供稿的有芒艾、蓝田、废丁、鲁丁、沉迟、鲁基、李瑛等。该刊以建设新文化、发扬"东方道义"精神、树立中心思想并促进"大东亚共荣"为宗旨。栏目有《论著》《文艺》《文化生活》《医药卫生》等。另辟有《航空专页》，由日本航空联盟供稿，并同时刊登航空模型机的制造及其讲座等内容。

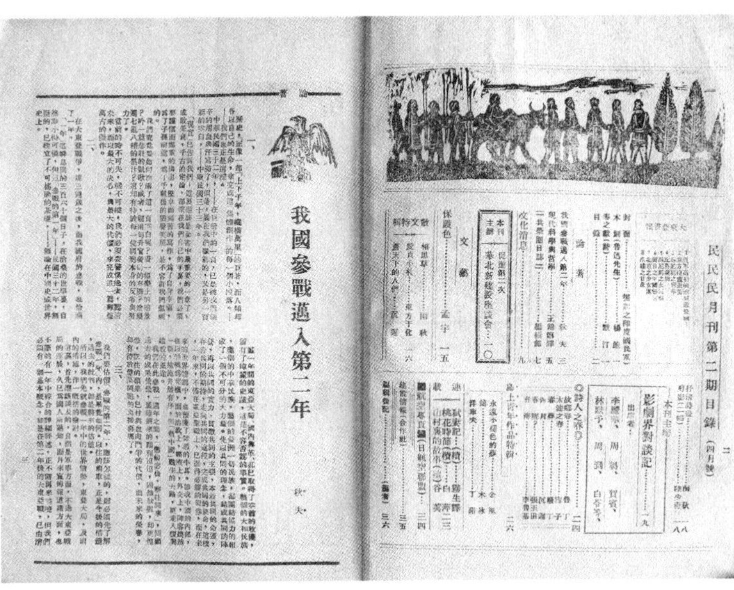

民民民月刊第二期目錄（四月號）

我國參戰邁入第二年　秋夫

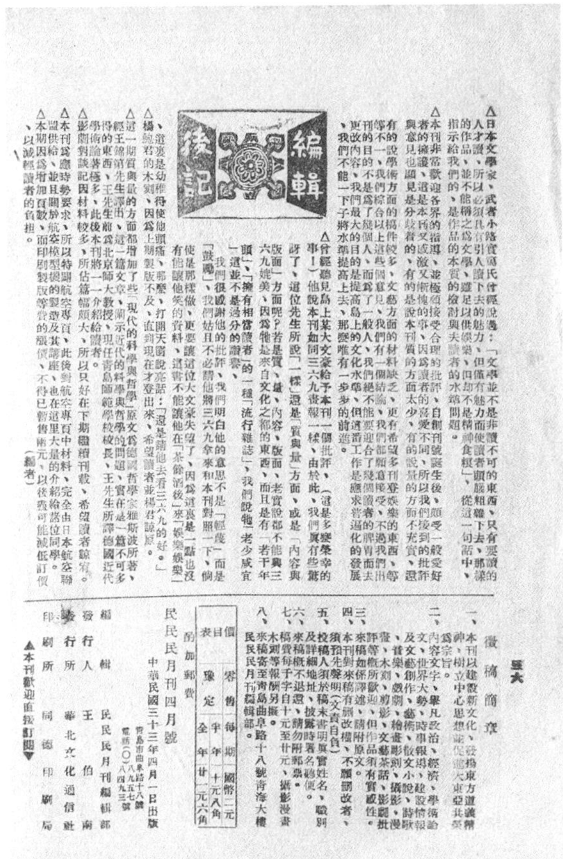

編輯後記

△日本文學家、武者小路實篤氏曾經說過：「文學並不是非讀不可的東西、只有要讀的人才讀、所以必須具有引人讀下去的魅力、但僅有魅力而使讀者頭腦粗雜、那樣的作品、並不能稱之為文學、足以供娛樂、但却不是精神食糧」、從這一句話中、指示給我們的、是作品的本質的檢討與夫讀者的水準問題。

（編者）

民民民月刊四月號

中華民國三十三年四月一日出版

青島市曲阜路十八號　電話（〇）八九五七　八四九三號

價目表		
零售	每期	國幣二元
預定	半年	十元八角
	全年	廿一元六角

酌加郵費

編輯　民民民月刊編輯部

發行人　王伯南

發行所　華北文化通信社

印刷所　同德印刷局

▲本刊歡迎直接訂閱▼

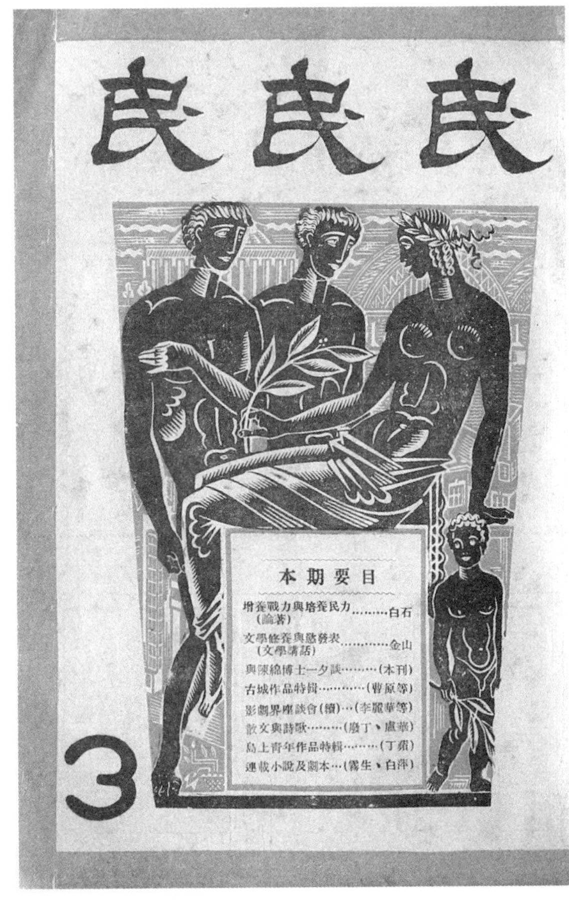

山东群众

山东省各救会山东群众社编　编者刊　莒南　1944 年 5 月 15 日 ~ 1944 年 10 月 ［总期数不详］; 复刊 1945 年 11 月 15 日 ~ ［终刊日期不详］［总期数不详］ 月刊　17cm

该刊由山东省各界抗日救国联合总会出版。宣传抗日战略、战绩，团结教育广大群众，抨击和揭露国民党政府消极抗日、积极反共的面目。同年 10 月份休刊。1945 年 11 月 15 日复刊，主要刊登新地区工作经验，终刊日期不详。

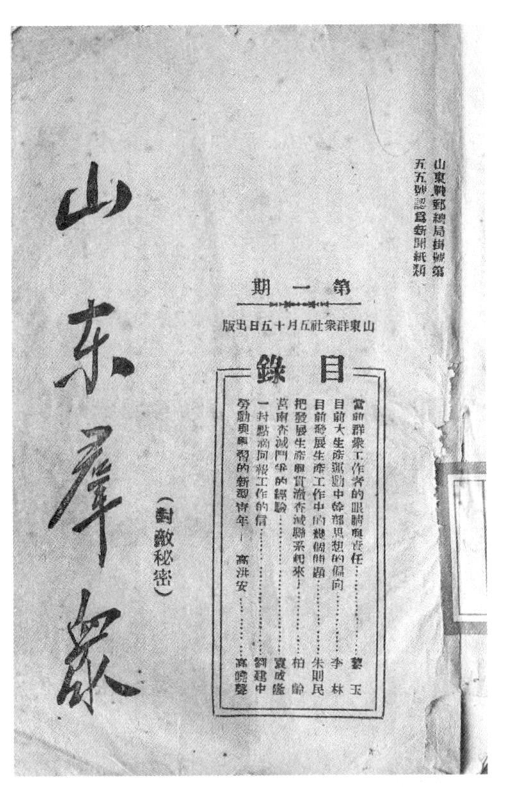

山东群众

（對敵秘密）

山東戰郵總局掛號第五五號認爲新聞紙類

第一期

山東群衆社五月十五日出版

目錄

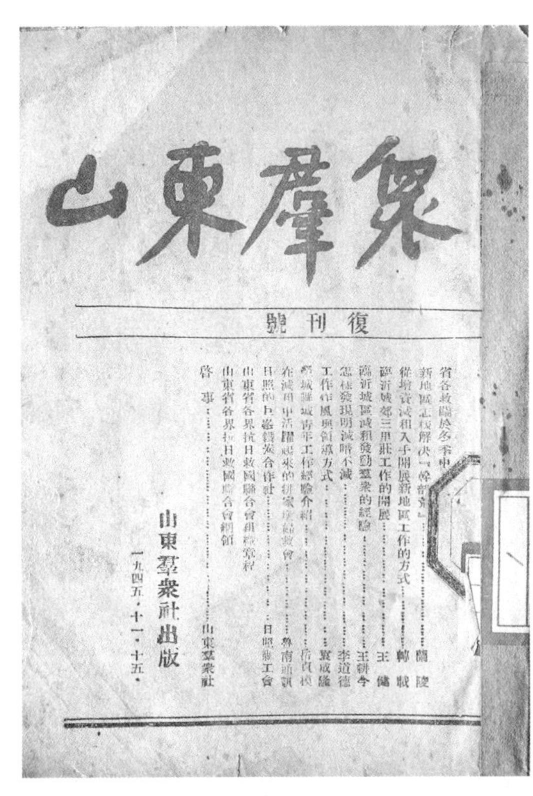

山東羣衆

復刊號

山東羣衆社出版

一九四五·十一·十五·

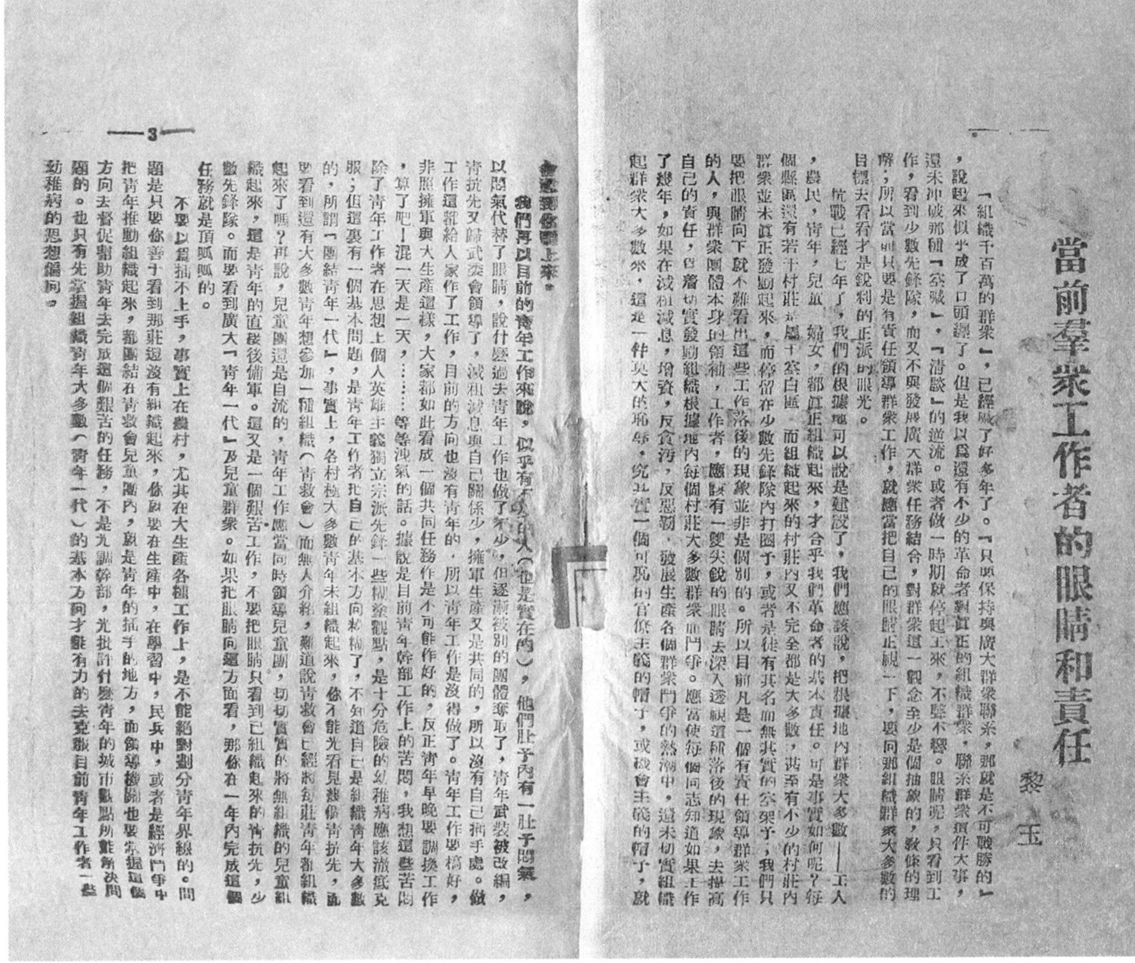

當前羣衆工作者的眼睛和責任

黎玉

「組織千百萬的群衆」，已經喊了好多年了。「只要保持與廣大群衆聯系，那就是不可戰勝的」，說起來似乎成了口頭禪了。但是我以爲還有不少的革命者對眞正的組織群衆，聯系群衆這件大事，還未沖破那種「空喊」，「清談」的逆流。或者做一時期就停起工來，不堅不響。眼睛呢，只看到工作，看到少數先鋒隊，而又不與發展廣大群衆任務結合，對群衆這一觀念至少是個抽象的，敎條的理解；所以當前只要是有責任領導群衆工作，就應當把自己的眼睛正視一下，要同那組織群衆大多數的目標去看看才是銳利的正派的眼光。

抗戰已經七年了，我們的根據地可以說是建設了，我們應該說，把根據地內群衆大多數——工人，農民，青年，兒童，婦女，都眞正組織起來，才合乎我們革命者的基本責任。可是事實如何呢？每個縣區還有若干村莊是屬于空白區，而組織起來的村莊內又不完全都是大多數，甚至有不少的村莊內群衆並未眞正發動起來，而停留在少數先鋒隊內打圈子，或者是徒有其名而無其實的空架子；我們只要把眼睛向下就不難看出這些工作落後的現象並非是個別的。所以目前凡是一個有責任領導群衆工作的人，與群衆團體本身的領袖，工作者，應該有一雙尖銳的眼睛去深入透視這種落後的現象，去提高自己的責任，啓發切實發動組織根據地內每個村莊大多數群衆向鬥爭。應當使每個同志知道如果工作了幾年，如果在減租減息，增資，反貪污，反惡霸，發展生產各個群衆鬥爭的熱潮中，還未切實組織起群衆大多數來，還是一件莫大的恥辱，究其實一個可恥的官僚主義的帽子，或機會主義的帽子，就

—3—

會迷到你頭上來。

我們再以目前的青年工作來說，似乎有不少的人（也是實在的），他們肚子內有一肚子悶氣，以悶氣代替了眼睛，說什麼過去青年工作也做了不少，但逐漸被別的團體奪取了，青年武裝被改編，青抗先又歸武委會領導了，減租減息與自己關係少，擁軍生產又是共同的，所以沒有自己插手處。做工作還藉給人家作了工作，目前的方向也沒有青年的，所以青年工作是沒得做了。青年工作要搞好，非照擁軍與大生產這樣，大家都如此看成一個共同任務作是不可能作好的，反正青年早晚要調換工作，算了吧！混一天是一天，……等等泄氣的話。據說是目前青年幹部工作上的苦悶，我想還些苦悶除了青年工作者在思想上個人英雄主義獨立宗派先鋒一些糊塗觀點，是十分危險的幼稚病應該澈底克服；但還裏有一個基本問題，是青年工作者把自己的基本方向弄糊了，不知道自己是組織青年大多數的，所謂「團結青年一代」，事實上，各村極大多數青年未組織起來，你不能光看見幾個青抗先，就要看到還有大多數青年想參加一種組織（青救會）而無人介紹，難道說青救會已經將全莊青年都組織起來了嗎？再說，兒童團還是自流的，青年工作應當同時領導兒童團，切切實實的將無組織的兒童組織起來，還是青年的直接後備軍。這又是一個艱苦工作，不要把眼睛只看到已組織起來的青抗先，少數先鋒隊。而要看到廣大「青年一代」及兒童群衆。如果把眼睛向這方面看，那你在一年內完成這個任務就是頂呱呱的。

不要以爲插不上手，事實上在農村，尤其在大生產各種工作上，是不能絕對劃分青年界線的。問題是只要你善于看到那莊還沒有組織起來，你就要在生產中，在學習中，民兵中，或者是經濟鬥爭中把青年推動組織起來，都團結在青救會兒童團內，就是青年的插手的地方，而領導機關也要先提這個方向去督促幫助青年去完成這個艱苦的任務，不是光調幹部，光批評什麼青年的城市觀點所能解決問題的。也只有先掌握組織青年大多數（青年一代）的基本方向才能有力的去克服目前青年工作者一些幼稚病的思想偏向。

教师之友（烟台）

胶东教育研究会编　胶东战时邮局发行科［发行］　烟台　1944 年 6 月 ~ 1944 年 8 月　总 3 期；复刊 1947 年 6 月 ~［终刊日期不详］［总期数不详］　月刊　19cm

该刊阅读对象是小学教员和区级教育行政干部。胶东行署教育处副处长宫维桢在《发刊词》中指出：教育工作者的任务，“不仅要培养教育我们的下一代，使成为新民主主义的健全公民，同时对社会来说，又须指导群众，教育群众，完成——战斗、生产、民主、文化——四大政治任务。”为此，必须加强我们的学习，提高对教育工作的认识，加强对课程、教材和教法的研究。该刊 1944 年 8 月停刊，共出 3 期。1947 年 6 月，为了进一步提高小学教师政治觉悟，推动与开展小学教师的整风运动，加强小学教师业务学习，改进国民教育，山东省政府教育厅决定《教师之友》杂志复刊。

GIAOSH ZH IU

教師之友

1

膠東教育研究會主編

膠東戰時郵局新聞紙類掛號第一百零七號

1944.6.

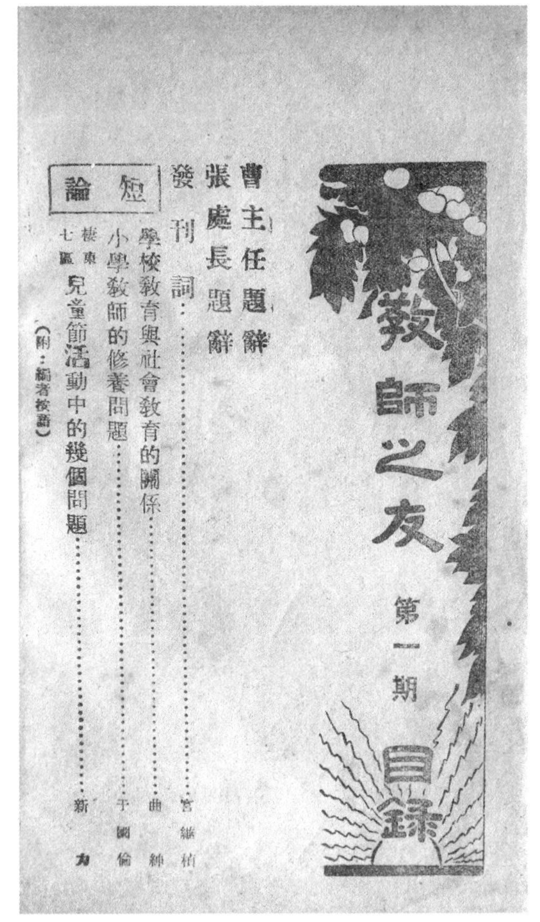

教師之友 第一期

目錄

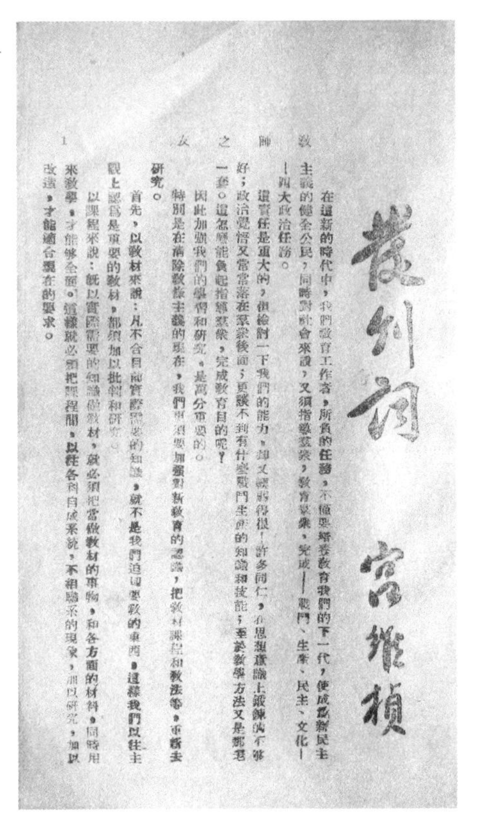

發刊詞

宮維楨

在這新的時代中，我們教育工作者，所負的任務，不僅要培養教育我們的下一代，使成爲新民主主義的健全公民，同時對社會來說，又須指導羣衆，教育羣衆，完成——戰鬥、生產、民主、文化——四大政治任務。

這責任是重大的，但檢討一下我們的能力，却又感覺弱得很！許多同仁，在思想意識上鍛鍊的不夠好；政治覺悟又常常落在羣衆後面；更談不到有什麼戰鬥生產的知識和技能；至於教學方法又是那老一套。這怎麼能負起指導羣衆，完成教育目的呢？

因此加強我們的學習和研究，是萬分重要的。

特別是在肅除教條主義的現在，我們更須要加強對新教育的認識，把教材課程和教法等，重新去研究。

首先，以教材來說：凡不合目前實際需要的知識，就不是我們迫切要教的東西，這樣我們以往主觀上認爲是重要的教材，都須加以批判和研究。

以課程來說：旣以實際需要的知識做教材，就必須把當做教材的事物，和各方面的材料，同時用來教學，才能夠全面。這樣就必須把課程間，以往各自成系統，不相聯系的現象，加以研究，加以改造，才能適合現在的要求。

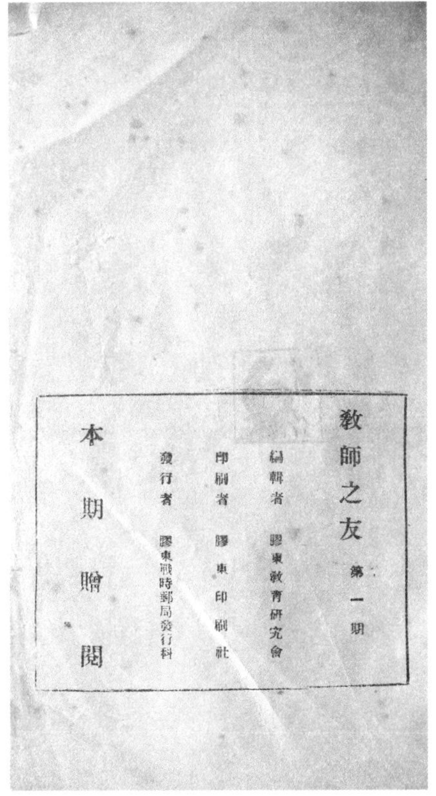

教師之友 第一期
編輯者 膠東教育研究會
印刷者 膠東印刷社
發行者 膠東戰時郵局發行科
本期贈閱

胶东画报

胶东画报社编　编者刊　烟台　1944 年 6 月 20 日～1945 年 4 月　1 期～7 期　双月刊　27cm

1944 年 6 月 20 日在牟平埠西头村创刊，胶东军区政治部主办，每期发行 5000 余份，社长鲁萍，1945 年 4 月停刊。

该刊 1/3 篇幅是战地摄影图片，1/3 篇幅是绘画作品，1/3 篇幅是文字材料。体裁有诗歌、通讯、政论、图片、漫画等。从内容看，有反映军事、政治斗争形势的；有宣传党的路线、方针、政策的；有反映解放区反奸反霸斗争的；有介绍发展生产、支援前线情况的；有宣传各条战线的模范人物事迹的。

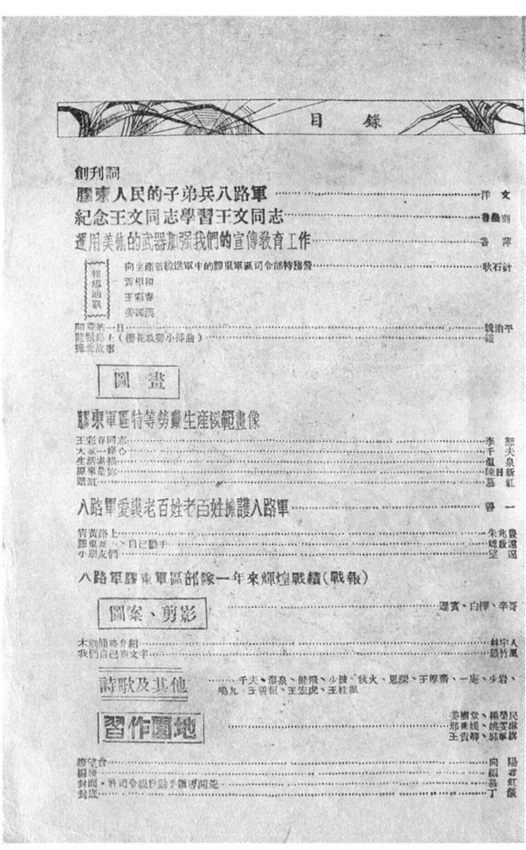

目錄

（4）

林政治委員在軍區第一屆戰鬥英雄大會上的講話

今天來參加這個大會的，有軍隊和民兵的戰鬥英雄和戰鬥模範，也有後方工人和衛生員模範，這叫做「群英大會」。在這裡我準備談三個問題：

首先，大家要想一想，自己是幹甚麼的？爲甚麼要來參加這個大會？參加這個大會又代表了甚麼意義？我想，今天來參加會的戰鬥英雄和戰鬥模範同志們，在家裡絕大多部份都是農民，俗語所說的沒有飯吃的「窮小子」，整天價在莊稼地裡出大勁、流大汗，也有一部份在工廠裡當過工人，也有木匠瓦匠……等等。當然，也有一部份是比較富裕的。我們既是這樣的出身，在舊社會人看來，那是最「下賤」不過的，誰都看不起的，在社會上是沒有地位的，整天價只是受剝削階級的壓迫，人家要打左臉不敢說上右臉。同志們在家裡就是這樣情形。特別在國民党的統治下，或者在韓復榘、劉珍年時代，直到抗戰開始後投降派所統治下的區域，同志們所遭遇的又是甚麼情形呢？莊稼人吃不飽飯，今天要糧，明天要稅，在那種情況下，同志們可別說當「英雄」，他們簡直要叫你當「餓死鬼」！所以大家要認清楚，在舊社會的統治下是沒有「英雄」和「模範」的，打耳光子是家常便飯，你不高興也得高興，痛也要硬說不痛。無論在經濟上、在政治上，都是被壓迫的，沒有地位的，而且他們的兵都是捉去的，根本就談不到甚麼「英雄」和「模範」，根本也不允許這樣作。

同志們今天當了戰鬥英雄，和戰鬥模範，當了民兵英雄和民兵模範，不但在政治、地位上是大大的提高了，而且已經不是無名英雄了，吳滿有的名子，全中國都知道，他已經成爲有名英雄了。同志們也是這樣。就是在生活上也逐漸改善了，不凍不餓，而且吃得很好，穿得很暖，特別是從部隊改善生活以來，已經比過去的生活提高了。但是同志們今天當了戰鬥英雄和模範，其意義是不是開大會，吃好飯，鬧鬧形式就夠了呢？決不是的！大家要知道：這次我們所以要培養英雄和模範，這是共產黨的群衆路線，只有這樣，抗戰、革命才會勝利，無論在地方，在部隊，我們所以能勝利，除了依靠群衆而外，再也沒有甚麼祕訣了。從這裡看，我黨我軍今天發揚戰鬥英雄和戰鬥模範並不是「形式」，也不是「手段」，而是一種路線。只有依靠廣大的群衆和積極份子，才能消滅敵人，取得勝利。而戰鬥英雄和模範，就是群衆中的積極份子，部隊是除幹部的領導外，這些積極份子就能把全體推動起來，能夠自覺的起來領導着幹！因爲他在群衆中最了解情況，所以幹起來也最得法。我們不祇是在部隊內和民兵中培養戰鬥英雄和戰鬥模範，在生產運動中培養勞動英雄和勞動模範；我們還要在地方各種工作中選拔培養各種各樣成千成萬的英雄和模範。這些英雄和模範，就是群衆裡面的積極份子，就是推動各種工作的骨幹。有了這些英雄和模範，我們甚麼困難都可以克服，我們甚麼事也能作成功。需要幹部，他們就是幹部的發源地。要推動工作，他們就

膠東軍區林浩政治委員

【32】

編後

本報創刊方始，即蒙大家熱烈投稿。自四月始至五月底，先後已收稿二百餘件；並有抗大魏治平同志，爲表示對本報創刊之熱忱，贈北鈔十元；本報除在此一併致謝外，並決定將該款當作獎金，準備贈予投稿最積極者。

本期中心是大生產運動。但由於人力與時間之限制；中心稿件還不够全面與典型，不够具體與生動，其他來稿更是零星片面，使整個編輯中心表現得平淡不深刻。因此今後來稿希根據中心，深入採訪，要求真實具體，生動活潑。

下期以紀念「七一」創造戰鬥英雄，民兵英雄勞動英雄爲中心。其他生產備戰根據地內民主運動……等來稿亦所歡迎。

其次，由於許多來信詢問關於各種美術理論與技術等問題，本報決定由專人負責，集體研究，自下期始，整理發表，以供大家參考。

過去：有投稿於「膠東文協」「大衆畫刊社」的；已由文協負責將稿件數轉至本報。特此告知。

畫報現與大家見面了，希所有作者讀者，積極批評指導以資改進，最後謹向所有爲本報投稿及熱心愛護本報之諸君，致以親切之敬意。

並祝

健康進步

編者（六月十五日）

本報創刊來稿統計

（自四月始至五月底）

來稿三次者，計有：陳日新、王[illegible]、楊榮民、孫[illegible]、姚雲琳、劉[illegible]、王貴韓、望遠：共八人。

來稿兩次者，計有：張延年，朱兆豐、石磊、杜保、呂品、李[illegible]、[illegible]……孫琴之、王善恒、邢秉娥、姜浪濤：共二十五人。

來稿一次者，計有：魏治平、王少岩、海潮、[illegible]……王俊、王平山、曼木，張之夫、王書太：共一百零九人。

六月十五日

本報徵稿條例

一、種類——圖畫（連環畫、鋼筆畫、墨筆畫、圖案畫、[illegible]、素描、速寫等）、攝影、木刻、剪影，各種通俗文字（時事講話、通訊、詩歌、鼓詞、[illegible]、科學小常識、笑話、謎語、小遊戲等），及各種戰士兒童作品。

二、內容要求實際生動，通俗易懂，短小精悍，繪畫：單幅圖畫，木刻等稿幅最大不得超過大板紙十六開[illegible]，連環圖以五至八幅爲宜，色彩最多三色。文字：除特約稿外，一般以五至八百字爲宜，最長不得超過一千五百字。

三、本社對來稿有刪改權，如不欲刪改者請預先聲明。

四、稿費——畫稿、木刻等每幅一元至十元，根據來稿臨時評定。攝影一般比畫稿高，有特殊價值者如歷史照片、戰時照片等從優。文字：最低一千字一元五角，[illegible]。凡稿件一經採用，並酌情贈送本報一冊。

五、來稿務請清楚，並將作者真實姓名通訊地址寫明，如係戰士兒童作品，須註明部、何校、年齡、文化水平一併註明。

六、來稿一律[illegible]，逕寄膠東畫報社即可。

怎樣購買膠東畫報？

由於敵後環境之困難，物價漲落不定，交通往返不便，故本刊與郵局商定，暫不訂固定之定價，每期均按當時之物價決定之。同時亦不徵收長期訂戶，凡購買者可直接到各海區，縣、區郵局購買即可。

膠東畫報社

滕中月刊

滕中月刊编辑部编　滕中月刊社［发行］　滕县　1944年8月1日～［终刊日期不详］［总期数不详］　月刊　22cm

该刊是滕县县立中学校刊，栏目有《社论》《特载》《著述》《言论》《散文》《诗词》《戏剧》《小说》《校闻》。

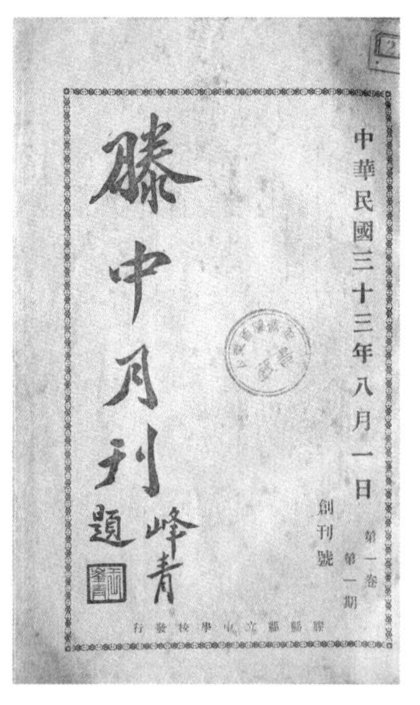

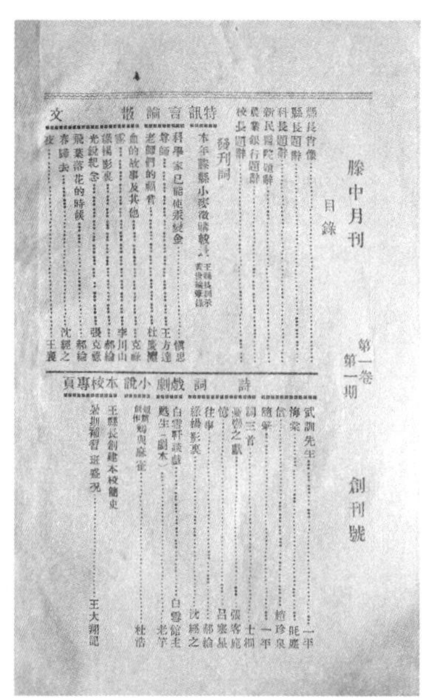

滕中月刊 目錄 第一卷 第一期 創刊號

縣長肖像
縣長題辭
科長題辭
新民醫院題辭
農業銀行題辭
校長題辭
發刊詞

特訊
本年滕縣小學[illegible]

言論
科學家已能使汞變金……懷思
尊師……王方達
老師們的顧慮……杜鳳灑

散文
血的故事及其他……克蘇
家……李川山
綠楊影裏……郝綸
光錢紀念……張克憲
飛葉落花的時候……郝綸
春歸去……沈經之
夜……王襄

詩
武訓先生……一平
海棠……昵塵
信……趙珍泉
隨筆……一平

詞
詞三首……士桐
憂鬱之歌……張容虎
憶……呂塞星
往事……郝綸
綠楊影裏……沈經之

戲劇
白雪軒談戲……白雪館主
甦生（劇本）……老竿

小說
短篇創作 雞與麻雀……杜浩

本校專頁
王縣長創建本校簡史
暑期補習班盛況……王大翔記

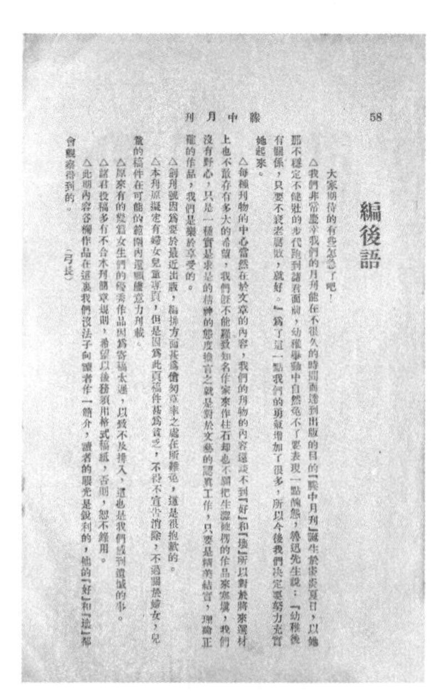

58　滕中月刊

編後語

大家期待的有些急了吧！

△我們非常慶幸我們的月刊能在不很久的時間而達到出版的目的『滕中月刊』誕生於盛夏日，以她那不穩定不健壯的步代跑到諸君面前，幼稚舉動中自然免不了要表現一點醜態，魯迅先生說：『幼稚倒有關係，只要不衰老腐敗，就好。』為了這一點我們的勇氣增加了很多，所以今後我們決定要努力充實她起來。

△每種刊物的中心當然在於文章的內容，我們的刊物的內容還談不到『好』和『壞』所以對於將來選材上也不敢存有多大的希望，我們既不能羅致知名作家來作柱石卻也不願把生澀枯窘的作品來塞壞，我們沒有野心，只是一種實是求是的精神的態度換言之就是對於文藝的認真工作，只要是精美結實，理論正確的作品，我們是樂於享受的。

△創刊號因為要於最近出版，編排方面甚為倉匆草率之處在所難免，這是很抱歉的。

△本刊原擬定有婦女兒童專頁，但是因為此頁稿件甚為貧乏，不得不宣告消除，不過關於婦女，兒童的稿件在可能的範圍內還願儘量力刊載。

△原來有的幾篇女生們的優秀作品因為寄稿太遲，以致不及排入，這也是我們感到遺憾的事。

△諸君投稿多有不合本刊體章規則，希望以後務須用格式稿紙，否則，恕不錄用。

△此期內容各欄作品在這裏我們沒法子向讀者作一簡介，讀者的眼光是銳利的，他的『好』和『壞』都會觀察得到的。

（弓長）

正论

正论月刊社编　编者刊　莱阳　1944年8月1日～［终刊日期不详］［总期数不详］　月刊　19cm

该刊为时事政论刊物，中国国民党莱阳县执行委员会主办。内容主要包括革命理论和国防文学作品，文章多论及国内外时局，刊登关于军事、政治、经济、教育的论文或译述及有关抗战剿匪的文艺作品。

正論

民國三十三年八月一日

一月來時事述評

— 26 —

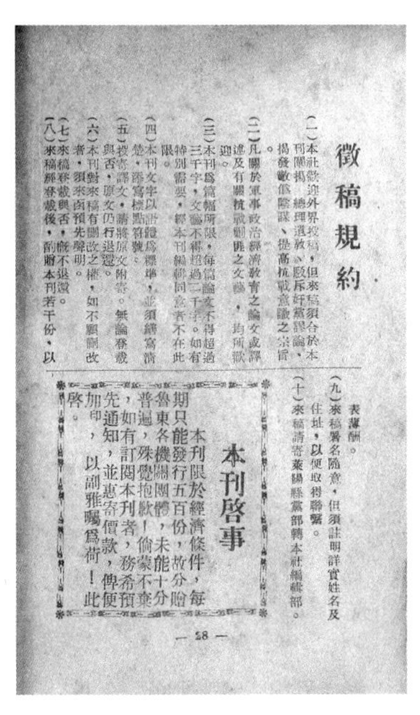

徵稿規約

本刊啓事

— 18 —

调研材料

胶东区党委调查研究室编　编者刊　烟台　1944年10月～1946年3月　总7期　双月刊　18cm

该刊是调查研究刊物。目的为帮助各地及时了解情况、掌握政策。第一期发表一个村的社会概况调查，包括土地、租佃雇佣、阶层变化、群众团体组织等概况。第二期介绍农村阶级状况。第五期介绍东海区平原三个村的阶级变化调查。

調研材料

第一期

一九四四年十月

膠東區黨委調查研究室編

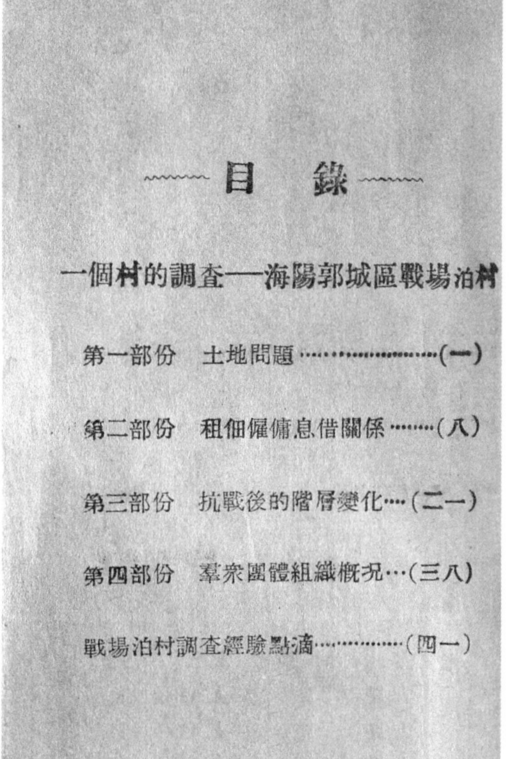
目錄

一個村的調查——海陽郭城區戰場泊村

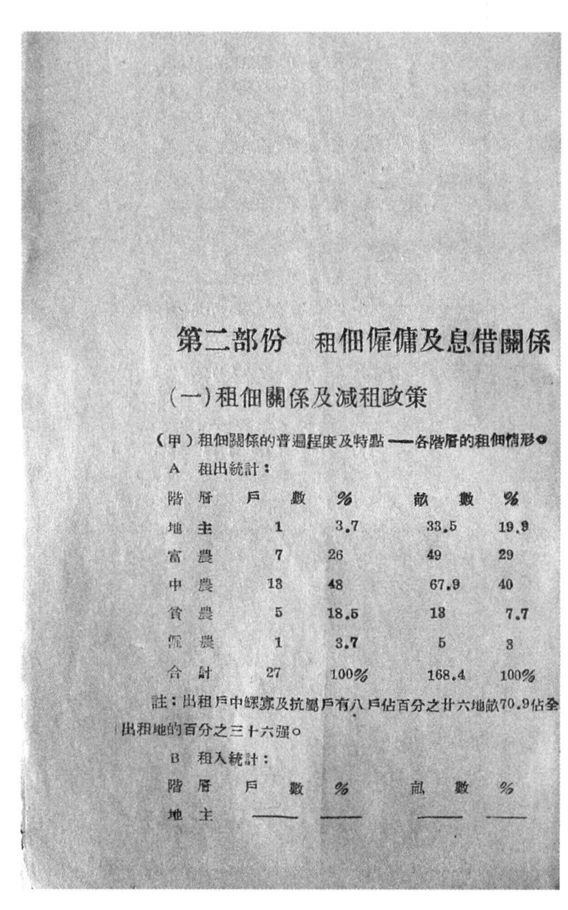
第二部份　租佃僱傭及息借關係

（一）租佃關係及減租政策

（甲）租佃關係的普遍程度及特點——各階層的租佃情形。

A　租出統計：

階層	戶數	%	畝數	%
地主	1	3.7	33.5	19.9
富農	7	26	49	29
中農	13	48	67.9	40
貧農	5	18.5	13	7.7
僱農	1	3.7	5	3
合計	27	100%	168.4	100%

註：出租戶中鰥寡及抗屬戶有八戶佔百分之廿六地畝70.9佔全出租地的百分之三十六强。

B　租入統計：

階層	戶數	%	畝數	%
地主	——	——	——	——

山东旅沪同乡会会务特刊

山东同乡会编辑委员会编　山东同乡会［出版地不详］1944年10月　总1期　特刊　26cm

该刊主要内容有《本会之沿革节略》《文物义展会成绩报告》《第一届征求个人会员统计》《本会收支概况报告》《本会职员表》《山东旅沪同乡会征求团体会员大纲》《山东旅沪同乡会章程修正草案》《山东旅沪同乡会办事细则草案》等。

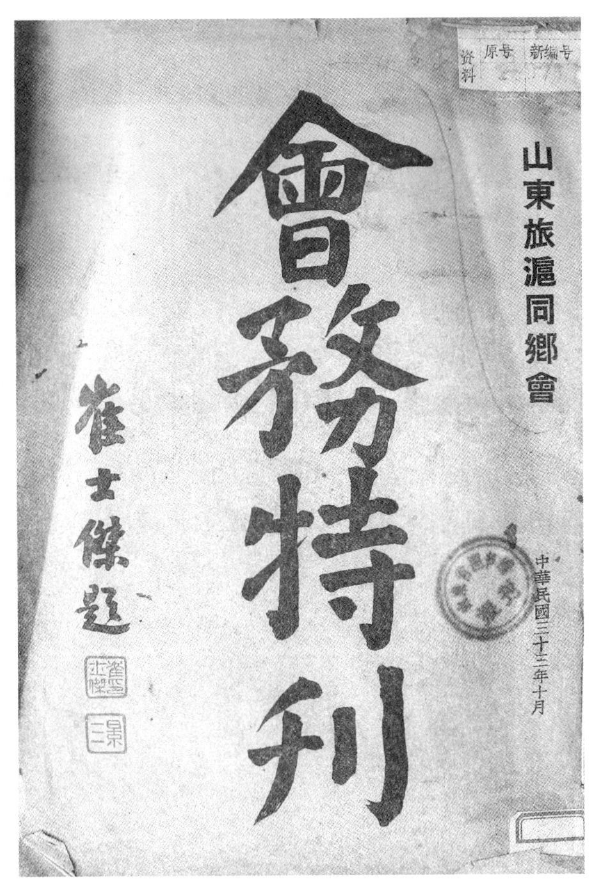
資料 原号 新编号

會務特刊

山東旅滬同鄉會

中華民國三十三年十月

崔士傑題

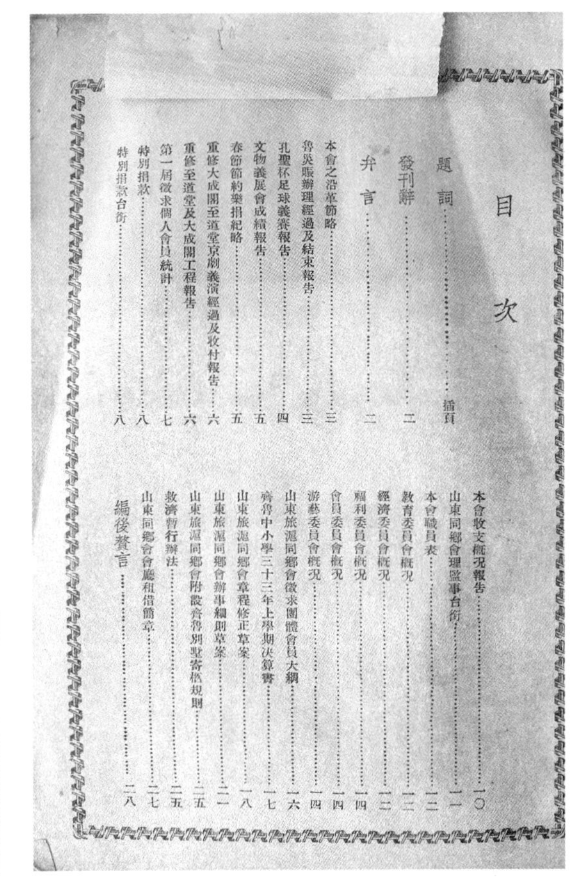
目　次

發刊辭

崔景三

溯自江寧約成海禁大開洋場十里遂爲全國工商樞紐吾魯省人士之來此經商者亦絡繹不絕爲聯絡梓誼共謀福利乃有山東會館之組織時鄉先賢外務部尚書商約會辦大臣呂公海寰以出使德國方駐節海上即會同觀察汪公瑤庭及旅滬紳商籌資募款勘地鳩工鑑觶經波折而旅滬山東會館卒於遜清光緒三十二年巍然落成焉廣廈百間稷下千人謳魯頌歌齊風一觴一詠樂何如之會館之基礎由斯定矣嗣後各先賢亦均能承其遺緒力謀同鄉福利之發展如置義地築丙舍設學校此皆其犖犖大者也惜晚近以種種關係會務日趨散漫去歲之春前會長趙公聘三因體弱多病力請辭職時景三息影海上久爲不舞之鶴承張公錦湖及諸同鄉之推愛情難堅卻乃與吳君作鈞來會承乏目擊館舍廢圮聖蹟蕪光不禁杞然憂之故甫會伊始即以重修館舍再整會務爲己任與諸會董悉心謀劃力求進展數月之間頗有成效時我魯適罹旱災赤地千里餓莩載道救災拯溺義不容辭乃組織魯災急賑會倉卒之間得款二百餘萬元雖杯水車薪未能解涸魚之困然慷慨輸將已足徵吾人愛護鄉里之熱忱繼至去歲之秋同鄉等咸以會館名稱不合時宜對會務之發展又多關礙故經衆公決更名爲山東旅滬同鄉會重訂新章改組人選并聘蘇成德張錦湖譚天凱諸同鄉爲名譽理事長新任理監事亦均吾魯賢達英俊之士由斯會務之進展漸入正軌爲籌資葺修大成閣及至道堂事得蘇譚各名譽理事長之贊助及各理監事之努力舉行京劇義演足球義賽承各界之同情成績斐然殊堪告慰現初部計劃業經實現未了工程猶在繼續進行中而一切同鄉福利亦均擬有預定方策即將次第實行深望吾同鄉人士以人力財力時多協助則本會幸甚同鄉幸甚值此本會成立一週年紀念特編印會務特刊將以往會務進行過程未來設施計劃以及經濟收支概況分欄別類刊載於斯俾我同鄉人士對會務內情一目瞭然以臂助其未來計劃之設施也景三輾轉南北宦海半生雖鬢髮霜白心力交瘁然同鄉福利所在敢不努力與鄉人君子所共焉

弁　言

東萊王紫峯

宇宙間無論一種甚麼事業往往有意想不到的成就可是事過境遷亦往往有意想不到的失敗此所謂滄海桑田不能不變遷者也回溯吾魯先賢於光緒癸卯創設山東會館於滬濱成就福利同鄉之基礎中間人事與時光賽跑一轉瞬間就有四十年的數字而這所先賢心血結晶的山東會館雖尚巍然矗立但是年久失修漸趨陳剝黯然狀貌非昔矣識者惜之癸未孟秋當前鄉賢諸君子等倡議就原會館之基礎成立合乎時代的同鄉會並予當前旅滬十萬同鄉以便利入會之機會義聲所播共鳴同情而峯以殘廢餘生亦頓忘其久爲社會不舞之鶴興起參加猥承推任備員監事會期年之間目睹當前諸鄉賢對于會務罔不銳意邁進如勸募魯賑如倡辦義演如舉行足球義賽如整理會產如重修堂閣如擴展教育如義展文物如發行會刊等等所有一切一切的計劃與成就鹹均有所謂意想不到者也茲值初期會刊付梓之日囑峯一言峯本不文奚以言爲祇好以本來面目簡簡單單兩句山東話曰光緒癸卯乃爲先賢創造本會之時代民國癸未可爲今賢復興本會之時代前後輝映均足欽式茲更有與我旅滬同鄉者就是從此共能鼓起勇氣抓住現在十足表現自強不息的精神力求前進誠能如斯則本會的一切事業當與收回租界的新上海市同其光榮永無疆焉

—2—

編後贅言

光陰像銀燭一般在輝煌的燃燒中而漸漸地消逝了。

我們假使不善忘的話，我們閉着眼睛尚不難憧憬着一年前本會成立時如荼如火的熱烈盛況，然而韶華易逝，歲月不居，轉瞬間又是整整的一年了！

在這一年中，本會在諸位名譽理事長，及理事長暨諸位理監事之領導下，從籌備初創以及成立，雖然尚未遇着任何重大的困難，然已艱辛備嘗了，不過我們在任何的環境下，我們并不氣餒我們本着魯人天賦的堅忍精神不斷的奮鬥不斷的前進以來完成我們共有的使命。

當然我們承認在初創時期，無論在組織方面，機構方面，都有許多不完善的地方，但在這一年中，我們已盡了我們最大的努力，一切都在不斷的改進中，湯盤銘說：「苟日新，日日新又日新」我們正本着這種遺敎的精神，時刻不停的來改進我們的會務，刷新我們的機構，一切當然也需要會員諸君協助。

在這一週紀念及第一屆團體會員，第一屆個人會員徵求開始之時，我們特將會中組織概況，經濟設施，已往工作，未來計劃，分門別類編爲「會務特刊」，以向會員諸君作一簡單報告，並藉以徵信，這是編輯本刊的主要目的，但因時間關係，稿件整理，排編，校對，均未能盡如人意，魯魚亥豕之悞當然在所不免，這只有會員諸君原諒了！

又承諸位名譽理事長，賜以題字，及同鄉商號指登廣告，前者給本刊增加了不少的光輝，後者給本刊增加了不少的經濟補助，這裏我們是應該特爲誌謝的！

丹楓黃菊，凄風涼雨，又是深秋天氣了，一行行的塞雁，又羣賦歸來矣：我們這些遠離故土，飄零異鄉的人們，想肯雲天，大概亦必深有所感吧，然而雲山千重，跋涉徒勞，欲慰鄉里之思，以敍桑梓之情，只有於天涯咫尺間，求之於本會了。

敬請指正

非賣品

編　輯　山東同鄉會　編輯委員會

出　版　山東同鄉會　四門路455號　電話84314號

印　刷　昇發印刷所

民國三十三年十月十日

山东战邮

山东战邮总局编　编者刊　鲁南　1944年12月～1945年7月　1期～36期　月刊　17cm

该刊是邮政刊物，为油印本。仅存一期的主要内容有：山东邮务职工会的成立和任务、战邮职工会选派代表赴延安、邮务工作经验介绍以及对以往工作的检讨和建议等。

總局職工分會成立

並與選模運動結合

于勃

總局机关職工分会于本月八日正式成立，在選舉前先成立了籌委会，領導选举事宜，再以科為单位，相互介紹入会，並經过職工会的認識，經過兩天醞釀后即召開会員大会進行选举，結果李旦復、劉硯西、田子彬、周楨（職郵英雄）、魯希剛五人当选为委員，分会正式成立大会是在八日與选举模范大会同時举行的，大会開幕后，首由王主席報告兩会結合的意義，並說明每個工会会員的任务是怎樣發揚自己的積极性，也就是向勞模方向邁進，今后的反对[illegible]事件没有

眾多的英雄模範是不能成功的。接着職工会主任李旦復局长代表工会目前的任务為：「一、清除八整风完成反省，改造作風，並發揚勞模運動，要求每個同志提高互相批評與自我批評，向更進一步不对的傾向作斗争，对別人不提出一個意見，要心平氣和接受別人意見，組織競賽，在工作中改正」。繼由膠東代表宣讀[illegible]：他首先代表膠東全体職工，熱烈祝賀總局職工分会的成立，他举了總局的例子，來說明職工會[illegible]應怎樣[illegible]，職工會成立后，[illegible]解決了很多[illegible]很安心，工作效率也普遍提高。朝

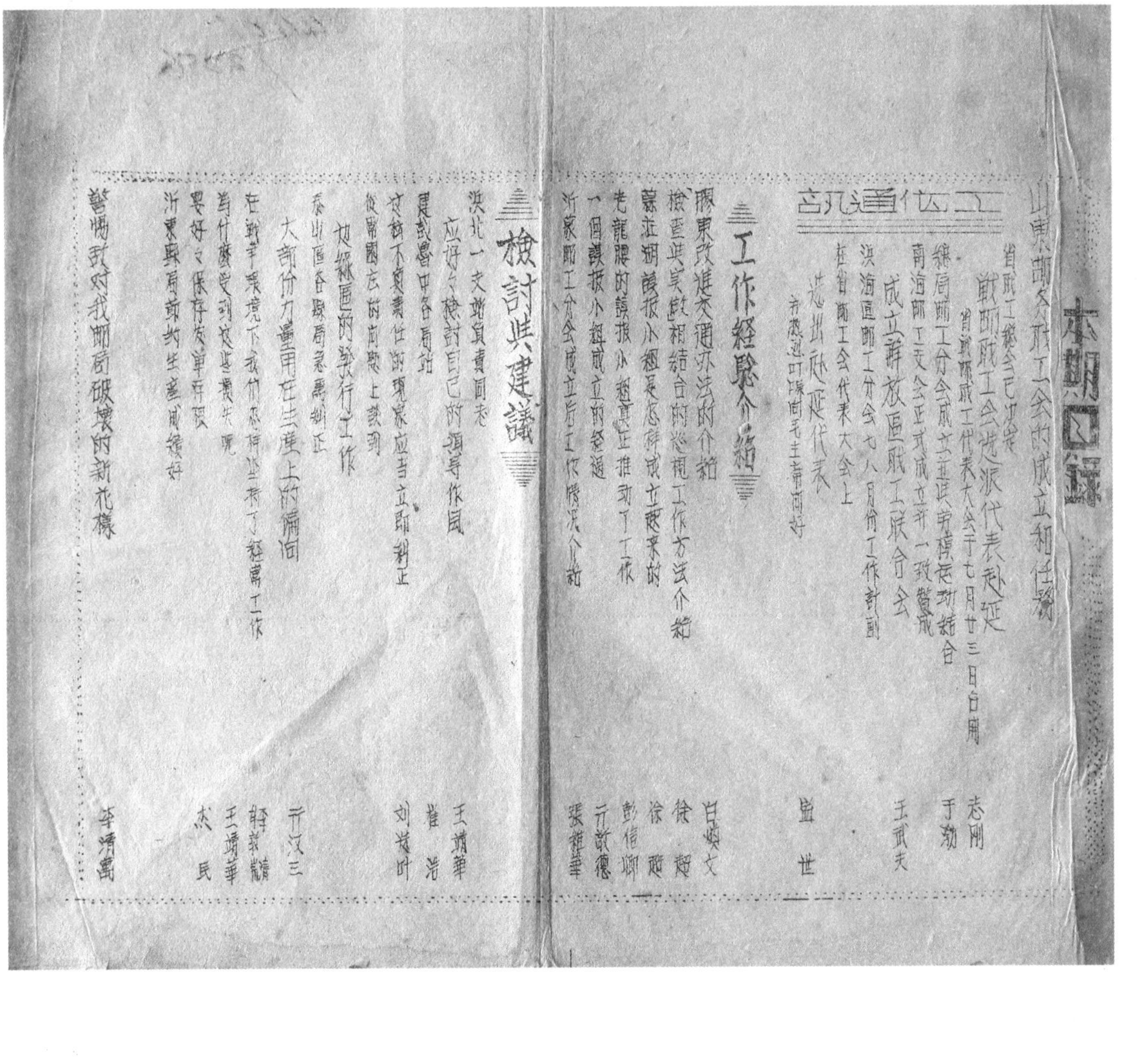

本期目錄

山東郵務職工会的成立和任務 …… 志剛

省職工總会已决定 戰郵職工会选派代表赴延

省戰郵職工代表大会于七月廿三日召開

總局職工分会成立並與選模運動結合 …… 于勃

濱海區郵工分会七八月份工作計劃

成立膠東區職工聯合会 …… 王武夫

在省職工会代表大会上選出赴延代表

齊魯區可[illegible]向毛主席問好 …… 出世

工作通訊

工作經驗介紹

膠東改進交通办法的介紹 …… 白嶼文

檢查與實踐相結合的巡視工作方法介紹 …… 徐超

[illegible]的競技小組是怎樣成立起來的 …… 徐超

先龍腰的競技小組真正推動了工作 …… 彭信卿

一個競技小組成立的經過 …… 亓敬德

沂蒙郵工分会成立后工作情況介紹 …… 張[illegible]華

檢討與建議

沭北一支站負責同志应好々檢討自己的領導作風 …… 王靖華

建議魯中各局站 支站不負責任的現象应当立即糾正 …… 崔浩

從鄉區的角度上談到 如綠區的發行工作 …… 刘芳叶

泰山區各縣局急需糾正 大部份力量用在生產上的偏向 …… 亓汶三

在戰爭環境下我們怎樣堅持了經常工作 …… 郭敦[illegible]

為什麼受到這些損失呢 …… 王靖華

要好々保存交单存根 …… 杰民

沂東與蒙南的生產成績好

警惕敌对我們局破壞的新花樣 …… 李清[illegible]

港务统计月报

青岛市港务局编　编者刊　青岛　[1945年]~[终刊日期不详][总期数不详]　月刊　27cm

该刊内容包括大港和小港概况，大港包括船舶统计、货物统计和旅客统计三部分；小港包括船舶及货物统计和旅客统计两部分。

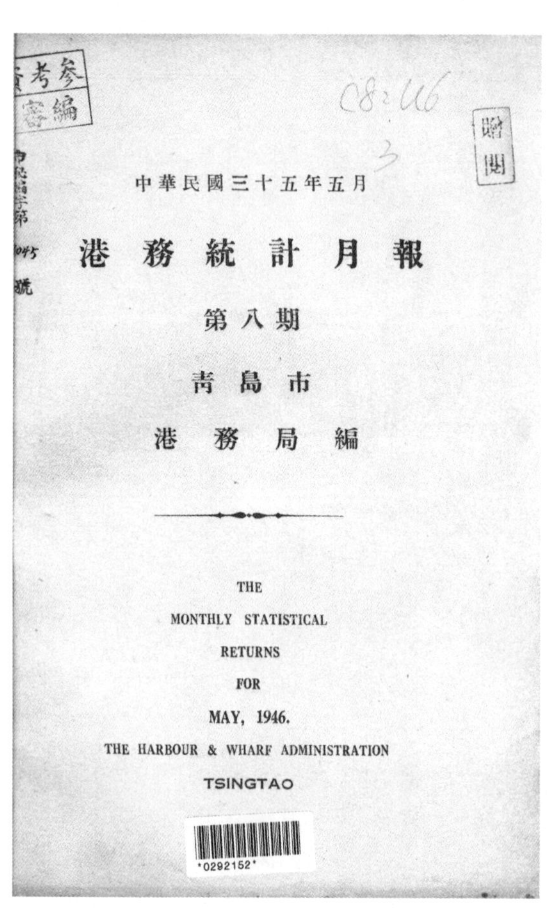

中華民國三十五年五月

港務統計月報

第八期

青島市

港務局編

THE
MONTHLY STATISTICAL
RETURNS
FOR
MAY, 1946.

THE HARBOUR & WHARF ADMINISTRATION
TSINGTAO

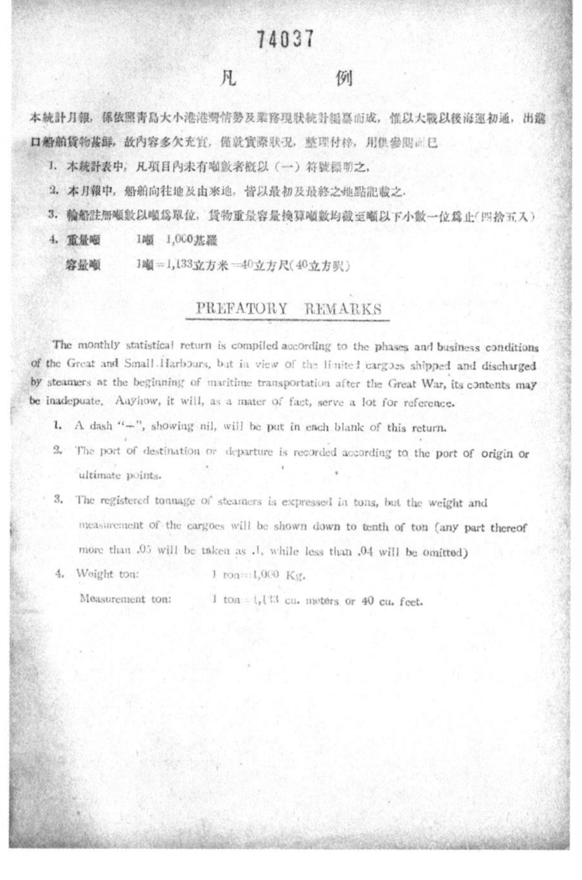

74037

凡　例

本統計月報，係依照青島大小港港灣情勢及業務現狀統計編纂而成，惟以大戰以後海運初通，出進口船舶貨物甚鮮，故内容多欠充實，僅就實際狀況，整理付梓，用供參閲而已

1. 本統計表中，凡項目内未有噸數者概以（一）符號標明之，
2. 本月報中，船舶向往地及由來地，皆以最初及最終之地點記載之.
3. 輪船註冊噸數以噸爲單位，貨物重量容量換算噸數均截至噸以下小數一位爲止(四捨五入)
4. 重量噸　1噸　1,000基羅

　容量噸　1噸=1,133立方米=40立方尺(40立方呎)

PREFATORY REMARKS

The monthly statistical return is compiled according to the phases and business conditions of the Great and Small Harbours, but in view of the limited cargoes shipped and discharged by steamers at the beginning of maritime transportation after the Great War, its contents may be inadepuate. Anyhow, it will, as a mater of fact, serve a lot for reference.

1. A dash "–", showing nil, will be put in each blank of this return.
2. The port of destination or departure is recorded according to the port of origin or ultimate points.
3. The registered tonnage of steamers is expressed in tons, but the weight and measurement of the cargoes will be shown down to tenth of ton (any part thereof more than .05 will be taken as .1, while less than .04 will be omitted)
4. Weight ton:　1 ton=1,000 Kg.

　Measurement ton:　1 ton=1,133 cu. meters or 40 cu. feet.

工作通讯（莱阳）

胶东区党委编　编者刊　莱阳　1945 年～［终刊日期不详］　创刊号～［终期不详］　月刊　19cm

该刊的任务是：“及时介绍各地各种工作经验，帮助区级以上的干部同志获得一些最现实的业务学习材料，改进自己的工作，提高自己的能力。”该刊刊登土地改革、反特除奸、生产节约、宣传教育等工作通讯。

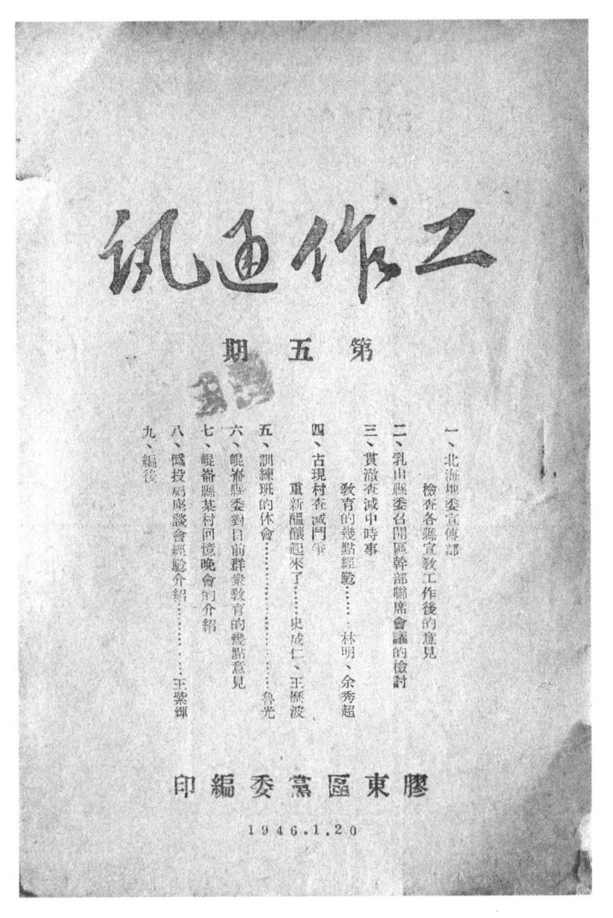

工作通訊

第五期

膠東區黨委編印

1946.1.20

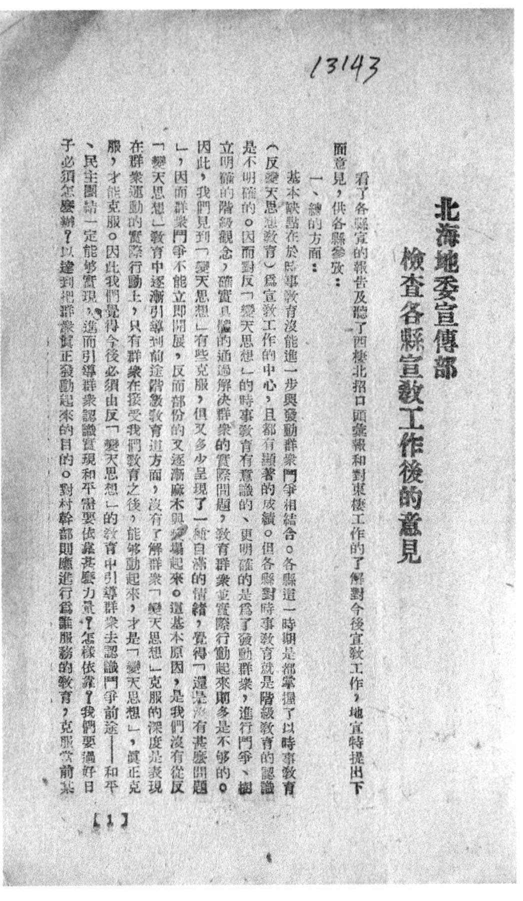

北海地委宣傳部
檢查各縣宣教工作後的意見

看了各縣宣的報告及聽了西棲北招口頭彙報和對東棲工作的了解對今後宣教工作，地宣特提出下面意見，供各縣參攷：

一、總的方面：

基本缺點在於時事教育沒能進一步與發動群衆鬥爭相結合。各縣這一時期是都掌握了以時事教育（反變天思想教育）爲宣教工作的中心，且都有顯著的成績。但各縣對時事教育就是階級教育的認識是不明確的。因而對反「變天思想」的時事教育有意識的、更明確的是爲了發動群衆，進行鬥爭、樹立明確的階級觀念，確實具體的通過解決群衆的實際問題，教育群衆並實際行動起來則多是不够的。因此，我們見到「變天思想」有些克服，但又多少呈現了一種自滿的情緒，覺得「還是沒有甚麼問題」，因而群衆鬥爭不能立即開展，反而部份的又逐漸麻木與[illegible]塌起來。這基本原因，是我們沒有從反「變天思想」教育中逐漸引導到前途階級教育這方面，沒有了解群衆「變天思想」克服的深度是表現在群衆運動的實際行動上，只有群衆在接受我們教育之後，能够動起來，才是「變天思想」，眞正克服，才能克服。因此我們覺得今後必須由反「變天思想」的教育中引導群衆去認識鬥爭前途——和平、民主團結一定能够實現，進而引導群衆認識實現和平需要依靠甚麼力量？怎樣依靠？我們要過好日子必須怎麼辦？以達到把群衆眞正發動起來的目的。對村幹部則應進行爲誰服務的教育，克服當前某

【1】

教学指导月刊

军事委员会政治部编　编者刊［出版地不详］1945年1月～1945年11月　1期～11期　月刊　18cm

该刊为军事学校政训教材，刊有陈天华遗作《纪东京留学生欢迎孙君逸仙事》及摘抄文献《一九四五年英帝国财政概况》等资料。栏目有《参考资料》《参考书介绍》《索引》等。

部內刊物
僅供參考

軍事學校政訓教材

教學指導月刊

三十四年十一月號

軍事委員會政治部編印

目錄

——民國三十四年十一月三十日出版——

（1）

參考資料

紀東京留學生歡迎　孫君逸仙事

——先烈陳天華（過庭）遺作——

謹按民國紀元前七年（公元一九零五年清光緒三十一年）七月，國父由歐返日，我國留日學生開會盛大歡迎，到會者千餘人，情況熱烈，國父即席演說革命，聽者皆興奮感動。是次歡迎會，實促同年八月中國同盟會成立之動機。先烈陳天華先生曾將其經過紀錄爲文，刊於民國紀元前七年十一月民報第一號，其中尤以對國父演詞之記錄，殊覺可珍，對於吾人研究國父思想及中國革命史實，均有極大之參考價值，茲特轉錄於端首，供讀者諸君之參考焉。——編者

有失敗之英雄，有成功之英雄。英雄而成功也，人爭歌之。英雄而失敗也，人哀吟之。若夫雖失敗而將來有成功可望之英雄，則世界之視線集焉，是爲歐美之英雄也，

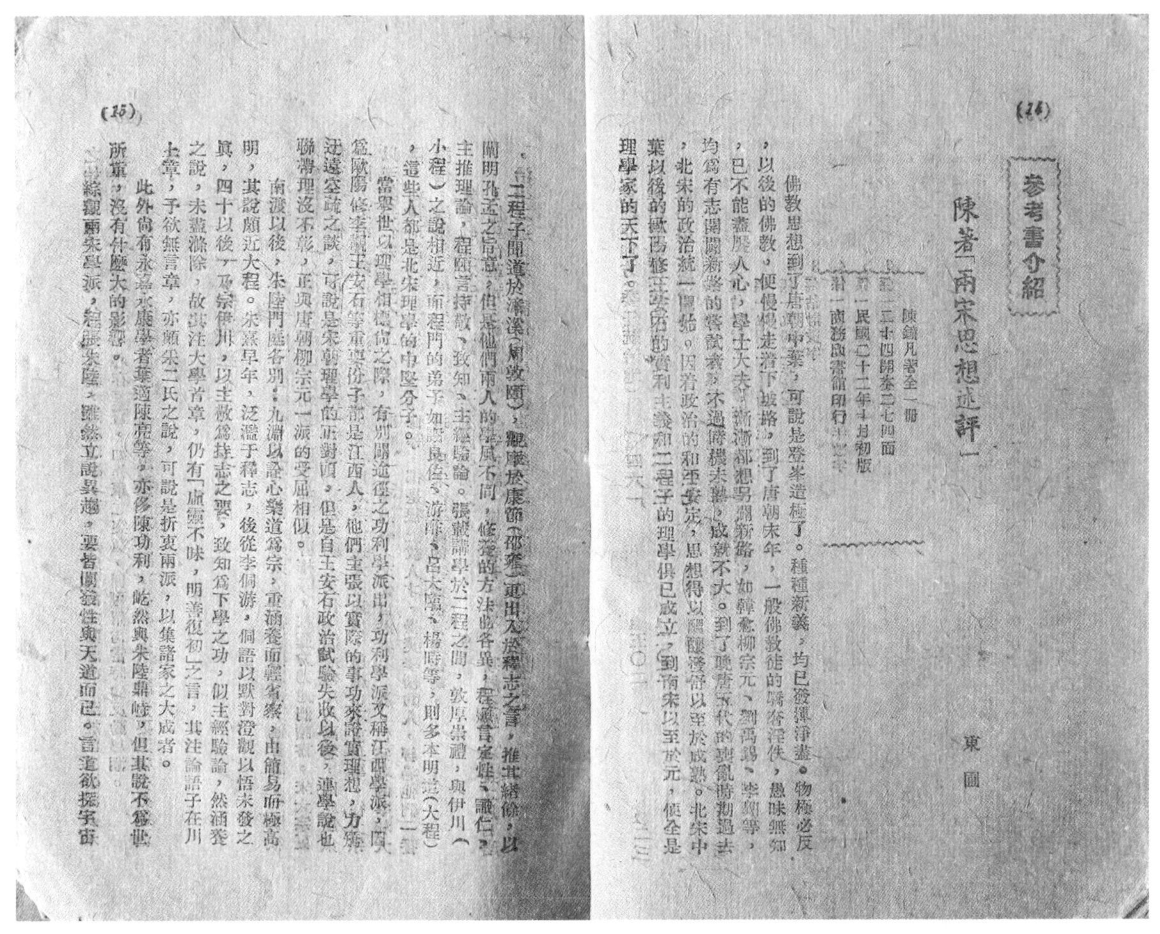

（14）

參考書介紹

陳著「兩宋思想述評」

東園

陳鐘凡著全一冊
第二十四開本二七四面
民國二十二年十月初版
商務印書館印行

佛教思想到了唐朝中葉，可說是登峯造極了。種種新義，均已發揮淨盡。物極必反，以後的佛教，便慢慢走着下坡路，到了唐朝末年，一般佛教徒的驕奢淫佚，愚昧無知，已不能盡饜人心，學士大夫，漸漸都想另闢新路，如韓愈柳宗元、劉禹錫、李翺等，均爲有志開闢新路的嘗試者，不過時機未熟，成就不大。到了晚唐五代的喪亂時期過去，北宋的政治統一開始。因着政治的和平安定，思想得以醞釀發育以至於成熟。北宋中葉以後的歐陽修王安石的功利主義和二程子的理學俱已成立，到南宋以至於元，便全是理學家的天下了。

（15）

二程子聞道於濂溪（周敦頤），親炙於康節（邵雍），更出入於釋老之言，推其緒餘，以闡明孔孟之旨意，但是他們兩人的學風不同，修養的方法也各異，程顥言定性、識仁，主推理論，程頤言持敬、致知，主經驗論。張載講學於二程之間，敦厚崇禮，與伊川（小程）之說相近，而程門的弟子如謝良佐、游酢、呂大臨、楊時等，則多本明道（大程），這些人都是北宋理學的中堅分子。

當舉世以理學相標榜之際，有別闢途徑之功利學派出，功利學派又稱江西學派，因爲歐陽修李覯王安石等重要份子都是江西人，他們主張以實際的事功來證實理想，力矯迂遠空疏之談，可說是宋朝理學的正對頭，但是自王安石政治試驗失敗以後，連學說也聯帶埋沒不彰，正與唐朝柳宗元一派的受屈相似。

南渡以後，朱陸門庭各別，九淵以發明本心爲宗，重涵養而輕省察，由簡易而極高明，其說頗近大程。朱熹早年，泛濫于釋老，後從李侗游，侗語以默坐澄觀以悟未發之眞，四十以後，一反宗伊川，以主敬爲持志之要，致知爲下學之功，似主經驗論，然涵養之說，未盡滌除，故其注大學首章，仍有「虛靈不昧，明善復初」之言，其注論語子在川上章，予欲無言章，亦頗采二氏之說，可說是折衷兩派，以集諸家之大成者。

此外尚有永嘉永康學者葉適陳亮等，亦侈陳功利，屹然與朱陸鼎峙，但其說不爲世所重，沒有什麼大的影響。

綜觀兩宋學派，總括朱陸，雖然立說異趨，要皆側重性與天道而已。言道欲探宇宙

山东医务杂志

山东军区卫生部山东医务杂志社编　编者刊　临沂　1945年1月~1945年12月　2卷1期~2卷10期　不定期　18cm　继承《军医杂志》　由《卫生丛刊》替代

该刊前身是山东军区卫生部军医杂志社编辑的《军医杂志》，1945年第2卷第1期起更名为《山东医务杂志》，同年年底，改出《卫生丛刊》。主要刊登卫生最高领导机关命令、指示与医政保健、行政等政策文件，介绍各地医务经验，指导与纠正临床疑难或错误问题以及战地救护与战伤治疗技术。该刊第2卷第8、9期合刊为《药物专刊》，专门介绍药理和调剂知识。

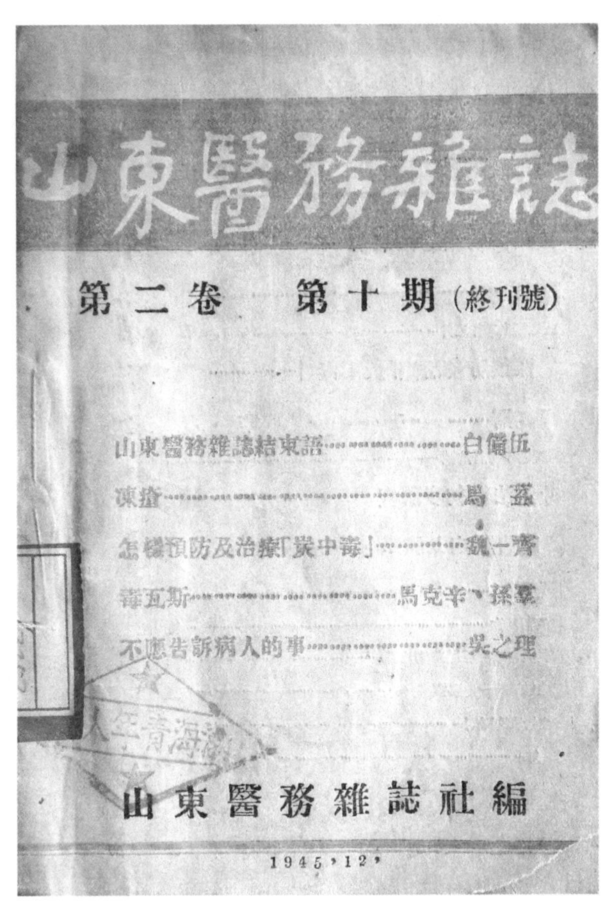

山東醫務雜誌

第二卷　第十期（終刊號）

山東醫務雜誌社編

1945．12．

山東醫務雜誌月刊（二卷十期）目錄

(1)

山東醫務雜誌結束語

白備伍

環境變化，決定了本雜誌的變化，而負有新的使命了。它已脫離軍隊衛生機關，來到了政權衛生機關了；它要完成它自己要負的使命，所以不得不和許多讀者告辭了，它的面目改變成衛生叢刊了，他的內容上任務上却轉向公共衛生，地方衛生幹部，開業醫生，各級教員，大中學生，各級地方幹部等等方面去了。那麼它原來負的責任誰來負呢？那將會有久已馳名的『醫務生活』和大家見面了。

趁此時機我代表編委會，將過去的出刊情形來個簡略的總結：

（一）自誕生至今奮鬥之經過

醫務雜誌是由軍醫雜誌改名而來的，即第一卷是軍醫雜誌於一九四四年一月出版計共三期，這的確是因爲這個可憐的先天不足和營養不良的母親不能按時產生之故吧！回憶第一卷第一期出版時，我們雖然組織有個編委會，但事實上負責者是衛校教務主任鄧太山同志兼顧，因爲工作繁忙，所以第一期的編輯，只是幾篇乾巴巴的理論文章，非常不大衆化，後來感到這樣下去，不會對衛生幹部有什麼大的幫助的，所以決定派一專人（怡然同志）去幫助編輯，二期，三期出版了，不論在內容上，取材上，形式上，印刷上都有很大的進步這不能不說是增加幹部與大家努力的結果。

工作就這樣一天天的開展了，軍醫雜誌還得到了非軍醫同志和地方衛生人員與醫救會同仁的愛戴，他們要求發給或訂購，可是因

通　知

本社自接到上級的新任務後，工作性質有所改變，因此工作方式亦根據需要而有所改變，有幾件事要向大家說明：

（1）今年（一九四五年）收到的文稿很多，因篇幅等所限，因此沒有登完，今後如仍適合本誌今後任務與性質的，仍在衛生叢刊陸續發表，或將來轉寄醫務生活社，並希今後部隊諸位讀者，如係有關戰鬥通訊，部隊衛生等稿，請寄至醫務生活社，如有關社會衛生，或治療經驗等，如多蒙賜稿，更爲歡迎！

（2）以後決定山東醫務雜誌出至第二卷十期結束，改名爲衛生叢刊，因此，一律不發（政權衛生機關在內）僅贈閱（有一定限度），同時本社不負發行之責，移交給臨沂衛生合作社書報部，如欲訂閱者，（個人或各機關等），請直接與臨沂衛生合作社書報部接洽是荷！（過去之雜誌、醫務書籍，皆移交到書報部，編輯室僅負編輯、採訪之責。）

（3）以後給本社來信請寄：山東衛生總局，衛生叢刊編輯室收是荷！但勿寫給私人的名字，以免耽誤！

（4）以後山東醫務雜誌社之名義，亦改爲衛生叢刊編輯室。

山東醫務雜誌社啓

战士歌集

战士剧社编　编者刊　［出版地不详］ 1945 年 1 月～［终刊日期不详］［总期数不详］［刊期不详］ 18cm

全集共 12 首歌曲。分别是《中国反攻有依靠》《反攻依靠谁》《改换个好政府》《山东大捷》《英雄赞》《练兵进行曲》《做个练兵的好榜样》《刺杀》《可爱的枪》《攻向前》《青年好汉去参军》和《新年乐》。一至四首是关于时事问题的，五至十首是关于部队工作的，最后两首是关于群众的。

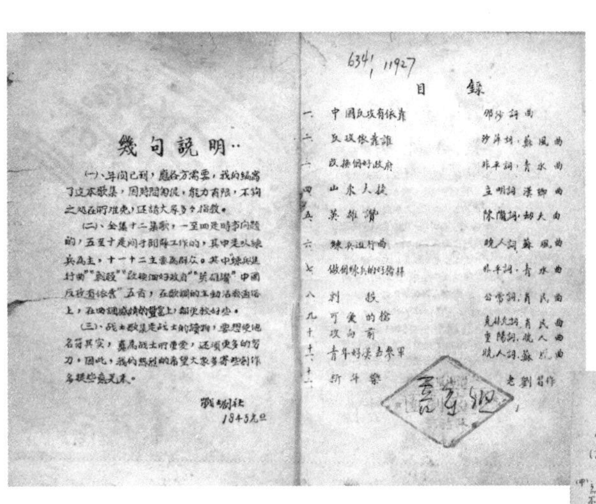

幾句說明：

(一)、年關已到，應各方需要，我們編寫了這本歌集，因時間匆促，能力有限，不夠之處在所難免，還請大家多多指教。

(二)、全集十二隻歌，一至四是時事問題的，五至十是關于部隊工作的，其中是以練兵為主，十一十二主要為群眾。其中"練兵進行曲""刺殺""改換個好政府""英雄讚""中國反攻有依靠"五首，在歌詞的主動活潑通俗上，在曲調感情的豐富上，都比較好些。

(三)、戰士歌集是戰士的讀物，要想使他名符其實，真為戰士所愛，還須更多的努力。因此，我們熱烈的希望大家多寫些創作，多提些意見來。

戰士劇社
1845元旦

目錄

A 2/4 改換個好政府 非平詞 青水曲
(諷刺) (二部對口曲)

注意：歌唱時特別注意與影響一種鼓舞的情緒！

G 2/4 山東大捷 立明填詞 漢卿作曲

地瓜干月刊

地瓜干月刊出版委员会编　编者刊　青岛　1945 年 4 月～1945 年 6 月　1 期～3 期　月刊　27cm

该刊是社会刊物，地址在青岛太平路 45 号。刊登反映青年职业、公务员生活及家庭问题的文章和文学作品。第 3 期有译文 2 篇。

地瓜乾

創刊號

0291738

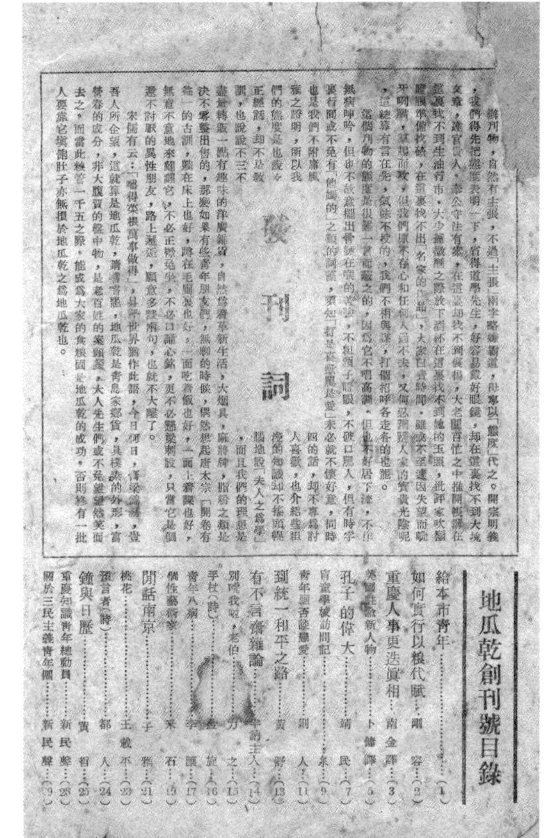

發刊詞

地瓜乾創刊號目錄

編後記

以認識一部分中國的現狀與經過，對於統一救國問題的考慮是有參考價值的。

▲本刊內容，本打算偏重在雜文上，而雜文者近於閒話之文也，當今之世，閒人根本就大多，所以閒話也頗不易得，固然，如有你到飯館賭場書店去找，閒人也還有的是，……話更是聽不過來，可是我們的耳朵，似乎還不願那樣的踐蹋，這次所輯者，數量略嫌少，但像「青年八病」，「有不言齋雜論」，「閒話南京」，等都不失爲可讀之作。而「鐘與日歷」與「別嚷我啦，老伯」兩文可助青年反省，亦不可等閒觀之。

▲靖民先生爲本市青年學生所敬愛，承他寫了「孔子的偉大」一稿爲本刊增光，特別感謝。

▲努力的結果，雖然因爲種種條件的限制離理想尚遠，但在讀物荒的此時此地，總算……下了一株新苗，將來的灌溉剪薅，我們期待於諸君的者多，尤其是青年朋友們。

地瓜乾月刊　創刊號

中華民國三十四年四月一日出版

編輯兼發行者　地瓜乾月刊出版委員會

青島太平路四五號

13

到統一和平之路

黃　舒

前线报增刊

胶东军区政治部前线报社编　编者刊　胶东　1945年4月5日～[终刊日期不详]［总数期不详］　不定期　18cm

该刊是根据部队军政工作每一时期具体情况所出版的一种不定期刊物。内容大都为工作总结及较长的重要论文或介绍其他战略区工作经验。

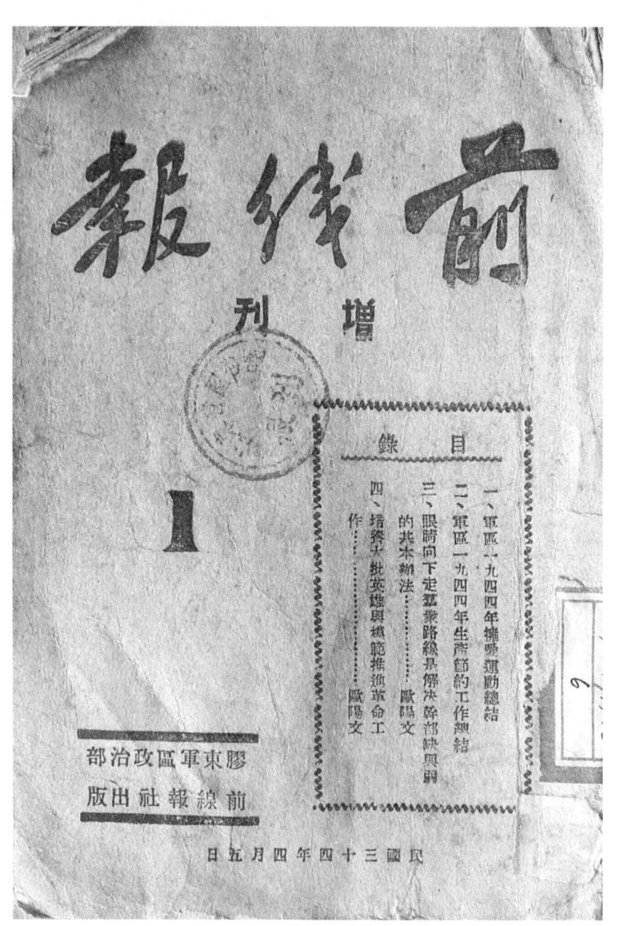

前線報

增刊

1

目錄

一、軍區一九四四年擁愛運動總結

二、軍區一九四四年生產節約工作總結

三、眼睛向下走羣衆路線是解決幹部缺與弱的基本辦法……歐陽文

四、培養大批英雄與模範推進革命工作……歐陽文

膠東軍區政治部

前線報社出版

民國三十四年四月五日

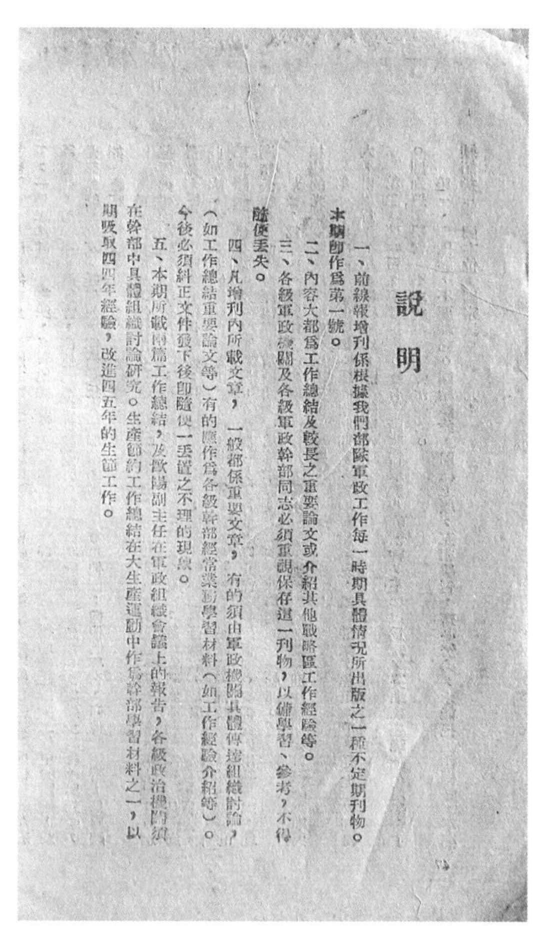

說明

一、前線報增刊係根據我們部隊軍政工作每一時期具體情況所出版之一種不定期刊物。本期即作爲第一號。

二、內容大都爲工作總結及較長之重要論文或介紹其他戰略區工作經驗等。

三、各級軍政機關及各級軍政幹部同志必須重視保存這一刊物，以備學習、參考，不得隨便丟失。

四、凡增刊內所載文章，一般都係重要文章，有的須由軍政機關具體傳達組織討論，（如工作總結重要論文等）有的應作爲各級幹部經常業餘學習材料（如工作經驗介紹等）。今後必須糾正文件發下後即隨便一丟置之不理的現象。

五、本期所載兩篇工作總結，及歐陽副主任在軍政組織會議上的報告，各級政治機關須在幹部中具體組織討論研究。生產節約工作總結在大生產運動中作爲幹部學習材料之一，以期吸取四四年經驗，改進四五年的生產工作。

军事月刊

冀鲁豫军区司令部编　编者刊　［菏泽］ 1945 年 7 月～［终刊日期不详］［总期数不详］　月刊　26cm

该刊是军区司令部的内部刊物，供营以上干部总结经验、提高军事实际知识和理论。刘公亮（冀鲁豫统帅部政治协理员）任主编。刊登有关军事工作的论文和专门知识，例如战术研究、司令部工作、练兵等比较系统的经验知识等。

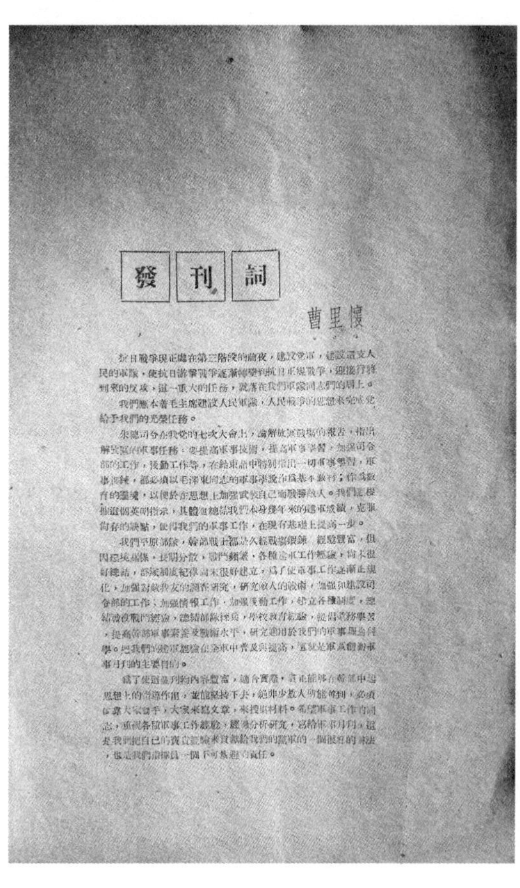

發刊詞

曹里懷

抗日戰爭現正處在第三階段的前夜，建設黨軍，建設這支人民的軍隊，使抗日游擊戰爭逐漸轉變到抗日正規戰爭，迎接行將到來的反攻，這一重大的任務，就落在我們軍隊同志們的肩上。

我們應本着毛主席建設人民軍隊，人民戰爭的思想來完成黨給予我們的光榮任務。

通讯业务

山东军区通讯业务编委会编　编者刊　临沂　［1945 年 9 月］～［1946 年 9 月］ 1 期～［6 期］ 双月刊　18cm

该刊由山东军区通讯业务编委会编印，新四军和山东军区两个通讯部门合并成立“华东通讯联络分局”后改为由华东通讯联络分局编印。

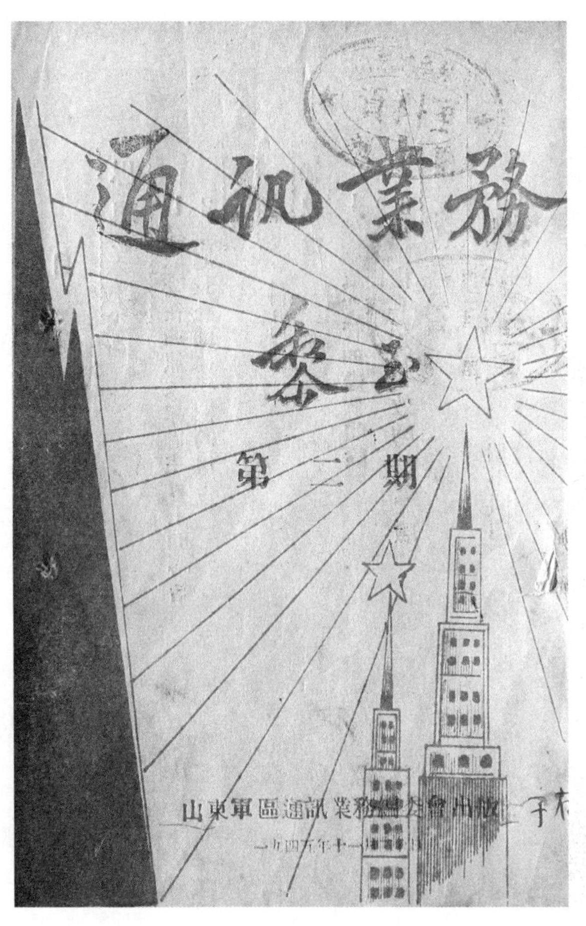

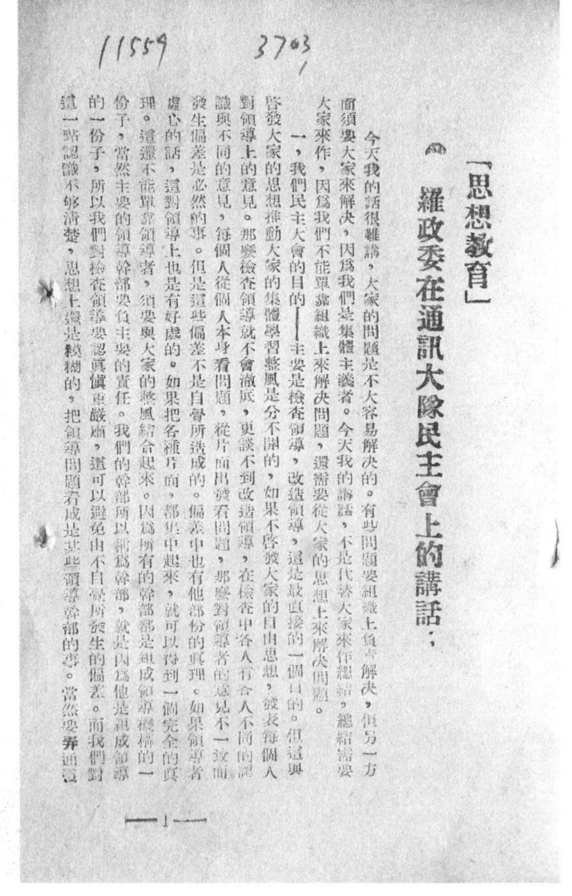

「思想教育」

羅政委在通訊大隊民主會上的講話：

今天我的話很難講，大家的問題是不大容易解決的。有些問題要組織上負責解決，但另一方面須要大家來解決，因為我們是集體主義者。今天我的講話，不是代替大家來作總結，總結需要大家來作，因為我們不能單靠組織上來解決問題，還需要從大家的思想上來解決問題。

一，我們民主大會的目的——主要是檢查領導，改造領導，這是最直接的一個目的。但這與啓發大家的思想推動大家的集體學習整風是分不開的，如果不啓發大家的自由思想，發表每個人對領導上的意見。那麼檢查領導就不會澈底，更談不到改造領導，在檢查中各人有各人不同的認識與不同的意見，每個人從個人本身看問題，從片面出發看問題，那麼對領導者的意見不一致而發生偏差是必然的事。但是這些偏差不是自覺所造成的。偏差中也有他部份的真理。如果領導者虛心的話，這對領導上也是有好處的。如果把各種片面，都集中起來，就可以得到一個完全的真理。這還不能單靠領導者，須要與大家的整風結合起來。因為所有的幹部都是組成領導機構的一份子，當然主要的領導幹部要負主要的責任。我們的幹部所以稱為幹部，就是因為他是組成領導的一份子，所以我們對檢查領導要認真慎重嚴肅，這可以避免由不自覺所發生的偏差。而我們對這一點認識不够清楚，思想上還是糢糊的，把領導問題看成是某些領導幹部的事。當然要弄通這

—1—

即墨青年

即墨青年社编　编者刊　即墨　1945年10月~［终刊日期不详］［总期数不详］　月刊　27cm

该刊为中国国民党三民主义青年团即墨分团创办的综合性刊物。刊登内容为一切与革命建国或青年问题、青年修养等有关的文章，主要栏目有《时事讲话》《论著》《青年讲座》《青年呼声》《团讯》《科学园地》《文艺》等。

即墨青年

第二期·十一月號

蔣團長近影

勝利的微笑

即墨青年社主編

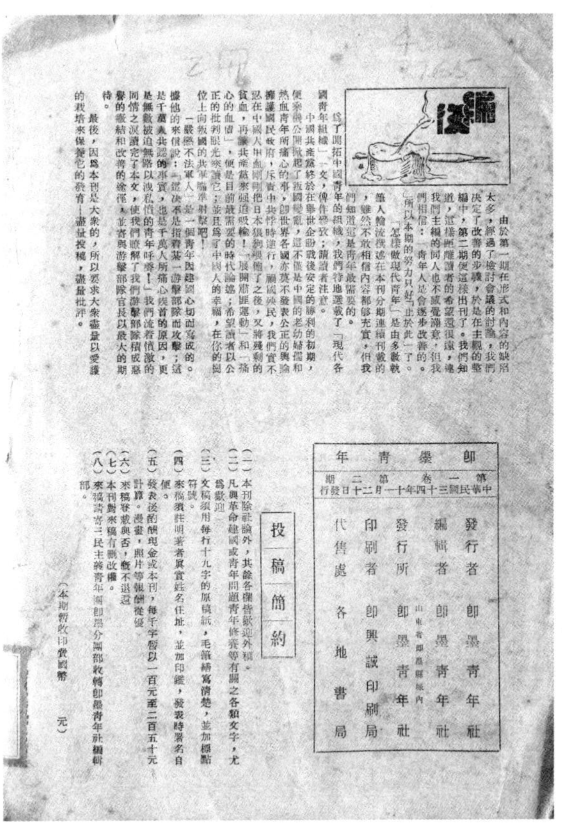

即墨青年

第一卷第二期

中華民國三十四年十一月二十日發行

發行者　即墨青年社

編輯者　即墨青年社

發行所　即墨青年社（山東省即墨縣城內）

印刷者　即興誠印刷局

代售處　各地書局

投稿簡約

（一）本刊除社論外，其餘各欄皆歡迎外稿。

（二）凡與革命建國或青年問題青年修養等有關之各類文字，尤爲歡迎。

（三）文稿須用每行十九字的原稿紙，毛筆繕寫清楚，並加標點符號。

（四）來稿須註明著者眞實姓名住址，並加印鑑，發表時署名自便。

（五）發表後酌酬現金或本刊，每千字暫以一百元至二百五十元計算。漫畫，照片等報酬從優。

（六）來稿登載與否，概不退還。

（七）本刊對來稿有刪改權。

（八）來稿請寄三民主義青年團即墨分團部收轉即墨青年社編輯部。

（本期暫收印費國幣　元）

狂澜画刊

青岛狂澜画刊社编　编者刊　青岛　1945 年 10 月 ~ 1946 年 6 月　1 期 ~ 30 期　周刊　27cm

该刊编辑人葛焕斗，发行人宫杜衡。内容形式有散文、诗歌、杂文、漫画、照片等。

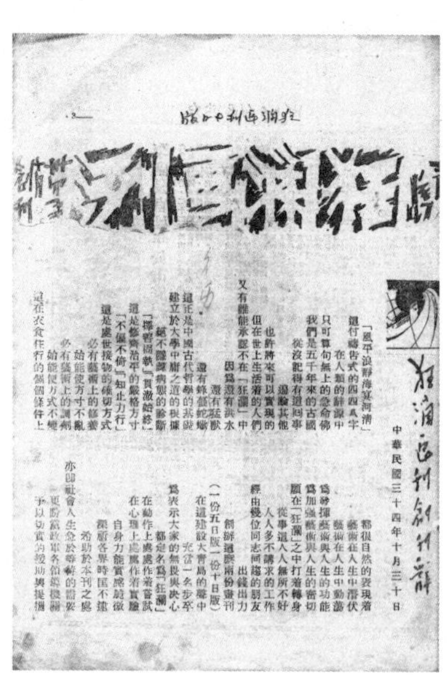

皮膚聖藥　天壇　藥房均售

萬能油

大東製藥廠出品

廠址　金口二路四號　電話（二）四一五九

營業部　中山路一一八號　電話（二）七三九六

狂澜画刊　創刊號　中華民國三十四年十月三十日出版

發行人　宮杜衡　編輯人　葛煥斗

製版人　孫蔚初　印刷人　王秀甫

售銷處　各大書店及南紙局

創刊號　定價國幣肆拾元整

狂澜画刊收稿約　中華民國三十四年十月訂

本刊本公開意志，何類稿件均所歡迎，惟以創辦伊始，經濟力量，限制頗大，恕無報酬。賜稿務請[illegible]避風花雪月，并希繕寫清楚。登載與否，概不退還。來稿以所書之名為準，文責暫由本社代負。但經登載，版權即歸本社。

收稿處：中山路九七號本社編輯室。

复兴旬刊

复兴旬刊社编　梁鋐钧［发行人］　济南　1945 年 10 月 ~ 1945 年 11 月　1 期 ~ 5 期　旬刊　21cm

复兴旬刊由冯伟任总编辑，该刊以鼓励青年、积极展开文化建设工作为宗旨。栏目有《论著》《瞭望台》《漫画》《修学讲座》《专载》《杂俎》《文园》等。

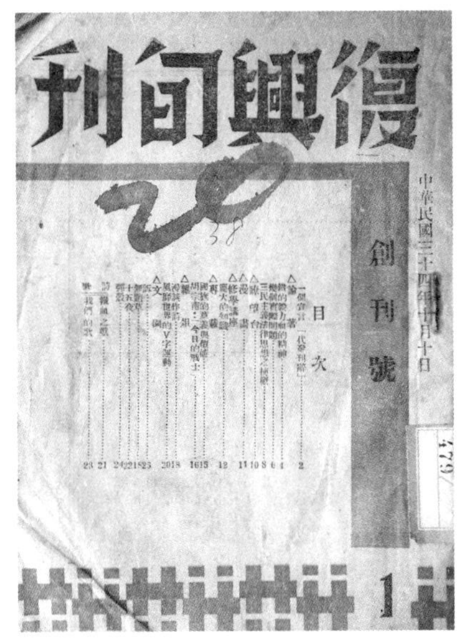

復興旬刊

創刊號

中華民國三十四年十月十日

目次

1

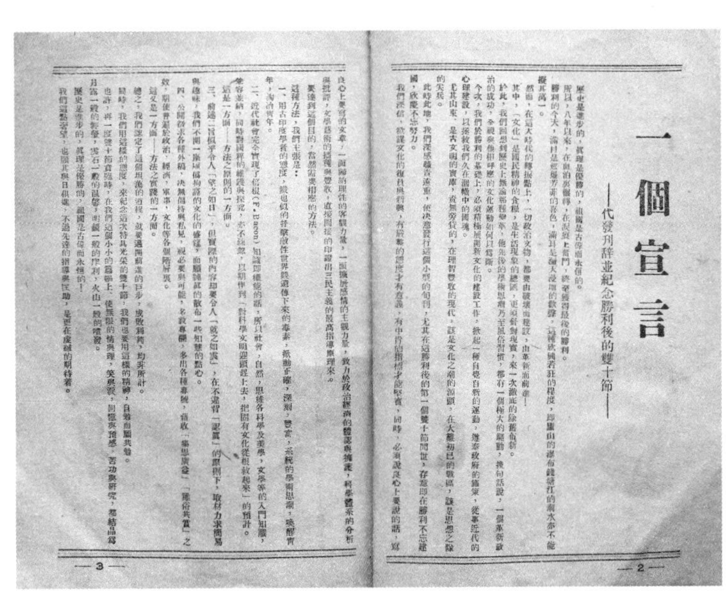

一個宣言

——代發刊辭並紀念勝利後的雙十節——

歷史是進步的，眞理是優勝的，祖國是古偉而永恆的。

所以，八年以來，在血泊裏翻轉，在淚痕上奮鬥，終至獲得最後的勝利。

勝利的今天，滿目是燦爛芳菲的喜色，滿耳是龐大浸壇的歡聲，這種欣躍若狂的程度，即廬山的瀑布錢塘江的潮水亦不能擬其萬一。

然而，在這大時代的轉捩點上，一切政治文物，都要由破壞而建設，由革新而前進！

其中，「文化」是國民精神的食糧，是生活現象的總匯，更須針對現實，來一次澈底的除舊佈新。

於此，我們回想到歷史上無論那種變革，他先後的學術思潮乃至風俗習慣，都有一個極大的騷動，換句話說，一個革新政治的成功，全視與他相呼應的文化運動如何以爲斷。

今次，我們於勝利的基礎上，必須積極展開新文化的建設工作，掀起一種自覺自新的運動，遵奉政府的籌策，從事近代的心理建設，以拯救我們久在溷濁中的國魂。

尤其山東，是古文明的寶庫，責無旁貸的，在理智豐收的現代，該是文化之潮的濫觴，在大難初已的戰區，該是思想之除的尖兵。

此時此地，我們深感職責遠重，便決意發行這個小型的旬刊，尤其在這勝利後的第一個雙十節問世，存意即在勝利不忘建國，欣慶不忘努力。

我們深信，欲謀文化的復甦與將興，有嚴肅的態度才有意義，有中肯的指標才能堅實，同時，必須說良心上要說的話，寫

— 2 —

良心上要寫的文章，一面歸納理性的客觀力量，一面擴展感情的主觀力量，致力於政治經濟的體認與擁護，科學體系的分析與批評，文學藝術的揚權與豐收，直接間接的印證出三民主義的最高指導原理來。

要達到這個目的，當然需要相應的方法。

這種方法，我們主張是：

一、用古印度學者的態度，鐵也似的抨擊敵性世界觀遺傳下來的毒素，振動正確，深刻，豐富，系統的學術思潮，喚醒青年，淘冶青年。

二、近代社會完全實現了倍根（F. Bacon）知識即權能的話，所以社會，自然，思維各科學及美學，文學等的入門知識，兼容並納，同時對國粹的維護與探究，亦不容忽，以期作到「對科學文明迎頭趕上去，把固有文化從根救起來」的預計。

這是一方面——方法之原則的一方面。

三、前述二旨似乎令人「望之如日」，但實際的內容却要令人「就之如雲」，在不違背「認眞」的原則下，取材力求簡易與趣味，我們不開一廉價偏拘謹的文化的盛筵，而願鋪蓋的散布一些知慧的點心。

四、公開徵求各種外稿，決無偏持與私見，祇必要與可能，多設專欄，多用各種專號，循收「集思廣益」「雅俗共賞」之效，期使普遍於政治，經濟，軍事，文化等各個階層裏。

這又是一方面——方法之實踐的一方面。

總之，我們深定了這個坦蕩的道程，就要邁開前進的巨步，成敗利鈍，均非所計。

同時，我們用這樣的態度，來紀念這次特具光榮的雙十節，我們也要用這樣的精神，自勉而願共勉。

也許，再一度雙十節當臨時，在我們這個小小的篇幅上，使無限的情與理，笑與淚，回憶與預感，苦功與研究，都結晶爲月露一般的精華，雲石一般的諷擊，刺鐵一般的犀利，火山一般的噴發。

歷史是進步的，眞理是優勝的，祖國是古偉而永恆的！

我們這點希望，也願其與日俱進，不過先達的指導與匡助，是更在虔誠的期待着。

— 3 —

战邮通报

胶东战邮管理局编　编者刊　烟台　1945年10月～［终刊日期不详］［总期数不详］　不定期　21cm

该刊为邮政工作刊物，内部发行，32开本，油印，是胶东解放区为加强战邮建设，交流经验，开展革命竞赛运动，创造与培养大批的战邮英雄与模范，把胶东战邮工作迅速向前推进逐步走向正规化而创办的，由山东战邮胶东分社主办。内容主要有战邮工作经验交流，英模人物介绍以及开展革命竞赛运动等。

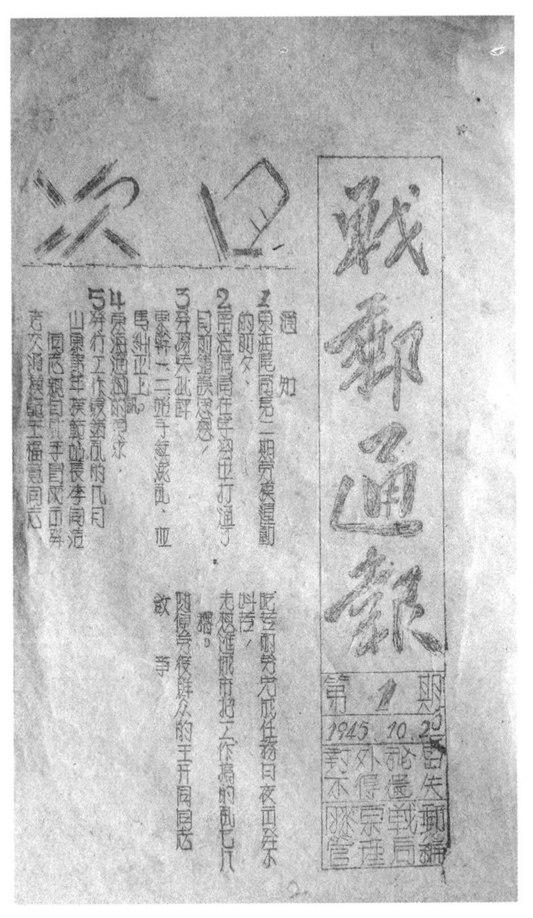

戰郵通報

第1期

1945.10.25

對外秘密 不得遺失 膠東戰郵管理局編

目次

通知

1 東海局第二期勞模運動的前夕 [illegible]

2 南海局在學習中打通了目前錯誤思想／走進城市把工作搞的亂七八糟。

3 [illegible]張吳孤評 東鈴十二班手[illegible]亂、並馬糾正上記 [illegible]敢 爭 附復勞役群众的王开同同志

4 東海通訊的要求

5 舞行工作最紊亂的几月 山東第一年模範站長李同浩同志親自動手冒險而奔 走交通模範王福寬同志

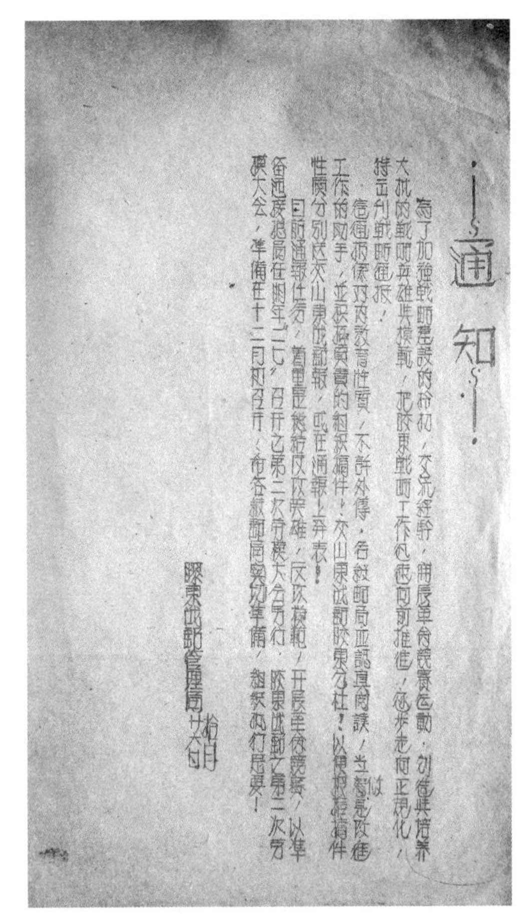

通知

為了加強戰郵建設的領導，交流經驗，開展革命競賽運動，創造與培養大批的戰郵英雄與模範，把膠東戰郵工作繼續向前推進，逐步走向正規化，特出刊戰郵通報！

這通報係對內教育性質，不許外傳，各級郵局應認真閱讀，並一貫做為改進工作的助手，並積極負責的組織稿件，交山東戰郵膠東分社！以便按其稿件性質分別送交山東戰郵報，或在通報上發表！

目前通報任務，着重是總結及反映英雄，反映模範，開展革命競賽，以準備通過局在明年[illegible]召开之第二次勞模大会另行，膠東戰郵之第二次勞模大会，準備在十二月初召开，希各級郵局熱切準備，組織[illegible]要！

膠東戰郵管理局 十月廿六日

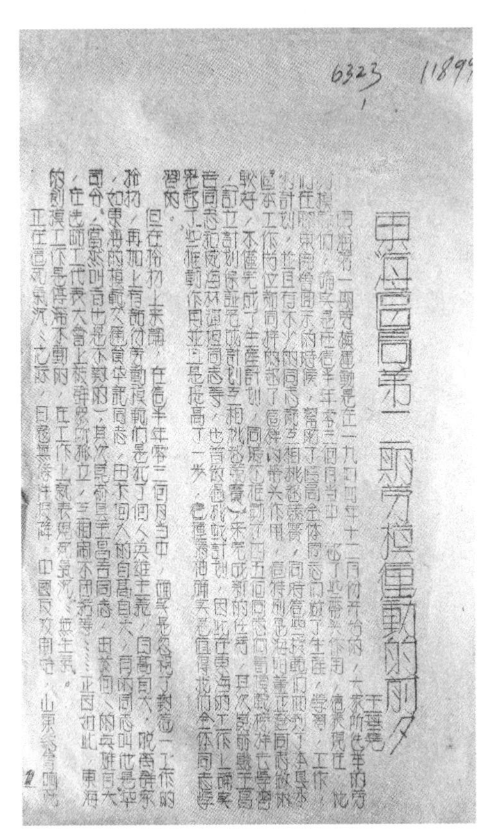

6323 11899

東海局第二期勞模運動的前夕

王書堯

東海第一期勞模運動是在一九四四年十二月開始的，大家所選舉的勞模們，確實是在這半年零三個月當中，起了些帶頭作用，他表現在他們在膠東局發動的時候，幫助了該局全体同志的做了生產，學習，工作，的計劃，並且有不少的同志都互相挑戰競賽，同時發起模範們面對了本具本區本工作崗位都同樣的起了這种带头作用，這特別是海陽董正登同志做的較好，不僅完成了生產計劃，同時也推動了四五個同志的普遍[illegible]，訂立計劃保證完成計劃互相挑戰競賽，未完成新的任務，其次是郵局王高吉同志和成海林[illegible]同志等，也曾做過挑戰計劃，因此在東海的工作上確實起了些推動作用並且是提高了一步，這種精神確實是值得我們全体同志學習的。

但在檢討上來說，在這半年零三個月當中，個別勞模犯了對這一工作的檢討，再加上有部分勞動模範們是犯了個人英雄主義，自高自大，脫离群眾，如東海的模範交通員李[illegible]同志，由不同人的自高自大，有的同志叫他是"李司令"，當然叫者也是不對的），其次是郵局王高吉同志，由於個人的英雄自大，在选配工代表大會上被群眾的孤立，互相鬧不团结等……正因如此，東海的劳模工作是停滞不動的，在工作上就表現了死氣沉沉，無生氣，正在這死氣沉沉之際，日寇無條件投降，中國反攻開始，山東[illegible]

2

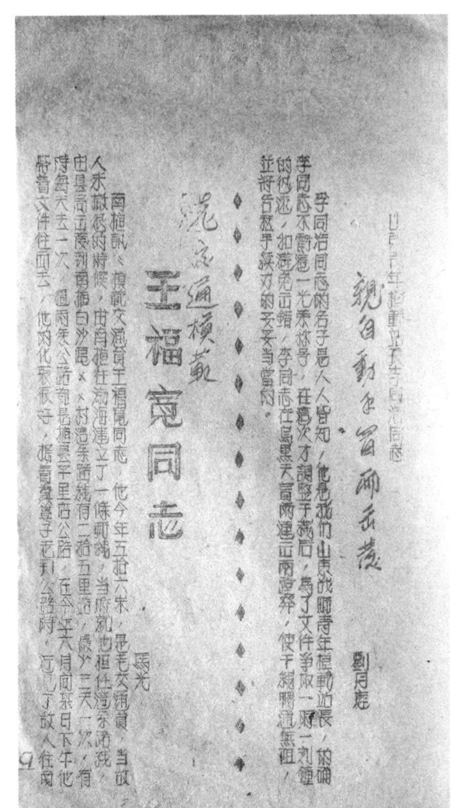

山東第一年模範站長李同浩同志

親自動手冒險而奔

劉月浩

李同浩同志的名子是人人皆知，他是我們山東戰郵青年模範站長，的確李同志不虧這一光榮称号，在這次才調整手續後，為了文件爭取一分一秒鐘的快速，加速完成任務，李同志在烏黑天冒兩連面兩[illegible]奔，使干線暢通無阻，並將告敌手段方的妥妥当当的。

走交通模範

王福寬同志

馬光

商[illegible]模範交通員王福寬同志，他今年五拾六岁，是老交通員，當敵人未撤退的時候，由商[illegible]任渤海建立了一條郵線，當時就由他担任這条路线，由县局云展到商[illegible]白沙局××村這条路线有一百五里路，最少三天一次，有時每天去一次，這兩年公路都是[illegible]平里店公路，在今年六月間某日下午他將着文件往而去，他的化装假守，揹着筐子走到公路時，碰见了敌人在[illegible]

9

541

潍县青年

潍县青年月刊社编　编者刊　潍县　1945 年 11 月 10 日～［终刊日期不详］［总期数不详］　月刊　18cm

该刊内容有青年文化建设、时事述评、政治经济形势分析、社会调查、青年动态等方面。设《专载》《论著》《文艺》《通讯》《时事述评》《青年动态》等栏目。每月 10 日出刊，每期 40 余页。

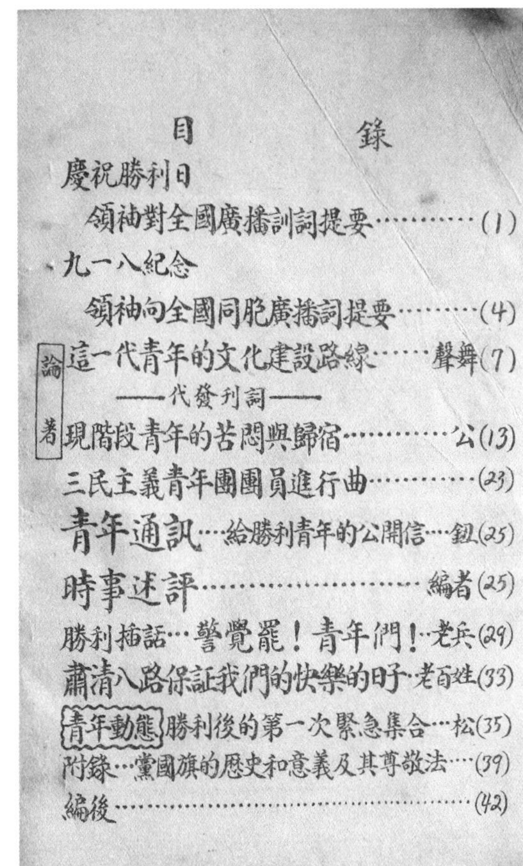

目錄

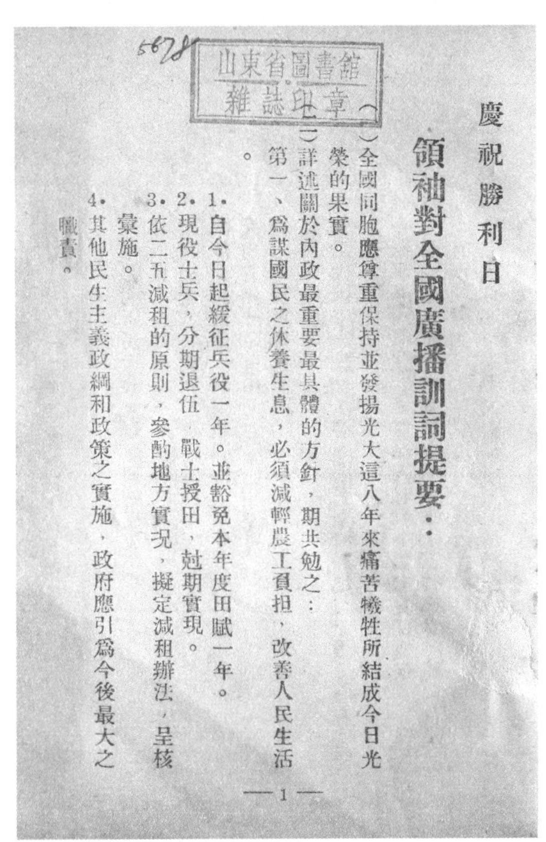

慶祝勝利日

領袖對全國廣播訓詞提要·

（一）全國同胞應尊重保持並發揚光大這八年來痛苦犧牲所結成今日光榮的果實。

（二）詳述關於內政最重要最具體的方針，期共勉之：

第一、爲謀國民之休養生息，必須減輕農工負担，改善人民生活。

1.自今日起緩征兵役一年。並豁免本年度田賦一年。

2.現役士兵，分期退伍，戰士授田，尅期實現。

3.依二五減租的原則，參酌地方實況，擬定減租辦法，呈核彙施。

4.其他民生主義政綱和政策之實施，政府應引爲今後最大之職責。

—1—

編後

這本小冊子的誕生，適當民族抗戰獲得完全勝利的時候，在他是多麼光榮與慶幸啊！回憶滿清末年，總理領導着那時的全國青年，歷經艱辛，推翻了數千年的專制政體，締造出今日的中華民國，迄至現在，抗戰的成功，更給他充實了內容、一掃從前帝國主義壓抑的吞聲與恥辱，自今以後，我們是在完全自由的狀態下生活着，是在向着富強康樂的境域努力與革命建設的途徑上邁進着！就在這個當兒，我們創刊了他。其意義自然在希望他永遠的延續下去，希望他如同我們中國一般的成長起來！是的，他的產生，既當光榮勝利的時候，自然該有些吉祥的話；但他沒有，這不是奇怪嗎？不！至少我們自己也認爲不！冠冕堂皇的慶祝，自然有人做，冠冕堂皇的文章，自然也有人寫；我們在這裏不需要這些。當真要說的話，那還是這裏所巳經說過的，因爲我們是需要實際！需要具體的行動！需要具體的表現！青年第一次的大團結，締造了中華民國，現在是青年第三次大團結的時候，難道說空口說幾句吉慶話應時景幾篇文章算完事嗎？所以，我們突破了諸多國難，在半死不活的環境下，毅然的創刊了他，讓他誕生的本身算做慶祝民族抗戰勝利的一點菲禮。

當然，我們能力的薄弱，或有負於使命，但是，也要困知勉行的盡力而爲。此外所殷切希望的，就是各方面的愛護與協助了，而多給他點滋養品，他將更健全的發育；尤其是青年們更應盡所能的來愛護他，因爲他是青年自己的東西，須要青年自己團結一致的愛護——這是理之固然。末後，讀者們自然要問：他將担任些什麼任務呢？這個，在「這一代青年的文化建設路線」一文裏有着詳盡的說明，讓讀者們自己去探索吧！恕不多贅。此外「現階段青年的苦悶與歸宿」裏，反映了現在青年的狀態，「給勝利青年的公開信」裏告訴青年革命是在怎樣進行的，「警覺罷！青年們！」更指實的要青年們提高其警覺性，這些，都是我們所需要的，並且需要有具體的表現，才不至於落空。

—42—

新华文摘

新华文摘社编　山东新华书店　临沂　1945年11月20日～1949年3月30日　1期～38期　半月刊　26cm

该刊创刊于临沂，初为半月刊，后改为不定期刊、月刊，山东新华书店出版发行。当时负责主持编辑的领导人有周保昌、叶籁士、华应申；编辑有徐律、秦秋谷、严霜、殷国秀等人。1949年3月30日因编辑人员的随军南下而停刊。总计出版38期。

《新华文摘》是山东解放军第一个文摘性的综合刊物。该刊初创时由舒同题写刊名，双色套印，16开本。刊登的文章以翻译、摘录、转载国内外报刊上的时事新闻为主，辟有《世界职工联盟介绍》《各国共产党领袖介绍》《文化消息》《各国介绍》等栏目，刊登当时党政军及文化界人士的文章，如郭沫若的《苏联纪行》、邓颖超的《彻底平分土地与妇女工作新任务》等。1947年12月5日出版了《新华文摘（胶东版）》，刊期不定，仅出2辑。

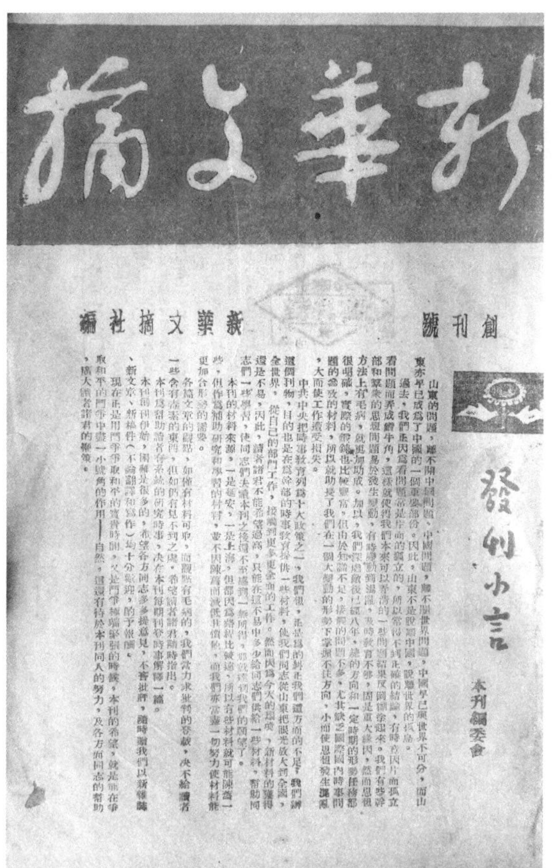

新華文摘

創刊號　　新華文摘社編

發刊小言

本刊編委會

新華文摘　半月刊

創刊號目次　民國三十四年十一月二十日出版

新華文摘
編輯　新華文摘社
出版　山東新華書店
發行　山東新華書店
定價　每期每冊八元　每月四十五元　半年八十元
每月五日二十日出版

新華文摘

新年號（第二期）　新華文摘社編

SINXUA—WENZHA

新年獻詞

本刊編委會

海风

青岛海风周刊社编　编者刊　青岛　1945年12月～1947年9月　1卷1期～3卷1期　周刊　27cm

该刊除刊登文学作品，如散文、新诗、小说外，还有家庭、影剧、科学知识等内容。

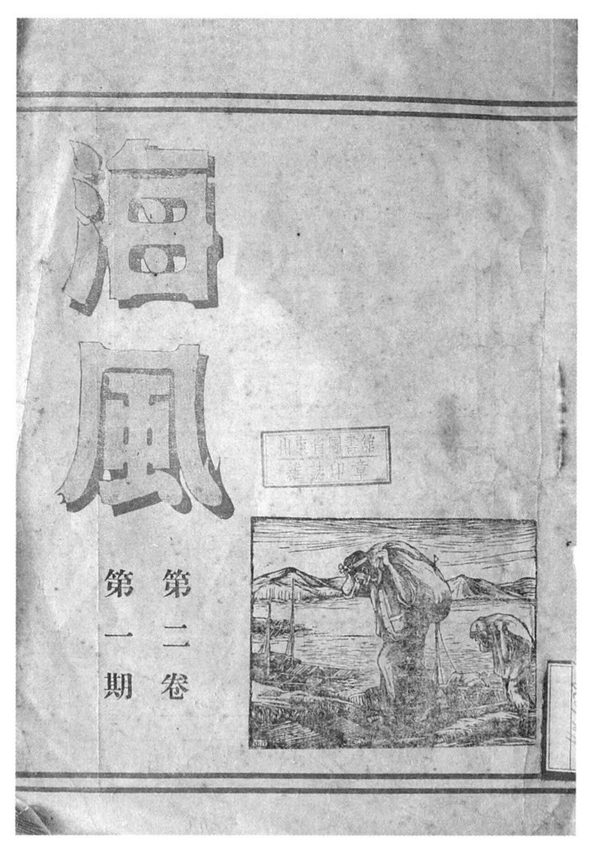

海風

第二卷 第一期

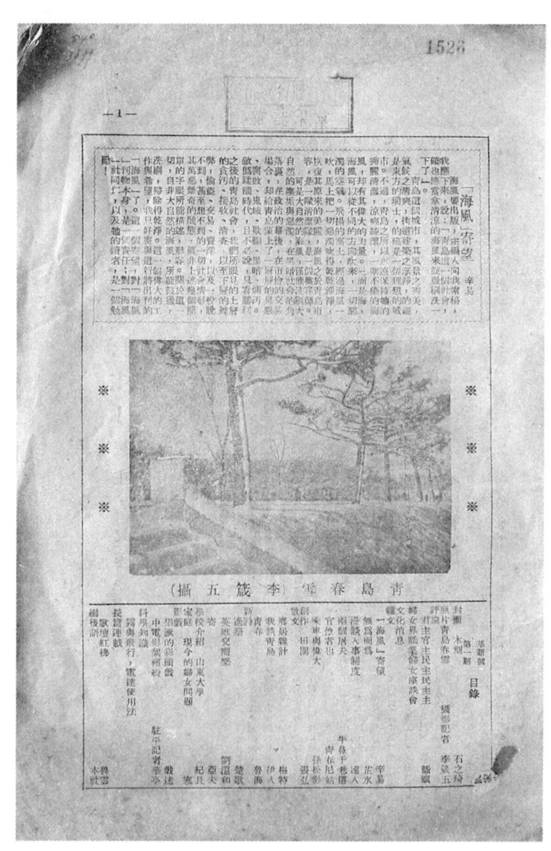

青島春景（李箴五攝）

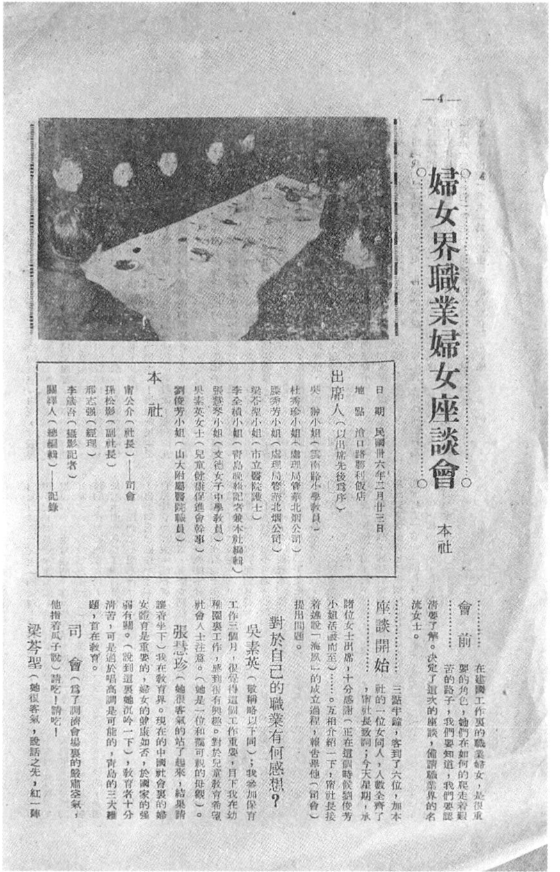

婦女界職業婦女座談會

本社

日期 民國卅六年二月廿三日

地點 滄口路勝利飯店

出席人（以出席先後爲序）

吳 翀小姐（雲南路小學教員）

杜秀珍小姐（處理局管萃北烟公司）

滕秀芳小姐（處理局管萃北烟公司）

吳苓瑆小姐（市立醫院護士）

李全積小姐（青島晚報記者兼本社編輯）

張慧琴小姐（文德女子中學教員）

吳素英女士（兒童健康促進會幹事）

劉俊芳小姐（山大附屬醫院職員）

本社

甯公介（社長）——司會

孫松影（副社長）

邢志强（經理）

李箴吾（攝影記者）

關繹人（總編輯）——記錄

會前

在建國工作裏的職業婦女，是很重要的角色，她們在如何的爬走着艱苦的路子，我們要知道，我們要認清要了解。決定了這次的座談，備請職業界的名流女士。

座談開始

三點半鐘，客到了六位，加本社的一位女同人，人數全齊了，甯社長致詞；今天星期，承諸位女士出席，十分感謝（正在這個時候劉俊芳小姐活潑而至）……。互相介紹一下，甯社長接着述說「海風」的成立過程，報告畢他（司會）提出問題。

對於自己的職業有何感想？

吳素英（敬稱略以下同）：我參加保育工作三個月，很覺得這個工作重要，目下我在幼稚園裏工作，感到很有興趣。對於兒童教育希望社會人士注意。（她是一位和藹可親的母親）。

張慧琴（她很客氣的站了起來，結果請讓着坐下）我在教育界。現在的中國社會裏的婦女體育是重要的，婦女的健康如否，於國家的强弱有關。（說到這裏她沉吟一下），教育者十分清苦，可是過於唱高調是可能的，青島的三大難題，首在教育。

司 會（爲了調濟會場裏的嚴肅空氣，他指着瓜子說）請吃！請吃！

梁苓瑆（她很客氣，說話之先，紅一陣

不是白來了一趟北平嗎？」他東張西望地看了一會。覺得這裏除掉歌女們之外。聽衆之中是沒有他們女客。而且多半都像是小買賣人。和附近的住戶。還有幾個像是生活相當富裕的老頭兒。這倒是個規矩的場所。聽衆們大多是專爲「鼓曲」而來。後幾上登着的那些「歌杵新聞」。什麼某調少棒某鼓姬。一天花了數百元的事。這裏恐怕不會有的。「鼓姬」一秦少青以南方的習俗。管她們叫作「歌女」。也都像是很安分的。不怎樣妖妖佻佻的。除襯上一個彈絃子的盲琴師。還有一個穿着灰大褂。十分瘦窮而削瘦的拉胡琴的。可知他們實在都是爲了生活而出此。都是這古城裏的貧窮而不幸的可憐的藝人。

兩三分鐘以後。忽聽那個夥計高聲喊着。「有題目！常翠蘭唱王二姐捻姑娘。」於是打破了場中的這片靜肅。聽衆們又揚起頭來了。喝着茶而低聲在閒談話的人也都中止了。台上。那個穿着粉紅色廢葛的棉旗袍，梳着圓頭，抹着大紅嘴唇，圓臉胖胖兒的歌女。含着笑走近了那竹竿支着的一面小鼓。嘣嘣地打了幾下。盲琴師琅琅地響起了絲絃。她就唱了起來。「王二姐……」是個純用北平土話編成的低級小曲。少青實在聽不下去。尤其。他替這個歌女很覺着難爲情。因爲這歌女已有三十多歲了。

（未完）

律師劉梓林受任青島海風週刊社常年法律顧問啓事

茲經青島海風週刊社聘爲常年法律顧問如有侵害該社之財產信譽及其他一切法益者本律師依法負保障之責

事務所上海路十號電話（二）二一五七號

本社各欄歡迎投稿

投稿簡則

一、本社各欄公開歡迎外稿，譯稿請附原文。

二、文字以簡短爲主，除特約外，長稿暫不接受。

三、來稿須字跡清楚，並加標點，稿末註明姓名及住址，否則視爲抑稿。

四、本社有刪稿權，其不願刪改者，請預先聲明。

五、稿件如未選用而欲退還者，請預先附足郵票。

六、來稿一經登載每千字致酬自三千元至六千元。

七、來稿請逕寄青島滄口路青島雜誌書報社轉本社編輯部

海風半月刊（革新號第一期）

中華民國三十六年三月十五日出版

定價 一千五百元

發行人 編輯人 青島海風週刊社 青島威海路九十六號

印刷者 青島宜文行 電話③〇八〇一號

分銷處 全國各大書局

發行所 青島海風週刊社

山东教育

山东省教育厅山东教育社编　编者刊　鲁南　1945年12月1日~[休刊日期不详][总期数不详]; 复刊 1949 年 5 月 10 日～[终刊日期不详][总期数不详]　月刊　18cm

该刊是面向中小学教育的综合性刊物。1945 年 12 月 1 日在鲁南创刊，1947 年转移至胶东，与胶东新教育社合并，由胶东新华书店出版发行。1949 年 5 月 10 日在济南复刊。第一任主编宿士平。先后出版月刊、半月刊，32 开本、16 开本。分别由山东新华书店和山东人民出版社出版发行。内容主要反映中小学行政管理、教学经验等，发行量最高达数十万份。栏目有《专论》《短评》《动态》《典型报道》《经验介绍》《教学参考》等。

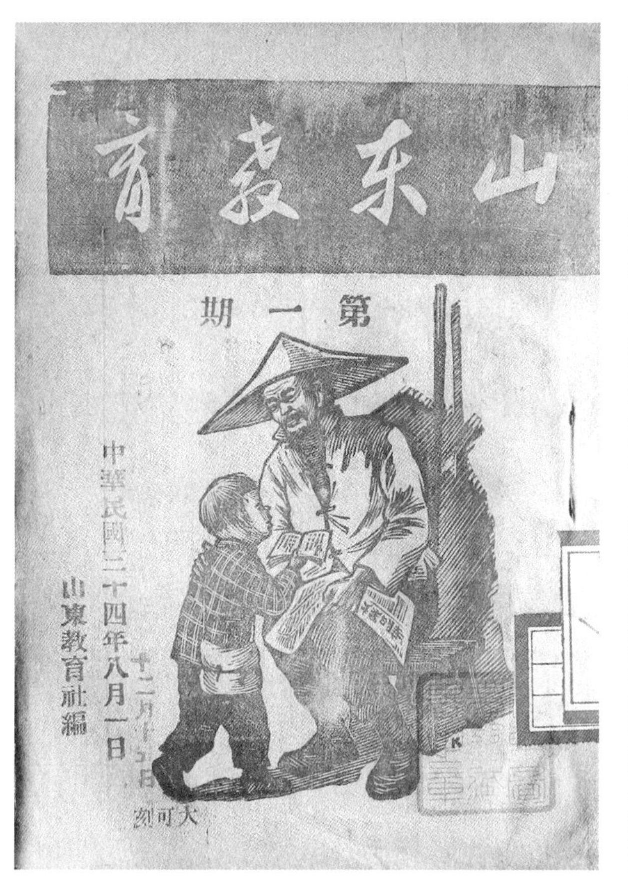

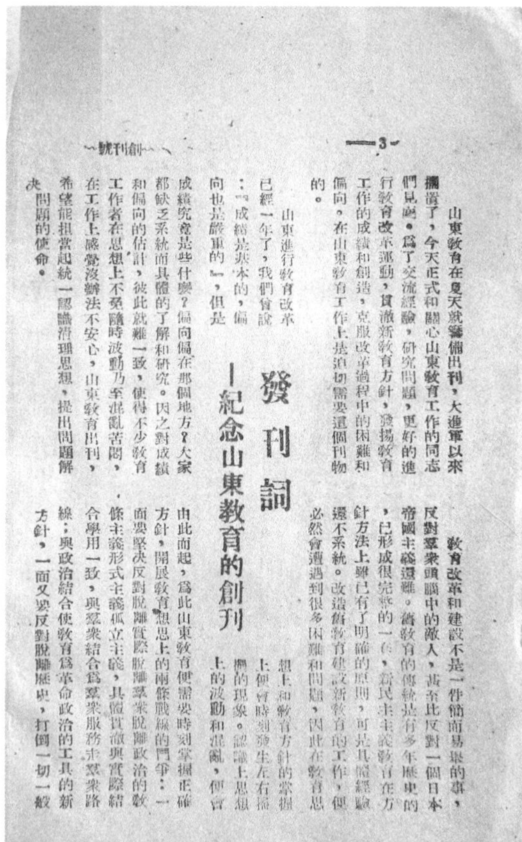

—3—

~創刊號~

發刊詞

—紀念山東教育的創刊

山東教育在夏天就籌備出刊，大進軍以來擱置了，今天正式和關心山東教育工作的同志們見面。爲了交流經驗，研究問題，更好的進行教育改革運動，貫澈新教育方針，發揚教育工作的成績和創造，克服改革過程中的困難和偏向。在山東教育工作上是迫切需要這個刊物的。

山東進行教育改革已經一年了，我們曾說："成績是基本的，偏向也是嚴重的"，但是成績究竟是些什麼？偏向偏在那個地方？大家都缺乏系統而具體的了解和研究。因之對成績和偏向的估計，彼此就難一致，使得不少教育工作者在思想上不免隨時波動乃至混亂苦悶，在工作上感覺沒辦法不安心，山東教育出刊，希望能担當起統一認識清理思想，提出問題解決問題的使命。

教育改革和建設不是一件簡而易舉的事，反對群衆頭腦中的敵人，甚至比反對一個日本帝國主義還難。舊教育的傳統是有多年歷史的，已形成很完整的一套，新民主主義教育在方針方法上雖已有了明確的原則，可是具體經驗還不系統。改造舊教育建設新教育的工作，便必然會遭遇到很多困難和問題，因此在教育思想上和教育方針的掌握上便會時刻發生左右搖擺的現象。認識上思想上的波動和混亂，便會由此而起，爲此山東教育便需要時刻掌握正確方針，開展教育思想上的兩條戰線的鬥爭：一面要堅決反對脫離實際脫離群衆脫離政治的教條主義形式主義孤立主義，具體貫澈與實際結合學用一致，與群衆結合爲群衆服務走群衆路線；與政治結合使教育爲革命政治的工具的新方針，一面又要反對脫離歷史，打倒一切一般

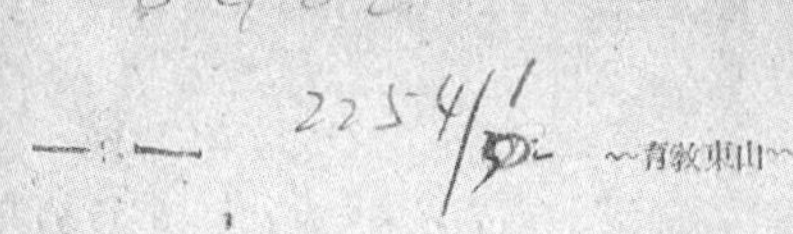
—2— ~山東教育~

~創刊號~ —1—

山東省政府關於出版「山東教育」的決定

——一九四五年十二月一日——

（一）、本府爲貫澈新教育方針，推進教育改革，建設新民主主義教育，特決定出版『山東教育』，交流經驗指導工作。

（二）、『山東教育』的編輯應本以下三個方針：

1、暫以縣單位的教育工作爲主要內容，集中力量研究群衆教育（包括村學及較正規的小學），群衆教師（包括村學教師及小學教師），及區村幹部的學習教育（包括區學縣學）中的實際問題，介紹具體經驗，反對教條空談。

2、文字力求簡潔明瞭，深入顯出，在各地區尚不能出版教師學習刊物以前，應以文化程度較低的教師能看得懂爲標準。

3、應多方發動組織作實際工作的同志和教師們寫稿，使這個刊物成爲全省教育工作者討論問題交換經驗的園地。

（三）、爲了貫澈前述編輯方針，特決定：

1、責由本府教育廳全體工作同志均對本刊負責，組織編輯委員會計劃推動之。

2、各行政公署教育處長、科長，各專署教育科長，各縣教育科長，均爲本刊當然撰稿人，縣以上教育行政部門其他幹部及區文教助理員爲當然通訊員，均應隨時注意爲本刊撰稿。報導情況，介紹經驗，提出問題研究問題。

各級政府之教育基點經驗及各種模範實例應爲報導介紹之中心。

3、各級政府教育部門，並應幫助組織各地優秀和模範教師爲本刊寫稿，介紹他們爲本刊通訊員和本刊直接聯系，並盼先擇一二個縣作基點，在各區約定三人以上通訊員建立通訊小組，由區文教助理員負責，於縣設立通訊站，經常計劃指導與組織稿件，由縣文教科確定一個同志負責，專署及行政公署教育部門，亦應確定一個同志負責搜集稿件並與本刊經常密切聯系。

4、各級政府教育部門應將爲本刊組織稿件視爲一個重要任務，視爲加强上下級聯系，推進工作的一個重要環節，不得忽視。

（四）、因交通關係『山東教育』暫以濱海魯中魯南三個地區爲直接發行區，除各級政府教育部門外，以每個聯防區平均發行一本到三本爲原則，組織教員學習，由三地區行政公署教育處計劃數目，研究發行辦法，通告省教育廳，以便發行工作迅速而適當，膠東渤海兩地暫發到縣。縣以上各級政府可翻印或選印分發各地教師。

（五）、『山東教育』發到各級政府教育部門後，應組織幹部討論研究，並以這個刊物作教師學習的主要材料，建立教師的學習制度，看討論學習的情況，盼隨時報告省教育廳，並對本刊提出批評和改進意見。

（六）、『山東教育』暫定爲月刊，印刷費暫由本府支撥不收費用。

通讯工作（惠民）

新华社渤海支社编　编者刊　惠民　1945 年 12 月 12 日～［终刊日期不详］［总期数不详］　不定期　18cm

该刊第一期是 1945 年 12 月 12 日《渤海日报》第四版副刊，从第二期起，因稿件增加，渤海支社决定将该刊改为 24 开的铅印小册出版，第三至五期以油印方式出版。

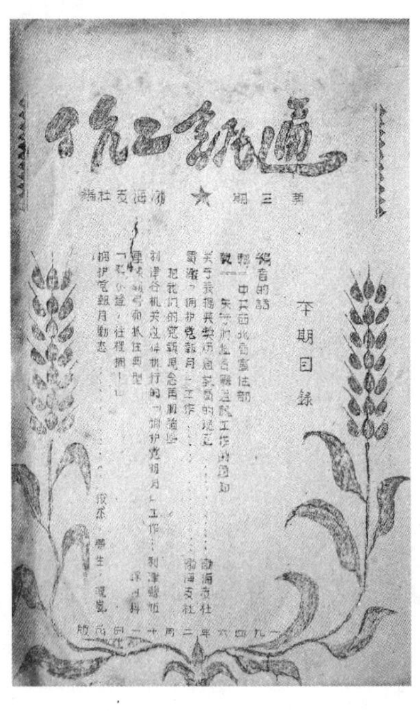

通訊工作

第三期　★　渤海支社編

本期目錄

一九四六年二月十一日出版

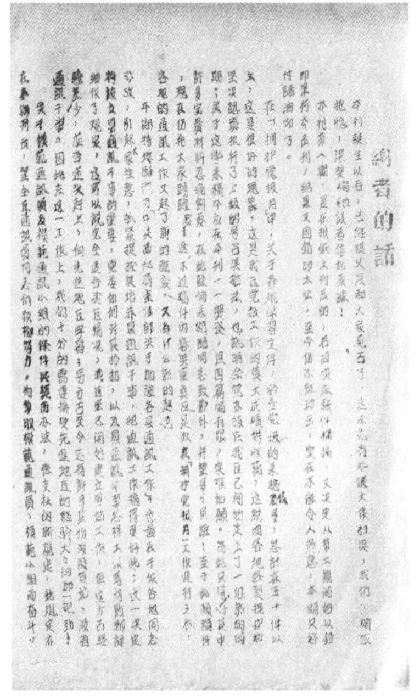

編者的話

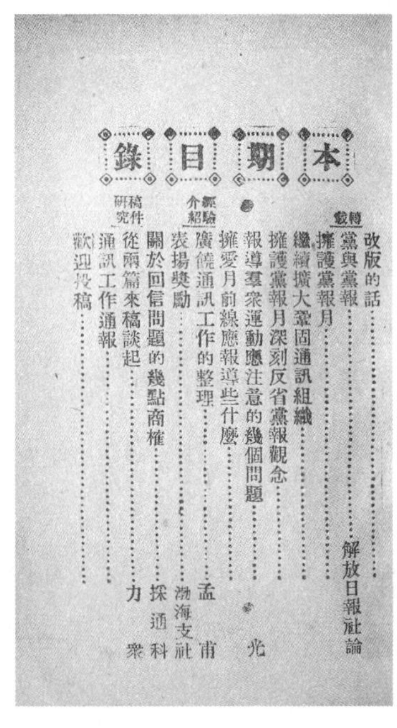

本期目錄

青岛市政府工作报告

青岛市政府秘书处编审室编　编者刊　青岛　1946 年　总 2 期　半年刊　26cm

该刊是市政刊物，内容包括一般行政、民政、社会、工务等。

期刊之部（二）

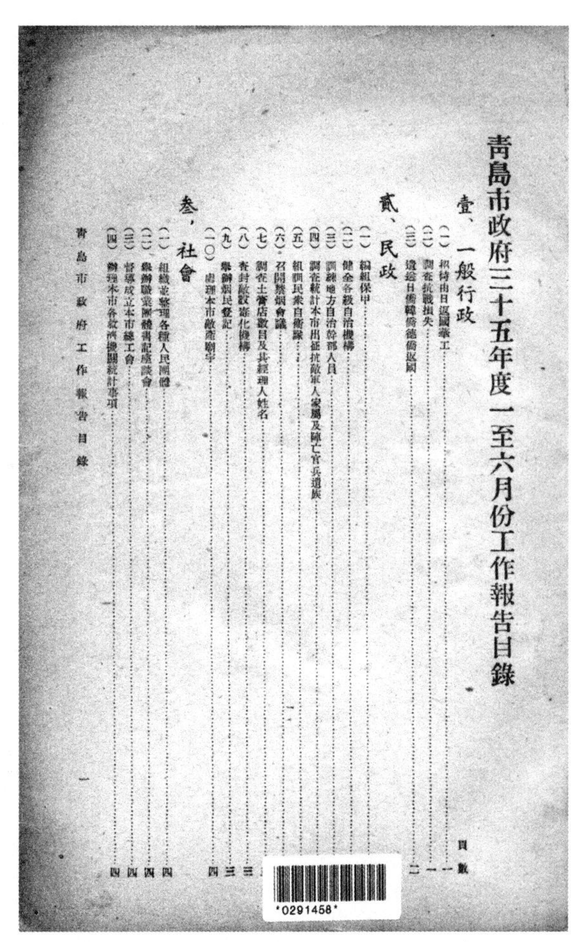

青島市政府三十五年度一至六月份工作報告目錄

青島市政府工作報告目錄

行政通报

鲁中区行政公署编　编者刊　淄博　1946 年～[终刊日期不详]［总期数不详］［刊期不详］ 19cm

该刊 1946 年创刊于淄博，鲁中区行政公署编印，终刊日期不详。

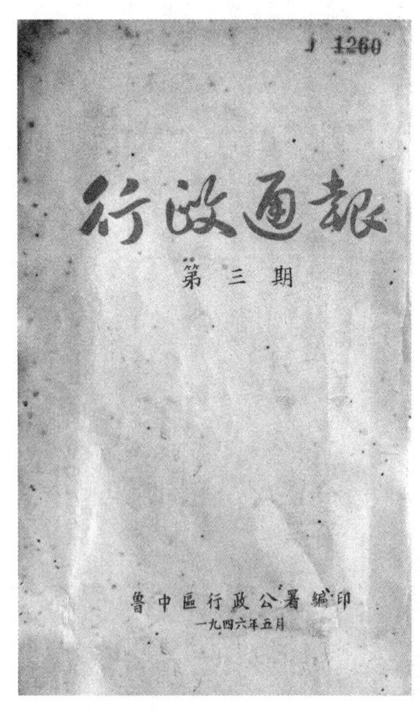
行政通報

第三期

魯中區行政公署編印

一九四六年五月

適應羣衆運動的發展

加强我們的司法工作

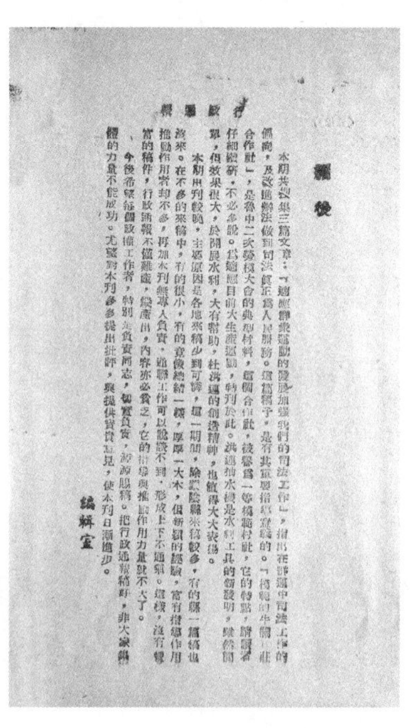

观象月报

青岛市观象台编　编者刊　青岛　1946年1月~[1946年10月][总期数不详]　月刊　27cm　由《气象月报》(青岛)继承

该刊是气象观测资料刊物。用图表形式刊出，并载有当月青岛气象概况综述。

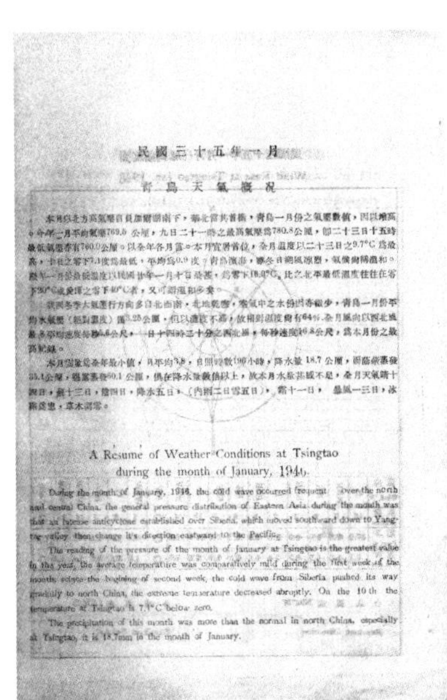

民國三十五年一月

青島天氣概況

A Resume of Weather Conditions at Tsingtao during the month of January, 1946.

During the month of January, 1946, the cold wave occurred frequent over the north and central China, the general pressure distribution of Eastern Asia during the month was that an intense anticyclone established over Siberia, which moved southward down to Yangtze valley, then change it's direction eastward to the Pacific.

The reading of the pressure of the month of January at Tsingtao is the greatest value in the year, the average temperature was comparatively mild during the first week of the month, since the begining of second week, the cold wave from Siberia pushed its way gradually to north China, the extreme temperature decreased abruptly. On the 10th the temperature at Tsingtao is 7.1°C below zero.

The precipitation of this month was more than the normal in north China, especially at Tsingtao, it is 18.7mm in the month of January.

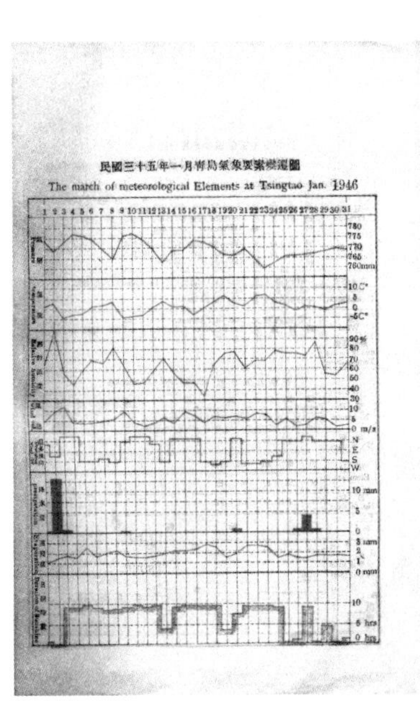

气象月报（青岛）

青岛市观象台编　编者刊　青岛　1947 年 1 月～［1951 年 3 月］　2 卷 1 期～［6 卷 3 期］　月刊　27cm　继承《观象月报》

该刊是气象观测刊物。用图表形式刊出，并载有当月青岛气象概况综述。

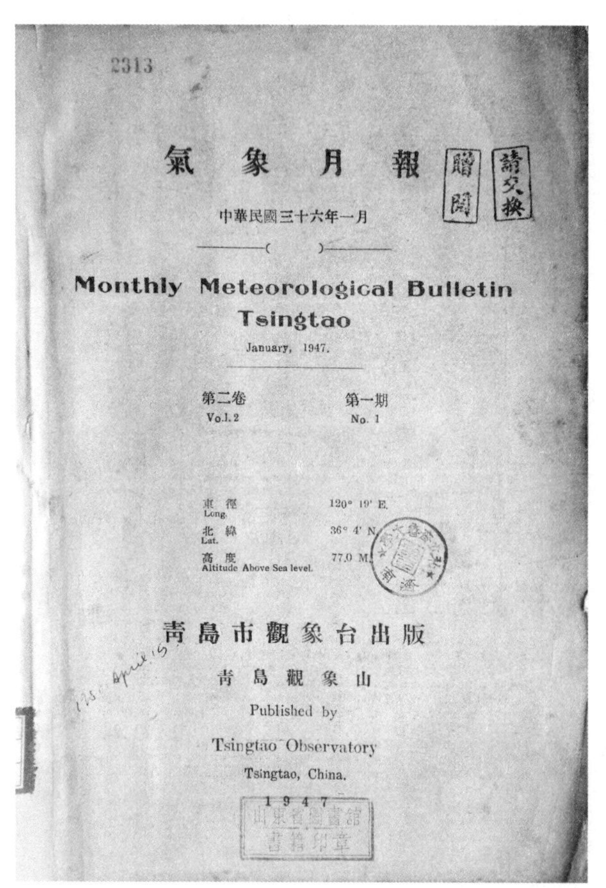

氣象月報

中華民國三十六年一月

Monthly Meteorological Bulletin
Tsingtao

January, 1947.

第二卷 Vol. 2　第一期 No. 1

東經 Long. 120° 19' E.
北緯 Lat. 36° 4' N.
高度 Altitude Above Sea level. 77.0 M.

青島市觀象台出版

青島觀象山

Published by
Tsingtao Observatory
Tsingtao, China.

1947

民國三十六年二月
青島天氣概況

本月雖屆季冬，西伯利亞高氣壓仍極旺盛，寒威不減，朔風頻臨，綜計自一日至二十日，二十日內之平均氣溫曾達-4.1°C；寒威之盛及其延續時間之久，實屬罕見。月之十五日，寒冷尤甚，是日最高溫度-5.4°C，最低溫度-9.7°C，平均溫度-7.8°C，雖不及一月二十六日之酷寒，却堪爲本月之最低溫度紀錄。

全月氣壓平均770.41mm，最低755.1mm（二十八日十八時）最高778.4mm（十八日九時）。平均氣溫-2.4°C，不僅低於其標準平均2.3°C，且較一月份猶低1.2°C，造成近十餘年來之低溫紀錄；但絕對最高氣溫7.5°C（二十三日），絕對最低氣溫-9.7°C（三日，十五日）均較一月份分別爲高。平均風速每秒5.2公尺，合成風向北偏西7°56'，最大風速爲十三日之北風，十分鐘內平均最大風速每秒17.5公尺，瞬間最大每秒18.6公尺，相對溼度64%，絕對溼度2.58mm，均甚正常。全月降水量5.3mm，僅及準平均之半，以八日之雪量最多，佔全月總量80%，日照時數222.0小時，相當應有日照時數之73%；雲量較上月大減，平均僅有4.4，蒸發量因以增加，計曝露蒸發63.3mm，蔭蔽蒸發32.1mm。全月晴9日，曇15日，陰4日，雪4日，雨（夾雪）1日，霜7日，濃霧5日，重霜1日，結冰27日，月內最高溫度在0°C以下之日數計16日，最低溫度全月皆在零下，內港結冰，至二十二日始漸解凍。

上月三十一日雪後，一日繼以濃霧，並現霧凇，繼則霧散天晴，煦陽當頭；雪覆大地，淞綴森林，瓊樓玉宇，綺麗非常，一時呈爲奇觀。

A Résumé of Weather Conditions at Tsingtao
During The Month of February, 1947.

The weather of February 1947, was still noted for the dominating influence of the prevalent Siberian air mass. Anticyclones controlled whole China all the month, so that cyclones were only 2 in number, both appeared in North China and travelled northeast-ward. thus it was bitterly cold and unusually dry, especially in the first half month of February. at Tsingtao, the mean temperature of the first and second ten-day was -4.1°C, the minimum temperature of each day of the month was lower than 0°C, thus, a new record for this long period of cold current for the month of February was established in recent years.

The mean air pressure was 770.41mm, the maximum pressure of 778.4mm (18th 9h) and minimum pressure of 755.1 mm (28th 18h) both were lower than that of January, the mean air temperature was -2.4°C or 2.3°C lower than its normal, the maximum and minimum temperature were 7.5°C and -9.7°C respectively. Monthly mean wind velocity was 5.2m/s, the strongest was the N-ly wind recorded on 13th during which the mean maximum in 10-minute was 17.5 m/s and instantaneous maximum was 18.6 m/s, the resultant wind direction was 7°56' west from north, the average of relative humidity was 64% and absolute humidity was 2.58 mm. Total amount of precipitation was 5.3 mm which was less than half of its normal.

In the whole month, there were 5 days of snow (within which 1 day rain and snow mixed) 5 days of heavy fog, 16 days of maximum temperature below the freezing point, On first, the heavy fog and rime appeared after snow, all of the buildings and plants were covered by snow and rime which made a beautiful picture for this city.

前锋通讯

山东渤海军区前锋支社编　编者刊　渤海区　1946年1月～1946年5月　1期～2期　月刊　18cm

该刊主要介绍撰稿经验、通讯工作动态、对党报的改进意见、运用党报推动工作的经验等内容。

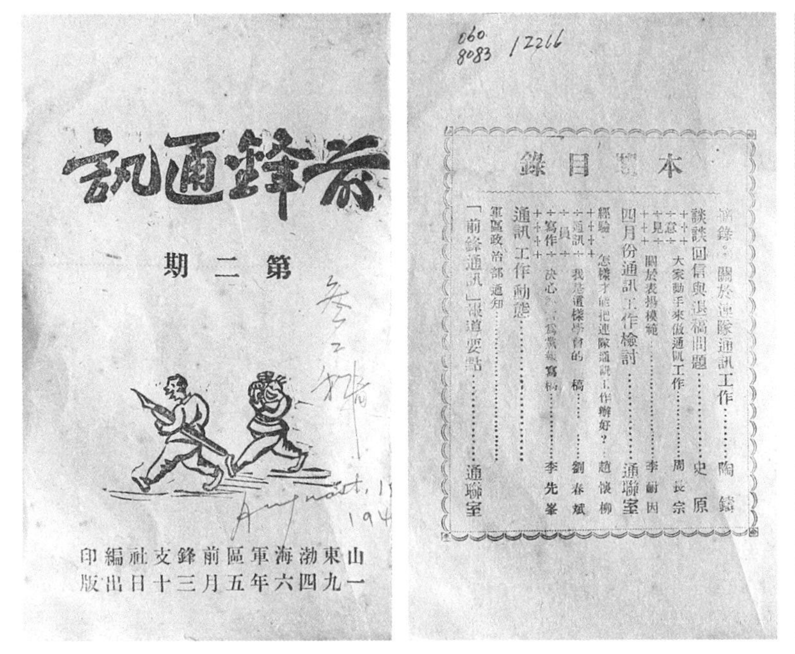

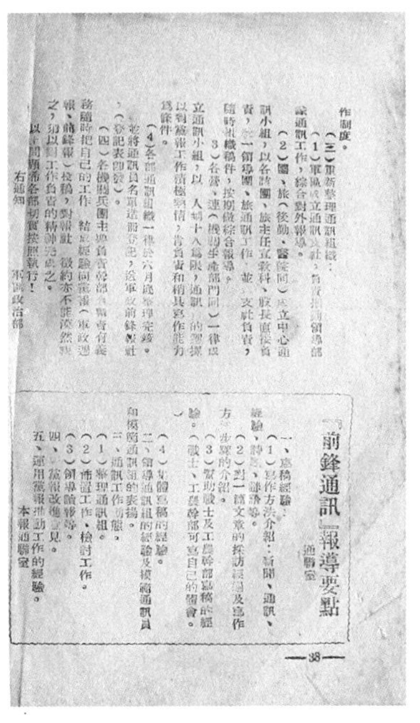

中兴周刊

中兴周刊社编　编者刊　青岛　1946年1月　总2期　周刊；复刊1946年11月～1948年　总6期　不定期　26cm

该刊为综合性文艺刊物，社址在青岛市广西路46号，营业部在聊城路69号。内容包括论著、科学、国学研究等。由于经费短绌，印刷困难，出至第2期后停刊。1946年11月23日复刊，增加学术方面的内容，开辟《医药》《法律》专栏，由周刊改为不定期刊。1948年初停刊，先后出版8期。该刊在发刊词中指出："要从胜利后的第一个新年开始，与同胞共勉，力谋国家久远，民族复兴！"

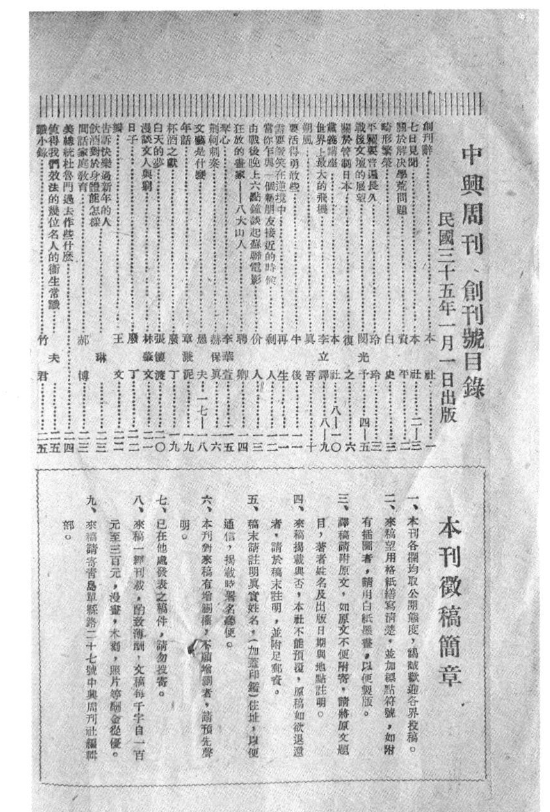

中興周刊、創刊號目錄

民國三十五年一月一日出版

本刊徵稿簡章

一、本刊各欄均取公開態度，竭誠歡迎各界投稿。
二、來稿望用格紙繕寫清楚，並加標點符號，如附有插圖者，請用白紙墨畫，以便製版。
三、譯稿請附原文，如原文不便附寄，請將原文題目，著者姓名及出版日期與地點註明。
四、來稿揭載與否，本社不能預覆，原稿如欲退還者，請於稿末註明，並附足郵資。
五、稿末請註明眞實姓名，（加蓋印鑑）住址，以便通信，揭載時署名隨便。
六、本刊對來稿有增删權，不願增删者，請預先聲明。
七、已在他處發表之稿件，請勿投寄。
八、來稿一經刊載，酌致薄酬，文稿每千字自一百元至三百元，漫畫，木刻，照片等酬金從優。
九、來稿請寄青島單縣路二十七號中興周刊社編輯部。

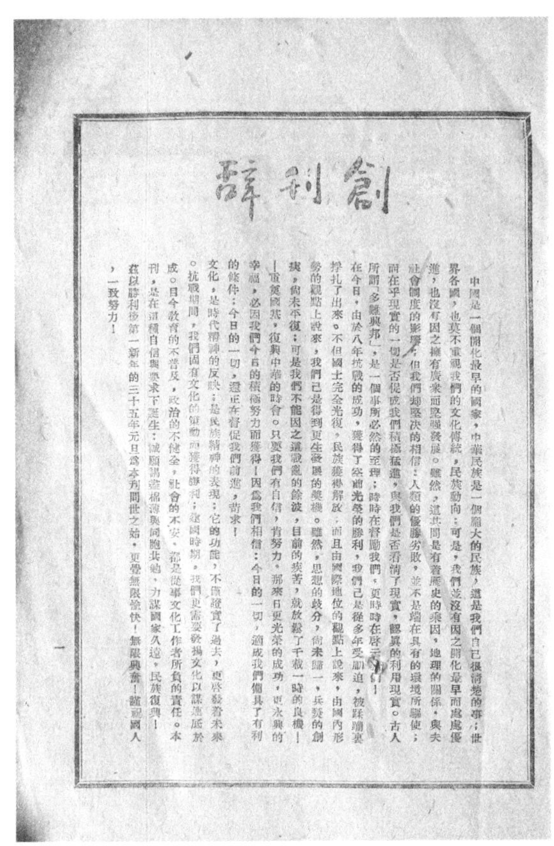

創刊辭

中國是一個開化最早的國家，中華民族是一個龐大的民族，這是我們自己很清楚的事；世界各國，也莫不重視我們的文化傳統，民族動向：可是，我們並沒有因之開化最早而處處進，也沒有因之擁有廣衆而堅強發展。雖然，這其間是有着歷史的乘因，地理的關係，與社會制度的影響；但我們却堅決的相信：人類的優勝劣敗，並不是端在具有的環境所驅使，而在乎現實的一切是否促成我們積極猛進，與我們是否看清了現實，認眞的利用現實。古人所謂「多難興邦」，是一個事所必然的至理；時時在督勵我們，更時時在啓示我們！

在今日，由於八年抗戰的成功，獲得了空前光榮的勝利，我們已是從多年受壓迫，被蹂躪裏掙扎了出來。不但國土完全光復，民族獲得解放，而且由國際地位的觀點上說來，由國內形勢的觀點上說來，我們已是得到更生發展的契機。雖然，思想的歧分，尚未歸一，兵燹的創痍，尚未平復；可是我們不能因之這戰亂的餘波，目前的疾苦，就放鬆了千載一時的良機——重奠國基，復興中華的時會。只要我們有自信，肯努力，那來日更光榮的成功，更永興的幸福，必因我們今日的積極努力而獲得！因爲我們相信：今日的一切，適成我們備具了有利的條件；今日的一切，還正在督促我們前進，苛求！

文化，是時代精神的反映；是民族精神的表現；它的功能，不僅證實了過去，更啓發着未來。抗戰期間，我們固有文化的策動而獲得勝利；建國時期，我們更需要發揚文化以謀達成。目今教育的不普及，政治的不健全，社會的不安，都是從事文化工作者所負的責任。本刊，是在積極自信與要求下誕生；誠願謁盡棉薄與同胞共勉，力謀國家久遠，民族復興！茲以勝利後第一新年的三十五年元旦爲本刊問世之始，更覺無限愉快！無限興奮！謹祝國人，一致努力！

中興周刊

新年號

發行人 譚鎮遠　編輯 孫昌熙

地址：廣西路四十六號　電話（二）二七一四號

本期目錄

贈閱

廳長室 六十の、

發行所地址：膠城路六十九號　電話（二）五一六七號

中華民國卅六年一月一日出版

山东卫生

山东卫生总局卫生丛刊编辑室编　临沂卫生合作社书报部［发行］临沂　1946年1月1日～［1946年3月］1期～3期　月刊　26cm

该刊提倡大众健康，普及卫生知识。主要内容有医学理论、自然科学常识、社会卫生工作总结、治疗工作经验、临床病例、大众卫生知识普及等。

山東衛生

第一卷　第一期（創刊號）

提倡大衆健康　灌輸衛生常識

開展山東社會衛生工作的第一個信號——省立臨沂醫院開幕

衛生叢刊編輯室主編

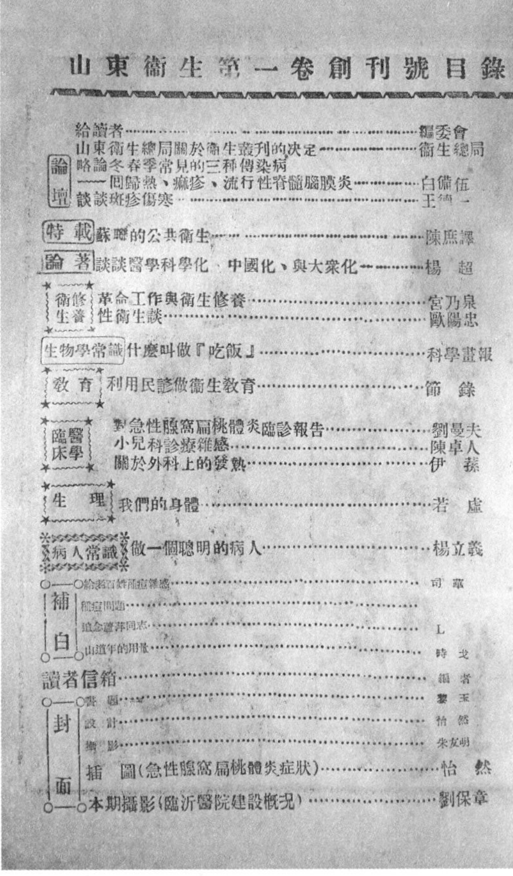

山東衛生第一卷創刊號目錄

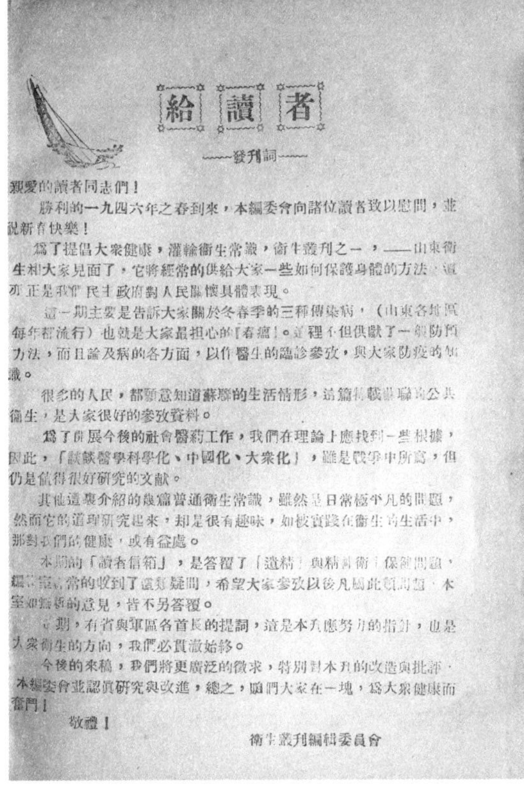

給讀者

——發刊詞——

親愛的讀者同志們！

勝利的一九四六年之春到來，本編委會向諸位讀者致以慰問，並祝新春快樂！

爲了提倡大衆健康，灌輸衛生常識，衛生叢刊之一，——山東衛生和大家見面了，它將經常的供給大家一些如何保護身體的方法，這亦正是我們民主政府對人民關懷具體表現。

這一期主要是告訴大家關於冬春季的三種傳染病，（山東各地區每年都流行）也就是大家最担心的『春瘟』。這裡不但供獻了一般防預方法，而且論及病的各方面，以作醫生的臨診參攷，與大家防疫的知識。

很多的人民，都願意知道蘇聯的生活情形，這篇特載蘇聯的公共衛生，是大家很好的參攷資料。

爲了開展今後的社會醫葯工作，我們在理論上應找到一些根據，因此，「談談醫學科學化、中國化、大衆化」，雖是戰爭中所寫，但仍是值得很好研究的文獻。

其他這裏介紹的幾篇普通衛生常識，雖然是日常極平凡的問題，然而它的道理研究起來，却是很有趣味，如被實踐在衛生的生活中，那對我們的健康，或有益處。

本期的「讀者信箱」，是答覆了「遺精」與精神衛生保健問題，編[illegible]常的收到了這類疑問，希望大家參攷以後凡屬此類問題，本室如無新的意見，皆不另答覆。

本期，有省與軍區各首長的提詞，這是本刊應努力的指針，也是大衆衛生的方向，我們必貫澈始終。

今後的來稿，我們將更廣泛的徵求，特別對本刊的改造與批評，本編委會並認眞研究與改進，總之，願們大家在一塊，爲大衆健康而奮鬥！

敬禮！

衛生叢刊編輯委員會

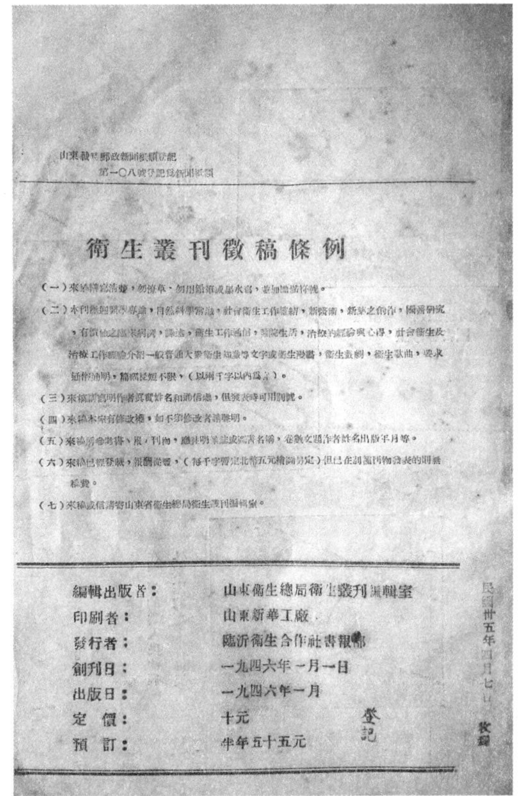

山東戰時郵政新聞紙類登記
第一〇八號登記爲新聞紙類

衛生叢刊徵稿條例

（一）來稿[illegible]寫清楚，勿潦草、勿用鉛筆或墨水寫，並加標點符號。
（二）本刊歡迎[illegible]論，自然科學常識，社會衛生工作總結，新技術，新藥之創作，國醫研究，有價值之臨床病例，譯述，衛生工作通信，醫院生活，治療的經驗與心得，社會衛生及治療工作經驗介紹一般普通大衆衛生知識等文字或衛生漫畫，衛生戲劇，衛生歌曲，要求插件說明，篇幅長短不限，（以兩千字以內爲宜）。
（三）來稿請寫明作者眞實姓名和通信處，但發表時可用別號。
（四）來稿本室有修改權，如不願修改者請聲明。
（五）來稿所參考書、報、刊物，應註明[illegible]名稱，卷數及題作者姓名出版年月等。
（六）來稿已經登載，報酬從優，（每千字暫定北幣五元稿酬另定）但已在別種刊物發表的則無稿費。
（七）來稿或信請寄山東省衛生總局衛生叢刊編輯室。

編輯出版者：	山東衛生總局衛生叢刊編輯室
印刷者：	山東新華工廠
發行者：	臨沂衛生合作社書報部
創刊日：	一九四六年一月一日
出版日：	一九四六年一月
定　價：	十元
預　訂：	半年五十五元

登記

民國卅五年四月七日收錄

胶县青年

胶县青年社编　编者刊　胶县　1946年1月1日～1946年1月15日　1期～2期　半月刊　19cm

该刊主要内容为宣扬三民主义，也刊登文艺作品、科学常识等。1946年由胶县部分青年教师创刊，主编王保之，社址设在胶县，共出两期即停刊。

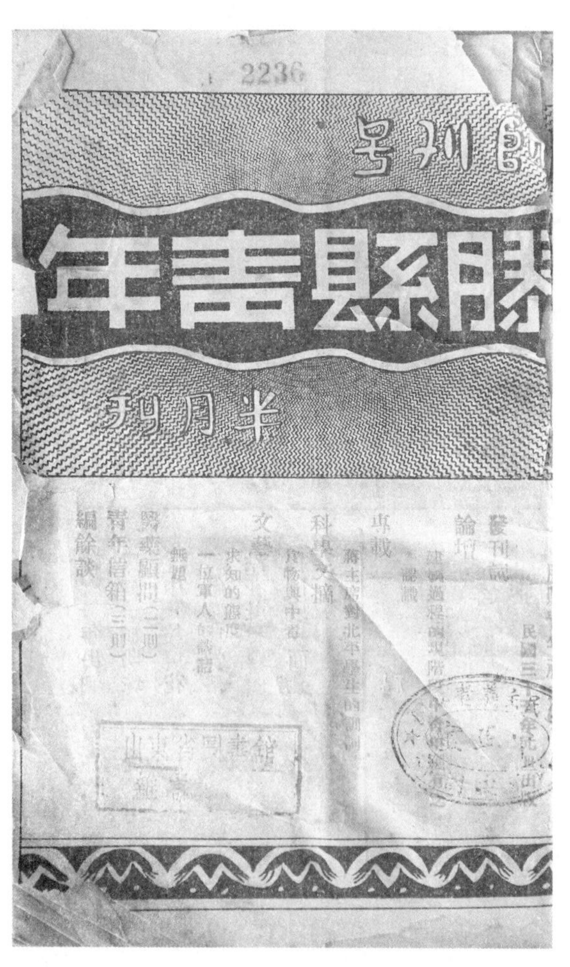

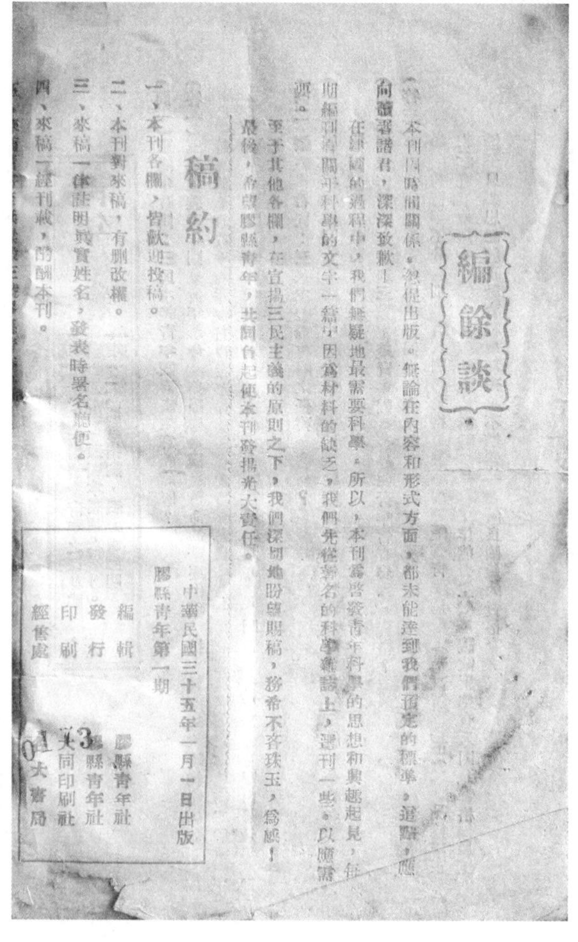

編餘談

本刊因時間關係，遲促出版，無論在內容和形式方面，都未能達到我們預定的標準，這點，願向讀者諸君，深深致歉！

在建國的過程中，我們無疑地最需要科學。所以，本刊為啓發青年科學的思想和興趣起見，在此期編刊有關乎科學的文字——鑑於因為材料的缺乏，我們先從著名的科學雜誌上，選刊一些，以應需要。

至于其他各欄，在宣揚三民主義的原則之下，我們深切地盼望賜稿，務希不吝珠玉，為感！

最後，希望膠縣青年，共同負起使本刊發揚光大責任。

稿約

一、本刊各欄，皆歡迎投稿。

二、本刊對來稿，有刪改權。

三、來稿一律註明真實姓名，發表時署名聽便。

四、來稿一經刊載，酌酬本刊。

中華民國三十五年一月一日出版

膠縣青年第一期

編輯　膠縣青年社

發行　膠縣青年社

印刷　大同印刷社

經售處　[illegible]大書局

山东省会警察局季刊

山东省会警察局秘书室编　山东省会警察局［发行］　济南　1946年1月1日～［1946年4月1日］　1期～［2期］　季刊　26cm

该刊是警务专刊。其内容有人事调整、规章制度、户口统计、消防之改善、禁政之推行、技术设备等。栏目有《论著》《法令》《章规》《文告与计划》《公牍》《工作实施情况》《统计图表》。

★★★非賣品★★★

編餘
——編者——

本刊自本年一月份卽開始籌備、惟以種種關係、以致延遲至今、始行付梓、其原因約爲下列幾點：

一、接收伊始、諸屬草創、千頭萬緒、迄未就緒、逐一從事整理、自需相當時間。

二、編輯人員、本位業務的繁雜、能力與經驗的不足、以致設計遲緩。

三、經費及物質條件之不足、一切未能按照預定計劃進行。

因此不但延長了編印的時間、同時更影響到刊物的內容、因而編輯印刷在在簡陋潦草、缺陷良多、僅能就接收後三個月以來之工作概況、撮要記錄、以就正於社會賢達之前。

編輯者：山東省會警察局秘書室

發行者：山東省會警察局

印刷者：濟南五三印刷社

中華民國卅五年元月一日出版

公报半月刊

山东公报社编　编者刊　济南　1946年1月15日～［1946年3月15日］［总期数不详］　半月刊　27cm

该刊为综合性刊物，是为建设新中国的文化界，求得新中国文化复兴而创刊，以评论国际时事、介绍现代知识、发挥学术真髓、倡导大众文化为宗旨。刊登内容包括译述、艺术、抗战史料、书籍评介、影剧评介、长短篇创作、小品、诗歌、特写、漫画、学生生活等。辟有《论坛》《转载》《时事日志》《文艺栏》《学生园地》《医药顾问》《各地风光》等栏目。

公報半月刊

創刊号

1

中華民國三十五年一月十五日出版

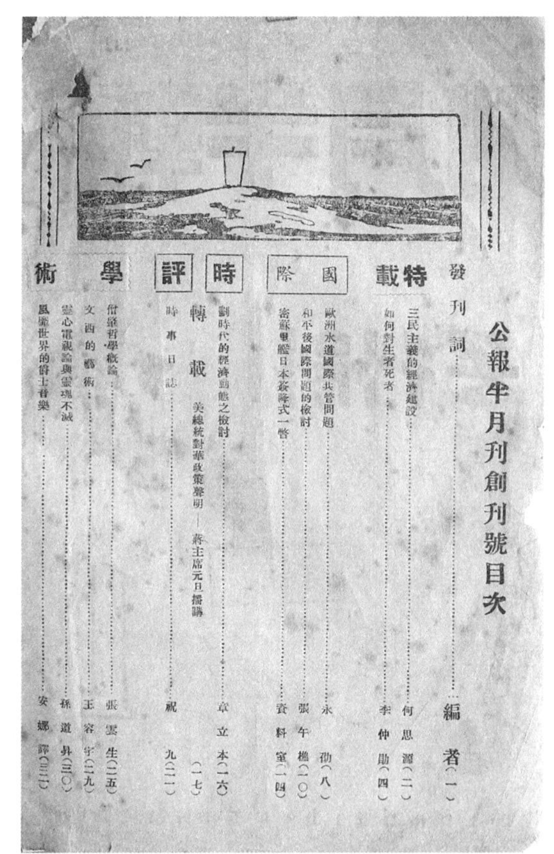

公報半月刊創刊號目次

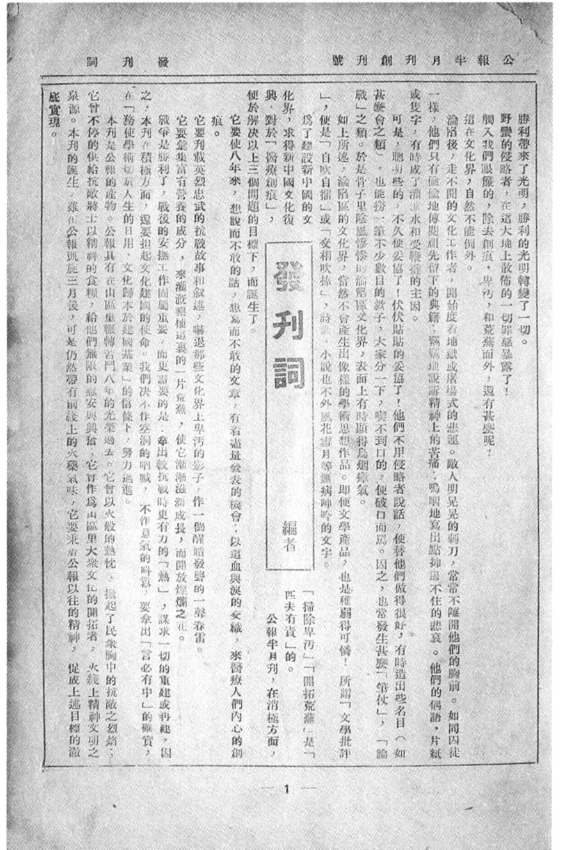

公報半月刊創刊號　　發刊詞

發刊詞

編者

勝利帶來了光明，勝利的光明轉變了一切。

野蠻的侵略者，在這大地上散佈的一切罪惡暴露了！觸入我們眼簾的，除去創痕，卑汚，和荒蕪而外，還有甚麼呢？

這在文化界，自然不能例外。

淪陷後，走不開的文化工作者，開始度着地獄或屠場式的悲運。敵人明晃晃的刺刀，常常不離開他們的胸前。如同囚徒一樣，他們只有偷偷地傳抄祖先留下的典籍，竊竊地說訴精神上的苦痛，嗚咽地寫出點抑遏不住的悲哀。他們的偶語，片紙或隻字，有時成了潑涼水和受酷搜的主因。

可是，聰明些的，不久便妥協了！伏伏貼貼的妥協了！他們不用侵略者說話，便替他們做得很好，有時造出些名目（如甚麼會之類），也能撈一筆不少數目的款子，大家分一下，喫不到口的，便破口而罵。因之，也常發生甚麼「筆仗」，「論戰」之類。於是骨子裏陰風慘慘的淪陷區文化界，表面上有時顯得烏烟瘴氣。

如上所述，淪陷區的文化界，當然不會產生出像樣的學術思想作品。即便文學產品，也是稚弱得可憐！所謂「文學批評」，便是「自吹自擂」或「交相吹捧」，詩歌，小說也不外風花雪月等無病呻吟的文字。

爲了建設新中國的文化界，求得新中國文化復興，對於「醫療創痕」，「掃除卑汚」，「開拓荒蕪」，是「匹夫有責」的。公報半月刊，在消極方面，便於解決以上三個問題的目標下，而誕生了。

它要使八年來，想說而不敢的話，想寫而不敢的文章，有着盡量發表的機會，以這血與淚的交織，來醫療人們內心的創痕。

它要刊載英烈忠武的抗戰故事和敘述，嚇退那些文化界上卑汚的影子，作一個醒瞶發聾的一聲春雷。

它要彙集富有營養的成分，來灌溉點植這裏的一片荒蕪，使它滋滋潤潤成長，而開放燦爛之花。

戰爭是勝利了，戰後的安撫工作固屬重要，而更需要的是，拿出較抗戰時更有力的「熱」，謀求一切的重建或再建。因之，本刊在積極方面，還要担起文化建國的使命。我們決不作空洞的吶喊，不作意氣的叫囂，要拿出「言必有中」的確實，在「務使學術切於人生的日用，文化歸本於建國基業」的信條下，努力邁進。

本刊是公報的產物。公報具有在山區裏輾轉苦鬥八年的光榮過去。它曾以火般的熱忱，掀起了民衆胸中的抗敵之烈焰；它曾不停的供給抗敵將士以精神的食糧，給他們無限的慰安與興奮；它曾作爲山區裏大衆文化的開拓者，火綫上精神文明之泉源。本刊的誕生，雖在公報凱旋三月後，可是仍然帶有前綫上的火藥氣味，它要秉着公報以往的精神，促成上述目標的澈底實現。

— 1 —

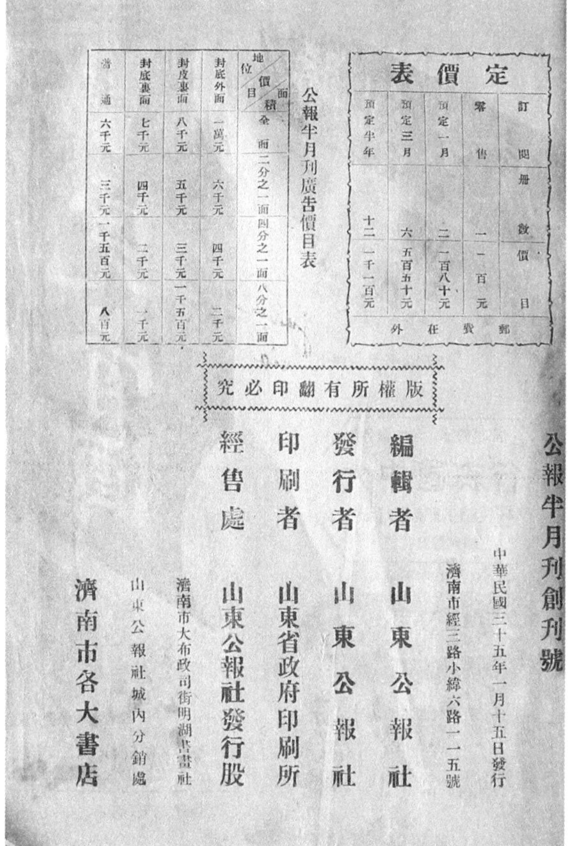

定價表

訂閱冊數	價目
零售	一冊　一百元
預定一月	二冊　二百八十元
預定三月	六冊　五百五十元
預定半年	十二冊　一千一百元
郵費在外	

公報半月刊廣告價目表

地位＼價目＼面積	全面	二分之一面	四分之一面	八分之一面
封底外面	一萬元	六千元	四千元	二千元
封皮裏面	八千元	五千元	三千元	一千五百元
封底裏面	七千元	四千元	二千元	一千元
普通	六千元	三千元	一千五百元	八百元

公報半月刊創刊號

中華民國三十五年一月十五日發行

編輯者　山東公報社　濟南市經三路小緯六路一一五號

發行者　山東公報社

印刷者　山東省政府印刷所

經售處　山東公報社發行股
濟南市大布政司街明湖書社
山東公報社城內分銷處
濟南市各大書店

廿世纪

廿世纪半月刊社编　编者刊　胶县　1946年2月15日～［终刊日期不详］［总期数不详］　半月刊　27cm

该刊《发刊词》:“我们深感到‘文化’是国家精诚团结的主要动力，是民族精神统一真诚的表现，它能检讨过去，警惕将来。现在是胜利后建国之际，每个人应刷新一下自己，大家要腾身跃起，热诚地跟随在建国最高原则三民主义的旗帜之下，来共同完成建国大任。”栏目有《论著》《文艺》《杂俎》《党义讲座》《学生园地》《科学讲座》《妇女专页》等。

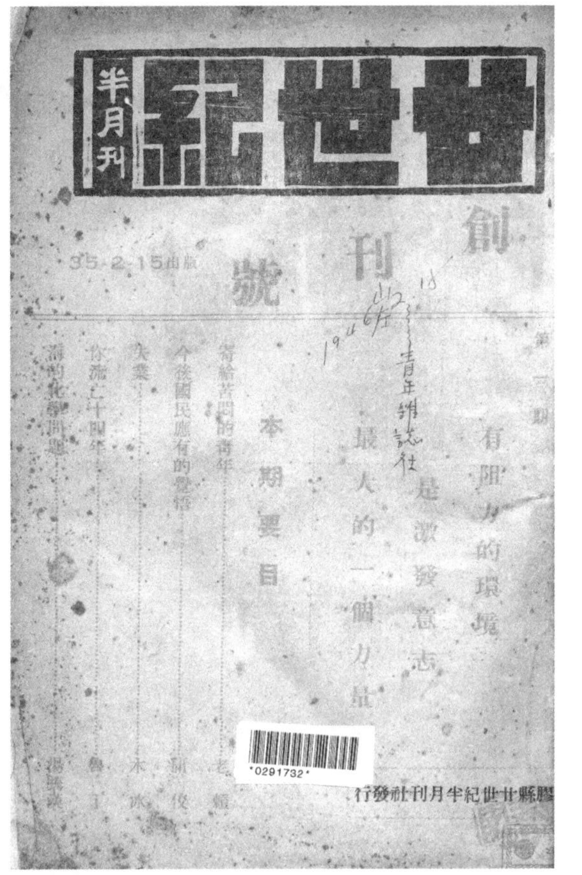
半月刊

廿世紀

35-2-15出版

創刊號

第一期

有阻力的環境是激發意志最大的一個力量

本期要目

寄給苦悶的青年……老帆
今後國民應有的覺悟……庸俊
失業……木冰
你流亡十四年……魯丁
海的化學問題……湯勝漢

膠縣廿世紀半月刊社發行

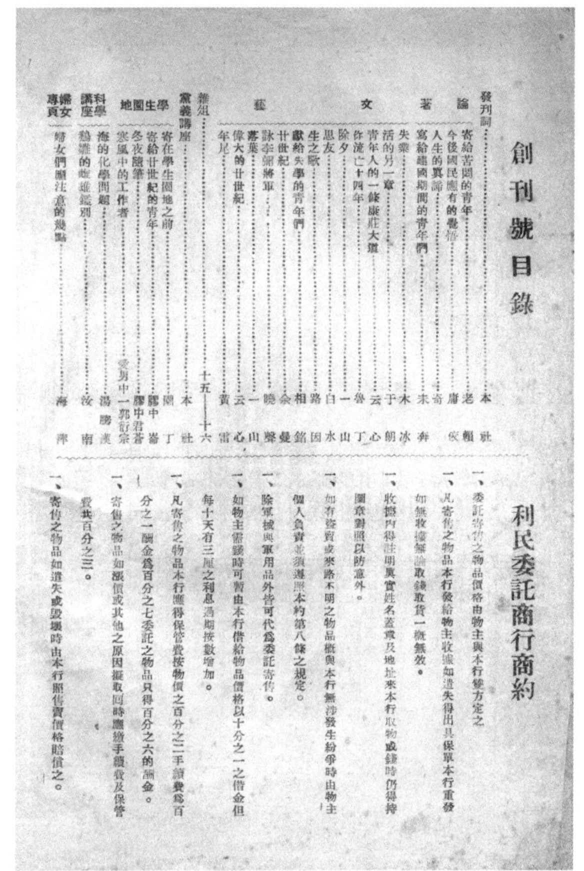
創刊號目錄

利民委託商行商約

一、委託寄售之物品價格由物主與本行雙方定之
一、凡寄售之物品本行發給物主收據如遺失得出具保單本行重發如無收據無論取錢取貨一概無效。
一、收據內得註明真實姓名蓋章及地址來本行取物或錢時仍得持圖章對照以防意外。
一、如有盜賣或來路不明之物品概與本行無涉發生糾爭時由物主個人負責並須遵照本約第八條之規定。
一、除軍械與軍用品外皆可代為委託寄售。
一、如物主需錢時可暫由本行借給物品價格以十分之一之借金但每十天有三厘之利息過期按數增加。
一、凡寄售之物品本行應得保管費按物價之百分之二手續費為百分之一酬金為百分之七委託之物品只得百分之六的酬金。
一、寄售之物品如漲價或其他之原因擬取回時應繳手續費及保管費共百分之三。
一、寄售之物品如遺失或毀壞時由本行照售賣價格賠償之。

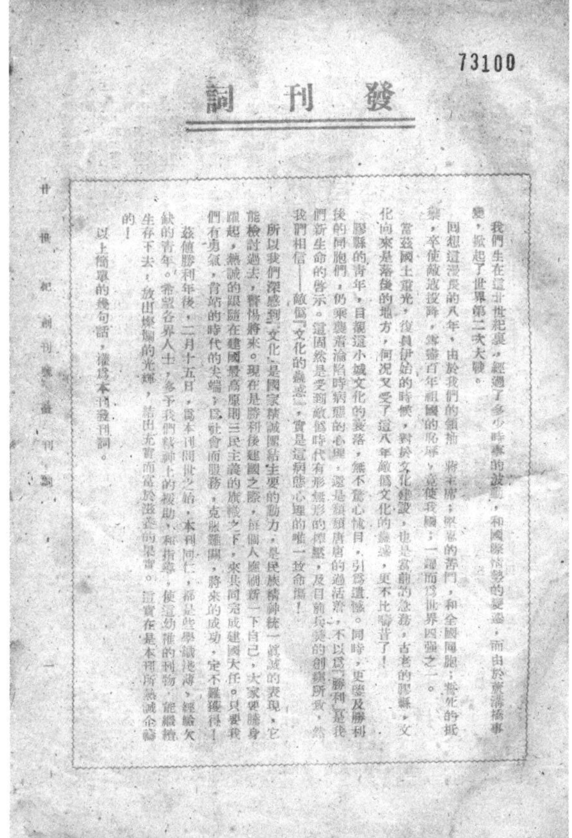
73100

發刊詞

我們生在這廿世紀裏，經過了多少時事的波瀾，和國際情勢的變遷，而由於東滿橋事變，掀起了世界第二次大戰。

回想這漫長的八年，由於我們的領袖　蔣主席；堅毅的奮鬥，和全國同胞；犧牲的抵禦，卒使敵寇投降，解除百年祖國的恥辱，竟使我國；一躍而為世界四強之一。

當茲國土重光，復員伊始的時候，對於文化建設，也是當前的急務，古老的膠縣，文化向來是落後的地方，何況又受了這八年敵僞文化的蠱惑，更不比疇昔了！

膠縣的青年，目擊這小城文化的衰落，無不驚心怵目，引為遺憾。同時，更鑒及勝利後的同胞們，仍秉襲着淪陷時病態的心理，還是頹頹唐唐的過活着，不以為『勝利』是我們新生命的啓示。這固然是受到敵僞時代有形無形的摩壓，及日寇兵燹的創痍所致，然我們相信——敵僞『文化的蠱惑』，實是這病態心理的唯一致命傷！

所以我們深感到『文化』是國家精誠團結主要的動力，是民族精神統一真誠的表現，它能檢討過去，贊揚將來。現在是勝利後建國之際，每個人應刷新一下自己，大家要躍身躍起，熱誠的跟隨在建國最高原則三民主義的旗幟之下，來共同完成建國大任。只要我們有勇氣，奮鬥的時代的尖端，為社會而服務，克服艱難，將來的成功，定不難獲得！

茲值勝利年後，二月十五日，為本刊問世之始，本刊同仁，都是些學識淺薄，經驗欠缺的青年。希望各界人士，多予我們精神上的援助，和指導，使這幼稚的刊物，能繼續生存下去，放出燦爛的光輝，結出充實而富於滋養的果實。這實在是本刊所熱誠企禱的！

以上簡單的幾句話，權為本刊發刊詞。

廿世紀創刊號發刊詞　一

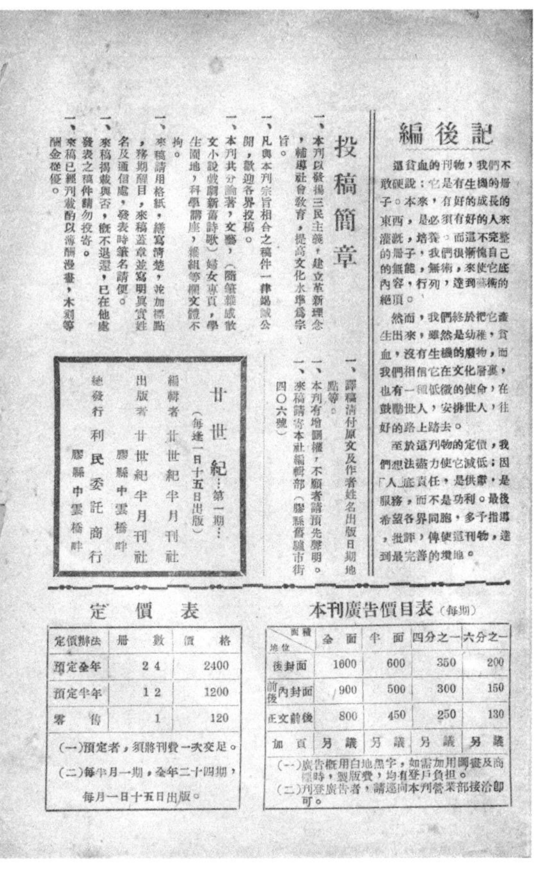
編後記

這貧血的刊物，我們不敢硬說：它是有生機的冊子。本來，有好的成長的東西，是必須有好的人來灌溉，培養。而這不完整的冊子，我們很慚愧自己的無能，無術，來使它底內容，行列，達到藝術的絕頂。

然而，我們終於把它產生出來，雖然是幼稚，貧血，沒有生機的廢物，而我們相信它在文化層裏，也有一種低微的使命，在鼓勵世人，安排世人，往好的路上踏去。

至於這刊物的定價，我們想法盡力使它減低；因「人」底責任，是供獻，是服務，而不是功利。最後希望各界同胞，多予指導，批評，俾使這刊物，達到最完善的境地。

投稿簡章

一、本刊以發揚三民主義，建立革新理念，補導社會教育，提高文化水準為宗旨。
一、凡與本刊宗旨相合之稿件一律竭誠公開，歡迎各界投稿。
一、本刊共分論著，文藝，（隨筆雜感散文小說戲劇新舊詩歌）婦女專頁，學生園地，科學講座，雜組等欄文體不拘。
一、來稿請用格紙，繕寫清楚，並加標點，務期醒目，來稿蓋章並寫明真實姓名及通信處，發表時筆名請便。
一、來稿揭載與否，概不退還，已在他處發表之稿件請勿投寄。
一、來稿已經刊載酌以薄酬漫畫，木刻等酬金從優。
一、譯稿請付原文及作者姓名出版日期地點等。
一、本刊有增刪權，不願者請預先聲明。
一、來稿請寄本社編輯部（膠縣舊驢市街四〇六號）

廿世紀…第一期…
（每逢一日十五日出版）
編輯者　廿世紀半月刊社
出版者　廿世紀半月刊社　膠縣中雲橋畔
總發行　利民委託商行　膠縣中雲橋畔

定價表

定價辦法	冊數	價格
預定全年	24	2400
預定半年	12	1200
零售	1	120

（一）預定者，須將刊費一次交足。
（二）每半月一期，全年二十四期，每月一日十五日出版。

本刊廣告價目表（每期）

地位＼面積	全面	半面	四分之一	六分之一
後封面	1600	600	350	200
前後內封面	900	500	300	150
正文前後	800	450	250	130
加頁	另議	另議	另議	另議

（一）廣告概用白地黑字，如需加用圖畫及商標時，製版費，均有登戶負担。
（二）刊登廣告者，請逕向本刊營業部接洽即可。

期刊之部（二）

新教育

晋冀鲁豫边区新教育社编　编者刊［出版地不详］1946 年 2 月 25 日～1947 年 4 月　1 卷 1 期～2 卷 6 期　月刊　18cm

该刊内容着重在国民教育方面，包括有关教育的论文、短评、教育行政工作与教学经验、典型人物与事件及作品等。

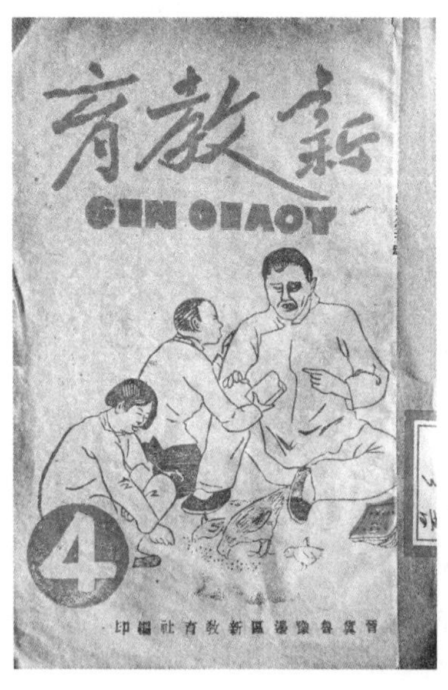

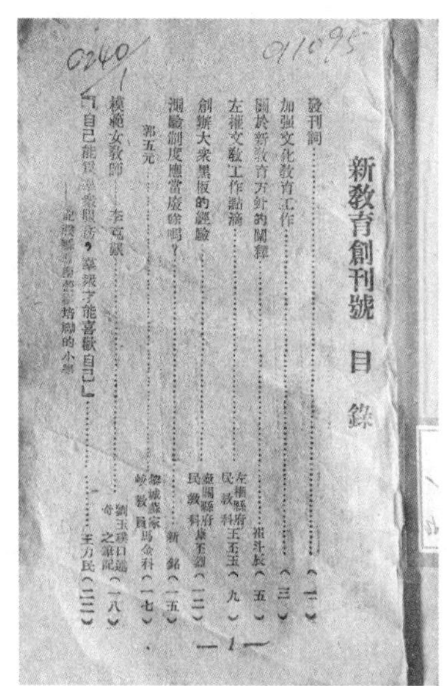

新教育創刊號　目錄

—1—

小學轉村辦的一個典型經驗

紙山

经济参考资料

山东省工商总局统调科编　山东省工商总局［发行］　临沂　1946 年 3 月～1946 年 8 月　1 期～6 期　月刊　19cm

该刊为山东省工商总局内部经济刊物，油印本。旨在适应山东解放区形势的好转，经济工作越来越重要，为提高经济人员的素质而创刊。刊登的文章大部分摘译自海外报刊和国内各大报刊，内容多为可供参考的经济、金融、外贸资料和经贸信息。

經濟參考資料

山東省工商總局統調科編

資料刊物登記簿

战后美國嚴重的失業問題

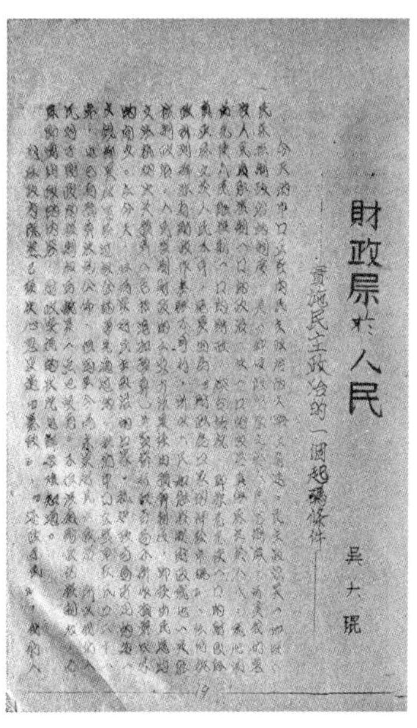
財政屬於人民

吳大琨

战士卫生

新四军山东军区卫生部战士卫生编辑室编　编者刊　临沂　1946 年 3 月～［终刊日期不详］［总期数不详］　半月刊　25cm

该刊为卫生普及宣传刊物，新四军山东军区卫生部创办。主要内容有普及卫生常识，介绍常见新病的治疗措施，开展群众健康运动的报道等。

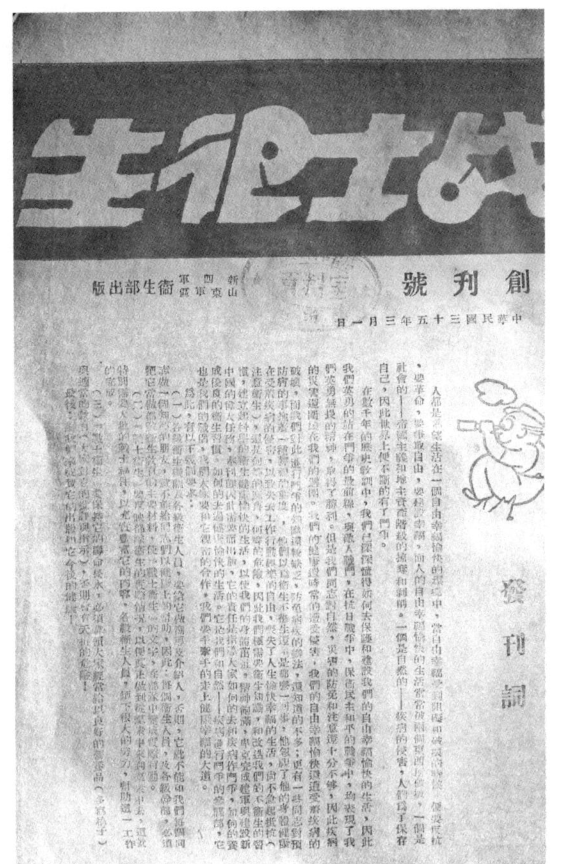

戰士衛生

創刊號

中華民國三十五年三月一日

晉冀魯豫軍區衛生部出版

發刊詞

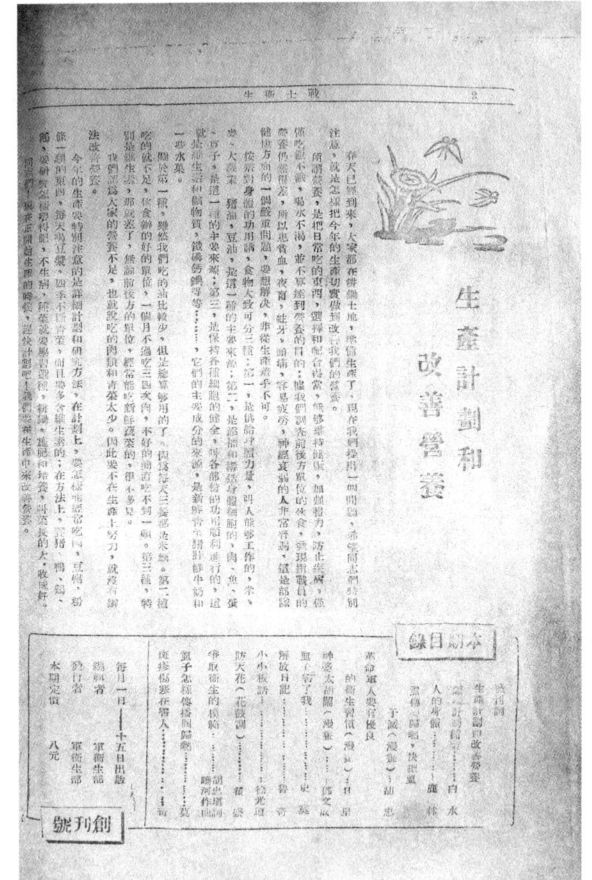

生產計劃和改善營養

本期目錄

創刊號

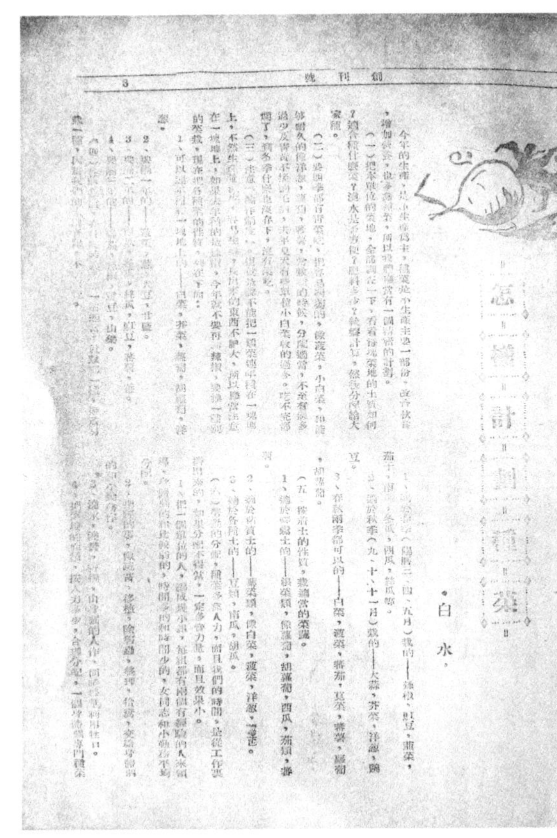

怎樣計劃種菜

白水

蔷薇十日刊

蔷薇十日刊社编　青岛杂志书报社［发行］　青岛　1946 年 3 月 3 日 ~ 1946 年 6 月 3 日　春卷 1 期 ~ 夏卷 5 期　旬刊　27cm

该刊内容涉及国家事务、社会问题、平民生活、校园风采、文学艺术、娱乐消遣等各方面。栏目有《专载》《蔷薇刺》《课堂之外》《艺术之页》《文艺》《影与剧》《长篇连载小说》等。

目次

—22—

長篇連載小說

長安俠侶（二）

孟瞻著

第一章　關河俠義圖

這位練拳的—劉三的徒弟—已經是一位頭髮像雪一樣的白，胳臂如柴棒似的瘦，腰像橫一樣的彎，這麼一位老邁不堪的人了，在全運動場，遠觀衆誰也沒有他的年事再高了，而論起拳脚，誰也不能像他打得敏捷，乾淨而且俐落。若講到精神，真使年青的人慚愧，誰能够像他的双眸瞪得那麼大，奕奕有神，臉上雖已滿是皺紋，可是多麼紅潤呀，多麼顯出來他年紀雖老，而却身體健康呀！

不過，到底他是位老人了，腰有些直不起來了，仿彿永遠是在那裡猿蹲鶴伏，預備着要打拳的樣子，我於是就專一的注意上了這位駝背的老人，聽別人說他是姓焦，我就恨不的走過去，恭敬的稱呼他一聲「焦老師」或是「焦老者」但是這位焦老者只表演了一場，便沒有再練，穿上了他的那件古式的很破很舊的小襖，出了場子就走了。我也隨着他走出來看他的步履很健，我這兩條腿簡直跟不上他。在熱鬧的東大街上，我跟他在人叢中就走散了，時已天晚，我也只有回覆，然而心中總是怏怏不快，其實我跟他沒有一點關係，我也不打算學習武藝，但總覺的不該交臂失此奇人。

長安的熱鬧街道本來不多，像他這樣雖然沒有什麼地位，在街面上却是頗爲有名的人，是很好打聽的。所以，過了幾天，全省的運動會已經閉幕了，聽說國術一項還獲得了好評，得了一面國體的標旗和幾座銀盾。焦老者已沒有機會再表演他那自珍自惜的畢生技藝了。我可又在馬坊門的一家小酒舖裏，找着了他。

我向來不飲酒，可是爲了好奇的心，爲接近這位老人，竟上了兩三次的酒舖。這小小的酒舖位置在不甚繁華的街上，裡面的顧客沒有幾個，但焦老者總是常在這裡坐的。我就以一種「敬老」的禮貌，先招呼他，漸漸的由生疏而成爲熟識我們就談了起來。他的耳朶還好，我說話不用怎麼費力，他就都聽的淸楚。同時他也不憚麻煩的，很客氣的對着我回答，我記的第一次我是問他：

稿約

作者們！讀者們！

假如你願意把你的大作賜給本刊，那麼請—不要拘束稿件的性質，舉凡：政治評論，學術論著，科學珍聞，幽默雜感，趣味知識，學府風光，藝術論文，文藝創作，外埠通訊，漫畫，木刻，攝影，話劇，電影，國劇的理論批評及消息俱極歡迎，薔薇是大家的，園地更是大家的了！

—準備領取稿費！每千字自法幣二百元至五百元，畫稿每幀自二百元起，此外並贈上書(本刊稿友)的薔薇一冊。

—用鋼筆或毛筆一面書寫，並請在稿末註明姓名及通訊處，最好再加蓋印鑑。

—預先在稿末聲明，如是你不願刪的話，預附郵資，假使你需要敝刊退還你未登的稿件的話，把大作寄中山路一七一號。

春季第二期
第二卷第二號
編輯者　薔薇十日刊社　中山路一七一號　電話②二一〇〇號
發行者　青島雜誌書報社　中山路一七一號　電話②二一〇〇號
薔薇十日刊　每年四卷、春夏秋冬　每卷九期每年卅六期

期刊之部（二）

善后救济总署鲁青分署旬报

善后救济总署鲁青分署编　编者刊　青岛　1946年3月10日～1946年4月30日　1期～6期　旬刊　21cm　由《鲁青善救旬刊》继承

该刊主要刊登总署的训令、规章，各分署的工作报告及会议录，介绍该分署业务工作情况，探讨善后救济理论，报道物资与经费的来源及发放办法、难民收容、灾害预防、战后重建等问题。

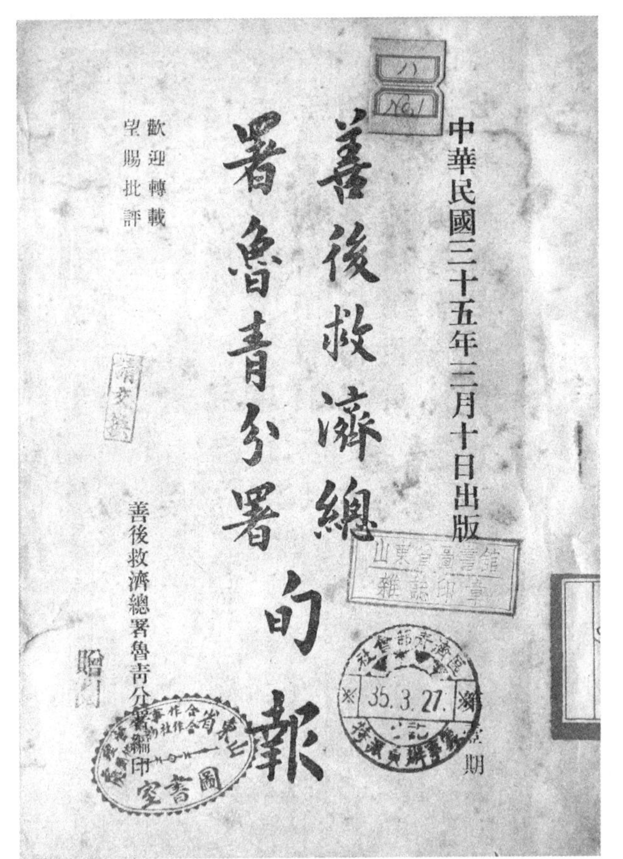

中華民國三十五年三月十日出版

善後救濟總署魯青分署旬報

期

歡迎轉載
望賜批評

善後救濟總署魯青分署編印

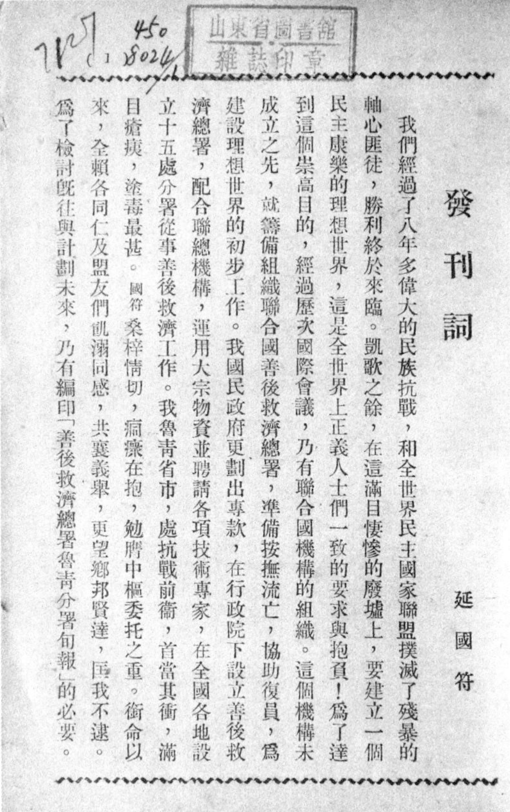

發刊詞

延國符

我們經過了八年多偉大的民族抗戰，和全世界民主國家聯盟撲滅了殘暴的軸心匪徒，勝利終於來臨。凱歌之餘，在這滿目悽慘的廢墟上，要建立一個民主康樂的理想世界，這是全世界上正義人士們一致的要求與抱負！爲了達到這個崇高目的，經過歷次國際會議，乃有聯合國機構的組織。這個機構未成立之先，就籌備組織聯合國善後救濟總署，準備按撫流亡，協助復員，爲建設理想世界的初步工作。我國民政府更劃出專款，在行政院下設立善後救濟總署，配合聯總機構，運用大宗物資並聘請各項技術專家，在全國各地設立十五處分署從事善後救濟工作。我魯青省市，處抗戰前衛，首當其衝，滿目瘡痍，塗毒最甚。國符桑梓情切，痌瘝在抱，勉膺中樞委托之重。銜命以來，全賴各同仁及盟友們饑溺同感，共襄義舉，更望鄉邦賢達，匡我不逮。爲了檢討既往與計劃未來，乃有編印「善後救濟總署魯青分署旬報」的必要。

善後救濟總署魯青分署

旬報

第三第四期合刊

善後救濟總署魯青分署編印

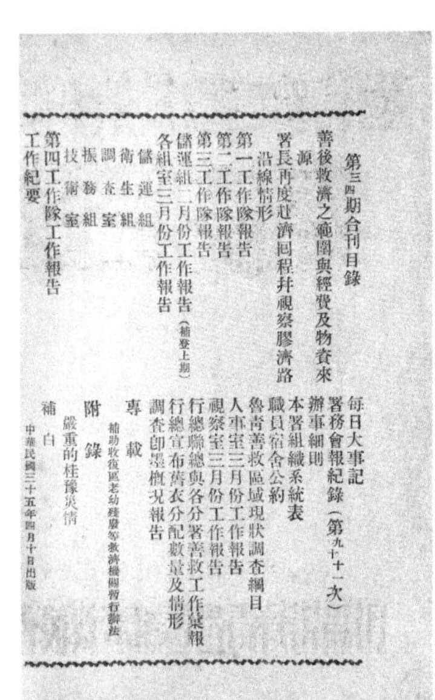

第三四期合刊目錄

善後救濟之範圍與經費及物資來源

署長再度赴濟囘程幷視察膠濟路沿線情形

第一工作隊報告

第二工作隊報告

第三工作隊報告

儲運組二月份工作報告（補登上期）

各組室三月份工作報告

儲運組

衛生組

調查室

振務組

技術室

第四工作隊工作報告

工作紀要

每日大事記

署務會報紀錄（第九十十一次）

辦事細則

本署組織系統表

職員宿舍公約

魯青善救區域現狀調查綱目

人事室三月份工作報告

視察室三月份工作報告

行總聯總與各分署善救工作彙報

行總宣布舊衣分配數量及情形

調查卽墨槪況報告

專載

補助收復區老幼殘廢等救濟機關暫行辦法

附錄

嚴重的桂豫災情

補白

中華民國三十五年四月十日出版

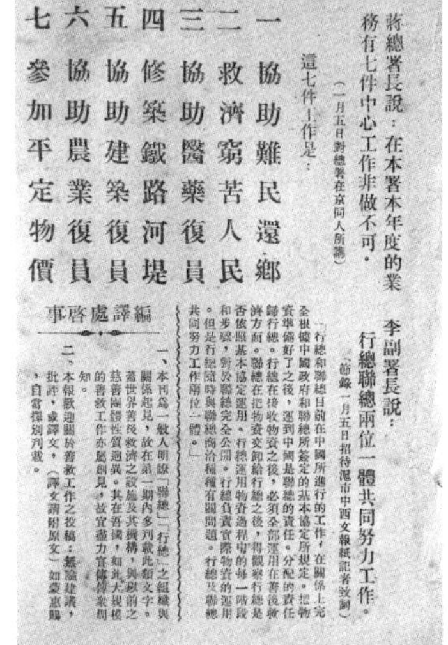

蔣總署長說：在本署本年度的業務有七件中心工作非做不可。（一月五日對總署在京同人所講）

這七件工作是：

一 協助難民還鄉
二 救濟窮苦人民
三 協助醫藥復員
四 修築鐵路河堤
五 協助建築復員
六 協助農業復員
七 參加平定物價

李副署長說：行總聯總兩位一體共同努力工作。（節錄一月五日招待滬市中西文報紙記者致詞）

「行總和聯總目前在中國所進行的工作，在關係上完全根據中國政府和聯總所簽定的基本協定所規定。把物資準備好了之後，運到中國是聯總的責任。分配的責任歸行總。行總在接收物資之後，必須全部運用在善後救濟方面。聯總在把物資交卸給行總之後，得觀察行總是否依照基本協定運用。行總運用物資過程中的每一階段和步驟，對於聯總完全公開。行總負責實際物資的運用。但是行總隨時與聯總商洽種種有關問題。行總及聯總共同努力工作兩位一體。」

編譯處啓事

一、本刊爲一般人明瞭「聯總」「行總」之組織與關係起見，故在第一期內多刊載此類文字。蓋世界善後救濟之設施及其機構，與以前之慈善團體性質迥異。其在吾國，如此大規模的善救工作亦屬創見，故宜盡力宣傳俾衆周知。

二、本報歡迎關於善救工作之投稿：無論建議，批評，或譯文，（譯文請附原文）如蒙惠賜，自當擇別刊載。

鲁青善救旬刊

行政院善后救济总署鲁青分署秘书室编　编者刊　青岛　1946年5月31日～1947年1月1日　7期～28期　旬刊　26cm　继承《善后救济总署鲁青分署旬报》　由《鲁青善救月刊》继承

该刊主要刊登总署的训令、规章，各分署的工作报告及会议录，介绍该分署业务工作情况，探讨善后救济理论，报道物资与经费的来源及发放办法、难民收容、灾害预防、战后重建等问题。1946年5月31日出版，其前身是《善后救济总署鲁青分署旬报》，刊期仍沿用《善后救济总署鲁青分署旬报》的刊期。1947年2月1日改为《鲁青善救月刊》，刊期仍沿用《鲁青善救旬刊》。

魯青善救旬刊

第七期

（本刊係接本署旬報第六期改編）

本期目錄

特載

山東沿海蝗災的預防問題……立千
魯省災難調查與救濟之實施……心一
善救物資怎樣分配處理……汪伏生
使用農藥及防治病蟲害的常識……孫中信
魯青分署人事漫談……陳允傑

公文

總署抄發工賑救濟原則與實施方案令仰遵照訓令
總署頒發編擬物價及工資報告應行注意事項代電
本分署飭第一工作隊督導農民撲殺粟夜盜蟲訓令
收發公文要件摘由錄

業務活動摘要

署務會報
賑務
儲運
衛生
各地工作隊
其他

重要報導

各地分署消息簡摘

特寫

待救的卹嫠……鄒毓秀
幾個被救濟處所的巡禮……張鵬飛
捕殺粟夜盜蟲記……松齡
青島市難民的收容……青島民言報
第一難民收容所訪問記……青島民衆日報

輿論短片

救濟物資與物價……青島平民報
善救署是救命菩薩……青島播蕩簡報
救急不救貧……青島時報
魯青分署協助遣林……青島平民報
鑿井問題……青島公言報

插照

魯克斯離青時在機場與歡送人員合影
工賑難民領取麵粉
本署所辦第二收容所工賑工人出發時偉大行列
工賑工人開墾荒田
漁隊領取救濟衣服之難民羣
滿載救濟物資之汽船升火待發開塑台
用噴霧器毒殺粟夜盜蟲情形

花絮

旬間大事紀要

贈閱

行政院善後救濟總署魯青分署秘書室編印

本刊改編的幾句話

編者

本署爲期各界明瞭善後救濟的意義，和本署推進業務的實際情形，而期有所就正與協助，在本年三月上旬開始出版「旬報」，舉凡有關善後救濟的名著大作，重要法令章則，及本署工作實況等，均羅致集納刊出。中間因爲承印工廠印刷的一再延誤，以致迄至五月末旬，才刊出第六期；並且迫不得已，三四期還來了一次合刊。

我們自己嚴格的檢討，很慚愧！覺得這「旬報」的表現是不够要求；不管外邊的評論如何。因此，決然從五月開始實行改編，將版面擴大，內容充實，使公報式的刊物，改編成略似一綜合性的雜誌；就是使純理智的硬性刊物，變成亦理亦情軟硬性兼備的刊物。自然，惟一的目的，是在調和讀者的精神，增加讀者的興趣！並且我們爲貫澈這個改編的計劃，達到煥然一新底鵠的，同時將旬報的名子也改稱爲「魯青善救旬刊」；不過，主要的材料，還是與以前的旬報連繫着；出版的期數也銜接着。

善後救濟的目標，是救濟收復區無力生活的貧苦民衆；和被戰事摧毀的生產建設。總之：善救的是收復區的大衆。因此，善救工作沒有大衆的協力，也決收不到圓滿的效果。所以本刊爲適應這個需要，自本期起，使本刊從本署幾個同仁的手裏跳出來，欣然的跑向大衆的面前，成爲大衆的刊物。只要屬於善救範圍內所有正面或側面的批評和建議；或多或少的闡發和說明，本刊都歡迎接受並發表。

最後要說的是：這期是把以前延誤到一個多月——四月二十日至五月底——的材料，一塊併納在裏邊；這樣雖名爲旬刊，實則是整整四旬的一個大合編。因爲有這種困難，在取材方面，只好去繁就簡，含輕取重，以求整齊劃一，以便嗣後按旬一期期的出下去。改編伊始，缺點必多，我們敬祝讀者諸君多賜協助和指導！

蔣總署長說：

「戰前我國人民生活程度，已經遠在國際水準之下，加上八九年的長期抗戰，除非我們拿人力去克服自然，戰後之苦可以不堪於戰時。平常有許多人迷信救濟，其實救濟是治社會經濟的最下策。拿我們中央政府戰前一年的經常預算去辦救濟，我們不能養活全國人口百分之五，我們的出路不在救濟而在建設。在未建設新的以前，我們必須恢復原有的。等到我們恢復了原有的鐵路、公路、航運、電報、電話、工廠、水利、醫院，然後可以建設新的。這是聯總協助我們的地方，這也是行總主要的使命。所以在行總籌備物資之中，救濟的物資僅估三分之一，善後物資反估三分之二。」又說：「將來工作開展的時候，要避免施救濟或受救濟的名詞和態度。工人應該照常工作，同時也應該取得正常待遇」。

節錄「幹什麼？怎樣幹」

徵稿簡約

一、歡迎有關善後救濟問題之論著、譯述、通訊、文藝、短片等稿件。

二、來稿務請繕寫清楚並加註標點符號，譯文須附原稿；用後退還。

三、來稿最多以五千字爲限。

四、來稿主編人有刪改權；不願者，請預先聲明。

五、來稿發表後，酌酬現金或本刊；版權仍爲著者或譯者所有。

六、來稿請註明真實姓名，住址；但發表時筆名聽便。

七、來稿請寄青島市萊邑路十一號行政院善後救濟總署魯青分署秘書室。

救濟工作人員應該具備的條件

蓬屏

救濟工作是一個很艱苦，而且負有財務上重大責任的工作。在斷垣殘壁，滿目瘡痍的新收復地區裏，常有幾千幾百的難民作千篇一律的災情敍述，他們需要一切的生活條件，甚至想不到的瑣碎東西。在這群苦難人群當中，他們有些帶着傳染病。據說前年黔南大撤退的時候，貴州省國際協濟會的醫藥人員，有三分之二，都被傳染了傷寒，回歸熱等病；更有一位執行幹事，因傳染斑疹傷寒而致喪命。所以善救濟工作，的確是一個堅苦而責任繁重的工作。因此，這種工作的人，應該具備下列的條件，才能應付裕如。

（一）幹練—工作的對象，是廣大的群衆這一批離鄉背井，無組織無訓練而情緒又極惡的群衆，每當分發實物的時候，往往爭先恐後，不守秩序；如果應付不善，常常有蜂擁而入，乘機搶掠的情事。在貴州馬廠坪和都勻等地，均曾發生過這種事件還有在分發外部工作時，每分爲小組或單人去工作，不論遇到什麽問題，必須馬上決定應付的辦法，很少有往返請示商酎的時間，所以必須幹練的人，才能勝任愉快。

（二）機警—難民成分非常複雜，下至販夫走卒，上至大學教授都有。在萬分困難的時候，遇到一個被救濟的機會，很難免不有人運用手段，設法欺騙，如稍一不愼便會弄出很大的岔子，所以必須要拿銳敏的眼光，機警而穩重的態度，隨時隨地，細心考查，才可担任這種工作。

（三）廉潔—救濟工作，行動貴在迅速，手續務求簡單，在這種快與簡的條件之下最容易發生流弊。在工作程序上，雖可儘量採取監察制度，但在存心作弊的人們，仍然機會很多，所以廉潔是辦善救工作人員的最重要的條件。

（四）同情心—古人說：「人饑猶己饑之也，人溺猶己溺之也，惻隱之心人皆有之，」這就是同情心。難胞爲國家受苦難便當該受到救濟。如辦救濟工作人員，對難胞比作乞丐，出以非禮的行動，是絕對不應該的。不過整天的被幾百幾千難民包圍着吵鬧擾攘，假若不是具有極大的同情心，在這種環境裏，是極難忍耐下去的。

（五）勇敢—從事救濟工作的人，很容易遇到危險。因爲他的工作，是在最危險的時候，來服務別人，這樣才會有價值。在前年黔南撤退的時候，美國援華會，在獨山和都勻的工作人員，都是支持到最後一天。等到當地政府機關與武力完全撤退時他們才徒步走了出來，與敵人距離祇有六十華里。又如在剛克復的城市裡，救濟人員應該立即跟蹤而入，自然這時有地雷亂兵等等的威脅，又如在鄉村裏辦理救濟，尤其是在剛剛收復的地區，有時會遇到土匪。這種艱險的工作，非有膽量的人，那能辦的了？

（六）犧牲精神—需要救濟的地方，都是斷垣殘壁哀鴻遍野的區域，不但談不到享受，甚至有時連食住都成問題；至於傳染病的可怕，更時刻令人感覺到威脅。除非抱着捨己救人犧牲精神的人，是不能担任這種工作的。

★　★　★

特載

聯總宣佈停運物資來華後輿論專輯

編者的聲明 在本旬裏有關善後救濟的最大問題，莫過於聯總署長拉加第亞突然宣佈停運物資來華事件。全國輿論界熱烈爭論，勢如鼎沸。本刊特採輯幾家報紙的社論，配合在蔣署長談話的後面，作成這一個專輯，是很有價值的。不過美中不足的是：本刊處超然的態度，原不[illegible]國內的任何政治問題；但輯集的這幾篇社論，因錄其全文，免的斷章取義以致內有涉及政治問題之處，也只有一併保留，不好刪去。這是編者的苦衷，要請讀者格外鑒諒的。

蔣署長招待記者發表談話

行總蔣署長廷黻於七月十三日下午三時，在滬舉行記者招待會，發表談話如下：

「此次邀請各位光臨，初欲報告行總半年來業務進展之情形；惟最近幾天，報載聯總署長宣佈暫停物資運華，輿論紛紛，茲願就本人之觀點，對於此事作坦白而充分之說明，想必爲諸君所樂聞。

聯總在滬職員聯名致電聯總署長之原文（載於本市英文報紙），諸君均已覽及。簽名者雖有到華不久而對於行總各地業務進展情形不甚瞭然之人，然余認爲聯總同事之意見，仍有重視之價值。外界對於行總之批評，如確爲明瞭實況而富於建設性者，吾人無不衷心歡迎。查該電內容，述及兩點，一曰：聯總物資到華後，未能迅速轉運至需要最大之地帶，致大量物資積於上海碼頭；二曰：物資被利用爲政治工具，分配時含有政治歧視，不合一視同仁之原則。

此種責備之詞，已騰於世界各報，四十七個友邦會慨捐物資運至中國，倘中國與各友邦之友好關係，因此發生不愉快，誠爲最大之不幸。電文所陳若干觀點容或不無理由，然所舉之主要事實，則係出於誤解。而於八年創痛之後，在中國實施善後救濟計劃所遇之特殊困難未加以考慮。

中國與歐州國家情形迥異，若干歐州國家之鐵路公路，戰後依然無恙，或雖經破壞而於戰爭末期迅速修復；而中國之交通系統幾已完全破壞。本年度行總上半年之工作程序，其大部時間適值江河水位特別低落之際，航行不便，盡人皆知；且中國在本年年初江運輪斐噸位，不及戰前噸位之一半，初期物資自不免積壓。余引據上述事實，非故設遁辭，而意在指出本署運輸機構在困難之環境下，

山东团讯

三民主义青年团山东支团部编　编者刊　济南　1946年3月30日～1946年4月30日　1卷1期～1卷2期；复刊1947年6月1日～1947年8月7日　复刊号～2期　不定期　18cm

该刊是国民党三民主义青年团刊物。主要刊登工作指示、工作研究、团务动态，以及有关法令等。

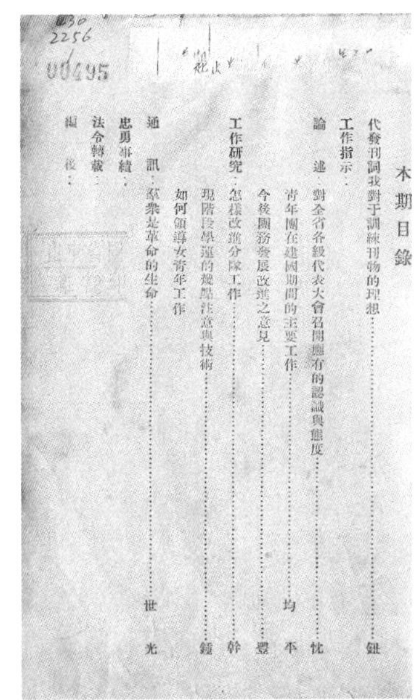

本期目錄

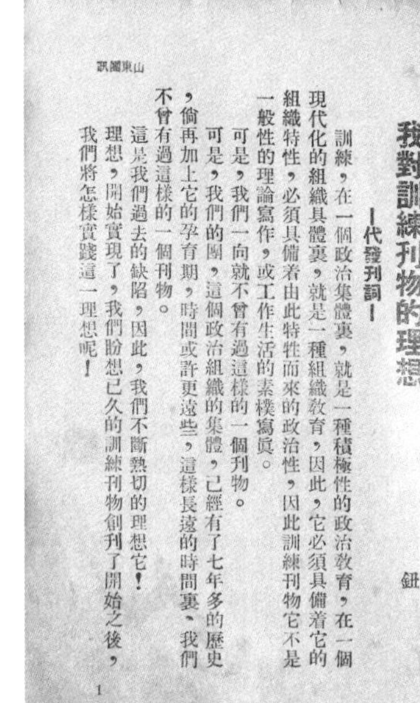

我對訓練刊物的理想

—代發刊詞—

鈕

訓練，在一個政治集體裏，就是一種積極性的政治教育，在一個現代化的組織具體裏，就是一種組織教育，因此，它必須具備着它的組織特性，必須具備着由此特牲而來的政治性，因此訓練刊物它不是一般性的理論寫作，或工作生活的素樸寫眞。

可是，我們一向就不曾有過這樣的一個刊物。

可是，我們的團，這個政治組織的集體，已經有了七年多的歷史，倘再加上它的孕育期，時間或許更遠些，這樣長遠的時間裏、我們不曾有過這樣的一個刊物。

這是我們過去的缺陷，因此，我們不斷熱切的理想它！

理想，開始實現了，我們盼想已久的訓練刊物創刊了開始之後，我們將怎樣實踐這一理想呢！

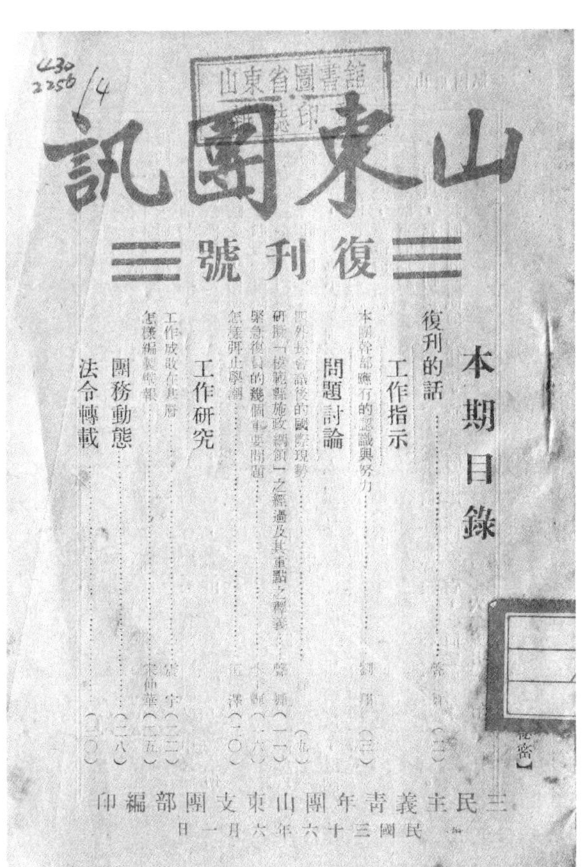

山東團訊

復刊號

本期目錄

三民主義青年團山東支團部編印

民國三十六年六月一日

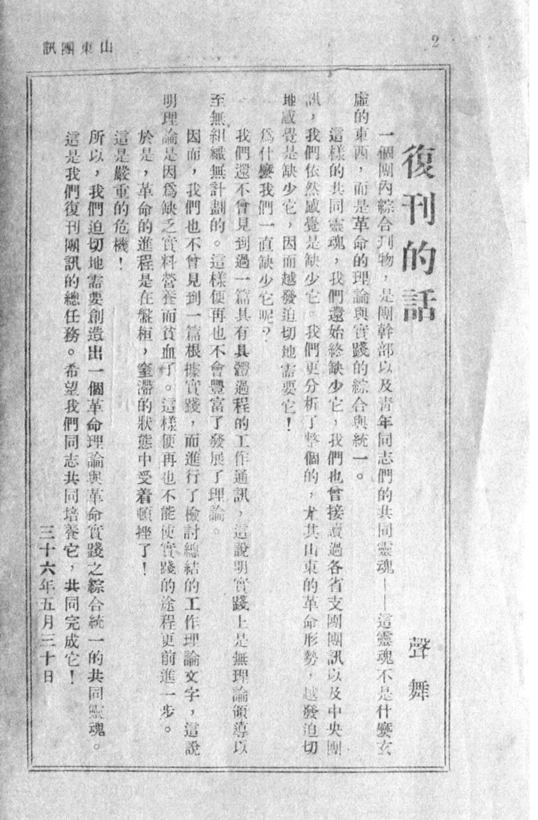

復刊的話

聲　舞

一個團內綜合刊物，是團幹部以及青年同志們的共同靈魂——這靈魂不是什麼玄虛的東西，而是革命的理論與實踐的綜合與統一。

這樣的共同靈魂，我們還始終缺少它，我們也曾接讀過各省支團團訊以及中央團訊，我們依然感覺是缺少它。我們更分析了整個的，尤其山東的革命形勢，越發迫切地感覺是缺少它，因而越發迫切地需要它！

爲什麼我們一直缺少它呢？

我們還不曾見到過一篇具有具體過程的工作通訊，這說明實踐上是無理論領導以至無組織無計劃的。這樣便再也不會豐富了發展了理論。

因而，我們也不曾見到一篇根據實踐，而進行了檢討總結的工作理論文字，這說明理論是因爲缺乏實料營養而貧血了。這樣便再也不能使實踐的途程更前進一步。

於是，革命的進程是在盤桓，窒滯的狀態中受着頓挫了！

這是嚴重的危機！

所以，我們迫切地需要創造出一個革命理論與革命實踐之綜合統一的共同靈魂。

這是我們復刊團訊的總任務。希望我們同志共同培養它，共同完成它！

三十六年五月三十日

力行月刊（1946）

力行月刊社编　编者刊　济南　1946年3月31日～[1948年4月20日]　创刊号～[2卷3/4期]　月刊　25cm

1946年3月31日创刊于济南，载有蒋介石、王耀武的讲话。该刊内容涉及政治、经济、文化各方面，也发表科技、文艺作品。栏目有《特载》《专论》《文选》《文艺》等。

創刊號

本期要目

特載

今後努力的途徑(二中全會開會詞) 蔣中正

認識中國(告日本官兵書) 王耀武

專論

國防經濟的認識 丁治磐

從政協會議成果展望中國的前途 賀執圭

演變中的世界文化 徐慶譽

論戰鬥力 趙治平

科學精神與科學運動 龍田雷

由美英蘇關係看世界局勢的動盪 胡國基

從廣播的學說談到「假民主」 張菊存

我國今後軍事教育革新的我見 陸子峯

文藝

獄中述懷(詩詞) 丁治磐

秋野忠魂(小說) 徐宇光

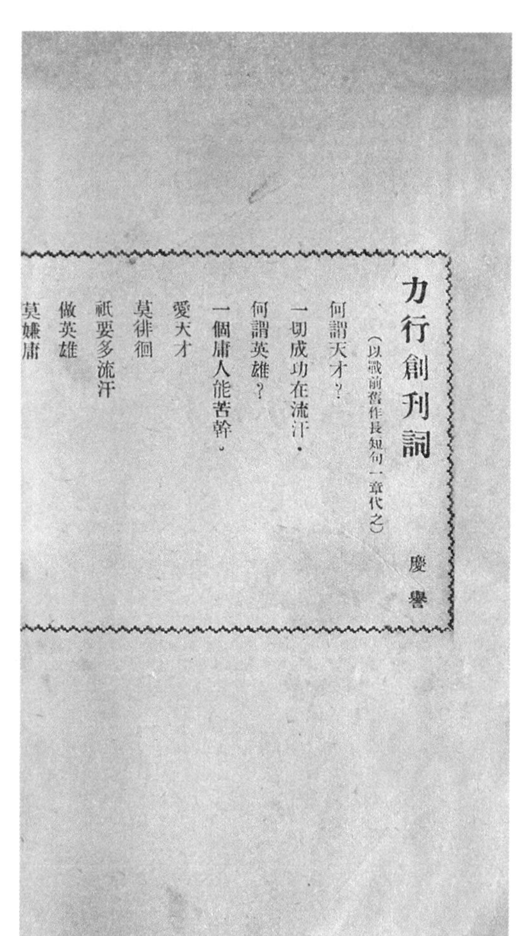

力行創刊詞

(以戰前舊作長短句一章代之)

慶譽

何謂天才?
一切成功在流汗。
何謂英雄?
一個庸人能苦幹。
愛天才
莫徘徊
祇要多流汗
做英雄
莫嫌庸

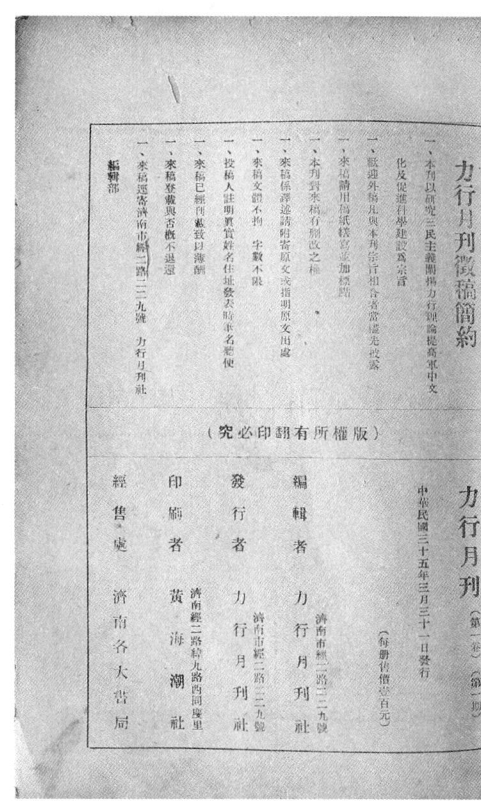

力行月刊徵稿簡約

一、本刊以研究三民主義闡揚力行理論提高軍中文化及促進科學建設為宗旨

一、歡迎外稿凡與本刊宗旨相合者當儘先披露

一、來稿請用稿紙謄寫並加標點

一、本刊對來稿有刪改之權

一、來稿係譯述請附寄原文或指明原文出處

一、來稿文體不拘 字數不限

一、投稿人註明真實姓名住址發表時筆名聽便

一、來稿已經刊載致以薄酬

一、來稿登載與否概不退還

一、來稿逕寄濟南市緯二路二二九號 力行月刊社

編輯部

力行月刊(第一卷)(第一期)

中華民國三十五年三月三十一日發行

(每冊售價壹百元)

編輯者 力行月刊社 濟南市緯二路二二九號

發行者 力行月刊社 濟南市緯二路二二九號

印刷者 黃海潮社 濟南經二路緯九路西同慶里

經售處 濟南各大書局

大威周刊

钱醉竹主编　大威周刊社［发行］　威海　1946年4月～1947年7月　1卷1期～3卷12期　周刊　21cm

该刊是威海第一次解放后，在共产党领导下创办的文艺刊物，旨在“为民众而斗争，为群众而服务”。栏目有《一周评论》《名著拔萃》《速写》《醉竹漫谈》《报告文学》《传记》《书评》《儿童读物》等。

中華民國三十五年四月十四日出版

大威週刊

錢醉竹主編

創刊號（每星期日出刊）

一個刊物的創刊，照例要來一篇「發刊詞」，發刊詞裡一定要冠冕堂皇地說上一大篇「官話」。但我們不想要，我們只想說幾句老實話。因爲我們的刊物不是「官樣文章」。

我們的話，僅僅是表明我們的立場和態度，希望和任務，除此外，別無話說。

我們是甚麼立場呢？很顯然、很簡單，我們是一個中國人的立場，也可以說是人民的立場。

站在人民的立場上，應取的態度是不偏不倚，無党無派，是則是，非則非，還他一個明白。

我們的希望是甚麼呢？希望在言論自由的解放區，說一些人民要說的話，同時更希望大家來說話，對建設新中國，得以我們微薄的能力，作萬一的貢獻；對妨礙建國的絆腳石，也得盡我們的微力，把他掃出去。因此我們當前的任務，第一要根據人民要求，爭和平，爭民主，把人民的意見儘量傳達出來；第二個任務是揭發反人民和反民主者的陰謀，警告一切有「寇天下」思想的人們，莫在民主怒潮中自取滅亡；第三個任務是告訴友邦和友邦的人民，中國人的眼睛並不近視，歡迎友好的幫助，謝絕不友好的幫助，誰是誠心助我，誰是別有肺腑，都能一一分清，予以迎拒，一點也蒙混不動。

我們的話，如此而已，然而我已覺得有些誇張。不過任務的能否完成，那是另一問題，既爲中國人，不敢不「引責自負」，盡一個螺絲釘的作用，因此，也不算誇張。

（編者）

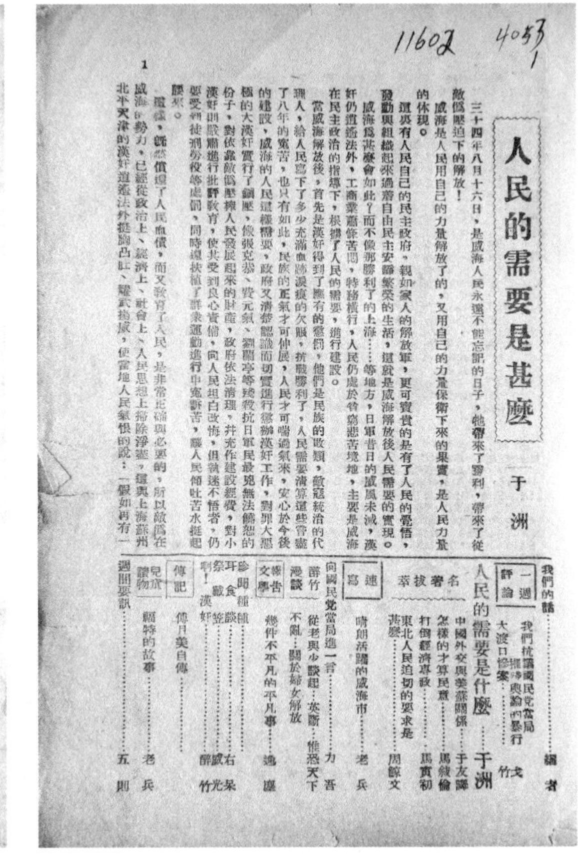

人民的需要是甚麼

于洲

三十四年八月十六日，是威海人民永遠不能忘記的日子，他帶來了勝利，帶來了從敵僞壓迫下的解放！

威海是人民用自己的力量解放了的，又用自己的力量保衛下來的果實，是人民力量的休現。

這裏有人民自己的民主政府，親如家人的解放軍，更可寶貴的是有了人民的覺悟，發動與組織起來過着自由民主安居繁榮的生活，這就是威海解放後人民需要的實現。

威海爲甚麼會如此？而不像那勝利了的上海……等地方，日軍昔日的威風未減，漢奸仍逍遙法外，工商業蕭條苦悶，特務橫行，人民仍處於飢窮悲苦境地，主要是威海在民主政治的指導下，根據了人民的需要，進行建設。

當威海解放後，首先是漢奸得到了應有的懲罰，他們是民族的敗類，敵寇統治的代理人，給人民寫下了多少充滿血跡淚痕的欠賬，抗戰勝利了，人民需要清算這些嘗盡了八年的寃苦，也只有如此，民族的正氣才可伸展，人民才可喘過氣來，安心於今後的建設，威海的人民這樣需要，政府又清楚認識而切實進行懲辦漢奸工作，對罪大惡極的大漢奸實行了鎮壓，像張克恭、賈元氣、劉關亭等殘殺抗日軍民最兇無法饒恕的份子，對依靠敵僞壓榨人民發展起來的財產，政府依法清理，并充作建設經費，對小漢奸則嚴厲進行批評教育，使其受到良心責備，向人民坦白改悔，但執迷不悟者，仍要受到徒刑勞役等處罰，同時還扶植了群衆運動進行申寃訴苦，讓人民傾吐苦水挺起腰來。

這樣，既然償還了人民血債，而又教育了人民，是非常正確與必要的，所以敵僞在威海的勢力，已經從政治上、經濟上、社會上、人民思想上掃除淨盡，這與上海蘇州北平天津的漢奸逍遙法外挺胸凸肚、耀武揚威，使當地人民氣恨的說：「假如再有一

1

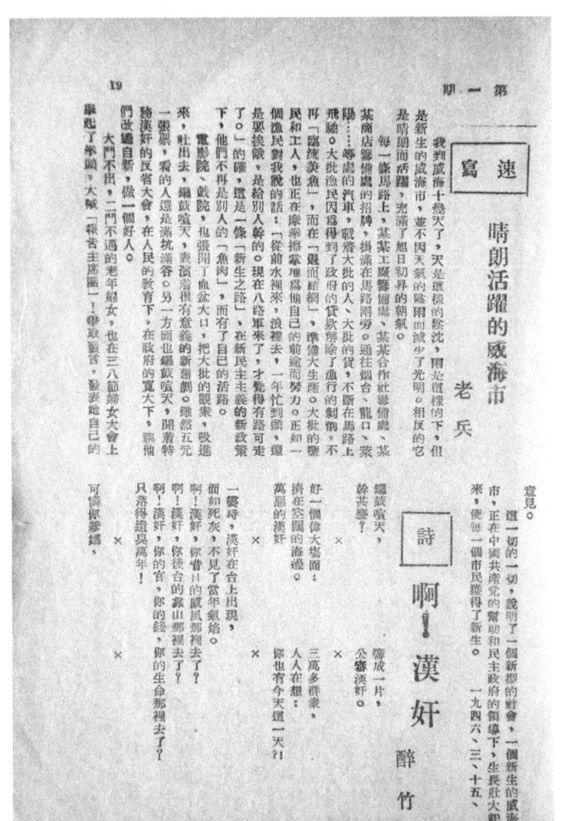

速寫

晴朗活躍的威海市

老兵

我到威海十幾天了，天是這樣的陰沈，雨是這樣的下，但是新生的威海市，並不因天氣的陰雨而減少了光明。相反的它是晴朗而活躍，充滿了旭日初昇的朝氣。

每一條馬路上，某某工廠籌備處、某某合作社籌備處、某某商店籌備處的招牌，掛滿在馬路兩旁。通往烟台、龍口、萊陽……等處的汽車，載着大批的人、大批的貨，不斷在馬路上飛馳。大批漁民因爲得到了政府的貸款解除了漁行的剝削，不再「臨流羡魚」，而在「退而結網」，準備大生產。大批的農民和工人，也正在摩拳擦掌地爲他自己的前途而努力。正如一個漁民對我說的話：「從前水裡來，浪裡去，一年忙到頭，還是要挨餓，是給別人幹的。現在八路軍來了，才覺得有路可走了。」的確，這是一條「新生之路」，在新民主主義的新政策下，他們不再是別人的「魚肉」，而有了自己的活路。

電影院、戲院，也張開了血盆大口，把大批的觀衆，吸進來，吐出去，鑼鼓喧天，表演着很有意義的新舊劇。雖然五元一張票，看的人還是滿坑滿谷。另一方面也鑼鼓喧天，開着特務漢奸的反省大會，在人民的教育下，在政府的寬大下，讓他們改過自新，做一個好人。

大門不出，二門不邁的老年婦女，也在三八節婦女大會上舉起了拳頭，大喊「報告主席團」！爭取發言，發表她自己的意見。

這一切的一切，說明了一個新型的社會，一個新生的威海市，正在中國共產党的幫助和民主政府的領導下，生長壯大起來，使每一個市民獲得了新生。

一九四六、三、十五、

詩

啊！漢奸

醉竹

鑼鼓喧天，
響成一片，
幹甚麼？
公審漢奸。

×　×

好一個偉大場面：
三萬多群衆，
擠在空闊的海邊。
人人在想：
萬惡的漢奸
你也有今天這一天?!

×　×

一霎時，漢奸在台上出現，
面如死灰，不見了當年氣焰。
啊！漢奸，你昔日的威風那裡去了？
啊！漢奸，你後台的靠山那裡去了？
啊！漢奸，你的官，你的錢，你的生命那裡去了？
只落得遺臭萬年！

×　×

可憐你爹媽，

定價：每期本幣三元

訂閱（一月四期）十元

（以直接向本社訂閱者爲限）

代售處：膠東各地新華書店

出刊：每星期日出刊

編輯　錢醉竹

發行　大威週刊社

印刷　永華印刷局

（已請膠東郵局掛號）

大威週刊社社址

威海市城東村二百三十六號

編後記

本刊限於人力物力，以及印刷方面種種困難，這一期的創刊號，無論從內容，形式方面看，都不能使人滿意，這是非常抱歉的！但希望步步上昇。「不斷的革新，不斷的前進」這是我們一個奮鬥的口號，同人等以此自勉，期於完善。

我們本「爲人民服務」的精神主張「大家辦報大家看」，因此除主觀努力外，仍迫切希望社會賢達及各階層人士，多賜稿，多指教，我們謹以至誠和虛心接受各方的意見。

這一期的文章，因爲外稿極少，都由同人在匆忙中撰寫，很少滿意的作品。因此介紹了幾篇名人的作品。還是頗值得一讀者。

—編者—

威海衛新威日報

歡迎訂閱

一、◇訂報簡則　零售每小張五角、大張一元
一、預定一月十二元、半年六十八元、全年一百三十元
二、訂閱手續：大衆報發行處、均可代訂、或直接將報費、匯寄本社、將詳明收報人地址、即按日郵寄。

郵費免收。

一、凡登之廣告，一概以五號字作標準，計算所佔面積，每字照收刊費五角，連登一週者九折，二週者八折，三週者七折。

二、凡超過一月長期登載者，或有關社會公益建設者，可按半價或七折計算，以作優待。

三、置產、出號、遺失、鳴謝、尋人、計文、結婚、離婚、分居、脫離等。與法律有關係緊要聲明，依第一項規定收刊費，如係貧苦婦人，可按其情形，酌減刊費。

四、學校招生、機關通知、戲院、影院、醫院、藥品等，可依第二項規定收刊費。

五、其他尚未規定者，臨時接洽面商。

以上各項規定，自四月一日起實行。

期刊之部（二）

抚恤汇刊

山东省抗战烈士遗族抚恤委员会编　编者刊　济南　1946年4月~1946年9月　1期~2期　不定期　25cm

该刊由山东省抗战烈士遗族抚恤委员会主办。山东省抗战烈士遗族抚恤委员会由原抗战烈士抚恤调查委员会改组而成。许星园为主任委员，臧元骏、张敦镛为委员。

该刊为抗战时期国民党山东战区阵亡人员战后抚恤工作情况的汇总。刊登内容主要包括论述善后救济工作，介绍山东省抗战烈士遗族抚恤委员会制定的组织规程、拟订的工作计划、工作概况、部分阵亡人员传略、各种抚恤规章办法以及各种调查统计表和会议录等。第一期中刊登了山东省抗战烈士遗族抚恤委员会成立经过的文章等。

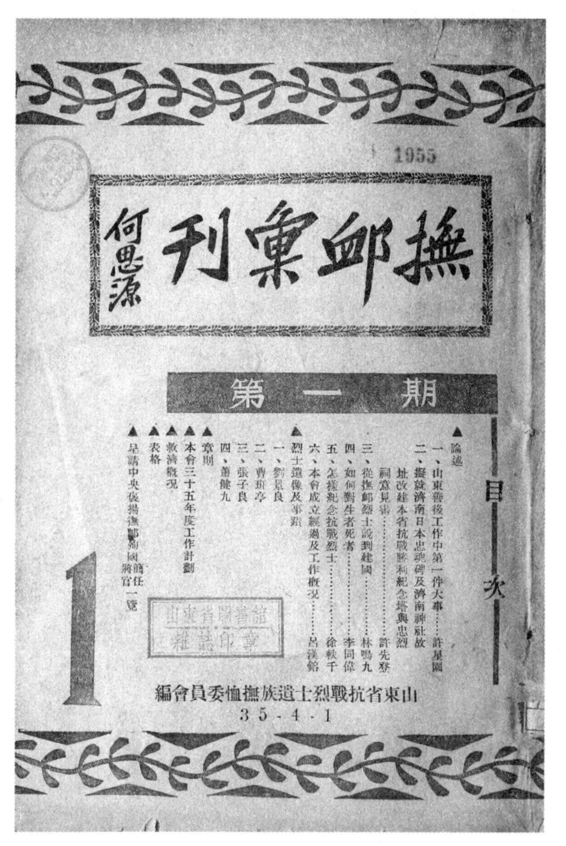

撫卹彙刊

何思源

第一期

目次

1

山東省抗戰烈士遺族撫卹委員會編

35-4-1

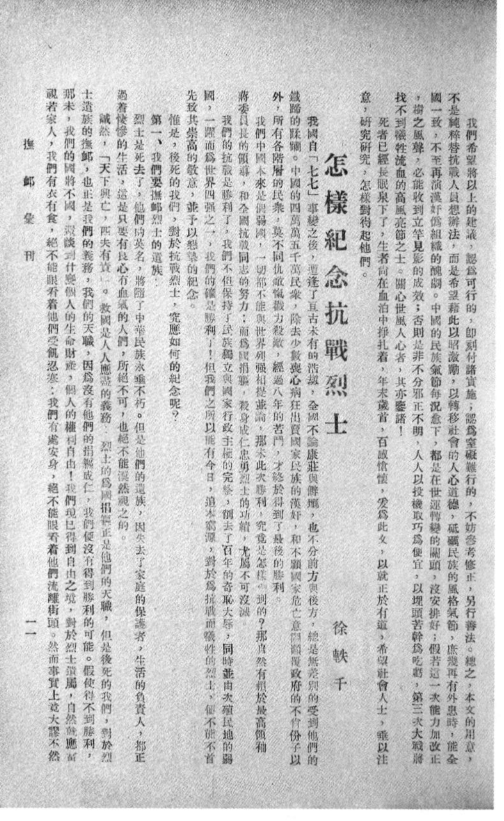

我們希望將以上的建議，認爲可行的，即刻付諸實施；認爲窒礙難行的，不妨參考修正，另行善法。總之，本文的用意，不是純粹替抗戰人員想辦法，而是希望藉此以昭激勵，以轉移社會的人心道德，砥礪民族的風格氣節，庶幾再有外患時，能全國一致，不至再演漢奸僞組織的醜劇。中國的民族氣節每況愈下，都是在世運轉變的關頭，沒安排好；假若這一次能力加改正，樹之風聲，必能收到立竿見影的成效；否則是非不分邪正不明，人人以投機取巧爲便宜，以埋頭苦幹爲吃虧，第三次大戰將找不到犧牲流血的高風亮節之士。關心世風人心者，其亦鑒諸！

死者已經長眠泉下了，生者尚在血泊中掙扎着，年末歲首，百感愴懷，爰爲此文，以就正於有道，希望社會人士，垂以注意，研究研究，怎樣對得起他們。

怎樣紀念抗戰烈士

徐軼千

我國自「七七」事變之後，遭逢了亘古未有的浩劫，全國不論康莊與僻壤，也不分前方與後方，總是無差別的受到他們的鐵蹄的蹂躪。中國的四萬萬五千萬民衆，除去少數喪心病狂出賣國家民族的漢奸，和不顧國家危亡意圖顛覆政府的不肖份子以外，所有各階層的民衆，莫不同仇敵愾戮力殺敵，經過八年的苦鬥，才終於得到了最後的勝利。

我們中國本來是個弱國，一切都不能與世界列强相提並論，那末此次勝利，究竟是怎樣得到的？那自然有賴於最高領袖蔣委員長的領導，和全國抗戰同志的努力；而爲民捐軀，殺身成仁忠勇烈士的功績，尤屬不可沒滅。

我們的抗戰是勝利了，我們不但保持了民族獨立與國家行政主權的完整，剷去了百年的奇恥大辱，同時並由次殖民地的弱國，一躍而爲世界四强之一，我們的確是勝利了！但我們之所以能有今日，追本窮源，對於爲抗戰而犧牲的烈士，便不能不首先致其崇高的敬意，並予以懇摯的紀念。

惟是，後死的我們，對於抗戰烈士，究應如何的紀念呢？

第一、我們要撫卹烈士的遺族：

烈士是死去了，他們的英名，將隨了中華民族永垂不朽。但是他們的遺族，因失去了家庭的保護者，生活的負責人，都正過着悽慘的生活，這是只要有良心有血氣的人們，所絕不可，也絕不能漠然視之的。

誠然，「天下興亡，匹夫有責」。救國是人人應盡的義務，烈士的爲國捐軀正是他們的天職，但是後死的我們，對於烈士遺族的撫卹，也正是我們的義務，我們的天職，因爲沒有他們的捐軀成仁，我們便沒有得到勝利的可能。假使得不到勝利，那末，我們的國將不國，還談到什麼個人的生命財産，個人的權利自由！我們現已得到自由之境，對於烈士遺屬，自然就應當視若家人，我們有衣有食，絕不能眼看着他們受飢忍寒；我們有處安身，絕不能眼看着他們流離街頭。然而事實上竟大謬不然

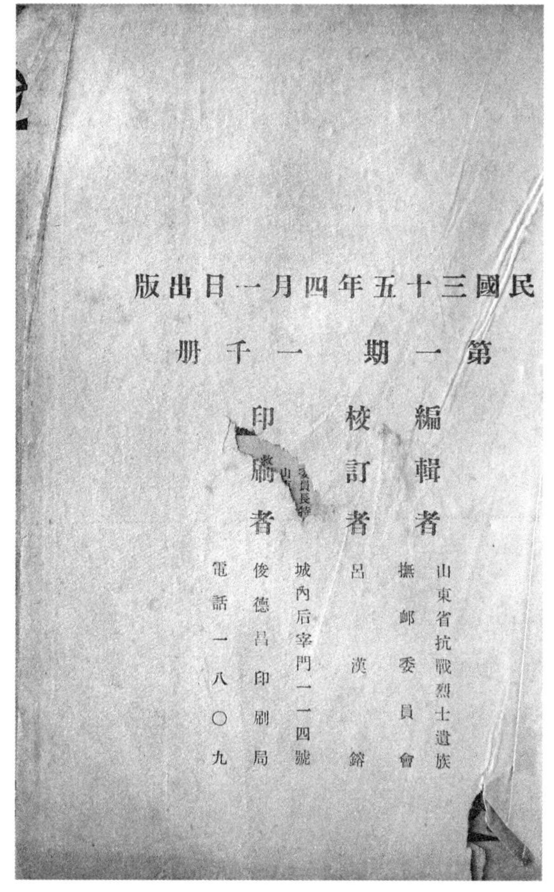

民國三十五年四月一日出版

第一期　一千册

編輯者　山東省抗戰烈士遺族撫卹委員會

校訂者　呂漢銘

印刷者　俊德昌印刷局　城內后宰門一一四號　電話一八〇九

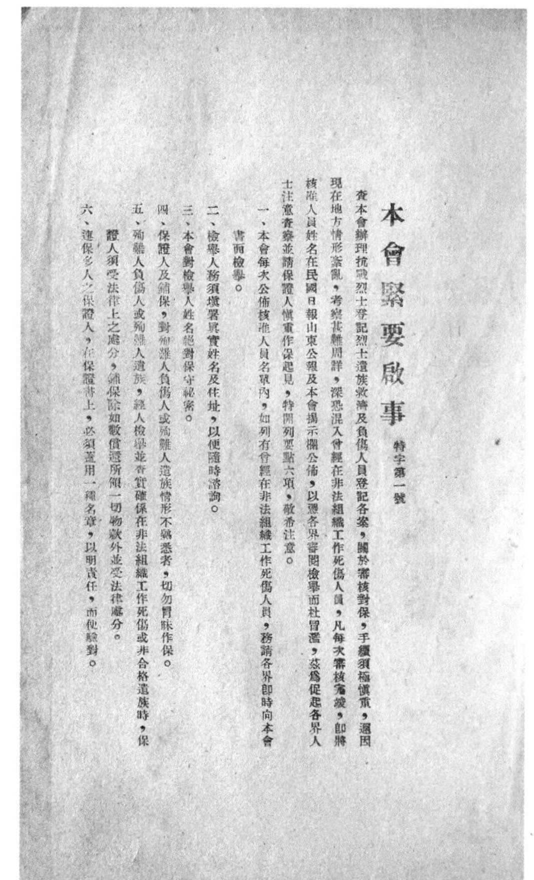

本會緊要啟事

特字第一號

查本會辦理抗戰烈士登記烈士遺族救濟及負傷人員登記各案，關於審核對保，手續須極慎重，週因現在地方情形紊亂，考察甚難周詳，深恐混入曾經在非法組織工作死傷人員，凡每次審核竣竣，即將核准人員姓名在民國日報山東公報及本會揭示欄公佈，以憑各界審閱檢舉而杜冒濫，茲爲促起各界人士注意查察並請保證人愼重作保起見，特開列要點六項，敬希注意。

一、本會每次公佈核准人員名單內，如列有曾經在非法組織工作死傷人員，務請各界即時向本會書面檢舉。

二、檢舉人務須填署眞實姓名及住址，以便隨時諮詢。

三、本會對檢舉人姓名絕對保守祕密。

四、保證人及鋪保，對殉難人負傷人或殉難人遺族情形不熟悉者，切勿冒昧作保。

五、殉難人負傷人或殉難人遺族，經人檢舉並查實確係在非法組織工作死傷或非合格遺族時，保證人須受法律上之處分，鋪保除如數償還所領一切物款外並受法律處分。

六、連保多人之保證人，在保證書上，必須蓋用一種名章，以明責任，而使驗對。

军政周报

新四军山东军区政治部编　编者刊［临沂］1946 年 4 月 18 日～1946 年 6 月　1 期～10 期　周刊　26cm　由《军政半月刊》替代

该刊是新四军山东军区的党刊。读者对象为连及相当程度的排以上干部，任务是报道及部署每一时期的中心工作，研究连队工作，宣传与当前政治军事工作有关联的各种常识，为连队建设提供文娱材料。该刊在报道每一时期中心工作的同时还介绍典型英雄模范的事迹、连队建设相关知识以及发表曲艺类短剧、杂耍、歌曲等。

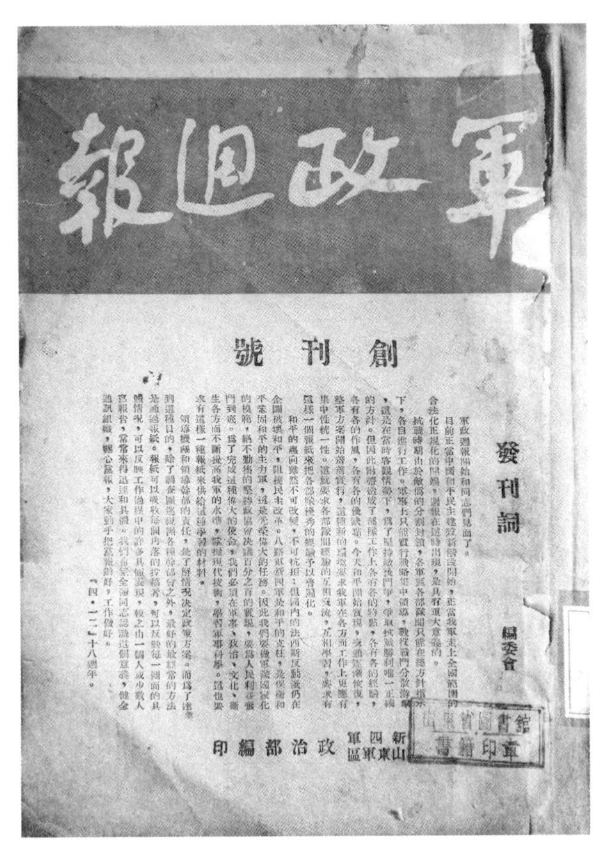

軍政週報

創刊號

發刊詞

編委會

新四軍山東軍區政治部編印

軍區政治部

關於出版「軍政週報」的決定

創刊號 目錄

中華民國卅五年四月十八日創刊
中華民國卅五年四月十八日出版

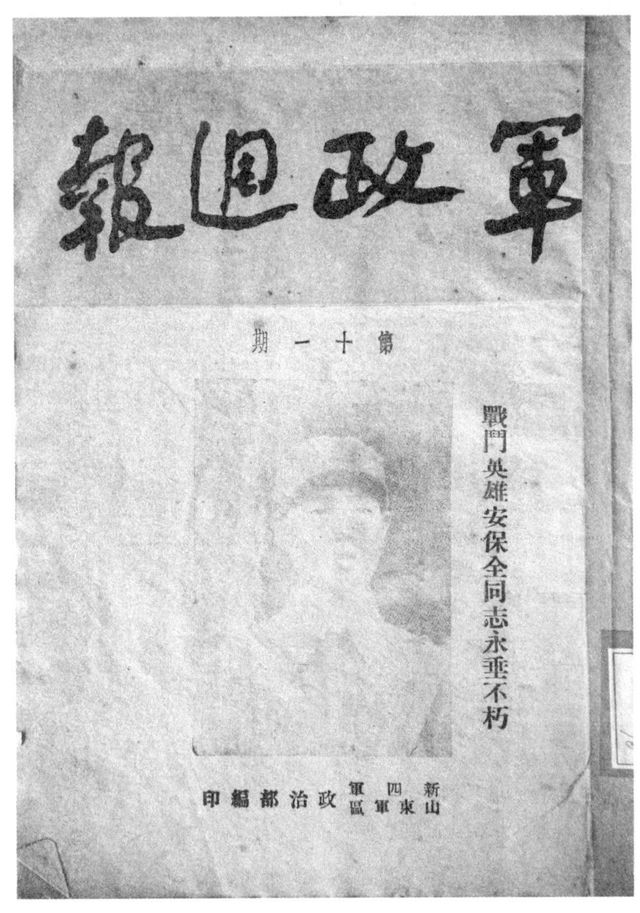

軍政週報

第十一期

戰鬥英雄安保全同志永垂不朽

新四軍山東軍區政治部編印

期刊之部（二）

军政半月刊

新四军山东军区政治部编　编者刊　［临沂］［1946 年 8 月 15 日］～ 1947 年 2 月 1 日　1 期～ 14 期　半月刊　18cm　替代《军政周报》　由《军政杂志》继承

该刊的内容为总结具有全军意义的各个时期工作经验、典型连队的工作研究等。读者对象为部队营以上及有相当政治文化的连级干部。1947 年山东军区政治部决定将原《军政半月刊》改为《军政杂志》（月刊）。

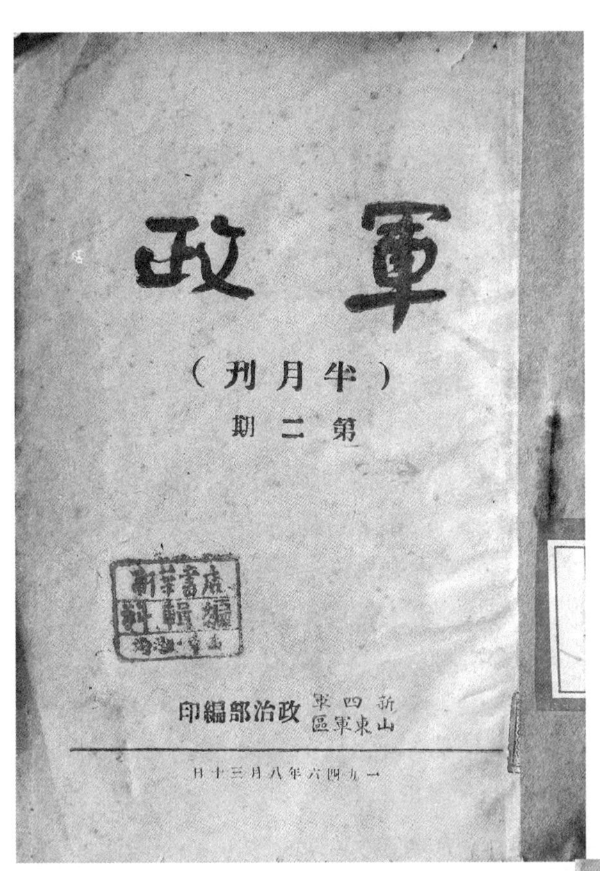

軍政

（半月刊）

第二期

新四軍山東軍區政治部編印

一九四六年八月三十日

山東軍區政治部

關於加强全軍性報紙建立軍政通訊社的決定

爲適應目前自衛戰爭需要，加强思想動員與領導，交流全軍工作經驗，提高業務，鼓勵士氣，爭取自衛戰爭徹底勝利起見，關於加强全軍性報紙及建立「軍政通訊社」工作，特作如下決定：

一、原以「軍直及濱海軍分區連以下幹部與戰士爲主要對象，并作其他戰略區及部隊之參攷」的「軍政報」，現改爲以各戰略區排以上幹部爲主要對象，并供野戰部隊參攷之全軍性報紙。其任務：（甲）傳達上級指示，加强思想教育，指導工作，交流各戰略區工作經驗。（乙）高度發揚革命英雄主義，廣泛開展創模立功運動，造成部隊中「氣壯山河」之勢與正確有力之輿論，永遠保持人民軍隊的優良本質。（丙）灌輸與提高部隊當前急需之軍事、政治、文化、科學知識。在編輯方針上力求短小精悍，通俗活潑，典型深刻，富於指導性。

原「軍政半月刊」改爲「軍政雜誌」（月刊），對象仍爲營以上及有相當政治文化之連級幹部，其任務爲交流與系統總結具有全軍意義之各個時期工作經驗，經常進行典型連隊工作研究。編輯方針力求切實有力，系統典型，深入淺出，通俗易懂。

二、爲加强各戰略區通訊聯絡，及時報導，軍政特專設「軍政通訊社」，并設立電台與各軍區部隊各社聯系，以便及時指導各戰略區通聯工作。各級政治機關應責成宣教部門立即進行「軍政通訊社」及軍政通訊網工作：

—1—

军政杂志

军政报社编　新四军兼山东军区政治部　临沂　1947年6月15日～1949年3月　15期～21期　不定期　25cm　继承《军政半月刊》

该刊是综合性内部刊物，阅读对象是连以上干部。办刊任务：一是传达与贯彻上级每个时期的工作方针，二是总结经验、交流经验，三是进行阶级教育与时事教育，四是提倡部队学术研究，提高部队军政文化水平。刊登内容包括政治、军事、时事、军事文化四大类。该刊由新四军兼山东军区政治部出版发行，随着山东军区撤销，从第17期起标注为华东军区政治部出版发行。

軍政雜誌

一九四七年六月十五日

第十五期

要目

新四軍兼山東軍區政治部出版·軍政報社編輯

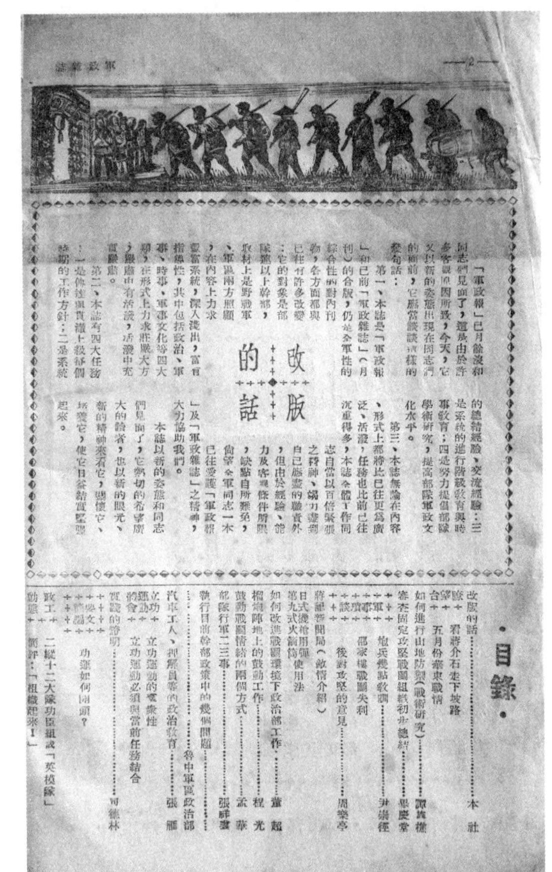

改版的話

「軍政報」已月餘沒和同志們見面了，這是由於許多客觀原因所致，今天，它又以新的姿態出現在同志們的面前，它應當談談這樣的幾句話：

第一、本誌是「軍政報」和已前「軍政雜誌」（月刊）的合版，仍是全軍性的綜合性的對內刊物，各方面都與已往有許多改變：它的對象是部隊營以上幹部，取材上是野戰軍、軍區兩方照顧，在內容上力求豐富系統，深入淺出，富有指導性，其中包括政治、軍事、時事、軍事文化等四大類，在形式上力求莊嚴大方，嚴肅中有活潑，活潑中充實嚴肅。

第二、本誌有四大任務：一是傳達與貫徹上級各個時期的工作方針；二是系統的總結經驗，交流經驗；三是系統的進行階級教育與時事教育；四是努力提倡部隊學術研究，提高部隊軍政文化水平。

第三、本誌無論在內容、形式上都將比已往更為廣泛、活潑，任務也比前已往沉重得多，本誌全體工作同志自當以百倍緊張之精神，竭力盡到自己應盡的職責外，但由於經驗、能力及客觀條件所限，缺點自所難免，倘望全軍同志一本已往愛護「軍政報」及「軍政雜誌」之精神，大力協助我們。

本誌以新的姿態和同志們見面了，它熱切的希望廣大的讀者，也以新的眼光、新的精神來看它，關懷它、培養它，使它日益結實堅强起來。

·目錄·

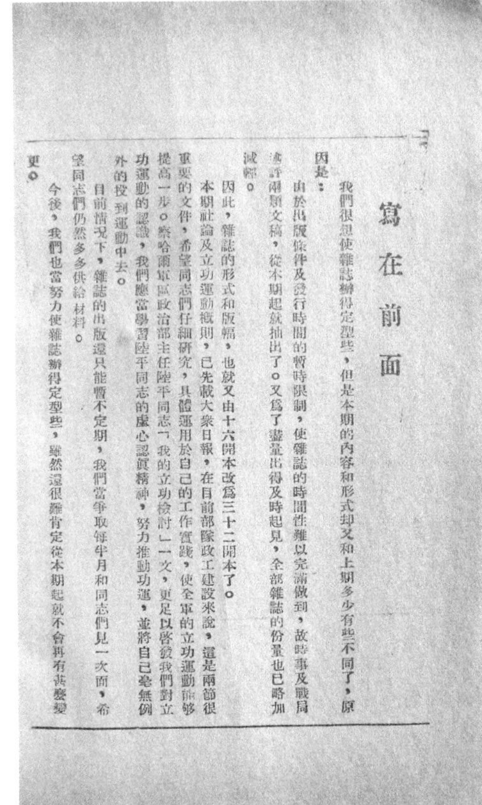

寫在前面

我們很想使雜誌辦得定型些，但是本期的內容和形式却又和上期多少有些不同了，原因是：

由於出版條件及發行時間的暫時限制，使雜誌的時間性難以完滿做到，故時事及戰局述評兩類文稿，從本期起就抽出了。又為了儘量出得及時起見，全部雜誌的份量也已略加減輕。

因此，雜誌的形式和版幅，也就又由十六開本改為三十二開本了。

本期社論及立功運動概則，已先載大衆日報，在目前部隊政工建設來說，還是兩篇很重要的文件，希望同志們仔細研究，具體運用於自己的工作實踐，使全軍的立功運動能够提高一步。察哈爾軍區政治部主任陸平同志「我的立功檢討」一文，更足以啓發我們對立功運動的認識，我們應當學習陸平同志的虛心認眞精神，努力推動功運，並將自己毫無例外的投到運動中去。

目前情況下，雜誌的出版還只能暫不定期，我們當爭取每半月和同志們見一次面，希望同志們仍然多多供給材料。

今後，我們也當努力使雜誌辦得定型些，雖然還很難肯定從本期起就不會再有甚麼變更。

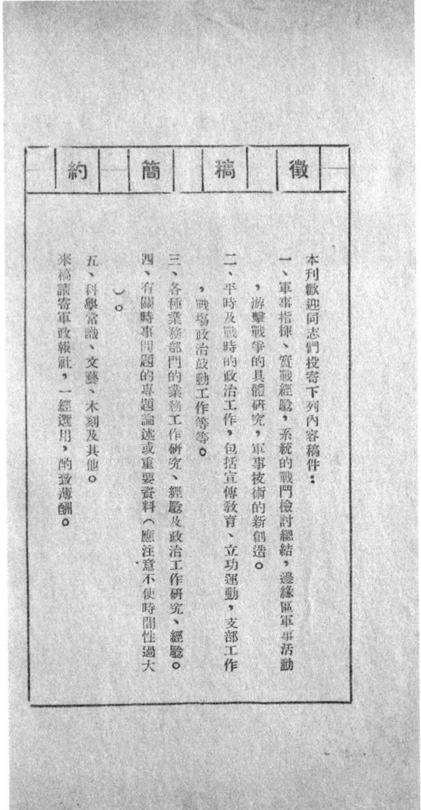

徵稿簡約

本刊歡迎同志們投寄下列內容稿件：

一、軍事指揮、實戰經驗，系統的戰鬥檢討總結，邊緣區軍事活動，游擊戰爭的具體研究，軍事技術的新創造。

二、平時及戰時的政治工作，包括宣傳教育、立功運動，支部工作，戰場政治鼓動工作等等。

三、各種業務部門的業務工作研究、經驗及政治工作研究、經驗。

四、有關時事問題的專題論述或重要資料（應注意不使時間性過大）。

五、科學常識、文藝、木刻及其他。

來稿請寄軍政報社，一經選用，酌致薄酬。

期刊之部（二）

教育导报

冀鲁豫行署教育导报编委会编　编者刊［菏泽］1946 年 5 月～1947 年 12 月　创刊号～2 卷 4 期　月刊　19cm

该刊主要报道国民教育及有关教育的方针政策，如《晋冀鲁豫边区政府教育厅关于"新教育方针"的初步意见》，介绍教学经验和典型案例及与教育工作有关的事宜。读者群体主要是小学教师。栏目有《转载》《小学教育》《工作意见》《工作报道》等。

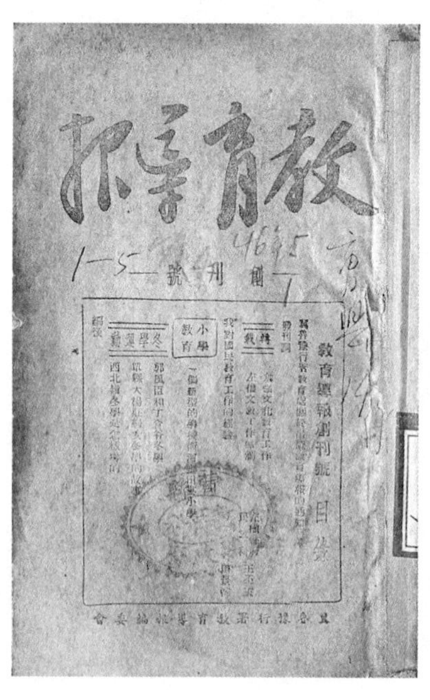

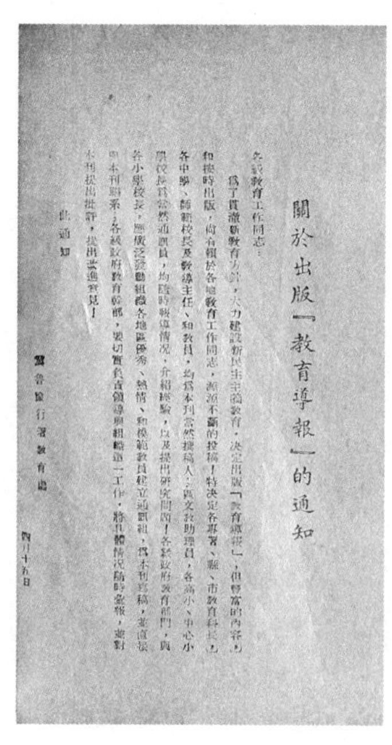

善后救济总署鲁青分署济南办事处第四工作队工作简报

善后救济总署鲁青分署济南办事处第四工作队编　编者刊　济南　1946年6月1日～1946年7月　1期～2期　月刊　26cm

该刊主要刊登善后救济总署鲁青分署济南办事处工作概况，包括该处办事细则草案、业务活动摘要、物资发放、难民收容、难民救济等内容。

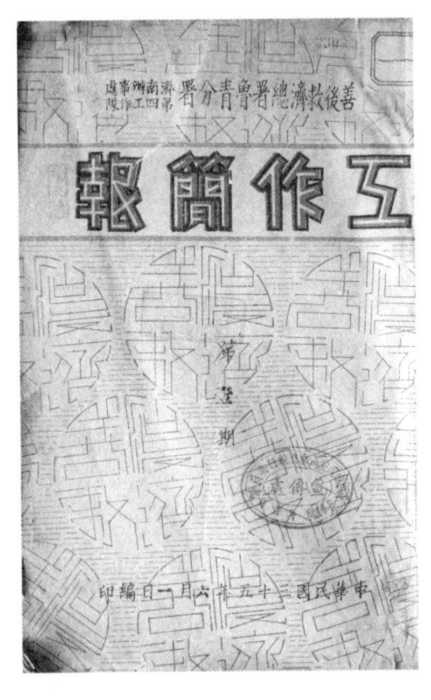
善後救濟總署魯青分署濟南辦事處第四工作隊

工作簡報

第壹期

中華民國三十五年六月一日編印

工作紀要

山城季刊

济南中华基督教会山城季刊社编　编者刊　济南　1946 年 6 月 1 日～1947 年 7 月　1 卷 1 期～2 卷 6 期　不定期　27cm

该刊为教会刊物，中华基督教会山东大会中四区教会主办。以报告教会消息，联络主内信徒，宣传救世福音，建设本位教会，推广天国事业为宗旨，主要内容为教会活动的纪实、牧师译文、牧师讲词等。1944 年 10 月发刊《会务报告》，为该刊的试验，1945 年 12 月，又发特刊号《会报汇刊》，1946 年 6 月，第 1 卷第 1 期正式出版。

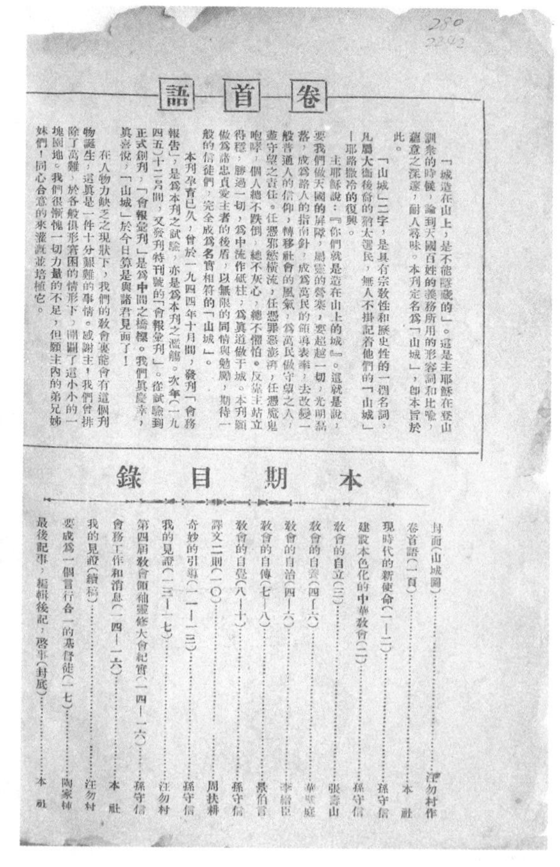

卷首語

「城造在山上，是不能隱藏的」。這是主耶穌在登山訓衆的時候，論到天國百姓的義務所用的形容詞和比喻，蘊意之深遠，耐人尋味。本刊定名爲「山城」，卽本旨於此。

「山城」二字，是具有宗教性和歷史性的一個名詞，凡屬大衞後裔的猶太選民，無人不掛記着他們的「山城」——耶路撒冷的復興。

主耶穌說：『你們就是造在山上的城』。這就是說，要我們做天國的屏障，屬靈的營壘，要超越一切，光明磊落，成爲路人的指南針，成爲萬民的領導表率，去改變一般普通人的信仰，轉移社會的風氣，爲萬民做守望之人，盡守望之責任。任憑邪慾横流，任憑罪惡澎湃，任憑魔鬼咆哮，個人總不跌倒，總不灰心，總不懼怕。反倒主站立得穩，勝過一切，爲中流作砥柱，爲眞道做干城。本刊願做爲諸忠貞愛主者的後盾，以無限的同情與勉勵，期待一般的信徒們，完全成爲名實相符的「山城」。

本刊孕育已久，曾於一九四四年十月間，發刊「會務報告」，是爲本刊之試驗，亦是爲本刊之濫觴。次年（一九四五）十二月間，又發刊特刊號的「會報彙刊」。從試驗到正式創刊，「會報彙刊」是爲中間之橋樑。我們眞慶幸，眞喜悅，「山城」於今日算是與諸君見面了！

在人物力缺乏之現狀下，我們的教會裏能會有這個刊物誕生，這眞是一件十分艱難的事情。感謝主！我們曾排除了萬難，於各般俱形窘困的情形下，開闢了這小小的一塊園地。我們很慚愧一切力量的不足，但願主内的弟兄姊妹們！同心合意的來灌溉並培植它。

本期目錄

群众文摘

群众文摘社编　编者刊　菏泽　1946 年 7 月 1 日～1946 年 10 月 30 日　创刊号～4 期　月刊　26cm

1946 年 7 月 1 日创刊于菏泽，是政治刊物。该刊设定的使命是把国民党统治区域的民主言论介绍给解放区人民，鼓舞人民的斗志。主要文章有施复亮的《国民党与“国民政府”及“中华民国”》、廖夫人的《中山先生的三大政策》、胡风的《当作新的反动进攻的信号》等。

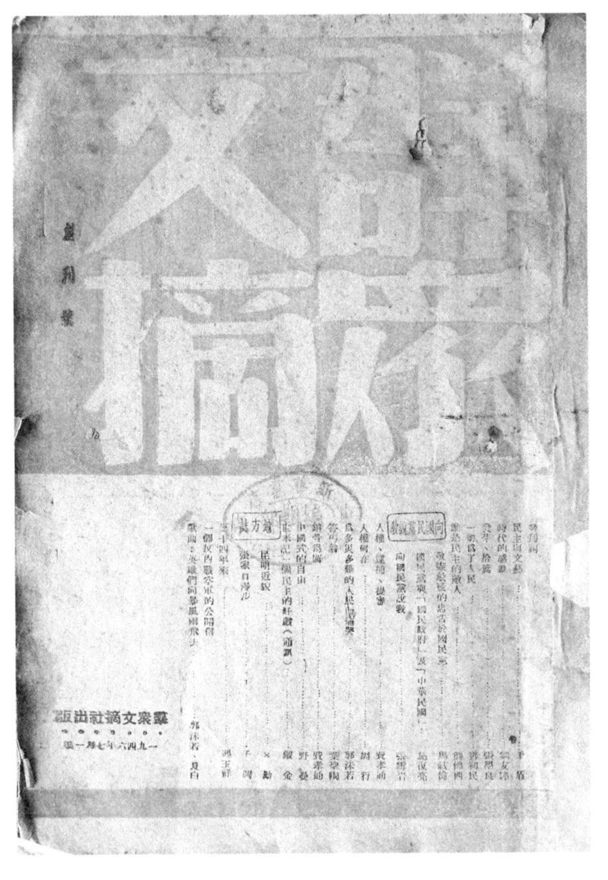

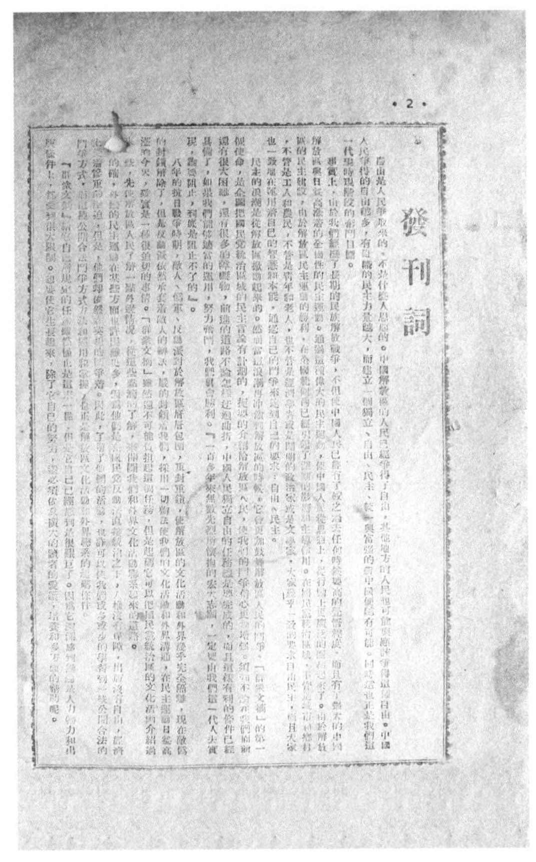

·2·

發刊詞

青岛统计

青岛市政府统计室编　编者刊　青岛　1946 年 8 月～1947 年 3 月　1 期～3 期　不定期　27cm

该刊是市政刊物，刊登青岛市各行业统计情况，内容有青岛地区历年变迁、地理环境、行政组织、户口与保甲、社会、卫生、财政、工务公用与邮政、教育与文化、港务与运输等。

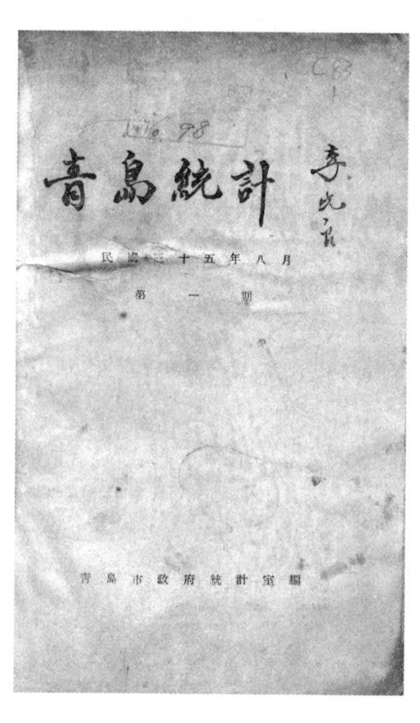

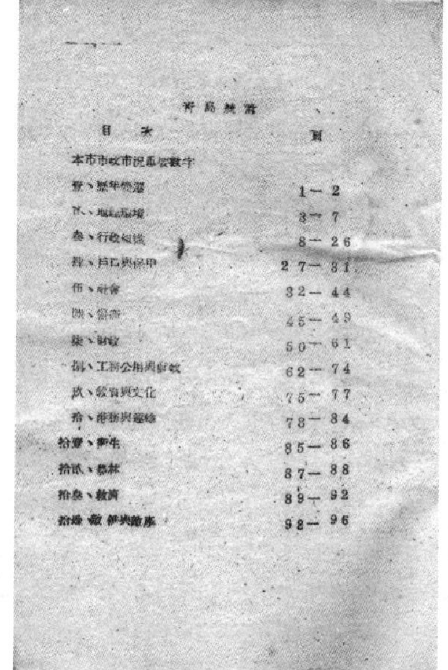

青島統計

目次	頁
本市市政市況重要數字	
壹、歷年變遷	1－2
貳、地理環境	3－7
叁、行政組織	8－26
肆、戶口與保甲	27－31
伍、社會	32－44
陸、衛生	45－49
柒、財政	50－61
捌、工務公用與郵政	62－74
玖、教育與文化	75－77
拾、港務與運輸	78－84
拾壹、[illegible]	85－86
拾貳、[illegible]	87－88
拾叁、救濟	89－92
拾肆、[illegible]	92－96

青纺半月刊

中国纺织建设公司青岛分公司青纺半月刊编委会编　编者刊　青岛　1946 年 8 月～［终刊日期不详］［总期数不详］　半月刊　17cm　由《青纺月刊》替代

该刊是纺织专业刊物，内容有纺织技术问题交流、国内外纺织业概况、中纺青岛分公司大事记等。栏目有《广播台》《青纺信箱》《简讯》《员工园地》等。

青紡半月刊

民國三十五年十月十六日出版

第一卷

第二三期

中紡青島分公司青紡半月刊編輯委員會編印

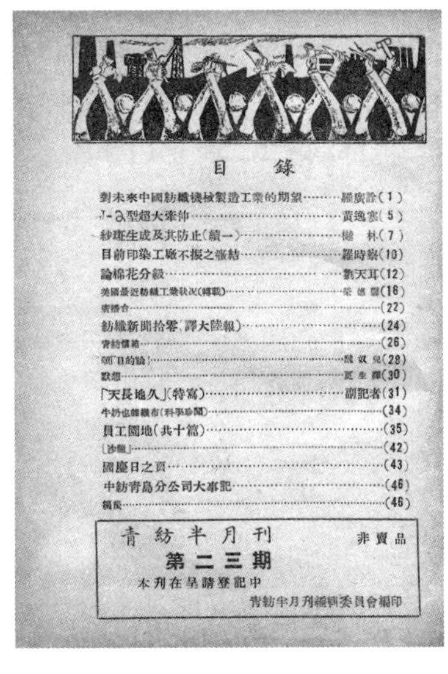

目　錄

青紡半月刊　非賣品

第二三期

本刊在呈請登記中

青紡半月刊編輯委員會編印

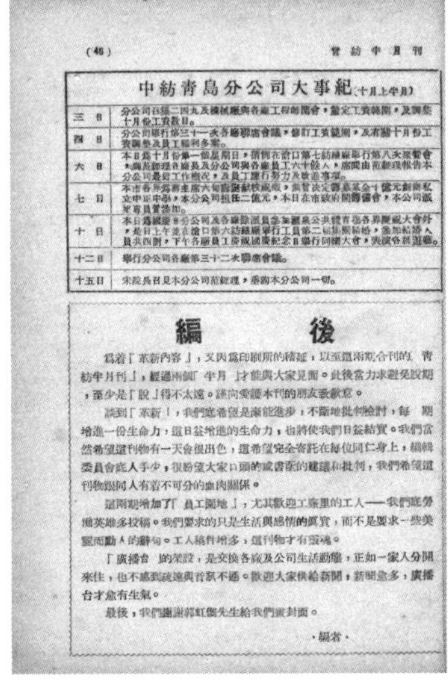

（46）　青紡半月刊

中紡青島分公司大事紀（十月上半月）

三日	分公司召集二四九及機械廠與各廠工務師開會，釐定工資範圍，及調整十月份工資數目。
四日	分公司舉行第三十一次各廠聯席會議，修訂工資範圍，及有關十月份工資調整及員工福利多案。
六日	本日為十月份第一個星期日，循例在滄口第七紡織廠舉行第八次聚餐會，與范經理各廠長及分公司與各廠員工六十餘人，席間由范經理報告本分公司最近工作概況，及員工應行努力及改進事項。
七日	本市各界為蔣主席六旬壽誕獻校祝嘏，當會決定籌募基金十億元創辦私立中正中學，本分公司担任二億元，本日在市政府開籌備會，本公司派專員參加。
十日	本日為國慶日分公司及各廠除派員參加體育場各界慶祝大會外，是日上午並在滄口第六紡織廠舉行工員第二屆集團結婚，參加結婚人員共四對，下午各廠員工慶祝國慶紀念日舉行同樂大會，與演各種遊藝。
十二日	舉行分公司各廠第三十二次聯席會議。
十五日	宋院長召見本分公司范經理，垂詢本分公司一切。

編　後

為着「革新內容」，又因為印刷所的稽延，以至這兩期合刊的「青紡半月刊」，經過兩個「半月」才能與大家見面。此後當力求避免脫期，至少是「脫」得不太遠。謹向愛護本刊的朋友致歉意。

談到「革新」，我們底希望是漸能進步，不斷地批判檢討，每一期增進一份生命力，這日益增進的生命力，也將使我們日益結實。我們當然希望這刊物有一天會很出色，這希望完全寄託在每位同仁身上，編輯委員會底人手少，很盼望大家口頭的或書面的建議和批判，我們希望這刊物跟同人有着不可分的血肉關係。

這兩期增加了「員工園地」，尤其歡迎工廠裏的工人——我們底勞蘭英雄多投稿。我們要求的只是生活與感情的真實，而不是要求一些美麗而動人的辭句。工人稿件增多，這刊物才有靈魂。

「廣播台」的架設，是交換各廠及公司生活動態，正如一家人分開來住，也不感到疏遠與音訊不通。歡迎大家供給新聞，新聞愈多，廣播台才愈有生氣。

最後，我們謝謝郭虹儒先生給我們畫封面。

·編者·

青纺月刊

中国纺织建设公司青岛分公司青纺月刊编委会编　编者刊　青岛　[创刊日期不详]~ 1947 年 5 月　[1 卷 1 期]~[2 卷 4/5 期]　月刊　17cm　替代《青纺半月刊》由《青纺旬刊》替代

该刊是纺织专业刊物，内容有纺织技术问题交流、国内外纺织业概况、中纺青岛分公司大事记等。栏目有《广播台》《青纺信箱》《简讯》《员工园地》等。第二卷第四、五期合刊是《中纺出卖问题特辑》。

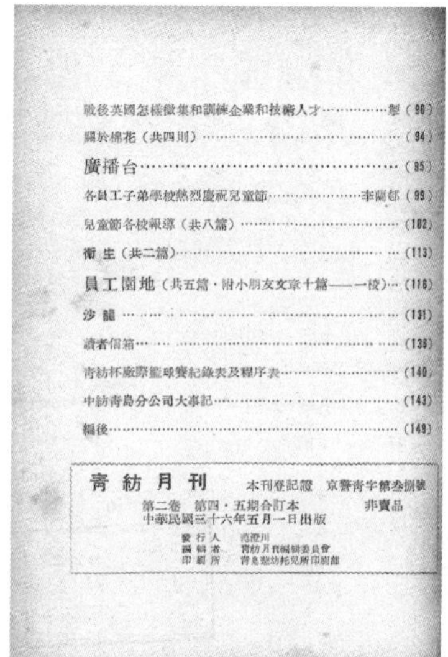

青紡月刊　本刊登記證　京警青字第叁捌號
第二卷　第四·五期合訂本　非賣品
中華民國三十六年五月一日出版
發行人　范澄川
編輯者　青紡月刊編輯委員會
印刷所　青島聯幼托兒所印刷部

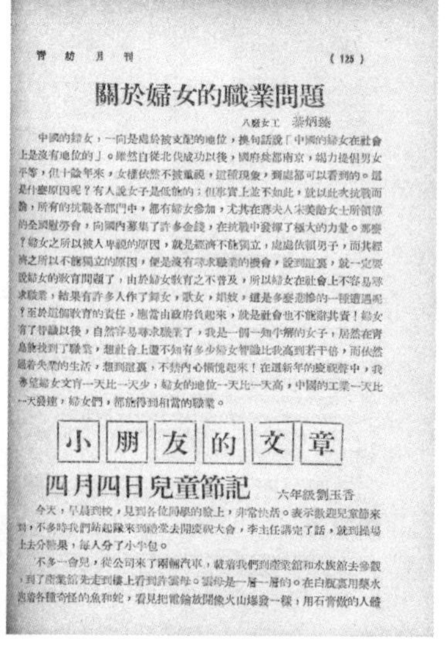

青紡月刊　（125）

關於婦女的職業問題

八廠女工　秦炳臻

中國的婦女，一向是處於被支配的地位，換句話說「中國的婦女在社會上是沒有地位的」。雖然自從北伐成功以後，國府奠都南京，竭力提倡男女平等，但十餘年來，女權依然不被重視，這種現象，到處都可以看到的。這是什麼原因呢？有人說女子是低能的；但事實上並不如此，就以此次抗戰而論，所有的抗戰各部門中，都有婦女參加，尤其在蔣夫人宋美齡女士所領導的全國慰勞會，向國內募集了許多金錢，在抗戰中發揮了極大的力量。那麼？婦女之所以被人卑視的原因，就是經濟不能獨立，處處依賴男子，而其經濟之所以不能獨立的原因，便是沒有尋求職業的機會，說到這裏，就一定要說婦女的教育問題了，由於婦女教育之不普及，所以婦女在社會上不容易尋求職業，結果有許多人作了舞女，歌女，娼妓，這是多麼悲慘的一種遭遇呢？至於這個教育的責任，應當由政府負起來，就是社會也不能辭其責！婦女有了智識以後，自然容易尋求職業了，我是一個一知半解的女子，居然在青島能找到了職業，想社會上還不知有多少婦女智識比我高到若干倍，而依然過着失業的生活，想到這裏，不禁內心慚愧起來！在這新年的慶祝聲中，我希望婦女文盲一天比一天少，婦女的地位一天比一天高，中國的工業一天比一天發達，婦女們，都能得到相當的職業。

小朋友的文章

四月四日兒童節記　六年級劉玉香

今天，早晨到校，見到各位同學的臉上，非常快活。表示歡迎兒童節來到，不多時我們站起隊來到禮堂去開慶祝大會，李主任講完了話，就到操場上去分糖果，每人分了小小包。

不多一會兒，從公司來了兩輛汽車，載着我們到產業館和水族館去參觀，到了產業館先走到樓上看到許雲母。雲母是一層一層的。在白瓶裏用藥水泡着各種奇怪的魚和蛇，看見把電輪放開像火山爆發一樣，用石膏做的人體

青纺旬刊

中国纺织建设公司青岛分公司青纺旬刊编委会编　编者刊　青岛　1948 年 9 月～1949 年 4 月　1 卷 1 期～2 卷 12 期　旬刊　19cm　替代《青纺月刊》

《青纺月刊》1948 年 9 月改为《青纺旬刊》，卷期另起。（参见《青纺月刊》）

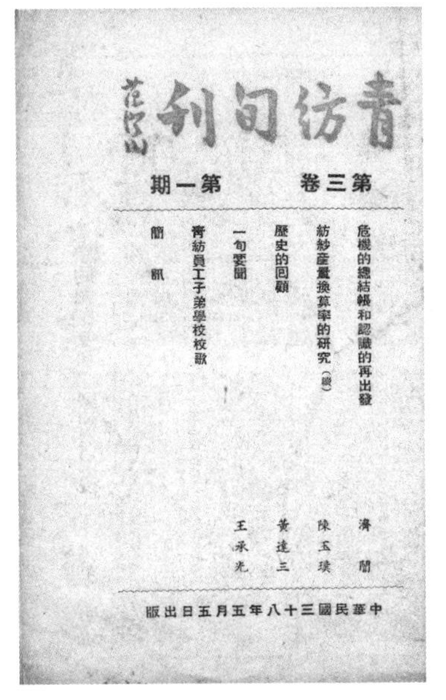

青紡旬刊

第三卷第一期

危機的總結帳和認識的再出發　濟闇

紡紗產量換算率的研究（續）　陳玉璞

歷史的回顧　黃達三

一旬要聞　王承光

青紡員工子弟學校校歌

簡訊

中華民國三十八年五月五日出版

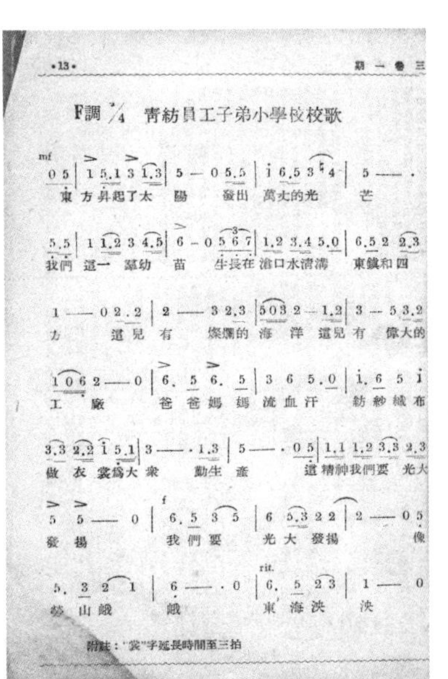

·13·　三卷一期

F調 2/4 青紡員工子弟小學校歌

青紡旬刊　·20·

荒土半月刊

荒土杂志社编　编者刊　青岛　1946年8月1日～1946年9月　1期～3期　半月刊　22cm

该刊是文学刊物，主编张咸初。主要刊登文学、戏剧理论研究的文章和文学作品，也刊有时事评论。栏目有《时论》《特稿》《转载》《小评》《学术》《艺术园》《文艺》《影剧》《妇女与家庭》《学生园地》等。

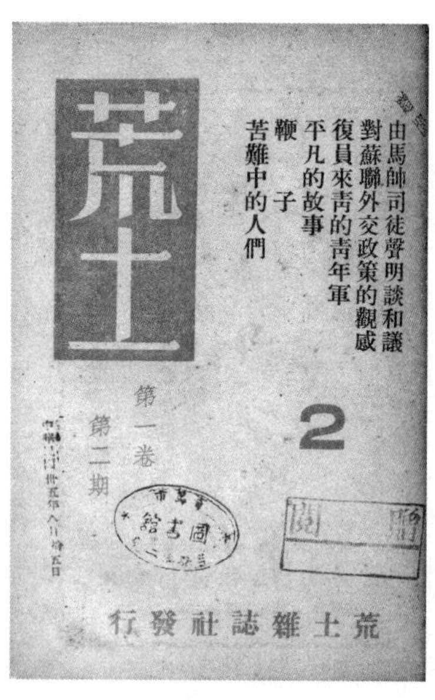

荒土

由馬帥司徒聲明談和議
對蘇聯外交政策的觀感
復員來青的青年軍
平凡的故事
鞭子
苦難中的人們

第一卷
第二期

2

荒土雜誌社發行

73135

荒土

創刊小言

去開拓這荒蕪的文壇，便是本刊問世的希望和目標。

我們在艱辛和困難中使這樣的一本小册子誕生，以後，將是更艱辛更困難，但我們必須努力的使這新苗長成。

不誇張，不求皮毛，不虛偽，不愧良心，是我們工作的準繩。

百廢待舉而兵燹仍熾之際，願秉承政令與讀者諸君共同開墾這片荒土！共同耕耘這片荒土！

—1—

荒土

稿約

荒土半月刊　第一卷第一期

中華民國三十五年八月一日

—36—

会计月刊

吴雁南编　青岛会计研究会［发行］ 青岛　1946年9月～1947年8月　1卷1期～1卷4期　月刊　27cm

该刊主要刊登会计原理、税务常识、会计界动态等。栏目有《论著》《商业常识》《商法言林》《讲义》《合作专载》《转载》等。

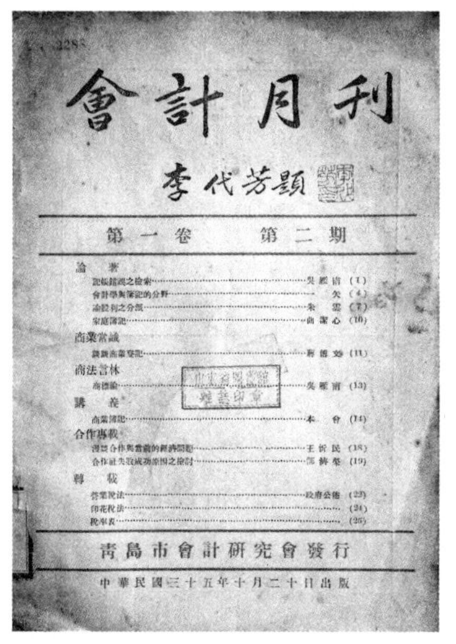

會計月刊

李代芳題

第一卷　第二期

青島市會計研究會發行

中華民國三十五年十月二十日出版

稿約

中華民國三十五年十月二十日出版

青島市會計研究會　會計月刊　第一卷 第二期

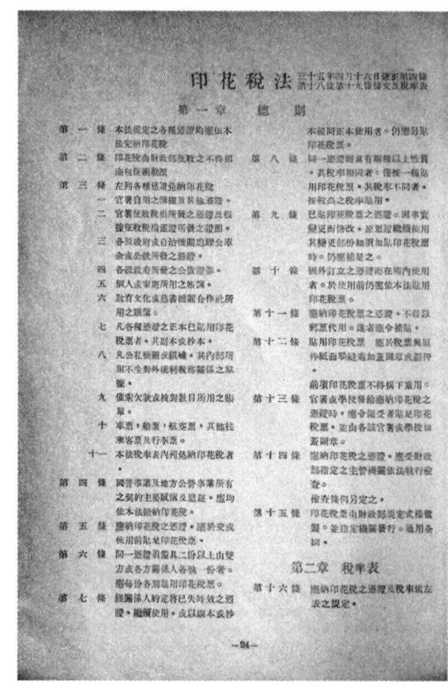

印花稅法

第一章　總則

第二章　稅率表

群运月刊

周立人、马念庭主编　黄心一［发行人］　济南　1946年9月~［终刊日期不详］［总期数不详］　月刊　26cm

该刊主编是周立人、马念庭，发行人是黄心一。该刊目的是："促使社会贤达及一般爱国志士，了解'群'的伟大，再进一步共同往群的运动方向迈进，使我们广大的中华群众，对群的需要都能够认识，能够团结起来，发挥出我们堂堂华胄的群众力量，群策群力，在一个政府（国民政府），一个主义（三民主义），一个领袖（蒋主席）领导之下，铲除建国障碍，打倒官僚资本，发扬民族正气，使我们的国家，永久安定，屹然生存于世界。"

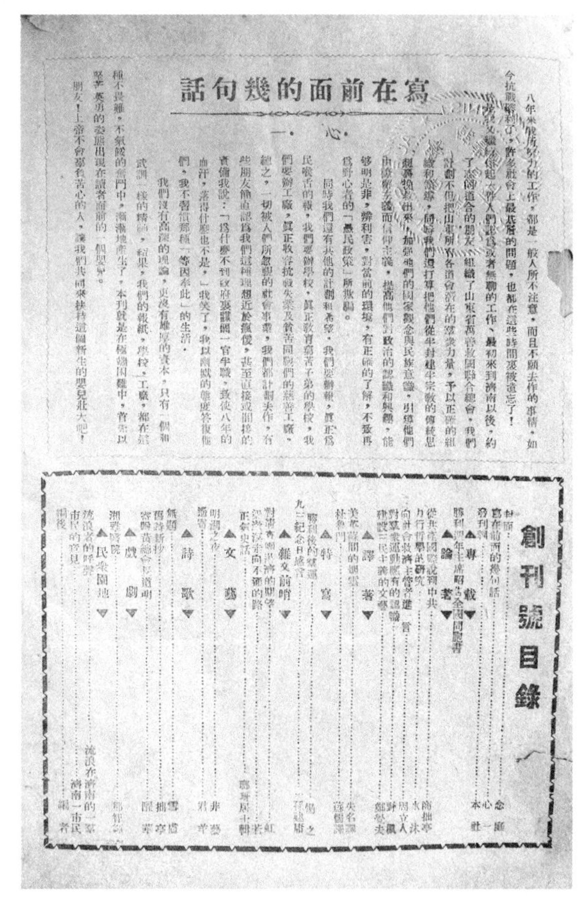

寫在前面的幾句話

心一

創刊號目錄

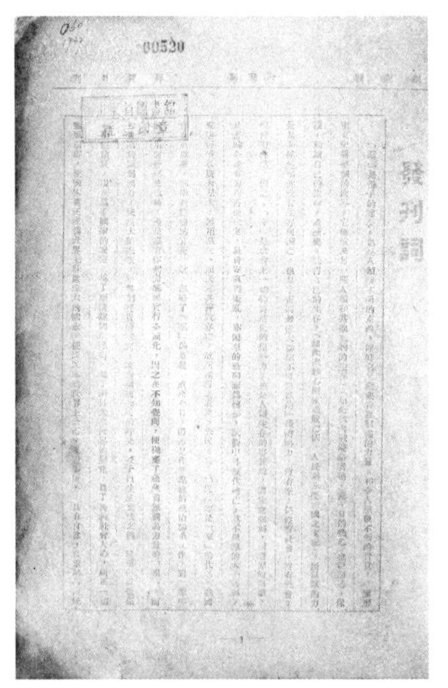

人事通讯

山东省政府人事处编　编者刊　济南　1946年9月1日～［1946年12月15日］　1期～［4期］　月刊　19cm

1946年9月1日创刊于济南，是人事管理刊物。旨在提高本省从事人事工作人员的业务素质，普及人事行政知识。主要内容有人事制度、各项人事行政法令、调查报告等，设有《人事报导》《人事动态》《问题解答》等栏目。

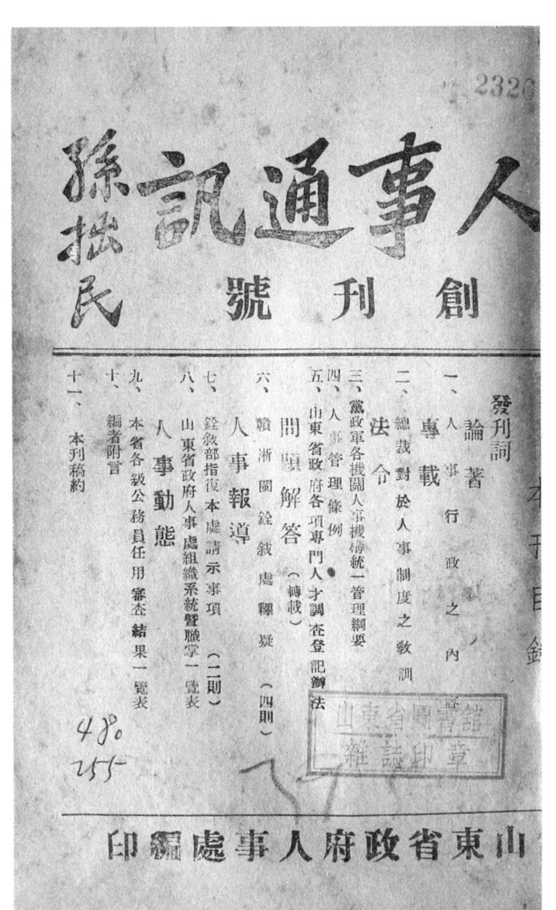

人事通訊

孫拙民

創刊號

本刊目錄

山東省政府人事處編印

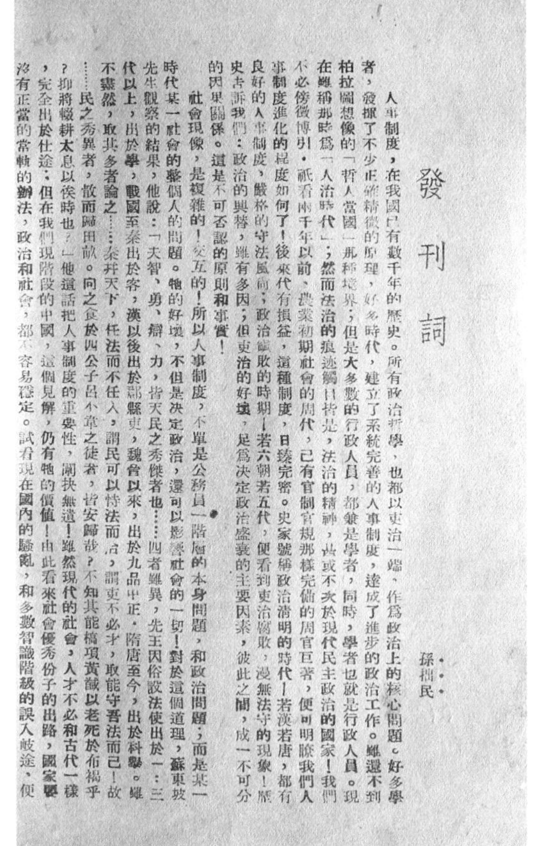

發刊詞

孫拙民

人事制度，在我國已有數千年的歷史。所有政治哲學，也都以吏治一端，作爲政治上的核心問題。好多學者，發掘了不少正確精微的原理，好多時代，建立了系統完善的人事制度，達成了進步的政治工作。雖還不到柏拉圖想像的「哲人當國」那種境界；但是大多數的行政人員，都兼是學者，同時，學者也就是行政人員。現在雖稱那時爲「人治時代」；然而法治的痕迹觸目皆是，法治的精神，尚或不亞於現代民主政治的國家！我們不必傍徵博引，祇看兩千年以前，農業初期社會的周代，已有官制官規那樣完備的周官巨著，便可明瞭我們人事制度進化的程度如何了！後來代有損益，這種制度，日臻完密。史家號稱政治清明的時代—若漢若唐，都有良好的人事制度，嚴格的守法風尚；政治窳敗的時期—若六朝若五代，便看到吏治腐敗，漫無法守的現象！歷史告訴我們：政治的興替，雖有多因；但吏治的好壞，是爲決定政治盛衰的主要因素，彼此之間，成一不可分的因果關係。這是不可否認的原則和事實！

社會現像，是複雜的！交互的！所以人事制度，不單是公務員一階層的本身問題，和政治問題；而是某一時代某一社會的整個人的問題。牠的好壞，不但是決定政治，還可以影響社會的一切！對於這個道理，蘇東坡先生觀察的結果，他說：「夫智、勇、辯、力，皆天民之秀傑者也……四者雖異，先王因俗設法使出於一：三代以上，出於學，戰國至秦出於客，漢以後出於郡縣吏，魏晉以來，出於九品中正，隋唐至今，出於科舉。雖不盡然，取其多者論之……秦并天下，任法而不任人，謂民可以恃法而治，謂吏不必才，取能守吾法而已！故……民之秀異者，散而歸田畝。向之食於四公子呂不韋之徒者，皆安歸哉？不知其能槁項黃馘以老死於布褐乎？抑將輟耕太息以俟時也？」他這話把人事制度的重要性，闡抉無遺！雖然現代的社會，人才不必和古代一樣，完全出於仕途；但在我們現階段的中國，這個見解，仍有牠的價值！由此看來社會優秀份子的出路，國家要沒有正當的常軌的辦法，政治和社會，都不容易穩定。試看現在國內的騷亂，和多數智識階級的誤入岐途，便

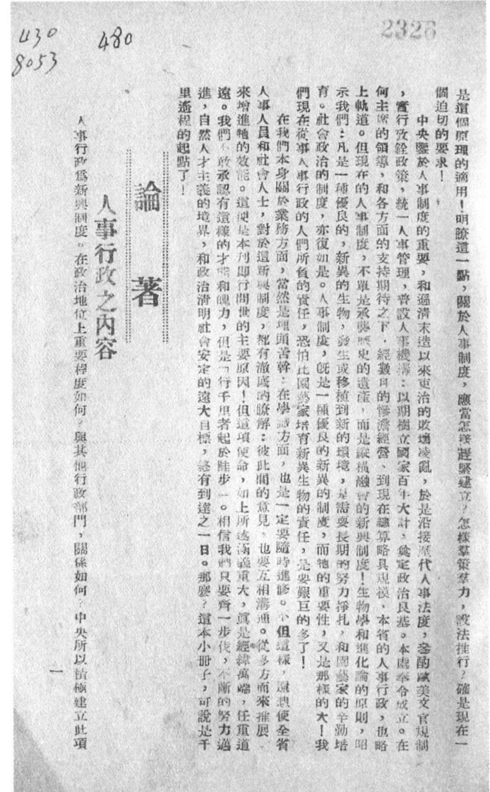

是這個原理的適用！明瞭這一點，關於人事制度，應當怎樣趕緊建立？怎樣羣策羣力，設法推行？確是現在一個迫切的要求！

中央鑒於人事制度的重要，和遜清末造以來吏治的敗壞凌亂，於是沿接歷代人事法度，參酌歐美文官規制，實行攷銓政策，統一人事管理，普設人事機構：以期樹立國家百年大計，奠定政治良基。本處奉令成立。在何主席的領導，和各方面的支持期待之下，經數月的慘澹經營，到現在總算略具規模，本省的人事行政，也略上軌道。但現在的人事制度，不單是承襲歷史的遺產，而是縱橫融會的新興制度！生物學和進化論的原則，昭示我們：凡是一種優良的，新異的生物，發生或移植到新的環境，是需要長期的努力掙扎，和園藝家的辛勤培育。社會政治的制度，亦復如是。人事制度，既是一種優良的新異的制度，而牠的重要性，又是那樣的大！我們現在從事人事行政的人們所負的責任，恐怕比園藝家培育新異生物的責任，是要艱巨的多了！

在我們本身關於業務方面，當然是埋頭苦幹；在學識方面，也是一定要隨時進修。不但這樣，還想使全省人事人員和社會人士，對於這新興制度，都有澈底的瞭解；彼此間的意見，也要互相溝通。從多方面來推展來增進牠的效能。這便是本刊即行問世的主要原因！但這項使命，如上所述涵義重大，眞是經緯萬端，任重道遠。我們不敢承認有這樣的才能和魄力，但是「行千里者起於跬步」。相信我們只要齊一步伐，不斷的努力邁進，自然人才主義的境界，和政治清明社會安定的遠大目標，終有到達之一日。那麼？這本小冊子，可說是千里遙程的起點了！

論著

人事行政之內容

人事行政爲新興制度。在政治地位上重要程度如何？與其他行政部門，關係如何？中央所以積極建立此項

一

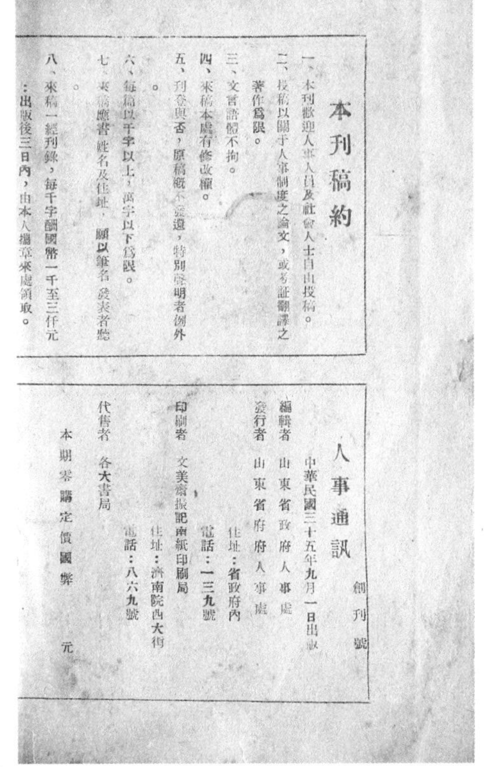

本刊稿約

一、本刊歡迎人事人員及社會人士自由投稿。
二、投稿以關于人事制度之論文，或考証翻譯之著作爲限。
三、文言語體不拘。
四、來稿本處有修改權。
五、刊登與否，原稿概不退還，特別聲明者例外。
六、每篇以千字以上，萬字以下爲限。
七、來稿應書姓名及住址，願以筆名發表者聽。
八、來稿一經刊錄，每千字酬國幣一千至三仟元：出版後三日內，由本人攜章來處領取。

人事通訊　創刊號
中華民國三十五年九月一日出版
編輯者　山東省政府人事處
發行者　山東省府人事處　住址：省政府內　電話：一三九號
印刷者　文美齋振記南紙印刷局　住址：濟南院西大街　電話：八六九號
代售者　各大書局
本期零購定價國幣　元

歌与剧

新四军兼山东军区政治部文工团编　编者刊　山东解放区　1946年10月　总1期　月刊　25cm　由《歌与剧（战时版）》替代

该刊为文娱性刊物。创刊目的是为全军和华东地区的文娱工作者提供一个交流经验、交换材料的园地。内容有创作经验交流、部队文娱生活通讯、歌曲、剧本、杂耍、秧歌及文艺创作研究等。1946年10月创刊，出版第一期后，就改为《歌与剧（战时版）》。《改版的话》中说："从今以后，我们的《战时版》便将以'轻骑队'的姿态，迎接伟大的自卫战争，为了及时，我们改成了半月刊，为了便于携带，缩小到原来体积的三分之一，但是，更重要的是，在内容上我们要求自己更实际，更精悍，更能适应人物与需要；我们冀求，每一个剧本都能够演出，每一个歌都能唱的开，每一篇文章都能起一定的指导与启发作用。"

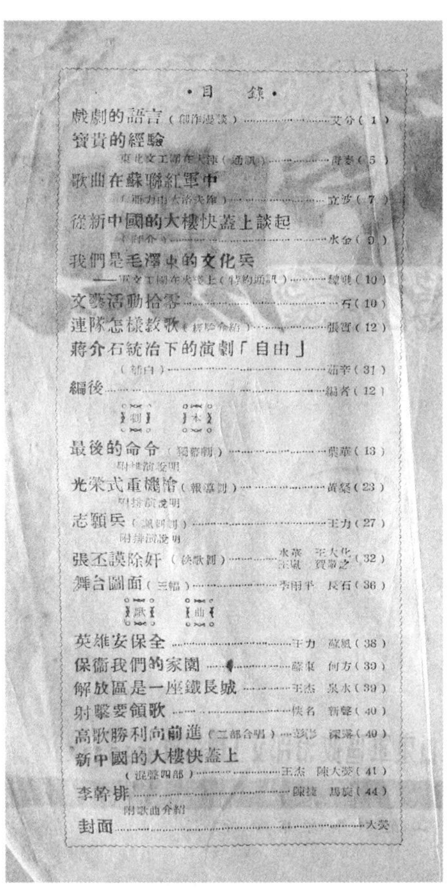

·目　錄·

從新中國的大樓快蓋上談起　水金

批評　介紹

— 9 —

李幹排

陳捷詞　馬旋曲

歌曲介紹

— 44 —

期刊之部（二）

歌与剧（战时版）

新四军兼山东军区政治部文工团编　编者刊　山东解放区　1946年11月～1947年5月　1期～9期　月刊　18cm　替代《歌与剧》

该刊内容有创作经验交流、部队文娱生活通讯、歌曲、剧本、杂耍、秧歌及文艺创作研究等。栏目有《歌曲》与《剧本》。（参见《歌与剧》）

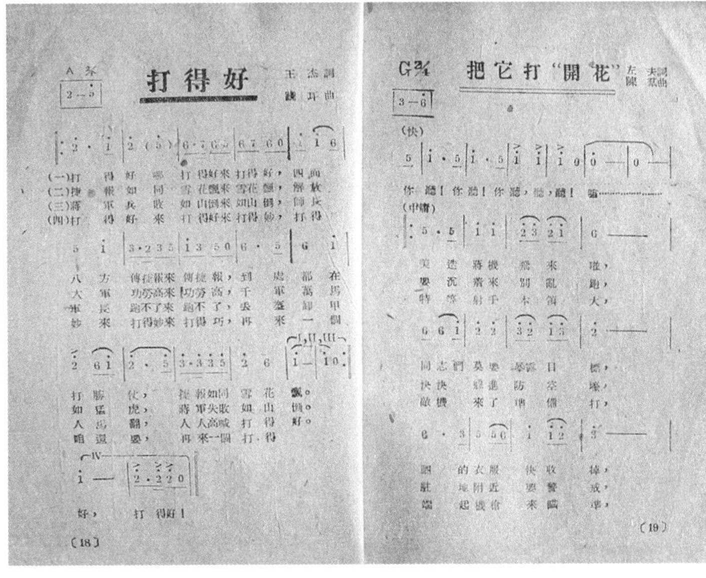

经济情报

晋冀鲁豫边区贸易总局、冀南银行总行编　编者刊　河北　1946 年 10 月 ~ 1948 年 3 月 20 日　1 期 ~ 62 期　旬刊　18cm

该刊是经济动态刊物。商情物价，报道邯郸、衡水、涉县、河间等城市粮食、棉花、土布、麻皮、油、食盐等物品的价格。出入口贸易及内地市场情况，刊登太行、晋东、邯郸、太岳等地出入口货物的行情。金融情况，用数字标出几个主要城市黄金、银元、法币、外汇比值的变动情况。蒋管区经济情况介绍栏披露了蒋管区粮食恐慌、燃料奇缺、蒋家银行巨量贷款的情况。该刊对友邻区的粮食、棉布、日用品、金融等类也有专栏报道。

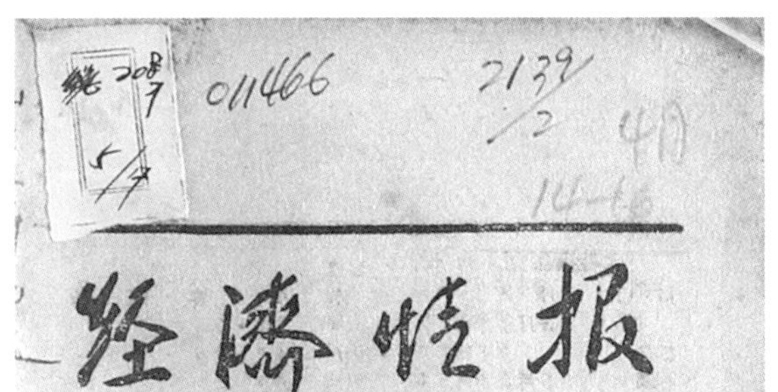

经濟情报

晉冀魯豫邊區貿易總局
冀南銀行總行
第一四期
供參考・請交換・注意保存
1947・4・5

邊區經濟情況

一 商情物價

×……………×
粮食一般平快
冀南顯上升
×……………×

週來太行腹地因春耕牲畜需料，雜粮較活躍，價格微升，米麥亦跟隨稍提。

邯鄲臨清衡水粮食價格均微昇，近日來由於敵飛機之襲擾，運輸停頓，粮食上市銳減，邯鄲由三月十九日至二十九日小米由65元升78元一斤，麥子由90元升110—120元一斤，每天平均成交25000餘斤。衡水由於河路暢通，每集成交粮食800餘石，三月中旬三天共成交2570石，總值9，645，679元，米麥佔大部分，價格尚稱平穩。各地粮價詳下載：

太行區粮價（均市秤）

市塲	月日	小米	小麥	蕎麥
	3月25日	32・81	58・06	
涉縣	31日	36・00	68・00	
林縣	3月28日	51	52	
林縣河間	3月24日	45	46	
邢	3月22日	52・5	90	48・6
	23日	50	95・7	50
台	24日	50	92・75	50
	25日	52・5	95・7	50
市	27日	53		
高邑	3月23日	48・5	73・5	
贊皇	3月23日	40	63・4	
	25日	48・5	73・5	

冀南區粮價（均一六秤）

市塲	月日	小米	麥子	玉茭	吉豆	紅粮
	3月26日	80	110	60		
邯	27日	80	115			
鄲	28日	80	120	65	105	65
市	29日	78	120	66	105	62
衡水	3月19日	56・5	80	55		43
	21日	56	80	50		44
南宮	3月19日	70	110		90	48
	24日	75	120		100	57
臨	3月24日	66	101	53	90	47
	25日	80	101	53	90	47
清	29日	80	101	53	90	47

×……………×
棉花土布一般平穩
惟冀南稍動
×……………×

週來邢市土布微昇，棉花平穩，他市棉布多平疲跌價；邯鄲三月二十六日（斤）1360元，二十九日升為1400—1500元。太行涉縣三月二十五日好東布零售（16碼尺）190—160，東邊小販以150—155元出售不快；棉花380元賣不動。林縣三月二十日質平好布每尺（16碼）167—170元，當地群衆以棉花交換；其兌換標準：每斤土布（市斤）能換好花3斤6兩，棉價為430—400—370元，僅銷於當地，無大成交。武安土布三月二十四日每斤（市斤）1200—1100元，上市不多；棉花（市斤）310—320元（好貨）。土布銷路不暢，對正在開展的紡織生產將是一個重大打擊。各地棉布價格如下表：

市塲	月日	棉花（斤）	土布（尺）
臨	3月24日	450	170
	25日	440	170
清	29日	440	170
衡水	3月19日	450	200
	21日	450	200
南	3月11日	430	155
	19日	450	150
宮	24日	450	170
邢	3月24日	500	160
	25日	550	160
台	27日	500	155——160
邯	3月27日	400（市斤）	1450
	28日	390（××）	1400
鄲	29日	400（××）	1450
武安	3月20日	280（××）	1170
	24日	310—320	（××）1100—1200
贊皇	3月16日	475	（16尺）120
高邑	3月15日	460	（××）120
	3月25日	380	（××）150—155
涉縣			
	31日	350	（××）200
左權	3月15日	450	（市尺）100
	17日	450	（××）100

註：（斤）太行係市秤，冀南除邯鄲市秤外餘均老秤。（尺）太行左權係市尺，他縣一六尺，冀南各縣係雙市尺。

×……………×
蘇皮活躍，油抬頭，藥材花椒亦可桃仁次之
×……………×

本週各處蘇皮頗形活動，晉東方面尤著，當地蘇320元一斤（三月中旬），出口亦售法幣2300元，蘇繩一斤售法幣3000元，順利。邢台花椒（三月二十五日）95—100元，快。涉縣花椒內地收價（三月三十一日）65—70元一斤，桃油由280元升320元，均快，桃仁180元一斤，無市。邯鄲白油大顯抬頭，較三月二十六日一斤上漲二十元。各地貨價詳下表：

市塲	月日	花椒	桃仁	白蘇	桃油
涉縣	3月21日	65	180		280
	31日	70			320
左權	3月15日			110	
	17日			130	
長治	3月17日			250	
	19日			260	
襄垣	3月21日			300	

期刊之部（二）

文娱材料

滨海分区政治部宣传队编　山东滨海新华书店　［滨海］ 1946年10月～［终刊日期不详］ 1期～［3期］［刊期不详］ 18cm

该刊为文娱性宣传刊物，64开本。内容有歌曲和话剧。歌曲有《自卫大进军》《人民战士之歌》《保卫解放区》《军民一家》《毛泽东之歌》等；话剧有《一家人》《双拥》《闹房》等。

文娛材料

第十期

濱海分區政治部宣傳隊

——山東濱海新華書店出版——1946.10.

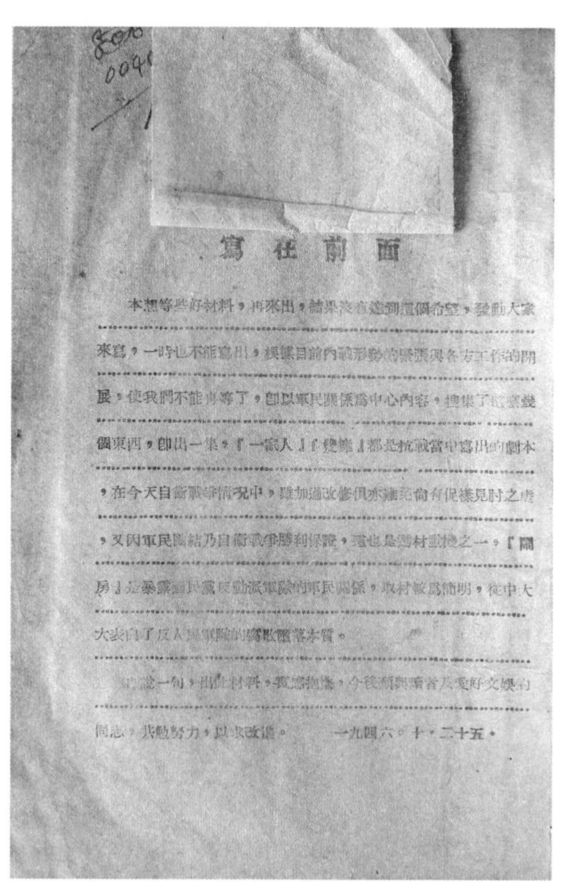

寫在前面

本想等些好材料，再來出，結果沒有達到這個希望，發動大家來寫，一時也不能寫出，根據目前內戰形勢的緊張與各方工作的開展，使我們不能再等了，即以軍民關係為中心內容，搜集了這麼幾個東西，即出一集，『一家人』『雙擁』都是抗戰當中寫出的劇本，在今天自衛戰爭情況中，雖加過改修但亦難免尚有促襍見肘之處，又因軍民團結乃自衛戰爭勝利保證，這也是選材動機之一，『鬧房』是暴露國民黨反動派軍隊的軍民關係，取材較為簡明，從中大大表白了反人民軍隊的腐敗墮落本質。

再說一句，出此材料，實感抱歉，今後希與讀者及愛好文娛的同志，共勉努力，以求改進。 一九四六．十．二十五．

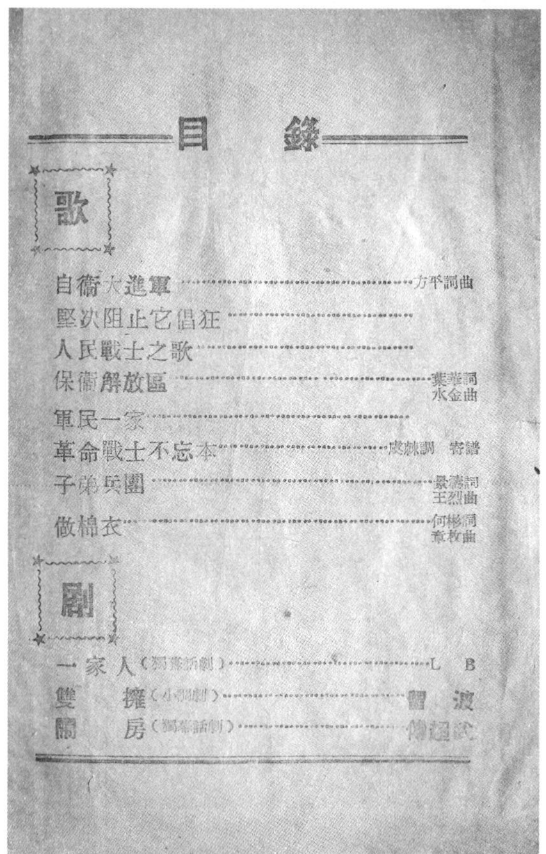

目錄

歌

劇

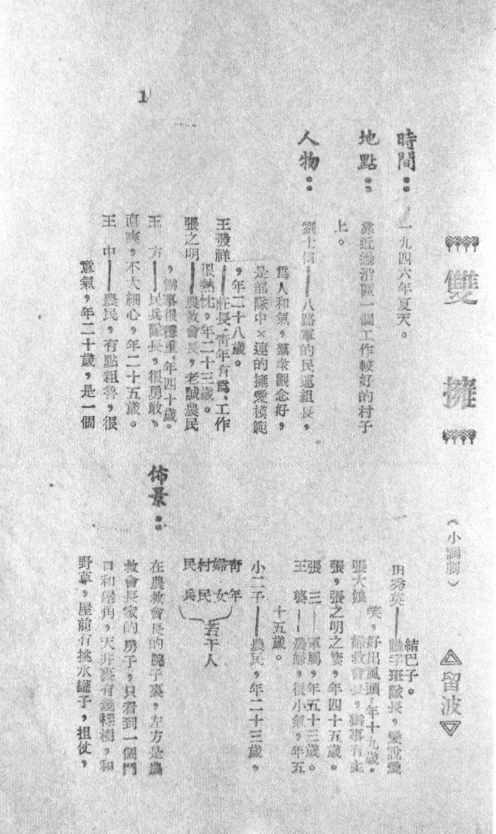

1

雙擁

（小調劇）

△留波▽

時間：一九四六年夏天。

地點：靠近邊沿區一個工作較好的村子上。

人物：劉士信——八路軍的民運組長，為人和氣，羣衆觀念好，是部隊中×連的擁愛模範，年二十八歲。

王發祥——莊長，青年有為，工作很熱忱，年二十三歲。

張之明——農救會長，老誠農民，辦事很穩重，年四十歲。

王方——民兵隊長，很勇敢，直爽，不大細心，年二十五歲。

王中——農民，有點粗魯，很意氣，年二十歲，是一個結巴子。

田秀英——識字班隊長，愛說愛笑，好出風頭，年十九歲。

張大娘——婦救會長，辦事有主張，張之明之妻，年四十五歲。

張三——軍屬，年五十三歲。

王婆——農婦，很小氣，年五十五歲。

小二子——農民，年二十三歲。

青年婦女 村民 民兵 ——若干人

佈景：在農救會長的院子裏，左方是農救會長家的房子，只看到一個門口和屋角，天井裏有幾棵樹，和野草，屋前有挑水罐子，扭伙，

日新

陆军第十二军政治部编　编者刊［出版地不详］1946年10月8日～［终刊日期不详］［总期数不详］不定期　26cm

该刊内容包括政治、军事、经济、文化、学术等方面，栏目有《科学珍闻》《兵学随笔》《三民主义问答》《士兵文艺》《时事述评》等。

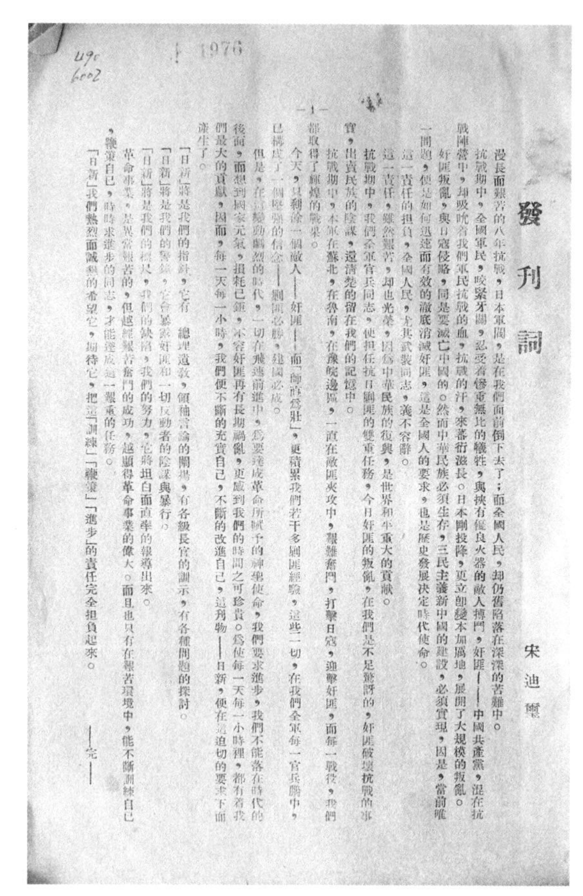

發刊詞

宋迪璽

漫長而艱苦的八年抗戰，日本軍閥，是在我們面前倒下去了；而全國人民，卻仍舊陷落在深深的苦難中。抗戰期中，全國軍民，咬緊牙關，忍受着慘重無比的犧牲，與挾有優良火器的敵人搏鬥，奸匪——中國共產黨，混在抗戰陣營中，卻吸吮着我們軍民抗戰的血，抗戰的汗，來蕃衍滋長。日本剛投降，更立即變本加厲地，展開了大規模的叛亂。

奸匪叛亂，與日寇侵略，同是要滅亡中國的。然而中華民族必須生存，三民主義新中國的建設，必須實現，因是，當前唯一問題，便是如何迅速而有效的澈底消滅奸匪，這是全國人的要求，也是歷史發展決定時代使命。

這一責任的担負，全國人民，尤其武裝同志，義不容辭。

這一責任，雖然艱苦，卻也光榮，因爲中華民族的復興，是世界和平重大的貢獻。

抗戰期中，我們全軍官兵同志，使担任抗日剿匪的雙重任務，今日奸匪的叛亂，在我們是不足驚訝的，奸匪破壞抗戰的事實，出賣民族的陰謀，還清楚的留在我們的記憶中。

抗戰期中，本軍在蘇北，在魯南，在豫皖邊區，一直在敵匪夾攻中，艱難奮鬥，打擊日寇，迎擊奸匪，而每一戰役，我們都取得了輝煌的戰果。

今天，只剩餘一個敵人——奸匪——而「師直爲壯」，更積累我們若干多剿匪經驗，這些一切，在我們全軍每一官兵腦中，已構成了一個堅强的信念——剿匪必勝，建國必成。

但是，在這變動劇烈的時代，一切在飛速前進中，爲要達成革命所賦予的神聖使命，我們要求進步，我們不能落在時代的後面，而想到國家元氣，損耗已鉅，不容奸匪再有長期竄亂，更感到我們的時間之可珍貴。爲使每一天每一小時裡，都有着我們最大的貢獻，因而，每一天每一小時，我們便不斷的充實自己，不斷的改進自己，這刊物——日新，便在這迫切的要求下面誕生了。

「日新」將是我們的指針，它有　總理遺教，領袖言論的闡揚，有各級長官的訓示，有各種問題的探討。

「日新」將是我們的警鐘，它會暴露奸匪和一切反動者的陰謀與暴行。

「日新」將是我們的標尺，我們的缺陷，我們的努力，它將坦白而直率的報導出來。

革命事業，是異常艱苦的，但越經艱苦奮鬥的成功，越顯得革命事業的偉大。而且也只有在艱苦環境中，能不斷訓練自己，鞭策自已，時時求進步的同志，才能達成這一艱重的任務。

「日新」我們熱烈而誠懇的希望它，期待它，把這「訓練」「鞭策」「進步」的責任完全担負起來。

——完——

—1—

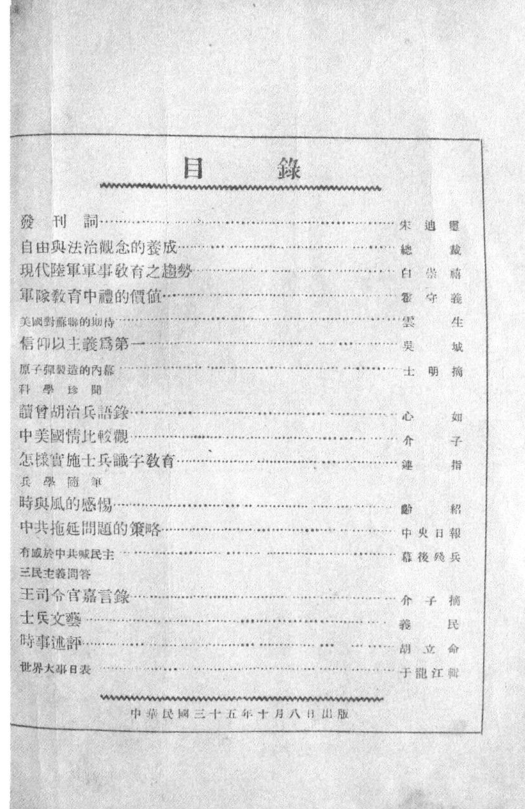

目　錄

中華民國三十五年十月八日出版

現代陸軍軍事教育之趨勢

白崇禧

> 教育是戰爭的準備，戰爭乃教育的實施，故以軍隊教育之優劣，即可判斷其戰鬥力之强弱。
> 現在的世界是科學的世界，現代的戰爭是科學的戰爭，因社會的進化，科學的進步，而一切軍事學術也在不斷進步。
> 軍事教育的先決條件就是政治，經濟，文化等部門的密切配合。

軍訓部是民國二十七年於武漢成立的，這幾年的過程中，於當戰爭時期，我們是一面抗戰，一面實施戰時教育，我們國軍不但在裝備居於劣勢，而教育也比較落後。本席自掌軍部以來，深感[illegible]，非常惶恐，明知我們以劣勢裝備訓練未精的軍隊，來抗拒近代裝備頑强的敵人，而一切政治，經濟，文化的條件也不完備，在這種情形之下，使得我們不能不從教育訓練上加倍努力。更當時就第二次世界大戰的教訓，搜集同盟國或軸心國兩方面有關軍事教育的材料藉資借鑑。更就國軍的實際情形，歸納若干個人的意見，以備採擇。這些資料和意見，本席曾於抗戰八年中乘校閱或視察各戰區野戰軍及各軍事學校的機會，向部隊官兵及各學校官長員生講演，期使明瞭現代進步國家軍事教育的趨勢，「他山之石，可以攻玉」，果能取他人之所長，補我們之所短，用他人之經驗，增我們之不足，學術是無國界的，在此次世界大戰中，無論同盟國方面或軸心國方面，雖其軍事學術與技術優點，應該衡酌損益，分別取舍，來作我們軍事教育改進的參考。此次世界大戰經過長期的艱苦戰鬥，我們同盟國軍隊終於獲得最後勝利。瞻念今後建軍的前途，欲建設現代的陸軍，必須軍事教育上奠定基石。本席特將歷年以來，關於軍事教育上所講演內容及搜集若干資料，歸納整理，手訂現代陸軍軍事教育之趨勢小冊，俾供各袍澤研討，以爲我軍軍事教育改進之一助。茲因限於篇幅，不能詳述，僅採要列舉擬議：

我們知道教育是戰爭準備，戰爭乃教育的實施，故以軍隊教育之優劣，即可判斷其戰鬥力强弱，這是絲毫不爽的鐵則。現在的世界是科學的世界，現代的戰爭是科學的戰爭，因社會的進化，科學的進步，而一切軍事學術也在不斷進步。拿破崙曾說：「戰術十年一變」，這種說法在當時也許是實在的，但現在人類的進化，在時間上是加速度的，並不是等速度的。試將有史以來，五千多年的歷史和近代科學思想發達以來三百多年的歷史加以比較，就可以看到近代科學的突進，再把三百年來的科學發達史和最近五十年來的技術發達

—4—

青年人（1946）

青年人社编　牛世光［发行人］　济南　1946年10月10日～1947年3月　［总期数不详］；复刊1947年7月7日～1947年10月10日　总7期　旬刊　26cm

1946年10月10日创刊于济南，发行人是牛世光，创刊初期为报纸类型，1947年3月停刊。1947年7月7日复刊，复刊后改为杂志类型，刊期是旬刊，出版7期后停刊。辟有《社话》专栏，刊登《在奋斗中迎接阴暗的袭击》《从陈舜畊的开枪杀人说起——莫使苦难同胞再当历史悲剧》《响应总动员建议来个下乡运动》《苦难在发展，奋斗要深入》等文章。

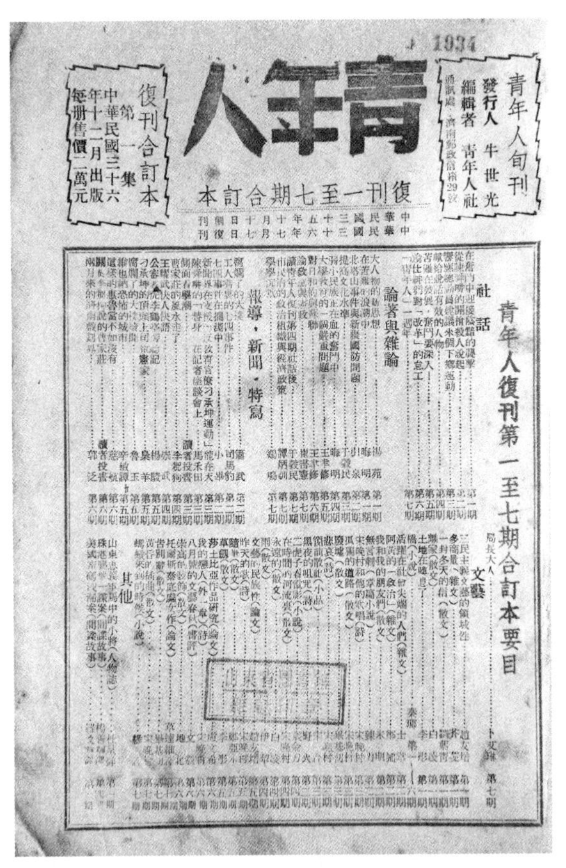

青年人

青年人旬刊
發行人 牛世光
編輯者 青年人社

復刊一至七期合訂本

中華民國三十五年十月十日創刊
中華民國三十六年七月十日復刊

復刊合訂本
第一集
中華民國三十六年十二月出版
每冊售價二萬元

青年人復刊第一至七期合訂本要目

社論

論著與雜論

報導・新聞・特寫

文藝

其他

青年人

復刊號

青年人旬刊
發行人 牛世光
編輯者 青年人社

本期要目

社論

在奮鬥中迎接陰黯的襲擊

青年人

（8）

美國密碼洩漏案

羅文章譯

安娜小姐

神秘的聚會

不是張伯倫的信徒

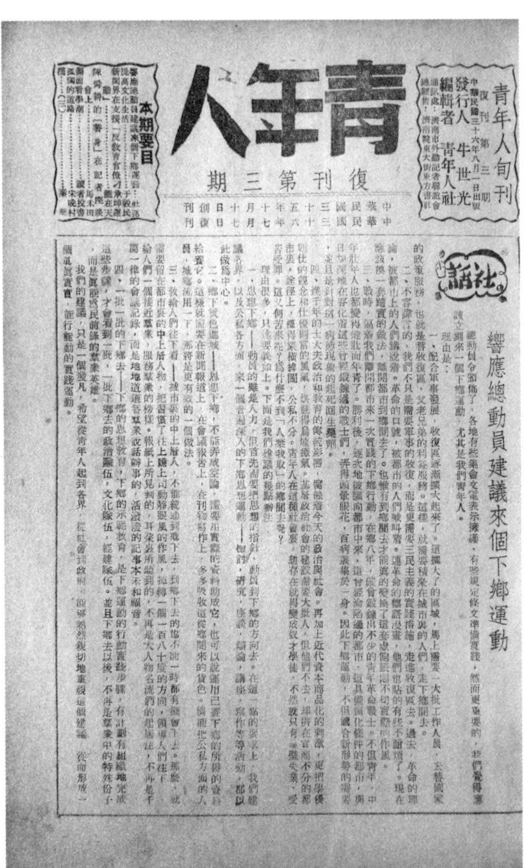

青年人

復刊第三期

青年人旬刊
發行人 牛世光
編輯者 青年人社

本期要目

社論

響應總動員建議來個下鄉運動

民兵业务

民兵业务社编　山东新华书店［济南］1946 年 10 月 15 日～［1947 年 1 月 15 日］1 期～［3 期］月刊　18cm

该刊报道民兵工作的经验和教训，战斗、生产及整训的典型，以及有关人民武装建设的论述。

民兵業務

1

山東人民武裝自衛委員會
山東軍區人民武裝部
出版

一九四六年十月十五日

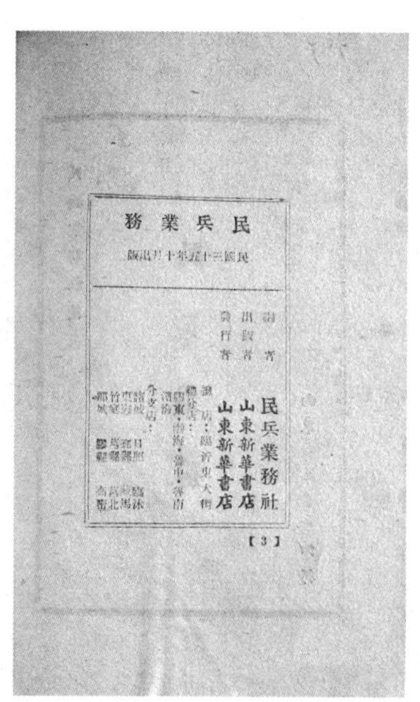

民兵業務

民國三十五年十月出版

編著者　民兵業務社
出版者　山東新華書店
發行者　山東新華書店

【3】

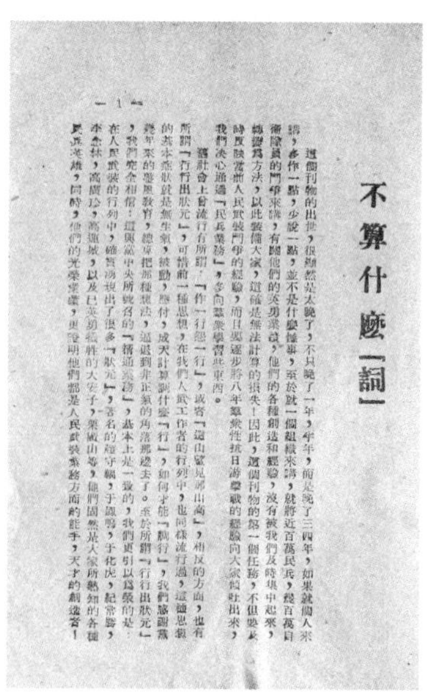

不算什麽「詞」

支部通讯

中共渤海区党委宣传部编　编者刊　惠民　1946 年 11 月～［终刊日期不详］［总期数不详］　月刊　18cm

该刊为中共渤海区党委宣传部主办的党员教育类专刊，其内容主要是介绍典型的支部或党员的模范事例，教育广大党员群众改进工作，转变作风。

支部通訊
第一期
黨內文件
保守秘密
中共渤海區黨委宣傳部編
一九四六・十一

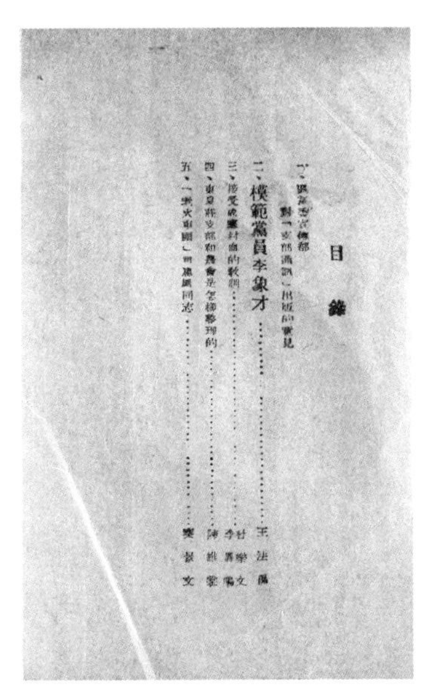
目錄
二、模範黨員李象才

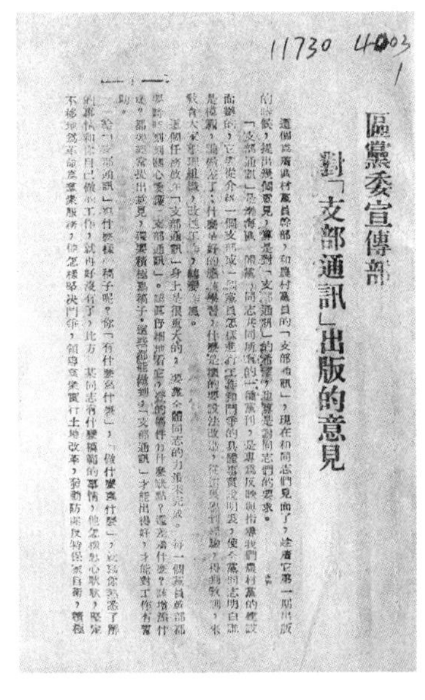
區黨委宣傳部
對「支部通訊」出版的意見

山东妇女

山东妇女月刊社编　编者刊　济南　1946年11月1日～［1947年12月］［总期数不详］　月刊　26cm

该刊是一本综合性的妇女刊物，由山东妇女会主任杨宝琳创办，社址在济南商埠经三路纬五路西191号。该刊是为了利用刊物去“提高妇女文化水准来领导妇女运动”而创刊，以“推动妇运，提高妇女文化，探讨妇女问题，报道妇女工作”为宗旨，栏目有《论著》《通讯》《歌曲》《诗歌》《家庭卫生》《妇女园地》《妇女信箱》等。

本期目錄

山東婦女　月刊　第一期
中華民國三十五年十一月一日出版
發行者　編輯者　「山東婦女」月刊社
濟南商埠經三路緯五路西一九一號
電話一二五一號
總經售處　山東省婦女會消費合作社
濟南商埠經三路緯五路西一九一號
每册定價壹仟五百元
郵費另加

發刊辭

楊寶琳

新地

冀鲁豫边区文联编委会编　新地社　菏泽　1946 年 11 月 1 日～1948 年 1 月 15 日　1 卷 1 期～5 卷 6 期　半月刊　18cm

该刊是综合性半月刊。冀鲁豫文联编辑，新地社出版，冀鲁豫书店发行。它面向农村大众进行文化普及宣传，刊登切近群众生活的稿件，辟有《时事政策漫谈》《通讯·故事》《诗歌》《民谣》《生产卫生常识》《自修室》等专栏，发表时政论文、通讯报道以及故事、诗歌、民谣、歌曲、快板、谜语、连环画、漫画等多种形式的、短小通俗的作品，向群众介绍国际国内时事概要，宣传共产党的路线政策，介绍工作经验与方法，反映解放战争和解放区人民生产、生活中涌现出来的英雄模范人物和他们的先进事迹，揭露和控诉国民党反动派、地主阶级及各种反动组织对人民的欺压毒害，抒发解放区人民翻身解放的欢娱之情，丰富、活跃人民的文化生活，向人民介绍医疗卫生、日常生活小常识，向群众介绍社会科学知识。该刊在指导解放区人民的生产、生活、普及文化知识方面做出了一定贡献。

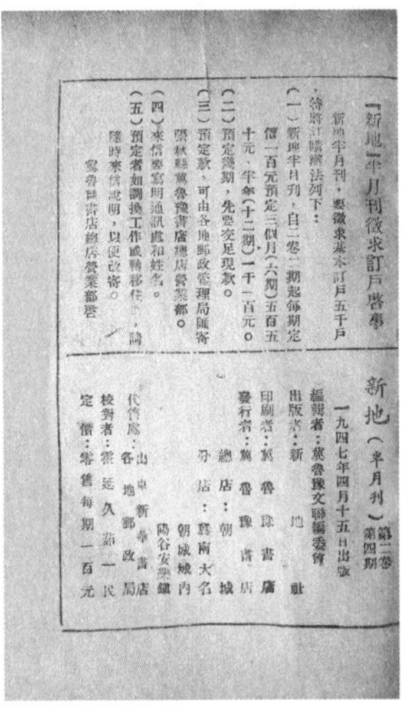
「新地」半月刊徵求訂戶啓事

新地半月刊，要徵求基本訂戶五千戶，特將訂購辦法列下：

（一）新地半月刊，自二卷二期起每期定價一百元預定三個月（六期）五百五十元，半年（十二期）一千一百元。

（二）預定幾期，先要交足現款。

（三）預定款，可由各地郵政管理局匯寄濮縣冀魯豫書店總店營業部。

（四）來信要寫明通訊處和姓名。

（五）預定者如調換工作或轉移住址，請隨時來信說明，以便改寄。

冀魯豫書店總店營業部啓

新地（半月刊）第二卷第四期

一九四七年四月十五日出版

編輯者：冀魯豫文聯編委會

出版者：新地社

印刷者：冀魯豫書店

發行者：冀魯豫書店

總店：朝城

分店：冀南大名　朝城城內　陽谷安樂鎮

代售處：山東新華書店　各地郵政局

校對者：張延久　茹一民

定價：零售每期一百元

现代文丛

现代文化社编　编者刊　济南　1946年11月16日～1948年1月1日　1卷1期～1卷12期　半月刊　26cm

该刊社长葛兰笙。其办刊宗旨是“集纳书报精华，介绍时代知识”。以文摘为主，内容涉及时事政治、经济、文化教育、科学、文学等诸方面。朱自清、胡适、沈从文、茅盾、田汉、萧乾、费孝通、臧克家等名家书稿均有选摘。

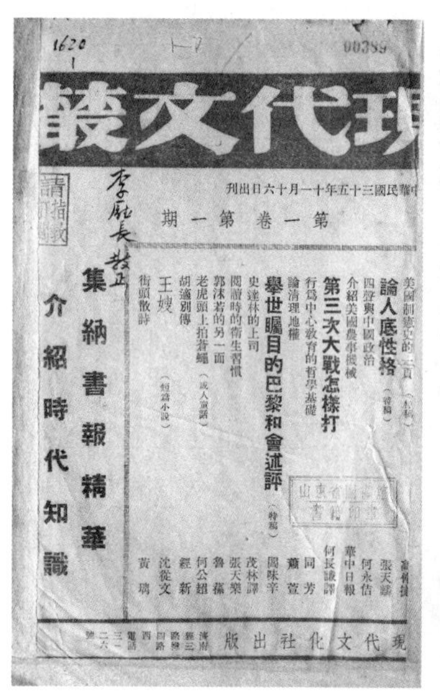
現代文叢

中華民國三十五年十一月十六日出刊

第一卷第一期

集納書報精華　介紹時代知識

美國制憲史的一頁　張天驥

論人底性格（專稿）　何永佶

四強與中國政治　華中日報

介紹美國農事機械　何長謙譯

第三次大戰怎樣打　同芳

行爲中心教育的哲學基礎　蕭萱

論清理地權　閻味辛

舉世矚目的巴黎和會述評（特稿）

史達林的上司　茂林譯

閱讀時的衛生習慣　張天樂

郭沫若的另一面　魯蓀

老虎頭上拍蒼蠅（成人童話）　何公超

胡適別傳　經新

王嫂（短篇小說）　沈從文

街頭散詩　黃璜

現代文化社出版

這一期

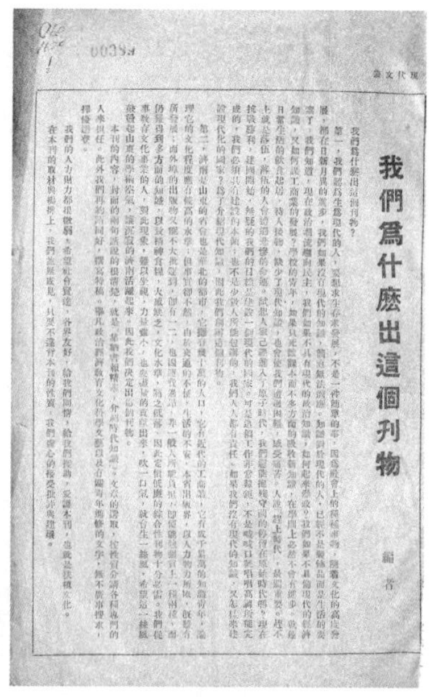
我們爲什麽出這個刊物

大都市

吕仲起编　编者刊　青岛　1946年12月～1947年　1期～3期　周刊　26cm

该刊是以娱乐为主的综合性刊物。内容有时评、名人轶事、生活杂感、梨园动态，形式有随笔、散文、小品文、长篇连载等。

文化翻身

文化翻身社编　山东新华书店［发行］　临沂　1946 年 12 月～1948 年 4 月　总 22 期　半月刊　18cm　由《群众文化》替代

该刊阅读对象为识两千字的区村干部、群众教师，刊物内容丰富，形式多样，有快板、鼓词、民间故事、小游戏、戏剧、歌曲、小调、笑话、谜语、杂耍、庄户巧话、典谚、小通讯、小论文及其他短小的文章。辟有《时事政治》《救护常识》《军事常识》《卫生常识》《文字学习》《历史故事》《大众信箱》等栏目。

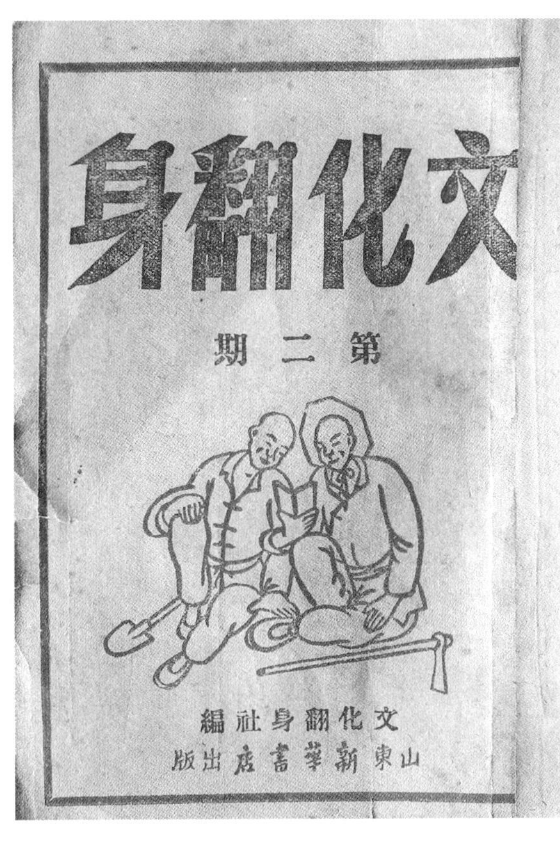

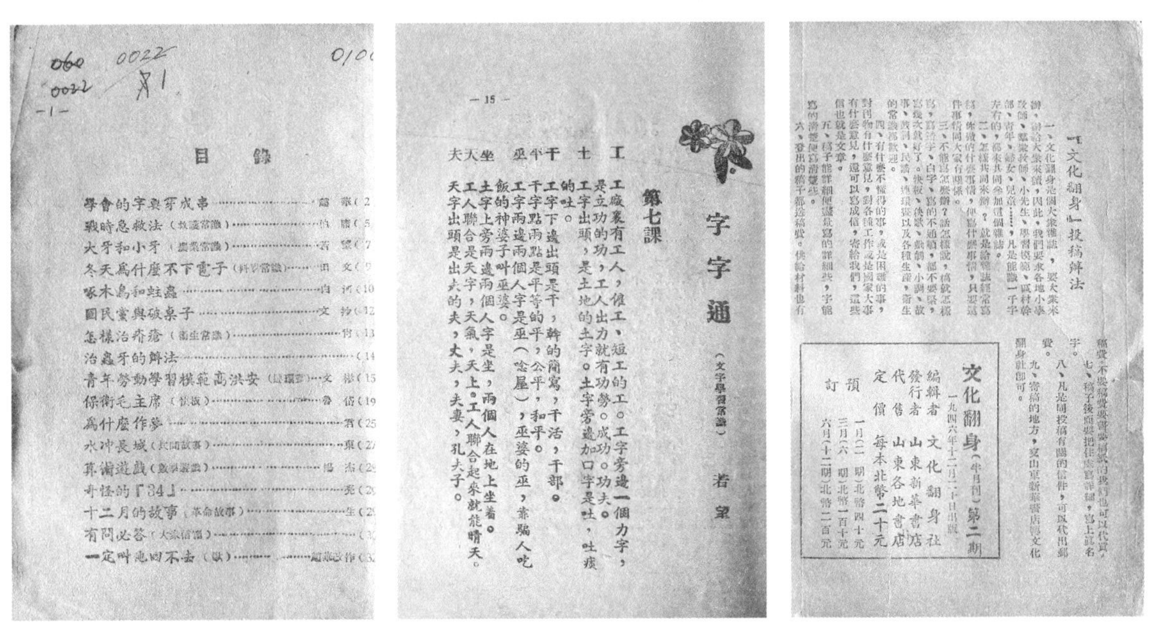

目錄

字字通（文字學習常識） 若望

第七課

工 土 干平巫 坐天大夫

工廠裏有工人，僱工、短工的工。工字旁邊一個力字，是立功的功，工人出力就有功勞。成功。功夫。

工字出頭，是土地的土字。土字旁邊加口字是吐，吐痰的吐。

工字下邊出頭是干，幹的簡寫，干活，干部。

干字兩點兩點是平，平等的平，公平，和平。

工字兩邊兩個人字是巫（唸屋），巫婆的巫，靠騙人吃飯的神婆子叫巫婆。

土字上旁兩邊兩個人字是坐，兩個人在地上坐着。

工人聯合是天字，天氣，天上。工人聯合起來就能晴天。

天字出頭是出夫的夫，丈夫，大夫，夫妻，孔夫子。

『文化翻身』投稿辦法

一、文化翻身是個大衆雜誌，要大衆來辦，寫給大衆來讀，因此，我們要求各地小學教師、鄉農教師、小先生、學習模範、區村幹部、青年、婦女、兒童……，凡是能識一千字左右的，都來共同參加這個雜誌。

二、怎樣共同來辦？就是給雜誌經常寫稿，你做的什麼事情，便寫什麼事情，只要這件事情同大家有關係。

三、不能寫怎麼辦？話怎樣說，稿就怎樣寫，寫錯字、白字、寫的不通順，都不要緊，寫幾次就好了。快板、快歌、戲劇、小調、故事、謎語、民謠、連環畫以及各種生產，衛生的常識都歡迎。

四、有什麼不懂得的事，或是困難的事，對刊物有什麼意見，對各種工作或是國家大事有什麼意見，還可以寫成信，寄給我們，這些信也就是文章。

五、稿子能詳細便盡量寫的詳細些，字能寫的清楚便寫清楚些。

六、登出的稿子都送稿費。供給材料也有稿費。不要稿費要書要稿紙的我們也可以代買。

七、稿子後面要把住處寫詳細，寫上真名字。

八、凡是同投稿有關的信件，可以代出郵費。

九、寄稿的地方，交山東新華書店轉文化翻身社即可。

文化翻身（半月刊）第二期
一九四六年十二月二十日出版
編輯者 文化翻身社
發行者 山東新華書店
代售 山東各地書店
定價 每本北幣二十元
預訂 一月（二期）北幣四十元
三月（六期）北幣一百十元
六月（十二期）北幣二百元

群众文化

群众文化社编　华东新华书店总店　［出版地不详］　1948 年 9 月～［终刊日期不详］［总期数不详］　月刊　18cm　替代《文化翻身》

该刊为通俗的群众性综合刊物，主要面向区村干部、小学教员和识字群众。主要刊登生产支前的文章，其次是民主文化及群众活动的文章，也有形势分析、时事综述、名词解释、小资料等介绍国内外时事要闻与政治常识。作品形式有顺口溜、武老二、鼓词、故事、小调、歌曲、连环画、笑话、时事说唱、通讯、消息、快板、谜语、民谣等。

編輯　羣衆文化社　出版　華東新華書店總店

見面話

『羣衆文化』和大家見面了，頭一回見面，應該自我介紹一番。『羣衆文化』是幹啥的？給誰看呢？誰來辦呢？——這幾個問題先要向大家說清楚。

『羣衆文化』是一個通俗的羣衆性的綜合刊物，主要是辦給區村幹部、小學教員和識字羣衆看的，幫助提高大家的政治文化水平，更好的爲羣衆服務；同時我們還要把它辦到凡是識千把字的人，都能看得下，不識字的羣衆也聽得懂。這個刊物講些什麼呢？說來很多，總的也不外怎樣生產，怎樣支前，怎樣工作，怎樣學習這幾項。這裏面也有英雄模範的動人故事，他們怎樣成了羣衆擁護的功臣？也有先進地區的好辦法，給你做榜樣；也有時事說唱，唱出了國家大事，幫你認清形勢；也有科學衛生，破除迷信

減少病災；也有歷史地理，教你知道古今中外，還有各種有用的知識。

要做到這樣，如果沒有大家的積極幫助，光靠幾個人來辦來寫，怎麼說也辦不好的。所以『羣衆文化』必須是個『大家辦大家看』的刊物，只有依靠廣大讀者，各地通訊員的努力和幫助，才能把它辦得更好。因此，我們誠懇地希望黨政軍民各機關團體的同志們爲本刊組織寫稿，特別是要求縣區幹部及羣衆工作隊同志，在執行黨的政策和各種工作過程中，把有價值的故事和辦法，幹部或者羣衆的思想變化，詳細具體的寫出來寄給我們。目前的寫稿中心是：消除羣衆思想顧慮，宣傳生產發家，加緊領導和組織秋收，秋耕，秋種和支援前線。

最後，我們更希望大家經常監督本刊，隨時指出本刊的缺點，和對它的要求，這樣才能使『羣衆文化』漸漸辦成符合讀者需要，爲我們讀者歡迎的理想刊物。

革心

革心刊社编　编者刊　济南　1946年12月～1947年4月　创刊号～1卷2期［刊期不详］　25cm

该刊《创刊词》中说："'真理'既产生了'革心'，自然它有'与生俱来'的伟大艰巨任务——1. 广播真理。2. 辨别善恶。3. 革旧布新。它——革心——完成它伟大艰巨任务之日，也就是三民主义新中国建设成功之日。"栏目有《特载》《论著》《革心》《科学讲座》《黑心》《散文》《诗歌》《报告文学》《小说》等。

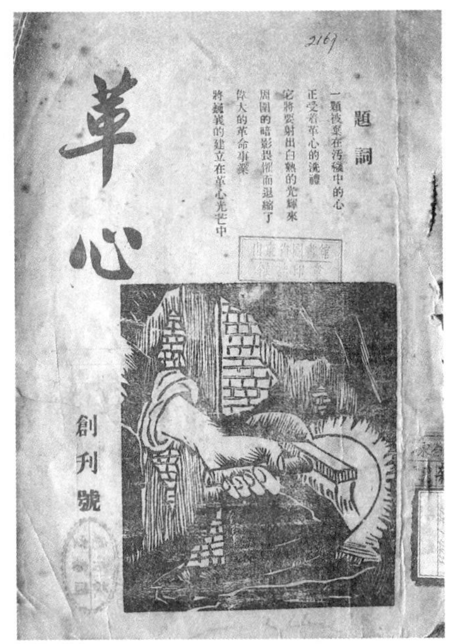

革心

創刊號

題詞

一顆孩童在污穢中的心
正受着革心的洗禮
它將要射出白熱的光輝來
周圍的暗影畏懼而退縮了
偉大的革命事業
將巍巍的建立在革心光芒中

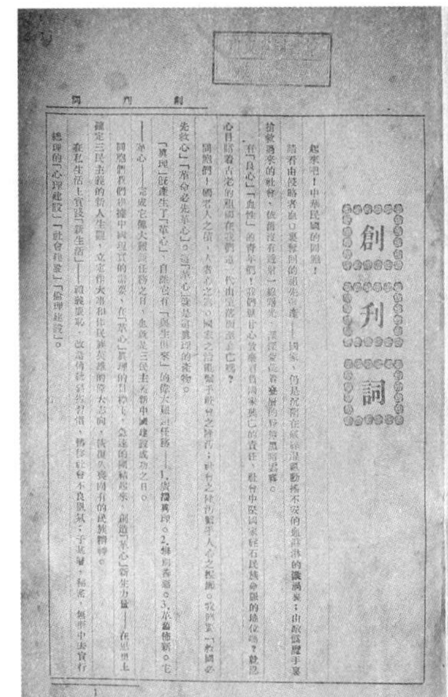

創刊詞

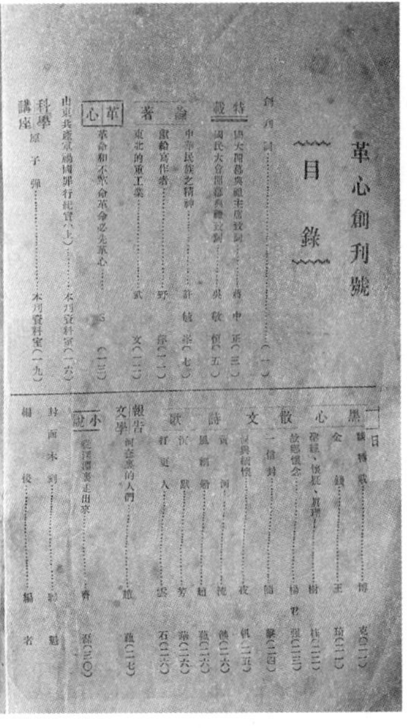

革心創刊號

目錄

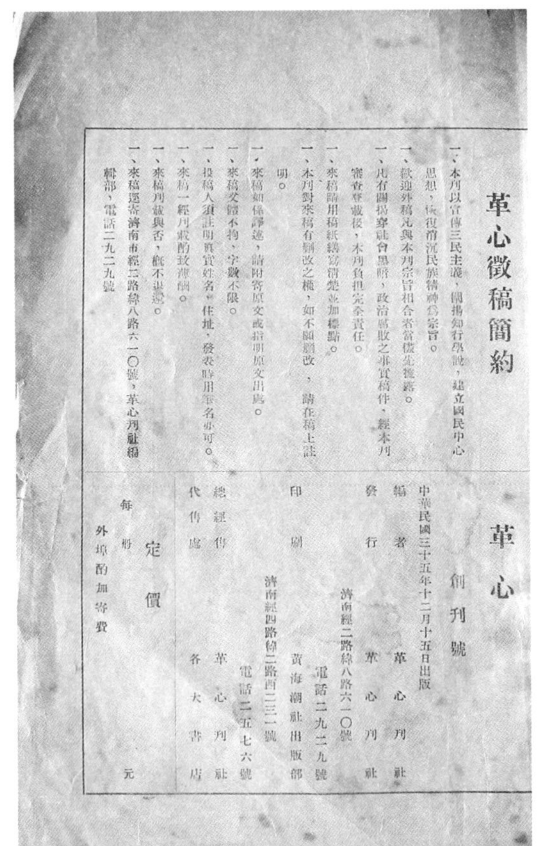

革心徵稿簡約

一、本刊以宣傳三民主義，闡揚知行學說，建立國民中心思想，恢復消沉民族精神爲宗旨。
一、歡迎外稿凡與本刊宗旨相合者當儘先發露。
一、凡有關揭穿社會黑暗，政治腐敗之事實稿件，經本刊審查登載後，本刊負担完全責任。
一、來稿請用稿紙繕寫清楚並加標點。
一、本刊對來稿有删改之權，如不願删改，請在稿上註明。
一、來稿如係譯述，請附寄原文或指明原文出處。
一、來稿文體不拘，字數不限。
一、投稿人須註明眞實姓名，住址，發表時用筆名亦可。
一、來稿一經刊載酌致薄酬。
一、來稿刊載與否，槪不退還。
一、來稿逕寄濟南市經二路緯八路六一〇號，革心刊社編輯部，電話二九二九號

革心 創刊號

中華民國三十五年十二月十五日出版

編者 革心刊社

發行 革心刊社 濟南經二路緯八路六一〇號 電話二九二九號

印刷 黃海潮社出版部 濟南經四路緯二路西二三一號 電話二五七六號

總經售 革心刊社

代售處 各大書店

定價 每册 元 外埠酌加寄費

本刊已聲請登記中

編後

在偷泥間，這本爲正義搏鬥的刊物，終於問世了，本刊不僅代表了整個民衆的發舌，向人羣中發出正義的呼聲，並一身作則的，領導着整個民衆奔上革心的途徑。

本刊因了極倉刊出之故，其中所遺漏的篇幅，未免不能沒有，最顯着的，是缺少幾幅反映現實的漫畫，編者對此不勝遺珠之憾，並請讀者加以原諒。

本刊第一期的稿件，特別擁擠有很多的佳作，未及刊出歉甚。其間更沒有編者的東西。

還有，朱綸君，及丹青，韓風，靡敏，金昆，諸君，之佳作，因稿件擁擠，未及發表，只好留待下期，謹此誌歉。

徐君聯魁：能在這短短的二三句鐘內，把封面的木刻呈獻在本刊的上面，如此的熱心實使本社感謝

最後，我們站在正義的立場上，歡迎讀者不客氣的批評，我們相信一個刊物，它好的地方是有的，然而壞的地方，不能說是沒有。所以我們以誠摯的態度，來接受讀者懇切的指導與批評，以促使這個刊物，趨向完美的境地。

期刊之部（二）

新血轮月刊

新血轮编辑部编　青岛新血轮文学社［发行］　青岛　1946 年 12 月 15 日～［终刊日期不详］［总期数不详］　月刊　27cm

该刊是综合性文学刊物，以文化建设和为社会服务为宗旨，主编是朱之凌。栏目有《卷头论文》《文学理论》《连载剧本》《诗歌》《翻译》《书简及随笔》等。

新血輪

第一卷　第一期

青島新血輪文學社刊行

中華民國三十五年十二月十五日出版

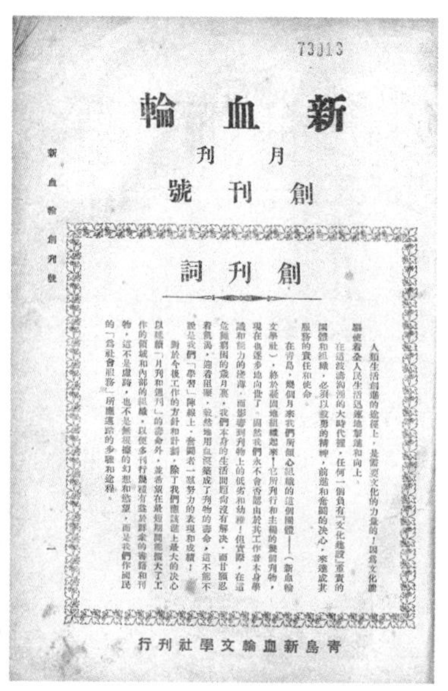

新血輪

月刊

創刊號

創刊詞

青島新血輪文學社刊行

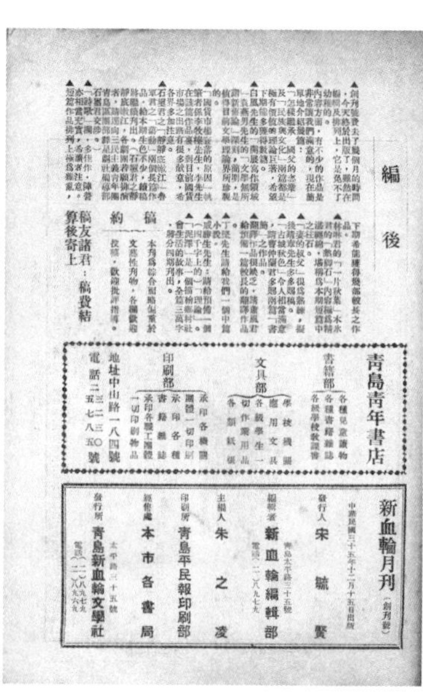

編後

青島青年書店

新血輪月刊（創刊號）

發行人　宋

編輯者　新血輪編輯部

主編人　朱之凌

印刷所　青島平民報印刷部

總經售　本市各書局

發行所　青島新血輪文學社

岛声旬刊

艾茹编　萧玺［发行人］　青岛　1946年12月20日～［终刊日期不详］［总期数不详］　旬刊　27cm

该刊是综合性刊物，社长黄宸廷，社址在青岛广州路29号。主要报道戏剧界、电影界、体育界奇闻轶事和社会新闻，也有杂文、小说等。

島聲旬刊

37.11.10

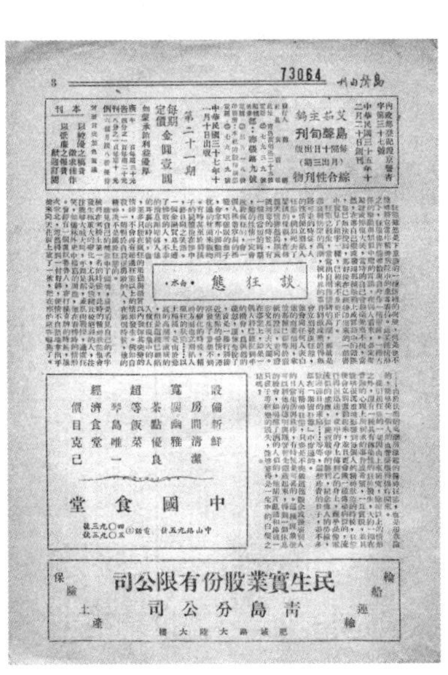
談往態

中國食堂

民生實業股份有限公司

青島分公司

我的運動史

復興祥帽廠

齐鲁大学复员纪念特刊

齐鲁大学编　编者刊　济南　1946年12月25日　总1期　特刊　25cm

吴克明题写刊名。该刊内容有该校沿革、抗战时期的齐大、战后的教育计划及其任务、复员后的概况等。

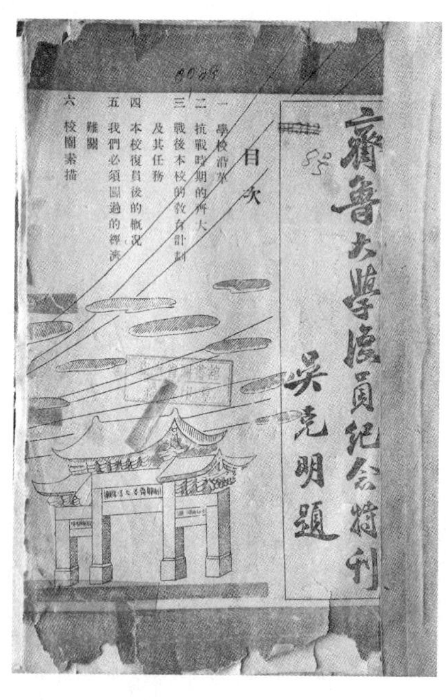

齊魯大學復員紀念特刊

吳克明題

目次

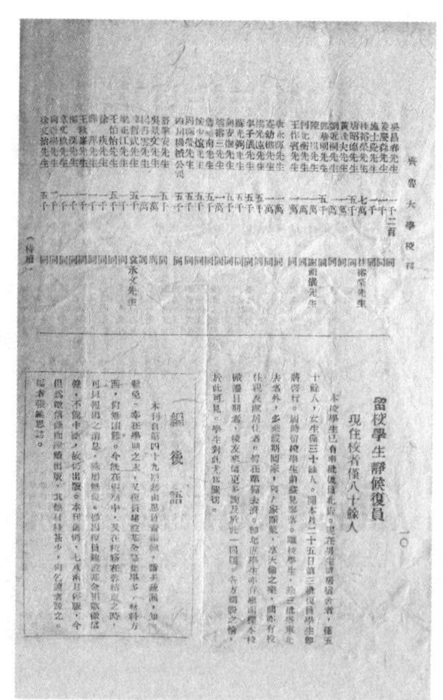

留校學生靜候復員

現住校者僅八十餘人

編後語

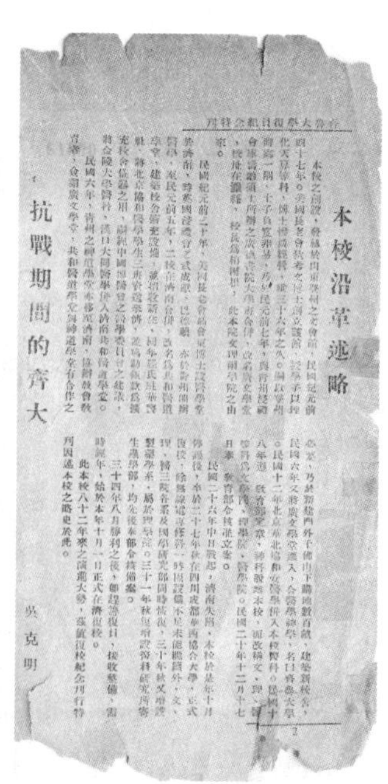

本校沿革述略

抗戰期間的齊大

吳克明

粮政通讯

山东省粮食总局粮政通讯社编　编者刊　济南　1947 年～ 1950 年 6 月　1 期～ 35 期　半月刊　26cm

该刊指导全省征粮、储运、保管等粮食工作。在内容上包括工作总结、经验介绍、政策研究、理论专载、思想学习情况等。1947 年创刊，自 25 期开始改为月刊，并根据稿件时间出不定期增刊。25 期（1949 年 6 月 15 日）、29 期（1949 年 10 月 1 日）、31 期（1949 年 12 月 1 日）出过增刊。

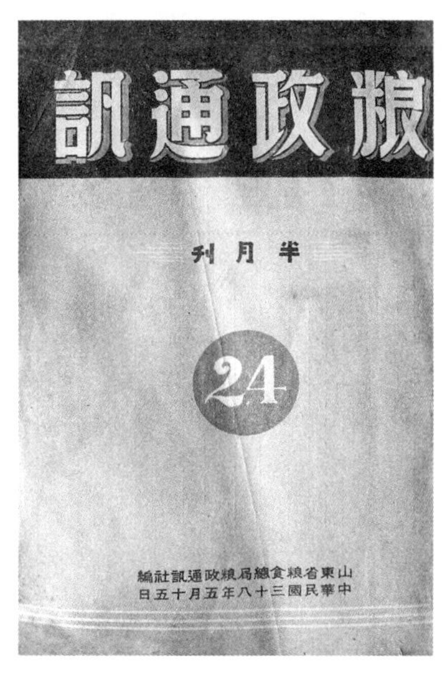

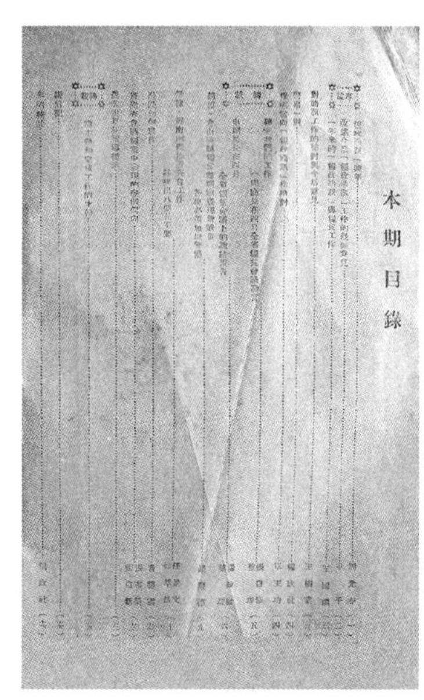
本期目錄

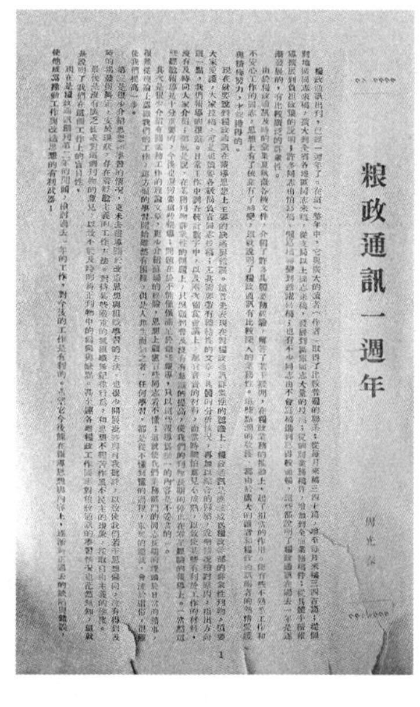
粮政通訊一週年

济南市政府三十六年度工作计划

济南市政府秘书处编　编者刊　济南　1947 年　总 1 期　年刊　27cm

该刊内容包括社会部门、财政部门、教育部门、工务部门、公用部门工作报表。栏目有《社会》《财政》《教育》《工务》《人事》《会计》《自来水》。

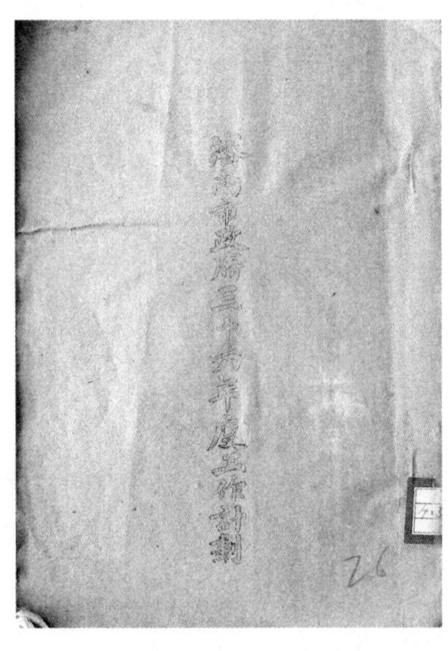
济南市政府三十六年度工作计划

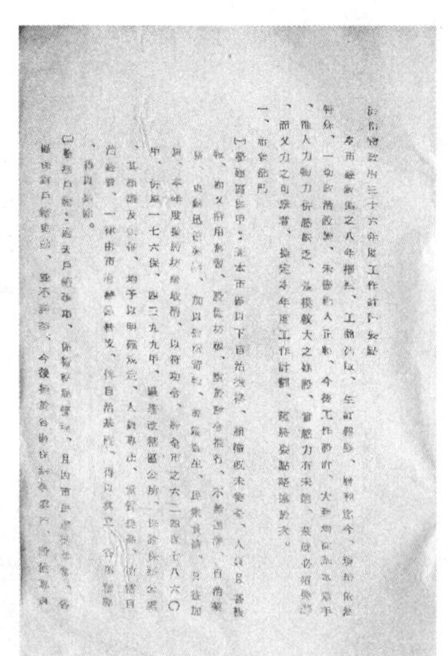

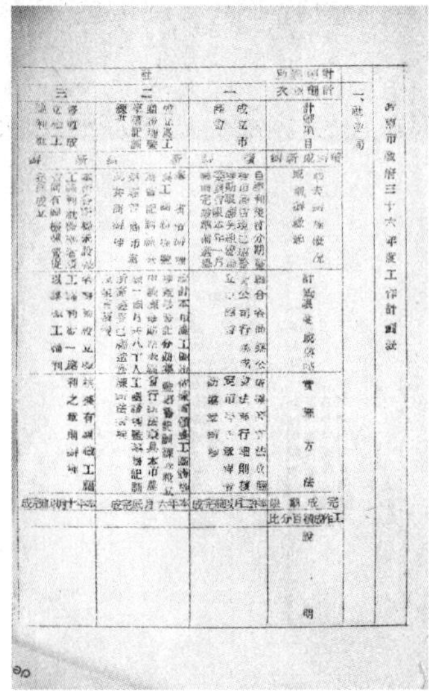

鲁政一年

山东省政府秘书处编　编者刊　济南　1947 年　总 1 期　年刊　23cm

该刊介绍王耀武主持山东省政府一年来的施政情况，分总类、民政、财政、教育、建设、警保、田粮、卫生、社会、地政、选政等项。

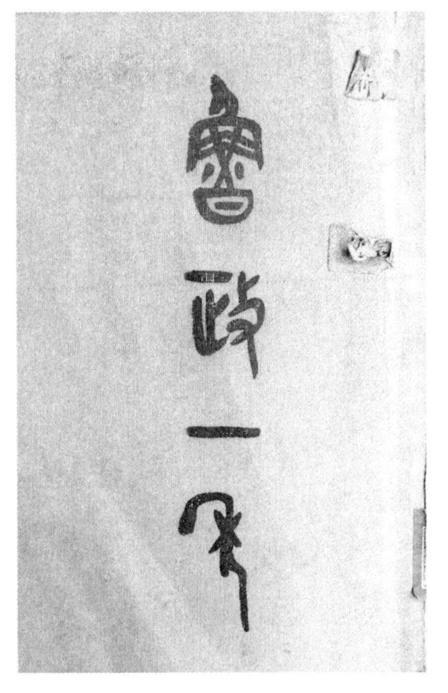

魯政一年

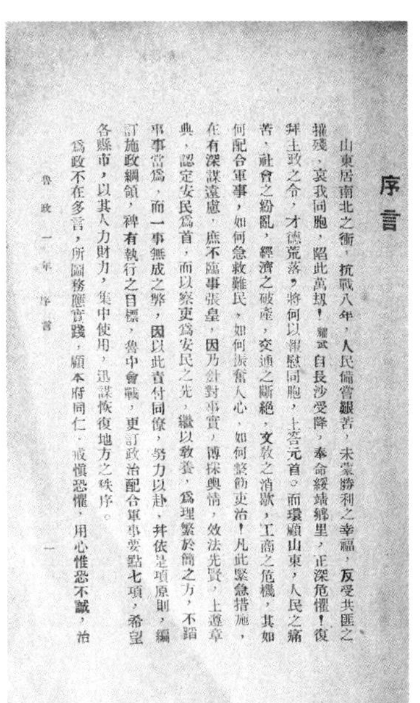

序言

山東居南北之衝，抗戰八年，人民備嘗艱苦，未蒙勝利之幸福，反受共匪之摧殘，哀我同胞，陷此萬劫！耀武自長沙受降，奉命綏靖鄉里，正深危懼！復拜主政之命，才德荒落，將何以報慰同胞，上答元首。而環顧山東，人民之痛苦，社會之紛亂，經濟之破產，交通之斷絕，文教之消歇，工商之危機，其如何配合軍事，如何急救難民，如何振奮人心，如何整飭吏治！凡此緊急措施，在有深謀遠慮，庶不臨事張皇，因乃針對事實，博採輿情，效法先賢，上遵章典，認定安民為首，而以察吏為安民之先，繼以教養，為理繁於簡之方，不蹈事事當為，而一事無成之弊，因以此責付同僚，努力以赴，并依是項原則，編訂施政綱領，俾有執行之目標，魯中會戰，更訂政治配合軍事要點七項，希望各縣市，以其人力財力，集中使用，迅謀恢復地方之秩序。

為政不在多言，所圖務應實踐，願本府同仁，戒慎恐懼，用心惟恐不誠，治

魯政一年序言　一

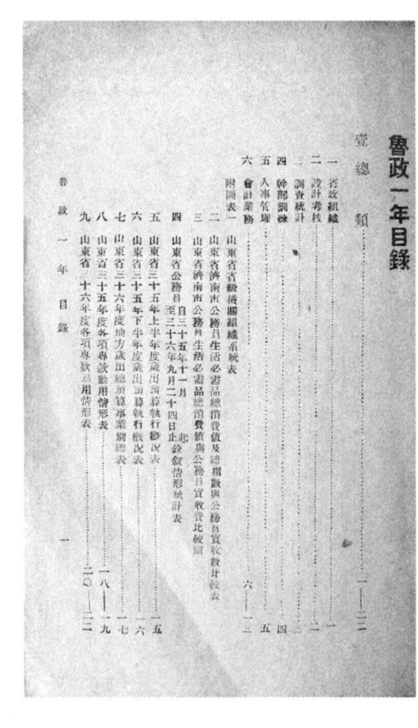

魯政一年目錄

魯政一年目錄　一

民兵月刊

胶东人民武装自卫委员会、胶东军区人民武装部编　胶东新华书店［烟台］1947年~［终刊日期不详］［总数期不详］　月刊　18cm

该刊主要介绍地方人民武装工作的经验，民兵队伍建设的经验、教训；报道战斗英雄的模范事迹等。该刊出版过《人武干部会议特辑》，系统介绍会议精神和内容。

民兵月刊
人武幹部會議
特輯之一
膠東人民武裝自衛委員會
軍區人民武裝部
編印
一九四七年八月十五日出版

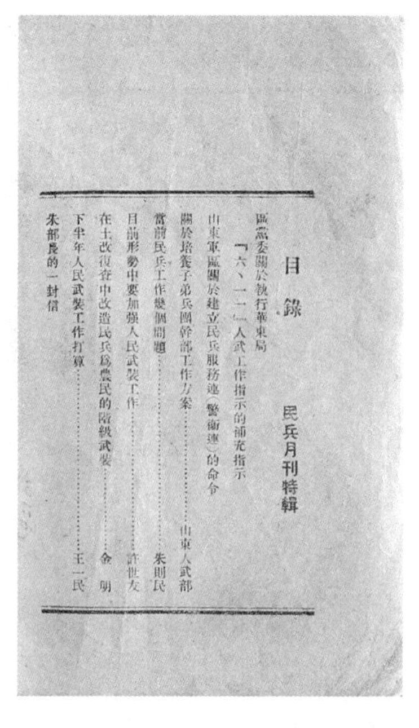
民兵月刊特輯
目錄
區黨委關於執行華東局「六、一一」人武工作指示的補充指示
山東軍區關於建立民兵服務連（警衛連）的命令
關於培養子弟兵團幹部工作方案……山東人武部
當前民兵工作幾個問題……朱則民
目前形勢中要加强人民武裝工作……許世友
在土改復查中改造民兵爲農民的階級武裝……金明
下半年人民武裝工作打算……王一民
朱部長的一封信

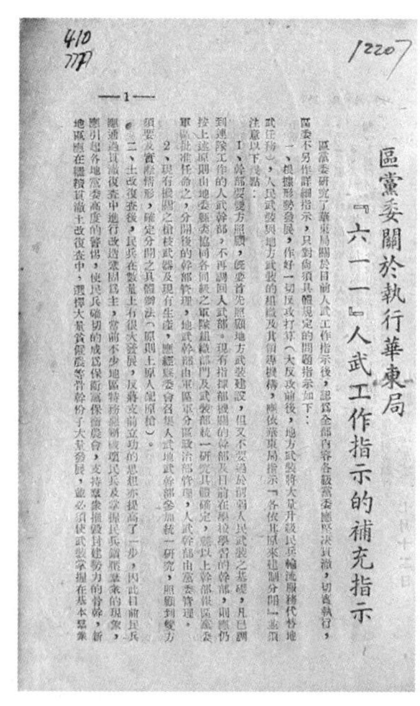
區黨委關於執行華東局
『六一一』人武工作指示的補充指示
—1—

民众画报

杨恩厚主编　编者刊　青岛［1947年］～［终刊日期不详］［总期数不详］周刊　27cm

该刊是综合性文艺刊物，内容有散文、京剧、杂文、漫画等。

第一卷 第二期

民衆畫報

祥記行書報雜誌部

經售國內外圖書雜誌兒童讀物高等文具

中山路九十二號　電話(二)六〇六八

民衆畫報總經銷處

青纺统计半年报

中国纺织建设公司青岛分公司统计室编　编者刊　青岛　1947 年　总 1 期　半年刊　26cm

该刊全部为图表。内收管理、生产、销售、成品外运、行情、电煤水、会计分析、人事、工务等方面的统计资料，共 247 种。

三十六年上半年度
青紡統計半年報
中國紡織建設公司青島分公司統計室編

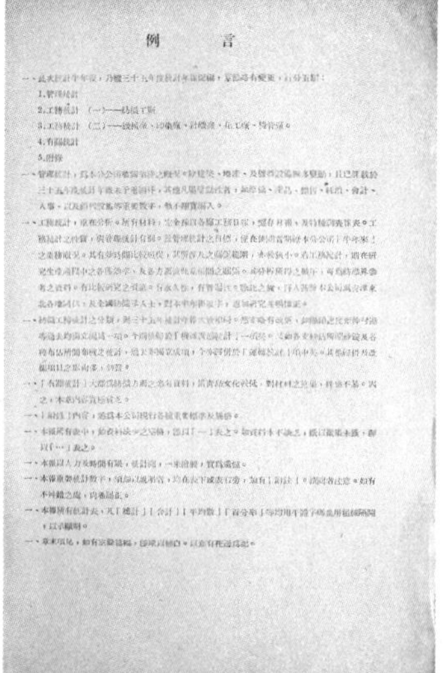
例　言

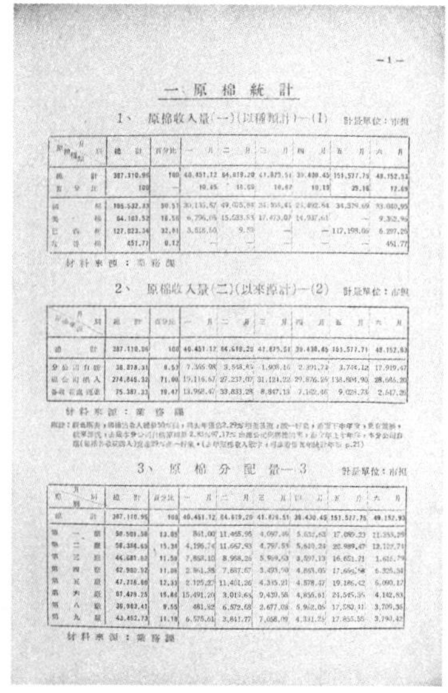
一、原棉統計

山东财政年刊

山东省政府财政厅编　编者刊　济南　1947 年　总 1 期　年刊　26cm

该刊主要报道记录一年来山东财政收支情况，刊登论述财务制度、地方财政法规、财政收支结算与分析、金融业务及银行业务汇总等方面的文章。栏目有《特载》《论著》《报告》《附录》。

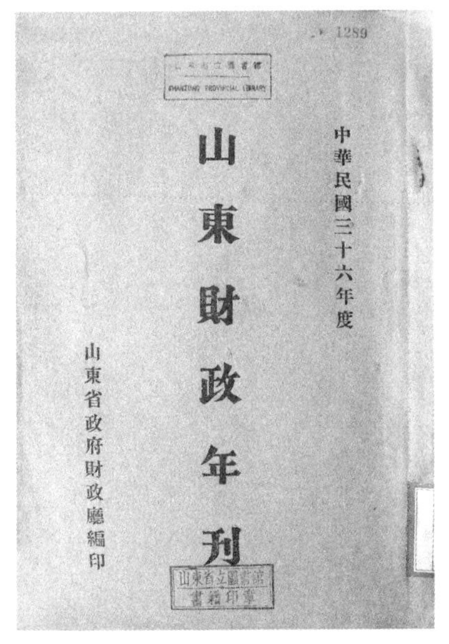

山東財政年刊

中華民國三十六年度

山東省政府財政廳編印

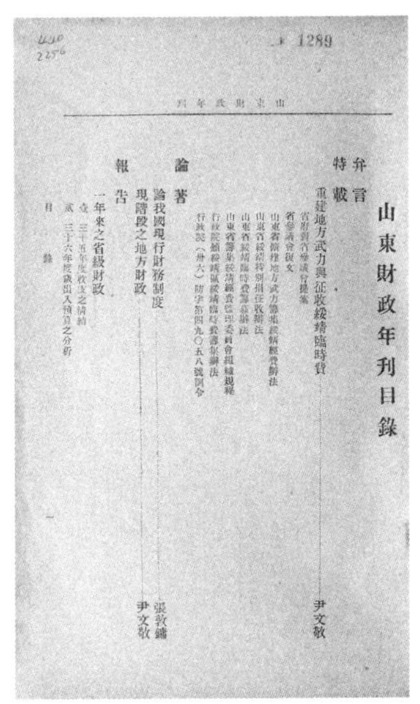

山東財政年刊目錄

弁言

特載

重建地方武力與征收綏靖臨時費……尹文敬

論著

論我國現行財務制度……張敦鏞

現階段之地方財政……尹文敬

報告

一年來之省級財政

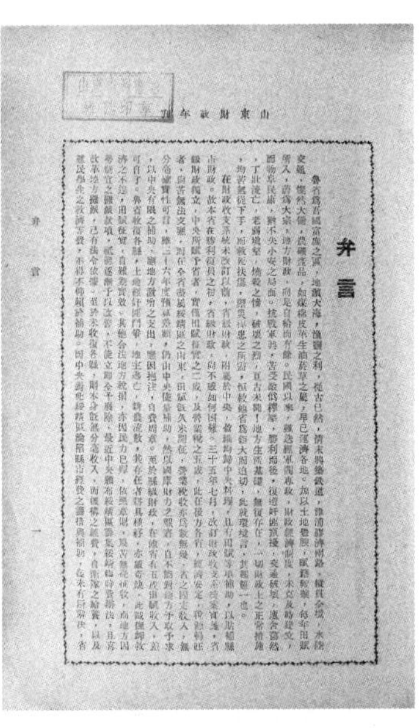

弁言

医疗文辑

胶东军区卫生部编　胶东新华书店［发行］　烟台　1947 年～1948 年 3 月　1 期～5 期　不定期　18cm

该刊为综合性医疗刊物，16 开本。不定期出版，日期无规律，所见实物出版日期登记分别为：第 2 期（1947 年 8 月 21 日）、第 4 期（1948 年 7 月 1 日）、第 5 期（1948 年 3 月）。除此之外，第 4 期《医疗文辑》是胶东军区卫生部编辑，第 5 期编辑者改为医疗文辑社。内容主要刊载医疗知识和临床经验等。辟《信箱》专栏，解答读者有关疾病及治疗方面的问题。

醫療文輯

第五輯

民國三十七年三月

醫療文輯社編

華東新華書店膠東分店發行

目錄

醫療文輯 第五輯

怎樣做診斷工作？

李振湘

一、甚麼叫做診斷工作

診斷工作是研究疾病的一種科學方法，是一種調查研究工作，是以病人為對象去搜集疾病的各種表現形態和變化，經過科學的整理和分析，然後做出最後的結論來。按診斷的字義來講，「診」是檢查，「斷」是決定，它是檢查與決斷兩部份組合而成的。疾病是一個抽象的東西，它是人體組織與病毒鬥爭所引起的一切變態反應的總合，是一段極其複雜的鬥爭過程。它只能在病人身上才能表現出來。它的表現形態有二種：一種是病人主觀上所感覺得到的一些不正常的感覺，普通叫做「症狀」（如像頭痛，發熱等），一種是組織和功能的變態，須要醫生用各種方法從客觀上檢查出來的，普通叫做「徵候」或「體徵」（如像皮膚丘疹，肺部囉音，心臟雜音等）。診斷工作是用各種科學方法去搜集疾病的主客觀各方面的材料，經過整理和分析，研究它的發展、變化，做出最後的結論。作為爾後治療工作的根據。

二、診斷工作的三個步驟

為要達到診斷工作的最後目的，診斷工作應按以下三個步驟進行：

重要更正

1、醫療文輯第四輯內『驅梅劑「馬芝砷」』一文中，小兒每體重一公斤，不得超過0.005克應改為0.0005克

2、同輯『黑熱病的兩例治療報告』一文中，例一的治療經過：注射1%銻劑腎素應改為0.1%的銻劑腎素。

醫療文輯稿約

一、本文輯為不定期綜合性刊物，凡有關醫療新知、臨床經驗、理論指導等，均所歡迎。

二、翻譯作品，希付原文稿，否則應請著明原文（或書）作者姓名、出版年、月、日、出版處。

三、來稿務請繕寫清楚，字跡勿潦草，行列勿太密，並希加上標點。

四、來稿請註明作者（或譯者）姓名及通訊處。如發表時需用筆名，請先行告知。

五、對來稿本社有增刪之權，必要時並商請原作者增補修正，不願增刪者請先聲明。

六、來稿刊載與否概不退還（長篇除外）。

七、來稿一經採用，稿酬以每千字一斤半豬肉，按市價折合人民幣發給。

八、『醫療文輯』內，設有信箱欄為讀者解答一切有關醫學上之問題，希廣泛利用。本社收到後必一一函答，必要時並酌情於信箱欄內發表。

九、如蒙個人或團體以現代外版各種醫藥書報、刊物見贈，則不勝歡迎，待收到後，當略致薄酬，以申謝意。如係借用，本社必負愛護保管之責，俟選載後當即歸還。

十、來稿及通函請寄：『膠東軍區衛生部轉醫療文輯社編輯室。

醫療文輯社

醫療文輯 第五輯
編輯：醫療文輯社
出版兼發行：華東新華書店膠東分店。
印刷：膠東分店印刷廠。
經售：新華書店各支店。
通訊：膠東軍區衛生部轉醫療文輯社。

警声月刊（山东版）

中华警察学术研究社山东分社警声月刊编辑部编　中华警察学术研究社山东分社［发行］ 济南　1947年1月～［终刊日期不详］［总期数不详］ 月刊　27cm

该刊以促进山东省警政建设为目的，以研究警察学术、探讨警政实际问题、介绍有关警察的科学技术为主旨，刊登内容文体不限。栏目有《特载》《论著》《警察实务》《漫画》《专载》《信箱》《警察园地》《法令》等。

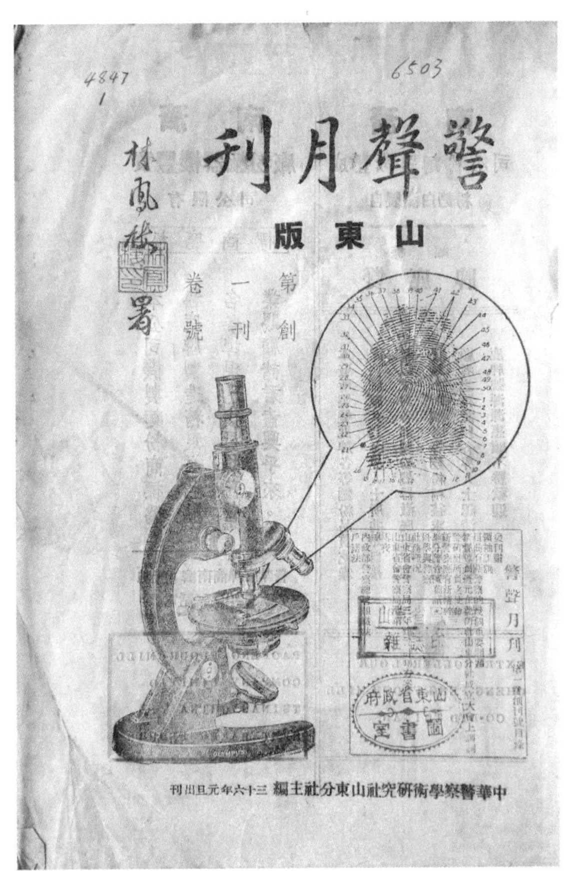

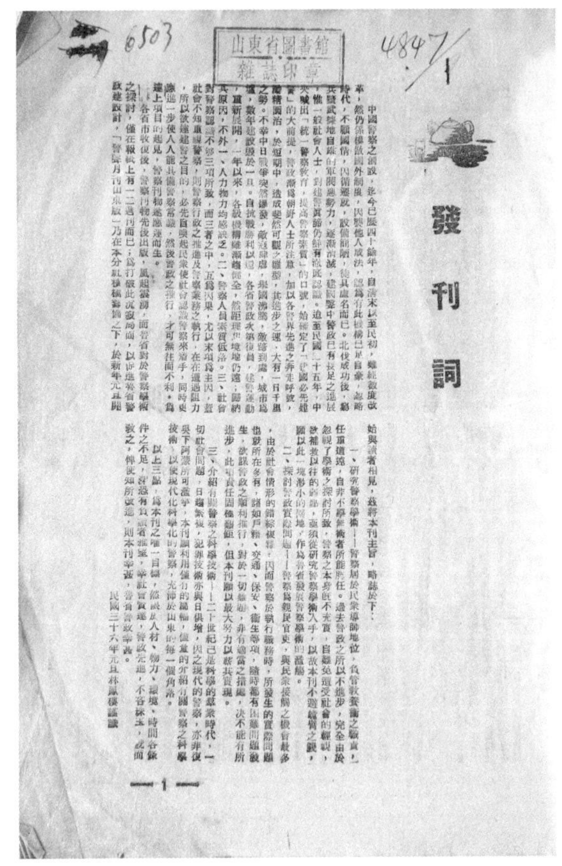

發刊詞

中國警察之創設，迄今已歷四十餘年，自清末以至民初，雖經數度改革，然仍係模倣國外制度，因襲他人成法，認為有此機構已足自豪，忽略時代，不顧國情，因循遷就，設備簡陋，徒具虛名而已。北伐成功後，[illegible]黷武擁地自雄的軍閥惡勢力，逐漸消滅，建國聲中警政已有長足之進展，惟一般社會人士，對[illegible]仍缺[illegible]澈底認識。迨至民國二十五年，中央喊出「統一警察教育，提高警察素質」的口號，始確定了「建國必先建警」的大前提，警政漸為朝野人士所注意，加以各警界先進之奔走呼號，勵精圖治，於短期中，造成斐然可觀之雛型，其進步之速，大有一日千里之勢。不幸中日戰爭突然爆發，敵寇肆虐，舉國沸騰，敵蹄到處，城市為墟，數年建設毀於一旦。自抗戰勝利以還，各省警政次第復員，建警運動，重新展開，一年以來，各級機構雖漸趨健全，然距理想境地仍遠；歸納其原因，不外一、人力物力均感缺乏。二、警察人員素質低落。三、社會對警察認識不夠三項所致，而三者之中，互為因果，尤以末項為主因，蓋社會不知重視警察，則警察行政之推進及警察業務之執行，在在遭遇阻力，所以欲達建警之目的，必先自喚起民眾使社會認識警察來着手，同時更應進一步使人人能具備警察常識，然後警政之推行，才可無往而不利。為達上項目的起見，警察刊物遂應運而生。

各省市收復後，警察刊物先後出版，風起雲湧，而吾省對於警察學術之探討，僅在報紙上有一二週刊而已；為打破此沉寂局面，以促進吾省警政建設計，「警聲月刊山東版」乃在本分社積極籌備之下，於新年元旦開始與讀者相見，茲將本刊主旨，略誌於下：

一、研究警察學術——警察居於民眾導師地位，負管教養衛之職責，任重道遠，自非不學無術者所能勝任。過去警政之所以不進步，完全由於忽視了學術之探討所致，警察之本身既不充實，自難免遭受社會的輕視，欲補救以往的弱點，亟須從研究警察學術入手，以故本刊不避[illegible]之譏，願以此一塊渺小的園地，作為吾省發展警察學術的搖籃。

二、探討警政實際問題——警察為親民官吏，與民眾接觸之機會最多，由於社會情形的錯綜複雜，因而警察於執行職務時，所發生的實際問題也就所在多有，諸如戶籍、交通、保安、衛生等項，隨時都有困難問題發生，欲謀警政之順利推行，對於一切難題，非有適當之措施，決不能有所進步，此項責任固極艱鉅，但本刊願以最大努力以求其實現。

三、介紹有關警察之科學技術——二十世紀已是科學的萬能時代，一切社會問題，日趨繁複，犯罪技術亦與日俱增，因之現代的警察，亦非復吳下阿蒙所可濫竽，本刊願利用僅有的篇幅，儘量的介紹有關警察之科學技術，以使現代化科學化的警察，充沛於山東的每一個角落。

以上三點，為本刊之唯一目標，然鑒於人材、物力、環境、時間各條件之不足，尚恐有負讀者推望，幸社會賢達，警政先進，不吝珠玉，或面教之，俾使知所改進，則本刊幸甚，吾省警政幸甚。

民國三十六年元旦林鳳樓誌識

—1—

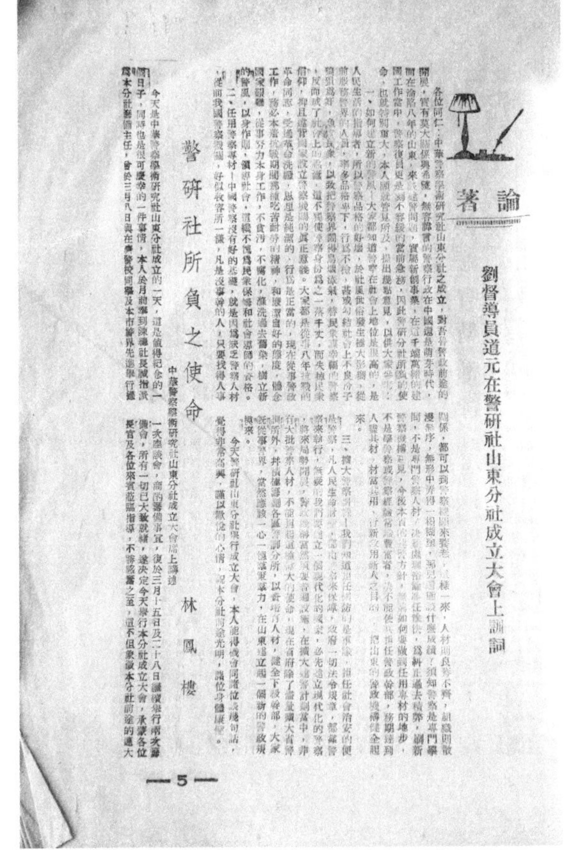

論著

劉督導員道元在警研社山東分社成立大會上講詞

警研社所負之使命

中華警察學術研究社山東分社成立大會席上講詞　林鳳樓

—5—

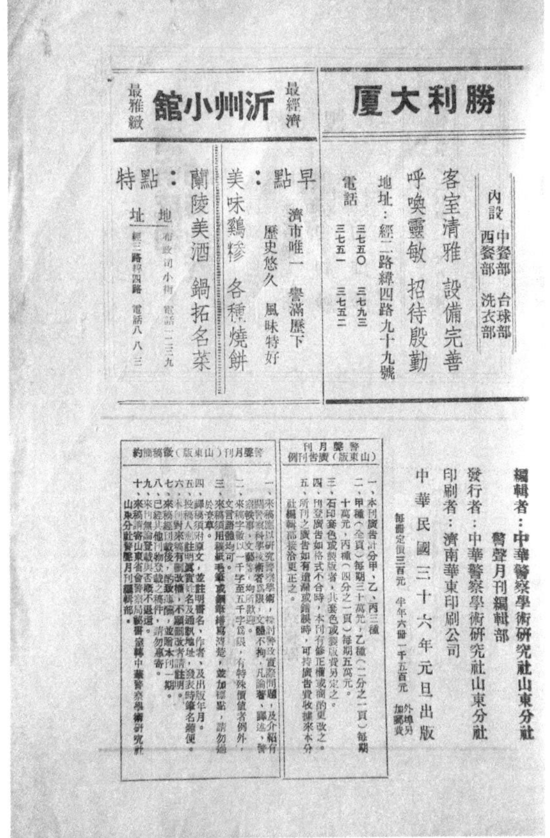

編輯者：中華警察學術研究社山東分社　警聲月刊編輯部

發行者：中華警察學術研究社山東分社

印刷者：濟南華東印刷公司

中華民國三十六年元旦出版

每冊定價三百元　半年六冊一千五百元　外埠另加郵費

警聲月刊（山東版）廣告刊例

一、本刊廣告計分甲、乙、丙三種

二、甲種（全頁）每期三十萬元，乙種（二分之一頁）每期十萬元，丙種（四分之一頁）每期五萬元。

三、石印套色或製版者，共套色或製版費另定之。

四、刊登廣告如格式不合時，本刊有修正權或商酌更改之。

五、所刊之廣告如有遺漏或錯誤時，可持廣告費收據來本分社編輯部接洽更正之。

警聲月刊（山東版）徵稿簡約

一、來稿應以研究警察學術，探討警政實際問題，及介紹有關警察之科學技術者為限，文體不拘，凡論著、譯述、警察軼事、文藝，均所歡迎。

二、來稿字數以一千字至五千字為限，有特殊價值者例外，文言語體均可。

三、來稿須用稿紙毛筆或鋼筆繕寫清楚，並加標點，請勿過於潦草。

四、譯稿須附原文，並註明書名、作者、及出版年月。

五、投稿人須註明真實姓名及通訊地址，發表時筆名聽便。

六、本刊對來稿有刪改權，不願刪改者請註明。

七、來稿經刊載後，酌致薄酬，並贈本刊一期。

八、已經其他刊物登載之稿件，請勿惠寄。

九、來稿無論登載與否概不退還。

十、來稿請寄山東省會警察局轉中華警察學術研究社山東分社警聲月刊編輯部。

平原文艺

冀鲁豫边区文联平原文艺编委会编　冀鲁豫边区文联　聊城　[1947年1月]～1947年12月　1卷1期～2卷6期　月刊　26cm

该刊是冀鲁豫边区文联主办的综合性文学刊物，创作与评论并重。文学作品体裁有报告文学、小说、诗歌等；第5期曾增辟《工人作品》栏目，发表解放区工人作者描述工厂新貌的作品。主要撰稿人还有黑丁、徐光耀、胡征、胡奇等。发表过王若的《巨野之战》、枫林的《不按老样子开的会》、瑞琦的《分麦子》、庐甸的《山》。

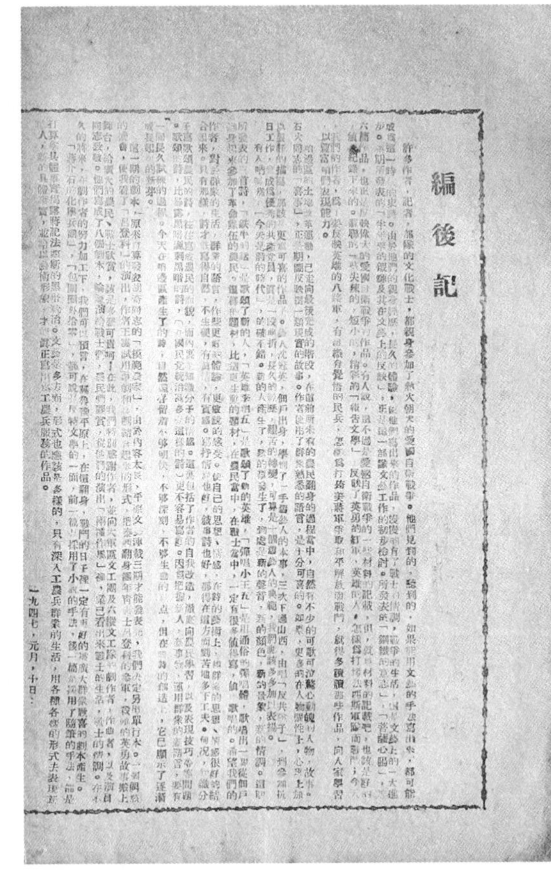

編後記

一九四七，元月，十日。

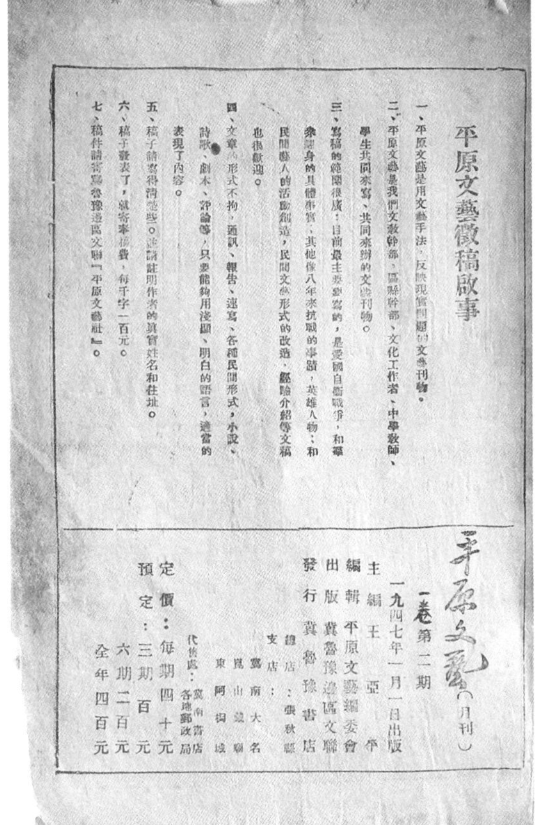

平原文藝徵稿啟事

一、平原文藝是用文藝手法，反映現實問題的文藝刊物。

二、平原文藝是我們文教幹部、區縣幹部、文化工作者、中學教師、學生共同來寫、共同來辦的文藝刊物。

三、寫稿的範圍很廣：目前最主要要寫的，是愛國自衛戰爭，和翻身鬥爭的具體事實，其他像八年來抗戰的事蹟，英雄人物；和民間藝人的活動創造，民間文藝形式的改造，經驗介紹等文稿也很歡迎。

四、文章的形式不拘，通訊、報告、速寫、各種民間形式，小說、詩歌、劇本、評論等，只要能夠用淺顯、明白的語言，適當的表現了內容。

五、稿子請寫得清楚些。並請註明作者的真實姓名和住址。

六、稿子發表了，就寄奉稿費，每千字一百元。

七、稿件請寄冀魯豫邊區文聯「平原文藝社」。

平原文藝（月刊）
一卷第二期
一九四七年一月一日出版
主編　王亞平
編輯　平原文藝編委會
出版　冀魯豫邊區文聯
發行　冀魯豫書店
總店：張秋縣
支店：冀南大名　崑山壽張　東阿陽穀
代售處：冀南書店　各地郵政局
定價：每期四十元
預定：三期百元　六期二百元　全年四百元

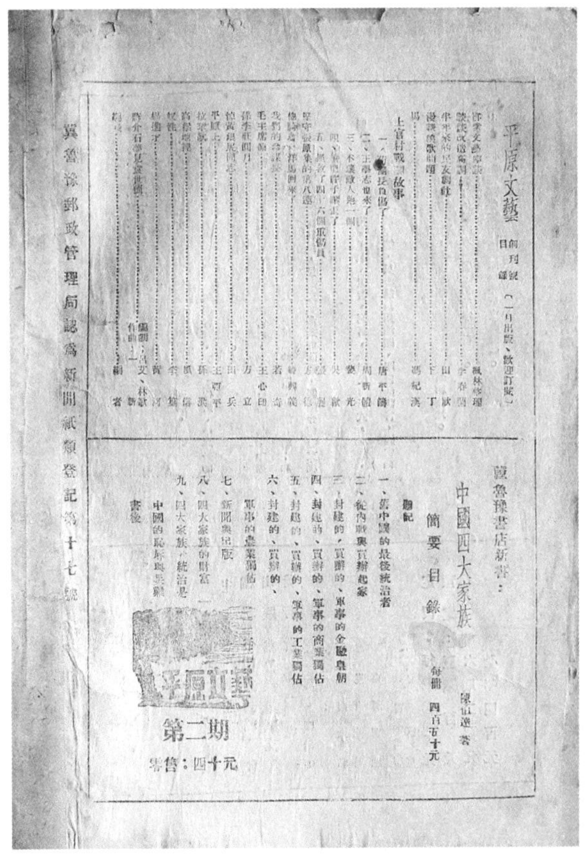

冀魯豫郵政管理局認為新聞紙類登記第十七號

平原文藝 創刊號目錄（一月出版、歡迎訂閱）

上官村戰鬥故事

冀魯豫書店新書：

中國四大家族

陳伯達 著

簡要目錄

題記

一、舊中國的最後統治者

二、從內戰與買辦起家

三、封建的、買辦的、軍事的金融皇朝

四、封建的、買辦的、軍事的商業獨佔

五、封建的、買辦的、軍事的工業獨佔

六、封建的、買辦的、軍事的農業獨佔

七、新聞與出版

八、四大家族的財富

九、四大家族統治是中國的恥辱與災難

書後

每冊　四百五十元

平原文藝

第二期

零售：四十元

中等教育

山东省教育厅编　胶东新华书店［发行］［莱阳］ 1947 年 1 月～1947 年 7 月　1 期～2 期　半年刊　19cm

该刊提出中等教育必须树立一个“一切为了前线的胜利，一切服务于自卫战争”的观念，中等教育需要与战争结合，为战争服务。主要内容是有关中等教育的办学思想、方向与道路的探讨以及教学指导的方式方法、办学经验总结等。第二辑中孙陶林的《烟威中学会议总结》，指出了办理烟威中等学校的方向，指明了办理城市中等教育的道路。

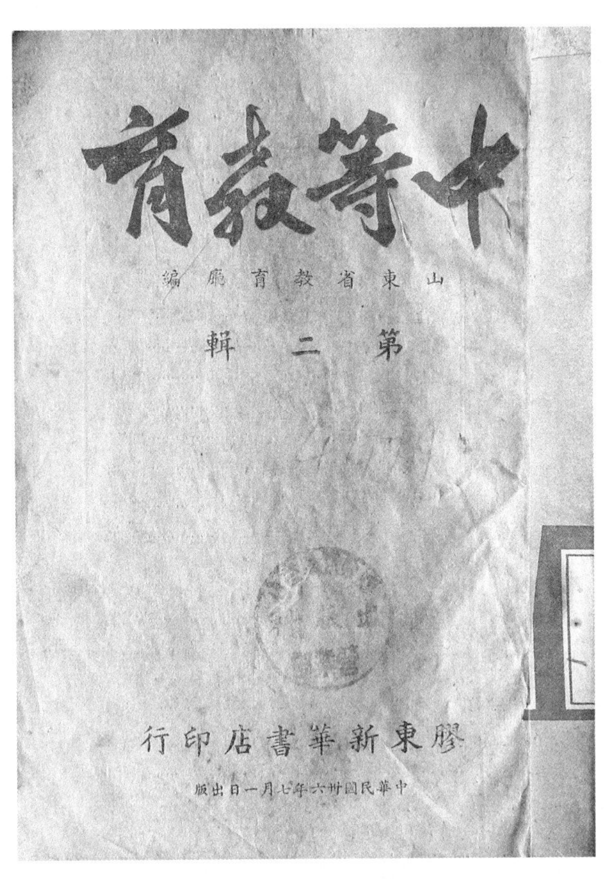

中等教育

山東省教育廳編

第二輯

膠東新華書店印行

中華民國卅六年七月一日出版

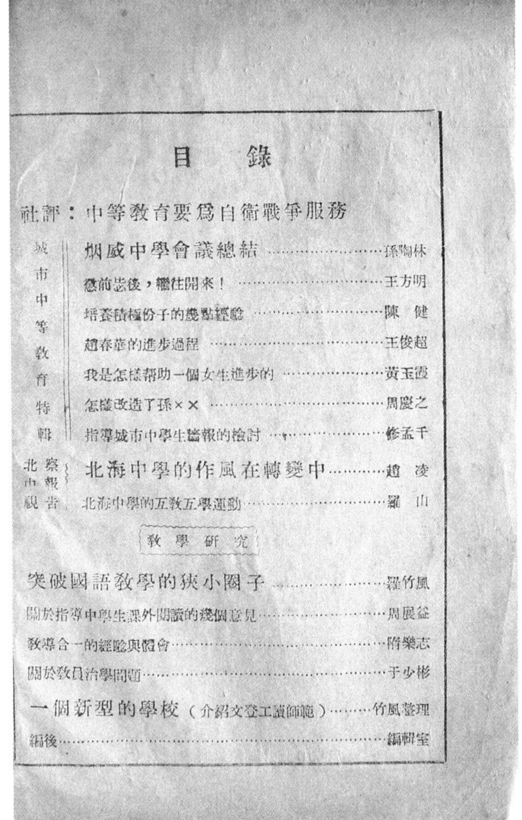

目錄

社評

中等教育要為自衛戰爭服務

目前自衛戰爭已經進入最緊張的階段，前方的戰士拚死拚活，大量地消滅了敵人的有生力量，後方的羣眾熱烈支援，把一切都貢獻給戰爭。這是中國歷史上最大的一次搏鬥，勝敗關係全國人民的命運，因此，無論甚麼工作，都必須毫不折扣地直接間接為戰爭服務，一切為了戰爭，一切為了爭取自衛戰爭的勝利，一舉一動，都要與戰爭的脈搏相適應。

我們的中等教育，雖然不可能全部都搬上前線，但也必須樹立一個「一切為了前線的勝利，一切服務於自衛戰爭」的明確觀念，這就是說：我們不能離開目前的現實來辦教育，因此教育工作也一定要服從戰爭的需要，只有自衛戰爭徹底勝利了，才能談到教育的全盤建設；沒有戰爭的勝利，就沒有新民主主義教育的前途。

那麼目前中等教育怎樣與戰爭結合、為戰爭服務呢？

第一、戰爭需要大批幹部，我們中學就應担負起這個培養幹部與供給幹部的任務，這是中等教育結合戰爭的基本方向。在平時，幹部的需要不像現在這樣迫切，我們還可以按步就班的辦下去，現在戰爭需要我們隨時供給幹部，因此我們就要打破所謂正規的觀點，經常打通學生的思想，讓他們隨時準備出校工作，或組織服務團，出發前線服務。要作到在校時能積極學習，一有需要，就馬上出去。為了使學生受短期教育，隨時可以出去為戰爭服務，學生的入學年齡就必須提高，也要招收年齡大些的（十八歲以上），因為年齡小了，無論程度怎樣好，也是無法擔任一個為戰爭服務的幹部的。某些青年學生較多的地區，根據客觀需要，還可擴大規模，多招收些學生，或舉辦交通、衛生、文教等訓練班，以備戰爭的需要。誠然，我們的中學在自衛戰爭中，已經有了不少的貢獻，但

—1—

編後

中等教育第二輯，又在這裏跟大家見面了，它距第一輯的出版已有半年。目前正是處在緊張的自衛戰爭中，我們的中等教育應該怎樣辦呢？在本刊的社評中，有比較明確的論述，希望讀者重視它。

現在大反攻已逐漸開始，不久的將來，要我們到新解放的大城市去辦中等教育那是一定的，因此本刊的城市中等教育特輯的幾篇文章，值得重視與研究，尤其是孫陶林同志的『烟威中學會議總結』，它不僅指出了辦理烟威中等學校的方向，而且基本上指出了辦理城市中等教育的道路，將來咱們到新解放的城市中去，接受這些經驗是必要的，是有很大用處的；同時，其中關於學校作風，自由思想，加強學習諸問題，也適用於農村中的中學，因此，希望從事中等教育的同志們，很好的組織學習與研究。

中等學校的作風問題，教學指導的方式方法問題等，全是很重要的問題，膠東北海中學，在這方面已經有些創造，是大家值得學習的。自然，這些經驗還不夠成熟與完整，希望大家在學習北中的經驗中，創造起更多更好的經驗來。

自全省教育會議後，到現在已一年了，在這一年中，咱們的中等教育是在不斷的進步中，大家有許多創造與體會，在這暑假到來的時候，各中學一定都在總結，希望能將總結材料，寫成文章，寄給本刊第三輯發表。

——編輯室——

中等教育
（第二輯）
民國卅六年七月一日出版
山東省教育廳編
膠東新華書店印
北海幣　元

青岛邮工

邹德英主编　编者刊　青岛　1947年1月1日～[终刊日期不详][总期数不详]　月刊　26cm

该刊由青岛邮务工会主办，于1947年元旦之际出刊《新年创刊号》，即第1期。《创刊词》中写道："本刊自三十四年十一月四日成立工会以来，就想发行，但因经过八年敌伪的摧残，会方一切设备，净尽无余，千疮百孔，困难层出，终未实行，第七届又于本年十一月三日成立了，旧的事情，尚未交卸，新的事情又接到手中，千头万绪，无从着手，宣传部负有邮工宣传使命，故无时不在计划发起青岛邮工月刊之观念，一因经费的不足，二以人力的不能集中，曾受了不少的阻碍，千辛万苦，步步难关，在这样困难情形下，本部又以百折不挠之精神，再接再厉，终于使这小小的刊物诞生了。"

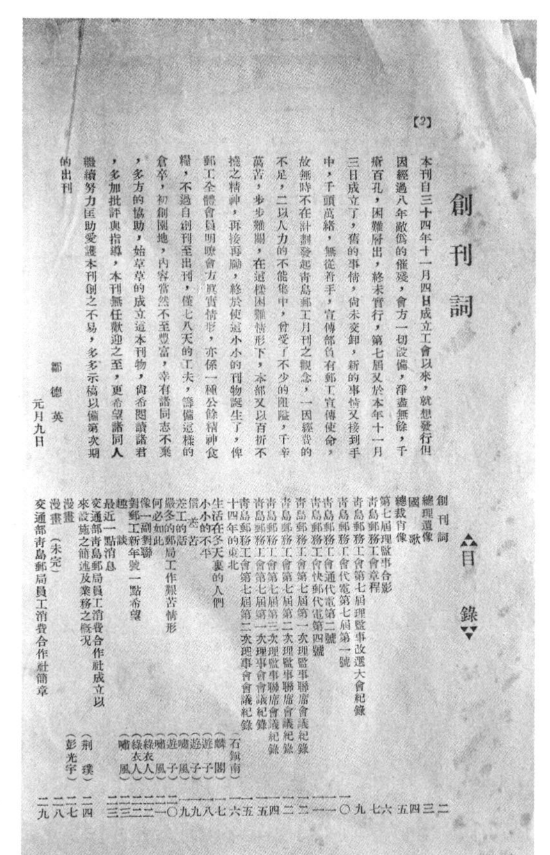

【2】

創刊詞

本刊自三十四年十一月四日成立工會以來，就想發行但因經過八年敵僞的摧殘，會方一切設備，淨盡無餘，千瘡百孔，困難層出，終未實行，第七屆又於本年十一月三日成立了，舊的事情，尚未交卸，新的事情又接到手中，千頭萬緒，無從着手，宣傳部負有郵工宣傳使命，故無時不在計劃發起青島郵工月刊之觀念，一因經費的不足，二以人力的不能集中，曾受了不少的阻隘，千辛萬苦，步步難關，在這樣困難情形下，本部又以百折不撓之精神，再接再勵，終於使這小小的刊物誕生了，俾郵工全體會員明瞭會方眞實情形，亦係一種公餘精神食糧，不過自創刊至出刊，僅七八天的工夫，籌備這樣的倉卒，初創園地，內容當然不至豐富，幸有諸同志不棄，多方的協助，始草草的成立這本刊物，尙希閱讀諸君，多加批評與指導，本刊無任歡迎之至，更希望諸同人繼續努力匡助愛護本刊創之不易，多多示稿以備第次期的出刊

鄒德英
元月九日

目錄

【6】

前六名自右起陳鍾慶 孔西軒 王善民 竇一善 蕭永昇 李鴻泰
後六名自右起曹鴻聲 王永年 辛芝軒 褚迺福 鄒德英 李春鑫

徵稿簡章

一．本刊爲本會同志大家之唯一園地，花果繁茂，全葬大家之力量來培植，如蒙賜稿，極端歡迎。
二．本刊內容，凡本會研討事項，言論科學，教育，傳記，文藝，詩歌，郵政常識等皆爲本刊之內容材料。
三．來稿繕寫淸楚，加註標點，不要過長，註明通訊地址。
四．所來稿件本刊有刪改權，如不願刪改者．請預先聲明。
五．來稿限用稿紙，可向宣傳部預領。
六．下期來稿請於最短期間內寄交本會宣傳部鄒德英同志收。

山东童子军月刊

刘晓波编　山东童子军月刊社　济南　1947 年 1 月 1 日～［终刊日期不详］［总期数不详］　月刊　27cm

该刊内容侧重于童子军的研究和训练，设有《童训消息》专栏。《发刊词》中指出："童子军事业的兴创，在我国已具有三十五年悠长的历史，其兴创的主旨，即将童子军训练普遍施于每个儿童青年的身上，使人人均能成为一个良好的公民，其所订之训条和铭言成为作人的基本条件，能尽孝于父母，始能尽忠于国家，能彻底实行'日行一善'的铭言，始能发挥人类之伟大互动精神，能抱定'人生以服务为目的'的信念，始能通力肩起建设新中国的重责。"

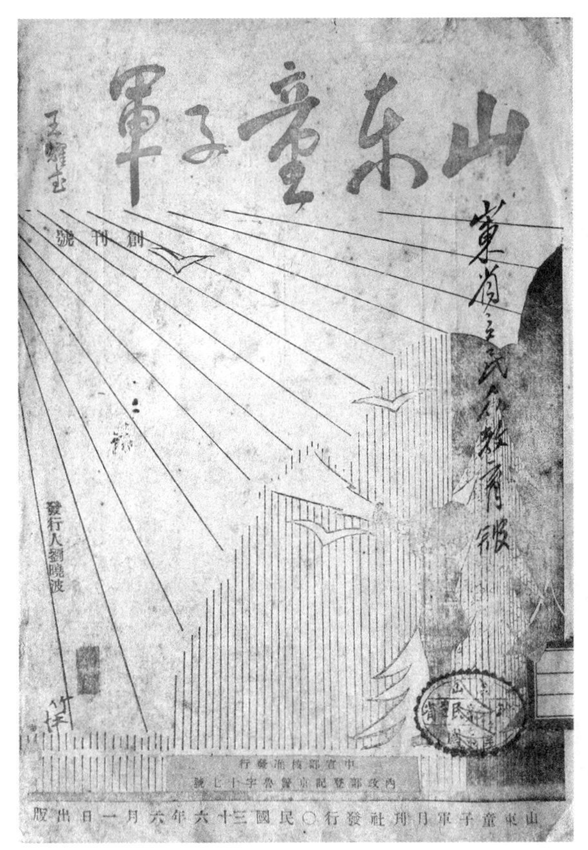

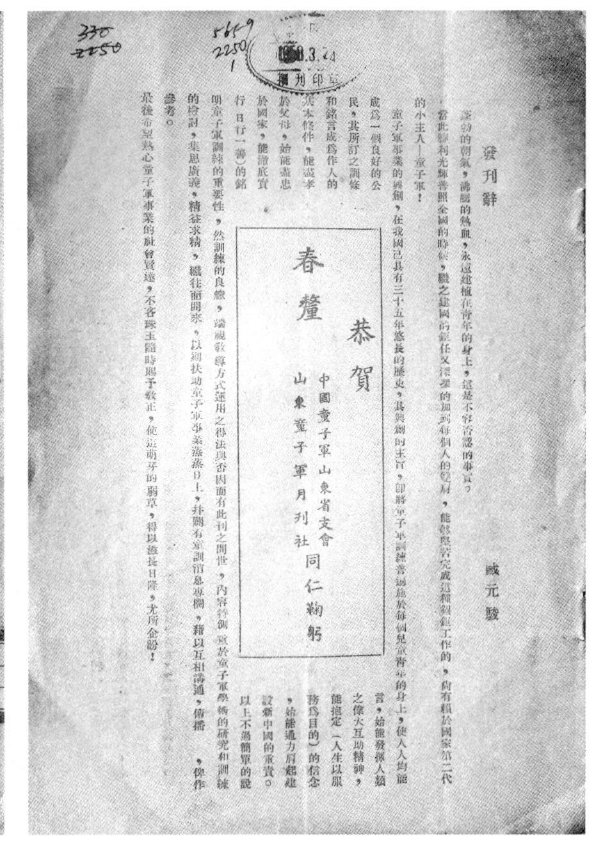

發刊辭

臧元駿

蓬勃的朝氣，沸騰的熱血，永遠建植在青年的身上，這是不容否認的事實。當此勝利光輝普照全國的時候，繼之建國的艱任又深深的加到每個人的雙肩，能夠與始完成這種艱鉅工作的，尚有賴於國家第二代的小主人——童子軍！

童子軍事業的興創，在我國已具有三十五年悠長的歷史，其興創的主旨，即將童子軍訓練普遍施於每個兒童青年的身上，使人人均能成為一個良好的公民，其所訂之訓條和銘言成為作人的基本條件，能盡孝於父母，始能盡忠於國家，能澈底實行日行一善的銘言，始能發揮人類之偉大互助精神，能抱定（人生以服務為目的）的信念，始能通力肩起建設新中國的重責。以上不過簡單的說明童子軍訓練的重要性，然訓練的良窳，端視教導方式運用之得法與否因而有此刊之問世，內容特側重於童子軍學術的研究和訓練的檢討，集思廣義，精益求精，繼往而開來，以期扶助童子軍事業蒸蒸日上，並闢有童訓消息專欄，藉以互相溝通，傳播，俾作參考。

最後希望熱心童子軍事業的社會賢達，不吝珠玉隨時賜予教正，使這萌芽的弱草，得以滋長日隆，尤所企盼！

恭賀

春釐

中國童子軍山東省支會

山東童子軍月刊社 同仁鞠躬

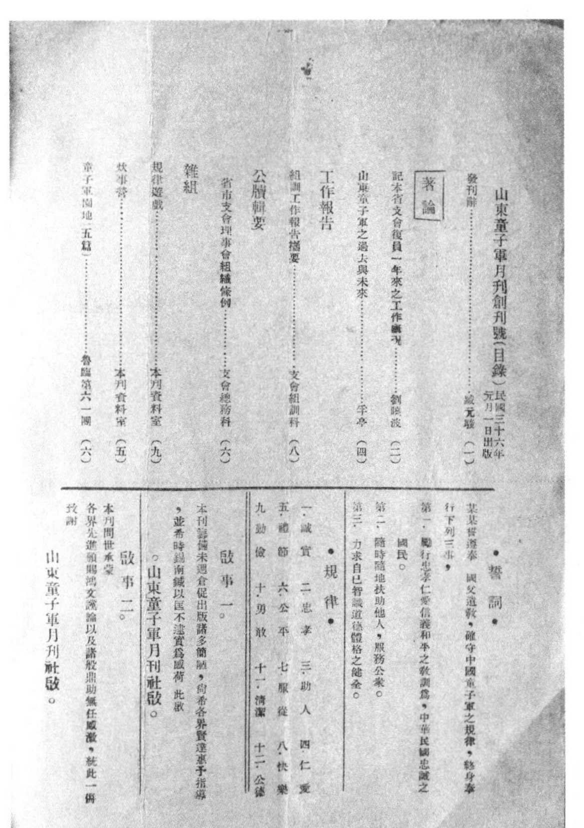

山東童子軍月刊創刊號（目錄）民國三十六年元月一日出版

·誓詞·

某某誓遵奉 國父遺教，確守中國童子軍之規律，終身奉行下列三事，

第一、勵行忠孝仁愛信義和平之教訓為，中華民國忠誠之國民。

第二、隨時隨地扶助他人，服務公眾。

第三、力求自己智識道德體格之健全。

·規律·

一、誠實 二、忠孝 三、助人 四、仁愛 五、禮節 六、公平 七、服從 八、快樂 九、勤儉 十、勇敢 十一、清潔 十二、公德

啟事一。

本刊籌備未週倉促出版諸多簡陋，尚希各界賢達惠予指導，並希時錫南鍼以匡不逮實為感荷 此啟

○山東童子軍月刊社啟。

啟事二。

本刊問世承蒙各界先進頒賜鴻文讜論以及諸般鼎助無任感激，統此一併致謝

山東童子軍月刊社啟。

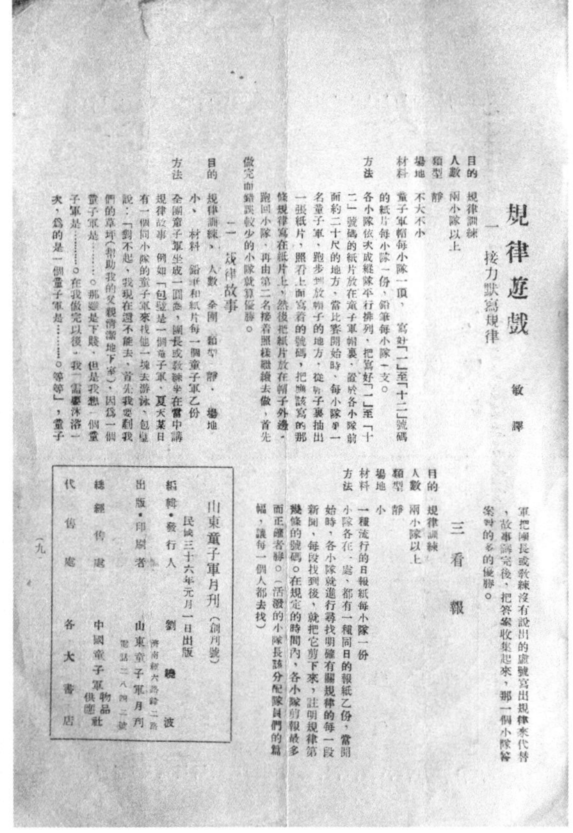

規律遊戲

敏 譯

一 接力默寫規律

目的 規律訓練

人數 兩小隊以上

類型 靜

場地 不大不小

材料 童子軍帽每小隊一頂，寫好「一」至「十二」號碼的紙片每小隊一份，鉛筆每小隊一支。

方法 各小隊依次成縱隊平行排列，把寫好「一」至「十二」號碼的紙片放在童子軍帽裏，置於各小隊前面約二十尺的地方，當比賽開始時，每小隊第一名童子軍，跑步到放帽子的地方，從帽子裏抽出一張紙片，照看上面寫着的號碼，把應該寫的那條規律寫在紙片上，然後把紙片放在帽子外邊，跑回小隊，再由第二名接着照樣繼續去做，首先做完而錯誤較少的小隊就算優勝。

二 戒律故事

目的 規律訓練、人數 全團 類型 靜、場地 小、材料 鉛筆和紙片每一個童子軍乙份

方法 全團童子軍坐成一圓圈，團長或教練坐在當中講規律故事 例如「包駿是一個童子軍，夏天某日有一個同小隊的童子軍來找他一塊去游泳，包駿說：『對不起，我現在還不能去，首先我要割我們的草坪（幫助我的父親清潔地下室），因為一個童子軍是……。那雖是下賤，但是我想一個童子軍是……。在我做完以後，我一當要沐浴一次，為的是一個童子軍是……。等等」，童子軍把團長或教練沒有說出的虛號寫出規律來代替，故事講完後，把答案收集起來，那一個小隊答案對的多的優勝。

三 看報

目的 規律訓練

人數 兩小隊以上

類型 靜

場地 小

材料 一種流行的日報紙每小隊一份

方法 小隊各在一處，都有一種同日的報紙乙份，當開始時，各小隊就進行尋找明確有關規律的每一段新聞，每段找到後，就把它剪下來，註明規律第幾條的號碼。在規定的時間內，各小隊剪報最多而正確者勝。（活潑的小隊長該分配隊員們的篇幅，讓每一個人都去找）

山東童子軍月刊（創刊號）

民國三十六年元月一日出版

編輯·發行人	劉曉波
出版·印刷者	山東童子軍月刊（濟南經六路緯二路 電話二八四二號）
總經售處	中國童子軍物品供應社
代售處	各大書店

（九）

期刊之部（二）

战斗与改造

战斗与改造半月刊社编　编者刊　青岛　1947 年 1 月 1 日～［终刊日期不详］［总期数不详］　半月刊　27cm

1947 年 1 月 1 日创刊于青岛，社址在青岛中山路 95 号。该刊以“与现实战斗，为未来改造”为办刊宗旨。

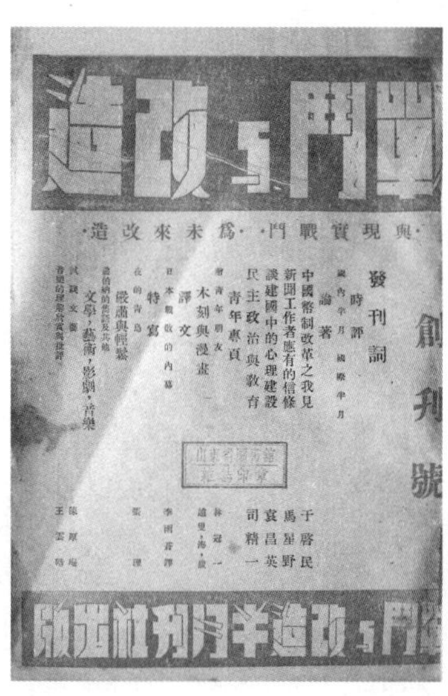
戰鬥與改造
·與現實戰鬥·為未來改造·
創刊號
發刊詞
時評
論著
中國幣制改革之我見　于啓民
新聞工作者應有的信條　馬星野
談建國中的心理建設　袁昌英
民主政治與教育　司精一
青年專頁
木刻與漫畫
譯文
特寫
嚴肅與輕鬆
文學，藝術，影劇，音樂
戰鬥與改造半月刊社出版

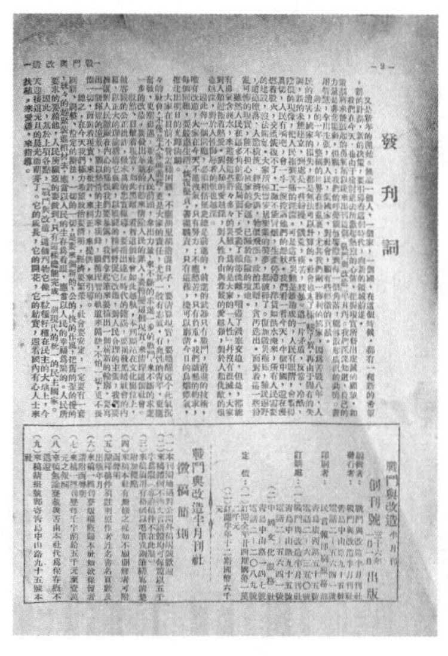

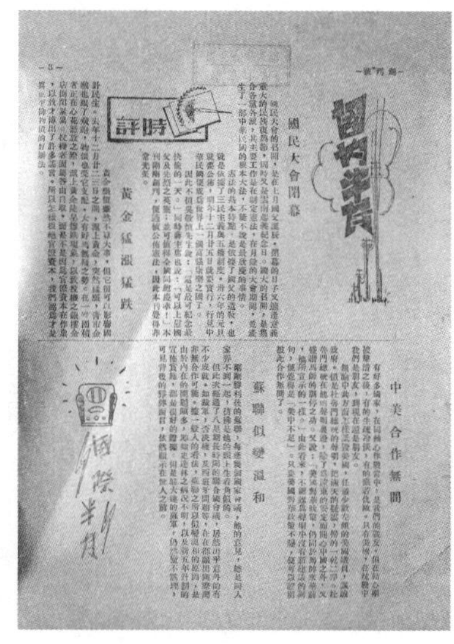

民兵副刊

山东军区滨海军分区政治部编　编者刊　滨海　1947年1月25日～1947年12月28日　1期～14期　半月刊　18cm

该刊主要介绍各地区组建、训练民兵的先进经验。提倡“以战教战”的训练方法，以提高民兵的战斗和应变能力。总结民兵在支前工作中的经验教训，强调加强对民兵战士的思想教育，严格把握“入伍”关，宣传党的方针、政策，确保“土改”和“整风”的顺利进行。

民兵副刊
政攻工作專號
9
山東軍區濱海軍分區政治部編印
一九四七年八月十五日

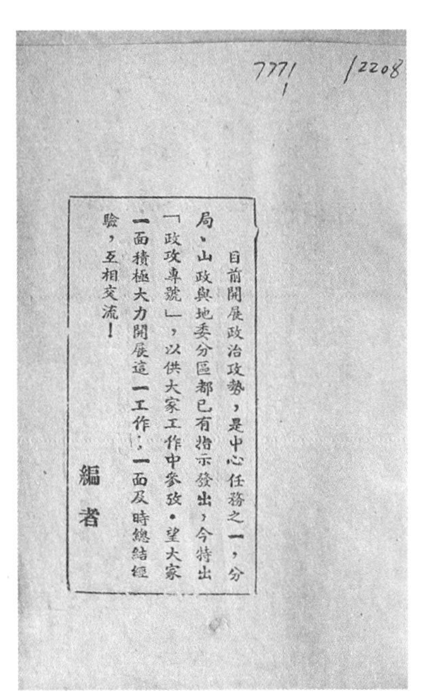
目前開展政治攻勢，是中心任務之一，分局、山政與地委分區都已有指示發出，今特出「政攻專號」，以供大家工作中參攷。望大家一面積極大力開展這一工作；一面及時總結經驗，互相交流！

編　者

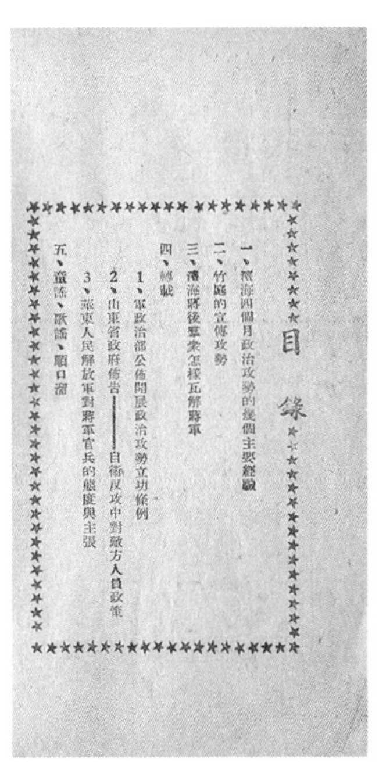
目　錄

三十五年度青纺统计年报

中国纺织建设公司青岛分公司统计室编　编者刊　青岛　1947年1月31日　总1期　年刊　27cm

该刊是中国纺织建设公司青岛分公司生产与营业各部门运营统计数据。

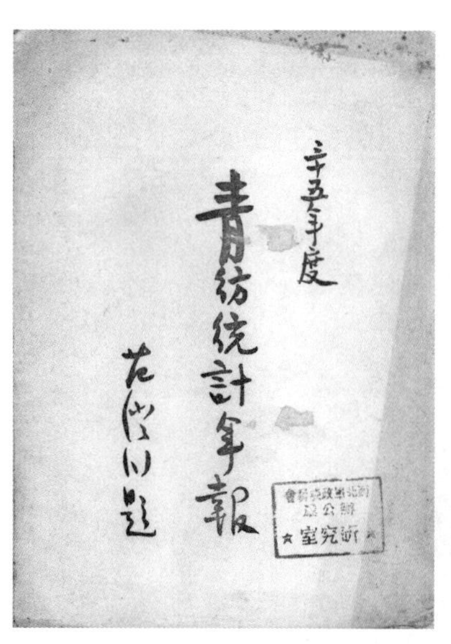

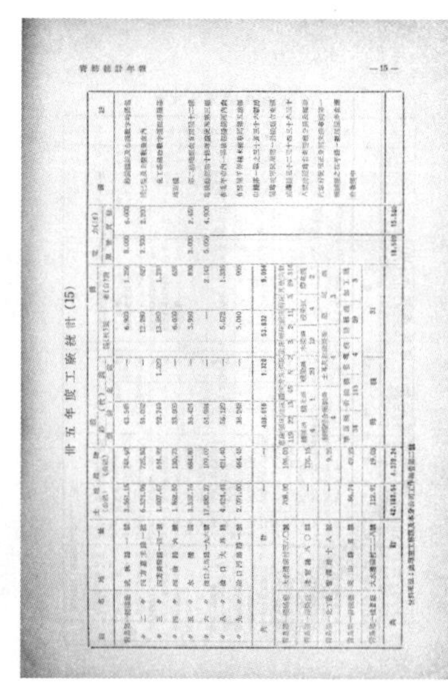

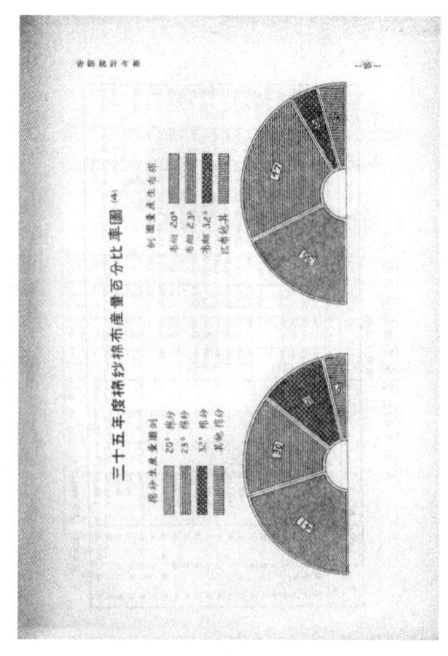

山东公路

山东省公路局编　编者刊　济南　1947年1月31日～1947年7月　1卷1期～1卷6期　月刊　27cm

该刊为国民党政府山东公路刊。主要分《法规》和《业务活动纪要》两个栏目，内容包括公路工程、汽车修配、客货运输、公路养护等方面的论述。当时山东全省通车路线仅有707.5公里，官车、商车共200余辆。另出版过专刊，如第1卷第6期为《会议记录专刊》，对山东省公路局1947年上半年度工作检讨会议做了详细记录。

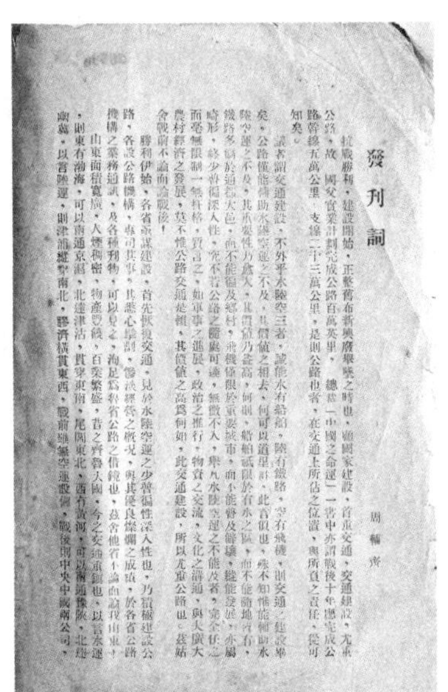

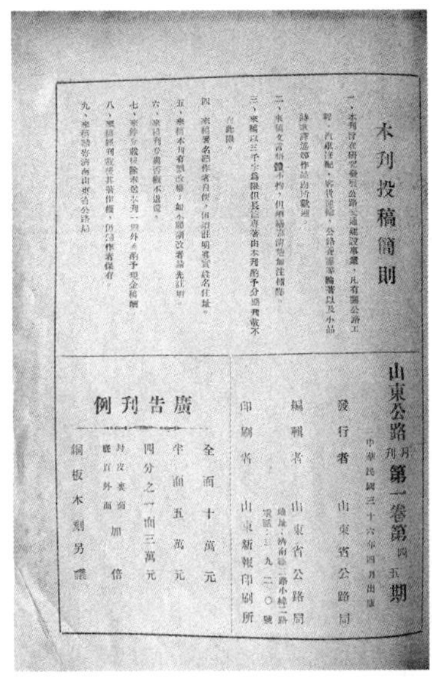

铎声

张无我主编　杨洪普［发行人］　济南　1947年2月～［终刊日期不详］［总期数不详］　月刊　27cm

该刊是天主教在华创办的刊物之一，张无我任主编，编辑有陆元龙、雷芷繁。以提倡社会文化、发扬学术精神、辅导青年进修为宗旨。栏目有《专论》《时评》《学术》《文艺》《科学》《各地风光》等，内容包括各种专论时评、学术、译述、长篇小说、散文、诗歌、戏剧、通讯、剧评及漫画等。

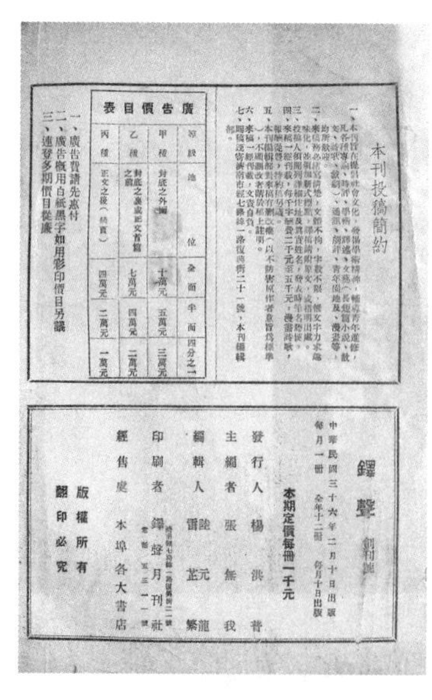

廣告價目表

地位		全面	半面	四分之一
甲種	封底之外面	十萬元	五萬元	三萬元
乙種	封底之裏面或正文首篇之前	七萬元	四萬元	二萬元
丙種	正文之後（插頁）	四萬元	二萬元	一萬元

一、廣告費請先惠付

二、廣告概用白紙黑字如用彩印價目另議

三、連登多期價目從廉

本刊投稿簡約

鐸聲　創刊號

中華民國三十六年二月十日出版

每月一冊　全年十二冊　每月十日出版

本期定價每冊一千元

發行人　楊洪普

主編者　張無我

編輯人　陸元龍　雷芷繁

印刷者　鐸聲月刊社

經售處　本埠各大書店

版權所有　翻印必究

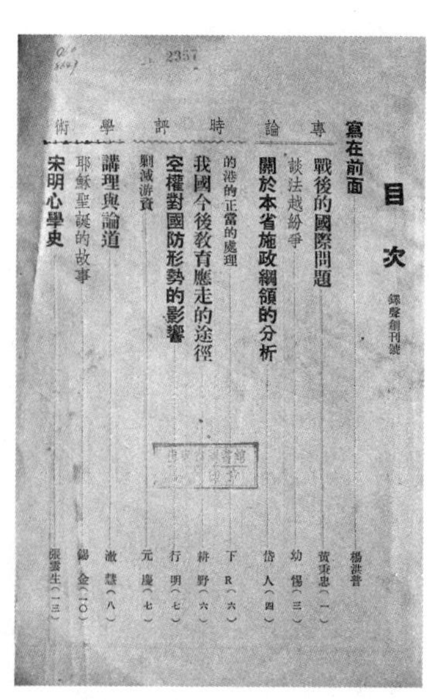

目次

鐸聲創刊號

寫在前面 …… 楊洪普

專論

戰後的國際問題 …… 黃秉忠（一）

談法越紛爭 …… 幼陽（三）

關於本省施政綱領的分析 …… 愷人（四）

時評

的港的正當的處理 …… 下R（六）

我國今後教育應走的途徑 …… 耕野（六）

空權對國防形勢的影響 …… 行明（七）

驅減游資 …… 元慶（七）

學術

講理與論道 …… 澈慧（八）

耶穌聖誕的故事 …… 錫金（一〇）

宋明心學史 …… 張雲生（一三）

鲁南建设

鲁南建设半月刊社编　编者刊　滋阳　1947年2月～［1947年3月］　1期～［3期］　半月刊　19cm

该刊创刊于滋阳县（今山东兖州），为时事政治刊物。内容以刊登政治宣传性文章为主，另有时事简述、各地通讯等内容。

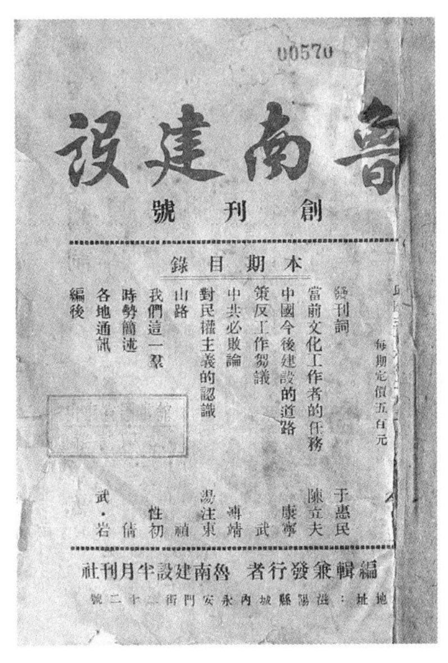
00570
魯南建設
創刊號
每期定價五百元
本期目錄
發刊詞　于惠民
當前文化工作者的任務　陳立夫
中國今後建設的道路　康寧
策反工作芻議　武
中共必敗論　溥靖
對民權主義的認識　湯注東
山路　禎
我們這一羣　性初
時勢簡述　倩
各地通訊　武・岩
編後
編輯兼發行者　魯南建設半月刊社
地址：滋陽縣城內永安門街二十二號

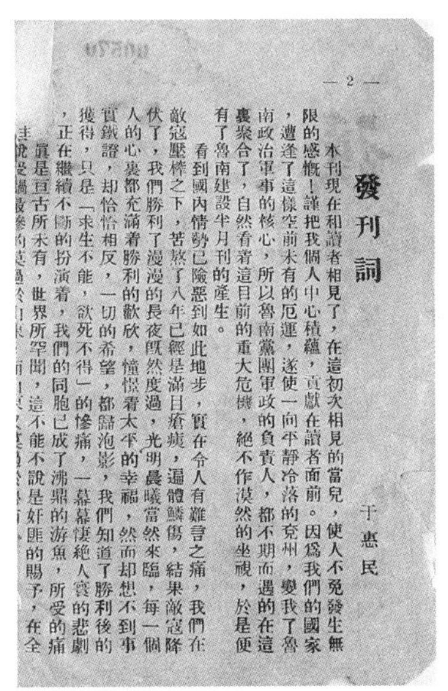
— 2 —
發刊詞　于惠民

本刊現在和讀者相見了，在這初次相見的當兒，使人不免發生無限的感慨！謹把我個人中心積蘊，貢獻在讀者面前。因爲我們的國家，遭逢了這樣空前未有的厄運，遂使一向平靜冷落的兗州，變我了魯南政治軍事的核心，所以魯南黨團軍政的負責人，都不期而遇的在這裏聚合了，自然看着這目前的重大危機，絕不作漠然的坐視，於是便有了魯南建設半月刊的產生。

看到國內情勢已險惡到如此地步，實在令人有難言之痛，我們在敵寇壓榨之下，苦熬了八年已經是滿目瘡痍，遍體鱗傷，結果敵寇降伏了，我們勝利了，漫漫的長夜既然度過，光明晨曦當然來臨，每一個人的心裏都充滿着勝利的歡欣，憧憬着太平的幸福，然而却想不到事實鐵證，却恰恰相反，一切的希望，都歸泡影，我們知道了勝利後的獲得，只是「求生不能，欲死不得」的慘痛，一幕幕悽絕人寰的悲劇，正在繼續不斷的扮演着，我們的同胞已成了沸鼎的游魚，所受的痛苦真是亘古所未有，世界所罕聞，這不能不說是奸匪的賜予，在全

魯南建設
第二期
民國三十六年三月十五日出版
本期目錄
興奮中的警惕　武
當前文化工作者的任務（續完）　陳立夫
民主與憲政　陳孝曾
如何衝開建設之路　農
從軍事開展到復員工作中的重點　居倩
權與能的區分　湯注東
「爸爸！你在那裏？」　侯親義
自由與統一　青
他們被殺了！　忠青
時事簡述　倩
各地通訊　志・靜
編輯兼發行者：魯南建設半月刊社
地址：滋陽縣城內息馬地街本社

青声

芮麟编　青声月刊社　青岛　1947年2月～1947年8月　1期～4期；复刊1948年1月～1948年5月　1卷1期～3期　27cm　月刊

该刊是政治评论刊物。《创刊词》中说："青声是一片自由的园地，是一个综合性的学术刊物。里面有：国事的评论、中西学术思想的介绍与研究、文艺理论的商讨与创作的选载，以及青岛建设的报导与批判。"创刊号中刊登了谈明华的《过去一年中国政局的检讨与今后政治前途的展望》和芮麟的《千秋抗战记崂山》。

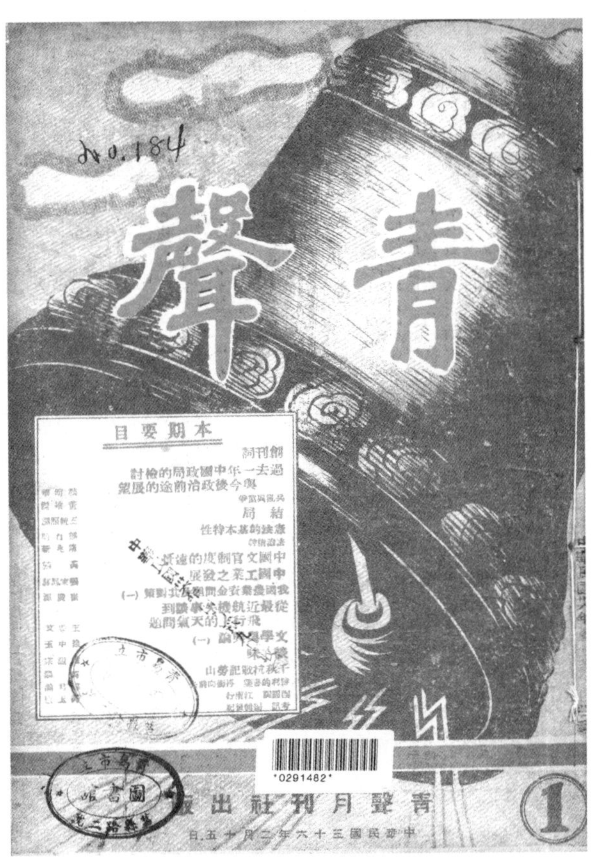

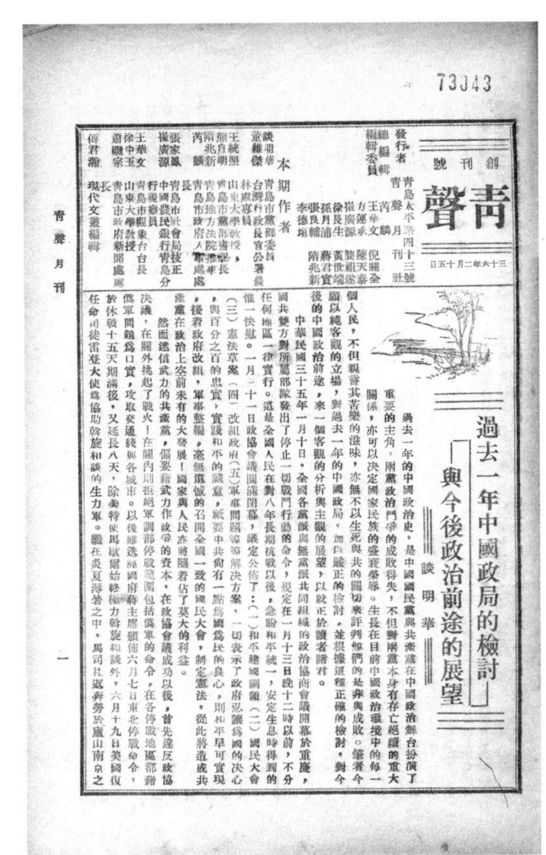

73043

創刊號

青聲

三十六年二月十五日

發行者 青島太平路四十三號 青聲月刊社
總編輯 芮麟
編輯委員 王華文 方運承 崔廣源 徐長生 孫月浦 張良輔 李德垣 倪巖全 陳天泰 龔祖遂 黃世端 蔣君實 隋兆新

本期作者
談明華 青島市黨部委員
董維傑 台灣行政長官公署農林處專員
王統照 山東大學教授
熊自明 青島市黨部書記長
隋兆新 青島地方法院推事
芮麟 青島市政府人事處長
張家鳳 青島市社會局技正
崔廣源 中國農民銀行青島分行視察員
王華文 青島市觀象台台長
徐中玉 山東大學教授
蕭繼宗 青島市政府新聞處處長
傅君瀚 現代文叢編輯

過去一年中國政局的檢討——與今後政治前途的展望

談明華

過去一年的中國政治史，是中國國民黨與共產黨在中國政治舞台扮演了重要的主角，兩黨政治鬥爭的成敗得失，不但對兩黨本身有存亡絕續的重大關係，亦可以決定國家民族的盛衰榮辱。生長在目前中國政治環境中的每一個人民，不但親嘗其苦樂的滋味，亦無不以生死與共的關切來評判他們的是非與成敗。筆者今願以純客觀的立場，對過去一年的中國政局，加以嚴正的檢討，並根據這種正確的檢討，對今後的中國政治前途，來一個客觀的分析與主觀的展望，以就正於讀者諸君。

中華民國三十五年一月十日，全國各黨派與無黨派共同組織的政治協商會議開幕於重慶，國共雙方對所屬部隊發出了停止一切戰鬥行動的命令，規定在一月十三日晚十二時以前，不分任何地區一律實行。這是全國人民在對八年長期抗戰以後，急盼和平統一，安定生息時得到的惟一快慰。一月三十一日政協會議圓滿閉幕，議定公佈了：（一）和平建國綱領（二）國民大會（三）憲法草案（四）改組政府（五）軍事問題等等解決方案，一切表示了政府忍讓爲國的決心，與百分之百的忠實，實踐和平的誠意，祇要中共尚有一點爲國爲民的良心，則和平早可實現，接着政府改組，軍事整編，毫無遺憾的召開全國一致的國民大會，制定憲法，從此將造成共產黨在政治上空前未有的大發展！國家與人民亦將隨着佔了莫大的利益。

然而迷信武力的共產黨，偏要藉武力作政爭的資本，在政協會議成功以後，首先違反政協決議，在關外挑起了戰火！在關內則拒絕軍調部停戰範圍包括僞軍的命令，在各停戰地區都藉僞軍問題爲口實，攻取交通綫與各城市。以後雖迭經國府蔣主席頒佈六月七日東北停戰命令，於休戰十五天期滿後，又延長八天，除美特使馬歇爾始終極力斡旋和談外，六月十九日美國復任命司徒雷登大使爲協助斡旋和談的生力軍。繼在炎夏溽暑之中，馬司氏返奔勞於廬山南京之

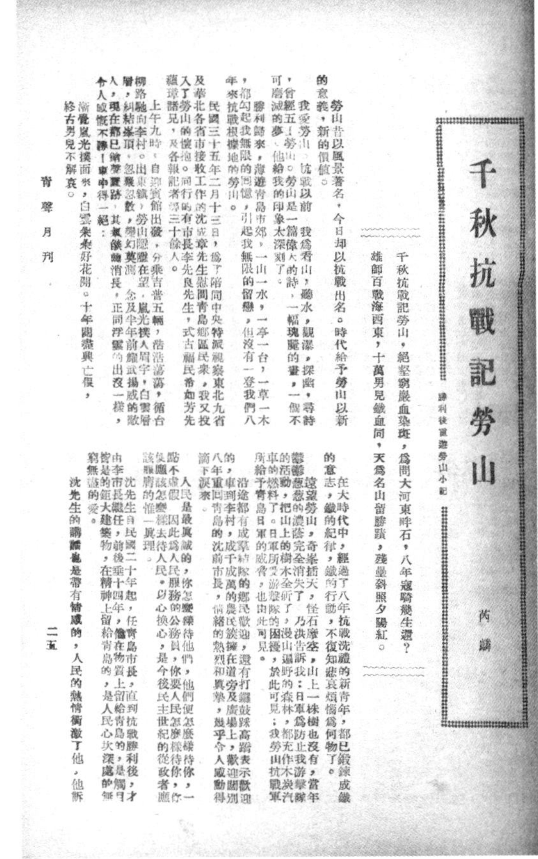

千秋抗戰記勞山

勝利後重遊勞山小記

芮麟

千秋抗戰記勞山，絕壑窮巖血染斑，爲問大河東畔石，八年寇騎幾生還？

雄師百戰海西東，十萬男兒鐵血同，天爲名山留勝蹟，殘壘斜照夕陽紅。

勞山昔以風景著名，今日却以抗戰出名。時代給予勞山以新的意義，新的價值。

我愛勞山。抗戰以前，我爲看山，聽水，觀瀑，探幽，尋詩，曾經五上勞山。勞山是一篇偉大的詩，一幅瑰麗的畫，一個不可磨滅的夢，他給我的印象太深刻了。

勝利歸來，海遊青島市郊，一山一水，一亭一台，一草一木，都勾起我無限的回憶，引起我無限的留戀，但沒有一登我們八年來抗戰根據地的勞山。

民國三十五年二月十三日，爲了陪同中央特派視察東北九省及華北各省市接收工作的沈成章先生慰問青島鄉區民衆，我又投入了勞山的懷抱。同行的有市長李先良先生，式古福民希如芳先蘊璋醫兄，及各報記者等三十餘人。

上午九時，自迎賓館出發，分乘吉普五輛，浩浩蕩蕩，循台柳路馳向李村。出東鎮，勞山隱隱在望，嵐光撲人眉宇，白雲層層糾結峯頂，忽聚忽散，變幻莫測。念及半年前耀武揚威的敵人，現在都已銷聲匿跡，其氣燄消長，正同浮雲的出沒一樣，令人感慨不禁！車中得一絕：

漸覺嵐光撲面來，白雲朵朵好花開。十年閱盡興亡恨，終古男兒不解哀。

在大時代中，經過了八年抗戰洗禮的新青年，都已鍛鍊成鐵的意志，鐵的紀律，鐵的行動，不復知悲哀煩惱爲何物了。

遠望勞山，奇峯插天，怪石嶙峨，山上一株樹也沒有，當年鬱鬱葱葱的濃蔭完全消失了。乃洪告訴我：日軍爲防止我游擊隊的活動，把山上的樹木全砍了，漫山遍野的森林，都充作木炭汽車的燃料了。日軍所受游擊隊的困擾，於此可見；我勞山抗戰軍所給予青島日軍的威脅，也由此可見。

沿途都有成羣結隊的鄉民歡迎，還有打鑼鼓踩高蹺表示歡迎的，車到李村，成千成萬的農民簇擁在道旁及廣場上，歡迎得特別熱烈，八年重回青島的沈前市長，情緒的熱烈和真摯，幾乎令人感動得滴下淚來。

人民是最真誠的，你怎樣待他們，他們便怎樣待你，一點不虛假，因此爲人民服務的公務員，你要人民怎樣待你，你便應該怎樣待人民，以心換心，是今後民主世紀的從政者應該服膺的惟一真理。

沈先生自民國二十年起，任青島市長，直到抗戰勝利後，由李市長繼任，前後垂十四年，在物質上，留給青島的是偉大的建築物，在精神上，留給人民心坎深處的，是無窮無盡的愛。

沈先生的講話也是帶有情感的，人民的熱情衝激了他，他訴

山东警察

山东警察出版社编　编者刊　济南　1947年2月1日～［终刊日期不详］　创刊号～［终期不详］　月刊　26cm

1947年2月1日创刊于济南，社址在济南经三路纬五路189号。《发刊词》中说："本刊之内容及立场，有下列几点：一、研究警察学术，发扬山东本位警察精神。二、讨论配合本省政治措施之警政实施方策。三、交换服务经验与心得。四、报导警务消息。五、介绍与提供级关法令规章及教育资料。六、时事述评及一般政治性文献。"

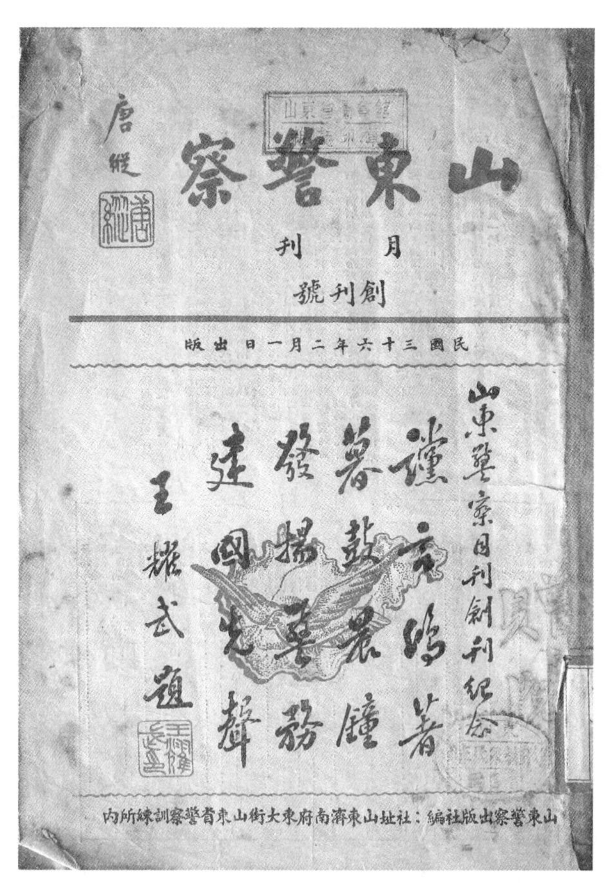

山東警察
月刊
創刊號
民國三十六年二月一日出版

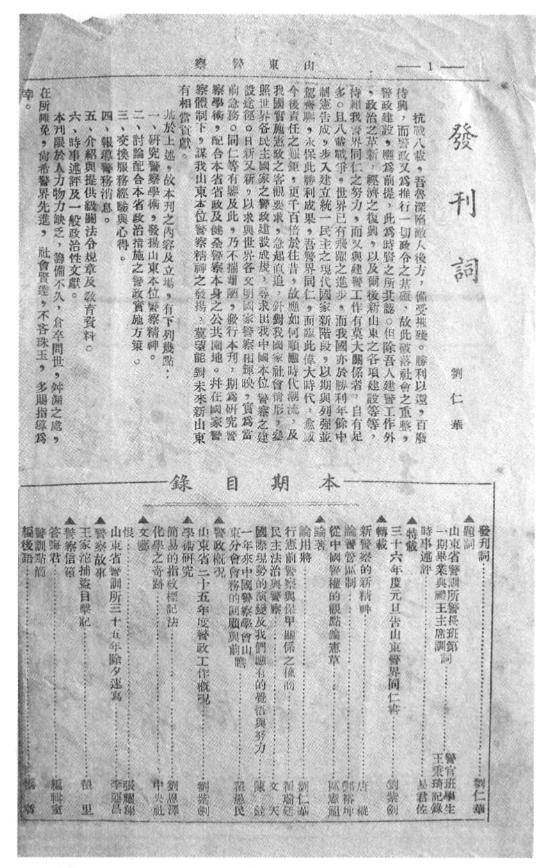

發刊詞

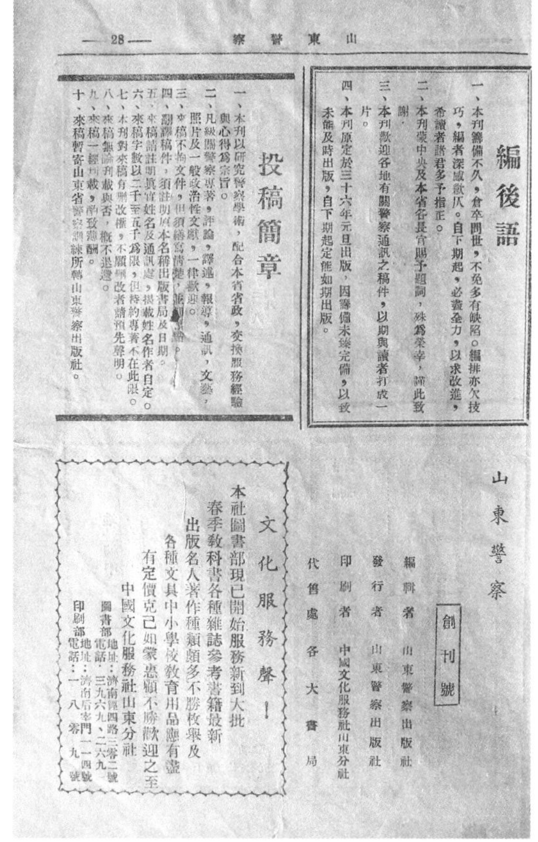

編後語

投稿簡章

文化服務聲！

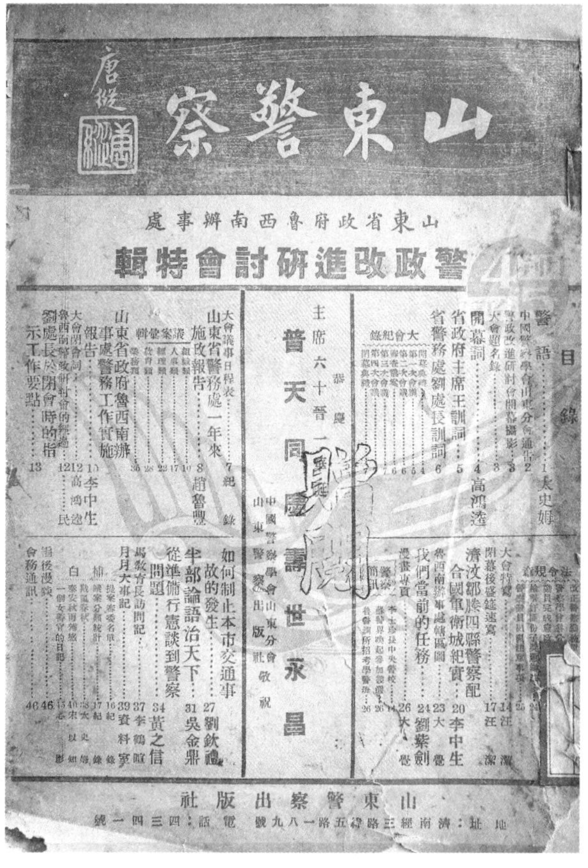

山東警察
山東省政府魯西南辦事處
警政改進研討會特輯

期刊之部（二）

经建通讯

山东省政府建设厅编　编者刊　济南　1947年3月～1948年1月　创刊号～2卷1期　月刊　27cm

该刊主要报道各地经济建设消息，研究有关问题，讨论该省工农商各业的状况和当局的经济紧急措施方案，公布公司登记、敌产处理等方面的条例和多种统计资料等。栏目有《论述》《讲词》《农作试验》《调查统计》《法令汇辑》等。

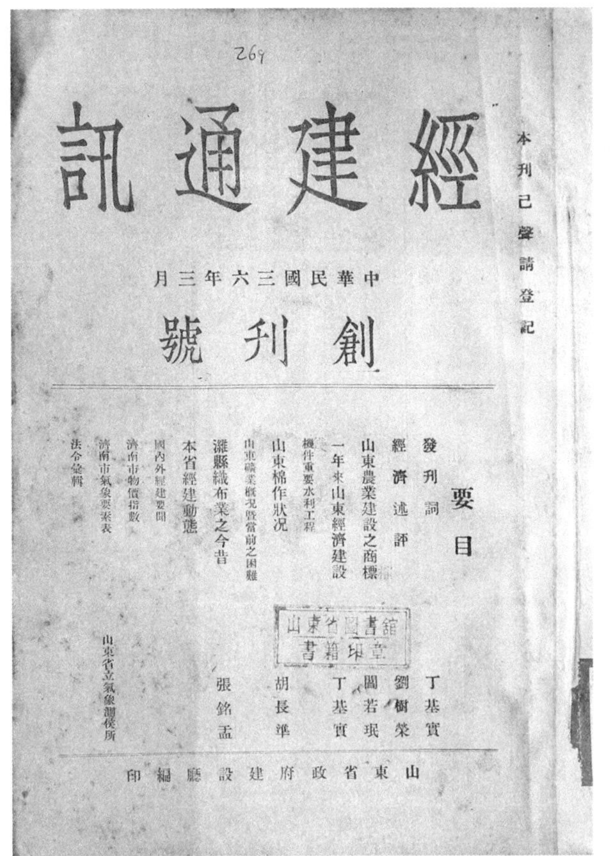

經建通訊

本刊已聲請登記

中華民國三十六年三月

創刊號

要目

山東省政府建設廳編印

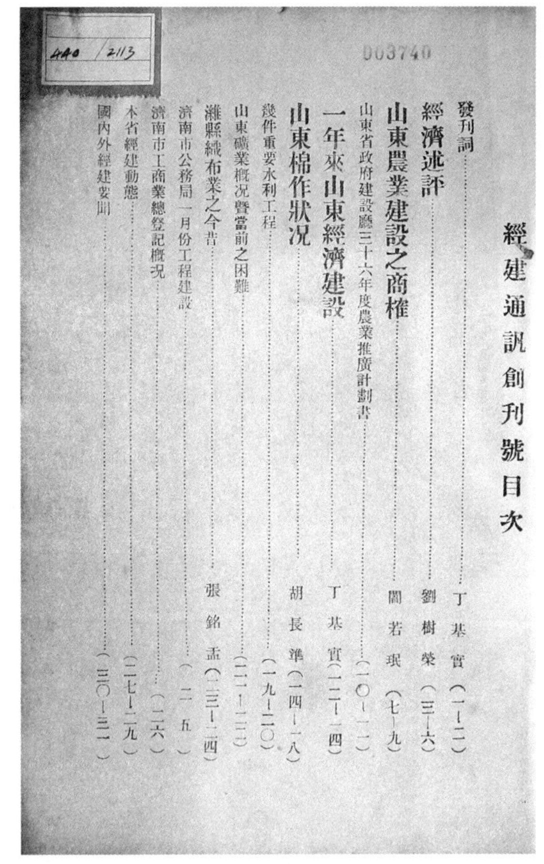

經建通訊創刊號目次

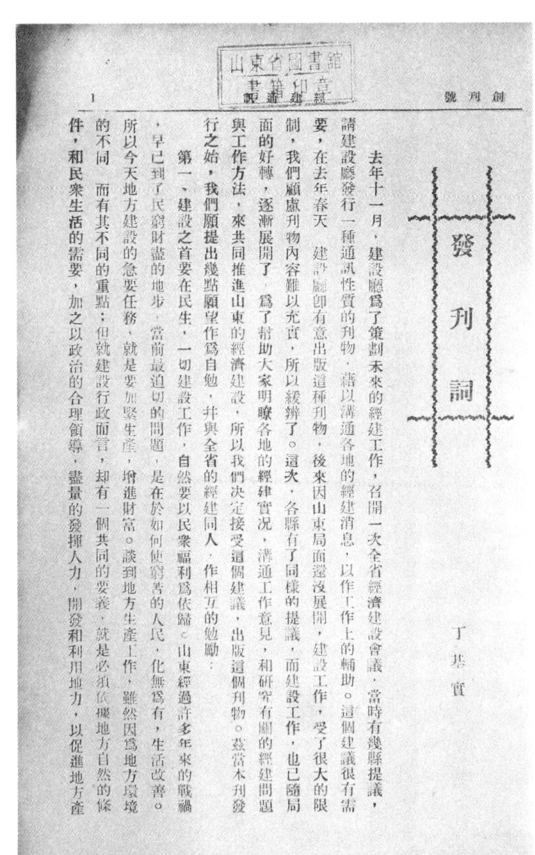

發刊詞

丁基實

去年十一月，建設廳爲了策劃未來的經建工作，召開一次全省經濟建設會議，當時有幾縣提議，請建設廳發行一種通訊性質的刊物，藉以溝通各地的經建消息，以作工作上的輔助。這個建議很有需要，在去年春天 建設廳卽有意出版這種刊物，後來因山東局面還沒展開，建設工作，受了很大的限制，我們顧慮刊物內容難以充實，所以緩辦了。這次，各縣有了同樣的提議，而建設工作，也已隨局面的好轉，逐漸展開了，爲了幫助大家明瞭各地的經建實况，溝通工作意見，和研究有關的經建問題與工作方法，來共同推進山東的經濟建設，所以我們決定接受這個建議，出版這個刊物。茲當本刊發行之始，我們願提出幾點願望作爲自勉，并與全省的經建同人，作相互的勉勵：

第一、建設之首要在民生，一切建設工作，自然要以民衆福利爲依歸。山東經過許多年來的戰禍，早已到了民窮財盡的地步，當前最迫切的問題，是在於如何使窮苦的人民，化無爲有，生活改善。所以今天地方建設的急要任務，就是要加緊生產，增進財富。談到地方生產工作，雖然因爲地方環境的不同 而有其不同的重點；但就建設行政而言，却有一個共同的要義，就是必須依據地方自然的條件，和民衆生活的需要，加之以政治的合理領導，盡量的發揮人力，開發和利用地力，以促進地方產

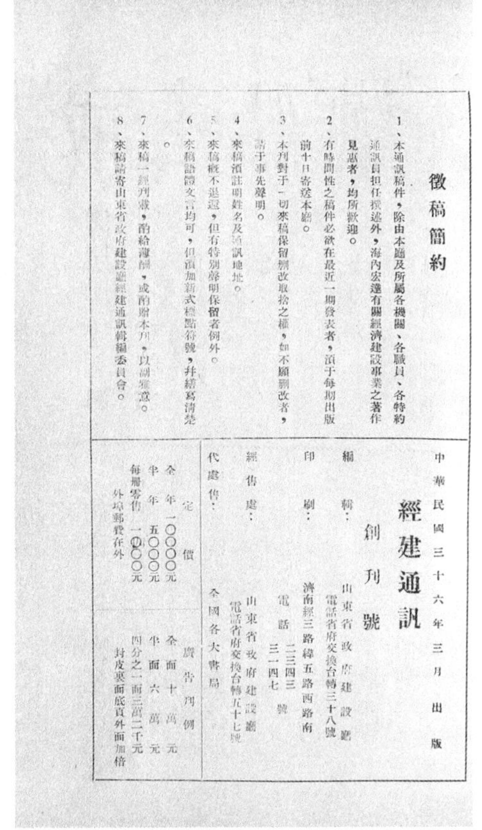

徵稿簡約

1、本通訊稿件，除由本廳及所屬各機關、各職員、各特約通訊員担任撰述外，海內宏達有關經濟建設事業之著作見惠者，均所歡迎。
2、有時間性之稿件必欲在最近一期發表者，須于每期出版前十日寄送本廳。
3、本刊對于一切來稿保留删改取捨之權，如不願删改者，請于事先聲明。
4、來稿須註明姓名及通訊地址。
5、來稿槪不退還，但有特別聲明保留者例外。
6、來稿語體文言均可，但須加新式標點符號，并繕寫清楚。
7、來稿一經刊載，酌給薄酬，或酌贈本刊，以酬雅意。
8、來稿請寄由東省政府建設廳經建通訊輯編委員會。

中華民國三十六年三月出版

經建通訊 創刊號

編輯：山東省政府建設廳 電話省府交換台轉三十八號
印刷：濟南經三路緯五路西路南 電話二三四三 三一四七號
經售處：山東省政府建設廳 電話省府交換台轉五十七號
代處售：全國各大書局

定價
全年 一〇〇〇〇元
半年 五〇〇〇元
每冊零售 一〇〇〇元
外埠郵費在外

廣告刊例
全面 十萬元
半面 六萬元
四分之一面 三萬二千元
封皮裏面底頁外面加倍

前锋文艺

山东渤海军区政治部前锋报社编　编者刊　渤海区　1947年3月～［1947年11月］　14期～［18期］　月刊　18cm　由《战士文艺》和《前锋文选》合并而成

该刊由《战士文艺》和《前锋文选》合刊改编而成，期数从14期开始。该刊主要任务是利用文艺形式向广大指战员宣传党的方针路线、宣讲政治时事、歌颂英雄模范事迹等。作品大都来自部队文艺骨干和爱好文艺创作的战士之手。因刊物紧密配合形势，受到广大指战员的热烈欢迎与好评。

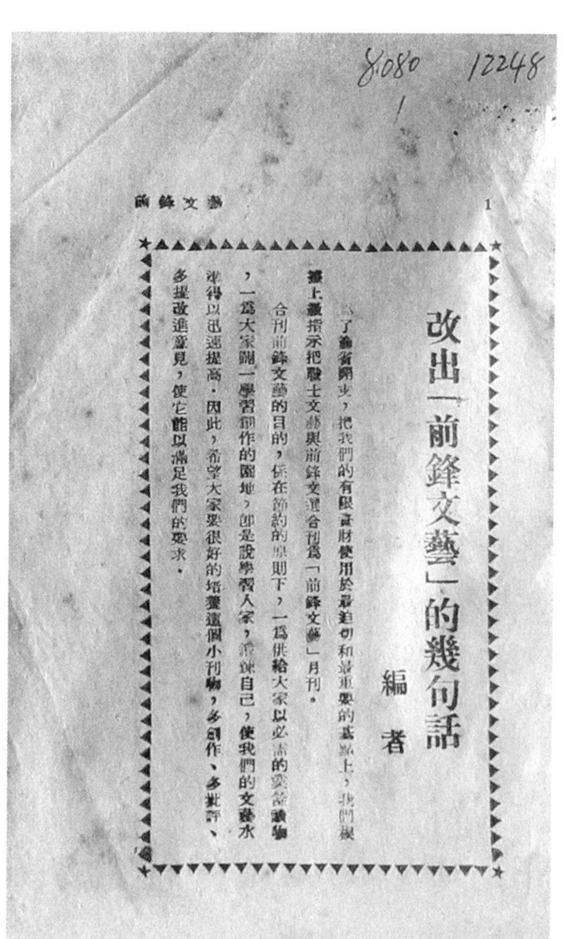

前鋒文藝 1

改出「前鋒文藝」的幾句話

編者

爲了節省開支，把我們的有限資財使用於最迫切和最重要的基點上，我們根據上級指示把戰士文藝與前鋒文選合刊爲「前鋒文藝」月刊。

合刊前鋒文藝的目的，係在節約的原則下，一爲供給大家以必需的文藝讀物，一爲大家闢一學習創作的園地，即是說學習人家，鍛鍊自己，使我們的文藝水準得以迅速提高。因此，希望大家要很好的培養這個小刊物，多創作、多批評、多提改進意見，使它能以滿足我們的要求。

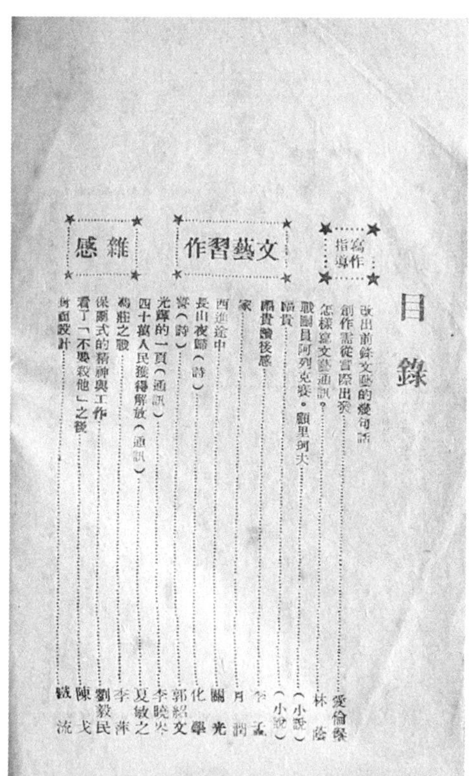

目錄

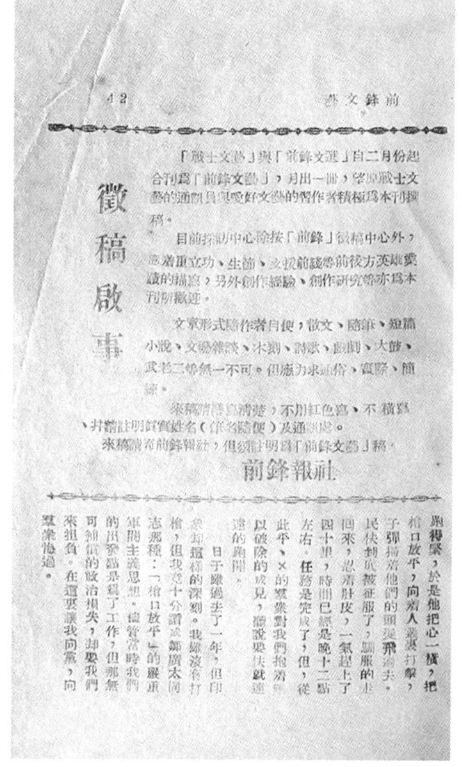

42 前鋒文藝

徵稿啟事

「戰士文藝」與「前鋒文選」自二月份起合刊爲「前鋒文藝」，月出一冊，望原戰士文藝的通訊員與愛好文藝的習作者積極爲本刊撰稿。

目前採訪中心除按「前鋒」徵稿中心外，應着重立功、生產、支援前綫與前後方英雄事蹟的描寫，另外創作經驗、創作研究等亦爲本刊所歡迎。

文章形式隨作者自便，散文、隨筆、短篇小說、文藝雜談、木刻、詩歌、戲劇、大鼓、武老二等無一不可。但應力求通俗、實際、簡練。

來稿請謄寫清楚，不用紅色寫、不橫寫，并請註明真實姓名（筆名隨便）及通訊處。

來稿請寄前鋒報社，但須註明爲「前鋒文藝」稿。

前鋒報社

跑得緊，於是他把心一橫，把槍口放平，向着人叢裏打擊，子彈擦着他們的頭頂飛過去。民伕們就被征服了，馴服的走回來，忍着肚皮，一氣趕上了四十里，時間已經是晚十二點左右。任務是完成了，但，從此平、×的羣衆對我們抱着難以破除的成見，據說要快就遠遠的跑開。

日子雖過去了一年，但印象却還這樣的深刻。我雖沒有打槍，但我是十分讚成鄒廣太同志那種：「槍口放平」的嚴重軍閥主義思想。儘管當時我們的出發點是爲了工作，但那無可彌償的政治損失，却要我們來担負。在這要讓我向黨，向羣衆悔過。

期刊之部（二）

海声月刊

海声月刊编辑部编　孔鹏起［发行人］　青岛　1947 年 3 月 1 日～1947 年 8 月 15 日　创刊号～1 卷 2/3 期　月刊　20cm

1947 年 3 月 1 日创刊于青岛，社址在青岛临淄路 15 号。该刊刊登时评、著述、通讯、文艺作品，如《世界裁军展望》《论目前之大学教育》《仁的解释》等。

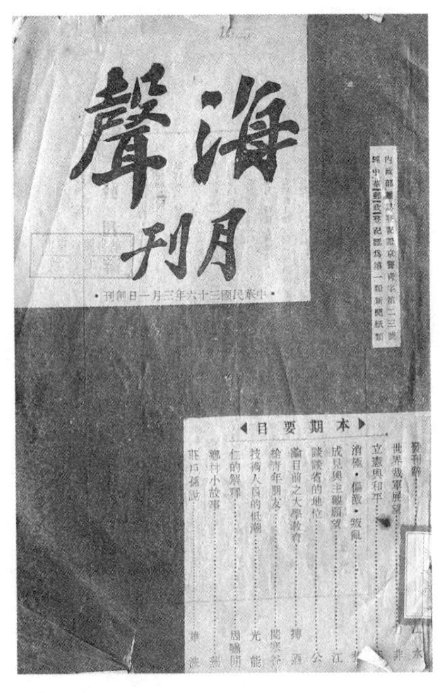

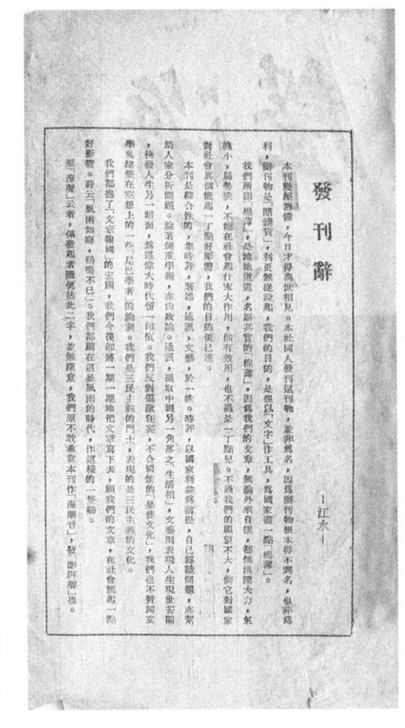

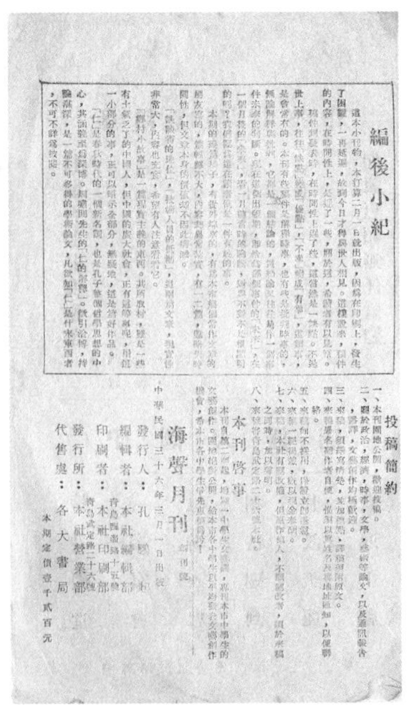

支前导报

山东省支前委员会编　编者刊　[出版地不详]　1947 年 3 月 15 日 ~ 1947 年 7 月　1 期 ~ [12 期]　不定期　18cm

该刊是支前刊物，号召全力支援前线，重视民夫工作，保证部队作战需要，以争取自卫战的最后胜利。在第一期里《华东局加强支前工作指示》中指出："华东局特号召山东全党把改善与加强支前工作，作为目前中心紧急任务。"

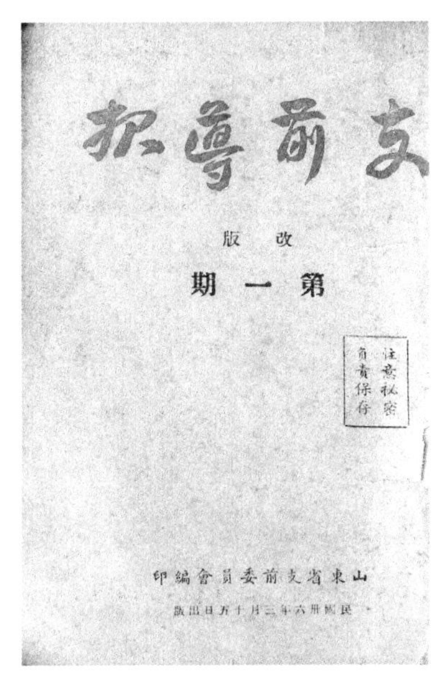
支前導報

改版

第一期

注意秘密 負責保存

山東省支前委員會編印

民國卅六年三月十五日出版

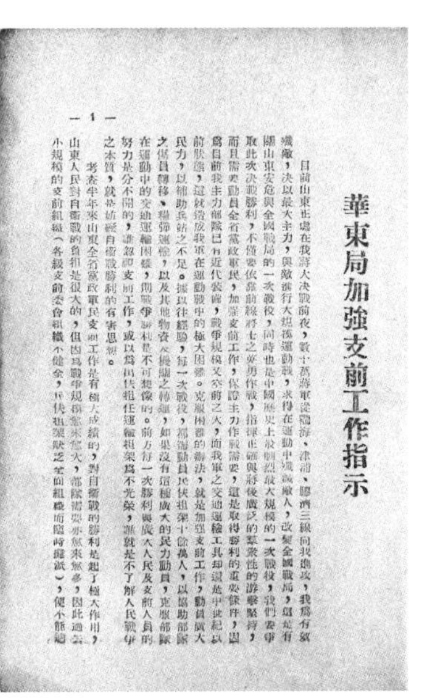
— 1 —

華東局加強支前工作指示

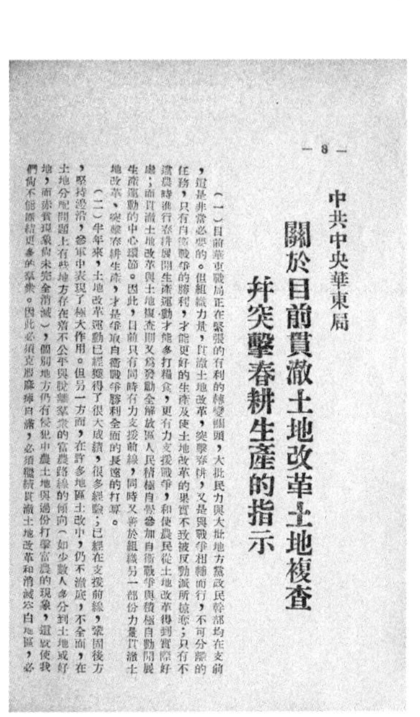
— 8 —

中共中央華東局

關於目前貫徹土地改革土地複查并突擊春耕生產的指示

青岛文艺

刘燕及编　青岛文艺社［发行］ 青岛　1947年4月～1948年9月　1期～5期　不定期　21cm　由《文艺》替代

该刊是文艺刊物。主要刊登小说、新诗、散文、文学评论、书评、通讯等方面的作品。刊物要求“写灵魂的东西、写未写的东西、写大众的东西”，提倡创新，提倡作品的真实性，提倡现实主义的大众文学。曾出《试刊号》《创刊号》《诗歌专号》。

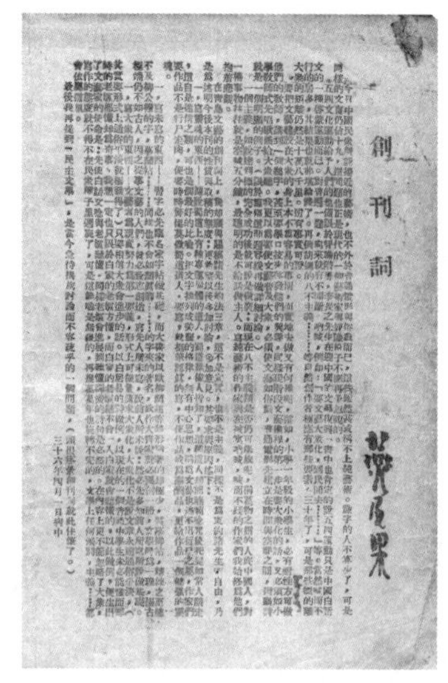
創刊詞

廣告價目表
投稿簡章
青島文藝

文艺

《山东文化》文艺副刊编辑部编　山东新华书店　临沂　1947 年 4 月 20 日～［终刊日期不详］［总期数不详］［刊期不详］ 18cm

该刊是《山东文化》副刊，1947 年 4 月 20 日创刊于临沂，为综合性刊物，主要是为了满足青春的蓬勃的文艺创作活动的需要而创办。

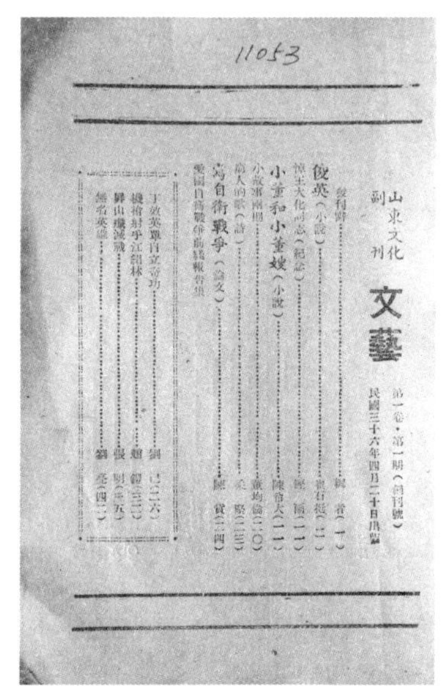

山東文化副刊

文藝

第一卷·第一期（創刊號）

民國三十六年四月二十日出版

11

悼王大化同志

小董和小董嫂

陳希大

工作通讯（惠民）

渤海区党委宣传部编　编者刊　惠民　1947 年 5 月～1947 年 9 月　1 期～30 期　不定期　18cm

该刊是山东解放区中共党内刊物，创刊《通知》中说："区党委高干会议根据党中央与华东局对目前工作的指示，和渤海区的具体情况，总结了过去三个月的工作，确定了今后三个月的任务及其方针、政策、方法——群众路线。全党必须以最大努力推动组织一切力量，在实际工作中贯彻高干会议的精神，求得顺利完成当前的紧迫任务，以争取自卫战争的胜利。"

该刊报道土地改革、反特除奸、生产节约、支援前线的方针政策和工作方法，其中包括纠正该解放区土改中的富民路线错误。

工作通訊

區党委高幹會議專輯

第一輯

絕密

發至縣團

編號發出

000682

渤海區黨委宣傳部編印

一九四七年五月

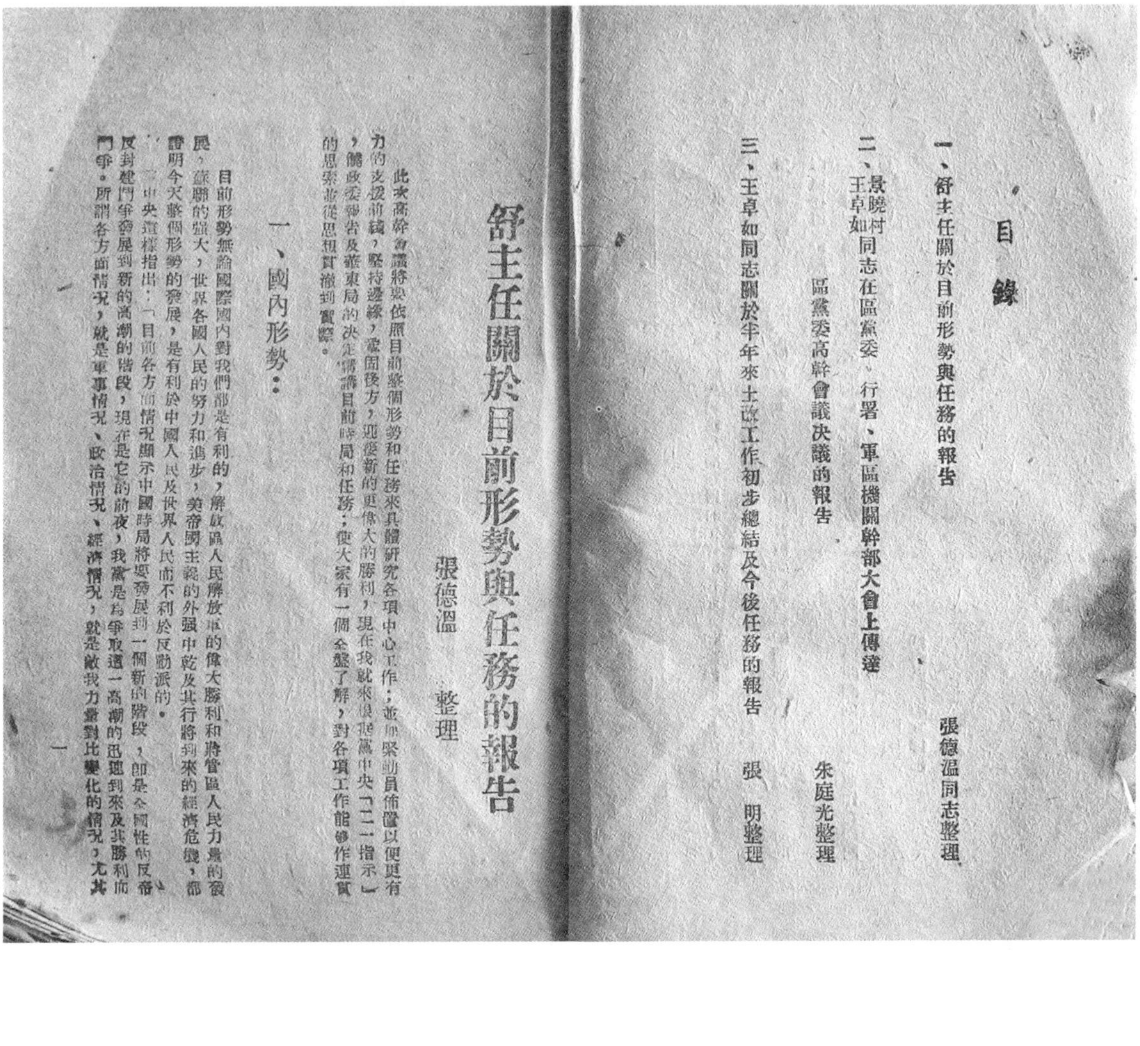

目錄

舒主任關於目前形勢與任務的報告

張德溫　整理

此次高幹會議將要依照目前整個形勢和任務來具體研究各項中心工作；並加緊動員佈置以便更有力的支援前綫，堅持邊緣，鞏固後方，迎接新的更偉大的勝利，現在我就來根據中央「二一指示」，饒政委報告及華東局的決定傳講目前時局和任務；使大家有一個全盤了解，對各項工作能够作連貫的思索並從思想貫徹到實際。

一、國內形勢：

目前形勢無論國際國內對我們都是有利的，解放區人民解放軍的偉大勝利和蔣管區人民力量的發展，蘇聯的強大，世界各國人民的努力和進步，美帝國主義的外強中乾及其行將到來的經濟危機，都證明今天整個形勢的發展，是有利於中國人民及世界人民而不利於反動派的。

中央這樣指出：「目前各方面情況顯示中國時局將要發展到一個新的階段，即是全國性的反帝反封建鬥爭發展到新的高潮的階段，現在是它的前夜，我黨是爲爭取這一高潮的迅速到來及其勝利而鬥爭。所謂各方面情況，就是軍事情況、政治情況、經濟情況，就是敵我力量對比變化的情況，尤其

一

通讯工作（菏泽）

新华社冀鲁豫分社编　编者刊　菏泽　1947年5月～［终刊日期不详］［总期数不详］　半月刊　19cm

该刊为新闻业务刊物，旨在指导通讯员工作，重点介绍各支社县、站通讯组的组织管理经验以及业务研究、写作体会等。

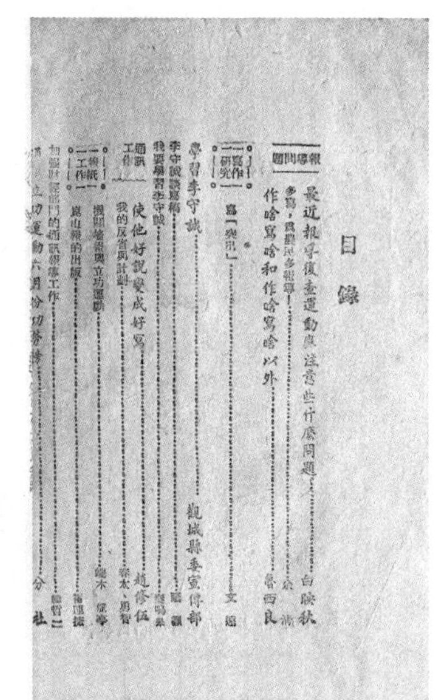

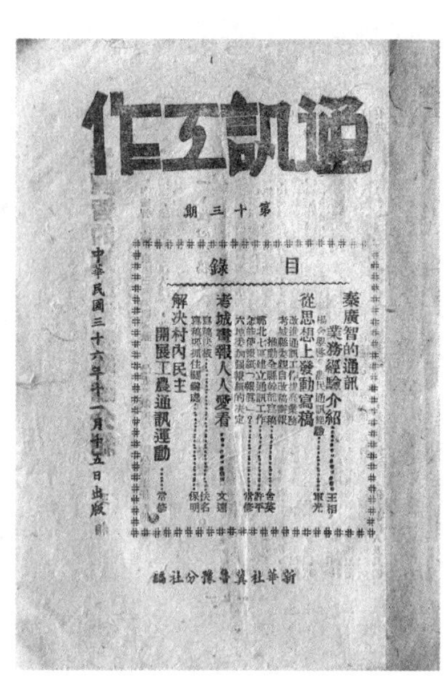

支前通讯

胶东支前司令部、政治部编　编者刊 ［出版地不详］ 1947 年 5 月～ 1947 年 8 月　1 期～ 19 期　不定期　18cm

该刊是支前刊物，介绍各村支前经验，教育农民为谁支前，提高农民支前的积极性。

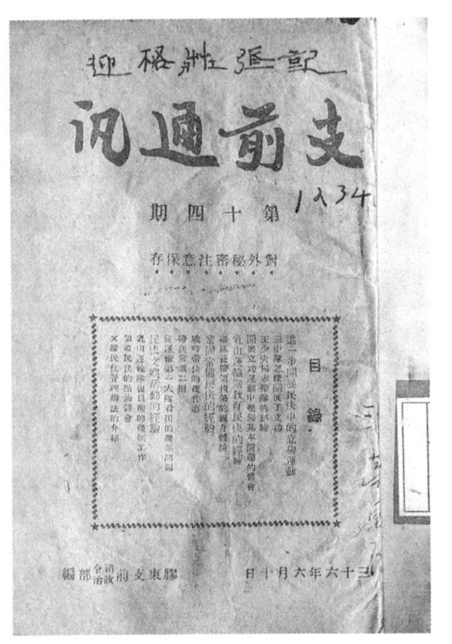

支前通訊

第十四期

對外秘密注意保存

目錄

三十六年六月十日　膠東支前司令部政治部編

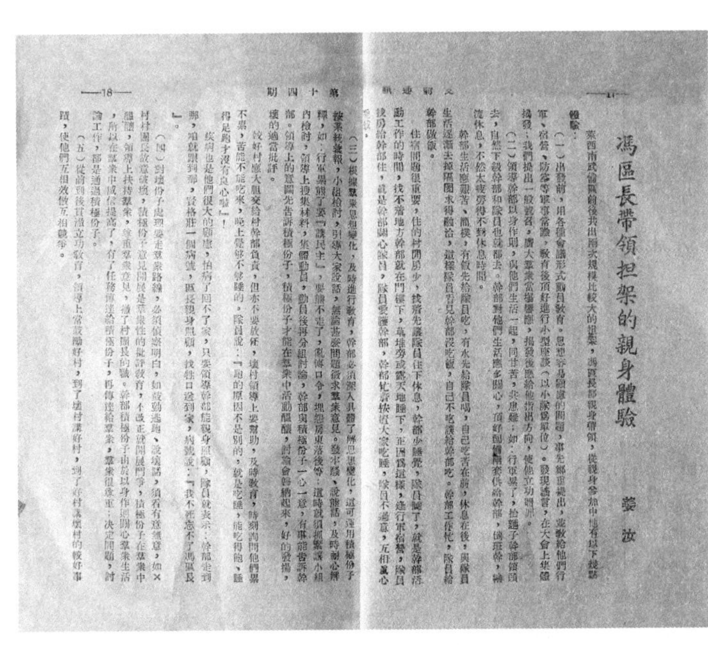

馮區長帶領担架的親身體驗

大华

青岛大华半月刊社编　编者刊　青岛　1947年5月1日～［终刊日期不详］［总期数不详］　半月刊　25cm

1947年5月1日创刊于青岛浙江路四号，《开市大吉》中说："本刊之所以要在前仆后继的刊物群中凑凑热闹，说得正经一点是为了青岛的文化。"形式有散文、小说、杂文、诗歌、随笔、影剧等。

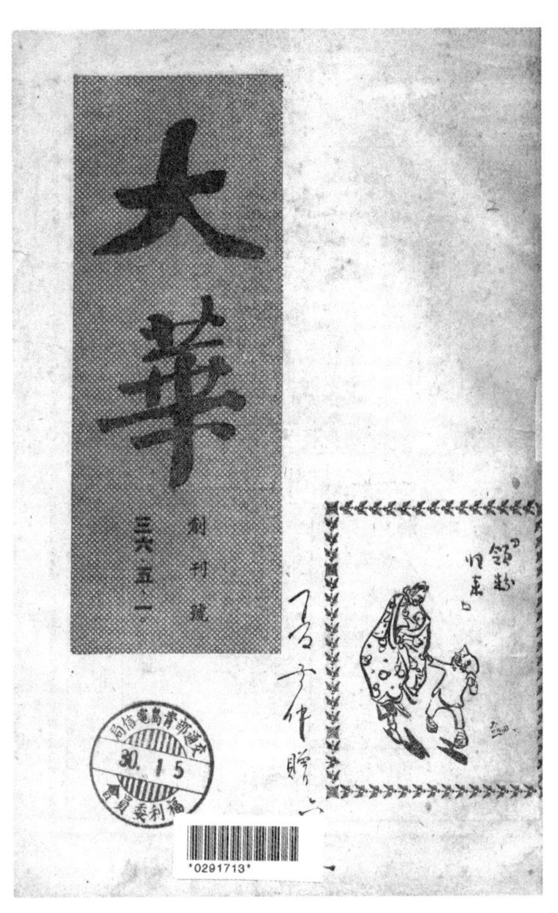

大華

創刊號

三六、五、一

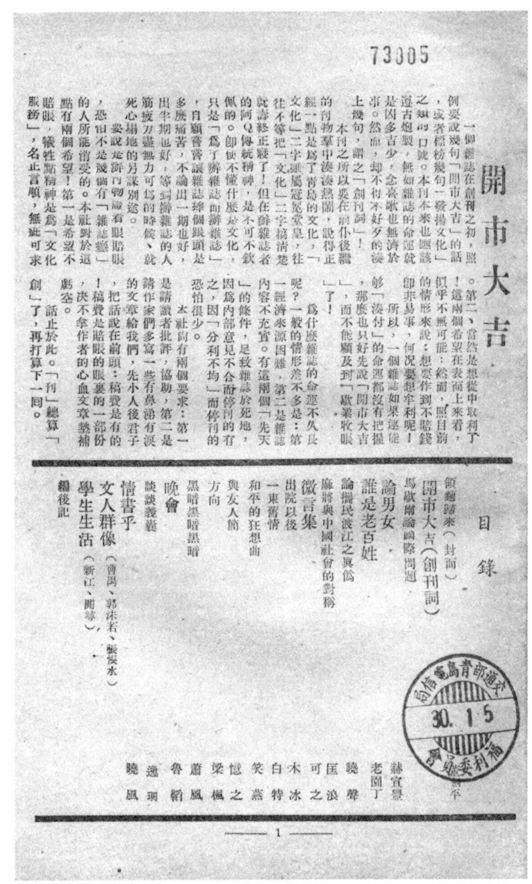

73005

開市大吉

目錄

—— 1 ——

和平的狂想曲

與友人簡

—— 9 ——

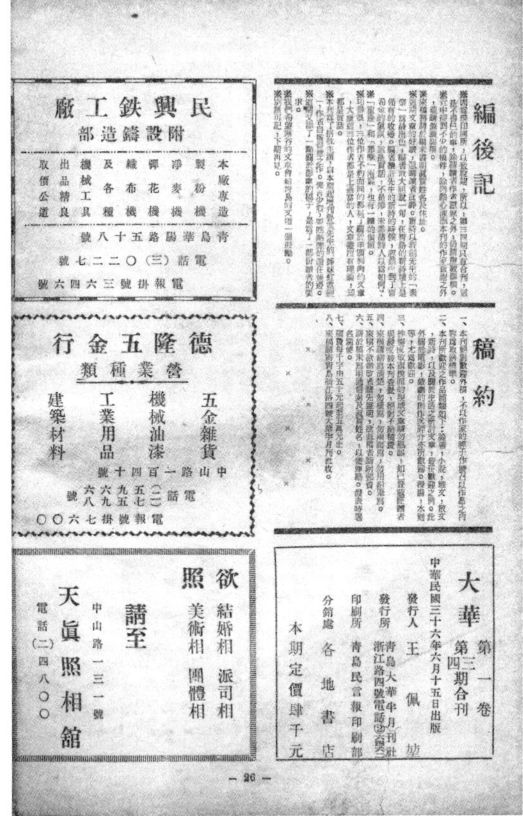

編後記

稿約

大華 第一卷 第三四期合刊
中華民國三十六年六月十五日出版
發行人 王佩坊
發行所 青島大華半月刊社 浙江路四號電話②六四六
印刷所 青島民言報印刷部
分銷處 各地書店
本期定價肆千元

— 26 —

崂山月刊

青岛市崂山学会编刊组编　编者刊　青岛　1947年6月～1947年10月　1期～4期　月刊　27cm

该刊为综合性刊物，内容包括泛论哲教、文艺、科学、国故、讲稿、杂俎七项，以倡导恢复固有的文化、道德、知识为主。其中杂俎一项刊登闲散文学，包括短故事、笑话、笔记、杂感、街谈巷议，及至梨园趣闻、银幕佳话等。

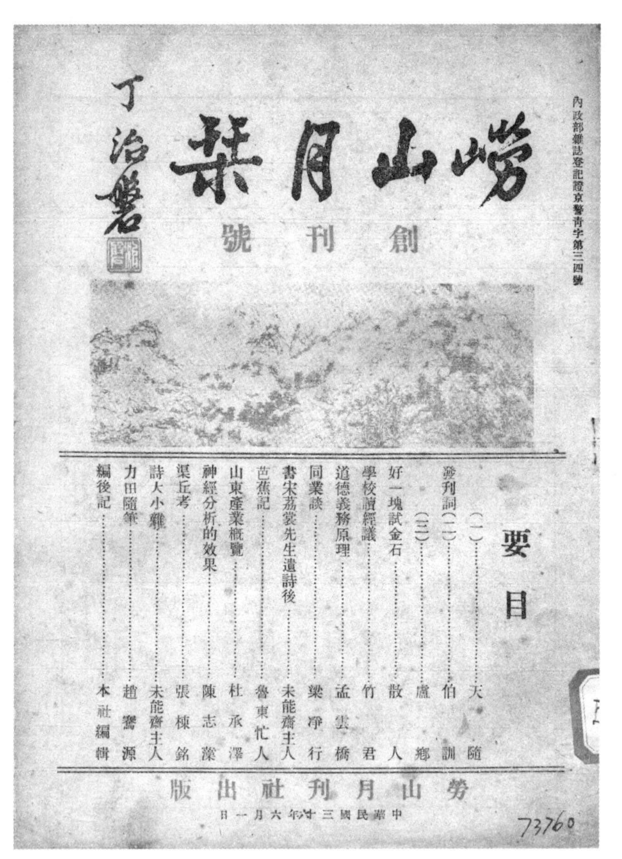

内政部雜誌登記證京警青字第三四號

嶗山月刊

丁治磐（印）

創刊號

要目

勞山月刊社出版

中華民國三十六年六月一日

73760

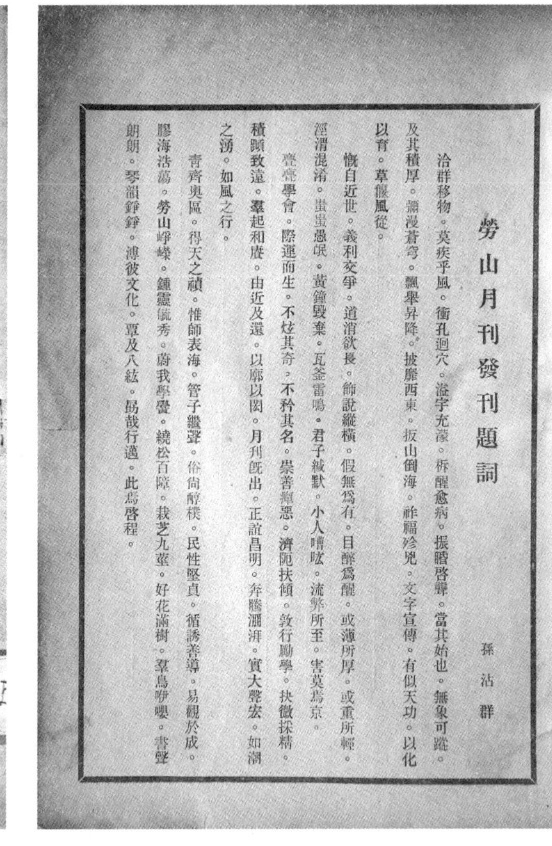

勞山月刊發刊題詞

孫沽群

洽群移物。莫疾乎風。衝孔迴穴。溢宇充濛。㧑醒愈病。振瞶啓聾。當其始也。無象可蹤。及其積厚。瀰漫蒼穹。飄舉昇降。披靡西東。扳山倒海。祚福殄兇。文字宣傳。有似天功。以化以育。草偃風從。

慨自近世。義利交爭。道消欲長。飾說縱橫。假無爲有。目醉爲醒。或薄所厚。或重所輕。涇渭混淆。蚩蚩愚氓。黃鐘毀棄。瓦釜雷鳴。君子緘默。小人嘈呶。流弊所至。害莫焉京。

壟嶤學會。際運而生。不炫其奇。不矜其名。崇善擯惡。濟阨扶傾。敦行勵學。抉微採精。積蹞致遠。羣起和賡。由近及遠。以廓以閎。月刊既出。正誼昌明。奔騰澗湃。實大聲宏。如潮之湧。如風之行。

青齊奧區。得天之禎。惟師表海。管子繼聲。俗尚醇樸。民性堅貞。循誘善導。易覯於成。膠海浩蕩。勞山崢嶸。鍾靈毓秀。蔚我學黌。繞松百障。栽芝九莖。好花滿樹。羣鳥嚶嚶。書聲朗朗。琴韻錚錚。溥彼文化。覃及八紘。勗哉行邁。此爲啓程。

73760

發刊詞（一）

天隨

勞山學會發行月刊。屬余爲發刊之詞，余曰。壽之乎。抑售之乎。曰。何謂壽，何謂售。曰。立言不朽。吐辭爲經。壽也。以一人之心。揣摩閱者讀者所嗜好。而畢力以赴之。售也。二者將安所處。曰。將處於壽售之間。曰。難言也。夫世之以爲可售者。未必其果能售也。宋人或得玉・獻於子罕。子罕辭焉。曰。爾以玉爲寶。我以不貪爲寶。此因人而異也。吳越祝髮文身。不事冠裳。黃池之會。夫差曰。以好冠來。吳亦進矣。此因地而異也。輕羅細縠。利於炎暑。氈裘蒙戎。資於嚴冬。此因時而異也。凡此皆售之難也。乃若可壽。則無有逾於文字者矣。自羲畫開天。龍圖龜字。既已不存。管子所稱封禪。七十有二代。金簡玉册。尙矣。後世無聞焉。詩書易禮春秋。孔子所手訂也。火於秦。補綴於漢。章於唐宋元明清。蔑以加矣。而近世有廢經之議。此其著於古者如此。而何論於今。欲售而未必售。欲壽而未必壽。而何有於壽售之間。然則果何道以處此。曰。無已。則有一焉。壽吾所壽。不問其壽與否也。售吾所售。不問其售與否也。蓋人心之不同。如其面焉。有欲貴者。有欲富者。有不欲者。以一人之心。曲折以合於千萬人之心、此必不可得之數，吾惟盡吾心之所能及焉，德不孤。必有隣。爲仁由已。而由人乎哉。自有文字以來。未有如今日之尨且雜者。佉盧倉頡。既非一途。俗語文言。競相爭勝。乃至註音稱異。標點名家。稍涉偏傾。即招尤悔。譬之田獵。一人伏於草間而伺之。則其所獲者寡矣。及仲冬大閱。鼓三闋・車三發。徒三刺。虎豹兕象熊豕麋獐之屬。紛至而沓來。故獨爲之。不若衆爲之。譬之營室。大木爲宗。細木爲桷。欂櫨株儒。根闑楔扂。形有盈虧。質有純駁。在匠氏之措施而已矣。昔左思成三都賦。儲材十年。二陸至譏爲傖父。得皇甫之序。而紙貴洛陽。韓文杜詩。牢籠萬有。在當時祇以尋常目之。自歐蘇迭相祖述。幾與經傳並行。王羲之作蘭亭叙。時以仿石崇金谷園詩序。羲之竊喜，今石序罕有齒及。而蘭亭則家置一編。文之興廢。亦各有時。或不虞而譽或

—1—

投稿簡章

一、本刊共分汎論，哲教，文藝，科學，國故，講稿，雜俎，七項。惠稿即以此爲限。
二、惠稿逾一萬字或係較長之專著，須先向本刊負責人接洽。
三、惠稿務須繕寫清楚並加新式標點；但關於舊文學之文言文願以舊法標點者聽便。
四、譯稿請附原文並指明出處及原著之姓名。
五、稿費悉用現金。奉酬數目臨時酌定。
六、對於一切稿件本刊編輯人有修改權。如不願修改者，請註明。
七、惠稿無論揭載與否概不退還。既經揭載版權即爲本刊所有。如願保留。請預先聲明。但本刊如出彙刊時。仍得採入。
八、惠稿諸君務請註明現在通訊處。
九、惠稿請交青島莒縣路二號勞山學會。

勞山月刊廣告價目表

等級	地位	全面	半面	四分之一
甲	前封面裡頁 後封面	二十萬元	十二萬元	六萬元
乙	後封面裡頁 正文前頁	十五萬元	九萬元	五萬元
丙	不指定地位	七萬元	四萬元	二萬元

附注 一、廣告如用彩印或須製版價目另議
二、連登多期價目從廉
三、廣告費先惠者

勞山月刊（第一期）

中華民國卅六年六月一日出版

本期定價國幣四千元

編輯者 青島市勞山學會編刊組

發行者 青島市勞山學會編刊組

印刷者 青島民言報社印刷部 廣西路五五號 電話（二）四三九三 八九〇二號

總發行所 青島市勞山學會 莒縣路二號 電話（二）二七一二

—30—

73760

秋芙蓉月刊

秋芙蓉月刊社编　编者刊　青岛　1947年6月～1947年12月　1期～5期　月刊　26cm

该刊内容涉及物价管制、宗教哲学、妇女问题、民族风俗、历史等。形式则有论著、诗歌、小品、杂感、随笔、漫画、木刻等。

秋芙蓉

創刊號

秋芙蓉月刊社主編

發刊詞

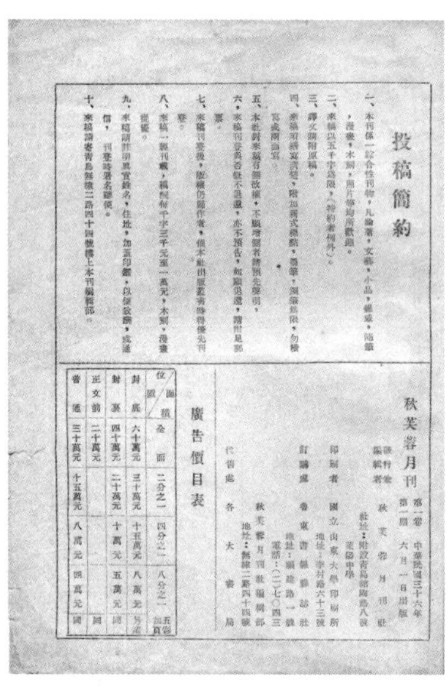
投稿簡約

廣告價目表

新教育特刊

山东省胶东区行政公署教育处新教育社编　编者刊　胶东解放区　1947年6月　总1期　特刊　19cm

该刊为教育刊物。胶东解放区为当时战争、复查、生产三大任务服务并实施教育的典型经验刊物。主要文章有《关于小学教师讨论省教育厅通报、行署教育处指示后的几个问题说明》等。

新教育特刊

教育结合中心工作经验介绍

山东省胶东区行政公署教育处新教育社编

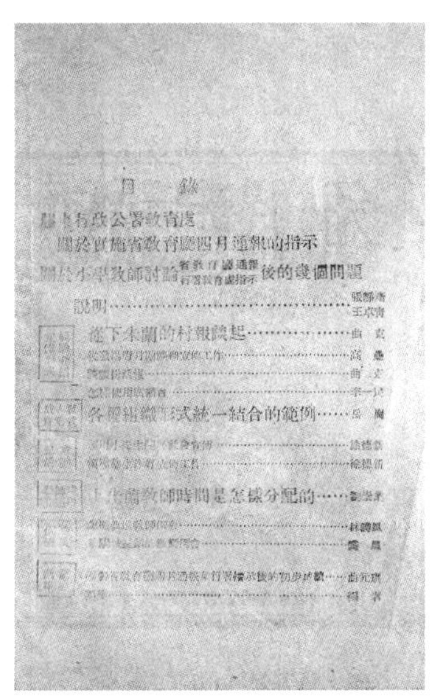

战时教育

滨海战时教育社编　编者刊　[滨海]　[1947年6月]～[1947年7月]　1期～[2期]　月刊　18cm

1947年7月第二期中有《加强社会教育》《继续开展教师立功运动》《张校长的武装宣传》《战争中的夹仓完小》《自卫战争中的滨海文教事业》等文章。

3

繼續開展教師立功運動

教師立功運動，已初步開展起來，通過這二運動，推動了工作，提高了教師思想，尤其有的縣，如日照莒縣等，經過「六六」節的評功，達到了深刻的教育目的，奠定了今後立功運動的基礎。

然而立功運動在各縣區還是很不平衡的，有的縣區對教師立功還僅限於號召佈置，還未經過評功，或已經評功的，但也還存在若干的缺點，如業務未被重視，一般教師都未經過羣衆評功，因此爲了進一步開展立功運動，必須：

一、要抓緊評功。因爲評功是立功運動的中心一環，只有抓緊評功，才能在較全面的發現立功事蹟，提高大家對於立功的認識和熱情。今天沒有經過評功的不用說，就是已經評過功的，也不能說所有教師，特別是羣衆教師的立功事蹟，都評的很完善了，或者說大家對立功的認識都很好了。不是的，有一些教師的功，評的可能不好，立功事蹟也可能未被發現。許多教師對立功的認識與態度，還是有偏差，如有的教師認爲自己成份差，村中條件不好，不好立功，或認爲立功不立功算不得什麼。不求有功，但求無過等，但還些只有在繼續的評功中，才能達到改進與提高的地步。

二、每個教師都要經過羣衆評功。因爲教師處在村中，羣衆與教師的關係很密切，他們對教師是比較了解的，如果教師不經過羣衆評功，而單線的經過業務部門或教聯會評，就不

7

莒縣教師功績摘錄

莒縣文教科

二、在前方民伕中，善於運用積極份子教育一般，及時進行鼓動工作，安定民伕情緒

在前線服務立功的教師，不僅與民伕共甘苦，在行動中以自己的模範作用帶起全體，而在敎育方法上，也有很多創造。

中樓完小的文娛教師陳子祥，舊曆正月帶伕出發前線，任中隊長司務長等職，一次白天行軍，遭敵機掃射，子彈穿過他的頭髮和背包帶，一時耳朵震聾，通訊員犧牲了，民伕四散逃跑，情況異常紊亂。但他仍然很鎮靜，自己反覆奔走六次，動員民伕集合，并抓緊積極份子帶頭，把全部民伕集合起來。他首先安慰了大家，接着提出「立功是時候了」的鼓動口號，大家被提醒了，又經過反覆耐心的教育，及自己親手做飯等模範行動的影響，終於轉變了民伕一時惶恐動搖的情緒，直到完成任務。

中小校長史玉式，三次帶伕出發。他發現民伕中的積極份子，就个別教育，又通過積極份子了解掌握民伕思想，好的表揚，壞的批評，小組與大會教育結合，再加以個別談話，民伕情緒鞏—

港工

交通部青岛港工程局编　编者刊　青岛　1947年7月～1948年12月　1卷1期～2卷2期　季刊　26cm

该刊为海港刊物，每期都有《辑后记》，介绍本期的主要文章。该刊主要文章有《胶州湾及其附近之海洋调查》《港务管理制度刍议》《潮汐概说》《航政标识》《我国港政管理之研究》《青岛天气》《塘沽新港工程状况及其展望》《青岛港码头之概况》《海港模型试验之原理》《现代港口之机械设备》《青岛港务结冰统计》等。

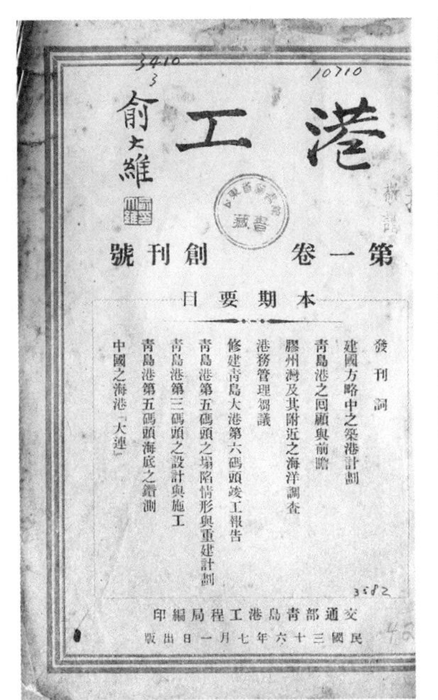

港工

俞大維

第一卷 創刊號

本期要目

發刊詞
建國方略中之築港計劃
青島港之回顧與前瞻
膠州灣及其附近之海洋調查
港務管理芻議
修建青島大港第六碼頭竣工報告
青島港第五碼頭之塌陷情形與重建計劃
青島港第三碼頭之設計與施工
青島港第五碼頭海底之鑽測
中國之海港「大連」

交通部青島港工程局編印
民國三十六年七月一日出版

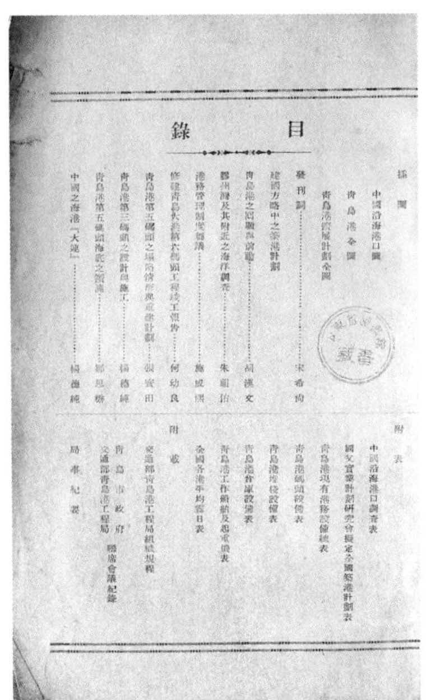

目錄

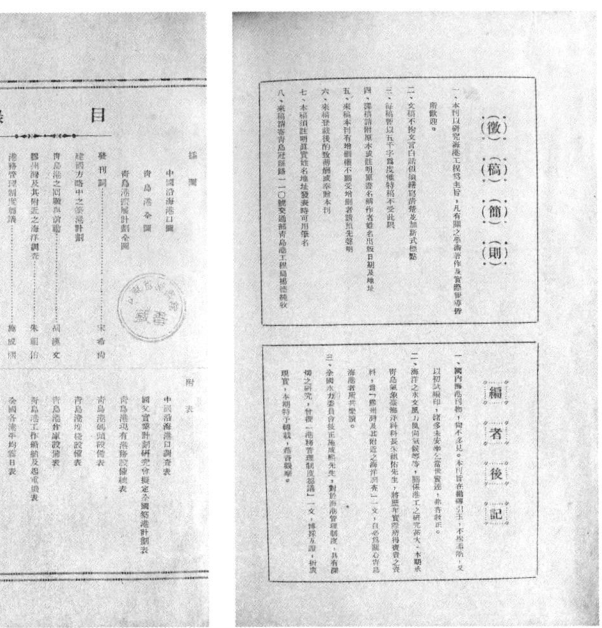

（徵）（稿）（簡）（則）

一、本刊以研究海港工程為主旨，凡有關之學術著作及實際事務，皆所歡迎。
二、文稿不拘文言白話，但須繕寫清楚並加新式標點
三、每稿暫以五千字為度，惟特稿不受此限
四、譯稿請附原本或註明原書名稱作者姓名出版日期及地址
五、來稿本刊有增刪權，不願受增刪者請預先聲明
六、來稿登載後酌致薄酬或奉贈本刊
七、本稿須註明真實姓名地址，發表時可用筆名
八、來稿請寄青島冠縣路一一〇號交通部青島港工程局楊德純收

編者後記

一、國內海港刊物，尚不多見。本刊旨在拋磚引玉，不揣簡陋，又以初試編印，諸多未安，幸乞當世賢達，弗吝教正。
二、海洋之水文風力風向氣候等等，關係港工之研究甚大，本期承青島氣象臺海洋科科長朱祖佑先生，將歷年實際所得寶貴之資料，著「膠州灣及其附近之海洋調查」一文，自必為關心青島海港者所共樂讀。
三、全國水力委員會技正施成熙先生，對於海港管理制度，具有深切之研究，曾撰「港務管理制度芻議」一文，博採左證，衍貫現實，本期特予轉載，藉資觀摩。

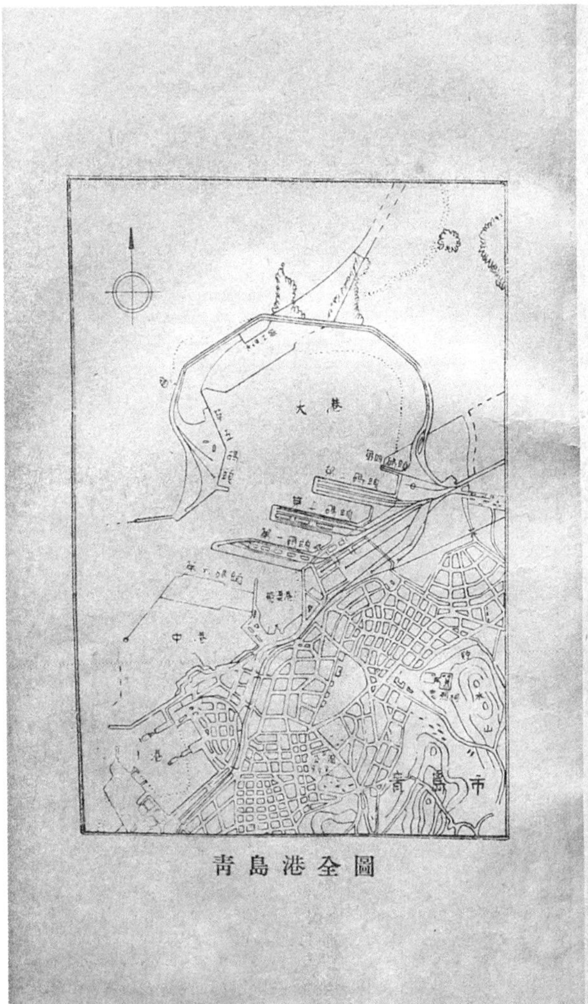

青島港全圖

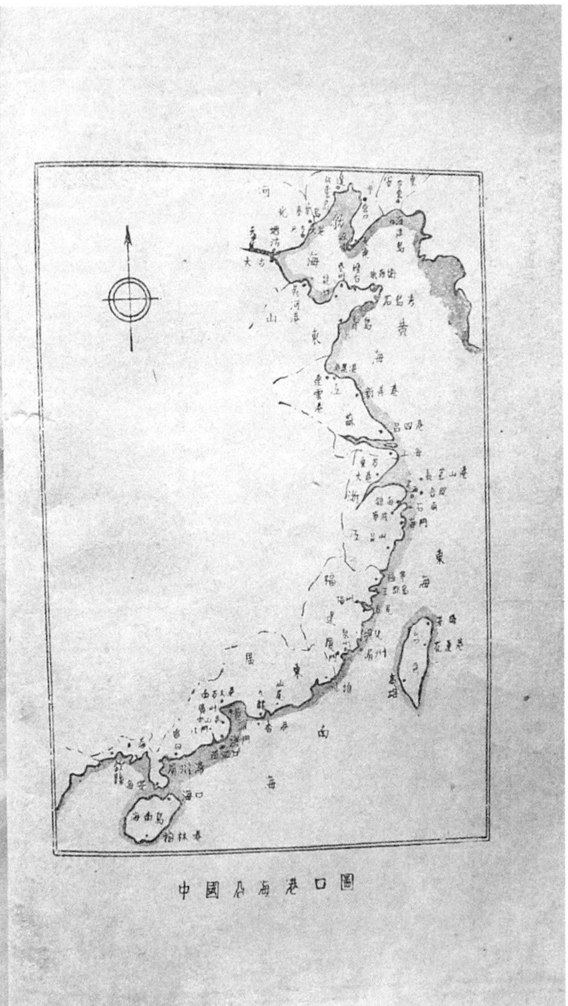

中國沿海港口圖

时事通讯

新华文综社编　胶东新华书店　莱阳　1947年7月～1947年11月　1期～4期　不定期　20cm

该刊主要介绍时事政治常识，分辑出版。刊登文章有《略谈大反攻的序幕》《〈总动员〉救不了蒋介石》《大反攻前夜为何要加紧备战》《略论全面大反攻的历史意义》《美帝援蒋新措施能挡住大反攻吗？》等。该刊第3期附《南线反攻图》。

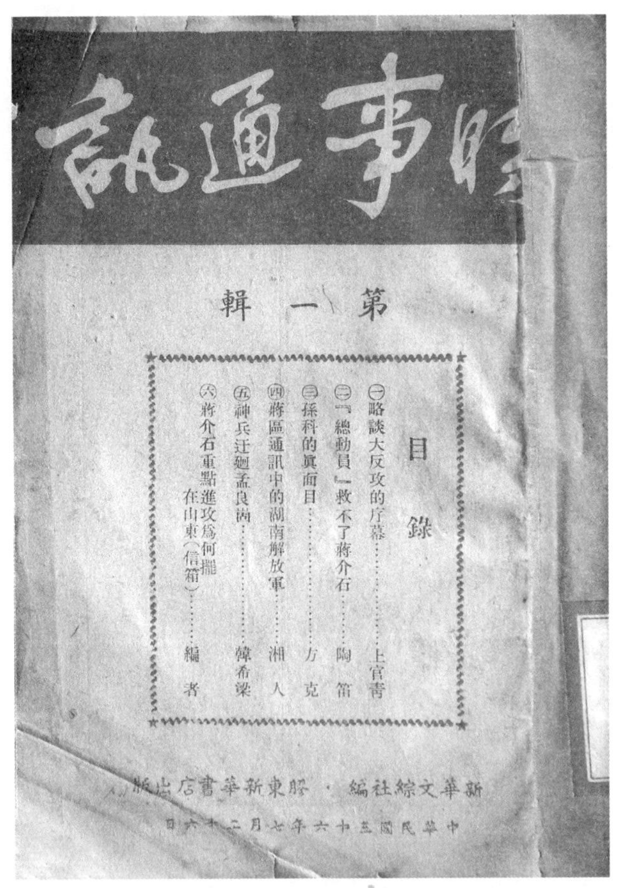

時事通訊

第一輯

目錄

新華文綜社編・膠東新華書店出版
中華民國三十六年七月二十六日

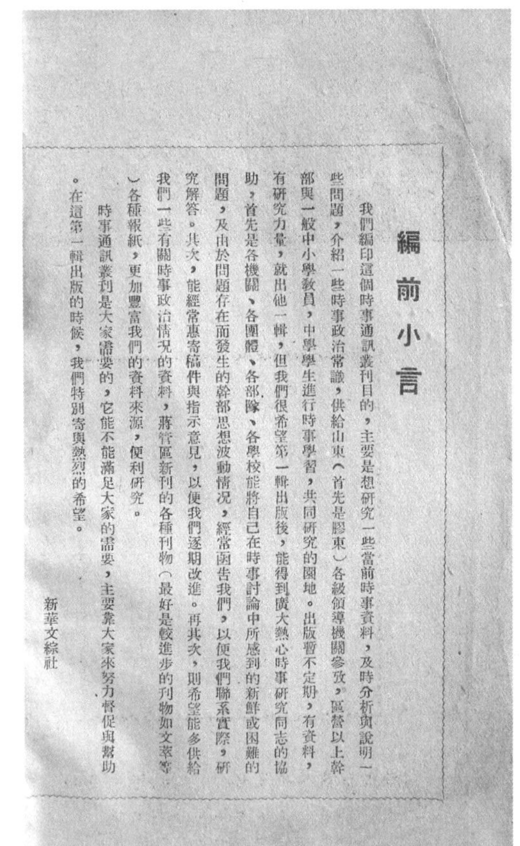

編前小言

我們編印這個時事通訊叢刊目的，主要是想研究一些當前時事資料，及時分析與說明一些問題，介紹一些時事政治常識，供給山東（首先是膠東）各級領導機關參攷，區營以上幹部與一般中小學教員，中學學生進行時事學習，共同研究的園地。出版暫不定期，有資料，有研究力量，就出他一輯，但我們很希望第一輯出版後，能得到廣大熱心時事研究同志的協助，首先是各機關、各團體、各部隊、各學校能將自己在時事討論中所感到的新鮮或困難的問題，及由於問題存在而發生的幹部思想波動情況，經常函告我們，以便我們聯系實際，研究解答。其次，能經常惠寄稿件與指示意見，以便我們逐期改進。再其次，則希望能多供給我們一些有關時事政治情況的資料，蔣管區新刊的各種刊物（最好是較進步的刊物如文萃等）各種報紙，更加豐富我們的資料來源，便利研究。

時事通訊叢刊是大家需要的，它能不能滿足大家的需要，主要靠大家來努力督促與幫助。在這第一輯出版的時候，我們特別寄與熱烈的希望。

新華文綜社

徵稿簡約

（一）本叢刊主要聯繫當前時事問題，分題研究，分册出版。

（二）本刊特別歡迎如下稿件：（甲）愛國自衛戰爭形勢分析。（乙）蔣區軍事、政治、經濟危機。（丙）最近蔣管區社會通訊與民主運動及民變問題分析。（丁）愛國自衛戰爭前線戰鬥通訊。

（三）歡迎投寄最近出版之蔣區較進步雜誌、報紙、或與目前時局有關之文萃及資料。寄來時贈給本刊一册。有特殊價値者，作爲來稿，按値給酬。

（四）來稿請寄膠東萊東縣華東新聞幹部學校或膠東大衆報社轉新華文綜社。

五月十六日 晴

「早就曉得你們抄到我們後頭來了」

—1—

略談大反攻的序幕

——戰局問答——

上官青

『勝兵先勝而後求戰，』
『進而不可禦者，衝其虛也！』
——孫子

甲：老兄！最近愛國自衛戰爭形勢發展的特點是甚麼？

乙：最近戰局特點，是全國各個戰場（除華東與陝北）已經先後明確轉入戰略反攻，特別是最近劉伯承大軍渡河南下，揭開了人民解放軍大反攻的序幕。

甲：我正要問你，爲何一直到劉伯承大軍渡河南下，才算揭開了『大反攻的序幕』？它與今年春季以來的各個戰場反攻有甚麼不同？

乙：就戰略階段發展來說，是有區別的。春季以來各個戰場局部反攻，基本上還是爲了與準備造成全國戰略反攻優勢，爭取或鞏固各個戰場主動權，改變與調整戰略地位的。這次劉伯承大

北银月刊

山东北海银行总行编　编者刊　济南　1947 年 7 月 31 日　总 1 期；复刊 1948 年 9 月 20 日～1949 年 2 月 20 日　1 期～6 期　月刊　26cm　由《金融旬报》替代

该刊为银行业务内部刊物，内容包括城市财政经济和银行业务工作的资料，如调查研究、经验交流及金银货币的交易、外汇管理章程、货币变化的管理情况等。该刊第一期为《城市银行工作特辑》。

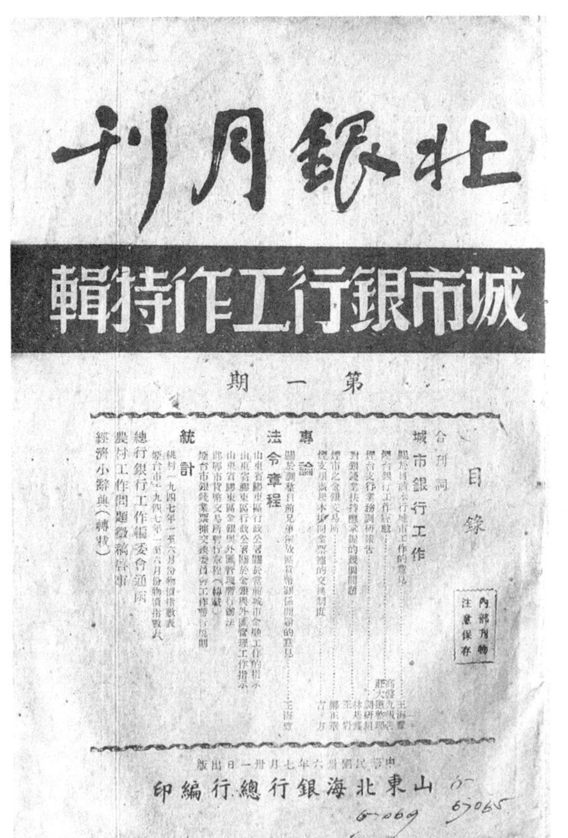
北銀月刊

城市銀行工作特輯

第一期

目錄

內部刊物 注意保存

合刊詞

城市銀行工作

關於目前分行城市工作的意見……王海豐

煙台銀行工作經驗……高磐九報告 大道整理

煙台支行業務調研報告……調研組

對錢莊業扶持應掌握的幾個問題……林其霖

煙市之金銀交易所……王岩

煙支煙台……鄭正琛

專論

關於調整目前兄弟解放區貨幣關係問題的意見……王海豐

法令章程

山東省膠東區行政公署關於當前城市金融工作的指示

山東省膠東區行政公署關於金銀與外匯管理工作指示

山東省膠東區金銀與外匯管理暫行辦法

煙台市貨幣交易所暫行章程（轉載）

煙台市銀錢業票據交換委員會工作暫行規則

統計

桃村一九四七年一至六月份物價指數表

煙台市一九四七年一至六月份物價指數表

總行銀行工作編委會通函

農村工作問題徵稿啓事

經濟小辭典（轉載）

中華民國卅六年七月卅一日出版

山東北海銀行總行編印

BEI-JIN YEKAN

北銀月刊

一九四八年十月二十日出版　第二期

山東北海銀行總行編印

北銀月刊第二期目錄

【對內刊物·注意保管】

華東財辦郵電管理總局
登記第四十一號認爲普通報刊

山東北海銀行機構分佈表

總　行

膠東分行

東海支行	辦事處	牟平	文登	海陽	桃村	威海	榮城	石島
		乳山	牟平	牟東				
西海支行	辦事處	平西	平度	濰北	濰南	昌邑	朱橋	昌南
		掖南						
南海支行	辦事處	平南	即東	五龍	萊西南	萊陽	萊東	即西
		平東	南村					
北海支行	辦事處	蓬萊	招北	招遠	龍口	黃縣	棲東	玲瓏
		棲西	福山					
濱北支行	辦事處	諸城	莒北	五蓮	藏馬	高密	膠縣	膠高
		膠河	膠南					

渤海分行

第一支行	辦事處	樂陵	靖遠	振華	南皮	吳橋	東光	慶雲
第二支行	辦事處	德平	德縣	平北	匡五	濟陽	商河	揚忠
		禹城	臨邑					
第三支行	辦事處	壽光	廣饒	益壽	鄒平	桓台	齊南	高青
		博興	羊口	臨淄				
第四支行	辦事處	惠民	濱縣	蒲台	利津	墾利	霑化	無棣
		陽信						

德州支行

魯中南分行

第一支行	辦事處	萊蕪	泰安	濟南	歷城			
第二支行	辦事處	沂東	沂中	沂南	沂源	蒙陰	蒙山	新泰
		泰寧						
第三支行	辦事處	臨朐	淮安	安邱	莒沂	沂北		
第四支行	辦事處	鄒縣	泗水	白彥	平邑	曲阜	滕縣	鳧山
		濟北	滋陽					
第五支行	辦事處	趙鎛	蒼山	費縣	臨城	郯縣	蘭臨	沭水
		臨西						
第六支行	辦事處	莒南	日照	莒縣	臨沭	竹庭	東海	臨沂
		郯城						
第七支行	辦事處	泰西	肥城	長清	平陰	東平	汶上	寧陽
淄博支行	辦事處	周村	張店	博山	淄川			
兗濟支行	辦事處	兗州						
昌濰直屬支行	辦事處	濰縣	南壽光	益臨	新安邱	昌樂		
濰坊直屬支行	辦事處	坊子						

益都直屬辦事處

注意：此辦時有更改，一般以最近一期所載爲準。遇有變動時，各分支行處應隨時通知總行，以便更改。

金融旬报

中国人民银行山东省行、山东北海银行总行编　编者刊　济南　1948年11月～1949年12月　1卷1期～3卷18期　旬刊　替代《北银月刊》

每期刊登本旬金融物价情况和统计表，介绍关于金融的政策和法规文件、银行工作以及省内金融和工农业经济调查等资料。当时苏北部分地区属山东管辖，徐州和新海连（连云港）两个地区的行业情况亦有反映。

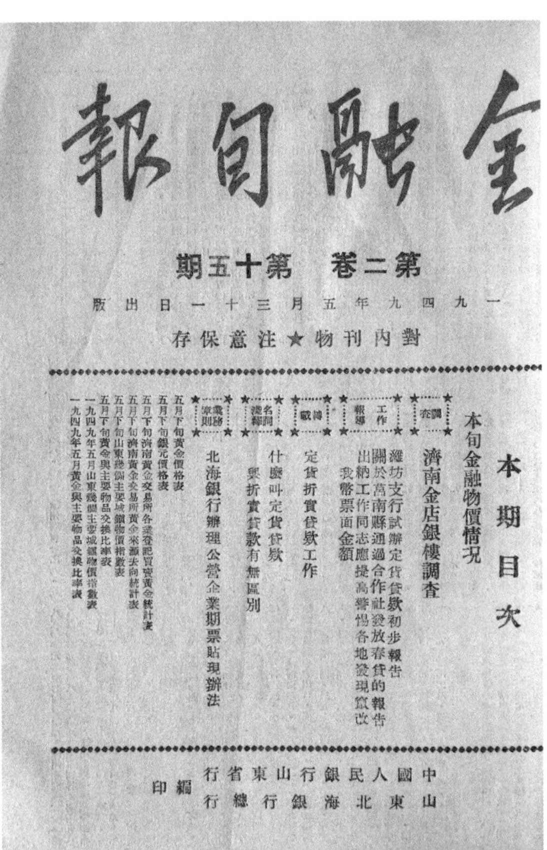

金融旬報

第二卷第十五期

一九四九年五月三十一日出版

對內刊物★注意保存

本期目次

中國人民銀行山東省行
山東北海銀行總行　編印

進一步辦好本報

鈍根

這是金融旬報第三期的出世，關於本刊的性質，任務，我在第一期裏已經提到，但關於怎樣才能辦好金融旬報的問題，則未說明。根據這三期來的經驗和徵詢不少同志對它的意見，特向我行全體同志作以下的建議：

一、使金融旬報與業務工作相結合，舉凡業務方面的典型經驗，對於某一專門問題的意見，內部工作中值得表揚與批評的事件等，都可以在這裏發表，通過它來推進業務，使金融旬報為業務服務。

二、使金融旬報與工作報告制度相結合，我們對總行，市府有逐月逐旬的報告制度，因此每月每旬各單位必需做工作報告，將可以發表於揭載出來，這樣對上級是做了報告，對各單位也是起了交流經驗的作用。

三、使金融旬報與中心工作相結合，因此每期有它的中心內容，譬如在十二月份上旬可以怎樣管理濟南金銀市場為中心，中旬可以評訂職工薪級為中心，下旬可以怎樣製訂租金標準為中心，今後各期都有它的中心，就不會限於只有一般性的材料。

要使得金融旬報辦好，除了以上三點外，在編輯方面要成立編輯委員會，聘請通訊員，規定投稿簡章，這樣人人負責，個個辦報，金融旬報一定會辦得好。要實現這要求，當然最主要的關鍵，還是我們每個同志要有善於學習鑽研的精神，具備深入實際，精雕細刻的細緻作風，這樣才不會感到提起筆來無事可寫，而使金融旬報有一天會感到缺少材料的現象。

·調查·

濟南金店銀樓調查

濟南分行

一、歷史沿革

濟南金店銀樓之設立為期甚早，惟自清末時期始漸發達。其最初形式為官家設立之爐房，專司鎔化諸製金銀條塊，為一般納稅繳庫之用。嗣後，逐漸有私營爐房、銀樓、首飾作坊之設立。私營爐房之業務與官家爐房相同，亦不鑄造飾品；銀樓則除代替爐[illegible]實及首飾外，並製造出售鍍金包銀飾品；首飾作坊則只做白銅、紅銅首飾，批發外縣客商，須銷鄉村。以後業務逐漸擴展，銀樓中資本較大者乃兼做珠翠、首飾等，漸次仿傚平、津、甯，改稱為金店。濟南有金店之始，約在清末同治年間（迄今約有[illegible]餘年），以山西人來濟開設之和合金店為首。光緒二十七八年後，逐漸設立者有瑞生祥、瑞林祥、惠寶、聚寶、公集、瑞昇、協成、隆祥、東源成、源成玉等，其後又有玉成公、玉茂，以及綢緞店附設金銀部之瑞蚨祥，隆祥等家。至民國初年有寧波人來濟開設寶成金店，是為南方幫之始。此外，尚有山東商業銀行亦兼作金銀業務。因當時政興歇業之互有變遷，故至民初時本市金店不過十家，銀樓約二十家左右。當時金店多在院西大街附近，銀樓多在芙蓉街一帶，小作坊則分佈在在趵突泉左右。彼時純業（官營爐房業已廢除）利潤優厚，業務甚為興盛。金飾工資約在二成，銀飾或銅飾工資約在五成，鑲鉗細工則另加工費，因之一般小獨作坊亦漸漸改為銀樓。

民初以後，金店銀樓逐漸增多，除上述原有之金店銀樓及江浙之[illegible]店等家外，更有河北之天盛和等家開業，因此有北派、平津派、本地派之別（本地派以[illegible]，[illegible]為主）。其營業範圍均以製造及售首飾為主。民國十四五年軍閥張宗昌統治時期，軍紀罷劣，賭風甚盛，軍營中時有三五成夥聚賭，金店銀樓之門市亦因而活躍。至民國十八九年間，復有利元和、三益等家開設，並成立「金銀首飾業公會」，會員計三十七家。當時偽韓復榘當權，雖未對該業加以直接限制，但以提倡虛偽的節約禁令佩帶首飾，故一般金店銀樓之營業情形，已較前減少。

民國二十六年，抗日戰爭勃發，十二月二十七日日寇侵入濟南，初對該業未加管制，自由營業。一般敵偽官僚與大商富賈，多以首飾為行賄送禮之物，同時社會風尚，逐漸奢侈，因此業務甚為活躍，時金店銀樓計有四十家。迨至民國三十一年物價高漲，偽幣貶值之結果，造成黃金領導物價上漲之現象，日寇乃於三十二年實行限價管制政策。其管制結果，黃金黑市因而產生，金店銀樓均受影響，乃亦參加黑市交易，致業務尚稱興旺。至三十四年春季，限價管理政策始行取消，恢復自由交易。

日寇投降後，國民黨政府人員，[illegible]，侵佔民財，因多以之換存黃金，於是該業又得興盛，新開設者日益增加。彼時更有[illegible]飛行便利，南北私運黃金者，益發造成黑市之猖獗。至三十五六年，偽政府雖一再施行[illegible]管制，但實際受約束者僅為一般商民而已；金店銀樓並未受任何影響，更相反地繼續增加，至三十六年時，大小金店銀樓竟達六十餘家。國民黨此時再實施第二次金融管制，依然毫無效果，黑市之猖獗，較前尤甚。一般官僚資本都競投入黃金市場，益助其勢。三十七年八月偽府幣制改革時，乃限定黃金每兩為二〇〇元（實際黑市價格二一·六〇元至二八〇元），此時金店銀樓曾稍有影響，少數正當老字號多遭賠累，而投機金店依然活動，僅為秘密而已。直至解放前夕，依然如此。

二、歷年之營業概況

本市金店銀樓，自民元始，迄於敵偽統治時期，其業務範圍不外：（一）金銀首飾之買賣、製作、加工。（二）黃金條塊元寶之鎔鑄、捉餅、買賣。彼時金店銀樓，多依靠門市進出及價格變動上，獲得利潤，其營業方式，亦為放任自由。但自三十二年始，偽幣貶值，物價飛漲，日寇乃開始管制，實行限價政策，規定黃金價格限定每兩偽幣二六〇元，門市收進不得超過二六〇元，賣出不得超過二八六元（即法定加工利潤一成），但當時實際價格約在四〇〇元左右。因限價過低，致而產生黑市，雖經常採用強硬之方法遠得

黃金價格表

1949.5.下旬

日期＼價格＼地點	濟南	濰坊	徐州	沙河
二十一日	4,9000	4,9700	4,2000	5,0400
二十二日	4,6000	4,9300	3,2000	5,0500
二十三日	4,8000	4,8300	4,2500	5,0900
二十四日	4,8800	4,7600	4,2500	5,0000
二十五日	4,8300	4,7400	4,7000	4,9000
二十六日	4,9500	4,8600	5,1000	4,7600
二十七日	4,9000	4,8300	5,0000	4,0250
二十八日	5,1000	4,8500	4,9000	5,0200
二十九日	5,3000	4,9400	4,7500	4,9000
三十日	5,5000	5,3800	4,8500	4,9500
三十一日	5,4000	5,5800	5,0000	5,0700
本旬平均價	5,0145	4,9745	4,6636	4,9732
上旬平均價	4,8570	4,6920	4,2570	4,6270
本旬與上旬環比	103.24	106.02	109.55	107·48
上月平均價	4,8342	4,0675	4,2712	4,5714
本月平均價	3,6693	3,5450	3,6723	3,5115
本月與上月環比	131.74	131.67	116.21	130.18

附註：表列價格除徐州係當地黑市外其他各地均以黃金[illegible]交所收盤為準。

銀元價格表

1949.5.下旬

日期＼價格＼地點	濟南	徐州	
二十一日	430	440	
二十二日	410	445	
二十三日	400	455	
二十四日	400	465	
二十五日	460	485	
二十六日	480	580	
二十七日	530	600	
二十八日	520	580	
二十九日	550	580	
三十日	535	590	
三十一日	525	620	
本旬平均價	524	585	
上旬平均價	409	441	
本旬與上旬環比	128.12	132.65	
本月平價均	465	484	
上月平均價	382	412	
本月與上月環比	119.37	117.47	

附註：表列數字係各地黑市價格。

業務章則

北海銀行辦理公營企業期票貼現辦法

第一條：本行為謀參加交換各公營企業之資金運用方便，金融週轉靈活，以利恢復與發展生產起見，特訂定期票貼現辦法。

第二條：凡屬參加交換清算之公營企業，所收其他公營企業未到期之特定交換期票，均可於資金週轉呆滯時，商得本行同意，來行辦理貼現。

第三條：來行辦理貼現之票據，以當地公營企業開出之本行特定期票為限；如為外埠公營企業開出之外埠銀行特定期票，祇可按代收手續，委託本行代收，不得辦理貼現。

第四條：凡來本行辦理貼現之公營企業，於借款時，須在期票背面加蓋該企業之公章及負責人名章。

第五條：貼現率——由本行按照公營企業放款利率規定之。

第六條：期　限——以該期票之到期日為限。

第七條：此項貼現由本行核准後，本行即可按規定貼現率將利息結出，並當時扣除，通知辦理貼現人持期票來本行領取。

第八條：凡期票之發票人有左列情事之一者，本行可拒絕其辦理貼現。

1、發票之公營企業，未補足上期交換清算差額者。

2、發票之公營企業積欠本行款項過期，未能按時清償者。

第九條：此項貼現到期時，即可由本行提出交換；如發票人存款餘額，足夠支付期票金額時，亦可由發票人開具支票來行進行轉帳。

第十條：本行內部處理手續，由本行另行訂定之。

第十一條：本辦法自本行公告之日起實行，其修正時亦同。

更正　第二卷第十四期

頁數	行	字	誤	正
二、三、四	上二十三行五—十二字 上十八行二十一—二十二字 下十二行二十六—三十九字	[illegible]	[illegible]三四五〇〇元	[illegible]四三五〇〇元
五、七、十、十四	[illegible]	[illegible]	2% 皆不變換 10.5 3658.5562	21% 皆不變換 14.5 3858.5562

青岛市观象台学术汇刊

青岛市观象台编　王华文［发行人］ 青岛　1947年8月～1948年5月　1期～2期　不定期　27cm

该刊是学术性气象刊物。刊登该台关于天文、气象、海洋及地球物理的研究论文，发表对上述学科的观测记录、调查报告。所刊登的论文均附有外文提要。

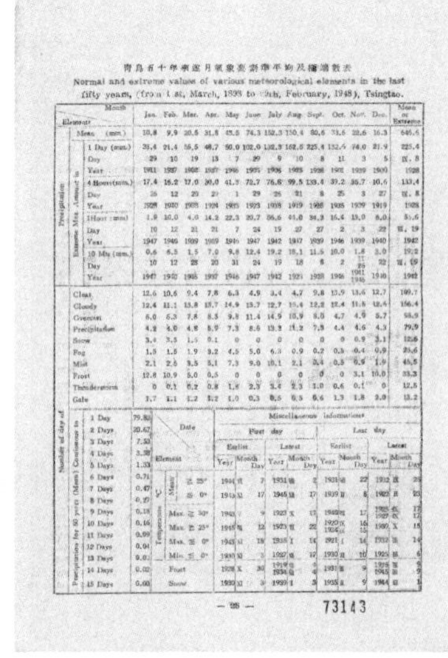

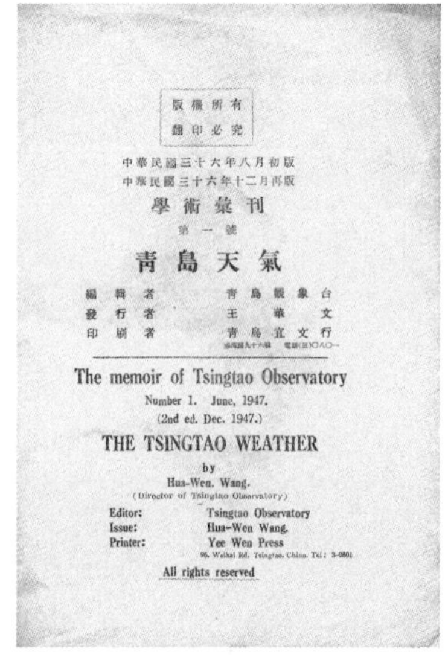

版權所有
翻印必究

中華民國三十六年八月初版
中華民國三十六年十二月再版

學術彙刊

第一號

青島天氣

編輯者　青島觀象台
發行者　王華文
印刷者　青島宜文行

The memoir of Tsingtao Observatory

Number 1. June, 1947.
(2nd ed. Dec. 1947.)

THE TSINGTAO WEATHER

by
Hua-Wen. Wang.
(Director of Tsingtao Observatory)

Editor: Tsingtao Observatory
Issue: Hua-Wen Wang.
Printer: Yee Wen Press
96, Weihai Rd. Tsingtao, China. Tel: 3-0801

All rights reserved

前卫通讯

山东鲁中军区政治部编　编者刊　淄博　1947年8月~[终刊日期不详]　1期~[终期不详]　周刊　18cm

该刊是部队内部读物，定为周刊，每周日出版，也有不定期现象。

（幹部讀物對外秘密）

前衛通訊

★改版第二期★

—部隊發至營地方發至縣—

目錄

（一）二團一營士兵教育是這樣入的門
（二）怎樣迎接新戰士
（三）警四團一連工作介紹 戰時政治工作
（四）接受陳唐事件的教訓 加強火線保衛工作
（五）營四團一連評功評傷亡中看出的幾個問題
（六）如何了解發現幹部
（七）怎樣報導游擊戰爭

山東魯中軍區政治部出版

十月十九日

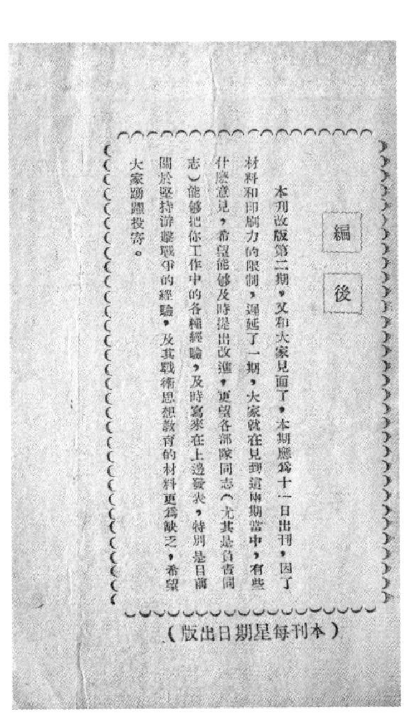

編後

本刊改版第二期，又和大家見面了，本期應爲十一日出刊，因了材料和印刷力的限制，遲延了一期，大家就在見到這兩期當中，有些什麼意見，希望能够及時提出改進，更望各部隊同志（尤其是負責同志）能够把你工作中的各種經驗，及時寫來在上邊發表，特別是目前關於堅持游擊戰爭的經驗，及其戰術思想教育的材料更爲缺乏，希望大家踴躍投寄。

（本刊每星期日出版）

（幹部讀物對外秘密）

前衛通訊

部隊發至營地方發至縣

9

山東魯中軍區政治部前衛報社出版

十二月廿一日

大青岛月刊

战庆辉主编　大青岛月刊社［发行］　青岛　1947年8月15日　总1期　月刊　27cm

该刊仅见1期。《发刊词》中说："大青岛月刊，是我们地方自治人员，为了向市民宣传些'地方自治'与'民主政治'的智识，以适应政府行宪的需要而创办的。"该刊是时事政治刊物，刊登有关地方自治的论述及国际国内形势述评。

大青島月刊

創刊號

戰慶輝主編

團結就是力量……戰慶輝
論新革命運動的道路……黃力
論國際現局及其將來……蘇流
地方自治與治安問題……丁治磐
革新地方政治的概要……葛羅物
民主政治第一課……艾斯
關於本市拒馬問題之商榷……徐鴻逵 王松如
青島小史……單戈
中國通俗歷史講座……自明
國術的價值在中國……高芳先
勞山抗戰絕續的一幕……步青
轉載
我們對于大局的看法與對策……作者楊光時等十人
資料

中華民國36年8月15日出版

青島 大青島月刊社 發行
社址：青島市龍口路三十三號 電話（二）三〇四二

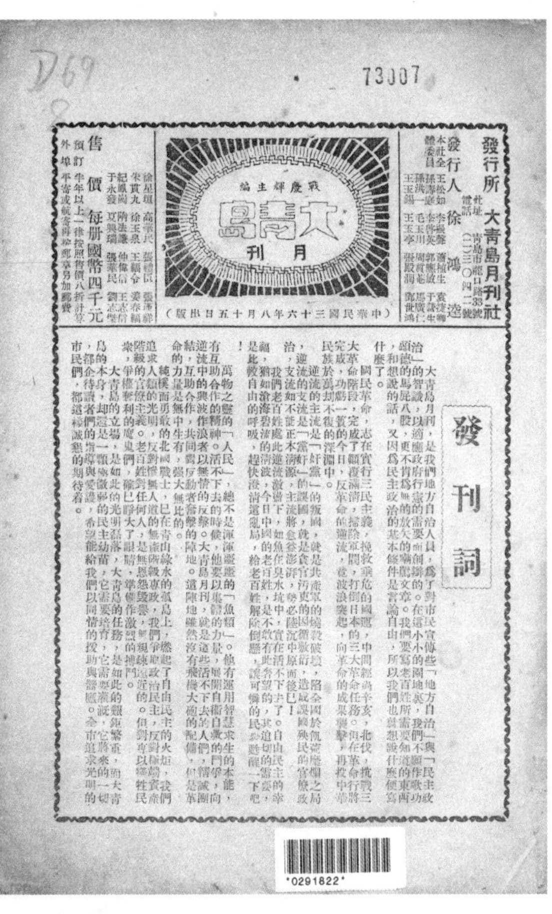

73007

發行所 大青島月刊社
社址 青島市龍口路33號
電話（二）三〇四二

發行人 徐鴻逵

本社全體委員

戰慶輝主編

大青島月刊

（中華民國三十六年八月十五日出版）

售價 每冊國幣四千元

預訂 半年以上一律按照售價八折計算
外埠 平寄或航寄再按郵章另加郵費

發刊詞

論新革命運動的道路

黃力

5

勞山抗戰絕續的一幕

——青保高總隊長滄口脫險記——

步青

編者按：此爲追寫抗戰時期的紀實作品，關於高總隊長在……月刊第二期披露，此期共破獄脫險之經過也。

22

期刊之部（二）

时论丛刊

胶东区党委宣传部编　胶东新华书店　莱阳　1947年10月～［终刊日期不详］ 1期～5期 ［刊期不详］ 20cm

该刊主要介绍当时的时事政治与局势，刊登文章有《救国必须灭蒋》《人民解放军大举反攻》《解放军四路野战大军向南线全线出击》《紧急动员起来为保卫胶东而战》《维辛斯基演说全文》《欧洲形势》《中国人民解放军宣言》《论国际形势》《莫洛托夫演说全文》等。

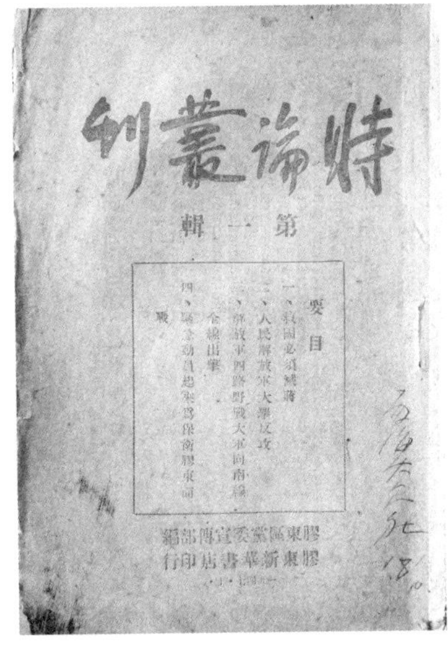

時論叢刊

第一輯

要目

一、救國必須滅蔣

二、人民解放軍大舉反攻

三、解放軍四路野戰大軍向南線全線出擊

四、膠東動員起來爲保衛膠東而戰

膠東區黨委宣傳部編

膠東新華書店印行

時論叢刊

第二輯

編著：膠東區黨委宣傳部

出版：膠東新華書店

印數：五千二百部

日期：一九四七年十月

發行：膠東新華書店

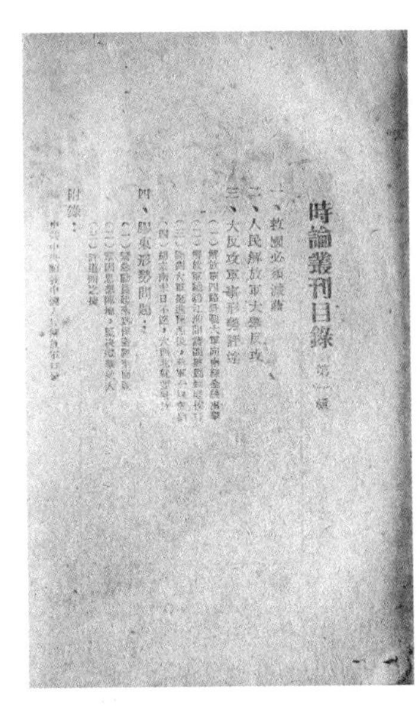

時論叢刊目錄 第一輯

一、救國必須滅蔣

二、人民解放軍大舉反攻

三、大反攻軍事形勢評述

四、膠東形勢問題

附錄：

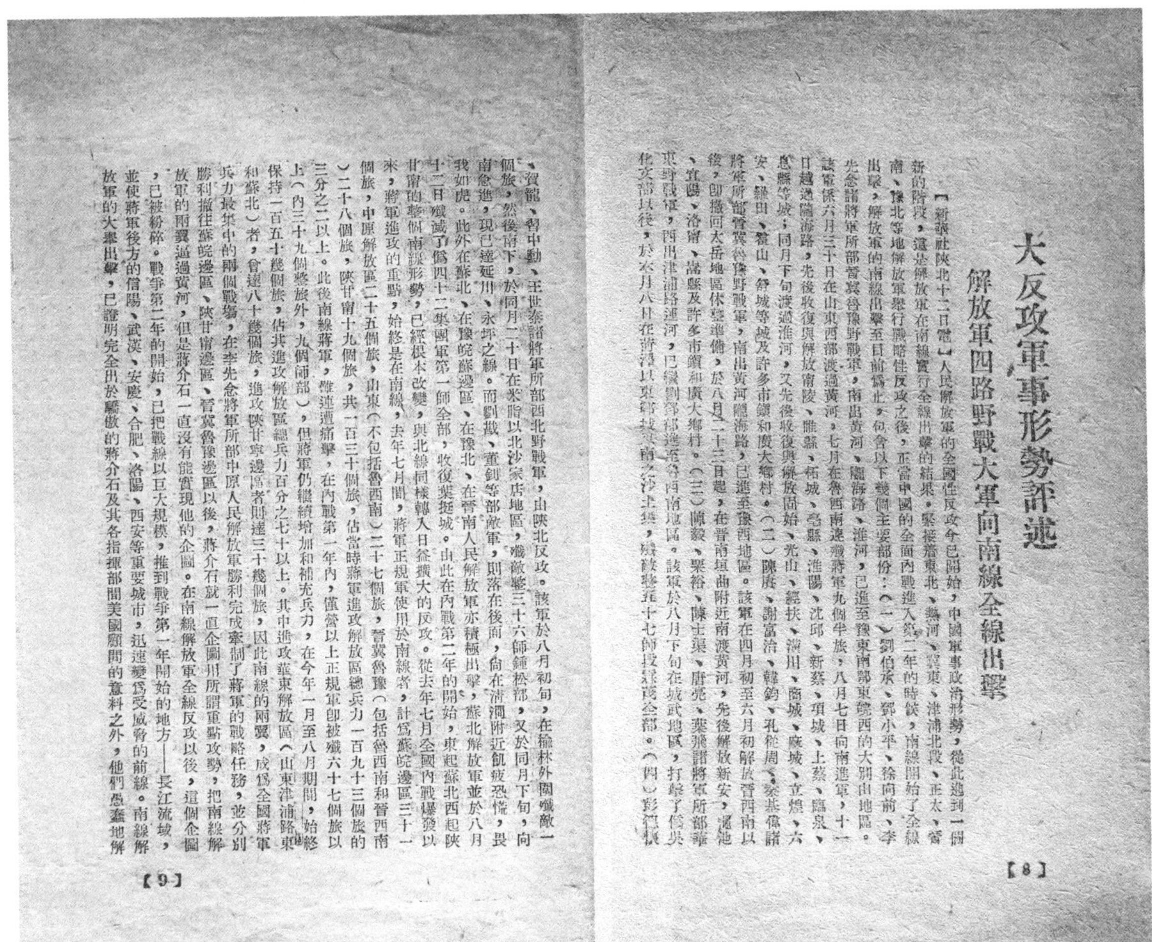

大反攻軍事形勢評述

解放軍四路野戰大軍向南線全線出擊

【新華社陝北十二日電】人民解放軍的全國性反攻今已開始，中國軍事政治形勢，從此進到一個新的階段，這是解放軍在南線實行全線出擊的結果。緊接着東北、熱河、冀東、津浦北段、正太、晉南、豫北等地解放軍舉行戰略性反攻之後，正當中國的全面內戰進入第二年的時候，南線開始了全線出擊，解放軍的南線出擊至目前爲止，包含以下幾個主要部份：（一）劉伯承、鄧小平、徐向前、李先念諸將軍所部晉冀魯豫野戰軍，南出黃河、隴海路、淮河，已進至豫東南鄂東皖西的大別山地區。該軍係六月三十日在山東西部渡過黃河，七月在魯西南殲蔣軍九個半旅，八月七日向南進軍，十一日越過隴海路，先後收復與解放甯陵、睢縣、柘城、亳縣、淮陽、沈邱、新蔡、項城、上蔡、臨泉、息縣等城；同月下旬渡過淮河，又先後收復與解放固始、光山、經扶、潢川、商城、麻城、立煌、六安、羅田、霍山、舒城等城及許多市鎮和廣大鄉村。（二）陳賡、謝富治、韓鈞、孔從周、秦基偉諸將軍所部晉冀魯豫野戰軍，南出黃河隴海路，已進至豫西地區。該軍在四月初至六月初解放晉西南以後，即撤回太岳地區休整準備，於八月二十三日起，在晉南垣曲附近南渡黃河，先後解放新安、澠池、宜陽、洛甯、嵩縣及許多市鎮和廣大鄉村。（三）陳毅、粟裕、陳士榘、唐亮、葉飛諸將軍所部華東野戰軍，西出津浦路運河，已繼劉鄧部進至魯西南地區。該軍於八月下旬在城武地區，打擊了偽吳化文部以後，於本月八日在菏澤以東鄆城以南之沙土集，殲敵整五十七師段霖茂全部。（四）彭德懷、賀龍、習中勳、王世泰諸將軍所部西北野戰軍，由陝北反攻。該軍於八月初旬，在榆林外圍殲敵一個旅，然後南下，於同月二十日在米脂以北沙家店地區，殲敵整三十六師鍾松部，又於同月下旬，向南急進，現已達延川、永坪之線。而劉戡、董釗等部敵軍，則落在後面，尚在清澗附近飢疲恐慌，畏我如虎。此外在蘇北、在豫皖蘇邊區、在豫北、在晉南人民解放軍亦積極出擊，蘇北解放軍並於八月十二日殲滅了偽四十二集團軍第一師全部，收復葉挺城。由此在內戰第二年的開始，東起蘇北西起陝甘甯的整個南線形勢，已經根本改變，與北線同樣轉入日益擴大的反攻。從去年七月全國內戰爆發以來，蔣軍進攻的重點，始終是在南線，去年七月間，蔣軍正規軍使用於南線者，計爲蘇皖邊區三十一個旅，中原解放區二十五個旅，山東（不包括魯西南）二十七個旅，晉冀魯豫（包括魯西南和晉西南）二十八個旅，陝甘甯十九個旅，共一百三十個旅，佔當時蔣軍進攻解放區總兵力一百九十三個旅的三分之二以上。此後南線蔣軍，雖迭遭痛擊，在內戰第一年內，僅營以上正規軍即被殲六十七個旅以上（內三十九個整旅外，九個師部），但蔣軍仍繼續增加和補充兵力，在今年一月至八月期間，始終保持一百五十幾個旅，佔共進攻解放區總兵力百分之七十以上。其中進攻華東解放區（山東津浦路東和蘇北）者，曾達八十幾個旅，進攻陝甘甯邊區者則達三十幾個旅，因此南線的兩翼，成爲全國蔣軍兵力最集中的兩個戰場，在李先念將軍所部中原人民解放軍勝利完成牽制了蔣軍的戰略任務，並分別勝利撤往蘇皖邊區、陝甘甯邊區、晉冀魯豫邊區以後，蔣介石就一直企圖用所謂重點攻勢，把南線解放軍的兩翼逼過黃河，但是蔣介石一直沒有能實現他的企圖。在南線解放軍全線反攻以後，這個企圖，已被粉碎。戰爭第二年的開始，已把戰線以巨大規模，推到戰爭第一年開始的地方——長江流域，並使蔣軍後方的信陽、武漢、安慶、合肥、洛陽、西安等重要城市，迅速變爲受威脅的前線。南線解放軍的大舉出擊，已證明完全出於驕傲的蔣介石及其各指揮部間美國顧問的意料之外，他們愚蠢地解

【8】【9】

学生周报

青岛学生周报编辑部编　青岛学生周报社［发行］ 青岛　1947 年 10 月～1948 年 10 月　1 期～22 期　周刊　27cm

该刊由陈大汉担任总编辑，张文郁任文艺版编辑，鲁海负责报道和评论版。1947 年 10 月 19 日第四期出版了《纪念鲁迅专号》。在国民党公布所谓宪法时，还刊出了这样一则消息:《国大公布宪法》，标题中的宪法二字故意倒排，以示蔑视。

學生週報

短刀 哭魯迅

第四期

紀念魯迅專號

青島學生週報社發行

中華民國三十六年十月十九日

學生週報

短刀 警惕

第五期

青島學生週報社發行

中華民國三十六年十月二十六日

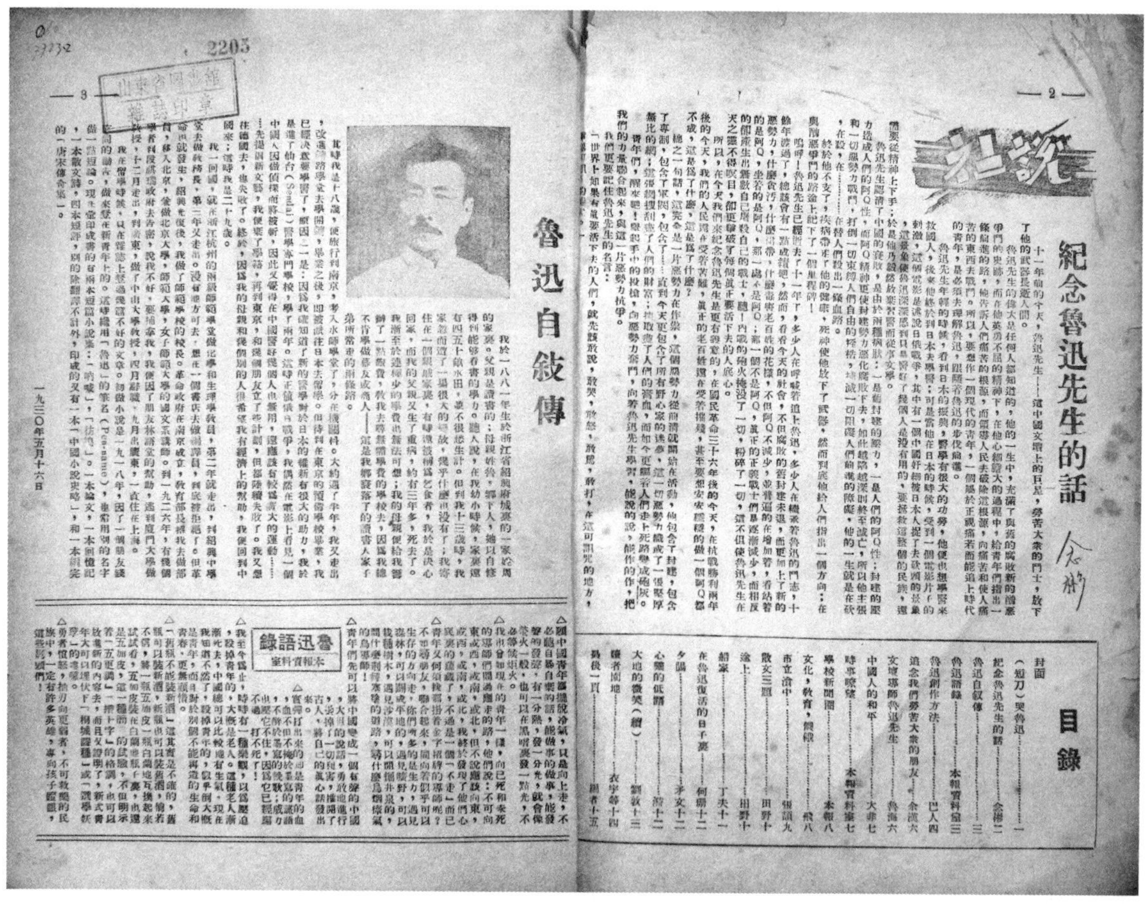
紀念魯迅先生的話

說社

魯迅自敘傳

魯迅語錄

目錄

济南警察月刊

济南警察月刊社编　编者刊　济南　1947年11月～1948年8月　1期～8期　月刊　26cm

该刊以研究警察学术、报道警察动态、调剂警察生活为宗旨。刊登内容主要为宣扬法治观念，公布各种管理规则或办法，包括军用武器、饮食品制作、交通安全、户口登记、房屋租赁、旅店住宿、娱乐场等方面；公布各类统计表，包括人口年龄、文化程度、火灾事故、交通事故等方面；介绍警察训练及业务活动开展情况等。栏目有《警察园地》《时事小评》《论著》《业务报道》《警察实务》《文艺》等。

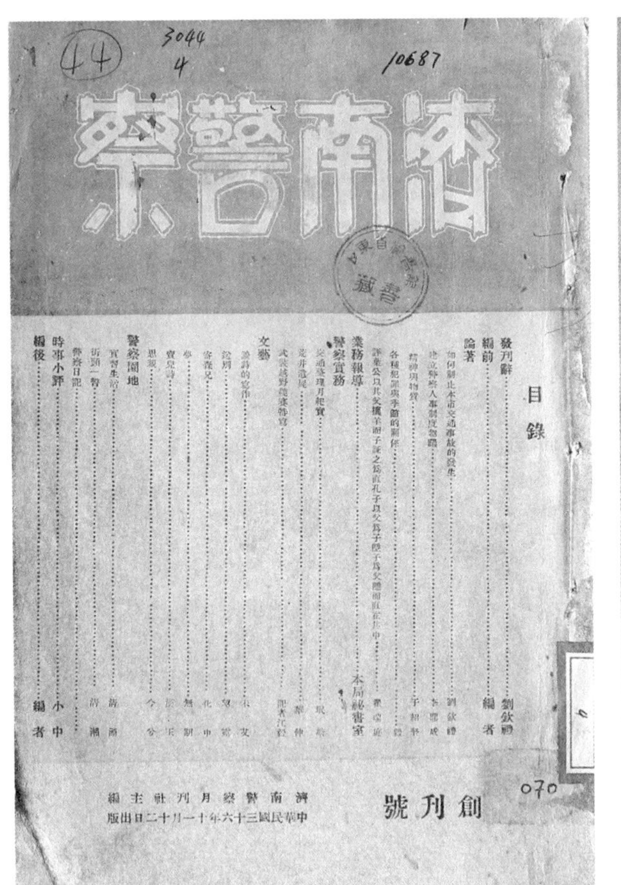

濟南警察

目錄

創刊號

濟南警察月刊社主編
中華民國三十六年十一月二十日出版

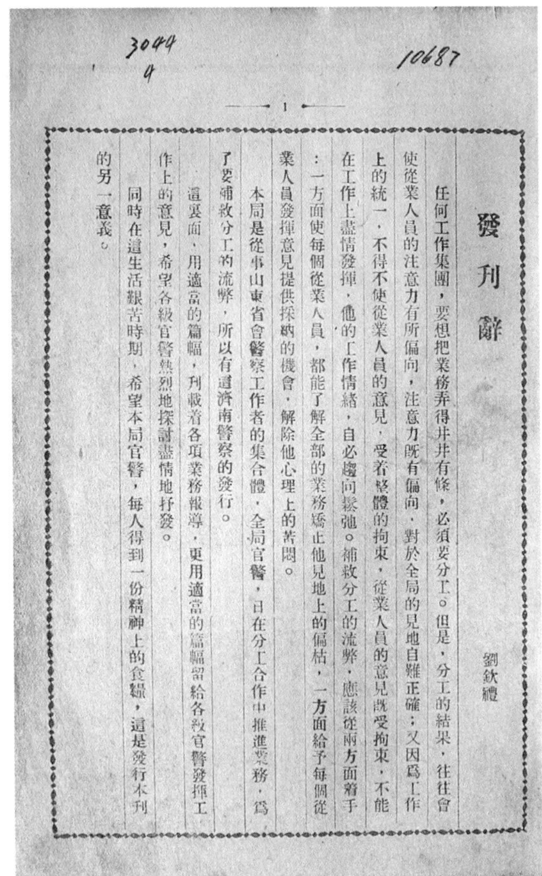

—1—

發刊辭

劉欽禮

任何工作集團，要想把業務弄得井井有條，必須要分工。但是，分工的結果，往往會使從業人員的注意力有所偏向，注意力既有偏向，對於全局的見地自難正確；又因爲工作上的統一，不得不使從業人員的意見，受着整體的拘束，從業人員的意見既受拘束，不能在工作上盡情發揮，他的工作情緒，自必趨向鬆弛。補救分工的流弊，應該從兩方面着手：一方面使每個從業人員，都能了解全部的業務矯止他見地上的偏枯，一方面給予每個從業人員發揮意見提供採納的機會，解除他心理上的苦悶。

本局是從事山東省會警察工作者的集合體，全局官警，日在分工合作中推進業務，爲了要補救分工的流弊，所以有這濟南警察的發行。

這裏面，用適當的篇幅，刊載着各項業務報導，更用適當的篇幅留給各級官警發揮工作上的意見，希望各級官警熱烈地探討盡情地抒發。

同時在這生活艱苦時期，希望本局官警，每人得到一份精神上的食糧，這是發行本刊的另一意義。

—2—

編前

啓事

本刊編輯部啓

—3—

論著

如何制止本市交通事故的發生

劉欽禮

交通規則是爲維持交通秩序，維護交通安全而訂定公佈，唯有大家共同遵守，才能達到安全的目的。

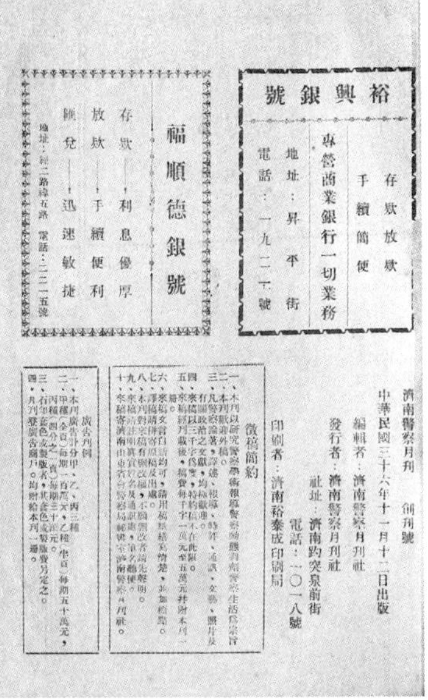

濟南警察月刊　創刊號
中華民國三十六年十一月十二日出版
編輯者：濟南警察月刊社
發行者：濟南警察月刊社
社址：濟南趵突泉前街
電話：一〇一八號
印刷者：濟南裕泰成印刷局

徵稿簡約

廣告刊例

星星

青岛星星社编　编者刊　青岛　1947年11月1日～1947年12月1日　1卷1期～[1卷2期]　月刊　26cm

该刊社址在青岛云南路122号之甲。现仅查到2期，终刊日期不详。1卷1、2期中刊有穆木天的文章《等到开江的时候》。

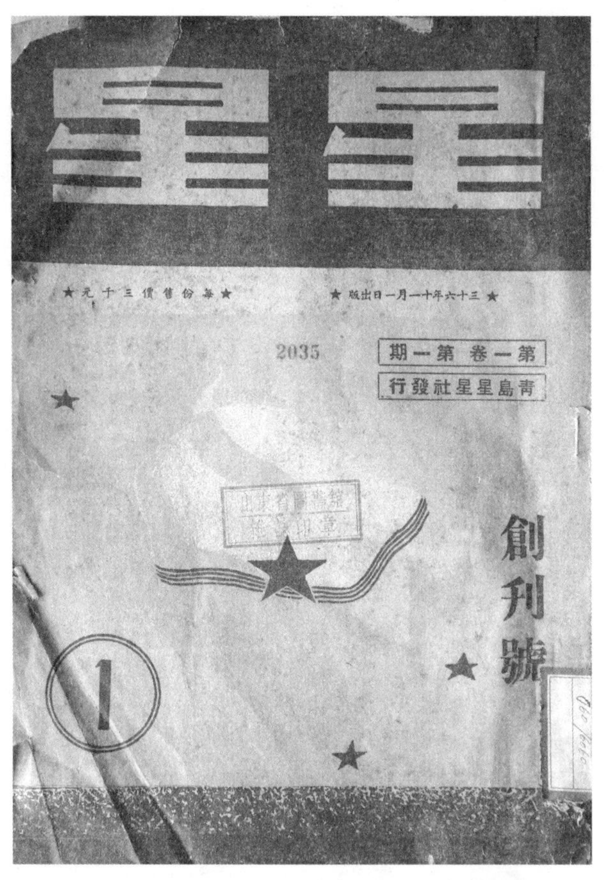

星星

★每份售價三千元★　　★三十六年十一月一日出版★

2035

第一卷第一期

青島星星社發行

創刊號

1

創刊献词

時事評記

戰後經濟的治標與治本

薛達寰

三個問題

治標乎？治本乎？

管制、物價、發行。

本期要目

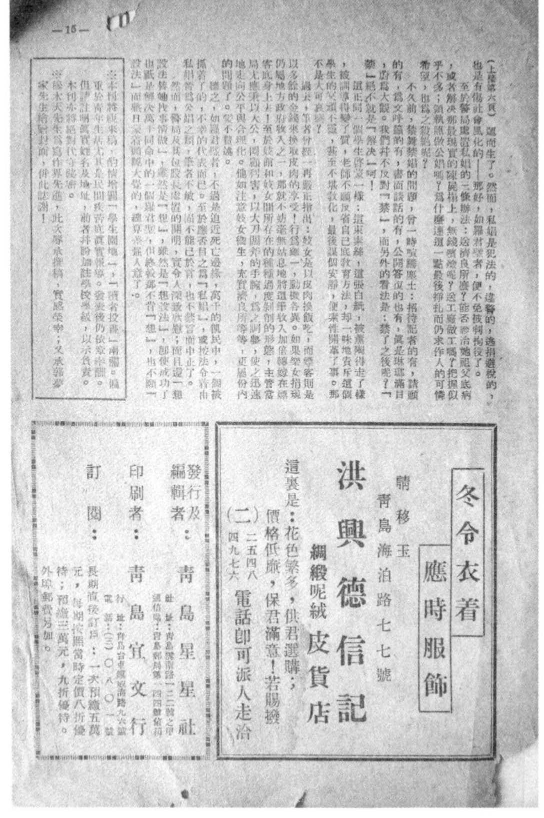

發行及編輯者：青島星星社

印刷者：青島宜文行

訂閱：長期直接訂戶：一次預繳五萬元，每期按照當時定價八折優待；預繳三萬元，九折優待。外埠郵費另加。

自治半月刊

济南市中学生自治会学术股编　编者刊　济南　1947年12月15日～［终刊日期不详］［总期数不详］　半月刊　25cm

该刊《创刊词》中说："虽然内战使我们不满，我们要沉着一点，我们要利用我们的一支笔发掘出它的究竟，写出它整个的谬误，我们要创造开辟，充实自己，我们没有经天纬地的高调，也没有落纸云烟的笔花，只以用赤裸裸的心说出应当说的话，我们不作一篇潦草不用力的文章，更不说一句自己不相信的话，我们无有任何用意，我们只有用我们的笔来作学术的探讨与追求。"该刊辟有《论文》《散文》《漫谈》《书信》《诗歌》《小说》等栏目。

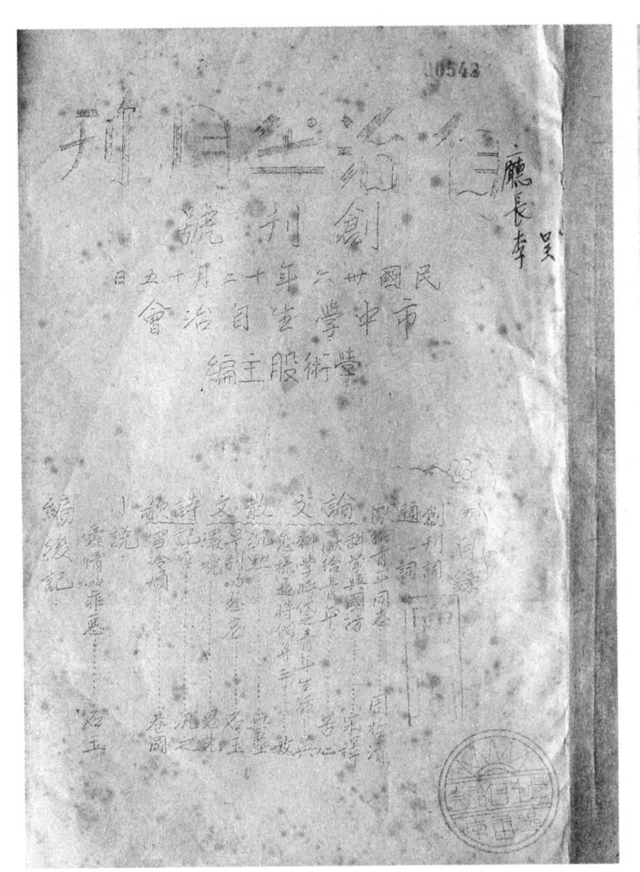

治學半月刊

創刊號

民國卅六年十二月十五日

市中學生自治會

學術股主編

創刊詞

——編者——

戰爭在進展着，它一面在破壞，一面在建築。生在今日的一羣青年，他們興奮地相信着，祈禱着新文化的到來，但他們等不及將來的感覺，他們正需要的是在目前有一點精神食糧的調劑，這，精神食糧的園地，只有自己來設計，建造，在這小小園地裏，發掘出真正的果實來，雖然內戰使我們不滿，我們要沉着一點，我們要利用我們的一支筆，發掘出它的究竟，寫出它整個的謬誤，我們要創造，開闢，充實自己，我們沒有偉大地的高調，也沒有浪紙費墨的筆花，只以用赤裸裸的心說出意志說的話，我們不作一篇游筆不用力的文章，更不說一句自己不相信的話，我們無有任何用意，我們只有用我們的筆，來作學術的探討與追求。

雖然興趣的咀嚼着我們的能力薄弱，一方也我們承認我們的努力欠缺，我們要共我們的自信力，熱共鳴，沙漠也可以行船，也可以開花，只要我們有這種打算與決心——這是我們青年創造工作。

我們深感到此的需要，所以我們不顧一切的學習願意站在僕役的立場上來收集，整理，將食糧虔誠的敬獻給我親愛的青年同志面前，要求我們青年同志們共同給我們批評與刪改。

三六.十二.十二.

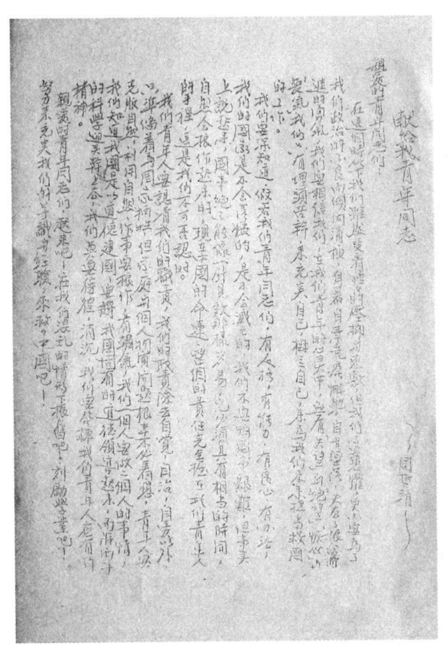

獻給教育年同志

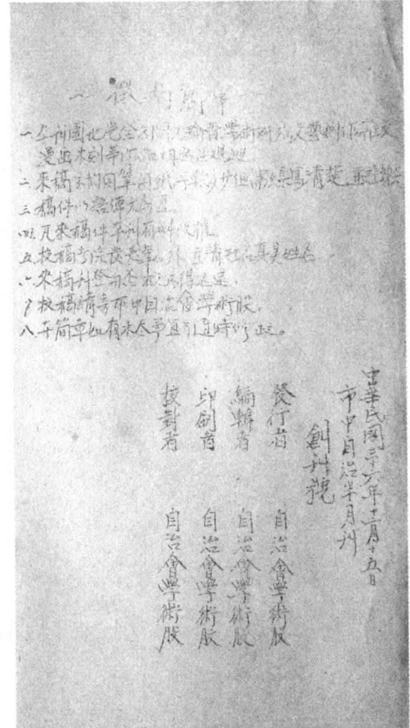

中華民國三十六年十二月十五日

市中自治半月刊

創刊號

發行者 自治會學術股

編輯者 自治會學術股

印刷者 自治會學術股

校對者 自治會學術股

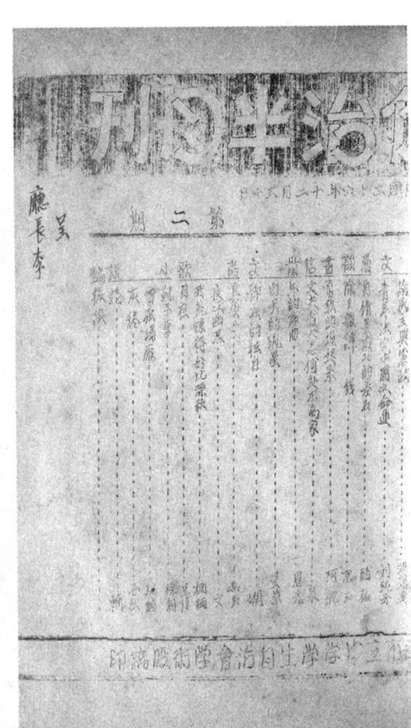

治學半月刊

第二期

期刊之部（二）

国立山东大学概览

国立山东大学出版组编　编者刊　青岛　1948年　总1期　年刊　27cm

该刊为国立山东大学三十七学年度概览，内有该校沿革、规程、学则、课程、各院系概况、章则等。

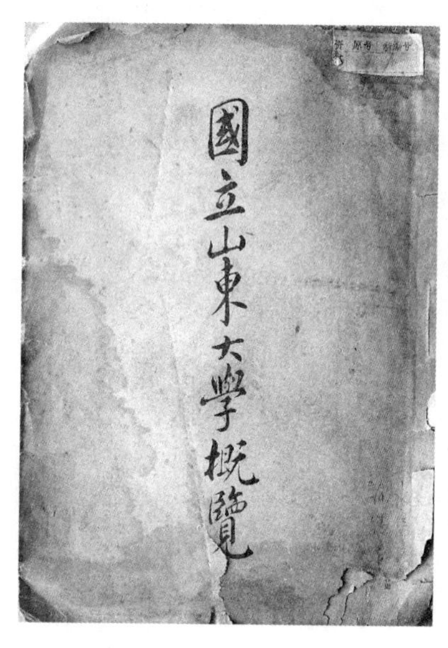
國立山東大學概覽

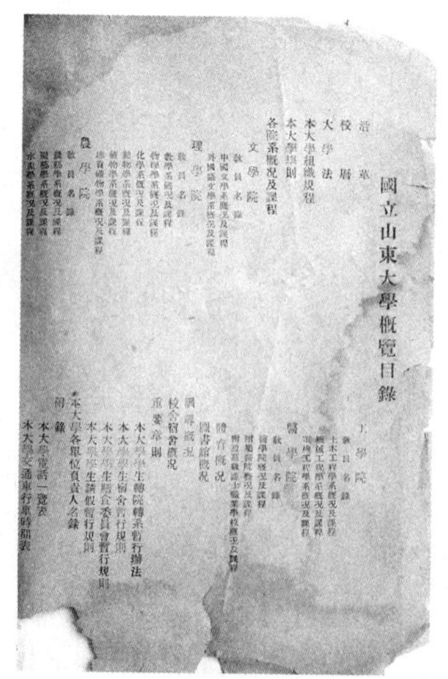
國立山東大學概覽目錄

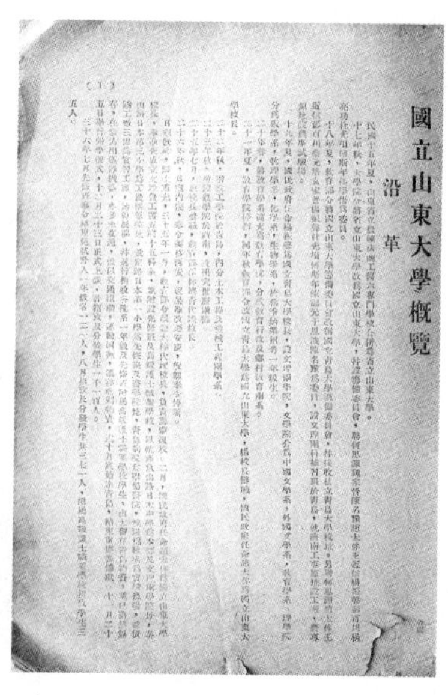
國立山東大學概覽

沿革

胶东粮政

山东省胶东区粮食分局胶东粮政编委会编　编者刊　莱阳　1948 年～1948 年 6 月　1 期～3 期　［刊期不详］　19cm

该刊主要颁布粮食征收、管理、储运等方面的法规政策、办法与介绍经验。

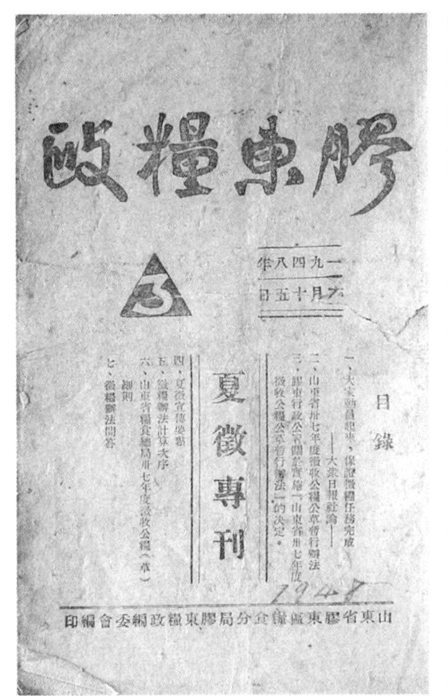
膠東糧政

3

一九四八年
六月十五日

夏徵專刊

目錄

一、大家動員起來，保證徵糧任務完成 ——大衆日報社論——
二、山東省卅七年度徵收公糧公草暫行辦法
三、膠東行政公署關於實施「山東省卅七年度徵收公糧公草暫行辦法」的決定・
四、夏徵宣傳要點
五、徵糧辦法計算次序
六、山東省糧食總局卅七年度徵收公糧（草）細則
七、徵糧辦法問答

山東省膠東區糧食分局膠東糧政編委會編印

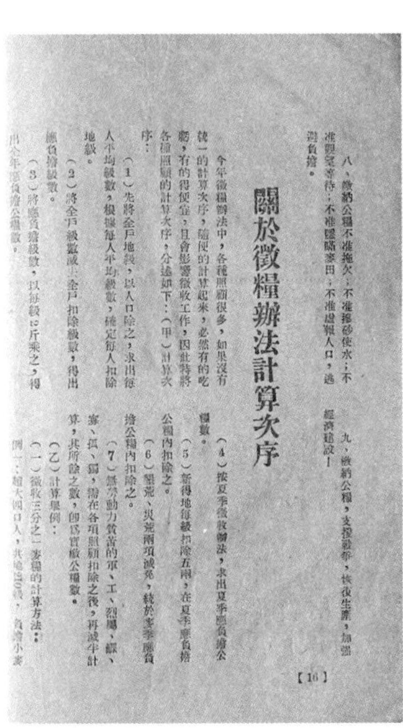
關於徵糧辦法計算次序

【10】

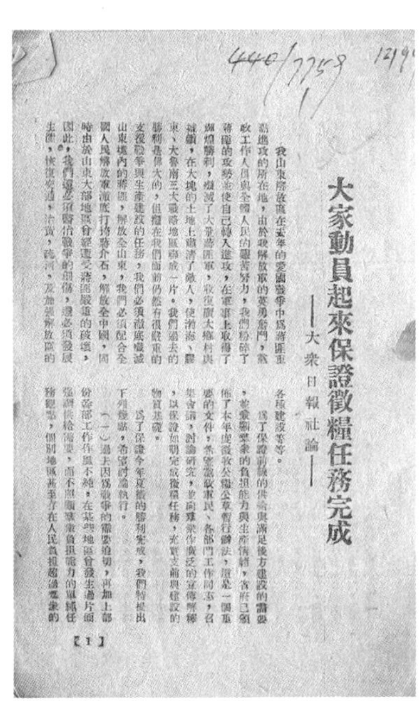
大家動員起來保證徵糧任務完成

——大衆日報社論——

【1】

济南市政之一年

济南市政府秘书处编　编者刊　济南　1948年　总1期　年刊　25cm

该刊是济南市政府1947年度工作报告。内分一般行政、民政、社会、工商、农政、卫生、合作、军事、财政、地政、教育、工务、公用等14项。附录有《王市长就职广播词》《环市公路巡视》《市立医院瞰礼》《市立救济院之挣扎》等12篇文章。

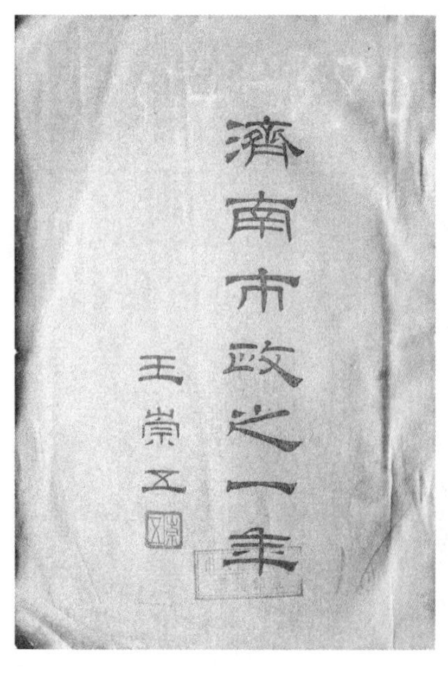

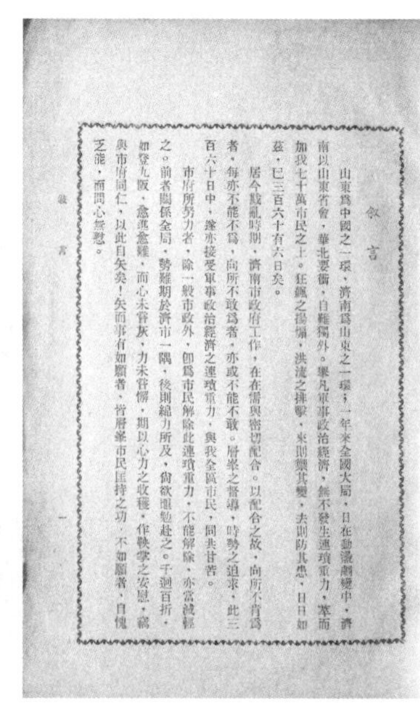

敘言

山東爲中國之一環，濟南爲山東之一環；一年來全國大局，日在動盪劇變中，濟南以山東省會，華北要衝，自難獨外。舉凡軍事政治經濟，無不發生連瑣重力，萃而加我七十萬市民之上。狂飆之揚播，洪流之排擊，來則禦其變，去則防其患，日日如茲，已三百六十有六日矣。

居今戡亂時期，濟南市政府工作，在在需與密切配合。以配合之故，向所不肯爲者，每亦不能不爲，向所不敢爲者，亦或不能不敢。層峯之督導，時勢之迫來，此三百六十日中，遂亦接受軍事政治經濟之連瑣重力，與我全區市民，同共甘苦。

市府所努力者，除一般市政外，卽爲市民解除此連瑣重力，不能解除，亦當減輕之。前者關係全局，勢難期於濟市一隅，後則綿力所及，尙欲黽勉赴之。千迴百折，如登九阪，愈進愈難，而心未嘗灰，力未嘗懈，期以心力之收穫，作鞅掌之安慰，竊與市府同仁，以此自矢矣！矢而事有如願者，皆層峯市民匡持之功，不如願者，自愧乏能，而問心無慙。

敘言　一

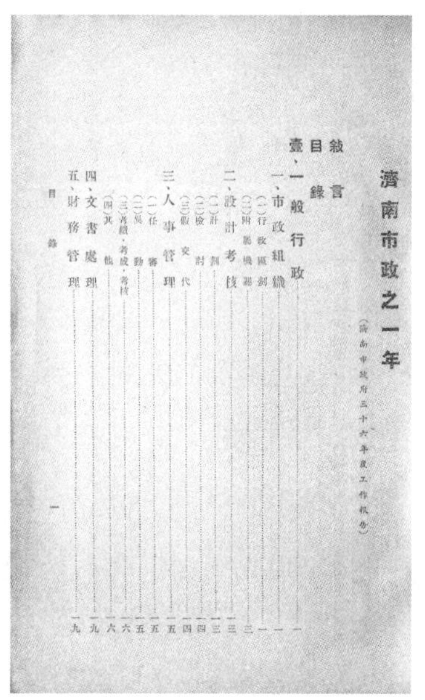

濟南市政之一年

（濟南市政府三十六年度工作報告）

敘言

目錄

目錄　一

民国时期山东报刊目录提要

狮吼

释弘愿编　狮吼月刊社［发行］　济南　1948年2月1日～［终刊日期不详］［总期数不详］　月刊　26cm

该刊社址在济南趵突泉前街药王庙内济南佛教宣讲社，为佛教刊物。该刊以“辅助学校教育，社会教育，以扫除帝制时代传统下来的愚民鬼神迷信，提高及改正一般人民的思想，使对于佛教有大体的真认识，而成为正智的信仰”为宗旨。该刊内容包括经律、论文、文苑、演讲、答问、纪事、杂载、社讯、佛教消息等。

獅吼
第一卷第一期
中華民國三十七年二月一日

獅吼佛學月刊計劃書
弘願

獅吼月刊發刊詞
弘願

現代人心於佛法的需要

东方渔业月刊

青岛鱼市场股份有限公司编　青岛鱼市场出版委员会［发行］　青岛　1948年4月～1949年4月　1卷1期～2卷4期　月刊　26cm

该刊社址在青岛小港沿29号，主要研讨山东渔业生产和水产养殖技术，刊登青岛水产品贸易市场的调查统计材料，报道国内各地渔业、渔会的活动消息，介绍中国和日本渔业之发展状况。附载《山东省沿海各县市渔会联合会组织章程》。

栏目有《著述》《转载》《编译》《调查》《新闻》《法规》《统计》等。

1447

東方漁業

EASTERN FISHERIES

創刊號

中華民國三十七年四月出版

本期要目

創刊詞

著述：
農林部青島魚市場籌備經過　張玉芝
青島魚市場之沿革　黃秉鈞
青島魚市場建築計劃　張玉芝
青島漁輪生產競賽評定之經過　魚市場技術室

轉載：
總理漁業港計劃談到青島漁港建築問題　張玉芝

編譯：
東北淡水漁業誌　宋修阜譯

法規：
魚市場設置辦法
官商合辦青島魚市場股份有限公司章程
官商合辦青島魚市場股份有限公司水產品交易規程

統計：

官商合辦青島魚市場股份有限公司編印

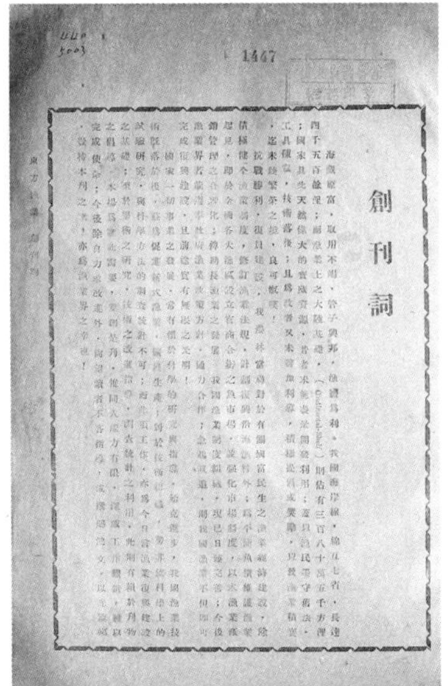

1447

創刊詞

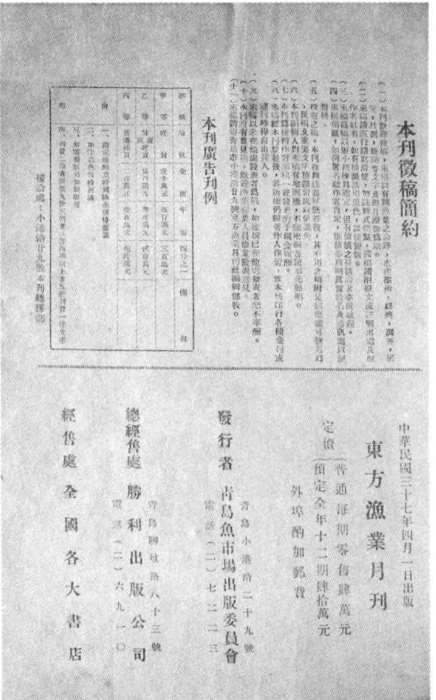

本刊徵稿簡約

本刊廣告刊例

中華民國三十七年四月一日出版

東方漁業月刊

定價（普通每期零售肆萬元；預定全年十二期肆拾萬元）

外埠酌加郵費

發行者　青島魚市場出版委員會
青島小港沿二十九號
電話（二）七二二三

總經售處　勝利出版公司
青島聊城路八十三號
電話（二）六九一〇

經售處　全國各大書店

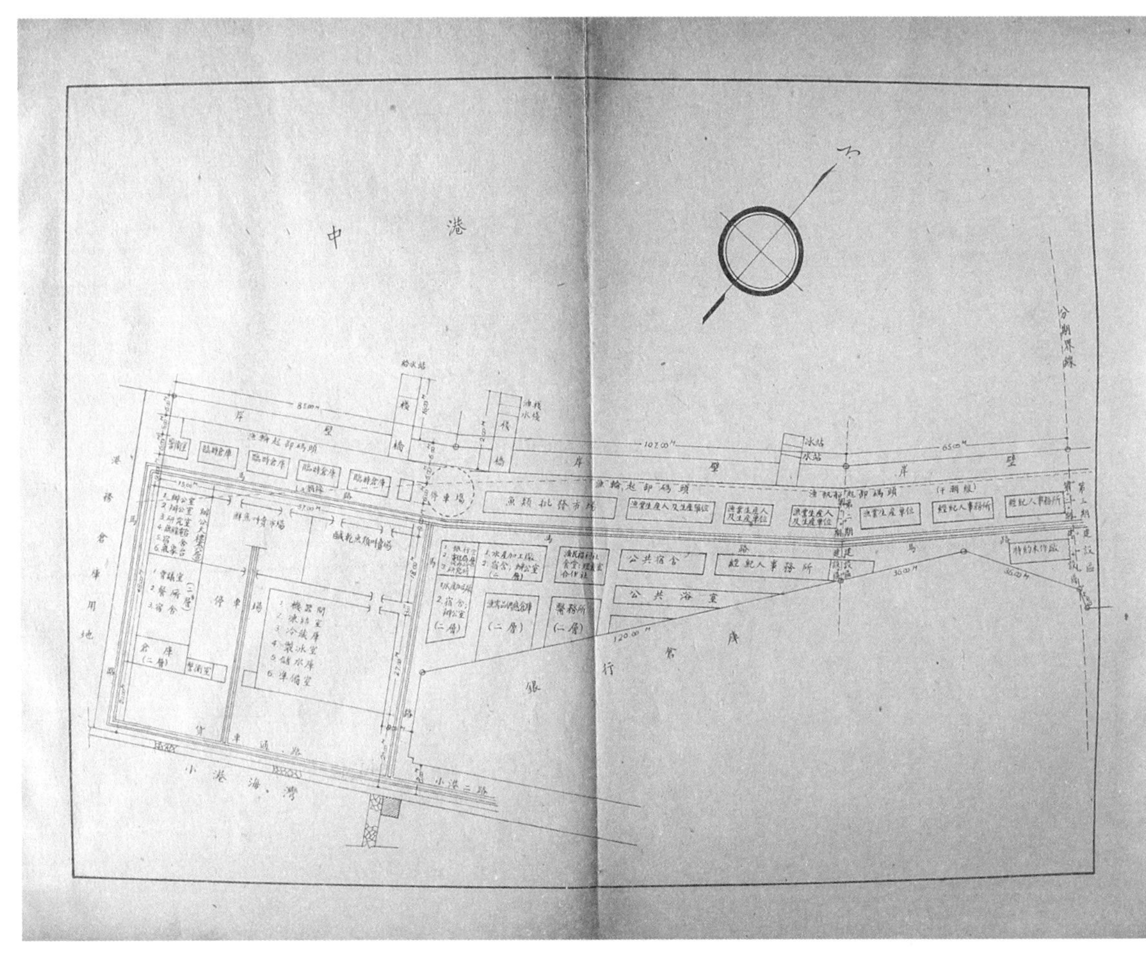

期刊之部（二）

拓荒

拓荒社编　编者刊　济南　1948年4月16日~[终刊日期不详][总期数不详]　半月刊　26cm

该刊创刊于济南解放前夕，国民党政府创办。发刊词《战斗的开始》中说：我们反贪污，我们反土劣，我们反破坏！反暴力！同时我们也不会忽略了，对清廉自持，服务人民的官员，加以慰勉。对效忠国家，流血拼命的将士，加以赞仰。对杀身成仁，捐躯报国的英灵，加以表扬。对遭受剥削压制的善良人民，替他们发出抗议的呼声。以上是我们的主张，也是本刊今后所要致力的目标。该刊把国民党政府的腐败归咎于贪官污吏所为。刊中除载有时论文章外，还辟有《文摘》《文艺》栏目。

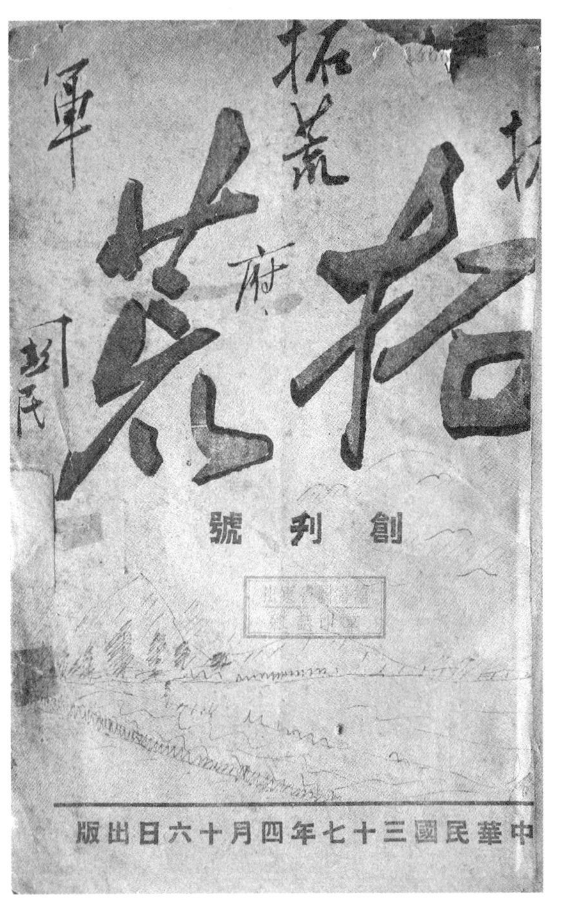

拓荒

創刊號

中華民國三十七年四月十六日出版

發刊詞

戰鬥的開始

我們不自量力的來發行這個刊物，是爲了一種力量所鼓舞，所激發！由於這種力量的鼓舞激發，使我們有勇氣在根本談不到物力財力的困苦情況下，居然讓它與讀者相見。這種力量是我們這羣青年人，爲了追求眞理，發揚正氣的意志，信仰，與決心！總滙起來，而對我們所給予的推動，我們要在推動之中，勇敢邁進！

當然，在邁進之時，可能遭到預料中，或意想外的挫折困難，甚至來勢兇猛的打擊！然而我們是不怕的，我們已經立定一種志願，不！是我們已經發出一個誓言！我們要說良心上要說的話！我們要說人民心中要說的話！

這裏，我們也要提到自己的主張：

一、我們反貪污！所以對貪官汚吏，豪門資本，或與貪官汚吏勾結；從事走私，投機，囤積的奸商巨賈，都是我們攻擊的對象。

二、我們反土劣！對於假借民主盜竊民意，而操縱把持，魚肉人民，禍害地方的土豪劣紳，我們將揭穿其面目，暴露其罪惡。

三、我們反破壞！反暴力！中國需要建設，需要和平，更需要自由民主，無論對國家，對社會，對統一，使用暴力，或任何方式的破壞行爲，都是不可饒恕的！

同時，我們也不會忽略了，對清廉自持，服務人民的官員，加以嘉勉。對效忠國家，流血拚命的將士，加以讚仰。對殺身成仁，捐軀報國的英靈，加以表揚。對遭受剝削壓制的善良人民，替他們發出抗議的呼聲。

以上是我們的主張，也是本刊今後所要致力的目標。我們不敢推想，能否順利的達到這遙遠的目標，但我們決心排除困難，堅強奮鬥，一步一步向前走去，我們相信，日久天長總能到達的。

我們盼禱讀者們，同樣給予我們一種偉大的推動力量，至少也希望，在我們向我們的敵人開砲轟擊，或白刃肉搏時，能夠在以旁，吶喊助威，并預祝我們的勝利！

現在我們將我們的創刊號，就正於愛護本刋的讀者，我們并願向讀者保證，這才是我們戰鬥的開始！

拓荒 半月刊　創刊號　第一卷、第一期　民國三十七年四月十六日出版

發行 編輯 印刷　拓荒社

通訊處：濟南郵政信箱第二十九號

本期每份[illegible]萬元

本期目錄

誰還敢言革命打不平

鶴鳴

從風波洶湧到風平浪靜

羅官青

擊碎了水城的平靜面

風波突起・物價狂跌

風勢轉緊・波浪洶湧

期刊之部（二）

青电

资源委员会青岛电厂编　编者刊　青岛　1948 年 5 月 27 日　总 1 期　特刊　26cm

该刊是专供青岛电厂内部同仁阅览的，内容有青岛电厂的历史、规章、法则、工作概况、内部消息和员工作品等。

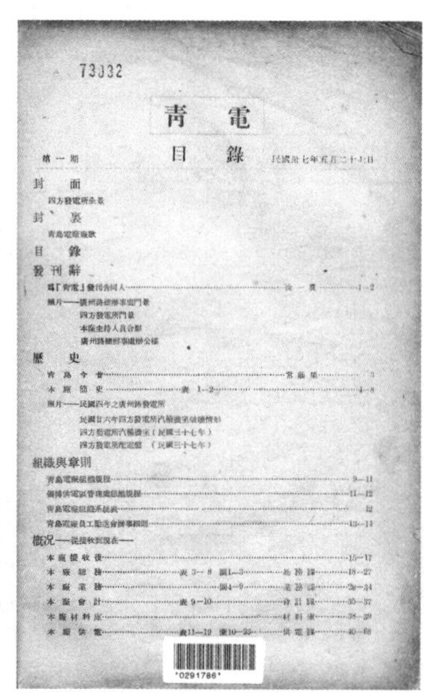

73032

青電

第一期　目錄　民國卅七年五月二十七日

封面

四方發電所全景

封裏

青島電廠廠歌

目錄

發刊辭

爲「青電」發刊告同人……徐一貫……1—2

照片——廣州路辦事處門景

四方發電所門景

本廠主持人員合影

廣州路辦事處辦公樓

歷史

青島今昔……3

本廠簡史……4—8

照片——民國四年之廣州路發電所

民國廿六年四方發電所汽輪機室破壞情形

四方發電所汽輪機室（民國三十七年）

四方發電所配電盤（民國三十七年）

組織與章則

青島電廠組織規程……9—11

……11—12

……12

……13—14

概況

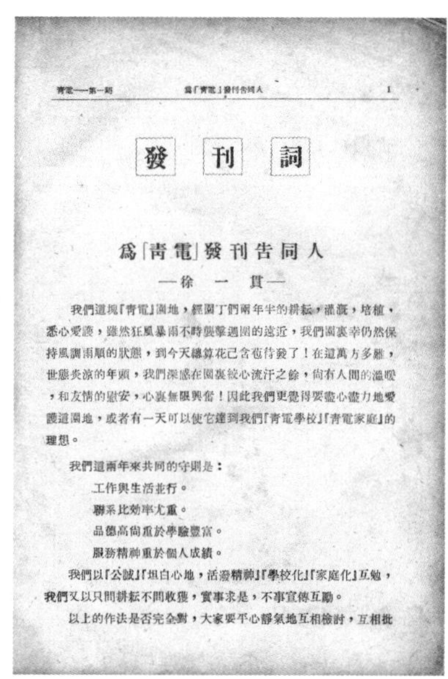

青電——第一期　爲「青電」發刊告同人　1

發刊詞

爲「青電」發刊告同人

—徐一貫—

我們這塊「青電」園地，經園丁們兩年半的耕耘，灌漑，培植，悉心愛護，雖然狂風暴雨不時襲擊週圍的遠近，我們園裏幸仍然保持風調雨順的狀態，到今天總算花已含苞待發了！在這萬方多難，世態炎涼的年頭，我們深感在園裏絞心流汗之餘，尚有人間的溫暖，和友情的慰安，心裏無限興奮！因此我們更覺得要盡心盡力地愛護這園地，或者有一天可以使它達到我們「青電學校」「青電家庭」的理想。

我們這兩年來共同的守則是：

工作與生活並行。

聯系比效率尤重。

品德高尚重於學驗豐富。

服務精神重於個人成績。

我們以「公誠」「坦白心地，活潑精神」「學校化」「家庭化」互勉，我們又以只問耕耘不問收獲，實事求是，不事宣傳互勵。

以上的作法是否完全對，大家要平心靜氣地互相檢討，互相批

书店通讯

山东新华书店书店通讯编委会编　编者刊　[阳信]　1948 年 6 月 10 日～1950 年 11 月　1 期～17 期　不定期　18cm

该刊为书店内部刊物。主要介绍抗战和解放战争时期鲁中、鲁南、滨海等地区书店工作情况，以及抗日游击战争中书店的发展历程。

文坛月刊

刘曲主编　文坛月刊社　即墨　1948 年 7 月 1 日～［终刊日期不详］［总期数不详］　月刊　27cm

该刊为综合性文艺月刊。该刊主要发表小说、诗歌等文学作品。它的主要读者对象是乡村中小学教师、学生和文艺爱好者。

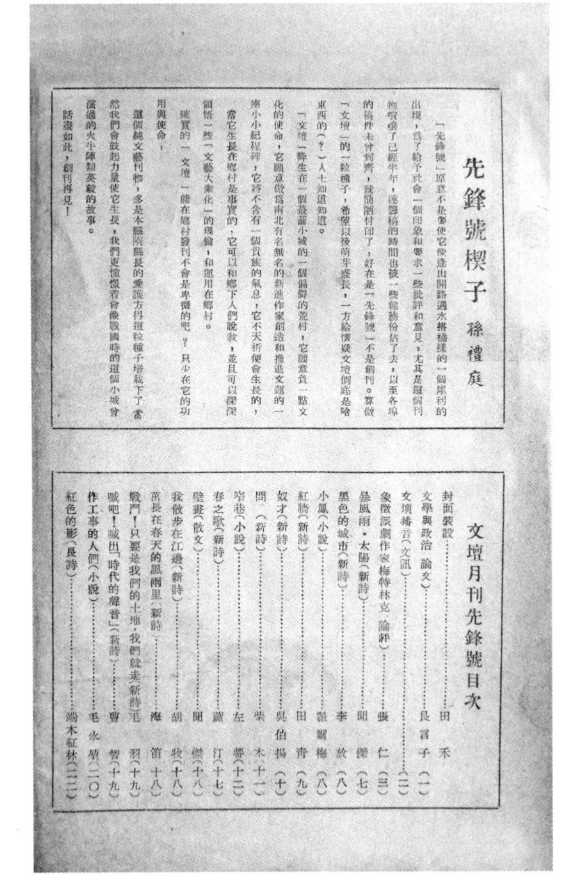

先鋒號楔子

孫禮庭

「先鋒號」原意不是要使它像逢山開路遇水搭橋樣的一個犀利的出現，爲了給予社會一個印象和要求一些批評和意見，尤其是這個刊物嚷嚷了已經半年，連醞稿的時間也被一些雜務份估了去，以至各埠的稿件未曾到齊，就簡陋付印了，好在是「先鋒號」不是創刊。算做「文壇」的一粒種子，希望以後萌芽盛長，一方給懷疑文壇倒底是啥東西的（？）人士知道知道。

「文壇」降生在一個蕞薾小城的一個偏僻的荒村，它願意負一點文化的使命，它願意做爲南北有名無名的新進作家創造和推進文運的一座小小紀程碑，它將不含有一個貴族的氣息，它不夭折便會生長的，當它生長在鄉村是事實的，它可以和鄉下人們說教，並且可以深深領悟一些「文藝大衆化」的理倫，和運用在鄉村。

確實的「文壇」能在鄉村發刊不會是卑微的吧？只少在它的功用與使命，

這個純文藝刊物，多是本縣隋縣長的愛護方得這粒種子培栽下了，當然我們會鼓起力量使它生長，我們更憧憬着會像戰國時的這個小城曾演過的火牛陣類英毅的故事。

話盡如此，創刊再見！

文壇月刊先鋒號目次

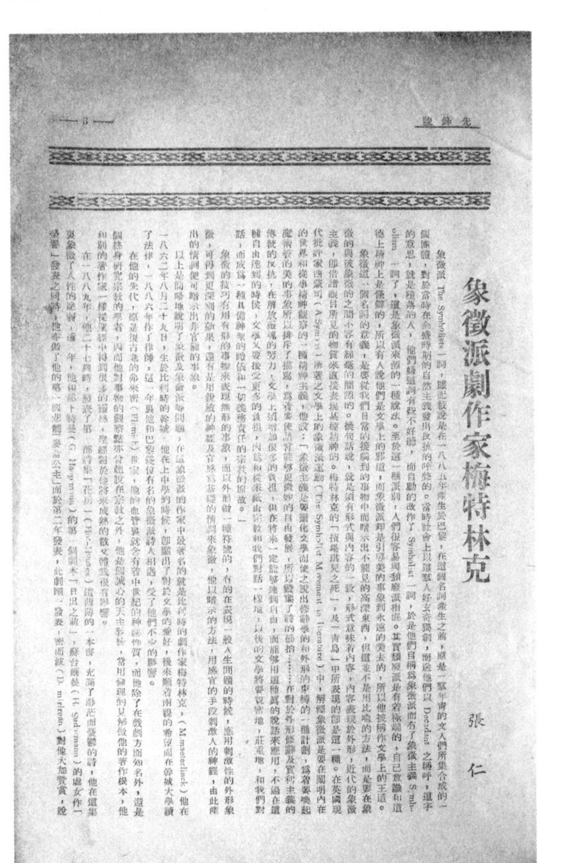

象徵派劇作家梅特林克

張仁

象徵派 The Symbolists 一詞，據記載說是在一八八五年產生於巴黎，在這個名詞產生之前，原是一羣年青的文人們所集合成的一個團體，對於當時在全盛時期的自然主義發出反抗的呼聲的。當時社會上以這羣人好玄奇獨創，而送他們以 Decadant 之稱呼，這字的意思，就是墮落的人，他們歸這詞有些不好聽，而自動的改作了 Symbolist 一詞，於是他們自稱爲象徵派而有了象徵主義 Symbolism 一詞了，這是象徵派來源的一種說法。至於這一種派別，人們很容易與頹廢派相混。其實頹廢派是有着極端的，自已意識和道德上精神上是怪僻的，所以有人說他們是文學上的邪道，而象徵派却是引導美的事象到永遠的美去的，所以他被稱作文學上的王道。

象徵這一個名詞的意義，是要從我們日常的接觸到的事物中而暗示出不能見的高深東西，但這並不是用比喻的方法，而是要在象徵的與被象徵的之間不容有絲毫的間隙的。換句話說，就是須有形式與內容的一致，形式意味着內容，內容表現於外形，近代的象徵主義，即借諸眼目所見的物質來直接表現某種精神的。梅特林克的「擅塔琪兒之死」，及「青鳥」中所表現的即是這一種。在英國現代批評家西蒙司（A.Symons）所著之文學上的象徵派運動（The Symbolist Movement in literature）中，解釋象徵派是要在闡明內在的世界和從事精神觀察的一種精神主義，他說：「象徵主義是要靈化文學而使之脫出修辭學的和外形的束縛的一種計劃，爲着要喚起靈術的美的事象所以排斥了描寫，爲着要使語言能夠更微妙的自由發展，所以毀棄了詩的節拍……作對於外形修辭及實利主義的傳統的反抗，在解放靈魂的努力，文學上須增加很多的負担，但在將來一定能夠達到自由，而能夠用這種真的說話來應用，不過在這種自由達到的時候，文學又要接受更多的負担，因爲和從來祇由宗教和我們對話一樣地，以後的文學將要覺悟地，莊重地，和我們對話，而成爲一種具備神聖的禮儀和一切義務責任的宗教的原故。」

象徵的技巧有用有形的事物來表現無形的事象，而以外形做一種符號的，有的在表現一般人生問題的時候，應用刺激性的外形象徵，可得到更深刻的效果，還有是用銳敏的神經及官感爲基礎的情調來象徵，他以暗示的方法，用感官的手段刺激人的神經，由此產出的情調便可暗示出非官能的事象。

以上是簡略地說明了象徵及象徵派等問題，在這象徵派的作家中最著名的就是比利時的劇作家梅特林克，（M.maeterlinck）他在一八六二年八月二十九日，生於比利時的幹城，他在上中學的時候，即顯出了對於文學的愛好，後來順着雙親的希望而在幹城大學讀了法律，一八八六年作了律師，這一年與他和巴黎幾位有名的象徵派詩人相遇，受了他們不少的影響。

在他的先代，原是很古老的弗來密（Flemish）世家，他的血管裏就含有着中世紀的神祕性質，而他除了在戲劇方面知名外，還是個終身研究宗教的學者，因而他對事物的觀察點亦能超脫在宗教之外，他是個誠心的天主教徒，常用倫理的見解做他的著作根本，他和別的著作家一樣從經典中得到很多的靈感，並且對於他將來成熟的散文體裁很有影響。

在一八八九年，他二十七歲時，發表了第一部詩集「花房」（Hot-Houses）這薄薄的一本書，充滿了渺茫而憂鬱的詩，他在這集裏象徵「人性的混亂」。這一年，他和霍卜特曼（G. Hauptmann）的第一個劇本「日出之前」，蘇台爾曼（H. Sudermann）的處女作「憂鬱」發表之同時，他亦做了他的第一個悲劇「麥丹公主」而於第二年發表，此劇剛一發表，密而波（O. Mirbeau）對他大加讚賞，說

文學與政治

良言子

文學的存在固然由社會基礎終極的決對着，但文學決不是枯死的東西，而對於時代生活常有着巨大的反影響的。

當時代生活的發展已經提出了新任務之後，新文學便會隨時代的需要產生出來，而一經產生，又便成爲極大的力量，能夠深入羣衆，鼓舞，提煉，並組織他（牠）們的情緒，變成實際的力量。

因爲文學作品，在新現實主義的道路上，把先進的生活，表現出來，成了認識現實的工具，並且傳達了時代的真理，教養了羣衆，使羣衆的信念，意志，感情……變成行動的力量。

真的，像這個東西，害如一枝快槍一樣。高爾斯華綏的「法網」一劇，就曾使當時英國的法庭相當的改變，綏拉菲莫維奇的「鐵流」也教養了無數鋼鐵般的戰士。魯迅先生「阿Q正傳」「祥林嫂」「孔乙己」及其他所有著作，都可以說使專制的統制者，頑固保守的封建份子；社會上一切惡劣頑預的東西感到熱辣辣的刺痛。以及在反法西斯抗日救亡運動過程中，所產生的文學，更直接發揮了教養羣衆，把羣衆動員起來，組織起來的任務；如號召十萬知識青年從軍運動之一。這不正證明着文學作品的力量嗎？

這就是文學本質上具有的力量。

要使文學具有這樣的力量，作品必需通過典型的創造，使一般的事件規律生活在活動着的具體人物身上。有時肯定的，有時否定的，照應各式各樣的形象，作者的立場，思想觀點便顯示出來。所以有人說文學這是一種宣傳，但是宣傳却並非全是文學，因爲宣傳往往是說明的，它沒有文學那樣完美的反映現實，那樣有組織，那樣富於形象。

有一點很有趣就是；在文學所創造的典型，社會性，不斷的顯示個性，這樣生動的人物可以反轉來照明社會背景，因爲一個典型是一個社會歷史，人同時又是一個個人；作者在一定的政治性的真實性，而這種真實性的構成又是作者通過自己階層的立場選擇而來的，所以在兩重意義上，他都不能脫離政治的。不論作家自己的意識怎樣，他總是往常爲社會階層的人，作爲階層的感覺器官而存在着，經自己的立脚點一來接受，來具象化來表現一定的方向，慾望，利害，及情緒，改變着現實或是拖着現實，要想在「階級的社會里作超階級的作家」。「在戰鬥的時代而要離開戰鬥；……這樣的人實在也是一個心造的幻影，在現實世界上是沒有的」。（魯迅：論第三種人）

如果一個作家忠於社會歷史發展法則，寫出時代的真實來，那作家已經在和政治發生着兩面的關係，一方面他與新政治結合在一起，一方面，他做了舊政治的教徒。即使是極個人主義的作品，祇要一寫出來給人看，就有發生作用的可能，所以把藝術與政治結合看做了粗野的汚物這一點，應該在下面的論典中得到解釋。

文學藝術主要點是真實的反映並概括現實，而現實永遠是發展着的，處在新舊鬥爭的狀態中的，在這種不停息的鬥爭中，文學家不能中立着，必須站在新生的一方面才是順應歷史法則的方向，在這一方向之下，將自己的作品，反映着現實，緊密的反映着現實，就是對保守一方面的打擊；對於新生一方面的促進。因爲這種新生的力量，與歷史的方向一致，所以

战士文化

华东军区政治部华东画报社编　编者刊［出版地不详］1948年10月～1949年1月　1期～4期　月刊　18cm

该刊为画报,32开本,每期36页。该刊内容为新闻照片、连环画和漫画等。共出4期。

開　頭　話

『戰士文化』在許多困難條件下出版了，趁着這機會，有幾句話和大家說一說：

第一，『戰士文化』是專門給連隊的同志看的，咱們同志入伍前多半沒得機會好好唸書，到了部隊裏老是行軍作戰，專門住學的機會也不多，但每個人在百忙中都想增加學習一點知識，多懂得一些革命道理，求得進步，使革命工作做得更好，因此很自然的都想看一些又好懂又有用的書報，『戰士文化』就是服從大家這種要求出版的。『戰士文化』每月出一本，有畫子，有照片，有文章，識字的可以自已看，不識字的可以叫別人唸，可以看圖。

第二，我們的能力有限，想辦好這個刊物，不能光靠幾個記者編輯來辦，主要得靠大家努力：要所有前後方關心它的同志，不論是做政治工作的，拿槍打仗的，不論是幹部和戰士，都來動手，會寫文章的寫文章，會照相的照相，會畫畫的畫畫，不會寫的也把意思說出來請人代筆寫，懂得什麼貢獻什麼，想討論什麼提出什麼，集中了大家的聰明和努力，『戰士文化』才能辦好。

第三，『戰士文化』開始創刊，我們經驗不多，不妥當的地方一定很多，請同志們看過後多多提出批評，耐心的培植它。

·編者·

擁愛模範　王翰章

兗州之戰

提高軍事技術　發揚軍事民主

青岛市观象台五十周年纪念特刊

青岛市观象台五十周年纪念特刊编纂委员会编　青岛市观象台　青岛　1948年11月　总1期　特刊　27cm

该刊为青岛市观象台从1898年成立以来在天文、气象、海洋、地球物理等方面科研工作纪念特刊，该刊有95幅照片，内容涉及观象台概况；50年间青岛气候变化，近40年来青岛地磁变动概况，胶州湾海洋调查概况、青岛海滨动物分布、太阳黑子观测报告等方面；《中央日报》《申报》《青报》对青岛观象台的报道文章；青岛观象台50年大事记；50年来天文、气象、地磁、潮汐等方面的记录、图表。附录有：《中国历代地震（从公元前102年到1948年，2000多年）和灾荒（从公元前11世纪到1948年，3000多年）纪要、统计》。

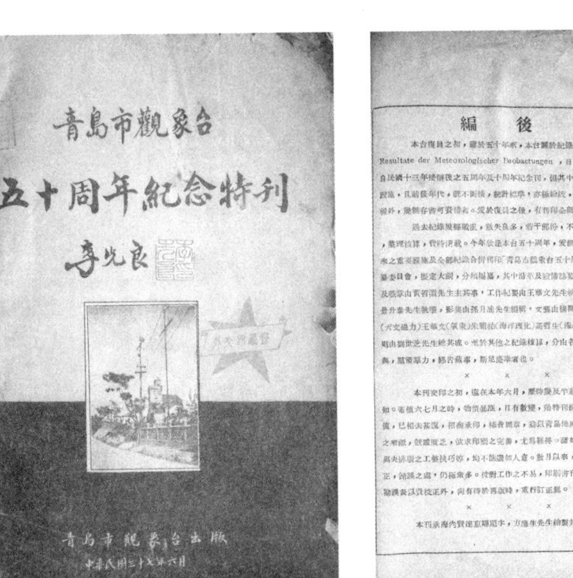

編　後　記

本台復員之初，鑒於五十年來，本台關於紀錄之刊佈者，僅有德管時代之Resultate der Meteorologischer Beobactungen，日管時代之氣象累年報及我國自民國十三年接辦後之五周年及十周年紀念刊，但其中或僅氣象紀錄，設測量工作設施，且前後年代，銜不銜接，統計標準，亦極紛歧，其中除日人出版之氣象累年報外，幾無存書可資借考。爰於復員之後，有刊印全部紀錄之擬議。

過去紀錄幾經散遷，散失良多，若干部份，不得不由原始紀錄中擇取，整理核算，費時兩載。今年欣逢本台五十周年，爰經台務會議決定將本台五十年來之重要設施及全部紀錄合併刊印「青島市觀象台五十周年紀念特刊」，設立特刊編纂委員會，擬定大綱，分頭編纂，其中沿革及設備誌要由許白凝先生主其事，組織及職掌由黃哲淵先生主其事，工作紀要由王華文先生執筆，員工進修與業餘活動由[illegible]先生執筆，影集由孫月浦先生編輯，文藝由楊開森先生編輯，譯述由劉澥非（天文磁力）王華文（氣象）朱祖祐（海洋理化）高哲生（海洋生物）四先生編輯，大事記則由劉世芝先生總其成。至於其他之紀錄核算，分由各科負責，全台同仁，均曾參與，黽勉盡力，終告蔵事，斯足慶幸者也。

×　×　×　×

本刊發印之初，適在本年六月，際時變及午歲，印刷困難之情形，可想而知。適值六七月之時，物價飛漲，日有數變，殆特刊經費請准撥下，與估價時之實值，已相去甚遠，招商承印，極費周章，益以青島地處隅隅，形同孤島，印刷材料之來源，既感匱乏，欲求印刷之完善，尤為難得。諸如銅版之製作，圖表之印刷，與夫排版之工藝技巧等，均不能盡如人意。數月以來，所有印刷初稿，雖經校對改正，錯誤之處，仍極眾多。校對工作之不易，印刷者刊之艱難，竊足慨惜。除另印勘誤表以資校正外，尚有待於再版時，重行訂正焉。

×　×　×　×

本刊承海內賢達惠賜題字，方[illegible]生先生繪製封面，特此致謝。

編者附記三十七年十一月

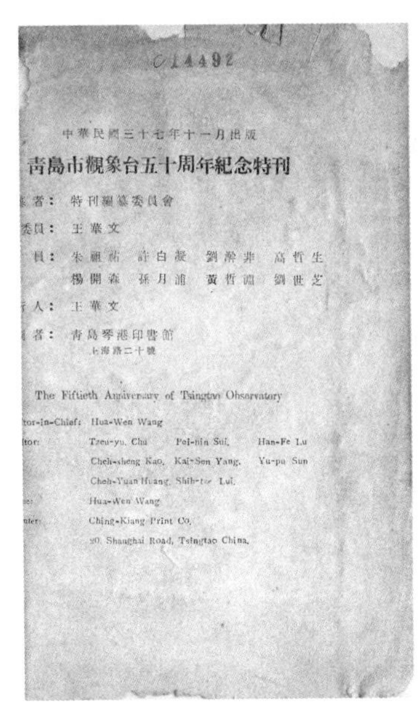

C14492

中華民國三十七年十一月出版

青島市觀象台五十周年紀念特刊

…者：特刊編纂委員會

…委員：王華文

…員：朱祖祐　許白凝　劉澥非　高哲生
楊開森　孫月浦　黃哲淵　劉世芝

…人：王華文

…者：青島琴港印書館
上海路二十號

The Fiftieth Anniversary of Tsingtao Observatory

…tor-in-Chief: Hua-Wen Wang

…itor: Tzeu-yu. Chu　Pei-nin Sui.　Han-Fe Lu
Cheh-sheng Kao.　Kai-Sen Yang.　Yu-pu Sun
Cheh-Yuan Huang.　Shih-tze Lui.

…: Hua-Wen Wang

…nter: Ching-Kiang Print Co.
20. Shanghai Road, Tsingtao China.

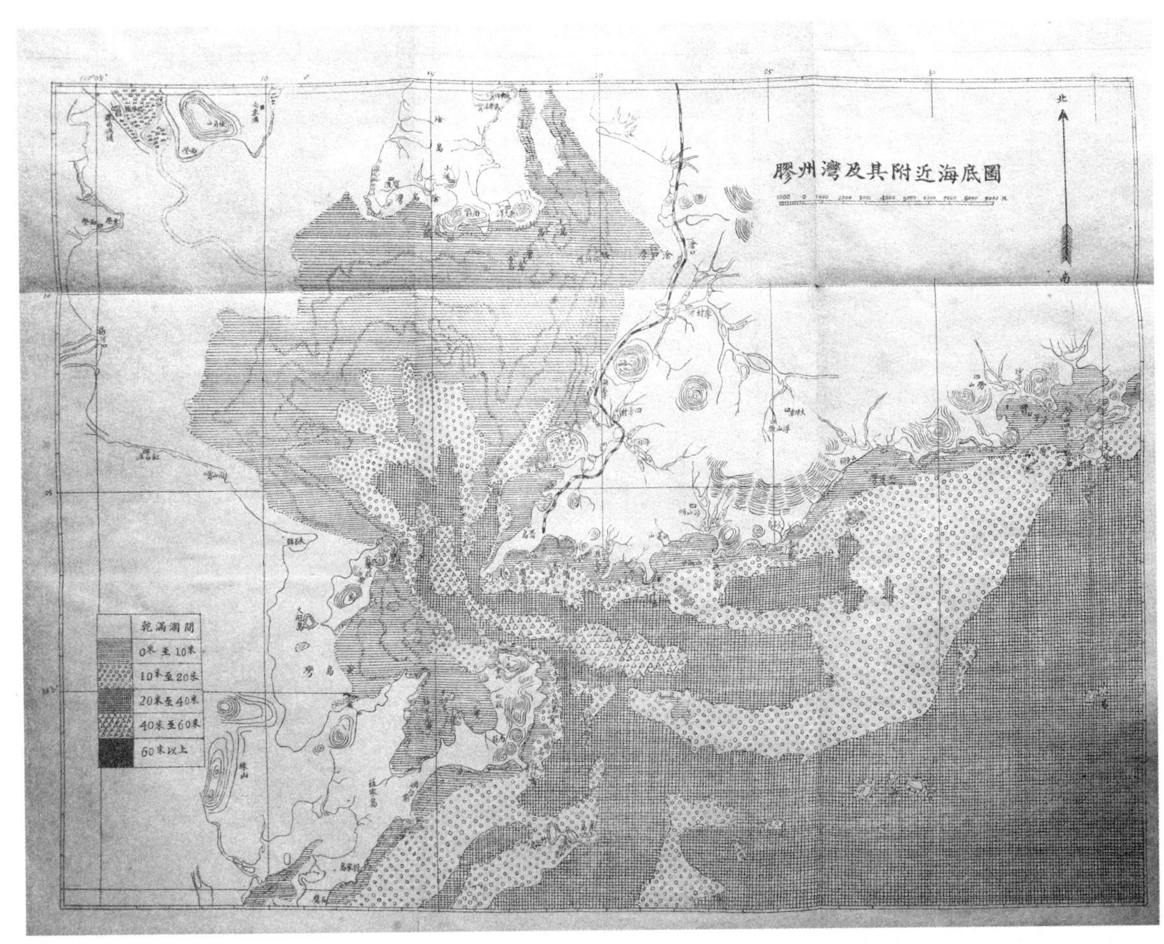

平原

平原社编委会编　冀鲁豫新华书店［发行］　聊城　1948年11月1日～1949年8月1日　1期～14期；复刊1949年11月30日～1951年6月　1卷1期～3卷6期　半月刊　26cm

该刊1948年11月1日创刊于山东聊城，16开本。1949年3月1日迁往菏泽出版，同年8月1日出版第14期后休刊。同年11月30日在新乡复刊、出版新1号，改为月刊，由平原月刊编委会编辑，新华书店新乡书店发行。1951年4月第3卷6期后终刊。前后共出版32期。

该刊为现代文化综合性刊物，宗旨为提倡文化发展生产。冉云浦在《代发刊词》中强调："文化工作在当前的迫切任务，就是发动文化创作。"第2卷起改为平原省文联机关杂志后，增加了文学创作的内容。其创刊号由劳郭设计封面，邓野作木刻，封底画是《发土地证》。

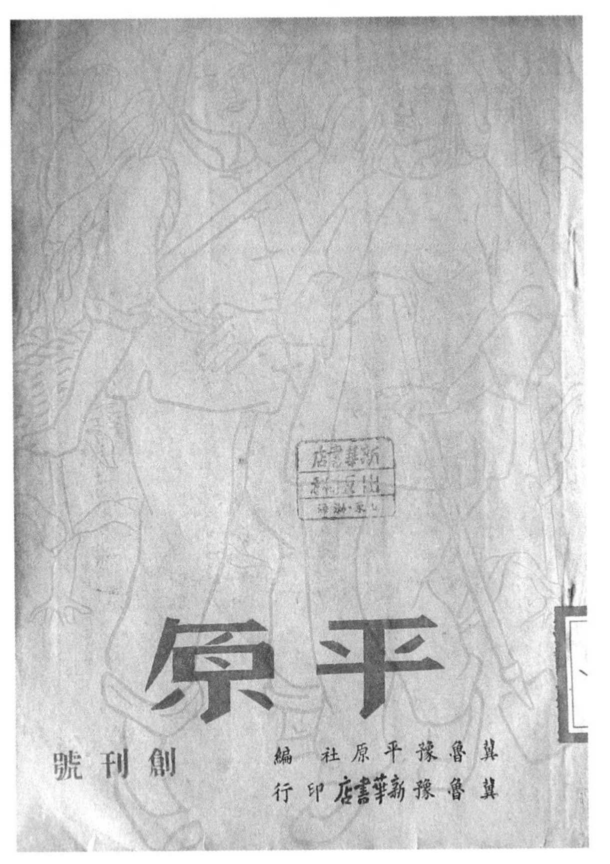

— 1 —

提高文化是當前的政治任務
——代發刊詞

申雲浦

（一）

提倡文化是當前的政治任務。

我區的中心地區已經完成了土改，廣大的羣衆在翻身之後迫切的需要文化，尤其在我們的農村裏，若從減租減息算起就是十來年，即是從反奸清算開始土改也是二三年的時間內，階級關係一直是緊張的。有些地方發生左傾冒險主義的偏向，羣衆更少民主自由，甚至簡直聽不到笑聲。爲了恢復與發展生產，就須「和睦農村，安定社會」。

目前的革命形勢，已使五大解放區連成一片，而且相當鞏固，而華北解放區位居其中。隨着解放戰爭的發展，我們即將取得全國勝利。比較鞏固的解放區今後的中心任務是建設，而目前所進行的革命戰爭，則是大規模的攻堅陣地戰。適應解放區的各項建設及近代化的大規模的正規戰的需要，就須培養大批的幹部和人材。

經驗主義是目前我們黨內的主要危險。過去的許多脫離黨的政策，路線的錯誤和偏向，大多是由於沒有理論來的。爲什麼在土改中錯劃階級，侵犯中農，鬥爭工商業呢？都是因爲沒有知識。在我區已是很長時期了，輕視學習，輕視理論，滿腦子材料不會分析，自己做了的事情不能總結，其原因就是缺乏武器，缺乏理論而不能系統和提高。今天是要大大提倡學習理論了，如果沒有文化，理論是學不進去的。有的區裏黨的分委會，連黨的普通通知，還須找黨外的先生唸給他聽，理論學習自然就更困難了。

事情很顯然，爲要提高與培養幹部，增強解放區的建設，推進革命戰爭，爭取全國勝利，如不提倡文化，則是不可能的。在我們這裏，偏偏有這樣一些人，固執的認爲「政治重於文化」，他們說：「老子經過八年游擊戰，兩年解放戰爭，沒有文化也過來了，現在提倡文化，就要吃不開了」，他們不了解沒有抽象的政治，同時也沒有任何時期的文化不是當代的政治經濟的反映并爲其服務的。過去向我們的民族與階級敵人打游擊戰，向封建勢力進行翻身鬥爭是政治，而在今天的大規模的正規戰與解放區的各項建設，就是政治；提倡文化就是要學習這些方面的本領和知識，所以說它是當前的政治任務。本來文化不足或輕視文化，在游擊戰爭的年份，也是我們的缺點或錯誤，而在今天不提倡文化，不重視文化，顯然是自己的「政治落後」，而不是什麼「有政

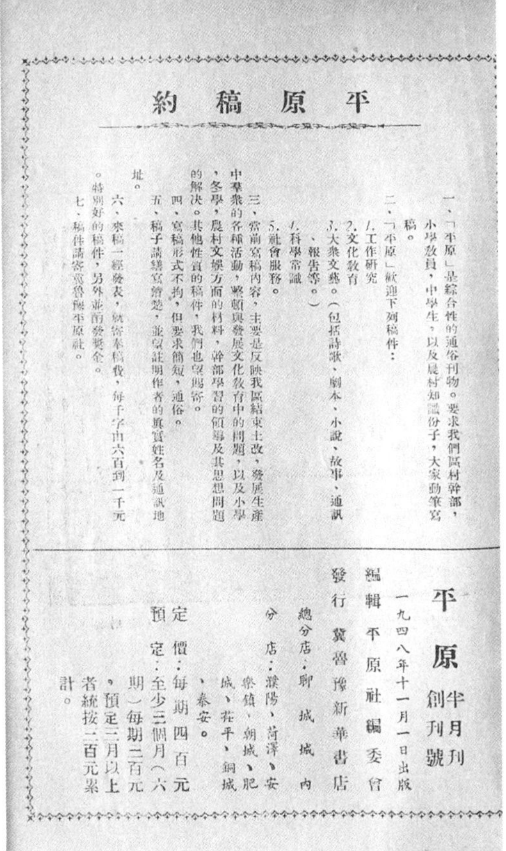

平原稿約

一、「平原」是綜合性的通俗刊物。要求我們區村幹部，小學教員，中學生，以及農村知識份子，大家動筆寫稿。

二、「平原」歡迎下列稿件：

1.工作研究
2.文化教育
3.大衆文藝。（包括詩歌、劇本、小說、故事、通訊、報告等。）
4.科學常識
5.社會服務。

三、當前寫稿內容，主要是反映我區結束土改，發展生產中羣衆的各種活動，整頓與發展文化教育中的問題，以及小學，冬學，農村文娛方面的材料，幹部學習的領導及其思想問題的解決。其他性質的稿件，我們也望賜寄。

四、寫稿形式不拘，但要求簡短，通俗。

五、稿子請繕寫清楚，並望註明作者的真實姓名及通訊地址。

六、來稿一經發表，就寄奉稿費，每千字由六百到一千元。特別好的稿件，另外並有發獎金。

七、稿件請寄冀魯豫平原社。

平原 半月刊 創刊號
一九四八年十一月一日出版
編輯 平原社編委會
發行 冀魯豫新華書店
總分店：聊城城內
分　店：濮陽、菏澤、安樂鎮、朝城、肥城、莘平、銅城、泰安。
定　價：每期四百元
預　定：至少三個月（六期）每期三百元，預定三月以上者統按三百元累計。

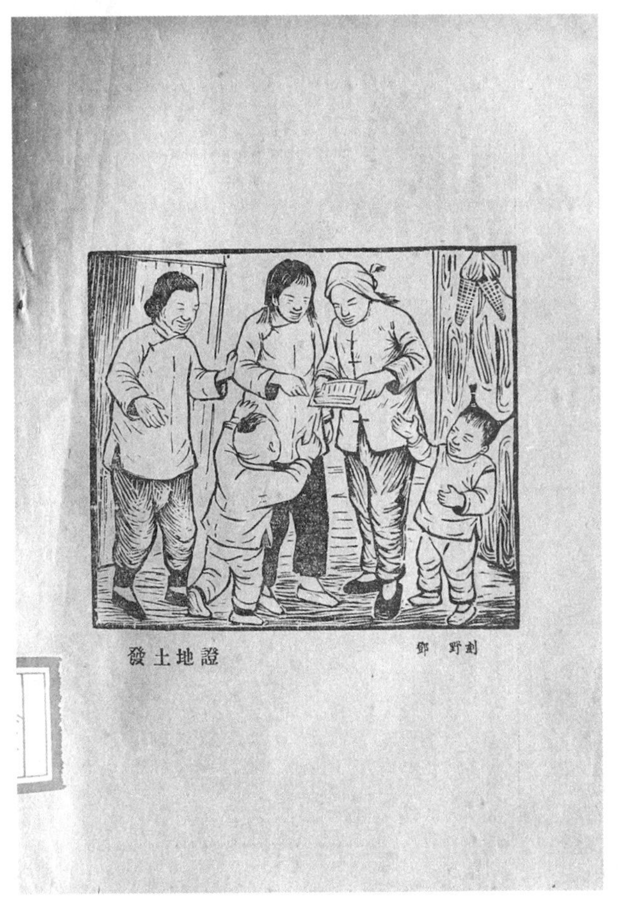

發土地證　　鄧野刻

期刊之部（二）

部队歌声

华东军区第三野战军政治部编　编者刊　临沂　1949年~［终刊日期不详］［总期数不详］［刊期不详］　18cm

该刊主要刊登部队流行的歌曲，如《跟着毛泽东走》《我们都是战斗队》《我为人民扛起枪》《革命无不胜》《再接再厉歼灭敌人》《革命的家庭》等。歌曲短小，配有简谱，很受战士欢迎。

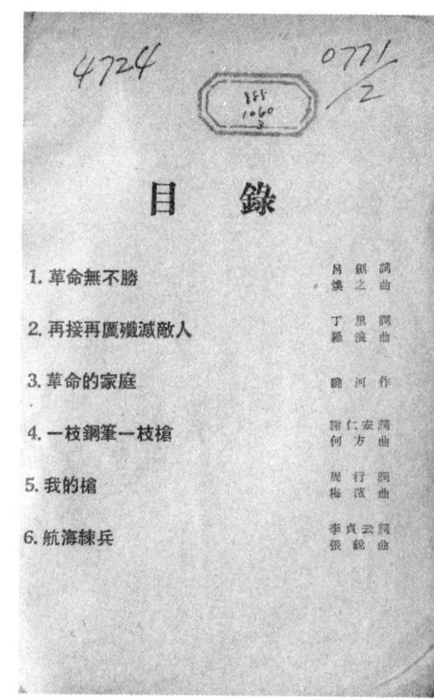

目　錄

1. 革命無不勝　呂劍詞　煥之曲
2. 再接再厲殲滅敵人　丁里詞　羅浪曲
3. 革命的家庭　曉河作
4. 一枝鋼筆一枝槍　謝仁安詞　何方曲
5. 我的槍　周行詞　梅濱曲
6. 航海練兵　李貞云詞　張銳曲

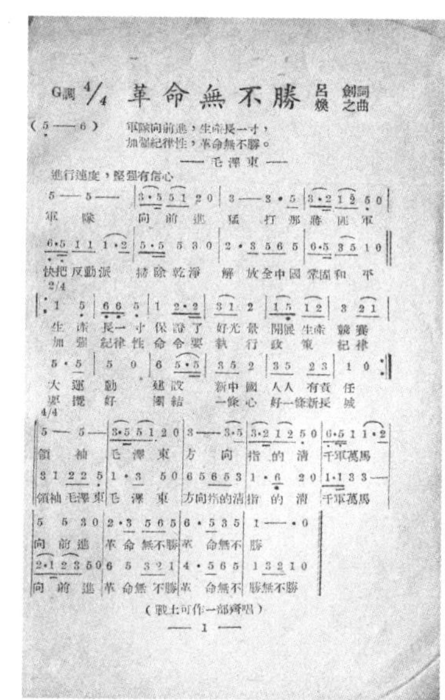

济南气象月报

山东省气象观测所编　编者刊　济南　1949 年 1 月～1949 年 9 月　1 期～9 期　月刊　26cm

该刊为气象刊物。观测地点在济南东北郊农学院内，北纬 36° 42′，东经 117° 04′，海拔 28.78 公尺。刊登济南天气概况、济南气象纲要表、气压、气温、绝对湿度、日照时数、草温、能见度、风向风速关系图等。

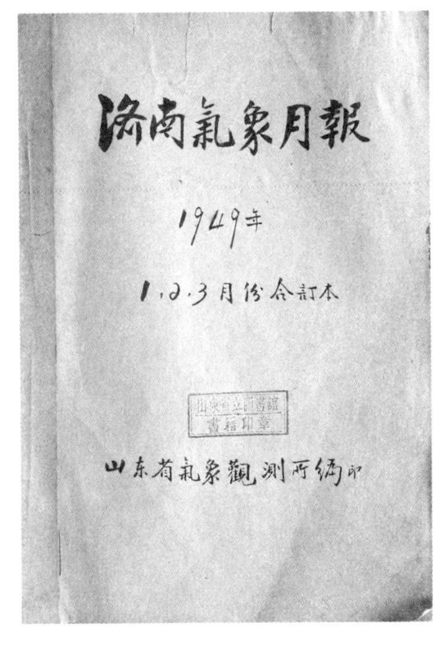

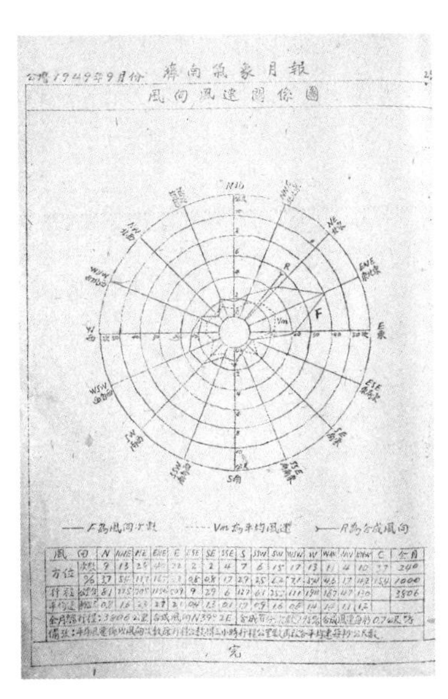

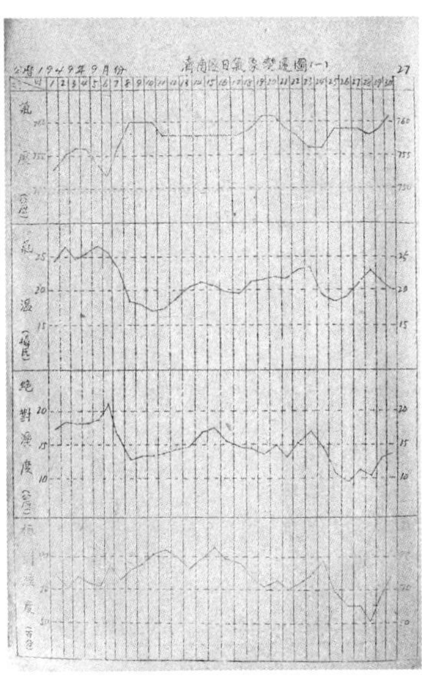

前卫画报

华东鲁中南军区政治部编　编者刊　鲁中南区　1949年1月～[终刊日期不详]　1～15期　半月刊　19cm

该刊内容以连环画、文艺作品为主，从第12期起改为16开4页，以新闻照片为主。至建国前夕共出15期。

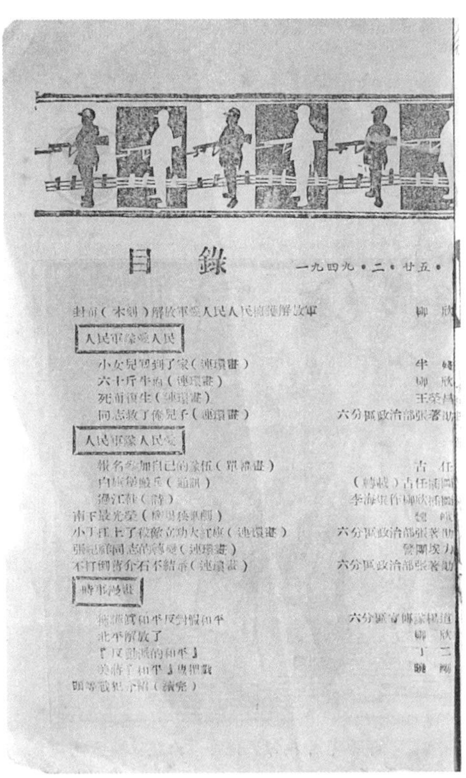

目　錄　　一九四九・二・廿五・

8025　　08828

【2】

（2）三連戰士用掩蔽部的乾草把她烤醒過來，揹着她送到營部的大掩蔽部去了。

（3）當……部的時候，許……來接她，她站……邊，孔營長給……白米飯，她……子送來，就手……家問她：『你……不答話，等她……：『上吊死了……

（4）小女孩吃下了飯，就沿着交通壕亂跑，硬要找她奶奶。營部的衛生員又急忙到大雪中把她抱回來，告訴她奶奶已經死了！她雖號啕大哭，已經掉不出一點眼淚。夜裏營部派人又把她揹到了團部。

【3】

（5）正在開會的馬團長，馬上又給她烤火換衣服。並慎重的把她交代給團政治處住的房東劉老大娘照顧。

（6）出人意料的奇遇，當那位劉老大娘在燈下看這孩子時，她不禁悲喜交集，原來還是她心愛的外甥孫女。

（7）第二天女孩子的父親找來了，父女倆說着就抱頭大哭，一家八口，被蔣匪弄的東逃西散，只落得父女倆在解放軍的搭救下才得了重逢。

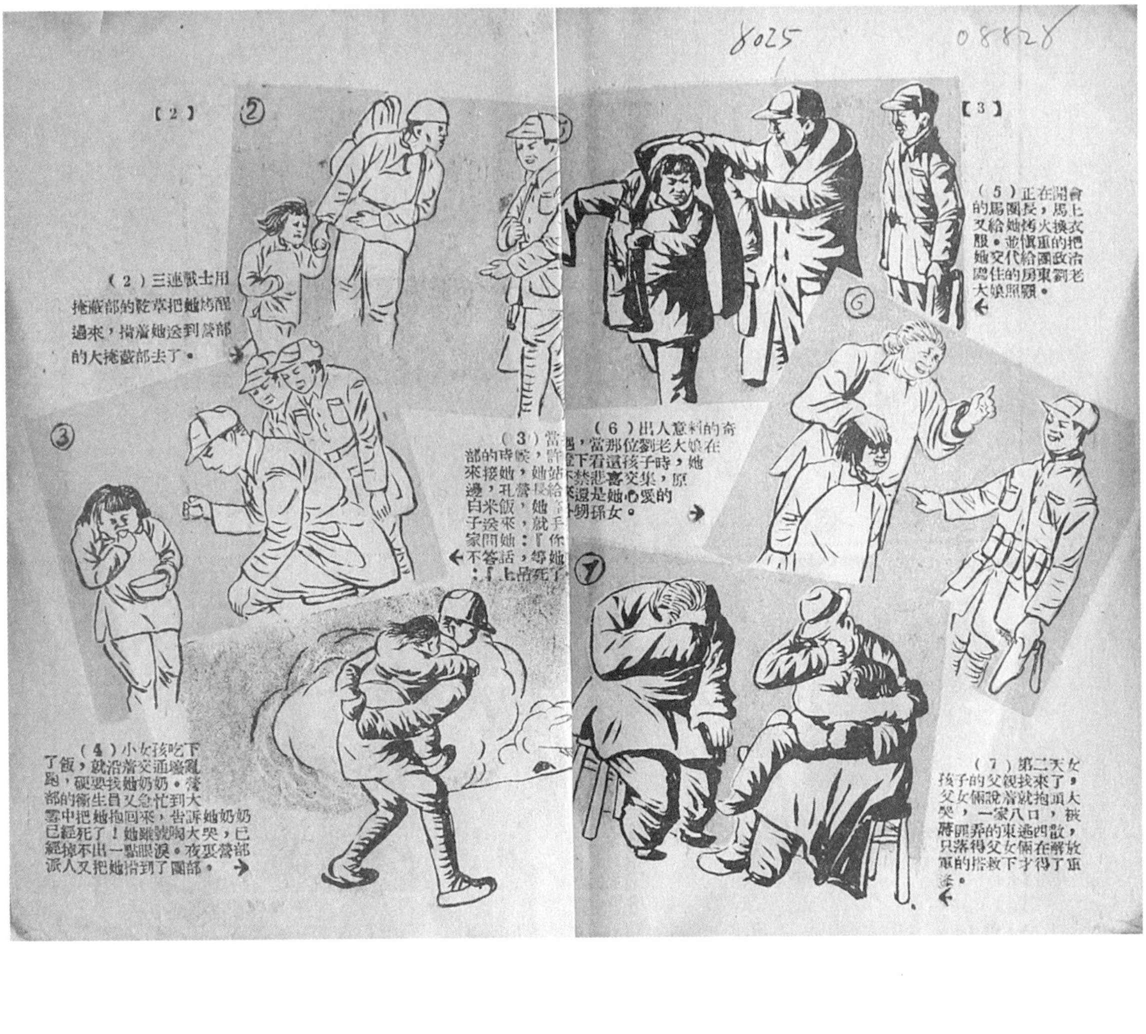

胶东文化

胶东文化编辑委员会编　华东新华书店胶东分店　胶东　1949 年 1 月 1 日～［1949 年 2 月］ 1 期～3 期　月刊　20cm

该刊是中共胶东区党委所主办的一个通俗综合性刊物，创刊于 1949 年元旦，马少波任主编，江风任副主编，该刊出刊 3 期后停刊。此刊创刊的主要任务是帮助胶东解放区的区、营级干部学习时事，学习政策，提高文化水平和理论水平。同时也作为城乡知识分子的一种经常读物，以推进新民主主义的文化运动。该刊内容包括理论、自然科学、时事述评、政策学习、工作经验、文艺批评、文艺创作、人物志、书报评介、文化消息、问题释疑等。

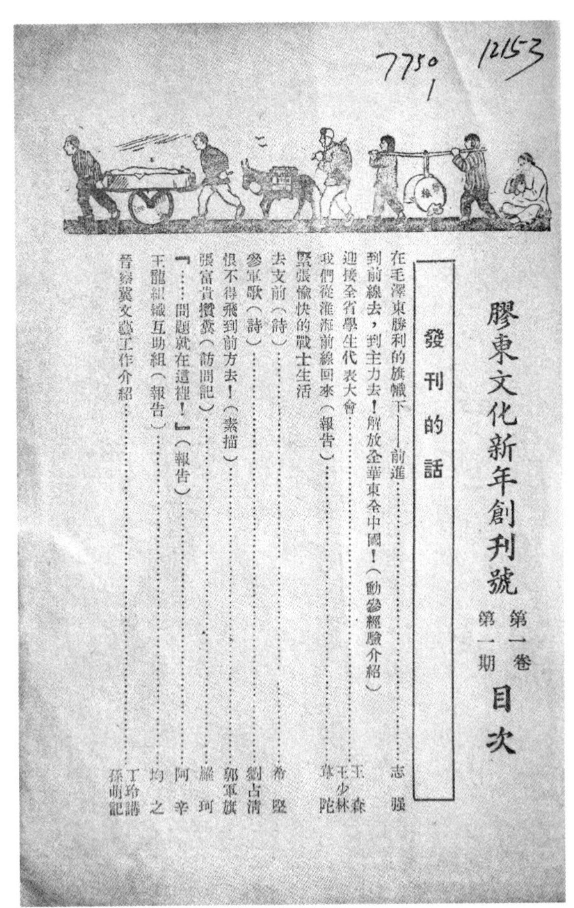

膠東文化新年創刊號 第一卷 第一期 目次

發刊的話

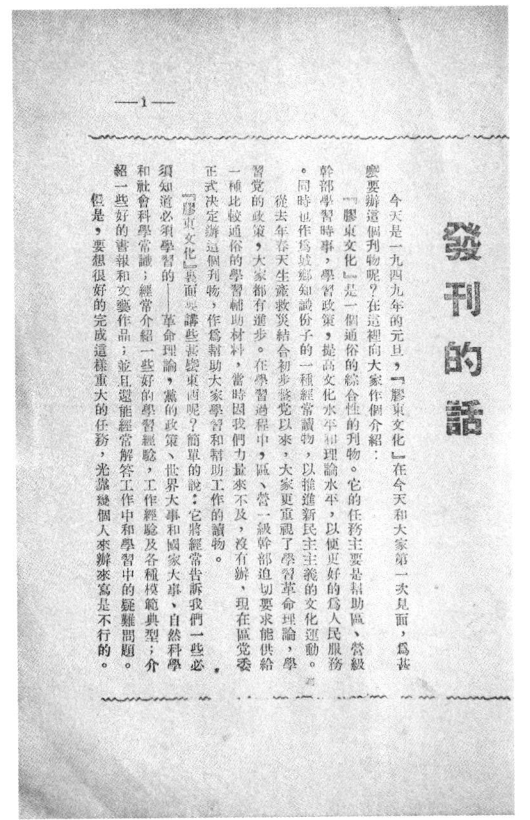

—1—

發刊的話

今天是一九四九年的元旦，『膠東文化』在今天和大家第一次見面，爲甚麼要辦這個刊物呢？在這裡向大家作個介紹：

『膠東文化』是一個通俗的綜合性的刊物。它的任務主要是幫助區、營級幹部學習時事，學習政策，提高文化水平和理論水平，以便更好的爲人民服務。同時也作爲鼓鄉知識份子的一種經常讀物，以推進新民主主義的文化運動。

從去年春天生產救災結合初步整党以來，大家更重視了學習革命理論，學習党的政策，大家都有進步。在學習過程中，區、營一級幹部迫切要求能供給一種比較通俗的學習輔助材料，當時因我們力量來不及，沒有辦，現在區党委正式決定辦這個刊物，作爲幫助大家學習和幫助工作的讀物。

『膠東文化』裏面要講些甚麼東西呢？簡單的說：它將經常告訴我們一些必須知道必須學習的——革命理論，黨的政策、世界大事和國家大事、自然科學和社會科學常識；經常介紹一些好的學習經驗，工作經驗及各種模範典型；介紹一些好的書報和文藝作品；並且還能經常解答工作中和學習中的疑難問題。

但是，要想很好的完成這樣重大的任務，光靠幾個人來辦來寫是不行的。

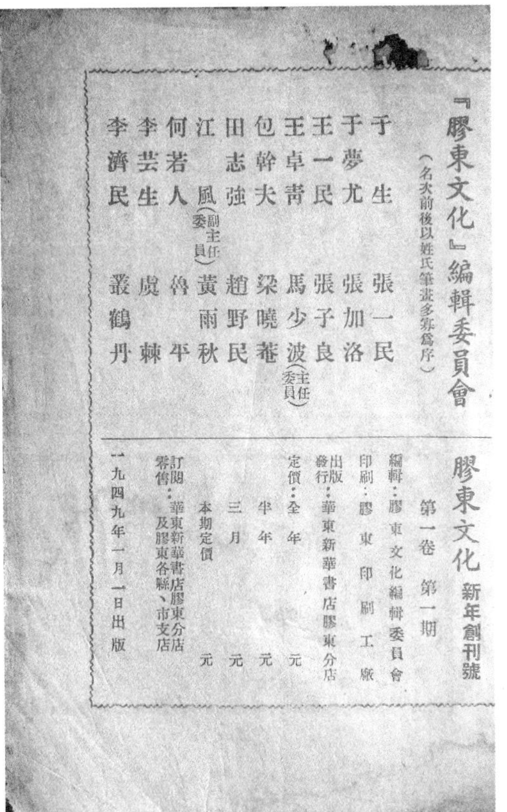

『膠東文化』編輯委員會

（名次前後以姓氏筆畫多寡爲序）

膠東文化 新年創刊號
第一卷 第一期
編輯：膠東文化編輯委員會
印刷：膠東印刷工廠
出版發行：華東新華書店膠東分店
定價：全年　元
半年　元
三月　元
本期定價　元
訂閱零售：華東新華書店膠東分店及膠東各縣、市支店
一九四九年一月一日出版

前锋画刊

中国人民解放军渤海军区政治部编　编者刊　渤海军区　1949 年 4 月 ~ 1949 年 12 月　1 期 ~ 6 期　不定期　19cm　替代《渤海画报》

该刊由 1944 年 6 月创刊的《渤海画报》改版而来，王干任主编，是战士及初级干部政治和文化学习的综合读物。内容以绘画、摄影、木刻等美术作品为主，登少量照片，同时还出版单行页画报。

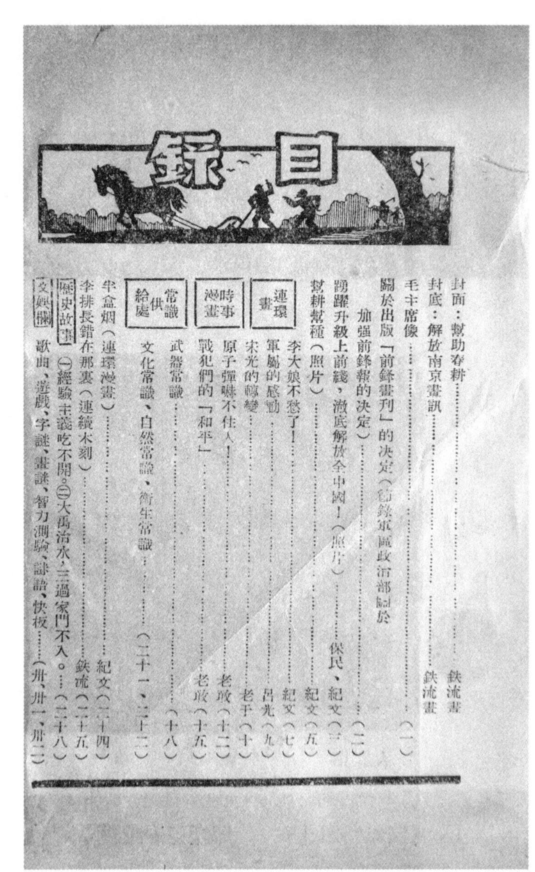

目錄

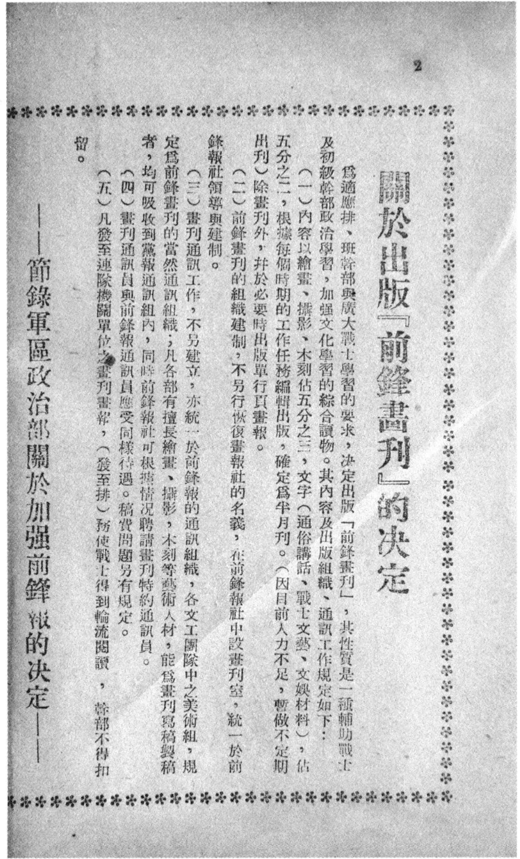

2

關於出版「前鋒畫刊」的決定

爲適應排、班幹部與廣大戰士學習的要求，決定出版「前鋒畫刊」，其性質是一種輔助戰士及初級幹部政治學習，加强文化學習的綜合讀物。其內容及出版組織、通訊工作規定如下：

（一）內容以繪畫、攝影、木刻佔五分之三，文字（通俗講話、戰士文藝、文娛材料），佔五分之二，根據每個時期的工作任務編輯出版，確定爲半月刊。（因目前人力不足，暫做不定期出刊）除畫刊外，并於必要時出版單行頁畫報。

（二）前鋒畫刊的組織建制，不另行恢復畫報社的名義，在前鋒報社中設畫刊室，統一於前鋒報社領導與建制。

（三）畫刊通訊工作，不另建立，亦統一於前鋒報的通訊組織，各文工團隊中之美術組，規定爲前鋒畫刊的當然通訊組織，凡各部有擅長繪畫、攝影，木刻等藝術人材，能爲畫刊寫稿投稿者，均可吸收到黨報通訊組內，同時前鋒報社可根據情況聘請畫刊特約通訊員。

（四）畫刊通訊員與前鋒報通訊員應受同樣待遇。稿費問題另有規定。

（五）凡發至連隊機關單位之畫刊畫報，（發至排）務使戰士得到輪流閱讀，幹部不得扣留。

——節錄軍區政治部關於加强前鋒報的決定——

行政导报

济南特别市市政府秘书处编　编者刊　济南　1949年4月10日～［1952年］［总期数不详］　月刊　26cm

该刊是中共济南市政府机关内部刊物。目的一是为了便于指导工作，并借以提高干部政策水平；二是为了便于交流经验，互相学习。内容刊登有关上级的指示及市政府的法令、条例与办法以及调查研究资料、报告、总结和其他城市的工作经验等。出版过《济南市各界代表大会专号》。

行政導報

創刊號

中華民國三十八年四月十日出版

濟南特別市市政府秘書處編

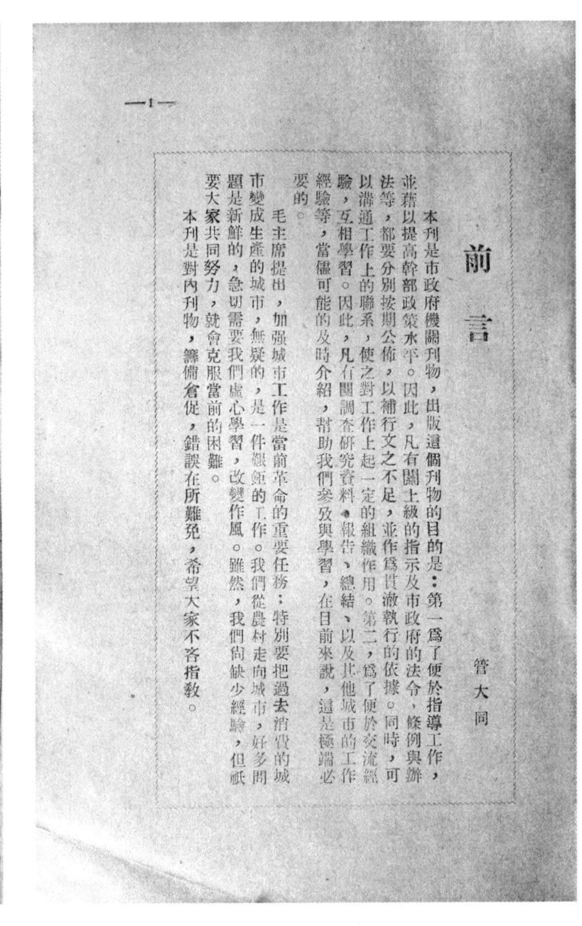

前言

管大同

本刊是市政府機關刊物，出版這個刊物的目的是：第一爲了便於指導工作，並藉以提高幹部政策水平。因此，凡有關上級的指示及市政府的法令、條例與辦法等，都要分別按期公佈，以補行文之不足，並作爲貫澈執行的依據。同時，可以溝通工作上的聯系，使之對工作上起一定的組織作用。第二，爲了便於交流經驗，互相學習。因此，凡有關調查研究資料、報告、總結、以及其他城市的工作經驗等，當儘可能的及時介紹，幫助我們參攷與學習，在目前來說，這是極端必要的。

毛主席提出，加强城市工作是當前革命的重要任務；特別要把過去消費的城市變成生產的城市，無疑的，是一件艱鉅的工作。我們從農村走向城市，好多問題是新鮮的，急切需要我們虛心學習，改變作風。雖然，我們尙缺少經驗，但祗要大家共同努力，就會克服當前的困難。

本刊是對內刊物，籌備倉促，錯誤在所難免，希望大家不吝指教。

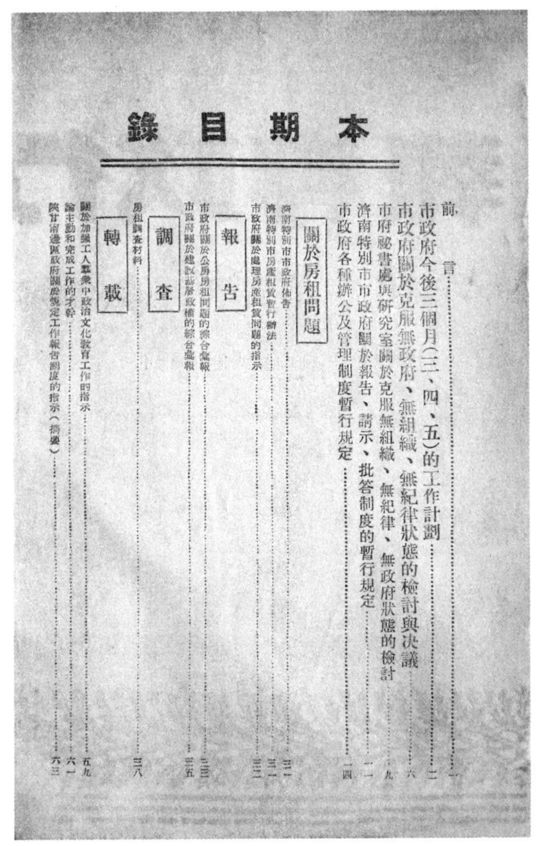

本期目錄

市府祕書處與研究室關於克服無組織、無紀律、無政府狀態的檢討

以上對以往的檢討與今後的決議，經市府各局長擴大會議討論通過，我們除保證堅決貫澈外，特請上級給予批評指示。

（三月十五日）

一、五個月以來，在全體全志努力及市長秘書長直接領導之下，工作是有成績的，對市政府的領導上，起了一定程度的助手作用；但由於工作中立場不穩，方針不明確，還存在了相當嚴重的無組織、無紀律、無政府狀態，造成工作上巨大損失，以致削弱了人民政府在羣衆中的威信。這些現象是：

第一、對無產階級領導的以工農聯盟爲主體的政權性質，實際上體會不够；接近地主資本家高級教職員多，接近勞動人民特別是工人少；經常接待接洽地主資本家上層人物多，接待工人少，有些工人要想找我們來解決問題，我們不但未予以解決，反而爲資本家撑腰批評工人。在研究搜集情況上，多反映資本家、上層人物的意見，代表他們叫囂；而眞正反映勞動人民特別是工人的意見很少。在救濟問題上，很少救濟了工人，多數還是救濟了某些特殊人物。在某些文件的研究和處理上，對勞動人民特別是工人所迫切要求的問題，如物價、工資、房租等漠不關心，而對資本家的叫囂則大驚小怪。正由於這些原因，造成了我們脫離羣衆，特別是脫離工人階級的嚴重危險。

第二、在執行政策方面，我們主要是右的偏向。例如對舊職員薪金問題的研究和處理，過分的强調了所謂城市生活的特殊性，盲目接受舊職員的呼聲。開始認爲舊職員的生活是一般吃洋麵，不僅要照顧他個人，還要照顧其家中幾口人的生活，甚至以爲薪水低了人家不幹；在規定的薪金標準上，仍表現過份照顧其需要的現象；而在發薪時又一律按八折發給，沒有分別大小職員，適當照顧小職員及工友。又如在吸收新人員上，對工人貧苦知識分子吸收的少，而對舊職員吸收的多，吸收以後又沒有教育，改造的方針不貫澈。又如在外僑問題上，對洪家樓天主教堂擅自砍伐樹木出賣事件，雖領導上曾一度對處理意見表示了反覆的考慮？但在明確指示以後，仍未能及時揭發其破壞政府法令，予以斷然處置。五個月來，我們政府機關沒有進行羣衆工作，沒有經常的研究羣衆的切身問題。對於我們在日常工作中應依靠那些人，聯繫那些人，有策略的揭發那些人，沒有明確的認識和方針。

第三、工作上無計劃無制度，不貫澈，形成嚴重的混亂現象。五個月來沒有整個的工作計劃（如秘書處），即有計劃，也未很好的執行（如研究室）。上下都忙於應付事務，形成嚴重的事務主義。對於原則問題，政策問題，則無暇顧及，無暇考慮。應該作的沒有作（如建立制度、整理檔案、閱看報告、製定方案等），不該作的忙的異常緊張（如其些招待問題、榮軍問題、家屬問題等），致使下面幹部工作無方向，任務不明確，養成比較普遍的任務觀點和被動現象。在制度方面，長時間未建立制度，而建立了以後又未能去貫澈執行，表現了無原則的遷就，形成了毫無制度的辦

鲁中南报增刊

鲁中南报社编　编者刊　沂水　1949 年 5 月～1950 年 3 月　1 期～11 期　不定期　18cm

该刊为鲁中南军区内部学习刊物。第 6 期为《纪念中央人民政府成立专号》。

魯中南報

增刊

第六號

中央政府主席毛澤東

紀念中央人民政府成立專號

一九四九年十月十日

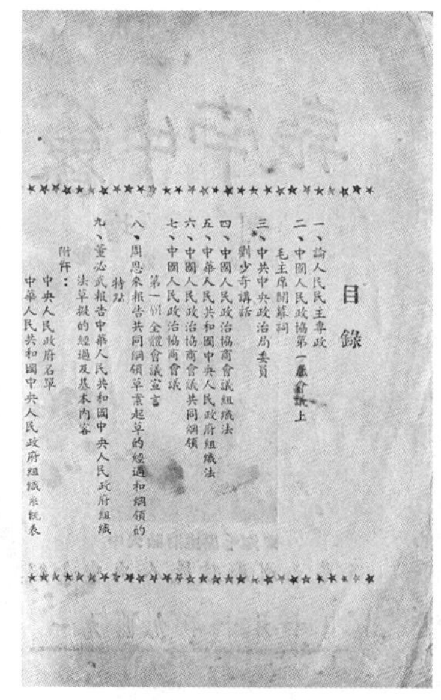
目錄

一、論人民民主專政

二、中國人民政協第一屆會議上毛主席開幕詞

三、中共中央政治局委員劉少奇講話

四、中國人民政治協商會議組織法

五、中華人民共和國中央人民政府組織法

六、中國人民政治協商會議共同綱領

七、中國人民政治協商會議第一屆全體會議宣言

八、周恩來報告共同綱領草案起草的經過和綱領的特點

九、董必武報告中華人民共和國中央人民政府組織法草擬的經過及基本內容

附件：

中央人民政府名單

中華人民共和國中央人民政府組織系統表

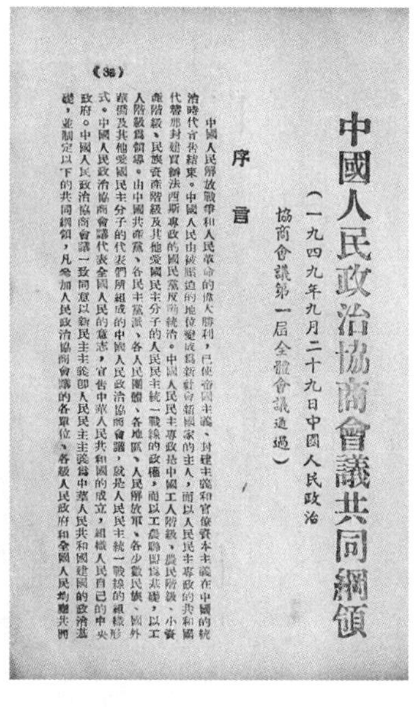
中國人民政治協商會議共同綱領

（一九四九年九月二十九日中國人民政治協商會議第一屆全體會議通過）

序言

中國人民解放戰爭和人民革命的偉大勝利，已使帝國主義、封建主義和官僚資本主義在中國的統治時代宣告結束。中國人民由被壓迫的地位變成爲新社會新國家的主人，而以人民民主專政的共和國代替那封建買辦法西斯專政的國民黨反動統治。中國人民民主專政是中國工人階級、農民階級、小資產階級、民族資產階級及其他愛國民主分子的人民民主統一戰線的政權，而以工農聯盟爲基礎，以工人階級爲領導。由中國共產黨、各民主黨派、各人民團體、各地區、人民解放軍、各少數民族、國外華僑及其他愛國民主分子的代表們所組成的中國人民政治協商會議，就是人民民主統一戰線的組織形式。中國人民政治協商會議代表全國人民的意志，宣告中華人民共和國的成立，組織人民自己的中央政府。中國人民政治協商會議一致同意以新民主主義即人民民主主義爲中華人民共和國建國的政治基礎，並制定以下的共同綱領，凡參加人民政治協商會議的各單位、各級人民政府和全國人民均應共同

《36》

山东荣军增刊

山东省荣军管理局编　编者刊　济南　1949 年 6 月～［终刊日期不详］［总期数不详］　月刊　26cm

该刊是《山东荣军》报的增刊，内部刊物。主要是介绍地方荣军经验、荣军学校教学研究等方面的内容。

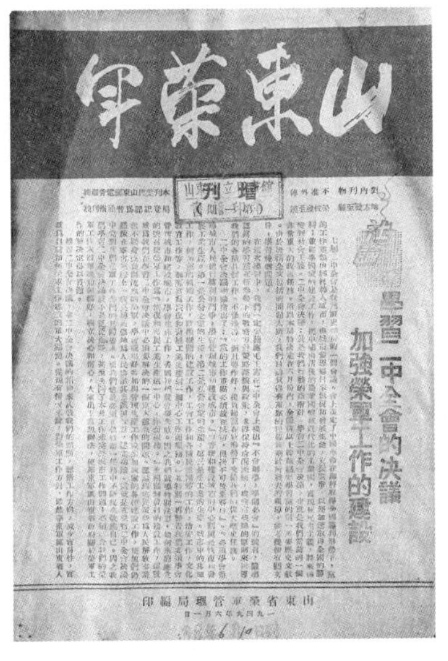
山東榮軍

學習二中全會的決議 加強榮軍工作的建設

山東省榮軍管理局編印

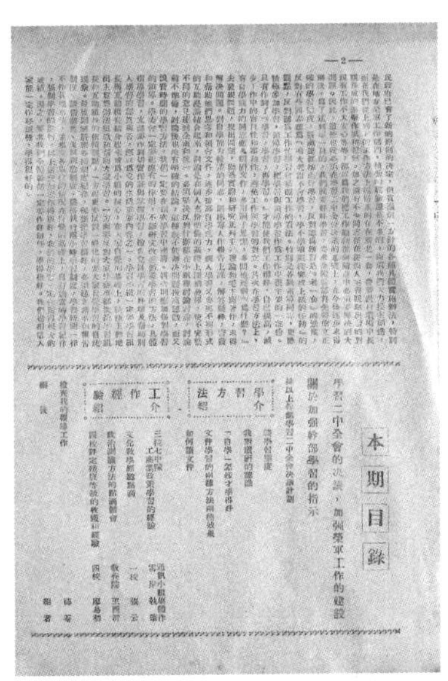
本期目錄

前导

山东军区政治部编　编者刊［出版地不详］1949 年 6 月 1 日～1952 年 6 月［总数期不详］旬刊　26cm

该刊是综合性刊物，专供连以上干部的阅读和参考。内容包括中央和上级的指示、决议、社论、专题论述，各地重要文章的转载，各种工作经验介绍等。1949 年 6 月 1 日创刊，在《关于出版〈前导杂志〉的决定》中说："《前导》的主要是任务是：帮助干部学习毛泽东思想，贯彻党中央毛主席的建军路线和政治路线，提高全军干部的思想、理论、政策、业务水平；指导部队正确了解中央和上级的各种指示，配合中心工作，具体贯彻执行，贯彻纪律教育，提倡批评与自我批评，发扬优点，纠正缺点，推动部队各项建设工作向正规化方向前进，交流军事、政治、文艺、后勤等各项工作经验；供给干部必要的读物，帮助文化学习；帮助领导机关了解部队情况。"1949 年 8 月出版了《"八一"检阅专号》。1952 年 6 月停刊。

前導

1

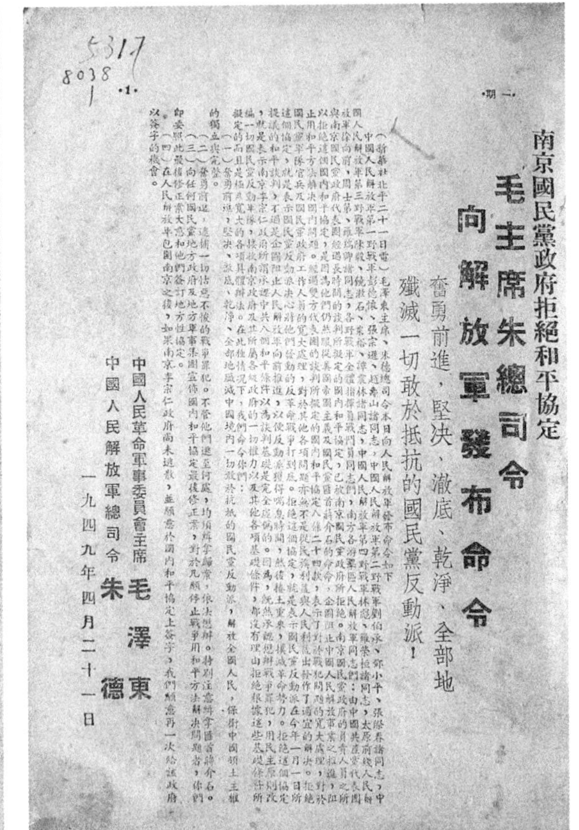

南京國民黨政府拒絕和平協定
毛主席朱總司令向解放軍發布命令令

奮勇前進，堅決、澈底、乾淨、全部地殲滅一切敢於抵抗的國民黨反動派！

中國人民革命軍事委員會主席 毛澤東

中國人民解放軍總司令 朱德

一九四九年四月二十一日

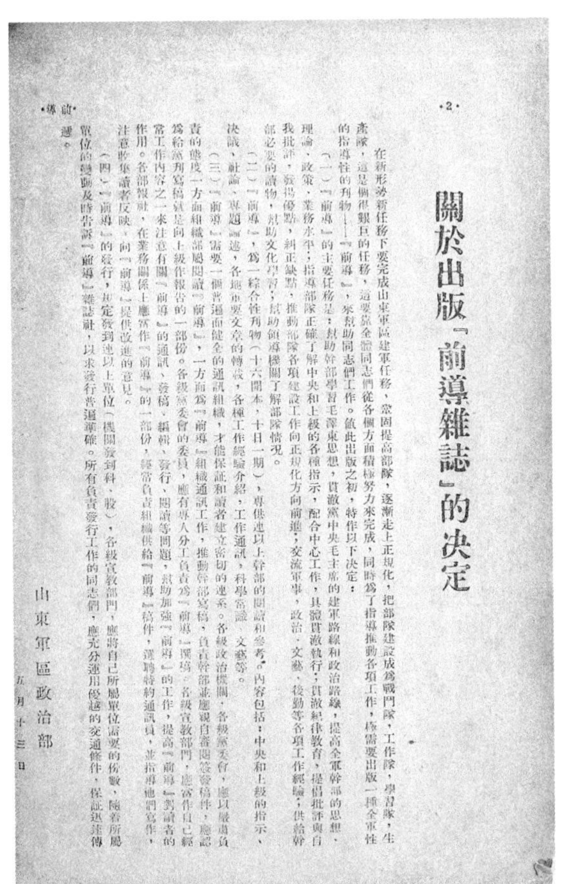

關於出版『前導雜誌』的決定

在新形勢新任務下要完成山東軍區建軍任務，鞏固提高部隊，逐漸走上正規化，把部隊建設成爲戰鬥隊，工作隊，學習隊，生產隊，這是個很艱巨的任務，這要靠全體同志們從各個方面積極努力來完成，同時爲了指導推動各項工作，極需要出版一種全軍性的指導性的刊物——『前導』，來幫助同志們工作。値此出版之初，特作以下決定：

（一）『前導』的主要任務是：幫助幹部學習毛澤東思想，貫徹黨中央毛主席的建軍路線和政治路線，提高全軍幹部的思想、理論、政策、業務水平；指導部隊正確了解中央和上級的各種指示，配合中心工作，具體貫徹執行；貫徹紀律教育，提倡批評與自我批評，發揚優點，糾正缺點，推動部隊各項建設工作向正規化方向前進；交流軍事，政治，文藝，後勤等各項工作經驗；供給幹部必要的讀物，幫助文化學習；幫助領導機關了解部隊情況。

（二）『前導』，爲一綜合性刊物（十六開本，十日一期），專供連以上幹部的閱讀和參考。內容包括：中央和上級的指示、決議、社論、專題論述，各地重要文章的轉載，各種工作經驗介紹，工作通訊，科學常識、文藝等。

（三）『前導』需要一個普遍而健全的通訊組織，才能保証和讀者建立密切的連系。各級政治機關，各級黨委會，應以嚴肅負責的態度一方面組織部屬閱讀『前導』，一方面爲『前導』組織通訊工作，推動幹部寫稿，負責幹部並應親自審閱簽發稿件，應認爲給黨刊寫稿就是向上級作報告的一部份。各級黨委會的委員，應有專人分工負責爲『前導』撰稿，各級宣教部門，應當作自己經常工作內容之一來注意有關『前導』的通訊、發稿、編輯、發行、閱讀等問題，幫助加強『前導』的工作，提高『前導』對讀者的作用。各部報社，在業務關係上應當作『前導』的一部份，經常負責組織供給『前導』稿件，選聘特約通訊員，並指導他們寫作，注意收集讀者反映，向『前導』提供改進的意見。

（四）『前導』的發行，規定發到連以上單位（機關發到科、股），各級宣教部門，應將自己所屬單位需要的份數，隨着所屬單位的變動及時告訴『前導』雜誌社，以求發行普遍準確。所有負責發行工作的同志們，應充分運用優越的交通條件，保証迅速傳遞。

山東軍區政治部

五月十三日

爲我軍解放之青島水族館

爲我軍解放之青島產業館

潍市金融贸易旬报

潍坊市北海银行支行、潍坊市大华贸易公司编　编者刊　潍坊 ［1949年6月1日］~［1949年11月］ 1期~［16期］ 旬刊　26cm

该刊分为物价概述、金融动态和经营概况三个部分。

濰市金融貿易旬報

机关刊物　对外秘密

目録

一、物價商況

二、金融动态

三、經營概況

2

一九四九.六.卅日出版

濰坊市北海銀行大華貿易公司編印

一、物價商況

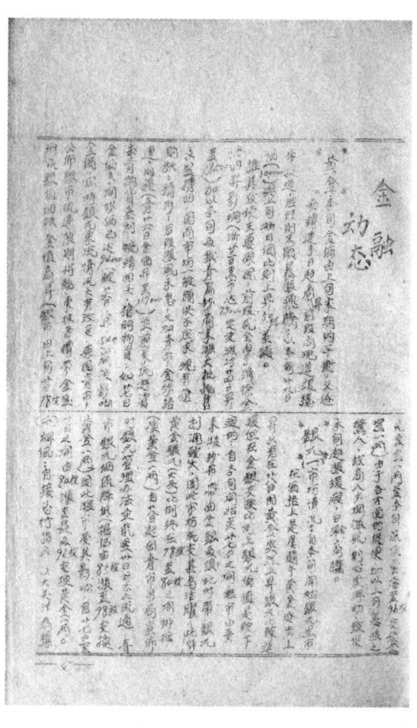

金融动态

潍市金融贸易月报

潍坊市北海银行支行、潍坊市大华贸易公司编　编者刊　潍坊　1949年6月~［1949年10月］　1期~［4期］　月刊　26cm

该刊为金融、贸易刊物，对解放地区每月金融、物价的变动情况统计分析，并以图表的形式刊出。

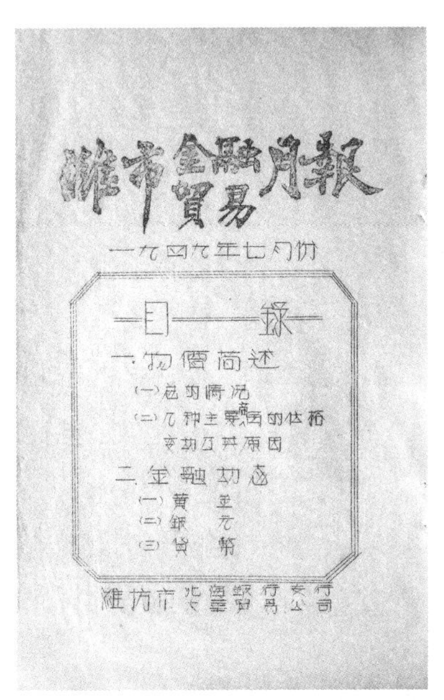
濰市金融貿易月報
一九四九年七月份
目　錄
一、物價简述
（一）总的情况
（二）几种主要商品的价格变动及其原因
二、金融动态
（一）黄金
（二）银元
（三）货币
潍坊市北海銀行支行
大華貿易公司

濰市金融貿易月報
一九四九年八月份
目　錄
一、物價概述
二、金融动态
统计表
潍坊市北海銀行支行
大華貿易公司　编

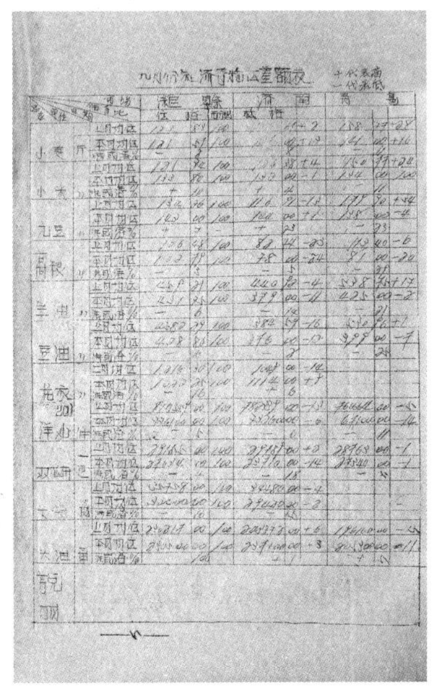

鲁东信义会刊

青岛中华信义会鲁东总会编　编者刊　青岛［创刊日期不详］～1935年4月　1卷1期～4卷1期；复刊1947年～［终刊日期不详］［总期数不详］26cm

该刊抗战期刊曾停刊，1947年复刊。该刊辟有《讲坛》《言论》《会闻》《教育》《医务》《特载》等栏目。

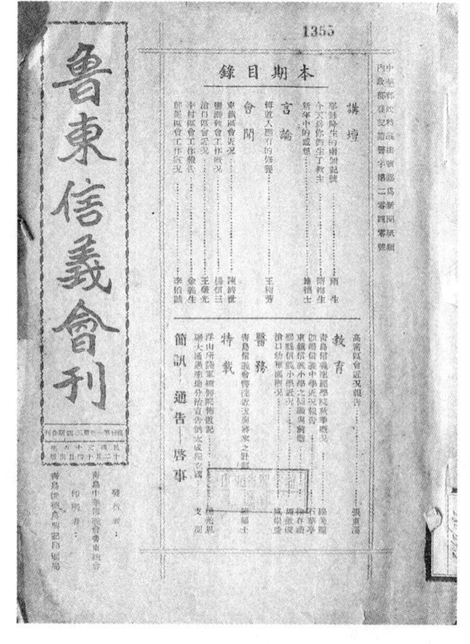

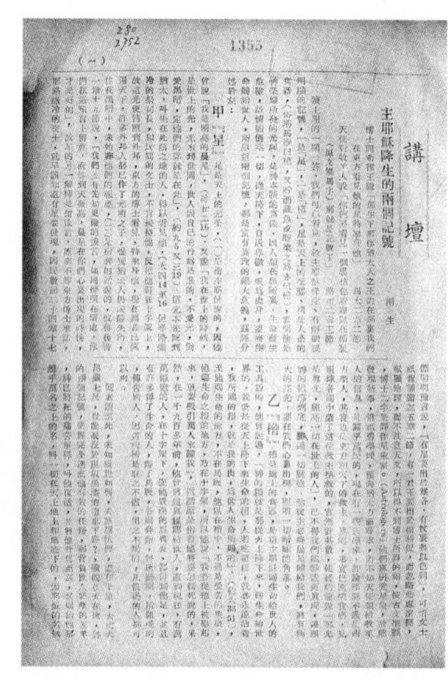

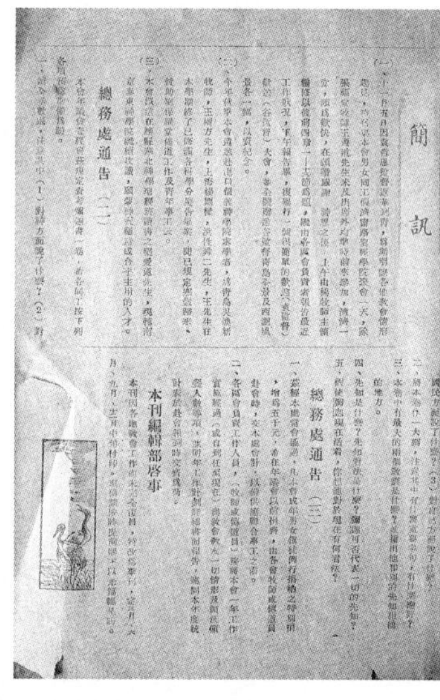

济南邮工

济南邮务工会邮工月刊社编　编者刊　济南［创刊日期不详］～［1934年9月］ 1卷1期～［4卷6期］ 月刊　26cm

该刊栏目有《言论》《会议纪录》《文艺》等，另外还刊登各地邮工消息。该刊第四卷第二期为《服务国货专号》，第四卷第三、四期合刊为《全国邮务总工会第二次执监联席会议特刊》。

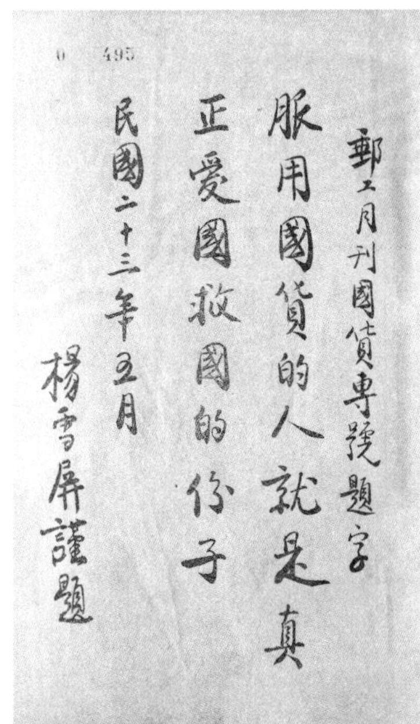

郵工月刊國貨專號題字

服用國貨的人就是真正愛國救國的份子

民國二十三年五月

楊雪屏謹題

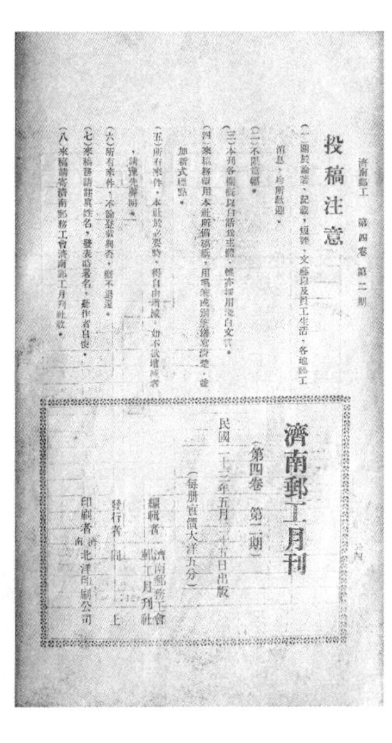

投稿注意

濟南郵工月刊

（第四卷　第二期）

民國二十三年五月

鲁保半月刊

山东全省保安司令部政工处主编　编者刊　济南［出版日期不详］［总期数不详］半月刊　27cm

该刊从33期开始由日报型改为单行本了。栏目有《论著》《专载》《半月要闻》《半月战局》《小说》《战乱史料》等。

魯保半月刊

第三十三期

本期要目

展望戡亂前途

展望戡亂前途 黄庸夫

論地方武力的封建性 龍在天

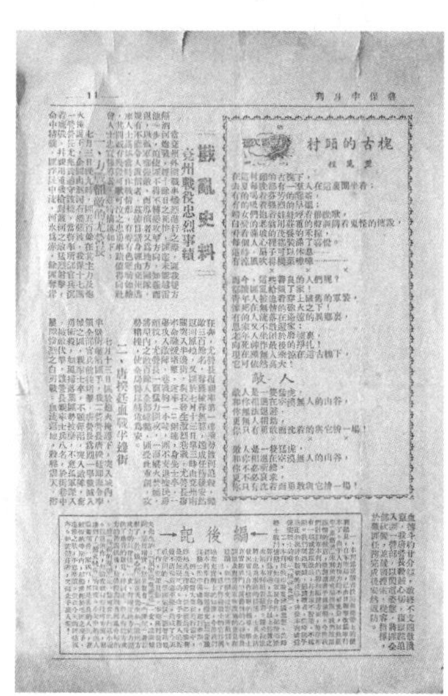

戡亂史料

編後記

前锋增刊

山东解放军渤海军区前锋报社编　编者刊　渤海区［出版日期不详］［总期数不详］［刊期不详］18cm

该刊创刊、终刊日期不详。主要出版《前锋》报因为版面的狭仄而一直没有发表的文章。

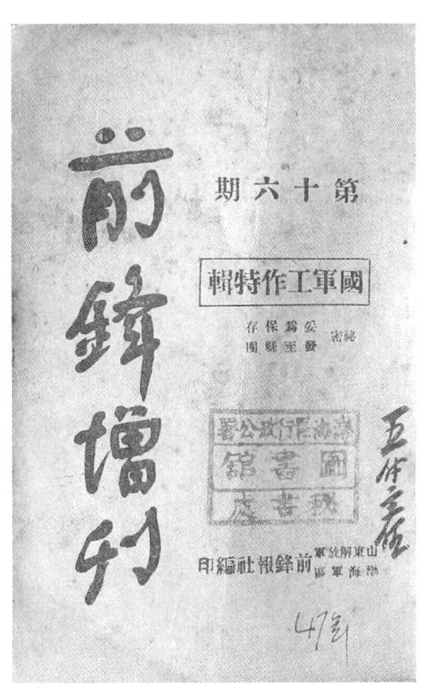

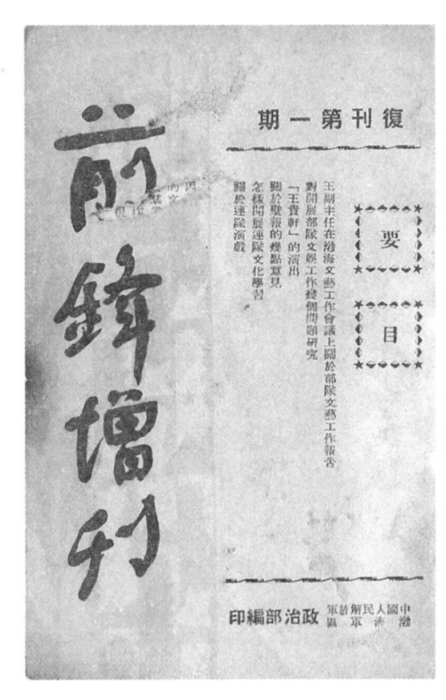

王副主任在渤海文藝工作會議上
關於部隊文藝工作報告
——敏之　呂光整理

同志們！

這次文藝工作者大會開得很好，這次會議是我們今後開展渤海區文藝運動的一個準備會議。我根據全國文代大會的精神和周副主席及總政傅副主任的指示，對部隊文藝工作提出幾個問題：

根據文藝大會的精神及章程草案，基本上是貫徹毛主席在一九四二年延安文藝座談會上所提出的：「爲工農兵服務」的文藝方針。總政傅副主任指出：「中國人民解放軍是一支有文化的軍隊，非常重視文藝，遠在工農紅軍時代，古田會議決議中，毛主席即指出要用文藝的形式來教育部隊。因此，人民解放軍中的文藝工作歷來就是政治工作的一個組成部份。」傅并指出：「人民解放軍的文藝工作有三個很顯著的特點：（一）它有黨的堅強領導。（二）它是完全從實際出發，服務於羣衆，服務於戰爭的需要。（三）它是廣大羣衆性的，內容生動豐富的」。周副主席對部隊文藝工作者的當前任務提出了這樣的指示：「我們部隊文藝工作者要想出一切辦法來鼓勵我們的部隊，很好的來開展工作克服疲勞現象」。「部隊要正規化、國防化，文藝工作也要正規化、國防化！」我認爲這就是號召我們部隊文藝工作者應在思想上明確「面向連隊、爲兵服務」，這就是我所講的依據。

第一部份：根據以上精神來檢查我們部隊的文藝工作，基本上是執行了毛主席提出的文藝方

青岛民报副刊

青岛民报社编　编者刊　青岛［出版日期不详］［总期数不详］［刊期不详］27cm

该刊创刊、终刊日期不详。栏目有《论述》《小说》《诗歌》《散文》《童话》等。

青島民報副刊
合訂本
第二卷第二期
青島民報社發行
民國二十二年二月出版

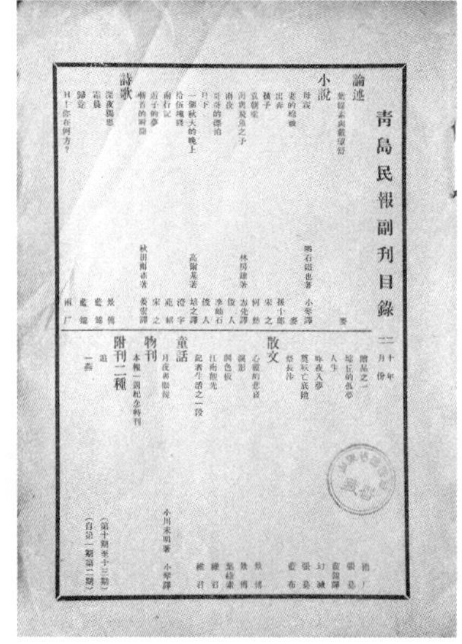
青島民報副刊目錄
二十二年二月份
論述
小說
詩歌
散文
童話
物刊
附刊二種

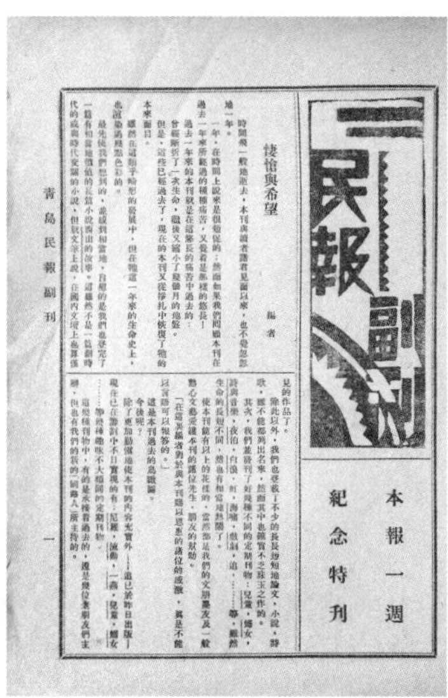

憧憬與希望

山东省临时参议会大会会刊

山东省临时参议会编　编者刊　济南［出版日期不详］［总期数不详］［年刊］ 26cm

参议会是抗日战争时期国民党政府设立的地方性代议机构。此处山东省临时参议会即国民党山东省临时参议会。该刊是对历次大会的书面记录。内容包括《大会宣言》《议事日程简表》《讲词》《驻会委员会工作报告》《秘书处工作报告》《会议纪录》《政府机关报告》等。

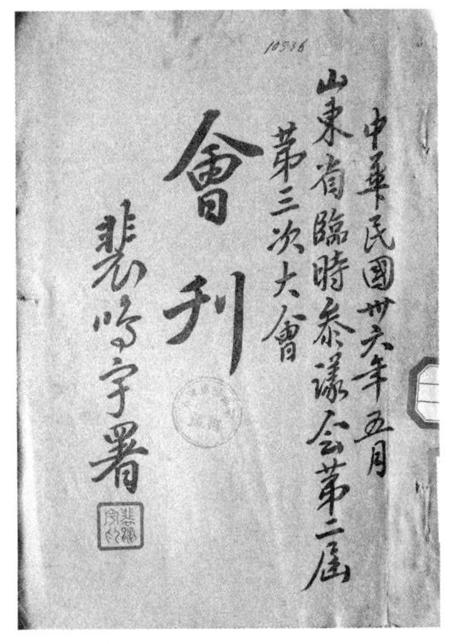
中華民國卅六年五月
山東省臨時參議會第二屆第三次大會
會刊
裴鳴宇署

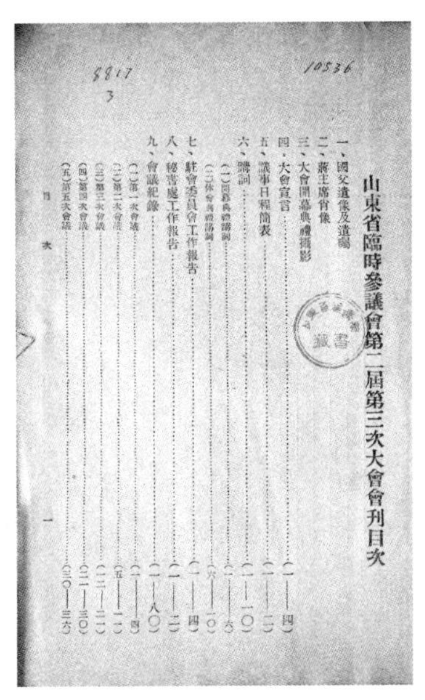
山東省臨時參議會第二屆第三次大會會刊目次

山东省统计年报

（伪）山东省公署编 ［编者刊］ 济南 ［出版日期不详］［总期数不详］ 年刊 26cm

该年报为日伪统治时期山东省统计年鉴，是一部全面反映山东省国民经济和社会发展情况的资料性年刊，是认识和研究山东省情、制定政策、指导国民经济发展的重要资料。由伪山东省公署各厅处的公务统计资料汇编而成，共分六类：总务类、民政类、财政类、建设类、教育类、警务类。

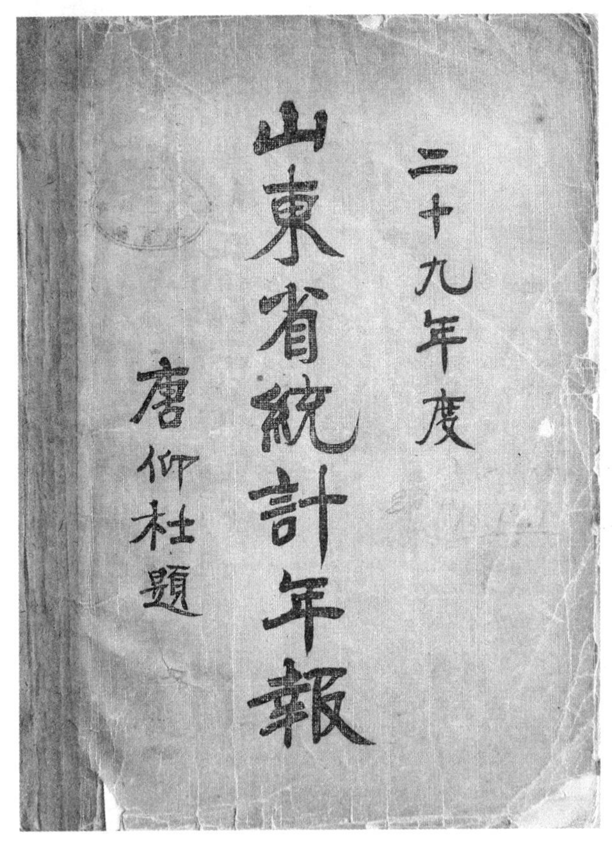

序　一

宇宙間之事物，繁矣夥矣。有自然之現狀焉；如天時之雨露，地理之山川是。有人爲構成之徵象焉：如社會、經濟、農、工、商、各業是。其出於自然者，可任人之取求：其出於人爲者，不能聽其自消長自生滅也。宜思有以規畫而整理之，審出入盈虛之數，謀損益調劑之方，由是統計尚焉。統計云者，非計行政之工作及手續，乃計自然現狀及人爲徵象之所生結果耳。近世東西各國，胥製有統計年鑑，且彙各國年鑑，爲世界年鑑，以資比較。縱言之，來年與往年比較；橫言之，此國與彼國比較，藉模仿而改良，以競爭爲進步，國勢之蒸蒸日上，道率由此。中國統計事宜，倣自清季緣國變而輟。吾魯二十六年前，當軸曾就省區一隅，犆發其凡，而未竟其委。今省署成立歷三載矣，屢擬賡續辦理，徒以册籍焚燬，無所取材，各地治安，又未盡克復，欲一一實施調查，不無困難。茲就二十九年各機關報告所載，及分別採捋，次第編列，亦知舛謬不免，未足語於年鑑，姑以是作大輅之椎輪云爾！然因各種事務之出入盈虛，施以損益調劑，俾有所徵象，與年俱進，則公署同人之責，所應交相孟晉，而未容故步自封者也，是爲序。

山東省長唐仰杜撰

中華民國三十年六月

序　三

周禮歲會月要，近世統計之權輿也。蓋以觀察一般事物之狀態，而集同一範圍內之多數事物，以算式比較之，謂之統計。專記一年內之各項政務，表列而衡度之，謂之年鑑，或統計年報。皆所以資考核，明損益，顯眞象，而覘成績也。我　省長唐公治魯，已逾二年，百廢俱舉，凡有關於國計民生諸要政，莫不奮迅人，實施，程功計日，方寸之中，自有一册明晰誠確之統計，非曲學淺所能窺測。而二十八年事多草創，力行之未遑，何暇爲比較。迨及二十九年年終，吾魯政令，已將達於全省，一切政治，亦漸入正軌，比較衡度，不可復緩，於是有統計年報之印製，由各廳處就主管事項，分別調查列表，送由秘書處彙編。星五忝司民政，所有二十九年度民政工作，已由廳撮摘概要，印製專册，而本年報所列各表，係就秘書處規定範圍，調查塡送，如區域推進，行政人員訓練，以及保甲平糶倉儲等八表，皆於民政有重大關係。至於地價調查等四表，均經令縣詳查塡送，因未收齊，擬於續印三十年統計年報時，再行列入。謹書其始末於是，以貢於披閱是册者。

山東省公署民政廳長張星五謹誌

中華民國三十年六月

山東省統計沿革概略

(一)前清末葉統計機構之初軔

前清光緒三十二年，設憲政編查館於北京，分年籌備立憲。各省設調查局，爲立憲籌備事項之一。山東調查局，以三十四年成立，局設總辦，內分法制統計兩科，各設科長一人，以下各分三股，除法制科爲預備編纂法典外，統計科，則掌理外交，民政、財政、教育、司法、實業、交通、各項調查統計。局務屬山東巡撫統轄，而受憲政編查館之指導。所有統計表册程式，概由編查館印製頒發。並於各縣分設統計處，以便實地調查，供給資料，其時經費充足，組織健全，是爲魯省統計機構發軔之始。

(二)鼎革後之統計組織

民國肇興，百端待舉，統計事務，限於人才及經濟，未能及時推行。十三年，熊炳琦長魯，始於省署設統計處；內分調查審計兩股，委王大楨爲處長。旋龔積炳長魯政，爲培植統計人才，開辦統計講習所，仍委王大楨兼任所長，不久王去魯，所事無形停頓。十五年，張宗昌督魯之時，杜樹棻繼任處長，重加整飭，並於省屬各機關，及各道縣公署，設置統計專員。十七年五月，張督辦去職，時局緊張，統計處隨以瓦解。

(三)十七年十一月後之統計組織

十七年山東省政府在泰安成立，十一月於秘書處第一科，附設統計股。次年七月，省政府移濟南，陳調元主魯，將統計股改隸第四科，主編工作報告，附刊省政府公報。十九年，陳調元去，韓復榘繼之，裁撤統計股，事務由第四科財政股兼辦。二十四年，於地方行政人員訓練所，招考統計學員四十人，入所訓練，一年畢業，分發省會各機關，辦理統計事務。次年四月，按照地方行政機關統計組織暫行規則，成立統計委員會，以秘書長張紹堂爲委員長，第四科長李宗唐爲責任委員，由市政府調秉謙充專任幹事，統計基礎，於以確立。是年八月，添招統計速成班三班，六個月畢業，計得學員百三十餘人，分發各縣市政府及各專員公署。後又續招四十人，備補充之用。是爲民國以來，魯省之統計機構組織最稱完備時代。

通讯工作（济南）

鲁中大众通联科编　编者刊　济南［出版日期不详］［总期数不详］不定期　17cm

该刊为新闻业务刊物。主要反映鲁中解放区群众运动和大生产运动开展情况，报道解放区民主建设和群众性活动，引领新闻通讯工作方向，指导工农通讯员业务学习。栏目有《通讯报道工作》《来信》等。

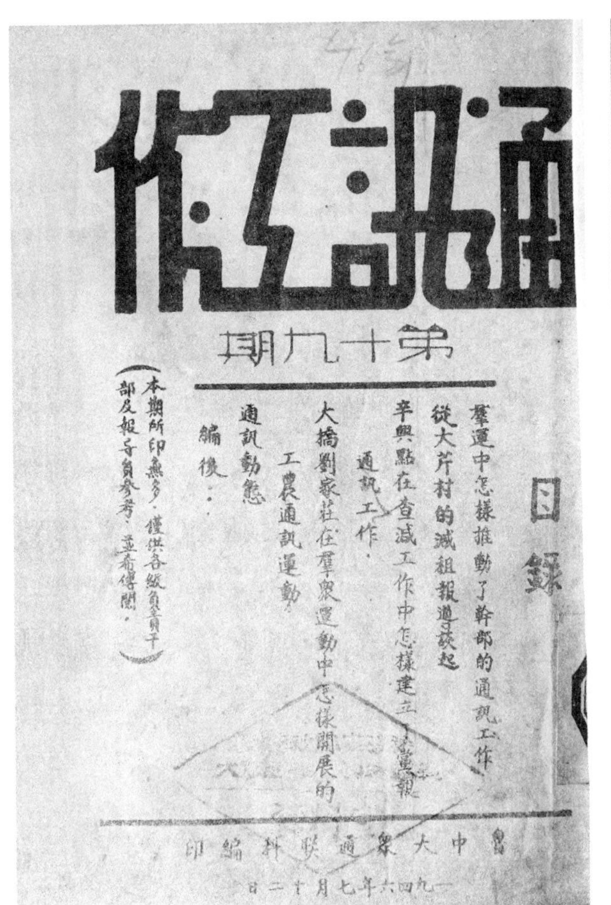

通訊工作

第十九期

目錄

（本期所印無多，僅供各級負責幹部及報導員參考，並希傳閱。）

魯中大衆通聯科編印
一九四六年七月二十日

羣運中怎樣推動了幹部的通訊工作

△劉子正▽

在我們推動開展羣運工作中，是怎樣的推動了幹部的寫稿，與進行了幹部對通訊工作的思想教育，現在將我在羣運中得到幾點經驗與體會介紹出來，作爲各地在羣運工作中，開展推動幹部通訊工作的參考。

我們羣運工作隊共團十個幹部組成，劃分了三個小隊，在我們剛剛開始工作時，即將通訊報道工作，一般的佈置了一下，從此在我們每次總結會議上，我們都談到每個幹部對這一工作是否認真重視！但有的幹部則認爲「重點突不破，無啥寫，寫什麼？」這時就指出寫稿報導與工作不能分開，爲什麼重點突不破，就是很好的工作教訓，這樣提出來，給幹部對寫稿認識又提高了一步；

重點突破後，又加強幹部的黨報與通訊工作的思想教育，強調說明發動羣衆，是黨給我們任務，而通訊工作同樣也是黨給我們的任務。我們應對黨負責，對我們的黨報負責，應百分之百的去完成他，經這樣不斷的動員教育，部份幹部了解了寫稿是自己應負的工作，有的比較積極的幹部即開始寫稿，在領導上我們即適當進行了表揚鼓勵，號召大家向這樣的同志學習，另外對部份仍然不寫稿的幹部，即進行個別談話動員教育，糾正了部份幹部存在「誰的寫」的偏頗思想，嚴格的提出了不願寫稿，就是不願工作的表現，這樣刺激落後幹部的思想，啟發了幹部的積極性，在這樣號召推動下，寫稿的情緒提高了，在每個幹部的思想上重視了這一工作，在二十六天中即寫稿三十六篇，同時在總結工作中寫稿通訊也定爲總結內容之一，特別積極者在會議上進行了表揚，並提出宣褒的幹部

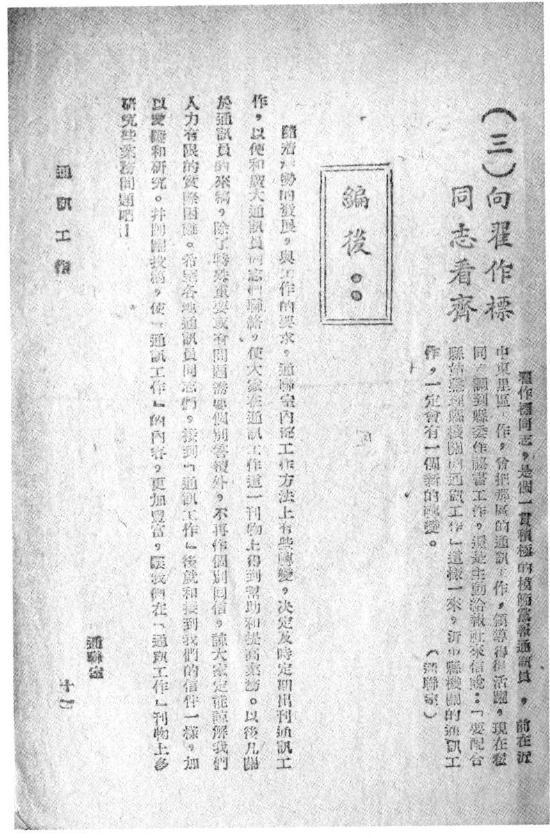

（三）向翟作標同志看齊

翟作標同志，是個一貫積極的模範寫報通訊員，前在沂中東里區工作，曾把那區的通訊工作，領導得很活躍，現在翟同志調到縣委作秘書工作，還是主動給報社來信說：「要配合縣黨委領縣機關的通訊工作」這樣一來，沂中縣機關的通訊工作，一定會有一個新的轉變。（通聯室）

編後

隨着形勢的發展，與工作的要求，通聯室內部工作方法上有些轉變，決定及時定期出刊通訊工作，以使和廣大通訊員同志們聯繫，使大家在通訊工作這一刊物上得到幫助和提高業務。以後凡關於通訊員的來稿，除了特殊重要或有問題需要個別答覆外，不再作個別回信，諒大家定能諒解我們人力有限的實際困難。希望各地通訊員同志們，接到「通訊工作」後就和接到我們的信件一樣，加以要臉和研究。并鬧躍投稿，使「通訊工作」的內容，更加豐富，讓我們在「通訊工作」刊物上多研究些業務問題吧！

通聯室

道院公会议事录

济南道院编　编者刊　济南［出版日期不详］［总期数不详］［刊期不详］ 25cm

该刊是济南道院的公会议事录。道院规定："每年春期，济南母院召集各地道院同志开大会一次，报告本届工作之经过，筹议下届工作之进展。"道院公会一般于每年春天在济南母院召开，届时全国各地道院包括海外部分道院均派代表与会。因此，济南道院编印的历届《公会议事录》就成为研究整个道院组织历史不可或缺的文献。历届议事录内容包含公会召开前所出的训文、各院代表姓名、会议执事人姓名、公会会议规则、开会及闭会程序、议案及表决情况等内容，特别是每届公会议事录后附记的上一年济南母院各项报告，是了解济南母院发展变迁的原始资料。

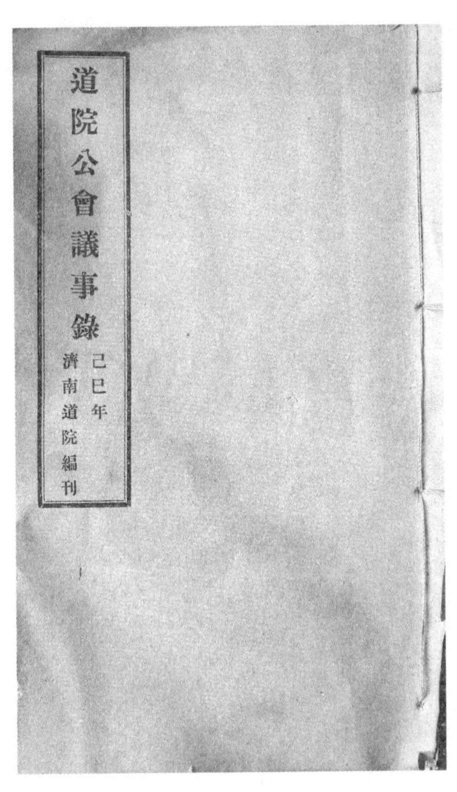
道院公會議事錄

己巳年

濟南道院編刊

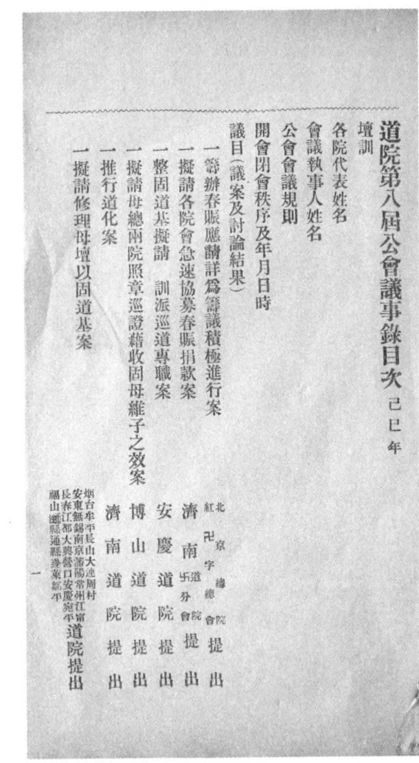
道院第八屆公會議事錄目次　己巳年

壇訓

各院代表姓名

會議執事人姓名

公會會議規則

開會閉會秩序及年月日時

議目（議案及討論結果）

一籌辦春賑應請詳爲籌議積極進行案　北京道院紅卍字總會提出

一擬請各院會急速協募春賑捐款案　濟南道院卐分會提出

一整固道基擬請　訓派巡道專職案　安慶道院提出

一擬請母總兩院照章巡證藉收固母維子之效案　博山道院提出

一推行道化案　濟南道院提出

一擬請修理母壇以固道基案　烟台牟平長山大連周村安東無錫南京藩陽常州江甯長春江都大興營口安慶宛平福山灘縣通縣登萊鄒平道院提出

一

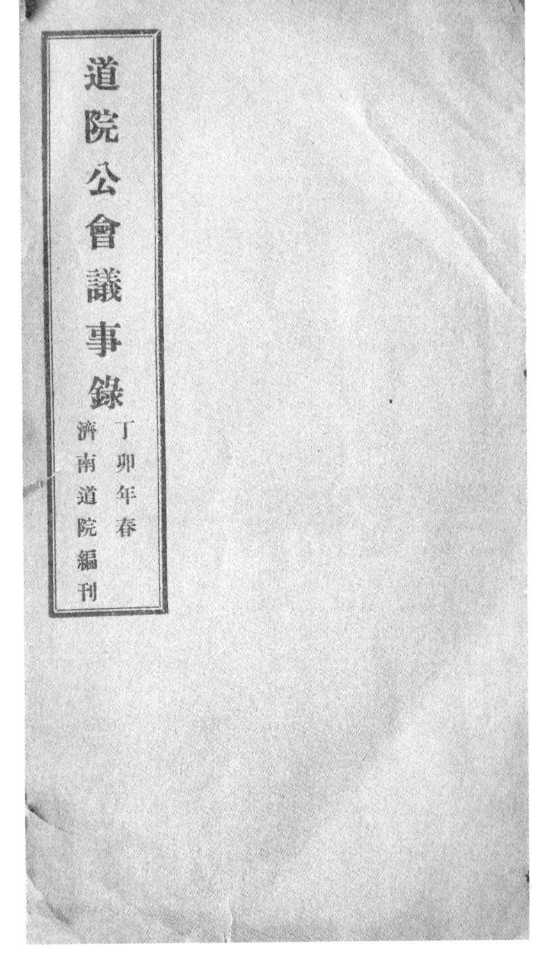
道院公會議事錄

丁卯年春

濟南道院編刊

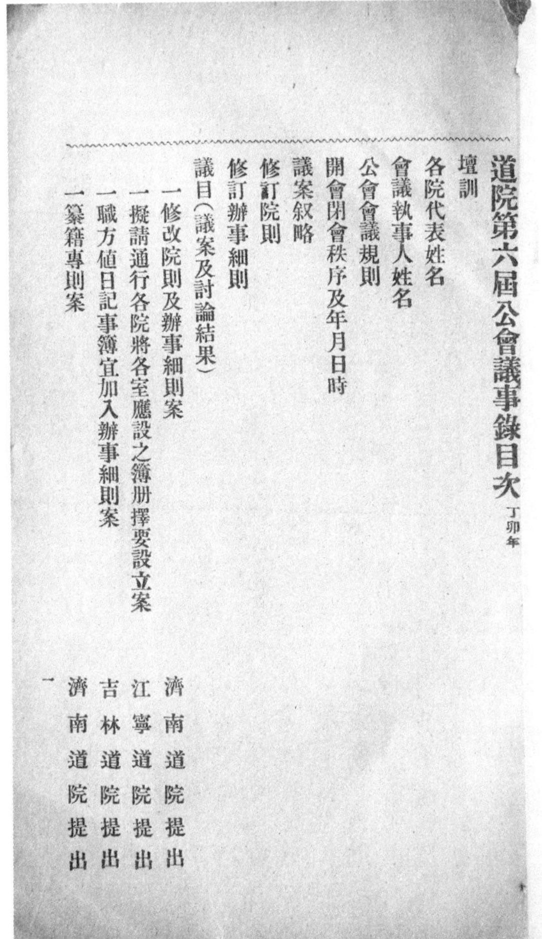
道院第六屆公會議事錄目次　丁卯年

壇訓

各院代表姓名

會議執事人姓名

公會會議規則

開會閉會秩序及年月日時

議案叙略

修訂院則

修訂辦事細則

議目（議案及討論結果）

一修改院則及辦事細則案　濟南道院提出

一擬請通行各院將各室應設之簿册擇要設立案　江寧道院提出

一職方値日記事簿宜加入辦事細則案　吉林道院提出

一纂籍專則案　濟南道院提出

一

济中校刊

山东省立济南初中校刊编辑委员会编　编者刊　济南［出版日期不详］［总期数不详］［刊期不详］26cm

该刊是初中校刊。内容有陶希圣先生的《中国历史上都市与乡村的关系》的演讲稿以及师生发表的散文、日记、回忆文章等，此外还有校事纪要。

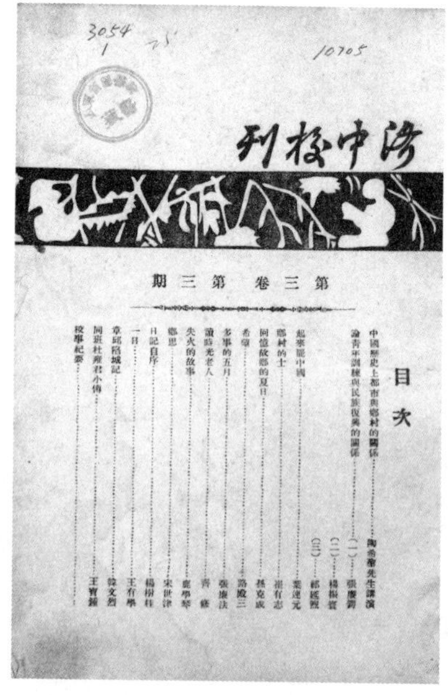

刊校中濟

第三卷 第三期

目次

力行半月刊

汪力文编　力行半月刊社［发行］　济南　［出版日期不详］［总期数不详］　半月刊　26cm

该刊创刊于济南，栏目有《社论》《半月论坛》《专论》《新闻人物》《文艺》。

力行半月刊

·第二卷·
·第五期·

本期要目

論新作風運動
半月論壇
國文的宇宙本體論
中國統一的展望
論財政改革
科學與戰略
藝夢瑣錄

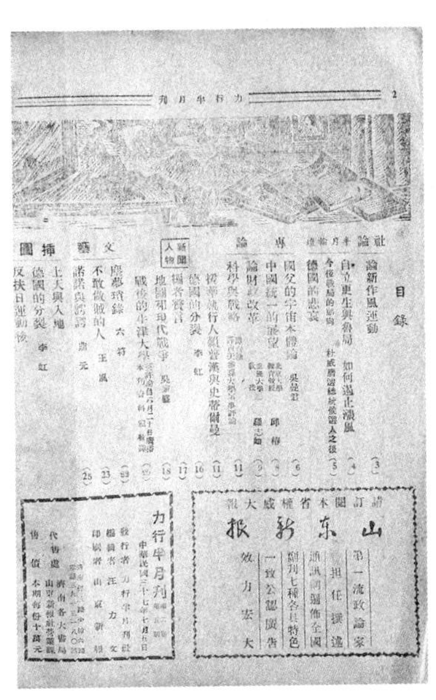

社論

論新作風運動

青年月刊

青岛青年月刊社编　编者刊　青岛 ［出版日期不详］［总期数不详］ 月刊　27cm

该刊社址在湖北路 5 号。辟有《特载》《转载》《论著》《青年论文专栏》《文艺》《通讯》等栏目。

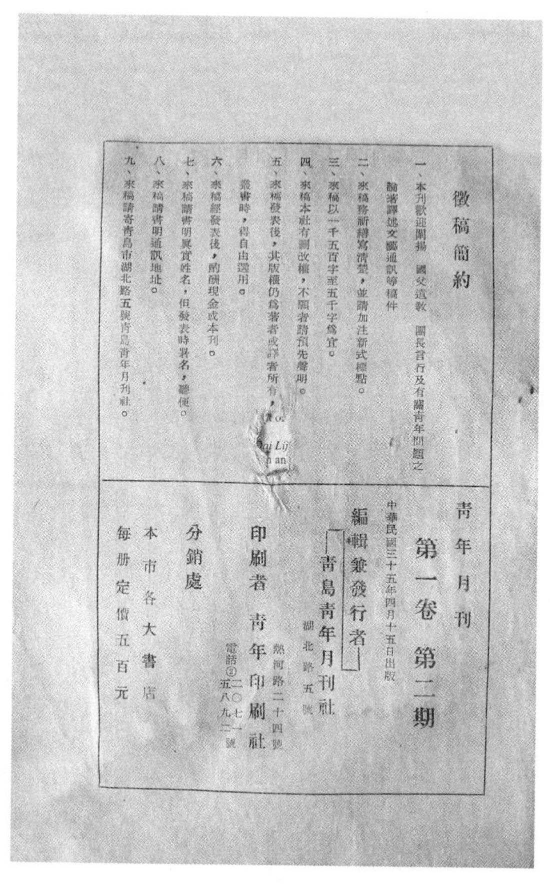

徵稿簡約

一、本刊歡迎闡揚　國父遺教　團長言行及有關青年問題之論著譯述文藝通訊等稿件
二、來稿務祈繕寫清楚，並請加注新式標點。
三、來稿以一千五百字至五千字爲宜。
四、來稿本社有删改權，不願者請預先聲明。
五、來稿發表後，其版權仍爲著者或譯者所有，……叢書時，得自由選用。
六、來稿經發表後，酌酬現金或本刊。
七、來稿請書明眞實姓名，但發表時署名，聽便。
八、來稿請書明通訊地址。
九、來稿請寄青島市湖北路五號青島青年月刊社。

青年月刊　第一卷　第二期

中華民國三十五年四月十五日出版

編輯兼發行者　青島青年月刊社　湖北路五號

印刷者　青年印刷社　熱河路二十四號　電話②二〇七一　五八九二號

分銷處　本市各大書店

每册定價五百元

边区政报

晋冀鲁豫边区政府编　编者刊　［邯郸］［创刊日期不详］～1947年5月1日　1期～71期　半月刊　18cm

该刊主要通报晋冀鲁豫边区财政、经济、教育等项工作的情况，目的是交流经验，配合指导中心工作。内容涉及重要的方针、计划、条令、政令等，例如薄一波、杨秀峰撰写的《关于秋冬季生产工作的指示》等。栏目有《特载》《参军动态》《群众动态》等。

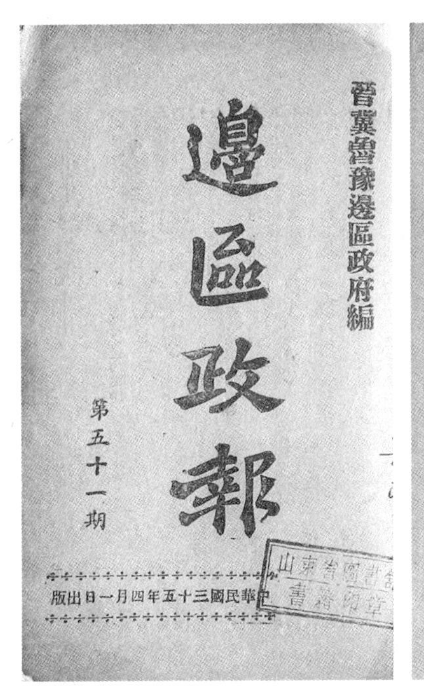

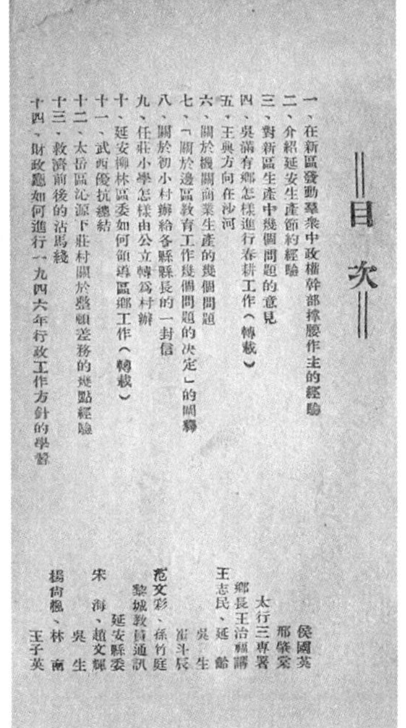

目次

一、在新區發動羣衆中政權幹部撑腰作主的經驗
二、介紹延安生產節約經驗
三、對新區生產中幾個問題的意見
四、吳滿有鄉怎樣進行春耕工作（轉載）
五、王興方向在沙河
六、關於機關商業生產的幾個問題
七、「關於邊區教育工作幾個問題的決定」的闡釋
八、關於初小村辦給各縣縣長的一封信
九、任莊小學怎樣由公立轉爲村辦
十、延安柳林區委如何領導區鄉工作（轉載）
十一、武西反抗總結
十二、太岳區沁源下莊村關於整頓差務的幾點經驗
十三、救濟前後的沽馬錢
十四、財政廳如何進行一九四六年行政工作方針的學習

侯國英
邢肇棠
太行三專署
鄉長王治輝講
王志民、延齡
吳生
崔斗辰
范文彩、孫竹庭
黎城教育通訊
延安縣委
宋海、趙文輝
吳生
楊尚楓、林甫
王子英

徵稿簡約

一、本刊爲組織全區經驗教訓的交流，目的在整理各種實際經驗，成爲綜合性的刊物，配合與指導中心工作；特別希望縣區級幹部掌握本刊精神，充分使用它。其主要內容是：方針、計劃、重要條令政令的報導，具體經驗的介紹，點滴的或綜合的典型，羣衆運動的動態，以及指導性的報告論文或工作總結。

二、本刊歡迎各級負責同志，特別是縣級秘書部門同志，負責組織各部門稿件，及時寫來，充實本刊內容。

三、來稿內容要充實具體，文字要通俗簡潔，繕寫清楚，不用怪字，每篇在三千字以下，特約撰稿不在此限。

四、來稿由作者署名蓋章，註明通信地址及職務，以便聯絡。

五、本刊對來稿有修改權，不用的稿件，未經聲明退還者，概不退還。

六、來稿一經發表，每千字酬稿費五十元。

七、來稿，請寄晉冀魯豫邊區政府秘書處。

邮政通报

胶东邮政通报社编　邮政管理分局　烟台　[创刊日期不详]～1948年　[总期数不详]　三日刊　20cm　油印

该刊是邮政工会刊物，主要刊登邮政工作通讯、各地战时邮政工作交流总结等文章。

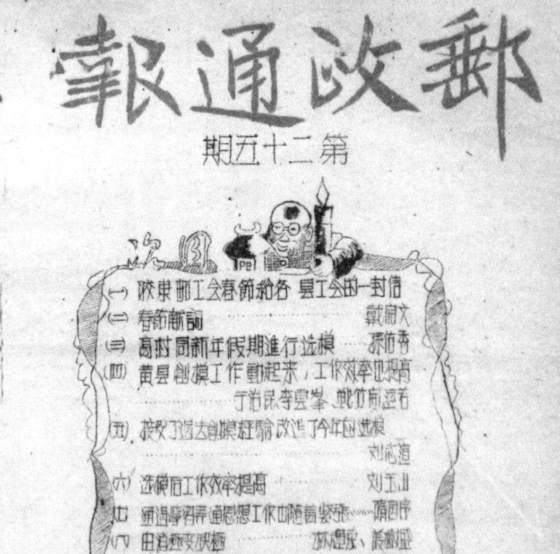

35492

郵政通報

第二十五期

冀東郵政通報社編
郵政管理分局出版
中華民國三十六年一月廿一日（对外秘密）

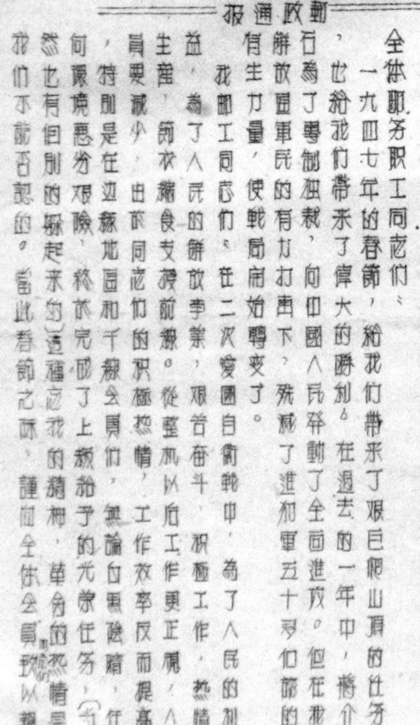

春节给各县工会的一封信

冀東區郵務职工会

全体職务职工同志们：

一九四七年的春节，给我们带来了艰巨爬山頂的任务，也给我们带来了偉大的胜利。在過去的一年中，蒋介石為了專制独裁，向中國人民発動了全面進攻。但在我解放區軍民的有力打击下，殲滅了進犯軍五十多个旅的有生力量，使戰局開始轉变了。

我郵工同志们，在二次愛國自衛戦中，為了人民的利益，為了人民的解放事業，艰苦奋斗，积極工作，热情生産，節衣縮食支援前線。從整風以后工作更正規，人員更减少，由於同志们的积極热情，工作效率反而提高，特別是在边緣地區和千線会員们，無論白天黑夜任何環境恶劣艰險，終於完成了上級給予的光榮任务，当然也有個別的跟起来与這種忘我的精神，革命的热情是我们不能否認的。當此春節之际，謹向全体会員致以親

黄县創模工作动起来 工作效率也提高

黄县局的創模工作，起初没有動起来的原因，是因為很多同志的思想包袱没有放下，還在閙個人问題；所以影响到創模工作的進行。

以后打通了思想，对目前的形势有了認識，县局便提出創模，挑起革命競賽，発揚革命英雄主義，這時就有部份的动起来了，同子对同子，區对區，同志们对同志们互相挑起競賽，所以在工作上也改了作，工作效率提高了。如有良量同刁学仁同志在風雪的天气，一個人幹兩個區的工作，不但完成了任务，同時精神還非常高漲。城廂區郵務員李福田同志，不但坚持了個人的城廂工作，並且还補出時間跑千線？县局通信員李松山同志，碗向前奔，大雪紛飛，道路泥濘，将鞋子穿碎了，無法行走，即亦着腳走，完成了工作任務，

由於以上同志的积極工作，也推动了大家，感化了消动们，人向起的同志们，有的情員也把個人主義的包袱放下，還有的長期間活动的人向起？現在都轉入創模的热潮中去：(黄县班局于治民、李雲峯、戴方同、孫逸若)

☆ ☆ ☆

改進了今年的選模

柄同接受了過去的創模經驗

一九四五年的創模，我们總結有以下缺点：

(一)县到區兼体迭，至不了解情況，单靠自述反其他少数同志報，自許多缺点没有說出来，光說些優点。

(二)在模範事实時，不夠全面，没能由点滴到經常，由個人到集体等全部模範事实，貫串起来，来認識一個模範。

(三)平時对創模工作存在着忽視現点，没能很好的培养模範和缺乏素常準备工作，一些要選模就手忙脚亂，找不出对象，即臨時對充数。

(四)模範事蹟没有和思想上結合起来認識，結果選出的模範

医务生活

医务生活社编　编者刊　［济南］［创刊日期不详］～1948年9月　1卷1期～5卷1期；复刊1951年1月～1951年11月　1卷1期～1卷6期　月刊　18cm

该刊主要刊登各类医学论著，包括医学原理、临床经验、各类病例、各种药品的成分及性能、国外医学界情况等内容。栏目有《论著》《报告》《药物与制造》。该刊原属华东总部卫生部山东和平医院，由山东医务生活社编，1951年迁上海复刊，改由医务生活编委会编，期数另起。

醫務生活 第五卷第一期 目錄

胸部戰傷的治療

崔義田

胸部戰傷，如打傷心臟、心膜、和大的血管，重的多數立時死亡。這些器官創傷的治療，屬於專門知識和技術。非一般外科手術所能處理，本篇暫不論它。這裡所討論的是胸壁胸膜肺臟的戰傷治療，都是常見常做的事情。

胸部戰傷的分類

（一）胸部震盪傷（胸部沒有外傷，損傷在內部）

這一類傷，因爲接近地面或在水裡發生爆炸，空氣或水浪的震盪力量，突然加到胸壁，傳達到內臟器官所致。損傷的結局，是胸壁肋間血管、胸膜和肺組織破裂流血，病人有重的休克，胸部疼痛，呼吸困難，吐痰帶血，重的常是立即死亡。早期治療以救治休克爲主，注射嗎啡，使病人安靜，內服磺胺製劑，防止傳染。這種損傷，流血的面積常是很大，外科手術治療收效不大，不如採用保守療法。

（二）胸部有創口的損傷

這類創傷，包括胸壁、胸膜、肺臟、縱膈障、心包、心臟、大血管的受傷。重的傷，損傷心臟大血管和大部肺組織，多數立即死亡。有救治希望和辦法的，多以胸壁胸膜和肺臟的戰傷。

A、胸壁小的穿通傷

胸壁小的貫通傷或盲管傷，多數是不爆炸的子彈打的，如果傷口很小，經過初期無毒處理，不做擴創術，也能很快愈合，一般的沒有嚴重的血胸或氣胸併發症。病人須靜臥休息，注射嗎啡，即使有吐血症狀也不要緊。內服磺胺製劑，防止傳染。這種小穿通傷結局常不壞。

—1—

附录一：参考文献

方志类

1.《威海市志》，山东人民出版社 1986 年版。

2.《济南出版志》，济南出版社 1989 年版。

3.《莱芜市志》，山东人民出版社 1991 年版。

4.《临沂地区报纸志（1916 ~ 1990）》，临沂大众报社、临沂地区报纸志编纂办公室编印，内部资料，1991 年版。

5.《德州地区志》，齐鲁书社 1992 年版。

6.《临沂地区金融志（1834 ~ 1989）》，临沂地区金融志编纂组编印，1992 年版。

7.《济南铁路局志》，山东友谊出版社 1993 年版。

8.《山东省志·报业志》，山东人民出版社 1993 年版。

9.《山东省志·出版志》，山东人民出版社 1993 年版。

10.《烟台报业志》，科学普及出版社 1993 年版。

11.《枣庄市志》，中华书局 1993 年版。

12.《日照市志》，齐鲁书社 1994 年版。

13.《烟台市志》，科学普及出版社 1994 年版。

14.《潍坊市志》，中央文献出版社 1995 年版。

15.《淄博市志》，中华书局 1995 年版。

16.《泰安市志》，齐鲁书社 1996 年版。

17.《济南市志》，中华书局 1997 年版。

18.《聊城地区志》，齐鲁书社 1997 年版。

19.《青岛市志·新闻出版志 / 档案志》，新华出版社 1997 年版。

20.《菏泽地区志》，齐鲁书社 1998 年版。

21.《东营市志》，齐鲁书社 2000 年版。

22.《临沂地区志》，中华书局 2001 年版。

23.《济宁市志》，中华书局 2002 年版。

24.《青岛市志·政权志》，五洲传播出版社 2002 年版。

25.《滨州地区志》，方志出版社 2003 年版。

26.《莱阳教育志》，方志出版社 2006 年版。

辞典类

1.《新闻学简明词典》，浙江人民出版社 1984 年版。

2.《近代中国百年史辞典》，浙江人民出版社 1987 年版。

3.《齐鲁文化大辞典》，山东教育出版社 1989 年版。

4.《无锡名人辞典》，南京大学出版社 1989 年版。

5.《中国现代文学词典·戏剧卷》，广西人民出版社 1989 年版。

6.《中国现代文学词典·小说卷》，广西人民出版社 1989 年版。

7.《中国当代书法家辞典》，浙江人民出版社 1990 年版。

8.《马克思恩格斯列宁斯大林毛泽东著作大辞典》（上），长春出版社 1991 年版。

9.《毛泽东周恩来刘少奇朱德邓小平陈云著作大辞典》（下卷），辽宁人民出版社 1991 年版。

10.《民国人物大辞典》，河北人民出版社 1991 年版。

11.《中国文学大辞典》，天津人民出版社 1991 年版。

12.《邓小平著作学习大辞典》，山西经济出版社 1992 年版。

13.《二十世纪中华文学辞典》，中国国际广播出版社 1992 年版。

14.《毛泽东大辞典》，中国国际广播出版社 1992 年版。

15.《中国文学家辞典·现代》（第五册），四川文艺出版社 1992 年版。

16.《马克思主义百科要览》，人民日报出版社 1993 年版。

17.《毛泽东选集大辞典》，山西人民出版社 1993 年版。

18.《新闻学大辞典》，河南人民出版社 1993 年版。

19.《宣传舆论学大辞典》，经济日报出版社 1993 年版。

20.《中国国民党史大辞典》，安徽人民出版社 1993 年版。

21.《邓小平大辞典》，红旗出版社 1994 年版。

22.《中国现代社团辞典（1919 ~ 1949）》，湖北人民出版社 1994 年版。

23.《中国历史地名大辞典》（下），中国社会科学出版社 1995 年版。

24.《中国新闻实用大辞典》，新闻出版社 1996 年版。
25.《中国抗日战争大辞典》，北京燕山出版社 1997 年版。
26.《新闻传播百科全书》，四川人民出版社 1998 年版。
27.《中华文化大辞海》，中国国际广播出版社 1998 年版。
28.《周恩来大辞典》，江西人民出版社 1998 年版。
29.《中国抗日战争人物大词典》，天津大学出版社 1999 年版。
30.《中国历史大辞典》（第三册），上海辞书出版社 2000 年版。
31.《中文期刊大词典》，北京大学出版社 2000 年版。
32.《天津大辞典》，天津社会科学院出版社 2001 年版。
33.《中国革命根据地大辞典》，广西人民出版社 2002 年版。
34.《中华民国史大辞典》，江苏古籍出版社 2002 年版。
35.《第二次世界大战大词典》，华夏出版社 2003 年版。
36.《中国古今地名大词典》（下），上海辞书出版社 2005 年版。
37.《百科知识数据辞典》，青岛出版社 2008 年版。
38.《基督教大辞典》，上海辞书出版社 2010 年版。
39.《浙江民国人物大辞典》，浙江大学出版社 2013 年版。

目录类

1.《1833 ~ 1949 全国中文期刊联合目录》（增订本），书目文献出版社 1981 年版。
2.《山东省图书馆馆藏缩微文献目录》，中国文联出版社 2005 年版。

著述类

1.《中国国民党全书》（下），陕西人民出版社 2001 年版。
2.《抗战时期期刊介绍》，社会科学文献出版社 2009 年版。
3.《近现代山东报刊知见录》，齐鲁书社 2013 年版。

附录二：相关人物生平简介

导语：本部分简要介绍本书中出现的民国时期山东地区出版报刊的责任人（包括社长、主编、副主编、编辑等）的生平。限于资料所限，未能将本书所涉及之人物全部收录。资料来源主要依据历史档案、人物传记、地方史志、报刊资料等。人物辞条的排列以汉语拼音为序。籍贯以现用地名为准。对所收录的人物，一般不作评价，但对某些特定人物，也本着求实态度，寓褒贬于字里行间。对于伪政权机构和伪职均加“”以标示。

1. 陈剑恒（1903 ~ 1989）：山东济南人。《一实月刊》编辑。1920 年考入山东济南省立第一中学，1922 年考取南京金陵大学。1929 年山东省开办实验小学，陈剑恒任校长。1937 年底济南沦陷，实验小学被迫停办，陈剑恒举家流亡四川，先后任教于中央大学、重庆大学、华西大学、四川教育学院等校。1950 年春，陈剑恒任重庆大学文学院院长和教育系主任。1952 年冬，陈剑恒被调往新乡师范学院任教，1954 年又被调往天津师范学院（即今之河北大学）任教。

2. 陈沂（1912 ~ 2002）：曾用名陈毅、陈恽、杜渐、光文、仲韬等，贵州遵义人。《冀鲁豫日报》社长。1931 年加入中国共产党。新中国成立前曾任八路军晋南军政干部学校校务部主任、八路军一一五师宣传部长、中共中央华东局宣传部长、东北军区后勤部政治部主任等职。建国后任解放军总政治部文化部首任部长。1955 年被授予少将军衔。1958 年被错划为“右派”，下放黑龙江劳动 21 年。1979 年平反，同年 6 月任中共上海市委副书记兼宣传部长，1996 年被聘为中国文联荣誉委员。

3. 丛笑难（1924 ~ ）：原名丛树之，山东威海人。1939 年 11 月加入中国共产党。1946 年调胶东军区政治部前线报社，历任编辑、主编、副社长、宣传科长兼报社社长。建国后，先后任山东军区国防工程指挥部宣传科长，北京政治学院理论研究室主任，石家庄高级陆军学院中共党史教研室主任、研究部副部长兼理论研究室主任等职。著有《甲午战争百年祭》等书。

4. 段凌辰（1900 ~ 1947）：河南卫辉人。《进德月刊》第二卷起任总编辑。1923 年国立武昌高等师范学校毕业。曾任西北大学教员、齐鲁大学讲师、国立中山大学教授。1938 年 9 月起任河南大学文史系教授。

5. 葛覃（1899 ~ 1958）：原名葛绮春，字锦堂，山东莱西人。《民言报》社长。1913 年，葛覃考入济南省立第一中学，在校时加入中国国民党。1919 年考入北京大学。毕业后，先后任国民党山东省党部委员兼组织部长、江苏省南通区行政督察专员公署专员兼保安司令、国民党江苏省政府主席、国民党中央委员、青岛市党部主任委员兼副市长及社会局局长、国民党中央立法委员等职。

6. 宫达非（1917 ~ 2000）：又名宫世勋，山东莱阳人。《鲁中大众》主编。1938 年加入中国共产党。曾任胶东军区干部学校宣教科科长，泰山时报社、鲁中日报社、鲁中南报社、新华社鲁中南分社社长兼总编辑。建国后，历任驻缅甸大使馆一等秘书，外交部西亚北非司专员、非洲司副司长，驻摩洛哥大使馆参赞，驻伊拉克、扎伊尔大使，外交部部长助理兼办公厅主任、副部长、顾问。

7. 何冰如（约 1906 ~ 1965）：山东陵县人。曾任济南《中报》和《大晚报》董事长。1946 年当选为“制宪国民大会”代表。1948 年当选第一届“国民大会”代表。后去台湾。

8. 何思源（1896 ~ 1982）：字仙槎，山东菏泽人。《山东公报》社长。毕业于北京大学。1919 年留学美、德、法等国。1926 年归国，加入国民党，并执教中山大学。1928 年后，历任国民革命军总司令部政治训练部副主任、国民党山东省党务整理委员会委员、山东省教育厅长、山东省政府秘书长等职。1946 年任北平特别市市长。建国后，任全国政协委员、中国国民党革命委员会中央委员。

9. 孔东平（1919 ~ 2008）：又名孔迈，号祥哲，祖籍广东普宁，1919 年出生在印尼苏门答腊。《新威日报》副社长。1938 年 9 月加入中国共产党。1940 年被任命为民运工作团副团长，参加沂蒙山抗日根据地建设。1944 年秋，被胶东画报社聘为特约摄影记者。1945 年，调任新华社胶东分社和《大众报》编委、采访科长、特派记者。解放战争初期，孔东平任《胜利报》社长。1949 年 4 月 20 日任《长江报》社长。1979 年 4 月，任新华社东京分社社长。

10. 匡亚明（1906 ~ 1996）：原名匡洁玉，又名匡世，曾用名匡梦苏、匡润之，曾用笔名何畏、何晨、梦苏，江苏丹阳人。《大众日报》首任总编辑。1926 年 9 月加入中国共产党。历任中共中央社会部政治研究室副主任，华东局宣传部副部长兼华东局机关报《大众日报》社长、总编辑等职。1955 年至 1963 年任东北人民大学（后更名为吉林大学）常务书记兼校长。1963 年起任南京大学党委书记兼校长。1982 年起为南京大学名誉校长。

11. 赖可可（1910 ~ 1987）：又名赖哥、羽鸿、梦凡，广东大埔人。《滨海农村》社长，《战士》党报委员会成员。1929 年春加入中国共产党。抗日战争时期，任山东省军区政治部宣传部长等职。1946 年 8 月，调任胶东军区政治部主任。1949 年 6 月，任青岛市市长、中共青岛市委书记。1965 年起，任中共浙江省委书记处书记、省委书记等职。

12. 黎玉（1906 ~ 1986）：原名李兴唐，山西原平人。《战士》党报委员会成员。黎玉长期担任山东党的主要领导，在黎玉指导下，山东省委先后建立了鲁西北特委、鲁东工委、鲁北特委、淄博矿区特委，调整了莱芜县委，恢复了胶东特委。抗战时，他负责山东省战时工作推行委员会的工作，解放战争中，为保卫和建设山东解放区，粉碎国民党的全面进攻和重点进攻做了大量工作。

13. 李弥（1902 ~ 1973）：字炳仁，号文卿，云南腾冲人。军民日报社理事长。1936 年任江西瑞昌县长，1940 年调升为第八军荣誉第一师师长，1944 年任第八军军长，1948 年任十三兵团司令官，淮海战役中，所部全部覆没。后任第十三编练司令部司令兼重编第八军军长，奉命入滇。云南解放后，李弥率部撤往缅甸、老挝、泰国交界地，1954 年撤往台湾。

14. 李作鹏（1914 ~ 2009）：江西吉安人。《战士》党报委员会成员。1930 年参加红军。1933 年加入中国共产党。1939 年起任八路军一一五师侦察科科长、作战科科长，山东纵队参谋处处长。解放战争时期，任东北民主联军参谋处处长、第一纵队副司令员兼参谋长、东北野战军第六纵队司令员、第四野战军四十三军军长。1955 年被授予中将军衔。后被开除党籍，撤销党内外一切职务。

15. 梁必业（1916 ~ 2002）：原名梁必煁，字朗山，江西吉安人。《战士》党报委员会成员。1932 年加入中国共产党。曾任红四军政治部干事，红一军团政治部宣传队队长、总务处处长。抗日战争爆发后，任八路军一一五师政治部总务处处长、组织部部长，山东军区政治部组织部部长、一师政委。解放战争时期，任东北民主联军第一纵队第一师政委、东北野战军第一纵队政委兼政治部主任、第四野战军三十八军政委。建国后任解放军总政治部副主任、军事科学院政治委员等职。1955 年被授予中将军衔。

16. 刘导生（1913 ~ 2014）：江苏丰县人。《大众日报》首任社长。1935 年加入中国共产党，曾参加"一二·九"运动。1937 年毕业于北京大学。曾任中华民族解放先锋队秘书长、大众日报社社长、滨海建国学院院长、中共滨海地委宣传部部长。建国后，曾任北京市委宣传部部长、北京市委书记。

17. 刘贯一（1907 ~ 1973）：原名刘圣道，字贯一，山东潍坊人。曾任国民党高密县政府第三办事处主任、平度“第五战区”直属第十六游击支队司令部参议、国民党山东省政府鲁东莱阳行署副官、山东第七区保安司令部参议等职。1942 年夏，刘贯一到西安任《华北新闻报》驻宝鸡办事处主任兼记者。1947 年在济南创办《工商晚报》，任社长，并创建私营印刷所。

18. 刘洪轩（1914 ~ 2006）：山东青州人。1931 年 8 月参加“互济会”，1936 年 11 月参加革命工作，1938 年 3 月加入中国共产党，先后任益都县委秘书，清河特委、地委秘书长等职。1940 年兼《群众报》社长，1949 年 1 月调任山东分局政策研究室处长、副主任。1951 年 6 月任淄博特委企业党委副书记、工业部长，1953 年 3 月调山东师范学院任副院长，1960 年至 1966 年初任院长，1972 年以后历任党委副书记、副院长、副校长等职。

19. 刘曲（1926 ~ 1997）：又名刘燕及，原名刘承蕙，曾用笔名北乃木、刘海子、草心等，山东即墨人。现代诗人，作家。1946 年任青岛《民声日报》总编辑。1947 年在王统照、徐悲鸿、臧克家、李白凤等人支持下，成立青岛文艺社，任社长，主编《青岛文艺》，还主编《文坛》《海声》月刊各一期，主持全市鲁迅纪念晚会。退休前为天津百花文艺出版社副编审。

20. 刘汝浩（1894 ~ 1985）：字霜桥，原名兆进，山东郯城人。《大华日报》负责人。1926 年加入国民党，1945 年后任国民党山东省政府委员、山东省第四办事处主任、国民党山东省党部总务处长、《大华日报》社长。1946 年任国民党山东省党部执行委员。济南解放后去了台湾。

21. 刘知侠（1918 ~ 1991）：原名刘兆麟，笔名知侠，河南卫辉人。1938 年参加中国共产党。解放战争时期任第三野战军山东兵团《前线报》特派记者，1943 年后任《山东文化》主编。1950 年山东省文联成立，他任编创部长、秘书长、党组委员。1959 年，当选为省文联副主席兼中国作家协会山东分会主席，并担任《山东文学》杂志主编。同年被选为中国文联委员、中国作家协会理事。1979 年任山东省文联党组书记。其创作的长篇小说《铁道游击队》蜚声海内外，并被改编为同名电影。

22. 刘子毅（生卒年不详）：山东安丘人，北京师范大学肄业。《济宁日报》负责人。1937 年加入中国共产党。曾任八路军平原纵队政治部主任、冀鲁豫日报社副社长、新华通讯社临时总社秘书长、中共赣东北区委宣传部副部长兼赣东北日报社社长。建国后，历任新黔日报社社长、中共贵州省委宣传部部长、四川日报社副社长、中共四川省委宣传部部长。

23. 刘宗卓（1920 ~ 2013）：又名声韵，湖南湘潭人。《前卫报》（鲁中）主编。1938

年 11 月加入中国共产党。抗日战争时期，历任八路军山东纵队政治部干事，山东鲁中军区《前卫报》编辑、主编。解放战争时期，任第三野战军三十五军政治部宣传部副部长、三野《人民前线》报总编辑、三野政治部宣传部副部长。建国后，历任南京军区人民前线报社副社长、总编辑，南京军区宣传部副部长，文化部政策研究室主任，中共陕西省委宣传部部长，红旗杂志社副总编辑，解放军报社社长。

24. 鲁萍（1920 ~ 1990）：山东蓬莱人。《胶东画报》社长。自幼酷爱书画，学书从颜、柳入门，12 岁即能书写春联，1936 年考入北平艺术专科学校，课余从齐白石习画。1937 年后从事文化、宣传、教育工作，曾主编《胶东前线》《战士朋友》等。1942 年任胶东画报社社长兼主编，1955 年当选为山东省文联执委兼山东省美术家协会副主席，1965 年任山东省文化局局长，1978 年任山东省文联第一副主席、山东省书法篆刻研究会会长等职。

25. 马少波（1918 ~ 2009）：原名马志远，笔名郊坡、志援、苏扬、红石等，山东莱州人。《胶东文化》主编。1931 年在山东省立第九中学读书时，主编《天外》月刊。1937 年参加中华民族解放先锋队。1938 年起参加胶东人民抗日救国军第三支队，兼任《海涛》半月刊编委。1939 年任八路军山东纵队第五支队司令部秘书长，并创作有小说、散文等，发表文艺评论，其中话剧《指挥》曾获 1942 年胶东文艺评奖第一名。1943 年调任胶东文协主编《胶东文艺》《胶东文化》和《胶东戏剧》。建国后任中央戏曲改进委员会常委兼秘书长等职，致力于京剧改革和研究工作。

26. 马声舞（1906 ~ 1961）：又名马光祖、马绳武，山东平原人。《山东青年日报》社长。1926 年春夏间，由李宗鲁、延伯真介绍加入中国共产党。同年夏秋之交，中共平原县支部成立，任支部委员。1927 年夏，任鲁北地委委员、平原县党支部书记。1928 年 6 月，被国民党逮捕，后叛变。抗日战争期间，曾追随反共顽固分子秦启荣。日本投降后，任三青团山东省总团部宣传组组长、复兴社山东行动组组长等反动职务。解放后，在山东农学院当职员。1955 年肃反后，被劳动教养。

27. 牟宜之（1909 ~ 1975）：字去非，山东日照人。《山东日报》总编辑。中国近代诗人、革命者。抗战时期，牟宜之曾任乐陵县长，接应八路军一一五师挺进山东，创建鲁北抗日根据地；后出任八路军一一五师参议室主任，策动多股敌伪军反正。解放战争时期，历任新四军兼山东军区驻济南办事处主任、山东军区敌工部副部长、辽东军区司令部秘书长和政治部联络部长等职。1950 年调济南市任建设局局长。1953 年调中央林业部任经营司司长。

28. 潘复生（1908 ~ 1980）：原名刘开浚，又名刘巨川，山东文登人。《柔锋》社长。1931 年 10 月加入中国共产主义青年团。12 月转入中国共产党。抗日战争时期，曾任中共山东分局组织科长兼干部科长、湖西地委书记等职。解放战争时期，任冀鲁豫区党委副书记。建国后，任中共河南省委书记、黑龙江省委第一书记兼省军区第一政委、东北局书记处书记等职。

29. 阮志刚（？ ~1939）：原名袁照高，曾用名袁时若、袁晓峰，山东沂水人。1929 年加入中国共产党。1938 年夏，参与筹建《大众报》，同年年底任大众报社社长，并主编《文化防线》杂志。1939 年 12 月在日军扫荡中不幸殉国。

30. 芮麟（1909 ~ 1965）：字子玉，号玉庐，江苏无锡人。诗人、作家和文艺理论家，在 20 世纪 30 年代与林语堂、赵景深等齐名。曾任《青声》主编。抗战期间，任山东省政府秘书，创办山东战时出版社，主编《大山东月刊》。抗战后期，在重庆任国民政府农林部总务司代司长等职。1945 年 10 月，任青岛市政府人事处长。同期，在青岛创办乾坤出版社和青声杂志社，任社长兼编辑。

31. 石玺（生卒年不详）：原名石涤尘，辽宁沈阳人。《公言报》副刊编辑。抗日战争时期就读于青岛崇德中学（今青岛十一中），参加进步活动，并开始文学写作。1946 年任《公言报》副刊《黎明》编辑。他的文学创作以诗歌为主，除供职《公言报》外，他还参加了青年人杂志社和群星话剧团，这两个组织都是中共青岛地下党组织领导的。新中国成立后，任重庆话剧院的编导。

32. 宿士平（生卒年不详）：原名宿文浩，江苏无锡人。1949 年 5 月 10 日《山东教育》在济南复刊后的第一任主编。1932 年 2 月加入中国共产党。1937 年 9 月，任中共江苏省外县工作委员会委员，在无锡、苏州等地工作。1938 年 2 月起任中共浙江温州市委书记，台州特委书记，浙赣铁路委员会书记。1945 年 7 月任苏浙日报社编辑科长。1946 年 1 月任山东省政府教育厅办公室主任、党总支书记。1950 年 1 月任云南武定地区专员。1951 年 5 月后，历任西南革命大学云南分校教务长、党组书记，云南省行政干部学校副校长，云南省委党校副校长。曾被推选为云南省第一届政协委员。

33. 孙昌熙（1914 ~ 1998）：山东安丘人。现代作家、文学研究家、教授。《中兴周刊》主编。1941 年毕业于北京大学中文系。1944 年至云南大理华中大学任讲师，1946 年秋赴青岛任山东大学中文系讲师，青岛解放后，继续在山东大学教书，并于 1958 年随校迁居济南。1958 年加入中国作家协会。曾为中国鲁迅研究会名誉理事、山东省鲁迅研究会会长。

34. 头山满（1855 ~ 1944）：号立云，出生于日本福冈市。《济南日报》社长。是日本“大亚细亚主义”之提倡者，历经明治、大正、昭和三代，是20世纪初日本右翼政治领袖，也是极端国家主义秘密团体黑龙会创办人。晚年积极支持德、日、意三国同盟和扩大对华侵略。

35. 万里云（1916～　　）：原名韦庆煌，壮族，广西融水人。《民兵》社长，《军政报》社长。现代作家，中国作家协会会员。1940年加入中国共产党，曾任第三野战军第十兵团宣传部副部长，前锋报社、战士报社、民兵报社及军政报社主编、社长。1964年任《福建日报》副总编。1977年8月出任福建省文化局局长、党组书记，1979年当选为福建省文联主席。

36. 王景西（1927～　　）：字鲁风，号君达，曾用笔名雷鸣、苗雨，堂号“鲁风楼”，山东海阳人。中国书法家协会会员，擅书法，兼好绘画。《青岛晨报》社长。1942年参加革命，长期从事文化艺术工作。曾任哈尔滨铁路局文协副主席，哈尔滨铁路局齐齐哈尔老战士协会副秘书长。

37. 王人三（1915～1998）：山东烟台人。《昌潍大众》社长。1938年加入中国共产党。1939年至1941年任中共北海地委统战部、宣传部和政府工作部部长。1941年至1947年，曾任胶东《大众报》社长。1948年任中共昌潍地委宣传部长。1951年任中共中央山东分局宣传部办公室主任。1952年后，历任中共徐州市委宣传部长、副书记兼市长、徐州市委第一书记。1956年后，历任中共江苏省委宣传部副部长兼《新华日报》总编辑，中共苏州地委书记兼苏州市委书记。1964年后，任外交部西亚北非司副司长、外交人员服务局副局长，后任中国驻阿联酋塞得港总领事，中国驻乍得、利比里亚、博茨瓦纳等国大使。

38. 王统照（1897～1957）：字剑三，笔名韦佩、息庐、鸿蒙等，山东诸城人。著名教育家、文学家。1926年迁居青岛，任中学教师，创办《青潮》月刊。1933年出版著名长篇小说《山雨》。1935年春，与洪深等在青岛创办《避暑录话》周刊。历任山东大学中国文学系主任、山东省文教厅副厅长、省文联主席、省文化局局长。1954年参加中国民主同盟，任民盟中央委员。同年6月当选为全国第一届人民代表大会代表。

39. 肖华（1916～1985）：江西兴国人。《战士》社长。1928年加入中国共产主义青年团。1929年任共青团兴国县委书记。1930年3月参加中国工农红军，同年7月加入中国共产党。参加过土地革命战争、长征、抗日战争、解放战争。中华人民共和国成立后，历任空军政委、总政治部副主任等职。1955年被授予上将军衔。他谱写的《长征组歌》被评为二十世纪华人经典音乐作品之一。

40. 徐冰（1903～1972）：河北南宫人。《新潍坊报》社长兼总编辑。1923年赴德国留学。1924 年在柏林加入中国共产党。1937 年后，任《解放》周刊编辑、中共中央党报委员会秘书长。曾翻译《共产党宣言》《哥达纲领批判》。抗日战争胜利后，任中共潍坊市委书记、济南市副市长、北平市副市长。建国后，任北京市副市长，中共中央统战部副部长、部长。

41. 杨宝琳（生卒年不详）：山东菏泽人。创办《山东妇女》。抗战时期，任重庆慰劳委员会委员。1945 年至 1947 年任山东省烈士遗族中学校长、山东省妇女运动委员会主任委员、山东省妇女会理事长、山东省慰劳总会主任委员、山东省人民自卫总队妇女总队长等职。1948 年当选为立法院立法委员。后去台湾，继任“立法委员”。

42. 于大申（1914 ~ 1984）：山东蓬莱人。《烟台日报》主编。1938 年参加革命工作，1939 年加入中国共产党。曾任中共胶东区党委机关报《大众报》编委、编辑科长、代总编辑。1945 年 9 月 18 日，在解放后的烟台创办《烟台日报》，任社长兼总编辑。1948 年 7 月 1 日，中共豫西区委机关报《豫西日报》在鲁山创刊，任副社长兼副总编辑。1949 年 2 月 19 日，改任《开封日报》副社长兼副总编辑。同年 6 月 1 日，中共河南省委机关报《河南日报》在开封创刊，任第一任社长兼总编辑。

43. 于梦尤（1915 ~ 1978）：山东文登人。《新威日报》总编辑。1938 年加入共产党。历任胶东《大众报》编辑、《胶东日报》总编辑、《青岛日报》第二总编等职。1955 年后，先后任中华人民共和国驻波兰使馆文化专员、对外文委第一司副司长、驻苏联使馆文化参赞。1972 年调入外交部，先后任驻埃及、利比里亚使馆政务参赞等职。

44. 恽逸群（1905 ~ 1978）：原名钥勋，字长安，笔名翊群，江苏常州人。1926 年 7 月参加中国共产党。1927 年“四一二”反革命政变后，在常州创办逸仙中学，以此为据点开展革命活动。1945 年 11 月奉命调到华中解放区工作，历任新华社华中总分社和《新华日报》（华中版）编委、华东总分社副社长、《大众日报》总编辑和济南《新民主报》社长等职。全国解放后，任上海《解放日报》社长、华东新闻出版局局长等职。

45. 战庆辉（1914 ~　　）：山东莱阳人。《大青岛》主编。抗战时期，先后任第三路军政训处政训员、山东省政府视察、第九区行政督察专员公署保安司令部政治部主任、专员公署第一科科长、青岛市政府秘书。1945 年抗战胜利后，当选为立法院立法委员。后去台湾继任“立法委员”。

46. 张乐古（1900 ~ 1950）：名同有，号乐古，山东即墨人。《平民报》社长。青岛帮会头目。抗战时至重庆，任青岛旅渝同乡会理事。1945 年 4 月任第四届国民参政会参政员。

47. 张黎群（1918 ~ 2003）：原名黎储力，曾用名张佛翔，四川蒲江人。青年文化报社社长。1936 年参加革命，1938 年加入中国共产党。建国后，曾任中国青年报社社长兼总编辑、团中央办公厅副主任、中共中央西南局办公厅副主任等职。

48. 张秋桥（1920 ~ 2010）：山东巨野人。1938 年 3 月加入中国共产党。曾任罗荣桓元帅秘书，1938 年 11 月随罗荣桓率领的八路军一一五师主力部队东进山东。抗日战争中后期至解放战争时期，先后任一一五师《战士报》一、四版主编兼记者组长，滨海军区《民兵报》主编，鲁南军区《前进报》社长，《津浦前线版》社长，鲁中南军区宣传部长兼《前卫报》社长。新中国建立后，先后任中央军委八一杂志社副总编辑，解放军报社副总编辑、党委第一副书记，总政治部宣传部副部长等职。

49. 张修己（1908 ~ 1986）：又名铁夫，代号老铁，山东文登人。《群力报》创办人。1934 年 8 月，加入中国共产党。1936 年 4 月，任中共文登县委书记。1937 年 12 月 15 日，中共胶东特委重新组建，任特委委员。1938 年后，任胶东军政委员会委员兼山东人民抗日救国军第三军军械部部长、胶东区党委民运部部长、胶东各界抗日救国联合会主任等职。新中国成立后，任建筑工程部行政司司长、华北工程管理总局副局长、淄博市副市长等职。

50. 赵铎（1916 ~ 2005）：山东莱阳人。《群力报》社长兼总编辑。1938 年 7 月加入中国共产党。在革命战争年代，历任胶东群力报社社长兼总编，中共胶东县委副书记等职。新中国成立后，任中国人民解放军西南服务团四支队政治部主任、西南局统战部办公室主任兼西南财委办主任、地质部测绘局副局长、四川大学党委书记等。

51. 赵季勋（1907 ~ 1958）：山东诸城人。《山东民报》社长。1944 年 1 月，任山东省政府委员兼总务厅厅长。1945 年 10 月，任山东省政府财政厅厅长。1946 年 11 月，当选为“制宪国民大会”代表。后任中国国民党山东省党部执行委员，山东民报社社长，行宪后当选为监察院监察委员。

52. 周保昌（1921 ~ 1992）：浙江省嘉兴市人。《新华文摘》编辑。1941 年后到抗日根据地工作，参与创办山东新华书店，任副经理。解放战争时期，任东北新华书店副总经理，主管发行工作，后任新华书店东北总分店经理。1954 年以后，历任人民出版社副社长、中国国际书店副总经理等职。

53. 庄仲舒（1893 ~ 1974）：山东莒县人。《山东时报》社长。1911 年加入中国同盟会，1920 年夏，任山东省实业厅科长。1921 年秋，在济南创设《山东时报》，1925 年报纸停刊。曾任国民政府山东省教育厅科长、中央训练委员会专门委员、济南市临时议会议长等职。后去台湾，任教于高雄工业职业学校。

附录三：相关团体机构简介

导语：本部分简要介绍本书中出现的与民国时期山东出版报刊相关的团体机构，包括其成立和发展过程、管辖范围、活动地域、主要活动、领导人及成员组成等。限于资料所限，未能将本书所涉及之团体机构全部收录。资料来源主要依据政府公报、历史档案、地方史志、报刊资料等。团体机构名称的排列以汉语拼音为序。对所收录的团体机构，只作客观介绍，不作评价。对于伪政权机构和伪职均加“”以标示。

1. 安福系（出自《大民主报》）

北洋政府时期依附皖系军阀的政客集团。1918 年 3 月，北洋政府国务总理段祺瑞为控制国会，唆使其亲信徐树铮及政客王揖唐、曾毓隽等在北京安福胡同建立俱乐部，拉拢、收买议员，操纵选举，结成政客集团，时称“安福系”。1920 年直皖战争中，皖系失败，安福系主要头目被通缉，安福系随之瓦解。

2. 安清道义会（出自《道义半月刊》）

即“山东省安清道义会”，1940 年 3 月在济南成立，是受日伪操纵利用的汉奸帮会组织。鼓吹“促进中日民族之亲善，以达东亚永久和平”。

3. 渤海区党委（出自《渤海日报》）

“中共中央山东分局渤海区委员会”的简称。抗日战争后期至第三次国内革命战争时期中国共产党在渤海解放区的领导机构。1944 年 1 月，根据中共山东分局决定，撤销清河区党委和冀鲁边区党委，合并组成渤海区党委，书记景晓村，副书记王卓如，组织部长苏杰，宣传部长陈放，秘书长马巨涛，管辖原清河、冀鲁边两区范围党的工作，下辖六个地委，1945 年 10 月调整为四个地委。1948 年 9 月，渤海区领导机构调整，党委书记由张晔担任，副书记刘格平、彭康、李广文，组织部长孙汉卿，宣传部长陈放。1950 年 5 月渤海区党委奉命撤销。

4. 国民党抗敌同志协会（出自《新胶东报》）

全称为“中国国民党抗敌同志协会”，是抗日战争时期在中国共产党领导下，由一小部分进步的国民党员和为数不少的高、中级知识分子自动组织的抗日民族统一战线组织。

5.“华北政务委员会”（出自《鲁嵯月刊》）

日本侵略者在华北控制的傀儡行政机关。1940 年 3 月 30 日，伪华北政务委员会在北平宣告成立，委员长王克敏。该委员会名义上虽隶属于汪伪国民政府，实际上受日本军队直接控制。1945 年 8 月日本投降后解散。

6. 华东军区（出自《军直小报》和《战勤报》）

1947 年 1 月下旬，新四军、山东军区、华中军区遵照中央军委命令撤销番号，合编成华东军区，下辖渤海、胶东、鲁中、鲁南、苏北、苏中六个军区。陈毅任司令员，饶漱石任政治委员，张云逸任副司令员，黎玉任副政治委员。1949 年 2 月，华东军区机关奉命南移，离开山东。1955 年 4 月，根据国务院 2 月 11 日关于全国军区重新划分的决定，华东军区改编为南京军区，原属华东军区的山东军区改编为济南军区。

7. 华东野战军（出自《华东前线》）

第三次国内革命战争时期，中国人民解放军主力部队之一，是由抗日战争时期在华中的新四军大部和在山东的八路军一部逐步发展而成。1947 年 1 月，中共中央军委为了便于统一指挥，决定撤销山东野战军和华中野战军番号，正式成立华东野战军，并成立中共华东野战军前敌委员会。陈毅任司令员兼政治委员和前委书记，粟裕任副司令员，谭震林任副政治委员，陈士榘任参谋长，唐亮任政治部主任。1949 年 2 月 9 日改称第三野战军。

8.“济南市公署”（出自《济南市公署二十七年统计专刊》）

日军侵占山东后，成立汉奸政权伪山东省公署，下设道（市）、县、自治组织三级：全省分四个道、两个市公署，即“鲁东道”“鲁西道”“鲁南道”“鲁北道”和“济南市公署”“烟台市公署”。1938 年 4 月 6 日，“济南市公署”正式建立，直隶于“山东省公署”，同时接受济南日本特务机关的指挥。1944 年 1 月 1 日起，改称“济南市政府”，直到 1945 年 8 月垮台。

9. 济南特别市军事管制委员会（出自《新民主报》）

1948 年 9 月 24 日解放济南的战役结束后，为确立革命秩序、维持社会治安、保障人民生命财产安全，济南即划为特别市并实行军事管制，至 10 月 31 日军事管制结束，这个时期为济南市的军管时期。济南特别市军事管制委员会为这一时期最高权力机关，统一管理全市军事行政事宜。经过 1 个多月的军事管制，军管会镇压了敌特分子，维护了社会秩序，并从各方面积极创造条件，将其机构逐步过渡到政府的办事部门。

10. 交通部津浦区铁路管理局（出自《交通部津浦区铁路管理局日报》）

1946年3月1日成立，局机关设在济南，管辖津浦全线、胶济全线及石德线及其支线的铁路事务。该局在天津、徐州、青岛设办事处，其在天津设有机务、检车、工务、车务段等单位。天津解放后津浦北段归入平津铁路管理局。

11. 胶澳商埠督办公署（出自《胶澳公报》）

1922年12月10日，北洋政府正式收回青岛，并将原租借地辟为商埠，设胶澳商埠督办公署，直隶北洋政府。商埠管辖范围包括青岛特别市和胶澳各乡。其辖属机构有：秘书处、总务处、政务处、保安处、工程处及财政课、交涉课、警察厅、港务局、码头局、港工局、水道局、电话局、林务局、测候局、农事试验场、商品陈列馆、传染病院、普济医院、李村医院、屠兽场、马术所。此外还设有参事室、编纂委员会、财政审查会、财政顾问会、移交公共工程委员会以及自治筹备委员会、自治讲督所、军事审判处等机构。1925年，改为胶澳商埠局，隶属山东督办公署。

12. 胶东各界抗日救国联合会（出自《群力报》）

简称“胶东各救会”，成立于1940年，是响应中共山东分局在各地迅速组织工农青妇各团体，建立抗日救国会的指示基础上创办的。胶东各救会自成立之日到1947年底撤并的7年间，以报纸、书籍、传单、布告等多种形式动员、引导根据地人民的抗日斗争，为全国抗战胜利发挥积极作用。

13. 胶东行政区（出自《大众报》（黄县））

1938年2月设置，1950年5月撤销。辖境范围包括潍坊以东整个山东半岛。行政公署驻莱阳县（今莱阳市）。辖东海、南海、西海、北海、滨北五专区。

14. 胶东战邮管理局（出自《战邮通报》）

全称“胶东战时邮政管理局”，是邮政、交通、发行三位一体的新型邮政机构。其首要任务是为战争需要传送党政军文件和发行党的报纸书刊等宣传品，也办理军民信函、包裹、汇款寄递业务。至1947年，胶东区内共设邮政局、所178处。抗日战争至解放战争期间，胶东根据地和解放区的战时邮政系统与城镇中华邮局同时并存。

15. 胶济铁路管理局（出自《胶济日刊》）

1923年1月北洋政府将胶济铁路收归国有，在青岛设立胶济铁路管理局。1928年11月1日，胶济铁路管理局归南京国民政府铁道部管辖。1929年5月，胶济铁路管理局改组为胶济铁路管理委员会。1938年1月，日军占领胶济铁路，对胶济铁路管理局实行军事管制。

16. 礼贤中学（出自《礼贤周刊》）

初名“礼贤书院”，1901 年（清光绪二十七年），由德国基督教同善会传教士尉礼贤创办，是青岛最早的教会中学。尉礼贤的教育方针是“中西结合”“有教无类，一视同仁”，办学方针是“中学为体，西学为用”，除高级德文班外，其余学科采取清政府《钦定高等学堂章程》授课。该校是抗战前夕青岛私立学校中规模最大、教育水平最高的一所中学。

17. 鲁南军区（出自《前进报》）

抗日战争和解放战争时期鲁南民主根据地的军事领导组织，中国共产党领导的负责鲁南地方武装工作的机关。1940 年 10 月 25 日成立，邝任农任司令员兼政治委员。1942 年 8 月 1 日以后，归山东军区建制。1947 年 2 月，山东军区与华中军区组成华东军区后，鲁南军区隶属于华东军区。1948 年 7 月，与鲁中军区及滨海、泰西军分区合并成立鲁中南军区。

18. 鲁中军区（出自《前进报》）

抗日战争和解放战争时期鲁中民主根据地的军事领导组织，中国共产党领导的负责鲁中地区地方武装工作的机关。1942 年 8 月 1 日，原八路军山东纵队机关一部改为鲁中军区，罗舜初任司令员兼政治委员，石潇江任参谋长，周赤萍任政治部主任，下辖第一（泰山）、第二（沂蒙）、第三（泰泗宁）军分区。辖区位于山东省中部，济南、安丘、临沂、曲阜之间，隶属山东军区领导。1947 年 2 月后，属华东军区。1948 年 7 月，根据中共华东局决定，与鲁南军区及滨海、泰西军分区合并，成立鲁中南军区。

19. 鲁中区行政公署（出自《行政通报》）

全称“鲁中区行政主任公署”，是在中国共产党领导的鲁中地区抗日民主政权不断发展的基础上建立的。1945 年 7 月 13 日至 8 月 8 日在山东沂南刘家店子举行鲁中区第一届参议会，正式批准成立鲁中区行政主任公署，会议选举王子文为主任，马馥塘为副主任，江海涛任秘书长。辖泰山、沂蒙、泰南、沂山、鲁山 5 个专署。1948 年 7 月 20 日，山东省政府决定，将鲁中、鲁南两个行政区合并，成立鲁中南行政公署。鲁中区行政主任公署随即撤销。

20. 清河区特委（出自《群众报》）

山东清河区中共党组织的建立和发展，经历了清河区特委、清河区地委和清河区党委三个时期。1938 年 5 月中下旬，在中共山东省委领导下，成立了清河区特委，书记霍士廉，副书记兼组织部长金明，宣传部长姚仲明，民运部长赵明新。当时在清河特委领导下，有历城、桓台、临淄、博兴、广饶、寿光、益都、淄川、博山、临朐、诸城、安丘等县。清河特委的建立，加强了党在这个地区的统一领导，使清河地区党的各项工作和抗日武装斗争有了新的发展。

21. 三青团（出自《新生日报》）

“三民主义青年团”的简称，国民党领导的青年组织。1938 年 3 月，国民党临时全国代表大会决定取消预备党员制，设立三民主义青年团。同年 4 月，国民党五届四中全会通过《三民主义青年团组织要旨》，同时宣布解散法西斯特务组织“复兴社”，除原戴笠的特务系统外，其余社员均加入三青团，并成为其核心。7 月 9 日，在武汉正式成立中央团部。抗战后期，逐渐成为国民党反共反人民的工具。

22. 山东滨海行政公署（出自《教师之友》（滨海））

又称“滨海行政主任公署”，简称“滨海行署”。1945 年 4 月 14 日，山东省战时行政委员会发出训令，将滨海专署改为滨海行政主任公署，主任谢辉，副主任周纯全。滨海行署下辖第一、第二、第三专署，共十七个县。1946 年 7 月 20 日，山东省参议会和山东省人民政府联席会议决定，将滨海行政主任公署改为行政专署。

23. 山东鲁西党委（出自《冀鲁豫日报》）

1939 年 1 月，中共中央北方局决定撤销鲁西和鲁西北特委，合并成立鲁西区党委（又称中共中央山东分局第二区党委），归山东分局领导，辖鲁西北、泰西、运西、运东、卫东、湖西、七地委等 7 个地委。张霖之任书记。

24. 山东旅沪同乡会（出自《山东旅沪同乡会会务特刊》）

山东旅沪同乡会创立于民国初年，其会址最初设在山东会馆内。山东旅沪同乡会在民国期间曾有数次重组。1929 年山东旅沪同乡会以“联络乡谊，讲求互助，发展在外各项事业并研究桑梓福利”为宗旨，举行成立大会实施重组。1943 年山东旅沪同乡会再次实施重组。重组后的同乡会以“敦睦乡谊、交换智识、协力互助、兴办公益”为宗旨，其所从事的事业主要有十大类，包括：宣扬孔道、兴办学校、研究学术、创办图书馆、开设医院、设立寄宿舍、办理喜庆、介绍职业、排难解纷、资助遣送。

25. 山东省各救会（出自《山东群众》）

全称“山东省各界抗日救国联合总会”。1940 年 7 月 26 日成立于临沂县青驼寺，李澄之、霍士廉当选为会长，张天民、郭英为副会长。从此，实现了全省抗日群众组织的统一领导。

26. 山东省国货陈列馆（出自《山东省国货陈列馆国货年刊》）

1931 年 10 月正式成立。馆址位于济南国货商场。陈列馆宗旨是：提倡国民使用国货，抵制日货。展品分农业品、矿产品、染织工业品、化学工业品、工业原料品、机制品、手工品、教育用品、饮食品、医药用品十大类共6300余件。陈列馆附设国货售品所。出版物有《国货年刊》《济南卷烟工业》《国货丛书》。1937年日军侵占济南后停办。

27. 山东省胶东区行政公署（出自《新教育特刊》）

其前身是胶东行政主任公署，简称"胶东行署"。抗日战争时期山东胶东民主根据地的行政领导机构。1942年7月7日成立，王文任主任委员，林一山、曹漫之任副主任委员，隶属山东省战时工作推行会（后为山东省战时行政委员会）领导。下辖东海、南海、北海、西海四个专署，共二十七个县市。1944年4月1日，根据省战时行政委员会训令，胶东行政主任公署改为胶东区行政公署。

28. 山东省进德会（出自《进德月刊》）

山东进德会由国民党山东省政府主席韩复榘于1932年8月18日成立。总会设在济南，各县设分会。宗旨为"砥励德行，促进文化，戒除一切恶习，养成健全人格"。其会员及宣传教育的对象以军政人员、工商界及学界的上层人士为主，会内日常事务由政府官员兼理；会内设有国剧研究社、鲁声话剧社、进德月刊社、进德小学、图书博物馆、金石书画古玩展览室、杂艺场、各类球场等；活动除演讲等宣传教育外，还经常举办各类体育竞赛、艺术表演、文化普及活动。1937年，省进德会因日寇入侵济南被毁，各县分会也纷纷解体解散。

29. 山东省抗战烈士遗族抚恤委员会（出自《抚恤汇刊》）

国民党山东省政府于1945年12月18日设立山东省抚恤救济委员会，1946年1月1日设立山东省抗战烈士抚恤委员会，同年1月5日改称山东省抗战烈士遗族抚恤委员会，1947年1月7日将两委员会合并改组为山东省抚恤救济委员会，山东省抚恤救济委员会主要掌理烈士遗族的抚恤及难民救济等事项。

30. 山东省民众教育馆（出自《小学与社会》）

1929年8月，由原山东公立通俗图书馆、社会教育经理处及通俗讲演所合并而成。成立之初，便把"实验各种民教设施，以为指导各县社会教育的标准"作为其目的，所办各项事业，均为社会所关注。1937年"七七"事变后，国民党"山东省政府"各机关逃离济南，省民众教育馆设施几乎焚毁殆尽，馆内工作完全停止。1947年恢复活动时，仅剩部分破旧家具和数千册图书。

31. 山东省荣管局（出自《山东荣军》）

即"山东省荣军管理局"，1947年2月华东荣军管理局改为山东省荣誉军人管理局，

1948 年 10 月改称山东省政府荣军管理局，其后山东省政府荣军管理局并入华东荣军总校。1949 年 4 月成立山东省荣军管理局，归属省政府领导，由军队供给改为地方供给。省荣军管理局的任务是办地方荣校和管理地方荣军。

32. 山东省支前委员会（出自《支前导报》）

1946 年 9 月 2 日，中共华东中央局、山东省政府和山东军区联合发出通知，宣布成立山东省支援前线委员会，简称“山东省支前委员会”。其职责是组织运输，调剂物资，计划生产，保证供应，合理使用、积蓄与调节人力、物力、财力支援前线，争取解放战争的彻底胜利。军区副参谋长袁仲贤任主任委员，粮食总局副局长冯平、军区后勤部副部长蔡长风任副主任委员。

33. 山东悟善分社（出自《灵学月刊》）

悟善社于 1915 年在四川成立，之后在北京、山东等地都成立了公开的机关。山东悟善分社的创办人是北洋政府山东盐运史柴勤唐，主要鼓吹道教教义和教经，研究道功及医药，设坛开乩，宣传迷信。

34. 山东乡村建设研究院（出自《乡村建设》）

20 世纪 30 年代中国乡村建设运动中最有影响的组织之一。1931 年创办于山东邹平，创始人梁漱溟。该院在邹平设“实验县”，后又增设菏泽、济宁实验县，具体实践梁漱溟的乡村建设理论。1937 年抗日战争爆发，山东乡村建设研究院撤离山东并停办。

35. 山东战邮总局（出自《山东战邮》）

即“山东省战时邮务总局”，1942 年 2 月 7 日成立。1942 年 1 月 18 日，山东省战时工作推行委员会（简称“省战工会”）常委会议决定成立省战时民邮局。1942 年 2 月 7 日，省战工会第一次行政会议通过了《山东省战邮暂行组织条例》《山东省各级战时邮局营业简则》《战邮局工作大纲》《战时邮务人员守则》等，并改战时民邮局为山东省战时邮务总局，赵志刚任总局局长。总局下辖胶东、清河（1944 年改为渤海）、鲁中 3 个邮务管理局和鲁南、滨海 2 个直属专区邮局。战时邮务总局的成立，统一了山东战时邮务通信组织，承担并完成了全省战时通信任务。

36. 山东纵队（出自《前卫报》（鲁中））

1938 年 12 月 27 日，在山东省沂水县王庄，以山东人民抗日武装部队为基础组成，张经武任指挥，黎玉任政治委员，王彬任参谋长，江华任政治部主任。辖第 2、第 3、第 4、第 5、第 6、第 8、第 9、第 12 支队和挺进支队、陇海南进支队、鲁南人民抗日义勇队第 1 总队、临郯独立团及特务团等，共 2.45 万人。山东纵队的成立，标志着山东人民抗日武装已由若干分散的游击队发展为在战略上统一指挥的游击兵团。1942 年 8 月 1 日，为实行主力军地方化，山东纵队改编为山东军区。

37. 第十八集团军（出自《战士》）

全称为“国民革命军第十八集团军”，是中国人民解放军前身之一。1937 年 7 月“卢沟桥事变”后，南京国民政府开始对日抗战，国共两党合作初步形成。依据与国民党及南京政府谈判的结果，中共中央革命军事委员会于 1937 年 8 月 25 日发布命令，宣布红军改名为国民革命军第八路军。将前敌总指挥部改为第八路军总指挥部，以朱德为总指挥，彭德怀为副总指挥，叶剑英为参谋长，左权为副参谋长。总政治部为第八路军政治部，以任弼时为主任，邓小平为副主任。1937 年 9 月 11 日，国民政府军事委员会命令国民革命军第八路军改为国民革命军第十八集团军，朱德为总司令，彭德怀为副总司令，直属第二战区司令长官阎锡山指挥。此后，八路军在正式场合有时称为第十八集团军，但一般还是惯称八路军。

38. 私立齐鲁大学（出自《齐大季刊》）

其前身为美国、英国和加拿大等国的 10 个教会创办的山东基督教共和大学。山东基督教共和大学系 1904 年由潍县广文学堂、青州共和神道学堂和济南共和医道学堂合并而成。1917 年正式改名齐鲁大学。1952 年 9 月，根据华东高等学校调整方案，撤销齐鲁大学，理科及文科部分人员并入山东师范学院，部分文科人员并入山东大学，医科部分人员并入山东医学院。

39. “泰安道”（出自《泰安道年刊》）

日军侵入山东后成立的伪政权机构。1940 年 6 月，伪山东省公署将鲁东等 4 道改为“登州道”“青州道”“兖济道”“泰安道”等 10 道。“泰安道”驻地在泰安县，辖泰安、肥城、莱芜、平阴、东平、东阿、新泰、蒙阴。

40. 行政院善后救济总署（出自《鲁青善救旬刊》）

国民政府参加了 1943 年 11 月 9 日在美国华盛顿成立的联合国善后救济总署（简称“联总”）后，经国防最高委员会决议，1945 年 1 月设置，直隶行政院，简称“行总”。是国民政府为办理战后有关善后事宜而设立的临时机构。蒋廷黻、郑道儒为正、副署长。

41. 中共胶东特委（出自《大众报》（黄县））

1933 年 3 月，中共莱阳县委书记张静源根据中共山东临时省委指示，在牟平县刘伶庄建立中共胶东特委，领导莱阳、牟平、海阳、招远、文登、荣成、栖霞、蓬莱、黄县、福山等县党组织。特委机关在牟平、莱阳、烟台等地活动。从此胶东地区有了党的统一领导机构。1938 年 12 月召开的中共胶东区第一次代表大会选举产生了中共胶东区委，简称胶东区党委，亦称中共山东分局第三区党委，抗日战争时期和第三次国内革命战争时期中国共产党在胶东民主根据地的领导机构。书记为王文，组织部长吕志恒，宣传部长林一山，领导山东半岛胶莱河以东地区党的工作。1950 年 5 月奉命撤销。

42. 中共鲁中区委（出自《鲁中大众》）

鲁中抗日根据地是抗日战争时期中国共产党创建的抗日根据地之一，是山东抗日根据地 5 个战略区中的中心区。1940 年 6 月，中共鲁中区委成立，霍士廉任书记。1942 年 6 月，成立鲁中区行政联合办事处，王子文、马馥塘分别任正、副主任，辖泰山、沂蒙专署及泰南办事处。

43. 中共西海地委（出自《西海大众》）

1940 年底，胶东区党委成立中共西海地委和西海指挥部。中共西海地委专署、指挥部在大泽山高家相继成立，先后住在大疃、韭园一带。1950 年 5 月，西海地委撤销。

44. 中共中央华东局（出自《大众日报》）

解放战争时期和建国初期中国共产党在华东地区的最高领导机构。1945 年 9 月 19 日，中共中央为贯彻“向北发展，向南防御”的战略意图，决定将中共中央山东分局改为中共中央华东局。饶漱石为华东局书记，陈毅、黎玉为华东局副书记。根据中共中央 1954 年 4 月 27 日政治局扩大会议关于撤销大区一级党政机构的决定，华东局于 1954 年 11 月 13 日停止对外办公。

45. 中国国民党青岛特别市党务指导委员会（出自《训练月刊》（青岛））

1929 年 5 月 2 日，为了对改组派分子进行彻底清理，国民党中央党务会议决定，任命吴思豫、李郁廷、李翼中等 5 人为党务指导委员，成立国民党青岛特别市党务指导委员会。青岛特别市党务指导委员会内设秘书处、组织部、宣传部、训练部，主要负责审查、训练和发展党员，操纵青岛的舆论宣传、组织民众运动等。

46. 中国国民党山东省党务整理委员会（出自《训练月刊》（济南））

1929 年，南京国民党中央对山东改组派的活动进行打击，将山东省党务指导委员会改组为党务整理委员会，创办《山东党报》为宣传工具。整理委员会成立后，查封了由改组派掌握的济南市党部，清除了改组派团体及人员，改组派山东地方组织日趋衰落。

报刊名称拼音索引

G

H

J

K

L

M

N

P

Q

R

S

T

Z

后　记

民国时期文献为形成于1912年1月至1949年9月这一特定历史时期的各种知识和信息载体。民国时期文献全面记载了中华民族争取民族独立与国家振兴的光辉历史，记载了马克思主义在中国的传播，记载了中国共产党人的奋斗历程以及最终取得革命胜利的史实，记载了中国近现代社会的巨大变化。山东民国时期文献集中反映了山东近现代的政治、经济、文化教育、社会历史概况，是极为珍贵的研究资料。

山东省图书馆自1909年建馆以来，一直重视收集、整理各种民国时期文献。馆藏民国时期报纸、期刊亦于近几年再次整理分编，得以数字化。2011年，国家图书馆联合国内文献收藏单位，策划了“民国时期文献保护计划”项目。自项目启动以来，各地图书馆积极参与，以此为契机，本单位以保护民国时期报刊为己任，策划组织整理出版《民国时期山东报刊目录提要》。首先对山东省图书馆藏民国时期报刊进行仔细核对，从中选出民国时期山东出版的报刊，同时以青岛市图书馆等收藏机构为补充，尽量收全；其次因报刊均为连续性出版物，其创刊、终刊及沿革都极为复杂，提要编撰亦愈加艰难，我们查阅了山东所属17地市的地方志、出版志、报业志、教育志等，还有中国抗日战争、现代文学、中华民国史、中国革命根据地等方面的大词典，共70余种工具书，为编撰的准确性提供了有力的保证；为给读者以最直观的印象，每种报刊都配有图片资料。历时一年的时间，完成了本书的编撰工作。

在编纂本书的过程中，我们得到青岛市图书馆的热情协助，在此，我们谨向他们表示衷心的感谢。编制书目提要是一项要求很高的专业性工作。在编写过程中，我们要求编撰内容真实、准确，表述严谨、规范、客观。但由于时间紧迫和水平有限，不足和缺憾在所难免，我们恳切希望读者对这些不足和错误给予批评指正。此外，由于民国时期山东出版的报刊数量庞大，且分散在全国各地的图书馆、档案馆、博物馆等收藏机构，还有部分民国时期报刊未及收录，待条件许可，我们将再行增补。

2015年是中国人民抗日战争暨世界反法西斯战争胜利70周年。在此，我们谨以此书表达对抗战先烈的深切缅怀，以及对在硝烟战火中竭力搜集、保护抗战史料的前辈致以崇高敬意！

编 者

2015 年 10 月